Prag
Moldau
March
Thaya
Kamp
Donau
Linz
Wien
St. Pölten
Preßburg
Traun
Ybbs
Erlauf
Traisen
Leitha
Neusiedler See
Eisenstadt
Ödenburg
Rabnitz
Donau
Enns
Niedere Tauern
Mur
Raab
Graz
Lavant
Plattensee
Wörther See
Klagenfurt
Karawanken
Marburg
Drau
Mur
Save
Isonzo
Laibach
Drau
Agram
Triest
Kulpa
Fiume
Save
Una
Pola

ÖSTERREICHISCHE GESCHICHTE

HG. VON HERWIG WOLFRAM

ÖKONOMIE UND POLITIK

ÖSTERREICHISCHE WIRTSCHAFTSGESCHICHTE VOM MITTELALTER BIS ZUR GEGENWART

ROMAN SANDGRUBER

UEBERREUTER

Das Zustandekommen dieses Projekts einer zehnbändigen Österreichischen
Geschichte wird ermöglicht durch die Unterstützung

des Bundesministeriums für Wissenschaft und Forschung,
der Kulturabteilungen der österreichischen Bundesländer
Burgenland, Kärnten, Niederösterreich, Oberösterreich, Salzburg, Steiermark, Tirol,
Vorarlberg, Wien,
durch die Österreichische Bischofskonferenz
und den Jubiläumsfonds der Oesterreichischen Nationalbank.

Für Margith, Julia und Theresa

Die Deutsche Bibliothek – CIP-Einheitsaufnahme

Österreichische Geschichte. – Wien : Ueberreuter.
ISBN 3-8000-3532-4 (Gewebe)
ISBN 3-8000-3547-2 (Ldr.)

Ökonomie und Politik : Österreichische Wirtschaftsgeschichte vom Mittelalter bis zur
Gegenwart / Roman Sandgruber. – 1995
ISBN 3-8000-3531-6
NE: Sandgruber, Roman

AU 239/1

Umschlaggestaltung: Anneliese Stoy; Abbildung: Titelillustration der italienischen Ausgabe von
Armand von Schweiger-Lerchenfeld: Das eiserne Jahrhundert, Wien 1884, ital. Ausgabe 1887;
Mailand, Camera di Comercio
Lektorat: Fanny Esterházy und Brigitte Merta

Printed in Austria
1 3 5 4 2

Inhalt

Einleitung

> »Der Fortschritt ist halt wie ein neuentdecktes Land; ein blühendes Kolonialsystem an der Küste, das Innere noch Wildnis, Steppe, Prärie. Überhaupt hat der Fortschritt das an sich, daß er viel größer ausschaut, als cr wirklich ist.«
>
> (Johann Nestroy)

In den Weg der österreichischen Geschichte haben sich viele Fußstapfen eingedrückt. Die Dichte der Spuren ist übergroß, und die Landschaft wird davon fast zugedeckt. Jede Generation hat ihre Abdrücke hinterlassen. Manche sind fast gelöscht, manche sind noch gut sichtbar, manchen verdanken wir die Anbahnung, Ausweitung und Einebnung des Weges, und manche haben schwer zu bewältigende Hindernisse aufgebaut.

Der Weg dieser Darstellung beginnt im Frühmittelalter, nicht auf völlig unbegangenem Gelände. Aber der Pfad wird immer breiter, je näher er der Gegenwart zukommt, und wandelt sich, um das Bild fortzusetzen, zu einer einer Betonpiste nicht unähnlichen, alle Unebenheiten unterdrückenden Bahn, auf der die Geschwindigkeit der Bewegung immer größer wird. Die Trassierung aber bleibt gefährlich, mit abrupten Brüchen da und dort.

Räume sind Konstrukte. Die dramatischen Änderungen des Inhalts und Umfangs des Österreichbegriffes erschweren und verkomplizieren eine langfristige Betrachtung in hohem Maße. Österreich war die längste Zeit seiner Geschichte ein höchst unbestimmter Raum, der nur aus der späteren Geschichte definiert ist. Österreich liegt in Mitteleuropa. Aber Mitteleuropa hat noch weniger als Österreich jemals einen geographisch eindeutig festlegbaren Raum bezeichnet: Mitteleuropa, Ostmitteleuropa, Zentraleuropa oder Europa der Mitte sind Schlagworte. Österreich bezieht ein Gutteil seiner Kraft aus dieser Idee der Mitte, des Zentrums und des Ausgleichs, in fast narzißtischer Verliebtheit zu allen Mittelwegen und jeglicher Einebnung der Extreme. Wirtschaftlich aber war Mitteleuropa kaum jemals das Zentrum Europas, sondern lag auf dem Weg zu dessen Peripherie, wo nur die Durchgangsachsen und Pole je nach den jeweiligen Zentren wechselten.

Im längsten Teil jenes Zeitraums, auf den die vorliegende Darstellung orientiert ist, gab es Österreich im heutigen nationalen und geographischen Verständnis nicht oder nur in vagen Formen und gab es ganz generell keine staatlichen Gebilde. Menschliche Verhaltensweisen und Mentalitäten sind wohl regional- und schichtspezifisch faßbar, entziehen sich aber meist einer exakten räumlichen Eingrenzung und sind in sinnvoller Weise nicht in einem gesamtstaatlichen Kontext, sondern nur in einem regionalen Bezugsrahmen behandelbar. Regionen jedoch stellen meist Definitionsprobleme. Dennoch sind sie für wirtschaftliche und soziale Vergleiche unerläßliche Bezugsgrößen. Für historische Statistiken wird dies zum unlösbaren Dilemma. Geschichte lebt vom Vergleich gegenwärtiger Strukturen mit früheren Gegebenheiten: Das erfordert vergleichbare Größen in gleichbleibenden räumlichen Einheiten. Die Wirtschaftsgeschichte wird und muß daher im Sinne der Gegenwartsrelevanz von gegenwärtigen Gegebenheiten und Grenzziehungen ausgehen und langfristige Entwicklungen und Veränderungen herausarbeiten, die die heutige wirtschaftliche Situation geprägt haben und noch bestimmen.

Der Darstellung geht es um die Frage der Zusammenhänge zwischen den ökologischen und ökonomischen Voraussetzungen, die sich aus und in einem Raum und den dort siedelnden Menschen ergeben, und den menschlichen Handlungen, die die Lebensformen und Lebenschancen bestimmen. »Ökonomie und Politik« umschreibt das Spannungsfeld zwischen den Strategien, die die Menschen im Umgang mit ihrer Um- und Mitwelt entwickelten, und den Herrschaftsformen und Machtverhältnissen, die das Zusammenleben steuerten und bestimmten, zwischen dem bewohnten und bewirtschafteten Raum und den politischen Organisationsformen und staatlichen Herrschaftsgebilden. Ökonomie bedeutet zweifellos mehr als das Umgehen mit knappen Mitteln, Politik mehr als die staatlichen, institutionellen und organisatorischen Rahmenbedingungen und Handlungsspielräume: Menschen leben, arbeiten, investieren und verbrauchen, sie üben in vielfältiger Weise Macht aus und unterliegen Machtverhältnissen.

Österreichs gegenwärtige wirtschaftliche und soziale Struktur ist das Resultat vielfältiger Entwicklungsstränge, die von naturräumlichen Konstanten, technischen und ökonomischen Potentialen, politischen und individuellen Entscheidungen und nicht zuletzt auch von Zufällen bestimmt sind. So gibt es wohl kein österreichisches Modell der wirtschaftlichen Entwicklung. Zu viele Zufälligkeiten beeinflussen die Geschichte: von persönlichen Motiven und Charaktereigenschaften geprägte politische Handlungen einerseits und unbeeinflußbare klimatische und geologische Kapriolen andererseits, die Vernunft und die Unvernunft der handelnden Menschen, getroffene und nicht getroffene Entscheidungen, Zerstörungen durch Kriege und Unwägbarkeiten der Seuchenzüge. Österreich ist in die allgemeinen Phasen der europäischen Wirtschaftsentwicklung eingebunden. Allerdings gibt es viele Brüche und Sonderwege: die Kriege, die territorialen Änderungen, die sich verlagernden Handelsströme und die sich ändernden Außenbeziehungen.

Die Wechsellagen und säkularen Trends der europäischen wirtschaftlichen, sozialen, demographischen und politischen Entwicklung waren auch für Österreich grundlegend. Das beginnt mit den klimatischen Langzeitveränderungen und den Wegen der Verbreitung und Überwindung von Infektionskrankheiten bis hin zur Ausformung des europäischen Staatensystems und dem damit verbundenen Konkurrenzdruck, der von zahlreichen Entwicklungsforschern als die maßgebliche Triebkraft des europäischen Sonderweges angesehen wird.

Die europäische Wirtschaftsentwicklung folgte logistischen Phasen des Aufschwungs, die jeweils über Perioden des Rückgangs oder der Verlangsamung ineinander übergingen. Das malthusianische Dilemma zwischen Ressourcen und Bevölkerungszahl, das in jeder dieser Verlangsamungsphasen auftrat, konnte im 18. Jahrhundert erstmals durch technische und institutionelle Neuerungen überwunden werden.

Die wirtschaftliche Entwicklung vom Mittelalter bis zur Gegenwart wird in dieser Darstellung als Einheit verstanden und nicht – wie sonst oft üblich – in eine »vorindustrielle« und eine »industrielle« Gesellschaft geteilt, wobei eine Epoche der »Statik« und »langen Dauer« plötzlich im späten 18. oder frühen 19. Jahrhundert in einer »Industriellen Revolution« von einer Epoche des Wachstums und der Dynamik abgelöst worden wäre. Die wirtschaftliche Entwicklung ist sehr viel besser in einer zusammenhängenden Sicht zu verstehen, in welcher sich mehrere Anläufe und Schübe in Richtung einer wachsenden Wirtschaft unterscheiden lassen. Von der Krise der Spätantike führt die Entwicklung zur bis ins 14. Jahrhundert anhaltenden Expansion des Hochmittelalters. Der Krise des Spätmittelalters im späten 14. Jahrhundert folgt die frühkapitalistische Expansion des 15. und 16. Jahrhunderts. Die Krise des 17. Jahrhunderts leitet in die protoindustriell-industrielle Expansion des 18. Jahrhunderts über, die durch die Napoleonischen Kriege auf dem Kontinent so brutal unterbrochen wurde und in Österreich um und vor allem nach der Mitte des 19. Jahrhunderts in eine Wachstumsschwäche mündete, durch die sich jener oft beschriebene Wachstumsrückstand Österreichs und der Habsburgermonarchie herausbildete. Mit der »Gründerzeit« um 1870 und der »zweiten Gründerzeit« um die Jahrhundertwende wurde ein Aufholprozeß eingeleitet, der von der Krise der Zwischenkriegszeit zwar schwer gestört wurde, aber schließlich in den postindustriellen Aufschwung der 50 Jahre nach dem Zweiten Weltkrieg mündete. Die demographischen, ökologischen und kulturellen Grenzen des Wachstums wurden sukzessive durch Kapitalakkumulation, mehr technisches Wissen und bessere organisatorische Fähigkeiten nach außen verschoben. Es wäre allerdings lächerlich zu sagen, daß die Grenzen der Expansion verschwunden seien. Die »Industrielle Revolution« rückte die Grenzmarken nur etwas außer Sichtweite.

Die demographische und wirtschaftliche Expansion, die nach der langen Stagnation der zweiten Hälfte des ersten Jahrtausends im 10. und 11. Jahrhundert einsetzte, stieß im frühen 14. Jahrhundert an Grenzen. Ob es eine Übervölkerungskrise war und der Schock der Pest nur das auslösende Moment darstellte oder ob exogene Einflüsse eine demographische Krise auslösten, läßt sich am österreichischen Material nicht klären. Fest steht jedenfalls, daß die Bestellung immer schlechterer Böden und deren Erschöpfung durch unzureichende Düngesysteme die Grenzerträge der landwirtschaftlichen Arbeit sinken ließ und daraus eine Ernährungskrise entstehen konnte, die sich in einer Serie von Hungersnöten und Epidemien artikulierte.

Die österreichische Variante der Krise des Spätmittelalters ist von ihrem Ausmaß wie von ihrem spezifischen Ablauf her empirisch wie theoretisch noch wenig untersucht. Daß der Bevölkerungsdruck durch das von der Pest und anderen Seuchen verursachte große Sterben nachließ, ist aus einer Reihe von Indizien ableitbar. So konnte aus der Pest und der Krise des 14. Jahrhunderts die Basis für einen neuen Wachstumsschub kommen, ausgelöst durch bessere Einkommenschancen, technische Fortschritte und Kapitalbildung. Die daraus resultierende Expansionsphase im 15. und frühen 16. Jahrhundert war von einer Blüte des Weinbaus und agrarischer Sonderkulturen, von einer Reihe neuer gewerblich-industrieller Techniken und vor allem von einer sich überstürzenden Bergbaukonjunktur geprägt.

Die demographische und wirtschaftliche, mit markterweiternden Effekten verbundene Expansion des sogenannten Frühkapitalismus traf bereits im 16. Jahrhundert auf Grenzen, die in die krisenhaften Erscheinungen des 17. Jahrhunderts hineinlenkten. Im nächsten langfristigen Aufschwung, der in der zweiten Hälfte des 18. Jahrhunderts einsetzte, gelang es, durch institutionelle Reformen und technische Fortschritte die drohende Subsistenzkrise, die sich in einer Scherenbewegung von Bevölkerungswachstum und Ressourcenmangel abzeichnete, abzuwehren und einen Wachstumsschub herbeizuführen, der als »Industrialisierung« durch eine gesicherte Versorgung mit Nahrungsmitteln und bald auch fossilen Energieträgern längerfristig selbsttragend werden konnte. Der Aufschwung brach zwar mit den Napoleonischen Kriegen vorübergehend in sich zusammen und konsolidierte sich erst in den zwanziger Jahren des 19. Jahrhunderts. Die Wachstumsschwäche wurde vor allem nach 1850 offenkundig, als Österreich aus politischen Entscheidungen und standortabhängigen, vor allem von der Energieversorgung bedingten Strukturschwächen im Vergleich mit anderen sich entwickelnden Industrieländern deutlich abrutschte und das Wachstumstempo nicht mithalten konnte. Ein neuerlicher Wachstumsschub läßt sich in mehreren Wellen nach 1866 feststellen, der mit dem Ersten Weltkrieg fürs erste in sich zusammenstürzte und in die bislang schwerste Krise des Industriesystems zwischen den beiden Weltkriegen hineinführte.

Daß in Österreich die große Krise zwischen den beiden Weltkriegen mit dem Zerfall des Habsburgerstaates zusammenfiel, machte sie hier so hartnäckig und tiefgreifend. Das Ende der Habsburgermonarchie brachte für Österreich, aber nicht nur für dieses, sondern für die gesamte Region, eine völlig neue wirtschaftliche und soziale Situation. Die Geschichte der Republik Österreich stellt sich in der ersten Hälfte des 20. Jahrhunderts als Abfolge tiefer Strukturbrüche dar. Bis in die späten vierziger Jahre war die Dynamik nicht wieder erreicht. Dennoch entsprang aus der fundamentalen Krise, die das weltwirtschaftliche System erfaßt hatte, der vorher nie in solcher Dimension und Geschwindigkeit erlebte Aufbruch der zweiten Jahrhunderthälfte.

Die Wachstumsdynamik der zweiten Jahrhunderthälfte und die vorangehende Krise stellen sich in dieser Hinsicht genauso als Einheit dar wie die vorhergehenden Anläufe. Daß es gelang, die Strukturbrüche, die durch den Ersten Weltkrieg, durch die Verschiebungen im Staatensystem, den explodierenden Protektionismus, die Krisen im Bank- und Geldsystem und schließlich durch den Aufstieg der nationalsozialistischen Gewaltherrschaft und den Zweiten Weltkrieg ausgelöst wurden, zu überwinden, war neben den veränderten Rahmenbedingungen, billigen Energieträgern und technischen Fortschritten der »Keynesianischen« Revolution, der Marshallplan-Hilfe, der neuen Welthandelsordnung und der Umorientierung der Handelsbeziehungen zu verdanken.

Mit dem Bevölkerungswachstum gingen in einer ersten Phase wirtschaftlichen Fortschritts jeweils Verstädterung, Ausweitung des Marktes und Vorteile der Massenproduktion einher, bis die negativen Effekte die positiven zu übersteigen begannen. Jedes Wirtschafts- und Bevölkerungswachstum löst tendenziell durch das Erreichen von Grenzen eine Krise aus. Kriege, Seuchen und Hungersnöte führten säkulare Rückschläge in Bevölkerungswachstum und Kapitalakkumulation herbei. Was sehr viel weniger leicht zerstört werden konnte, war das angehäufte Wissen. Die Erwerbung von Kenntnissen ist ein weitgehend irreversibler Vorgang, der sich nicht nur in technischen Errungenschaften, sondern auch in routinemäßigen Verwaltungsleistungen des Staates, rechtlichen Rahmenbedingungen, Eigentumsrechten und Humankapital äußert.

Eine auf einen zusammenfassenden Überblick orientierte Wirtschaftsgeschichte eines Staates, eines Landes oder einer Region zu schreiben mag in der Raschlebigkeit der modernen Zeit, die sich den aspektreichen, kleinteiligen, von zahlreichen Experten verfaßten und in beinahe unübersehbarer Fülle auf den Markt kommenden Spezialstudien und Sammelpublikationen verschrieben hat, etwas antiquiert anmuten. Zugleich mag das Unterfangen angesichts der Fülle der schon vorhandenen Erkenntnisse, die zu einer großen Bescheidenheit gegenüber den bisher erbrachten Leistungen der Forschung erzieht, aussichtslos erscheinen und muß angesichts der Fülle von Fragen, die sich nicht beantworten lassen, die noch nicht beantwortet wurden oder deren schon erfolgte Lösung der Autor nicht kennt, lückenhaft bleiben.

Gesamtdarstellungen der Wirtschaftsgeschichte Österreichs, die sich als solche bezeichnen, gibt es nur zwei: Anton Tautschers 1974 veröffentlichte »Wirtschaftsgeschichte Österreichs auf der Grundlage abendländischer Kulturgeschichte«, die von der Ideengeschichte und ökonomischen Dogmengeschichte herkommt, und Ferdinand Tremels bereits 1968 publizierte »Wirtschafts- und Sozialgeschichte Österreichs«, die von der historischen Landeskunde und historischen Schule der Nationalökonomie ausgeht. Ernst Bruckmüllers 1985 erschienene »Sozialgeschichte Österreichs« hat naturgemäß eine etwas andere Schwerpunktsetzung, welcher der Autor dieser Darstellung dennoch sehr viele Anregungen verdankt. Was sonst an wirtschaftshistorischen Überblicken veröffentlicht wurde, sind mehr oder weniger homogene Sammelpublikationen oder Zusammenfassungen für einzelne Bundesländer, einzelne Epochen und einzelne Bereiche des Wirtschaftslebens.

Seit den sechziger Jahren ist in der Geschichtsschreibung ein massiver Perspektivenwechsel eingetreten. Neue Themen, neue Methoden und neue Modelle sind in den Vordergrund gerückt. Fragen, die ehemals überhaupt nicht oder nur in wenig etablierten Randbereichen Gegenstand der Forschung waren, etwa die Frauengeschichte, die Geschichte von Randgruppen, die Geschichte des Alltags oder der Umwelt, sind inzwischen zu wichtigen Teilbereichen der Geschichtsschreibung geworden. Lücken wurden gefüllt, die Wirtschaftsgeschichte des Nationalsozialismus, der Besatzungszeit, überhaupt des 20. Jahrhunderts wurde verstärkt aufgearbeitet. Vor allem aber gibt es neue Zugangsweisen, von der Makroökonomie und Ökonometrie aus, von den aggregierten Größen der volkswirtschaftlichen Gesamtrechnung, von den demographischen Kennzahlen, aber auch von der Mikrohistorie, der historischen Anthropologie und der Alltagsgeschichte aus. Eine modellorientierte, makroökonomischen Aggregaten und Fragestellungen verpflichtete Analyse wird eingefordert. Gleichzeitig wird aber auch die Alltagserfahrung, die historische Anthropologie und die »Geschichte von unten« immer stärker betont.

Wirtschaftsgeschichte ist mehr als das Wachstum der Agrar- und Industrieproduktion oder das Schicksal des Bankensektors. Zu einer Wirtschaftsgeschichte gehören die

Bevölkerungsentwicklung und die Urbanisierung, der Arbeitsmarkt und die Migration, die Männer und die Frauen, die Erwerbstätigen und die Erhaltenen, nicht nur die Landwirtschaft und die Industrie, sondern auch der Fremdenverkehr, die Freizeit und die persönlichen Dienstleistungen, nicht nur die Angebotsseite, sondern auch die Nachfrage, nicht nur die Herrschenden, sondern auch die Beherrschten. Kurz, Wirtschaftsgeschichte wird in dieser Darstellung auch als Sozial- und Kulturgeschichte verstanden.

Ein so weitgespanntes Thema macht es notwendig, auf die Analyse von Primärquellen von vornherein zu verzichten und sich auf die Rezeption der Forschungsarbeit einer nun schon über mehr als ein Jahrhundert währenden wirtschaftshistorischen Forschungstätigkeit zu beschränken. Und auch da ist eine Auswahl zu treffen, die subjektiv und unvollkommen ist, beschränkt durch den Umfang, den ein Verleger zur Verfügung stellen kann, beschränkt durch die Kenntnisse des Autors, beschränkt nicht zuletzt auch durch eine unumgängliche Verknappung, die die Voraussetzung für die Klarheit der Darstellung bildet. Die Detailtiefe, die die historische Forschung erreicht hat, ist auch eine Gefahr. So wird die Wirtschaftsgeschichte eines Landes zur raschen Fahrt zwischen der klaren Strenge eines theoretischen Anspruchs, der Pragmatik des verlegerischen Geschäfts und der farbigen Fülle der vorhandenen Informationen.

Viele Kolleginnen und Kollegen, die jene breite Fülle älterer, neuerer und neuester Forschungen beigesteuert haben, auf der eine Übersicht nur aufbauen kann, haben an der Entstehung dieser Zusammenfassung Anteil. In den Anmerkungen wird eingangs jeweils auf die grundlegende Literatur verwiesen und in weiterer Folge dann noch spezielles oder weiterführendes Schrifttum angemerkt. Auf Hinweise auf internationale Forschungsergebnisse und Forschungsstränge, die in die Darstellung implizit eingeflossen sind, muß aus Platzgründen verzichtet werden. Es ist aber selbstverständlich, daß für methodische Fragen und vergleichende Betrachtungen eine breite Palette nicht unmittelbar auf Österreich bezogener Forscher und Forschungen zu erwähnen wäre.

Für viele große und kleine Hinweise und für die Mühe, den bis weit in das Endstadium hinein recht rohen Text zur Gänze oder in einzelnen Kapiteln gelesen und begleitet zu haben, danke ich dem Herausgeber der Reihe Herwig Wolfram und zahlreichen Fachkollegen, namentlich Irene Bandhauer-Schöffmann, Ernst Bruckmüller, Felix Butschek, dessen bislang nur als Manuskript zugängliche Datensammlung zum 20. Jahrhundert benutzt werden konnte, Heinz Dopsch, Peter Feldbauer, Michael John, Herbert Knittler, John Komlos, Rudolf Kropf, Erich Landsteiner, Michael Mitterauer, Michael Pammer und Thomas Winkelbauer, vor allem aber Fanny Esterházy und Brigitte Merta, die das Lektorat besorgt haben. Brigitte Pohl-Resl danke ich für die Registererstellung, Thomas Just für Recherchen zum Literaturverzeichnis und Anmerkungsapparat.

Mittelalterliches Wirtschaftswachstum

Konturen der Kultur

Wälder und Lichtungen

Man weiß nicht viel über die Wirtschaft vor der Jahrtausendwende. Es sind bewegte Jahrhunderte, die vergleichsweise wenig Spuren hinterlassen haben. Die Acker- und Kulturflächen hatten seit der Römerzeit abgenommen. In manchen Regionen waren wieder weitgehend geschlossene Waldgebiete entstanden. Aber die Grundzüge der Kulturlandschaft waren immer noch da, die zentralen Orte an leidlich instandgehaltenen Straßen, die Siedlungskerne und die Agrartechniken, die Nutzpflanzen und die Haustiere. Die Einwohnerschaft, die in komplexen Prozessen der Ethnogenese aus Romanen, germanischen Stämmen und slawischen Siedlern, dem sich bildenden Stamm der Bayern und angreifenden Awaren und Ungarn, ja selbst versprengten Bulgaren überformt und assimiliert wurde, war klein.[1]

Die Wälder waren weit und die Übergänge zu den wenigen Lichtungen unscharf, ausgefranst und beweglich. Man unterschied den ungepflegten Urwald *(silva)* und den gehegten Forst *(forestum)*. Die Viehwirtschaft stand im Vordergrund einer Mischökonomie, bei der nicht nur Viehzucht und Pflanzenbau, sondern auch Landwirtschaft und Waldnutzung, Bodenbearbeitung und Sammelwirtschaft, Lebensmittelgewinnung und Herstellung von Gebrauchsgegenständen eng miteinander verknüpft waren. Die Ambivalenz zwischen Wildnis und Kultur galt für Wiesen wie Obstbäume, für Schweine wie Bienen. Der Wald barg viel Gefährliches, er bot aber auch viel Verwertbares: Brennholz und Wild, Kräuter und Pilze, Wurzeln und Knollen, Beeren und Obst, Honig und Wachs, Eicheln, Bucheckern und Nüsse, Pech und Pottasche, Heu, Laub und Reisig. Durch Abbrennen und Beweiden, Laubrechen und Schneiteln, Streusammeln und Abgraben von Walderde erfolgte ein Energie- und Nährstofftransfer vom Wald aufs Feld, ohne den die Landwirtschaft nicht hätte auskommen können.[2]

80 bis 90 Prozent der Bevölkerung lebten in und von der Landwirtschaft, die aller-

dings weitgehend auf Selbstversorgung ausgerichtet war und damit viel mehr Grundbedürfnisse abdeckte als die Erzeugung von Lebensmitteln und biogenen Rohstoffen: Auch die Weiterverarbeitung der Lebensmittel, die Herstellung von Kleidern und Geräten, die Durchführung von Transporten und der Bau von Häusern, Straßen und Befestigungsanlagen wurden meist von der landwirtschaftlichen Bevölkerung besorgt.

Besondere Bedeutung auf den frühmittelalterlichen Höfen hatten Dinkel *(triticum spelta)*, Emmer *(triticum dicoccum)* und Einkorn *(triticum monococcum)*, jeweils fest mit Spelzen umschlossene Verwandte des Weizens *(triticum aestivum)*, die sich durch ihre gute Lagerfähigkeit auszeichneten. Hafer und Roggen, die jahrtausendelang als Unkraut in den Getreidefeldern zu finden waren, begann man nunmehr systematisch anzubauen. Daneben kannte man noch Hirse (Brein, *panicum milliaceum)*, Bluthirse (Himmeltau), Fench oder Fenich *(panicum italicum)*, Sirch *(sorghum)*, auch Mohrenhirse genannt, Erbsen und Bohnen, Kraut und Kohlrüben, Zwiebel, Äpfel, Birnen, Kirschen und Pflaumen, Wein und Hopfen, Flachs, Hanf und Waid und eine Reihe von Küchenkräutern.[3] An Haustieren hatte man die heute üblichen, mit Ausnahme der Truthühner. Das Rind war das wichtigste Nutztier. Den Quantitäten nach hielt man aber wohl sehr viel mehr Schafe als Rinder. Zahlreiche Schweine, mehr als Wild- denn als Haustiere, bevölkerten die Wälder. Die Weide- und Almwirtschaft hatte besondere Bedeutung. Geflügel war angesichts der vielfachen Bedrohung durch Wildtiere etwas Kostbares. Die Tiere waren klein und langsamwüchsig, auch wenn die Germanen für ihre im Vergleich zu den Römern größeren Rinderrassen bekannt waren. Die Milch- und Fleischleistung müssen gering gewesen sein.[4] Auf ungebrochene Traditionen deutet das Fortbestehen lateinischer Fachausdrücke sowohl in der Viehwirtschaft wie auch im Weinbau hin, etwa Käse *(caseus)*, Butter *(butyrus)* oder Senner, dessen Wortstamm sehr viel wahrscheinlicher mit dem »senior« als Leiter der Almwirtschaft zusammenhängt als mit der Sahne, einem Wort, das bis heute im Österreichischen nicht üblich ist.[5]

Obwohl auch um die Jahrtausendwende die Versorgung unzureichend, unsicher und immer wieder von Mißernten bedroht war, dürfte die Ausgangsbasis für die Menschen durch die geringe Bevölkerungsdichte besser als in der Spätantike gewesen sein. Zumindest könnte man dies aus der Körperhöhe erschließen, die etwas größer geworden war.[6] Man kann davon ausgehen, daß sich die Einwohnerzahl des heutigen österreichischen Bundesgebietes vom späten 9. Jahrhundert, als der Bevölkerungsanstieg einsetzte, bis zum Beginn des 14. Jahrhunderts von einer halben auf etwa eineinhalb Millionen verdreifacht hat. Auch diese Maximalannahme bedeutet, daß die Wachstumsraten im langjährigen Durchschnitt selbst unter Ausklammerung irgendwelcher Zuwanderung nicht mehr als 2 bis 3 Promille im Jahr betragen haben konnten.

Die anthropologischen Befunde über Körperhöhen, die vom Früh- und Hochmittelalter bis ins 18. Jahrhundert eine schrittweise Verringerung ergeben, lassen den Schluß zu, daß die Lebensmittelversorgung um die Jahrtausendwende zumindest nicht schlechter war als im 18. Jahrhundert. Als im 10. Jahrhundert eine bis ins 13. oder 14. Jahrhundert andauernde Periode günstiger Klimaverhältnisse, politischer Konsolidierung und stärkeren demographischen Wachstums einsetzte, muß dies nicht nur von einer Ausdehnung der Flächen durch Rodung, sondern auch von einem allmählichen Übergang von der extensiven Form der Feld-Gras-Wirtschaft und Zweifelderwirtschaft zur Dreifelderwirtschaft begleitet gewesen sein. Ohne diese Innovationen hätte für die bis ins 14. Jahrhundert sich ergebende Verdreifachung der Einwohnerzahl die nötige Nahrung nicht in ausreichender Weise bereitgestellt werden können.

Schriftliche Quellen und Ortsnamen, pollenanalytische Untersuchungen und Überreste im Gelände geben Hinweise auf die große Rodungs- und Siedlungstätigkeit, die nach 950 einsetzte und bis ins späte 13. Jahrhundert, in Tirol und Vorarlberg sogar bis ins frühe 14. Jahrhundert andauerte.[7] Während im älteren Ortsnamengut der Hinweis auf Rodungen eher selten zu finden ist, hier also auf bereits in irgendeiner Form bewirtschaftete Flächen zurückgegriffen werden konnte, spielen in der jüngeren Schicht der Siedlungen Rodungsnamen auf Reit und Brand oder Schlag, Seng und Schwand eine wichtige Rolle.[8] Regelmäßig angelegte Dörfer und Stadtgrundrisse belegen das systematische Vorgehen im 12. und 13. Jahrhundert. Die höchstgelegenen Dauersiedlungen der Ostalpen rückten im 13. Jahrhundert sehr schnell bis gegen 2 000 Meter hinauf und reichten damit deutlich über die Getreidegrenze, wenn schon nirgends über die Waldgrenze. Günstige klimatische Bedingungen förderten die Höhensiedlung, während die breiten Talsohlen wegen der Überschwemmungsgefahr und Versumpfung gemieden wurden. Die Böden und der Wasserhaushalt wurden nachhaltig verändert. Die mit den

Tabelle 1: Mittlere Körperhöhen in Mittelalter und Neuzeit (nach archäologisch-anthropologischen Befunden in Österreich, in Zentimeter)

	Männer	davon	Frauen	davon
Römerzeit	169,2		159,7	
Frühmittelalter	169,7		160,3	
völkerwanderungszeitliche Germanen		171,2		162,1
Bajuwaren		170,3		158,6
Awaren		168,6		158,8
Slawen		168,6		161,7
Hochmittelalter				
Durchschnitt	170,3		159,8	
Adelige		173,6		162,9
Kleriker		171,2		
Bürger		167,8		159,3
Bauern/Handwerker		167,9		158,7
Frühneuzeit				
Durchschnitt	168,5		159,7	
Adelige		172,3		160,5
Kleriker		169,2		
Bürger		170,1		159,5
Bauern/Handwerker		165,6		158,8

Quelle: Sylvia *Kirchengast*/Eike-Meinrad *Winkler,* Populations- und schichtspezifische Körperhöhenunterschiede in Österreich von der Römerzeit bis zum Barock. Mitteilungen der Anthropologischen Gesellschaft in Wien 121 (1991) 203–220.

großen Rodungen verbundene Erosion brachte ein Auflehmen der Talböden und eine Zunahme der Hochwässer mit sich.[9]

Pollenanalytische Befunde lassen auch eine relativ genaue Aufnahme des Zustands der österreichischen Wälder um die Jahrtausendwende zu, mit dem Resultat, daß das Ausmaß des mittelalterlichen Eichen- und insgesamt Laubwaldanteiles von der von schriftlichen und namenkundlichen Quellen ausgehenden älteren Forschung erheblich überschätzt wurde. Dennoch trifft es zu, daß parallel zur generellen Reduzierung der Waldflächen einem Rückgang der Laubwälder, vor allem der langsamwüchsigen Eichenbestände, eine relative Zunahme der Nadelwälder, vor allem der Fichten-, aber auch der Kiefer- und Lärchenkulturen, gegenüberstand, während die Tannenbestände ebenfalls starke Einbußen hinnehmen mußten. Allerdings läßt der derzeitige Forschungsstand noch keine nähere zeitliche Aufgliederung dieser über tausend Jahre sich erstreckenden Entwicklung zu.[10]

Tabelle 2: Baumartenanteile des Waldes um 1000 n. Chr. und in der Gegenwart, heutiges österreichisches Bundesgebiet (in Prozent der Waldfläche)

	um 1000 n. Chr	um 1990
Fichte	38	58
Tanne	28	5
Lärche	2	8
Kiefer	4	18
Nadelhölzer insgesamt	68	85
Buche	20	9
Eiche	8	1
sonstige Laubbäume	4	5
Laubhölzer insgesamt	32	15

Quelle: Friedrich *Kral,* Botanische Beiträge zu Fragen der Umwelt im Mittelalter. Beiträge zur Mittelalterarchäologie in Österreich 4/5 (1988/89) 247.

Die mittelalterliche Agrarrevolution

Die Einführung der Dreifelderwirtschaft, bei der jeweils zwei Drittel des verfügbaren Ackerlandes bestellt werden, erhöhte gegenüber der Zweifelderwirtschaft, bei der jeweils die Hälfte brachliegt, die Anbaufläche theoretisch um ein Drittel. Durch die Dreiteilung des Ackerlandes in Winterfeld (Roggen, Weizen), Sommerfeld (Gerste, Hafer) und beweidete Brache und die Aufteilung auf Winter- und Sommersaat wurden zudem eine günstigere Verteilung der Arbeiten über das Wirtschaftsjahr und eine Streuung der Risken bewirkt. Die Erhaltung der Bodenfruchtbarkeit sicherte man durch den Fruchtwechsel, die Brachlegung, die Ausbringung von Stallmist und die intensivierte Bodenbearbeitung mit neuen Geräten. Statt des symmetrischen Hakens, der unter dem alten Wort »Arl« als Pflug für seichte Böden und Häufelpflug im österreichischen Raum noch bis ins 20. Jahrhundert bekannt blieb, wurde zunehmend der mit eiserner Schar und zunächst noch hölzernem Streichbrett ausgestattete und zur Stabilisierung auf ein Rädergestell gehängte, asymmetrische Beetpflug eingesetzt, der die Erde nicht nur aufreißt, sondern umstürzt. Statt einer einfachen, aus Reisig zusammengebundenen Egge benutzte man die Rahmenegge, statt der Hausense die Mähsense und statt des Dreschstocks den beweglichen Dreschflegel, der seit dem 11. Jahrhundert immer mehr Verbreitung fand.[11]

Bei der Verwendung des den Boden bloß aufreißenden Hakens blieb zwangsläufig zwischen den einzelnen Furchen ein Streifen von etwa fünf bis sieben Zentimeter Breite unbearbeitet. Durch das Längs- und Querpflügen, das *in traverso* und *in longo arare*, wie es schon die Lex Baiuvariorum im 8. Jahrhundert gefordert hatte,[12] konnte die nicht aufgerührte Fläche zwar vermindert werden, auch wenn immer noch viereckige Reststücke von jeweils 20 bis 50 cm^2 übrigblieben, die Unkrautherde darstellen mußten. Das Resultat einer solchen Bearbeitungstechnik war mehr ein Feldgrasgemisch als ein Getreidefeld. Die neuen Beetpflüge, die den Boden in langen, geraden Furchen in eine Richtung umstürzten, ergaben ein gleichmäßiger bestelltes und unkrautfreieres Feld. Der Wegfall der Notwendigkeit des Querpflügens begünstigte die Teilung der Fluren in Längsstreifen.[13] Die Äcker mußten mit asymmetrischen Pflügen, um lange Leerwege zu vermeiden, in Form schmaler Bifänge bearbeitet werden, die durch die dabei entstehenden Wölbäcker, das heißt die Beete und dazwischenliegenden Abzugsfurchen, eine günstigere Regulierung des Wasserhaushalts im Boden gewährleisteten.

Die Ausdehnung der Wiesenwirtschaft ging mit der Verbesserung der Sensen einher, die sich von kurzstieligen Hausensen, mit denen das Gras förmlich abgehauen werden mußte, zu langstieligen Mähsensen mit ausgewinkelter Klinge entwickelten, mit denen wirklich »gemäht« werden konnte. War auf den Wiesen zuerst nur einmal im Jahr das

Der Pflüger: Monatsbild März, kolorierte Federzeichnung aus einer Biblia pauperum, süddeutsch, 1475

»Heu« angefallen, so konnte bereits vor der Jahrtausendwende infolge Düngung oder guter Bewässerung zweimal im Jahr gemäht werden. Der ersten Nutzung im Juni, die das »Heu« erbrachte, folgte eine in lateinischen Texten als *fenum secundum* bezeichnete zweite Ernte im August, bei der das Grummet, das »grün Gemähte«, eingebracht wurde. Das deutsche Wort, das sprachgeschichtlich wesentlich jünger und konkret erst seit dem 13. Jahrhundert nachweisbar ist, verweist im Unterschied zum Heu ausdrücklich auf den Mähvorgang.[14]

Sensen wurden aber nur zum Mähen des Grases verwendet, während zum Getreideschnitt wegen des im Verhältnis zu den Arbeitskosten sehr hohen Werts des Getreides weiterhin die schonenderen, weniger Körnerverluste bringenden, aber arbeitsaufwendigeren Sicheln benutzt wurden. Auf allen Arten von Wiesen sorgte man nach Möglichkeit mit schmalen, künstlichen Gräben für die nötige Feuchtigkeit. Die Zeit und das Ausmaß der Wasserentnahme waren für die einzelnen Anrainer genau geregelt.[15]

Für die Viehzucht war die Weidemöglichkeit im Sommer entscheidend, wobei man das Vieh oft über sehr weite Strecken zur Weide trieb und mit ihm je nach Jahreszeit verschiedene Plätze aufsuchte. Die Stallfütterung war auf den Winter beschränkt, den das Vieh häufig durchhungern mußte. Eine besondere Form stellten die als Schwaigen bezeichneten, ausschließlich oder überwiegend auf Viehwirtschaft eingestellten Höfe dar, die seit dem 12. Jahrhundert auf den höheren Hängen, zum Teil über der Getreidegrenze entstanden und sich vorerst vor allem auf Schafhaltung und die Erzeugung von Käse und Wolle konzentrierten. Das Vieh wurde von der Grundherrschaft beigestellt. Für Schwaigen galt von Anfang an freie Erbleihe. Man findet Schwaigen im ganzen Alpenbereich, am häufigsten in Tirol, aber auch in Kärnten, Salzburg und der Steiermark mit Ausläufern bis in die Bucklige Welt. Ihre Blütezeit als Spezialbetriebe der Schafzucht dauerte vom 13. bis 15. Jahrhundert. Dann verlagerte sich wegen der zunehmenden Nachfrage nach Butter und Butterschmalz ihr Schwerpunkt auf Rinderhaltung und Milchwirtschaft, so daß sie von anderen bäuerlichen Betrieben kaum mehr zu unterscheiden waren.[16]

Die große Bedeutung, die der Wein als Getränk der Oberschichten und unverzichtbarer Bestandteil der christlichen Kulthandlungen einnahm, förderte den Weinbau, wo immer Topographie und Klima es zuließen. Die Kontinuität zur Antike war zumindest in Tirol ungebrochen, wie die Übernahme zahlreicher Fachausdrücke beweist, war aber wohl auch in Donauösterreich gegeben.[17] Auch in Kärnten gab es bereits im frühen Mittelalter Weinbau, der bis 1300 Ansätze zur Ausbildung ausgesprochener Weinbaulandschaften erkennen ließ. Eine Kontinuität zur Antike allerdings konnte nicht nachgewiesen werden.[18]

Wein war vorerst Herrengetränk. Daher wurden auch die Bistümer und Klöster in den begünstigten Regionen mit zahlreichen Weingärten ausgestattet. Das Kloster Mondsee erhielt schon im 8. Jahrhundert Weinberge in Aschach und bei St. Florian, Kremsmünster welche an der Rodl nördlich der Donau. Nach den Awarensiegen Karls des Großen bemühten sich die fränkisch-bayerischen Bistümer und Abteien um Weinberge in der Wachau. Sie fanden östlich der Enns viel herrenloses, wenn auch nicht menschenleeres Gebiet. Die zahlreichen Schenkungsurkunden an die Hochstifte Salzburg, Passau, Regensburg und Freising sowie für die Klöster Tegernsee, Niederalteich, Kremsmünster, Herrieden, Metten, Mattsee oder das niederbayerische Moosburg nennen hauptsächlich Orte zwischen der Mündung der Ybbs und der Pielach, in der Wachau und vor allem an den beiden Ufern der Traisen von St. Pölten bis zur Donau. Es ist klar, daß dabei der Wein eine zentrale Stellung einnahm, selbst dort, wo heute längst kein Wein mehr gebaut wird.[19]

Wein dominierte auch unter den Gütern, die auf den Saumwegen über die Alpen nach Nordtirol und Salzburg transportiert wurden. Daß diese Transporttätigkeit von Bauern ausgeführt wurde und es sich sehr früh bereits um große Mengen handelte, kann den ersten Verzeichnissen über bäuerliche Abgaben aus dem 12. Jahrhundert im Nordtiroler und Salzburger Raum entnommen werden, die auf weitverbreitete bäuerliche Weinsaumdienste und Weinabgaben schließen lassen.[20]

Für das Entstehen der donauländischen, marktorientierten Weinbaulandschaft war der Wasserweg wichtig. Der Weintransport donauaufwärts wurde zuerst von klösterlichen Eigenleuten besorgt, die mit »Schiffslehen« ausgestattet waren und die Schiffe mit menschlicher Kraft stromaufwärts zu ziehen hatten.[21] Gegen ausländische Konkurrenz wurde diese Weinbaulandschaft früh geschützt. Bereits im Hochmittelalter war die Ein- und Durchfuhr ungarischen und mährischen Weins nach und durch Niederösterreich zu Wasser und zu Land verboten.

Mühlen des Fortschritts

Die menschliche Kraft begrenzte die meisten Tätigkeiten. Das Mahlen des Getreides geschah bis ins Mittelalter und häufig länger ebenso manuell wie der Transport von Lasten und das Ziehen von Schiffen, das Hinauftragen der über den Winter abgerutschten Erde ebenso wie das Einbringen von Heu und Getreide in Kraxen und Plachen oder das Austragen von Stalldung mit Körben und Pritschen.

Für Zugdienste kamen vor allem Rinder zum Einsatz, die zwar weniger ausdauernd und leistungsfähig als Pferde, aber billiger anzuschaffen und leichter zu füttern waren. Auch konnten sie vielfältiger genutzt werden und verloren im Alter nicht so stark an Wert wie Pferde, deren Fleisch wegen der bestehenden Tabuvorstellungen nicht gegessen wurde oder gegessen werden durfte und die wegen des Getreidebedarfs auch in direkter Nahrungskonkurrenz zum Menschen standen. Pferde spielten neben ihrer Bedeutung für den Kriegsdienst und die Jagd vor allem dort eine besondere Rolle, wo dem schnelleren Vorwärtskommen ein entsprechender Stellenwert zukam, im Fernverkehr und Saumhandel oder bei der Verwendung von Eggen, bei denen die Geschwindigkeit über die Wirksamkeit des Gerätes entschied. Wo die Wege zu den Feldern lang waren, also im Bereich großer Dorfsiedlungen, war die Schnelligkeit der Pferde generell von größerem Vorteil als im Einzelhofgebiet.

Durch verschiedene Verbesserungen der Anspanntechnik wurde die Zugleistung gegenüber der Antike um 400 bis 500 Prozent erhöht. Die antike Anschirrung der Pferde mit Jochen oder Halsgurten widersprach ihrem Körperbau. Pferde konnten erst mit Sielengeschirren, die die Zugkraft von der Brust abnehmen, oder mit Kummetanspannungen, die einen gepolsterten Halskragen verwenden, ihre volle Kraft entfalten. Auch der Hufbeschlag steigerte ihre Leistungsfähigkeit. Durch das Ortscheit wurde es möglich, Zugtier und Wagen durch zwei parallele Stränge zu verbinden und damit die Kraftübertragung zu verbessern. Mit dem zweiachsigen, wechselweise kurz und lang spannbaren Ackerwagen wurde nicht nur die Transportleistung vergrößert, sondern auch der Investitionsbedarf verringert. Mit Rad- und Speichensturz und Eisenbereifung konnte die Gängigkeit und Stabilität der Fahrzeuge wesentlich verbessert werden.[22]

Die vertikale Wassermühle, die bis ins Hochmittelalter meist in unterschlächtiger Konstruktion üblich war, war zweifellos das wichtigste technische Erbe der Antike, das erst im Mittelalter zu wirklicher Entfaltung gelangte. Die neueren oberschlächtigen Mühlen hatten zwar einen wesentlich besseren Wirkungsgrad, waren aber in der Konstruktion viel aufwendiger. Daß der Bau wassergetriebener Mühlen seit der Antike nicht in Vergessenheit geraten war und nunmehr viel größere Bedeutung erlangte, belegen Salzburger Urkunden aus dem 8. Jahrhundert und solche aus Kärnten aus dem 9. Jahrhundert. Das Salzburger Mülln, seit dem 6. Jahrhundert nachweislich besiedelt, trägt diesen Namen zumindest seit dem Ende des 8. Jahrhunderts *(ad molendinas)*. Auch Mühldorf am Inn, 935 erstmals erwähnt, dürfte auf eine alte Mühle hinweisen. Späte-

Wirtschaftshof mit unterschlächtiger Mühle: Ausschnitt aus dem Altarbild »Begräbnis des heiligen Leonhard« in Pesenbach, Oberösterreich, Ende 15. Jahrhundert stens um 1100 findet man bereits zahlreiche herrschaftliche und offenbar gewerbsmäßig betriebene Bannmühlen.[23]

Die im Alpenraum häufig vorkommenden horizontalen Wassermühlen, die von der Technikgeschichte lange Zeit als Kuriosum abgetan wurden, stellten aufgrund ihrer Konstruktionsmerkmale eine ernstzunehmende Alternative zu den Mühlen mit vertikal angeordneten Rädern dar. Die Kraft des Wassers konnte in diesem Fall direkt, ohne ein kompliziertes Zahnradgetriebe, auf den horizontal laufenden Mühlstein übertragen werden. Solche kleine, leicht zu bauende Horizontal- oder Stockmühlen waren daher viel billiger und weniger störungsanfällig, konnten aber nur dort entstehen, wo das Wassergefälle groß genug war. Da sie jeder Bauer für sich bauen konnte, waren sie auch als Akt der Emanzipation aus grundherrschaftlichen Mühlenrechten zu verstehen und nur dort möglich, wo die grundherrlichen Bannrechte nicht konsequent durchgesetzt wurden. Eine große Bedeutung erlangten horizontale Wassermühlen wegen ihrer Robustheit auch als Erzmühlen.[24]

Während Horizontalmühlen praktisch nur zum Antrieb von Mühlsteinen, eben zum Mahlen von Getreide und später auch Erz, verwendet werden konnten, waren vertikale Wasserräder durch die Erfindung der Nockenwelle und später auch der Pleuelstange viel universeller einsetzbar, als Antriebe für Sägewerke, Lodenwalken und Papierstampfen, für Gebläse, Hämmer, Stampfen und Schleifen. Damit wurde die Mühle zur zentralen Maschine des Mittelalters, aus der sich ein entscheidender Anstoß zur späteren Industrialisierung ergab.

Im deutschen Sprachraum findet sich ein erster ausdrücklicher Hinweis auf mechanische Stampfen in zwei Urkunden des Klosters Admont aus 1135 und 1175, wobei den Verfassern kein lateinischer Fachausdruck geläufig war, so daß sie einfach schrieben: *Molendinum quoque unum et stanf unum*, eine »Mühle und eine Stampfe«.[25] Da die Benediktiner für die Wollverarbeitung bekannt waren, wird es sich wohl um Lodenwalken gehandelt haben. Wassergetriebene Gebläse gab es im Trienter Edelmetallbergbau schon zu Beginn und am steirischen Erzberg in der zweiten Hälfte des 13. Jahrhunderts.[26] Wassergetriebene Schmiedehämmer tauchten in der Steiermark im frühen 14. Jahrhundert auf. Auch die Anfänge der Sägemühlen reichen in diese Zeit zurück. Der Antrieb war hier komplizierter, weil nicht nur die vertikale Bewegung des Sägeblattes, sondern auch der horizontale Schub für den zu bearbeitenden Baum vom Wasserrad geliefert werden mußte.[27]

Mühlen waren standortmäßig naturgemäß an die geeigneten Wasserläufe und damit vorwiegend an ländliche Regionen gebunden. Aber auch für die Stadtwirtschaft wurden sie bedeutend. Die Städte entstanden am Wasser. Die Stadtwirtschaft brauchte die Wasserläufe so dringend wie die Landwirtschaft den Boden: zum Betreiben der Mühlen, zum An- und Abtransport von Waren und zur Beseitigung der Abfälle. Das beste Beispiel bietet Salzburg. Schon im 8. Jahrhundert wurde ein künstlicher Kanal angelegt, der entlang des Berghanges in einem Mühlgang Wasser in die Stadt leitete und Mühlen betrieb.[28] Zwischen 1137 und 1143 wurde ein etwa 370 Meter langer Stollen durch den felsigen Mönchsberg geschlagen und bis 1160 eine Zuleitung angelegt, die in einem technisch aufwendigen hölzernen Gerinne, das viel teurer war als der Stollendurchschlag, die davorliegenden Moorgebiete überbrückte und das Wasser aus den Bächen im Untersberggebiet heranführte: Der 1286 durch Einleitung der Königseeache oder Alm endgültig zum Almkanal erweiterte künstliche Wasserlauf, der für deutsche Städte in der damaligen Zeit eine einzigartige Leistung darstellte, versorgte das Stadtgebiet von Salzburg mit Brauch- und Trinkwasser. Mitte des 14. Jahrhunderts wurde ein zweiter Stollen durch den Mönchsberg geschlagen und damit neben dem bereits bestehenden »Stiftsarm« der wesentlich wasserreichere »städtische Arm« geschaffen, an welchem neben Getreidemühlen auch Schleif-, Polier-, Walk- und Sägemühlen betrieben werden konnten.[29]

Die Klöster hatten bei solchen Bauten Vorbildwirkung. Waren es in Salzburg das Domkapitel und die Abtei St. Peter, die den Almkanal anlegen ließen, so waren es im steirischen Rein die Konversen der dortigen Zisterzienserabtei, die im 12. Jahrhundert für die Klostermühle einen 100 Meter langen Durchstich durch den felsigen Ulrichsberg unter Ausnutzung des natürlichen Gefälles anlegten.[30] Auch im Tiroler Bereich fand der Almkanal schon im 12. Jahrhundert hinsichtlich seiner Funktion zumindest drei vergleichbare Gegenstücke, wenn auch in offener Bauweise: in der bereits seit 1157 nachweisbaren »Mühlwühr« in Brixen, im Bozener Mühlbach (seit 1180/90 belegt) und im Innsbrucker Sillkanal, der erstmals 1180 urkundlich erwähnt ist und vermutlich vom Prämonstratenserstift Wilten initiiert wurde.[31]

Herren und Hintersassen

Aus der Haus- und Gefolgschaftsherrschaft entwickelte sich die Grundherrschaft: Sie war mehr als eine bloße Herrschaft über Unfreie. Sie bedeutete immer zugleich Verfügung über Boden und über freie wie unfreie Leute. Der Boden konnte auf verschiedene Weise bebaut werden: durch Unfreie auf dem Herrenhof *(servi indominicati)*, durch Unfreie, die auf eigenen Höfen wohnten und arbeiteten, aber zu bestimmten Arbeitsleistungen herangezogen wurden *(servi casati* oder »behauste« Unfreie), und letztlich durch Freie, die sich unter den Schutz eines Herrn stellten und von ihm mit Boden ausgestattet wurden. Selbst zur Zeit des frühen Villikations-, Fronhof- oder Meierhofsystems dürfte das in Eigenregie mit unfreien Hofknechten und Mägden bewirtschaftete Herrenland *(terra salica*, Salland, Dominikalland) nur den kleineren Teil der gesamten landwirtschaftlich genutzten Fläche umfaßt haben.[32]

Die Meierhofwirtschaft büßte im hohen Mittelalter ihre frühere Bedeutung ein. Im 11. und 12. Jahrhundert änderten sich die Organisationsprinzipien: Die Eigenwirtschaft der Grundherren trat zurück. Nicht mehr der große, zentrale Herrenhof, sondern die einzelnen Höfe oder Huben der Untertanen wurden zur dominierenden Wirtschaftseinheit. Viele Meierhöfe wurden im 12. und 13. Jahrhundert aufgelöst und an selbständige Bewirtschafter ausgegeben. Auch die vorwiegend auf Getreidebau ausgerichteten, von Hörigen unter Aufsicht des herrschaftlichen Stadlers oder Strohmaiers bewirtschafteten, immer aus mehreren Huben bestehenden Stadelhöfe verloren ihre Bedeutung als Wirtschaftsmittelpunkte.[33]

Dem Begriff »Hufe« oder »Hube« begegnet man erstmals im 9. Jahrhundert. Hofplatz, Haus und Grund wurden zu untrennbaren Einheiten und bezeichneten die für den Unterhalt einer Familie ausreichende Wirtschaftsgröße. Die Pflichten der Hubeninhaber, seien es Freie, Zensualen oder Unfreie, die ursprünglich zumeist in Arbeitsdiensten bestanden, wurden in Produkt- und allmählich Geldrenten umgewandelt. Geldrenten wurden möglich, sobald es für die Bauern auch entsprechende Absatzmärkte für Lebensmittel gab. Mit dem Entstehen und der Ausdehnung des Städtewesens waren Vermarktungsmöglichkeiten verbunden. In diesem Falle konnte es für die Herren vorteilhafter werden, den Bauern den Verkauf ihrer Produkte zu ermöglichen und anstelle der bisherigen Naturalabgaben und Arbeitsleistungen Gelddienste zu verlangen.[34]

War im Begriff »Hube« noch eine durchaus intensive Form der bäuerlichen Abhängigkeit enthalten, so rückte das Wort »Lehen«, das sich statt dessen vor allem im östlichen Kolonisationsgebiet immer mehr durchsetzte, die bäuerliche Betriebseinheit in die Nähe der Landausstattung für militärische Gefolgsleute. »Lehner« zahlten Geldzins. Oft bestanden auch Unterschiede in der Betriebsgröße: Nach Kremsmünsterer Quellen war ein Meierhof *(curia)* gleich zwei Huben und drei Lehen. Mit den landwirtschaftlichen Produktivitätsfortschritten konnte die Fläche, die eine Familie ernährt, verkleinert werden. Es entstanden Halb- und Viertelhufen. Noch kleinere Einheiten waren bestenfalls bei Intensivkulturen denkbar oder mußten sich auf nichtagrarische Zuerwerbe stützen.[35]

Sieht man von größeren Sammelsiedlungen ab, so war die herrschende Siedlungsform des Altsiedellandes die Einzelhofsiedlung oder der Weiler bzw. eine häufig um einen Meierhof angelegte Höfegruppe. Im Gebirge dominierte die dem Gelände angepaßte Einzelhofsiedlung mit streifenförmiger Einödflur. Mit dem Bedeutungsgewinn des Ackerbaus, dem Vordringen der Dreifelderwirtschaft und der damit verbundenen Regelung der gemeinsamen Weide auf den Brachfeldern, Hutweiden und im Wald festigte sich die neue Siedlungsform des Dorfes in verschiedenen regelmäßigen Formen als Straßen-, Gassen-, Anger- oder Waldhufendorf. Die Verbesserung der Rechtsstellung der Bauern im Zuge der Auflösung der Fronhofverfassung ging mit einer Verstärkung der Dorfgemeinschaft einher. Die Dörfer stabilisierten sich und bestimmten die sich entwickelnden Gemeinden. Der Bauer wurde zum »gemeinen« Mann, zum Mitglied der Gemeinde.[36]

Burgen und Städte

Die Verleihung oder Aufzeichnung eines Stadtrechtes darf nicht einfach mit der Stadtwerdung oder Stadterhebung gleichgesetzt werden. Die Stadt Enns rühmt sich zwar, das älteste erhaltene Stadtrecht Österreichs (1212) zu besitzen. Es würde aber eine Irreführung bedeuten, Enns deswegen einfach als »älteste Stadt Österreichs« anzupreisen. Einerseits ist es gelungen, ältere Stadtrechte, die nicht im ursprünglichen Wortlaut überliefert sind oder nicht so eindeutig als solche bezeichnet sind, nachzuweisen. Das älteste erhaltene Stadtrechtsprivileg im österreichischen Raum dürfte die im Jahre 1159 für St. Pölten von Bischof Konrad von Passau ausgestellte Urkunde darstellen. Andererseits gibt es Städte wie Salzburg, die durch Jahrhunderte Stadt waren, bevor sie ein schriftliches Stadtrecht erhielten.[37]

Der kombinierte Stadtbegriff vereinigt ein Bündel von Kriterien rechtlicher, wirtschaftlicher, sozialer und topographischer Art: die Benennung als Stadt *(civitas)*, die Verleihung eines Stadtrechts und die entsprechende Privilegierung, das Auftreten eines Stadtrichters, die Funktion als Wirtschaftsmittelpunkt, die Arbeitsteilung, das Sozialprestige, die Ummauerung und Wehrhaftigkeit, die Wohnqualität und Urbanität, schließlich die kulturelle Anziehungskraft. Solche zentrale Plätze müssen durchaus nicht immer in den Quellen der Zeit als Stadt bezeichnet worden sein und waren es doch.

Salzburg ist in mancher Hinsicht die älteste Stadt Österreichs. Obwohl auch dort keine wirkliche Kontinuität des städtischen Lebens vom römischen Municipium Iuvavum zur Stadt des Mittelalters bestand, so war die Verbindung zwischen Spätantike und Frühmittelalter – vielleicht mit Ausnahme von Bregenz – doch stärker ausgeprägt als in allen anderen Städten Österreichs, auch wenn sich im Unterschied zu so vielen anderen Orten keine Namenskontinuität ergab. Die Qualität der spätantiken Kastelle als bewehrte Plätze dürfte in einer größeren Zahl von Fällen ein bescheidenes Bevölkerungs- und Siedlungskontinuum ermöglicht haben. Märkte entwickelten sich nicht selten im Anschluß an antike Zentralorte, so der große Jahrmarkt von Petronell, der räumlich an die Römerstadt Carnuntum anknüpfte.[38]

Grundsätzlich war im Ostalpenraum die Burg für die Stadtentwicklung entscheidend, wobei Burgen des 9. bis 12. Jahrhunderts in rechtlicher, wirtschaftlicher und sozialer Hinsicht von den späteren adeligen Höhenburgen zu unterscheiden sind. »Burgen« wie Salzburg, Judenburg, Enns-Burg, Steyr-Burg, Eparesburg (Ybbs), Herzogenburg oder Wilhelmsburg waren zentrale, befestigte Plätze, die nicht nur militärische, sondern als rechtmäßige Plätze des Warentausches auch wirtschaftliche Zentrumsfunktionen einnahmen.[39] Der Handel benötigte einen entsprechenden Schutz, den der König oder sein Vertreter, der Graf, in befestigten Plätzen sicherstellen konnten. Hier war auch der Zoll zu zahlen. Prinzipiell folgte der Markt der Burg, nicht umgekehrt. Es war nicht der Kaufmann, der die Stadt gründete, sondern es war der »Bürger«, der Burgbewohner, der Handel trieb.[40] Später trat in den Stadtnamen die Burgbezeichnung gegenüber der Stadtbezeichnung zurück und wurde für die »reine« Burg reserviert. Burg und Stadt, beide mit gleichen Wurzeln, sind als komplementäre Ausdrucksformen des Feudalsystems zu verstehen, als strukturell dezentrale Machtgefüge. Beide bestimmten sich als Verteidigungsanlagen. Beide waren sie für Reiterkrieger schwer und nur mit aufwendigen und langdauernden Belagerungen zu bezwingen. Befestigungsträger einer Stadt war zuerst der Stadtherr mit seiner Stadtburg. Mit der Verschiebung des politischen Kräfteverhältnisses zur Bürgerschaft nahm diese zunehmend selbst die Verteidigungsaufgaben in die Hand.[41]

Parallel zum agrarwirtschaftlichen Aufschwung entwickelte sich seit der zweiten Hälfte des 12. Jahrhunderts innerhalb von wenigen Jahrzehnten ein Städtenetz von beträchtlicher Dichte. Die große Welle der Städtegründungen, nach außen faßbar vor allem im planmäßigen Ausbau mit regelmäßigen Grundrissen, großen, meist rechteckigen Platzanlagen und an den Rand gerückten Stadtburgen, spielte sich vor allem zwischen 1180 und 1270 ab. Dabei konnten bestehende Städte durch Plananlagen erweitert oder überhaupt Neugründungen vorgenommen werden. Die Städte traten als Mittelpunkte der herrschaftlichen Verwaltung auf, als Maut- und Zollstellen und in selteneren Fällen auch als Münzstätten. Dazu kamen Markt- und Handelsrechte, Niederlags- und Stapelrechte und Privilegien über einen der Stadt gegebenenfalls zugeordneten Wirtschaftsraum (Bannmeile).[42]

Das Stapelrecht unterbrach den Warenverkehr zugunsten eines bürgerlichen Abnahmemonopols; das bedeutendste Beispiel im Donauraum stellt das 1221 für Wien eingerichtete Niederlagsrecht dar, das der städtischen Kaufmannschaft eine einzigartige wirtschaftliche Sonderstellung einräumte, die ihren Reichtum begründete. In der Regel hatten jedoch Niederlagsprivilegien eine viel geringere Bedeutung. Niederlags- und Stapelrechte besaßen viele Städte: Freistadt erlangte 1277 das Stapelrecht für alle nach Böhmen gehenden Waren, Steyr 1287 eines für Eisen und Holz und Wels 1372 für Holz. Manche Niederlagspatente sahen nur einen Übernachtungszwang oder einen Haltezwang in dem privilegierten Ort vor.[43]

Niederlags- und Stapelrechte waren dann besonders erfolgreich, wenn die jeweils berechtigte Stadt nicht umgangen werden konnte. Was bei der Schiffahrt vorgegeben war, konnte bei Landstraßen bisweilen nur schwer durchgesetzt werden. Um den Straßenzwang und die Etablierung einer Bannmeile, das heißt die Unterbindung von Handel und Gewerbe in einem bestimmten Umkreis um die Stadt, was etwa Aschbach vor 1230, Enns 1244 oder Linz 1362 gewährt wurde, kam es daher zu besonders langwierigen Auseinandersetzungen.[44]

Die Handelsvorrechte der Stadtbürger kamen in mehrfacher Hinsicht zum Ausdruck: Nur Bürgern sollte es erlaubt sein, mit Waren innerhalb und außerhalb des Landes Handel zu treiben. Die in das Land kommenden fremden Händler, als Gäste bezeichnet, durften nur in den Städten kaufen und verkaufen und nur mit bürgerlicher Vermittlung untereinander Handel treiben. Schließlich sollten alle auf dem Lande produzierten und nicht zum Selbstverbrauch bestimmten Waren auf die städtischen Märkte gebracht werden. Auf dem Land durfte der Handel lediglich auf befreiten Jahrmärkten und Kirchtagen vorübergehend ausgeübt werden. Der direkte Einkauf beim ländlichen Produzenten, der »Fürkauf«, und der »Gäuhandel«, der Handel außerhalb der bezeichneten Märkte im sogenannten »Gäu«, waren weder dem inländischen Verbraucher noch dem in- und ausländischen Händler erlaubt.[45]

Fürkaufs- und Gäuhandelsverbote, das heißt, die Verbote des Handels außerhalb der privilegierten Märkte und Markttage, waren Teil der vielfältigen Maßnahmen zum Schutz des bürgerlichen Erwerbs und standen in einem engen Konnex mit Bannmeilen, innerhalb derer nur die Bürger das Recht zum Betreiben von Handel und Gewerbe oder zum Ausschank von Wein und Bier besaßen. Die Städte und Märkte konnten aber die für sie so vorteilhaften Bannmeilenrechte gegen die Grundherren, Bauern und Gewerbetreibenden des Umlands nie in vollem Umfang durchsetzen. Aus den Fürkaufsverboten und Bannmeilen, die in der näheren Umgebung und im Einzugsbereich der Bergbaudistrikte besonders früh und besonders strikt ausgesprochen und kontrolliert wurden, um Teuerungen in diesen sensiblen Bereichen zu verhindern, entwickelte sich seit Friedrich III. das System der Proviantordnungen und Widmungsbezirke.[46]

Häuser und Hütten

Das Haus, vor allem aber seine Bauart und Stabilität, waren und sind nicht nur Ausdruck der Seßhaftigkeit, sondern auch der gesellschaftlichen Stellung und etablierten »Gewohnheit«. Die Festigkeit des Hauses war Zeichen der Macht. Das Material kennzeichnete die Stellung des Bauherrn. Je höher in der ständischen Hierarchie dieser rangierte, um so früher verfügte er über massive Bauten und massive Dächer. Während die Gutshöfe der Römerzeit Stein- und Ziegelbauten waren, überwog im Mittelalter mit Ausnahme der Sakralbauten und Adelssitze die Holzbauweise. Häufig verweisen Orts- und Flurnamen auf »Mauer« und »Stein«, etwa Steindorf bei Mauterndorf im Lungau oder Steindorf im Flachgau, auf antike Siedlungsreste. Bezeichnend ist, daß solche römerzeitliche Hausruinen von der späteren Bevölkerung nicht selten als Reste von Sakralbauten gedeutet wurden.[47]

Kirchengrabungen bestätigen den Befund, daß zwischen dem 9. und 11. Jahrhundert im Ostalpenraum auch bei Kirchen die Holzbauweise häufig war.[48] Allmählich wurden bei den wichtigsten Gebäuden, den Kirchen, Burgen und Klöstern, die Holzbauten durch steinerne ersetzt. In der um 1140 aufgezeichneten Biographie des heiligen Altmann von Passau (1065–1091) liest man, daß er bei seiner Ankunft im Bistum noch »alle Kirchen aus Holz gebaut« vorgefunden habe. An dieser Aussage werden berechtigte Zweifel gehegt. Der baufreudige Bischof scheint vielmehr die letzten noch hölzernen Kirchen durch steinerne ersetzt zu haben.[49]

Die frühen Adelssitze, als »festes Haus«, »Burg« oder »Hausberg« bezeichnet, waren mit Graben, Wall und Zäunen befestigte Plätze auf Erdwerken und waren von Bauernhäusern kaum zu unterscheiden. Im 12. Jahrhundert sicherten Burgen die wichtigsten Alpenübergänge und Fernverkehrswege. Um die Mitte des 12. Jahrhunderts wurden die ersten Höhenburgen auf den Felskuppen des Wienerwaldes und des Donautales errichtet. Der Burgenbau machte so rasche Fortschritte, daß sich der Adel dem Zugriff der Zentralmacht immer mehr entziehen konnte.[50]

Die vorwiegend ebenerdigen Häuser der Stadtbürger bestanden im 13. Jahrhundert zum größten Teil noch aus Holz, auch in einer Stadt wie Wien, was aus der Tatsache hervorgeht, daß in Urkunden noch ausdrücklich betont wurde, wenn es sich um ein gemauertes Haus handelte. Die bei dem von Leopold V. aus dem englischen Lösegeld finanzierten Bau der Wiener Stadtmauer beschäftigten Handwerker errichteten auch die ersten ein- bis zweigeschossigen Steinhäuser Wiens. Es kam um und nach 1200 zu einer Bautätigkeit, wie sie in diesem Umfang erst das 19. Jahrhundert wieder hervorgebracht hat. Im 13. Jahrhundert entstanden in Wien und anderen größeren Städten mehrstöckige Steinhäuser. Doch waren auch im 15. Jahrhundert die Häuser in Städten und

Märkten noch häufig aus Holz gebaut und wurden deshalb oft durch Brände völlig zerstört.[51]

Die Baukonjunktur im 13. Jahrhundert fiel mit dem Auftreten der Stube als bedeutendster Innovation im mittelalterlichen Wohnungswesen zusammen. Als heizbarer, aber rauchfreier und gegen das Dach durch eine Oberdecke abgeschlossener Wohnraum konnte sie einen völlig neuen Wohnkomfort vermitteln, zuerst auf Adelssitzen, bald auch in Bürger- und schließlich auch in Bauernhäusern. Die frühesten Belege für Stuben stammen aus den Alpenländern, und zwar vor allem aus den südlich der Alpen gelegenen Regionen in Südtirol, Kärnten und der Steiermark.[52]

Schmied, Zimmermann und Dachdecker aus dem Reiner Musterbuch, Anfang 13. Jahrhundert

Zum größten Teil waren die in der Regel sehr kleinen mittelalterlichen Bauernhäuser aus Holz gezimmert und konnten daher leicht zerlegt und an anderer Stelle wieder aufgebaut werden. Zwar ist es nicht so, daß im Mittelalter auf dem Land die Steinbauweise überhaupt nicht anzutreffen gewesen wäre. Aus Ausgrabungen an der mährisch-österreichischen Grenze weiß man, daß dort im 14. Jahrhundert bei Ställen die Massivbauweise schon üblich war und die vornehmsten Dorfmitglieder, der Müller und wahrscheinlich der Dorfrichter, bereits auch steinerne Wohnhäuser besaßen.[53] Um 1370 begegnet auch der Begriff »Haus« *(domus)* als Bezeichnung für die bäuerliche Wohnstätte, nicht nur als Hinweis auf stabilere Bauweise, sondern auch auf eine verbesserte soziale Stellung.[54] Seit dem 16. Jahrhundert fand der Steinbau auch auf dem Land steigende Verbreitung, vor allem in dem südlichen Einflüssen näherstehenden Tirol, von wo er auch ins benachbarte Kärnten und Salzburg und bis nach Oberösterreich ausstrahlte und sich auch in den Weinbaugebieten und marktoffenen Regionen entlang der Donau durchzusetzen begann.[55]

Bedrohte Inseln des Wohlstands

Schätze der Alpen

Die Ostalpen sind der an Bodenschätzen reichste Teil der Alpen. Die geologische Landschaft ist außerordentlich bunt: Gold, Silber, Kupfer, Blei, Zink, Eisen, Arsen, Vitriol, Quecksilber, Gagat, dazu natürlich das Salz und später auch Kohle wurden und werden abgebaut. Über die mittelalterlichen Anfänge ist wenig bekannt, auch wenn die Archäologie zahlreiche Belege für frühe Bergbaue und Schmelzöfen dort zutage befördert hat, wo die schriftliche Überlieferung fehlt, und manche sagenhafte Traditionen von versunkenen oder von Eis übergossenen Bergbauen bestätigt.

Die Sage von der Ermordung der aus zeitgenössischen Schriftquellen nicht bekannten Söhne der heiligen Hemma namens Wilhelm und Hartwig durch aufständische Bergknappen aus Zeltschach könnte auf einen Silberbergbau bereits in der ersten Hälfte des 11. Jahrhunderts hindeuten, aber auch bloß eine nachträgliche Vermischung mit der erst im späten 11. Jahrhundert sicher belegbaren Silbergewinnung im Berggebiet des Zosener Kogels östlich von Friesach um Zosen und St. Martin am Silberberg darstellen.[56] Daß diese Silbervorkommen, denen Friesach seine führende Stellung im Münzwesen verdankte, bedeutend waren, läßt sich aus der bereits um 1200 faßbaren Anlage eines sogenannten »Mönchsabzugs« *(munichaituht)* erkennen, eines europaweit innovativen Anfangs eines Erbstollenbaus zur Entwässerung darüber befindlicher Schachtanlagen.[57]

Das zweite Zentrum des alpinen Edelmetallbergbaus im späten 12. und beginnenden 13. Jahrhundert befand sich im Trienter Gebiet. Im Zusammenhang mit diesem Silberabbau, der am Monte Calisio oder Kühberg nordöstlich von Trient betrieben wurde, entstand die früheste bekannte Bergrechtskodifikation des römisch-deutschen Reiches, die für viele spätere Ordnungen dieser Art zum Vorbild wurde.[58]

Das weitere Aufblühen des steirischen Silberbergbaus im späten 13. und frühen 14. Jahrhundert muß auf die Zeitgenossen wie ein Rausch gewirkt haben. Im Epos von »Biterolf und Dietleib« aus dem letzten Viertel des 13. Jahrhunderts konnte dessen Verfasser, ein fahrender Sänger, kaum genug Worte über den sagenhaften Reichtum des Landes finden: »Sieben Golderze es hat, kaum steht ein Berg, darin man kein Silber findet...«[59] Zwei Fundstellen ragten besonders hervor: Oberzeiring und Schladming. Der Bergbau in Zeiring dürfte zwischen 1260 und 1265 angelegt worden sein, als der Böhmenkönig Přemysl Ottokar die Herrschaft in der Steiermark übernahm. Die Blüte des Zeiringer Reviers dauerte kaum hundert Jahre. Zwischen 1361 und 1365 trat jene Katastrophe ein, die von der Sage als Folge des Leichtsinns oder Übermuts der Knappen hingestellt wurde, aber das Ergebnis der immer größer werdenden Tiefe der Gruben und der damit steigenden Gefahr eines Wassereinbruchs war. Die Sage weiß von 1 400 ertrunkenen Knappen. Der märchenhafte Reichtum dieses bedeutendsten alpenländischen Edelmetallbergbaus des frühen 14. Jahrhunderts war der Anlaß für etliche vergebliche Versuche, die abgesoffenen Gruben wieder zu öffnen. Geblieben sind die drei

Freskoreste eines stehenden, von zahlreichen Werkzeugen umgebenen Schmerzensmannes (»Feiertagschristus«) aus der Knappenkirche in Oberzeiring, Mitte 14. Jahrhundert, das früheste Beispiel einer Darstellung dieser Art in ganz Europa

Bergordnungen von 1336, 1339 und 1346, die weit über Oberzeiring hinaus als Vorbild anerkannt waren.[60] Etwas jünger war der Bergbau in Schladming. Seine Anfänge sind im letzten Viertel des 13. Jahrhunderts zu suchen. Die große Blüte erreichte der Schladminger Bergsegen aber erst in der zweiten Bergbaukonjunktur im 15. Jahrhundert.[61]

Das Steinsalz, das die Urgeschichte Österreichs so sehr geprägt hatte, war im Römischen Weltreich vom weit billigeren Meersalz zurückgedrängt worden, so daß die alpinen Salzbergbaue vorübergehend ganz oder fast ganz zum Erliegen kamen. Bevorzugt wurden die zahlreichen, auf technisch einfachere Weise verwertbaren salzhaltigen Quellen des Alpenraums.[62] Von den großen alpinen Salzlagerstätten wurde bis weit ins Hochmittelalter nur eine einzige betrieben, die Reichenhaller Quellsaline mit ihren etwa 20 Solequellen. Auch hier war die Salzgewinnung ohne eigentlichen Bergbaubetrieb möglich, da die natürlich fließende Quellsole bloß versotten zu werden brauchte. Die Produktion, die sich ab dem frühen 8. Jahrhundert auch mit schriftlichen Quellen belegen läßt und einen beträchtlichen Umfang hatte, stand eindeutig in römischer Tradition.[63]

Die zahlreichen anderen Salzquellen hatten nur lokale und regionale Bedeutung: In der Kremsmünsterer Stiftungsurkunde aus dem Jahre 777 wurde dem Kloster von Herzog Tassilo III. eine Solequelle im Sulzbachtal bei Bad Hall übertragen, deren wirtschaftlicher Sinn aber mit dem neuerlichen Aufstieg der großen Bergbaue rasch schwand.[64] Ähnlich dürfte es sich mit den im Jahre 979 erwähnten, zum Königshof Villach gehörenden Salzquellen verhalten haben.[65] Das Kloster Admont wurde bei seiner Gründung (1074) mit einer Salzquelle beschenkt, deren Nutzung schon 931 nachgewiesen ist. Diese Salzerzeugung in Hall bei Admont reihte sich bis in das 13. Jahrhundert gleich hinter der Reichenhaller ein. Im Halltal bei Mariazell ist 1025 die Salzgewinnung belegt. St. Lambrecht wurde hier bedacht. Ob die Salzwerke, an denen das Kloster Traunkirchen einen wesentlichen Anteil hatte, sich in Pfandl bei Ischl befanden, wo noch heute salzhaltige Quellen fließen, ist nicht geklärt.[66]

Als einzige Großsaline im Ostalpenraum erlebte Reichenhall, getragen vom Bevölkerungswachstum und der steigenden wirtschaftlichen Bedeutung des Salzes, bis ins 12. Jahrhundert einen steten Aufstieg, der die Gemüter der Bürger, wie Kaiser Heinrich VI. sich ausdrückte, »von vielen Reichtümern aufgebläht« machte, so daß die Versuche zunahmen, dem Reichtum der Stadt mit der Erschließung neuer Salzvorkommen Konkurrenz zu machen. Am erfolgreichsten gestalteten sich diese Bemühungen im Bereich Berchtesgaden und im Raum Dürrnberg/(Hallein-)Gamp.[67]

Im 12. Jahrhundert wurde wieder mit dem bergmännischen Salzabbau begonnen, allerdings nicht in der in urgeschichtlicher Zeit üblichen Form des »trockenen« Abbaus, sondern in der neuen Technik eines »nassen« Abbaus, bei dem das Salzgestein durch Einleitung von Wasser ausgelaugt wurde und die Sole dann abgeschöpft oder über Rohrleitungen abgezogen werden konnte. Auf diese Weise war der Abbau der seit prähistorischer Zeit in Vergessenheit geratenen Salzlager des Dürrnbergs, der 1191 wiederaufgenommen wurde, in wirtschaftlicher Form möglich. Die Sole wurde in Holzröhren ins Tal geleitet, wo an idealem Standort eine Salinenstadt entstand, die in Unterscheidung zum »reichen« Hall als »kleines Hall«, als Hallein bezeichnet wurde. Federführend waren die Salzburger Erzbischöfe, die zwar auch an Reichenhall beteiligt waren, sich aber mit dem neuen Produktionszentrum an der verkehrsgünstigeren Salzach eine viel leistungsfähigere Einkommensquelle erschlossen und Reichenhall massive Konkurrenz machen konnten, was zu heftigen Auseinandersetzungen mit den dortigen Bürgern und dem bayerischen Herzog führte. 1196 ließ Erzbischof Adalbert III. Reichenhall kurzerhand niederbrennen, nachdem sich die Reichenhaller ihrerseits fünf Jahre vorher an der Zerstörung der Berchtesgadener Anlagen beteiligt hatten. Da die Salzburger Erzbischöfe den Flußlauf der Salzach beherrschten, gelang es ihnen, ihre Halleiner Saline binnen weniger Jahrzehnte zur größten Mitteleuropas auszubauen und dem Reichenhaller Produkt den kostengünstigen Wasserweg abzuschneiden. Bis etwa 1230 konnte sich Hallein etwa drei Viertel des früheren Reichenhaller Absatzgebietes sichern. Das Salz aus dem bayerischen Reichenhall wurde aus den Ostalpen und dem mittleren Donauraum völlig verdrängt.[68]

Mit der neuen Technik des Auslaugens dürfte es auch zusammenhängen, daß Erzbischof Eberhard III. (1200–1246) neben den Sudhäusern, die er in Hallein selbst betrieb bzw. an die Salzburger Klöster vergab, auch zwei an die Zisterzienserabtei Salmansweiler (Salem) und eines an die Zisterzienserabtei Raitenhaslach schenkte. Daß das Engagement der Zisterzienser mit der Einbringung der neuen Technik zu tun hatte, ist wahrscheinlich. Auch der Aufstieg der um die Mitte des 12. Jahrhunderts erstmals belegten Ausseer Salzgewinnung dürfte mit der Beteiligung der Zisterzienser in Zusammenhang zu sehen sein, in diesem Fall der Zisterze Rein, die von Markgraf Otto III. 1147 zwei Salzpfannen in Aussee geschenkt erhielt. Die im Lauf des 13. Jahrhunderts erfolgende Verlegung der Saline von Altaussee nach (Bad) Aussee muß mit einer entsprechenden Produktionsausdehnung zusammengehangen haben.[69]

Seit etwa 1260 ist auch im Gosautal eine Salzgewinnung belegt, deren genaue Lage angesichts der geologischen Verhältnisse unklar ist. Als Albrecht I. die habsburgischen Länder für das Salzburger Salz sperren wollte, wurde er in eine lange Auseinandersetzung mit Salzburg verwickelt. Der Streit gipfelte 1295 in der Zerstörung der Anlagen in Gosau und Aussee durch den Salzburger Erzbischof Konrad IV. Die Wiederaufnahme der Hallstätter Produktion, diesmal in Hallstatt direkt, ist erst 1311 gesichert, als Königin Elisabeth, die Witwe König Albrechts I., den Hallstätter Bürgern Salzhandelsprivilegien erteilte. Von Elisabeths Vater, Graf Meinhard II. von Tirol, der das im Tiroler Gericht Thaur befindliche, erstmals 1232 bezeugte Salzvorkommen in der zweiten Hälfte des 13. Jahrhunderts erworben hatte, war die entscheidende Initiative zum Ausbau der Saline Hall am Inn ausgegangen.[70] Als Vorbild dafür dürfte Aussee gedient haben. Die technische Leitung lag sowohl in Hall in Tirol wie in Hallstatt in Händen eines der ganz wenigen aus dieser Zeit namentlich bekannten Techniker, des Ritters Nikolaus von Röhrenbach, der schon um 1280 einer späteren Tradition zufolge im Tiroler Hall das Sink- und Schöpfwerksverfahren eingeführt und die Sole in langen Röhren in die Pfannhäuser nach Hall geleitet hatte und solche Anlagen auch in Hallstatt installierte.[71]

Die im Hochmittelalter geförderten und gehandelten Salzmengen sind schwer bezifferbar. Sicher ist, daß es im Verlauf des hochmittelalterlichen Bevölkerungs- und Wirtschaftswachstums zu einer wesentlichen Nachfragesteigerung für Salz gekommen ist, nicht nur durch die höhere Zahl der Konsumenten, sondern auch durch einen höheren direkten und indirekten Pro-Kopf-Verbrauch, der in einem engen Zusammenhang mit dem Salzverbrauch der Schwaighofwirtschaften zu sehen ist. Ein großer Teil der Produktion wurde exportiert. Mit dem Aufstieg der Halleiner Salzproduktion war der Aufstieg der Stadt Passau als Salzhandelsort verbunden. Dort wurde das Salz umgeladen, teils auf Donauschiffe, über die der mittlere Donauraum versorgt wurde, teils auf Saumtiere, die das Salz über den Goldenen Steig nach Prachatitz brachten, von wo moldauabwärts weite Teile Böhmens beliefert wurden.[72]

Neben Edel- und Buntmetallen und Salz stellte das Eisen den größten Bergreichtum der Ostalpen dar. So berühmt das »norische« Eisen in der Antike war, so wenig weiß man um das Schicksal dieser Eisenproduktion bis zum Ende des ersten nachchristlichen Jahrtausends. Die schriftlichen Quellen geben keinerlei Hinweise auf eine Kontinuität der alpinen Eisenverhüttung. Es war eine Welt des Holzes, wo das Eisen selten und teuer war.[73] Dennoch muß mehr Eisen gewonnen und verwendet worden sein, als in den schriftlichen Quellen belegt ist. Einzelne Gerätschaften wie Pflugschar und Mühleisen oder Rebmesser und Sichel sind ohne Eisen auch vor der und um die Jahrtausendwende nicht denkbar. Aber man war sparsam. Die Spaten waren hölzern und nur am Rand mit Eisen beschlagen. Auch die frühen Pflüge hatten nicht mehr als eine eisenbeschlagene Holzschar, auf deren Wert in den Urbaren nicht selten besonders hingewiesen wurde.[74]

Auch hier dominierte, ähnlich wie beim Salz, anfangs eine sehr kleinräumige Technik, die auf bergmännische Abbaumethoden verzichtete. Die aufgesammelten Erzknollen aus Rasen- oder Sumpferz wurden in vielen kleinen Rennöfen direkt zu schmiedbarem Stahl verhüttet. Die Luppe wurde durch Schmieden von Schlacken befreit und qualitativ verbessert. Schmelzöfen und Schmiedewerkstätten waren in der Regel miteinander verbunden. Ausgedehnte Überreste einer derartigen Eisenverhüttung von der Antike bis ins Hochmittelalter wurden im Burgenland gefunden. Auch sonst hilft die Archäologie weiter, da die ersten schriftlichen Belege für eine mittelalterliche Eisenerzeugung erstaunlich spät im 10. Jahrhundert einsetzen.[75]

Man weiß nicht, wann der Eisenabbau am steirischen und kärntnerischen Erzberg aufgenommen wurde und ob es nicht doch eine bescheidene Kontinuität zur Antike bzw. am steirischen Erzberg auch eine antike Nutzung gegeben hat. Die Geschichte von der »Auffindung« des steirischen Erzberges im Jahre 712 ist sicherlich ein humanistisches Konstrukt. Der Abbau ist allerdings älter, als die schriftlichen Quellen es anzeigen. Es wäre eine verlockende Idee, den Beginn des frühmittelalterlichen Bergbaus am steirischen Erzberg aufgrund neuer Ausgrabungen doch mit der Sage vom Wassermann in Zusammenhang zu bringen. Der Wassergeist ließ die Eisenerzer zwischen plötzlichem Reichtum durch Silber oder langfristigem Wohlstand durch Eisen wählen. Vielleicht bewahrt diese Tradition die Kenntnis von einem inzwischen archäologisch nachgewiesenen, dem Eisenabbau vorausgehenden »kurzfristigen« Bergbau auf Edelmetalle, dem die Eisenerzer hernach das »Eisen auf immerdar« vorzogen.[76] Auch im Hüttenberger Bergbau ging wie am steirischen Erzberg im Mittelalter dem Eisenabbau ein Silberabbau voraus.

Direkte schriftliche Hinweise auf die Eisengewinnung in den späteren großen Zentren der innerösterreichischen Eisenproduktion liegen erst seit dem 12. Jahrhundert vor, zuerst vom steirischen Erzberg und anderthalb Jahrhunderte später auch vom Hüttenberger Erzberg in Kärnten. Auch die kleineren, von den Klöstern St. Lambrecht und Admont betriebenen Eisenabbaue werden seit dem frühen 12. Jahrhundert faßbar. Man wird die erste große Expansionsphase der alpinen Eisenproduktion, vor allem am steirischen Erzberg, in der Zeit zwischen 1150 und 1300/1350 ansetzen müssen, parallel zum mittelalterlichen Landesausbau. Zahlreiche Quellen lassen auf ein Ansteigen der Eisennachfrage schließen, etwa die Ausstattung von Kremsmünsterer Meierhöfen, wie sie im Stiftsurbar aus dem Jahr 1299 aufgelistet wird, oder die Zunahme der Vielfalt an Eisenwaren im Wiener Wagenmauttarif von um 1320 gegenüber der älteren Fassung aus der ersten Hälfte des 13. Jahrhunderts.[77]

In der zweiten Hälfte des 13. Jahrhunderts scheint im Bereich des steirischen Erzbergs die Größe der Schmelzöfen ein Ausmaß erreicht zu haben, das die Verwendung maschinell getriebener Blasbälge erforderte.[78] Die Schmelzöfen mußten an die Wasserläufe verlegt werden. Der Begriff »Radmeister« als Inhaber der »Radwerke«, der nach den großen, zum Antrieb der Gebläse dienenden Wasserrädern benannten Schmelz- oder Stucköfen, ist allerdings erst 1439 belegt. Mit dieser Ablöse der Rennfeuer durch die wesentlich leistungsfähigeren Stucköfen vergrößerte sich der Abstand zur Montanwirtschaft des frühen 12. Jahrhunderts und der davor gelegenen Zeit sprunghaft, auch wenn damit noch kein Abgehen von der direkten Methode der Eisenverhüttung verbunden war. In den Stucköfen wurde nicht wie später bei den Floß- und Hochöfen kontinuierlich gearbeitet, sondern in einem 15- bis 18stündigen Arbeitsgang ein großer Eisenklumpen erschmolzen. Dieses sogenannte Maß oder Halbmaß, weil es der leichteren Handhabung wegen später in zwei Teile zertrennt wurde, wog bei den großen Stucköfen an die 1 000 Kilogramm und enthielt im Inneren zu etwa 40 Prozent Eisen, das ohne einen weiteren Frischprozeß schmiedbar war und aus dem in den sogenannten Welschhämmern ein qualitativ sehr hochwertiger Stahl, der sogenannte Scharsachstahl, hergestellt wurde. Die Roheisenkomponenten, die äußeren Schichten der Maß und die 20 bis 30 Prozent Abfallsorten (das stark kohlenstoffhältige Graglacheisen und Waschwerk), die in flüssiger Form aus dem Stuckofen abgestochen wurden, mußten in sogenannten Zerennhämmern erst gefrischt werden. In diversen Fachausdrücken dieser Arbeitstechnik, etwa Gradler, Drosger, Graglach und Gramatel, steckt slawisches Sprachgut, das die weit zurückreichenden Wurzeln einzelner Arbeitsschritte und die ethnische Zusammensetzung der Bergleute erkennen läßt.[79]

Die großen *massae* erforderten nicht nur große, mit wassergetriebenen Blasbälgen ausgestattete Schmelzöfen, sondern bei der Weiterverarbeitung auch große, wassergetriebene Hämmer. Die Standorte der Eisenverarbeitung orientierten sich daher immer mehr an der Wasserkraft. Da in Erzbergnähe auch das Holz immer knapper wurde, mußte es im Verlauf des 14. Jahrhunderts zu einer Dezentralisierung der Weiterverarbeitung in einem weiten Umkreis um den Erzberg kommen. Immer mehr bildete sich die spätere Dreiteilung heraus: Die Radmeister betrieben den Bergbau und erschmolzen das Eisen, die Hammermeister verfertigten daraus marktgängige Ware, und die städtischen Händler besorgten als Verleger den Vertrieb der Halb- und Fertigwaren und stellten Kapital zur Verfügung.[80]

Der Eisenhandel konzentrierte sich in den alten Herrschaftsmittelpunkten, beim steirischen Eisen neben dem salzburgischen Trofaiach in den alten otakarischen Grafschaftsvororten Steyr und Leoben, in Hüttenberg zuerst im salzburgischen Althofen, später in der alten Kärntner Landeshauptstadt St. Veit, wobei die Landesfürsten bestrebt waren, die nicht landesfürstlichen Orte, also die salzburgischen Besitzungen Trofaiach und Althofen oder das freisingische Waidhofen, aus dem Geschäft zu drängen. Die Wurzeln der sich konkurrierenden Eisenbezugsrechte der Städte Steyr und Waidhofen und des Marktes Aschbach dürften bis in den Zeitraum knapp nach 1200 zurückreichen.[81] 1287 wurde Steyr für den nördlichen Teil und 1277 Judenburg bzw. 1314 Leoben für den südlichen Teil des Erzberges als Verteilungszentrum privilegiert.[82] In langen, erbittert geführten Streitereien konnte sich Steyr gegenüber Waidhofen, Leoben gegen Trofaiach und St. Veit gegen Althofen durchsetzen, war doch das wirkliche Geschäft nicht in der Produktion, sondern im durch Privilegien abgesicherten Handel zu machen.

Handelswege und Kaufleute

Das römische Straßennetz blieb das Grundgerüst des mittelalterlichen Landverkehrs. Es wurden bloß notdürftigste Erhaltungsmaßnahmen durchgeführt. Am wichtigsten waren die Brücken, von denen einige aus römischer Zeit bis ins Hochmittelalter überdauert hatten. Brücken wurden aber auch im Mittelalter gebaut, und Orte an solch neu errichteten Brücken erlangten große Bedeutung, etwa Bruck an der Mur oder Bruck an der Leitha, das »Aschirichesbrucca« von 1074. Um 1180 angelegt und 1187 erstmals namentlich erwähnt ist Innsbruck. Die römerzeitliche Traunbrücke bei Wels blieb bis ins

12. Jahrhundert erhalten und wurde dann durch einen mittelalterlichen Bau ersetzt. Ähnlich dürfte es sich bei Vöcklabruck verhalten haben, das 1134 erwähnt wird. Die römische Brücke über die Enns bei Lorch war 1064 nicht mehr vorhanden. 1191 gab es dort aber wieder eine Brücke. Die Traunbrücke von Ebelsberg ist 1215 belegt. Donaubrücken gab es im Hochmittelalter östlich von Regensburg noch keine. Man bediente sich der Furten und Überfuhren.[83]

Die Alpenübergänge wurden zu Fuß, mit Saumtieren oder mit Wagen bewältigt. Das Saumwesen spielte in den Alpen eine ungeheure Rolle, konnte man damit doch häufig viel kürzere und direktere Routen wählen als auf den wenigen ausgebauten Paßstraßen. Der Vorteil eines Wagens blieb auch dort, wo es befahrbare Straßen gab, gering, solange ein Pferd mit Wagen nur etwa das Doppelte dessen an Last bewältigen konnte, was es als Tragtier schaffte. Der Saumverkehr begünstigte die Zersplitterung des transalpinen Handels in eine Vielzahl von kleinen Übergängen, die erst im Verlauf der Neuzeit weitgehend an Bedeutung verloren.

Den beiden großen Tiroler Nord-Süd-Verbindungen, dem »oberen Weg«, der von Augsburg über den Fernpaß und den Reschen nach Meran und Bozen führte, und dem vom Verkehrsaufkommen ungleich bedeutenderen »unteren Weg«, auf dem man von Augsburg nach Scharnitz und Innsbruck und über den Brenner entweder durch das Pustertal über Ampezzo und Belluno nach Venedig oder über Bozen ebenfalls nach Venedig und ins übrige Italien gelangte, entsprachen im Salzburger und Kärntner Raum ebenfalls eine »obere« und eine »untere« Straße, das Hochtor (Heiligenbluter Tauern) einerseits und der Radstädter Tauern andererseits.[84]

Das Tiroler Paßsystem ermöglichte vom Inntal aus nicht nur den Alpenübergang in einem einzigen Anstieg, während sowohl östlich wie westlich jeweils zwei Paßhöhen zu überwinden waren, sondern auch im Anschluß im Norden wie im Süden die weitere Benützung guter Wasserwege. Der Brenner als der weitaus niedrigste Alpenpaß konnte diesen entscheidenden Trumpf erst mit der Anlage der Straße durch die Eisackschlucht zwischen Waidbruck und Bozen ausspielen, während vorher der mühsame Umweg über den Ritten genommen werden mußte. 1314 war dem Bozener Bürger Heinrich Kunter vom Tiroler Landesfürsten das Recht zum Bau dieses schwierigen Wegstücks, das als Kuntersweg bekannt wurde, gegeben worden. Doch war der Brenner schon um 1300 seit dem Verfall der Champagne-Messen zum weitaus verkehrsreichsten Alpenübergang aufgerückt und hatte die Übergänge über die Westalpen hinter sich gelassen.[85]

Von der Ausgangssituation her stand der Reschenpaß dem Brenner kaum nach, jedoch war er länger und höher. Und je besser der Brenner ausgebaut wurde, um so mehr trat der Reschen in den Hintergrund. In Salzburg waren die Voraussetzungen viel ungünstiger als in Tirol. Das Hochtor und der Radstädter Tauern waren vorerst nur mit Saumtieren zu begehen. Erst zu Beginn des 16. Jahrhunderts wurde der Radstädter Tauern befahrbar. Auch mußten auf beiden Wegen weitere Pässe überwunden werden, der Katschberg, der Iselsberg, der Gailberg und der Plöckenpaß.[86]

Zwei wichtige Handelsrouten erreichten in römischer Zeit von Aquileja ausgehend den Donauraum, einerseits die Verbindung, die durch das Kanaltal weiter über das Zollfeld, den Neumarkter Sattel, den Triebener Tauern und den Pyhrnpaß an die Donau führte, und andererseits die uralte Straße, die am Rande der Alpen von Aquileja über Görz, Laibach, Cilli, Pettau, Steinamanger und Ödenburg, der Trasse der alten Bernsteinstraße folgend, bei Carnuntum die Donau erreichte und damit das Gebirge überhaupt umging. Die östliche Route verlor infolge der politischen Situation in der zweiten Hälfte des ersten Jahrtausends immer mehr an Bedeutung. Um so wichtiger wurde die Verbindung von Villach über St. Veit, Friesach, Neumarkt und Judenburg nach Steyr und Enns oder Wels und Linz. Die Bedeutung, die der Pyhrnroute im 9. und 10. Jahrhundert als Handelsweg zukam, wird durch die Hinweise auf zahlreiche, aus Ortsnamen entlang dieser Strecke erschlossene Judenniederlassungen unterstrichen, die wohl als Raststationen zu deuten sind.[87] Im 12. Jahrhundert, als Wien immer wichtiger wurde, verlor die Pyhrnroute an Bedeutung. Ein neuerlicher Aufschwung des als »Venedigerhandel« bekannten Fernhandels über Oberösterreich nach Italien folgte im 13. und vor allem frühen 14. Jahrhundert. Das Aufblühen der Wirtschaft Böhmens zusammen mit Straßenprojekten Karls IV., die Prag über Oberösterreich eine bessere Anbindung an Italien verschaffen sollten, wurde für Wien zu einer so ernsthaften Konkurrenz, daß 1351 Herzog Albrecht II. über Betreiben der Stadt Wien die Erlaubnis zum Handel mit Italienwaren auf der Tauern-Pyhrn-Straße auf die fünf landesfürstlichen Städte des Landes ob der Enns einschränkte. Nach der Mitte des 14. Jahrhunderts ging die Bedeutung der Handelstätigkeit über den Pyhrnpaß rasch zurück.[88]

Von Kärnten nach Ungarn gelangte man auf der Königsstraße entlang der Drau, die von Villach über Völkermarkt und Hohenmauten nach Marburg und Pettau führte. Das zu Salzburg gehörige Pettau war im 11. und 12. Jahrhundert zweifellos das wichtigste Handelszentrum der Steiermark und konnte seine Stellung als Platz erster Ordnung das gesamte Mittelalter über bis ins 16. Jahrhundert behaupten. Das wird durch die früh belegbare Existenz einer jüdischen Siedlung unterstrichen, die aus einem auf das Jahr 1103 datierten jüdischen Grabstein belegbar ist. Daß Leopold VI. um 1220/22 seine Münzstätte von Graz nach Pettau verlegte, wo er gemeinsam mit dem Salzburger Erzbischof Eberhard II. münzte, beweist ebenfalls die kommerzielle Bedeutung der Stadt.[89]

Der Donauhandel nach Osten, der um 900 florierte, wurde auch durch die Ungarneinfälle nicht in dem Maß unterbrochen, wie es das fast völlige Schweigen der schriftlichen Quellen vermuten lassen könnte. Stephan der Heilige öffnete die Pilgerroute ins Heilige Land.[90] Im 12. Jahrhundert ist die Donau wieder als wichtiger Weg nach Osten und nach dem Orient belegt. Die Donau war ein wilder Fluß. Sie war nicht leicht zu befahren, vor allem im Greiner Strudel. Der Hauptnachteil aber war, daß die Donau, was das Ausmaß des Handels und die Art der gehandelten Güter betrifft, in die falsche Richtung floß und fließt. Das Problem war die Bergfahrt. Die mit menschlicher Kraft stromaufwärts gezogenen Schiffe wurden erst in der zweiten Hälfte des 14. Jahrhunderts von mit Pferden betriebenen Schiffszügen ersetzt.[91] Das erforderte die kostspielige Anlage von Treppelwegen. Noch schwieriger war der Gegentrieb auf den schneller fließenden Nebenflüssen der Donau. Man zog daher immer wieder den Landtransport dem Schiffsweg vor.[92]

Der Warenverkehr auf den Burgmärkten des 10., 11. und 12. Jahrhunderts war in erster Linie von auswärtigen Kaufleuten getragen. Daß im 9. und 10. Jahrhundert die Ju-

Schiffszug mit Menschenkraft zwischen Passau und Lauffen an der Salzach, aquarellierte Federzeichnung aus dem Zechbuch der Passauer Schiffsleute, 1422

den dabei eine wichtige Stellung einnahmen, geht aus verschiedenen Quellen hervor. Die zwischen 903 und 906 abgefaßte Raffelstettener Zollordnung spricht von »Juden und sonstigen Händlern« *(Iudei et ceteri mercatores)*. Deutlich ist die Bedeutung jüdischer Fernhändler an einer Reihe von Judensiedlungen zu erkennen, die sich in mehr oder weniger regelmäßigen Abständen an vielen wichtigen, den Ostalpenraum und das österreichische Alpenvorland durchquerenden Straßen ortsnamenkundlich nachweisen lassen, in der Nähe sowohl von Steyr, Friesach und Karnburg-Maria Saal wie auch von Graz, Neumarkt und Leoben, und die sich am ehesten als den Juden reservierte Karawansereien und Quartiere außerhalb der Städte deuten lassen. Die Judenansiedlung hat auch Judenburg den Namen gegeben, das an der Einmündung der Route über den Triebener Tauern in das Murtal einen wichtigen Stützpunkt des frühen Nord-Süd-Handels bildete. Auch Völkermarkt wurde in lateinischen Urkunden 1105/25 als *forum Iudaeorum* bezeichnet. Im 9. und 10. Jahrhundert trieben Juden einen weltumspannenden Handel zwischen China und dem Ärmelkanal. Wichtige von ihnen benutzte Handelsrouten verliefen entlang der Donau bzw. vom Donautal aus in die nördlich und nordöstlich gelegenen, slawisch besiedelten Länder und vom Donauraum nach Italien und in die arabische Welt bis Spanien.[93]

Der Sklavenhandel, von dem in der Raffelstettener Zollordnung wiederholt die Rede ist, war im Frankenreich den Juden überlassen und wurde von diesen dominiert. Sklaven aus dem slawischen Raum wurden über die Alpenrouten nach Venedig und von dort weiter in den arabisch-nordafrikanisch-spanischen Bereich verkauft. Für weibliche Sklaven war entsprechend der Raffelstettener Zollordnung deutlich mehr Zoll zu bezahlen als für männliche. Im Verlauf des 10. Jahrhunderts verloren die östlichen Alpenpässe als Sklavenrouten zunehmend an Bedeutung. Der Nachschub war versiegt. Die neuen Sklavenrouten im ausgehenden 10. und frühen 11. Jahrhundert verliefen viel weiter westlich, aus dem sächsischen Raum, wo sich die Kolonisation immer mehr in den slawisch besiedelten Bereich hineinschob, über das Rheinland nach Südfrankreich. Die Judenansiedlungen häuften sich nun entlang dieser Route.[94] Unter den gehandelten Waren erscheinen in der Raffelstettener Zollordnung neben Sklaven vor allem Salz,

Wein, Pferde, Rinder, Häute und Pelze, Honig und Wachs, Textilien und Luxusgüter des Südens und Orients.[95]

Ab der Mitte des 12. Jahrhunderts wird mit dem Ausbau des Städtewesens auch die Intensivierung des Warenverkehrs erkennbar. Im ausgehenden 12. und beginnenden 13. Jahrhundert lag der Handel zunächst vorwiegend in der Hand der Regensburger Kaufleute. Diese spielten in Enns die entscheidende Rolle, wo sich unter der Leitung des Regensburger Hansgrafen Händler zu jährlichen Märkten trafen, deren Einzugsbereich von Maastricht bis Kiew reichte. Regensburger Kaufleute suchten auch die im 12. Jahrhundert in der Nähe eines alten Donauüberganges bei Ardagger abgehaltenen Jahrmärkte auf.[96]

Im 11. Jahrhundert begann das rasche Wachstum Wiens, für das wohl der Weinbau eine gute Grundlage bildete, verbunden mit der wichtigen Position für das Ausgreifen nach Osten. Herzog Heinrich II. Jasomirgott verlegte die Residenz hieher, was sicher noch nicht durch die große Bedeutung der Siedlung motiviert war, sondern machtpolitische Gründe hatte. Schon ab der Mitte des 12. Jahrhunderts war aber die handelspolitische Position Wiens mit Hilfe des Landesherrn immer stärker geworden, sowohl im Handel mit Westeuropa wie mit Venedig.[97] Unter den letzten Babenbergern und unter König Ottokar von Böhmen nahm Wien eine glänzende wirtschaftliche und rechtliche Entwicklung. Das im Wiener Stadtrecht von 1221 erstmals enthaltene und 1244 erneuerte Stapelrecht, das den Wienern den Handel mit Ungarn reservieren sollte, gehört in den Zusammenhang der versuchten Zurückdrängung des Regensburger Wirtschaftseinflusses und der Stärkung des österreichischen Städtewesens und eröffnete den Wienern einen mühelosen Zwischenhandel.[98] Auch wenn es Wien verstand, die Vorteile des 1221 verliehenen Niederlagsrechts lange Zeit hervorragend zu nutzen, so konnte die Vormachtstellung der oberdeutschen Kaufleute auf Dauer nicht ausgeschaltet und auch nicht eine den oberdeutschen Reichsstädten vergleichbare rechtliche und wirtschaftliche Stellung erreicht werden. Das Zwischenhandelsmonopol wurde auf verschiedene Weise durchbrochen, durch Strohmänner, durch Einkauf oder durch Einheirat in das Wiener Bürgertum, bis im Spätmittelalter immer mehr eine großräumige Umgehung der Stadt über den mährisch-böhmischen Raum möglich wurde.[99]

Dem Weg über den Semmering als Verbindung zwischen den beiden aufblühenden Zentren Wien und Venedig wurde mehr Beachtung gewidmet, als die steirischen Otakare 1158 die Formbacher Besitzungen nördlich und südlich des Semmerings erbten und in weiterer Folge die Steiermark 1192 an die Babenberger fiel. Die Gründung von Wiener Neustadt und der Ausbau der Straße über den Semmering waren logische Ergebnisse dieser Erbfolge. Seit dem Beginn des 13. Jahrhunderts gibt es Hinweise auf Kontakte zwischen den babenbergischen Ländern und Venedig.[100] Kaufleute aus Linz, Enns, Steyr und Wels, aus Wien, Wiener Neustadt, Ybbs, Judenburg sowie den kärntnerischen Städten Friesach und Villach trieben in Venedig Handel. Die Wiener Kaufleute traten seit dem beginnenden 13. Jahrhundert in Erscheinung. Auch die Salzburger Kaufleute spielten im Fondaco dei Tedeschi eine wichtige Rolle. Von Tirolern gibt es hingegen kaum Nachrichten über eine entsprechende Tätigkeit in Venedig.[101]

Geld in einer geldarmen Zeit

Münzgeld spielte vom 5. bis 9. Jahrhundert im Wirtschaftsleben des Donau- und Ostalpenraumes kaum eine Rolle, auch wenn Münzen durchaus bekannt waren und nach Österreich gelangten. Ein spektakuläres Zeugnis des frühmittelalterlichen Geldwesens, das viel weniger mit dem Warenhandel als der Kriegsführung zu tun hatte, ist der erst 1991 entdeckte Goldschatz von Aldrans bei Innsbruck, der vermutlich mit einem um 590 erfolgten Einfall der Franken in das langobardische Italien in Zusammenhang steht und von seiner Höhe her zum Freikauf von Gefangenen bestimmt gewesen sein könnte.[102] Nur vereinzelt wurden im österreichischen Raum Münzen der Germanenreiche und aus Byzanz gefunden. Die karolingische Münzreform setzte sich in den östlichen Grenzgebieten nur sehr langsam durch und konnte erst in nachkarolingischer Zeit, im Lauf des 10. Jahrhunderts, zögernd Fuß fassen. Der Niederschlag an karolingischen Fundmünzen ist in Österreich mit lediglich neun Exemplaren denkbar gering.[103]

Obwohl im 9. Jahrhundert ein lebhafter Handel entlang der Donau stattgefunden haben muß, dürfte Münzgeld dabei nur eine untergeordnete Rolle gespielt haben. Gezahlt wurde mit Metallbarren oder Warengeld. In der Raffelstettener Zollordnung (903/906) wurden die Zölle teils in Geldbeträgen, teils in Waren gefordert. Die in der Zollordnung genannten Wertbezeichnungen *(solidus, tremissis, saiga, scotus* und *semidragma)* mit Münzen zu identifizieren scheint nicht zielführend zu sein, da man von einem wirklichen Münzumlauf in dieser Zeit in Österreich nicht sprechen kann. Es scheint sich eher um Wertmesser, die eine bestimmte Gewichtsgröße an Edelmetall darstellten, gehandelt zu haben.[104] Auch jenes Markt-, Zoll- und Münzrecht, das Kaiser Otto II. 975 der Witwe Imma, vermutlich der Großmutter der heiligen Hemma, für den Ort Lieding verliehen hatte und das später an den Salzburger Erzbischof gekommen und in Friesach ausgeübt worden sein dürfte, ist so allgemein gehalten, daß mit Fug an der Verwirklichung und Ausübung dieses Rechts gezweifelt wird. Dort geprägte Münzen konnten jedenfalls bislang nicht gefunden werden.[105]

Das 10. und das 11. Jahrhundert sind in die deutsche Münzgeschichte als das »Zeitalter der Fernhandelsdenare« eingegangen. Die bis heute bekannten Exemplare von im Gebiet des heutigen Österreich geprägten Münzen des 10. und 11. Jahrhunderts wurden vor allem in Gebieten östlich der Elbe, im Baltikum und in Skandinavien gefunden, wo sie durch den Fernhandel hingelangt waren. In der Entstehungsregion selbst war noch zu wenig Bedarf an Münzgeld.[106]

Erst seit dem 12. Jahrhundert bediente man sich in steigendem Maße des Münzgeldes. Bis dahin wurden die Zinse und Abgaben meist in Naturalien geleistet. Urbariale Aufzeichnungen aus der späteren Babenbergerzeit geben über die allmähliche Ablöse der Naturaldienste in Geld, die den Übergang von der Naturalwirtschaft zur Geldwirtschaft begleitete, Auskunft. Im Gebiet der Dorfsiedlung herrschten schon die Geldzinse vor, während in Einzelhofgebieten länger die Naturalabgaben die Regel bildeten. In der Steiermark hielten sich die Naturalzinse länger als in Donauösterreich. Im allgemeinen wurden zuerst die Kleindienste in Geld abgelöst.[107]

Im 12. Jahrhundert ging die Zeit, in der man Münzgeld vorwiegend für den Export herstellte, zu Ende. Ab dem zweiten Drittel des 12. Jahrhunderts begann eine neue Phase der Münzgeschichte, die mit dem Begriff der regionalen oder territorialen Pfennige umschrieben wird. Die Währungsgrenzen wurden immer enger und die umlaufenden Münzen immer mehr den regionalen Wirtschafts- und Machtzentren zugeordnet. Der erhöhte Bedarf an Münzen wurde durch die Errichtung neuer Münzstätten gedeckt. Die Herstellung eigener Münzen und der damit verbundene Wechselzwang wurden zu einem profitablen Geschäft.[108]

Die Friesacher Pfennige, mit deren Prägung von den Salzburger Erzbischöfen ab etwa 1120/30 in der ihnen untertänigen Stadt Friesach nach Kölner Münzfuß begonnen worden war, entwickelten sich im 12. und 13. Jahrhundert zur führenden Handelsmünze des Südostalpenraumes. Sie waren von der Steiermark über Kärnten bis nach Krain, Friaul und Dalmatien und von Ungarn bis in die Walachei hinein im Umlauf und bildeten von der Mitte des 12. Jahrhunderts bis etwa 1240 eine Art Oberwährung in Ungarn. Auch die später so bedeutsam werdenden Pfennige der Patriarchen von Aquileja, die Agleier, orientierten sich an den Friesacher Vorbildern. Noch stärker war das für die Prägungen der Herzoge von Kärnten in St. Veit und Völkermarkt und die der Bischöfe von Bamberg in Villach und Griffen der Fall. Um 1350 endete die Ära der Friesacher Pfennige.[109]

Relativ spät richteten die Babenberger unter Leopold III. in Krems eine eigene Münzstätte ein, die zwar erst seit 1157 urkundlich belegt ist, aber durch die Nennung in der Gründungsurkunde der Pfarre Kirchstetten von 1130 (18 Pfund *Chremensis monete)* auf eine Entstehungszeit zwischen 1120 und 1130 anzusetzen wäre, auch wenn diese Urkunde nur in einer neuzeitlichen Abschrift der Beglaubigung von 1302 überliefert und damit problematisch ist. Das Vorbild waren die Regensburger Pfennige, die den Donauraum bis etwa 1200 beherrschten. In der zweiten Hälfte des 12. Jahrhunderts jedenfalls gehörte die Kremser Münze zu den einflußreichsten Zahlungsmitteln im Donauraum. In dieser Zeit existierte auch eine Münzstätte in Neunkirchen, die von den Äbten des Klosters Formbach und den Grafen von Formbach-Pitten eingerichtet wurde. Auch diese Münzstätte, die im Unterschied zu Krems mehrmals urkundlich belegt ist, müßte schon vor 1130 bestanden haben und wurde, als die Grafschaft 1158 nach dem Aussterben der Formbacher an die steirischen Otakare fiel, um 1160 nach Fischau übertragen, wo sie bis zum Ende des 12. Jahrhunderts in Betrieb blieb.[110] Ennser Pfennige sind erst 1185 urkundlich belegt. Wieviel früher die Münzprägung entstanden ist, ist unsicher. Wahrscheinlich ist hier um 1140 unter Otakar III. von Steyr (1129–1164) oder vielleicht auch schon unter Leopold dem Starken (1122–1129) mit der Münzprägung begonnen worden.[111]

Da es im Donauraum keine Edelmetallvorkommen gab, fehlte den babenbergischen Münzstätten die eigene Silberbasis. Daher kam das riesige Lösegeld gerade recht, das Herzog Leopold V. und Kaiser Heinrich VI. für die Freilassung des 1193 auf der Rückkehr vom Kreuzzug in Erdberg bei Wien gefangengenommenen englischen Königs Richard Löwenherz erpreßt hatten. 100 000 Kölner Mark Silber, wovon die Hälfte auf den österreichischen Herzog entfallen sollte, waren eine für die damalige Zeit unge-

Pfennige aus dem 12. und beginnenden 13. Jahrhundert: Friesacher Pfennig (1170/1180), Kremser Pfennig (Heinrich II. Jasomirgott), Wiener Pfennig (Leopold VI.)

heure Summe, jedenfalls wesentlich mehr, als der österreichische Herzog in einem Jahr aus seinem eigenen Land an Steuern und Abgaben herausholen konnte. Die Transaktion wurde in Silberbarren abgewickelt. Ungefähr 11 bis 13 Tonnen Silber müßten im Spätherbst 1193 oder im Lauf des Jahres 1194 in Wien eingetroffen sein. Damit war die notorische Edelmetallknappheit, an der Österreich bis dahin zu leiden hatte, zumindest kurzfristig beseitigt. Der Herzog konnte mehr Geld als je zuvor prägen und ausgeben. Verschiedene Unternehmungen im Jahre 1194 lassen auf eine plötzlich beachtlich gestiegene Finanzkraft des Herzogs schließen. Die Gründung der Städte Wiener Neustadt und Friedberg, die Verstärkung der Befestigungen von Enns und Hainburg, die Wiener Stadterweiterung und die Erneuerung der Stadtbefestigung verschlangen so viel Geld, daß nach nicht einmal einem Jahr, als der vom Papst mit der Exkommunikation bestrafte Herzog am 26. Dezember 1194 wie zur Bestätigung der Gottesstrafe vom Pferd fiel und sich einen in der damaligen Zeit todbringenden Beinbruch zuzog, kaum mehr ein Zehntel der ursprünglichen Summe vorhanden war.[112]

Wien wurde erst um 1193/94, mit dem Eintreffen des Lösegeldes für Richard Löwenherz und der Erwerbung der Steiermark, zur babenbergischen Münzstätte und errang bald die Führungsposition. Die Münzstätten Krems und Fischau stellten bald darauf ihren Betrieb ein. Die Gepräge von Wien, Enns, das 1192 in die Hände der Babenberger gekommen war, und Wiener Neustadt, wo die Ausmünzung in den dreißiger Jahren des 13. Jahrhunderts aufgenommen wurde, als Friedrich der Streitbare sich unter Reichsacht von Wiener Neustadt aus bemühte, seine Länder zurückzugewinnen, hatten sich bald so weit angeglichen, daß man nur mehr von Wiener Pfennigen sprach. Ihr Verbreitungsgebiet waren Niederösterreich und das östliche Oberösterreich. Weiter westlich schlossen Passauer, Salzburger und bayerische Pfennige an. Bald begannen die Wiener Pfennige auch nach Westungarn auszugreifen. In der Steiermark konkurrierten sie vorerst mit den Friesachern und später mit den Grazer Pfennigen. In Kärnten waren neben den Friesacher Pfennigen auch die von Aquileja, die Agleier oder Agler, in Salzburg die Salzburger aus der Laufener Münzstätte, in Tirol die Veroneser (Berner), Regensburger und Augsburger und in Vorarlberg die Konstanzer Pfennige in Umlauf.[113]

Pfennige reichten bald nicht mehr aus, um die immer größer werdenden Geldtransaktionen durchführen zu können. Für große Summen nutzte man das Zuwägen von

Pfennigen oder die Bezahlung mit Barrensilber. In den Reiserechnungen Bischof Wolfgers von Passau scheinen solche Silberbarren auf, die er mit sich führen ließ, um sie jeweils in gängige Münzen umzuwechseln. Welches Aufsehen 1192 Goldgeld noch verursachte, verdeutlicht die Erzählung von der Gefangennahme des englischen Königs Richard Löwenherz, der sich durch den Gebrauch von Goldmünzen verraten haben soll. Im Ostalpenraum begann als erster Graf Meinhard II. von Tirol im Jahr 1274 mit der Prägung größerer Silbermünzen, dem Adlergroschen und dem »Meraner Zwanziger«.[114] Der »Netsch«, eine immer noch gängige vulgärsprachliche Bezeichnung für Geld, stammt von jenen Etschtaler Kreuzern, die ursprünglich als Gegenwert für 20 Veroneser Pfennige gemünzt wurden.[115]

Das Herzogtum Österreich hingegen blieb bei der Pfennigprägung. Größere Zahlungen wurden hier zwischen 1315 und 1340 meist mit Prager Groschen beglichen, deren Kurs bei etwa sieben Wiener Pfennigen stand. Ungarische Gulden begannen in den dreißiger Jahren des 14. Jahrhunderts eine Rolle im österreichischen Zahlungsverkehr zu spielen. Der älteste bisher in Österreich gefundene mittelalterliche Goldschatz wurde nach 1350 in Krems vergraben und bietet einen Querschnitt von damals in Österreich kursierenden, zum überwiegenden Teil aus Ungarn stammenden Goldmünzen. Eine eigene Guldenprägung wurde von den österreichischen Herzogen um 1350 aufgenommen, als Herzog Albrecht II. (1330–1358) in Judenburg österreichisch-steirische Goldgulden nach Florentiner Vorbild ausmünzen ließ, gespeist mit Tauerngold, dessen Abbau von Judenburger Unternehmern betrieben wurde, aber noch eine so geringe Ausbeute brachte, daß die Goldprägung unter Herzog Albrecht III. wieder zum Erliegen kam.[116]

Die Wiener Pfennige konnten trotz der Konkurrenz der neuen Münzen im 14. Jahrhundert ihre größte Verbreitung erreichen und den Geldverkehr bis in die südlichen Teile Böhmens und Mährens, nach Westungarn, nach Salzburg und Oberbayern und in die Steiermark dominieren, wo die Grazer Pfennige Schritt für Schritt in die Defensive gedrängt und die Friesacher zunächst durch Agleier ersetzt wurden, bis schließlich Herzog Ernst der Eiserne 1409 befahl, auch in Graz »nach Korn, Waag und Aufzahl wie zu Wien« zu münzen. Von der Steiermark aus verbreitete sich das Gebiet der Wiener Pfennige auch nach Kärnten, so daß am Ende des 14. Jahrhunderts nahezu das gesamte Staatsgebiet des heutigen Österreich mit Ausnahme Tirols und Vorarlbergs zum unmittelbaren Geltungsbereich der Wiener Pfennige zählte. Ihre große Zeit ging in den achtziger Jahren des 14. Jahrhunderts zu Ende. Sie hatten an Stabilität und Vertrauen eingebüßt. Vielleicht aber war mit der zunehmenden Geldwirtschaft auch einfach der Umgang mit ihnen zu mühsam geworden.[117]

Gläubiger und Schuldner

Daß man im Mittelalter wesentlich stärker auf kreditwirtschaftlicher Basis lebte und arbeitete als in späteren Zeiten, geschah nicht trotz, sondern wegen des vergleichsweise geringen Münzgeldumlaufs, gekoppelt mit äußerst unregelmäßigen Einnahmen- und

Ausgabenflüssen. Während die Verpfändungen, bei denen das nutzbare Pfand, etwa Burgen, Grundherrschaften oder Weingärten, dem Gläubiger eingeantwortet wurde, als altertümliche Form des Kreditgeschäftes in eine an Grundrenten orientierte Gesellschaft paßten (ältere Satzung), entwickelte sich in den Städten eine neue Form der Kreditgewährung mit Schuldbriefen, wobei die Verpfändung nur mehr als Sicherstellung für die entliehene Summe fungierte und eine Einantwortung nur bei Nichtrückzahlung erfolgte (jüngere Satzung). Zinsen wurden hier offenbar als Verzugszinsen deklariert. Wegen der relativ einfachen Art der Abwicklung verbreitete sich diese Art der Geldleihe nicht nur in den Städten, sondern auch auf dem Land rasch. Daß nach 1300 eine deutliche Vermehrung der verzinslichen Darlehen und des Rentenhandels festzustellen ist, liegt also nicht nur an der steigenden Dichte der schriftlichen Überlieferung.[118]

Das Bedürfnis nach derartigen Krediten deckten im wesentlichen drei Gruppen ab, einerseits die Florentiner und Lombarden, die im Gebiet des heutigen Österreich allerdings nur in Tirol von einer gewissen Bedeutung waren, dann einheimische christliche Kapitalisten und schließlich jüdische Geldleiher.[119] Auch wenn die seit dem Zweiten Laterankonzil von 1139 von der Kirche für ihre Gläubigen formulierten Verbote der Geldleihe und des Zinsennehmens kaum je wirklich eingehalten wurden, da es Angaben über Verpfändungen und damit zusammenhängende Geldgeschäfte aus dem Mittelalter in so großer Zahl gibt, daß sie weit über den Kreis der Juden hinausreichen mußten, begünstigten sie doch eine Gewichtsverlagerung in Richtung jüdischer Kapitalgeber.[120]

Von Wanderhändlern und Kaufleuten, die höchstens ausnahmsweise auch Geldgeschäfte tätigten, waren die Juden mit zunehmender Geldwirtschaft zu seßhaften Geldverleihern geworden. Im 13. Jahrhundert erfolgte ein stürmischer Aufschwung der jüdischen Geschäftstätigkeit, was die zahlreichen Bestimmungen zur Pfandleihe in der Judenordnung Herzog Friedrichs des Streitbaren aus 1244 erkennen lassen.[121] Die Schilderung des sogenannten Friesacher Turniers im »Frauendienst« des Ulrich von Liechtenstein zeigt, und zwar unabhängig davon, ob das Turnier selbst Realität oder nur dichterische Fiktion war, daß in den zwanziger Jahren des 13. Jahrhunderts Juden als Pfandleiher eine selbstverständliche Erscheinung waren. Im 13. und 14. Jahrhundert nahm die Zahl jener Orte, in welchen Juden wohnten, ständig zu. Nicht nur siedlungsmäßig, sondern auch wirtschaftlich muß das 14. Jahrhundert als Blütezeit der Juden im österreichischen Bereich bezeichnet werden. Zu keiner anderen Zeit scheinen so viele Geschäfte mit Juden über so hohe Beträge abgeschlossen worden zu sein, zu keiner anderen Zeit erfahren wir so viel von reichen Juden mit weitgespannten Geschäftsbeziehungen und Niederlassungen in mehreren Orten.[122]

Die im 13. und 14. Jahrhundert häufig anzutreffenden Geldgeschäfte zwischen dem Adel und den Juden belegen die Probleme adeliger Finanzierung. Es war kompliziert, zu Bargeld zu kommen. Die Juden als landesfürstliche »Kammerknechte« standen einerseits unter fürstlichem Schutz, für den sie entsprechende Abgaben zu bezahlen hatten, wurden andererseits von den Landesfürsten aber auch zur Festigung ihrer Territorialherrschaft eingesetzt, indem sich der Adel immer mehr an diese »Kammerknechte« verschuldete und ihnen Burgen und Herrschaften verpfänden mußte, die damit mittelbar in die Hand des Landesfürsten kamen. Daß Judenhaß und Fürstenkritik in den Satiren des sogenannten »Seifried Helbling« zusammenfallen, läßt sich aus dieser Stimmung erklären, die zu Judenpogromen führte, an denen sich vorwiegend der mächtige Landadel, etwa die Kuenringer, beteiligten. Kritisiert wurden im »Seifried Helbling« aber auch die Christen, die unbehelligt vom Landesherrn ähnliche Geschäfte betrieben.[123]

Auf keinem Gebiet fand in Österreich im 14. Jahrhundert eine stürmischere Entwicklung statt als im Rentenwesen. Grundlage war das hochmittelalterliche Leihe-, Zehent- und Stiftungswesen, das im 14. Jahrhundert eine »kapitalistische Umdeutung« erfuhr, die in der Rentengesetzgebung Rudolfs IV. gipfelte. Die Umwandlung persönlicher Leistungen, vor allem von Kriegsdiensten, in Geldleistungen rückte die Lehen (eigentlich Leihen) eng an die Vorstellungen eines Kredites und an lebenslange Rückzahlungen heran. Ein Geldlehen konnte auch mit einer Bodenleihe kombiniert sein, indem der Grundherr dem Besitzer einer Bauernstelle oder eines Handwerksbetriebes zur Anschaffung von Werkzeug oder Vorräten einen Geldbetrag zur Verfügung stellte und damit das Lehen verbesserte. Diese freie Erbleihe gegen Geld wurde im städtischen Bereich als Burgrecht bezeichnet. Die jährliche Abgabe haftete am Grundstück und nicht mehr an der Person. Die Einnahmen wurden »ewig«. Auch die Zehente, für die im 13. Jahrhundert Verpfändungen und Verkäufe nachzuweisen sind, konnten zu Bestandteilen von Lehenskomplexen werden. Ebensolches gilt für Einnahmen aus Stiftungen.[124]

Räuber, Herren, Landesherren

Geschenk, Räuberei und Feudaleinkommen waren in der mittelalterlichen Gesellschaft nicht leicht zu trennen. Geschenke und Gaben, Plünderungszüge und Lösegeldforderungen waren zentrale Bereiche der Umverteilung und Vermögensbildung. Viel wurde über das Gestrüpp konkurrierender und geteilter Eigentumstitel im Feudalismus aus der Sicht der Rechtstheorie geschrieben, wenig aus der Sicht der Statistik. Je weiter sich der Handel ausdehnte, um so normierter mußten die Verhaltensweisen und Tauschmittel werden. Gleichzeitig förderten die Verbesserung der Rechtssicherheit und die Akzeptanz des Geldwesens den Handelsverkehr. Durch die Zurückdrängung von Raub, Piraterie und Willkür traten an die Stelle ungewisser Risken und unsicherer Verpflichtungen vertraglich genau fixierte Verhältnisse.

Raub und Zerstörung waren, wenn es um wirtschaftliche Vorrechte ging, an der Tagesordnung, etwa in den Auseinandersetzungen um den Salzabsatz. »Seifried Helbling« hat die feudale Wirklichkeit in faßbare Figuren gekleidet, in »Brichdenfrieden« und »Bauernhaß«, in die kleinen Straßendiebe und die großen Herren.[125] Die Strauchdiebe waren allgegenwärtig. In eine ähnliche Kategorie von Unsicherheit im Geschäftsverkehr ist etwa auch jenes von den Grundherrschaften beanspruchte, als »Grundruhr« bezeichnete Recht einzuordnen, sich der Ladung gestrandeter Schiffe zu bemächtigen.[126] Löse- und Schutzgelder, die von Juden und sonstigen schutzbedürftigen Personen gefordert wurden, spielten eine erhebliche Rolle in den landesfürstlichen Einnahmen. Wie riesig die Lösegeldsumme war, die der österreichische Herzog von England für Richard Löwenherz erpreßt hatte, läßt sich nur aus Vergleichen einschätzen. Im Zuge der Vertreibung Friedrichs des Streitbaren durch ein Reichsheer unter Führung Kaiser Friedrichs II. im Jahre 1237 wurde der Wert der heimgefallenen Reichslehen Österreich und Steiermark mit 60 000 Mark Silber jährlich angenommen. Das entspricht einer Angabe, die in der Colmarer Chronik überliefert ist und die den Herzog von Österreich in der Rangliste der Reichsfürsten nach deren finanziellem Vermögen hinter dem König von Böhmen an zweiter Stelle einordnet, vor dem Markgrafen von Brandenburg und dem Erzbischof von Köln. Die jährlichen Einkünfte des österreichischen Herzogs wurden auf 60 000 Mark geschätzt, die des Böhmenkönigs auf 100 000, die des Brandenburgers auf 50 000. Das tatsächliche Einkommen Friedrichs des Streitbaren, von der Chronik des Klosters Garsten als »reich an Gold und Silber« charakterisiert, läßt sich unter vorsichtiger Einbeziehung wenig bekannter Faktoren (Steuern, Bergregal) mit etwa 50 000 Pfund Pfennigen angeben, wobei drei Viertel dieses Betrages aus Österreich und ein Viertel aus der Steiermark stammten. Der bedeutendste Einzelposten war dabei der Ertrag der Wiener Münzprägung mit etwa 5 000 Pfund Pfennigen im Jahr.[127]

Das Charakteristikum der Münzprägung der Zeit der Wiener Pfennige war der periodische Münzverruf, der in Österreich bald jährlich durchgeführt wurde. Neben den Einkünften, die dem Münzherrn als Schlagschatz erwuchsen, war der Münzverruf auch eine Art Geld- oder Kapitalsteuer. Die alten Pfennige wurden außer Kurs gesetzt und mußten gegen ein entsprechendes Aufgeld in neue umgetauscht werden. Wann damit begonnen wurde, ist nicht exakt zu bestimmen. Jedenfalls führte die Münzverschlechterung bereits unter Friedrich dem Streitbaren zu erheblichen Beschwerden aus der Bevölkerung. Als Kaiser Friedrich II. 1236/37 in Steiermark und Österreich weilte, schlug er statt der einjährigen eine fünfjährige Laufzeit der Münzen vor. Man hielt sich aber nicht daran. Die ersten Anzeichen für die Aufhebung der jährlichen *renovatio* sind unter Herzog Albrecht II. (1330–1358) gegeben. Mit dem 1359 verfügten »Ungeldpatent« Herzog Rudolfs IV., der damit auf die jährliche Münzerneuerung gegen eine allgemeine Getränkesteuer verzichtete, war das Ende der *renovatio monetae* besiegelt. Das Münzregal, das in älterer Zeit hohe fiskalische Bedeutung gehabt hatte, büßte diese dadurch in der zweiten Hälfte des 14. Jahrhunderts weitgehend ein.[128]

Große Krise und zweiter Anlauf

Die Krise des Spätmittelalters

Apokalyptische Plagen und menschliche Ängste

Seit dem ausgehenden 13. Jahrhundert zeigten sich vermehrt Krisensymptome. Die mittelalterliche Siedlungsexpansion war um etwa 1300 zum Stillstand gekommen. Eine Ausnahme bildeten die erst im frühen 14. Jahrhundert angelegten Höhensiedlungen der Walser in Vorarlberg oder die Rodungen im Tiroler Lechtal, im hinteren Paznauntal oder in abgelegenen Salzburger Tälern. Mit Hungersnöten war die mittelalterliche Bevölkerung immer wieder konfrontiert; aber sie wurden im späten 13. und frühen 14. Jahrhundert häufiger und härter. Klimakapriolen stellten sich ein, die schon die »Kleine Eiszeit« ankündigten. 1277 herrschte eine große Hungersnot in Kärnten und in der Steiermark. Die europaweite Hungersnot des Jahres 1317, eine der schwersten, die Europa jemals erlebt zu haben scheint, hat die Bevölkerung zweifellos geschwächt. Man muß davon ausgehen, daß die Härte klimatischer Einwirkungen in einem gewissen Grad davon abhing, wie eng der Nahrungsspielraum der Bevölkerung bereits geworden war. Die Auswirkungen von Epidemien waren mit der Situation der Bevölkerung verknüpft und von ihrem Ernährungsstandard, ihrer Dichte, aber auch von den Erfahrungen mit vorhergehenden Katastrophen abhängig.[1]

Es ist nicht so, daß Hunger und Seuchen im 14. Jahrhundert plötzlich und unvermittelt aufgetreten wären. Hunger war im Mittelalter immer wieder und überall eine furchtbare Realität. Schattenexistenzen, aschfahl, aufgedunsen, ausgemergelt, verkrüppelt, verunstaltet, ausgetrocknet, mit tiefliegenden Augenhöhlen, bevölkerten die Straßen. Aber Hunger entführte gleichzeitig aus der Realität in ein bizarres Land der Träume und Alpträume, voll wildester Phantasien und ekstatischer Delirien, furchtbarer Ängste und abergläubischer Praktiken, die in Tanzwut und Massenhysterie mündeten und den dunklen Erzählungen von Hexen, Vampiren, Kobolden, Werwölfen und Gespenstern oder den utopischen Hoffnungen auf eine verkehrte Welt, in der das Unterste zuoberst gekehrt sei, Nahrung gaben. Aus den Schrecken des Hungers werden die Praktiken und Gedankengänge verständlich, die man als finster, abergläubisch und hinterwäldlerisch zu bezeichnen gewohnt ist. Und es wird recht einsichtig, daß der Aufbau einer rationalistischen, aufklärerischen Gedankenwelt viel mit der Überwindung des Hungers zu tun hatte.[2]

Das Brot streckte man in den Hungerjahren mit Wurzeln und Gräsern, mit Eicheln und Sägespänen. Um den Hunger zu überdecken, versetzte man es gelegentlich sogar mit Hanf, Tollkirschen und Bilsenkraut, die apathische oder tranceartige Zustände, aber auch schwere Vergiftungen hervorriefen. Aus unzureichender, verdorbener und vergifteter Nahrung entstanden Mangelkrankheiten und wurden die Seuchen gefördert, die mit den geschwächten Körpern ein leichtes Spiel hatten. Gefürchtet war die in Hungerjahren massiert auftretende, als Antoniusfeuer oder auch Kriebel- bzw. Kribbelkrankheit bezeichnete Mutterkornvergiftung, der Ergotismus, der sich durch ein unerträgliches Kribbeln der Glieder ankündigte, zu Nerven- und Gefäßschädigungen führte und schließlich in ein völliges Absterben der äußeren Gliedmaßen mündete, das die Leute zu »Krüppeln« machte, wie sie auf Altarbildern immer wieder dargestellt wurden.[3]

Riesige Schwärme orientalischer Wanderheuschrecken tauchten 1338 zur Erntezeit und in den nächsten Jahren wiederkehrend auf. Kaiser Karl IV., damals noch Markgraf von Mähren und im Juli dieses Jahres zu Besuch bei seinem habsburgischen Schwager Herzog Otto der Fröhliche, schilderte in seiner Autobiographie, wie er dort eines Tages geweckt wurde: »Herr, steht auf, der jüngste Tag bricht an, denn die ganze Welt ist voller Heuschrecken.« Es war wie dichtes Schneegestöber, die Sonne verfinstert, riesige Schwärme, tosender Lärm, aufdringlicher Gestank.[4] Auch im 15. Jahrhundert kamen die Heuschrecken immer wieder, wie die Inschrift am Gottesplagenbild des Grazer

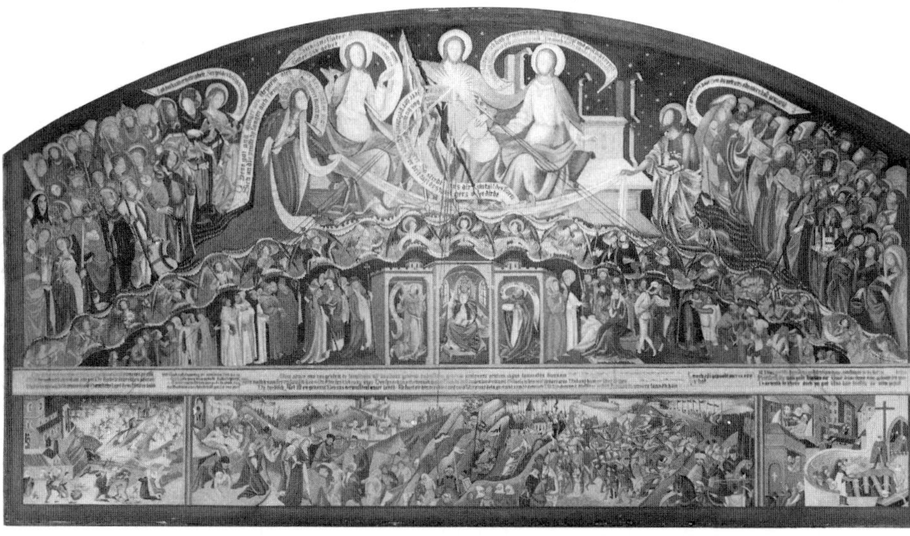

Gottesplagenbild mit Darstellungen von Heuschreckeneinfall, Türkenkrieg und Pest, Fresko von Meister Thomas von Villach im Grazer Dom, um 1485 (Rekonstruktion)

Doms anschaulich vor Augen führt: »1480 umb unser Frauentag... sind hie zu Graz Gotsplag drei gewesen: Haberschreck, Türken und Pestilenz und jede so groß, daß dem Menschen unerhörlich ist. Gott sei uns gnädig.«[5]

Das Villacher Erdbeben vom 25. Januar 1348, dessen Epizentrum mit großer Wahrscheinlichkeit im Friauler Raum und nicht in Villach lag und dessen Stärke im Kärntner Raum 7 bis 8 Grad der Mercalli-Sieberg-Skala nicht überschritten haben dürfte, erregte europaweit erhebliches Aufsehen. Die Auswirkungen waren für Villach und die nähere Umgebung, wo der große Bergsturz von der Villacher Alpe (Dobratsch) ausgelöst und damit die sogenannte Neue Schütt im unteren Gailtal gebildet wurde, sicher beträchtlich, auch wenn sowohl die Angaben über die baulichen Schäden wie die Todesopfer reichlich übertrieben anmuten. Die Zahl der Toten in Villach dürfte allen anderslautenden Berichten zum Trotz 200 nicht überschritten haben und war verschwindend gegenüber den Opfern, die die im Sommer des gleichen Jahres hereinbrechende Pest forderte.[6]

Die Beulen- und Lungenpest, von der Europa seit dem Frühmittelalter verschont geblieben war, kam 1347 aus dem Orient nach Venedig und Genua, von wo aus sie sich nach Kärnten und in die Steiermark ausbreitete.[7] Auch in Tirol trat sie bereits 1348 auf. Goswin, der Chronist des Klosters Marienberg, berichtete von der heftigen Seuche, die in diesem Jahr den Vintschgau und die umliegenden Gebiete menschenleer gemacht habe, so daß kaum der sechste Teil der Einwohner überlebt habe.[8] Nach Wien gelangte die Seuche 1349. Allerdings werden völlig überhöhte Opferzahlen angeführt, 18 000 Pesttote allein in Wien, etwa genauso viel, wie die Stadt Einwohner hatte. Die tatsächliche Zahl der Opfer ist sehr unsicher. Von einem Drittel der Bevölkerung wird meist ausgegangen. Am schwersten waren sicher die Städte und dichtbesiedelten Regionen betroffen. In der Siedlungsstruktur schlug sich das Sterben aber in den dünn bevölkerten Höhenlagen und Grenzertragsregionen am stärksten nieder. Das häufige Auftreten von verlassenen Bauerngütern, das für die Gebirgslagen Salzburgs, Kärntens und der Steiermark belegt ist und bis ins 15. Jahrhundert hineinreicht, deutet neben zweifellos ebenfalls auftretenden Seuchenverlusten auf zusätzliche Abwanderung in freigewordene bessere Positionen und Gegenden. Die zahlreichen Pestsagen spiegeln das Grauen und Entsetzen, wo alle Mittel versagten. Das Pestvöglein sang: »Hätt's gessen Kranebitt und Bibernell, wärt's gestorben nit so schnell!«[9]

Viele in Kärnten und anderswo glaubten, einen Kausalzusammenhang zwischen Erdbeben, Pest, Heuschrecken, Blutregen und sonstigen Naturerscheinungen herstellen und Verantwortliche für ein derartiges göttliches Strafgericht suchen zu müssen. Geißler und »Judenschlager« traten auf. Man beschuldigte die Juden, durch Gift die Pest verbreitet zu haben. Johann von Viktring (für 1338), Goswin von Marienberg (für 1349) und andere Chronisten berichten von Judenpogromen. Als wirkliche Motive für die Verfolgung scheiden aber sowohl Pest wie Heuschreckenplage aus, da die Anfeindungen gegen die Juden schon früher begannen. Der schwer verschuldete Tiroler Landesfürst Ludwig der Brandenburger ließ überall in seinen Landen die Güter der Juden konfiszieren.[10] Mit der Judenverfolgung von 1349 endete in Feldkirch, Bregenz und zahlreichen Bodenseestädten die erste Phase von Judenansiedlungen.[11] Auch die erste

Salzburger Judengemeinde wurde vernichtet, während die Gemeinden in den kärntnerisch-steirischen Städten Salzburgs verschont blieben. In Ostösterreich kam es ebenfalls zu Pogromen, etwa in Pulkau 1338, wenn auch schon zu Jahresanfang und damit vor dem Heuschreckeneinfall, und wieder 1348/49.[12]

In der Folge flackerte die Pest, wenn auch in einem regional begrenzteren Rahmen, immer wieder auf; allerdings muß es sich bei den Seuchen, die von den Chronisten unter dem Namen »Pest« zusammengefaßt und beschrieben wurden, nicht immer um die Beulenpest gehandelt haben. Von markanten Seuchenzügen wird 1399, 1410/11, 1436 und 1521 berichtet. Bergbauorte mit ihren großen Menschenansammlungen, beengten Wohnverhältnissen und katastrophalen sanitären Zuständen, wie Schwaz, Rattenberg und Hall in Tirol, waren im 16. und 17. Jahrhundert bevorzugte Ziele. Neben der Pest war das Fleckfieber gefürchtet, eine Armenkrankheit, die durch die Türkenkriege verbreitet worden war und durch Kleidung und Kopfläuse übertragen wurde. 1611/12 war Tirol von einer gewaltigen Fleckfieberepidemie betroffen, die besonders den Raum Schwaz und die angrenzenden Bergbaureviere erfaßte und vor allem unter der verarmten Bergwerksbevölkerung Opfer fand.[13]

Der Aussatz oder die Lepra, die gefürchtetste ansteckende Krankheit des Hochmittelalters, wurde zwar von der Pest in den Hintergrund gedrängt, verschwand aber keineswegs. Typhus und Cholera bedrohten die unter beträchtlichen hygienischen Defiziten leidenden Städte und zunehmend größer werdenden Heerlager. Auch die Pocken scheinen im 15. Jahrhundert als epidemische Krankheit größere Ausbreitung erlangt zu haben. Der englische Schweiß (»Sudor Anglicus«) – Ferdinand I. sprach im Briefwechsel mit seiner Schwester Maria von der »maladie du sueur d'Angleterre« –, der mit heftigem Fieber und starker Schweißabsonderung begann, zu Schlafsucht und Störungen des Nervensystems führte und schließlich in heftigen Delirien endete, war eine Viruskrankheit mit großer Ähnlichkeit zur Encephalitis epidemica B. In Österreich ist diese Seuche, die zu den rätselhaftesten Krankheiten zählt, in den zwei Jahren 1529/30 belegt.[14] 1530 herrschte sie in Wien, Linz, Wels, Steyr, Enns und Freistadt. Betroffen waren hauptsächlich Erwachsene im mittleren Alter. Neu war auch die wahrscheinlich aus Amerika über Venedig eingeschleppte Syphilis, die sich in der zweiten Hälfte der neunziger Jahre des 15. Jahrhunderts in Mitteleuropa fast epidemieartig auszubreiten begann, mit allen Auswirkungen auf die Sexualmoral und die Badegewohnheiten.[15]

Die brandschatzenden Kriege ließen die Bevölkerung nicht zur Ruhe kommen. Wenn Jakob Unrest über den Türkeneinfall nach Kärnten im Jahre 1478 schrieb, daß von Rosegg bis Möchling »nicht mehr Häuser blieben als eine Keusche, ein Kasten und eine Badstube«, so ist das zwar nicht wörtlich zu nehmen, drückt aber den Schrecken aus, den die Feinde verbreiteten.[16] Was die Türken im Südosten waren, waren die Hussiten nördlich der Donau. Eine zerstörerische Auseinandersetzung reihte sich an die andere: die Baumkircherfehde, die Kämpfe mit Ungarn, die Venezianer Kriege Kaiser Maximilians, die Verwüstungen aus den Türkeneinfällen 1529 und 1532, der Türkenkrieg von 1566 bis 1568, der »lange Türkenkrieg« (1593–1606), die Haiduckenzüge... Die Schäden sind kaum quantifizierbar. Brandgeschatzt wurde nach beiden Seiten. Waren Freund und Feind noch unterscheidbar?[17]

Siedlungen und Wüstungen

Die Einwohnerzahl des heutigen Österreich wird für den Beginn des 16. Jahrhunderts mit 1,2 bis 1,5 Millionen und 1600 mit 1,7 Millionen angenommen. Für die Zeit vor der Pest wird man etwa 1,5 Millionen Einwohner ansetzen dürfen. In der zweiten Hälfte des 14. Jahrhunderts ist ein beträchtlicher und plötzlicher Rückgang wahrscheinlich, dem eine lange Stagnation und erst im späten 15. und im 16. Jahrhundert wieder ein Wachstum folgten. Die Sterberaten dürften im Durchschnitt höher geworden sein als in der vorhergehenden Phase, was sowohl durch die neuen Seuchen und Krankheiten als auch durch die gestiegene Verstädterung bedingt war.[18]

Die Siedlungsschwerpunkte, die sich bis zum Anfang des 14. Jahrhunderts durch die Kolonisation zunehmend nach Ostösterreich verlagert hatten, waren von der Mitte des 14. bis ins 16. Jahrhundert wieder nach Westen gerückt. War im 13. Jahrhundert Niederösterreich die dynamischste Region, so ergaben sich im Spätmittelalter vor allem in Tirol neue Ballungszentren, wo der Fernhandel und der Montansegen einen Bevölkerungsanstieg auszulösen begannen, der sich auch nach dem Abflauen der Bergbaukonjunktur fortsetzte. Tirol in den heutigen Grenzen könnte 1312 etwa 45 000 Einwohner gezählt haben. 1427 waren es etwa 70 000 Einwohner und zu Beginn des 17. Jahrhunderts 150 000. Während in West- und Donauösterreich nach den Pestepidemien die Bevölkerung sich in der zweiten Hälfte des 15. Jahrhunderts wieder zu erholen begann, erlitt die Steiermark gerade in dieser Zeit durch die Türkeneinfälle und sonstigen kriegerischen Auseinandersetzungen schwere Verluste. Erst von 1490 an scheint die Bevölkerungszahl der Steiermark zu steigen begonnen zu haben.[19]

Durch den von der Pest ausgelösten plötzlichen Bevölkerungsrückgang wurden Arbeitskräfte knapp. Die Arbeitslöhne stiegen, wie Chronisten berichteten: »Und wurden Diener und Dienerinnen so tewr, das man ir hart bekam.«[20] Die Wirtschaftsordnungen Ludwigs des Brandenburgers für Tirol aus den Jahren 1349 und 1352 suchten dieser Tendenz durch Begrenzung der Lohnhöhe entgegenzuwirken.[21] Ähnliche Bestimmungen wurden 1352, wenige Wochen später als in Tirol, von Herzog Albrecht II. auch für Österreich erlassen, allerdings nur für die Weingartenarbeiter der Stadt Wien; sie wurden in den folgenden Jahren immer wieder erneuert.[22] 1353 und 1356 faßte der Rat der Stadt Wien auch Beschlüsse, die eine Abwerbung von Dienstpersonal verhindern sollten. Das Steigen der Löhne und die Möglichkeit der Bauern, sich bessere Leiherechte zu erzwingen oder sich bessere Böden oder genehmere Herren zu suchen, sollten verhindert werden. Mit einiger Zeitverzögerung löste der Bevölkerungsrückgang einen Rückgang der Agrarpreise und der bestellten Flächen aus, der zu einer Welle von Flur-, Haus- und Dorfwüstungen führte: Verlassen wurden die schlechtesten und am schwierigsten zu bestellenden Böden. Ein Sinken der Siedlungsgrenze im Gebirge setzte ein. Markante Wüstungen gab es aber auch im Wein- und Waldviertel und im Burgenland, in der Steiermark und in Kärnten.[23] Für die Mittelsteiermark wurde aus den vorhandenen Quellen eine starke Zunahme der Wüstungen zwischen 1414 und 1479/80 und erst ab 1493/94 eine erneute Siedlungsverdichtung erschlossen.[24]

Das Veröden von Fluren, Ortschaftsteilen und ganzen Dörfern dürfte in Niederösterreich Dimensionen von 15 bis 45 Prozent des kultivierten Landes betroffen haben. Zwei Drittel der historisch bekannten Ortsnamen Niederösterreichs gibt es heute nicht mehr. Begleitet war diese Tendenz zur Extensivierung, etwa der Umwandlung von Ackerland in Weiden, auf der anderen Seite von einer Intensivierung, etwa von einem Vorrücken des Weinbaus. Kennzeichnend war eine Verdichtung in den Zentren und eine Verödung an den Rändern, eine Krise in den Getreidegebieten und eine Konjunktur in den Weinbauregionen.[25]

Die Agrarkrise verschärfte die Konkurrenz des Adels um Untertanen, machte Zugeständnisse der Grundherren notwendig, um eine Abwanderung der bäuerlichen Bevölkerung von den schlechteren Böden zu verhindern, und führte auf diese Weise zu einer Verbesserung der bäuerlichen Rechtsstellung. Die zweite Hälfte des 14. Jahrhunderts bedeutete den Höhepunkt der Vererbrechtung der Höfe.[26]

Bis zum Ende des 13. Jahrhunderts galt die Freistift, bei der der Bauer vom Grundherrn »binnen Jahr und Tag« von seinem Hof »abgestiftet« werden konnte, als am weitesten verbreitete Leiheform. Nur in den Kolonisationsgebieten und in den für die Rodung sehr ungünstigen Gebirgsgegenden fanden schon im 13. Jahrhundert günstigere Leiheformen Verbreitung. Das Freistift war im frühen 14. Jahrhundert das Baumannsrecht (Bauernrecht) schlechthin geworden. Um 1530 gab es die Leihe zu Freistift nur mehr vereinzelt. Zwischen 1390 und 1494 erlangten zum Beispiel in der steirischen Herrschaft Piber etwa 60 Prozent der Bauerngüter das bessere Besitzrecht des Kaufrechts. Die Verkaufrechtung des 15. Jahrhunderts griff in der Steiermark im Lauf des 16. Jahrhunderts auf alle Grundherrschaften über und beschränkte die Freistift schließlich auf Einzelfälle. Als Folge der rasch voranschreitenden Verkaufrechtung trat eine hektische Mobilität der Untertanen auf. Die Tendenz, in rascher Folge den Besitz zu wechseln, hielt bis etwa 1530 vehement an, um gegen 1540 zu verflachen.[27]

Mit der Vererbrechtung stellte sich das Problem der Erbfolge, ob in Realteilung an alle Nachkommen oder ungeteilt im Anerbenrecht an einen Erben, meist den ältesten, bisweilen auch den jüngsten Sohn. Die Realteilung vermochte sich vor allem im Oberinntal, in Teilen Süd- und Osttirols, aber auch in der südlichen Steiermark und im Burgenland durchzusetzen. Dabei handelte es sich meist um Gebiete, wo Weinbau herrschte, wo es zu einer starken Kommerzialisierung kam oder wo die Grundherrschaft schwach war. Im Interesse der Grundherrschaft lag eine ungeteilte Weitergabe der Höfe. In der Praxis gab es zahlreiche Mischformen, so daß sich die Besitzstruktur immer stärker differenzierte. Relativ häufig wählte man vorerst auch die Besitzform zu gesamter Hand, den gemeinsamen Besitz mehrerer Personen, meist mehrerer Brüder, die in einer Gemeinerschaft oder Hauskommunion *(communis, comparticeps, convivus, consocius, gmeiner, mittailn)* den Besitz innehatten. Solche Formen der Gemeinerschaften wurden in den meisten Gebieten im Lauf des 15. Jahrhunderts wieder aufgelöst.[28]

Die Verselbständigung unfreier Leute aus den herrschaftlichen Haushalten und das Untertänigwerden von ehemals Freien hatten schon von der Jahrtausendwende an zu einem rechtlich zunehmend vereinheitlichten Bauernstand geführt. Das Ergebnis war »der Bauer«, zwar noch immer dem Herrn untertan, aber im Genuß größerer Sicherheiten und Freiheiten, so daß für seine soziale Einschätzung immer mehr die Besitzgröße und Höhe der Abgaben entscheidend wurden. Korrespondierend zur bäuerlichen Besitzerschicht bildeten sich ländliche Unterschichten: Gesinde und Inwohner als ins Haus integrierte Arbeitskräfte sowie Söldner und Kleinhäusler, die ihren Unterhalt als Taglöhner, Fuhrknechte oder in hausindustriellem Nebenerwerb fanden.[29]

Im Gefolge des Bevölkerungsrückganges und der Agrarkrise setzte eine Besitzkonzentration ein. Im Bereich der Herrschaft Piber mit 400 untertänigen Anwesen war die Realteilung des Grundbesitzes so weit fortgeschritten, daß es unweigerlich bei der geringsten zusätzlichen Belastung zum Zusammenbruch der teilweise auf Achtel- und Sechzehntelhuben geschrumpften Kleinstwirtschaften im extrem schwierigen Gelände des Kor- und Gleinalpengebietes kommen mußte. Rund 100 der 400 Anwesen von 1390 wuchsen mit anderen zu größeren Besitzeinheiten zusammen. Daneben kam es in der ersten Hälfte des 15. Jahrhunderts zur Überführung zahlreicher Gemeinerschaften, die von zwei bis drei Besitzern zu gesamter Hand bewirtschaftet wurden, in den Alleinbesitz eines der früheren Gemeiner. Die abgewirtschafteten Besitzer kleiner und kleinster Anwesen fanden sich als Inwohner oder Gesinde wieder. Die im 14. und 15. Jahrhundert entstandenen Besitzgrößen blieben in zahlreichen Regionen, insbesondere in der Mittelsteiermark und in Kärnten, bis ins 19. Jahrhundert bestehen.[30]

Agrarkrise und Agrarfortschritt

Aus der Krise erwuchs der Aufschwung. Ökonomisch waren die Folgen der Pest keineswegs nur negativ. Von manchen Beobachtern wurde das späte 14. Jahrhundert sogar eher als Blütezeit der österreichischen Wirtschaft eingestuft.[31] Im nichtlandwirtschaftlichen Sektor kam es zu realen Einkommensverbesserungen. Im landwirtschaftlichen Sektor machte sich die Agrarkrise bemerkbar. Eine generelle Aussage über die Situation der Bauern ist aber kaum möglich: Deren wirtschaftliche Lage war nicht nur von der Qualität der Böden, von der Betriebsgröße und vom Standort, von den naturbedingt schwankenden Ernteergebnissen und den konjunkturell erzielten Preisen abhängig, sondern auch von der grundherrschaftlichen, persönlichen und steuerlichen Belastung, ganz abgesehen von den betrieblichen Strategien, die eingeschlagen wurden.

Die Agrarkrise des späten 14. Jahrhunderts löste beträchtliche Umstrukturierungen der bäuerlichen Wirtschaft aus. Die Hektarerträge müßten im Durchschnitt zugenommen haben, da schlechtere Böden ausgeschieden wurden. Der Getreidebau wurde durch den Buchweizenanbau bereichert und intensiviert.[32] Sonderkulturen wurden gefördert und ausgedehnt, unter anderem Flachs und Hopfen, Safran und Mohn, Senf und Raps, Waid (Färberblau) und Krapp (Färberröte), Wein und Obst. Die Fleischproduktion und Milchwirtschaft, die Imkerei und Fischzucht erzielten Zuwächse.

Krems spielte zusammen mit dem nordöstlichen Niederösterreich im Safrananbau und -handel bis in die Frühneuzeit eine nicht unwesentliche Rolle. Der Anbau von Senf ist seit dem 15. Jahrhundert nachweisbar.[33] Auch der Weinbau versprach kommerziellen Erfolg. Der Übergang vom Getreidebau zum rentableren Weinbau in der zweiten Hälfte des 14. Jahrhunderts, der eine Abwanderung aus den ländlichen Gebieten in die

Weinbauorte bewirkte, wurde von zeitgenössischen Wirtschaftsfachleuten, wie Heinrich von Langenstein, und vom Landesfürsten immer wieder kritisiert und zu beschränken versucht.[34]

Die Fischzucht war jener Wirtschaftssektor, in welchem der niederösterreichische Adel ebenso wie seine böhmischen und mährischen Standesgenossen in erhöhtem Maße aktiv wurden. Die Teichwirtschaft gewann seit dem 15. Jahrhundert an Bedeutung, mit Zentren im oberen Waldviertel, im nördlichen Weinviertel und in der Oststeiermark. Der Großteil der Fischteiche wurde in Niederösterreich zwischen 1470 und 1530 angelegt. Vom Ertrag her gesehen, brachten die siebziger Jahre des 16. Jahrhunderts den Höhepunkt der niederösterreichischen Teichwirtschaft. Dann ging die Rentabilität wieder zurück. Gearbeitet wurde mit Lohnarbeit. Die Karpfen wurden über weite Distanzen vermarktet.[35]

Mit der Ausdehnung der Fleischproduktion, Milchwirtschaft und Fischzucht konnte man der zunehmenden Nachfrage nach höherwertigen Nahrungsmitteln entsprechen. Besonders begehrt als Handelsprodukt war das haltbare und nahrhafte Butterschmalz, das nicht zuletzt in die aufstrebenden Bergbauzentren geliefert wurde. Der geänderte Geschmack, der sich in einer Vorliebe für fettreiche Speisen ausdrückte, kam in der Umwandlung von bäuerlichen Abgaben, die bis dahin in Schafkäse geleistet wurden, in solche in Butterschmalz zum Ausdruck. Das im Unterschied zu Butter gut lagerbare Butterschmalz wurde zum marktgängigen Produkt. Gleichzeitig damit mußte an die Stelle des Fettkäses der Magerkäse treten, da die Milch für die Butterbereitung abgerahmt wurde. Verbunden mit dieser Entwicklung waren technische Fortschritte im Gerätebestand der Milchwirtschaft. Erst mit der Einführung und Verbreitung der Butterstampfe und der Weiterentwicklung zum Butterfaß (Rührkübel) konnte Butter in größeren Mengen erzeugt werden. Die älteste Darstellung einer Butterstampfe aus dem österreichischen Raum ist in die Zeit um 1400 zu datieren. Rollbutterfässer dürften im 16. Jahrhundert aufgekommen sein.[36]

Daß im Spätmittelalter das Pferd als Zugtier eine größere Bedeutung erlangte als in der vorhergehenden und nachfolgenden Zeit, hatte verschiedene Ursachen: Pferde waren teurer, arbeiteten aber schneller. Bei höheren Lohnkosten, wie sie im Spätmittelalter bestanden, war ein vermehrter Rückgriff auf Pferde sinnvoll. Dazu kam, daß im Zuge der Verdorfung von den einzelnen Bauern weitere Strecken zu den Feldern zurückzulegen waren als in der Einzelhofsiedlung oder Meierhofwirtschaft. Daher ergab sich in Niederösterreich hinsichtlich der Ochsen- und Pferdehaltung siedlungsbedingt ein markanter Gegensatz: In der viel kleinteiligeren Siedlungsstruktur des Wald- und Mostviertels dominierten Ochsen, in den großen Dörfern des Weinviertels die Pferde.[37]

Durch Nebenerwerbe konnte versucht werden, die bäuerlichen Einkommen aufzubessern. Saum- und Fuhrdienste kamen ebenso in Frage wie Tätigkeiten als Schmied, Wagner, Köhler oder Holzknecht, als Flößer und Hausierer, als Wirt und Müller. Viele engagierten sich auch in Bereichen der Hausindustrie, vom Flechten und Schnitzen über Spinnen und Weben bis zum Besenbinden und Wetzsteinschlagen. Auch die Sammelwirtschaft konnte erwerbsmäßig umgesetzt werden: So wurde zum Beispiel Speik, der als Heil- und Zaubermittel wie auch als Ausgangspunkt für Duftstoffe geschätzt war, in riesigen Mengen in den Almregionen der Seetaler Alpen, der Niederen Tauern und Gurktaler Alpen gesammelt und in getrocknetem Zustand verkauft. Der Handel wurde seit 1460 als Monopol an die Stadt Judenburg vergeben. Das Judenburger Handelshaus der Körbler machte sein Vermögen zu einem guten Teil mit dem Speikhandel.[38]

Im 16. Jahrhundert begannen sich die Preisstrukturen neuerlich zu verschieben. Getreide stieg wieder im Preis. Tierische Produkte fielen relativ zurück. Die Rodungstätigkeit setzte erneut ein. Manche der Wüstungen, aber bei weitem nicht alle, wurden rückgängig gemacht. Es hatten sich inzwischen andere Dorfstrukturen herausgebildet, die in vielen Fällen eine Wiederbesiedlung von aufgelassenem Land gar nicht mehr möglich machten. In anderen Fällen handelte es sich vielleicht um Böden, deren Rodung einst tatsächlich ein Fehlgriff gewesen war. Vor allem gab es Anforderungen, die eine Rückkehr zu Wirtschaftsformen vor der langen Agrarkrise nicht sinnvoll erscheinen ließen. Butterschmalz zum Beispiel blieb ein marktgängiges Produkt, das in die für ihre Vorliebe für fette Speisen berühmten Bergbauregionen geliefert wurde.[39] Die zunehmende Holzknappheit machte in den Bergbaugebieten und im Umkreis der wachsenden Städte auch die Forstwirtschaft immer mehr zu einem ertragreichen Erwerbszweig.

Herren und Herrschaften

Der Wüstungsprozeß stellt sich in vielerlei Hinsicht als Vorgang der Verdorfung und Siedlungskonzentration dar. Die bäuerliche Gemeinde gewann an Bedeutung. Aus dem »armen« Mann der hochmittelalterlichen Ständeterminologie war der »gemeine« Mann geworden, was das gestiegene Selbstbewußtsein der Gemeinden schon im Namen offenkundig machte: Die genossenschaftlich organisierten »Gemeinden« traten der »Herrschaft« gegenüber. Die Grenze zwischen »Herren« und »Gemeinen«, zwischen Adeligen und Nichtadeligen, zwischen Rittern und Bauern wurde schärfer. Durch die Verbauerung zahlreicher kleiner Ritter wurde jene Zwischenschicht von Ritterbauern zerstört, die noch in manchen bäuerlichen Hausnamen auf »Turm«, »Berg« oder »Burg« weiterlebte. Andererseits rückten ehemalige Ministeriale und kleine Ritter in den Hochadel auf. Der Adel wurde zu einer kleinen, abgegrenzten Schicht. Die Bezeichnung Herr, die ursprünglich den Lehensherren und Mitgliedern des Herrenstands vorbehalten war, wurde auf alle Adeligen ausgedehnt.[40]

In der zweiten Hälfte des 15. Jahrhunderts begannen neben der Erhebung von Rittern in den Herrenstand auch die Nobilitierungen von Bürgern, Kaufleuten, Gewerken und Beamten. Ulrich Eggenberger war durch Großhandel, Münz- und Wechselgeschäfte zu seinem Vermögen gekommen. Georg Stürgkh, als armer Schüler beginnend, brachte es zu großem Reichtum. Pankraz Kornmeß in Bruck, Lienhard Körbler in Judenburg, Sebald Pögl in Thörl, der 1500 geadelt und um 1537 in den erblichen Reichsfreiherrnstand erhoben wurde, oder Wilhelm Neumann in Villach und dessen Tochter Anna, die berühmte, sechsmal vermählte reichste Frau Innerösterreichs, sie alle verwendeten ihren Reichtum zum Erwerb eines Adelstitels und einer Herrschaft.[41] In

Kärnten waren um 1500 Ritterbürtige und Geadelte noch gleich stark vertreten. Zu Beginn des 17. Jahrhunderts waren drei Viertel des Adels nicht mehr ritterbürtig.

Die militärische und wirtschaftliche Krise der Ritterschaft erzwang eine Neudefinition der Aufgaben im entstehenden Staat. Das durch die Agrarkrise bedingte Fallen der feudalen Renten konnte auf verschiedene Weise ausgeglichen werden. Manche versuchten sich als Raubritter, wobei dieser Weg angesichts der Festigung des staatlichen Gewaltmonopols zunehmend aussichtsloser wurde. Dagegen konnte der Erfolg als Söldnerführer oder die Übernahme von Funktionen in der landesfürstlichen Verwaltung einen raschen gesellschaftlichen und wirtschaftlichen Aufstieg bringen. Die neuen Eliten, Söldnerführer wie Ulrich Grafenecker, Andreas Baumkircher oder Andre von Graben, Hauptmann zu Ortenburg, Steuerverwalter wie Ulrich Eytzinger und Kriegslieferanten und Kameralunternehmer schufen sich Grundherrschaften großen und neuen Stils: Grafenegg im Tullnerfeld, Sommeregg am Millstätter See oder Weinberg in Oberösterreich.[42]

Neben Hofdienst und Militär lagen die wichtigsten Einkommensquellen des Adels in den Feudalrenten, für die sich unterschiedliche Strategien der Maximierung boten. Das Dominikalland war im Spätmittelalter auf ein Minimum gesunken. Die meisten Abgaben waren in Geld umgewandelt. Was bei langfristig sinkenden oder stagnierenden Preisen für die Herren ein Vorteil war, schlug bei steigenden Preisen in einen Nachteil um. Die Grundherrschaften mußten sich auf neue Einkommensstrategien einstellen, entweder selbst produzieren, die Renten wieder in Naturalleistungen zurückverwandeln oder sonstige Einkommen erschließen. Der Adel wurde vorerst vor allem im Weinbau und in der Fischzucht aktiv. In Österreich fehlten größere geschlossene Grundherrschaften, die als Basis für eine Eigenwirtschaft dienen konnten. Selten bildeten die Herrschaften einen geschlossenen Bezirk, selten gehörte ein Dorf ganz zu einer Grundherrschaft. Der Dominikalbesitz des Adels bestand vorwiegend aus Wald. Der Anteil am Ackerland war niedrig. Um 1500 waren die Robotdienste in weiten Teilen der Alpenländer gänzlich in Geld abgelöst oder auf einige wenige Tage im Jahr beschränkt.

Nur im Nordosten Niederösterreichs entstanden im 16. und 17. Jahrhundert größere Gutsherrschaften, die auf die Versorgung Wiens ausgerichtet waren. Ähnliche Tendenzen ergaben sich in der Südoststeiermark zur Versorgung der Militärgrenze und Ausfuhr nach Italien. Mit der Vergrößerung und Ausweitung der Eigenbetriebe nahmen die Grundherren wieder ihr vermeintlich »altes Recht« in Anspruch, die Untertanen zur Robot heranzuziehen, sooft sie gebraucht wurden, was bei vielen Herrschaften in Niederösterreich zu zwei bis drei Tagen pro Woche oder in der Ost- und Südsteiermark sogar bis zur ungemessenen täglichen Robot führte. Auch wenn das meist nur eine theoretische Forderung war, erregte sie den Widerstand der Bauern. 1542 gab es im Gebiet der heutigen Steiermark 203 herrschaftliche Meierhöfe, deren Zahl bis zum Beginn des 17. Jahrhunderts auf 563 anstieg. Obwohl schon am Ende des 17. und zu Beginn des 18. Jahrhunderts wieder eine gegenteilige Entwicklung einsetzte und die Grundherren die Meierhöfe wieder abzustoßen begannen, blieb der Anspruch auf die Robot bestehen. In Oberösterreich galten schon seit dem ausgehenden 16. Jahrhundert mit dem

»Interimale« von 1597 als Obergrenze 14 Tage Robot pro Jahr. In Tirol war die Robot ebenfalls gering.[43]

Die Haupteinnahmen der Herrschaften im österreichischen Raum entstammten daher nicht der Eigenwirtschaft, sondern den untertänigen Giebigkeiten, die sich aus fünf Komponenten zusammensetzen konnten, aus Einkommen aus Hoheitsrechten, aus Diensten und Abgaben, Erträgen von Monopolen und Bannrechten, aus Zehenten und schließlich Arbeitsleistungen (Robot). Da deren Sicherung finanziell wichtiger war als der agrarwirtschaftliche Fortschritt, wurden eher juridische als ökonomische Kenntnisse benötigt, was erhebliche Auswirkungen auf den Modernisierungsprozeß haben mußte. Während die aus der Produktion resultierenden Einnahmen nicht oder nur unwesentlich gesteigert werden konnten, ließen sich aus der Intensivierung verschiedener Schutz-, Polizei- und Verfügungsrechte sowie Monopolisierung der Binnenmärkte (Anfeilzwang, Tavernen- und Mühlenbann) die Einkommen auffetten. Die Gebühren für Akte der niederen Verwaltung und Gerichtsbarkeit wurden beträchtlich erhöht. Selbst aus der Wahrung der Sittlichkeit wurde eine gute Einkommensquelle gemacht: Für begangenen Ehebruch verhängten die Herrschaften Strafen bis zu 30 Gulden, dem Gegenwert eines kleinen Häuschens.[44]

Revolten und Rebellionen

Die habsburgischen Lande waren vom 15. bis zum frühen 19. Jahrhundert Schauplatz zahlreicher und sehr intensiver Auseinandersetzungen zwischen ländlich-bäuerlichen Gruppierungen einerseits und den Grundherren und Landesfürsten andererseits, die von den heftigen Auseinandersetzungen in der zweiten Hälfte des 15. Jahrhunderts über die Ausläufer des deutschen Bauernkriegs 1525 und den oberösterreichischen Bauernkrieg 1625/26 bis zu den Tiroler und Vorarlberger Aufständen gegen die napoleonische und bayerische Verwaltung im Jahre 1809 reichten. In Oberösterreich hat man für den Zeitraum 1356 bis 1849 mindestens 62 Auseinandersetzungen zwischen den bäuerlichen Untertanen und ihren Obrigkeiten gezählt, unter anderem sechs größere Revolten in der zweiten Hälfte des 17., sechs in der ersten und zwei in der zweiten Hälfte des 18. Jahrhunderts und schließlich drei in der ersten Hälfte des 19. Jahrhunderts. In den slowenischen Gebieten zusammen, also in Krain, der Untersteiermark, Unterkärnten, Görz und dem Isonzogebiet, kennt man zwischen 1470 und 1848 etwa 100 Aufstände der verschiedensten Art, die sich gegen geistliche und weltliche Grundherren, Pfandherrschaftsinhaber und im 17. und 18. Jahrhundert immer stärker gegen landesfürstliche Beamte (Mautner, Überreiter, Tabak- und Salzgefällseinnehmer) und damit gegen die zunehmende Steuerbelastung richteten.[45] Übersehen werden meist die unterbäuerlichen Schichten, etwa wenn den Bauernaufständen im westlichen Niederösterreich 1595/97 zur gleichen Zeit ein Aufstand der Hauerknechte im südöstlichen Niederösterreich entsprach.[46]

Der breitflächige Massenprotest, der für das 15. und 16. Jahrhundert charakteristisch war, war ein Resultat der sozialen und religiösen Krise dieser Zeit, daneben des ge-

Darstellung der Bestrafung aufständischer Bauern: wohl als Warnung und Abschreckung gedachtes Flugblatt, kolorierter Holzschnitt, 1597

wachsenen Selbstbewußtseins der ländlichen und städtischen Gemeinden und eines zunehmenden Drucks, der von den Grundherrschaften auf die Untertanen ausgeübt wurde. Die Versuche, die Türken- und Hussitenabwehr mit Gemeindeaufgeboten zu organisieren, stärkten die überregionale Mobilisierung des »gemeinen Manns«. Das war sicher im Kärntner Bauernaufstand von 1478 am ausgeprägtesten, wo von den Bauern ein Bund geschlossen wurde, der sich dem Kärntner Chronisten Jakob Unrest zufolge nicht nur den Kampf gegen die Türken zur Aufgabe machte, sondern auf den Umsturz der gesamten Feudalordnung zielte und »schweizerische Zustände«, das heißt eine Bauernrepublik, herbeiführen wollte. Der Aufstand brach zusammen, als das Bauernaufgebot von den Türken vernichtend geschlagen wurde.[47]

Die Idee einer bäuerlichen Gemeinde war in Westösterreich am stärksten ausgebildet. Die »Meraner Artikel« waren neben den »24 Artikeln gemeiner Landschaft Salzburg« die bemerkenswertesten programmatischen Konzepte der österreichischen Bauern: Während die »12 Artikel« der oberschwäbischen Bauern mit der freien Predigt des Evangeliums und freien Pfarrerwahl, dem allgemeinen Jagdrecht, der Reduktion der Abgaben auf das herkömmliche Niveau, der Abschaffung des kleinen Zehents (Viehzehents) und der Rückgabe entfremdeter Gemeinweiden eher konservative Forderungen enthielten, waren die »Meraner Artikel« der Tiroler Bauern, die vom führenden Kopf des Aufstandes, dem damals bischöflichen Sekretär Michael Gaismair, ausgearbeitet worden waren, ein revolutionäres Programm: Neben religiösen Problemen waren die Neugestaltung der Staatlichkeit, die Abschaffung der weltlichen Obrigkeit der Geistlichen, die Beseitigung aller Freiungen, die Reform der Gerichtsbarkeit und der Armenfürsorge, das Verbot des Fürkaufs und die Einschränkung der großen Kapitalisten und erst an letzter Stelle die Forderung nach Reduktion der Abgaben enthalten. Verschärft wurde dieser Forderungskatalog noch durch Michael Gaismairs später im Schweizer Exil formulierte »Tiroler Landesordnung« (1526), die das radikalste Programm dieser Zeit enthielt: die Abschaffung des Landesfürsten und statt dessen die Bildung einer Regierung aus gewählten Gesandten aller Gerichte, eine allgemeine Gleichheit aller Leute, die Beseitigung der Unterschiede zwischen Stadt und Land, insbesondere auch die Schleifung der Mauern der Städte, die Abschaffung der Binnenzölle und die Verstaatlichung der Bergwerke. Träger dieser »christlichen« Gesellschaftsordnung sollten Bauern und Bergknappen sein.[48]

In Salzburg gab es in der zweiten Hälfte des 15. Jahrhunderts zahlreiche Aufstände (1462, 1478, 1495). Am bemerkenswertesten waren aber hier die Auseinandersetzungen in den Jahren 1525/26, die sich unter Anführung der Gewerken von Gastein gegen den Erzbischof und die Städte richteten und sich durch erhebliche Anfangserfolge auszeichneten. Die »24 Artikel gemeiner Landschaft Salzburg« waren wesentlich gemäßigter als die Tiroler Forderungen. Revolutionärer waren die von der Salzburger Bürgerschaft vorgebrachten Beschwerden, die die Forderung nach Säkularisierung des Erzstiftes enthielten.[49] Bei den oberösterreichischen Bauern tauchten die Vorstellungen von einer grundherrschaftslosen, »schweizerischen« Freiheit nur vereinzelt auf. Die »15 Artikel« aus dem oberösterreichisch-niederösterreichischen Bauernaufstand von 1595/97 hatten eine solche Tendenz. Einer der betroffenen Adeligen meinte, daß die Bauern eine *demokratia* zur Unterdrückung des Adels anstrebten. Auch wenn bei den Bauern hin und wieder von der völligen Abschaffung aller Obrigkeiten die Rede war, so war das bäuerliche Anliegen eher die direkte Unterstellung unter die Herrschaft des Kaisers, der ein kaum berechtigtes Vertrauen genoß.[50]

Meist ging es aber um viel Konkreteres, um die Abwehr neuer Steuer- oder Abgabenforderungen, um die Zurückweisung grundherrschaftlicher Übergriffe und ganz allgemein um die Wiederherstellung des guten »alten Rechts«. Ganz in der Zielsetzung dieses »alten Rechts«, der *stara pravda*, stand der 1515 von Krain ausgehende und sehr weitreichende Aufstand, der von den Zeitgenossen als »windischer Bauernaufstand« bezeichnet wurde.[51] Im östlichen und nördlichen Niederösterreich erschienen die Anzeichen der neu sich formierenden Gutswirtschaft als massive Bedrohung bäuerlicher Interessen. 1614/15 klagten die Untertanen der Herrschaft Pernegg, die Grundherren, von denen viele auch in Böhmen und Mähren Besitz hatten, wollten »schlesische« Manieren, das heißt gutsherrschaftliche Strukturen, in Niederösterreich einführen und sie in die »böhmische Leibeigenschaft« herabdrücken. Sie fühlten sich als Verteidiger der alten österreichischen Freiheit.[52]

In den Ober- und Niederösterreich erfassenden Aufständen von 1595/97 waren religiöse Auseinandersetzungen ebenso wie soziale Probleme an die Oberfläche gekommen. Allerdings trafen häufig protestantische Bauern auf protestantische Grundherren. 1626 löste die Verpfändung des bis dahin weitgehend protestantisch gebliebenen Landes ob der Enns an Bayern und die Gegenreformation zusammen mit dem Willkürakt des »Frankenburger Würfelspiels«, wo Todesurteile an Bauernführern nach dem Zufallsprinzip verhängt wurden, den größten Bauernaufstand aus, der in Österreich stattfand.[53] Die Bauern sahen in den »ungläubigen« Türken nicht selten das kleinere Übel.[54]

Das Umschlagen von hinhaltendem Widerstand zu offener Revolte konnte viele Ursachen haben. Immer aber stand dahinter, daß sich die Bauern in ihren tradierten Rechten beschnitten fühlten. Die Anlässe wandelten sich im 17. und 18. Jahrhundert: Steuerwiderstände, Jagdaufstände und Rebellionen gegen Rekrutenaushebungen kamen als neue Ursachen hinzu. Was in der Bauernkriegsforschung meist übersehen wird, war der enge Zusammenhang mit schlechten Ernten, vor allem in den 1590er Jahren, nach 1623 und wieder in den 1690er Jahren. Andererseits beteiligten sich in der Führung der Aufstände bäuerliche Eliten, vor allem Müller, Wirte und Großbauern, die aus Mißernten durchaus Gewinn gezogen haben konnten.[55]

Die Bauern erzielten immer wieder überraschende Erfolge. Insbesondere in den alpinen Regionen, wo die dünnere Besiedlung mehr Gefahren durch wilde Tiere und herumvagierende Banden bedingte, verfügten sie über Waffen und waren im Umgang damit geübt. Manche hatten sich vielleicht auch als Soldaten verdingt gehabt und neben der Erfahrung auch die Ausrüstung nach Hause gebracht. Den starken Festungen, etwa Hohensalzburg 1525, konnten sie aber mit ihren hölzernen Kanonen nichts anhaben. Für länger dauernde Kämpfe waren die Bauernheere nicht geeignet, weil die Beteiligten sich zu sehr an ihren Hof gebunden fühlten und ihre Wirtschaft nicht langfristig in Stich lassen wollten oder konnten. Den bäuerlichen Aufgeboten fehlte die strenge Disziplin der Berufsheere.

Bauernbeschwerden waren vielfach auch Bürgerbeschwerden, etwa in Tirol und Salzburg 1525 und in Oberösterreich 1626. In die bäuerlichen Forderungen flossen zahlreiche bürgerliche Vorstellungen ein. Bürgerschaften, Knappen und Holzknechte schlossen sich den Aufständen an und ergriffen die Initiativen. Die Bergstadt Schladming, die sich 1525 auf die Seite der Bauern gestellt hatte, wurde zerstört. Die Kärntner Landeshauptstadt St. Veit verlor wegen ihrer Sympathien für den Aufstand von 1515 die hauptstädtische Stellung. Die Bauernkriege kosteten die Untertanen nicht nur Geld und höhere Abgaben, sie wurden zusätzlich einer verstärkten Bürokratisierung und Militarisierung unterworfen und verloren in zahlreichen Fällen ihre gemeindlichen Sonderrechte und Autonomien. Der Landesfürst selbst war mit Ausnahme Tirols und Salzburgs nie Gegenstand bäuerlicher Ablehnung. Und es waren auch die Landesfürsten, die als die eigentlichen Gewinner aus den Auseinandersetzungen hervorgingen. In ihrer panischen Furcht vor jeglicher Bauernerhebung stellte sich die Regierungsgewalt in strittigen Fällen meist nicht auf die Seite der Bauern, sondern auf die der Herrschaften. Dagegen bedienten sich die Grundherren der landesfürstlichen Macht, um ihre privilegierte Position gegenüber den Bauern aufrechtzuerhalten. Die Bauern wurden gänzlich vom politischen Formierungsprozeß ausgeschlossen. Den staatlichen Integrationsprozeß erlebten sie als Verschlechterung, über die auch die Bauernschutzpolitik des frühneuzeitlichen Staates nicht hinwegtäuschen konnte.[56]

Die frühneuzeitliche Expansion

Die Brille, die Uhr und das Schießpulver

Das 14. Jahrhundert bedeutete einen tiefen sozialen Einschnitt, der in neuen technischen Errungenschaften zum Ausdruck kam, die längerfristig die Kriegsführung, das geistige Leben und die Wirtschaftsordnung umstürzten: Die revolutionären Veränderungen, die Schießpulver, Brille und Räderuhr verursachen sollten, waren zwar noch nicht abschätzbar; aber diese Neuerungen erregten Erstaunen. Die Kanonen entzogen den feudalen Partikulargewalten ihre Basis und begleiteten den Aufstieg neuer Eliten und des Staates. Brillen machten es vielen Leuten erst möglich, bis ins hohe Alter jene Informationen zu verarbeiten, die durch den Buchdruck massenhaft verfügbar wurden. Räderuhren mit Schlagwerk schließlich, wiewohl sie eng mit der kirchlich-monastischen Ordnung verknüpft waren, wurden zum Ordnungsfaktor und Prestigeträger der neuen Stadtkultur.[57]

Die Geschichte der Lesehilfen beginnt im späten 13. Jahrhundert. Man kennt einen Bericht über das allgemeine Aufsehen, das der Bürgermeister von Padua mit einer Brille auf einer Hochzeitsfeier am Wiener Hof im Jahre 1319 hervorrief.[58] In Feldkircher Quellen wird die Brille erstmals 1387erwähnt. Albrecht Kolbe, der Pfarrer von Göfis, schildert die Herstellung einer Predigerhandschrift: »... han diz buoch geschriben mit grossen unstatten und durch ain spiegel, do ich sechs und sechszig jar alt waz.«[59] Im Mittelalter galt die Brille als Symbol der Gelehrsamkeit, der Würde und des Alters. Auch als Attribut der Mäßigkeit tauchte sie auf, zusammen mit Zaumzeug und Uhr, in dieser Kombination wiederum die Dreiheit der Stände andeutend: der Kleriker, der Ritter, der Bürger. Daß aus dem Statussymbol auch ein Zeichen für Scharlatanerie und Narretei werden konnte, wird aus der Leichtigkeit, mit der damit Prestige und Intellektualität vorgetäuscht werden konnte, erklärlich. Aber ohne Brille wäre der weitere naturwissenschaftliche Fortschritt undenkbar. Die Weiterentwicklung der simplen Lesesteine des Mittelalters mündete im späten 16. Jahrhundert in die Konstruktion von Mikroskop und Teleskop, die alle Dimensionen der Welterkenntnis durchbrachen, ins Kleine wie ins Große.

Die Erfindung der Räderuhr, des Prototyps aller spätmittelalterlichen Maschinen, ist ungefähr in die Jahrzehnte zwischen 1300 und 1350 zu datieren. Sie war eine technische Höchstleistung – um praktisch und nützlich zu sein, war sie anfangs hingegen viel zu ungenau. Schlaguhren waren eine Angelegenheit des Stadtprestiges und wurden immer mehr zum Zeichen einer wohlverwalteten Stadt oder Institution. 1372, also sehr früh, verpflichteten die Tullner Bürger einen Breslauer Handwerker zur Anbringung einer Uhr an ihrer Pfarrkirche, wenn auch die tatsächliche Ausführung dieser Arbeit nicht belegt ist. Für Wien berichten die Kirchenmeisterrechnungen 1417 über die Verbesserung einer Schlaguhr bei St. Stephan. 1380 war das Anschlagen der Stunde noch händisch erfolgt. 1403 gab es eine Turmuhr in Feldkirch. Das Verhältnis zur Zeit änderte sich bei den Feldkirchern erheblich. Sie scheinen ein neues Zeitgefühl bekommen zu haben. Während die älteren Chroniken noch um die Mitte des 14. Jahrhunderts sich mit allgemeinen Zeitbestimmungen wie »zur Abendzeit« *(hora vesperarum*, 1349) oder »morgens« *(in crastino*, 1355) begnügten, wird Ulrich Tränkle in seiner Chronik für die zweite Jahrhunderthälfte zunehmend genauer und gibt zu Beginn des 15. Jahrhunderts bereits die einzelnen Stunden an, zum Beispiel 1398: »zwischen 9 und 10«, oder 1403: »da es drey schlug nach Mitternacht«.[60] Der Bürger mußte sich immer mehr daran gewöhnen, mit genauen Zeitvorgaben zu leben: mit Gottesdienstzeiten, Öffnungs- und Sperrzeiten, Arbeitszeiten, Studier- und Betzeiten, Folterzeiten… Zuletzt erschien, wie es Abraham a Sancta Clara formulierte, eine Stadt ohne Uhr wie eine Einöde, wie ein elender Markt oder ein armes Dorf und galt ein Bürgerhaus ohne Uhr als »unordentlich, confus und sehr schlecht bestellt«.[61]

Die Fernwaffen zerstörten den Nimbus des schwerbewaffneten Ritters, dessen kriegerische Überlegenheit auf seiner eigenen Stärke und der seiner schwer bezwingbaren Burg, auf die er sich jederzeit zurückziehen konnte, basiert hatte. Das Aufkommen der Armbrust, die Verwendung des langen Bogens und der Einsatz von Kanonen, der, so könnte man sagen, ABC-Waffen des Mittelalters, die man in Konzilstexten und Rittercomments immer wieder vergeblich zu verbieten versuchte, führten zu einer zunehmenden Bedeutung des Söldnerwesens und der Fußtruppen.[62]

Mit Langbogen konnten in rascher Folge Pfeile verschossen werden, die damalige Rüstungen noch aus 200 Meter Entfernung durchschlugen. Im 14. Jahrhundert wurden sie zur überlegenen Waffe des Fußvolkes. Aber schon 1245 hatten österreichische Bogenschützen in der Schlacht bei Laa an der Thaya in ganz unritterlicher Manier gegen überlegene, westeuropäisch gerüstete böhmische Streitkräfte spektakuläre Erfolge erzielt.[63] Auch steirische Gefolgsleute der Habsburger erregten bei Kriegszügen im Reich dadurch Aufsehen, daß sie vom Pferd aus mit dem Bogen den Gegnern die Pferde unter dem Sattel wegschossen und sie dann von den Fußknechten überwältigen ließen.[64] Noch gefährlicher als der Bogen war die erheblich treffsicherere Armbrust, vor allem seit durch die zunehmende Verbesserung der Spanntechniken und Harnischbolzen ihre Durchschlagskraft enorm zugenommen hatte, auch wenn sie wegen der geringen Schußfolge weniger für die offene Feldschlacht als für die Verteidigung von Festungen geeignet war.

Die frühen Kanonen machten mehr Lärm als Schäden. Das erste Mal verwendeten österreichische Ritter 1331 bei der Belagerung von Cividale Kanonen, mit nicht sehr durchschlagendem Erfolg, wie ein Nebensatz in der Chronik von Cividale del Friuli verrät: *et nihil nocuit*, »und schadete nichts«.[65] Längere Zeit noch blieben Wurfmaschinen (Bliden) wirkungsvoller als Steinbüchsen: Sie waren als Holzgeräte in der Herstellung billiger als die Metallkanonen und erlaubten schnellere Schußfolgen und auch die Verwendung von »Sondermunition«, die mit Kanonen nicht verschossen werden konnte, von Brandsätzen, toten Tieren, Fäkalien oder gar von noch warmen Pestleichen als makabre Vorläufer einer bakteriologischen Kriegsführung. In den Hussitenkriegen wurden die großen Fortschritte im Geschützwesen und im Einsatz der beweglichen Feldartillerie offenkundig. Auch die Türken bedienten sich bei ihrem Vordringen auf dem Balkan erfolgreich der neuen Bronzegeschütze. Vor allem aber verhalfen die neuen Kanonen auf Räderlafetten den Habsburgern in Burgund und Tirol unter Maximilian I. zu entscheidenden Vorteilen. Die Gießerei in Innsbruck/Mariahilf erzeugte Geschütze aus Bronze von bedeutendem Kaliber und Waffen von höchster künstlerischer Qualität.[66]

Immer mehr mußten sich die hinter Mauern verschanzten Verteidiger auf die neuen Techniken einstellen. Bis in die achtziger Jahre des 15. Jahrhunderts waren Armbrüste durch ihre Treffsicherheit und Reichweite den Handfeuerwaffen überlegen. Gegen die Wende zum 16. Jahrhundert zu wurden sie immer mehr durch die billigeren, wenn auch viel weniger genauen Hakenbüchsen ersetzt. Die Einsparung bei der Munition war groß, da die mit der Armbrust verschossenen, geschmiedeten Eisenbolzen viel teurer waren als die rasch gegossenen Gewehrkugeln aus Blei oder Eisen. Eine neue Rüstungsindustrie, die sich auf diesen billigeren Massenbedarf einstellte, entstand.[67]

Die Überlegenheit der mit Langspießen und Helmbarten sich einigelnden Fußvolkhaufen gegenüber den eisengewandeten Rittern wurde in den Burgunder- und Hussitenkriegen immer deutlicher. Das adelige Selbstverständnis bestimmte aber im Porträt und auf den Grabplastiken immer noch das Bild des schweren Kriegers mit Prunkharnisch. Es war eine fast irrationale Reaktion auf den militärischen Positionsverlust des schwer gerüsteten Ritters, daß nie zuvor so viel handwerkliches Geschick und so viel Eisen für die Verbesserung der Körperpanzerung aufgewendet worden waren wie im 15. und 16. Jahrhundert. Daß damit die Nachfrage nach Eisen in die Höhe getrieben wurde und das Plattnerhandwerk, etwa in Innsbruck, später auch in Wien und Graz neben dem der großen Reichsstädte aufblühen konnte, war eine Folge dieses ritterlichen Imponiergehabes. Wohl nach mailändischem Vorbild entstand in Mühlau bei Innsbruck um 1450 die berühmte Hofplattnerei Herzog Sigmunds.

Die in geschlossenen Gewalthaufen von bis zu 6 000 Mann kämpfenden, mit vier bis sechs Meter langen Piken bewaffneten Fußknechte und die mauerbrechende Artillerie haben der militärischen Stellung der Ritter die Basis entzogen, was in den Niederlagen der habsburgischen Ritter gegen die Schweizer bei Morgarten (1315), Sempach (1386) oder Näfels (1388) und noch stärker gegen die Hussiten und Türken nur langsam bewußt wurde. Die Tiroler Landesfürsten nahmen im 15. Jahrhundert immer wieder Knappenaufgebote als Söldner. Auch Handwerksgesellen wurden in Söldnertruppen übernommen. Die Übergänge waren also fließend. Gerade die über reiche Einkünfte aus dem Bergbau verfügenden Landesfürsten konnten früh nach italienischem Vorbild zu bezahlten Truppen übergehen.[68] Die wachsenden Kosten der Söldnerheere, der Artillerie und des Befestigungswesens seit dem 14. Jahrhundert führten zur Wiederaufnahme der antiken Sentenz vom Geld als Nerv aller Dinge, besonders aber als Nerv der Kriege.[69]

»Portae, pulsus, pueri«

»Tore, Schlaguhren und Schüler«, ein geflügeltes Wort, das Kaiser Karl V. in den Mund gelegt wurde, bezeichnet die Merkmale einer gut verwalteten Stadt, die Wehrhaftigkeit, die Zeitökonomie, die Bildung. Der Symbolgehalt von Mauer und Turm, der in den Siegelbildern und Wappen zum Ausdruck kam, motivierte zur Erhaltung von Stadtmauern und Türmen über den Zeitraum echter Funktionalität hinaus. Bei den meisten Städten wurden die Befestigungen schon seit dem 15. Jahrhundert nicht mehr dem waffentechnischen Fortschritt angepaßt und dienten immer mehr der »Polizei«, der Kontrolle der Bevölkerungs- und Warenbewegung, statt der Verteidigung.[70] Bei neuerhobenen Städten, etwa Grein, wurde der Mauerbau nicht mehr ausdrücklich zur Vorbedingung gemacht. Im 16. und 17. Jahrhundert kam es zu einem Selektionsprozeß, der eine den neuen Waffen standhaltende Fortifikation nur ausdrücklich zu Festungen erklärten Städten zugestand. Moderne Basteiengürtel statt der zinnengekrönten Mauern des Mittelalters erhielten Wien, Graz, Linz, Klagenfurt, Salzburg und zahlreiche kleinere Grenzstädte im Südosten. Daß dies teuer war, zeigen die Aufwendungen für die Grazer Stadtbefestigungen, die, ohne die Bauten auf dem Schloßberg, von 1544 bis 1620 fast eine halbe Million Gulden erforderten.[71]

Bürgerfreiheit im österreichischen Spätmittelalter konnte vielerlei implizieren: Freizügigkeit bezüglich Heirat und Wohnsitz, Freiheit von hof- und leibherrlichen Abgaben, Testierfreiheit über den Nachlaß, Befreiung von Zweikampf und Gottesurteil zugunsten des bloßen Reinigungseides, Freiheit von stadtfremder Gerichtsbarkeit und öffentlicher Heerfahrt, Freiheit von außerordentlichen Steuern, freies Eigentum an den Produktions- und Zirkulationsmitteln, Schutz der Person vor stadtherrlicher Willkür und besonders strenge Ahndung von Hausfriedensbruch.[72]

Sozialstruktur Wiens in der zweiten Hälfte des 15. Jahrhunderts (Anteile in Prozent).

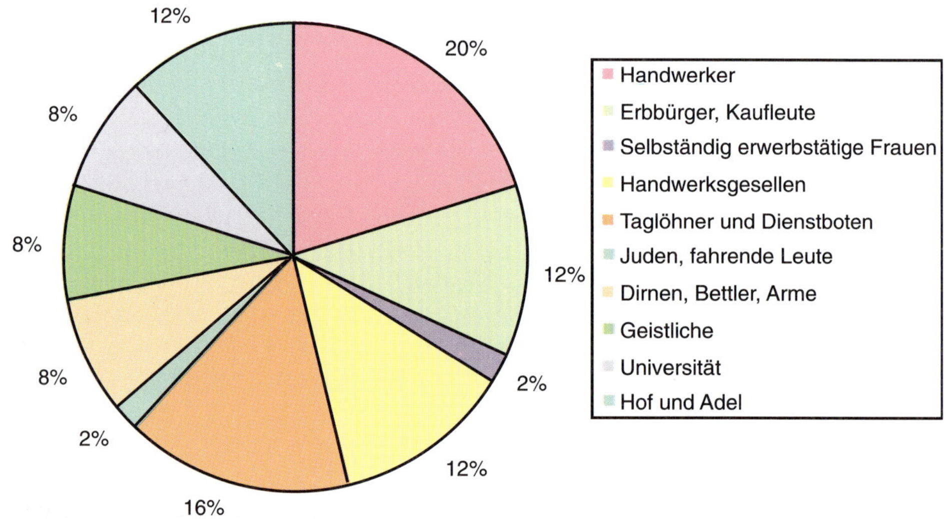

Quellen: Karl *Schalk*, Die Wiener Handwerker um die Zeit des Aufstandes von 1462 und die Bevölkerungszahl von Wien. Jahrbuch für Landeskunde von Niederösterreich NF 13/14 (1915) 300–345; Karl *Schalk*, Gemeiner Arbeitslohn und Kaufkraft des Geldes in Wien im 15. Jahrhundert (1424–1527). Beiträge zur Geschichte der Stadt Wien 3/1 (1888) 31–258. – Schalk überschätzt die Einwohnerzahl Wiens, vor allem den Hof, wahrscheinlich auch die Universität.

Die spätmittelalterliche Stadt war ein topographisch und rechtlich hochdifferenziertes Gebilde aus einer ritterlich-bürgerlichen Oberschicht, die ihre Stellung ähnlich dem Adel mit alten Privilegien begründete, den Handwerkern, die in einer Vielzahl von Zünften organisiert waren, dazu einer unterschiedlich großen Zahl von Personen der Ober- und Mittelschicht, die formal kein Bürgerrecht besaßen, von Höflingen, Adeligen, Beamten, Universitätsangehörigen, Geistlichen, Ordensleuten, Spitalsinsassen und Mitgliedern der Judengemeinde, aber auch von Angehörigen der Unter- und Randschichten ohne Bürgerrecht wie Störer, Kleinhändler, Taglöhner, Lohnarbeiter, Gaukler, Bettler, Vagabunden, die insgesamt 30 bis 40 Prozent der städtischen Einwohnerschaft ausmachen konnten. In einer Stadt wie Wien waren die »Bürger« nur eine Minderheit. Für das 15. Jahrhundert wird ihr Anteil an der Gesamtbevölkerung auf 10 Prozent geschätzt. Aber auch zusammen mit ihren Angehörigen erreichte die Bürgerschaft nicht mehr als 50 Prozent. Der Zusammenhang von Bürgerrecht und Hausbesitz wurde nur allmählich gelockert.[73]

Das Bürgertum war die innovative Gruppierung des Spätmittelalters und der beginnenden Neuzeit. Zwar war der Prozeß der großen Stadtgründungen im 13. Jahrhundert zum Stillstand gelangt. Was noch zur Stadt erhoben wurde, blieb unbedeutend. Aber die Zahl der Häuser in den Städten nahm stark zu. Die Zahl der Märkte stieg von 1300 bis 1600 von etwa 130 auf über 400, die ihrer Häuser aber von etwa 6 300 auf fast 30 000. Der Anteil der Bewohner aller Städte und Märkte Österreichs an der Gesamtbevölkerung lag um 1600 bei etwa 15 Prozent. Obwohl dies nicht völlig mit agrarisch und nichtagrarisch übereinstimmt, deutet es doch auf ein beträchtliches Wachstum des nichtlandwirtschaftlichen Sektors. Daß im 16. Jahrhundert die Dichte von mit formalen Bürgerrechten ausgestatteten, wenn auch oft sehr kleinen Orten von Ost nach West ganz deutlich abnahm, wobei auf Niederösterreich mit 35 Städten und über 200 Märkten mehr als die Hälfte aller Städte und Märkte Österreichs entfiel, erklärt sich aus den Unterschieden in der Herrschaftsstruktur.[74]

Die Einwohnerzahl der Städte lag zwischen 200 und 5 000. Nur Wien ragte mit etwa 20 000 Einwohnern bei etwa 1 200 Häusern in der Innenstadt und weiteren 1 000 in den Vorstädten heraus. In den Weinbaugebieten gab es auch Märkte, die bis zu 2 000 Einwohner erreichten. Die Großdörfer im Kolonisationsgebiet konnten mit bis zu 80 Häusern die durchschnittliche Ausdehnung der Märkte beträchtlich übertreffen. Schwaz, im Jahr 1312 ein Dorf mit etwa 200 Einwohnern, soll um 1500 für einige Jahrzehnte

Tabelle 3: Zahl der Städte und Märkte und Anzahl der Häuser, 1200 bis 1600

	1200	1300	1400	1500	1600
Zahl der Städte	23	71	82	87	86
Häuserbestand	–	10 000	12 600	14 200	16 600
Zahl der Märkte	–	131	237	344	409
Häuserbestand	–	6 300	13 400	21 800	29 200

Quellen: Kurt *Klein,* Daten zur Siedlungsgeschichte der österreichischen Länder bis zum 16. Jahrhundert (Wien 1980) 106 f.; Ernst *Bruckmüller,* Sozialgeschichte Österreichs (Wien 1985) 146.

15 000 bis 20 000 Einwohner gezählt haben. Die Beschäftigtenzahlen im Bergbau und die aus Schwaz immer wieder berichteten enorm hohen Zahlen von Seuchenopfern lassen eine derart hohe Einwohnerzahl durchaus glaubwürdig erscheinen.[75] Schwaz dürfte auf jeden Fall im frühen 16. Jahrhundert die zweitgrößte Siedlung des heutigen Österreich gewesen und mit hohem Abstand vor Innsbruck gelegen sein, das etwa 5 000 Einwohner hatte. Steyr zählte 1543 über 6 000 Einwohner. Als Friedrich III. in Wiener Neustadt residierte, lebten dort 5 000 bis 7 000 Menschen, im 16. Jahrhundert aber nur mehr 4 000. Innsbruck zählte im 16. Jahrhundert etwa 5 000 Einwohner, Graz etwa 6 500 bis 7 000 und Salzburg etwa 8 000. Besonders stark wuchsen die Weinbauorte.[76]

Wien war in der zweiten Hälfte des 15. Jahrhunderts in eine Krise geraten. Als Residenzstadt spielte es keine Rolle. Zwischen 1430 und 1530 residierten die Habsburger fast immer anderswo. Zwischen 1480 und 1529 wurde die geopolitische Lage Wiens immer kritischer. 1528 schrieb die Stadt, ihr Handel sei »ein zerbrochen haus«.[77] Auch nach der abgewehrten Türkenbelagerung wurde die Situation nicht entscheidend besser. Unter Ferdinand I. wurden hier zwar zunehmend die Behörden zentriert. Aber im Verlauf des späteren 16. Jahrhunderts rückte immer mehr Prag zur bevorzugten Stadt der habsburgischen Herrscher auf. Das ganze 16. Jahrhundert über war Wien Grenzstadt und in seiner wirtschaftlichen Entfaltung schwer behindert.

Frühkapitalistischer Weinbau

Die südeuropäische und die mitteleuropäische Weinwirtschaft unterschieden sich grundlegend. Während der mediterrane Weinbau nicht an Gunstlagen gebunden war und daher überall in das landwirtschaftliche Ökosystem integriert werden konnte, tendierte der mitteleuropäische Weinbau zur Monokultur in klimatisch und verkehrsmäßig begünstigten Zonen. Was im Süden bloß eine Möglichkeit darstellte, war im Norden die Regel: der auf den Fernhandel spezialisierte Weinbau, der nicht nur die klimatisch-topographische Eignung, sondern auch das Vorhandensein entsprechender Transportwege zur Voraussetzung hatte.[78]

Wenn Paolo Santonino, der Vikar des Patriarchen von Aquileja, auf seiner Visitationsreise in Kärnten zwischen 1485 und 1487 in bäuerlicher Umgebung selten genug einen besseren Wein erhielt, bezeichnete er diesen als »urban«, als städtisch.[79] Nicht nur die Weinkonsumtion, sondern auch die Weinproduktion und der Weinhandel waren eng mit der Stadt und der ständisch-städtischen Oberschicht verbunden. Es bildete sich der Typ der Weinproduktionsstadt, wo der Weinbau nicht nur eine Monokultur, sondern fast eine Monoaktivität darstellte. Die besondere wirtschaftliche Bedeutung des Wiener Weinbaus bekräftigte bereits Albrecht I. im Artikel 16 des Wiener Stadtrechts von 1296.[80] Von Herzog Rudolf IV. stammt jene oft zitierte Einschätzung der wirtschaftlichen Bedeutung des Weins: daß »wein in disem landen ze Österreich ain solich grozz, namhaft und redleich stuckh…, des sich alle unser stet und sunderleich die stat ze Wienn allermeist betragent und auch nahent ir aller grozzister paw und pest aribait ist...«[81] Eine Petition der Wiener Bürger aus 1403 betont dies: »Nu leit doch unser meiste narung an den weinwachs.«[82]

Der Weinbau, als bedeutende »Industrie« im älteren Sinn, scheint in manchen Weinstädten jede andere Form von industriell-merkantiler Betätigung in den Hintergund gedrängt zu haben. Die Wiener stellten den Zusammenhang zwischen ihrer schwachen Stellung im Fernhandel und der Konzentration auf den Weinbau in einer an König Ferdinand I. gerichteten Klagschrift aus den zwanziger Jahren des 16. Jahrhunderts selbst her: »Darumben haben sich vil hie auf weinpawen (begeben), das dadurch all perg vol garten worden und damit ainer den anderen auch verderben... und von den hendeln, die den burgern gantz unfurderlich gestanden, abgefallen.«[83] Neben den Bürgern der niederösterreichischen, steirischen, mährischen und oberungarischen Städte waren aber auch Adel und Klerus und auch Teile des Bauerntums an dieser kommerzialisierten Form des Weinbaus beteiligt.

Daß der Weinbau deutlich von landwirtschaftlichen Beschäftigungen abgehoben war, zeigte sich in der Bildung von Zünften. Die älteste Weinhauerinnung Mitteleuropas ist 1447 für Krems und Stein nachgewiesen.[84] Die große Ähnlichkeit des Bergrechts mit der ursprünglich im städtischen Bereich verbreiteten Leiheform des Burgrechts entstand aus dieser engen Verknüpfung von Weinbau und städtischem Bürgertum. Im Weinbau setzten sich früh Besitzrechte durch, die nicht nur erblichen Charakter hatten, sondern auch kein Untertänigkeitsverhältnis implizierten. Bergrechtsweingärten waren nachweislich seit dem 13. Jahrhundert frei verkäuflich und vererbbar. Der Grundherr hatte lediglich ein Vorkaufs- und Heimfallsrecht und den Anspruch auf eine Rente, zuerst in Form einer Naturalabgabe, später als Ablöse, die nicht vom Ertrag, sondern von der Größe des Weingartens abhängig war.

Weingärten waren aus dem dörflichen System der Dreifelderwirtschaft herausgehoben. Dies bedingte ein rein individuelles Nutzungsrecht gegenüber den durch gemeinsame Weide und Flurzwang charakterisierten Dreifeldersystemen. Durch den Hackbau und den Verzicht auf tierischen Dünger erforderte der Weinbau im Unterschied zum Getreidebau auch keine korrespondierende Viehhaltung. Gearbeitet wurde in den städtisch-kapitalistischen Weingärten des Spätmittelalters in Lohnarbeit. Die im Verlauf des 16. Jahrhunderts immer umfangreicher werdende Arbeitsmigration in die expandierenden Weinbaugebiete wurde bis in die sechziger Jahre des 16. Jahrhunderts von steigenden Reallöhnen für die Weingartenarbeiter in Schwung gehalten. Allerdings erwies sich die ständige Fluktuation als organisatorisch schwer bewältigbar und für die Qualität nachteilig, so daß das System des Taglohns immer mehr durch saisonweise abgeschlossene Arbeitsverträge (Bestandbau) abgelöst wurde. Formen der Teilpacht wurden in der frühen Neuzeit in der Wachau und in der Umgebung von Krems immer mehr üblich.[85]

Die weniger alkoholreichen Weine des Nordens benötigten im Unterschied zu den Südweinen spezielle Örtlichkeiten zur Lagerung. Preßhäuser, Keller und Fässer erforderten viel Kapital. Die Städte, Klöster und Adelssitze verfügten über Keller von beträchtlichem Fassungsvermögen. Großartig sind bis heute die Keller der Stifte, etwa in Göttweig, Dürnstein, Melk oder Klosterneuburg, oder jene der Städte Retz oder Rust.

Enea Silvio Piccolomini beschrieb die Wiener Weinkeller im Jahr 1438: Sie seien so tief und geräumig, daß man sagen könne, es gebe in Wien unter der Erde ebenso viele Gebäude wie über der Erde.[86] Mehr als ein Achtel der Wiener besaß um die Mitte des 16. Jahrhunderts innerhalb der Stadtmauern gelegene Preßhäuser. Von der weinbautreibenden Dorfbevölkerung hingegen verfügten nur wenige über geeignete Kelleranlagen und Pressen. Die für die niederösterreichischen, mährischen und slowakischen Weinbaugebiete typischen Kellergassen außerhalb der Dörfer entstanden in der Mehrzahl erst im 18. Jahrhundert.[87]

Der Trumpf der Bürger war nicht nur die bessere Lagerung, sondern auch die Spekulation mit den stark schwankenden Erntemengen und Preisen. Enea Silvio Piccolomini schrieb in seinem Bericht weiter: »Es ist nicht zu sagen, welche ungeheure Masse Wein eingefahren wird, der teils in Wien selbst getrunken, teils ins Ausland die Donau aufwärts unter großen Anstrengungen versandt wird.« Die beiden Hauptrichtungen des niederösterreichischen Weinexports in der frühen Neuzeit waren einerseits der Donauweg für den Export nach Westen, für den mit dem umfangreichen Weingartenbesitz bayerischer und westösterreichischer Klöster bereits im Hochmittelalter die Grundlage gelegt worden war, andererseits der Landweg nach Norden. Die jährliche Weinausfuhr auf der Donau betrug im 15. Jahrhundert etwa 100 000 Hektoliter, was gegenüber dem 13. Jahrhundert eine Steigerung auf das Fünffache bedeutete.[88] In der zweiten Hälfte des 16. Jahrhunderts erreichte dieser Export auf der Donau etwa 150 000 bis 200 000 Hektoliter, wovon 80 000 bis 90 000 Hektoliter nach Süddeutschland gingen. Die zweite Richtung des niederösterreichischen Weinexportes, vor allem aus den Anbaugebieten nördlich der Donau, führte, ebenso wie die aus den nord- und westungarischen Weinbauregionen, nach Böhmen, Schlesien und Polen, zu einem geringen Teil auch nach Mähren. Mengenmäßig sind diese Exporte schwer bezifferbar.[89]

Der Weinbau nahm im Verlauf des Spätmittelalters zu und erreichte im 16. Jahrhundert in den meisten Regionen Österreichs die größte flächenmäßige Ausdehnung. Gut sichtbare Terrassierungen, alte Preßhäuser und verfallene Weinkeller, aber auch Orts- und Riedenbezeichnungen sind die Spuren dieser einst weit die Donau aufwärts in Nieder- und Oberösterreich, aber auch in der Obersteiermark, in Kärnten, Nordtirol und Vorarlberg sich erstreckenden Kultur.[90] In der zweiten Hälfte des 16. Jahrhunderts dürfte die niederösterreichische Rebfläche etwa 41 000 Hektar umfaßt haben und dürften im Schnitt etwa 820 000 Hektoliter Wein (20 hl/ha) im Jahr produziert worden sein, davon 130 000 Hektoliter (16 Prozent) in landesfürstlichen Städten und Märkten und von Wiener Bürgern allein etwa 60 000 Hektoliter (7 Prozent). Der Geldwert des niederösterreichischen Weinexports um 1600 war etwa sechsmal so groß wie der steirisch-österreichische Eisenexport ins Reich und konnte sich mengenmäßig mit den damals in Köln, dem »Weinhaus der Hanse«, umgeschlagenen oder den über Bordeaux exportierten Quantitäten durchaus messen, wobei diese westeuropäischen Exportzentren im 16. Jahrhundert ihre beste Zeit allerdings schon überschritten hatten.[91]

Macht der Metalle

Vom 14. bis zum 16. Jahrhundert erreichte der alpine Bergbau den Höhepunkt seiner Bedeutung: Fast 50 Prozent der montanistischen Wertschöpfung entfielen um die Mitte des 16. Jahrhunderts auf Gold und Silber, je 20 Prozent auf Buntmetalle (Kupfer, Blei, Quecksilber) und Salz. Eisen hatte am Gesamtwert der Berg- und Hüttenproduktion mit etwa 10 Prozent noch einen erstaunlich geringen Anteil. Allerdings war hier mit den vielen nachgelagerten Verarbeitungsbetrieben die Multiplikatorwirkung am größten. In der zweiten Hälfte des 16. Jahrhunderts erfolgte der drastische Rückgang der Edelmetallproduktion; Salz trat wertmäßig an die Spitze. Das Eisen drängte nach.[92]

Die Montankonjunktur setzte um die Mitte des 15. Jahrhunderts ein. Gold und Silber hatten im Spätmittelalter einen enormen Bedeutungszuwachs und eine entsprechende Preissteigerung erfahren, war doch die europäische Wirtschaft von einem permanenten Edelmetallabfluß in den Orient betroffen, von wo man exotische Gewürze, teure Duftstoffe, Seide und Baumwolle, Zucker und Apothekerwaren, Edelsteine und sonstige Luxusgüter bezog, die man nur mit Gold und Silber bezahlen konnte. Auch die Nachfrage nach Kupfer und Blei, Zinn und Zink, Quecksilber und Arsen hatte enorm zugenommen. Mitbeteiligt am Aufschwung des Bergbaus waren auch respektable technische Fortschritte auf der Angebotsseite: Das Erz wurde mit Erzmühlen gemahlen, die im Gasteiner und Rauriser Tal bereits um die Mitte des 14. Jahrhunderts eingesetzt wurden. Mit dem Begriff »milgold« wurde der in den Mühlen gemahlene, goldhaltige Sand bezeichnet, aus dem mit dem bereits 1369 angewendeten Amalgamierverfahren (»Queckgold«) das Gold herausgelöst wurde. Die Amalgamierung der Golderze, die im alpinen Goldbergbau um 1500 große Bedeutung hatte, ist allerdings vom amerikanischen Silberamalgamieren zu unterscheiden. In der Silberverhüttung blieb man in Österreich wegen der Verbindung mit der Kupfererzeugung beim brennstoffaufwendigeren Tiroler Abdarr- oder Seigerverfahren, das um 1450 entwickelt worden war und bei dem das Silber mit Hilfe von Blei vom Kupfer getrennt wurde.[93]

Um die Wende zum 16. Jahrhundert wurden die Erzmühlen durch Pochwerke ersetzt. Um die gesundheitsgefährdende Staubentwicklung zu vermeiden und eine genauere Trennung von Erz und taubem Gestein zu erreichen, wurde vom trockenen Pochen zum Naßverfahren übergegangen, bei dem in einem Pochtrog, durch den ständig Wasser floß, die zerkleinerten Stücke durch ein Gitter weggeschwemmt und sortiert wurden. Das Naßpochen, das 1512 gleichzeitig im Schwazer Silberbergbau und im erzgebirgischen Zinnbergbau erfunden wurde, verbreitete sich im Alpenraum besonders schnell, weil damit beim nachfolgenden Schmelzprozeß viel Holz eingespart werden konnte.[94]

Die Verwendung hölzerner Schienen ist im 15. Jahrhundert in den Revieren von Schladming, Schwaz und Rattenberg nachzuweisen. Für den Erztransport wurde im letzten Viertel des 15. Jahrhunderts der Sackzug entwickelt, bei welchem das Erz auf kleinen Schlitten oder Handwägen von den Bergleuten oder Sackziehern zu Tal gebracht wurde. Mit diesem von den Holzriesen übernommenen Verfahren konnte das Erz in ledernen oder zwilchenen Säcken auf billige, wenn auch auf für die Betreiber

Förder- und Wasserhebemaschinen im Schwazer Bergbau mit Pferdegöpel, Darstellung aus dem Schwazer Bergbuch, 1556

nicht ungefährliche Weise transportiert werden. Das gab den Ausschlag, daß das Prinzip der Sackzüge am steirischen Erzberg, in verschiedenen Kärntner Bergbauen, in den Tauerntälern oder auch in Prettau im Ahrntal bis ins 19. Jahrhundert beibehalten wurde.[95]

Bessere Förder- und Entwässerungstechniken ermöglichten den Vorstoß in größere Tiefen. Gehoben wurden Erz und Wasser meist mit Göpelzügen, wie sie im Schwazer Bergbuch dargestellt sind.[96] 1554 schuf Wolfgang Leuschner für den Schwazer Erzherzog-Sigmund-Erbstollen, der 200 Meter unter die Talsohle reichte und aus dem das Wasser vorher durch die Arbeit von 600 Wasserhebern von Mann zu Mann in Ledereimern und ab 1538 durch acht große Handpumpen abgezogen wurde, die berühmte »Schwazer Wasserkunst«: Ein oberschlächtiges Wasserrad von 10 Meter Durchmesser konnte sowohl zur Hebung des Erzes (in großen Kübeln) wie auch des Wassers (in riesigen Ledersäcken) eingesetzt werden. In acht Stunden konnte die Maschine 100 Kubikmeter Wasser 218 Meter hoch fördern. Zwei Mann zur Bedienung der Maschine ersetzten über 600 Arbeitskräfte. Auch in Kitzbühel, das die tiefsten Schächte hatte, wurde die immer teurer werdende Wasserhaltung durch eine von Leuschner konstruierte Apparatur erleichtert, die zuerst von Menschen, dann von Pferden und zuletzt von einem über eine 6,5 Kilometer lange Zuleitung gespeisten Kehrrad, einem je nach Wasserzuleitung die Drehrichtung ändernden Wasserrad, angetrieben wurde.[97] Auch »Stangenkünste« wurden gebaut, mit denen die Bewegung eines Wasserrades über mehrere hundert Meter übertragen werden konnte.

Der Goldbergbau im oberen Lavanttal (St. Leonhard) tauchte 1335 in der Pertinenz einer Urkunde (»geriht, ampt, mautt, zolle, goldperk und pleyberch«) auf. Bergleute aus

Feinsilberausbringung im Revier Falkenstein bei Schwaz/Tirol, 1470 bis 1623 (in Mark)

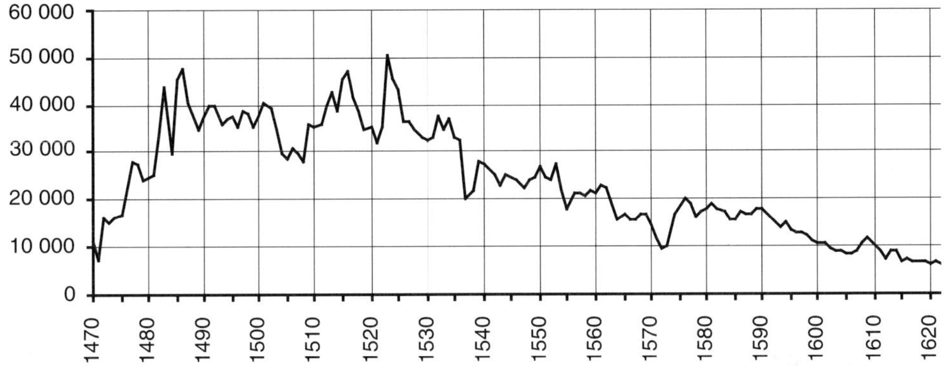

Quellen: Die Listen der Brandsilberproduktion des Falkenstein bei Schwaz (hg. von E. *Westermann*, Leobener Grüne Hefte NF 7, 1988); Eckehard *Westermann*, Zur Brandsilber- und Kupferproduktion des Falkenstein bei Schwaz 1470 bis 1623. Eine Kritik bisheriger Ermittlungen von Produktionsziffern. Tiroler Heimat 50 (1986) 109–125; Eckehard *Westermann*, Über Beobachtungen und Erfahrungen bei der Vorbereitung der Edition einer vorindustriellen Produktionsstatistik, in: Quantifizierungsprobleme bei der Erforschung der europäischen Montanwirtschaft des 15. bis 18. Jahrhunderts (hg. von *ders.*, St. Katharinen 1988) 27–42.

Kuttenberg in Böhmen versuchten, die Gruben mittels einer »kunst« trocken zu halten. 1361 wurde zu demselben Zweck ein Erbstollen angelegt. Über ein Jahrhundert kam man nicht entscheidend weiter.[98] Auch die in den Hohen Tauern betriebene Goldwäscherei dürfte nach 1300 zunehmend durch die bergbauliche Ausbeutung der Erzlager im Rauriser und Gasteiner Tal ergänzt und übertroffen worden sein. Im 15. Jahrhundert begann die eigentliche Blüte des Goldbergbaus der Hohen Tauern auf der Salzburger und Kärntner Seite.[99] Im erzbischöflichen Salzburg konnten sich die heimischen Unternehmer behaupten, während sich in den Bergbauen in Großkirchheim und St. Leonhard im Lavanttal, wo der Goldbergbau um 1550 einen geradezu rauschartigen Höhepunkt erreichte, die Fugger, von denen die Habsburger finanziert wurden, einkauften. Im 16. Jahrhundert wurde der Rauriser und Gasteiner Bergbau, später auch der von Obervellach in Kärnten von Christoph Weitmoser dirigiert.[100]

War vom 13. bis frühen 15. Jahrhundert die Steiermark das Zentrum der alpinen Silberförderung, wo auf die Blüte des Oberzeiringer Reviers der Schladminger Bergsegen nachgefolgt war, so verlagerte sich der Schwerpunkt im 15. Jahrhundert immer mehr nach Tirol, Salzburg und Kärnten. Das Tiroler Bergfieber setzte um etwa 1420 ein. Zu den wichtigsten Zentren wurden Gossensaß-Sterzing, Schwaz, Prettau im Ahrntal, Primiero und Pergine im Fassatal und außerhalb der damaligen Landesgrenzen Rattenberg und Kitzbühel. Der Silberbergbau rückte Tirol noch stärker in das Zentrum der internationalen Diplomatie. Er verhalf dem Land zu enormen Einnahmen. »Freidt euch es ist ain perckwerch entstanden. Halleluja«, heißt es im Schwazer Bergbuch: Die zugehörige Illustration zeigt die rasch entstehende »Infrastruktur«: Händler, Gastwirte, Dirnen…[101]

Die um 1410 wiederentdeckten Fahlerze bei Schwaz machten den Ort im 15. Jahrhundert zu einem der bedeutendsten Bergbauzentren der Welt. Die Schwazer Reviere Falkenstein, Alte Zeche und Ringenwechsel zählten zwischen 1470 bis 1535 zu Europas wichtigsten Lieferanten von Silber, und, wenn auch nicht in gleichem Maße, von Kupfer. Während der Blütezeit im ausgehenden 15. und in der ersten Hälfte des 16. Jahrhunderts betrug die Schwazer Produktion circa 10 Tonnen Silber und 800 Tonnen Kupfer jährlich, also etwa ein Sechstel der damaligen europäischen Silber- und ein Zehntel der europäischen Kupferproduktion. Mit 15,6 Tonnen Silber war 1523 das Spitzenjahr. Seit 1530 war die Produktion rückläufig. Um 1560 brach eine schwere Krise aus.[102]

Auch in den bis 1504 bayerischen Landgerichten Rattenberg und Kitzbühel setzte der Bergsegen im beginnenden 15. Jahrhundert ein. Am Kitzbühler Röhrerbühel wurden in den besten Jahren, zwischen 1540 und 1565, im Durchschnitt jährlich über 2 000 Kilogramm Silber und 300 bis 400 Tonnen Kupfer erzeugt, um 1600 noch 1 000 Kilogramm Silber und über 200 Tonnen Kupfer.[103] Das Kupferbergwerk Prettau im Ahrntal, ebenfalls im frühen 15. Jahrhundert gegründet, unterschied sich in seiner Entwicklung kaum von den anderen Tiroler Bergbauen: Blüte in der ersten Hälfte des 16. Jahrhunderts, schwere Krise im 17. Jahrhundert, eine Nachblüte im frühen 18. Jahrhundert.[104] Allerdings überschritt die Ausbeute selten 100 Tonnen. Überregionale Bedeutung gewannen auch die 1547 aufgeschlossenen Kupferlager in Radmer in der Steiermark, wo die Produktion in den neunziger Jahren des 16. Jahrhunderts 400 bis 500 Tonnen erreichte. Das relativ hohe Produktionsniveau konnte bis 1619 mit einem Mittel von rund 230 Tonnen im Jahr gehalten werden. In der Blütezeit zählte Radmer zu den ertragreichsten Kupferbergwerken Europas. In den Schatten gestellt wurden diese Produktionsziffern nur von Schweden, das seine Förderung von etwa 600 Jahrestonnen um 1590 auf circa 3 000 Tonnen um die Mitte des 17. Jahrhunderts zu steigern vermochte und zu einer der Führungsmächte des Kontinents aufrücken konnte.[105]

Die wichtigsten Vorkommen für das zum Scheiden von Silber und Kupfer notwendige Blei lagen teils im Sterzinger und Gossensasser Revier, teils in Kärnten, vor allem auf bambergischem Besitz in Bleiberg bei Villach, wo seit 1333 der Abbau belegt ist, und im älteren Bleiburg in Unterkärnten, dem jedoch geringere Bedeutung zukam. Die Bleigewinnung erreichte in Bleiberg gegen Ende des 15. Jahrhunderts einen ersten und um 1560 mit etwa 1 000 Tonnen einen zweiten Höhepunkt und sank bis 1618 um mindestens zwei Drittel. Die Bleiförderung gab den Ausschlag, daß die Fugger 1495 eine Saigerhütte für ihr oberungarisches Kupfer nächst Arnoldstein in Kärnten, die sogenannte Fuggerau, errichteten.[106]

Auf dem Markt für das Halbmetall Arsen gewannen die Alpenländer im 16. Jahrhundert eine dominierende Stellung. In den Ostalpen sind etwa 120 Lagerstätten dieses Elements und seiner Oxide, vor allem des Arseniks, bekannt. Ab 1520 wurden jährlich etwa 1,5 Tonnen allein aus dem Lungau (Rothgülden) nach Venedig verkauft. Auch wenn Arsen für die Venezianer Glaserzeugung im 15. Jahrhundert unentbehrlich geworden und als Ausgangspunkt für Kosmetika, als wirksames Gift und als aufputschende Droge, die Pferden und Männern Feuer verlieh, entsprechend begehrt war,

Tabelle 4: Die Edel- und Buntmetallproduktion in Österreich, 1480 bis 1850

	Silber (in Kilogramm)		Kupfer (in Tonnen)		Blei (in Tonnen)
	Österreich	Schwaz	Österreich	Schwaz	Österreich
um 1480	–	16300	–	1300	–
um 1490	–	17700	–	1450	–
um 1500	23000	19400	1700	1500	–
um 1510	–	19600	–	1550	–
um 1520	–	20700	–	1650	–
um 1530	25000	20750	2000	1680	–
um 1540	–	17900	–	1400	–
um 1550	30000	13600	1600	1100	–
um 1600	7000	5000	1000	350	–
um 1650	4000	2800	400	180	–
um 1800	1154	1000	530	554	2287
1830	635	–	261	–	4028
1850	348	–	225	–	3183

Quellen: Herbert *Hassinger,* Die althabsburgischen Länder und Salzburg 1350–1650, in: Handbuch der europäischen Wirtschafts- und Sozialgeschichte 3 (hg. von H. *Kellenbenz,* Stuttgart 1986) 927 ff.; Eckehard *Westermann,* Zur Brandsilber- und Kupferproduktion des Falkenstein bei Schwaz 1470 bis 1623. Tiroler Heimat 50 (1986) 109–125. – Die von Hassinger für 1550 angegebene Silberproduktion von Österreich von 20000 Kilogramm wurde aufgrund der Ergebnisse von *Ludwig/Gruber,* Gold- und Silberbergbau im Übergang vom Mittelalter zur Neuzeit 276, die für das Rauris/Gasteiner Revier etwa 13000 Kilogramm Silber ansetzen, auf 30000 Kilogramm erhöht.

waren die als Umweltgift gefürchteten Vorkommen und Abbaue von Arsen gesamtwirtschaftlich doch unbedeutend.[107]

Technisch, finanziell und volkswirtschaftlich wichtiger war das seit 1493 im heute slowenischen Idria auf damals noch venezianischem, bald aber habsburgischem Gebiet gewonnene Quecksilber, das vor allem für die Verhüttung von Gold und Silber, aber auch für die Beschichtung von Spiegeln und die Gewinnung von Zinnober und nicht zuletzt, wenn auch in kleinen Quantitäten, für die Bekämpfung der Syphilis Bedeutung gewann und in dessen Vertrieb auch innerösterreichische Handelsleute eingeschaltet waren. Vor allem der bedeutendste Kärntner Kaufmann des beginnenden 16. Jahrhunderts, der Villacher Bürger Wilhelm Neumann, ergriff die vielfältigen Möglichkeiten, die der Quecksilberhandel bot. Die Produktion stieg von 50 Tonnen vor 1575 auf Maxima von 250 Tonnen um die Jahre 1642 herum. Nach 1650 pendelte sie um die 100 Tonnen. Die Bedeutung für die in der amerikanischen Silberverhüttung angewendete Amalgamierung machte das Vorkommen so wichtig, zumal die Habsburger zusammen mit Almadén in Spanien und Huancavelica in Peru den Quecksilbermarkt nahezu monopolisieren konnten. 1525 wurde der Quecksilberhandel zum landesfürstlichen Monopol erklärt. 1575 erfolgte die Verstaatlichung des Betriebes, jedoch mit Verpachtung des Verkaufsmonopols, zuerst an Augsburger, dann an italienische Kapitalisten. Im Jahr 1659 wurde auch der Quecksilberhandel verstaatlicht.[108]

Die Tiroler Bergschätze waren für die Finanzierung der großen Weltpolitik der Habsburger im frühen 16. Jahrhundert eine Geldbörse, in die man, wie sich Kaiser Maximilian I. ausdrückte, nie vergeblich griff.[109] Durch die Überspannung der politischen Kräfte und die steigende Kapitalintensität des Bergbaus wurde eine spezifische Form des Handels-und Finanzkapitalismus gefördert. Die heimischen Gewerken, die Tänzl, Stöckl, Fieger oder Paumgartner, wurden nach 1500 zusehends von den oberdeutschen Kapitalgebern, den Fuggern, Höchstettern, Baumgartnern, Manlich und anderen, die im Handel schon im 15. Jahrhundert immer stärker die Kontrolle übernommen hatten, auch in der Produktion verdrängt.

Naturgemäß wurden die Produkte des Edel- und Buntmetallbergbaus nur zum geringen Teil in der Region weiterverarbeitet, in den Gold- und Silberschmieden, Münzämtern, Messinghütten, Geschützgießereien und Kupferschmieden. Der wesentliche Teil der Produktion und der Gewinne floß ins Ausland, an die Augsburger und Nürnberger Geldgeber. Auf Friedrich mit der leeren Tasche und Sigmund den Münzreichen gehen die Anfänge der Tiroler Geschützgießerei zurück, die unter Maximilian I. und vor allem im Verlauf der Arbeiten an seinem Grabmal Tirol zu einem der bedeutendsten Zentren der Gießereitechnik und Artillerieproduktion im deutschen Sprachraum werden ließ. Feuerwaffen wurden unter Maximilian I. vor allem in und bei Innsbruck aus Bronze und Messing hergestellt. Gegen Ende des 16. Jahrhunderts wurde Innsbruck von Wien als Zentrum des Geschützgusses abgelöst. Die Fugger, die in der Fuggerau bei Arnoldstein in Kärnten ebenfalls eine Geschützproduktion aufgenommen hatten, stellten diese nach der Zerstörung durch die Venezianer relativ bald wieder ein.[110]

Die Galmeivorkommen in Tirol und Kärnten ermöglichten auch eine namhafte Erzeugung von Messing, das als Ausgangsmaterial für zahlreiche Konsumgüter, Küchenmörser wie Knöpfe, Türschnallen wie Kerzenleuchter, immer mehr an Beliebtheit gewann. Um 1500 wurde mit den großen Hütten bei Innsbruck der Anfang gemacht. Zwischen 1507 und etwa 1550 betrieben die Fugger in der Fuggerau ein großes Messingwerk. Kleinere Werke entstanden auch bei Reutte, Lienz und Möllbrücke. Dazu kamen die größeren erzbischöflich salzburgischen Hütten in Oberalm und Ebenau. Um 1650 entstand das Messingwerk Achenrain bei Kramsach aus einer kleinen Kupferschmelzhütte. In Reichraming im Ennstal betrieb das Stift Seitenstetten eine Messingerzeugung.[111]

Auch wenn in der Weiterverarbeitung die Multiplikatoreffekte des Edelmetallbergbaus der Region nur in Ausnahmefällen zugute kamen, blieb doch der unmittelbare Beschäftigungseffekt: Zahlreiche Bergleute, Schmelzer, Holzknechte, Schiffs- und Fuhrleute fanden Arbeit. Im Nordtiroler Silber-Kupfer-Bergbau arbeiteten zeitweise über 15 000 Mann, in den 1550er Jahren nur mehr 11 000, 1608 nur mehr 3 000. Im Jahre 1526 waren allein in den Schwazer Revieren am Falkenstein, Ringenwechsel und Alte Zeche etwa 8 500 bis 11 000 Knappen beschäftigt. Nach dem Tiroler Landreim von 1558 waren an die 30 000 Leute im Raum Schwaz ansässig. Auch im Raum Gossensaß-Sterzing soll die Knappeninnung um die Wende vom 15. zum 16. Jahrhundert mehr als 10 000 Mitglieder umfaßt haben.[112]

Zur Berggemeinde gehörten Gewerken (die »Unternehmer«), Beamte und Knappen.

Außerhalb standen die zahlenmäßig dominierenden, in Lohnarbeit stehenden Hilfskräfte im Abbau und in der Aufbereitung, viele davon auch weiblichen Geschlechts. Während der ritterliche Knappe durch den Ritterschlag zum Ritter und der Geselle im Handwerk zum Meister werden konnte, kam es im Bergbau früh zu einer Knappensituation auf Lebenszeit mit Ausbildung freier Lohnarbeit und Ausscheiden aus dem ganzen Haus. Qualifizierte Bergarbeit verblieb im süddeutsch-alpenländischen Bereich weiterhin überwiegend in der Form der Lehenschaft oder im Gedinge, mit Beteiligung an Gewinn und Risiko. Es ergab sich eine Dreigliederung in Lehenhäuer, Gedingehäuer und Lohnhäuer (abwertend als Herrenhäuer bezeichnet). Die Lohnhäuer blieben im Alpenraum im Unterschied zu Nordostdeutschland in der Minderheit. 1554 arbeiteten am Schwazer Falkenstein von den rund 3 200 qualifizierten Häuern mehr als die Hälfte als Lehenhäuer, ein Viertel als Gedingehäuer (für den Vortrieb im tauben Gestein) und weniger als ein Viertel als Lohnhäuer. Ein Vergleich von Gedinge mit Akkord wäre nur partiell zutreffend, da der Gedingehäuer sein Risiko selbst einschätzen und den Preis dafür aushandeln mußte.[113] Die Einkommen der Bergknappen stiegen in der zweiten Hälfte des 15. Jahrhunderts stark an. Ihre Arbeitszeit wurde reduziert, zusätzliche Feiertage, freie Montage und Vigiltage vor Hochfesten wurden ihnen bewilligt.[114]

In der zweiten Hälfte des 16. Jahrhunderts büßten die Alpenländer die Bedeutung, die sie noch zu Beginn des Jahrhunderts im Edelmetallbergbau innehatten, unwiderruflich ein. In laufenden Preisen ausgedrückt war der Rückgang der Bergbauproduktion noch viel spektakulärer als in realen Werten. Vier Dinge verderben ein Bergwerk, heißt es im Schwazer Bergbuch: Krieg, Sterben, Teuerung und Unlust. Die wegen der überseeischen Konkurrenz rasch sinkenden Silberpreise waren der entscheidende Grund für den Niedergang des alpinen Edelmetallbergbaus. Auf der Kostenseite führte die Erschöpfung der Lagerstätten, die sich durch steigende Tiefen und minderwertigere Erze zeigte, zu rasch zunehmenden Aufwendungen, die durch Rationalisierung und Personalabbau bei weitem nicht aufgefangen werden konnten.[115]

Dem Tiroler Edelmetallbergbau war eine kurze, glanzvolle Epoche von europäischer Bedeutung beschieden, mit prächtigen Bauten und einem raschen Niedergang. Es seien »vill Exempl« vorhanden, schrieb schon der Späthumanist Wiguleus Hundt über die Gewerkenfamilie Tänzl,

»Vier Dinge verderben ein Bergwerk …«, Schwazer Bergbuch, 1556

daß solcher Bergwerksreichtum nicht lang währe: »Khombt geringe her, khombt leichtlich widerumb hinwegg.«[116] Hatte es im Schwazer Bergbuch 1556 noch geheißen, daß im Bergbau »zehn arm« und »einer reich« würde, so warnte Barthelmä Khevenhueller 1607 einen seiner Söhne, daß im »Bergbau tausend verderben und kaum einer reich wird«.[117] Die Gewinne wurden in liegende Güter transferiert. Die Gewerken und Kapitalisten zogen sich in feudale Positionen zurück. Für die Bergbaue blieb fast überall nur der Ausweg der Verstaatlichung.[118]

Das weiße Gold der Alpen

Man muß davon ausgehen, daß der Salzverbrauch im Spätmittelalter erheblich angestiegen war: Nicht nur der direkte menschliche Verbrauch hatte zugenommen, sondern auch der indirekte hatte sich erhöht, sowohl für die Fütterung der Tiere wie auch die Verwertung und Haltbarmachung der Produkte, zur Zubereitung des Käses, zum Einpökeln des Fleisches oder zum Konservieren der Butter, die alle mit so viel Salz versetzt wurden, daß sie vor dem Genuß erst entsalzt werden mußten. Ebenso kam Salz in immer mehr gewerblichen Techniken als wichtiger Hilfsstoff zum Einsatz. Da Salz wegen der geringen Preiselastizität sehr gut für die indirekte Besteuerung geeignet ist, wurde es zu einem zentralen Instrument der frühneuzeitlichen Fiskalpolitik: Ein wesentlicher Teil der landesfürstlichen Einnahmen wurde damit gedeckt, zugleich aber die Unzufriedenheit der Bevölkerung geschürt und der Schmuggel provoziert. Salz, das weiße Gold, machte Fürsten reich und Bauern arm: goldene Gewinne, gesalzene Preise.[119]

Hallein war im 13. Jahrhundert zur führenden Saline im Alpenraum geworden. Die Salzburger Erzbischöfe, die seit dem 14. Jahrhundert die Beschränkung der nahen Saline Schellenberg der Propstei Berchtesgaden auf ein Fünftel der Halleiner Produktion erreicht hatten und zudem deren Vertrieb an sich ziehen konnten, blieben bis zum Ende des 16. Jahrhunderts die bedeutendsten Salzherren Mitteleuropas.[120] Die Halleiner Produktion war fast so hoch wie die aller habsburgischen Salinen zusammen. Sie versorgte über ein gut organisiertes Vertriebssystem neben dem Territorium des Hochstiftes inklusive Oberkärnten, Osttirol und dem östlichen Nordtirol auch Ober- und Niederösterreich nördlich der Donau und vor allem Böhmen und Mähren, teilweise über den Goldenen Steig von Passau aus, teilweise über die Straße Linz–Freistadt–Budweis. Gegen Ende des 16. Jahrhunderts erreichte Hallein in der Auseinandersetzung mit Bayern das Produktionsmaximum, bevor es trotz verkehrsgünstiger Lage und technischer Vorbildlichkeit aus politischen Gründen immer mehr in Schwierigkeiten geriet, weil der Export in die nicht dem Erzbischof unterstehenden Territorien zunehmend weniger durchsetzbar war.[121]

Die Habsburger, die ihre Salinen Hallstatt, Hall in Tirol und Aussee im Verlauf des Spätmittelalters in Eigenregie übernahmen, konnten bis ins 16. Jahrhundert die kleinen Salzproduzenten in ihren Territorien ausschalten. Die stiftisch admontische Salzgewinnung in Hall und Weißenbach, die in Steiermark und Unterkärnten mit dem landesfürstlichen Ausseer und dem erzbischöflichen Halleiner Salz konkurrierte, wurde 1542 von Ferdinand I. geschlossen. Die Salzquellen wurden verschlagen. Ähnlich erging es dem Stift St. Lambrecht mit seiner Salzproduktion im Halltal bei Mariazell. Andererseits wurde von den Habsburgern 1563 in Ischl ein neues Vorkommen in Abbau genommen und 1604/07 das Sudwerk in Ebensee errichtet, das durch eine Soleleitung mit Hallstatt verbunden wurde. Damit stieg die Produktivität der Salzerzeugung im Salzkammergut erheblich, weil nicht nur ein entscheidender Schritt in der Holzversorgung geschehen war, sondern auch der schwierige Schiffstransport zwischen dem Hallstätter und Traunsee wegfiel.[122] Die Sudpfannen wurden immer größer: In Hallein erreichten sie 15 Meter im Quadrat. Dem Dominikaner Felix Faber, der 1484 Hall in Tirol besuchte, erschienen die vier eisernen, 15 mal 5 Meter messenden Pfannen mit einem Gewicht von je 15,5 Tonnen so gewaltig, »als hätten sie die Zyklopen, die Schmiede des Vulkans, in einer Werkstatt des Jupiter hergestellt«.[123]

Der erbitterte Kampf der salinenbesitzenden Landesherren um Absatzgebiete führte im Verlauf des Spätmittelalters zu einer Abgrenzung und Neufixierung der Versorgungsgebiete. Österreich ob und unter der Enns südlich der Donau waren schon im Jahre 1398 vertraglich ganz dem Hallstätter Salz reserviert worden. Nach 1490 geschah dasselbe sukzessive auch mit dem habsburgischen Gebiet nördlich der Donau. Auch aus Kärnten versuchten die Habsburger das Salzburger Salz zu verdrängen, um das Land mit Ausseer Salz zu beliefern. 1508 verbot Maximilian I. den Verkauf salzburgischen und bayerischen Salzes in allen seinen Ländern.[124] Im 16. Jahrhundert verlager-

Arbeit an der Halleiner Sudpfanne, Ölgemälde von Benedict Werkstötter im Fürstenzimmer des Keltenmuseums Hallein, 1757

Salzhandel und Salzabsatzgebiete im Ostalpenraum, um 1500 (aus: Salz. Katalog der Salzburger Landesausstellung 1994 (Salzburg 1994) 144

Tabelle 5: Die alpenländische Salzproduktion von 1500 bis 1850 (in Tonnen)

	Aussee	Hall/Tirol	Hallstatt/ Ebensee/Ischl	Hallein	Summe
1500	8 000	10 000	7 000	24 770	49 770
1550	10 000	15 000	12 000	26 000	63 000
1618	19 791	15 133	16 300	22 046	73 270
1660	12 390	10 055	14 000	–	–
1700	12 371	12 274	22 100	22 240	68 985
1780	8 960	–	32 984	22 288	–
1800	8 624	15 000	36 960	16 800	77 384
1830	11 820	11 143	20 893	8 206	52 062
1847	13 795	13 529	43 310	12 154	82 788

Quellen: Herbert *Hassinger*, Die althabsburgischen Länder und Salzburg 1350–1650, in: Handbuch der europäischen Wirtschafts- und Sozialgeschichte 3 (hg. von H. *Kellenbenz*, Stuttgart 1986) 927 ff.; Othmar *Pickl*, Die Salzproduktion im Ostalpenraum am Beginn der Neuzeit, in: Österreichisches Montanwesen. Produktion, Verteilung, Sozialformen (hg. von M. *Mitterauer*, Wien 1974) 22; Gustav *Otruba*, Quantitative Aspekte der Salzproduktion in der österreichischen Reichshälfte unter besonderer Berücksichtigung der alpinen Salinen im 19. Jahrhundert, in: Österreichisches Montanwesen. Produktion, Verteilung, Sozialformen (hg. von M. *Mitterauer*, Wien 1974) 33. – Anmerkung zu Hallein: Durchschnitt für das 18. Jahrhundert 22 240 Tonnen; 1793–1800 durchschnittlich 22 288 Tonnen.

ten sich die Auseinandersetzungen auf den böhmischen Markt, der durch die Erwerbung Böhmens 1526 dem habsburgischen Salz eröffnet worden war und aus dem nun das Salzburger Salz ebenfalls verdrängt werden sollte. Entscheidend dafür war neben dem politischen Druck auch der Aufbau einer leistungsfähigen Verkehrsverbindung zwischen dem Salzkammergut und Prag. Thomas Seeauer, ein wohlhabender Bauer aus Steeg am Hallstätter See, bewältigte zwischen 1523 und 1575 im Dienste der Salinenverwaltung die Schiffbarmachung der Traun im Bereich von Lauffen und des Traunfalls und der Moldau von Budweis bis Prag und wurde dafür in den Adelsstand erhoben.[125]

Obwohl der Salzbergbau nie derart hohe Beschäftigtenzahlen wie der Edelmetallbergbau band, war er langfristig ein wesentlich stabilerer Aktivposten der heimischen Wirtschaft. Zuerst einmal für den Landesfürsten: Das zeigt sich auch darin, daß in Tirol Hall und nicht Schwaz zum zentralen Finanzplatz des Landes wurde, über den ein Großteil der landesfürstlichen Geschäfte und Geldtransfers abgewickelt wurde. Auch der Multiplikatoreffekt dürfte höher gewesen sein, vor allem durch die vor- und nachgelagerten Bereiche der Holzversorgung und Transportwirtschaft.

Eisen auf immerdar

Die seit dem 14. Jahrhundert in einem dynamischen Expansionsprozeß befindliche österreichische Eisenerzeugung erreichte im 16. Jahrhundert europäische Bedeutung. Am Ausgang des Mittelalters hatte die Steiermark mit 4 000 bis 5 000 Tonnen einen Anteil von 10 bis 15 Prozent an der europäischen Eisenerzeugung. Nach der bemerkenswerten Steigerung der steirischen Eisenproduktion in der ersten Hälfte des 16. Jahrhunderts wurde um die Mitte des Jahrhunderts ein Niveau erreicht, das in den nächsten zwei Jahrhunderten nicht überschritten wurde. Die Expansionsmöglichkeiten der Kärntner Produktion hingegen waren vorerst durch den Umstand beschränkt, daß die Habsburger das Hüttenberger Eisen, das auf salzburgischem Grundbesitz gewonnen wurde, nach Möglichkeit zu behindern versuchten.[126]

Die Expansion der Eisenerzeugung war fürs erste von der Exportnachfrage bestimmt. Hinsichtlich der Absatzgebiete des steirischen Eisens war schon im 13. Jahrhundert eine strenge Teilung in die Nord- und Südseite des Erzbergs vorgenommen worden. Dem nordseitigen Innerberger Eisen waren die Länder ob und unter der Enns zugewiesen sowie die von hier donauauf- und -abwärts erreichbaren Gebiete, dem südseitigen Vordernberger oder Leobener Eisen die südlichen Länder. Die weitaus wichtigsten Märkte, die oberdeutschen Reichsstädte, waren für beide Reviere zugänglich. Das Innerberger Eisen ging über Steyr nach Regensburg und Nürnberg, das Vordernberger über Salzburg. Freistadt, Krems und Wien spielten für den Handel nach Norden und Osten die entscheidende Rolle. Steyrer Eisenwaren wurden im Zuge des Venedigerhandels aber auch nach Südeuropa und in die Levante verkauft. Für das Vordernberger Eisen war neben den Routen nach Westen und Süden der Weg über den Semmering nach Wiener Neustadt und über die südsteirischen Städte nach Ungarn und auf den Balkan von Bedeutung. Das Hüttenberger Eisen gelangte in erster Linie nach Italien. Der Absatz nach Norden in die Steiermark wurde 1422 durch ein Einfuhrverbot Herzog Ernsts endgültig versperrt. Die wichtigste Eisenstraße nach Italien führte über Villach und Tarvis durch das Kanaltal, den »canale del ferro«, nach Venedig und in die anderen italienischen Handelsstädte. Steyr, Leoben, Bruck und St. Veit wurden die eigentlichen Beherrscher des Eisenwesens, in einem geringeren Ausmaß auch Waidhofen und die drei Märkte Scheibbs, Gresten und Purgstall. Die Händler dieser Städte waren wieder eng mit den großen Handelshäusern und Kapitalisten in den Legorten und Zentren des internationalen Fernhandels verknüpft und von diesen auch abhängig.[127]

Das Eisenwesen war für die Landesfürsten so wichtig, daß sie es seit den Eisenordnungen, die Friedrich III. zwischen 1448 und 1490 für das steirische Eisenwesen erließ, mit einer Unzahl von Eingriffen in die Hand zu bekommen und zu steuern versuchten.[128] Geregelt wurden Produktion und Absatz, Zahl und Größe der Hämmer, Höhe der Löhne und Preise, Ausmaß und Zuordnung der Gebiete für die Holz- und Lebensmittelversorgung (Widmungsbezirke), zulässige Straßen, Legorte und Absatzgebiete. Es vermischten sich herrschaftliche, fiskalische und volkswirtschaftliche Anliegen und Interessen. Zurückzudrängen versuchte man wie beim Salz alle nicht dem Landesfürsten unterstehenden Konkurrenten, für die seit dem 15. Jahrhundert im Unterschied zur Haupteisenwurzen um den steirischen Erzberg und der Nebeneisenwurzen um Hüttenberg die Bezeichnung Waldeisenwerke gebräuchlich geworden war und die trotz der energischen Gegnerschaft der Landesfürsten ihre Position nicht nur halten, sondern ausbauen konnten, weil in dieser energieintensiven und waldverzehrenden Branche die Dezentralität der Standorte den größten Trumpf darstellte.[129]

Waldverwüstung und Emissionsschäden

Dem expandierenden Berg- und Hüttenwesen stellten sich ziemlich rasch ökologische Grenzen entgegen. Es war vor allem der Wald, der immer mehr ins Spannungszentrum konkurrierender Nutzungsinteressen geriet. Nicht immer war das ökologische Argument ganz uneigennützig. Man schützte den drohenden Holzmangel vor, um Privilegien behaupten und unliebsame Konkurrenten ausschalten zu können. Die Bauern beschwerten sich über die für den Waldbestand gefährliche Raubwirtschaft der Bergbauunternehmer. Die Kapitalisten kritisierten die forstwirtschaftlich problematischen und veralteten Praktiken der Bauern.[130]

Die Ansprüche an den Wald waren vielfältig und widersprüchlich: Die Bauern wollten mehr Ackerland und die Sicherung ihrer Streusammel-, Weide- und Holzbezugsrechte. Die Städter und Gewerbetreibenden brauchten Brenn- und Nutzholz. Dem Adel war an geschlossenen Jagdgebieten gelegen. Die nach Macht strebenden Landesherren erkannten die Chance, den Schutz des Waldes zum willkommenen Hebel zur Durchsetzung und Ausdehnung ihrer Landesherrschaft zu machen und über das sich ausbildende Forstregal zuerst im Bereich der Bergwerke, dann des ganzen Landes eine Oberhoheit über die Hoch- und Schwarzwälder aller Grundherrschaften zu gewinnen. Den Grundherrschaften lieferten die Klagen über den Holzmangel den Vorwand, ihren Bauern den Zugriff auf den Wald möglichst ganz zu entziehen. Die zentrale Bedeutung des Waldes für Montanindustrie und Salzgewinnung veranlaßte die Landesfürsten schon frühzeitig zur Einrichtung von Waldwidmungsbezirken, die mit dem vom Bergregal abgeleiteten Waldregal begründet wurden. Die Bergordnung Herzog Albrechts II. von Österreich vom 14. September 1336 erlaubte, Holz zum Bergbau zu nehmen, soviel man dazu bedurfte. In Salzburg, wo mehr als die Hälfte der Wälder dem Erzbischof gehörte und seit 1237 die Bergwerksordnungen Bestimmungen über den Wald erhielten, war die Bevorzugung der Bergbaue relativ leicht durchzusetzen. In den habsburgischen Ländern war das viel schwieriger, wo der Landesfürst maximal ein Viertel der Waldungen, oft aber nur einen Bruchteil davon direkt unter Kontrolle hatte. Die Waldordnung, die 1524 von Erzbischof Matthäus Lang für Salzburg erlassen wurde und die als erste moderne Ordnung dieser Art angesehen werden kann, war ein auslösendes Moment des Bauernaufstands. In der Steiermark wurde durch die Waldordnung von 1539 für den Erzberg eine Zwangswidmung aller Wälder verfügt. Die im Einzugsbereich von Bergbauen gelegenen Wälder wurden für die allgemeine Holzentnahme gesperrt und zur alleinigen Nutzung der Bergbaue reserviert.

Anfang des 16. Jahrhunderts waren die Wälder um die Salinenorte, Hütten und Bergwerke bereits stark angegriffen. Über weite Trift- und Schwemmstrecken wurde das Holz zu den Verbrauchern gebracht. Die Klausbäche belasteten mit ihrem plötzlichen Wasserschwall die Umwelt, vor allem bei den gar nicht seltenen Dammbrüchen der Stauweiher, was zur Verwüstung ganzer Dörfer und Talschaften führte. Um das Schwemmen zu erleichtern, wurden die Flußläufe begradigt. 1565 plante man, die Wasserscheide bei Eben im Pongau mit einem künstlichen Schwemmkanal zu durchstoßen und damit die Wälder im obersten Ennstal für die Saline Hallein zu erschließen.[131]

Die Wälder des Rauriser und Gasteiner Tals wurden durch den Goldbergbau fast vernichtet. Von 1490 bis 1521 wurde der Baumbestand im Rauriser Tal von etwa 1,1 Millionen auf 200 000 Stämme reduziert. Ähnlich drastisch war die Lage im Gasteiner Tal. Dort waren um 1520 von ursprünglich geschätzten 900 000 Bäumen nur mehr etwa 240 000 vorhanden. In den nächsten zwanzig Jahren wurden die letzten Reserven aufgebraucht, so daß die Schmelzhütten endgültig in das Salzachtal nach Lend hinaus verlegt werden mußten. Die Abholzung förderte die Gefahr von Überschwemmungen, Muren und Lawinen. Daß es im Gasteiner Tal nicht gleich zu verheerenden Lawinenkatastrophen kam, war den äußerst schneearmen Wintern des frühen 16. Jahrhunderts zu danken. Nach der Jahrhundertmitte wurde das Wetter rauher. Den sich häufenden Lawinenabgängen und Muren konnte nunmehr nur durch eine langwierige, bis ins 18. Jahrhundert sich hinziehende Wiederaufforstung und künstliche Lawinenverbauung entgegengewirkt werden. Gelingen konnte dies nur dank einer Forstbehörde, die als die pedantischste und rigoroseste in ganz Salzburg verschrieen war, und nur weil es mit dem Goldbergbau, der Quelle des kurzen Reichtums und Ursache der ökologischen Krise, rasch vorbei war.[132]

Besondere Holzfresser waren die Salinen. 1530 wurden in Hallein 22 000 Tonnen Salz erzeugt. Man brauchte dafür etwa 130 000 Kubikmeter Holz im Jahr, also einen Holzstoß, der bei etwa 2 Meter Höhe und 1,2 Meter Breite rund 54 Kilometer lang hätte sein müssen. Am Höhepunkt ihrer Produktion, um 1590, verbrauchte die Halleiner Saline einen Holzstoß von rund 90 Kilometer Länge, das heißt mindestens ein Drittel des in ganz Salzburg bei nachhaltiger Nutzung möglichen Holzeinschlags.[133]

Es war nicht nur der Brennholzbedarf, der den Wald gefährdete. Der Handel mit Eibenholz für Armbrüste und Bögen, der im frühen 16. Jahrhundert als Monopol vergeben worden war, muß ein so gutes Geschäft gewesen sein, daß die landesfürstlichen Forstbeamten in den 1550er Jahren gegen die drohende Ausrottung des Eibenbestandes auftraten. Die Harzgewinnung durch Anzapfen der Baumrinden, schon um 1200 bezeugt und wegen ihrer schädlichen Folgen oft verboten, wurde schließlich ebenfalls zum Monopol mit Privileg erhoben.

Zur Übernutzung der Wälder kamen die Emissionsschäden. Besonders gefürchtet waren die mit Schwefel, Arsen und auch Kobalt angereicherten Dämpfe und Abgase der Silber-, Kupfer-, Arsen- und Vitriolhütten. Schon 1495 wurde in einer Salzburger Beschwerdeschrift die Verlegung der Hütten in unbewohnte und ungenutzte Gegenden verlangt und die Forderung nach Entschädigung erhoben. 1558 beschwerten sich die Hofgasteiner und Lender Bauern, die wegen des »Hüttrauchs« kein Vieh mehr aufziehen konnten. Während für die Flurschäden in der Rattenberger Bergordnung von 1463 oder der Salzburger Bergordnung von 1477 zumindest theoretisch das Verursacherprinzip verankert war, stießen gesundheitlich geschädigte Personen auf grundsätzliche Zahlungsunwilligkeit, wobei sie sich sagen lassen mußten, daß Krankheiten dem unerforschlichen Ratschluß Gottes zuzuschreiben seien.[134]

Arsentrioxyd, im Volksmund Hüttrauch oder Hittrach genannt, entströmte bei vielen Verhüttungsprozessen und rief beträchtliche Gesundheits- und Vegetationsschäden hervor, vor allem in der Umgebung der Arsenhütten. Immer wieder lesen wir von Auflagen, solche Hütten, die von den Einheimischen einfach »Gifthütten« genannt wurden, nur dann zu betreiben, wenn die Vegetation durch eine entsprechende Schneedecke geschützt war.[135] Betriebsstillegungen zwischen Mai und August sollten die Ernte schonen. Man begann im 16. Jahrhundert, an die Röstöfen bis zu 30 Meter lange »Giftgänge« anzubauen, die seit der Mitte des 17. Jahrhunderts noch erheblich verlängert und mit mehreren Krümmen versehen wurden, damit sich die Giftstoffe, vor allem Arsen, an den Wänden absetzen konnten, wo sie dann abgekratzt und weiterverwertet wurden.[136]

Arsenikgewinnung und Blaufarberzeugung (mit langem, mehrfach abgewinkeltem »Giftgang«), Ölgemälde, Salzburg, letztes Drittel 18. Jahrhundert

Eines der eindrucksvollsten Beispiele von Umweltbedrohung bot das Quecksilberbergwerk im heute slowenischen Idria/Idrija, wo ursprünglich in offener Verhüttung Zinnobererz und Holz meilerartig aufgeschichtet und das Quecksilber nach dem Brennvorgang aus der Asche aussortiert wurde. Es ist klar, daß bei solch einem Verfahren Unmengen von Quecksilber in die Luft, ins Wasser und ins Erdreich gelangen mußten. Schwere Schädigungen der Arbeiter, der Tiere und der Pflanzen waren die Folge. 1527 schrieb Paracelsus: »Seht ein Exempel in Idria, alle die da wohnen sind krumm und lahm, nimmermehr keiner rechten Gesundheit erwartend.«[137] Eine Verbesserung brachte die 1530 eingeführte Verwendung geschlossener Brennkrüge. 1642 beschwerten sich die in der Umgebung des Bergwerks wohnenden Knappen und Bauern über den »schädlichen und giftigen Brandrauch«, beklagten häufige Mißbildungen bei Jungtieren und behaupteten, nur mehr ein Drittel der früheren Obst- und Getreideernten zu erzielen. Die Bergbehörden lehnten eine Schadenersatzforderung rundweg ab. Allerdings wurden die Betriebsanlagen verlegt und neue Brennverfahren eingeführt.[138] Beim Waschen der ausgebrannten Erzhalden gelangte noch um die Mitte des 18. Jahrhunderts nach Berichten des damaligen Werksarztes Josef Frank, der nicht zufällig zum Begründer der Arbeitsmedizin in Österreich wurde, soviel Quecksilber ins Wasser, daß die gesundheitlichen Auswirkungen auf Vieh und Mensch nicht zu übersehen waren.[139]

Gewerbe, Handwerk, Zunft

Bis ins ausgehende 12. Jahrhundert waren spezialisierte Handwerker meist in die Grundherrschaften integriert. Erst im 13. Jahrhundert ergab sich eine zunehmende Konzentration handwerklicher Tätigkeiten in den Städten und größeren Märkten. Bannmeilenbestimmungen, die seit der zweiten Hälfte des 13. Jahrhunderts überliefert sind, sollten die Städte gegen die Konkurrenz ländlicher Gewerbe schützen. Innerhalb eines ganz allgemein nach Meilendistanzen bemessenen Umkreises um die Stadt wurden gewerbliche Tätigkeiten auf die seit alters üblichen und privilegierten Orte beschränkt. Eine Zurückdrängung oder gar Ausschaltung des ländlichen Gewerbes wurde dadurch freilich nicht erreicht. Im 14. und 15. Jahrhundert kam es in manchen Regionen sogar zu einer Ausweitung der ländlichen Gewerbe, die in manchen Fällen, wie zum Beispiel im Gebiet der Eisenwurzen, landschaftsprägend werden konnten. Die Städte versuchten zumindest die Errichtung von Zünften auf dem Lande zu verhindern und durch Angliederung der Gäuhandwerker an die städtischen Zünfte oder eine organisatorische Erfassung in Viertelladen eine gewisse Kontrolle über sie zu gewinnen.[140]

Zechen, die in Österreich übliche Bezeichnung für Zünfte, traten erstmals im 13. Jahrhundert als Vereinigungen religiös-karitativen Charakters hervor. 1276 untersagte König Ottokar in Wien Zechen und Einungen auf fünf Jahre, um die Zuwanderung in das brandzerstörte Wien zu fördern. Im Wiener Stadtrechtsprivileg von 1278 wurden alle Handwerkereinungen und Kartelle verboten, ebenso im Privileg von 1340, das nur die Hausgenossen und Laubenherren, denen der stückweise Verkauf importierten Tuches vorbehalten war, ausnahm. Schon im 13. Jahrhundert, zumindest aber seit dem 14. Jahrhundert erscheinen die Zechen in Wien nicht nur als religiöse Bruderschaften, sondern auch als wirtschaftliche Interessenorganisationen in der Art von Kartellen. Rudolf IV. ging scharf dagegen vor. 1361 und 1364 hob er jegliche Zechen und Einungen auf. Mit einer allgemeinen Gewerbefreiheit hatte dies freilich nichts zu tun. Erreicht werden sollte ein Zustrom von Handwerkern in die von der Pest schwer betroffene Stadt. Auch die Ablösbarkeit der auf den städtischen Grundstücken und Häusern lastenden Renten, die Rudolf IV. durchzusetzen versuchte, sollte die Zuwanderung und Mobilität fördern.[141]

Die Bewertung der handwerklich-zünftischen Ordnung war in der Rückschau des 19. Jahrhunderts stets von einer ideologischen Voreingenommenheit geprägt, die von uneingeschränkter Bewunderung und Glorifizierung alter Zunftherrlichkeit bis zur Verteufelung des Zunftzwangs als Ausdruck einer verknöcherten, neuerungs- und fortschrittsfeindlichen Struktur des finsteren Mittelalters oder Feudalzeitalters reichte. In den Zunft- und Handwerksordnungen des 15. Jahrhunderts vermischten sich religiöse, gesellige, soziale und wirtschaftliche Zielsetzungen. Die Zunftordnungen entstanden teils durch autonome Satzung der Mitglieder, teils durch obrigkeitliche Festlegung. Sie enthielten also sowohl genossenschaftliche als auch herrschaftliche Elemente. Eine vollständige Erfassung aller Handwerker in zünftischen Verbänden oder gar die Etablierung einer Zunftherrschaft wie in manchen Reichsstädten gelang in keiner der österreichischen Städte. Andererseits reichten zünftische Organisationsformen über das reine Handwerk hinaus, sowohl in den kaufmännischen Bereich wie auch in den agrarischen und tertiären Sektor.[142]

Die Zechen selbst waren, ausgehend von ihrer hausrechtlichen Stellung, zunächst Verbände der Meister: Damit regelten die Zechen aber auch die Stellung der Frauen, Kinder, Gesellen und Lehrlinge. Zechen waren Männerbünde. Vereinzelt gab es zwar Frauenzünfte, in der Regel aber war die Stellung der »Meisterin« die der Hausfrau, der zwar im Fall der Witwenschaft das Recht auf Fortführung des Gewerbes auch ohne Erlernung des Handwerks blieb, die sich aber meist zur Wiederverheiratung innerhalb eines Jahres verpflichten mußte.[143]

Die Knechte, die Hilfskräfte des Meisters, trennten sich im Spätmittelalter in Gesellen und Lehrlinge. Im beginnenden 15. Jahrhundert tauchte die Bezeichnung »Geselle« auf. Dies und die damit verbundenen Gesellenbruderschaften deuten auch auf eine gewisse Verselbständigung von der hausrechtlichen Herrschaft der Meister. Im frühen 15. Jahrhundert kam es in Wien und auch in der Steiermark zu heftigen Auseinandersetzungen zwischen Gesellen und Meistern. Das Gesellenwandern, das um etwa 1470 im Wiener Handwerk allgemein verpflichtend wurde, führte ebenso wie das Meisterstück zu einer Erschwerung des Zugangs zur Meisterwürde und zu einer Regulierung des Arbeitsmarktes. Gesellenwandern bedeutete auch versteckte Arbeitslosigkeit. Einheirat bot Gesellen häufig die Möglichkeit, eine Meisterstelle zu erlangen. Die Tendenzen zur Selbstbeschränkung im Handwerk führten zum Zunftzwang, zur Koppelung der Berechtigung der Gewerbeausübung an die Mitgliedschaft bei der entsprechenden Zeche, zur zahlenmäßigen Begrenzung (Schließung) der einzelnen Handwerke und zur Bekämpfung zunftloser Gewerbetreibender, der Pfuscher, Stümper und Störer. Das Ziel war die »Erhaltung der bürgerlichen Nahrung«.[144]

Die Regelung der Handwerkerlaufbahn nahm eindeutig selektive Formen an. Die Etappen und Voraussetzungen waren vorgegeben: Aufnahmegebühr und Lehrgeld, Lehrzeit, Freispruch, Gesellen- und Wanderjahre, Meisterstück, eheliche Geburt, ehrliche Herkunft und persönliche Freiheit. Zahlreiche Berufs- und Bevölkerungsgruppen, wie Totengräber, Nachtwächter, Gassenkehrer, Schornsteinfeger, Abdecker, Schauspieler, Henker, Schäfer und uneheliche Kinder, waren als unehrliche Leute vom zünftischen Handwerk von vornherein ausgeschlossen. Durch die Festlegung der Größe und Leistungsfähigkeit der einzelnen Gewerbebetriebe, der zulässigen Zahl der Gesellen und Lehrlinge, der Dauer der Lehrzeit, der Höhe der Aufnahme- und Freisprechgebühren, durch die Begrenzung der Zahl der Meisterstellen, aber auch durch die Marktaufsicht und Qualitätskontrolle konnte die Konkurrenz gering gehalten werden.

Am kritischsten war die Situation im Bergbau und den ihm nachgelagerten Bereichen, wo die Aufstiegsmöglichkeiten am stärksten versperrt waren. Bei den zahlreichen Aufständen von Bergknappen, Salinen- und Eisenarbeitern, Nagelschmied-, Sensenschmied- und anderen Handwerksgesellen ging es um verschiedenste Anliegen. Soziale Konflikte vermischten sich mit religiösen Bewegungen: Die Handwerker in den größeren Städten, die den Landesfürsten oder einen katholischen Grundherrn als Stadtherrn hatten, bekannten sich großteils zum neuen, reformierten Glauben, den sie aus ihren Kontakten mit den oberdeutschen Reichsstädten oder auf ihrer Wanderschaft

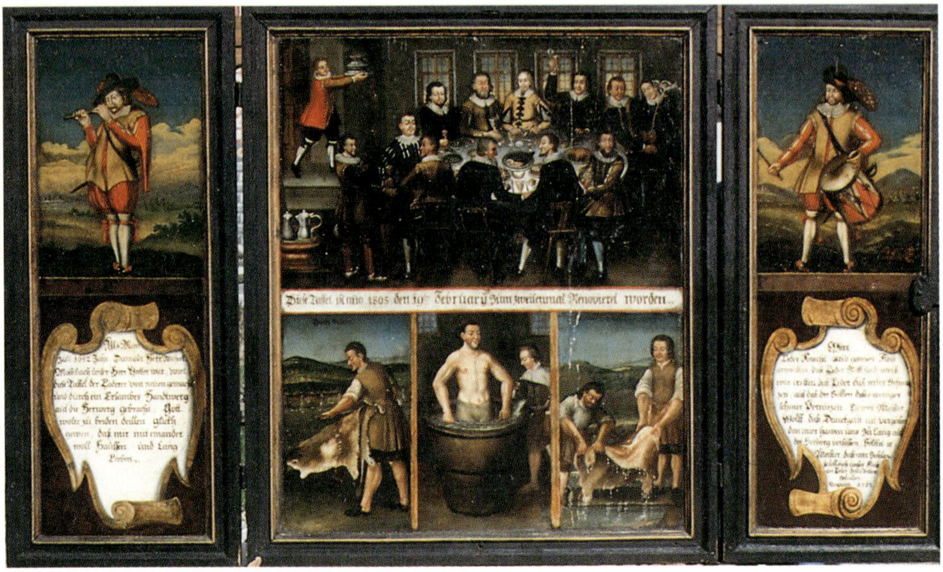

Zunfttafel der Welser Lederer: Das Mittelteil des Triptichons zeigt ein Festmahl der Ledererzeche und Arbeitsvorgänge bei der Ledererzeugung. Öl auf Holz, 1652/1717/1805

kennengelernt hatten. Dorfhandwerker, deren Grundherren evangelisch geworden waren, blieben dagegen oft katholisch. Die Gesellen neigten sehr viel häufiger den Lehren der Wiedertäufer zu, die ihnen soziale Gleichberechtigung versprachen. So versuchte jeder, unter dem religiösen Deckmantel auch herrschaftliche Bindungen abzuschütteln. Es kam zu seltsamen Koalitionen. So wurden die protestantisch gewordenen Zünfte von Waidhofen an der Ybbs von ihrem katholischen Stadtherrn, dem Bischof von Freising, lange vor der kaiserlichen Gegenreformation geschützt. In dem Waidhofen benachbarten Zell waren die Klingenschmiede, die unter dem Druck der protestantisch gewordenen Waidhofener Verleger und Messerer standen, katholisch geblieben, um mit Hilfe des Kaisers Vorteile zu erringen.[145]

Die 1527 von Ferdinand I. auf Druck des Adels versuchte Vereinheitlichung des Zunftwesens und gleichzeitig angestrebte Durchsetzung der landesherrlichen Oberaufsicht erwiesen sich als miteinander nicht vereinbar. Es blieb davon nur die Anerkennung der Zunfthoheit in den nicht landesfürstlichen Städten und Märkten als ein Zeichen ständischer Macht sowie die Duldung des seßhaften Landgewerbes. Die landesherrliche Zunfthoheit drang erst im 17. Jahrhundert durch. Das Mandat von 1617, wonach ohne landesfürstliche Zustimmung keine Zunft errichtet werden durfte, richtete sich gegen die protestantischen Stände. Im`17. Jahrhundert setzten sich überlokale Zunftorganisationen, die vereinzelt schon im 15. Jahrhundert errichtet worden waren, durch. Landeszünfte mit Viertelladen wurden immer häufiger.[146]

Im Zeichen des »Frühkapitalismus«

Industrielle Anfänge

Der gewerblich-industrielle Aufschwung, der sich im 15. und 16. Jahrhundert abzeichnete, wurde von Fortschritten in der Montan- und Hüttentechnik, vor allem im Edelmetallbergbau und in der Eisenerzeugung, in der Waffenproduktion, Glasherstellung, Bierbrauerei, Papiermacherei, im Druckereiwesen und in verschiedenen Luxusbereichen des Gewerbes, aber auch in der Textilherstellung vorangetrieben.

Im regionalen Umfeld der montanistischen Rohstoffproduzenten siedelten sich zahlreiche Weiterverarbeiter an: Während in der Steiermark die Eisenerzeugung dominierte und den verarbeitenden exportorientierten Eisengewerben mit Ausnahme der Sensen- und Sichelerzeugung keine überragende Bedeutung zukam, hatte sich im angrenzenden Ober- und Niederösterreich schon seit dem 14. und 15. Jahrhundert eine Gewerbelandschaft herausgebildet, die sich nicht auf die Städte und Märkte beschränkte, sondern auf die umliegenden ländlichen Gebiete ausstrahlte. Steyr war vom Spätmittelalter bis ins 19. Jahrhundert die wichtigste Industriestadt Österreichs. Im Steyrer Wehrgraben, dessen wasserwirtschaftliche Nutzung sicher bis ins 14. Jahrhundert zurückreicht, entstand eine Gewerbekonzentration, die neben den Messererwerkstätten auch Hammerwerke, Schleifen, Mahlmühlen, Sägewerke, Papiermühlen, Textil- und Lederfabriken umfaßte. 1529 und 1585 wurden Wehrgrabenordnungen herausgegeben, in denen die Wasserrechte und Wartungspflichten genossenschaftlich geregelt wurden.[147]

Im 16. Jahrhundert arbeiteten allein in Oberösterreich über 1 000 Messerschmiede: Messererzünfte gab es in Steyr, Wien, St. Pölten, später auch in Wels und Krems. Daß die Sensenindustrie seit dem späten 16. Jahrhundert einen so spektakulären Aufschwung nahm und zu einer der wichtigsten Exportbranchen aufstieg, war einem entscheidenden technischen Fortschritt zu danken, der um 1580 begonnenen Verwendung der Wasserkraft zum Ausschmieden des Sensenblattes, die dem Scharnsteiner Hammermeister Konrad Eisvogl zugeschrieben wird. Die Innovation der mechanischen Drahterzeugung breitete sich von Nürnberg ausgehend auch im alpinen Raum aus. Ebenso entwickelten die Blechschmieden arbeitsteilige Manufakturen.[148]

Am Beginn der Neuzeit besaß die Steiermark vortreffliche Voraussetzungen für eine leistungsfähige »Rüstungsindustrie«. In Thörl und Aflenz war durch Initiative des um 1486 verstorbenen Gewerken Peter Pögl ein Zentrum der Waffenproduktion entstanden. Sein Sohn Sebald Pögl der Ältere richtete eine »Büchsen- und Kugelwerkstatt« ein und baute das Unternehmen innerhalb weniger Jahre zu einem fabriksmäßigen Betrieb aus, wo neben Geschützen, Kanonenkugeln und Schanzzeug vor allem Handfeuerwaffen hergestellt wurden. Zwischen 1500 und 1506 erreichte die Feuerwaffenproduktion in Thörl ihren Höhepunkt. Für die Heere Maximilians I. wurden von Pögl etwa 1450 eiserne Großgeschütze, rund 10 000 Festungsgewehre und kleinere Handfeuerwaffen sowie Tausende eiserne Kanonenkugeln geliefert. Da für Großgeschütze in der Zwischenzeit Bronze zum wichtigsten Metall geworden war, wurde die Kanonenerzeugung von Sebald II. Pögl nicht weitergeführt. Um 1526 nahm der Büchsenschmied Peter Hofkircher in Mürzzuschlag die Massenfertigung von Handfeuerwaffen auf und fungierte bis zu seinem Tod 1557 als einer der wichtigsten Lieferanten des Landesfürsten.[149] Doch diese Tradition brach ab. Seit etwa 1550 existierten in der Steiermark nur mehr einige kleinere waffenerzeugende Betriebe. Während des dreizehnjährigen Türkenkrieges (1593–1606) baute der frühere steirische Statthalter Andreas Krebs in Graz und Umgebung ein größeres Unternehmen zur Gewehrfabrikation auf. Aber auch dieses wurde nach seinem Tod, der mit dem Ende des Krieges zusammenfiel, nicht lange fortgeführt.

In der zweiten Hälfte des 16. Jahrhunderts entstanden in Steyr in Oberösterreich und Ferlach in Kärnten zwei neue Zentren der Herstellung von Handfeuerwaffen. Um 1550 setzte im Raum Ferlach eine handwerksmäßig betriebene Gewehrerzeugung ein, die sich im letzten Viertel des 16. Jahrhunderts stärker verankern konnte. In Steyr begann die Massenfertigung von Gewehren mit der von einigen Bürgern 1594 begründeten »Gesellschaft der Rohr- und Büchsenhandlung in Steyr«. Die Gesellschaft wurde zwar bereits 1602 wieder aufgelöst, die Tradition der Steyrer Gewehrerzeugung wurde aber von diesem Konkurs nicht beeinträchtigt.[150]

Die Harnischerzeugung, die sehr stark an den Auftraggebern orientiert war, konnte sich im frühen 16. Jahrhundert in den hauptstädtischen Zentren Innsbruck und Wien etablieren. Dazu kam ab 1564 noch die innerösterreichische Residenzstadt Graz. Die Plattner waren zu dieser Zeit bereits ganz entscheidend von den Großaufträgen der Landesfürsten abhängig. Erst am Beginn des 17. Jahrhunderts begann in Österreich auch die Massenanfertigung von Harnischen in Großwerkstätten. Allerdings war die militärische Bedeutung zu dieser Zeit bereits im Schwinden. Hieb- und Stichwaffen wurden seit dem Spätmittelalter in zahlreichen Kleinbetrieben hergestellt. Obwohl einzelne Zentren in Kriegszeiten beträchtliche Mengen erzeugten, war die Produktion kaum spezialisiert und konnte in Friedenszeiten leicht auf zivile Produkte umgestellt werden.

In der Textilerzeugung erfolgten mit der Einführung von Spinnrad und Trittwebstuhl wesentliche Innovationen. Der Barchent, ein Mischgewebe aus Leinen und Baumwolle, das durch seine Geschmeidigkeit und Färbigkeit die leichten Wollstoffe übertraf, wurde zum wichtigsten Modernisierungsträger. In Wien dürften sich noch im dritten Viertel des 14. Jahrhunderts oberdeutsche Barchentweber angesiedelt haben. Auch in Steyr waren früh Barchentweber anzutreffen, ebenso in Salzburg. In der bambergischen Enklave im oberösterreichischen Kirchdorf muß 1401 die Barchentweberei das dominierende Gewerbe gewesen sein. Die Lage an der Pyhrnroute von Venedig nach Prag, an deren Ausbau Karl IV., König Wenzel und deren führender Wirtschaftsberater, der Bamberger Bischof Lamprecht von Brunn, besonders interessiert waren, dürfte bei dieser Standortwahl den Ausschlag gegeben haben. Aus dem Wettlauf um die Barchenterzeugung gingen die oberdeutschen Zentren als Sieger hervor. Die österreichische Barchentindustrie gewann nirgendwo dauernde oder gar landschaftsprägende Bedeutung. 1428 wird die Kirchdorfer Barchentweberei das letzte Mal erwähnt. Auch die Wiener Barchenterzeugung verlor in der zweiten Hälfte des 15. Jahrhunderts völlig an Gewicht. Früher, heißt es in einer Denkschrift der Stadt an König Ferdinand aus 1529, habe es in

Wien 100 und mehr Barchentweber gegeben. Jetzt seien die Weber verzogen. Auch spätere Versuche, Barchentweber anzusiedeln, etwa in Spittal an der Drau oder Enns, verliefen wenig erfolgreich.[151]

Die durch die Hochseeschiffahrt und den Bedarf in den Kolonien gestiegene Nachfrage nach Leinen führte im Laufe der zweiten Hälfte des 16. Jahrhunderts zu einer Hochblüte der Leinenerzeugung, von der vor allem Oberösterreich dank seiner ins Mittelalter zurückreichenden textilerzeugenden Traditionen stark profitieren konnte. Das Leinen wurde sowohl nach Westen in die oberdeutschen Städte und weiter nach Westeuropa als auch donauabwärts verhandelt. Auf den großen Umfang der jährlich donauabwärts transportierten Leinenwaren im 16. Jahrhundert kann aus der Vermautung geschlossen werden. Im Hausruckviertel wurde 1578 wegen des dramatischen Zustroms in die Weberei ein Aufnahmestopp verhängt.[152]

Die Mehl- und sonstigen Mahlmühlen, die Säge- und Hammerwerke, die Stampfen für Loden, Lohe, Erze, Mineralien, Hadern und Pulver und die verschiedenen Schleif-, Pump- und Bohrwerke konnten die beträchtlichen Fortschritte der Mechanik nutzen, die im Bereich der Nocken- und Kurbelwellen, Pleuelstangen, Schwungräder, Zahnräder und Schrauben erzielt worden waren. Über die vorindustrielle Nutzung der reichlich vorhandenen, in den Trockenzeiten und Wintermonaten dennoch einen Engpaß darstellenden Wasserkräfte sind keine zusammenhängenden Schätzungen vorhanden. 1661 zählte man allein in Niederösterreich 3 090 Mühlen mit 5 743 Gängen, deren Energieproduktion auf 12 000 bis 29 000 PS geschätzt werden kann. Der Großteil davon betraf Getreidemühlen, auf die 1854 in Niederösterreich 70 Prozent aller mit Wasserkraft betriebenen Arbeitsmaschinen entfielen.[153]

Neben den Mahlmühlen waren die wassergetriebenen Sägen, für die sich der Begriff Venezianersäge einbürgerte, von Bedeutung. Ihre Hauptverbreitung erfolgte im 16. und 17. Jahrhundert. Damit entstand eine völlig neue Qualität des Umgangs mit Holz, wobei die Bedeutung weniger für die Zimmerleute als für das sich herausbildende Gewerbe der Tischler groß war. Die Schleifmühlen, die in der Mühlenforschung kaum eine Beachtung gefunden haben, gewannen seit dem 15. Jahrhundert gerade in den Zentren der Eisenverarbeitung große Bedeutung.[154]

Leder war einer der wichtigsten Werkstoffe, der sich für Kleidung und Schuhe, für Sättel und Riemen, für Schläuche und Kübel, für Blasbälge und Rüstungsteile, für Tapeten und Möbelbezüge als unentbehrlich erwies. Die mit dem hohen Fleischkonsum verbundene Konjunktur der Gerberei machte eine Differenzierung in Loh-, Weiß- und Sämischgerber möglich.[155]

Die Herstellung von Papier, das im Verlauf des 14. Jahrhunderts immer mehr das Pergament zu ersetzen begann, basierte auf der Verarbeitung von Textilabfällen. Zum Zerkleinern der Hadern setzte man Stampfwerke ein. Standortbildend waren daher sowohl die Wasserkraft als auch die Verfügbarkeit von Altstoffen und der Bedarf an Papier. 1469 wird an der Traisen bei St. Pölten eine »hadermul« erwähnt. Dabei dürfte es sich um die älteste bekannte Papiermühle des heutigen Österreich handeln. Im frühen 16. Jahrhundert entstanden zahlreiche Papiermühlen, häufig in der Nähe der Verbraucher, das heißt der Verwaltungszentren.[156] Färbiges, grünstichiges Waldglas wurde bereits im 14. Jahrhundert produziert. Um 1500 setzten Versuche ein, auch das geschätzte farblose Venezianer Glas zu produzieren.[157]

Das hauseigene Bierbrauen, das in klösterlichen, bäuerlichen und städtischen Haushalten im Hochmittelalter weit verbreitet war, war im späten Mittelalter gegen den Wein und gegen die neuen gewerblichen Bierbrauereien nicht mehr konkurrenzfähig. Ab der Mitte des 15. Jahrhunderts entwickelte sich ein spezialisiertes Braugewerbe, welches das Hausbrauen mit neuen Bierqualitäten, aber auch mit rechtlichen Mitteln verdrängen konnte. Immer noch aber wurde den seit dem 14. Jahrhundert nachweisbaren stadtbürgerlichen Brau- und Absatzmonopolen zum Trotz selbst in ausgesprochenen Braustädten wie Freistadt oder Salzburg mehr Wein als Bier getrunken. In Weinbaustädten wurde häufig sowohl die Erzeugung wie auch der Verkauf von Bier überhaupt verboten. Zu Beginn der Neuzeit erfuhr die Bierherstellung zwei entscheidende Veränderungen: Die an sich uralte Tradition der Beifügung von Hopfen setzte sich allgemein durch, und die untergärige Bierhefe verdrängte die obergärige. Hopfen machte Bier haltbarer. Die untergärige Braumethode verstärkte den Vorteil größerer Haltbarkeit und Bekömmlichkeit, stellte aber größere Anforderungen an die Kältetechnik, die nur von besser ausgestatteten Brauereien erfüllt werden konnten, während die Biere der kleinen Land- und Hausbrauereien meist weiter ungehopft und obergärig blieben. Im 16. Jahrhundert handelte es sich noch vorwiegend um Weizenbier. Das Gerstenbier setzte sich erst im 17. Jahrhundert durch.

Die Bierbrauerei war in der frühen Neuzeit immer mehr zu einem bürgerlichen Geschäft geworden, auch wenn das Hausbrauen nach wie vor üblich war, wie zahlreiche Verbote aus dem 16. und 17. Jahrhundert vermuten lassen. Die Bürger mußten ihr Braurecht gegen dreierlei Konkurrenz durchsetzen, gegen Importbiere, die oft über weite Entfernungen gehandelt wurden, gegen die innerhalb der Bannmeilen arbeitenden kleinen Landbrauereien und gegen die Brauereien des Adels und der Klöster. In Wien besaß das Bürgerspital von 1432 bis 1727 das Monopol für Erzeugung und Ausschank von Bier. Bis in die zweite Hälfte des 16. Jahrhunderts bestritt es das Angebot vor allem mit importierten Bieren aus Oberösterreich, Böhmen und Mähren. Im letzten Drittel des 16. Jahrhunderts begann die eigene Brautätigkeit des Spitals zuzunehmen und übertraf den Zukauf. Daß auch in diesem größten Zentrum des österreichischen Weinbaus die Nachfrage nach Bier zu steigen begann, zeigte sich an der Zahl der Bierschenken, die 1701 innerhalb der Stadtmauern bereits 27 erreichte und in der josephinischen Zeit 500 überstieg. Als die Linzer Bürger 1637 ein Brauhaus mit vier Pfannen errichteten, kamen von seiten des Adels und der Geistlichkeit heftige Beschwerden. Bald aber wurde das Brauhaus zu einem wesentlichen Aktivposten der Linzer Wirtschaft und verdrängte rasch den Weinhandel und Weinbau.[158]

Die Bauwirtschaft gewann im Spätmittelalter steigende Bedeutung, nicht nur im Zusammenhang mit der großen, in Lohnarbeit organisierten Wiener Dombauhütte und den zahlreichen sonstigen Kirchenbauten, sondern auch durch die bürgerliche Bautätigkeit, die durch die vielen Stadtbrände noch weiter stimuliert wurde. Im letzten Viertel des 14. Jahrhunderts setzte, zeitverzögert zum Pestschock, eine zunehmende Kirchenbautätigkeit ein, die auf einen entsprechenden Konjunkturaufschwung schließen läßt. Die Löhne der Bauarbeiter versuchte man im frühen 15. Jahrhundert immer wieder nach oben zu beschränken.[159] Noch viel aufwendiger als kirchliche und profane Bautätigkeit waren die Befestigungsbauten, die in den finanziell potenteren Städten seit dem 15. Jahrhundert die alten Stadtmauern abzulösen begannen.

Der erste Transitboom

Vom Spätmittelalter bis ins späte 16. Jahrhundert blühte der Transitverkehr. Die Straßen wurden merklich verbessert. Der Brenner, der Radstädter Tauern und auch weniger wichtige Wege, wie die Fahrstraßen über den Loibl (1569/75) und den Seeberg (1541) oder die Dreimärkteeisenstraße vom Erlauftal in das obere Ybbstal und weiter in das Ennstal, wurden ausgebaut. Dennoch blieb der Zustand der Straßen bis ins 18. Jahrhundert so schlecht, daß meist nur kleine Wagen mit Gabeldreieck, sogenannte Anzwagen, eingesetzt werden konnten und der Saumverkehr seine Konkurrenzfähigkeit behaupten konnte.

Auch die Wasserstraßen wurden ausgebaut. Das größte Schiffahrtshindernis auf der Traun, der Traunfall bei Steyrermühl, war 1552 durch eine mit Holz ausgekleidete, teilweise aus dem Felsen herausgesprengte Rinne von fast 400 Meter Länge und einer durchschnittlichen Breite von 6,1 Meter befahrbar gemacht worden. Zwischen 1553 und 1583 wurde die Enns zwischen Hieflau und Steyr für die Schiffahrt adaptiert und durch die Anlage eines Treppelweges für die Bergfahrt geeignet gemacht. Aber die Instandhaltung dieser etwa 80 Kilometer langen Strecke blieb immer äußerst kostspielig.[160] Das wohl erstaunlichste, wenn auch nur ganz kurzfristig genutzte Projekt war die Schiffbarmachung der Salzach durch die Salzachöfen beim Paß Lueg. Im Sommer 1562 gelangten Schiffe im Gegenzug salzachaufwärts bis Bischofshofen. Über den Probebetrieb kam das Projekt nie hinaus, weil inzwischen der rapide Niedergang des Salzburger Gold- und Silberbergbaus eingesetzt hatte.[161]

Gehandelt und transportiert wurde vielerlei: Den traditionellen Massengütern, unter denen neben Salz, Eisen, Wein, Getreide, Schmalz, Häuten, Honig, Wachs, Tuchen und Leinwand auch Holz und Vieh anzuführen sind, stand eine Gruppe von wertvollen Luxusgütern gegenüber, die in der Regel unter der Bezeichnung »Venediger Waren« zusammengefaßt erscheinen: Griechenweine, Olivenöl, Südfrüchte, Zucker, Safran, Rosinen, Pfeffer, Ingwer, Muskat, Zimt, Galgant, Gewürznelken, Weihrauch und verschiedene Farbstoffe, Baumwolle, Seidenstoffe, Glas, Seife. Zum Teil wurden diese Waren in Venedig selbst hergestellt, zum Teil über Venedig aus dem Orient importiert.

Während sich der Handel vorzugsweise, wenn auch nicht ausschließlich, den Städten und Märkten zuordnen läßt, waren die Träger des Verkehrs hauptsächlich auf dem Land ansässig. Vom Verkehr lebten deutlich mehr Menschen als vom Handel. Der Handel wurde im allgemeinen hauptberuflich, der Verkehr meist nebenberuflich betrieben. Bauern betätigten sich mit ihren Zugtieren im Transportwesen, teils gezwungen im Rahmen von Robotdiensten, teils freiwillig zum Nebenerwerb.

Sowohl im Land- wie im Schiffsverkehr kam es zur Ausbildung zunftähnlicher Or-

Zunfttafel der Rodfuhrleute des Außerfern in Reutte mit Salzfässern und anderem Handelsgut, 18. Jahrhundert

ganisationen, der Frächtergenossenschaften und Schifferzechen, die sich besonders früh in Wien und Tulln, später aber an allen großen Ladstattorten entlang der Donau und deren Nebenflüssen bildeten. In Tirol war das Transportwesen entlang der Hauptverkehrsrouten spätestens seit dem 14. Jahrhundert in einzelne Etappen von 20 bis 30 Kilometer Länge aufgeteilt, für die im Rahmen des sogenannten Rodfuhrwesens jeweils eine Gruppe von Fuhrleuten oder Bauern zum Warentransport berechtigt bzw. verpflichtet war. Rod leitet sich von Reihe ab, weil die Transporte von den bürgerlichen und bäuerlichen Fuhrwerksbesitzern in einer bestimmten Reihenfolge zu leisten waren, genauso wie bei den Schiffsherren an der Donau. Wenn das Rodfuhrwesen auch nicht auf Tirol beschränkt blieb, so erreichte es doch nirgendwo sonst eine derart starke Ausbildung. Daß in Salzburg vergleichbare Einrichtungen fehlten, erklärt sich aus dem Umstand, daß die Tauernpässe erst später mit Wagen befahrbar gemacht wurden. Die Schwerfälligkeit des Rodfuhrwesens mit der Notwendigkeit des oftmaligen Umladens bedeutete allerdings für den Fernverkehr durch Tirol ein wesentliches Hindernis.[162]

Die Pest und die nachfolgende Krise führten vorerst zwischen 1350 und 1400 zu einem erheblichen Rückgang des Brennertransits. Seit allerdings der Brenner nach der zwischen 1481 und 1483 erfolgten Verbreiterung des Kuntersweges, bei der bereits Schießpulver zur Sprengung verwendet wurde, für große Wagen durchgehend befahrbar war, war er endgültig zur wichtigsten Route im Alpentransit aufgerückt. Die westliche Variante über den etwas höheren Reschenpaß, die vor allem von Augsburg aus benutzt wurde, konnte nicht mehr mithalten. Auf dem Radstädter Tauern, der nach dem Ausbau der Fahrstraße um 1520 zum zweitwichtigsten Fernhandelsweg über die Ostalpen aufschloß, wurde um 1550/60 mit etwa 5500 Tonnen im Jahr etwa halb so viel wie auf dem Tiroler Paßsystem bewältigt. Der vorläufige Höhepunkt wurde hier schon um 1600 erreicht.[163]

Die Innschiffahrt war durch den großen Holzrechen bei Hall zweigeteilt: Oberhalb war sie für den Salztransport bis Zirl und Telfs wichtig, unterhalb vor allem für den Ge-

Tabelle 6: Verkehr über den Brenner und Reschen, 1300 bis 1730 (in Tonnen)

	Brenner	Reschen
um 1300	4 000	
um 1340	5 000	
um 1400	3 500	
um 1500	5 000	
um 1560	8 000	
um 1600	10 000	2 000–3 000
1619	12 000	
um 1730	12 000–14 000	2 000

Quellen: Josef *Riedmann*, Mittelalter, in: Geschichte des Landes Tirol 1 (hg. von J. *Fontana* u. a., Bozen 1985) 505; Herbert *Hassinger*, Der Verkehr über Brenner und Reschen vom Ende des 13. bis in die zweite Hälfte des 18. Jahrhunderts, in: Neue Beiträge zur geschichtlichen Landeskunde Tirols. Festschrift für Franz Huter (Innsbruck 1969) 137 ff., 170.

treideimport nach Tirol. Durch seine Lage als Kopfstation war Hall neben Innsbruck und Bozen zu seiner handelspolitischen Bedeutung gelangt.

Die weiter östlich verlaufenden Transitverbindungen über die Alpen hatten nicht die Bedeutung der westösterreichischen Übergänge, weder die Straße von Salzburg über Leoben nach Graz und Radkersburg, die die süddeutschen Handelszentren über die Steiermark mit Kroatien und Ungarn verband, noch die Linie von Venedig durch das Kanaltal und Kärnten über den Pyhrn nach Oberösterreich oder den Semmering nach Wien. Die jährliche Menge der auf der Semmeringstraße in Richtung Wien beförderten Italienwaren betrug am Beginn des 17. Jahrhunderts nur noch etwa 840 Tonnen, was bloß einem Drittel der auf der Tauernstraße nach Norden beförderten Waren entsprach. Die Bestrebungen, bereits im 16. Jahrhundert einen großzügigen Verkehrsanschluß von Österreich nach Triest zu erreichen, scheiterten an der Vorherrschaft Venedigs, an den Türkenkriegen und am Geldmangel.[164]

Mit der großen wirtschaftlichen Bedeutung, die Böhmen im 14. Jahrhundert erlangt hatte, hatte auch der Transit aus dem Donauraum nach Norden beträchtlich zugenommen. Eine Überbrückung der Donau im österreichischen Raum erfolgte erstmals im 15. Jahrhundert, 1439 bei Wien, 1463 bei Krems und 1497 bei Linz. Daß vier Jahre später auch noch im Linz fast benachbarten Mauthausen eine Brücke gebaut wurde, die im 17. Jahrhundert wieder aufgegeben wurde, unterstreicht die Konjunktur des Nord-Süd-Handels im späten 15. und frühen 16. Jahrhundert.

Da sich Triest 1382 der habsburgischen Herrschaft unterstellte, öffneten die Habsburger die Karststraße von Italien zur Drau und in den mittleren Donauraum wieder für den Italienhandel, so daß sie um 1400 ihre alte Bedeutung als Verbindung zwischen Oberitalien und Ungarn gewann. Pettau konnte in der ersten Hälfte des 15. Jahrhunderts ein Niederlags- und Stapelrecht durchsetzen und zu einem Handelsplatz internationaler Bedeutung aufsteigen, was sich in der zweiten Hälfte des Jahrhunderts noch verstärkte, als die durch Kroatien zum Meer führenden Handelswege wegen der Türkeneinfälle bereits zu gefährdet waren. Maximilian I. bestätigte 1503 das Pettauer

Stapelrecht. Italienische Handelshäuser in Pettau beherrschten bis um 1560/70 den Viehhandel, der zu dieser Zeit jährlich etwa 20 000 bis 22 000 ungarische Schlachtrinder nach Italien brachte. Um 1600 verloren die Laibacher Straße und Pettau ihre Funktion als Fernhandelsweg und -platz.[165]

Die West-Ost-Achse des Donautales büßte, je mehr sich die Donau als Schiffsweg entwickelte, als Landweg an Bedeutung ein. Wichtig entlang der Donau war der Ein- und Durchtrieb großer Mengen ungarischer Rinder nach Oberdeutschland. Die Viehtriebstrecken verliefen sowohl nördlich der Donau durch das Wald- und Mühlviertel als auch südlich der Donau durch das Alpenvorland und das Hausruck- und Innviertel. In der zweiten Hälfte des 16. Jahrhunderts wurden zwischen 100 000 und 200 000 Stück Ochsen im Jahr auf diese Weise auf eigenen Füßen nach Westen verfrachtet. Dieser Viehexport aus Ungarn, der seinem Wert nach für 80 Prozent des ungarischen Exportvolumens aufkam, übertraf den Geldwert der gleichzeitigen Getreideexporte aus dem Baltikum. In der zweiten Hälfte des 16. Jahrhunderts verlagerte sich der Ochsentrieb immer mehr von der Donauroute auf eine nördlich davon durch Mähren und Böhmen führende Linie von Tyrnau nach Nürnberg.[166]

Für Massentransporte eignete sich bis zur Einführung der Eisenbahnen einzig und allein der Wasserweg. Auf der Donau boten sich dafür stromabwärts Holz, Salz (ab Passau), Eisen und eine bunte Palette von gewerblichen Produkten an, stromaufwärts Kupfer aus der Slowakei, Wein aus Niederösterreich, Eisen ab Enns und Linz, Salz von Passau aufwärts und seit dem beginnenden 16. Jahrhundert auch Getreide, das über den Inn vor allem nach Tirol importiert wurde. Der Übergang von den Schiffsziehern zum Pferdezug ist um die Mitte des 14. Jahrhunderts belegbar. Die ersten Nachrichten über »Roßzillen« auf Inn und Donau stammen aus den Jahren 1364 und 1374.[167] Der Zusammenhang mit den von der Pest verursachten Bevölkerungsverlusten und den dadurch gestiegenen Lohnkosten ist offenkundig. Noch lange wurde versucht, mit beschäftigungspolitischen Argumenten die Durchsetzung pferdegezogener Schiffszüge zu verhindern.[168] Obwohl auch im 16. Jahrhundert das Schiffsziehen mit Menschenkraft noch keineswegs völlig verschwunden war, setzte sich im späten 15. Jahrhundert der leistungsfähigere Pferdezug immer mehr durch. Im 16. Jahrhundert formierte sich die Technik der großen Schiffszüge: Auf bis zu vier aneinander gehängten Lastkähnen, die von 50 und mehr Pferden gezogen und von etwa 60 Menschen begleitet wurden, konnten bis zu 250 Tonnen Nutzlast flußaufwärts bewegt werden. Solche Schiffszüge erreichten inklusive der Pferde Gesamtlängen von 400 bis 500 Meter. Der Aufwand für Mannschaft und Pferde, für Begleitzillen, Seile, Pferdegeschirr und für die Errichtung und Erhaltung der Treppelwege war extrem hoch. Zu einem Donau-Schiffszug gehörten neben den drei bis vier Hauptschiffen noch zahlreiche kleinere Schiffe und »Plätten«, die das Seil über Wasser zu halten, Pferde und Mannschaft bei einmündenden Flüssen oder unpassierbaren Uferhindernissen überzusetzen und auch wieder talwärts zu transportieren hatten. Mitgeführt werden mußten auch Mutzen zum Transport der mehrere Tonnen schweren, bis zu 700 Meter langen und 8 bis 9 Zentimeter starken Seile, ein »Kuchlschiff«, einige Plätten für die persönliche Habe der Mannschaft, für Futter und sonstigen Bedarf und eine »Waidzille« als Rettungsboot. Die Strecke Wien–

Passau konnte in drei bis fünf Wochen bewältigt werden. Neunmal mußte zwischen Wien und Passau wegen der Schwierigkeit des Geländes mit allen Pferden das Ufer gewechselt werden.[169]

Östlich von Wien bzw. Preßburg wurde der Wasserweg bis ins 18. Jahrhundert wegen der schwierigen Stromverhältnisse, Untiefen und ausgedehnten Auen, die die Anlage von Treppelwegen erschwerten, wenig benützt. Meist wurden Landwege vorgezogen. Es waren nicht nur schiffahrtstechnische Schwierigkeiten, die der Benutzung des Donauwegs entgegenstanden. Auf der unteren Donau fehlten die Städte als Stützpunkte des mittelalterlichen Waren- und Handelsverkehrs. Die Bemühungen Kaiser Sigismunds (1418), auf der Donau eine direkte Verbindung zwischen Süddeutschland und den genuesischen Städten am Schwarzen Meer herzustellen und so Venedig zu umgehen, blieben nicht mehr als ein Projekt. Aber auch in späterer Zeit erwies es sich als unmöglich, auf der unteren Donau einen regelmäßigen Schiffsverkehr zu etablieren.

Die Kapitalisten und ihre Plätze

Trotz der Bedeutung des durch Österreich ziehenden Fernhandels kam es nicht zur Ausbildung wirklich großer Vermögen und zum Aufstieg international einflußreicher Kapitalisten. Die Bedeutung des Transits brachte es wohl mit sich, daß fremde Handelsleute, vor allem die aus den oberdeutschen und oberitalienischen Städten kommenden Fernhändler, stets eine starke Stellung im Lande hatten.

Im 14. Jahrhundert gehörten, soweit schriftliche Unterlagen verfügbar sind, die Schuldner vorwiegend dem hohen und niederen Adel an, die Gläubiger zu einem wesentlichen Teil dem Judentum. Seit dem letzten Jahrzehnt des 14. Jahrhunderts schieden die Juden als Geldgeber des Adels weitgehend aus. Sie wurden immer mehr aus den großen Geldgeschäften in das kleine Geld- und Pfandleihgeschäft abgedrängt, das bereits im 14. Jahrhundert stark zugenommen hatte und im 15. Jahrhundert den Hauptteil der Einkommen vieler Juden bildete. Bizarre Anschuldigungen boten den Anlaß für die Vertreibung der Juden aus dem Donauraum im Jahre 1420. Die Wiener jüdische Gemeinde, die etwa 500 Mitglieder umfaßte und unter dem Schutz des Landesherrn stand, wurde 1420/21 praktisch ausgerottet. 300 von ihnen wurden in Erdberg verbrannt, ein Teil hatte nach Mähren und Ungarn (Burgenland) flüchten können. 1444 wurden die Juden aus Feldkirch vertrieben. Maximilian I. veranlaßte 1496 die Ausweisung sämtlicher Juden »auf ewige Zeiten« aus ganz Innerösterreich.[170]

Primär auf familiären Verbindungen aufgebaut waren die frühesten Handelsgesellschaften im österreichischen Bereich, zum Beispiel die Judenburger Speik-Handelsgesellschaft der Familie Körbler. Auch im Eisenbergbau blieb das »ganze Haus« in der Verbindung von bäuerlichem Anwesen, Schürfrecht und Blähhaus (Radwerk), das »mit eigenem Ruck«, das heißt vom Besitzer selbst, betrieben werden mußte, vorerst bestehen. Am frühesten erfolgte die Trennung von Betrieb und Inhaber im Edelmetallbergbau. Überall erforderte oder begünstigte der wachsende Kapitalbedarf das Eindringen kapitalkräftiger Geldgeber. Als älteste Kapitalgesellschaft Österreichs gilt die

Der Gewerke Christoph Weitmoser (1506–1558), Öl auf Holz, erste Hälfte 16. Jahrhundert

»Commune« der Leobner Eisenhändler von 1415, die später zweimal erneuert wurde. Ähnliche Communen richteten auch die St. Veiter und Althofener Eisenhändler im späten 15. Jahrhundert ein.[171]

Unterschätzt sind wohl die weitreichenden Handelsbeziehungen der inländischen Kaufleute nach Oberdeutschland, Italien oder Ostmitteleuropa. Die einzelnen Fragmente, die die Forschung bislang zutage gefördert hat, müßten erst zu einem ganzen Bild zusammengefügt werden: Die 1445 von dem Grazer Kaufmann und Stadtrichter Erhart Hantaler gestifteten und vom berühmten Memminger Maler Hans Strigel dem Älteren geschaffenen Fresken in der St.-Martins-Kirche zu Memmingen werfen ein Schlaglicht auf entsprechende Geschäftsbeziehungen. Grazer, Steyrer oder Linzer Kaufleute verkehrten in Nürnberg. Weitreichende Geschäftsbeziehungen unterhielten die Zeringer, die Eggenberger, die bald in den Adelsstand aufstiegen, die Schlaudersbach, die später ganz nach Nürnberg übersiedelten, oder der Grazer Großkaufmann Heinrich Ernst, der auf den Frankfurter Messen Spitzenumsätze tätigte.[172]

Ab der Mitte des 15. Jahrhunderts begannen die Kaufleute der oberdeutschen und norditalienischen Städte mit Nürnberg und Augsburg einerseits, Venedig andererseits an der Spitze alle wesentlichen Zweige des Fernhandels in Österreich zu dominieren. Es gelang ihnen, an der einsetzenden Bergbaukonjunktur zu partizipieren, ihre Finanzkraft in den Dienst der imperialen Politik der Habsburger zu stellen und daraus die großen Gewinne abzuschöpfen. Das einheimische Bürgertum wurde aus den führenden Positionen weitgehend verdrängt. Um 1484 mußten die Judenburger ihre Kammer im Fondaco dei Tedeschi, dem Kaufhof der Deutschen in Venedig, aufgeben. Übernommen wurde sie von den Fuggern.[173]

Die Bedeutung des Wiener Stapelrechts wurde mit der politisch motivierten Gewährung von Stapelrechten durch die Luxemburger Herrscher an Passau im Jahre 1390 und Preßburg und andere ungarische Grenzstädte im Jahre 1402 reduziert.[174] Zu Ende des 15. Jahrhunderts war die Übermacht der oberdeutschen Kaufleute so groß geworden, daß das in der Praxis schon länger durchbrochene Wiener Stapelrecht von Maximilian I. im Jahre 1515, wohl im Zusammenhang mit seiner ostmitteleuropäischen Heiratspolitik und auf Drängen seiner oberdeutschen Geldgeber, offiziell aufgegeben wurde.

Aber nicht nur in Wien, auch in Wiener Neustadt, Graz, Knittelfeld, Judenburg, Murau oder Steyr war das Eindringen oberdeutscher Kaufleute ein nicht mehr zu übersehendes Faktum. Von zentraler Bedeutung für die Finanzen der Habsburger unter Maximilian I. und seinen Enkeln Karl V. und Ferdinand I. wurden die Fugger. Bereits im Jahr 1488 streckten die Brüder Jakob II., Ulrich und Georg Fugger Erzherzog Sigmund von Tirol 150000 Gulden vor. Dafür wurde ihnen die Silberausbeute der Schwazer Bergwerke überlassen. 1494 schloß die Fugger-Gesellschaft mit Johann und Georg Thurzó einen Vertrag zur Ausbeute der Silber- und Kupferbergwerke im Bereich des im Entstehen begriffenen Neusohl (Banská Bystrica). Die montanistischen Unternehmen der Fugger und der damit verbundene Warenhandel traten immer mehr gegenüber dem Bankgeschäft zurück, etwa bei der Finanzierung der Kaiserwahl Karls V. oder der »Beschaffung der römischen Königskrone« für Ferdinand I. Auch die Reformationskriege der Habsburger wurden im wesentlichen mit Fuggerschen Darlehen finanziert.[175]

Die oberdeutschen Kapitalisten dominierten den Fern-, Groß- und teilweise auch Detailhandel bis zum letzten Drittel des 16. Jahrhunderts. In die durch die Krise der oberdeutschen Handelshäuser aufgerissenen Lücken drängten in den 1580er Jahren in Wien, aber auch in Prag oder Graz zunehmend italienische Handelsleute, die dann im 17. Jahrhundert in Österreich eine zentrale Stellung einnahmen. Neben den oberdeutschen Kapitalisten konnten in der zweiten Hälfte des 16. Jahrhunderts auch heimische Adelige und Bürger wieder als Geldgeber des Landesfürsten auftreten. Der bedeutendste war wohl der aus Leutschau in der Zips stammende Lazarus Henckel von Donnersmarck. Ihm gelang es, vom Faktor eines Ulmer Handelshauses zum Großhändler und Grundherrn aufzusteigen und als Mitglied des Inneren Rates der Stadt Wien das Monopol der süddeutschen Hochfinanz als Bankier Kaiser Rudolfs II. im großen Türkenkrieg 1593 bis 1606 zu durchbrechen. Für die Finanzierung dieses Krieges war er so wichtig, daß er vom Reichspfennigmeister Zacharias Geizkofler doppelsinnig als wichtigster »Henkel« bezeichnet wurde. Die Schulden des Kaisers bei Henckel erreichten bis 1606 fast die Millionengrenze. Immer mehr wurde er vom Handelsmann und Bankier zum Montanindustriellen und Grundherrn.[176] Ein anderer dieser heimischen Kapitalisten, über die man sehr wenig weiß, war der wegen seiner hohen Umsätze im Eisenexport hervorstechende Welser Handelsmann Christoph Weiß, der Erzherzog Matthias um 1596 nicht weniger als 100000 Gulden vorgestreckt und dafür die Herrschaft Wels zum Pfand erhalten hatte und später auch die Herrschaft Niederwallsee und Schloß Würting kaufte. Nach seinem Tode im Jahr 1617 schwand der Reichtum der Familie Weiß rasch dahin.[177] Die Handelsverbindungen des größten Welser Kaufmanns der zweiten Hälfte des 16. Jahrhunderts Ruprecht Trinker reichten von Galizien bis Neapel.[178]

Das 15. und 16. Jahrhundert war die Zeit der großen Messen: Spätestens seit dem ausgehenden 14. Jahrhundert genossen die ins 13. Jahrhundert zurückgehenden Linzer

Jahrmärkte, der Bartholomäimarkt (vier Wochen um den 24. August) und der Ostermarkt (zwei Wochen), die nach dem heutigen Sprachgebrauch als Messen zu bezeichnen sind, internationales Ansehen. Zu Ende des 15. Jahrhunderts wurden diese Märkte von niederländischen und oberdeutschen, böhmischen, mährischen, polnischen und österreichischen Kaufleuten besucht. Beim Warenumsatz stand das Tuch an erster Stelle, wobei im ausgehenden 15. Jahrhundert pro Markt etwa 60 000 Meter unterschiedlicher Qualität umgesetzt wurden. Daneben gab es auch bedeutende Umsätze für Häute und Honig, Salz und Eisen, Wein und Getreide. Die Fülle der hier gehandelten Waren ist erstaunlich. Auch als Geld- und Wechselmärkte erlangten die Linzer Messen Bedeutung. Einer Schätzung von 1593 zufolge soll der Umsatz auf einem einzigen Linzer Markt 4 Millionen Gulden betragen haben. Im 16. Jahrhundert zählten sie zu den größten Messen im Reich.[179]

Die Verlagerung der europäischen Fernhandelsrouten konnte den Linzer Märkten lange Zeit nichts anhaben. Ihre Attraktivität verdankten diese Märkte nicht zuletzt einem mittelalterlichen Rechtsinstitut, dem Repressalienrecht, das Linz 1362 zugestanden und von den Landesfürsten bis herauf zu Maria Theresia immer wieder neu bestätigt wurde und das sich Linz unter allen österreichischen und deutschen Städten am längsten erhalten konnte. Wurde eine in einem echten Zusammenhang mit den Linzer Märkten eingegangene, also mit Zielort Linz und Fälligkeit zu Ostern oder Bartholomäi (24. August) ausgestellte Zahlungsverpflichtung nicht fristgerecht eingelöst, konnte jederzeit auf Verlangen des Gläubigers ein beliebiger Mitbürger des säumigen Schuldners in Schuldhaft (Repressalienarrest) genommen werden, bis die Schuld beglichen war; daher galt eine auf die Linzer Märkte ausgestellte Schuld als absolut sicher. Entscheidend für die Bedeutung der Linzer Märkte im 16. Jahrhundert war aber wohl, daß die Stadt wegen der bedrängten Stellung Wiens und der Krise des Wiener Handels vorübergehend eine zentrale politische und wirtschaftliche Position errungen hatte.[180]

Seit der zweiten Hälfte des 15. Jahrhunderts errichteten die österreichischen Landesfürsten zahlreiche Handelsmonopole und verpachteten diese an kapitalkräftige Unternehmer und Günstlinge, wofür seit dem Beginn des 17. Jahrhunderts der aus dem spanischen und italienischen »appalto« (Konzession) übernommene Begriff »Appalt« verwendet wurde. Die zunächst nur vereinzelt angewandte Praxis wurde schließlich im 17. Jahrhundert nahezu zum System erhoben, um dem Staat durch Umgehung des Steuerbewilligungsrechtes der Stände Einnahmen zu erschließen. Eine Kette von Verlegenheitslösungen war die Folge: Verpachtet wurde zeitweise der Handel mit mehr oder weniger wichtigen Produkten wie Speik, Schlachtochsen, Sensen, Eisennägeln, Papier, Arsen, Quecksilber, Zinnober, Tabak, Antimon, Vitriol, Terpentin, Eibenholz, Honig und Wachs, nicht hingegen mit Eisen und Salz. Im 16. und 17. Jahrhundert stammten die größten Erträge aus dem Quecksilberappalt. Auch beim Ochsen- und Honigappalt waren beträchtliche Mittel im Spiel. Bei manchen Appalten aber waren die Einnahmen geradezu lächerlich, etwa beim 1649 abgeschlossenen Appalt für Ochsenhörner, Lärchenschwämme und Schweinsborsten, bei dem jährlich 20 Gulden hereinkamen, oder beim Antimonappalt, der 6 Gulden erbrachte, während beim Ochsenappalt die jährlichen Einnahmen über 10 000 Gulden lagen. Im Vordergrund stand in solchen Fällen weniger der fiskalische Ertrag als die damit mögliche Hervorhebung und Privilegierung von Günstlingen und genehmen Personen. Nach 1600 wurden aus konfessionellen Gründen italienische Händler immer stärker in das Appaltsystem integriert.[181]

Geld ist die Welt

Sosehr die Geldwirtschaft im Voranschreiten war, so sehr war doch das Geldwesen instabil und unsicher. Die erste Hälfte des 15. Jahrhunderts war von einer immer rascheren Entwertung der Pfennige gekennzeichnet, was sich am deutlichsten im Kurs gegenüber dem Goldgulden zeigte, der sich von 95 Pfennigen um 1350 auf 115 zur Zeit der Böckler Pfennige (1377–1388) und 160 im Jahr 1411 verschlechterte und 1455 bei 240 Pfennige angelangt war, so daß nunmehr der Gulden einem ganzen Zählpfund entsprach. Schuld daran war einerseits ein Auseinanderdriften der Gold- und Silberpreise, andererseits die inflationäre Prägung schlechter Pfennigmünzen durch in Geldnöten steckende Münzherren.[182]

Es nützte auch nichts, wenn Herzog Albrecht V. um 1416 versuchte, den Verfall der Pfennigwährung durch die Emission einer neuen Münze mit höherem Feingehalt zu stoppen. Ebenso wie bei den späteren Sanierungsversuchen unter Ladislaus Posthumus (1452–1457) fraßen getreu dem Greshamschen Gesetz die schlechten, kupferhaltigen »Schwarzpfennige« die guten, silberreichen »Weißpfennige«. Kaiser Friedrich III. setzte dann ganz auf die inflationäre Politik. Zur Finanzierung der kostspieligen Erbstreitigkeiten wurden ab 1456 Unmengen minderwertiger Pfennige hergestellt, die schließlich fast nur mehr aus Kupfer bestanden und von der Bevölkerung als Schinderlinge bezeichnet wurden. Die Weitergabe von Münzrechten an die mächtigen Söldnerführer und Finanzleute, an Andreas Baumkircher oder Balthasar Eggenberger, beschleunigte die Geldentwertung. Wer viele alte Kessel hatte, der münzte am besten, schrieb der Kärntner Pfarrer und Chronist Jakob Unrest: »Da wurden die Münzmeister zu großen Herren.«[183] Der Höhepunkt des Geldwertverfalls der Schinderlingszeit war im Jahr 1460 erreicht, als der Gulden einen Kurs von über 3 600 Pfennigen verzeichnete.

Damit wurde der Pfennig zur Scheidemünze. Das österreichische Münzwesen wurde vom Tiroler überrannt, wo Kaiser Friedrichs Vetter, Erzherzog Sigmund der »Münzreiche«, 1475 die Münzstätte von Meran nach Hall in die Nähe der neuerschlossenen Silbervorkommen verlegte, in großer Masse Tiroler Kreuzer in gutem Silber ausmünzte und auch über genug Edelmetall verfügte, um den Schritt zu einer großen Silbermünze wagen zu können. In Tirol entstand 1486 mit dem Haller Guldiner oder Guldengroschen als Silberäquivalent des rheinischen Goldguldens eine Prägung von europäischer Bedeutung, die schnell auch von anderen Münzstätten nachgeahmt wurde. Da sich der Kurs der Pfennige zum Gulden auf etwa 240 eingependelt hatte, konnten die tirolerische Kreuzer- und die österreichische Pfennigwährung leicht vereinigt werden, was seit 1510 der Fall war (ein Gulden gleich 60 Kreuzer oder 240 Pfennige). Der Silbergulden, der nach einer anderen wichtigen Prägestätte im böhmischen Joachimsthal auch Joachimstaler oder einfach Taler genannt wurde, wurde in der Reichsmünzordnung von 1524 zur Reichsmünze erklärt und gewann von da aus weltweite Verbreitung. Auch wenn Österreich bei der Bezeichnung »Gulden« blieb und sich Taler und Gulden bald in Bewertung und Verbreitungsgebiet trennten, stellte das spätmittelalterliche Tiroler Geldsystem doch die Basis des österreichischen Münzwesens der Neuzeit dar. In Hall in Tirol befand sich im ausgehenden 16. Jahrhundert eine der wichtigsten Münzstätten Europas, was durch die ausgeprägten Silbermengen deutlich wird.[184]

Während, in Gold- oder Silberäquivalenten gerechnet, das späte 14. und frühe 15. Jahrhundert deflationären Charakter hatten und die Getreidepreise zum Beispiel in Klosterneuburg in Silberäquivalenten gerechnet im dritten Viertel des 15. Jahrhunderts einen säkularen Tiefpunkt erreichten, kam es durch den Anstieg der europäischen Silberproduktion und den Zustrom von Edelmetallen aus Amerika, wenn auch nicht ausschließlich dadurch verursacht, im 16. Jahrhundert zu einer schleichenden Inflation. Die Getreidepreise stiegen im österreichischen Donauraum das ganze Jahrhundert über gerechnet um etwa 170 Prozent und in Rattenberg im Inntal um etwa 100 Prozent. In Tirol waren die Preise schon zu Beginn des 16. Jahrhunderts extrem hoch gewesen. Die Rindfleischpreise stiegen im Donauraum um rund 110 Prozent, in Rattenberg nur um 40 Prozent. Gewerbeprodukte stiegen um etwa 25 Prozent, die Löhne sanken nominell um 5 Prozent. In Rattenberg hingegen stiegen die Löhne um etwa 30 bis 50 Prozent. Einerseits kam es zu einer fortlaufenden Inflation, andererseits zu weitreichenden Veränderungen des Preisgefüges, zu einer relativen Verteuerung von Getreide und Agrarprodukten allgemein und zu einem relativen Sinken der Industriegüterpreise und Reallöhne. Ein Wiener Maurer- oder Zimmerergeselle konnte um 1500 mit einem Taglohn im Wert von etwa 8 Pfund Rindfleisch rechnen, um 1600 von etwa 5 Pfund.[185]

Staat und Steuern

Für den zunehmenden Geldbedarf, dem sich der entstehende Territorialstaat wegen der exquisiter werdenden höfischen Repräsentation, der Einrichtung einer wenn auch noch so bescheidenen Verwaltung auf Beamtenebene, vor allem aber wegen der explosionsartig steigenden Kosten der Kriegsführung durch die teuren Söldnerheere gegenübergestellt sah, reichten die Domänen und Regalien spätestens seit dem 15. Jahrhundert nicht mehr aus. Kaiser Maximilian stützte sich vermehrt auf Beamte und Söldner. Beides kostete Geld. Die Territorialherren suchten ihr Heil immer mehr in Krediten. Eine Zeitlang hatten der Bergsegen und die wachsende Wirtschaft, die schöne Mauteinnahmen bescherte, über die Runden geholfen. Auf Dauer allerdings wurde die Finanzierung des Staatshaushaltes durch Steuereinhebung unumgänglich: »Ohne Steuern kein Staat«, wurde zum Gemeinplatz der Diskussion um die Staatsfinanzen um 1600 (Justus Lipsius).[186]

Die Habsburger zählten im Spätmittelalter wie ihre babenbergischen Vorgänger hinter den Königen von Böhmen zu den reichsten Fürsten des Reiches. Das Steueraufkommen der Länder Österreich, Steiermark, Kärnten, Krain und Istrien ohne Tirol und die Vorlande lag 1438 bei knapp 90 000 Gulden. Tirol lieferte 48 000 Gulden (brutto 67 000). Österreich ob und unter der Enns überragte alle anderen Länder. Die Einkünfte der hoch- und spätmittelalterlichen Landesfürsten stammten in erster Linie aus den Kammergütern (als Grundherren), aus den Regalien (Bergrecht, Münzrecht, Zölle etc.) und seit der Einführung des Ungelds auch aus indirekten Steuern. Mit dem Ungeld, einer 10prozentigen Getränkesteuer auf Wein und Bier, die 1359 gegen Verzicht auf die Münzerneuerung eingeführt wurde, wurde das gesamte österreichische Finanzwesen revolutioniert. Es entwickelte sich innerhalb kürzester Zeit zum wichtigsten Einnahmeposten.

In Niederösterreich wurden die Weinkonsumsteuern im Verlauf des 16. Jahrhunderts zweimal, 1566 und 1568, erhöht. Zolleinnahmen aus dem Weinexport und Besteuerung des Weingartenbesitzes machten einen wesentlichen Teil der Einkünfte des Landesfürsten aus. In Tirol waren das Bergregal und die Zölle die wichtigsten Stützen der landesfürstlichen Finanzen.[187] Am Ende des 14. Jahrhunderts machten die österreichischen Herzoge erstmals in nennenswertem Ausmaß von der Möglichkeit außerordentlicher Steuern Gebrauch, wobei die Steuerbewilligung in engem Zusammenhang mit der Entwicklung der Landstände und dem Entstehen der Landtage zu sehen ist. Außerordentliche Steuern wurden dem Landesherrn von den Landleuten nur im Fall der Not bewilligt. Die auf diesem Wege aufgebrachten Mittel waren erheblich. Gesichert sind die Zahlen für das Jahr 1402: Damals erbrachte die außerordentliche Steuer 18 620 Pfund. Besteuert wurden der Klerus und die Städte, die Hintersassen der landesfürstlichen Domänen und adeligen Grundherrschaften und die Juden.[188]

Mit dem Türkenansturm und der militärischen Revolution nahm die Bedeutung der Steuern rasch zu, wobei die Bereitschaft der Stände zur Steuerbewilligung von Ost nach West mit dem Grad der Bedrohung progressiv abnahm. Es waren vor allem die rasch steigenden Kosten der Kriege, die zu einer sich allmählich verschärfenden Auseinandersetzung zwischen dem Staat und den Grundherrschaften um die Abgaben der Untertanen führte. Nicht nur die Ausbildung von Staat und Ständen, sondern auch die Ausbildung des staatlichen Steuer- und Gewaltmonopols läßt sich letzten Endes aus dieser Entwicklung erklären.

Der schöne Schein des Barock

Die europäische Krise des 17. Jahrhunderts

Pest, Hunger und Krieg

Der wirtschaftliche Aufschwung, der im 15. Jahrhundert eingesetzt hatte, begann sich in der zweiten Hälfte des 16. Jahrhunderts immer mehr zu erschöpfen. Das äußerte sich zuerst im Niedergang des Edel- und Buntmetallbergbaus und in der Stagnation der Eisenexporte und der Eisenerzeugung und übertrug sich gegen Ende des 16. Jahrhunderts zunehmend auch auf andere Branchen, auf den Weinbau ebenso wie auf die Fischzucht, auf den Transithandel und die städtischen Gewerbe. Die zentrale Verkehrslage, die Österreich bis ins 16. Jahrhundert im europäischen Fernhandelsnetz eingenommen hatte, wurde durch die fortschreitende Verschiebung der weltwirtschaftlichen Zentren vom Mittelmeer an den Atlantik, durch die Krise Venedigs und den Bedeutungsverlust der oberdeutschen Handelshäuser nachhaltig beeinträchtigt. Die habsburgischen Länderteilungen, die Gegenreformation, schließlich der Dreißigjährige Krieg und die Auseinandersetzungen mit den Türken waren Faktoren, die an der Krise der österreichischen Wirtschaft im 17. Jahrhundert beteiligt waren und sie verstärkten. Der Dreißigjährige Krieg mündete in eine allgemeine Erschöpfung und hinterließ auf dem heute österreichischen Territorium vor allem im nördlichen Niederösterreich schreckliche Spuren. Die immer wieder aufflackernde Türkengefahr, die großen Kriege und die kleinen Scharmützel kosteten immenses Geld und führten in der Steiermark und im südlichen Niederösterreich, noch viel mehr aber in Ungarn und auf dem Balkan zu beträchtlichen Zerstörungen.

Das Bevölkerungswachstum ebbte ab, und die Städte stagnierten oder schrumpften. Nach der Mitte des 17. Jahrhunderts war man in eine veritable Krise geschlittert, die sich in allen Bereichen artikulierte, in der Krise der Produktion und des Handels, in der Bevölkerungsbewegung und im Zustand der Städte, in der Unterdrückung der Bauern und in der Not der Randschichten.[1] Die bescheidene Industrieförderungspolitik zerbrach an den Anstrengungen der Kriege, an der demonstrativen Vergeudung der Oberschichten und an den schweren Ernährungskrisen der unteren Volksschichten. Die großen Hungersnöte, aus denen besonders die neunziger Jahre des 16. Jahrhunderts und die Jahre 1648/50, 1692/94, 1698/1702, 1712/13 und zuletzt 1770/72 herausragten, sind sicherlich als dramatischster Ausdruck der Krise des 17. und frühen 18. Jahrhunderts zu verstehen, müssen aber auch in Zusammenhang mit der häufig als »Kleine Eiszeit« bezeichneten Klimaverschlechterung gesehen werden, die im späten 16. Jahrhundert erstmals deutlich spürbar wurde, im späten 17. Jahrhundert ihren Höhepunkt erreichte und mit immer wieder eingeschobenen wärmeren Intervallen bis in die erste Hälfte des 19. Jahrhunderts andauerte. Mißernten, Hungersnöte und Seuchen schaukelten sich gegenseitig auf.[2]

Nach der verheerenden Pestwelle der 1630er Jahre (örtlich gab es Verluste bis zu 50 Prozent, im Durchschnitt ganzer Länder aber sicher nicht mehr als 15 Prozent) wütete die Seuche 1655 erneut in der Steiermark. In Wien forderte sie 1655/56 mit 1580 Menschenleben etwa 4 Prozent der Bevölkerung. In Wiener Neustadt und Bruck/Leitha waren die Verluste 1654/56 außergewöhnlich hoch. Der Pestepidemie von 1679 müßten in Wien aufgrund der Totenbeschaulisten mindestens 8 000 bis 10 000 Menschen erlegen sein, also etwa ein Zehntel der Einwohnerschaft, und in Niederösterreich 10 bis 20 Prozent der Bevölkerung. In Graz forderte die Seuche 1680 angeblich 3 465 Todesopfer – mehr als ein Fünftel der Bevölkerung. Insgesamt fielen ihr in der Steiermark etwa 2 Prozent der Bevölkerung zum Opfer. Die Pestseuche von 1713, die letzte, die Wien berührte, kostete noch einmal zwischen 2 500 und 6 000 Menschenleben. Die niederösterreichischen Städte blieben diesmal weitgehend verschont. In der Steiermark, wo Graz diesmal ausgespart geblieben war, erlagen ihr noch einmal mehrere tausend Personen und in Kärnten etwa 6 000 (rund 3 Prozent). Wels verlor 1714 ein Zehntel seiner Einwohnerschaft. 1714/15 waren in Österreich die letzten Pestjahre. Die Seuche verschwand, ohne daß irgendwelche nennenswerte medizinische Fortschritte hinsichtlich ihrer Bekämpfung erreicht worden waren.[3]

Das Pestlazarett am Alsergrund, Votivbild, gestiftet von Pater Casimir Dembsky, der die Krankheit überstand, Wien, Pfarrkirche St. Michael, 1679/1680

Zeichen der Übervölkerung zeigten sich in einer zunehmenden Besitzzersplitterung in den Realteilungsgebieten Westungarns (des südlichen Burgenlands), der Ost- und Südsteiermark, Osttirols, des Ziller- und Oberinntals und Vorarlbergs. Die seit dem Ende des 17. Jahrhunderts auch in den Anerbengebieten sich verstärkende Ausbildung eines dörflichen Kleinbauerntums resultierte zum kleineren Teil aus der Zersplitterung bäuerlicher Besitzungen, zum größeren Teil aber aus Ansiedlungen auf Allmend- und Dominikalland. Die Grundherrschaften waren an neuen Haushalten nicht uninteressiert: Neue Häuser bedeuteten mehr Abgaben, mehr Arbeitskräfte, mehr Untertanen, letztlich auch mehr Soldaten, auch wenn sich die Gemeinden dagegen wehrten, weil ihr Gemeindeland beschnitten wurde und die Armenlasten auf sie zurückfielen. Um 1527 dürfte nach einer vorsichtigen Schätzung die Zahl der Häuser in Österreich etwa 245 000 betragen haben, bis 1600 wäre sie auf 286 000 gestiegen, bis 1754 aber auf 431 000. Auch wenn anzunehmen ist, daß die Zahlen für das 16. Jahrhundert etwas zu niedrig sind, so ist die Zunahme der Häuser und Haushalte im 17. und frühen 18. Jahrhundert doch erstaunlich. Der Großteil der Neustifte und Kleinhäuserzeilen am Rand der Ortschaften geht auf diese Zeit zurück.[4]

Einzelne Regionen begannen die Überbevölkerung zu spüren, andere waren durch die Kriegs- und Seuchenzüge entvölkert. Vorarlberg war bereits im 16. Jahrhundert zum Auswanderungsgebiet geworden. Das rechte Rheinufer zwischen Feldkirch und Bregenz wurde gemeinhin das »Landsknechtlandl« genannt. Bis zu 10 Prozent der wehrfähigen Männer verdienten sich zu gewissen Zeiten ihr Geld außer Landes als Söldner. Mit der sinkenden Bedeutung der Söldnerheere wurde daraus im Lauf des 17. Jahrhunderts immer mehr eine Arbeitsmigration. Man zählte in der zweiten Hälfte des 17. Jahrhunderts etwa 7 000 bis 8 000 Leute, ein Fünftel der Vorarlberger Bevölkerung, die sich saisonal außerhalb des Landes zur Arbeit verdingen mußten.[5] Auch in den Westtiroler Realteilungsgebieten und im Ziller- und Defreggental mußten bereits im 17. Jahrhundert viele Kleinbesitzer und Besitzlose auf die Zeitwanderung als Form des Nebenerwerbs zurückgreifen. In zunehmendem Maße wurden von der Saisonwanderung auch Kinder erfaßt, die im angrenzenden Schwaben als landwirtschaftliche Hilfskräfte eingesetzt wurden.[6]

Ostösterreich hingegen war nach den Türkenkriegen auf Zuwanderung angewiesen. Im Jahr 1493 setzte in Kroatien eine Abwanderungsbewegung ein, die bis zum Jahre 1606 anhielt. Etwa 200 000 Menschen, ein Drittel der damaligen Bevölkerung Kroatiens, zogen in zahlreichen Wanderungswellen nach dem Norden. In einem Bereich, der sich über Gebiete des heutigen Westungarn, der Slowakei, des Burgenlandes und Niederösterreichs erstreckte, wurden etwa 200 Ortschaften teilweise oder ganz mit Kroaten besiedelt. Die Zahl der davon auf das heutige Burgenland und auf Niederösterreich entfallenden Zuwanderer wird auf etwa 60 000 geschätzt. Ihre Wohngebiete lagen in den deutsch-magyarischen wie auch deutsch-slowakischen Grenzsaum eingestreut. Im niederösterreichischen Marchfeld siedelten in 28 Partial- und Totalwüstungen Kroaten.[7]

Landstädte und Hauptstädte

Herbert Knittler hat einen Überblick über die Entwicklung der österreichischen Städte in der frühen Neuzeit mit der Aussage abgeschlossen, daß deren Bürgertum in dieser Epoche aufgehört habe, »Vehikel von Veränderung und Fortschritt« zu sein.[8] Das flache Land gewann gegenüber den Städten wieder an wirtschaftlichem Gewicht. Das zeigte sich im Weinbau, im Handwerk und im Verlagsgewerbe. Die Adeligen gingen aus den Stadthäusern wieder in ihre Schlösser. Die Landklöster begannen in barockem Glanz zu erstrahlen.

Die Krise des städtischen Bürgertums war augenscheinlich: Auch wenn steuerschonende Schwarzmalerei nicht auszuschließen ist, so kann es doch nicht nur pure Übertreibung sein, wenn in einer Aufstellung aus dem Jahr 1667 nur 26 Prozent des Hausbestands der 18 landesfürstlichen Städte und Märkte Niederösterreichs als »aufrecht« bezeichnet wurden, 51 Prozent als »baufällig« und 23 Prozent als völlig öd.[9] Steyr, um 1600 die zweitgrößte Stadt Österreichs, hatte durch Gegenreformation und Industriekrise mindestens ein Drittel seiner Einwohnerschaft verloren.[10] Ähnlich war die Situation in den anderen traditionellen Handelsstädten wie Krems, Villach, Enns, Gmunden oder Wels. Die mittleren Städte hatten sich noch zu Ende des 18. Jahrhunderts nicht ganz von diesem Schock erholt (vgl. Tabelle 7). Den größten Abstieg erfuhr Schwaz, das, wiewohl formell nicht Stadt, zu Beginn des 16. Jahrhunderts hinter Wien mit 10 000 bis 20 000 Bewohnern die größte Agglomeration dargestellt hatte und auf etwa 7 000 im 17. und 18. Jahrhundert und 2 000 Einwohner im 19. Jahrhundert absank.

Der politischen und ökonomischen Schwäche, in die das österreichische Stadtbürgertum in der Frühneuzeit geraten war, entsprach auf der Gegenseite die Bedeutungszunahme des Adels, die mit einer Verschärfung der Belastung der bäuerlichen Bevölkerung, einem schrittweisen Abbau der aus dem Mittelalter überkommenen städtischen Autonomie und einer sukzessiven Angleichung der bürgerlichen und bäuerlichen Rechtsstellung zu einem einheitlichen Untertanenstatus verbunden war. Einerseits drängten die Bürger durch den Erwerb von Landgütern in den Adelsstand, andererseits die oberen Stände über ihre Grundherrschaften in den bürgerlichen Bereich von Handel und Gewerbe: Immer wieder kam es um die Einrichtung sogenannter Gäumärkte, das heißt um nicht privilegierte, grundherrschaftliche Märkte, um den Gäuhandel, das heißt die Umgehung der städtischen Märkte auf dem offenen Land, um den grundherrschaftlichen Anfeilzwang, um die Errichtung großer Getreidespeicher oder um die Negierung städtischer Brau- und sonstiger Meilenrechte zu erbitterten Konflikten.[11] Die Kleinstädte stagnierten und gerieten immer stärker unter den Einfluß ihrer Grundobrigkeiten und Stadtherren: Er wolle »das stätl zu ainem pauerndorff machen«, warf die Stadt Weitra 1659 dem Inhaber der Stadtherrschaft vor. Das sei ohnehin nichts anderes als »eingemauerte Bauern und nur eine Handvoll Bürger«, erwiderte voll Spott der Herrschaftsverwalter.[12]

Die Zahl der Städte war vom Spätmittelalter bis zur Mitte des 19. Jahrhunderts annähernd konstant geblieben, die der grundherrschaftlichen Märkte hingegen in Niederösterreich von 1650 bis 1850 um 51 und in Oberösterreich noch geringfügig um

Tabelle 7: Die größten Siedlungen Österreichs 1500 bis 1991 (Einwohner in 1 000)

Städte	1500	1600	1754	1800	1850	1910	1951	1991
Wien	20,0	50,0	175,0	232,0	431,1	2 031,5	1 616,1	1 539,8
Wien/heutige Grenzen	–	–	191,3	271,8	551,3	2 031,5	1 616,1	1 539,8
Steyr	–	9,0	7,0	10,0	10,4	17,4	36,8	39,3
Schwaz	15,0	9,0	6,3	2,0	2,6	7,4	8,8	11,8
Graz	6,0	8,0	20,0	32,0	55,4	151,8	226,5	237,8
Salzburg	6,0	9,0	15,0	16,0	17,0	36,2	102,9	144,0
Innsbruck	–	5,5	8,5	9,3	13,1	53,2	95,1	118,1
Wels	–	5,0	3,0	3,3	5,8	15,4	38,1	52,6
Krems	–	4,0	4,0	3,6	5,7	14,4	20,3	22,8
Klagenfurt	1,0	4,0	6,0	11,0	12,1	28,9	62,8	89,4
Wiener Neustadt	7,0	3,5	4,5	10,6	12,9	32,9	30,6	35,1
Linz	–	3,0	10,0	19,0	26,6	87,8	184,7	203,0
St. Pölten	–	3,0	3,0	4,4	5,4	21,8	37,7	50,0
Klosterneuburg	–	3,0	3,0	3,5	4,3	14,8	23,3	24,4
Hallein	–	3,0	4,0	4,2	3,5	7,4	13,2	17,2
Hall/Tirol	–	2,5–3,0	–	–	4,7	7,1	10,0	12,4
Enns	–	2,1	–	2,5	3,7	4,4	8,4	10,2
Villach	–	3,0	2,0	2,3	2,0	14,9	30,1	54,6
Baden	–	–	–	3,2	7,0	14,1	21,3	23,5
Korneuburg	–	–	1,2	2,6	2,1	9,1	7,9	9,7
Eisenstadt	–	–	4,4	4,7	5,7	4,9	5,5	10,3
Leoben	1,6	1,9	2,1	2,4	2,5	29,5	35,7	28,9
Bregenz	1,2	–	1,1	1,9	3,0	13,7	20,3	27,1
Dornbirn	–	1,1	3,7	5,1	8,0	16,5	22,5	40,7

Quellen: Kurt *Klein*, Daten zur Siedlungsgeschichte der österreichischen Länder bis zum 16. Jahrhundert (Wien 1980); Österreichisches Städtebuch; Classification der vorzüglicheren Städte und Marktflecken des österreichischen Kaiserstaates in Ansehung ihrer Häuserzahl und Volksmenge. Vaterländische Blätter 230–233, 241 f., 247; Tafeln zur Statistik der Österreichisch-Ungarischen Monarchie; Österreichisches Statistisches Handbuch für die im Reichsrathe vertretenen Königreiche und Länder; Statistisches Handbuch für die Republik Österreich. – 50 000 Einwohner für Wien um 1600 dürfte erheblich überschätzt sein. Wahrscheinlicher ist eine Einwohnerzahl etwa in selber Höhe wie um 1500.

fünf angestiegen. Um 1600 wurden im heutigen Österreich 86 Städte mit über 16 000 Häusern gezählt. Dazu kamen 409 Märkte mit über 29 000 Häusern. Insgesamt lagen etwa 15 Prozent aller Häuser in städtisch-märktischen Siedlungen.[13] Um 1600 wohnten etwa 7 bis 8 Prozent der österreichischen Bevölkerung in Orten mit mehr als 2 000 Einwohnern, um die Mitte des 18. Jahrhunderts etwa 11 Prozent, 1830 etwa 15,5 Prozent und 1850 19,0 Prozent.[14]

Der Zuwachs an städtischer Bevölkerung ging ganz auf das Konto der Residenzstädte: Wien, dessen Bevölkerungszahl in der Zeit von 1683 bis 1790 auf das Zweieinhalbfache angestiegen war und sich von 1800 bis 1850 noch einmal verdoppelte, lief den alten Reichsstädten den Rang ab. Entscheidend für Wiens Entwicklung war neben dem endgültigen Gewinn der Residenz- und Hauptstadtfunktion im Jahre 1620 vor allem das nach der zweiten Türkenbelagerung von 1683 einsetzende Ausgreifen des habsburgischen Herrschaftsgebietes nach Südosten, womit die Stadt aus einer Randlage in den Mittelpunkt eines wohl noch mit dem Deutschen Reich verbundenen, aber doch fast selbständigen Großstaates rückte. Das Wachstum Wiens und in verkleinertem Maßstab auch das von Graz, Innsbruck und Salzburg war eng mit der Bedeutungszunahme des Hofes und der Verwaltung verbunden. Die alten Gewerbe- und Handelsstädte hingegen büßten viel von ihrer früheren Stärke ein.

Die Residenzstädte verloren ihren bürgerlichen Charakter.[15] Ihre Oberschicht war nicht mehr bürgerlich. Die Wiener Ratsbürger waren nicht mehr identisch mit den reichsten Einwohnern der Stadt. Zwischen 1566 und 1664 war der Anteil der bürgerlichen Hausbesitzer an der Gesamtzahl der Hausbesitzer Wiens von 73,7 Prozent auf 56 Prozent zurückgegangen. Immer mehr dominierten Adel, Klerus, Beamte und Hofbedienstete. Deren Anteil am Wiener Hausbesitz stieg von 37 Prozent um die Mitte des 17. Jahrhunderts auf 60 Prozent im ersten Drittel des 18. Jahrhunderts an. Im Hochbarock wurde Wien zu einer Adelsstadt, auch bezüglich der von den Adelspalästen eingenommenen Fläche. Ebenso war die Ausweitung des Kirchenbesitzes beträchtlich. Von den etwa 1100 Häusern der Wiener Innenstadt waren um die Mitte des 17. Jahrhunderts fast die Hälfte herrschaftliche Freihäuser, in Linz etwa ein Viertel. Für die Gemeinden bedeutete dies einerseits beträchtliche finanzielle Einbußen, da der Adels- und Kirchenbesitz von der Steuer befreit war. Andererseits war die Kaufkraft dieser Schichten wichtig: Sie bestimmten durch die zuströmenden Feudalrenten immer mehr die Auftragslage des städtischen Gewerbes. Auf die städtischen Unter- und Randschichten ohne Bürgerrecht, auf Störer, Kleinhändler, Taglöhner, Lohnarbeiter, Arme, Bettler und Vagabunden, entfielen etwa 30 bis 50 Prozent der Stadtbevölkerung.[16]

Städtische Zünfte und ländliche Handwerker

Das traditionelle Handwerk war von einem strukturellen Stadt-Land-Gegensatz geprägt: Den einen Pol bildete das städtische Zunfthandwerk, das bestrebt war, die Zahl der Meisterstellen am Grundbedarf auszurichten und bei zusätzlicher Nachfrage den Mehrbedarf an Arbeitskräften über wandernde Gesellen abzudecken. Den anderen Pol besetzte das Landhandwerk, das Chancen zur selbständigen, wenn auch meist außerzünftischen Niederlassung bot, aber selten einen Produktionsumfang erreichte, der die Beschäftigung unselbständiger Arbeitskräfte in größerem Ausmaß nötig oder auch möglich gemacht hätte, sondern das sich meist mit einem agrarischen Neben- oder Zuerwerb einen flexiblen Charakter bewahrte.[17]

Wie ein roter Faden zieht sich durch die Gewerbepolitik des 16. bis 18. Jahrhunderts der Kampf des zünftischen, bürgerlichen Handwerks gegen die steigende Konkurrenz der »Gäuhandwerker«, der »Pfuscher« und »Störer«, die ihrerseits in den Grundherrschaften einen kräftigen Rückhalt fanden, während die Zentralgewalt vorerst die städtisch-zünftischen Meister unterstützte, um die wirtschaftliche Potenz der Regionalgewalten nicht zu groß werden zu lassen.[18]

Handwerkertypen aus dem Land ob der Enns: Seiler und Hafner, Wagner und Glaserer, Drahtzieher und Messerer; um 1580

Erst in der ersten Hälfte des 18. Jahrhunderts trat das Streben nach Lockerung bzw. gänzlicher Beseitigung der zünftischen Bindungen in der staatlichen Gewerbepolitik in den Vordergrund, wobei den Zünften auch in den Städten selbst vermehrte Konkurrenz erwuchs. Hofbefreiungen, mit denen die Lösung von allen Zunftschranken und die Gewährung steuerlicher Begünstigungen verbunden waren, wurden seit dem 16. Jahrhundert fallweise an ausgesuchte, für Bedürfnisse des Hofes arbeitende Spezialisten gewährt. Ab 1725 konnten Störer ganz allgemein durch Zahlung eines Schutzgeldes als sogenannte Dekretisten eine Gewerbeberechtigung, ein »Dekret«, erlangen. Auch für Stadtguardisten und abgedankte Soldaten ergab sich die Möglichkeit der Altersversorgung über außerzünftische Gewerbebefugnisse.[19]

Der frühneuzeitliche Handwerksbetrieb war meist Einmannbetrieb, der selbst für die im elterlichen Haushalt aufwachsende Nachkommenschaft nicht immer eine ausreichende Ernährungsgrundlage abgab und deren Verbleiben im Haus unmöglich machte.[20] Für die vorindustrielle Gesellschaft ist längst nachgewiesen, daß die familiale Kontinuität in Handwerksbetrieben äußerst gering war und kaum jemals der Sohn dem Vater im Gewerbe nachfolgte. Patrilineare Vererbung des Gewerbes war nur bei maximal einem Viertel der Besitzwechsel gegeben. Ausnahmen gab es bei Gastwirten und solchen Gewerben, die sich, wie die Sensenschmiede, im Übergang zu frühkapitalistischen Unternehmen befanden und wo die Übergabe an den Sohn sich als natürlicher Weg des Transfers von Vermögen und Kapital darstellte.[21] Ohne Zweifel wurde mit Zunftbestimmungen versucht, den eigenen Nachwuchs zu privilegieren; andererseits mangelte es nicht an Bestrebungen, diesen durch schulische Ausbildung und Heirat nicht in das Handwerk, sondern in höhere soziale Positionen und Berufe zu hieven. Neben den Aufstiegsstrategien und der Praxis des Außerhausgehens lag der geringe Grad der Selbstrekrutierung der städtischen Handwerker an deren spezifischer demographischer Situation, die durch hohes Heiratsalter, große Altersunterschiede der Ehepartner, Geburtenkontrolle und daraus resultierende geringe Kinderzahl gekennzeichnet war. Rekrutierung aus anderen Schichten bedeutete vornehmlich von außerhalb der Stadt: 1744 stammten nur 24,3 Prozent der bürgerlichen Handwerksmeister Wiens aus Wien, 20,3 Prozent aus Niederösterreich, 10,0 Prozent aus den Alpenländern, 7,7 Prozent aus dem sonstigen Inland und 32,5 Prozent aus dem Deutschen Reich.[22]

Die Verbäuerlichung des Weinbaus

Der frühkapitalistische Weinbau war im ausgehenden 16. Jahrhundert wie der gesamte kommerzielle Sektor in eine strukturelle Krise geraten. Das war einerseits eine Folge der steigenden Getreidepreise, andererseits der zunehmenden Konkurrenz, die dem Wein durch Bier, Branntwein und Obstmost erwuchs.[23] Der Weinexport auf der Donau ging im 17. Jahrhundert erheblich zurück und erreichte in der zweiten Hälfte des 18. Jahrhunderts mit etwa 25 000 hl nur mehr etwa ein Viertel der Exportmengen der zweiten Hälfte des 16. Jahrhunderts. Die steigenden Lebenshaltungskosten und die steigende Alkoholbesteuerung wirkten sich reduzierend auf den Weinkonsum der ärmeren Schichten aus, ebenso wie die Durchsetzung grundherrlicher Bannrechte, mit denen die Untertanen gezwungen wurden, statt zugekauften Weins das Bier aus der eigenen Schloß- oder Klosterbrauerei zu trinken.[24]

Die alte Unterscheidung von »Gebirgsweinen« und »Landweinen« hatte nicht nur eine geographische, sondern auch eine soziale Dimension. Waren die »primären« Weinbaugebiete in den steilen Hanglagen, die bereits im Spätmittelalter monokulturelle Züge angenommen hatten und naturräumlich und verkehrstechnisch günstig gelegen waren, von einer engen Verbindung mit städtischen Siedlungen und bürgerlichen, adeligen und kirchlichen Eigentümern geprägt, so wurde die sekundäre Expansion in der Ebene vor allem von bäuerlichen Produzenten bestimmt. Die erste Hälfte des 17. Jahrhunderts war in den primären Weinbaugebieten durch eine markante Reduktion der Weinbauflächen gekennzeichnet, weil der mit seßhaften oder wandernden Lohnarbeitern betriebene Weinbau durch die sich öffnende Schere aus sinkenden Erlösen und steigenden nominellen Lohnkosten stark an Rentabilität eingebüßt hatte. Die Krise führte zu sinkenden Profiten für die Weingartenbesitzer einerseits, erheblichen Reallohnverlusten für die Weingartenarbeiter andererseits, was zahlreiche Hauerknechte dazu brachte bzw. ihnen eine Möglichkeit bot, sich selbständig zu machen und ihrerseits Weingärten zu pachten, zu kaufen oder neu anzulegen. In Nordtirol, Vorarlberg, Kärnten und Oberösterreich, wo die Lagen schlechter waren und sich eine Weiterführung kaum mehr lohnte, verschwand der Weinbau bis ins 18. und beginnende 19. Jahrhundert gänzlich und wurde durch Obstmostproduktion ersetzt. Auch im westlichen Niederösterreich, in der West- und Oststeiermark und im südlichen Burgenland mußte die Weinfläche einen erheblichen Rückgang verzeichnen.[25]

Die Weinbaugebiete des »sekundären« Typs, wo der Weinbau von bäuerlichen Produzenten als Zuerwerb betrieben wurde, erlebten im 17. und 18. Jahrhundert eine deutliche Ausdehnung. In Analogie zur protoindustriellen Warenproduktion wurde die Rebkultur immer mehr zur Existenzgrundlage einer landarmen Schicht. Im Weinviertel, dem Hauptgebiet sekundären Weinbaus, war der Weinbau eine familienwirtschaftliche Strategie, mit der die Preisentwicklung durch immer größere Produktionsmengen unterlaufen wurde. Das erklärt, daß es dort trotz sinkender Preise und Rentabilität nicht zu einer Reduktion, sondern einer zwar verlangsamten, aber doch weiter anhaltenden Expansion der Rebflächen kam. Während sich das städtische Bürgertum im Verlauf des 17. Jahrhunderts aus dem Weinbau sukzessive zurückzog, ergab sich durch das Engagement der dörflichen Klein- und Kleinststellenbesitzer eine zweite Expansionswelle des Weinbaus, die im Verlauf des 18. Jahrhunderts in eine immer deutlicher sich abzeichnende Überproduktion mündete und die Besitzzersplitterung weiter verstärkte. Mitte des 18. Jahrhunderts gab es in Niederösterreich mit insgesamt 62300 Hektar Weingärten und einer durchschnittlichen Jahresproduktion von 934500 Hektoliter eine etwa gleich große Rebfläche wie im 16. Jahrhundert, aber an teilweise ganz anderen Standorten und mit anderen Besitzern und Produktionsformen. Um die Mitte des 18. Jahrhunderts hatte das Bürgertum der landesfürstlichen Städte und Märkte Niederösterreichs nur mehr einen Anteil von etwa 6 Prozent an der gesamten Weinproduktion des Landes. Die weinbauerischen Aktivitäten von Klerus und Adel beschränkten sich immer mehr auf den Bezug von Naturalrenten in Form von Zehent und Bergrecht. Das in die Defensive gedrängte Bürgertum reagierte mit einem Rückgriff auf seine alten Handelsprivilegien und konzentrierte sich ganz auf die Vermarktung.[26]

Da von der weinbauenden Dorfbevölkerung nur wenige über Keller und Pressen verfügten und eine nachträgliche Unterkellerung der Häuser kaum realisierbar war, bot sich als Ausweg nur die Errichtung von Kellern außerhalb der Dörfer. So entstanden im 18. und teilweise erst im 19. Jahrhundert die für die niederösterreichischen, mährischen und slowakischen Weinbaugebiete so typischen Kellergassen, wobei auch entsprechend stabile politische Verhältnisse eine Voraussetzung bildeten, da man ansonsten eine ständige Ausplünderung dieser Keller riskiert hätte. Die Verbreitung solcher »Kellergassen« oder vom Haus getrennter Weinkeller deckt sich in auffallender Weise mit den Weinbaugebieten des sekundären Typs.[27] In der seit dem 17. Jahrhundert zur vollen Entfaltung gelangten »weinbäuerlichen Familienwirtschaft« liegt der Schlüssel zur Erklärung, daß sich die österreichische Weinwirtschaft im 19. und 20. Jahrhundert nicht kapitalistisch-großbetrieblich, sondern bäuerlich-kleinteilig strukturiert darstellte.

Die Krise des Bergbaus

Die alpinen Bergbaureviere erlebten im 17. Jahrhundert einen dramatischen, von der Sagenüberlieferung meist dem Übermut der Knappen zugeschriebenen Niedergang, so daß der Großteil der beschäftigungslos gewordenen Arbeiter in der Textilerzeugung, in der Landwirtschaft und im Wanderhandel unterzukommen versuchte.[28] Der Staat mußte rettend eingreifen, um den 1657 von den Fuggern abgestoßenen Bergbau in Schwaz und den Kitzbühler Abbau weiterführen zu können. Silber und Gold zu fördern war kaum mehr rentabel. Daher sank auch die Nachfrage nach dem zur Silbersaigerung erforderlichen Blei. Die Bleiförderung dürfte zwischen 1560 und 1618 um zwei Drittel zurückgegangen sein. Nur der Kupferbergbau und die Messingerzeugung erlebten im Spanischen Erbfolgekrieg noch eine Nachblüte.

Rund um das Medaillon mit dem Bild Kaiser Ferdinands II. Darstellungen der Hauptstätten des Salzwesens in Österreich ob der Enns: Hallstatt mit dem Salzberg, Holzriese und Rechen zu Gosaumühl, Sudhaus in Ebensee, Salzhandelsstadt Gmunden; aquarellierte Federzeichnung aus dem Waldbuch des Salzkammergutes, 1630/1634

Das Salzmonopol galt als das »vornehmste Kleinod« der Hofkammer. Obwohl in der Holzversorgung der Sudhütten immer kompliziertere Vorrichtungen notwendig wurden, was sicherlich eine gewisse Verteuerung der Produktion nach sich zog, erlaubte die Monopolstellung eine rücksichtslose Preispolitik und Sicherung der Absatzgebiete, was eine beträchtliche Einnahmenvermehrung für die Staatskasse ermöglichte.[29] Aus dem böhmischen Markt drängten die Habsburger das Salzburger Salz im 17. Jahrhundert immer stärker und 1706 schließlich ganz hinaus. Im südwestdeutschen und Schweizer Raum gelang es hingegen nicht, die im Spanischen Erbfolgekrieg gefestigten Absatzmärkte für das Haller Salz im weiteren Verlauf des 18. Jahrhunderts erfolgreich zu verteidigen. Das erklärt auch die sehr unterschiedliche Entwicklung, die die habsburgischen Salinenorte Aussee, Hall in Tirol, Hallstatt, Ebensee und Ischl und das erzbischöflich salzburgische Hallein nahmen. Die oberösterreichischen Salinen konnten bis 1700 und vor allem im 18. Jahrhundert ihre Produktion beträchtlich ausweiten. Aussee war mit der Suche nach Absatzmärkten in Untersteier, Kroatien und Westungarn zwar im 16. Jahrhundert sehr erfolgreich gewesen, konnte aber nach der Verdreifachung des Salzpreises im frühen 17. Jahrhundert der starken Konkurrenz des Meersalzes und »türkischen« Steinsalzes nicht standhalten. Die Salzproduktion in Aussee sank deshalb bis 1660 nahezu auf die Hälfte der Produktion vor dem Dreißigjährigen Krieg und konnte sich auch im 18. Jahrhundert nicht mehr konsolidieren. In Hall, das im Süden ebenfalls in den erbitterten Kampf zwischen »Bergsalz« und »Meersalz« verwickelt war, sank die Salzproduktion im 17. Jahrhundert von 16 000 Tonnen auf 9 000 Tonnen und ging nach einer kurzfristigen Erholung um 1700 im 18. Jahrhundert weiter zurück.[30]

Die Halleiner Produktion, die den österreichisch-böhmischen Markt immer mehr verlor und zu vier Fünftel vom Export nach Bayern abhängig wurde, hatte im 1597 mit Bayern abgeschlossenen Vertrag bzw. in der 1611 geführten bewaffneten Auseinandersetzung die führende Stellung eingebüßt, die sie unter den alpenländischen Salinen im 16. Jahrhundert noch innegehabt hatte. Die Gewinne der Salzburger Salzproduktion verblieben fortan in Bayern. Es konnte nichts mehr investiert werden.[31] Hallein, von dem nach zeitgenössischen Angaben durch die vor- und nachgelagerten Tätigkeiten etwa 24 000 Personen oder 12 Prozent der Salzburger Bevölkerung zumindest teilweise, direkt aber auf jeden Fall mehr als 5 000 Erwerbstätige und Angehörige in ihrem Lebensunterhalt abhängig waren, wurde immer mehr ein Umwelt- und Sozialfall. Als im November 1732 insgesamt 780 Dürrnberger Bergknappen um ihrer Religion willen emigrierten, ließen sie den 30 Verbliebenen nur Schulden zurück. Die Armut der Salinenarbeiter, die sich mit Holzschnitzen und Stricken einen Zuerwerb verdienen mußten, wurde sprichwörtlich: »Die Stadt«, schrieb um 1800 Graf Spaur, »wo die mit Salzteilen geschwängerte Sole in fünf alten, sehr großen Pfannen gesotten wird, hat in jeder Hinsicht ein äußerst trauriges Aussehen. Der schwarze Dampf, der aus den Salzpfannen emporsteigt, verfinstert das Tageslicht, die Gassen sind enge und die Häuser meistens unansehnlich; auf den blassen Gesichtern der Einwohner (manchen wohlgenährten Brauer, Handelsmann und Beamten ausgenommen) ist Armut und Kummer gezeichnet, und kaum kann man sich durch die Menge der bettelnden Weiber und Kinder durchdrängen, die den Fremden mit Ungestüm verfolgen.«[32] Franz Schubert, der im Biedermeier Hallein besuchte, bezeichnete es als »Ratzenstadtl«, als »äußerst schmutzige und grausliche« Stadt und seine Einwohner als »Gespenster, blaß, hohläugig und dürr zum Anzünden«.[33]

In der Eisenerzeugung setzte die Krise schon in der zweiten Hälfte des 16. Jahrhunderts ein, verstärkte sich in den Wirren des Dreißigjährigen Krieges und erreichte ihren Höhepunkt nach der Jahrhundertmitte. Während um die Mitte des 16. Jahrhunderts die steirische Eisenerzeugung 13 000 bis 14 000 Tonnen und die alpenländische insgesamt etwa 20 000 Tonnen betragen und damit 20 bis 30 Prozent des europäischen Eisenverbrauchs gedeckt hatte, war ein Jahrhundert später die steirische Erzeugung auf unter 8 000 Tonnen und die gesamtösterreichische auf etwa 15 000 abgesunken.[34] Erst um die Mitte des 18. Jahrhunderts konnte in der Steiermark die Produktionshöhe des

Entwicklung der Eisenproduktion an der Nordseite des steirischen Erzberges (Eisenerz/Innerberger Hauptgewerkschaft), 1520 bis 1848 (in Tonnen).

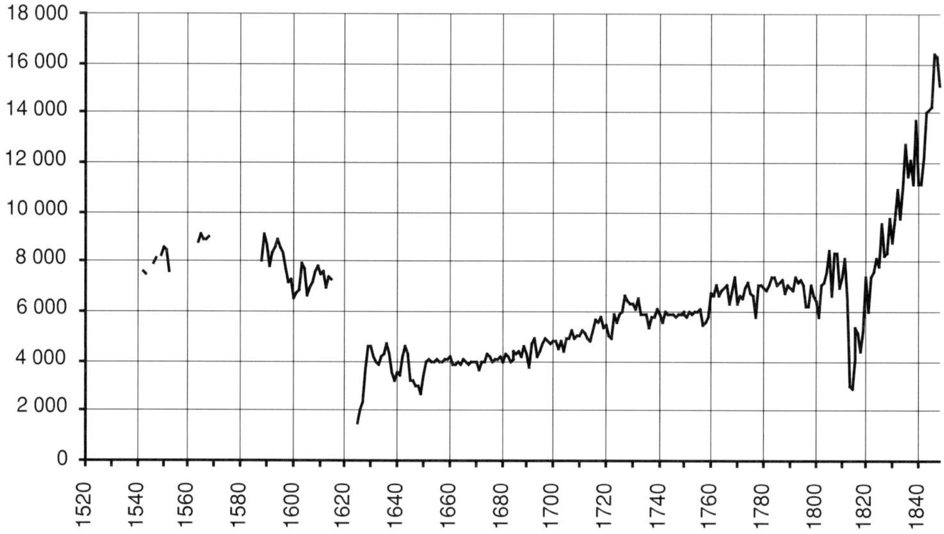

Quelle: Roman *Sandgruber*, Die Innerberger Eisenproduktion in der frühen Neuzeit, in: Österreichisches Montanwesen. Produktion, Verteilung, Sozialformen (hg. von M. *Mitterauer*, Wien 1974) 72–105.

16. Jahrhunderts wieder erreicht und nach 1800 nennenswert überschritten werden. Die Krise war an der Nordseite des Erzbergs schwerer ausgefallen als an der Südseite. Bald saß die Innerberger Hauptgewerkschaft, die 1625 als Reaktion auf die Krise gegründet worden war und die Radwerke, Hammerwerke und Eisenhändler in der steirischen, niederösterreichischen und oberösterreichischen Eisenwurzen zu der wohl größten eisenerzeugenden Kapitalgesellschaft der damaligen Zeit zusammenfaßte, auf riesigen, unverkäuflichen Lagern, die die Magazine füllten und die Gesellschaft bis in die siebziger Jahre an den Rand des Konkurses führten.[35] Daß Vordernberg, wo die Radwerke nur lose zu einer »Radmeistercommunität« zusammengeschlossen wurden, die Krise des 17. Jahrhunderts so viel besser überstehen konnte, dürfte neben den niedrigeren Kosten und der geschickteren Preispolitik der Vordernberger Gewerken wohl auch an der Entwicklung des Vordernberger Absatzmarktes gelegen haben, für den sich nicht nur im Export nach Südosten und über den Semmering, sondern auch auf dem Binnenmarkt Expansionsmöglichkeiten ergaben.[36] Die Kärntner Eisenindustrie konnte gegenüber der steirischen viel Terrain gewinnen. Auch in Tirol trat die Eisenproduktion nach dem Niedergang des Silberbergbaus etwas in den Vordergrund und half mit, die sozialen Probleme aufzufangen. Verarbeitet wurde das Tiroler Eisen von der Kleineisenindustrie des Stubaitales, den Sensenschmieden des Unterinntals und von diversen kleineren Betrieben.[37]

Tabelle 8: Eisenproduktion in Österreich 1550 bis 1850 (in Tonnen)

Jahr	Steiermark	Kärnten	Tirol	Nieder-österreich	Salzburg	insgesamt
1550	14 000	4 000	–	–	–	20 000
1600	–	–	–	–	–	20 000
1650	9 000	4 000	1 000	500	500	15 000
1750	14 000	–	–	–	–	20 000
1780	17 920	8 680	–	–	–	28 500
1800	17 640	9 184	–	–	1 200	30 000
1810	22 458	15 000	–	1 848	800	41 000
1830	27 799	14 957	1 511	648	1 393	46 308
1850	52 943	32 958	3 693	2 047	3 179	94 820

Quellen: Herbert *Hassinger*, Die althabsburgischen Länder und Salzburg 1350–1650, in: Handbuch der europäischen Wirtschafts- und Sozialgeschichte 3 (hg. von H. *Kellenbenz*, Stuttgart 1986) 927 ff.; Herbert *Hassinger*, Der Außenhandel der Habsburger Monarchie in der 2. Hälfte des 18. Jahrhunderts, in: Die wirtschaftliche Situation in Deutschland und Österreich um die Wende vom 18. zum 19. Jahrhundert (hg. von F. *Lütge*, Stuttgart 1964) 61 ff.; Tafeln zur Statistik der Österreichisch-Ungarischen Monarchie, 1–21 (1828–1848); NF 1–5 (1849–1865).

Eisenlandschaften und Rüstungszentren

Die Blüte des Steyrer Messerergewerbes zwischen dem zweiten Viertel des 16. Jahrhunderts und dem Beginn des 17. Jahrhunderts war zwar in Gegenreformation, Dreißigjährigem Krieg und Inflation zusammengebrochen. Dennoch übertraf die Stadt Steyr allen Krisen zum Trotz mit ihrem eisen- und stahlverarbeitenden Gewerbe, das auf insgesamt 41 verschiedene Berufe aufgeteilt war, in der zweiten Hälfte des 17. und im 18. Jahrhundert noch immer alle anderen Städte der österreichischen Erbländer. Während Eisenwaren des täglichen Bedarfs nicht mehr so stark wie im 16. Jahrhundert vertreten waren, entwickelte sich der Raum Steyr zu einem der wichtigsten Zentren der österreichischen Waffenerzeugung.

Die Rüstungsindustrie der habsburgischen Erbländer nahm in der Endphase des Dreißigjährigen Krieges und weiter in der zweiten Hälfte des 17. Jahrhunderts einen großen Aufschwung, produzierte allerdings bis ins 19. Jahrhundert wegen der Exportbeschränkungen nahezu ausschließlich für die Deckung des Inlandsbedarfs. Zu Beginn des 18. Jahrhunderts verfügten die Alpenländer in Steyr, Ferlach und Wiener Neustadt über leistungsfähige Feuerwaffenproduktionen. Der Aufstieg der unter der verlegerischen Leitung des Büchsenmachers Hans Schmidt zusammengefaßten, grundherrschaftlich und dezentral organisierten Ferlacher Gewehrerzeugung begann während und nach dem Dreißigjährigen Krieg.[38]

In Steyr erfuhr die teils fabriksmäßig, teils im Verlagssystem betriebene Waffenproduktion durch Maximilian Luckhner, Georg Mittermayr und seinen Sohn Hans Ludwig Mittermayr in der zweiten Hälfte des 17. Jahrhunderts eine entscheidende Ausweitung. Hans Ludwig Mittermayr war so erfolgreich, weil er bereits komplette Waffensysteme, Gewehre samt Zubehör, Pistolen, Piken, Degen und Säbel, Kürasse und sonstige Ausrüstungsgegenstände, anbieten konnte. Mit der 1656 entstandenen »Niederländischen Armatursmeisterschaft«, die bis ins zweite Jahrzehnt des 18. Jahrhunderts einer der wichtigsten Lieferanten der kaiserlichen Armee blieb, wurde die jahrhundertelange Bedeutung Wiener Neustadts als Rüstungszentrum begründet. Die treibende Kraft war der Generalkriegskommissar Ernst Graf Abensberg-Traun, der in Deutschland und den Niederlanden 22 Meister und 36 Gesellen anwerben und in Wiener Neustadt ansiedeln konnte.[39]

Mit der im frühen 18. Jahrhundert in der kaiserlichen Armee beginnenden Umrüstung von Lunten- und Radschloßgewehren auf einheitliche Steinschloßflinten ergab sich für die österreichische Rüstungsindustrie eine neue Situation. Das einheitliche Gewehrmodell wurde fast durchwegs im Inland erzeugt, in Wiener Neustadt, Ferlach und Steyr sowie Karlsbad in Böhmen. Der Steyrer Büchsenmacher Anton Penzeneder, der 1726 mit der Regierung einen langfristigen Vertrag zur Lieferung von Gewehren und Kürassen abschließen konnte, baute in Steyr, Hainfeld und Wien neue Waffenfabriken auf, die vor allem in den Kriegen der theresianischen Zeit Bedeutung erlangten. Auch die Blankwaffenerzeugung wurde konzentriert. Die in Weiz beheimatete Firma Mosdorfer konnte um die Mitte des 18. Jahrhunderts bei der Belieferung der kaiserlichen Armee mit Säbeln nahezu eine Monopolstellung erringen. Der Montur- und Waffenhändler Christoph Adam von Metzburg begann 1754 in Sollenau mit dem Bau einer

Khevenhuellersche Weißblechfabrikation in Schloß Kreuzen bei Villach, im Vordergrund das Besitzerehepaar, Khevenhueller-Chronik, Tempera, um 1620

Klingenfabrik, die 1760/61 nach Pottenstein verlegt und 1764 an den Wiener Niederleger Melchior Steiner verkauft wurde. Das Unternehmen des Johann Adam Thinn in Deutschfeistritz und Waldstein stellte im späten 17. und frühen 18. Jahrhundert hauptsächlich Kanonenkugeln und Schanzzeug her. Auch das 1693 gegründete Eisenwerk des Klosters Neuberg an der Mürz begann seine großartige hüttentechnische Karriere mit Kugeln, Bomben und Granaten für die kaiserlichen Zeughäuser in Wien und Wiener Neustadt.[40] Das bei Mariazell gelegene Eisengußwerk, das 1743 der Abt von St. Lambrecht, Eugen von Inzaghi, errichtete, produzierte sowohl Kanonen und zugehörige Munition als auch Gußwaren für den privaten Gebrauch.[41]

Die Krise des 17. Jahrhunderts war von der Sensenindustrie am besten überstanden worden, so daß diese schließlich zum »Herz- und Kernstück« des gesamten vom steirischen Erzberg dominierten Eisenwesens wurde. Die Nachfrage nach Sensen war nach der Unterbrechung durch den Dreißigjährigen Krieg rasch angestiegen. Im frühen 17. Jahrhundert zählte die Kirchdorf-Micheldorfer Sensenschmiedezunft 42 Werkstätten. Nach dem Dreißigjährigen Krieg faßten die Sensenwerke, von Oberösterreich ausgehend, auch in der Steiermark Fuß. Um die Mitte des 18. Jahrhunderts zählte man in Oberösterreich 44 Sensenschmieden, in der Steiermark 34. Die durchschnittliche, sehr arbeitsteilig angelegte Produktion eines Sensenhammers, die im 17. Jahrhundert rund 22 000 Stück im Jahr betrug, erreichte im 18. Jahrhundert 28 000 bis 33 000. Die Zahl der exportierten Sensen, Strohmesser und Sicheln hatte sich bei der Donaumaut Aschach zwischen 1628 und 1750 vervierfacht, über Freistadt von 1633 bis 1700 immerhin verdreifacht.[42]

Im Gegensatz zur durchaus großbetrieblich-maschinenindustriell zu bezeichnenden Sensen- und Sichelproduktion dominierten bei der Massenherstellung von Nägeln, einer sehr anstrengenden Tätigkeit, kleingewerblich-hausindustrielle Organisationsformen. Das wichtigste Zentrum war Losenstein, wo nach einem Rückschlag im 17. Jahrhundert im 18. Jahrhundert ein neuer Aufschwung stattfand: 1779 waren von den 154 Nagelschmieden Oberösterreichs 138 mit rund 1 150 Beschäftigten in Losenstein konzentriert. Der Vertrieb erfolgte im Verlagssystem.[43] Daneben wären die Hacken- und Pfannenschmieden und die zahlreichen für den regionalen Bedarf arbeitenden Kleineisenbetriebe zu nennen, die vor allem der niederösterreichischen Eisenwurzen das Gepräge gaben. Im Tiroler Inn- und Wipptal bildete sich ein weiteres Zentrum der Waffen-, Sensen- und Nagelerzeugung mit etwa 400 Meistern und 200 Gesellen, die jährlich etwa 450 Tonnen Eisen verarbeiteten. Auch im Stubaital waren gegen Ende des 18. Jahrhunderts zwei Fünftel der etwa 5 000 Talbewohner in Eisenwarenerzeugung und -handel tätig.[44]

Die Krise des Transitverkehrs

Im 17. Jahrhundert änderte sich die Verkehrslage Österreichs grundlegend. Das Verkehrsaufkommen ging auf allen Strecken deutlich zurück. Der Verkehr über den Brenner, der vor 1620 über 12 000 Tonnen ausgemacht hatte, sank erheblich, erholte sich aber bis 1680 nicht zuletzt zu Lasten der Tauern- und Reschenstraße relativ rasch, so daß 1684/96 die Zolleinnahmen am Brenner bereits nur mehr knapp ein Drittel unter dem Höchststand von 1601 lagen. Aber erst im ersten Drittel des 18. Jahrhunderts wurden am Brenner die Verkehrszahlen des beginnenden 17. Jahrhunderts überschritten. 1734 lagen die Zolleinnahmen um ein Drittel über den Werten von 1601. Die Gesamttransporte pendelten um 1730 zwischen 12 000 und 14 000 Tonnen. Der Verkehr über den Reschenpaß erreichte das im 16. Jahrhundert verzeichnete Volumen nicht mehr. Auf der Tauernstraße über den Katschberg und Radstädter Tauern betrug der Transit mit 1 960 Tonnen im Jahr 1655 nur mehr ein Drittel dessen, was im 16. Jahrhundert erreicht worden war. Auch erhebliche straßenbauliche Investitionen, die um 1750 vorgenommen wurden, wirkten sich wegen der 1730 von den Habsburgern gegenüber Salzburg entscheidend verschärften Zolldiskriminierung wenig auf die Verkehrsfrequenz aus, so daß im späten 18. Jahrhundert kaum mehr als 1 500 Tonnen über den Radstädter Tauern transportiert wurden und auch in der ersten Hälfte des 19. Jahrhunderts trotz der nunmehrigen Zugehörigkeit Salzburgs zu Österreich nicht mehr als 3 000 Tonnen.[45]

Eine neue Situation ergab sich, als 1719 im Anschluß an die 1717 proklamierte Freiheit der Adriaschiffahrt und den Friedenschluß von Passarowitz Triest und Fiume (Rijeka) und 1725 auch Buccari (Bakar) und Porto Ré (Kralejvica) zu Freihäfen erklärt wurden, um sie gegenüber Venedig als Endpunkte der Handelsrouten aus Österreich und Ungarn zur Adria zu stärken. Durch das Wachstum Wiens und die wirtschaftspolitische Aufwertung Triests ergab sich nach dem Ausbau der Semmeringstraße eine zunehmende Betonung der Achse von Wien durch das Mürz- und Murtal über Graz, Marburg und Laibach nach Triest (»Triesterstraße«). Der Tiroler Paßverkehr wurde von der Bevorzugung Triests vorerst nicht beeinträchtigt, da mit den Straßenbauten über den Wurzen- und Loiblpaß zu Ende des dritten Jahrzehnts des 18. Jahrhunderts ein neuer Durchgang durch die Ostalpen von Triest über Laibach nach Villach und weiter durch das Pustertal und über den Brenner nach Süddeutschland eröffnet wurde und damit ein großer Teil des nunmehr über Triest statt über Venedig führenden Italienhandels nach wie vor durch Tirol kam. Betroffen war aber die Kanaltalstraße, die um 1600 kaum hinter dem Brenner zurückstand und bis in die erste Hälfte des 18. Jahrhunderts die wichtigste Verbindung Innerösterreichs und Salzburgs mit Venedig geblieben war. Sie wurde erst nach der Angliederung Venetiens und insbesondere nach der 1825 erfolgten Beseitigung der Zollinie zwischen Lombardo-Venetien und den Alpenländern wieder stärker befahren. Der Bedeutungsverlust der für die Steiermark wichtigen und vor allem dem Viehhandel dienenden sogenannten Laibacher Straße von Ungarn über die untersteirischen Städte Pettau und Cilli nach Venedig schlug um die Mitte des 17. Jahrhunderts voll auf die Wirtschaft dieser damit zu einer Randlage verurteilten Städte durch.[46]

Im West-Ost-Verkehr auf der Donau hatte die Frequenz erheblich abgenommen, wie die entsprechenden Mautbücher deutlich anzeigen. Die Aschacher Maut, deren Erträgnis für die letzten zwei Drittel des 17. Jahrhunderts bekannt ist, zeigt einen drastischen Rückgang des Donautransits ab 1652. Erst ab 1684 ist im Donauhandel eine leichte Erholung festzustellen. Noch zu Ende des 17. Jahrhunderts lagen die Werte deutlich unter denen zu Jahrhundertbeginn.[47] Auch der Ochsentransit war zurückgegangen, weil immer mehr Fleisch aus Ungarn vom wachsenden Konsumzentrum Wien nachgefragt wurde und weil zusätzlich die Ost-West-Routen Österreich nunmehr weiter nördlich umgingen.[48]

Das schwache Handelskapital

Immer wieder wurde die in Österreich bestehende Geringschätzung des Handwerker- und Kaufmannsstandes kritisiert, der so wenig geachtet sei, daß nur die »dümmsten ingenia« diese Berufe ergreifen und »ein ieder dintenlecker einem rechtschaffenen handwercksmann und künstler« vorgezogen werde. Wo Eltern nur ein wenig »gute naturalia« bei einem Kind merkten, da müsse es studieren und »soll ein doctor oder magister aus ihme werden«.[49] Wilhelm von Schröder mokierte sich über die Kaufleute, die, »wann sie zu reich werden, alsobald Cavallier abgeben und sein wollen, und dahero die großen capitalien nicht im handel bleiben sondern an land-gütern verwendet oder sonst verschwendet werden / das / was der Kauffmann vorhero erworben / hernach der Cavallier bald auff die liebereyen verbremet und in gasteryen verfressen hat«.[50]

Zu Beginn des 18. Jahrhunderts war Wien ohne bedeutenden Handelsstand. Die Wiener Niederleger, die als formell anerkannte besondere Genossenschaft exterritorialer Großhändler von der Zunft der einheimischen Kaufleute und Krämer vollständig geschieden waren, hatten zwar an Einfluß verloren, konnten aber ihr De-facto-Monopol für den Großteil des Wiener Fernhandels bis ins 18. Jahrhundert behaupten. Innerhalb der Erblande bildeten sie das einzige größere Potential für wirtschaftliche Führungsaufgaben, etwa in der Person des Wiener Niederlegers Hans Ludwig Mittermayr, der im Zuge der Gegenreformation nach Steyr gekommen war, im Waffen-, Blei-, Quecksilber-, Sensen- und Seidenhandel eine dominierende Rolle spielte und den Auslandshandel der Innerberger Hauptgewerkschaft fast völlig beherrschte.

Im Verlauf des 18. Jahrhunderts ergab sich aber ein neuer Aufschwung des Wiener Handels, einerseits aus dem Heranwachsen zur Großstadt, andererseits aus der wieder zunehmenden Bedeutung des Handels nach Triest, auf den Balkan, nach Budapest und nach dem Norden und Nordosten der Monarchie. Die 1667 gegründete erste »Orientalische Kompanie«, mit Hauptsitz in Wien, die vor allem den Handel mit der Türkei betreiben sollte und ein Monopol dafür erhielt, in der Belieferung Wiens mit Vieh engagiert war und einen Interessentenkreis aus Niederlegern und Adeligen vereinigte, ging in den Türkenkriegen wieder zugrunde.[51] Auch die 1719 nach dem Friedensschluß von Passarowitz eingerichtete zweite Orientalische Kompanie, der auf österreichischer Seite wiederum eine Monopolstellung für den Orienthandel eingeräumt wurde, die sowohl von Wien wie von Triest und Rijeka aus operierte und die sich auch in industriellen Unternehmen in Fiume, Linz (Erwerbung der Linzer Wollzeug-Fabrik 1722) und Schwechat (Erwerbung der Schwechater Baumwoll-Manufaktur 1724) engagierte, geriet bereits 1728 in immense Schwierigkeiten, die letztlich 1740 zu ihrem Zusammenbruch führten.[52]

Die sonstigen Handelskompanien, in Temesvár für den Osten (1723), in Livorno für das westliche Mittelmeer, in Ostende die 1722 gegründete Ostindische Kompanie, die 1731 auf Verlangen der westeuropäischen Mächte wieder liquidiert wurde, waren ebenfalls nicht recht erfolgreich. 1775 wurde nochmals eine österreichische Ostindische Gesellschaft gegründet, die 1785 ihre Tätigkeit wieder einstellte. Weder in kolonialen Projekten noch im Orient- und Levantehandel, von dem man sich so viel versprach, waren für die Habsburgermonarchie wirkliche ökonomische Potentiale enthalten.[53]

Daneben geriet der Osthandel export- wie importseitig weitgehend in die Hand türkischer Handelsleute verschiedener Nationalität, zuerst serbischer Händler (die als Raizen bezeichnet wurden), auch solcher italienischer Herkunft, die über Dubrovnik ins Türkische Reich gelangt sein dürften, vor allem aber christlicher Armenier, die im 17. Jahrhundert ein wichtiges Scharnier im Handel zwischen Indien, Persien, Rußland, der Türkei und Westeuropa bildeten und in Wien vor allem als Kaufleute, Juweliere, Kaffeesieder und Kuriere hervortraten. In der zweiten Hälfte des 18. Jahrhunderts wurden die Wiener Armenier immer mehr durch Griechen, Aromunen und sephardische Juden (Spaniolen) türkischer Staatsangehörigkeit verdrängt. 1767 wurden 82 »Griechen« in Wien gezählt, 1786 bereits 600 und 1814 4 000.[54]

Die großen Salzburger Handelshäuser, die bis kurz vor dem Dreißigjährigen Krieg ihre Geschäftstätigkeit noch ausweiten konnten und vor allem am Handel mit Venedigerwaren aus Italien und dem Orient über die Tauernpässe verdient hatten, wurden mit der Verlagerung der Handelsrouten in die Krise der großen oberdeutschen Kapitalisten mit hineingezogen. Ebenso war der Einfluß der Linzer Messen seit der Mitte des 17. Jahrhunderts durch politische Ereignisse, eine verfehlte Zollpolitik und die Umlenkung der Handelsströme im Schwinden, auch wenn sie noch bis in die zweite Hälfte des 18. Jahrhunderts als das wirtschaftliche »Kleinod« des Landes angesprochen wurden. Das Repressalienrecht, das eine der Stärken der Linzer Messen ausgemacht hatte, war 1570 auf einem Reichstag zu Speyer für das gesamte Reichsgebiet aufgehoben worden. Zwar konnte für Linz eine Ausnahme erwirkt werden, die aber vom österreichischen Landesfürsten selbst durch zahlreiche Exemtionen ausgehöhlt wurde. 1785 wurde das Linzer Repressalienrecht formal aufgehoben. Praktische Bedeutung hatte es schon lange nicht mehr. Im Lexicon aller Handlungen und Gewerbe, 2. Teil, Leipzig 1741, wurden die Linzer Messen zwar noch erwähnt; allein die Kürze des Artikels sagt alles über den gering gewordenen Stellenwert.[55]

Die Grazer Messen erlebten einen ähnlichen Niedergang, nicht nur wegen der Änderung der Handelsrouten, sondern auch der Handelsgebräuche: An die Stelle des Messehandels traten die direkte Warenbestellung und der Großhandel. Auch die merkantilistische Mautpolitik, die die inländische Produktion zu fördern trachtete und seit 1672 auf ein Grenzzollsystem hinarbeitete, trug zum Niedergang der Messen bei. Eine vorerst andere Entwicklung nahmen die viermal jährlich stattfindenden und 1635 durch die Einrichtung eines Merkantilmagistrats privilegierten Bozener Messen, die sich zu einer zentralen Institution im Warentausch zwischen Norditalien und den süddeutschen

Städten entwickelten. Erst als Bozen durch die Förderung des Freihafens Triest zunehmend in eine Abseitsstellung gedrängt wurde, nahm die Bedeutung seiner Messen nach der Mitte des 18. Jahrhunderts immer mehr ab.[56]

Samuel Oppenheimer (1630–1703), Öl auf Leinwand

Nach dem Niedergang der oberdeutschen Handelshäuser mußte sich der Kaiser nach neuen Geldgebern umsehen. Neben einzelnen einheimischen Kapitalisten und den Ständen traten italienische Bankhäuser in den Vordergrund, die Garibaldi, Joanelli, Pestalozzi und Bartholotti. Im ausgehenden 17. Jahrhundert konnten die Hofjuden immer mehr Einfluß gewinnen. Samuel Oppenheimer konnte sich von den 1670er Jahren bis zu seinem Tod im Jahre 1703 in der Versorgung und Finanzierung der gegen Frankreich und die Osmanen kämpfenden kaiserlichen Heere fast eine Monopolposition schaffen. Ihm folgten Simson und Wolf Wertheimer, Lemle Moses, Emanuel Oppenheimer, Marx Schlesinger, Isaac Arnsteiner, Marx Hirschl und Löw Sinzheim. In der Frühzeit Maria Theresias machte Diego de Aguilar (Moses Lopes de Pereira) seine Karriere und in der zweiten Jahrhunderthälfte Abraham Wetzlar (1715/16–1799), der als von Plankenstern nobilitiert und als einer der Mäzene Mozarts bekannt wurde. Für alle diese Geschäftsleute gilt, daß ihre Geschäftstätigkeit aus der Verquickung von Waren- und Kreditgeschäften erwuchs. Der Finanzbedarf der Staatsverwaltung und der Luxuskonsum des Hofes und Hochadels gaben Gelegenheit zu ertragreichen Waren- und Kreditgeschäften.[57]

Die der Hofkammer von den jüdischen Hoffinanciers von 1698 bis 1739 gewährten Vorschüsse wurden mit mindestens 78 Millionen Gulden angegeben, also im Durchschnitt rund 2 Millionen Gulden jährlich, was ungefähr einem Zehntel der gesamten Staatseinnahmen (Camerale plus Contributionale) entsprach.[58] Die Summen, die Samuel Oppenheimer dem Kaiser beschaffte, waren enorm: allein in den Jahren 1701 bis 1703, vom Beginn des Erbfolgekrieges bis zum Tod Oppenheimers, über 8 Millionen Gulden. Nach dem Tod Oppenheimers drohte der Bankrott der Oppenheimerschen Erben und mit der Einforderung aller Schulden auch der Staatsbankrott. Als Ausweg wurde nach venezianischem Vorbild Österreichs erste Bank, der Banco del Giro, gegründet, ein Experiment, das bald scheiterte. Samuel Oppenheimers Neffe Simson Wertheimer (1658–1724) war 1684 aus Worms nach Wien gekommen, wo er zum Vertreter und Bevollmächtigten seines Onkels avancierte. Er spezialisierte sich ganz auf das Geldgeschäft. 1698 bezifferte er seine Forderungen an die Hofkammer auf über 6 Millionen Gulden. 1720 war die Firma Wertheimer mit 6 Millionen Gulden der größte Staatsgläubiger.[59]

Daneben dürfen aber auch die christlichen Finanzunternehmer nicht übersehen werden. Gottfried Christian von Schreyvogel war schon um 1700 so bedeutend, daß man nur ihm eine Brechung des Oppenheimerschen Monopols zutraute. Nach 1714 waren die Häuser Cichini & Jäger, die Isenflam und die Hilleprand zugleich als hohe Beamte in der Hofkammer, in der Universal-Bancalität und der Orientalischen Kompanie und als Privatbankiers tätig. Die weitverzweigte Familie der Gebrüder Palm stieg ebenfalls zu einem wichtigen Rivalen der jüdischen Finanz auf. Während unter Karl VI. die jüdischen Bankiers ihren Vorrang noch behaupten konnten, verringerte sich ihr Einfluß in der Frühzeit Maria Theresias und konnte sich erst nach der Toleranzgesetzgebung 1782 wieder festigen. Auch der inländische Adel und die holländischen und englischen Bankhäuser spielten als Geldgeber des Staates eine wichtige Rolle.[60]

Der Banco del Giro, der 1703 nach dem Tod und Bankrott des Hoffaktors Samuel Oppenheimer eingerichtet worden war, sollte vor allem den zahlreichen Kleingläubigern Oppenheimers entgegenkommen. Seine Obligationen konnten trotz des Zwangscharakters, den ihnen das Gründungspatent Leopolds I. zuschreiben wollte, kein Vertrauen erringen. 1705 ordnete Joseph I. die Einstellung der Zahlungen an. Während der Banco del Giro ein Instrument der Hofkammer und damit ihres größten Schuldners war, sollte der 1705 nach dem Vorbild der »Maison de ville de Paris« gegründete Wiener Stadt-Banco autonom geführt werden, um jede willkürliche Schuldenvermehrung durch die Hofkammer zu unterbinden, blieb in der Praxis aber ebenfalls ein Organ der Regierung. Die Stadtbank übernahm von der Hofkammer Schulden und stellte den Gläubigern auf die Stadt lautende Obligationen aus, die sie binnen 15 Jahren zurückzahlen und mit 5 Prozent verzinsen mußte. Die Stadtbank begann sich ab dem Jahre 1712 auch zu jenem »banco del deposito« zu entwickeln, den Hofkammerpräsident Gundaker Thomas Graf Starhemberg von Anfang an angestrebt hatte.[61] Trotz der besonderen Stellung als Institution der Staatsschuldenregulierung hatte die Stadtbank mit der 1724 eröffneten Depositenabteilung, die beträchtlichen Zulauf gefunden haben soll, auch den Charakter einer Depositenbank für langfristig gebundene Gelder gewonnen. 1732 war ein Einlagenstand von über 51 Millionen Gulden erreicht. Über 90 000 Parteien, darunter Witwen und Waisen, zählten zu den Einlegern. Die Obligationen der Stadtbank füllten eine Lücke im Spektrum der Anlagemöglichkeiten, die sowohl von Gewerbetreibenden als auch von Stiftungen genützt wurden, für die der Mangel an Möglichkeiten zur vorteilhaften Plazierung von Ersparnissen ein entscheidendes Problem dargestellt hatte.

Die Universal-Bancalität, die 1714 als Konkurrenz zur Stadtbank begründet und 1721/23 faktisch, 1745 auch formell aufgelöst wurde, war als Staatskassa, Staatsanleiheninstitut und Privatbank konzipiert, fungierte aber nach 1721 nur mehr als Staatsbuchhaltung und Zentralkassa. Die Bereitstellung verschiedener Anlageformen durch eine einzige Institution hätte zum wichtigen Schritt der Entpersonalisierung der Kreditverhältnisse führen, die Liquidität steigern und einem größeren Publikum die Chance auf regelmäßige Kapitalanlage eröffnen sollen. Der Mißerfolg trat ein, da es nicht gelang, Privateinlagen zu gewinnen.[62]

Herrschaft und Disziplin

Höfische Gesellschaft und feudale Ordnung

Daß durch den genealogischen Zufall des Erlöschens der niederösterreichischen (1619) und dann auch der Tiroler Linie (1665) die drei österreichischen Linien der Habsburger wieder zusammenfielen und die zweite Epoche der habsburgisch-österreichischen Erbschaftsteilungen beendet wurde, war für die Ausbildung eines gemeinsamen Wirtschaftsraumes eine wesentliche Voraussetzung, auch wenn der entsprechende Integrationsprozeß nur schrittweise voranging und sich bis ins frühe 19. Jahrhundert hinzog. Nicht nur Berge oder die große Zahl der Enklaven, die Mehrzahl davon Kirchengut, vor allem das Gebiet des Erzbistums Salzburg, das sich als fast vollständige Barriere zwischen Tirol und Donauösterreich schob, behinderten die Vereinheitlichung, sondern auch die Unzahl von ständischen Privilegien und regionalen Sonderinteressen.[63]

Nachdem der innerösterreichische Landesfürst Erzherzog Ferdinand 1619 als Kaiser Ferdinand II. nach Wien übersiedelt war, verlagerte sich der politische und wirtschaftliche Schwerpunkt noch stärker als bisher nach Niederösterreich und die Länder der böhmischen Krone. Mit Ferdinand II. war Wien endgültig zum Mittelpunkt des Herrschaftsgebietes der österreichischen Habsburger geworden. Graz (1619) und Innsbruck (1665) wie auch Prag verloren die Residenzfunktion. War die Wiener Hofburg bis dahin vergleichsweise klein, so erfolgten im späten 17. und frühen 18. Jahrhundert mit Amalientrakt, Leopoldinischem Trakt, Reichskanzleitrakt, Hofreitschule, Redoutensaal und Hofbibliothek große Erweiterungen. Der Hof, der in der zweiten Hälfte des 16. Jahrhunderts etwa 500 Personen zählte, umfaßte unter Karl VI. bereits 2175 Stellen, so daß wohl mit den Familien etwa 10000 Menschen direkt von der zentralörtlichen Residenzfunktion abhängig waren. Die Ausgaben für den Hofstaat stiegen von circa 500000 Gulden um 1650 auf etwa 1 Million um 1700 und 6 Millionen um 1800. Unter Maria Theresia absorbierte der Hof etwa 6 bis 8 Prozent der Staatsausgaben, unter Joseph II. wegen seiner privaten Sparsamkeit und den andererseits enorm aufgeblähten Militärausgaben allerdings weniger als 2 Prozent.[64]

Durch die Residenz- und Hauptstadtfunktion war Wien zu neuer wirtschaftlicher Blüte erwacht. Immer mehr Familien des hohen und mittleren Adels wurden an den Kaiserhof gebunden und errichteten sich hier aufwendige Palais. Durch Feudalrenten und Steuern kam sehr viel Geld in die Stadt. Damit erfuhr die Wiener Wirtschaft eine neue Ausrichtung auf den Luxusbedarf des Hofes, des Adels und der Zentralstellen. Das wirkte sich vor allem auf die Seiden- und sonstige Luxusindustrie aus, deren Grundlegung im ausgehenden 17. Jahrhundert erfolgt war. Es kam zu einem Bauboom. In die Zeit zwischen 1683 und 1749 fällt der Großteil der Wiener Palais-, Schloß- und Kirchenbauten. Noch viel mehr als die Bauführung selbst verschlang die luxuriöse Einrichtung Unsummen.

Nicht nur die Macht des Hofes und die Schaffung einer Behördenorganisation, sondern auch die Möglichkeiten, die sich dem Adel in kaiserlichen Diensten eröffneten, hatten zum Sieg des landesfürstlichen Zentralismus über den von Adel und Ständen vertretenen Föderalismus beigetragen. Der Ritter war zum »Honette Homme«, zum Kavalier und zum Höfling mit entsprechender Ausbildung geworden. Das Hofleben, das sich wie der Militärdienst, je höher man die Karriereleiter hinaufkletterte, um so einträglicher erweisen konnte, verschlang andererseits ungeheure Summen, die manche Adelige überfordern und finanziell ruinieren konnten. Etikette und Zeremoniell wurden zu Mitteln der Disziplinierung und Distanzierung. Die gewaltigen Treppenhäuser, die die neuen Palast- und Klosterbauten charakterisierten und in denen der Gast von oben herab begrüßt und empfangen wurde, wurden zum zentralen Symbol von Herrschaft, Rang und Repräsentation. Auch im höfischen Tanz kamen die neuen Regeln des Hoflebens zum Ausdruck. Die wilde, ungeregelte und erotische Volte des Manierismus wurde durch das abgezirkelte, »zivilisierte« Menuett ersetzt, das hohen Lernaufwand erforderte und die höfisch-ständische Rangordnung und Disziplin abbildete.[65]

Gleichzeitig begann sich im 17. Jahrhundert die Militärtechnik wieder zu ändern. Die zunehmende Verbesserung der Feuerkraft und Treffsicherheit der Handfeuerwaffen machte die dichtgedrängten Spießerhaufen sinnlos. Im Kavallerieangriff mit Pistole und gezogenem Säbel gewannen die Reiterheere eine neue Bedeutung, die sie bis ins 19. Jahrhundert beibehalten sollten. Die Offizierslaufbahn in den neuzeitlichen Massenheeren bot dem Adel ein neues »ritterliches« Betätigungsfeld. Das Heer des 16. und frühen 17. Jahrhunderts war das angeworbene Söldnerheer. Ständische Aufgebote blieben zwar bestehen, hatten aber kaum mehr eine reale militärische Bedeutung, ebensowenig wie die städtischen und bäuerlichen Schützenkompanien. Die freiwilligen Werbungen waren immer weniger ergiebig, in der zweiten Hälfte des 17. Jahrhunderts wurden sie durch Zwangsaushebungen ergänzt. Die Söldnerheere wurden zu einem stehenden Heer umgeformt. Albrecht Wallenstein hatte erstmals 100 000 Soldaten. Nach 1648 zählte das kaiserliche Heer etwa 30 000 Mann. Später im 17. Jahrhundert scheinen 100 000 Mann die magische Obergrenze dargestellt zu haben. Vor dem Siebenjährigen Krieg umfaßte die kaiserliche Armee etwa 108 000 Mann, ohne die ungefähr 40 000 in Italien und Belgien stationierten Truppen und ohne die 44 000 Grenzer an den Militärgrenzen des Balkans.[66]

Die Kosten eines stehenden Heeres waren immens. Um 1700 entstand als neue Institution die Kaserne, die die Zwangseinquartierungen in Städten, Dörfern und Bauernhäusern ergänzen, wenn auch noch lange nicht ersetzen sollte. Durch Kasernierung, Exerzieren und Drill versuchte man die für die feldmäßige Gliederung unumgängliche Disziplin einzutrichtern. Die Armee wurde auf diese Weise zum großen Wegbereiter der Arbeits- und Sozialdisziplin. Das Sozialprestige der Soldaten war entsprechend gering. Das Offizierskorps erhielt eine systematische Ausbildung. Eine einheitliche Uniform wurde eingeführt. Daraus resultierte eine beträchtliche Nachfrage nach standardisierten Textilien, Ausrüstungsgegenständen und Waffen.[67]

»Adeliges Landleben«

Durch den Aufstieg zahlreicher bürgerlicher Unternehmer und Beamter in den Adelsrang und die vollständige Niederlage des protestantischen, antiabsolutistischen Landadels in den konfessionellen und politischen Auseinandersetzungen zwischen katholischem Kaiserhaus und kaisertreuem Hofadel einerseits und adeligen, reformierten Landständen andererseits hatte sich die Zusammensetzung der österreichischen Adelsgesellschaft zwischen 1550 und 1650 erheblich gewandelt. Zu den trotz Emigration und Landesverweisung im Lande weiterbestehenden altösterreichischen Adelsfamilien kamen Zuwanderer aus dem Reich, aus Spanien, Italien und den Niederlanden, mit deren Integration die übernationale Struktur des österreichischen Adels verstärkt wurde. Adelige Aufsteiger rekrutierten sich aus Kameralunternehmern, Händlern, Juristen, Beamten und den Kreisen der Heerführer des 16. und 17. Jahrhunderts. Im Bereich des Montanwesens konnten zahlreiche Gewerken und Händler den Adelsrang erringen. Rein zahlenmäßig aber blieb der Adel bis ins 19. Jahrhundert eine minimale Gruppierung: 1830 lag sein Anteil an der Gesamtbevölkerung bei etwa 0,8 Prozent. In Wien allein allerdings zählte man zu Beginn des 19. Jahrhunderts zwischen 5,7 und 7,3 Prozent Adelige, 1840 aber nur mehr 3,5 Prozent.[68]

Es steht außer Zweifel, daß nur ein geringer Teil der gesamten, von Adeligen verausgabten Mittel produktiven Zwecken zufloß: Der Großteil ihrer Einkommen, und oft mehr als das Einkommen, wurde unmittelbar für den Verbrauch ausgegeben: Der »adelige« Lebensstil beinhaltete Schlösser, Dienerschaften, Pferde, Feste und Spiele. Die Abgrenzung zu anderen Schichten sollte durch Luxusordnungen gefestigt werden. Die Jagd wurde zum vornehmsten Privileg: Beritten, zu Fuß oder als geschlossenes Gejaid, wo dem Jagdherrn das Wild in ein kleines Gehege zugetrieben wurde, mündete sie oft in eine rauschhafte Leidenschaft und in ein sinnloses Abschlachten ungeheurer Mengen von Wildtieren auf engstem Raum und in kürzester Zeit. Auch eine teure Spielleidenschaft charakterisierte allzu häufig die adelige Gesellschaft.[69]

Dafür eine finanzielle Deckung zu finden, erforderte die Ausschöpfung aller Möglichkeiten des Feudalsystems und deren Kombination mit neuen Einkommensquellen. Nach einer vorübergehend gegenläufigen Entwicklung in der zweiten Hälfte des 17. Jahrhunderts, in der manche Herrschaftsinhaber wieder zur Rentenwirtschaft übergingen, kam es im 18. Jahrhundert in Ostösterreich zu einer nochmaligen signifikanten Ausdehnung der Meierhofwirtschaft. Im Viertel unter dem Manhartsberg stieg die dominikale Ackerfläche von 1620 bis 1750 um 44,8 Prozent.[70]

Die direkte gewerbliche Betätigung der Grundherrschaften hatte im frühen 17. Jahrhundert einige Bedeutung erlangt, diese aber bald wieder verloren. Um 1750 erflossen in Niederösterreich aus Gewerbebetrieben nur 5,4 Prozent der grundherrschaftlichen Gesamteinnahmen, wobei Brauhäuser, Mühlen und Tavernen als regionale Monopole noch die höchsten Gewinne abwarfen. Auch wenn die Herrschaftsbrauhäuser klein waren und bei mittleren Herrschaften eine Jahresbrauleistung von 230 bis 350 Hektoliter, bei großen eine von 700 bis 1450 Hektoliter hatten, war der Bau einer Taverne doch eine der wichtigsten Maßnahmen ertragsbewußter Grundherren. Eine Kommerzialisierung wurde damit nicht erreicht, eher eine zusätzliche Ausbeutung der Untertanen. Lediglich bei den wenigen herrschaftlichen Eisenhämmern, Papiermühlen und Glashütten waren echte Ansätze einer auf den Markt orientierten Produktion gegeben. Hofhandwerker, Binder, Wagner, Tischler und Schmiede wurden bei den Grundherrschaften angesiedelt, die auch für die nichtherrschaftliche Kundschaft arbeiteten. Die Teichwirtschaft hatte ihren Höhepunkt in den siebziger Jahren des 16. Jahrhunderts bereits überschritten und erfuhr nach einer Krise um 1620 noch eine Nachblüte, die in der zweiten Hälfte des 17. Jahrhunderts einsetzte, auch wenn die Erträge real deutlich hinter dem 16. Jahrhundert zurückblieben. Im 18. Jahrhundert kam es mit der Trockenlegung zahlreicher Teiche und Seen zu einem raschen Rückgang oder wie im Weinviertel einem gänzlichen Verschwinden der Fischzucht.[71]

Schafhaltung und Wollproduktion begannen zur wichtigsten kapitalistischen Strategie großer Grundbesitzer zu werden. Einer der häufigsten Anlässe für Streitigkeiten zwischen Grundherren und Untertanen ergab sich aus dem Auftrieb herrschaftlicher Schafe auf die Gemeindeweiden, seit die Grundherrschaften ab der zweiten Hälfte des 17. Jahrhunderts durch vermehrte Schafhaltung in eigenen Schafflerhöfen oder Meierhöfen eine neue Einnahmenquelle zu erschließen versuchten. Die Schäfer, ohnehin Außenseiter der Gesellschaft, wurden für die Bauern zu den Agenten der verhaßten Schafhöfe der Grundherrschaften.[72]

Die Einkommensstruktur der niederösterreichischen Grundherrschaften läßt sich aus den Ergebnissen des Theresianischen Steuerkatasters ablesen. Das Totale der 1750/51 in Niederösterreich einbekannten Dominikaleinkünfte wurde mit etwa 42 Millionen Gulden beziffert.[73] Der Anteil der Eigenwirtschaft und der Monopole am kapitalisierten Wert aller Adelsherrschaften ergab je nach Landesviertel 30 bis 35 Prozent, der Anteil der Geldrenten einschließlich der in Geld abgelösten Arbeitsrente 20 bis 30 Prozent, der Anteil der Naturalrenten 15 bis 25 Prozent.[74]

Tabelle 9: Struktur der Einkünfte der niederösterreichischen Stifte und Adelsherrschaften um 1750 (in Prozent)

	Stifte	Adelsherrschaften
Landwirtschaft, Weingärten	5,5	9,3
Waldungen, Teiche	6,6	12,8
Gewerbe, Monopole, Mauten	1,5	8,8
Gelderträge (Zinsen)	4,8	2,7
Geldabgaben	27,4	28,7
Naturalabgaben	37,9	19,8
Robot	15,1	16,2
Sonstiges	1,1	1,7
Summe, in 1 000 Gulden	6 602,8	35 354,9

Quelle: Herbert *Knittler*, Zur Einkommensstruktur der niederösterreichischen Stifte um die Mitte des 18. Jahrhunderts, in: 1144–1994. Benediktinerstift Altenburg (Altenburg 1994) 270.

»Der Bauer ist an Ochsen statt …«

Im Bild der frühneuzeitlichen Gesellschaft war der Bauer grobschlächtig, unwissend, faul und in die Nähe zum Tier gerückt. Es lief der Spruch um: »Der Bauer ist an Ochsen statt, auch wenn er keine Hörner hat.«[75] Die österreichischen Adeligen argumentierten gegenüber Joseph II., ihre Bauern seien faule, betrunkene Lümmel, die nur aus Angst vor der Peitsche arbeiteten und die Freiheit nicht zu gebrauchen wüßten, wenn sie sie bekämen.[76] Von dem Zürcher Kantor Felix Hemmerli, der sich im 15. Jahrhundert zeitweilig in Feldkirch aufhielt, stammt ein Buch über das Verhältnis von Adel und Bauern mit dem Titel »De nobilitate et rusticitate«, das in der Forderung gipfelte, man müsse den Bauern alle 50 Jahre Haus und Hof verbrennen, damit sie nicht zu selbstbewußt würden.[77]

Die Mißachtung des Bauern war auf die Spitze getrieben. Wenn Bauern zur Audienz kamen, pflegten manche Herren sich eine Kapsel mit Duftstoffen unter die Nase zu halten. Man spottete über Bauern, die sich mit Stuhlfüßen duellierten oder die glaubten, man könne Schnee hinterm Ofen dörren und dann als Salz verkaufen. Abraham a Sancta Clara suchte zwar zu vermitteln: Wenn der Bauer auch unter einem Strohdach wohne, so sei doch nicht immer Stroh in seinem Hirn.[78] Die herrschaftlichen Beamten aber waren überzeugt: Das Bauernvolk ist am besten, wenn es weint, und am schlechtesten, wenn es lacht (»rustica gens est optima flens, sed pessima gaudens«). Dieses geflügelte Wort reflektierte die allgemeine Einstellung, dem Bauern müsse »wacker ums Maul« geschlagen werden.[79]

Zur ständigen Bedrohung des Bauern durch Krieg, Hunger und Mißernten gesellte sich die Ausbeutung. Drei Gruppen seien es, die dem Bauern lieber etwas nähmen als gäben: Edelleute, Kriegsleute und Bettelleute. Von allen dreien gab es genug. In Kriegszeiten wurden die Bauern von den Soldaten bedrängt, in Friedenszeiten schröpften sie die Pfleger und Verwalter der Grundherrschaften, die auf sie mit einem Prügel losschlugen, wie man aus einem leeren Mehlsack noch Mehl herausklopft: »Alleweil, alleweil geht's a so zua, der Pfleger nimmt's Kalbl, die Herrschaft die Kua.« Jeder trete nach unten: »Die Bauern reiten die Rosse, die Hauptleute reiten die Bauern, die Herrschaften reiten die Hauptleute; kummt der Teiffel, reitet er sie alle miteinander«, meinte Abraham a Sancta Clara.[80]

Der Abschwächung des nie so wirklich gültigen feudalen Prinzips der Gegenseitigkeit gegenüber jenem der Abhängigkeit und Erbuntertänigkeit in der Frühneuzeit entsprach ein verstärkter Zugriff der Grundherren auf die bäuerlichen Abgaben. Die Bauern hatten im 16. und 17. Jahrhundert eine empfindliche Erhöhung der Belastungen auf sich nehmen müssen. Irgendwie mußte ja alles finanziert werden, der Prunk, die adelige und kirchliche Bauwut, die Kriege. Die ständig steigenden Kosten der Kriegsführung trieben die Steuerforderungen in die Höhe. Während die Niederösterreichischen Stände im Jahrzehnt zwischen 1650 und 1660 jährlich eine Kontribution von durchschnittlich 332 500 Gulden bewilligten, waren es im Jahrzehnt 1691 bis 1700 bereits durchschnittlich 804 013 Gulden. Das war fast ausschließlich von den Untertanen zu bestreiten, da der Adel bis 1748/49 in vielen Belangen steuerfrei oder privilegiert war.

Rentmeister und Bauer, Öl auf Holz, niederösterreichisch, 18. Jahrhundert

Der Salzpreis wurde während der zwei Jahrhunderte von 1530 bis 1730 bei fast gleichbleibenden Löhnen versechzehnfacht, der Tabak monopolisiert und insgesamt viel Gedankenarbeit auf die Erfindung neuer Steuern und Abgaben verwendet.[81]

Der Zehent, der zehnte Teil der Früchte, der der Kirche zustand, war längst von der ursprünglichen Intention losgelöst und zu einer beliebten Kapitalanlage geworden. Der Naturalzehent war häufig in Geld umgewandelt. Rückumwandlungen von Geldablösen zu Naturalzehenten bei steigenden Getreidepreisen waren im 16. Jahrhundert häufiger Anlaß für Auseinandersetzungen mit der Geistlichkeit. Die Belastung mit Feudalrenten war innerhalb kleiner Räume und oft von Hof zu Hof äußerst unterschiedlich. Überall war sie für die kleineren Bauern prozentuell am spürbarsten und im Durchschnitt in Innerösterreich am höchsten. Erst dahinter kamen Niederösterreich, Oberösterreich, dann Böhmen, Mähren und Schlesien.[82]

Für Nieder- und Innerösterreich wurde 1785 das Ausmaß der Gesamtbelastung der bäuerlichen Wirtschaften mit Abgaben und Steuern stichprobenweise mit 40 bis 50 Prozent des Bruttobodenertrages ermittelt. Die Bauern hatten einen Teil ihrer Produktion in Form von Naturalien, Geld und Arbeit an die Grundherren abzuführen, einen anderen als Steuern an den Staat. In Tirol machten die Grundlasten etwa ein Viertel des Ernteertrages und die bereits eingeführte Grundsteuer etwa ein Zehntel der Urbarialabgaben aus. In Niederösterreich betrugen die Urbariallasten 31 Prozent und in Innerösterreich 31,4 Prozent des Bruttobodenertrages, die Steuern ungefähr die Hälfte der Urbariallasten. In Innerösterreich war die Steuerbelastung 1785 mit 18,4 Prozent des Bruttobodenertrages am höchsten.[83]

Da die Leistungskraft der Bauern ohnehin aufs äußerste angespannt war, blieb für die Grundherrschaften weniger an Ertrag, wenn der Staat mehr herausholen wollte. Grundherren nahmen daher bei staatlichen Forderungen für die Bauern Partei. Umgekehrt war die Staatsgewalt interessiert, die Bauern gegen grundherrliche Willkür zu schützen, um die Macht und die Einkommen des absolutistischen Landesherrn gegenüber dem Adel abzusichern. Auch wenn es also Belange gab, bei denen die Interessen der Grundherren und ihrer Untertanen gegenüber der staatlichen Gewalt konform gingen, etwa bei der Verminderung der staatlichen Steuerlasten, der Vermeidung von

Tabelle 10: Belastung der bäuerlichen Untertanen mit Abgaben und Steuern um 1785, Niederösterreich und Innerösterreich (in Prozent des Bruttobodenertrags)

Kategorie	Niederösterreich			Innerösterreich		
	Steuern	Urbariallasten	Summe	Steuern	Urbariallasten	Summe
Ganzlehner	12,0	28,4	40,4	19,0	30,1	49,1
Halblehner	12,8	31,3	44,1	16,1	29,7	45,8
Viertellehner	18,5	33,6	52,1	23,0	44,3	67,3
Häusler	133,3	232,3	365,6	–	–	–

Quelle: Roman *Rozdolski*, Die große Steuer- und Agrarreform Josefs II. Ein Kapitel zur österreichischen Wirtschaftsgeschichte (Warschau 1961).

Schäden bei Truppendurchmärschen und der Abwendung von Einquartierungen, und solche, wo die Zentralgewalt auf seiten der Bauern stand, so darf doch nicht übersehen werden, daß im allgemeinen Grundherrschaften und Landesfürst gemeinsame Sache gegen die Bauern machten. Vor die Entscheidung gestellt, entweder gemeinsam mit Städten und Bauern ihre politische Entscheidungsfähigkeit gegenüber dem Landesfürsten zu sichern oder unter Verzicht auf eine solche Position gestützt auf kaiserliche Söldner ihre privilegierte Position gegenüber den Bauern aufrechtzuerhalten, wurde von den Grundherren stets der zweiten Möglichkeit der Zuschlag gegeben. Damit wurden die Grundherren freilich erst endgültig zur »privilegierten«, bevorzugten Gruppe.[84]

Die Ökonomie der Konfessionalisierung

Die Konfessionalisierung spielte im Prozeß der Ausbildung des frühmodernen Staates eine wichtige Rolle. Die Gegenreformation war politisch und wirtschaftlich ein Angriff gegen das erstarkende Ständeregiment und den Regionalismus. Die Konfessionalisierung brachte eine neue Welle der Disziplinierung und Kontrolle, die im gemeindlichen und häuslichen Bereich durch die Ohrenbeichte, die Zurückdrängung des Lesens, die Überwachung durch den Pfarrer und die Visitatoren, den regelmäßigen Gottesdienst, das gemeinsame Tischgebet und die Reglementierung der Sexualmoral zum Ausdruck kam und kirchenintern eine verbesserte Ausbildung der Priester, eine Stärkung der Klosterdisziplin und eine generelle Kirchenreform zum Ziel hatte.[85]

Im Verlauf des 16. Jahrhunderts hatten die Klöster und Stifte eine schwere Krise durchgemacht. Die Konvente waren zusammengeschmolzen. Eine Statistik zum Klosterwesen aus 1563 verzeichnete für die heute österreichischen Länder inklusive Krain nur mehr 121 Klöster mit 410 Mönchen, 162 Nonnen, 199 Konkubinen, 55 Eheweibern und 447 Kindern. Auch die Einkommen der Klöster wären nach dieser Statistik drastisch gesunken, auf 190 680 Gulden gegenüber 332 793 Gulden in der Vorreformationszeit. Doch sind das insgesamt so niedrige Werte, daß diesbezüglich den angeführten Daten nicht viel Glaubwürdigkeit zukommen dürfte.[86] Die Einkommen der 27 landständischen niederösterreichischen Klöster und Stifte um 1750 wurden mit etwa 6,6 Millionen Gulden veranschlagt.[87]

Durch Klosterneugründungen und Aufblühen der bereits bestehenden, von der Reformation arg durchgerüttelten Gemeinschaften kam es im Lauf des 17. und frühen 18. Jahrhunderts zu einer beträchtlichen Zunahme der Geistlichkeit. Die enorme Zahl und der prunkvolle Aufwand der Kloster- und Kirchenbauten des Barock waren nicht nur Ausdruck eines neuen kirchlichen Selbstbewußtseins, sondern auch der wiedergewonnenen gesellschaftlichen und wirtschaftlichen Macht der Kirche. Die Intensität der kirchlichen Bautätigkeit im Barock wird in ihren Dimensionen erst richtig erkennbar, wenn man sie in Relation zum reformierten 16. Jahrhundert setzt, in dessen Verlauf in Österreich kaum mehr als drei größere protestantische Kirchen errichtet wurden, nämlich in Klagenfurt, Horn und Loosdorf.

Zum wirtschaftlichen Aufschwung, den die alten Klöster im Zeitalter der Gegenreformation verzeichneten, kam eine gewaltige Zunahme der neuen Orden in den Städten. Nach Linz, wo es im Mittelalter nur das Minoritenkloster gegeben hatte, das in den Wirren der Reformation untergegangen waren, kamen neun neue Orden, alle bis auf die Deutschordenskommende unter ausdrücklichem Protest der Bürgerschaft. Fast durchwegs waren sie als Bettelorden auf die Spendenfreudigkeit der Bevölkerung angewiesen, prägten mit ihren monumentalen Kirchen- und Klosterbauten aber bald das Stadtbild.[88] In Wien wurden zwischen 1597 und 1637 zur Erweiterung oder Neuerrichtung von Klöstern 50 Bürgerhäuser abgerissen.[89]

Das Einsetzen der religiösen Erneuerung wirkte sich vor allem auf die Situation der bäuerlichen Untertanen der geistlichen Grundherrschaften aus. Aus den Stiftsgrundherrschaften mußte nun nicht nur das Auskommen für die wieder erstarkten Konvente, sondern auch das Geld für die großzügigen Bauprogramme, die in den Stiften, Pfarren und Wallfahrtskirchen in die Wege geleitet wurden, erwirtschaftet werden. Es war eine nicht zu unterschätzende Hypothek für die katholische Kirche, daß der Wiederaufstieg und die wirtschaftliche Sanierung der Klöster um die Wende vom 16. zum 17. Jahrhundert mit einer stärkeren Belastung der Untertanen einhergingen. Hier bildeten sich Ressentiments aus, die noch 180 Jahre später wirksam waren, als die Klosteraufhebungen Josephs II. in weiten Kreisen der Bevölkerung auf wenig Widerstand stießen und durchaus populär waren.[90]

Während die Gegenreformation in der Steiermark schon zwischen 1598 und 1605 mit der Emigration von 11 000 Exulanten, großteils Bürgern und Eisenarbeitern, die sich vornehmlich in der Oberpfalz niederließen, massiv durchgezogen worden war und 1628 auch der protestantische Adel ausgewiesen wurde, erreichte in Donauösterreich die Rekatholisierung erst nach dem Dreißigjährigen Krieg ihren Höhepunkt. In Oberösterreich wurden etwa 20 000, in Niederösterreich einige tausend Exulanten gezählt, vor allem aus dem städtischen und montanistischen Bereich. Insgesamt werden die Bevölkerungsverluste durch Emigration auf etwa 100 000 Menschen geschätzt.[91]

Daß durch die von der Gegenreformation veranlaßte Zwangsausweisung eines großen Teils der Eliten aus Adel, Wirtschaft und Geistesleben den betroffenen Regionen unermeßlicher Schaden zugefügt worden sei, gehört zum Standardrepertoire der österreichischen Geschichtsforschung. Aber es gab auch rein wirtschaftliche, krisenbedingte Gründe zum Auswandern, etwa die niedrigen Realitätenpreise in den vom Dreißigjährigen Krieg besonders betroffenen Landschaften des Reiches und den schlechten Geschäftsgang in Österreich. Jedenfalls könnte bestenfalls eine Verschärfung der Wirtschaftskrise durch religiös bestimmte Maßnahmen stattgefunden haben. Ein wirklich radikales Vorgehen dürfte es vorwiegend gegen evangelische Intellektuelle, Prädikanten und Schulmeister gegeben haben.[92] Der landständische Adel zog sich aus den Provinzhauptstädten, etwa Klagenfurt, wieder stärker aufs Land zurück. Damit verringerte sich zwar für das Bürgertum die unmittelbare Einflußnahme des Adels in diesen Städten. Gleichzeitig aber verloren die Städte an Bedeutung und Kaufkraft und wurde im »adeligen Landleben« außerhalb der Städte eine neue wirtschaftliche und kulturelle Konkurrenz aufgebaut.[93]

An die Stelle der protestantischen Intelligenz konnte erst nach und nach eine katholische treten. Das Bildungsmonopol der Jesuiten, die ihr Augenmerk fast ausschließlich der höheren lateinischen Schule widmeten, war nach dem Zusammenbruch der protestantischen Stadt- und Landschaftsschulen auch durch die neuen Schulorden, die Piaristen, Ursulinen und Englischen Fräulein, vorerst kaum beeinträchtigt. Das wissenschaftliche Niveau der österreichischen Barockuniversitäten war eher niedrig. Wien und Graz, beide von Jesuiten dominiert, konzentrierten sich auf Theologie und aristotelisch-scholastische Philosophie, ebenso wie die Universität Innsbruck, die 1669/1677 als Entschädigung für das Aussterben der Tiroler Habsburger und die Verlegung der Hofhaltung nach Wien eingerichtet worden war. Die 1622, allerdings ohne medizinische Fakultät begründete Salzburger Benediktineruniversität hatte sehr starken Zulauf, nicht nur weil hier die Gebühren niedriger waren, sondern auch wegen des auf den süddeutschen Raum ausgerichteten Charakters dieser von einer Konföderation von Benediktinerabteien getragenen Hohen Schule, wegen der Leibniz-Wolffschen Philosophie, die hier gelehrt wurde, und wegen des europäischen Ansehens ihrer außergewöhnlich rege besuchten Juristenfakultät.[94]

Ein grundlegender Wandel der literarischen Kultur trat ein. Der Bücherbesitz ging stark zurück. Während in den meist protestantischen Adels- und Bürgerhaushalten der zweiten Hälfte des 16. Jahrhunderts Bibliotheken, bisweilen sogar mit weit mehr als 100 Bänden religiösen, juridischen und auch naturwissenschaftlichen und humanistischen Inhalts, keine Seltenheit waren und selbst in den meisten Mitwohnerhaushalten eine Lutherbibel oder Hauspostille vorhanden war, wurde nach 1630 der Besitz von Büchern wieder sehr rar, während Bildwerke und Gemälde zahlreicher wurden.[95] Es kam zu einer langdauernden Krise des Buchdrucks und Buchhandels. Gerade die Lesefaulheit und seine Vorliebe für das Kartenspiel wurden dem Provinzbürgertum des 18. Jahrhunderts besonders vorgeworfen.[96] Im frühen 18. Jahrhundert waren einer groben Schätzung zufolge etwa zwei Drittel der Bevölkerung nicht in der Lage zu lesen, geschweige denn zu schreiben.[97]

Erst im 18. Jahrhundert stieg das Interesse an besser ausgebildeten Untertanen. Kritisches Schrifttum glaubte man nunmehr mit Hilfe der Zensur fernhalten zu können.

Das Netz der Elementarschulen, der »deutschen Schulen« oder »Trivialschulen«, die neben dem Religionsunterricht noch Lesen, Schreiben und Rechnen boten, bezog zwar um 1700 in der Regel bereits jede Pfarre ein, auch im dünnbesiedelten alpinen Gebiet. Die Schulbesuchsquote war aber sehr gering. Nur etwa 20 Prozent der Kinder dürften vor 1770 tatsächlich Schulunterricht erhalten haben, in Städten und Märkten mehr, auf dem Land und in den Randgebieten der Monarchie weniger.[98]

Gegenreformation und Barock führten zu einer neuen Hochblüte des Wallfahrtswesens, die erst durch die Aufklärung und den Josephinismus unterbrochen wurde. Die Wallfahrten waren zwar auch in der Reformationszeit nie völlig zum Erliegen gekommen, doch war der Einnahmenausfall an der wirtschaftlichen Situation der Wallfahrtsorte deutlich zu ersehen.[99] In mancherlei Hinsicht waren die Tage der Wallfahrt in einer Zeit, die keinen »Urlaub« im heutigen Sinn kannte, auch Tage der Erholung und des Ausbrechens aus der dörflichen Sozialkontrolle. Tatsächlich war ja Freizeit noch im 18. Jahrhundert im wesentlichen für kirchliche Verrichtungen bestimmt, die als willkommene Unterbrechung und Abwechslung im Arbeitsleben verstanden wurden. Über die Pinzgauer schrieb der Salzburger Domherr Graf Spaur: »... er wallfähret sehr gern, und da ihm der Besuch entfernter, eine längere Reise erfordernder Wallfahrtsorte durch Landesgesetz verboten ist, so dingen Knechte und Mägde beym Antritt ihres Dienstes von der Herrschaft die Erlaubnis aus, zwei oder drei Tage auf Wallfahrten zubringen zu dürfen ...«[100]

Keine Wallfahrt ohne Wirtschaft: In Verbindung mit Wallfahrtsorten bildeten sich Märkte und entwickelte sich ein reiches Andachts- und Reiseandenkengeschäft. Zu einem Wallfahrtsort gehörten neben dem Heiltum entsprechende Unterkunfts- und Verpflegungsmöglichkeiten für verschiedene Einkommensklassen, gehörten neben der schönen Kirche auch sonstige Sehenswürdigkeiten, Attraktionen und Sensationen, an denen man sich erfreuen und von denen man zu Hause berichten konnte, und gehörten nicht zuletzt auch Läden, in denen man Kerzen und sonstige Opfer für die Kirche und kleine Mitbringsel für die Daheimgebliebenen erwerben konnte.

Gewalttätige Disziplinierung

Die Krise des 17. Jahrhunderts war auch eine Krise der Randschichten, wobei sich mit dem Entstehen neuer Ordnungsvorstellungen auch die Wahrnehmungsformen und Beurteilungskriterien änderten. Die zentral gelenkte Fürsorge, die nach dem Ausmaß der sozialen Bedürftigkeit selektierte, trat an die Stelle der Wohltätigkeit, mit drakonischen Strafen für jene, die sich dem repressiven System der Erziehung zur Arbeit entziehen wollten. Der Anteil gesellschaftlicher Randgruppen wie auch der Grad ihrer gesellschaftlichen Stigmatisierung stiegen im 17. Jahrhundert beträchtlich an: Alte, Kranke, Irre, Arme, Bettler, fahrendes Volk, Artisten, Gaukler, unehrenhafte Leute, Juden, Zigeuner, Ketzer, Hexen... Die Zahl der Ausgegrenzten war ungeheuer groß. Randgruppen stellten zuerst auch die neuen Industriearbeiter dar, die meist nur am Ortsrand oder hinter hohen Mauern und Zäunen angesiedelt wurden. Die Mobilität war hoch. Die Landstraßen waren voll von Vaganten, wandernden Handwerksgesellen, Wallfahrern, Hausierern, entlassenen Soldaten, Wander- und Saisonarbeitern, Zillertalern und Bregenzerwäldlern, Schweizern und Slowaken.[101]

5 bis 10 Prozent der Bevölkerung wurden in Wien, Graz oder Oberösterreich bei den gelegentlichen »Streifungen« als Bettler registriert. 1727 wurden in Oberösterreich allein etwa 26 000 Bettler gezählt, davon 43 Prozent Frauen, 28 Prozent Kinder und 29 Prozent Männer.[102] 1683 wurden 7 000 Bettler aus der Stadt Wien geschafft. Natürlich wurde in den Berichten heillos übertrieben. Und natürlich waren auch Betrüger darunter. Abraham a Sancta Clara nannte die Tricks: Einer nehme Bohnenmehl, gedörrte Wurzeln von wildem Sauerampfer, die Suppe von gesottenen Ochsenfüßen, mache daraus eine Teigmasse und bestreiche damit die Haut, was Tausende für Aussatz hielten; käme aber die Bettlergesellschaft zusammen, da geschähen große Wunder, denn die Blinden sähen, die Krummen würden gerade, die Stummen redeten.[103] Das Motiv des falschen Bettlers war bereits im 15. Jahrhundert aufgetaucht, etwa in der Wiener Bettlerordnung oder der Wiener Neustädter Armenordnung: simulierte Krankheiten und gefälschte Briefe, vorgetäuschte Schwangerschaften (»sich pauchat machen«) und falsche Kleriker und Nonnen.[104] Was davon der Realität entsprach, ist schwer beurteilbar.

Vorarlberger Schublisten und Steckbriefsammlungen lassen erkennen, daß die Nichtseßhaftigkeit keineswegs ein männliches Phänomen war. Der Anteil der Frauen an den Vaganten, Bettlern und Banden dürfte höher gewesen sein, als allgemein angenommen wird. Etwa die Hälfte und mehr der Fälle betrafen Frauen. Allerdings nahm der Anteil der Männer mit dem Grad der Kriminalität zu.[105] Mehr als die Hälfte der Bettler aus einer Stichprobe des späten 17. Jahrhunderts waren abgedankte Soldaten: »Es hinkt mancher auf der Gassen, auf einer Krucken, hat alle Tag Quatember, Fasten schaut ihm aus den Augen, die Kleider sind voller Fenster; ist bei vielen Treffen gewesen, nun hat ihn das Unglück getroffen, daß er mit seinem Restschein muß betteln gehen…«[106] Viele Deserteure, deren Zahl im 18. Jahrhundert sehr zugenommen hatte, waren zum Bettler- und Vagantenleben gezwungen.[107] Dienstboten, denen im Alter gekündigt wurde, erfuhren ein ähnliches Schicksal: Als Einleger wurden sie von Haus zu Haus geschickt.[108]

Die Zahl der körperlich wie geistig Behinderten muß sehr groß gewesen sein. Die zunehmende Auseinandersetzung mit den Problemen der Behinderung im späten 18. Jahrhundert mag einerseits als durch die Aufklärung bewirkter Wandel der Einstellung, andererseits auch als Reaktion auf ein gehäuftes Auftreten zu deuten sein. Behinderte waren wegen ihrer Anspruchslosigkeit und Leistungsfähigkeit durchaus auch gefragte Arbeitskräfte, so daß immer wieder auch der Verdacht des bewußten Heranzüchtens geäußert wurde. Zu vermuten ist, daß die besonders hohen Behindertenanteile in den Ostalpen mit den herrschenden gesellschaftlichen Strukturen, vor allem dem hohen Anteil unehelicher und bei fremden Eltern aufgezogener Kinder, zu tun hatten.[109]

Bereits im 15. Jahrhundert hatte man im städtischen Bereich zwischen arbeitsfähigen (starken) und arbeitsunfähigen, zwischen verschuldet und unverschuldet in Not geratenen wie auch zwischen fremden und ortsansässigen Bettlern und Armen zu unterscheiden begonnen. Die Versorgung der Armen nach dem sogenannten »Heimatprinzip«, das bis 1938 in Geltung blieb, war 1552 in der Polizeiordnung Ferdinands I. den Gemeinden übertragen worden, die sich ihrer Verpflichtung weniger durch Almosen als durch Erteilung der Berechtigung zum Bettel entledigten. Dem Bettel, darüber waren sich die Gesetzgeber auch im 16. Jahrhundert im klaren, war erst beizukommen, wenn es gelang, eine im kommunalen oder regionalen Bereich verankerte, flächendeckende öffentliche Armenfürsorge aufzuziehen. Davon konnte aber auch im 18. Jahrhundert noch keine Rede sein. Johann Joachim Becher begründete 1671 ein Zucht- und Werkhaus, nicht zu verwechseln mit dem Kunst- und Werkhaus, in welches »herrenloses Bettelvolk« und sonstiges »schlimmes Gesindel, leichtfertige Weibspersonen, Kupplerinnen« und »unbändige Handwerksburschen« eingewiesen werden sollten.[110] Mit der Einrichtung eines engmaschigen Netzes von Waisen-, Arbeits- und Zuchthäusern (Wien-Leopoldstadt 1671, Innsbruck 1710/1725, Graz 1735, Klagenfurt 1754, Linz 1775) oder durch Abschieben in die Kolonisationsgebiete in Ungarn und im Banat (Temesvárer Wasserschub) versuchte man den unsteten Personenkreis zu verringern und unter Kontrolle zu bringen. Wegen ihrer vielfältigen, sich gegenseitig ausschließenden Funktionen – Strafvollzug für Kriminelle, Arbeitshaus für Arme, zeitweise auch Waisenhaus – hatten die Zucht- und Arbeitshäuser von Anfang an mit großen Problemen zu kämpfen. Ihr Stellenwert als Instrumente der Disziplinierung darf nicht überschätzt werden, dazu waren sie schon von ihrer Kapazität her viel zu bescheiden. Der gewerbepolitische Hintergrund schwand im Lauf der Zeit immer mehr und machte sozialpädagogischen und kriminalpolitischen Intentionen Platz. Zwangsarbeit, das erkannte man, war ökonomisch nicht effizient.[111]

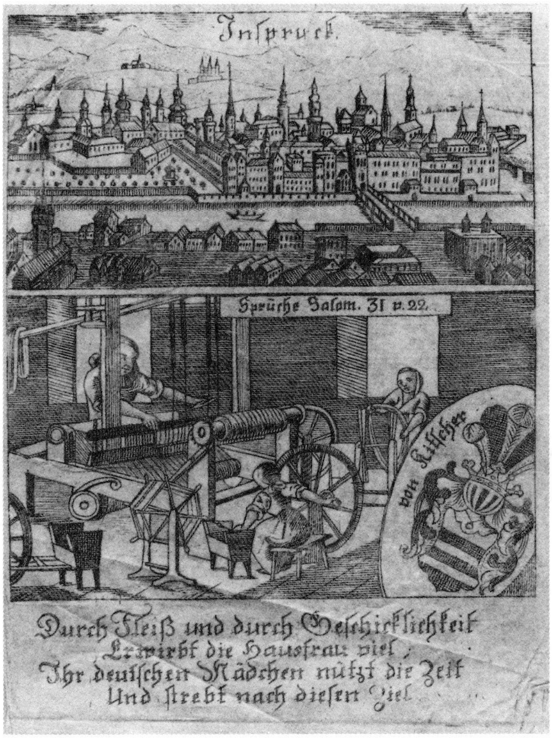

Weberei im Strafarbeitshaus in Innsbruck, Stich, 18. Jahrhundert

1705 klagte ein landesfürstliches Patent, daß »das Land ob und unter der Enns durch das umherstreifende Gesindel wegen continuierlichen Raubens, Plündern und Morden dergestalt unsicher gemacht wird, daß bald niemand mehr reisen kann…« Aber noch im frühen 19. Jahrhundert machten berühmte Räuberbanden, die »Stradafüßlerbande«

oder die Räuberbande des Johann Grasel, auch noch die nähere Wiener Umgebung unsicher.[112] Bei Schmuggel, Holzdiebstahl und Wilderei ist die Grenze zwischen Kriminalität, Existenzkrise und sozialem Protest schwer zu ziehen. Unverhältnismäßig strenge Strafen wurden ausgesetzt: In den kaiserlichen Jagdgebieten oder auch in Salzburg mußten Wilderer im 17. und frühen 18. Jahrhundert mit Brandmarkung, Landesverweisung, Galeerendienst, ja selbst mit der Todesstrafe rechnen.[113]

Die Politik gegenüber den Roma und Sinti, die nach dem Dreißigjährigen Krieg verstärkt ins Land kamen und als Kesselflicker, Wanderschmiede, Scherenschleifer, Besenbinder, Korbflechter und auch Musiker ein Auskommen fanden, war von einem ständigen Wechsel zwischen Verfolgung und Ansiedlungsversuchen gekennzeichnet. Bisweilen wurden regelrechte Hetzjagden auf sie veranstaltet. Die Tiroler Karrner, auch Jenische, Laninger oder Dörcher genannt, die nach dem Dreißigjährigen Krieg ihre Seßhaftigkeit aufgaben und vom Wanderhandel zu leben begannen, wurden meist mit »Zigeunern« gleichgesetzt, weil sie typische »Zigeunerberufe« ausübten.[114]

Die Verfolgungen wegen Hexerei und Zauberei fügten sich organisch in das disziplinierende Vorgehen gegen Arme, Alte und sonstige Randgruppen ein. Die Grundlage dafür war der sowohl in den Führungsschichten wie im Volk tief verwurzelte Glaube an die Wirksamkeit des Schadenzaubers, auf den von außen kommend die im Spätmittelalter von den gelehrten Theologen entwickelte Hexenlehre des Malleus Malificarum (Hexenhammers) aufgepfropft wurde. Charakteristisch war die Bürokratisierung der Hexenprozesse, die nicht wie die gleichzeitigen Judenpogrome spontan und ungeordnet vor sich gingen, sondern schriftlich nach dem Inquisitionsverfahren durch versierte Juristen abgewickelt wurden, die auf die formale Einhaltung aller Vorschriften bedacht waren, aber nichtsdestoweniger Geständnisse nach Belieben unter der Folter erpreßten. Während in den meisten europäischen Ländern seit dem 17. Jahrhundert ein deutlicher Rückgang der Zahl der Anklagen wegen Hexerei zu verzeichnen war, ist in Österreich der Zeitraum zwischen 1650 und 1700 als die Zeit der großen Hexenverfolgung zu bezeichnen. Nach vorsichtigen Schätzungen wurden etwa 5 000 (aktenmäßig gesichert mindestens 1 700) Personen vor Gericht gebracht und ein hoher Prozentsatz davon hingerichtet, mit regionalen, vielleicht aber auch nur forschungsbedingten Unterschieden, sowohl hinsichtlich der Zahl der geführten Prozesse wie auch hinsichtlich der Geschlechterproportion. Zu den Ländern, in denen gegen mehr als doppelt so viel Frauen als Männer prozessiert wurde, zählten Vorarlberg (über 80 Prozent Frauen), das Burgenland und Tirol. Fast so viel oder mehr Männer als Frauen waren in Wien, Niederösterreich, Oberösterreich, Kärnten, Salzburg und der Steiermark betroffen. Es scheint, daß sich in späterer Zeit die Zielrichtung immer stärker auf Männer verlagerte.[115]

Nachdem das 15. und frühe 16. Jahrhundert mit einer Verfolgungs- und Ausweisungswelle das Ende der jüdischen Gemeinden in Österreich gebracht hatte, war seit 1582 das Instrument der Hofbefreiung für Juden entwickelt worden. 1624 wurde durch einen Freiheitsbrief Ferdinands II. für 14 Familien jenseits des Wiener Donaukanals im Unteren Werd, der späteren Leopoldstadt, ein Ghetto begründet, das bis 1669 auf etwa 500 Familien anwuchs. Auch außerhalb Wiens hatten sich mit landesfürstlicher Genehmigung wieder Juden niedergelassen. 1669/70 kam es zur neuerlichen Vertreibung der etwa 3 000 Mitglieder zählenden Wiener jüdischen Gemeinde und auch der Landjuden. Nur im äußersten Westen und im äußersten Osten des heutigen Landes, im vorarlbergischen Hohenems und im westungarischen Burgenland, entwickelte sich in der Frühneuzeit ein kontinuierliches jüdisches Leben. Schon 1675 sah sich die Regierung veranlaßt, jüdischen Familien ihrer weitverzweigten Geschäftsverbindungen wegen gegen ein hohes Toleranzgeld die Ansiedlung in Wien wieder zu gestatten, wenn auch in geringem Ausmaß.[116]

Geld, Geld und noch einmal Geld …

War das 16. Jahrhundert von der schleichenden Inflation beflügelt, so schlitterte das 17. bald in die Hyperinflation. Die inflationäre Münzprägung war schon 1619 von den Liegnitzer Herzogen, dem ständischen Direktorium in Böhmen und dem »Winterkönig« Friedrich V. von der Pfalz begonnen worden. Der Kaiser sprang daher nur auf einen bereits fahrenden Wagen auf, als er im Frühsommmer 1621 mit der Prägung der »langen« oder »Kipper- und Wippermünzen« begann. Mit der Schlacht am Weißen Berge und der Rückgliederung Böhmens an die Habsburger war der erste Schritt für das generelle Übergreifen der Münzwirren auf die habsburgischen Länder gesetzt. Die Inflation brachte dem Kaiser Geld. Das ging Hand in Hand mit beträchtlichen Vermögensverschiebungen.[117]

Am 18. Januar 1622 wurden in Wien in einem Pachtvertrag auf ein Jahr gegen 6 Millionen Gulden alle böhmischen, mährischen und niederösterreichischen Münzstätten einem Konsortium überlassen, dem neben Hans de Witte auch Albrecht von Wallenstein, Karl von Liechtenstein, der Statthalter Böhmens, Hans Ulrich von Eggenberg, der Obersthofmeister des Kaisers und Direktor des Geheimen Rats, und Jakob Bassevi, der Vorsteher der Prager jüdischen Gemeinde, angehörten. Die sofort einsetzende Münzvermehrung und Verschlechterung mündete in eine unkontrollierbare Inflation. Gewinner waren die Mitglieder des Münzkonsortiums, die ihren Reichtum durch den Kauf von Herrschaften und Gütern in wertloser »langer« Münze begründen oder vermehren konnten. Die Kipper- und Wipperzeit wurde mit der sogenannten »Münz-Calada« 1623 beendet. Die Kippermünzen wurden auf ein Achtel ihres Nennwerts herabgesetzt, was einer 87prozentigen Abwertung entsprach und einem Staatsbankrott gleichkam.[118] Nach der Kipperzeit konnte sich das Geldwesen nicht mehr recht erholen. Der »großen« Kipperzeit von 1619 bis 1623 folgte die zweite oder kleine, die in die Jahre 1675 bis 1695 fiel.[119]

Die österreichischen Merkantilisten hatten die alte Formel vom Geld als Nerv der Staaten wieder aufgegriffen. Als erste Regel galt, das Geld im Land zu halten. Wilhelm von Schröder nannte in der Vorrede seiner dem Kaiser gewidmeten »Fürstlichen Schatz- und Rentkammer« die zwei Machtmittel des Staates: ein stehendes Heer und viel Geld im Kasten.[120] »Zum Kriegführen sind drei Dinge nötig: Geld, Geld und nochmals Geld.« Der Ausspruch wurde verschiedensten Autoren zugeschrieben, dem italienischen Heerführer Gian Giacomo Trivulzio, dem kaiserlichen Feldhauptmann

Lazarus von Schwendi und schließlich den kaiserlichen Feldherren Raimondo Montecuccoli und Eugen von Savoyen.[121] Der Kaiser brauchte Geld, um den Großmachtsanspruch, den er sich gestellt hatte, einzulösen. Da seine Bemühungen und die seiner Berater, auf alchemistischem Wege Gold zu machen, verständlicherweise wenig Erfolg zeitigten, blieb als einziger Weg, auf die Untertanen zurückzugreifen.[122]

Die Autoren der Fürstenspiegel des 16. Jahrhunderts, ja in einem bestimmten Ausmaß auch noch die österreichischen Kameralisten betrachteten die Kammergüter als Hauptgrundlage der fürstlichen Finanzen und waren sich einig, daß Steuern nur ausnahmsweise und nur in höchster Landesnot eingehoben werden dürften. Im Verlauf des 17. Jahrhunderts trat hier aber ein Wandel der Anschauungen ein. Wilhelm von Schröder betonte die Notwendigkeit von Steuern und Kontributionen.

Die logische Folge der Durchorganisierung der Verwaltung und der Ausschaltung der ständischen Gewalten war die Durchsetzung des Steuermonopols, das in Form direkter und indirekter Steuern für die Einkommensgebarung des Fiskus immer wichtiger wurde und die älteren feudalen Formen der Mittelaufbringung durch Belehnung, Verpfändung und Eigenwirtschaft des Staates zurückdrängte. Die Stände waren zwar politisch entmachtet worden. Was sie aber hartnäckig verteidigten, war das Steuerbewilligungsrecht. Die Ausschreibung von Steuern blieb bis Joseph II. an die Bewilligung der Landstände gebunden, wobei sich die Stände bis ins 18. Jahrhundert nach jeder Steuerbewilligung vom Landesherrn »Schadlosbriefe« ausstellen ließen, um zu verhindern, daß aus den zeitlich befristeten Bewilligungen ein dauernder Anspruch des Landesherrn abgeleitet würde. Dieser Dualismus der Mittelaufbringung führte vom 15. Jahrhundert bis 1848 zur Trennung der Staatsfinanzen in das landesfürstliche »Camerale« und das landständische »Contributionale«. Stark vereinfacht kann man sagen, daß das Kamerale im wesentlichen auf indirekten Steuern (Konsumsteuern und Einnahmen aus Mauten, Zöllen, Regalien, Monopolen und Domänen) beruhte, während die direkten Steuern den Kern des von den Landständen zu bewilligenden Steuerwesens (Contributionale) bildeten. Die staatlichen Einnahmen ordnete der Herrscher nach dem Dispositionserfordernis. Was an Einnahmen ohne Bewilligung der Stände verfügbar war, galt als ordentlich. Die Kameralverwaltung war von 1527 bis 1564 in der Hofkammer zentralisiert, der die Länderkammern untergeordnet waren. Die Erbteilungen unter den Söhnen Ferdinands I. brachte bis 1619 eine Drei- bzw. bis 1665 eine Zweiteilung der landesfürstlichen Finanzen. Erst seit 1709 erstreckte sich der Wirkungsbereich der Wiener Hofkammer auf die ganze Monarchie unter Einschluß der böhmischen Länder und Ungarns. Das Kontributionssystem blieb bis in die Mitte des 18. Jahrhunderts Ländersache. Dem entsprach auch eine unterschiedliche Verwendung, die des Camerales für Hofstaat und innere Verwaltung, des Contributionales für Äußeres und Militär.[123]

Die Haupttriebfeder der Weiterentwicklung des Steuersystems waren Krieg und stehendes Heer. Der Dreißigjährige Krieg wurde durch Münzverschlechterungen, Güterverkäufe und Antizipationen auf Steuereinkünfte finanziert. Wallenstein arbeitete nach der Maxime »Der Krieg ernährt den Krieg«, indem in Freundes- und Feindesland Kontributionen in Form von Gütern (Nahrungsmitteln, Kleidung, Pferden, Waffen),

Dienstleistungen (Quartier, Vorspann) und Geld bzw. Brandschatzungen (Abstandszahlungen bei Verschonung von Plünderung) erzwungen wurden.[124]

In der Frühneuzeit waren von den Landesherren nur mehr die Tirols und Salzburgs in ihren Territorien die weitaus größten Grundherren. Im Osten waren seit dem 15. Jahrhundert die Domänen durch Verpfändung und Verkauf auf wenige Prozent der Gesamtzahl der Höfe geschrumpft. Eine generelle und dauernde Besteuerung gelang vorerst nur partiell. Die Steuern standen in Konkurrenz zur Feudalrente: Im frühen 18. Jahrhundert machten Steuern oft schon mehr als 50 Prozent der herrschaftlichen Bruttoeinkünfte aus, was unweigerlich zu Konflikten zwischen Feudalrente und staatlicher Steuer führen mußte. Den Landtagen wurde ihr Steuerbewilligungsrecht durch »Dezennalrezesse« unter Maria Theresia geschmälert. Die Steuerfreiheit des dominikalen Eigenbesitzes wurde aufgehoben, Steuerfassionen wurden angelegt, zuerst ab 1748 der Theresianische Kataster. Viel wichtiger als die direkten Steuern wurden aber die indirekten Steuern: 1770 deckte das Salzmonopol 14 Prozent der ordentlichen und außerordentlichen Einnahmen des Staates. Dazu kamen die steigenden Einnahmen aus dem Tabak-, Lotto- und Postmonopol, die Einnahmen aus der Besteuerung von Alkohol und Lebensmitteln, aus Zöllen und Stempeln.[125]

»Österreich über alles ...«

»Vielmehr siehet es bei solcher Beschaffenheit einem österreichischen Miracul gleich, daß nicht bereits längst alles vollend bei uns zu Grund gegangen.« Der Autor solcher nicht unbekannt klingender Einschätzung österreichischer Wirtschaftsweise und der sie leitenden Mentalität ist Philipp Wilhelm von Hörnigk, neben Johann Joachim Becher und Wilhelm von Schröder der dritte Wegbereiter des österreichischen Merkantilismus im späten 17. Jahrhundert und sicher der meistzitierte unter diesen Autoren.[126] Als er im Sommer 1684 sein berühmtes Buch »Österreich über alles, wann es nur will« in Dresden fertigstellte, war Österreich gerade der unmittelbaren Bedrohung der türkischen Vereinnahmung entronnen und befand sich immer noch unter dem Eindruck der wirtschaftlichen Katastrophe des Dreißigjährigen Krieges. Hörnigk glaubte daher, in Zeiten, die schlechter geworden waren, seinen Österreichern, die »gern nett und köstlich aufziehen und ihrer äußerlichen Kommodität leben«, herbere Bissen vorsetzen und ihnen ein Rezept zum Gürtelengerschnallen verordnen zu müssen.[127]

Von Hörnigk, der von den ökonomischen Theorien seines Schwagers Johann Joachim Becher stark beeinflußt war und sich eine solide Detailkenntnis der österreichischen Wirtschaftsverhältnisse erworben hatte, ist nur dieses eine Werk geläufig geblieben, das ohne Verlags- und Ortsangabe anonym erschien und für ein Jahrhundert zu der am häufigsten verbreiteten Druckschrift volkswirtschaftlichen Inhalts im deutschen Sprachraum wurde. Zwischen 1684 und 1784 konnten bisher zweifelsfrei mindestens 20, wahrscheinlich sogar 25 verschiedene Auflagen festgestellt werden, nur eine davon allerdings in Österreich selbst.[128] Klug, nationalistisch und naiv-brutal, so charakterisierte Joseph Schumpeter zahlreiche der quasi-systematischen Schriften, unter die er auch das Hörnigksche Werk einordnete.[129] Es war sicherlich mehr naiv als brutal, wenn Hörnigk einen Angriffs- und Raubkrieg gegen Frankreich befürwortete, um sich von dort die benötigten Facharbeiter und Unternehmer zu holen, oder wenn er eine territoriale Expansion in wärmere Länder empfahl, um, »so Gott gebe«, die so teure Baumwolle innerhalb der eigenen Staatsgrenzen gewinnen zu können. Auch für die später so heftig kritisierte Arbeitsteilung innerhalb der Habsburgermonarchie, im östlichen Teil die Landwirtschaft, im westlichen die Industrie, lieferte Hörnigk die Anregung.

Die Kriegskosten erzwangen wirtschaftspolitische Maßnahmen.[130] Ein schlagkräftiges Heer erforderte zahlungsfähige Steuerzahler. Die bürokratische Verwaltung, der höfische Prunk und der Bedarf der Heere ließen sich nicht ohne neue Einnahmen finanzieren. Eine der erklärten Zielsetzungen des Hörnigkschen Werkes war es, der Habsburgermonarchie zu so viel wirtschaftlicher Stärke zu verhelfen, daß die Finanzierung eines stehenden Heeres von 100 000 Mann gesichert werden könne. Ab 1707 war allen weiteren Auflagen eine Berechnung beigefügt, wie die dafür erforderlichen Mittel aufgebracht werden könnten. Das vielzitierte »bella gerunt alii, tu felix austria nube« stimmt ja nicht. Österreichs Entwicklung war in seinen entscheidenden Epochen nicht durch ausgedehnte friedliche Perioden begünstigt. Vom Ende des Dreißigjährigen Krieges bis zum Beginn der Franzosenkriege lassen sich 63 Friedens- und 81 Kriegsjahre herauszählen. Die vielen Kriege zehrten an der Substanz des Landes. Man darf die zerstörerische Wirkung der Kriege des 17. und 18. Jahrhunderts unter dem Eindruck der Weltkriege des 20. Jahrhunderts nicht unterschätzen. Der vorindustrielle Kapitalbestand mit seinem hohen Anteil an Vorräten und Vieh, an Holzbauten und Holzgeräten ließ sich sehr viel leichter vernichten als der moderne, anlagenintensive und massive Kapitalstock.

Hörnigk entwarf ein Programm für ein Land, dessen Ressourcen von Kriegen ausgezehrt waren, dem er aber ein beträchtliches landwirtschaftliches Potential zuschrieb. Die Ausrichtung auf den großen Binnenmarkt war der Kernpunkt seines Programms. Er gilt als der eigentliche Urheber aller protektionistischen Bestrebungen in Österreich von Leopold I. bis Joseph II. und viel weiter herauf. Sein Rezept ist das der Importverbote und Importrestriktionen und des starken staatlichen Engagements – ein Weg, den die österreichische Wirtschaftspolitik seither nur ungern verlassen hat, auch in der Hochblüte des wirtschaftlichen Liberalismus nach der Mitte des 19. Jahrhunderts.

Hörnigks Rezepte sind eingängig und einfach, sind richtige Überlegungen, bei denen er aber nicht im geringsten daran dachte, so das abschließende Urteil Schumpeters,[131] sie durch eine theoretische Analyse zu vertiefen: Wenn man nicht genug Produktionseinfälle hat (»der Esprit nicht subtil genug ist«), so reiche es auch, auf fremde Waren zu verzichten, ihnen die Tür zu verschließen, dann würde sich schon jemand finden, sie im Inland zu produzieren. Die radikalen Forderungen nach einem totalen Einfuhrverbot für zahlreiche Produkte, damals vor allem Textilien, sah er darin begründet, daß sich anders die Risikoscheu österreichischer Unternehmer eben nicht überwinden lasse. Hörnigk verlangte staatliche Investitionen und Betriebsansiedlungen. Um fremde Manufakturisten ins Land zu locken, forderte er Steuerbefreiungen, Kapitalaushilfen, Unterstützung bei der Wohnungsbeschaffung und besonderen Konkurrenzschutz, kurz gesagt, »sie glimpflich und höflich zu traktieren«. Seine Hauptforderung aber war, daß die Obrigkeit dafür sorgen solle, »die Instrumenten, Materi und Gelegenheiten des Luderns und Faulenzens aus dem Weg zu räumen«, kurz gesagt, die Leute fleißiger zu machen.[132]

Das Jahrhundert des Fleißes

Fleiß ist Industrie

Aufbruch aus der Krise

Die Krise, die seit dem 17. Jahrhundert die ökonomische und soziale Stabilität des Staates bedrohte, gefährdete auf lange Sicht die habsburgische Position im europäischen Mächtegleichgewicht. Die Konkurrenz des europäischen Staatensystems erzwang ökonomische und soziale Reformen, die der Industrialisierung den Weg bereiteten: Durch institutionelle Reformen, die auf Disziplinierung der Gesellschaft, Förderung des Fleißes und Hebung der Erwerbsquote abzielten, sollten Produktionskraft, Steuervolumen und Wohlstand gesteigert werden, durch wirtschaftspolitische Verbesserungen und organisatorische Maßnahmen die Risken vermindert, die Produktivität gehoben und Innovationen angeregt werden. Der ökonomische Aufschwung, der nach der Mitte des 18. Jahrhunderts einsetzte, war das Resultat der institutionellen Antworten auf die Krise.[1] Im Geist des Merkantilismus und beeinflußt von Montesquieus 1748 erschienenem »Geist der Gesetze«, dessen Botschaft in Wien auf besonders fruchtbaren Boden fiel, sah man im Wettbewerb um die vorteilhaftesten Plätze in der Weltpolitik zunehmend den wirtschaftlichen Erfolg als bestimmend an.[2]

Schlagartig war klar geworden, daß die bloße Größe der beherrschten Länder nicht viel bedeutete, wenn die Einwohner nicht entsprechend viel und produktiv arbeiteten und zu Wohlstand kamen. Von solchen Überlegungen war die Steuer- und Verwaltungsreform des Grafen Wilhelm von Haugwitz 1742/49 getrieben und auch das Denken des Staatskanzlers Wenzel Anton von Kaunitz: Macht resultiere aus der Wohlfahrt der Bevölkerung. Wohlstand werde durch Arbeit geschaffen. Daher die Kritik an katholischen Äußerlichkeiten und Glaubensübungen, den zu vielen Feiertagen, den zu langen Messen mit viel Musik, den Wallfahrten, dem Armutsideal und den beschaulichen Orden. Die enorme Staatsverschuldung erzwang Reformen. Im Vordergrund stand für Kaunitz die Hebung der ökonomischen, sozialen und kulturellen Lebensbedingungen und Mentalitäten der Untertanen als Basis für Produktions- und Produktivitätszuwächse. Johann Karl Philipp Graf Cobenzl, die Brüder Ludwig und Karl Graf

Zinzendorf, Joseph von Sonnenfels, Johann Heinrich Gottlob Justi, aber auch Philipp Joseph Graf Sinzendorf und Egid Valentin Baron Borié bildeten den Kern des wirtschaftspolitischen Teams, das die Umgestaltung der ökonomischen Rahmenbedingungen in der Habsburgermonarchie einleitete.

Die sich verdichtende, mehr als Programm denn als Institution agierende Polizei des Landesfürsten begann unter dem Druck der internationalen Machtkonkurrenz auf der Ebene der Pfarre, der Grundherrschaft und der Stadt wirksam zu werden und den Territorialstaat zu formen. Dieser Vorgang der Reglementierung, der mit dem Begriff »Sozialdisziplinierung« umschrieben werden kann, kann leicht zu negativ eingestuft werden: Sicher stellt sich Sozialdisziplinierung einerseits als Uniformierung dar, andererseits bedeutet sie aber auch Sozialisierung und Integration.[3] Man muß die erste Phase dessen, was man häufig als »Industrielle Revolution« bezeichnet, als das nehmen, was sie war, das Resultat eines ungeheuren Disziplinierungsvorganges im Bereich der Landwirtschaft, der Warenproduktion und der Verwaltung, der seinen ersten großen Erfolg in der Protoindustrialisierung errungen hatte. Eduard von Bauernfeld schrieb 1842, die Wiener seien »verzweifelt ernsthaft« geworden: »Ein Volk, das Gewerb-Vereine bildet und Eisenbahnen baut, hat nicht mehr Zeit, sich vorzugsweise mit gebackenen Hühnern, dem Leopoldstädter Theater und mit Strauß und Lanner zu beschäftigen.«[4]

Das wirtschaftliche Wachstum der frühen Industrialisierung wurde vornehmlich durch Mehreinsatz von Arbeit erreicht: Wenn ein größerer Prozentsatz der Bevölkerung am Arbeitsprozeß teilnahm und gleichzeitig Arbeitskräfte sich zu jenen Stunden, Tagen und Jahreszeiten, an welchen sie sich sonst der Muße widmeten, in Marktaktivitäten engagierten, konnte daraus auch bei sinkender Arbeitsproduktivität durch die höhere Gesamtarbeitszeit ein höheres Gesamtprodukt resultieren. Die Einkommen, die damit geschaffen wurden, lösten Nachfrageströme aus. Die neuen Produkte, die es am Markt zu kaufen gab, vom Kaffee bis zum farbenprächtigen Baumwollstoff, motivierten, der Erwerbsarbeit gegenüber einer nicht auf Gelderwerb orientierten Subsistenzarbeit einen höheren Stellenwert zuzuschreiben. Industrie bedeutete in dieser Phase vor allem Fleiß und Gelderwerb. Fleiß war eine Sache der Motivation. Der Produktionserfolg war das Resultat des Fleißes. Waren die obersten Regeln der Selbstversorgerwirtschaft Konsumverzicht und Genügsamkeit, so waren es nun Wachstum und Konsum. Erst allmählich, aber mit immer mehr Kraft gesellte sich ein neues Kriterium dazu: das effiziente Arbeiten oder die Hebung der Produktivität. Der technische Fortschritt wurde zum Träger der weiteren Expansion, die über die Schranken hinausführte, die bislang von den Umwelt- und Produktionsbedingungen der menschlichen Arbeit gesetzt waren.

Vom Kloster zur Fabrik

Die barocke Frömmigkeit ging zu Ende. Die Klöster und Kleriker erlitten mit dem plötzlichen Rückgang der Seelenmessen, Meßstipendien und Legate im josephinischen Jahrzehnt empfindliche Einkommenseinbußen.[5] Immer weniger Erblasser stellten ab den 1780er Jahren überhaupt noch Geld für Gottesdienste bereit, und die, die noch solche Legate machten, gaben weniger Geld dafür aus. Zu Beginn des 19. Jahrhunderts machten nur mehr halb so viele Personen wie in der ersten Hälfte des 18. Jahrhunderts in ihren Testamenten milde Legate.[6] Man war auch nicht mehr bereit, so viel Geld wie früher für das Begräbnis aufzuwenden. Nach 1780 wurden die Begräbniskosten spürbar kleiner.[7]

Wallfahrten wurden immer häufiger als frömmelnde und müßiggängerische Vergnügungsreisen kritisiert, die gerade dann stattfänden, wenn auch das bäuerliche Arbeitsjahr am angespanntesten sei. Ein wichtiges Argument für das behördliche Vorgehen gegen Wallfahrten war es, daß sie »selten ohne Berauschung« abgingen und es auch um die Sittlichkeit bisweilen nicht allzugut bestellt war, wenn im Nachtquartier »in einem Zimmer gegen 50 und mehr Menschen, Männchen und Weibchen, wie das liebe Vieh auf Stroh« beisammenlagen.[8] Besonders die mehrtägigen Wallfahrten wurden sowohl aus moralischen wie ökonomischen Erwägungen kritisiert. Eine kaiserliche Verordnung vom 11. April 1772 beinhaltete ein Verbot von Wallfahrten, die über Nacht ausblieben oder außer Landes führten, weil sie der Arbeitsamkeit und Sparsamkeit nachteilig seien.[9]

Arbeit statt Askese, lautete das Programm: Die josephinische Propaganda gegen das Übermaß an religiösen Zeremonien fand ihre Entsprechung bei Handwerkern, die religiöse Riten für störend hielten, weil sie auf Kosten der Arbeitszeit gingen. Messe hören sei wie die Zeit im Wirtshaus versitzen, meinte einer der Wiener Schuster, die 1794 als Jakobiner angeklagt worden waren. Mit vollem Bewußtsein stellten sie ihre Leistungsideologie der Religion gegenüber. Aufklärung mache frei zur Arbeit.[10] Berechnungen über die beim katholischen Gottesdienst verlorene Arbeitszeit wurden von vielen Aufklärern in Umlauf gebracht.[11] Auch den Bruderschaften wurde die durch Wallfahrten, Leichenbegängnisse, Messen und Feiern verdorbene Zeit vorgerechnet. Die Liturgiereform sollte die langen Messen kürzen.

Die Demontage der traditionellen Bruderschaften, deren Blütezeit im frühen 18. Jahrhundert lag und deren Sinnstiftung neben sozialpolitischen Aufgaben vor allem gesellschaftlicher und religiöser Art war (»in Krankheiten Doktor und Apotheke frey haben, nach dem Tod noch 10 oder mehrere Gulden auf die Leiche, und nebenbey noch 50 heilige Messen gratis erhalten«[12]), begann schon unter Maria Theresia. Von Joseph II. wurden zahlreiche Bruderschaften, Korporationen, Benefizien, »ewige Messen« und sonstige Stiftungen aufgehoben und ihre Mittel dem Religionsfonds, dem Normalschulfonds und den Pfarrarmeninstituten zugeführt.

Das Kirchenvermögen im heutigen Österreich inklusive Krain und Vorderösterreich wurde um 1780 auf etwa 148,7 Millionen Gulden, die jährlichen Einkünfte auf 7,4 Millionen Gulden geschätzt. Bereits in den 1750er Jahren begann die Diskussion über die Sinnhaftigkeit der zahlreichen Klöster: über die dort geübte Prachtentfaltung, über die Beschaulichkeit, selbst über den Zölibat, der im Gegensatz zur herrschenden Befürwortung eines möglichst hohen Bevölkerungswachstums stand. 1767 kam es zur Einführung eines »numerus fixus« bei den Klöstern. Mit der Auflösung der Gesellschaft Jesu im Jahre 1773 wurde zuerst in der Lombardei und ab 1780 auch in den habsburgischen Kernlanden die große Welle der josephinischen Klosteraufhebungen eingeleitet. Von den weit mehr als 300 Klöstern im heutigen Österreich wurden mindestens 140 Niederlassungen meist beschaulicher Orden aufgelassen.[13]

Nicht nur kulturelle, sondern auch ökonomische Werte wurden vernichtet. Unbestreitbar ist allerdings, daß durch die Klosteraufhebungen Ressourcen für andere Verwendungen frei wurden: In den Klostergebäuden etablierten sich Gefängnisse, Waisenhäuser, Kasernen und Fabriken. Die Vermögen gingen an Fonds, wurden der Seelsorge gewidmet und der Öffentlichkeit zugänglich gemacht. Die 1783 gegründete »Seidenwaren- und Dünntuchfabrik« in Mödling wurde im ehemaligen Kapuzinerkloster untergebracht. Die in Wiener Neustadt in den 1780er Jahren von Johann Fries und Christoph Andrä gegründeten Seidenmanufakturen wurden in den Klostergebäuden der Pauliner und Karmeliterinnen eingerichtet. Viele derartige Beispiele ließen sich anführen, in Viktring in Kärnten ebenso wie in Krems in Niederösterreich.[14]

Im Vormärz erlebten die Orden eine neue Blüte, insbesondere die Frauenorden. Selbst den Jesuiten wurde nach längerem Zögern die Rückkehr erlaubt. 1762 bestanden (ohne Tirol, für das entsprechende Daten fehlen) 291 Klöster mit 5 948 Religiosen und 1 448 Klosterfrauen, dazu 2 490 Weltpriester. 1847 zählte man ohne Tirol 125 Klöster mit 2 500 Mönchen und 1 000 Nonnen, dazu 4 620 Weltpriester, in Tirol, allerdings inklusive der italienischen Teile, weitere 86 Klöster mit 1 136 Mönchen und 819 Nonnen, dazu 2 639 Weltgeistliche. Die Zahl der Ordens- und Weltgeistlichen zusammen blieb von 1762 bis 1851 nahezu konstant, ihr Anteil an der erwachsenen männlichen Bevölkerung sank von etwa 1,4 Prozent auf 0,8 Prozent, in Wien sogar von 4,2 Prozent im Jahre 1780 auf 0,7 Prozent 1840.[15]

Da die durch die josephinischen Reformen und die zahlreichen Neugründungen gestärkten Pfarren auf der unteren Verwaltungsebene die einzigen wirklich nach dem territorialen Prinzip organisierten Obrigkeiten darstellten und ihnen neben dem Schul- und Armenwesen noch zahlreiche weitere Agenden übertragen wurden, konnten sie als Träger eines gesonderten und neuen regionalen Bewußtseins die Basis für die 1849 eingeleitete Gemeindereform abgeben.[16]

Auch die Toleranzgesetzgebung hatte ökonomische Implikationen: Mit den Judenordnungen von 1753 und 1764 begann trotz Maria Theresias persönlich ablehnender Haltung die geistige Vorbereitung der Toleranzpolitik, die mit dem Patent Josephs II. von 1782 für Niederösterreich den Juden eine weitgehende Duldung, wenn auch noch keineswegs volle bürgerliche Gleichberechtigung brachte. 1792 wurde mit der Einrichtung des Judenamtes der Aufenthalt in Wien wieder beschränkt: Toleranz konnten nur Juden der Oberschicht erhalten, wenn sie ein Vermögen von 60 000 Gulden und ein Großhandels- oder Fabriksprivileg vorweisen konnten. Privilegierung für einige wenige und entwürdigende Repression für die Mehrzahl war noch immer das Prinzip. Die Zahl der tolerierten Familien war von 102 im Jahre 1793 auf 197 vor der Märzrevolution angewachsen. Arme Juden verdingten sich formal bei einem privilegierten Glaubensgenossen als Dienstboten oder lebten illegal in Wien. 1781 gab es in Wien etwa 550 Juden, zu Beginn des 19. Jahrhunderts 1 500. Bis 1848 stieg ihre Zahl offiziell auf rund 4 000 oder 0,9 Prozent der Wiener Gesamtbevölkerung. Die tatsächliche Zahl dürfte allerdings zwischen 6000 und 12000 gelegen sein. In Inner- und Westösterreich, ausgenommen Vorarlberg, blieb die Ansiedlung von Juden auch nach der Toleranzgesetzgebung bis 1848 untersagt, auch wenn das schon seit Beginn der Neuzeit bestehende Verbot nicht völlig durchgehalten werden konnte.[17]

Fleißige Hände

Die Erwerbsquoten auszudehnen und möglichst viele der strukturell und versteckt Arbeitslosen in den Produktionsprozeß einzugliedern war das Hauptanliegen der Beschäftigungspolitik. Kasernen, Arbeits- und Waisenhäuser, Spitäler und Schulen wurden in den Dienst des Ziels gestellt, Randgruppen, Unterschichten, Frauen und Kinder und alle strukturell unter- oder nicht beschäftigten Personen zu erfassen und zu Arbeitsamkeit und Fleiß zu erziehen.

Daß Frauen immer arbeiteten, und in gar nicht so anderen Tätigkeitsfeldern, wenn auch anderen Rollen als Männer, ist eine bisweilen negierte Binsenwahrheit, die dann übersehen wird, wenn die auf auf den Markt ausgerichtete Erwerbsarbeit überbewertet wird.[18] Frauenarbeit spielte im traditionellen Landwirtschafts- und Gewerbebetrieb eine zentrale Rolle. Die Bäuerin war in der Arbeitsorganisation als Arbeitskraft unersetzbar. Als Individuum hingegen war sie leicht austauschbar. »Außi mit da Toten, eina mit da Roten«, der rotwangigen, jungen Bäuerin, hieß es im Volksmund. Oder in der Innviertler Männerwelt: »Weibersterben, koa Verderben, Roß Verrecken, dös tuat d'Måner schrecken …« Das heißt nicht, daß die Bäuerinnen, Meisterinnen und Kauf-

Hammerherr Andreas Töpper (1786–1872) und seine Frau Helena (1774–1858), Öl auf Leinwand, Mitte 19. Jahrhundert mannsfrauen ohne Mitwirkungsmöglichkeit gewesen wären oder keine Einflußsphären besessen hätten. Hammerherren, aber auch reiche Bauern ließen im 18. Jahrhundert nicht nur sich, sondern auch ihre Frauen porträtieren. Frauenarbeit spielte eine wichtige, auch disponierende Rolle im Haushalt und im Geschäft. Auch die selbständige oder formal selbständige Existenz gab es: 1794 waren in Salzburg 32 Prozent aller Haushalte um eine ledige oder verwitwete Frau gruppiert, die sich ihre Existenz selbständig, als Taglöhnerin oder als Lohnarbeiterin, verdienen mußte.[19]

Während 1754 auf dem Land mit wenigen Ausnahmen kaum ein Frauenüberschuß bestand, lag er in den Städten und auch kleinen Marktorten oft zwischen 10 und 30 Prozent: Köchinnen, Hausmädchen, Wäscherinnen, Heim- und Lohnarbeiterinnen prägten den städtischen und vorstädtischen Arbeitsmarkt. Frauen- und Kinderarbeit im Gewerbe war zweifellos kein neues Phänomen: Das in den Handwerksordnungen meist ausgesprochene Verbot der Frauenarbeit war in den kleinen Landstädten und im Dorfhandwerk praktisch bedeutungslos. Die Mitarbeit von Frauen und Kindern im Bergbau und im metallverarbeitenden Gewerbe, etwa bei den Messer- und Nagelschmieden, darf nicht unterschätzt werden.[20] Das Bild der Khevenhuellerschen Weißblechfabrik in Schloß Kreuzen bei Paternion (siehe Abbildung Seite 116), das die einzelnen Arbeitsgänge darstellt, zeigt zwölf Männer, sieben Frauen und vier Kinder und unterstreicht die hierarchische Struktur vom Besitzerehepaar über Verwalter (mit brusthohem Stock), Meister und Arbeiter und Arbeiterinnen.[21] Im Messerergewerbe war Frauenarbeit sehr wichtig. Bezeichnend war, daß nicht alle Meister einen Gesellen beschäftigten, jeder aber fünf bis sechs Frauen.[22] Frauenarbeit war auch in den Hilfsdiensten des Bergbaus durchaus üblich, wie uns Bilddarstellungen, etwa von der Halleiner Salzgewinnung, zeigen, wo Frauen sowohl bei zahlreichen mit der Salzgewinnung zusammenhängenden Arbeiten wie auch in der Baumwollstrickerei und Herstellung von Mützen, Gamaschen, Strümpfen in Form einer erweiterten Hausindustrie beteiligt waren: »Die Weiber der Bergleute arbeiten das ganze Jahr hindurch und ihre Männer zur Winterszeit, wenn die Salzmanipulation feyert, an der gestrickten baumwollenen Waare.« Die »Radgeherinnen«, die die För-

»Das Radt gehen«, Ölgemälde von Benedict Werkstötter im Fürstenzimmer des Keltenmuseums Hallein, 1757

derräder antrieben, hatten während dieser Tätigkeit zusätzlich das Strickzeug bei der Hand, tretend und strickend zugleich.[23]

Im ausgehenden 17. Jahrhundert häuften sich die Beschwerden gegen Frauenarbeit. Unter Maria Theresia wurde für eine ganze Reihe von Gewerben die Frauenarbeit zugelassen, vor allem in der Textilherstellung. Die Protoindustrialisierung war der Versuch, über die familienwirtschaftliche Organisation Frauen- und Kinderarbeit in den Markt einzubinden. Zusätzlich stieg auch der Anteil von Frauen in freier Lohnarbeit. In den achtziger Jahren des 18. Jahrhunderts kam es in den Manufakturen und Kommerzialgewerben zu einer sehr beträchtlichen Ausweitung der Frauenarbeit. Ein entscheidender Schritt und zugleich erster Höhepunkt in der Entwicklung weiblicher Erwerbsarbeit in Wien fällt in die Zeitspanne von den achtziger Jahren des 18. Jahrhunderts bis in die dreißiger Jahre des 19. Jahrhunderts, in die Blütezeit der Wiener Seidenindustrie. Die geringe Differenzierung männlicher und weiblicher Berufsarbeit in der Manufakturperiode hatte auch für die Seidenindustrie Geltung und beeinflußte bis in die Mitte des 19. Jahrhunderts die Verhaltensweisen der Wiener Unterschichten in Richtung einer geringen Ausprägung geschlechtsspezifischer Rollen. Andererseits gewann die Industriearbeit für Frauen zunehmend Bedeutung: Um 1850 waren in den österreichischen Baumwollspinnereien etwa 43 Prozent der Beschäftigten Frauen, in der Papierindustrie um die 50 Prozent.[24]

Hingegen führte die Expansion zahlreicher auf Facharbeit angewiesener gewerblicher oder gewerbenaher Branchen in der Hochindustrialisierung gegen die Mitte des 19. Jahrhunderts hin nochmals zu einem starken Anwachsen von durch hausrechtliche Abhängigkeit geprägten Arbeitsverhältnissen, die den Schwerpunkt der Warenproduktion bei Männern, den häuslicher und persönlicher Dienste bei Frauen festlegten. Der Rückzug der Frauen und Kinder aus dem Erwerbsleben wurde auch von der sich formierenden Arbeiterbewegung als Ziel formuliert und angestrebt. Das bürgerliche und proletarische Familienideal des 19. Jahrhunderts wurde das des männlichen Familienerhalters, der über einen »Familienlohn« in die Lage versetzt sein sollte, einen Haushalt zu »ernähren«.

Weibliche Lohnarbeit war in einer Zeit, als es noch wenig Altersversorgung gab, vor allem auch ein altersspezifisches Phänomen. Während junge Mädchen vor allem in häusliche Dienste traten, blieb für alte Frauen häufig nur der Ausweg als Wäscherin, Heimarbeiterin oder Lohnarbeiterin in der Industrie. Eine dem modernen Ruhestand vergleichbare Form des arbeitsfreien Alters existierte in der traditionellen Gesellschaft mit Ausnahme der Besitzenden nicht. Die bäuerliche Altersversorgung kannte viele Abstufungen der Unterbringung der alten Besitzer, vom Winkel in der Stube über ein gesondertes Stübl bis zu den vor allem in Weiler- und Einzelhofsiedlungen vorhandenen Auszugshäusern. Vertragliche Ausgedinge-Regelungen entwickelten sich in der Frühneuzeit und gewannen im 18. Jahrhundert immer mehr an Bedeutung, weil die Neuordnung des militärischen Konskriptionswesens, mit der Hofbesitzer vom Militärdienst freigestellt wurden, die frühzeitigere Hofübergabe förderte. Die Altersversorgung im Handwerk erfolgte meist über Geldrenten, mit denen man sich in ein Spital einkaufen konnte. Für die besitzlosen Unterschichten gab es hingegen keine andere Altersversorgung als zu arbeiten, solange es ging. Die Gemeinden sollten sich um die Arbeitsunfähigen kümmern. Meist wurden sie am Land in der »Reihe« von einem Hof zum anderen als Einleger weitergereicht, blieben ein bis zwei Wochen, erhielten einen Schlafplatz im Stall, ein Essen auf der Stubenbank und machten sich soweit wie möglich nützlich. Häufig aber blieb ihnen auch nichts anderes als der Bettel. Zwei Alterstätigkeiten waren unter der unselbständigen städtischen Bevölkerung überproportional vertreten: Taglohnarbeiten und Hausindustrie. Völlige Armut war das häufige Schicksal der Alten.[25]

Kinderarbeit war im ländlichen Bereich selbstverständlich. Doch scheint im 18. Jahrhundert die Bedeutung der Frauen- und Kinderarbeit in der Landwirtschaft zugenommen zu haben, vor allem durch die steigende Kultivierung von Hackfrüchten. Andererseits verschob sich der Dienstantritt in der Landwirtschaft, der mit etwa zehn Jahren üblich war, ab dem späten 18. Jahrhundert mit der allmählichen Durchsetzung der Schulpflicht auf das zwölfte bis 14. Lebensjahr. Die Ausdehnung der familienwirtschaftlichen Arbeitsorganisation im Zuge der Protoindustrialisierung verstärkte die Kinderarbeit. Sozialpolitisch besonders bedenklich wurde die rapide Ausweitung des Einsatzes von Kindern in den frühen Fabriken. Die Zahl der in den niederösterreichischen Baumwollspinnereien beschäftigten Kinder überstieg mit 25 bis 35 Prozent des Gesamtbeschäftigtenstandes oft sogar die der Männer.[26]

Der Staat des späten 18. Jahrhunderts rühmte sich mit der Einrichtung von Fabrikswaisenhäusern und Spinnschulen als Förderer des Kinderfleißes. Ein 1787 erlassenes Dekret Josephs II., Kinder vor Erreichen des neunten Lebensjahres nicht ohne Not in Fabriken arbeiten zu lassen, hatte demgegenüber wenig Bedeutung. Ein Kinderschutzgesetz von 1842, das die Arbeitszeit für Kinder und Jugendliche auf acht bzw. zehn Stunden begrenzen sollte, blieb weitgehend wirkungslos. Erst mit der Gewerbeordnung 1859 war eine erste, sehr laue Beschränkung der Kinderarbeit verbunden. Inzwischen war aber durch den technischen Fortschritt, etwa mit der Einführung der Selfaktoren in den Spinnereien, zumindest in der Textilindustrie die Kinderarbeit entbehrlich und überflüssig geworden.[27]

Erziehung zur Industrie

Bereits im ersten Jahrzehnt der Regierung Maria Theresias kam es unter dem »Kindergeneral« Ignaz Parhamer, der zuerst in Graz und dann in Wien wirkte, zu Reformen im Schulwesen. Das 1765 erlassene »Spinnschulpatent« verpflichtete flächendeckend alle Magistrate, Pfarren und Herrschaftssitze zur Errichtung und Erhaltung von Spinnschulen. Das Gesetz wurde bald vergessen, stand aber Pate bei der Einführung der allgemeinen Schulpflicht. Die Neuordnung des niederen Schulwesens in der Allgemeinen Schulordnung von 1774 unter Ignaz Felbiger sah in allen Pfarr- oder Filialorten die Einrichtung von ein- oder zweiklassigen Volksschulen vor, in den größeren Städten von dreiklassigen Hauptschulen und in jeder Provinzhauptstadt einer vierklassigen Normalschule zur Lehrerausbildung. Die Schulen waren in der Regel bloß einklassig und nur während der drei bis vier Wintermonate geführt, was in alpinen Lagen aber wieder erheblich durch die Witterung beeinträchtigt wurde. Regelmäßiger Schulbesuch war noch bei weitem nicht allgemein. In Tirol kamen um 1780 etwa 50 Prozent der Kinder ihrer Schulpflicht nach. Die Zahl der Mädchen war immer noch auffällig gering. Höher war der Schulbesuch in stadtnahen oder wohlhabenden Gebieten wie der Eisenwurzen, niedrig in Protoindustrialisierungsgebieten wie im oberen Waldviertel und in Vorarlberg, niedrig auch in den slowenisch besiedelten Teilen der Steiermark und Kärntens, wo die deutsche Schule als Werkzeug staatlicher Vereinheitlichung und Instrument der Germanisierung eingesetzt und angesehen wurde.[28]

Während durch die theresianische Schulgesetzgebung eine sechsjährige Schulpflicht nur sehr verklausuliert ausgesprochen war und durchschnittlich nur von etwa einem Drittel der Kinder wahrgenommen wurde, hatte der josephinische Schulzwangerlaß für die Sechs- bis Zwölfjährigen im Jahre 1781 zweifellos ein Ansteigen des Schulbesuchs zur Folge. Widerstände gegen die Pflichtschulen wurden sowohl von kirchlicher wie ständischer Seite geltend gemacht (Kritik an der Lesewut), vor allem aber von seiten der Bauern- und Heimarbeiterfamilien, die die Kinder im Produktionsprozeß brauchten. Schon auf der untersten Stufe des Schulwesens bildete das Schulgeld für manche eine unüberwindliche Barriere, und auch die Schulkleidung war kaum erschwinglich. Viele Familien konnten auf die Kinder als Mitverdiener nicht verzichten. So wurden 1784 für Linz 1230 schulfähige Kinder gemeldet. Aber nur 599, also nicht einmal die Hälfte, waren wirklich erschienen. 20 Jahre später besuchten von 1918 schulpflichtigen Kindern nur 671 den Unterricht. 1844 konnten von 2644 schulpflichtigen Linzer Kindern höchstens 1848 mit aller Nachsicht als Schulbesucher bezeichnet werden.[29]

Es darf aber nicht übersehen werden, daß vor allem im Bürgertum die Alphabetisierung in der Familie und über den Privatunterricht erfolgte. In den Städten erfaßte der private Unterricht etwa gleich viel Kinder wie der öffentliche. In Wien besuchten 1770 nur 24 Prozent der schulfähigen Kinder eine öffentliche Schule, 34 Prozent wurden privat unterrichtet, der Rest überhaupt nicht. Im letzten Drittel des 18. Jahrhunderts versuchte der Staat, sukzessive das gesamte Bildungswesen unter seine Kontrolle zu bringen, was vor allem den Privatunterricht betraf. In den vierziger Jahren des 19. Jahrhunderts traf man selbst adelige Kinder schon in den öffentlichen Schulen. Die Schere zwischen schulfähigen und schulbesuchenden Kindern schloß sich bis zur Jahrhundertmitte in Niederösterreich, Oberösterreich, Salzburg und Tirol immer mehr, während in der Steiermark, in Kärnten und in Krain wegen der slowenischsprachigen Teile die Schulbesuchsquoten deutlich niedriger waren. Durchschlagende Erfolge brachte erst das Reichsvolksschulgesetz von 1869, zumal mit der Abschaffung des Schulgeldes im Jahr 1871 für die Eltern auch ein Teil der finanziellen Belastung wegfiel.[30]

Die theresianische und josephinische Volksschule war noch vorrangig an traditionellen sicherheitspolitischen und religiösen Erwägungen orientiert. Dazu kam das Ziel, die Kinder zur Arbeitsdisziplin zu erziehen und sie industriöser zu machen. Industrieschulen, wie sie in Böhmen eingeführt wurden, fanden allerdings im österreichischen Bereich in theresianischer Zeit nicht jene Verbreitung, die man gewünscht hatte. Pläne, für

Kinder, die tagsüber in Arbeit standen, auf Kosten der Fabriksherren Abend- und Sonntagsschulen einzurichten, wurden ab dem ersten Jahrzehnt des 19. Jahrhunderts verwirklicht. 1818 gab es im Bereich der Wiener Erzdiözese schon mehr als hundert derartige Schulen, die aber bei der überlangen Arbeitszeit der Kinder wohl kaum mehr als eine Alibifunktion haben konnten.[31]

Auch die Armee sollte zum »Hort« von Disziplin, Fleiß und Staatsbewußtsein werden, zu einem Faktor der Modernisierung, im Umgang mit Geräten und Pferden, in der Einübung von Hygiene und Pünktlichkeit, in der Einimpfung von Pflichtbewußtsein und Gehorsam. Die Heere wurden rasch größer, vor allem unter Joseph II. Die Kritik regte sich heftig: »Wenn man die ganze Jugend Österreichs in Kasernen sperrt und zwingt, Waffen zu tragen, heißt das nicht soviel, als das gesamte Staatsleben unnützer Eroberungsgier zu opfern?« fragte ein Autor.[32] Der bekannteste Kritiker aller Mißstände des späten 18. Jahrhunderts, Joseph Richter, schrieb: »Das alte Wien: Bey 20tausend lästige und müßige Mönche. Das neue Wien: Ueber 300 000 Soldaten.«[33]

Waren für die Armeen bis in die Mitte des 18. Jahrhunderts vor allem Besitzlose, Abenteurer, Landstreicher und Kriminelle rekrutiert worden, so zielten die neuen Konskriptionen zunehmend auf das ganze Volk. In den 1771 eingerichteten Werbbezirken wurde nicht mehr geworben, sondern bei Bedarf einfach ausgehoben. Dazu brauchte man eine Evidenz durch Häusernumerierung und Volkszählung. Das System der Konskription, das von der Werbung zur allgemeinen Wehrpflicht überleitete, war mit vielerlei Befreiungen für Angehörige der besseren Stände verknüpft. Befreit waren Geistliche, Adelige, Beamte, Honoratioren, Besitzer und deren Erben. Das Gros der Soldaten wurde von Taglöhnern, besitzlosen Landarbeitern und »müßigen« Leuten gestellt. Die Dienstzeit war unbegrenzt und unabhängig vom Familienstand. 1802 wurde die lebenslängliche Dienstpflicht durch die Austrittsmöglichkeit nach 14 Dienstjahren ersetzt. 1845 wurde die Dienstzeit auf acht Jahre herabgesetzt. 1868 wurde schließlich die allgemeine Wehrpflicht eingeführt und damit jeder Mann vom militärischen Zugriff erfaßt. Erst damit konnte die Armee wirklich zu einer Schule der Nation werden.

Unnütze Bildung – nützlicher Fortschritt

Während das niedere Schulwesen ausgebaut wurde, war man bemüht, im mittleren und oberen Schul- und Studienbereich zu bremsen. Die Aufhebung des Jesuitenordens 1773 beeinträchtigte das mittlere Schulwesen erheblich, zumal die anderen Orden durch die Klosteraufhebungen ebenfalls zu sehr in Bedrängnis geraten waren, um den Platz ausfüllen zu können. Die Politik der Drosselung des Gymnasialbesuchs, die schon das ganze 18. Jahrhundert über mit mäßigem Erfolg versucht worden war, wurde durch die Einführung eines Schulgeldes wesentlich verstärkt, während zu den Prinzipien der Jesuitengymnasien die Unentgeltlichkeit des Zugangs gehört hatte. Ein beträchtlicher Rückgang des Gymnasialbesuchs, oft um mehr als 50 Prozent, war die Folge. Auch die gehobene Mädchenbildung erfuhr eine wesentliche Einschränkung. Einige Städte, zum Beispiel Judenburg und Leoben, verloren überhaupt ihre höhere Schule. Zehn Jahre nach Aufhebung des Jesuitenordens gab es nur mehr halb so viel Gymnasiasten als zu Beginn des 18. Jahrhunderts. Angehörigen unterer Schichten wurde damit die Möglichkeit zum Besuch höherer Schulen weitgehend entzogen.[34]

Nach 1815 wurde die Frequenz des Gymnasialbesuchs weiter auf konstant niedrigem Niveau gehalten. Es gab zwar die Tendenz, durch einen Rückgriff auf die geistlichen Orden wieder mehr Gymnasien auch außerhalb der Ballungsräume anzubieten. Auch die Jesuiten faßten im Schulwesen wieder Fuß. Aber die Hälfte aller Gymnasien lag in Wien und Niederösterreich. Während die humanistisch-geisteswissenschaftliche Bildung weiterhin gedrosselt blieb, wurde unter Franz I. die naturwissenschaftlich-technische Ausbildung sehr gefördert, unter anderem 1809 durch die Gründung einer Realschule in Wien und 1815 durch die nach dem Prager Beispiel erfolgte Errichtung des Wiener Polytechnischen Instituts, des Vorläufers der Technischen Hochschule. Auch die Anfänge der montanistischen Hochschulbildung reichen mit der 1840 in Vordernberg eröffneten, 1849 nach Leoben verlegten »Steiermärkisch-ständischen berg- und hüttenmännischen Lehranstalt« in den Vormärz zurück.[35]

Die Universitätsreform des späten 18. Jahrhunderts war wie die gesamte höhere Schulpolitik vom Streben nach Zentralisierung und Reduktion der Studentenzahlen getragen: Dieser Tendenz fielen die Universitäten Innsbruck und Graz vorübergehend und die Universität Salzburg zur Gänze zum Opfer. Während im frühen 18. Jahrhundert in wissenschaftlicher Hinsicht unzweifelhaft ein West-Ost-Gefälle von den Universitäten Innsbruck und Salzburg zu Wien und Graz bestanden hatte, kehrte sich mit der Degradierung der Universitäten Innsbruck und Graz und der Auflassung der Universität Salzburg die Situation völlig um. Auch Linz, das sich jahrhundertelang bemüht hatte, mit Johannes Kepler als Höhepunkt, höchste Bildungsansprüche zu verwirklichen, sank in eine bescheidene provinzielle Stellung ab: 1808 fand das dortige begrenzte Medizinstudium ein Ende, 1810 wurden auch die juridischen Vorlesungen eingestellt. Ähnlich erging es dem im ausgehenden 18. Jahrhundert recht renommierten Klagenfurter Lyceum. Die Wiener Universität hingegen wurde, vor allem in den medizinischen Fächern, großzügig gefördert und ausgebaut.[36] Aber erst 1847 kam es nach mehreren vergeblichen Anläufen zur Gründung der Österreichischen Akademie der Wissenschaften in Wien.[37]

1781 wurde die Preßfreiheit gewährt. Eine Flut von Druckschriften kam mit einemmal auf den Markt. Das Tauwetter war kurz. Die Lesekabinette wurden bereits 1783 unter strenge Zensur gestellt. 1797 wurden die Leihbibliotheken und 1798 alle Lesekabinette verboten, mit der Begründung, daß »das Übermaß an Geistesbildung, oder eigentlicher zu sagen, der Lektüre und der zur Beförderung der Lektüre nach und nach entstandenen Anstalten« eine Hauptursache der allgemeinen Unruhe der Zeit sei.[38] Die Revolutionsangst hatte die »seit 20 bis 30 Jahren selbst den dienenden Klassen eingeimpfte Lesewut« im Vormärz zum ständigen Gegenstand obrigkeitlichen Argwohns werden lassen.[39]

Die ab 1764 auf Anregung von oben gegründeten patriotisch-ökonomischen Gesellschaften und Agrikultursocietäten, die sich überwiegend der Verbesserung des Ackerbaus widmen sollten, waren relativ ineffektiv und überlebten mit Ausnahme der Kärnt-

Mitgliedsurkunde der k. k. Landwirtschaftsgesellschaft für das Erzherzogtum Österreich ob der Enns für Anton Poschacher, 1859

ner die josephinische Zeit nicht. Die Landwirtschaftsgesellschaften des Vormärz, an der Spitze die 1807 in Wien begründete Wiener, vor allem aber die 1811 in Graz durch Erzherzog Johann errichtete Steirische und auch die unter Johann Burger wieder sehr rührige Kärntner Landwirtschaftsgesellschaft, erlangten größere Wirksamkeit, weil sie von einer etwas breiteren Basis von Herrschaftsbesitzern, Beamten und auch schon Bauern getragen waren. Die Hauptaufgaben dieser Vereine waren die Verbreitung und Förderung neuer Technologien für die Produktion, die Organisation von Ausstellungen und die Anschaffung von den Mitgliedern förderlicher Fachliteratur.[40]

Die Stände, die an ihre früheren regional- und bildungspolitischen Aktivitäten anknüpfen konnten, gewannen in der Wissenschafts-, Gewerbe- und Landwirtschaftsförderung des Vormärz erhebliche Bedeutung. Der von Erzherzog Johann protegierte Innerösterreichische Gewerbeverein (1837) mit Zweigniederlassungen in Klagenfurt, Steyr, Linz, Ried, Gmunden und Waidhofen/Ybbs und der Niederösterreichische Gewerbeverein (1839) förderten nicht nur mit Bibliotheken, Zeichenschulen, Musterkabinetten und Modellsammlungen den technischen Fortschritt, sondern fungierten auch als frühe Interessenvertretungen. Nur der »Niederösterreichische Gewerbeverein« trat über das Jahr 1848 hinaus als Vertreter der Mitgliederinteressen gegenüber dem Staat in Erscheinung. Der 1810 für landwirtschaftliche und chemische Erfindungen eingeführte Patentschutz wurde mit dem Patentgesetz 1820 auf alle Wirtschaftszweige ausgedehnt.[41]

Die Zeit zur Arbeit

Die minutiöse Einteilung des Tages war der Aufklärung eine nicht weiter hinterfragte Tugend: Das galt für den Kaiserhof, der genau nach Stundenplan geordnet war, für die Bürokratie, für Klöster und Schulen, für Arbeitshäuser und Spitäler, für die Armee und für die Fabriken.[42] Die Uhr mit ihrem gleichmäßigen Ticken wurde zum Symbol für die Forderung nach dem gleichmäßigen, unveränderlichen Arbeitsablauf, der für die Arbeiter zum neuen, ungeliebten Zwang der Fabriken wurde. Solche Pünktlichkeit und Regelmäßigkeit mit Schulglocke und Pausenordnung einzuüben war vorerst eine viel wichtigere Funktion der neuen Pflichtschulen der theresianischen Zeit als das Lernen von Schreiben und Rechnen.

Die Arbeitszeit wurde in immer mehr Bereichen genau bemessen, und vor allem: sie wurde länger. Wegen der vielen Feiertage, Bitt- und Beichttage, blauen Montage und Fasnachts- und Fastentage, die gefeiert werden wollten, war das katholisch-barocke Arbeitsjahr nicht allzu lang. Man konnte mit 200 bis maximal 250 Arbeitstagen rechnen. Die tägliche Arbeitszeit, die sich zwar grundsätzlich am Tageslicht orientierte, aber doch auch eine zeitliche Normierung hatte, war im Bergbau teilweise auf sieben bis acht Stunden begrenzt (allerdings bei meist langen Anmarschwegen zum Arbeitsplatz) und im zünftischen Handwerk von zahlreichen Pausen, Wirtshausbesuchen und sonstigen Ablenkungen unterbrochen.[43]

In den Handwerksordnungen der theresianischen Zeit ist das Bestreben um eine Intensivierung und Verlängerung der Arbeitszeit unverkennbar. Es wurden Formulierungen eingefügt, die es erlaubten, die Arbeit in die Nacht hinein auszudehnen. Ab 1770 wurde in den Zunftordnungen die Übung häufig, das Ende der Arbeitszeit offen zu lassen und vom Jahres- oder Monatslohn zum Taglohn überzuwechseln, sofern nicht überhaupt zum Stücklohn übergegangen wurde.[44]

Durch die unter Maria Theresia und Joseph II. eingeleitete Reduzierung der katholischen Feiertage und sonstigen arbeitsfreien Zeiten sollte einerseits mehr Arbeitszeit gewonnen, andererseits die Gelegenheit zur Vergeudung und unüberlegten Geldausgabe verringert werden. 24 Feiertage wurden abgeschafft oder zu Halbfeiertagen erklärt, an denen im Anschluß an den Meßbesuch gearbeitet werden sollte. Die tatsächliche Durchsetzung war aber kompliziert. Vor allem in der ländlichen Gesellschaft blieben sie als faktische Feiertage sehr viel länger bestehen.[45] Eines ist sicher: Die beginnende Industrialisierung und steigende Güterversorgung im 18. und frühen 19. Jahrhundert basierte ganz wesentlich auf einer Ausdehnung und Intensivierung der täglichen und jährlichen Arbeitszeit, sowohl in Industrie und Gewerbe als auch in der Landwirtschaft. Neben den Industriearbeitern waren auch die Beamten von der Verlängerung der Arbeitszeit betroffen. Ihre Amtsstunden hatten traditionellerweise nur sechs Stunden betragen. Um 1800 mußte auch in den Ämtern durchschnittlich acht bis neun Stunden täglich gearbeitet werden und wurde Pünktlichkeit zur obersten Zier. Joseph II. wollte in seinem berühmten »Hirtenbrief« von 1783 auch für die Beamten die ungemessene Arbeitszeit einführen und ihnen erst dann Freizeit zugestehen, wenn alle Büroarbeit erledigt war.[46]

Das Pendel schlug extrem aus. In den Baumwollspinnereien des Vormärz betrug die Arbeitszeit 14 bis 16 Stunden pro Tag, und das sechs Tage in der Woche. In der damals größten Spinnerei der Habsburgermonarchie in Pottendorf wurde 1807 von fünf Uhr früh bis neun Uhr abends gearbeitet, mit einer Mittagspause von zwölf bis ein Uhr. Zwischen acht und neun Uhr früh und vier und fünf Uhr nachmittags durften Frühstück und Jause eingenommen werden, jedoch ohne Unterbrechung der Spinnerei. Kinder hatten eine halbe Stunde mehr Mittagspause, mußten dafür aber während dieser eineinhalb Stunden eine Stunde Unterricht in Lesen, Schreiben, Rechnen und Religion über sich ergehen lassen. Der Arbeitsbeginn wurde mit einer Glocke angezeigt; Verspätungen wurden nur bis zu einer Viertelstunde toleriert, darüber hinaus mit hohen Geldstrafen oder Entlassung geahndet. Im österreichischen Fabrikenrecht in der Ausgabe von 1838 und in der Gewerbeordnung von 1859 wurde eine gesetzliche Begrenzung der Arbeitszeit jeweils strikt abgelehnt.[47]

Arbeitsräume – Güterträume

Der Absatzförderung und Ausdehnung des Handels widmeten die Wirtschaftstheoretiker und Politiker des 17. und 18. Jahrhunderts größte Aufmerksamkeit: Während die merkantilistische Politik noch weitgehend auf regulierende Eingriffe setzte und eine Marktregelung durch verstärkte Privilegierungen und direktive Eingriffe wie Widmungsbezirke, Preisfixierung oder Gründung staatlicher Verschleißmagazine und Handelskompanien zu erreichen suchte, wurden seit den frühen 1770er Jahren die Grundsätze der Verkehrsfreiheit intensiv diskutiert und institutionelle Hemmnisse, die der Ausdehnung des Marktes entgegenstanden, beseitigt. Neben der Aufhebung der Binnenzölle, Verschleißwidmungen (Absatzrayonnierungen), Holz-, Lebensmittel- und Eisenwidmungsbezirke, Legortsprivilegien, Preissatzungen, Fürkaufs- und Ausfuhrverbote und Luxus- und Kleiderordnungen fielen auch die Privilegien des bürgerlichen Handelsstandes weg. Mit der 1785/87 erfolgten Liberalisierung des Hausierwesens einerseits und mit der 1781/83 den privilegierten Produzenten eingeräumten Berechtigung zum Detailverkauf ohne Zwischenschaltung von Handelsleuten andererseits sollte die Vermarktung von Produkten verbessert und die Nachfrage angekurbelt werden, auch wenn schon vorher für den Hausierhandel zahlreiche Ausnahmebestimmungen bestanden hatten.[48]

Nachdem schon 1765 der Handel mit Viktualien innerhalb der Erbländer weitgehend freigegeben worden war, 1768 auch den bäuerlichen Produzenten der freie Handel mit Landesprodukten gestattet wurde, 1783 der Holzhandel freigegeben wurde, wobei allerdings Waldreservate in Eisenbezirken ausgenommen waren, war 1790/91 mit der völligen Freigabe des Getreidehandels das Ende der mittelalterlichen Nahrungspolitik und des Provinzialismus fixiert.

Dem »müßigen« Volk die Gelegenheit zum Erwerb zu geben und jene, die sich entzogen, auch gegen ihren Willen in die Arbeitshäuser zu sperren wurde immer und immer wieder als Ziel der Wirtschaftspolitik formuliert.[49] Doch Zwang war immer weniger notwendig. Die Welt der Güter wurde verlockender: Kaffee und Tabak, Branntwein und Bier, Baumwolle und Seide, Uhren und Spiegel, Geschirr und Besteck, Taschentücher und Regenschirme, Halstücher und prächtige Knöpfe … Neue Konsumziele traten an die Stelle physischer Gewalt, für die das Arbeitshaus und der Stock des Aufsehers zum Symbol geworden waren, aber auch an die Stelle des Hungers oder des von den zeitgenössischen Ökonomen so oft beschworenen Drucks auf das physische Existenzminimum. Die Revolution des Fleißes, die vom 18. bis zum frühen 19. Jahrhundert eine Reduzierung der Freizeit und eine Verlagerung der Wünsche auf über den Markt erwerbbare Güter brachte, war die Folge einer neuen, stimulierenden Warenwelt, auch wenn sie sich aus heutiger Sicht recht bescheiden ausnimmt.

Die Nivellierung des Konsums wurde zum Programm der Massenproduktion. Bezeichnend dafür wurde die Einebnung der Rhythmen im Arbeits- und Freizeitablauf: Wie sich der Fasching kaum mehr vom übrigen Jahr unterschied, so begannen sich auch die Festtagsmahlzeiten und Fastenzeiten einzuebnen.[50]

Der Haushalt, der einerseits mehr Güter und mehr Arbeit auf dem Markt anbot, war dadurch andererseits auch in der Lage, eine Fülle von Gütern nachzufragen. Die Konsumgesellschaft begann die »Revolution des Fleißes« anzutreiben: Der Rückgang der Freizeit und die Verlagerung der Arbeit von der Produktion für den Eigenbedarf und direkten Konsum auf die Produktion von Marktgütern fand ihre Entsprechung im Habitus der Bevölkerung. Die Körpergröße der Bevölkerung nahm ab: War dies Ausdruck einer durch eine malthusianische Krise ausgelösten Einengung der Nahrungsspielräume oder das Resultat verstärkter Arbeitsbelastung bzw. veränderter Präferenzen sowohl im agrarischen wie auch im nichtagrarischen Sektor, wobei dauerhafte Konsumgüter, Genußmittel und sonstige Produkte des nichtlandwirtschaftlichen Sektors den Lebensmitteln vorgezogen wurden?[51]

Tabelle 11: Körpergröße nach Geburtsjahrzehnt und Region, 1730 bis 1790 (Schätzung für die jeweilige Gesamtkohorte einzelner Länder der Habsburgermonarchie, in Zentimeter)

Geburtsjahrzehnt	Niederösterreich	Böhmen	Mähren	Galizien	Ungarn
1730	–	165,4	166,4	–	167,2
1740	169,1	165,5	168,8	170,8	169,8
1750	164,6	164,3	166,0	168,8	166,3
1760	165,6	164,6	166,8	166,0	166,5
1770	161,8	162,2	163,0	163,5	164,1
1780	163,6	161,7	163,1	163,3	163,9
1790	161,2	161,1	164,6	–	163,0

Quelle: John *Komlos*, Ernährung und wirtschaftliche Entwicklung unter Maria Theresia und Joseph II. Eine anthropometrische Geschichte der Industriellen Revolution in der Habsburgermonarchie (St. Katharinen 1994) 51.

Menschen und Maschinen

Kukuruz, Kartoffeln und Kürbisse

Neue, mit dem kolumbianischen Transfer nach Europa gelangte Feldfrüchte gewannen einen wesentlichen Anteil am agrarischen Fortschritt. Der Mais konnte auf kleinen Flächen mit relativ wenig Arbeitsaufwand viel, aber sehr einseitige Nahrung liefern; wurde er zum alleinigen Grundnahrungsmittel, war er von der Pellagra, einer gefährlichen Mangelkrankheit, begleitet. In von Kleinbesitz dominierten Regionen mit Protoindustrialisierung oder familienwirtschaftlichem Weinbau setzte sich der Mais schnell durch. Die Kartoffel war nicht nur eine Frucht, die hohe Erträge brachte, sondern gab auch den Anstoß zu einer allgemeinen Umstrukturierung und Modernisierung der landwirtschaftlichen Produktionsverhältnisse. Man konnte zum Kartoffelanbau Teile der bislang nicht oder mangelhaft bewirtschafteten Brachflächen heranziehen, aber auch auf schon bebauten Flächen gegenüber anderen Kulturen, in Kalorien ausgedrückt, beträchtlich höhere Flächenerträge erreichen. Ihr Anbau beeinflußte Fruchtfolge und Flurverfassung und erlaubte, im Frühjahr und Herbst saisonal oder strukturell unterbeschäftigte Arbeitskräfte produktiv einzusetzen. Er bedeutete durch die spezifischen, dem Hackbau entlehnten Arbeitsvorgänge, die traditionell Frauen und Kindern zugeordnet waren, eine beträchtliche Verschiebung der Arbeitsrollen. Der Kartoffelbau ermöglichte eine Ausdehnung der Viehhaltung, vor allem der Schweinemast, und stellte nicht zuletzt durch seinen geringen Kapitalbedarf ein beträchtliches Stimulans für die Protoindustrialisierung dar.

Der Maisanbau war in der zweiten Hälfte des 16. Jahrhunderts im oberitalienisch-südalpinen Bereich, in Friaul und Kärnten, in Südtirol, Slowenien und der Steiermark bereits bekannt und eingeführt und verbreitete sich im frühen 17. Jahrhundert in Nordtirol und seit der Mitte des 17. Jahrhunderts in Vorarlberg, unter dem Namen Türken oder Welschkorn in West- und Südösterreich, unter Kukuruz in Ostösterreich, was nichts mit den Kuruzzen oder Kruzitürken zu tun hat, die im beginnenden 18. Jahrhundert das östliche Niederösterreich verwüsteten, sondern sich wohl auf ein griechisches Wort für Mischkultur zurückführen läßt, in welcher der Mais am Balkan kultiviert wurde.[52] An mehreren Orten Kärntens konnte ein erstes Auftreten der Maiskultur bereits für das Jahr 1559 nachgewiesen werden. In der Steiermark stammen die frühesten Belege aus der Pfarre Thal westlich von Graz, wo es 1572 zu einer Auseinandersetzung um 150 Stecken zum Aufbinden des Mais gekommen war, die sich Bauern widerrechtlich aus einem herrschaftlichen Wald geholt hatten. 1573 bis 1585 wird auch in den Zehentrechnungen des Südtiroler Amtes Salurn bereits »türggischer Weizen« angeführt.[53]

In Kärnten fehlte der Bevölkerungsdruck, der eine rasche Innovation erzwungen hätte. Entscheidend für die weitere Verbreitung waren hier wohl erst die Hungerjahre der napoleonischen Zeit. Ab 1803 wurde Mais am Klagenfurter Wochenmarkt verkauft. Neben der eifrigen Förderung der Maiskultur durch den berühmten Klagenfurter Agrarwissenschaftler Johann Burger hat dann vor allem die Hungerkrise der Jahre

1816/17, die durch das völlige Mißraten des Buchweizens wesentlich mitbedingt war, dem Mais in Kärnten endgültig zum Durchbruch verholfen. In der kleinbäuerlichen Struktur der Südsteiermark ebenso wie des Oberinntals, Vorarlbergs, des Südburgenlands oder des Weinviertels waren die Vorteile viel augenscheinlicher. Die Erwähnung in der Grazer Müllerordnung von 1608, allerdings an letzter Stelle hinter Weizen, Roggen, Bohnen, Gerste, Erbsen, Buchweizen, Hirse, Bluthirse (Pfennich), Wicken, Kichern, Linsen, Hafer und Himmeltau, beweist, daß Mais damals schon bekannt gewesen und vermahlen worden sein muß. In der zweiten Hälfte des 17. Jahrhunderts wurde ihm bereits eine wichtige Funktion für die bäuerliche Eigenversorgung zugeschrieben. Zum wichtigsten Grundgetreide des steirischen Mittel- und Unterlandes wurde er wohl erst in der zweiten Hälfte des 18. Jahrhunderts. Der Maisanbau verbreitete sich im frühen 17. Jahrhundert von Südtirol aus auch rasch ins Oberinntal. In Vorarlberg waren die hungrigen 1690er Jahre ein wesentlicher Anstoß. Bedingt durch die starke Übervölkerung begann er bald eine wichtige Rolle in der Ernährung zu spielen. Der endgültige Durchbruch fällt in die Zeit der 1770er Jahre und der Frühindustrialisierung. Von 1800 bis 1830 sollen sich die Maisanbauflächen in Vorarlberg verdoppelt haben. Der Höhepunkt und die größte Ausdehnung wurde um die Mitte des 19. Jahrhunderts erreicht. In der zweiten Hälfte des 19. Jahrhunderts waren die Maisanbauflächen überall rückläufig, bis nach dem Zweiten Weltkrieg die große Ausdehnung einsetzte.[54]

Es muß angesichts der vielfältigen Vorteile der Kartoffel in Erstaunen setzen, daß es mehrerer hundert Jahre bedurfte, bis sie sich einen festen Platz in der österreichischen Landwirtschaft und Küche erworben hatte. Die Wirtschaftsgeschichte hat den keineswegs geradlinigen Weg, den der Kartoffelanbau in Österreich genommen hat, ausführlich dokumentiert.[55] Die Karriere begann zwischen 1580 und 1600 als exotische Pflanze und Rarität in den botanischen Gärten des Hofes, des Adels und der Klöster, wo ihr volkswirtschaftlicher Nutzen bald erkannt wurde. Empfohlen wurden die »Erdäpfel« als Zierpflanzen, Heil- und Zaubermittel, Nahrung für Tier und Mensch und Grundstoff der Brennerei, was dazu beigetragen haben mag, daß Österreich immer zu den frühen Innovationszentren des Kartoffelanbaus gerechnet wurde.[56]

Eine über punktuelles Auftreten hinausgehende Verbreitung ist aber erst nach der Mitte des 18. Jahrhunderts anzusetzen. Allgemein wird mit der Hungersnot von 1771/72 ein wesentlicher Durchbruch in Zusammenhang gebracht, doch findet man um 1800 noch zahlreiche Regionen, in denen der Kartoffelanbau nicht Fuß fassen konnte. Die vielen Namen illustrieren, ähnlich wie beim Mais, die komplizierte Verbreitungsgeschichte: Erdtrüffel und Kartoffeln, Erdäpfel und Erdbirnen, ungarisch »krumpli«, slowenisch »krumpir« (»Grundbirnen«) und tschechisch »bramburi« (Brandenburger). Direkte Einflüsse aus den deutschen und niederländischen Anbauzentren sind nachweisbar. Initiatoren waren einzelne Herrschaftsbeamte, Pfarrherren, Industrielle, Handwerksgesellen und weitgereiste Bauern. Als Nahrungsmittel traten sie zuerst im Umkreis der Städte auf, bei Wien, Linz, Graz oder Salzburg.[57] Das ist nach den allgemeinen Regeln von Innovation und Diffusion nicht außergewöhnlich, widerspricht aber den herkömmlichen Meinungen von den Anfängen des Kartoffelkonsums. Kartoffeln nahmen zwei sehr gegensätzliche Positionen im Mahlzeitensystem ein: Einerseits zeigten sie bürgerlichen Einfluß und belegten eine fortschrittlichere und gehobenere Eßkultur, andererseits waren sie Zeichen extremer Not in der Kleinhäusler-, Armen- und Arbeiternahrung. In den von Hausindustrie durchsetzten Räumen Vorarlbergs, des Oberinntals oder des Mühl- und Waldviertels wurde die Kartoffel bald zu einem Hauptnahrungsmittel. In die Arbeitsorganisation der Protoindustrialisierung paßte sie wie kaum eine andere Frucht: Ihre Kultur erforderte kein teures Gerät, kein Zugvieh, sie konnte von Frauen und Kindern bearbeitet werden, erbrachte hohe Erträge und garantierte bei kleinen Flächen eine erfolgreiche Hausstandsgründung. In altstrukturierten Industrieräumen, dem Salzkammergut, dem Ennstal, der Obersteiermark oder Kärnten, war ihr Erfolg weit nicht so spektakulär.

Jeder der großen europäischen Kriege des späten 18. und beginnenden 19. Jahrhunderts, der Siebenjährige Krieg, der Bayerische Erbfolgekrieg (auch als »Kartoffelkrieg« bezeichnet) und die Napoleonischen Kriege, förderte den Kartoffelanbau. Die Hungersnöte beschleunigten die Eingliederung in den Speiseplan. Die durch die Einführung der Pockenimpfung drohende Übervölkerung sei mit dieser wahren Speise der Armen in weite Ferne geschoben, meinte 1830 ein österreichischer Statistiker. Viermal weiter sei der Hunger bei Kartoffelbau entfernt als bei Getreidebau, konkretisierte die steirische Ackerbaugesellschaft 1840 diese Behauptung, ohne zu ahnen, daß schon wenige Jahre danach 1846/47 gerade durch das Versagen dieser Frucht der Hunger in weiten Teilen Europas so furchtbar werden sollte.[58] Kartoffeln waren nicht nur wegen ihrer hohen Flächenproduktivität billig, sondern auch wegen des geringen Aufwands in der Weiterverarbeitung, wo die bei Brotgetreide notwendigen Zwischenstufen der Müllerei und Bäckerei entfallen konnten. Verglichen mit Brot ist die Herstellung einer eßbaren Mahlzeit aus Kartoffeln einfach und rasch. Für Industrie- und Heimarbeiter, wo nicht nur Geld, sondern auch Zeit knapp war, waren sie daher ein höchst ökonomisches Nahrungsmittel. Mit ein paar Säcken davon ließ sich gut über die Runden kommen.

Altes Bauernpaar mit Kartoffeln (»Die Eltern des Künstlers«), Ölbild von Martin Kestler, Oberösterreich, 1833

Auch der steirische Ölkürbis *(Cucurbita pepo),* als Schweinefutter und zur Gewinnung des steirischen Kernöls geschätzt und meist zusammen mit Mais kultiviert, war nach der Entdeckung Amerikas nach Europa gelangt. In der Steiermark kam die Nutzung im 18. Jahrhundert auf. Bedeutend kann der Anbau in den ersten zwei Dritteln des 18. Jahrhunderts nicht gewesen sein. 1775 wurden von Wien an das Steirische Gubernium eine Reihe von Exemplaren der Schrift »Kurzer Unterricht vom Anbaue, und nützlichen Gebrauche der Kürbisse oder sogenannten Plützer« zur unentgeltlichen Verteilung an das Landvolk gesendet. In der ersten Hälfte des 19. Jahrhunderts jedenfalls wurden Kürbisse in großer Menge angebaut. Für die siebziger Jahre des 19. Jahrhunderts ist für die Steiermark (samt Untersteiermark) eine Anbaufläche von circa 2 370 Hektar und ein jährlicher Ertrag von 76 000 bis 166 000 Tonnen belegt.[59]

Der Tabak war den österreichischen Botanikern des späten 16. Jahrhunderts bereits bekannt. Die frühesten Nachrichten über Tabakkonsum und Tabakanbau in Österreich stammen aber alle erst aus der Zeit um 1650. 1644, das ist die bislang früheste Nachricht über das Rauchen aus Österreich, faßte das Schlägler Stiftskapitel strenge Beschlüsse gegen das »Tabaktrinken«. 1648 begann ein aus Bayern gebürtiger Schneidermeister in Neumarkt an der Ybbs mit dem Tabakanbau, ab 1658 ist in den Rechnungen der Herrschaft Schwertberg der Anbau von Tabak nachweisbar. 1665 stellte sie den Anbau wieder ein, weil wegen des allgemein verbreiteten Anbaus die Preise stark gesunken waren. In der zweiten Hälfte des 17. Jahrhunderts war der Tabakkonsum und Tabakanbau bereits allgemein üblich. Mit der Durchsetzung einer allgemeinen Besteuerung bzw. später Monopolisierung der Tabakproduktion mußte die Möglichkeit einer Eigenversorgung der Landwirtschaft soweit wie möglich unterbunden werden. Daher wurde der bäuerliche Tabakanbau obrigkeitlich immer mehr zurückgedrängt und war im 19. Jahrhundert nur mehr in Tirol, in Ungarn, Galizien und Teilen der Steiermark erlaubt.[60]

Eine grüne Revolution

Es sei dahingestellt, ob die staatliche Bürokratie oder die theoretische Ökonomie früher erkannte, daß eine Wachstumspolitik für die allgemeine Wohlfahrt wesentlich bessere Erfolge zeitigen konnte als eine noch so gute Verteilungspolitik. Jedenfalls trat in der zweiten Hälfte des 18. Jahrhunderts die Förderung der Produktionssteigerung immer mehr gegenüber der Regelung der Verteilung in den Vordergrund: in der Landwirtschaft durch Förderung der Meliorationen, Einführung neuer Früchte wie Klee und Kartoffel, Einschränkung der Brache, Propagierung von Düngung und Bewässerung bis hin zu recht skurrilen Vorschlägen der Schädlingsbekämpfung: Heuschrecken sollten durch Gebet, Geschrei und Trommelschlag vertrieben werden, und zwecks Spatzenvertilgung wurde jedem Haushalt die Verpflichtung auferlegt, eine bestimmte Menge getöteter Spatzen abzuliefern.[61] Die ungeheuer wichtige und viel an zusätzlichem Ertrag bewirkende Eindämmung der Rinderseuchen ist von den Historikern hingegen bislang kaum beachtet und untersucht worden. Anreize zu Produktionsverbesserungen wurden durch Medaillen und Prämien geboten oder durch die Verteilung von Saatgut, Anleitungen gab es mittels Flugschriften, vor allem aber durch wirtschaftliche Fortbildung von der Kanzel aus. Als wichtigste Anreize allerdings wurden die Förderung des Privateigentums, die Zerteilung von Großbetrieben und die generelle Entfeudalisierung erkannt.[62]

Die von früher bekannte und erprobte Methode, durch Abholzen der Wälder neues Kulturland zu gewinnen, stieß immer häufiger an die sozialen und ökologischen Grenzen. Einerseits konnten aus Umweltgründen gar nicht alle Wälder gerodet werden, andererseits machten der Widerstand der Grundherren, die um ihre Jagdgebiete fürchteten, die Gegnerschaft der an einem nachhaltigen Holzbezug interessierten Industrieunternehmer und die Politik der um die Energieversorgung des Landes besorgten Landesfürsten weitere Rodungen schwierig. Weniger Widerstand war bei der Trockenlegung von Sümpfen und Aulandschaften zu erwarten: Die landwirtschaftlichen Nutzflächen begannen sich daher im 18. Jahrhundert immer mehr in die sumpfigen Tallagen und Flußniederungen vorzuschieben, mit der Entsumpfung des Inn- und des Etschtales und kleineren Projekten im Iseltal oder im Drautal, im Pinzgau oder in Oberösterreich in der Perger Au. Etwas anders war die Situation bei der Trockenlegung zahlreicher Seen und Teiche, die in der Zeit vor und um 1800 erfolgte. Hier war die Krise der Teichwirtschaft ausschlaggebend. Kultivierungsanstrengungen gab es auch in der Urbarmachung der steinigen Flachlandböden, etwa der Welser Heide und des Steinfeldes nach der Mitte des 18. Jahrhunderts. Waldrodungen gab es noch im obersten Mühlviertel, zum Beispiel in der Gegend von Schwarzenberg, oder in Niederösterreich mit der Ausdehnung von Kleinhäuslersiedlungen und Holzfällerkolonien.[63]

Bei der Strukturbereinigung diskutierte man einerseits die Zerteilung von Großgrundbesitzungen, andererseits die Aufteilung von Allmenden und die Vereinödung der Betriebe. Die Vereinödung griff um 1770 aus dem nördlich angrenzenden Allgäu auf die vorarlbergischen Herrschaften über. Sie erfaßte im heutigen Vorarlberger Raum mehr als 2 200 Höfe in über 20 Gemeinden. Wo die Besiedlung dichter war, herrschte die Allmendteilung vor. Zwischen 1760 und 1860 wurden in mehr als einem Drittel aller Vorarlberger Gemeinden Allmendteilungen durchgeführt oder diskutiert. Die ländlichen Unterschichten drängten auf Teilung oder individualisierte Nutzung, da von den als Weiden oder Wald genutzten Allmenden vor allem die größeren Besitzer profitiert hatten, während die kleinen Besitzer dort intensive Kulturen etablieren wollten.[64]

Zwischen 1789 und 1830 stieg die Ackerfläche in ganz Österreich noch um etwa 20 Prozent. Die erfolgversprechendsten Reserven für die Erhöhung der Nutzflächen lagen allerdings nicht mehr in der Erschließung neuer Äcker, sondern in der Einschränkung der Brachen. Die neuen Bewirtschaftungsformen, die im 18. Jahrhundert auch in einzelnen Regionen Österreichs rezipiert wurden, bestanden nicht in der Einführung arbeitssparender Maschinen, sondern in einer Verbesserung der Boden- und Arbeitskraftnutzung durch neue Feldfrüchte, neue Fruchtfolgesysteme und neue Fütterungstechniken, die eine Bebauung der Brache mit Klee, Rüben, Kartoffeln oder Handelspflanzen möglich machten. Die tatsächlich bestellte Fläche wurde damit um 50 Prozent erhöht, was allerdings nur bei entsprechender Düngung möglich war, die eine verbesserte Düngerwirtschaft mit Sommerstallfütterung und Ausdehnung der Viehhaltung zur Voraussetzung hatte und zusammen mit Bewässerung und in manchen Gegenden auch erster mineralischer Düngung (Mergelung, Kalkung) höhere Hektarerträge ermöglichte.

Zentrale Bedeutung kam dabei dem Klee zu, der neben dem zusätzlichen Futterangebot wie alle Leguminosen den Boden mit Stickstoff anreichert. Die Einführung des Kleebaus war mit enormen Widerständen verbunden, teils technisch-wirtschaftlicher, teils rechtlicher Natur. Die Widerstände kamen von den Klein- und Großgrundbesitzern, während die Mittelbauern sich in diesem Fall als am innovationswilligsten erwiesen, vor allem wenn sie nicht im Dorfverband, sondern in Einzelhoflandschaften wirtschafteten, da sie hier bei einer Umstellung der Fruchtfolge oder Beseitigung der Brachweide nicht an den Flurzwang oder die Zustimmung der Dorfgemeinde gebunden waren.[65]

Mit der verbesserten Dreifelderwirtschaft in Zusammenhang zu sehen ist auch der Übergang zur ganzjährigen Stallfütterung. Ihre Vorteile lagen in der geordneten Düngerwirtschaft und Verbesserung der Futterverwertung. Stallfütterung war aber viel arbeitsintensiver als Weidewirtschaft. Dazu kamen beträchtliche bauliche Investitionen. Der Umstellungsprozeß, der im oberösterreichisch-niederösterreichischen Grenzraum schon im 17. Jahrhundert eingesetzt hatte, schritt im letzten Drittel des 18. und zu Beginn des 19. Jahrhunderts ebenso wie der Kleeanbau von West nach Ost rasch voran.

Bereits die Krise des 17. und frühen 18. Jahrhunderts, vor allem aber die Napoleonischen Kriege hatten einen Rückgang der Verwendung von Pferden gebracht, die zu einem beträchtlichen Teil für die Kriegsführung requiriert worden waren, aber auch in der Anschaffung und Haltung viel teurer waren, weil sie höhere Fütterungskosten verursachten und wegen der weitverbreiteten Tabuisierung des Pferdefleisches im Alter kaum als Schlachttiere verwertbar waren. Der Einsatz von Pferden war daher von den Lohnkosten und von der Struktur der Betriebe abhängig. Wenn Arbeitskräfte teuer oder die Wege zu den Feldern sehr weit waren, war die Motivation größer, auf die schnelleren Pferde statt der langsameren Ochsen umzustellen. Das niederösterreichische Stift Zwettl, das im frühen 14. Jahrhundert über »Pferde zum Zug von Wagen und Pflug« verfügte, hielt um 1700 in keinem seiner zehn Wirtschaftshöfe auch nur ein Arbeitspferd.[66] Feudale Meierhöfe wie die der Herrschaft Staatz oder des großen Hardeggschen Herrschaftskomplexes nächst der Donau, die auf Robot zurückgreifen konnten, bearbeiteten vom 16. bis zum 19. Jahrhundert ihre Felder mit Ochsen statt wie früher mit Pferden.[67] Wie drastisch der Rückgang der Pferdebestände war, ergibt sich aus Salzburger Viehzählungen, die 1818 (allerdings bei etwas verkleinertem Territorium) nur mehr 8700 Pferde erbrachten, während es 1643 fast 21000 gegeben hatte, 1649 noch 19000 und 1805 14000.[68]

Die neuen Anbaumethoden boten die Möglichkeit, aber auch Notwendigkeit, die Produktion von Viehfutter beträchtlich auszuweiten. Allerdings war von der Preisentwicklung her gesehen der Anreiz, die Viehwirtschaft besonders zu forcieren, nicht sehr groß. Es wurde vielmehr zum Verdruß der Agrartheoretiker Grasland in Ackerland umgewandelt. Die Auswirkungen der Napoleonischen Kriege auf die Rinderhaltung waren dramatisch. Von 1790 bis 1810 sank die Zahl der Kühe in Niederösterreich von 211000 auf 168000. In Westösterreich war der Rückgang weniger ausgeprägt. Im Vormärz

Monatsbilder aus dem Zyklus »Das Bauernjahr«: Schafschur (Juni), Heumahd (Juli), Kornschnitt (August); Gouachen, salzburgisch, drittes Viertel 18. Jahrhundert

kehrte sich die Agrarkonjunktur um. Die Produktionszuwächse zusammen mit den erstmals möglichen Zufuhren größerer Getreidemengen aus Ungarn und anderen Überschußgebieten führten zu einer Verbilligung von Getreide und damit zu einer größeren Rentabilität der Viehzucht. Im Vormärz blühte die Rinderhaltung auf. Ihre Zunahme war so beträchtlich, daß in den frühen vierziger Jahren bereits ein Viehstapel erreicht war, der auch in der zweiten Jahrhunderthälfte nicht wesentlich überschritten wurde.

Um 1820 begann man in Vorarlberg die Emmentalererzeugung einzuführen. Von dort verbreitete sich die Fettkäserei nach Tirol. Um 1830 übernahm man sie im Zillertal. Die Käse wurden zum Teil nach Wien geflößt. Während in Westösterreich und auch Oberösterreich eine beträchtliche Zunahme der Milchwirtschaft, sowohl für den Markt wie für den Eigenbedarf, vermutet werden kann, wird aus Niederösterreich von einer Stagnation oder einem Rückgang berichtet, trotz der Sogkraft des Wiener Marktes, wo der Milchkonsum zu steigen begann. Nur in Wien und im unmittelbaren Wiener Umland kam es vorerst zu einer Ausweitung der Milchmeierei. Im übrigen Niederösterreich drängte bis etwa 1840 die kommerzielle Schafzucht die Rinderhaltung zurück. Es gab im Gebiet des heutigen Österreich um die Mitte des 19. Jahrhunderts je nach Gegend sechs- bis dreißigmal mehr

Tabelle 12: Viehbestand in Österreich (heutiges Bundesgebiet), 1800 bis 1990 (Schätzung, in 1000 Stück)

Jahr	Pferde	Rinder	Schafe	Schweine	Ziegen
1801	176,9	1461,5	881,1	–	–
1837	201,6	1739,2	1361,3	400,7	–
1850	209,4	1945,2	1232,6	578,0	184,1
1869	224,6	2022,7	867,5	914,8	237,7
1910	298,0	2218,8	296,0	1840,3	234,0
1950	283,0	2280,5	362,5	2523,2	322,8
1980	40,4	2516,8	190,8	3706,3	32,4
1990	49,3	2583,9	309,3	3688,0	37,3

Berechnet nach: Roman *Sandgruber*, Österreichische Agrarstatistik 1750–1918. Wirtschafts- und Sozialstatistik Österreich-Ungarns 2 (hg. von A. *Hoffmann*/H. *Matis,* Wien 1978); Felix *Butschek,* Statistische Reihen zur österreichischen Wirtschaftsgeschichte. Die österreichische Wirtschaft seit der industriellen Revolution (Wien 1993).

Schafe als heute. Die Habsburgermonarchie war im Vormärz für kurze Zeit zum weltweit wichtigsten Produzenten von Wolle geworden. 1785 wurden im ganzen Staat etwa 7 Millionen Schafe gezählt, 1818 schon 12 Millionen und 1840 etwa 27 Millionen.[69]

Die Schweinehaltung, für die erst nach der Mitte des 19. Jahrhunderts mit der großen Ausweitung des Kartoffel- und Rübenanbaus die entsprechende Futtergrundlage gegeben war, war noch wenig bedeutend. Der Konsum von Schweinefleisch war in den Städ-

Severin Zugmayer, der Erfinder des nach ihm benannten Pfluges, und seine zwei Söhne Martin und Georg, Ölgemälde, um 1830/40

ten gering und auch in den bäuerlichen Haushalten angesichts des allgemein niedrigen Fleischverbrauchs nicht hoch. Die Geflügelhaltung war nur in der Umgebung der großen Städte von Bedeutung, was angesichts des hohen städtischen Geflügelkonsums, der in Wien um 1800 mehr als 10 Kilogramm pro Kopf erreichte, nicht verwundert.[70]

Die Einführung des Kleeanbaus und die Sommerstallfütterung verlangten den Umbau und die Erweiterung der Ställe und Scheunen, die ja nur für die Durchfütterung des wenigen über den Winter gehaltenen Viehs und einen geringen Vorrat an Heu und Stroh ausgelegt gewesen waren. Die zunehmende Mostbereitung und der Kartoffel- und Rübenbau erforderten die Anlage von Kellern. Fortschritte in der Steinbruch- und Ziegeleitechnik begünstigten die Massivbauweise. Die harte Bedachung hatte eine neue Dachkonstruktion zur Voraussetzung. Stein- und Ziegelhäuser galten als Zeichen des Wohlstands. Das städtische Vorbild, die Prämiengestaltung der neuen Feuerversicherungen und die feuerpolizeilichen Vorschriften beschleunigten die Verbreitung der Massivbauweise. So wurden das späte 18. und frühe 19. Jahrhundert zur zentralen Phase der Aus- und Umbildung der österreichischen Bauernhauslandschaften, der mächtigen Vierkant- und Dreiseithöfe, der Streckhöfe und Erzherzog-Johann-Häuser.[71]

Gering war vorerst der Fortschritt bei den Geräten. Bei den Windfegen (Putzmühlen), die im späten 17. Jahrhundert nach chinesischen Vorbildern eingeführt worden waren und die bei der Reinigung des Getreides das traditionelle »Gegen-den-Wind-Werfen« (Worfeln) ersetzten, konnte sich Österreich neben den Niederlanden einer gewissen Pionierstellung rühmen, die mit den guten Kontakten der innerösterreichischen Jesuiten nach China erklärt werden könnte.[72] Sämaschinen, wie sie in Kärnten vereinzelt, wohl nach italienischem Vorbild, bereits im 17. Jahrhundert gebaut wurden, blieben vorerst ohne praktische Bedeutung. Joseph von Locatelli, ein in Kärnten lebender Edelmann, hatte 1663 für seine Sämaschine ein kaiserliches Privileg erhalten, das 1664 auch für Spanien bestätigt wurde. Dort verbreitete sich seine Maschine unter der Bezeichnung »Sembrador« rasch und blieb bis ins 19. Jahrhundert in Gebrauch. Die Vorteile dieser Maschine, die bereits die wesentlichen Konstruktionsmerkmale einer Sämaschine besaß, lagen in der sparsamen und regelmäßigen Ausbringung des Saatgutes.[73]

Man verwendete hölzerne und eisenbe-

Schöpfrad zur Bewässerung und alte Hühnermagd mit »steirischem Kropf«, Gouachen von Johann Lederwasch aus der »Knaffl-Handschrift« (Darstellungen aus dem Volksleben im Kameralbezirk Fohnsdorf), 1813

schlagene Pflüge und Eggen. Der eiserne Pflug des Severin Zugmayer, der 1818 der Öffentlichkeit vorgeführt wurde, verbreitete sich bis in die vierziger Jahre über ganz Niederösterreich und die Nachbargebiete. Auch Eggen mit eisernen Zähnen wurden ziemlich allgemein. Eiserne Gerätschaften waren aber mindestens doppelt so teuer wie hölzerne. Der Eisenverbrauch der Landwirtschaft stieg insgesamt beträchtlich: für Mostfässer und Wagenbeschläge, für Pflugbestandteile, Hufeisen, Nägel, eiserne Hauen, Gabeln und Schaufeln, dazu für Sicheln, Sensen, Strohmesser und Werkzeuge aller Art.

Das Getreide wurde vor der zweiten Hälfte des 19. Jahrhunderts zum Großteil noch mit Sicheln geschnitten. Die Verwendung der Sense zum Mähen des Getreides muß als Resultat einer Kosten-Nutzen-Rechnung zwischen Arbeitsersparnis und höherem Körnerverlust gesehen werden. Nur in der näheren Wiener Umgebung, wo die Arbeitskraft besonders teuer war, war bereits um 1800 die Sensenmahd allgemein üblich. Das Getreide wurde mit Dreschflegeln gedroschen. Die Verwendung von Dreschwagen und das Austreten durch Tiere waren im 18. Jahrhundert im östlichen Österreich wohl nach ungarischem Vorbild nicht unbekannt und breiteten sich im frühen 19. Jahrhundert noch weiter aus. Maschinelles Dreschen war ähnlich wie Sensenmähen oder die Verwendung von Pferden arbeitssparend, bedeutete aber höhere Körnerverluste und Verunreinigungen. Flegel-, Stampf- und Walzendreschmaschinen, die die herkömmlichen Methoden des Flegeldrusches und des Austretens durch Tiere nachahmten, wurden in Ostösterreich vereinzelt schon zu Beginn des 19. Jahrhunderts eingeführt.[74]

In Arbeitsorganisation und Arbeitskräftebedarf ergaben sich durch die neuen Pflanzen, durch die vergrößerten Flächen und die intensivere Art der Bewirtschaftung, durch die Kultur der Hackfrüchte, die Sommerstallfütterung und die intensivierte Düngung und Bewässerung eine Zunahme und eine geschlechtsspezifische Umschichtung, da die zusätzlich erforderlichen Tätigkeiten traditionell mehr von Frauen und Kindern ausgeübt wurden. Der steigende Arbeitskräftebedarf wurde vornehmlich durch vermehrte Gesindehaltung abgedeckt, die ihren Ausdruck in stark vergrößerten Haushaltsverbänden mit dem Höhepunkt um die Mitte des 19. Jahrhunderts oder kurz nachher fand, während die Möglichkeiten für bäuerliche und unterbäuerliche Nebenerwerbe sich mit zunehmender Bedeutung der zentralisierten Industrie reduzierten, ein Phänomen, das auch als »Agrarisierung der Industriebauern« bezeichnet wurde.[75] Der Gesindedienst wurde verstärkt von einem Abschnitt im Lebenszyklus zu einer lebenslangen Stellung, so daß der Anteil des Gesindes in

höheren Altersgruppen im frühen 19. Jahrhundert deutlich zunahm. Im östlichen, mehr getreidewirtschaftlich ausgerichteten und mehr im Wiener Einzugsbereich liegenden Landesteil begann sich die ländliche Arbeitsorganisation auf zunehmende Lohn- und Saisonarbeit und deutlich weniger patriarchalisch ausgerichtete Familienstrukturen zu orientieren. Auch wenn der Anteil der landwirtschaftlichen Bevölkerung an der Gesamtpopulation von 75 bis 80 Prozent um 1770 auf etwa 69 Prozent um 1850 sank, so kam es absolut doch zu einem Zuwachs um 15 bis 25 Prozent.

Obwohl die landwirtschaftliche Betriebsstruktur Österreichs vom Mittelbetrieb dominiert war, war die Landverteilung in hohem Maße ungleich geworden. Wenigen Bauern, die einen Großteil der Ressourcen kontrollierten, stand eine breite Schicht landloser Dorfbewohner gegenüber. Das Anerbenrecht verhinderte in den meisten Regionen die Teilung des Erbes, bevorzugte einen Erben und reduzierte die anderen auf einen Geldanteil. Uneheliche Kinder hatten überhaupt keine Ansprüche und ergaben eine dörfliche Unterschicht, die eine wichtige Arbeitskraft darstellte, ohne das System der Bodenverteilung zu gefährden. Die Häusler- und Inwohnerfamilien, die im 17. und 18. Jahrhundert in so großer Zahl entstanden waren, bildeten eine Ergänzung zur Struktur der Bauernfamilie, als Reservoir kurzfristig rekrutierbarer Arbeitskräfte, als Auffangbecken für weichende Erben und als Potential für gewerbliche Funktionen, die zunehmend aus der Bauernwirtschaft ausgegliedert wurden. Es bildete sich ein Patron-Klientel-Verhältnis mit wechselseitigen, wenn auch asymmetrischen Verpflichtungen, mit deutlicher sozialer Zweiteilung, aber auch mit über das Haus hinausgreifenden paternalistischen Zügen.[76]

Protoindustrien und Protofabriken

Die »Protoindustrialisierung«, deren wesentlichstes Kennzeichen die dezentrale Produktionsweise darstellt, durch die überschüssige Ressourcen und Arbeitskräfte der Haushalte genutzt und Kosten auf sie übergewälzt werden konnten, beschreibt als Begriff einen Zustand, der in dieser Form als Symbiose zwischen dezentraler und zentraler Produktion, zwischen ländlicher und städtischer Industrie und zwischen Handwerk und Verlag über Jahrhunderte hinweg Bestand hatte. Ungeeignet und mißverständlich ist der Begriff hingegen, um etwa damit eine erste Phase der Industrialisierung oder gar Stufe des Industrialisierungsprozesses herauszuarbeiten. Die Protoindustrialisierung bedeutet keineswegs eine typische oder gar notwendige Vorstufe oder Durchgangsphase auf dem Weg zur Industrie. Sie ist in gewissem Sinne Ausdruck einer Krise, aus der man mit neuen Strategien und einer Externalisierung von Kosten herauszukommen versuchte. Dadurch erwiesen sich Protoindustrialisierungslandschaften auch als ausgesprochen widerstandsfähig und krisenbeständig.[77]

Das Verlagssystem, in welchem der Kaufmann dem Produzenten Rohstoffe und Kapital zur Verfügung stellte und den Vertrieb der Waren übernahm oder garantierte, war zwar ein wesentlicher Bestandteil der Protoindustrialisierung. Allerdings reichte die verlagswirtschaftliche Organisation weit über die Protoindustrie hinaus: Verlagsmäßig waren auch wesentliche Teile der Eisenindustrie strukturiert, ohne daß die von den Händlern abhängigen Rad-, Hammer- und Sensenwerke in Kategorien protoindustrieller Produktion beschrieben werden könnten. Das zusätzliche Charakteristikum der Protoindustrialisierung war die familienwirtschaftliche Organisation, die die Nutzung struktureller Unterbeschäftigung und autarker Potentiale ländlicher Haushalte und damit das Unterlaufen konkurrierender Produktionskosten ermöglichte. Die Vorteile des Massenabsatzes konnten mit den Vorteilen der kleingewerblichen Produktion verbunden werden. Die Protoindustrie bot damit einen Ausweg aus der hauswirtschaftlich ausgerichteten Handwerkswirtschaft und stellte die Einbindung in die Geldwirtschaft her. Gleichzeitig wurde aber die Möglichkeit des Lohndrucks und der Selbstausbeutung dieser Produzenten, die sich auch auf kleine landwirtschaftliche Nebenerwerbe stützten, viel größer.

Die landwirtschaftliche Eigenwirtschaft und Nebentätigkeit, die den Grundbedarf abdeckte, ermöglichte es, daß von den Geldeinkommen, die aus der industriellen Tätigkeit stammten, eine erhebliche Nachfrage nach neuen Konsumgütern ausgehen konnte, nach Kaffee, Zucker, Baumwoll- und Seidenwaren, Uhren und sonstigen nur über den Markt erwerbbaren Dingen. Das waren Güter, die gleichzeitig relativ wenig an zusätzlicher Hausarbeit erforderten. Die neuen Genußmittel waren schnell gebrauchsfertig und ersparten meist eine aufwendige Zubereitung. Auch die für den Eigenbedarf dienende Erzeugung von Kartoffeln oder Mais war wenig arbeitsaufwendig. Daher konnte die von den Haushaltsmitgliedern für die protoindustrielle Marktproduktion eingesetzte Arbeitszeit hoch sein.

Die Möglichkeit vermehrter Hausstandsgründung führte zu einer Zunahme des Häuserbestands in den Protoindustrialisierungslandschaften. Die Protoindustrialisierung als Familienwirtschaft war mit einer neuen Rollenverteilung im Haushalt und mit einer veränderten Stellung der Frauen und Kinder verbunden. Man sagte, daß gute Stickerinnen in den goldenen Jahren der Vorarlberger Stickerei von 1780 bis 1794 ein Haus verdienen konnten.[78] Wenn solche Frauen dann allein ins Gasthaus gingen, dort Karten spielten und Wein oder gar Kaffee tranken, sah sich die traditionsverhaftete Gesellschaft zwar vor den Kopf gestoßen. Aber sie waren eben zum verdienenden Teil des Haushalts geworden. Wenn im »Krumbacher Weiberaufstand« von 1807 zwischen 200 und 2 000 Bregenzerwälder Frauen – die Angaben gehen hier weit auseinander – teilweise in Männerkleidern und mit Gewehren bewaffnet das Gerichtsgebäude in Bezau stürmten, sind emanzipatorische Tendenzen deutlich erkennbar.[79]

Waren die ländlichen Gewerbetreibenden zunächst häufig als Dienstboten und Inwohner in den bäuerlichen Haushalt integriert, so stieg im 17. und 18. Jahrhundert die Zahl derer, die ein eigenes, wenn auch noch so kleines Häuschen errichteten, beträchtlich an. Protoindustrie konnte in verschiedenen Formen auftreten: Als alles dominierender Produktionszweig einer ganzen Region, als ein Zusatz zur landwirtschaftlichen oder montanistischen Beschäftigung und als Tätigkeit, die in Städten ganze Familien oder auch nur einzelne Familienmitglieder protoindustriell band. Es waren arme, krisengeschüttelte Regionen, die diesen Ausweg suchten: Vorarlberg, das Mühl- und Waldviertel, teilweise auch Salzburg und Tirol, die vom Niedergang des Bergbaus betroffen waren und an Übervölkerung litten. So gab es Landschaften, die von einem einzigen Produkt geprägt waren, von Leinen- oder Baumwollverarbeitung, und solche, wo sich eine bunte Vielfalt der Beschäftigungen auftat, vom Stricken, Sticken und Klöppeln bis zum Schnitzen, Teppichweben, Schmieden von Nägeln und Verfertigen von Uhren.

Die Krise der Halleiner Salzproduktion führte dazu, daß die Knappen ab 1620, später auch die Bürger und Bauern mit ihren Angehörigen begannen, Baumwollstrickwaren herzustellen. Neben der Baumwollmanufaktur wurde auch die Erzeugung von Holzwaren und Stecknadeln, die bis in die Türkei ausgeführt wurden, in diesem »Kommerzialstädtchen« und den benachbarten Pfleggerichten während der frühen Neuzeit immer mehr zur Ergänzung der schrumpfenden Salzgewinnung. Die Baumwolle wurde im Originalzustand oder bereits gefärbt, meist in dreierlei Blautönen, an die Spinnerinnen ausgegeben und von diesen an die Stricker und Strickerinnen weitergegeben. Hergestellt wurden vor allem Strümpfe und Socken. Vielleicht 3 000 Personen, in der Blütezeit sogar bis zu 16 000 Verlegte und Angehörige, fanden Beschäftigung. Die Blüte hielt jedoch kaum hundert Jahre. Im frühen 19. Jahrhundert mußte man sich der Erzeugung von Holzwaren und Spanschachteln, Spielzeug oder Besen zuwenden, wie sie schon im 16. Jahrhundert im noch stärker krisengeschüttelten Berchtesgaden begonnen worden war. Eine gleichartige Manufaktur gab es auch in Schwaz in Tirol.[80] Protoindustrielle Züge wies auch die Wiener Seidenindustrie auf, deren Aufschwung in der zweiten Hälfte des 18. Jahrhunderts die Stadt zu einem Industriezentrum machte.[81]

Unter Manufakturen versteht man arbeitsteilig organisierte Unternehmen mit zentralisiertem, einfach mechanisiertem Kern und häufig breiter, protoindustriell-verlagsmäßig ausgelagerter Peripherie. Sie stellten damit eine Vorstufe zur stärker auf mechanisierte, motorisierte und zentralisierte Fertigung ausgerichteten Fabrik dar. Im zeitgenössischen Sprachgebrauch kommt jedoch eine unterschiedliche Verwendung der Begriffe »Manufaktur« und »Fabrik« überhaupt nicht zum Ausdruck.[82] Die Bedeutung der Manufakturen wird häufig überschätzt. Die wirtschaftshistorische Forschung, angewiesen auf entsprechende schriftliche Quellen, hat sich mit dem Manufakturhaus am Tabor, das gar nie produziert hat, und mit zahlreichen anderen staatlich privilegierten Unternehmungen, die einen riesigen Aktenberg hinterlassen haben, mehr beschäftigt als mit der privaten, dezentralen Erzeugung in kleinen Weberhäusern oder bäuerlichen Haushalten, wo naturgemäß kaum eine auch noch so winzige schriftliche Erinnerung vorhanden ist. Wenn zum Beispiel in den neunziger Jahren des 17. Jahrhunderts den Verlassenschaftsabhandlungen der Herrschaft Weißenburg im niederösterreichischen Pielachtal zufolge im Nachlaß eines Bauern drei, in einem anderen acht, bei einem dritten zwölf und bei einem sogar 25 Webstühle vorhanden waren, so zeigt dies, daß dort beträchtliche familienwirtschaftliche Aktivitäten erfolgt sein müssen, von denen wir nur in Einzelfällen überhaupt Kenntnis haben.[83]

In der zweiten Hälfte des 17. Jahrhunderts setzte erstmals eine gezielte Industrieansiedlungspolitik ein. Merkantilistisches Gedankengut, der Luxusbedarf der Oberschichten und der steigende Militärbedarf gaben zu verschiedenen Industrieprojekten Anlaß. Johann Joachim Becher, der ab 1670 als alchimistischer und wirtschaftspolitischer Berater in Wien wirkte, hatte 1675 mit der Gründung des Kunst- und Werkhauses am Tabor eine Art Lehrwerkstätte mit Färberei, Spinnerei, Schmelzofen und Glashütte beabsichtigt. Die französische Seidenindustrie, die englische Wollmanufaktur und die Venezianer Zinnober- und Glaserzeugung sollten damit in Österreich eingeführt werden. Wirklich interessiert waren die österreichischen Merkantilisten, Johann Joachim Becher, Wilhelm von Schröder oder Philipp Wilhelm von Hörnigk, nur an der Luxusindustrie. Die staatliche Industriepolitik hegte eine starke Vorliebe für exklusive Produkte wie Seide, Spiegel und Porzellan. Das Seidenfilatorium, das Graf Sinzendorf auf seiner Herrschaft Walpersdorf 1666 einrichtete und das bis 1682 bestand, die 1701 begonnene Spiegelfabrikation in Neuhaus, die Tabakfabrik in Hainburg (1729), die Wiener Porzellanmanufaktur (1718) oder die Kattunfabrik in Schwechat waren typische Gründungen dieser Epoche. Dort förderte man mit Monopolen, Marktbeschränkungen, Schutzdekreten, Hof- und Herrenbefreiungen und Fabriksprivilegien, die für einzelne Geschäftszweige und Standorte das Recht der alleinigen und ausschließlichen Erzeugung einräumten, erst recht wieder jene Monopolisierung, die man bei den Zünften als so schädlich ansah. Aber damit konnte nicht wirklich vielen Leuten Beschäftigung geboten werden. Was den Gründungen im späten 17. und frühen 18. Jahrhundert fehlte, war der breite Massenabsatz, für den Luxuswaren wie Seide oder große Spiegel nicht die geeignete Basis darstellten.[84]

In den unter Leopold I. erlassenen Fabriksprivilegien stand das Motiv der Belohnung verdienter Persönlichkeiten stark im Vordergrund. Adelige stellten bis in die erste Hälfte des 18. Jahrhunderts etwa ein Drittel der Privilegienempfänger, ein weiteres Drittel die Ausländer.[85] Wie sehr die privilegierten Manufakturen das schon vorhandene Gewerbe beeinträchtigten, zeigte sich etwa in der Konkurrenzierung der etablierten Weber und Färber durch die 1672 neu privilegierte Linzer Wollzeugfabrik oder in der Vernichtung des Tabakmachergewerbes der Stadt Steyr und anderer Städte und Märkte durch die 1676 erfolgte Privilegierung der Johann Geigerschen Tabakfabrik in Enns.[86]

Einen Mischtyp aus Protoindustrie und Manufaktur bildeten »Protofabriken«.[87] Ein

Die Tuchmachersiedlung in Horn, Ausschnitt aus einem Gemälde von Johann Gottfried Neuberg in Schloß Horn mit Darstellung der typischen Kleinhäuserzeile, Öl auf Leinwand, 1686

Beispiel einer derartigen Gründung war die Tucherzeugung, die unter dem Inhaber der Herrschaft Horn und Horner Stadtherrn Reichsvizekanzler Sigmund Graf Kurz initiiert worden war, um die Wirtschaft der Stadt nach den Verheerungen des Dreißigjährigen Krieges wieder in Gang zu bringen. Es wurden ab 1647 zahlreiche Gesellen und Meister angeworben, vor allem aus Iglau. 1652 ließ Graf Kurz zwei Zeilen mit 30 kleinen Häusern und einer Kapelle errichten. Die Herrschaft betätigte sich als Verleger, kaufte die Wolle zentral ein, betrieb eine Färberei und Walke und sorgte für den Absatz. Beliefert wurde vor allem das Militär. 1653 dürfte mit 49 Meistern, 56 Knappen, 17 Lehrlingen und 134 Spinnerinnen der Höhepunkt erreicht worden sein. Kurz versuchte eine Umstrukturierung vom Verlag zu reiner Lohnarbeit. 1675 waren nur mehr zwölf Meister vorhanden. Bald nach dem Tod des Grafen setzte der Niedergang ein, nicht nur weil danach die Armee als sicherer Abnehmer nicht mehr gehalten werden konnte, sondern weil nach der 1669 bis 1671 erfolgten Vertreibung der jüdischen Händler aus Niederösterreich das Vertriebssystem zusammengebrochen war.[88]

Ähnlich organisiert wie die Horner Tuchmachersiedlung waren auch die 1629 in Pöggstall begonnene Ansiedlung von Messerern in 54 neuerbauten Häusern (Pöggstaller Messerergericht), die 1656 gegründete Wiener Neustädter Armaturmeisterschaft, die Poneggener Strumpffabrik, die Nadelburg in Liechtenwörth bei Wiener Neustadt oder die Österleinsche Gewehrfabrik in Lilienfeld, die 1797 neu errichtet wurde: Die Arbeiter hatten ihre Werkstätte jeweils in ihren Häusern, die sich dem Stufengang der Produktion entsprechend »gleich den Zellen des arbeitsamen Bienenvolks« aneinanderreihten.[89]

Am größten dimensioniert war das Konzept, das Graf Ferdinand Mallenthein für seine Herrschaft Sieghards vorschwebte: Er hatte, gestützt auf die Orientalische Kompanie, nicht die in Ostende bestehende kaiserlich-königliche niederländische Kompanie (Ostendische Kompanie, 1722–1731), wie fälschlich immer wieder behauptet wird, 1719 in Groß-Siegharts versucht, eine »hut-, soken- und tuchmacherey« für den Export in die Türkei zu etablieren und die Baumwollspinnerei und Weberei in großem Maßstab aufzuziehen. Es wurde eine Fabrikssiedlung mit 1000 »Fabric-Häußln« (»mildom«) geplant, von denen 160 tatsächlich errichtet wurden. 1729/31 wurde Mallenthein, der sich mit dem Bau der Handwerkerhäuser, des Manufakturgebäudes, der prachtvollen Kirche und durch den Ankauf von zahlreichen umliegenden Grundherrschaften hoch verschuldet hatte, in die Schwierigkeiten der Orientalischen Kompanie, die aus den Lotteriegeschäften und einer Geldentnahme von über 2 Millionen Gulden durch Karl VI. entstanden waren, hineingezogen und verlor sein ganzes Vermögen. Nach dem Konkurs zog ein Teil der Handwerker ab. Die übrigen wandten sich ab 1730 der verlagsmäßigen Bandfabrikation zu.[90] Ab 1760 wurden anstelle der einfachen Bandstühle Bandmühlen eingesetzt.[91] Im Verlauf der ersten Hälfte des 19. Jahrhunderts wandelte sich Siegharts, nunmehr »unstreitig in dem sogenannten Waldviertel der größte Ort«,[92] zum Fabriksort, der über tausend Leuten Beschäftigung bot. Für das Waldviertel als Protoindustrialisierungslandschaft sind die zahlreichen, vornehmlich in der zweiten Hälfte des 18. Jahrhunderts neu gegründeten, oft nahezu geschlossenen Weberzeilen und Ortsteile charakteristisch geblieben, die durch ihre Anlage, die Kleinheit der

Häuser, aber auch die Namengebung (Neustift, Neugebäu, Häuseln ...) klar von den älteren Siedlungen abgehoben sind.[93]

Handwerk und Frühindustrialisierung

Die Ziele der theresianischen Gewerbepolitik lagen in der Ausgleichung der gewerberechtlichen Unterschiede zwischen Stadt und Land. Zahlreiche Gewerbe wurden als unzünftig erklärt: Die 1754 erfolgte Unterteilung in Polizeigewerbe, die für den lokalen Absatz, und Kommerzialgewerbe, die für den überregionalen Markt und Export arbeiteten, sollte für letztere zünftische Konkurrenzbeschränkungen weitgehend aus dem Weg räumen. Zu den in weiterer Folge ganz freigegebenen Gewerben zählten vor allem die Textilgewerbe. Die Polizeigewerbe blieben viel stärker den zünftischen Beschränkungen unterworfen.[94]

Unter Joseph II. hörten zwar die Bestätigungen der Zunft- und Handwerksordnungen auf, zu einer Reform des Gewerberechtes kam es aber nicht. 1809 folgte eine weitere wesentliche Ausweitung der Industrialfreiheit, die die Kommerzialgewerbe zum Regelfall machte, während die Polizeigewerbe taxativ festgelegt wurden. Daneben kannte man noch freie Beschäftigungen. Rein quantitativ überwogen aber weiterhin die Polizeigewerbe. Formell blieben die Zünfte bis zur Einführung der Gewerbefreiheit im Jahre 1859 weiter bestehen, sanken aber rechtlich zur Bedeutungslosigkeit herab. 1784 wurde jedem erlaubt, »nach seiner Art sein Brot zu verdienen«. Das Toleranzpatent öffnete die Gewerbe für alle tolerierten Religionen.

Die Gewerbepolitik des Vormärz war widersprüchlich, da sie einerseits auf liberale Wachstumspolitik und andererseits, und hier trafen sich die Intentionen der höchsten Hofstellen mit denen der Gewerbetreibenden, auf Erhaltung bzw. Wiederherstellung zünftischer Beschränkungen hinzielte. Sowohl nach der Zahl der Betriebe wie der Beschäftigten stellte das zweite und dritte Viertel des 19. Jahrhunderts eine Wachstumsphase des Handwerks dar. In Wien ergaben sich für die kleingewerbliche Produktion mit dem Fortschreiten der Industrialisierung spezifische Bedingungen. Der expandierende Markt für Konsumgüter, verbunden mit einer raschen Verbesserung der Transportverhältnisse, bewirkte in zahlreichen Branchen, vor allem im Bekleidungsgewerbe und in der Holz- und Metallbearbeitung, eine Bedeutungszunahme der Massenproduktion von Fertigwaren. Auch die Lebensmittelgewerbe konnten Vorteile aus dem sich ausdehnenden Markt ziehen. Für das Wachstum des Wiener Kleingewerbes in der ersten Hälfte des 19. Jahrhunderts ist demnach charakteristisch, daß zwar einerseits die Einbeziehung in die kapitalistische Warenproduktion erfolgte, andererseits aber traditionelle hausrechtlich gebundene Arbeitsverhältnisse nicht nur beibehalten, sondern quantitativ sogar ausgebaut wurden. Die Organisation dieser kleingewerblichen Produktion war komplex: Teilweise wurden die Produkte direkt an die Konsumenten, meist auf Bestellung, abgegeben. In vielen Fällen aber erfolgte die Verteilung über Großhändler, Verleger und Handelsleute, wobei dies unter Beibehaltung der formellen Selbständigkeit der Kleingewerbetreibenden stattfand. Große Handwerkerhaushalte

Johann Baptist Reiter: Tischlerwerkstatt (die Werkstatt seines Vaters in Urfahr), Öl auf Leinwand, vor 1838

mit einer großen Zahl von Gesellen und Lehrlingen waren ein Charakteristikum der Mitte des 19. Jahrhunderts in Wien.[95]

In der Bedeutung der handwerklichen Arbeitsorganisation unterschied sich der österreichische Weg in die Industrialisierung deutlich vom englischen: Während in England eine bereits von Lohnarbeit geprägte Gesellschaft langsam und schrittweise den Übergang in den industriellen Kapitalismus fand, gab es in Mitteleuropa einen »bäuerlichen Weg in den Kapitalismus«, in welchem der traditionelle agrarische Familienbetrieb und die gewerbliche kleine Warenproduktion komplexe Beziehungen mit dem sich entwickelnden industriellen Kapitalismus eingingen.[96]

Industriepolitiker und Wachstumsskeptiker

Industrialisierung war eine umstrittene Strategie. Die »Belebung des in hiesigen Landen bisher ganz unbekannt, zum Theil ganz verhaßt gewesenen Fabriks-Geistes«[97] stieß auf vielfältigen Widerstand: Die Stadt Tulln sprach sich 1717/23 gegen die Ansiedlung von Manufakturen aus, weil dadurch »allerlei liederliche Weibspersonen und Gesindel«

in die Stadt kommen würden und man keine Dienstboten mehr bekäme.[98] Als 1761 das Kommerzdirektorium riet, gerade den kleineren Landstädten mit der Gründung von Fabriken wirtschaftlich unter die Arme zu greifen, wehrten sich die meisten Ortschaften, da sie ohnehin schon mit Professionisten überbesetzt seien und nur noch mehr Leute aus der Landwirtschaft abgezogen würden, deren Ende nichts anderes als der Bettelstab sei.[99] Die ablehnende Haltung gegen eine Industrialisierung wird etwa in einer Eingabe des Bozener Merkantilmagistrats aus dem Anfang des 19. Jahrhunderts deutlich: »Die Vorsehung wolle auch für immer verhüten, daß die tirolische Industrie so weit gebracht werde, daß sie mehrere Fabriken hervorbringe, denn dann wird Tirol das ärmste Land im ächten Sinne, weil dann unsere Botznermärkte, unser Trentino, unser Aktiv Handel mit den Nachbarn, unser Wein und Ackerbau, unsere vielfältigen Professionisten, mit einem Worte alles – mit Ausnahme der wenigen Fabriquebesitzer – zu Grunde gerichtet seyn wird.«[100] Ähnliche Argumente mußten noch sechzig Jahre später herhalten, wenn manche Orte des Waldviertels alles daransetzten, nicht an der im Bau befindlichen Kaiser-Franz-Josephs-Bahn zu liegen zu kommen.[101]

Die Ängste vor dem Anwachsen des städtischen Proletariats und einer daraus folgenden Revolution begannen vor allem nach dem Ausbruch der Französischen Revolution zu steigen und führten zu Versuchen, Fabriksansiedlungen in Wien zu behindern oder überhaupt ganz zu unterbinden: »Dieser Gattung nahrungsloser und größtenteils ungesitteter Menschen«, die nichts zu verlieren hätten und durch eine Revolution nur etwas gewinnen könnten, meinte Polizeiminister Graf Pergen 1794, sei nur durch ein Verbot von Fabriksansiedlungen und Eheschließungen beizukommen.[102] Die Anhänger eines liberalen Industrialisierungsweges, Staatsrat Friedrich von Eger oder Hofkammerpräsident Zinzendorf, waren entsetzt. Fabriken waren ihrer Meinung nach in den großen Städten und namentlich in der Hauptstadt anzusiedeln, weil dort die größte Nachfrage nach Waren bestand. In diesem Punkt war allerdings Joseph von Sonnenfels anderer Meinung: Er wollte die Fabriken tunlichst in kleineren Städten fördern, weil in den größeren die Produktionskosten durch hohe Lebensmittel- und Wohnungspreise zu hoch seien. Sicherlich steckte darin auch das regionalpolitische Kalkül, die weniger wohlhabenden Kleinstädte zu fördern: »Es ist eine sehr notwendige Maxime eines weisen Regenten, daß er die Nahrung und die Zirkulation des Geldes allenthalben in seinen Staaten gleich zu verbreiten sucht«, meinte auch Johann Heinrich Gottlob Justi.[103] Begründet wurden die um 1800 diskutierten Industrieansiedlungsverbote und Bestrebungen, alle Fabriken in einem Umkreis von vier Meilen um Wien zu verbieten, mit der steigenden Wohnungsnot. Gleichzeitig gab es immer wieder Erlässe, Betriebserweiterungen im Stadtbereich nicht nur nicht zu verbieten, sondern sie zu begünstigen, während jenen, die Arbeiteraufstände befürchteten, auch die vier Meilen zu wenig waren, »weil in kritischen Fällen dem Fabriksgesinde der Weg von zwei oder auch vier Meilen nach Wien nie zu weit sein würde«.[104] Der einzige Grund, Fabriken in der Stadt nicht zu gestatten oder sie abzusiedeln, sei Rauch, Lärm oder Gestank, äußerte sich hingegen ein Referent.[105] Sehr viel mehr erzwang die Mechanisierung der Spinnerei und dann auch der Weberei, die auf Wasserkraft aufbaute, die Verlegung aufs Land.

Die Landbewohner wollten die Fabriken aber meist nicht haben. Auf eine Anfrage der k. k. Hofkammer im Jahre 1805 hin sprachen sich drei der vier niederösterreichischen Kreisämter gegen eine Verlegung der Seidenindustrie von Wien aufs Land aus, weil man damit die Seidenarbeiter der »so notwendigen Zucht, Ordnung und Aufsicht entziehe und ausgelassene Sitten unter das Landvolk verbreite ... Die Staatsverwaltung würde daher wenig Dank verdienen, wenn sie statt dieser notwendigen Beschäftigung (in der Landwirtschaft) die Verarbeitung von Luxuswaren einführte, und aus gesunden, unverdorbenen Landleuten halbkultivierte und zügellose Fabrikarbeiter bildete.«[106] Nur das Viertel unter dem Wienerwald, das spätere Industrieviertel, sprach sich 1805 für eine Verlagerung von Industrien aufs Land aus, weil zwar »schon einige Fabriken, aber immer noch eine Menge unbeschäftigter Hände für neue Manufakturen vorhanden seien und das nahe gelegene kornreiche Hungarn die bequeme und wohlfeile Zufuhr der Lebensmittel sichere ... Für die Beförderung des Wohlstandes auf dem Lande sei dies entschieden nützlich.«[107]

Die Auseinandersetzungen innerhalb der Regierungsstellen hinsichtlich der Industrieansiedlungspolitik endeten schließlich 1809 mit einem Sieg der von der Hofkammer verteidigten liberalen Prinzipien. Man sprach sich auch gegen die abwertende Beurteilung der Industriearbeiterschaft als sittenlose oder revolutionäre Klasse aus: »Kein Meister, kein Fabriksinhaber nimmt Leute zum Müßiggang auf. Er beschäftigt sie viel und anhaltend. Der fleißige, arbeitsame Mann aber, so anstößig sein Benehmen auch sonst scheinen mag, ist nie weder dem Staatsverbande noch den Sitten gefährlich.«[108] Obzwar in den Krisenjahren nach 1814 mehrere Versuche gemacht wurden, die Industriefreiheit wieder einzuschränken, blieb es im wesentlichen bei der Ordnung von 1809, mit der der Wirtschaftsliberalismus Einzug gehalten hatte.

Von der 1809 prinzipiell durchgesetzten »Industrialfreiheit« führte der Weg zur Gewerbefreiheit. Als Vorkämpfer der wirtschaftlichen Liberalisierung zeichneten sich Josef Franz Stanislaus Graf von Herberstein-Moltke, lange Zeit Vizepräsident und zuletzt, kurz vor seinem Tode, Präsident der Hofkammer, dann Philipp Ritter von Stahl, Präsident der Kommerzhofkommission, Anton Ritter von Krauß-Elislago, der der österreichischen Industriepolitik des Vormärz seinen Stempel aufdrückte, und nicht zuletzt auch Hofkammerpräsident Freiherr von Kübeck aus.[109]

Die industrielle Revolution

Die Ansichten über den Zeitpunkt des Einsetzens der Industrialisierung und über ihren Verlauf und ihre Dynamik in Österreich sind ausgesprochen kontrovers und umfassen die volle Bandbreite von der Hervorhebung der wirtschaftlichen Rückständigkeit des Landes bis zur übersteigerten Betonung von dessen Spitzenstellung und Führungsrolle im Prozeß der industriellen Revolution, von der Annahme eines sehr späten bis zu der eines sehr frühen Starts und von der Theorie eines ruckartigen Schubs des Aufholens bis zu der eines sehr langsamen oder von vielen Rückschlägen durchsetzten Wachstumsprozesses.[110]

Es ist aus den vorhandenen Materialien nicht zu ermitteln, ob sich in der Phase des

Wirtschaftsausbaus des 18. Jahrhunderts das Sozialprodukt pro Kopf erhöht hat. Nach dem Ende des Spanischen Erbfolgekrieges, dem Sieg über die Türken und der Überwindung der krisenhaften Ernährungssituation, die in den Hungersnöten der Jahrhundertwende und den letzten Pestwellen 1709 bis 1715 gipfelte, schien in den zwanziger Jahren ein neuer Aufschwung möglich: Bevölkerungsbewegung, Zunahme der Körpergrößen, Preistendenz, Manufakturgründungen und Erfolge im Ausbau der Infrastruktur deuten auf eine günstigere Wirtschaftsentwicklung. Der Umschwung setzte in den späten dreißiger Jahren ein. Die 1740er Jahre, die Anstrengungen der Schlesischen Kriege und die neuerlichen Hungersnöte brachten eine neue Wirtschaftskrise.[111]

In den letzten 15 Jahren der Regierung Maria Theresias kamen neue Gedanken in der Wirtschaftspolitik zum Tragen. Unverkennbar war die zweite Hälfte der sechziger Jahre auch von einem wirtschaftlichen Aufschwung begleitet, der allerdings in den frühen siebziger Jahren mit den Folgen abermaliger Hungersnöte und Krisen zu kämpfen hatte. Das Ende der siebziger Jahre war wieder von einer Beschleunigung des wirtschaftlichen Wachstums gekennzeichnet. Die achtziger Jahre zeigten sich uneinheitlich: Auf die wirtschaftspolitischen Erfolge der ersten Regierungsjahre Josephs II. folgten Jahre wirtschaftlicher Stagnation. Der Türkenkrieg verlief unglücklich. Mißernten waren zu verzeichnen. Die josephinische Regierung endete mit einer Depression, die auch in den neunziger Jahren anhielt.

Das ausgehende 18. und beginnende 19. Jahrhundert waren in Wien und Österreich von sich überlagernden und widersprechenden Entwicklungen gekennzeichnet: beginnende Industrialisierung und Proletarierfurcht, Inflationskonjunktur und Kriegsnot, ein Aufbruch des Geisteslebens in Wien, eingebettet in eine von Revolutionsängsten geplagte Zensur. Der 1797 geschlossene Vertrag von Campo Formido, der Österreich zweieinhalb Jahre Frieden brachte, und zwei ungewöhnlich gute Ernten in den Jahren 1795 und 1798 trugen dazu bei, die industrielle Produktion anzukurbeln, verstärkt durch einen internationalen Konjunkturaufschwung und die inflationäre Wirkung der Verzehnfachung der Papiergeldzirkulation im Zeitraum 1795 bis 1802, die kriegsbedingte Einbußen vorerst überdeckte. Die Beschleunigung der industriellen Aktivität um die Mitte der 1790er Jahre kündigte das Ende der industriellen Rezession, die in den 1780er Jahren begonnen hatte, und das Einsetzen des ersten Mechanisierungsschubs in den Fabriken an.[112]

Die österreichische Wirtschaft erfuhr im ausgehenden 18. Jahrhundert eine erste industrielle Wachstumsphase, die sich mit Unterbrechungen auch während der Napoleonischen Kriege fortsetzte. Inflation und Kontinentalsperre erzeugten eine Industrialisierungs- und Gründungswelle, für die die binnenländische Nachfrage zur entscheidenden Variablen wurde.[113] 1811 wurde die kriegsbedingte Hyperinflation, wenn auch nur vorübergehend, gestoppt. 1812 drohten die Fabriken, deren Inhaber eben noch in »Reichtum und Wohlleben zu versinken« schienen, in einer Stabilisierungskrise ihrer »Auflösung entgegenzueilen«.[114] 1813 und 1814, als die Inflation wieder auflebte, waren sie aber wieder so gut beschäftigt, daß über akuten Arbeitskräftemangel geklagt wurde. Auch das Jahr 1815 war zumindest in Wien zufriedenstellend, wo zeitweilig an die 30 000 Gäste des Wiener Kongresses mithalfen, die Nachfrage aufrechtzuerhalten.

Für die Verpflegung und Unterbringung der Souveräne und ihrer umfangreichen Gefolge, für die Bälle, Hoffestlichkeiten, Karusselle und den sonstigen Repräsentationsaufwand wurden ungeheure Summen ausgegeben. Überhaupt war die Krise in Wien am wenigsten spürbar. Der Lebensmittelverbrauch ging trotz der enormen Teuerung 1816/17 nur mäßig zurück, auch bei den höherwertigen Lebensmitteln, was als Durchschnittswert natürlich noch keine Schlüsse auf die Situation der ungleich stärker betroffenen Unterschichten zuläßt, aber doch die größere Stabilität des großstädtischen Zentrums unterstreicht.[115]

Ein Goldenes Zeitalter habe man ja nach mehr als zwanzigjähriger Kriegszeit vernünftigerweise wohl nicht erwarten können, meinte Anton Baldacci in seiner bekannten Denkschrift.[116] 1816 kam es zum totalen Kollaps. Die überhitzte Kriegs- und Inflationskonjunktur stürzte in der letzten großen Krise alten Typs, bei der die durch die katastrophale Ernte des »Jahres ohne Sommer« ausgelöste Hungersnot sich mit den Nachwehen des Krieges und der Währungsstabilisierung überlagerte, abrupt in sich zusammen. Sie ging in eine tiefgreifende, durch die nach der Aufhebung der Kontinentalsperre hereindrängende englische Konkurrenz verschärfte Stabilisierungskrise über, von der neben der Textilindustrie die Eisenindustrie besonders hart betroffen war. Die niederösterreichischen Textilfabriken mußten ihren Betrieb fast völlig einstellen. Die Eisenproduktion sank vorübergehend um fast zwei Drittel.[117]

Die Depression dauerte bis 1825/26. Das Jahrfünft nach 1825 wird häufig als der eigentliche Beginn der österreichischen Industrialisierung bezeichnet, als der erste Aufschwung, der nicht sofort von einer Periode der Stagnation wieder zunichte gemacht wurde.[118] Um 1824 hatten die Eisen- und die Baumwollindustrie das Produktionsniveau der Jahre 1802/03 wieder erreicht. Zwischen 1825 und 1829 fand in der Textil- und Eisenindustrie eine beträchtliche Produktionsausweitung statt. Auch wenn sich nach

Wertschöpfung in der Eisen- und Baumwollindustrie, Gebiet der österreichischen Reichshälfte, 1776 bis 1850 (in Millionen Kronen, Preise 1913)

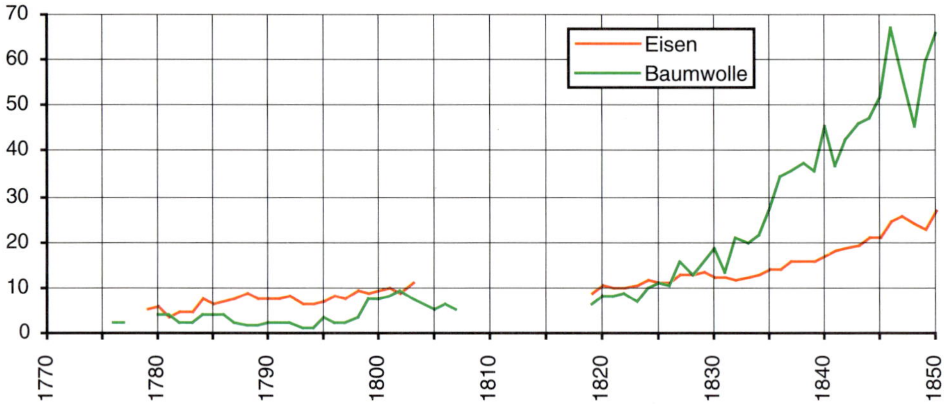

Quelle: John *Komlos*, Die Habsburgermonarchie als Zollunion. Die Wirtschaftsentwicklung Österreich-Ungarns im 19. Jahrhundert (Wien 1986) 66, 69, 191 f.

1830 die Wachstumsraten verlangsamten, war um die Mitte der dreißiger Jahre die Erholung in ganz Österreich offensichtlich. Die Zeitspanne zwischen 1825 und 1844 stellte eine relativ lange Aufschwungphase dar, die von vergleichsweise geringen konjunkturellen Krisen unterbrochen war. Erst 1844 bis 1848 folgte jene schwere Depression, die bis in die fünfziger Jahre nachwirkte.

Ein Vergleich der österreichischen industriellen Entwicklung mit jener anderer europäischer Länder zeigt, daß der Vormärz für die österreichische Wirtschaft eine der günstigeren Perioden im 19. Jahrhundert darstellte. Das Wachstum der Roheisenproduktion übertraf jenes des Zollvereins; dieser produzierte 1842 nur um 25 Prozent mehr Roheisen als Österreich. Die österreichische Kohlenproduktion war zwar viel geringer als die preußische, wuchs aber in den vierziger Jahren fast zweimal so rasch wie diese. Auch wenn der Baumwollsektor in Österreich nur halb so groß wie der des Zollvereins war, so war seine Wachstumsrate andererseits um zumindest 1 Prozent pro Jahr höher als jene des Zollvereins. Dasselbe gilt wahrscheinlich auch für die industrielle Gesamtproduktion. Ein ungefährer Index für die Metall-, Seiden-, Woll-, Baumwoll- und Lebensmittelindustrie zeigt, daß die Wachstumsrate der industriellen Produktion des Zollvereins im Vormärz wohl nicht mehr als 1,2 Prozent pro Jahr betrug: zumindest 1 Prozentpunkt weniger als die österreichische Wachstumsrate.[119]

Der Vormärz, dessen Einschätzung zwischen der geruhsam genußsüchtigen Welt des Biedermeier, dem immer akzentuierter werdenden Gespenst des vorrevolutionären Pauperismus und einer unter einer verkrusteten Zensur zunehmend tatenloser wirkenden Regierung schwankt, erscheint in der Dynamik der beginnenden Industrialisierung in einem anderen Licht.[120] Im Gegensatz zur Meinung des damals prominentesten österreichischen Statistikers, des Freiherrn Carl von Czoernig, des Begründers der amtlichen Statistik in Österreich, unterschied sich das Österreich des Jahres 1847 hinsichtlich seiner Wirtschaft ganz erheblich von jenem des Jahres 1815, auch deswegen, weil man 1815 von einem sehr niedrigen Niveau am Ende der Kriege gestartet war.[121]

Der Aufstieg der Textilindustrie

Bezogen auf den Gesamtwert der Industrieproduktion erreichte die Textilindustrie im vor- und frühindustriellen Österreich nicht jenen hohen Anteil wie in England, in Belgien oder in der Schweiz. Das lag wohl an der montanwirtschaftlichen Tradition, die in Österreich durch die Rohstofflage und das Energieangebot ausgebildet worden war, teilweise aber auch am immer noch hohen Anteil der textilwirtschaftlichen Selbstversorgung und Subsistenzwirtschaft in der österreichischen Landwirtschaft. Im alpinen Bereich, vor allem aber in den östlichen und nordöstlichen Regionen der Habsburgermonarchie wurde auch noch im 19. Jahrhundert ein wesentlicher Teil des Bedarfs an Textilien im bäuerlichen Haushalt selbst erzeugt. Die Struktur der österreichischen Industrie im Jahr 1841 war von energieintensiven Branchen und von Luxusindustrie geprägt: 8,1 Prozent der Bruttoproduktionswerte entfielen auf Stein/Ton/Erde, 14,6 Prozent auf Eisen und Stahl, 6,1 Prozent auf Metallwaren, 7,3 Prozent auf Leder, ein erheblicher Teil auf Papier und nur 32,1 Prozent auf Textilien, während in den Sudetenländern zum gleichen Zeitpunkt die Textilindustrie 60,7 Prozent erreichte und in der Schweiz 1850 sogar 71,4 Prozent.[122]

In der Herstellung wollener Gewebe nahm die 1672 gegründete und 1754 verstaatlichte Linzer Wollzeugfabrik, die in Spitzenjahren der zweiten Hälfte des 18. Jahrhunderts mit zwar erheblichen konjunkturellen Schwankungen in der Fabrik selbst bis zu 2 000 und im dezentralen, auf Nebenerwerb ausgelegten Verlag bis zu 50 000 Mitarbeiter erreichte, eine Pionierstellung ein. Als 1761/64 die Monopole für die Herstellung von Baumwollstoffen und Tuchen beseitigt wurden, änderte sich die generelle Zielsetzung der Fabrik: Nicht mehr in einem Monopol möglichst viel zu erwirtschaften galt es, sondern zur Förderung der Textilindustrie im ganzen Land beizutragen. Eine Filiale in Meidling wurde eröffnet. Pläne, ähnliche Werke in der Steiermark und in Krain zu errichten, zerschlugen sich. Der Wollzeugfabrik wurde die Bürokratie des Staatsbetriebs zum Schicksal. Im letzten Drittel des 18. Jahrhunderts, unter der energischen Direktion des Konrad Sörgel von Sorgenthal, kam es noch zu Rationalisierungsmaßnahmen. Sorgenthal wollte bereits 1772 mechanische Spinnmaschinen anschaffen, die er in Mailand gesehen hatte. Aber erst 1805 ließ die Fabriksleitung tatsächlich von den englischen Mechanikern George Woodward und Henry Houldon mit Göpelwerken betriebene Wollspinnmaschinen bauen, die sich aber wegen des teuren Antriebs nicht wirklich bewährten. Während die Konkurrenz längst Spinnmaschinen aufgestellt hatte, wurde hier noch mit dem Spinnrad gearbeitet. Die Finanzkrise des Staates verhinderte die Errichtung eines wassergetriebenen Spinnereikomplexes. Erst 1840 wurde die erste Dampfmaschine angeschafft. Moderne Jacquardwebstühle waren zwar gekauft worden, standen aber, wie eine von Wien 1841 angereiste Kommission feststellte, unbenützt herum. Man arbeitete mit den alten Handwebstühlen weiter, weil mögliche Rationalisierungserfolge wegen des Widerstands der Arbeiterschaft ohnehin nicht realisierbar gewesen wären.[123]

Im Vormärz reduzierte sich der Beschäftigtenstand immer mehr. Seit 1839 war die Fabrik ganz auf die Teppicherzeugung beschränkt. In den Revolutionsjahren 1848/49 arbeitete noch eine Handvoll Weber. Mit Beginn des Jahres 1851 wurde das alte, »dem Ärar so nachteilige und für die Privatindustrie überflüssige« Textilunternehmen endgültig stillgelegt. In den Räumlichkeiten wurden eine Tabakfabrik und Militär untergebracht. Daß die Reorganisation des maroden Staatsriesen trotz Gesundschrumpfens nicht gelingen wollte, lag an verschiedenen, auch heute wohlvertrauten Umständen: einerseits am Widerstand der Arbeiter, die sich gegen jegliche Rationalisierungsmaßnahmen zur Wehr setzten und immer wieder unter Umgehung der Fabriksleitung mit Hinweis auf die arbeitsplatzpolitische Verantwortung des Staates direkt an die Wiener politischen Instanzen appellierten, andererseits am Einschreiten der Linzer Landesstellen, die auf die regionale Bedeutung des Unternehmens rekurrierten, und drittens am Fehlen der entsprechenden politischen Kontrolle. So war die Linzer Wollzeugfabrik nur ein halber Erfolg. Zwar gab sie im 18. Jahrhundert vielen Leuten Arbeit und war dazu geeignet, eine neue Produktionssparte institutionell abzusichern. Andererseits zerstörte der Arm des Staates unerwünschte Konkurrenz im Lande, was den Aufstieg der mährischen Wollindustrie zwischen 1780 und 1806 begünstigte oder zumindest die Etablierung entsprechender Industrien in Oberösterreich behinderte. Oberösterreich, im 18. Jahrhundert das Zentrum der österreichischen Wollindustrie, verlor diesen Wirtschaftszweig im Vormärz zur Gänze, während Brünn zum Manchester der Monarchie aufstieg.[124] »Es scheinet mir dahero, daß man die Unterstützung der wollenen Manufakturen zu weit getrieben habe«, schrieb Philipp Graf Sinzendorf 1786 in seiner Kritik der Linzer Wollzeugfabrik.[125] Man muß den verschiedenen Beratern Josephs II. wohl nachträglich zustimmen, daß sich die Wollweberei in Oberösterreich vielleicht in ähnlicher Weise wie in Mähren vervollkommnet hätte, wenn die Fabrik schon 1783, wie sie es vorgeschlagen hatten, nach und nach privatisiert worden wäre.[126]

Auch in Kärnten gab es eine alte Tradition der Tuch- und Lodenfabrikation, deren Hauptabnehmer die »k. k. Militärgrenze« war. 1754 wurden in Paternion, 1755 in St. Veit und 1756 in Grades Leinen-, Woll- und Seidenmanufakturen begründet. Der Limburger Jan Thys errichtete 1762 eine Feintuchmanufaktur in Klagenfurt. Für die nächsten vier Jahrzehnte florierte die Fabrik. Kärntner Eisen ging nach Spanien. Dafür wurde spanische Schafwolle in Kärnten verarbeitet. Die Firma der Gebrüder Christoph und Johann Moro führte im aufgelassenen Zisterzienserstift Viktring seit 1788 die Thyssche Produktion noch ein Jahrhundert lang weiter und konnte vor allem vom wachsenden Bedarf an Uniformstoffen profitieren.[127]

Insgesamt stellte sich um die Mitte des 19. Jahrhunderts die Wollindustrie im heutigen Österreich wenig entwickelt dar. Auch die 1833 von Johann Heinrich Geymüller in Vöslau gegründete Kammgarnspinnerei, die nach sieben Jahren schon 700 Arbeiter beschäftigte, änderte wenig an der geringen Bedeutung der Wollindustrie im vormärzlichen Österreich.[128] Nur 16 Prozent der Produktion der Wollindustrie Cisleithaniens entfielen 1841 auf das heutige Österreich, fast drei Viertel davon wiederum auf Wien, das sich im Vormärz immer mehr zu einem weit wirkenden Modezentrum entwickelte und sich ab etwa 1825 in der Erzeugung von Wollstoffen, vor allem von Shawls und shawlartigen Stoffen, eine wichtige Position erkämpfte.

Daß sich bis in die sechziger Jahre des 18. Jahrhunderts die Baumwollindustrie in Österreich kaum etablieren konnte, muß der merkantilistischen Privilegienpolitik zur Last gelegt werden. Der 1723 durch die Orientalische Kompanie gegründeten Schwechater Zitz- und Kottonfabrik war für die nieder- und innerösterreichischen Länder ein Monopol eingeräumt worden. Um 1730 wurden in Schwechat etwa 30 Tonnen Baumwolle verarbeitet, in den fünfziger Jahren etwa 50 Tonnen. Das muß ein Drittel bis die Hälfte der gesamten Baumwollverarbeitung in Nieder- und Innerösterreich um die Mitte des 18. Jahrhunderts gewesen sein. Etwa 20 000 Heimspinner der Umgebung bis ins Waldviertel waren von Schwechat aus verlegt. Für Ungarn hatte in Holitsch und Sassin der Kaiser selbst das Monopol. Nur in Tirol und Vorarlberg war die Entwicklung frei.

Von 1740 bis 1766 versechsfachte sich zwar der Baumwollverbrauch der österreichischen Länder, aber von einem sehr geringen Ausgangsniveau aus. Der große Durchbruch erfolgte erst mit der Freigabe der Baumwollwarenerzeugung in den sechziger Jahren: In Himberg, Kettenhof, Fridau, Ebreichsdorf und St. Pölten entstanden in rascher Folge zusätzliche Baumwollmanufakturen (die »sechs k. k. priv. Zitz- und Kattunfabriken«), die über das ganze Land verteilt bis zu 100 000 Spinnern und Webern Beschäftigung und Gelegenheit zum Nebenerwerb boten. Damit war Niederösterreich innerhalb kürzester Zeit zum Baumwollzentrum der Monarchie geworden. Die sechs niederösterreichischen Kottonmanufakturen verbrauchten 1781 bei einer Erzeugung im Wert von etwa 3,5 Millionen Gulden etwa 420 Tonnen Baumwolle. In dieser Zeit wurden jährlich etwa 700 bis 900 Tonnen Baumwolle in die Monarchie importiert, unterbrochen von der durch die Hungersnot 1771/72 ausgelösten Krise, die aber mit der Liberalisierung des Handelsverkehrs 1775 mehr als wettgemacht wurde, bis durch die hohen Zölle auf Rohbaumwolle von 1784 an die Baumwollindustrie ein weiteres Jahrzehnt lang entscheidend behindert wurde. Statt der Importe von Rohbaumwolle nahmen nun die von Garnen stark zu, und es kam zu einer vorübergehend stärkeren Verlagerung auf die Wollindustrie.[129]

Die österreichischen Wirtschaftstheoretiker des späten 18. Jahrhunderts waren der Baumwollindustrie wenig freundlich gesinnt. Philipp Graf Sinzendorf, der die Linzer Wollzeugfabrik kritisierte, war auch ein erklärter Feind der Baumwollindustrie: Man habe in Niederösterreich viel zu viel die Baumwoll- und Seidenindustrie unterstützt. Er wollte den Geschmack des Volkes wieder auf die Leinwand lenken.[130] Ab 1797 kam es zu einer neuerlichen, diesmal sprunghaften Expansion der Baumwollverarbeitung. Die Importe von Rohbaumwolle verdreifachten sich zwischen 1797 und 1799 und stiegen dann weiter bis 1802 mit einer sehr hohen Rate an. 1796 baute ein dänischer Ingenieur in Böhmen eine englische Spinnmaschine, 1799 waren in Böhmen schon drei mechanische Baumwollspinnereien in Betrieb.[131] 1801 setzte mit der Gründung der ersten großen mechanischen Spinnerei in Pottendorf die dynamische Expansion der niederösterreichischen und Vorarlberger Baumwollspinnereien ein. Die Zahl der Handspinner, die zu Ende des 18. Jahrhunderts in Niederösterreich noch mehr als 100 000 betragen hatte, sank bis 1807 auf 8 000 und bis 1812 auf nur mehr 5 000, während bis zum Jahre 1815 über 40 mechanische Spinnereien eingerichtet wurden. Mit dem Zusam-

Das Fabriksareal der Pottendorfer Garnmanufakturgesellschaft; im Hintergrund in symmetrischer Anordnung Beamten- und Kinderhaus, im Vordergrund das vierstöckige Produktionsgebäude mit dem Maschinenhaus und niedrige Schedhallen (ganz links), Lithographie, um 1898

menbruch der textilen Protoindustrie in Zusammenhang mit der fabriksindustriellen Zentralisierung der Produktion drohte diesen Siedellandschaften eine weitgehende Reagrarisierung.[132]

Die Krise der Handspinnerei fiel direkt in die Zeit der Napoleonischen Kriege. In Tirol war die antibayerische Stimmung nicht unwesentlich vom Zusammenbruch der Baumwollhandspinnerei beeinflußt, der zeitgleich mit dem Anschluß an Bayern eingesetzt hatte. Auch im oberösterreichischen Hausruckviertel, wo sich mit der 1786 in Schwanenstadt gegründeten Jennyschen Kattunfabrik mit rund 10 000 Verlegten der Anfang einer Baumwollindustrie abgezeichnet hatte, ging das Ende der Handarbeit in der Textilindustrie mit der kurzen Zeit der Zugehörigkeit zu Bayern parallel.

Nach der schweren Wirtschaftskrise, die dem Ende der Napoleonischen Kriege folgte, setzte sich der Siegeszug der Baumwollindustrie fort. Bis 1851 stieg die Zahl der Spinnereien im heutigen Österreich auf 87 mit 846 590 Spindeln und einer Garnerzeugung von über 13 000 Tonnen. Beschäftigt waren etwa 6 000 Männer, 7 000 Frauen und 3 000 Kinder unter 14 Jahren. Vorerst führte die Verbilligung der Garne durch das Maschinspinnen zu einer bedeutenden Ausdehnung der Handweberei, die eine Nachblüte der ländlichen Hausindustrie einleitete. Der Rückgang bei den Spinnaufträgen konnte durch Spul- und Webarbeiten kompensiert werden. Träger der Heimweberei wurden die Kleinhäusler. Es war aber nur eine kurze Atempause. Noch im Vormärz setzte die Krise der Hausweberei ein. Doch hielt sich die Heimweberei in Kombination mit kleinbetrieblicher landwirtschaftlicher Selbstversorgung da und dort bis ins 20. Jahrhundert.[133]

Die Seidenindustrie erfuhr nach den fehlgeschlagenen Anfängen in Walpersdorf und im Wiener Werkhaus im frühen 18. Jahrhundert eine erste Aufschwungphase, die sich fast ausschließlich auf Wien konzentrierte. Die in den späten dreißiger Jahren des 18. Jahrhunderts auftretende Krise bedeutete beinahe das vorzeitige Ende. Während um 1760 die Wiener Seidenindustrie kaum mehr als 2 000 Menschen beschäftigte, war sie bis zur Jahrhundertwende mit bis zu einem Fünftel der Erwerbstätigen zum weitaus bedeutendsten Wirtschaftszweig der Stadt aufgerückt. Die Wiener Seidenindustrie konnte davon profitieren, daß in der Französischen Revolution die Lyoner Konkurrenz weitgehend ausgefallen war. 1813 befanden sich in Wien 600 Seidenzeugfabrikanten mit etwa 15 000 Beschäftigten und etwa 8 000 Webstühlen. Die Arbeitsorganisation war vom Verlagssystem dominiert, wenn auch in enger Verbindung mit zentralisierten Werkstätten. Die durch die Napoleonischen Kriege, die Staatsbankrotte und die Hungersnot ausgelöste Krise traf die Seidenindustrie mit voller, wenn auch durch die vom Wiener Kongreß ausgehende Nachfrage etwas zeitverzögerter Härte. Im Dezember 1816 standen in Wien zwei Drittel der Webstühle still. Bis in die Mitte der zwanziger Jahre konnte die frühere Produktionshöhe wieder erreicht und bis ins zweite Drittel des Jahrhunderts mit allerdings beträchtlichen konjunkturellen Schwankungen auch beibehalten werden. Zwischen den 1830er und 1860er Jahren vollzog sich mit dem rapiden Verfall des Wiener Textilgewerbes auch der Niedergang der Seidenerzeugung.[134]

In der Leinenerzeugung verstärkten sich seit der zweiten Hälfte des 17. Jahrhunderts die Absatzschwierigkeiten, wobei neben der allgemeinen Konjunktursituation die Konkurrenz der bayerischen, böhmischen und schlesischen Leinenerzeuger und der »moderneren« Textilfasern Wolle, Baumwolle und Seide die Ursache dargestellt haben dürfte.

Die österreichische Leinwand wurde im 17. und 18. Jahrhundert vorwiegend nach Westen und Süden exportiert. Mit dem Verlust Schlesiens an Preußen war auf dem Binnenmarkt ein wichtiger Konkurrent ausgeschaltet worden. So konnte die oberösterreichische Leinenindustrie erfolgreich an der inländischen Textilkonjunktur des späten 18. Jahrhunderts teilhaben, was durch die Freigabe der Leinenweberei auf dem Lande 1755/73 begünstigt wurde. Der Aufschwung brach um etwa 1800 ab, wohl im Zusammenhang mit der plötzlich übermächtig gewordenen Konkurrenz der Baumwollindustrie, der die Leinenindustrie wenig entgegenzusetzen hatte. Der Überseemarkt und das Westgeschäft gingen in der napoleonischen Zeit zur Gänze verloren. Leinen, einstmals das wichtigste nicht-landwirtschaftliche Exportgut der Habsburgermonarchie, wurde im frühen 19. Jahrhundert fast nur mehr für das Inland erzeugt, wenn es überhaupt auf den Markt kam.[135]

Die Stagnation der Eisenerzeugung

In der Wiener Kommerzkommission wurde 1766 die Frage erörtert, »ob es ratsam sei, soviel Eisen als nur möglich aufzubringen«. Der Leiter des Bergwesens erklärte die »überflüssige Eisenaufbringung« für eines der größten Übel. Das Eisen sei »zwar ein dem Publico unentbehrliches Metall«, werde aber »ja nicht wie das Brot genossen, sondern nur zur Notdurft abgenommen«.[136] Die Vorstellung, daß das Eisen das Kernstück industriellen Wachstums sei, lag noch in weiter Ferne. Das Jahr 1765 stellte den Höhepunkt der jahrhundertelangen Bemühungen dar, im Eisenwesen eine kameralistische Planwirtschaft zu etablieren und die Produktion in ein Regelsystem zu pressen, das jedem Produzenten seinen Standort, seine Produktionsmenge, seine Versorgungsquellen für Holz und Rohstoffe, seine Abnehmer und seine Preise und Gewinnspannen minutiös zuweisen wollte.

Unter dem Einfluß der physiokratischen Ideen wurden zwischen 1781 und 1783 alle das Eisenwesen beschränkenden Gesetze beseitigt und Produktion und Preisbildung dem freien Spiel der Kräfte überlassen.[137] Die Erfolge waren im österreichischen Maßstab erheblich, im internationalen Vergleich aber kaum spektakulär. Die Eisenproduktion wuchs zwischen 1796 und 1803 um 4,5 Prozent pro Jahr, die britische zwischen 1796 und 1806 um jährlich 6,9 Prozent.[138] Die Krise des zweiten Jahrzehnts des 19. Jahrhunderts wurde für die Eisenindustrie dramatisch. Sie war während der Franzosenkriege technisch so ins Hintertreffen geraten und vom Weltmarkt so sehr verdrängt worden, daß das Ende des steirischen Eisens in greifbare Nähe gerückt schien. Erst 1824 konnte die Produktion das Niveau des Jahres 1802 wieder erreichen. Zwischen 1825 und 1829 stieg sie um jährlich 3,7 Prozent. Von 1830 bis 1847 betrug die Wachstumsrate 4,3 Prozent pro Jahr. Mit Ausnahme des heftigen, aber kurzlebigen Anstiegs in den letzten fünf Jahren des 18. Jahrhunderts übertraf dies bei weitem die Wachstumsraten, die während des vorangegangenen halben Jahrhunderts jemals verzeichnet worden waren.

Die Marktanteile der alpenländischen Eisenerzeugung waren bereits im 18. Jahrhundert dramatisch zurückgegangen. An der gesamteuropäischen Erzeugung dürfte der steirische Anteil bis um 1750 schon auf etwa 8 Prozent abgesunken sein. Doch war die steirische Eisenproduktion zu dieser Zeit immer noch höher als die Englands. In der zweiten Hälfte des 18. Jahrhunderts allerdings nahm die englische Eisenproduktion jenen so gewaltigen Aufschwung, der die Steiermark in das zweite Glied der Roheisenproduzenten Europas zurückdrängte. Um 1815 erschmolzen die britischen Hochöfen bereits 400 000 Tonnen Roheisen jährlich, die steirischen hingegen etwa 20 000 Tonnen. 1837 wurde in Großbritannien die magische Zahl von 1 Million Tonnen erreicht, um die Mitte des Jahrhunderts schon die von 2 Millionen Tonnen. Die steirische Eisenproduktion kam in dieser Zeit auf kaum 80 000 Tonnen und konnte 1869 erstmals die 100 000-Tonnen-Marke überschreiten. Von der Roheisenerzeugung der Habsburgermonarchie stellten die Alpenländer um 1780 drei Viertel, um 1800 zwei Drittel und 1850 immer noch 60 Prozent.

Die steirischen Eisenwerke waren sehr spät vom direkten zum indirekten Verfahren der Stahlerzeugung übergegangen. Der Vorteil der neuen Floß- oder Hochofentechnik lag in der höheren Produktivität in den Schmelzöfen, der Nachteil in der schwierigeren Handhabung der nachfolgenden Frischprozesse. Während man in Innerberg und Vordernberg erst zwischen 1752 und 1769 die Umstellung auf diese grundlegend neue Technik wagte, hatten einzelne kleinere alpenländische Eisenwerke die Innovation bereits im 17. Jahrhundert (in Kärnten bereits im 16. Jahrhundert) erfolgreich vollzogen. Im Hüttenberger Revier Kärntens arbeiteten 1750 neben 14 Floßöfen nur noch zwei Stucköfen. Nach der Einführung der Floßöfen, deren Ausbau zu Hochöfen und der bald ausgereiften Frischtechnik war aber fast vier Jahrzehnte hindurch keine weitere grundlegende technische Neuerung im österreichischen Eisenwesen zustande gekommen. Durch sukzessive Vergrößerung der Hochöfen und den Übergang zum Heißgebläseverfahren konnten zwar beträchtliche Rationalisierungserfolge erzielt werden. Aber das Puddeln und Walzen und die Substitution der Holzkohle durch Mineralkohle konnten sich nur langsam durchsetzen. Die ersten Puddelöfen, 1830 in Frantschach und 1836 in Prävali, Donawitz und Neuberg, wurden noch mit Holzkohle befeuert. Erst ab 1840 wurde in Prävali zum Puddeln auch Braunkohle verwendet. 1855 wurden zwar 58 Prozent des Kärntner und 70 Prozent des steirischen Stahls im Puddelverfahren erzeugt. Zu diesem Zeitpunkt stand das Puddeln aber schon am Ende seiner technischen Karriere und wurde bald durch den Bessemerprozeß ersetzt. Die alpenländischen Hochöfen wurden immer noch ausschließlich mit Holzkohle betrieben.[139]

In der napoleonischen Zeit waren große Teile der steirischen Eisenindustrie in staatlichen Besitz gelangt, so daß ein Drittel bis zwei Fünftel der gesamten habsburgischen Eisenproduktion unter staatlichen Fittichen standen. Auch hier darf man dem Staat nicht alle Verdienste absprechen. Die staatlichen Betriebe in Neuberg und Mariazell galten als Vorreiter des hüttentechnischen Fortschritts in der ersten Hälfte des 19. Jahrhunderts. Dennoch war im weiteren Verlauf eine zunehmende Erstarrung des alpenländischen Eisenwesens mit höchst ungünstigen Zukunftsaussichten zu beobachten, während die nicht verstaatlichten böhmisch-mährischen Eisenwerke kräftig expandierten.

Etwas dynamischer als die steirische präsentierte sich im frühen 19. Jahrhundert die Kärntner Eisenindustrie. Der Hütte Lippitzbach, die von Max Thaddäus Graf von Egger 1793 zum ersten im deutschsprachigen Raum nachweisbaren Tiegelstahlwerk ausgebaut worden war, wurde 1807 mit Hilfe englischer Fachleute auch ein Blech- und Stabwalzwerk angeschlossen, in welchem im mitteleuropäischen Raum erstmals Weißblech ausgewalzt werden konnte. 1840 wurde von der Familie Egger auch das erste Drahtwalzwerk Österreichs in Feistritz im Rosental in Betrieb genommen. Und 1866 wurde dort eine moderne Drahtstiftfabrikation eingerichtet. In der Steiermark kam die Walztechnik erst 1830 im Stabstahl- und Blechwalzwerk Lanau bei Neuberg und das Tiegelgußstahlverfahren 1836, also nahezu hundert Jahre nach der Erfindung, zur Anwendung.[140]

In Niederösterreich nahm die Eisenindustrie in Reichenau einen raschen Aufschwung, nachdem das dort bestehende Eisenwerk 1780 vom Stift Neuberg an die Innerberger Hauptgewerkschaft verkauft worden war. Der Eisenbahnbau 1839/42 bis Gloggnitz und 1854 über den Semmering gab der Reichenauer Eisenindustrie vorerst kräftige Impulse. Im letzten Drittel des 19. Jahrhunderts allerdings mußte die standortmäßig abseitige Eisenerzeugung in Reichenau stillgelegt bzw. nach Ternitz verlegt werden. Reichenau wurde zur Fremdenverkehrsgemeinde. Ähnliches passierte in der gesamten Eisenwurzen. Die dezentrale Eisenerzeugung in den schwer zugänglichen Alpentälern war nicht zu retten.[141]

Unter Joseph II. stieg der Staat mit dem Ausbau des aus dem Besitz des aufgehobenen Klosters St. Lambrecht übernommenen Gußwerks in Mariazell, das auf Artilleriebedarf spezialisiert wurde, mit der Verstaatlichung der Firma Penzeneder, die mit ihren Werken in Steyr und Hainfeld vor allem in den Theresianischen Kriegen Bedeutung erlangt hatte, und mit der 1786/87 erfolgten Errichtung einer ärarischen neuen Gewehrfabrik in Wien/Währing, die zu einem der Hauptlieferanten der Armee wurde, direkt in die Rüstungsindustrie ein. Die Napoleonischen Kriege begünstigten den Aufstieg zahlreicher Gewehr- und Waffenfabriken. Die 1766 begründete Eisen-, Stahl-, Draht- und Feilenfabrik zu St. Egyd nächst Hohenberg belieferte zwischen 1800 und 1830 die Armee. 1830 betrieb der Steyrer Bohrerschmied Leopold Werndl drei Waffenwerkstätten, aus denen in der zweiten Jahrhunderthälfte die große Steyrer Waffenfabrik hervorging.

Der gesündeste Teil der österreichischen Eisenindustrie war immer noch die Sensenerzeugung. Um 1820 bestanden in Oberösterreich 49 Sensenwerke, in der Steiermark 36 und in Niederösterreich 25. Die durchschnittliche Jahresproduktion eines Sensenhammers betrug im 19. Jahrhundert etwa 36 000 Stück. Die Hochblüte des Sensenhandels, die nach dem Ende des Siebenjährigen Krieges zu verzeichnen war, war zwar durch die Franzosenkriege ebenfalls unterbrochen worden. In den zwanziger Jahren des 19. Jahrhunderts setzte aber eine neuerliche Konjunktur ein, die bis etwa 1860

»Die Gradn-Familie«: der Sensenhammermeister Caspar Zeitlinger und seine Frau Josefa Theresia mit ihren Kindern vor dem Gradnwerk in Micheldorf, Oberösterreich, Ölbild von Franz Xaver Bobleter, 1838

dauerte. 1841 stellten die 125 österreichischen Sensenwerke, in denen 3,7 Millionen Sensen und 0,8 Millionen Sicheln und Strohmesser im Gewicht von etwa 5 000 Tonnen und in einem Gesamtwert von 1,7 Millionen Gulden erzeugt wurden, die weitaus wichtigste eisenverarbeitende Branche dar, mit einem weitgestreuten Abnehmerkreis vor allem in Osteuropa, aber auch in Deutschland, Frankreich und Nordamerika. Die Sensenwerke waren hochkapitalisierte Unternehmen mit enger Verbindung von Produktion und Vertrieb und durchschnittlich zehn bis 20 Beschäftigten pro Betrieb, deren Eigentümer, gern als »schwarze Grafen« bezeichnet, durch ein dichtes Netz familiärer Beziehungen untereinander verbunden waren.[142]

In den dreißiger Jahren begann der Maschinenbau wichtig zu werden, in Wiener Neustadt etwa mit der 1836 von Philipp Schmidt gegründeten »Maschinen- und Nägelfabrik«, aus der Ende des 19. Jahrhunderts die erste große Automobilfabrik Österreichs, die »Austro-Daimler-Werke«, hervorging, und mit der 1842 gegründeten »Dampfmaschinenfabrik Prävenhuber, Günther und Armbruster«. In Wien baute der schottische Ingenieur John Haswell von 1838 an die Maschinenfabrik der Österreichisch-Ungarischen Staatseisenbahngesellschaft auf, in der nicht nur Lokomotiven und Dampfhämmer, sondern vor allem auch Schmiedepressen, darunter die ersten dampfhydraulischen der Welt, erzeugt wurden. In der von Georg Sigl, dem »österreichischen Krupp«, in Wien begründeten und später nach Wiener Neustadt transferierten Maschinen- und Lokomotivfabrik wurden bis in die siebziger Jahre mehr als 1000 Dampfmaschinen erzeugt.[143] Die Eisenbahnen waren die wichtigsten Impulsgeber. Dazu gesellte sich die Nachfrage der Textilindustrie und aus dem nördlichen und östlichen Teil der Monarchie auch der Landwirtschaft. Entscheidend war der Technologietransfer aus England. Die Maschinenwerkstätten der Staatseisenbahngesellschaft und der Nordbahn beschäftigten unter der Leitung von John Haswell und William Norris in den letzten Jahren des Vormärz je etwa 1000 Arbeiter.[144]

Neue Produkte – neue Betriebe

Die Industrialisierung betraf viele, teils altbekannte, teils ganz neue Konsumgüter, die nun massenhaft gefertigt wurden: metallene Schnallen und Knöpfe, Stearinkerzen und Zucker, Bier und Branntwein, Herdplatten und Steingut, Eßbestecke und Kochtöpfe, Fingerhüte und Nähnadeln, Spiegel und Uhren, Glas und Papier, mineralische Farben und wohlriechende Seifen. Die große Bedeutung, die Knöpfe als Gebrauchsgut und Schmuck hatten, machte sie zu einem bedeutenden Wirtschaftsfaktor und wichtigen Nährboden der industriellen Revolution. Die serielle, massenmäßige Herstellung bot sich hier geradezu an. Allerorten bemühte man sich, gute Knopfmacher aus England, dem Mutterland der maschinellen Fertigung, anzuwerben. Unter Maria Theresia wurden englische Fabrikanten nach Österreich geholt, die das Know-how der maschinellen Herstellung der aus billigen Legierungen gegossenen, gepreßten, gezogenen und gestanzten Metallknöpfe nach Österreich mitbrachten. Die Maschinknöpfe besiegelten das Schicksal des einst blühenden Gewerbes der Knopfdreher.[145]

Schon im frühen 18. Jahrhundert wurden in der Wiener Umgebung eine Reihe von Papiermühlen privilegiert, die im späten 18. Jahrhundert rasch expandierten, gefördert von der zunehmenden Schriftlichkeit und der Broschürenflut im Zusammenhang mit der vorübergehenden Aufhebung der Zensur unter Joseph II. Nach 1830 kam es mit der Installierung von Papiermaschinen zu einem starken Ansteigen der Papiererzeugung, die bis in die vierziger Jahre bereits zu einer Exportbranche wurde, aber immer noch stark auf Niederösterreich konzentriert war.[146]

Auch die Rohrzuckerindustrie, die in den 1780er Jahren in Österreich eingeführt wurde, war vorerst neben dem Eingangshafen Triest fast ganz auf das Verbrauchszentrum Wien ausgerichtet (in Wien selbst, in Klosterneuburg und Wiener Neustadt).[147] Die zur Zeit der Kontinentalsperre initiierte Rübenzuckerindustrie konnte sich vorerst nicht behaupten. Die Kolonialzuckererzeugung nahm nach 1819 noch einmal einen großen Aufschwung, etwa in Wiener Neustadt, wo von der Raffinerie Reyer und Schlick die »besten Sud-Maschinen und Dampf-Apparate aus England« angeschafft wurden.[148] 1822 kapitulierte die letzte österreichische Rübenzuckerfabrik aus der Zeit der Kontinentalsperre vor der ausländischen Konkurrenz. Schon sechs Jahre später aber begann der spektakuläre Siegeszug der österreichischen Rübenzuckererzeugung: 1832 gab es in der Habsburgermonarchie bereits 18 Fabriken, 1844 deren 81, gefördert durch Steuerbefreiungen und Schutzzölle. Zwar hatten die Fabriken anfänglich mehr Manufakturs- als Fabrikscharakter. Doch der technische Fortschritt war schon in den dreißiger und vierziger Jahren groß: Schneidemaschinen traten beim Zerkleinern der Rüben an die Stelle einfacher Reiben, hydraulische Pressen verdrängten bei der Saftgewinnung primitive Walzen; im Läuterungsprozeß fanden neue chemische Verfahren Eingang, und Dampfmaschinen ersetzten immer mehr die menschliche und tierische Arbeitskraft. 1841 erbrachte der Dampfmaschinenpark der Zuckerindustrie bereits halb so viel PS-Leistung wie jener der so traditionsreichen Eisenindustrie. Allerdings konzentrierte sich diese neue, innovative Branche fast zur Gänze auf die Sudetenländer. Nur 4,5 Prozent der neuen Rübenzuckererzeugung der Monarchie entfielen 1844 auf das heutige Österreich, hingegen zwei Drittel der damals noch dreimal wichtigeren Kolonialzuckerraffinierung.[149]

Die Branntweinbrennerei, die sich seit dem 17. Jahrhundert verbreitete, wurde im frühen 19. Jahrhundert in den Alpenländern zwar von einer Fülle von Unternehmen betrieben, die aber gegenüber den großen, auf Kartoffeln basierenden Spiritusbrennereien in den nördlichen und östlichen Teilen der Monarchie immer mehr zurückfielen und nur einen sehr geringen Marktanteil behaupten konnten. Die Bierbrauerei erreichte durch technische Fortschritte beträchtliche Produktivitätsverbesserungen, die sich in einem zunehmenden Preisvorteil gegenüber dem Wein niederschlugen. Die Bierbrauerei war eine der ersten Produktionszweige mit hoher Kapitalintensität, wo schon in der zweiten Hälfte des 18. Jahrhunderts ein Investitions- und Konzentrationsprozeß eingesetzt hatte. 1841 gab es im heutigen Österreich noch etwa 1200 Brauereien und in ganz Cisleithanien an die 3000. Mit dem Lagerbier des Anton Dreher seit den dreißiger Jahren und der Verbreitung des Pilsener Biers gegen Ende der fünfziger Jahre fand eine Bierrevolution statt. Bier wurde zum Modegetränk des frühen 19. Jahrhunderts, der Intellektuellen und Künstler, der Studenten und Beamten.[150]

Der Salzburger Bierbrauer Johann Ambros Elixhauser († 1793), Öl auf Leinwand, salzburgisch, um 1770

Die österreichische Glasindustrie, die als Standortvoraussetzung das überreiche Vorhandensein wirtschaftlich sonst nicht genutzter Holzvorräte aufwies und im 17. und 18. Jahrhundert im nördlichen Mühl- und Waldviertel, im Kobernaußerwald oder auch in der Weststeiermark und in Tirol gute Bedingungen vorfand, war wegen der steigenden Energiekosten im Vormärz stark rückläufig und 1841 nur mehr mit 1,9 Prozent an der gesamten österreichischen Industrieproduktion beteiligt.[151]

Engpässe und Krisenzeichen

Zentren und Peripherien

Wesentliche Teile Österreichs, Niederösterreich mit Wien, Vorarlberg, aber auch Oberösterreich und die Steiermark, fanden nicht nur früh Anschluß an das moderne Industriesystem, sondern lagen in den Wachstumsraten der Produktion und im erreichten Produktionsvolumen mit den westeuropäischen Industriezentren auf durchaus vergleichbarem Niveau. Niederösterreich war im ausgehenden 18. und frühen 19. Jahrhundert zum industriereichsten Land der Monarchie und das südliche Wiener Becken zu einem der wichtigsten Industriestandorte des Kontinents geworden. Circa 50 Prozent aller Manufakturen der Monarchie lagen um 1790 in Wien und Niederösterreich. Der Wert der niederösterreichischen Industrieproduktion, damals noch inklusive Wien, wurde von Zeitgenossen für das erste Jahrzehnt des 19. Jahrhunderts auf ein Viertel bis ein Drittel der Industrieproduktion der Gesamtmonarchie veranschlagt. Auch um die Mitte des 19. Jahrhunderts war nach dem bereits wesentlich fundierteren Urteil Carl von Czoernigs die führende Stellung Wiens und Niederösterreichs innerhalb der Industrieproduktion des großen Wirtschaftsraumes noch ähnlich ungebrochen. Wien und Niederösterreich zusammen vereinigten 1841 56,6 Prozent der Industrieproduktion des heutigen Österreich, 21,9 Prozent des nichtungarischen Teils und 13,8 Prozent der Gesamtmonarchie, Niederösterreich ohne Wien immerhin 24,9 Prozent bzw. 9,6 und 6,0 Prozent. Auf Österreich entfielen 35,2 Prozent der cisleithanischen Industrieproduktion.[152]

Um 1850 wurde von den etwa 14 Millionen Erwerbstätigen (40 Millionen Einwohnern) in Österreich-Ungarn ein Volkseinkommen von etwa 4,1 Milliarden Gulden erwirtschaftet. Die 500 Personen mit den höchsten Einkommen (über 40 000 Gulden im Jahr) vereinigten fast 1 Prozent des gesamten Volkseinkommens. Mehr als zwei Drittel dieser Spitzenverdiener der Monarchie lebten um 1850 in Wien. Czoernig schätzte, daß 1840 rund 20 Prozent des Betriebskapitals aller Kommerzialgewerbe und Fabriken Cisleithaniens innerhalb des damaligen Wiener Stadtbezirkes veranlagt waren. Um die Mitte des 19. Jahrhunderts dominierte Wien auch den österreichischen Handel fast vollständig: Den 82 Großhandlungen in Wien standen nur vier außerhalb Wiens gegenüber, den 1471 sonstigen Handlungen immerhin 3 323 solche außerhalb. Wirklich große Handelshäuser mit internationalen Verbindungen konnten sich aber auch in Wien nicht etablieren.[153]

Die Industriekonzentration in Niederösterreich war zweifellos durch Wien begründet, das durch die Anwesenheit des Hofes, durch sein dynamisches Wachstum als Residenz- und Hauptstadt und die dortige Zentrierung feudaler und sonstiger Einkommen die Nachfrage nach Luxusgütern und gehobenen Textilien fokussierte. Daß sich auch durch die Verkehrslage, durch die Nähe zu Ungarn, das billige Lebensmittel lieferte und einen attraktiven Absatzmarkt versprach, durch das Arbeits- und Kapitalangebot und auch durch das Vorhandensein reichlicher, auch im Winter nicht zufrierender Wasserkräfte entsprechende Standortvorteile boten, förderte das Aufblühen der niederösterreichischen Industrielandschaft. Die im 18. Jahrhundert einsetzende und im 19. Jahrhundert sich verschärfende Krise des Weinbaus sorgte für ein zusätzliches Angebot an Arbeitskräften.

Die Industrialisierung der Zentralräume schmälerte die Chancen einer eigenen industriellen Modernisierung der Peripherie. Vorarlberg war eine Ausnahme. Obwohl an der äußersten Peripherie der Habsburgermonarchie gelegen, konnte es diese Randlage zu seinem Vorteil nutzen, in Wechselwirkung mit der Dynamik der schweizerischen Entwicklung und der Anbindung an den fortschrittlichen rheinischen Wirtschaftsraum. So konnte die Protoindustrialisierung, die aus der Armut des Landes erwachsen war, nahtlos in eine mechanisierte Textilindustrie und, darauf aufbauend, auch eine Maschinenindustrie übergeführt werden.[154]

Die steirische Industrielandschaft ist nur aus ihrer historischen Entwicklung verständlich: Das Dominieren eines einzigen Produktionszweiges, der Eisenindustrie, hatte eine Traditionsbindung und Lohnhöhe zur Folge, die sich nachteilig auf die Aufnahme anderer Produktionen auswirkte. Wohl kam es auch in der Steiermark im 18. Jahrhundert zu einigen merkantilistischen Fabriksgründungen, einer Tabakfabrik in Fürstenfeld, von Papiermühlen, einer Fabrik für Barchent und Baumwollgarn oder einer Baumwollstrumpf- und Haubenfabrik in Graz. Glashütten entstanden vor allem in der West- und Untersteiermark. Sehr erfolgreich waren die merkantilistischen Wirtschafts- und Wachstumspolitiker des 18. Jahrhunderts aber nicht. Dafür waren wohl auch die Einkommen in den zentralen Regionen zu hoch. Obwohl Graz in einer verkehrsgünstigen Situation an einem schiffbaren Fluß und auf der Linie Wien–Triest lag, war es lange keine bedeutende Handels- und Industriestadt. Die Grazer Märkte des Vormärz wurden kaum von ausländischen Kaufleuten besucht. Mit der Anbindung an die Südbahn setzte aber ein Wachstumsschub ein, der Graz in der zweiten Jahrhunderthälfte hinter Wien zur wohlhabendsten Stadt der Habsburgermonarchie machte und die industrielle Position der Mur-Mürz-Furche vorerst absicherte.[155]

Die binnenwirtschaftlich orientierte Habsburgermonarchie beeinträchtigte die überlieferte Transitfunktion Tirols, Kärntens und des neuerworbenen Salzburg. Kennzeichnend für Kärnten in der ersten Hälfte des 19. Jahrhunderts war die Situation einer zunehmenden Peripherisierung. Die Randlage zeigte sich in der politischen Verwaltung: 1804 wurde Kärnten dem Gubernium in Graz zugewiesen. 1810 bis 1813 unterstand Villach zusammen mit Oberkärnten als Bestandteil der Illyrischen Provinz dem Generalgouvernement in Laibach. Bis 1825 blieb Kärnten auf die Steiermark (Klagenfurter Kreis) und Krain (Villacher Kreis) aufgeteilt und wurde von 1825 bis 1848, zwar nun wieder vereinigt, Illyrien unterstellt und damit am kulturellen und wirtschaftlichen Gravitationszentrum Laibach orientiert. Erst mit der Verordnung des k. k. Ministeriums des Inneren vom 11. März 1849 erlangte Kärnten wieder die Stellung eines eigenständigen Landes.[156] Gerade die politisch-wirtschaftliche Verknüpfung mit Krain verstärkte die wirtschaftliche Stagnation. Im Gegensatz dazu konnte der wirtschaftlich stärkere Partner Krain nach der Jahrhundertmitte durch die gute Einbindung in den Eisenbahnfernverkehr einen rascheren und wesentlich stärkeren wirtschaftlichen Schub verzeichnen. Im Zusammenhang mit dem Auf- und Ausbau der Freihäfen Triest und Fiume (Rijeka) geriet der traditionelle Venedighandel Kärntens in eine tiefe Krise. Die Handelsmetropole Villach sackte ab. Die Kärntner Stände sahen in den wirtschaftlichen Problemen des Landes die Folge der Benachteiligung durch die Wiener Handelspolitik.[157]

Ähnlich erging es Tirol, dessen wirtschaftliche Blüte wesentlich auf den Transithandel ausgerichtet gewesen war. Insbesondere Bozen hatte vom allgemeinen Verkehrsaufschwung, der um die Mitte des 18. Jahrhunderts einsetzte, verhältnismäßig wenig profitieren können und mußte seine Stellung als Handelszentrum in der ersten Hälfte des 19. Jahrhunderts immer mehr an Verona abtreten. Ähnlich wie den Bozener Messen erging es den Haller Messen, die im Vormärz zu lokalen Vieh- und Krämermärkten herabsanken. Der Handel der Provinzstädte verfiel.[158]

Für Salzburg war der Anschluß an Österreich im Jahre 1805 bzw. endgültig 1816 mit einer lang anhaltenden ökonomischen Stagnation verbunden, die jedoch neben der Peripherisierung und dem Verlust der Residenzfunktion auch viele andere Gründe hatte, die Verschiebung der Verkehrsströme, den Niedergang der Bergbaue und der regionalen Industrie und den späten und unvollkommenen Anschluß an das Eisenbahnnetz. Der Salzburger Handel, der schon durch den Anschluß an Bayern schwer geschädigt worden war, konnte sich im österreichischen Staat noch weniger entfalten. Die Großhändler verlegten sich auf den Detailhandel, so daß Salzburg hier kurzfristig ein sehr umfassendes Angebot besaß. Daß Salzburg auch zu Beginn des 19. Jahrhunderts trotz Krise noch immer ein wichtiges Handelszentrum darstellte, zeigt ein Vergleich mit Graz, das trotz dreifacher Einwohnerzahl deutlich weniger Handelsleute verzeichnete. Noch schlagender ist der Vergleich mit dem damaligen Verwaltungszentrum Linz, das den Vorsprung Salzburgs im Handel nicht einholen konnte. Während der öffentliche Dienst in Salzburg im Vormärz einen Rückgang zu verzeichnen hatte, blieb das Engagement im Handel erhalten und boten die Faktors- und Großhandelsgerechtsame eine günstige Voraussetzung für den Einstieg ins Bankgeschäft.[159]

Eine gesonderte Situation ergab sich für das spätere Burgenland. Das Nordburgenland, das vom 16. bis 18. Jahrhundert zu den wirtschaftlich führenden Regionen des ungarisch-österreichischen Raumes gerechnet wurde – im 17. Jahrhundert, vor der »Reincorporation« nach Ungarn, wurde es von den österreichischen Behörden als wirtschaftlich »bester Teil« des Viertels unter dem Wienerwald bezeichnet –, geriet gegenüber dem benachbarten Niederösterreich ins Hintertreffen.[160] Die Ursachen lagen in der ausbleibenden Industrialisierung, was einerseits administrative, andererseits auch technische Gründe hatte. Bezeichnend ist, daß sich die Esterházy in Industriegründungen diesseits der Grenze engagierten, in einer Tuchfabrik in Wiener Neustadt oder in der Baumwollspinnerei in Pottendorf.

Engpaß Energie

Was Österreichs Industrialisierung bremste, war das, was lange einer seiner größten Aktivposten gewesen war, das Energieangebot. Aus einer Vielzahl von Zeugnissen geht hervor, daß sich in der zweiten Hälfte des 18. Jahrhunderts die Energieklemme verschärfte: Die Anforderungen an die Energieversorgung stiegen von zwei Seiten, einerseits durch die wachsende Bevölkerung, die mehr Ackerland und auch mehr Brennholz brauchte, andererseits durch die beginnende Industrialisierung und wachsende Warenproduktion. Zu den Großverbrauchern zählten die Salinen und Eisenwerke. Immer stärker aber kristallisierte sich Wien als der größte Holzverbraucher des Landes heraus. Die Bedeutung, die dem Holz von der Bürokratie beigemessen wurde, zeigte sich in der Vielzahl der Regelungen. Der Höhepunkt der obrigkeitlichen Reglementierung wurde mit der theresianischen Waldordnung von 1767 erreicht, die neben zahlreichen Sparanordnungen und forsttechnischen Bestimmungen bereits auch Substitutionsstrategien mit Hinblick auf die Verwendung von Mineralkohlen aufzeigte.[161]

Noch um 1800 bewegten sich die Holzpreise in Österreich zwischen fast null in urwaldähnlichen Standorten fern der Ballungsräume und Verkehrswege und geradezu astronomischen Höhen in dichtbevölkerten Verbraucherzentren, die Wärme und Licht zu Luxusprodukten machten. Die Verbesserung der Transportsysteme im Verlauf der Industrialisierung war eine der Ursachen der Nivellierung und Reduzierung der Energiepreise, die andere die Verwendung fossiler Energieträger.

Vorerst aber mußte man mit den so unterschiedlich sich darstellenden Energiepreisen zurechtkommen. Wo man konnte, wurden die Standorte dezentralisiert und in Richtung noch nicht genutzter Wälder verlagert. Wo das nicht möglich war, mußte der Aufbau sehr weiter und aufwendiger Zubringerstrecken für Holz in Kauf genommen werden, wobei bis zum Aufkommen der Eisenbahnen der Wassertransport mittels Trift und Flößerei die einzige Möglichkeit war, Holz über weitere Strecken zu konkurrenzfähigen Preisen zu transportieren. Die Holzarbeit und noch viel mehr der Transport und die Errichtung und Instandhaltung der teuren Riesen, Rechen, Kanäle, Tunnel und Holzaufzüge bot vielen Leuten eine saisonale Beschäftigung.[162]

Zur Verbesserung der Waldbewirtschaftung und Erhöhung der Holzproduktion wurden zahlreiche forstliche Maßnahmen gesetzt, von der Ergänzung der natürlichen Waldbesamung durch Heranziehen in Baumschulen, dem Übergang zu Fichtenmonokulturen und der Neupflanzung von Wäldern (zum Beispiel von Föhren auf dem Steinfeld bei Wiener Neustadt) über die Einschränkung der Waldnutzungsrechte der Untertanen durch Verbot der Ziegenhaltung, des Streuschneitelns und Holzsammelns bis hin zu der seit etwa 1780 gegen den Widerstand der Holzknechte und Holzschwemmer durchgedrückten Verwendung der beim Fällen und Ablängen des Holzes weniger Späne und Abfälle erzeugenden Sägen. Für die Holzknechte galt die langsame Zugsäge als »Schinderblech«.[163] Auch die Schwemmarbeiter wehrten sich, wenn auch vergebens, gegen die mit Sägen glatt abgelängten Scheiter, weil sie sich beim Triften viel leichter verkeilten als die mit Äxten bearbeiteten und dadurch an den Enden kegelförmig auslaufenden Stämme.[164] Die Strafen wegen Waldfrevel und unberechtigter Holzentnahme wurden häufiger und strenger. Zweifellos war das »Schneiteln« oder »Grassen«, das Abästen bis zu den Wipfeln, wobei mit den Steigeisen auch die Stämme beschädigt wurden, eine ruinöse Vorgangsweise, die nicht selten das frühzeitige Absterben der Bäume zur Folge hatte. Das Streurechen zerstörte den Waldhumus nachhaltig. Ähnlich war es mit der Waldweide. Andererseits wurden mit dem Vorgehen gegen bäuerliche Nutzungsrechte und unterbäuerliche Holzdiebstähle althergebrachte Rechte und Existenzweisen der Untertanen empfindlich beschnitten.[165]

In der Industrie war man stolz auf erhebliche Rationalisierungserfolge in der Brennstoffnutzung: Die Umstellung der Köhlerei von liegenden auf stehende bzw. runde Meiler brachte etwa 15 Prozent Holzersparnis. Mußte bei der Eisenverhüttung im 16. und 17. Jahrhundert noch etwa die zweieinhalbfache Gewichtsmenge des eingesetzten Erzes an Holzkohle aufgewendet werden, so konnte dieser Wert bis 1810 auf rund 110 Prozent und 1850 auf 80 bis 90 Prozent reduziert werden. Am Endpunkt der Entwicklung der steirischen Holzkohlenhochöfen um 1880 pendelte sich der Kohlenverbrauch bei rund 66 bis 70 Prozent des Erzeinsatzes ein.[166]

Die Sparempfehlungen für die Privathaushalte reichten von der Einführung der sogenannten Sparherde bis zur Verkleinerung und besseren Abdichtung der Fensteröffnungen durch die Verwendung von Doppel- oder »Winterfenstern«. Holzsparen wollte man aber auch mit so ungeeigneten und wenig wirksamen Maßnahmen wie der Einschränkung der Holzbauweise bei Häusern, dem Verbot des Abbrennens von Johannisfeuern oder des Aufstellens von Maibäumen, des Tragens von Holzschuhen oder der Bestattung in Holzsärgen. Dahinter steckte weniger die Holzersparnis als ein genereller aufklärerischer Eifer, der Kaiser Joseph II. schon seit 1781 über nach unten mit einer Falltür versehene, wieder verwendbare Sparsärge nachdenken ließ: Dadurch erspare man nicht nur das Holz für die Särge, sondern auch die Wäsche und Kleidungsstücke für die Toten. Am 23. August 1784 wurde die Verordnung über die Sparsärge publiziert. Am 17. Januar 1785 sah sich der Kaiser aufgrund der Proteste der Bevölkerung gezwungen, sie zu widerrufen.[167]

Zu Recht war der Sparherd das Lieblingsthema der im 18. Jahrhundert anschwellenden Holzsparliteratur. In den Küchen konnte man besonders große Sparreserven voraussetzen. Der seit etwa 1790 in Wien forcierte Übergang von offenen Küchenfeuern zu geschlossenen Sparherden war um 1850 weitgehend abgeschlossen, was sowohl zur Schaffung verbesserter Arbeitsbedingungen in den Küchen als auch zur Brennstoffeinsparung wesentlich beigetragen haben dürfte. Die Küche war nun nicht mehr die »Schwarze Kuchl«, die keinem anderen Zweck als dem Kochen dienen konnte, sondern konnte immer mehr auch eine Wohnfunktion übernehmen.[168]

Der Brennholzbedarf Wiens war in der zweiten Hälfte des 18. Jahrhunderts rasch angestiegen: von 400 000 Festmetern jährlich um 1760 auf ein Maximum von 720 000 bis 800 000 Festmeter um 1800. Das war eine Zunahme, die weit über das Bevölkerungswachstum hinausging. Von da an bis in die Mitte des 19. Jahrhunderts hingegen blieb der Wiener Brennholzverbrauch der Menge nach fast unverändert, obwohl sich die Einwohnerzahl in diesem Zeitraum mehr als verdoppelte. Pro Kopf der Bevölkerung bedeutete dies eine Reduktion von circa 3,2 Festmeter um 1800 auf etwa 1,5 Festmeter um

1850, wobei die Verwendung von Mineralkohle auch um die Jahrhundertmitte noch kaum Bedeutung hatte. Dies mag einerseits als Folge eines durch zunehmende Pauperisierung und relative Preisänderung hervorgerufenen Konsumverzichts zu sehen sein, andererseits auch als Resultat verbesserter Wirkungsgrade der Raumheizungen und Kochstellen.[169]

Wien war im 18. Jahrhundert zu Österreichs größtem und wichtigstem Markt für Brennholz geworden. Sein Holzbedarf konnte längst nicht mehr allein aus dem Wienerwald und den Donauauen gedeckt werden. Die Versorgung mußte immer mehr auf weit entfernte Wälder und damit den Wasserweg verlagert werden. Ab 1665 wurde sukzessive der Schwemmbetrieb auf den Wienerwaldflüssen aufgenommen. Bald war die Donau Österreichs wichtigster Holzweg. Bis ins Bayerische, auf allen Nebenflüssen, selbst über die Wasserscheide des Böhmerwaldes begann sich im späten 18. Jahrhundert die Wiener Energiewirtschaft auszudehnen. Die Versorgung geschah um 1850 zu drei Viertel auf dem Donauweg (davon zu etwa 60 Prozent aus Niederösterreich, 25 Prozent aus Oberösterreich und 15 Prozent aus Bayern, Salzburg und Tirol), zu 20 bis 25 Prozent aus dem Wienerwald und zu einem geringen Teil aus dem südlichen Niederösterreich über den Wiener Neustädter Kanal. In verkleinertem Maßstab konkurrierten auch die übrigen österreichischen Städte, aber auch Preßburg und Budapest um das österreichische Holz.[170]

Trotz Einsparungsmaßnahmen war um die Mitte des 19. Jahrhunderts eine Grenze in der Leistungsfähigkeit der Wälder erreicht. Die Einschlagzahlen im Wienerwald waren von 150 000 Raummeter im Durchschnitt der Jahre 1825 bis 1832 auf ein Maximum von 236 000 Raummeter 1865 bis 1869 hinaufgeschnellt. In Niederösterreich wurden um 1785 etwa 1,5 Millionen Festmeter Holz, um 1830 etwa 2,1 Millionen jährlich produziert. Nach Schätzungen stieg diese Zahl bis in die fünfziger Jahre auf etwa 3,3 Mil-

Holztrift, um 1900

lionen Festmeter. Die im Vormärz sich häufenden Verkarstungen, Überschwemmungen und Lawinenkatastrophen wurden der Überschlägerung zugeschrieben.[171]

Österreich ist reich an armen Kohlenvorkommen. Versuche einer Substitution des Holzes durch Mineralkohlen und Torf wurden wegen der Vielzahl der österreichischen Kohlenvorkommen sehr früh in Angriff genommen, erwiesen sich aber wegen deren vergleichsweise geringer Ergiebigkeit und Qualität vorerst als wenig erfolgreich. 1604/09 gibt es erste Nachrichten über Kohlenfunde in Seegraben bei Leoben.[172] Mit einem unbedeutenden Abbau wurde allerdings erst 1726 begonnen. 1670/1681 wurden die Kohlenlager bei Fohnsdorf entdeckt, vorerst aber nicht genutzt. Im frühen 18. Jahrhundert erschloß man die Lager von Voitsberg, Leoben und Eibiswald, 1758 das Braunkohlenlager Thallern bei Göttweig, von wo man etwas Kohle nach Wien brachte, 1761 das am Brennberg bei Ödenburg, mit dessen Abbau nach mehreren erfolglosen Versuchen erst 1793 wirklich begonnen wurde. Um 1765 folgten Wolfsegg in Oberösterreich und 1766 Häring in Tirol, das zur Versorgung der Haller Saline herangezogen wurde.[173]

Um 1790 waren die meisten österreichischen Kohlenvorkommen bereits bekannt. Bei den Behörden setzte eine regelrechte Kohleneuphorie ein. Die Verwertung scheiterte aber nicht nur an der ablehnenden Haltung der potentiellen Nutzer und den für Kohle meist ungenügend adaptierten Feuerstellen, sondern auch an den Transportkosten. So gerieten viele Vorkommen wieder in Vergessenheit oder wurden nur zögernd abgebaut. 1791 wurde die Wiener Neustädter Steinkohlengesellschaft gegründet, die sich die Nutzung verschiedener Kohlenbergbaue im südlichen Wiener Becken zum Ziel gesetzt hatte, als wesentliches Ergebnis aber nur die 1803 abgeschlossene Errichtung des Wiener Neustädter Kanals verbuchen konnte, der aber für den Holztransport viel wichtiger wurde als für den Kohlentransport. Zwischen dem späten 18. Jahrhundert und den vierziger Jahren des 19. Jahrhunderts gab es kaum Fortschritte in der Kohlenverwendung. 1831 wurden in Wien 3 000 Tonnen Mineralkohle verbraucht, 1850 allerdings bereits etwa 50 000 Tonnen, die aber dem Heizwert nach nicht einmal 4 Prozent zum Wiener Brennstoffverbrauch beitrugen.[174]

Tabelle 13: Brennstoffverbrauch in Wien, 1760 bis 1850

Jahr	Holz in 1 000 rm	Mineralkohle in 1 000 t	Holz in 10^9 Kcal	Kohle in 10^9 Kcal	pro Kopf in 10^6 Kcal
1760/70	477,4	0,0	1 374,9	0,0	7,9
1780/89	1 018,1	0,0	2 932,2	0,0	14,7
1790/99	916,0	1,0	2 638,1	4,0	11,4
1800/09	836,6	6,9	2 409,5	27,5	10,5
1810/19	888,7	3,1	2 559,4	12,6	8,5
1820/29	827,7	2,6	2 383,7	10,5	7,5
1830/39	857,2	4,4	2 468,7	17,7	7,0
1840/49	916,1	18,4	2 638,5	73,7	6,3

Quelle: Roman *Sandgruber*, Die Energieversorgung Wiens im 18. und 19. Jahrhundert, in: Bergbau in Niederösterreich (hg. von A. *Kusternig*, Wien 1987) 459–490.

Auch wenn in den Alpenländern zahlreiche Kohlenbergbaue früh in Abbau genommen wurden, war das Resultat nicht ermutigend: Nur etwa 9 Prozent der Kohlenförderung der Habsburgermonarchie entfielen 1841 auf das heutige Österreich. Die Bergbaue waren zu unergiebig, zu abgelegen und zu teuer, wenn nicht ein preisgünstiges Transportmittel wie der Wasserweg oder die Eisenbahn zur Verfügung stand. Vor allem aber fehlte Steinkohle, die man in der Eisenindustrie dringend gebraucht hätte.[175]

Die schon im 18. Jahrhundert sowohl in der Eisenverhüttung wie in der Stahlerzeugung und Verarbeitung immer wieder angestellten Versuche, die Holzkohle durch Braunkohle zu ersetzen, waren nicht nur an technischen Schwierigkeiten, sondern auch an institutionellen Widerständen gescheitert. Es nutzte auch wenig, daß 1795 und nochmals 1810 die Vergabe von Fabriksprivilegien und Meisterstellen an die Verpflichtung zur Mineralkohlenverwendung geknüpft wurde. Erst um 1830/40 nahm in der Eisenindustrie der Substitutionsprozeß von Holz- auf Mineralkohle konkretere Formen an, wenn auch noch nicht bei den Hochöfen. In den späten vierziger Jahren bestimmten erstmals von Wasserläufen und Holzvorkommen unabhängige Puddel- und Walzwerke die steirisch-kärntnerische Eisenlandschaft. Ein nachhaltiger Betrieb der Eisenindustrie mit Holz war bei dem um die Jahrhundertmitte erreichten Produktionsniveau nicht mehr möglich. Der Energiebedarf der steirischen Eisenindustrie um die Jahrhundertmitte entsprach bei nachhaltiger Nutzung einer Waldfläche von etwa 300 000 ha oder fast den gesamten damals forsttechnisch nutzbaren Wäldern der Steiermark.[176]

Die industrielle Nutzung der Dampfkraft in Österreich setzte auch nach der Aufhebung der Kontinentalsperre wegen der reichlich vorhandenen Wasserkräfte nur langsam und nur als Zusatzenergie ein. Die erste atmosphärische Newcomen-Dampfmaschine war 1722 von Joseph Emanuel Fischer von Erlach, Sohn des berühmten Barockbaumeisters Johann Bernhard Fischer von Erlach, für die Schwarzenbergischen Gärten in Wien gebaut worden; daß auch die erste Wattsche Dampfmaschine der Habsburgermonarchie 1803/04 nicht in einem Industriebetrieb aufgestellt wurde, sondern

Tabelle 14: Mineralkohlenförderung in Österreich, 1800 bis 1950 (in Tonnen)

	Steiermark	Niederösterreich	Oberösterreich	Kärnten	Tirol	Burgenland	Summe
1800	7 000	13 000	–	–	–	–	20 000
1830	22 276	13 631	1 108	–	–	–	37 015
1841	27 812	54 888	6 395	14 092	949	–	104 136
1850	67 900	71 155	22 075	24 871	2 990	–	189 076
1919	1 408 911	195 094	402 763	46 805	43 666	–	2 097 239
1937	2 102 000	476 000	597 000	163 000	–	97 000	3 435 000
1950	2 382 000	345 000	829 000	215 000	–	239 000	4 010 000

Quellen: Tafeln zur Statistik der Österreichisch-Ungarischen Monarchie 1–21 (1828–1848); NF 1–5 (1849–1865); Österreichisches Statistisches Handbuch; Statistisches Handbuch für die Republik Österreich; Leopold *Weber*/Alfred *Weiss*, Bergbaugeschichte und Geologie der österreichischen Braunkohlenvorkommen (Wien 1983).

Modell der ersten Wattschen Dampfmaschine Österreichs, 1803/04 von Johann Dietrich Langenreiter im Garten des Esterházyschen Schlosses in Eisenstadt aufgestellt

ebenfalls wieder in einem Park, im Garten des Esterházyschen Schlosses in Eisenstadt zum Betrieb der dortigen Wasserspiele, gehört zu den Kuriositäten der österreichischen Wirtschaftsgeschichte.[177] Die erste industriell genutzte Dampfmaschine wurde 1815 in der Türkisch-Kappenfabrik des Christoph Reisser in Wien angeschafft. Im Verhältnis zum übrigen Cisleithanien, noch mehr aber zum westlichen Ausland war die Verwendung von Dampfmaschinen in Wien und im heutigen Österreich sehr gering.

1803 hatte Dr. Zachäus Winzler in der Wiener Alserkaserne erfolglos mit einer Gasbeleuchtung experimentiert. Zum Pionier des Gaslichts in Österreich wurde der Direktor des Polytechnischen Instituts Johann Joseph Prechtl, ein »Mehrer des Lichtes in jedem Sinne«, wie er später in einer Würdigung genannt wurde. 1818 wurden einige Gassen Wiens probeweise mit Gas beleuchtet, 1828 das erste Gaswerk der Stadt errichtet und 1832 die Imperial Continental Gas Association gegründet, die ab 1845 ein weitgehendes Monopol auf die Wiener Gasversorgung erringen konnte. Auch in zahl-

Tabelle 15: Dampfmaschinenstatistik 1841 und 1852 in Österreich und Cisleithanien

Region	Stückzahl				PS-Zahl			
	1841 absolut	1841 Prozent	1852 absolut	1852 Prozent	1841 absolut	1841 Prozent	1852 absolut	1852 Prozent
Wien	35	15,6	87	13,0	395	14,0	957	8,8
Niederösterreich	21	9,4	49	7,3	363	12,9	606	5,6
restl. Österreich	4	1,8	19	2,8	34	1,2	322	3,0
restl. Cisleithanien	164	73,2	516	76,9	2 027	71,9	8 993	82,7
Insgesamt	224	100,0	671	100,0	2 819	100,0	10 878	100,0

Quelle: Roman *Sandgruber*, Wirtschaftswachstum, Energie und Verkehr in Österreich 1840–1913, in: Wirtschaftswachstum, Energie und Verkehr vom Mittelalter bis ins 19. Jahrhundert (hg. von H. *Kellenbenz*, Stuttgart 1978) 89 f.

reichen Industriebetrieben setzte sich Gas als Lichtquelle bereits im Vormärz durch. Zwischen 1846 und 1857 erhielten die wichtigeren Städte eine Gasbeleuchtung. Der Einfluß ausländischer Gesellschaften war hoch und meist mit der vertraglichen Verbriefung einer Monopolstellung abgesichert.[178]

Verkehrsprobleme

Für Österreich und die Habsburgermonarchie als Kontinentalstaat wurde die Verkehrssituation zunehmend zum Engpaßfaktor. Das späte 18. und frühe 19. Jahrhundert war die erste große Blütezeit des modernen Straßenbaus. Die Verkehrsplanung, die im zweiten Jahrzehnt des 18. Jahrhunderts einsetzte, war neben der Betonung Triests von der Ausrichtung auf die Reichshaupt- und Residenzstadt Wien mit fünf dort zusammenlaufenden Hauptstraßen (nach Ungarn, Böhmen, Mähren, Innerösterreich und Oberösterreich) geprägt. Pläne, auch Oberösterreich durch einen modernen Verkehrsweg von Böhmen über Linz nach Triest besser in das internationale Handelsnetz einzubinden, blieben unausgeführt, sowohl hinsichtlich des Ausbaus der Pyhrnstraße bzw. der Straßen Budweis–Linz–Wels–Salzburg und Linz–Eisenerz–Graz wie auch hinsichtlich der wiederholt angestellten Überlegungen zu einer Kanalverbindung zwischen Moldau und Donau und weiter nach Süden. Die Brennerstraße erhielt 1777 einen chausseemäßigen Teilausbau. Der Transport über den Arlberg, der vor allem für das Salz den Umweg über den Fernpaß ersparte, wurde 1785 mit der Anlegung eines Karrenweges wesentlich erleichtert. Zwischen 1820 und 1840 wurde das Straßennetz nochmals wesentlich verbessert. Das Geld für weitere Straßenbauten blieb mit dem Einsetzen des Eisenbahnbaus aber aus.[179]

Nach der Neutrassierung der Semmeringstraße, die 1728 im wesentlichen abgeschlossen war, stieg das Transportvolumen Wien–Graz–Triest in den dreißiger Jahren sprunghaft an. Im Westen dominierte nach dem Ausbau der Brenner. Um 1800 betrug die gesamte Transportleistung der Tauernstraße nur mehr ein Achtel der Brennerstraße. Den Gesamtverkehr über den Brenner schätzt man um 1800 auf 19 000 Tonnen im Jahr, um 1835 auf 75 000 und 1840 schon auf 100 000 Tonnen. Um den Verkehrsfluß zu beschleunigen, wurde das Rodfuhrwesen, das wegen der jeweils für bestimmte Teilstrecken privilegierten Frächter und des damit verbundenen oftmaligen Umladens die Transporte sehr verlangsamt hatte, um die Mitte des 18. Jahrhunderts durch Speditionen ersetzt, die von der Umladepflicht befreit waren und die Verfrachtung über die gesamte Strecke durchgehend besorgen konnten.[180]

Trotz des allmählichen Aufbaus einer staatlichen Straßenbauverwaltung war das Straßennetz des Vormärz immer noch von zahlreichen Mautstellen durchsetzt, die der Finanzierung dienen sollten, aber die Flüssigkeit des Verkehrs wesentlich beeinträchtigten. Durchschnittlich alle 15 bis 20 Kilometer traf man auf Ärarialstraßen auf Weg- und Brückenmauten. 1821 gab es allein in Niederösterreich 51 Straßenmautstellen, 20 Jahre später mehr als doppelt so viele. Insgesamt zählte man 1841 im Territorium des heutigen Österreich etwa 410 Mautstellen. Dennoch konnte in der ersten Hälfte des

19. Jahrhunderts die Durchschnittsgeschwindigkeit auf den Straßen mehr als verdoppelt werden.[181] Viele kleine Innovationen spielten zusammen: glattere Straßenoberflächen durch entsprechende Schotterung oder Pflasterung und durch kontinuierliche Arbeit der Straßeneinräumer einerseits, leichter gängige Wägen durch dickere und bessere Felgen und durch entsprechende Schmierung (Schmiergeld wurde bezahlt!) andererseits.[182]

Für die 1730 neuinstallierte regelmäßige Stellfuhre von Wien nach Triest benötigte man damals im Sommer noch neun, im Winter zehn Tage. Im Jahre 1827 dauerte die Postwagenfahrt von Wien nach Linz 22 bis 24 Stunden, von Linz nach Salzburg 15 bis 16 Stunden, von Linz nach Innsbruck 34 bis 36 Stunden, von Linz nach Bregenz 66 bis 68 Stunden. Preßburg wurde von Wien in fünf bis sechs Stunden, Venedig in 81 bis 85 Stunden erreicht. Die Postkutschen fuhren mit einer Geschwindigkeit von acht bis 15 Kilometer pro Stunde. 16 Kilometer pro Stunde war auch die Geschwindigkeit der Linz-Budweiser Pferdebahn. Die Dampfeisenbahnen verkürzten die Fahrzeiten weiter. Während die Postkutsche für die Strecke Wien–Graz 29 Stunden benötigte, betrug die Fahrzeit des Zuges 1854 neun Stunden 15 Minuten.

Bequem war das Reisen nicht, wie ein Vielreisender der Zeit, Wolfgang Amadeus Mozart, sich bitter beschwerte: »Denn, ich versichere Sie, daß keinem von uns möglich war, nur eine Minute die Nacht durch zu schlaffen – dieser Wagen stößt einem doch die Seele heraus! – Und die Sitze! – Hart wie Stein! ...« 1781 klagte er jämmerlich über seinen feuerroten Hintern: »Bis Unter-Haag bin ich mit dem Postwagen gefahren – da hat mich aber mein Arsch und dasjenige woran er henkt, so gebrennt, daß ich es ohnmöglich hätte aushalten können ...« Zwei Posten fuhr er noch weiter, die Hände auf den Polster gestützt und den Hintern »in Lüften haltend«. »Aber zur Regel wird es mir seyn«, geht es weiter, »lieber zu Fuß zu gehen, als in einem Postwagen zu fahren.«[183]

Kutschen und Karossen nahmen schon im frühen 18. Jahrhundert stark zu und ersetzten als statusgerechtes Verkehrsmittel des Adels immer mehr die Reitpferde. Die Zahl der privaten Karossen wurde 1792 für Wien mit 3 000 bis 3 500 angegeben, wovon die herrschaftlichen mit vier bis sechs Pferden bespannt wurden. Auch Tragsessel nach Pariser Vorbild kamen im 18. Jahrhundert als prestigereiche und in den engen Straßen sehr wendige innerstädtische Verkehrsmittel zum Einsatz. Die Zahl der Transportmittel in Wien versiebenfachte sich von 1750 bis 1850 von 3 000 auf 20 000.[184]

Um 1720 war die Errichtung von Postkursen und Poststationen schon weit fortgeschritten. Von Wien verkehrten regelmäßig Postboten. Hauptsächlich fiskalische Gründe waren es, die Karl VI. 1722 dazu bewogen, das an die Familie Paar erblich verliehene Postmonopol in direkte staatliche Verwaltung zu übernehmen. Die Taxissche Post in Tirol und Vorarlberg wurde erst 1769 verstaatlicht. Salzburg hatte bis zum Ende seiner Selbständigkeit ein eigenes Postwesen, das 1590 begründet worden war, ab 1671 von Postmeistern auf Lehensbasis geführt, 1754 verstaatlicht und seit 1784 in weitgehender Kooperation mit dem habsburgisch-erbländischen Postwesen verwaltet wurde.[185]

Um die Mitte des 18. Jahrhunderts wurden die Postreiter immer mehr von Postkutschen abgelöst, die auch Pakete und Personen beförderten, vor allem nachdem 1748 das

Regal von der Briefpost auch auf die Fahr- und Reisepost ausgeweitet worden war. 1772 wurde in Wien und 1796 auch in Graz eine private »Kleine Stadtpost« (Klapperpost) eingerichtet, die Briefe im innerstädtischen Verkehr einsammelte und zustellte. Das staatliche Postmonopol wurde damit nur vorübergehend umgangen: Die Wiener Klapperpost wurde 1785 von der staatlichen Generalpostverwaltung übernommen, die Grazer 1847. Die Steigerung der Postfrequenz in der zweiten Hälfte des 18. Jahrhunderts war beträchtlich. Seit 1823 verkehrten die Postkutschen (Eilpost) nach Fahrplan.[186]

Die große Hoffnung des 18. Jahrhunderts war allenthalben die Fluß- und Kanalschiffahrt. Diese war allerdings in Österreich schwierig, teuer und langsam, vor allem was die Bergfahrt auf dem Oberlauf der Donau und ihren Nebenflüssen betraf. Von Leoben murabwärts bis Spielfeld brauchte man zwei Tage, in der Gegenrichtung aber zehn bis zwölf Tage.[187] Von Wien nach Linz dauerte es 14 bis 25 Tage, von Linz nach Passau sechs bis acht Tage und von Passau nach Regensburg weitere neun bis 15 Tage. Die Talfahrt ging wesentlich rascher. Immerhin benötigte man von Linz nach Pest auch etwa 14 Tage. Und es war gar nicht ungefährlich. Die Zahl der Schiffe, die in den Hindernissen der Donau verunglückten, war groß. Im Personenverkehr wurde bei der Talfahrt meist der Wasserweg, bei der Bergfahrt die Straße gewählt. Der Großteil der Massenfrachtgüter, vor allem das ungarische Getreide, konnte flußaufwärts nur mit hohen Kosten transportiert werden. Bei Massengütern war die Talfahrt nur für Holz, Baumaterialien, Salz und Eisen von Bedeutung. Für die meisten Produkte floß die Donau, um es salopp zu formulieren, in die falsche Richtung und ins falsche Meer. Den Bestrebungen Kaiser Josephs II., nach dem 1784 durchgesetzten Recht zur freien Befahrung des Schwarzen Meeres einen regelmäßigen Schiffsverkehr auf der Donau bis Konstantinopel einzurichten, blieb kein dauerhafter Erfolg beschieden, obwohl die Frachtkosten theoretisch beträchtlich niedriger gewesen wären als der Landweg oder der Land-See-Weg über Triest. Das Verkehrsaufkommen war einfach zu gering, die Logistik zu schwierig und das Risiko zu groß.[188]

Die Donau war unter den großen Flüssen der Erde mit der Einführung der Dampfschiffahrt eher spät dran, wenn man vergleicht, daß es in den USA 1812 bereits 50 Dampfboote gab und auf dem Ganges seit 1828 regelmäßig Dampfschiffe verkehrten. Die Fließgeschwindigkeit der Donau war für die ersten Dampfmaschinen zu hoch. Nach verschiedenen mehr oder weniger unrealistischen Projekten wurden 1817 erste Probefahrten mit einem Dampfboot bei Wien unternommen. Die »Carolina« traf am 15. September 1817, von Wien kommend, in Budapest ein. Nach einem weiteren Anlauf im Jahre 1823 mit dem Dampfschiff »Franz I.« glückte im Jahre 1829 den Engländern John Andrews und Joseph Pritchard der Durchbruch mit der Gründung der Donaudampfschiffahrtsgesellschaft (DDSG), die sich vornehmlich auf den Schiffsverkehr von Wien abwärts bis Budapest und Orsowa konzentrierte.[189] Erst 1837 wurde die Dampfschiffahrt zwischen Wien und Linz aufgenommen, während ebenfalls ab 1837 zwischen Regensburg und Linz die Schiffe der 1836 gegründeten Bayerisch-württembergischen Donau-Dampfschiffahrts-Gesellschaft fahrplanmäßig verkehrten.

Die Dampfschiffahrt gewann vor allem für die Getreideausfuhr von Ungarn nach Österreich Bedeutung. Zwischen Wien und Linz blieb der Schiffahrtsverkehr trotz

Dampfkraft vorläufig bescheiden und konzentrierte sich vor 1850 mehr auf Personen als auf Waren. Vom Transportvolumen der DDSG auf der Donau im Jahre 1847 von insgesamt etwa 170 000 Tonnen entfielen nur etwa 10 Prozent auf die Strecke Wien–Linz, 41 Prozent auf Wien–Pest und 35 Prozent auf Pest–Orsowa. Auf der Strecke Wien–Linz–Passau wurden 1857 etwa 160 000 Passagiere befördert. Das war allerdings nur ein kurzer Boom. Nach der Eröffnung der Westbahn 1858 ging der Personenverkehr auf der Donau schlagartig zurück.

Auch auf den österreichischen Nebenflüssen der Donau war die Schiffahrt teuer. Weil die Straßen ab den dreißiger Jahren des 19. Jahrhunderts deutlich besser geworden waren, konnten die Plätten und Flöße auf den kleineren Flüssen Salzach, Traun, Enns, Mur und Drau immer häufiger mit dem Fuhrwerk kostenmäßig nicht mehr mithalten, solange die Flüsse nur abwärts befahren wurden und die Fahrzeuge am Bestimmungsort zerlegt und verkauft werden mußten. Als 1825 der Salzhandel freigegeben und der staatliche Schiffsdienst auf der Traun beendet wurde, stellte sich heraus, daß der parallel gehende Landtransport gar nicht teurer und durchaus konkurrenzfähig war.[190]

Es gab viele Vorschläge, die strukturellen Verkehrsprobleme Österreichs durch Kanalbauten zu überwinden. Schon Johann Joachim Becher beschäftigte sich als Mitglied des Kommerzkollegiums mit der Planung von Kanalverbindungen zwischen den wichtigsten Flüssen der Habsburgermonarchie. Joseph von Sonnenfels hatte die um 1700 von Lotharius Vogemonte entwickelten Ideen zum Aufbau von Schiffahrtsstraßen zwischen den größeren Flüssen Deutschlands in seine »Grundsätze der Polizey, Handlung und Finanz« übernommen, auch wenn er der Meinung war, daß der Plan nicht durchführbar sei. Die West-Ost-Orientierung des österreichischen Wasserstraßennetzes gab nach dem Ausbau der österreichischen Adriahäfen Plänen für künstliche Nord-Süd-Verbindungen besondere Aktualität. Das umfangreichste und zugleich unrealistischste dieser Projekte war das des belgischen Ingenieurs F. J. Maire aus dem Jahr 1786, der Wien durch insgesamt acht Kanäle mit allen Meeren Europas verbinden und damit ein Netz zwischen Adria, Dnjestr, Moldau und Etsch herstellen wollte.[191] Das einzige im heutigen Österreich tatsächlich verwirklichte Teilstück eines Schiffahrtskanals blieb der 1803 eröffnete Wiener Neustädter Kanal mit etwa 60 Kilometer Länge, der ursprünglich Teil einer geplanten Kanalverbindung zur Adria sein sollte, aber nicht über Wiener Neustadt hinauskam und dann tatsächlich der Versorgung Wiens mit Brennholz und mit der am Ödenburger Brennberg abgebauten Kohle diente.[192]

1807 entstand in Brünn eine Gesellschaft zur Schiffbarmachung der March und zur Herstellung einer Schiffsverbindung zwischen Donau und Oder. Im selben Jahr wurde in Prag die »Böhmische hydrotechnische Privatgesellschaft« begründet, die ein Kanalprojekt zwischen Moldau und Donau ausarbeiten sollte. Der Direktor des Polytechnischen Instituts in Prag, Dr. Franz Josef von Gerstner, erkannte aber richtig, daß ein Donau-Moldau-Kanal mit etwa 290 Schleusen viel zu aufwendig ausfallen würde, und schlug statt dessen einen »Eisenweg« vor. Im Jahre 1822, zu einer Zeit, als es in England schon etwa 750 Kilometer Pferdebahnen gab, wurde Gerstners Sohn Franz Anton Ritter von Gerstner, seit 1818 Professor am Wiener Polytechnikum, mit der Projektierung dieser »Holz- und Eisenbahn« zwischen Linz und Budweis beauftragt. 1825 wurde mit Wiener Kapitalgebern die »k. k. privilegierte Erste Eisenbahngesellschaft« gegründet und noch im selben Jahr mit den Bauarbeiten am böhmischen Streckenteil begonnen. Widerstände bei Grundeinlösungen, Differenzen über die Streckenführung und technische Ausstattung, mutwillige Zerstörungen und Diebstähle von Schienen, die von den Bauern zum Bereifen ihrer Fuhrwerke verwendet wurden, verzögerten den Baufortschritt immer wieder. Im Februar 1829 löste die Gesellschaft den Vertrag mit Gerstner und übertrug die Bauleitung an Matthias Schönerer, den Vater des deutschnationalen Politikers Georg Schönerer. Dessen Sparversion mit kleineren Kurvenradien und höheren Steigungen beschleunigte zwar die Fertigstellung der Bahn, machte aber gleichzeitig ihre spätere Umstellung auf Dampfbetrieb unmöglich, so daß das Bauwerk im Grunde schon bei der Eröffnung im Jahre 1832 technisch überholt und dem beginnenden Zeitalter der Dampfbahnen nicht gewachsen war. Der Pferdebahnbetrieb wurde bis zum Jahre 1872, als der Verkehr auf der neuen Bahnlinie Budweis–St. Valentin aufgenommen wurde, aufrechterhalten. Dann wurde die Strecke stillgelegt.[193]

1818 wurde vom Verkehrsreferenten der Salinenbehörde, Johann Adlersburg, eine Eisenbahn von Gmunden zur Donau als Alternative für eine schon seit dem 17. Jahrhundert immer wieder diskutierte Kanalisierung der Traun vorgeschlagen.[194] Ein Mitarbeiter Gerstners, der Vermessungsingenieur Franz Zola, der Vater des Schriftstellers Emile Zola, erhielt 1829 das Privileg zur Verlängerung der Pferdebahn von Linz nach Gmunden. Auch hier kam es zu Finanzierungsschwierigkeiten, so daß Zola sein Privileg verkaufte und 1831 verbittert nach Frankreich auswanderte, wo er nach dem Vorbild der Linzer Türme für Paris Befestigungsanlagen projektierte. Auf der dann ebenfalls von Matthias Schönerer bis 1836 fertiggestellten Strecke war der Fracht- und Personenverkehr zweifellos dichter. Allerdings waren auf der Nordstrecke die erzielbaren Frachttarife wegen der fehlenden Schiffahrtskonkurrenz höher. Die Bahn siegte aber auch auf der Strecke Linz–Gmunden über die Schiffahrt, so daß die über die Arbeitslosigkeit erbitterten Traunschiffer sich 1848 an Maschinensturmaktionen gegen die Eisenbahn beteiligten.[195]

»Ansichten der Kaiser-Ferdinand-Nordbahn von Wien bis zur ersten Eisenbahnstation in Wagram«, Ausschnitt: Ankunft des Wagenzuges in Wagram auf der ersten Eisenbahnstation; Lithographie, 1839/40

Die Konzession für den Bau der ersten Dampfeisenbahn Österreichs, der von F. X. Riepl projektierten Kaiser-Ferdinand-Nordbahn, die Wien mit den Salzwerken in Bochnia und den Kohlenfeldern in Schlesien verbinden sollte, wurde 1835 an Salomon Rothschild erteilt. 1837 wurde das erste Teilstück Floridsdorf–Wagram eröffnet, 1839 der Ast Wien–Brünn fertiggestellt und 1848 bei Oderberg der Anschluß an das preußische Bahnnetz erreicht. Das Bankhaus Sina erwarb die Konzession für den Bau der Süd- und der Ostbahn. Bis zur Jahrhundertmitte wurden die Strecken Wien–Gloggnitz (1842), Mürzzuschlag–Graz (1844) und Graz–Cilli (1846) eröffnet und dazu Flügelbahnen nach Bruck/Leitha, Ödenburg und Preßburg (1846/47/48) dem Verkehr übergeben. Die Linien waren aber vorerst noch ohne rechten Zusammenhang. Nur die Nordbahn stellte über Schlesien eine Verbindung mit dem Ausland her. Der Großteil des Bahnverkehrs der vierziger Jahre war Vergnügungs- und Ausflugsverkehr. 46 Prozent des Umsatzes der Nordbahn entfielen 1848 auf Personenbeförderung, bei der Südbahn sogar 63 Prozent. Von den insgesamt 60 000 Tonnen Fracht, die auf der Nordbahn im Jahre 1848 nach Wien kamen, entfielen etwa die Hälfte auf Kohle und etwa 10 Prozent auf Getreide.[196]

Gleich zu Beginn des Eisenbahnzeitalters stellte sich die sogenannte Systemfrage, hinter der sich nicht technische Modalitäten, sondern die Auseinandersetzungen um eine staatliche oder privatwirtschaftliche Organisation verbargen. Die Bau- und Betriebsprivilegien der ersten großen Bahnlinien konnten sich private Investoren sichern. Dann wurde 1841 der Eisenbahnbau und -betrieb zur Staatsaufgabe erklärt, worauf der Staat noch 1842 den Bau einiger Bahnen selbst in die Hand nahm. Ein schwerer Kurssturz der Eisenbahnaktien im Jahre 1845 machte massive staatliche Stützungsaktionen erforderlich, die zur ersten Verstaatlichungsära der Eisenbahn (1850–1854) überleiteten. Lediglich die Kaiser-Ferdinand-Nordbahn blieb weiterhin in Privatbesitz. Bis 1848 hatten die Privatgesellschaften etwa 80 Millionen Gulden und der Staat etwa 40 Millionen für Bauten und Betriebsmaterial investiert. Die Beschäftigungswirkung war beträchtlich. Bis zu 10 000 Arbeiter waren auf den Baustellen eingesetzt. Viele weitere verdienten indirekt daran. Das gesamte Fortschrittspotential des Zeitalters schien sich damit zu verbinden. Dennoch ängstigten sich viele Frächter, Gastwirte, Wagner, Hufschmiede, Flößer. Die Nord-Süd-Achse der Nord- und Südbahn wurde zur Hauptachse der Habsburgermonarchie, entlang derer sich die Industrie entwickeln konnte: in Wien und im Wiener Becken, im Mürz- und Murtal, in Graz. Die Bahnbauten ließen den Westen und Südwesten vorerst abseits liegen.[197]

Das »Volkreichmachen«

Daß der Reichtum der Nationen sich zur Zahl der Bevölkerung proportional verhalte, zählte zu den zentralen Elementen der Vorstellungswelt der österreichischen Merkantilisten: Je volkreicher ein Staat sei, desto wohlhabender sei er auch. Das war vor allem einmal in Gesamtgrößen und nicht pro Kopf gedacht, unter den Bedingungen des entstehenden Steuerstaates und der sich entwickelnden Massenheere: Militärische Stärke, politischer Glanz und Summe des Steueraufkommens waren die Zielgrößen für die Herrscher des Absolutismus, für die der Merkantilismus die entsprechende Wirtschaftstheorie bot. Manche Merkantilisten argumentierten auch mit positiven Auswirkungen einer steigenden Bevölkerungszahl auf das Pro-Kopf-Einkommen durch zunehmende Arbeitsteilung, kürzere Wege und mehr Nachfrage. Aber auch malthusianische Vorstellungen waren den Merkantilisten nicht fremd: Die Not wurde als Faktor einkalkuliert, zu größerem Fleiß und zur Verbesserung der Arbeitsmethoden anzuleiten, in moderner Diktion, zur Erzeugung von Innovationsdruck.[198]

Die Bevölkerungspolitik geriet in den Widerspruch zwischen merkantilistischer Populationistik und polizeilicher Armenkontrolle, damit zwischen den Zentralstellen, die auf Bevölkerungswachstum setzten, und den regionalen und lokalen Interessen, die zusätzliche Lasten aus der Armenpflege fürchteten: Grundsätzlich benötigten alle Untertanen die Zustimmung der Obrigkeit zur Eheschließung (Ehekonsens), die der Grundherrschaften am Land, die des Rates in den Städten. Die Ehe war ein Privileg und kein Rechtstitel. Dies galt vor allem für die Unterschichten, die als potentiell Arme die Gemeinschaft hätten belasten können. Damit versuchte man die nicht ansässigen und die mittellosen Personen von der Reproduktion auszuschließen. Nur wer eine gesicherte Existenz nachweisen konnte, sollte eine Eheerlaubnis erhalten. Zeitpunkt und grundsätzliche Möglichkeit einer Heirat wurden von ökonomischen Kriterien abhängig gemacht. Der politische Ehekonsens stellte sich sowohl als feudales Privileg dar, das die Ehe an Haus und Boden band, wie auch als frühbürgerliches Bestreben, die Freiheit der Eheschließung, wie auch andere bürgerliche Freiheiten, an das Eigentum zu binden.

Der Grundsatz des Merkantilismus, daß die ökonomische Wohlfahrt der Untertanen und die Macht des Staates ganz von der Bevölkerungsgröße abhängig sei, wurde in Memoranden und Erlässen immer wieder betont, etwa in der dringlichen Aufforderung an die Zünfte, die Einwilligung zur Verehelichung der Gesellen zu geben, oder in den Bestrebungen, den Eintritt in den geistlichen und damit zölibatären Stand zu beschränken. Während bis 1752 den nachgeordneten Dienststellen immer wieder eingeschärft wurde, die Eheschließung mittelloser Personen zu unterbinden, begann man ab 1753, Heiratskonsense großzügiger auszustellen und ab 1765 teilweise, unter Joseph II. gänzlich auf sie zu verzichten, wenn auch gegen manche Widerstände der regionalen und lokalen Instanzen. Nach 1810 wurde die Praxis wieder strenger, eine Heiratserlaubnis durfte nur erteilt werden, wenn der Lebensunterhalt der Heiratswilligen gesichert schien. Nur in Vorarlberg blieb das Heiraten praktisch frei.[199]

Als 1793 die Heiratsbeschränkungen im Salzkammergut aufgehoben wurden, soll es zu einer regelrechten Heiratswut gekommen sein. In Vorarlberg und anderen Regionen mit ländlicher Hausindustrie sank das Heiratsalter, und die Geburtenzahlen stiegen. Das galt auch für Wien, das in der Manufakturperiode in Hinblick auf Bevölkerungsbewegung und Familienstruktur einige Merkmale aufwies, die protoindustriellen Systemen zugeschrieben werden können: hohe Verehelichtenquoten, niedriges Heiratsalter und hohe Geburtenziffern. Mit dem weiteren Fortschreiten der Industrialisierung, der Krise der Seidenindustrie und einer parallel dazu wieder stärker werdenden handwerklich-hausrechtlichen Produktionsorganisation wurden die Chancen zur Gründung einer Familie wieder wesentlich schlechter: Das Heiratsalter und der Anteil der Unverheirateten waren um die Mitte des 19. Jahrhunderts durchwegs höher als zu Beginn des Jahrhunderts, aber auch höher als um 1900. Der Anteil der Verheirateten an der Bevölkerung Wiens war mit nur 27 Prozent im Jahr 1856 entsprechend gering. Etwa ein Drittel der Arbeiter und häuslich Bediensteten blieben ihr Leben lang von der Möglichkeit zur Heirat und Haushaltsgründung ausgeschlossen.[200]

Kindersterblichkeit im 18. Jahrhundert: »Acht Kinder sind bei dir…«, Votivtafel, süddeutsch, 1795

In den alpinen Agrargebieten war das Heiratsalter und der Anteil der Unverheirateten ohnehin hoch und gegen die Mitte des 19. Jahrhunderts noch weiter angestiegen. Die durchschnittlichen Geburtenraten in Österreich waren mit 30 bis 35 Promille deutlich niedriger als in Osteuropa oder auch England oder gar in manchen heutigen Entwicklungsländern. Die durchschnittlichen Sterberaten lagen etwas unter den Geburtenraten, wobei es in den 1830er Jahren sogar noch einmal zu einem leichten Anstieg kam. In Wien war die Sterberate bis ins zweite Jahrzehnt des 19. Jahrhunderts ausgesprochen hoch, immer über 60 Promille, mit Spitzen bis zu 90. In den 1820er Jahren kam es aber zu einem ausgeprägten Rückgang der Sterblichkeit. Nur Seuchenjahre zeigten noch Spitzenwerte bis 60 Promille. Um 1850 schwankte die Sterbeziffer zwischen 37,2 und 44,6 Promille.[201]

Die Zurückdrängung der Infektionskrankheiten kam zuerst den Menschen mittleren Alters und erst in weiterer Folge den Säuglingen und Kleinkindern zugute. Von einer Abnahme der Kinder- und Säuglingssterblichkeit war im 18. und frühen 19. Jahrhundert nichts zu bemerken. Die Daten signalisieren sogar eine Zunahme. Waren in den Jahren 1728/29 in Wien 55,4 Prozent der Lebendgeborenen vor Vollendung des ersten Lebensjahres gestorben, so 1752/54 40,9 Prozent. Im frühen 19. Jahrhundert entfielen auf 100 Geburten 50 bis 70 Todesfälle von Kindern im Alter von unter einem Jahr. Allerdings war es bereits im 17. und frühen 18. Jahrhundert zu einer Abnahme der Sterblichkeit in den mittleren Altersrängen und zu einer stärkeren Konzentration auf Kinder und Alte gekommen.[202]

Säuglingssterblichkeit in Österreich, 1820 bis 1993 (pro 1000 Neugeborene)

Quellen: Richard *Gisser*, Daten zur Bevölkerungsentwicklung der österreichischen Alpenländer 1819 bis 1913, in: Geschichte und Ergebnisse der zentralen amtlichen Statistik in Österreich 1829 bis 1979. Beiträge zur Österreichischen Statistik 550 (1979) 403–424 und Tabellenanhang; Statistisches Handbuch für die Republik Österreich, laufende Jahrgänge.

1717 konnte die Pest in Österreich als endgültig erloschen betrachtet werden. Doch andere Infektionskrankheiten und Seuchen traten an ihre Stelle. Es ist nicht einmal sicher, ob es 1713 in Wien tatsächlich die Pest war oder nicht doch eine grippeähnliche Virenkrankheit, die noch einmal Angst und Schrecken verbreitete. Die Malaria kam bis zur Donauregulierung im 19. Jahrhundert in den Au- und Sumpfgebieten entlang der Donau nicht zum Erliegen. Die Pocken traten immer wieder epidemisch auf, aber durchgehend auch endemisch. Sie verschonten auch das Kaiserhaus nicht. Ferdinand IV. und Joseph I. waren daran gestorben, Maria Theresia, die 1762 an den Pocken erkrankt war, überlebte, trug aber die Narben zeitlebens im Gesicht. Isabella von Parma, die erste Gattin Josephs II., war 22jährig, nach wenig mehr als dreijähriger Ehe, daran gestorben. Auch der letzte Salzburger Fürsterzbischof Hieronymus Graf Colloredo wurde als »blatternnarbig« beschrieben. In der ganzen Habsburgermonarchie sollen zu dieser Zeit jährlich an die 70000 Menschen den Pocken erlegen sein.

Von China, Persien und der Türkei aus war die sogenannte Inokulation oder Variolation, ein nicht unproblematischer Vorläufer der Pockenimpfung, bei welchem Eiterflüssigkeit aus den Pusteln akut Erkrankter eingeimpft wurde, im Verlauf des 18. Jahrhunderts auch in Europa eingeführt worden. Maria Theresias Leibarzt van Swieten engagierte sich als Vorkämpfer der Variolation. Auch die Kinder der Kaiserin wurden geimpft. Obwohl bereits 1768 in Wien auf breiterer Ebene mit der Variolation begonnen wurde und man sie selbst in abgelegenen Gebirgstälern wie dem Salzburger Kleinarltal (ab 1782) probierte, wurde das Programm wieder abgesetzt, weil es dabei immer wieder zu echten Ansteckungen kam, die zwar normalerweise leichter verliefen als eine direkte Infektion, aber selbst wieder kleinere Epidemien auslösten. In den größeren Städten wurde die Variolation wegen ihrer Gefährlichkeit überhaupt verboten. Nachdem Eduard Jenner 1798 die Vakzination, die Kuhpockenimpfung, der Öffentlichkeit präsentiert hatte, begann bereits 1799 der Wiener Stadtphysikus Pasqual Joseph Ferro nach Versuchen an seinen eigenen Kindern zusammen mit Jean de Carro, einem Schüler Jenners, mit der Kuhpockenimpfung in Wien. Von Kanzel und Katheder herab wurde für die Impfung geworben und den Impfverweigerern mit Strafen gedroht.[203]

Glaubte man, mit der Zurückdrängung der Pocken einen deutlichen Rückgang der Säuglings- und Kindersterblichkeit erreichen zu können, so wurde man bald enttäuscht. An die Stelle der Pocken traten neue Krankheiten, vor allem Scharlach und Masern, die um die Mitte des 18. Jahrhunderts in Wien noch kaum als Todesursache bekannt gewesen waren, sowie die Diphtherie, die bis dahin selten tödlich verlaufen war. Auch die Tuberkulose war im 18. Jahrhundert viel weniger häufig als Todesursache vertreten als im 19. Jahrhundert. Unter Einbeziehung aller nomenklatorischen Schwierigkeiten lag 1752/53 der Anteil der unter Tuberkulose zu fassenden Todesursachen in Wien bei etwa 15 Prozent, 1867/70 aber bei 26,2 Prozent. Ruhr und Typhus waren in den Städten kaum in den Griff zu kriegen. Das Auftreten der Cholera führte in den Jahren 1832, 1836, 1849, 1855, 1866 und 1873 zu ausgeprägten Sterblichkeitsspitzen. Die Choleraepidemie von 1831/32 forderte in Wien nahezu 2 000 Todesopfer. Das ganze 18. Jahrhundert über war das Salzkammergut vom Skorbut geplagt.[204]

Die Einwohnerzahl Österreichs in den heutigen Grenzen wird für den Anfang des 17. Jahrhunderts mit etwa 1,8 Millionen angenommen. Bis zum Beginn des 19. Jahrhunderts kam es zu einer Zunahme auf etwa 3 Millionen und bis 1850 auf 4 Millionen. Wenn die relativ unsicheren Daten einen Schluß zulassen, so ist es der auf das niedrige Bevölkerungswachstum im 18. Jahrhundert, wobei die zweite Jahrhunderthälfte mit einer durchschnittlichen Wachstumsrate von 0,3 Prozent pro Jahr noch hinter die erste Hälfte (0,5 Prozent) zurückfiel. Nach dem kriegsbedingten Bevölkerungsrückgang in

Tabelle 16: Altersgliederung der Verstorbenen, Wien 1752/54 und 1855/64 und Österreich 1927 und 1991 (Anteile in Prozent)

Alter	1752/54	1855/64	1927	1991
0–4	56,6	48,2	19,1	1,0
5–9	4,8	3,0	1,3	0,1
10–19	2,8	4,2	2,9	0,5
20–29	4,2	6,0	5,5	1,4
30–39	4,6	6,3	5,4	1,6
40–49	5,4	6,3	7,7	3,6
50/darüber	21,7	26,1	58,2	91,8

Quellen: Leopold *Steiner*, Das Sterbealter der Bewohner der Leopoldstadt (1700–1735). Wiener Geschichtsblätter 32 (1947) 145 ff.; Sigismund *Peller*, Zur Kenntnis der städtischen Mortalität im 18. Jahrhundert mit besonderer Berücksichtigung der Säuglings- und Tuberkulosesterblichkeit (Wien zur Zeit der ersten Volkszählung). Zeitschrift für Hygiene und Infektionskrankheiten 90 (1920) 227 ff.; Gustav *Otruba*, Lebenserwartung und Todesursachen der Wiener. Jahrbuch des Vereines für Geschichte der Stadt Wien 15/16 (1959/60) 209–223; Statistisches Handbuch für die Republik Österreich.

Einwohnerzahl in Österreich, 800 bis 1990 (heutiges Bundesgebiet, in 1000)

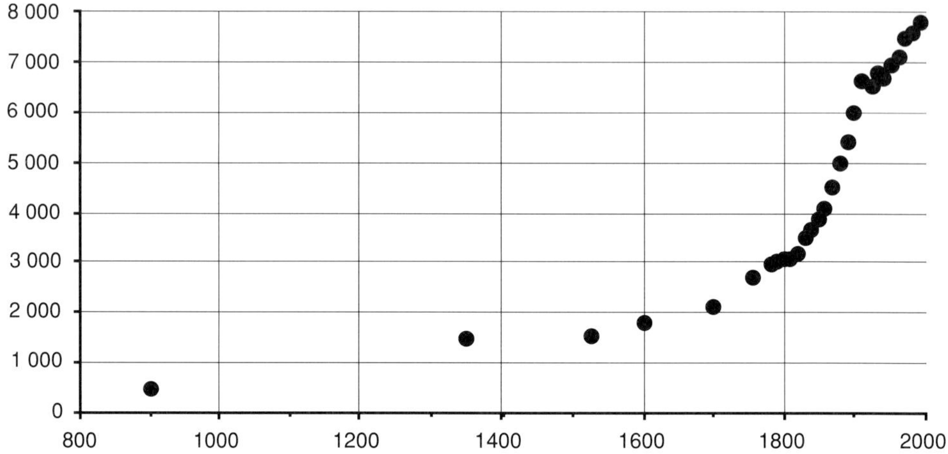

Quellen: Kurt *Klein*, Daten zur Siedlungsgeschichte der österreichischen Länder bis zum 16. Jahrhundert (Wien 1980); Kurt *Klein*, Die Bevölkerung Österreichs vom Beginn des 16. bis zur Mitte des 18. Jahrhunderts, in: Beiträge zur Bevölkerungs- und Sozialstatistik (hg. von H. *Helczmanovszki*, Wien 1973) 47–111; Statistisches Handbuch für die Republik Österreich, laufende Jahrgänge.

der napoleonischen Zeit, am einschneidendsten in Salzburg, Kärnten und Steiermark, beschleunigte sich das Bevölkerungswachstum, war aber auch von 1819 bis 1850 mit durchschnittlich 0,69 Prozent im Vergleich zu Westeuropa wie auch zur gesamten Habsburgermonarchie sehr niedrig. Eine regionale Differenzierung ist nötig: Regionen mit tendenziell höheren Wachstumsraten, wie Vorarlberg, das Burgenland, Niederösterreich (bedingt durch Wien), im 19. Jahrhundert auch die Steiermark, standen neben solchen mit niedrigen wie Kärnten, Tirol, Salzburg und im 19. Jahrhundert Oberösterreich.[205]

Die Emigration und Vertreibung der Protestanten setzte sich in kleinerem Maße im 18. Jahrhundert fort und erreichte in Salzburg 1732 einen Höhepunkt, als 20 000 bis 30 000 Menschen, etwa ein Siebtel der Salzburger Bevölkerung, ihre Heimat verlassen mußten. Auch aus dem Salzkammergut wurden etwa 600 Protestanten nach Siebenbürgen ausgewiesen. Diese Politik wurde in der zweiten Jahrhunderthälfte fortgesetzt. Maria Theresia ließ zwischen 1752 und 1776 mehrere tausend protestantische Familien aus Oberösterreich, Obersteiermark und Kärnten nach Siebenbürgen deportieren. Ein trauriger Schlußpunkt wurde in Tirol gesetzt, wo 1837 die Gültigkeit des Toleranzediktes erneut bestritten und 433 Zillertaler Protestanten zur Auswanderung vornehmlich nach Schlesien gezwungen wurden. Eine Auswanderung war an sich unvereinbar mit der merkantilistischen Bevölkerungspolitik. Die Vertreibung aus religiösen Gründen wurde daher gerne als Opfer hingestellt, das der Fürst der Religion zuliebe brachte. Ab 1771 wurden immer wieder Auswanderungsverbote erlassen. Zwischen 1819 und 1846 wanderten laut Statistik 7 070 Österreicher aus der Monarchie aus, davon 2 918 aus Tirol, 2 541 aus Oberösterreich und 1 490 aus Niederösterreich. Auch die Vorarlberger Amerikawanderung war nicht unbedeutend.[206]

Zumindest im Vormärz war das heutige Bundesgebiet bereits ein Einwanderungsland: Vom rechnerischen Gesamtwachstum der Bevölkerung von 1819 bis 1850 entfielen nur 56,2 Prozent auf den natürlichen Bevölkerungsüberschuß. Vor allem die Städte mußten ihren Bevölkerungsverlust durch Zuwanderung ergänzen. Zu Beginn des 19. Jahrhunderts überwog noch Süd- und Mitteldeutschland als Herkunftsgebiet der Wiener Bevölkerung. Um die Jahrhundertmitte waren bereits die Sudetenländer als wichtigstes Zuwanderungsreservoir in den Vordergrund getreten.[207] »Wie das Geröll aus der Umgebung« seien die Menschen in das Wiener Becken und die Industrieregion, in diesen Hexenkessel hineingeschoben worden, wo »Rohstoffe und Seelen brodelten«, schrieb der Wiener Romancier Otto Stoessl.[208] Die Orte waren auf den Zustrom nicht vorbereitet, weder sozial noch kulturell. Arbeiterkasernen entstanden. An den Ortsrändern bildeten sich Arbeitersiedlungen. Die Fabrikssiedlung Nadelburg in Lichtenwörth bei Wiener Neustadt war mit Kirche und Unternehmerhaus, Fabrik und Arbeiterhäusern, Kantine und Geschäft, Mauern und Toren eine Einheit für sich. Die Pottendorfer Spinnerei errichtete eine Arbeitersiedlung mit 72 Häusern. Der gesamte Fabrikskomplex und die Werkssiedlung waren durch eine Staketenmauer von der Ortschaft abgegrenzt. Die Arbeitersiedlung in Felixdorf trägt noch heute den Namen ihrer ersten Bewohner: Tschechenring.[209]

»O Häuser! Eure Macht ist groß!«

»O Häuser! Häuser! Eure Macht ist groß!« läßt Johann Nestroy in seinem eher selten gespielten Stück »Eine Wohnung ist zu vermieten in der Stadt. Eine Wohnung ist zu verlassen in der Vorstadt. Eine Wohnung mit Garten ist zu haben in Hietzing« Lisette, ein Stubenmädchen, ins Publikum rufen, während ihr der Hausmeister Kajetan Balsam, ein häßlicher Grobian und heimlicher Hausherr, einen Heiratsantrag macht.[210] »Hausherrn haben noch selten hoffnungslos geliebt«, beschreibt Lisette die kollektive Erfahrung. Kajetan weiß das: »Überlege schnell, denke, ich hab' zwar Fehler, aber von alle meine Fehler sieht man kein', wenn ich mich hinter mein Haus auf'm Neubau stell'.« Der Hausherr mit dem sprechenden Namen »Zins« in Nestroys »Zu ebener Erde und erster Stock« braucht keiner anderen Berufstätigkeit mehr nachzugehen, als den Zins aus seinen drei Häusern zu kassieren: Hausbesitz nährte gut.[211] Die Macht der Häuser war tatsächlich groß: Sie boten Reichtum und gesicherte Existenz, Prestige und Ansehen, politische Berechtigung und Heiratschancen. Ein Haus gab Trümpfe gegen persönliche Unzulänglichkeiten: »Ich bin freilich schon 47 Jahr' – aber ich hab' drei Häuser; auf mein' G'sicht sein freilich einige Blattermasen – aber auf meine drei Häuser sein keine Sätz'! – Mit einem Wort, ich bin ein junger, sauberer Kerl, ich riskier's!«[212]

Grund- und Hausbesitz hatte sich in der Inflation der napoleonischen Zeit als einzig wertbeständige Anlage erwiesen, während die Risken der Industrieinvestitionen, aber noch viel mehr des Geldkapitals am Beispiel des tiefen Falls zahlreicher großer Geldmagnaten in den ersten Jahrzehnten des 19. Jahrhunderts auch für eine breite Öffentlichkeit deutlich wurden.

Sicher war das Problem unzureichender Wohnungsversorgung und unzureichender hygienischer Verhältnisse nicht erst in den Städten des 19. Jahrhunderts entstanden. Das Wohnelend und die schlechte hygienische Situation im Wien des 17. und 18. Jahrhunderts wurden immer wieder beklagt. Auch die erwerbsmäßige Wohnungsvermietung war im 19. Jahrhundert nichts Neues. Die Aufhebung der Hofquartierspflicht 1781 bot für das Bürgertum den Anreiz, sich dem bereits vorher vom Adel und der Geistlichkeit eingeleiteten Trend zur Kapitalanlage in großen Mietobjekten voll anzuschließen.[213] Als im letzten Drittel des 18. Jahrhunderts die Wohnungskosten in Wien auffallend zu steigen begannen, reagierte die Wohnungswirtschaft mit vermehrter Bautätigkeit. Die Bauwirtschaft florierte vor allem in den letzten zwei Jahrzehnten des 18. Jahrhunderts. Die Häuser würden wie Pilze aus dem Boden schießen, meinte in den neunziger Jahren ein Zeitgenosse.[214] Daß nach 1800 die Bautätigkeit fast ganz zum Erliegen kam, lag einerseits an der franziszeischen Bau- und Wirtschaftspolitik, andererseits an der generellen Konjunktur- und Einkommensentwicklung. Die Wohnungsnot der napoleonischen Zeit wird uns von Zeitgenossen sehr eindringlich geschildert: Obdachlose, die auf den Straßen übernachteten, Dachböden und Wagenschuppen, die zu Wohnungen umgewidmet wurden, Kreidestriche, die wie in Franz Grillparzers Novelle

Der Zinstag, kolorierter Stich von Joh. Christian Schoeller, Wien, 1841

»Der arme Spielmann« ein Zimmer teilen, Auswüchse des Untermiet- und Bettgeherwesens, Abwanderung der ärmeren Bevölkerung in die Vororte.[215]

Der Wohnbau des Vormärz war auf möglichste Verwertung des gesamten Bauvolumens ausgerichtet. Die Rauchfreimachung der Küchen bedeutete einen wesentlichen Einschnitt in der Geschichte der städtischen Bauformen und Wohnverhältnisse, nicht nur hinsichtlich der Kochgelegenheiten und des Brennstoffverbrauchs: Die Küche rückte zum vollwertigen Wohnraum auf, der schnell auch als Schlafraum genutzt wurde. Das Gangküchen- oder »Pawlatschen-Haus«, wie es sowohl in den Wiener Vorstädten wie in den Arbeitersiedlungen draußen am Land gebaut wurde, dessen Wohnungen, bestehend aus Küche und Zimmer oder aus Küche, Zimmer und Kabinett, über einen hofseitigen, offenen Gang, auf wienerisch die Pawlatsche, erschlossen wurden, ohne Vorzimmer, mit zum Gang meist offenen Küchentüren und Fenstern, um die notwendige Belüftung sicherzustellen, ließ optisch und akustisch das Geschehen außerhalb der Wohnung sehr viel näher rücken als heute, abgesehen davon, daß Wasser und Klosett nur über den Gang erreichbar waren. Solidarische Hilfe und starke soziale Kontrolle waren die positiven und negativen Seiten.[216]

Die Wertigkeit der einzelnen Bauteile und Wohnlagen unterschied sich deutlich von heute: Die »Beletage« war das erste Stockwerk. Die feuchten und dunklen Keller- und Erdgeschoße und die im Sommer heißen, im Winter eiskalten Dachbodenquartiere waren die unbequemen Unterkünfte der Armen. Die besseren Wohnungen gingen auf die Straße. Stiegenhäuser und Gänge waren hofseitig, wo sich die Hinterhofindustrie ansiedelte. Vorderhaus und Hinterhaus waren zwei Welten. Die soziale Struktur der Bewohner eines Hauses war also nicht nur von der Lage des Hauses innerhalb der Stadt und von der baulichen Qualität des Hauses bestimmt, sondern auch von der Lage der Wohnung im Haus.[217]

Von der Privilegiengesellschaft zur Erwerbsfreiheit

»Will der Herr Graf den Tanz mit mir wagen ...«

Um 1800 hatte Österreich noch weitgehend die Einkommensverteilung einer Feudalgesellschaft oder eines Entwicklungslandes. Wer nicht wenigstens 20 000 Gulden jährlich zu verzehren habe, der mache in Wien keine Figur, das heißt, er lebe zwar gemächlich, aber er wird nicht bemerkt, meinte Johann Pezzl 1803 in seiner Skizze von Wien. Moritz von Fries, um 1800 der reichste Mann der Monarchie, das Vorbild für Ferdinand Raimunds Verschwender, fand mit einer halben Million Gulden im Jahr nicht das Auslangen. Den jährlichen Aufwand der Liechtenstein, Esterházy, Schwarzenberg, Dietrichstein, Lobkowitz oder Grassalkowich bezifferte Johann Pezzl mit 300 000 bis 700 000 Gulden, während ein Steckermädchen in der Wiener Vorstadt mit 10 bis 20 Gulden und ein Taglöhner mit 25 bis 30 Gulden im Jahr auskommen mußte.[218]

Die provokante Frage des Dieners Figaro in Mozarts »Die Hochzeit des Figaro«: »Will der Herr Graf / den Tanz mit mir wagen, / Mag er's nur sagen / Ich spiel ihm auf!« kündigte eine neue Ordnung an für eine neue Epoche, ähnlich wie die berühmte Ballszene im etwas später entstandenen »Don Giovanni«. Die Auflösung alter Ordnungen spiegelte sich in den Tänzen: An die Stelle des geometrisch abgezirkelten, hierarchisch auf einen Vortänzer ausgerichteten Menuetts der »alten Herrenklasse« trat der schnelle, egalitäre und partnerorientierte Walzerschritt, der die Gleichheit aller Tänzer im Saal betonte und in der besitzergreifenden, fast rauschhaften Wiederholung der Drehfigur die sonst streng genormten Standesunterschiede verwischte. Die Walzerekstase im Wien der napoleonischen Zeit signalisierte einen gesellschaftlichen Umbruch, dem sich das Kaiserhaus noch, wenn auch vergebens, entgegenzustemmen versuchte.[219]

Der Adel blieb die bestimmende Schicht, auch wenn seine gesellschaftliche Position von einem neuen Großbürgertum attackiert wurde. Die vornehmsten Vertreter des österreichischen Adels, die vom Kaiser in den Reichsfürstenstand erhoben worden waren, formten auch nach dem Ende des alten Reiches die erste Gesellschaft des Vormärz, einen kleinen, durch ein engmaschiges Netz verwandtschaftlicher Beziehungen verbundenen Kreis hocharistokratischer Familien, die sich deutlich von den oft pejorativ als »Geldaristokratie« apostrophierten hohen Bürokraten und Offizieren, Großhändlern, Bankiers und Großindustriellen zu distanzieren verstanden. Die Standesgrenzen blieben unüberspringbar, auch wenn es sich bei jener »zweiten Gesellschaft« um die reichsten Familien der Monarchie handelte.[220]

Während unter Joseph II. einzelne Großunternehmer auch die Grafenwürde erlangen konnten, etwa der Gewerke Max Thaddäus Egger, der Bankier Johann Fries oder der Großhändler Johann Josef Fuchs, war im Vormärz den Wirtschaftstreibenden der Weg zu den höchsten Adelsrängen gänzlich versperrt. Großhändler und Bankiers konnten bestenfalls den Freiherrnstand erreichen. Unter den reinen Industriellen gelang es von 1815 bis 1859 keinem einzigen, überhaupt so weit aufzusteigen. Großhändler und Bankiers machten 64 Prozent der geadelten Wirtschaftstreibenden des Vormärz aus gegenüber nur 21 Prozent Industriellen. Der Rest verteilte sich auf Wirtschaftsbeamte (11 Prozent) und Agronomen (4 Prozent). 48 Prozent der geadelten Wirtschaftstreibenden des Vormärz waren Katholiken, 52 Prozent Mitglieder konfessioneller Randgruppen, wobei die Juden dominierten.[221]

Im 18. Jahrhundert finden wir in Niederösterreich eine ganze Reihe adeliger Unternehmer: Graf Blümegen investierte in Kettenhof, Fürst Auersperg in der Seidenfabrik in Wienersdorf, Fürst Nikolaus Esterházy begründete eine Tuchfabrik in Wiener Neustadt und investierte unter anderem im Kohlenbergbau und in der Baumwollspinnerei, Graf Batthyány kaufte die Nadelburg, Christoph von Metzburg, ein böhmischer Aristokrat, gründete eine Säbelfabrik in Pottenstein. Der Kaiser selbst, Franz Stephan, der Gemahl Maria Theresias, von Friedrich II. als größter Fabrikant seiner Zeit bespöttelt, richtete auf seinen Gütern Holitsch und Sassin Textil- und Keramikmanufakturen ein.[222] Hinter der Pottendorfer Spinnerei stand adeliges Geld. In Ziegeleien, Brauereien, Brennereien, Zuckerfabriken, Mühlen und Eisenwerken waren auch im 19. Jahrhundert die adeligen Beteiligungen beträchtlich.

Der letzte Weg des Feudalsystems

Der Adel war die tonangebende Schicht mit den höchsten Einkommen. Seine Stellung geriet aber aus verschiedenen Richtungen unter Beschuß. Die Grundherrschaft als Ordnungsinstanz war längst brüchig und fragwürdig geworden. Als untere Verwaltungsebene des modernen Staates war sie wenig geeignet. Der liberalen Eigentumslehre, die das Eigentum ausschließlich vom Einzelindividuum her begründete, erschien jede Situation suspekt, wo immer einer Gemeinschaft oder einer sonstigen überindividuellen Größe ein Eigentum zugeschrieben werden sollte. Das geteilte Eigentum, das die Grundherrschaft darstellte, war in diesem Sinne rechtlich wie ökonomisch fragwürdig. Fleiß könne nur dort gedeihen, führte in Preußen der Freiherr vom Stein aus, wo wirkliches Eigentum bestehe. Folgerichtig wurde von der Grundentlastung als Beseitigung des geteilten Eigentums zwischen Grundherrn und Untertan und der Herstellung des »wahren« Eigentums ein entsprechender Wachstumsimpuls erwartet. Die Privilegien, die die Grundherrschaft repräsentierte, waren mit der von der ökonomischen Theorie zunehmend geforderten Freiheit auf den Waren- und Faktormärkten nicht vereinbar.[223]

Um 1770 begann man die Vorrechte der Grundherrschaften im Bereich des Kaufs und Verkaufs von Produkten zu bekämpfen: vor allem der Anfeilzwang, der den Grundherren das Vorkaufsrecht auf die Erzeugnisse ihrer Untertanen sicherte, auch die Bannrechte für Tavernen und Mühlen; 1768 wurde für Österreich ob der Enns der grundherrliche Anfeilzwang aufgehoben, 1787 der Tavernenzwang und noch bestehende Reste des Anfeilzwanges. Den Schlußstrich setzte die Grundentlastung 1848 mit der ersatzlosen Streichung aller Bannrechte.[224]

Die theresianische Steuerregulierung hatte die Steuerfreiheit des Dominikallandes beseitigt, wenngleich weiterhin für Adel und Kirche niedrigere Sätze galten als für die Bauern. Von der Aufhebung der Leibeigenschaft unter Joseph II. waren die Alpen- und

Donauländer mangels Vorkommen kaum betroffen. Die Urbarialreform Josephs II. hätte die Grundherrschaft weitestgehend aus der alten Feudalverfassung gelöst und in ein System kapitalistischer Renten- oder Pachtwirtschaft übergeführt. Die 17,6 Prozent, die den Vorstellungen der josephinischen Steuerregulierung zufolge den Grundherren vom bäuerlichen Bruttoertrag hätten zustehen sollen, und die 12,3 Prozent (+ 1 Prozent für die Steuereinhebung), die dem Staat gehören sollten, hätten daher für die Grundherrschaften einen beträchtlichen Einkommensausfall bedeutet, für die Bauern aber kaum eine Entlastung.[225]

Joseph II. wollte durch seine Grundsteuerregulierung jedes Land und jeden Stand gleich behandelt wissen. Das Patent vom 10. Februar 1789 brachte die grundsätzliche Unterscheidung und Trennung von Urbarialeinkünften der Herrschaft und landesfürstlicher Grundsteuer als staatliche Giebigkeit. Zugleich ergab sich aus der Festsetzung eines dem Bauern auf jeden Fall gesicherten Mindestbetrages von 70 Prozent des Bruttoertrages in vielen Fällen eine Minderung der grundherrschaftlichen Einkünfte. Joseph II. erwartete daraus auch einen Anreiz zur Zerschlagung großer herrschaftlicher Güter. Das Patent verlangte auch die zwingende Ablösung aller Giebigkeiten und Leistungen in Geld. Im Effekt wären damit mit einem Schlag die Reste der mittelalterlichen Naturalwirtschaft beseitigt worden.[226]

Mit der josephinischen Grundsteuerreform waren die Bauern unterschiedlich zufrieden, je nach vorhergehender Situation. Die Reaktionen und Beschwerden der Stände hingegen waren entsprechend heftig. Die steirischen Stände bezifferten den zu erwartenden Verlust an Urbarialforderungen mit 622 000 Gulden. Durch den Verlust der Naturalleistung würden alle Möglichkeiten einer Vermarktung im Großen wegfallen, argumentierten die steirischen Stände 1789, weil die Bauern in ihrer zersplitterten Situation nicht »jenen höheren Preis, welchen die Aufsammlung der Vorräte und die Spekulazion bestimmet, und jenen größern Gewinn, welcher sich von dem Verkauf im Großen versprechen läßt«, erzielen könnten.[227] Weniger die Anlage des josephinischen Lagebuches, die allerdings auch von manchen Bauern mißtrauisch betrachtet wurde, als die rasche Beseitigung der Steuerregulierung bald nach dem Tode des Kaisers war Anlaß für zahlreiche Spannungen, kleine Aufstände und drohende große in Inner- und Niederösterreich.[228]

Unter Leopold II. und Franz II. kam die Reform der Grundherrschaft fast ganz zum Stillstand. Die Möglichkeit der freiwilligen Ablöse wurde 1798 geregelt. Wie weit sie genützt wurde, ist nicht bekannt. Die niederösterreichischen Stände drängten in den dreißiger und vierziger Jahren des 19. Jahrhunderts vehement auf eine Geldablöse von Zehent und Robot, sprachen sich aber gegen die Beseitigung des Untertänigkeitsverhältnisses im Ganzen aus. So kam es zum Ablösungsgesetz von 1846, das im wesentlichen die Bestimmungen von 1798 bezüglich der freiwilligen Ablösung wiederholte.[229]

Wie weit die Naturalleistungen bereits in Geld abgelöst waren und welche Bedeutung dies für die Bauern hatte, ist nicht ganz klar. Die Grundentlastungsstatistik nach 1848 bringt dazu Aufstellungen, die für Niederösterreich eine bereits völlige Ablöse der Naturalleistungen in Geld zeigen, während für die anderen Kronländer die Naturalabgaben zwischen 2,3 Prozent (Oberösterreich) und 7,6 Prozent (Kärnten) einer durchschnittlichen Ernte lagen. Diese Statistiken sind aber wenig verläßlich, wie schon Friedrich Lütge gezeigt hat. Häufig dürfte es seit dem 18. Jahrhundert so gewesen sein, daß die Art der Rentenleistung jährlich erneuerten Absprachen überlassen blieb oder daß Geldablösungsverträge auch dynamisiert waren.[230]

Die Neuregelung oder Beseitigung der feudalrechtlichen Beziehungen war sicherlich weniger ein ökonomisches als ein politisches Desiderat. Der Grundherrschaft fehlte, ob sie nun mehr oder minder geschlossen war oder stärker im Gemenge lag, auf jeden Fall das Prinzip der Flächenhaftigkeit. Übernahm der Staat öffentliche Aufgaben, die bisher die Grundherrschaft geübt hatte, so höhlte er diese aus und nahm ihr den Sinn. Beließ er sie, so erwies sich diese als unzulänglich. Den sozialen Problemen des entstehenden Industriesystems stand die Institution der Grundherrschaft hilflos gegenüber.

Kapitalisten und Verschwender

Mit der Aufhebung der Niederlagsrechte 1774 und der Einführung des Grenzzolltarifs 1775 war das Ende der 42 Wiener Niederleger besiegelt. Ihre Privilegien sollten mit Lebensende auslaufen. Mehr als die Hälfte dieser Niederleger waren im Textilhandel tätig, sechs im Geschäft mit Kurzwaren und Schmuck und zwei im Buchhandel. Neun bezeichneten sich als Bankiers. Die Zahl der Niederleger sank bis zur Jahrhundertwende auf zehn. Im Jahre 1806 waren es noch sieben; 1813 gab es keine Niederleger mehr. Gleichzeitig war 1774 der neue Stand der Großhändler geschaffen worden, der alle Kommissions- und Wechselgeschäfte mit einschloß und auch bestimmenden Einfluß auf die Industriefinanzierung gewann. Ihre Zahl stieg von zwölf im Jahre 1775 rasch auf 195 im Jahre 1811, wurde durch den Krach 1811 fast halbiert und verblieb dann bis zum Jahre 1835 bei 105 bis 110.[231] Unter diesen Großhändlern findet man die realen Vorbilder für Ferdinand Raimunds berühmte Figur des »Verschwenders«: Die Grafen Fries und die Freiherren Braun und Geymüller waren die großen Kapitalisten des beginnenden 19. Jahrhunderts, deren riesige Vermögen so schnell wieder zerflossen, wie sie entstanden waren.[232]

Der Niedergang der Bankhäuser Hilleprand & Isenflam und der Gebrüder Palm hatte im Wettbewerb mit jüdischen Häusern den Weg für die spektakuläre Karriere des aus Mühlheim in der Schweiz gebürtigen Calviners Johann Fries eröffnet, der sich 1752 in Wien niederließ und mit Subsidientransaktionen, Mariatheresientalern, Heereslieferungen, verschiedenen Handels- und Industrieengagements und öffentlichen Finanzierungskontrakten ein Vermögen in einem Ausmaß machte, wie es seit den Tagen Samuel Oppenheimers nicht mehr geschehen war. Johann Fries ertrank unter mysteriösen Umständen im Teich seines Vöslauer Schlosses. Sein Sohn Moritz, der reichste Kapitalist Österreichs an der Wende vom 18. zum 19. Jahrhundert, verlor in einem spektakulären Bankenkrach sein gesamtes Vermögen und starb verarmt in einem Bohemequartier in Paris. Ein anderer dieser großen »Verschwender«, Freiherr von Braun, der sich in Schönau einen von der »Zauberflöte« inspirierten »Tempel der Nacht« hatte bauen las-

Johann Heinrich Geymüller (1754–1824), sein jüngerer Bruder Johann Jakob und sein Neffe Johann Heinrich (d. J.) Falkner bei einer Kaffeegesellschaft im Schloßpark zu Pötzleinsdorf, Ölgemälde von Johann Höchle, frühes 19. Jahrhundert

sen, übernahm sich ebenfalls. Und ganz ähnlich erging es den Geymüller und ihrem sprichwörtlichen Reichtum.[233]

Obwohl derart riesige Vermögen wie das der Fries, wenn schon nicht in der Liquidität, so doch in der Höhe von vielen Adelshäusern spielend übertroffen wurden, blieb die Kapitalaufbringung im Inland schwierig, was auch mit zeitgenössischen Urteilen übereinstimmt, daß die Zinssätze in Österreich um 1780 generell hoch waren. Die Mehrzahl der Niederleger und Großhändler war auf Bankgeschäft und Staatskreditierung spezialisiert und nur ein kleinerer, wenn auch kapitalkräftiger Teil, wie die Fries, Bozenhard, Steiner, Weinbrenner, Puthon oder Coith, auch in der Industrie engagiert.[234]

Unter Joseph II. wurde mit den Hönig, Popper, Arnsteiner und Eskeles auch der Einfluß jüdischer Kapitalisten wieder stärker. Als die dominierenden holländischen und Frankfurter Firmen sich nach der Finanzkrise 1811 aus dem Staatskredit zurückzogen, wurde für neue Häuser Platz frei: Johann Geymüller, der in den siebziger Jahren aus Basel nach Wien gekommen war, in die Großhandlung des Peter Ochs eingetreten und diese 1804 übernommen hatte, kam in den zwanziger Jahren zu jenem legendären Reichtum, dessen verschwenderische Züge so oft beschrieben wurden. Salomon Rothschild begründete sein gewaltiges Vermögen mit finanziellen Transaktionen während der Napoleonischen Kriege und mit der Vermittlung von Subsidien. Insgesamt wurden von Rothschild im Vormärz etwa 200 Millionen Gulden an Anleihen aufgebracht. Erst nachdem er Österreichs führender Bankier geworden war, fing er an, sich auch an Industrieunternehmen zu beteiligen. 1826 schieden Fries & Co. und 1841 die Häuser Geymüller und Steiner & Co. durch Konkurse aus. Seit 1830 trat immer mehr auch das Haus Sina, das durch Tabakimporte reich geworden war, in den Vordergrund und sollte in den vierziger Jahren zusammen mit Rothschild und Arnstein & Eskeles, das zwischen 1774 und 1785 begründet worden war und 1859 fallierte, die führende Rolle spielen. Nicht unbedeutend war auch das Ansehen des von dem Juwelier, Wollhändler und Tuchfabrikanten Michael Lazar Biedermann 1808 gegründeten Bankhauses Biedermann. Daneben agierte eine kleinere Anzahl mittlerer Bankiers wie Königswarter, Todesco, Uffenheimer, Wertheimstein, Wodianer, Schnapper, Stametz-Meyer, Perisutti und Schey. Als Kapitalisten dominierten konfessionelle Randgruppen, Juden, Lutheraner, Calviner und Griechisch-Orthodoxe. Die Beständigkeit der Wiener Bankhäuser war gering, die Kapitalausstattung in der Regel schwach, Konkurse waren häufig.[235]

An die Stelle persönlicher Darlehen verschiedener Einzelpersonen oder Kommunen an den Landesfürsten trat immer mehr die anonyme Anleihe mit einheitlichem Nominale, einheitlicher Stückelung und voller Übertragbarkeit. Die zunehmende Verbreitung von Anleihen wie auch von Bankozetteln machte die Schaffung eines überschaubaren Marktes für Obligationen notwendig. Mit der Gründung der Wiener Börse im Jahre 1771 wurde diesem Bedürfnis entsprochen.[236]

1787 war die Wiener Commerzial-, Leih- und Wechselbank unter führender Beteiligung des Hochadels begründet worden, wahrscheinlich die erste Aktiengesellschaft, die in Österreich eingerichtet und offenbar auch wirklich aktiviert wurde. Zu den Hauptaktionären zählten die Fürsten Joseph Schwarzenberg und Franz Gundaker Colloredo-Mannsfeld sowie Graf Friedrich Nostitz-Rieneck. Die Bank betrieb das Lombard- und Diskontgeschäft mit einer unteren Grenze von 1000 Gulden, um sich von Versatzämtern abzugrenzen. 1802 finden wir sie führend an der Gründung der Pottendorfer Baumwollspinnerei beteiligt, wo insgesamt etwa 2 Millionen Gulden investiert wurden. Nicht nur wegen der ansehnlichen Dimension dieses Gründungsgeschäfts, sondern auch qualitativ verdient dies Interesse: stellt doch diese Konsortialunternehmung der Leihbank den ersten Ansatz zu einer Gründungstätigkeit von Großbanken nach dem Muster der Crédit mobilier dar. Durch den Finanzkrach des Jahres 1811 war die Bank faktisch ruiniert. Die Geschichte ihrer Liquidation zog sich bis 1830 hin.[237]

In der Tradition der spätmittelalterlichen, italienischen Monti di pietà, die Geld an kleine Leute verliehen, standen die Leihkassen, vor allem das Versatz- und Fragamt (Dorotheum), das 1707 als Kredit- und Versteigerungsinstitut in Wien begründet worden war und die Funktion der Armenunterstützung mit der Kapitalaufbringung vereinigen sollte, indem Darlehen auf kurze Zeit gegen hinterlegte Pfänder gewährt wurden, die dabei erzielten Gewinne aber für soziale Zwecke verwendet wurden. Es ging nicht darum, armen Leuten zinsgünstige Kredite zu gewähren, sondern Kaufleuten und Gewerbetreibenden zu entsprechenden Überbrückungskrediten zu verhelfen. Belehnt wurden Edelmetalle und Juwelen, sonstige Metalle sowie Effekten, jedoch keine Bettwäsche und keine Kürschnerwaren. Bis zur Mitte des 18. Jahrhunderts entwickelte sich das Wiener Versatzamt zu einer recht kapitalkräftigen Institution. Seit 1768 gab es auch in Klagenfurt ein Versatzamt, das ab 1822 aber faktisch bankrott war, 1853 von der Armenversorgung getrennt, ab 1862 vom Kärntner Landesausschuß geführt und 1924 mit dem Wiener Versatzamt fusioniert wurde. Auch in Graz gab es seit 1755 ein Leihhaus. Im späten 18. Jahrhundert wandelte sich die Intention der Versatzhäuser stärker in Richtung der Kreditgewährung an Kleinschuldner, auf Zinn- und Kupfergeschirr, getragene Kleidungsstücke und Wäsche, während auf Silbergeschmeide, Uhren oder Tabatieren nur mehr geliehen werden sollte, soweit der Kapitalfundus es erlaubte, auf wertvollen Schmuck und Obligationen überhaupt nicht mehr.[238] Das galt aber nicht für Wien, wo die weniger wertvollen Pfänder wegen des hohen Platzbedarfs von der Belehnung ausgenommen waren.

Insgesamt war die Zahl der Anlagen- wie auch Kreditmöglichkeiten durch die Art der Kreditinstitute sehr beschränkt. Neben den Leihkassen gab es regulär nur die Privatbanken, die jedoch nur einen relativ geringen Teil ihrer Mittel dem kurzfristigen Kreditgeschäft zuführten. 1819 erfolgte daher die Gründung der Ersten österreichischen Spar-Casse, die zum Vorbild einer Reihe ähnlicher Institute im gesamten Alpenraum und auch außerhalb wurde; es folgten bis zur Mitte des Jahrhunderts noch Sparkassen in Innsbruck, Bregenz, Graz, Hollabrunn, Klagenfurt, Waidhofen/Thaya, Feldkirch und Linz. Der Zweck war, im Passivgeschäft den kleinen Sparern die Möglichkeit einer sozialen Absicherung zu bieten und für den Mittelstand, die Vereine und Wohlfahrtsinstitutionen Veranlagungsmöglichkeiten zu schaffen, im Aktivgeschäft hingegen den Kreditbedarf der Landwirtschaft, des Gewerbes und des Wohnbaus zu decken.[239]

Die besondere Orientierung auf die »minderbemittelten Volksklassen«, wie sie im Sparkassenregulativ von 1844 festgelegt wurde, darf man wohl nicht zu wörtlich nehmen. Bald zeigte sich, daß nicht nur minderbemittelte, sondern auch kapitalkräftige Leute bei den Sparkassen anlegen wollten. Bereits 1821 war bei der Ersten österreichischen Spar-Casse die Geschäftstätigkeit auf den Hypotheken- und Lombardbereich ausgedehnt worden. Allerdings überwog im Vormärz noch der Wechseleskompt, zumindest in Wien, weniger aber außerhalb der Hauptstadt. Der 1835 gegründete Kärntnerische Sparkassa-Verein nannte als Hauptzielsetzung die Finanzierung von Ziegeldächern in Klagenfurt. In den dreißiger Jahren stieg auch bei der Ersten österreichischen Spar-Casse der Anteil des Hypothekargeschäftes und dominierte ab 1844 weitgehend die Geschäftsgebarung.[240]

Das Versicherungswesen war wenig entwickelt. Am dringlichsten war die Elementarversicherung, bei der man im 18. Jahrhundert über traditionelle Formen der Absicherung in Form des Umlagen- und Aushilfensystems und einzelner Bauernassekuranzen auf Grundherrschaftsebene nicht hinausgekommen war. Die ersten überlokalen Feuerversicherungsanstalten wurden 1811 unter bayerischer Herrschaft eingerichtet, aus denen in Salzburg die Wechselseitige Brand-Assekuranz als ältestes diesbezügliches Institut hervorging. Es folgten 1825 die Brandschadenversicherungsgesellschaften in Oberösterreich und Tirol und die Erste Österreichische Brandversicherungs-Gesellschaft in Wien, die 1839 zur Priv. ersten österr. Versicherungs-Gesellschaft erweitert wurde, schließlich 1829 die Grazer Wechselseitige Brandschaden-Versicherungs-Anstalt, die als Verein konstituiert war – eine Solidargemeinschaft von Gebäudebesitzern, die bis 1872 nach dem Umlagensystem arbeitete. 1824 war in Wien auch eine erste Lebensversicherungsanstalt, die Allgemeine Versorgungsanstalt, begründet worden. Ein Vorläufer von Krankenversicherungen bestand schon in der 1729 von Wiener Handlungsgehilfen begründeten Kranken-Hilfs-Confraternität, später kurz »Konfraternität« genannt. Nach ihrem Vorbild entstand 1798 in Graz ein ähnlicher Verein. Das große Versicherungsgeschäft der Habsburgermonarchie dominierten im Vormärz die Triester Institute: die Azienda Assicuratrice (1822), die Assicurazioni Generali Austro-Italiche (1823) und die Riunione Adriatica di Sicurtà (1828).[241]

Mephisto am Kaiserhof

Die drei führenden österreichischen Wirtschaftsdenker des 17. Jahrhunderts, Johann Joachim Becher, Wilhelm von Schröder und Wilhelm von Hörnigk, waren alle drei auch als Alchemisten bekannt. Die habsburgischen Herrscher von Maximilian II., Rudolf II., Ferdinand III., Leopold I. bis Franz Stephan und Franz Joseph interessierten sich intensiv für die Kunst der Goldmacherei. Wilhelm von Schröder gab seinem 1686 erstmals veröffentlichten Hauptwerk den merkwürdigen Titel »Fürstliche Schatz- und Rentkammer, nebst einem notwendigen Unterricht vom Goldmachen«. Im Zentrum seiner Überlegungen stand sein Bankprojekt, mit dem er für die Einführung von Banknoten und Papiergeld eintrat, um den Geldumlauf zu beleben. Natürlich sollte dabei auch der Landesfürst nicht zu kurz kommen. Er würde damit ohne viel Anstrengungen eine »ewige und unaufhörliche Gold- und Geldmine« besitzen. Es schien wie Teufelswerk, den Kaiser statt durch alchemistische Kunstgriffe durch wertloses Papiergeld von seinen Geldsorgen zu befreien.[242] Trotz zahlreicher Vorüberlegungen kam es in Österreich erst spät zur Ausgabe von Banknoten und zur Etablierung zentralbankähnlicher Institutionen.[243]

Die 1750 begonnene Währungsreform und Vereinheitlichung des Geldwesens führte zur Conventionsmünze (C.M.), benannt nach der zwischen Bayern und Österreich 1753 geschlossenen und bis 1857 gültigen Münzkonvention. Aus einer Mark Silber wurden 20 Gulden geprägt. Weit mehr im Ausland als in Österreich selbst gewann die bis zur Gegenwart berühmteste und zu manchen Zeiten am weitesten verbreitete Handelsmünze Bedeutung, der Mariatheresientaler, der von den Briten wegen der stattlichen Weiblichkeit der darauf abgebildeten Kaiserin etwas despektierlich »Fat Lady« genannt wurde, von den Arabern aber gerade deswegen besonders geschätzt worden sein soll.[244]

Der allgemeine Charakter der Staatsschuld, die 1701 etwa 22 Millionen und 1711 bereits 48,8 Millionen ausmachte, änderte sich seit der ersten Hälfte des 18. Jahrhunderts insofern, als zu den inländischen Anleihen verstärkt ausländische, besonders holländische, englische und Genueser Kollektivanleihen hinzutraten, aber auch solche der österreichischen Niederlande. Trotz Konsolidierung des Staatskredits verschlechterte sich ab

1740 die Finanzlage des Staates erheblich. Gegen Ende des Siebenjährigen Krieges, dessen Gesamtkosten von 260 Millionen Gulden zu zwei Drittel durch Anleihen finanziert wurden, erreichten die Staatsschulden mit 300 Millionen Gulden ungefähr drei Viertel des Bruttosozialprodukts. Der Zinsendienst verschlang etwa die Hälfte der rund 35 Millionen Gulden Staatseinnahmen. In dieser Situation erfolgte am 15. Juni 1762, mitten in der höchsten Anspannung des Siebenjährigen Krieges, der erste Schritt zur Ausgabe von Papiergeld. Die Wiener Stadtbank, die seit 1759 praktisch zu einer Abteilung der Hofkammer für den Staatsschuldendienst geworden war, wurde veranlaßt, unverzinsliche Wertpapiere in Höhe von 12 Millionen Gulden aufzulegen. Weitere Emissionen folgten 1771 und 1784/1785. Der Türkenkrieg von 1788 hatte eine weitere Vermehrung des Geldumlaufs zur Folge.[245]

Die Staatseinnahmen stiegen von 29 Millionen im Jahr 1749 auf 40 Millionen im Jahr 1763, 50 Millionen im Jahr 1784 und 66,4 Millionen 1792, wobei der Anteil der indirekten Abgaben von 41 auf 56,2 Prozent anstieg, während die direkten Steuern von 49 auf 34,2 Prozent absanken und die Einkünfte aus dem Staatseigentum bei etwa 10 Prozent anteilsmäßig gleichblieben. Die Steuerquote erreichte etwa 12 Prozent des Bruttosozialprodukts. Die Ausgaben verteilten sich (etwa 1768, als es ein paar Jahre mit ausgeglichener Bilanz gab) zu drei Viertel auf Militär und Schuldendienst, zu 15 Prozent auf die Verwaltung und 8 Prozent auf den Hof.[246]

Zwischen 1781 und 1787 hatten sich die Staatsausgaben unter 90 Millionen Gulden jährlich bewegt. Als sie 1793 120 Millionen Gulden überschritten und der Budgetabgang etwa 10 Millionen erreichte, war damit eine gefährliche Entwicklung eingeleitet: 1794 betrug der Abgang bereits 25 Millionen, 1795 32 Millionen und 1797 88 Millionen. Die Staatsschuld war im Jahr 1798 bei 572 Millionen angelangt. 1794 mußte schon wieder auf die Geldschöpfung zurückgegriffen werden. Und nun ging es Schlag auf Schlag. Die Geldmenge verzehnfachte sich zwischen 1795 und 1802 von 35 auf 337 Millionen Gulden. Bereits 1797 wurde der Annahmezwang für Papiergeld eingeführt und ab 1800 auch der Umtausch in Silber, der seit 1797 faktisch ohnehin eingestellt war, per Gesetz abgeschafft. Das Agio auf die Papierwährung betrug 1802 etwa 78 Prozent.[247]

Nach einer kurzen Verschnaufpause in den Friedensjahren 1803 und 1804, in denen zum ersten Mal seit Jahrzehnten ein Budgetüberschuß erzielt werden konnte, ging das Inflationskarussell munter weiter. Bis zum Ende des Jahres 1810 erreichte die Menge des im Umlauf befindlichen Papiergeldes über 1 Milliarde Gulden. 1810 begann die Währung zusammenzubrechen. Der Fasching des Jahres 1811 bedeutete einen Höhepunkt des Inflationstaumels. Mit dem Devalvationspatent vom 20. Februar 1811, das den Staatsbankrott besiegelte, wurden die Bankozettel auf ein Fünftel des Nennwertes abgewertet und gegen neu zu emittierende sogenannte »Einlösungsscheine« umgetauscht, die im Unterschied zur Konventionsmünze als »Wiener Währung« bezeichnet wurden. Die Kriegszeit und Inflationsspirale war aber noch nicht zu Ende. Neues Papiergeld wurde ausgegeben, diesmal als »Antizipationsscheine« bezeichnet, um pro forma die Menge der Einlösungsscheine nicht zu vermehren. Dazu kamen die Kosten des Wiener Kongresses. Allenthalben wurde dieses Geldhinauswerfen kritisiert, das nur durch neue Papiergeldausgaben finanziert werden konnte.[248]

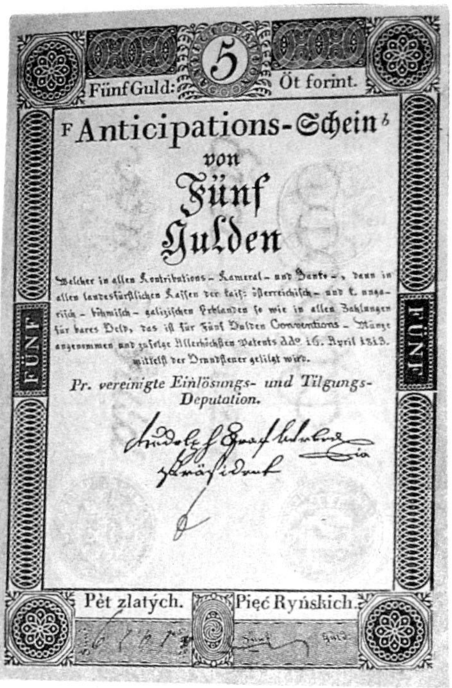

Österreichisches Papiergeld: Banco-Zettel zu 1000 Gulden (1771 und Anticipationsschein zu 5 Gulden (1813)

Die Papiergeldvermehrung hatte die Monarchie zwar über die Finanzanforderungen der napoleonischen Epoche hinübergerettet, aber mit allen Konsequenzen, die eine Inflation mit sich bringt. Ganz abgesehen vom gesamten technischen Aufwand, den die Bankozettelherstellung, die Verbesserung der Fälschungssicherheit und das Vorgehen gegen diverse Fälscherbanden im In- und Ausland nach sich zogen, führte die Inflation und nachfolgende Sanierung zu allen jenen sozialen Problemen, die man aus derartigen Aktionen kennt: steigende Preise, hinter denen die Löhne und Gehälter stark zurückblieben, Flucht in die Sachwerte, überproportional steigende Mieten, Wohnungsnot, Abwertung aller Sparguthaben, Umverteilung der Einkommen zu den Realitätenbesitzern und Verschiebung von Vermögen ins Ausland.[249]

Durch die Gründung der Privilegierten Oesterreichischen Nationalbank im Jahr 1816 gelang ein Stopp der Geldvermehrung. Die Ausgaben des Staates konnten vorübergehend durch außerordentliche Mittel bestritten werden, durch die französische Kriegsentschädigung, eine Anleihe in Holland und eine Innenanleihe. Daher war eine Stabilisierung vor der endgültigen Abwertung der Einlösungsscheine möglich.[250] Ab 1820 wurde nach einem ersten mißglückten Versuch im Jahr 1817 eine Umtauschaktion von 250 Gulden Wiener Währung (W.W.) gegen 100 Gulden Conventionsmünze (C.M.) eingeleitet, die sich aber bis in die zweite Jahrhunderthälfte hinzog. Erst das Patent vom 27. April 1858 setzte den letzten Rest dieser Scheine außer Kurs. Es gelang Österreich im Vormärz nicht, die angestrebte Rückkehr zum Silberstandard auch nur in dem Sinne zu verwirklichen, daß das Staatspapiergeld durch silberkonvertible Banknoten ausgetauscht werden konnte. Allerdings hatte man das Papiergeld so gut im Griff, daß es bis 1848 ohne Zwangskurs al pari im Umlauf blieb. Die Kreditgewährung an den Staat erfolgte nun in der Form von Banknoten, die durch staatliche Schuldverschreibungen gedeckt waren. Die Nationalbank, die als Nachfolgerin der Wiener Stadtbank ihrer Konzeption nach nicht nur Währungsbehörde, sondern auch Kreditinstitut für die Industrie sein sollte, wurde dieser zweiten Funktion aber nur höchst unvollkommen gerecht.[251]

Der Versuch einer regelmäßigen Bedeckung der Staatsausgaben durch Steuereinnahmen oder Anleihen war schon in der Regierungszeit Josephs II. aufgegeben worden. Entscheidend war, daß auf der Seite der direkten Steuern 1790 das Projekt der josephinischen Grundsteuerreform gescheitert war und damit diese wichtigste Steuer weiter auf völlig veralteten Prinzipien und Daten basierte. Eine Finanzierung des Defizits über Verkäufe von Staatsgütern erwies sich als unrealistisch und keineswegs ausreichend. Die Aufbringung der steigenden Kriegs- und Verwaltungskosten über zusätzliche Steuern versagte weitgehend. Die 1799 eingeführte Klassensteuer ebenso wie die Personalsteuer (1803), die Vermögensteuer (1806 und 1810) und die Erwerbsteuer (1812) brachten nicht viel. Im wesentlichen konnte man nur bei der indirekten Besteuerung ansetzen. Die Zollsätze, vor allem für Kolonialwaren, wurden drastisch erhöht. Viele Steuerprojekte, zum Beispiel das einer Fenstersteuer, wurden zwar erwogen, aber wieder verworfen. Die Folge der unüberlegten Dachsteuer war, daß die Besitzer nicht mehr benötigter Gebäude einfach die Dächer abtragen ließen und zahlreiche weitläufige Adelsburgen zu Ruinen verkamen.[252]

Tabelle 17: Langfristige Entwicklung des österreichischen Staatshaushalts 1781 bis 1850 (in Millionen Gulden Ö.W.)

	Einnahmen	Ausgaben	Überschuß/Abgang
1781	69,05	68,23	0,80
1790	89,88	118,79	–28,91
1800	90,17	175,10	–84,93
1810	142,41	368,68	–226,27
1820	126,58	167,50	–40,90
1830	132,22	144,86	–12,64
1840	153,83	172,87	–19,03
1850	205,10	280,28	–75,18

Quelle: Joachim Curt-Wilhelm *Liese*, Staatskredit und Defizitfinanzierung in der ersten Konstitutionellen Periode der Habsburgermonarchie 1869–1867 (Diss. Wien 1988) 55.

Im Vormärz stabilisierte sich zwar die Geldmenge, während durch die Aufnahme immer neuer Kredite die Staatsschuld bis 1847 auf über 1 131 Millionen Gulden stieg. Die Staatshaushalte wiesen regelmäßig ein Defizit auf. Die Militärausgaben machten etwa ein Drittel der Ausgaben aus. Ein weiteres Drittel entfiel auf den Zinsendienst für die Staatsschuld. Den Staatsausgaben in Höhe von 208 Millionen Gulden im Jahre 1847 standen Nettoeinnahmen von 151 Millionen Gulden (davon 89 Prozent Steuern) gegenüber. Die 1819 unter Kaiser Franz I. begonnene Grundsteuerreform, ausgehend von der Anlegung des Franziszeischen Katasters, zog sich bis in die 1850er Jahre hin. 1820 kam die Gebäudesteuer. 1829 wurden die Klassensteuer (eine progressive Einkommenssteuer) und die Personalsteuer (eine Kopfsteuer) aufgehoben. Damit blieb von 1830 bis 1849 das Finanzkapital unbesteuert. 1840 wurde die Erbsteuer von der Stempelsteuer abgelöst, womit Erbschaften in Millionenhöhe praktisch abgabenfrei blieben. Neben der Landwirtschaft waren nur Handel und Gewerbe von einer direkten Steuer erfaßt, was für Großindustrie, Großhandel, Banken und Beamte praktisch einer Steuerfreiheit gleichkam. Die mit Abstand wichtigste direkte Steuer war die Grundsteuer. Die Steuerpolitik begünstigte Industrie und Gewerbe. Dabei spielte auch die Überlegung der Mobilität des Kapitals eine Rolle, das sich im Unterschied zu Grundbesitz durch Flucht der Steuer entziehen könne.[253]

Zwei Drittel der Staatseinnahmen entfielen auf indirekte Steuern. Die Steuersätze der 1829 eingeführten Verzehrungssteuer waren eine Entscheidung für die ständische und gegen die städtische Gesellschaft. So kostete der Wein vor den Toren Wiens um fast zwei Drittel weniger als innerhalb der Vorortelinie. Wien und die Landeshauptstädte wurden zu geschlossenen Städten erklärt. Bei der Verzehrungs- wie auch bei der Erwerbsteuer wurde nach der Siedlungsgröße differenziert. Das Faktum der geschlossenen Stadt blieb so bis ins 20. Jahrhundert bestehen: Hinter der für die Großstädte höheren Verzehrungs- und Erwerbsteuer, der Gebäudesteuer und teilweise auch der Klassensteuer stand die Auffassung vom Kollektivreichtum der Stadt. Ein Gewerbetreibender auf dem Land zahlte unabhängig vom Umsatz unter Umständen nur 2 Prozent dessen, was ein gleich großer Wiener Gewerbebetrieb bezahlen mußte. Industrie und Gewerbe mieden unter diesen Umständen die großen Städte.[254] Bis über das Ende der Monarchie hinaus behielt Österreich die Verzehrungssteuer in der nur geringfügig abgewandelten Form von 1829.

Neben dem Salz wurde immer mehr der Tabak zum wichtigsten Aktivposten des Fiskus. 1659 wurden im heutigen Österreich, in Nieder- und Oberösterreich, erstmals Steuern auf Tabak in Form von Einfuhrzöllen eingehoben. Ab 1662 wurden besondere Privilegien für die Tabakeinfuhr vergeben und das Recht des Handels an Unternehmer als sogenannter »Appalt« verpachtet. Von 1670 an erwachte der finanzielle Appetit des Herrschers auf Einnahmen aus dem Tabak immer mehr. Rasch wechselnde organisatorische Strukturen wurden geschaffen, um Einnahmen aus dem Tabakverbrauch abzuschöpfen, teils über Zölle, teils über Monopole. Die Tabakwirtschaft wurde immer mehr in Richtung eines Monopols ausgebaut, weil die Einnahmen daraus direkt dem Monarchen zustanden, während über die Zolleinnahmen die Landstände verfügen konnten. 1784 wurden Tabakwirtschaft und Tabakwarenhandel endgültig in staatliche Regie übernommen, wobei es neben der Überwachung der Importe vor allem auch darum ging, den erheblichen Anbau im Inland unter entsprechende fiskalische Kontrolle zu bringen.

Die theresianische Verwaltung hatte sehr ausgeprägte zentral- und staatswirtschaftliche Ambitionen. In dicken Akten wurden zentrale Wirtschaftspläne ausgearbeitet. Der Anspruch des absolutistischen Regenten, alle Gewerbe »zu dirigieren«, war eine planwirtschaftliche Vorstellung, die in der Realität nirgends einzulösen war. Das 18. Jahrhundert, das Zeitalter des Absolutismus und Merkantilismus, war die große Zeit der Staatsbetriebe. Gemessen an der wirtschaftlichen Gesamtkapazität war die Verstaatlichungsquote hoch: die Linzer Wollzeugfabrik, die Spiegelfabrik Neuhaus, die Wiener Porzellanmanufaktur, die Messingwarenfabrik zu Liechtenwörth, die Farbenfabrik Schlöglmühl, wesentliche Teile der Eisenindustrie und des Silber- und Kupferbergbaus, große land- und forstwirtschaftliche Besitzungen und natürlich die heute noch existierenden Staatsmonopole Post, Salz, Tabak und Lotto. Und wäre es nach dem Willen der Landesfürsten gegangen, so hätte es wohl auch ein Pfeffer-, Zucker- oder Kaffeemonopol mit entsprechenden Regiebetrieben gegeben. Die Motivation war primär fiskalisch. Verdienen allerdings ließ sich nur mit einem kleinen Teil der Staatsbetriebe, dort, wo wirksame Monopole durchgesetzt werden konnten, und auch da nicht immer. Letztlich wurde der Staat schon in der frühen Neuzeit oft recht unfreiwillig in Beteiligungen hineingedrängt, wenn es galt, Unternehmen, die in Schwierigkeiten geraten waren, vor allem im Bergbau und in der Eisenindustrie, über die Runden zu helfen.[255]

In den sechziger Jahren des 18. Jahrhunderts – die Ideen des Physiokratismus und Liberalismus lagen schon in der Luft – war auch in Österreich eine Privatisierungsdiskussion in Gang gekommen. 1769 war ein Grundsatzbeschluß gefaßt worden, alle ärarischen Fabriken veräußern zu lassen, allerdings nicht um jeden Preis, sondern nur zum Vorteil oder wenigstens ohne Schaden des Ärars. Mit Graf Karl von Zinzendorf war 1782 ein entschiedener Gegner staatlicher Industriebeteiligungen zum Hofkammerpräsidenten ernannt worden, der von den unternehmerischen Qualitäten des Staates recht wenig überzeugt war: »Es ist immer Pfuscherei, wenn der Staat selbst die Rolle des Gewerbe- und Handelsmannes spielen will.« Zinzendorf sprach es klar aus: Es würde viel zu viel regiert.[256] »Alle Arten von Zwang, alle Gattungen von Fesseln sind Todfeinde der Industrie.«[257] Spätmerkantilistische Theoretiker wie J. H. G. Justi und Joseph von Sonnenfels untermauerten die Kritik an den Staatsbetrieben: Justi sprach vom Eigeninteresse als Triebfeder des Fleißes. Und Fleiß heißt Industrie. 1781 gab Joseph II. der Überzeugung Ausdruck, daß das Eigentum dem Fleiß, der Arbeitsamkeit und der Industrie neuen Auftrieb geben werde.

Zwangsläufig mußte man Staatseigentum veräußern. Vom Verkauf der Staatsbetriebe und großen Grundbesitzungen und ihrer Aufteilung unter die Bauern erhoffte man sich nicht nur erhebliche Produktions- und Produktivitätsanreize, sondern auch Geld in die leeren Staatskassen, obwohl nicht mehr als ein symbolischer Beitrag zur Sanierung des desolaten Staatshaushaltes zu erwarten war. Die tatsächliche Veräußerung ging allerdings wegen der widerstrebenden Haltung des Kaisers, der sich nur ungern von den schönen Jagdrevieren und ausgedehnten Besitzungen trennen wollte, und wegen der

Arbeitsplatzsorgen der betroffenen Beamten ohnehin nur so schleppend voran, daß der Staatsbesitz nicht wirklich abgebaut wurde.[258]

Universalkommerz und Verwaltungsstaat

Die Habsburgermonarchie hatte im 18. Jahrhundert ihre größte territoriale Ausdehnung erreicht. Der Verlust Schlesiens in den Kriegen mit Preußen, zuletzt auch der Verlust der belgischen Provinzen und die Hinausdrängung aus dem Deutschen Reich verstärkten die Aspirationen auf dem Balkan und in Osteuropa, vor allem nach den polnischen Teilungen, die den Gewinn Galiziens brachten. Die Erwerbung des Innviertels und des Fürsterzbistums Salzburg bedeuteten dem gegenüber nur kleine Abrundungen. Hingegen beeinflußte die vorübergehende Zugehörigkeit belgischer und italienischer Territorien, des Neapolitanischen Königreiches und der Toskana, vor allem aber der Lombardei und später auch Venetiens inklusive Istriens und Dalmatiens, ergänzt durch Ragusa (Dubrovnik), die österreichische Wirtschafts- und Kulturentwicklung erheblich.

Die Vorstellung vom »Universalkommerz«, in moderner Terminologie von einem einheitlichen Wirtschaftsraum, beherrschte das wirtschaftspolitische Denken um die Mitte des 18. Jahrhunderts, wobei die Anlehnung an französische Vorbilder (Universalökonomie) und damals gängige Begriffe wie »Universalmonarchie« und »Universalgeschichte« offenkundig ist. Erstmals dürfte das Wort in einem Handbillet Maria Theresias aus dem Jahr 1746 nachweisbar sein, mit welchem ein für alle Länder gedachtes Universalkommerzdirektorium eingerichtet wurde.[259] Doch auch die 1714 begründete und bis 1745 bestehende »Universalbancalität«, die eine Art Zentralstelle im staatlichen Kredit-, Kassen- und Schuldenwesen bilden sollte, hatte schon das »universelle« Ziel, den Einfluß der Länder abzubauen und gesamtstaatliche Einrichtungen zu schaffen.

Die Zusammenfassung der Behörden und die Etablierung einer zentralen Wirtschafts- und Finanzpolitik war ein langwieriger Prozeß: 1666 war auf Anregung Johann Joachim Bechers das Kommerzkollegium begründet worden, das sich wirtschaftspolitischer Fragen annehmen sollte. Dem folgte nach einem diesbezüglichen Behördenaufbau auf Länderebene schließlich 1718/19 das Wiener Hauptkommerzkollegium. Viel dringlicher war allerdings die Einrichtung einer zentralen Finanzverwaltung: Die wichtigsten Schritte in einem verwirrenden Verlauf waren 1635 die Vereinigung von Hofkammer und niederösterreichischer Kammer, der 1709 auch die innerösterreichische (Grazer) und oberösterreichische (Innsbrucker) Kammer untergeordnet wurden. Graf F. W. Haugwitz leitete dann mit seinen Reformen die Verschmelzung von landesfürstlichem und ständischem Steuerwesen, die Vereinigung von politischer und finanzieller Administration und deren vertikale Hierarchisierung von den Kreisämtern über die Landesbehörden zu den Zentralstellen ein.[260]

Vorerst war das habsburgische Herrschaftsgebiet aber kaum als wirtschaftliche Einheit anzusehen: Durch zahlreiche Binnenzölle, Sonderrechte und landständische Regionalinteressen kleinräumig zersplittert und dazu verkehrswirtschaftlich schlecht erschlossen, konnte nur schwer ein einheitlicher Wirtschaftsraum entstehen und eine bewußte Wirtschaftspolitik greifen, so daß in der Praxis jedes der habsburgischen Länder einen für sich gesonderten Wirtschaftsraum darstellte. Das Ziel der absolutistisch-merkantilistischen Wirtschaftspolitik, die Zölle ganz an die Außengrenzen zu verlagern, die Verwaltungsstrukturen und Steuern zu vereinheitlichen, die Verkehrsverbindungen im Inneren zu verbessern, die Maße, Normen und Geldwerte zu vereinheitlichen und damit die Wirtschafts- und Steuerkraft bei möglichst vielen Einwohnern zu stärken, stieß auf den Widerstand der Länder, die ihre regionalen Vorrechte halten und nicht einem übergreifenden Staatsgedanken unterordnen wollten, war ihnen doch klar bewußt, wie diese Länderverbindungen und Herrschaftsbereiche durch Heiraten und Erbfolgen zustande gekommen waren. Es sei bloß zufällig, daß ihr Fürst auch noch andere Länder beherrsche. Es sei zwar schmeichelhaft, einen so großen Monarchen zum Herrscher zu haben, aber allzu teuer wolle man diese Ehre nicht bezahlen, meinten die Tiroler Stände.[261]

Die Verfassungs- und Verwaltungsreformen der zweiten Hälfte des 18. Jahrhunderts strebten nach Entmachtung und Zerschlagung der alten ständischen Einrichtungen und nach deren Einbeziehung in die neuen zentralstaatlichen Strukturen. Die Länder wurden zu Provinzen. Der landständische Adel trat in den Staatsdienst. Die Erbuntertänigkeit wurde immer mehr zur Staatsuntertänigkeit. Rechtskodifikationen sollten eine einheitliche Rechtsprechung sichern: Die traditionellen bürgerlichen, adeligen und sonstigen Privilegien traten zunehmend in Widerspruch zum allgemeinen Gleichheitspostulat aller Untertanen, so daß der Begriff Bürger sich immer mehr zum Gewerbetreibenden allgemein (Bürger und Professionisten) und Staatsbürger generell ausweitete. Die Stadt wandelte sich. An die Stelle des städtischen Privilegs trat das Angebot zentraler Dienste, der Ämter und Behörden, der freien Berufe, Geschäftsleute und Gewerbetreibenden, der Vergnügungsstätten und Dienstleistungen, die die Stadt für das Umland bereitstellte.

Die drei Stände, tirolerisch, um 1800

Ab 1783 wurden mit der Neuordnung der Stadtmagistrate die letzten Reste von Personalverbänden und bürgerlicher Autonomie beseitigt und damit erst Verwaltungen für alle Stadtbewohner und die Voraussetzung für die Herausbildung eines allgemeinen Bürgerrechtes geschaffen. Immer mehr ergab sich ein Unterschied zwischen dem überkommenen ständisch geprägten Stadtbürgertum und einer sich mit der Ausweitung des Marktes formierenden bürgerlichen Klasse, die aus der ständischen Welt auszubrechen versuchte. Das aufgestiegene Beamtenbürgertum bildete einen wesentlichen Hebel des absolutistischen Staates, der selbst aber alles andere als eine bürgerliche Herrschaft darstellte, sondern eine Domäne der Aristokraten blieb. Mit dem Allgemeinen Bürgerlichen Gesetzbuch (ABGB) von 1811 wurde der Staatsuntertan rechtlich zum Staatsbürger.[262]

Durch die Schaffung von Zentralbehörden, die Beschneidung des ständischen Steuerbewilligungsrechtes, die Zwischenschaltung der Kreisämter zwischen die grundherrschaftlichen Einrichtungen und die Zentralstellen, die Begründung staatlicher Institutionen für Schule, Gesundheitspflege und Soziales und durch die Rechtskodifikationen wurde vom Zentrum her eine rationale Verwaltung aufgebaut und versucht, die intermediären Herrschaftsträger in irgendeiner Form ans Zentrum zu binden. Ein Berufsbeamtentum mit spezieller Ausbildung sollte die Loyalität zu Staat und Herrscher heben. Die Bürokratie wurde zum Herrschaftsprinzip. Philipp Graf Sinzendorf mokierte sich in seiner Denkschrift 1786 über die neue bürokratische Papierflut: »Alles schreibt und man sieht nichts als Papiere ... Es scheinet, als wenn die ganze Staats-Maschine auf Schreibfedern zu ruhen habe.«[263]

Die Ausbildung eines einheitlichen Handelsraumes erforderte vor allem eine Reduzierung der zahlreichen Binnenmauten und Zwischenzölle. Die Neugestaltung der Donaumauten 1672 bedeutete noch keinen Bruch mit dem Prinzip der Binnenzölle, ließ aber mit Einfuhr- und Ausfuhrgebühren schon neue industrie- und gewerbepolitische Zielsetzungen erkennen. Die Grenzwegmaut (1724), die an den Wiener Vorstädten errichtete Linienmaut (1724), die Einführung der Landschrankenmaut und die Aufhebung der Transitzölle nach Triest im Jahre 1728 blieben noch weit vom Ziel entfernt, die Zölle an die Grenzen des Gesamtstaates zu verlegen, sie vermehrten vielmehr den verwirrenden Spießrutenlauf. Für die 1760 neu eingeführte Passagemaut, die von jedem Reisenden eingehoben wurde, galt als Regel, daß die Mautstationen mindestens vier Meilen voneinander entfernt sein mußten. Nach 1760 kam es zur Abschaffung verschiedener Binnenzölle zugunsten der ärarischen Grenz- und Hauptzollämter. Aber jedes der habsburgischen Länder blieb noch eine eigene Zolleinheit. Die nächste Etappe war die Bildung von Ländergruppen: 1775 wurde mit der Beseitigung der Zollinien zwischen Ober- und Niederösterreich, Steiermark, Kärnten, Krain, Görz, Gradisca und Küstenland, Böhmen, Mähren und Schlesien ein erster großer Schritt zu einem einheitlichen Zollgebiet und zu einer Liberalisierung des Handelsverkehrs getan. Tirol und Vorarlberg blieben vorerst ausgeklammert (bis 1825/26), ebenso Galizien (bis 1783/96) und Ungarn (bis 1850), Dalmatien und Istrien sowie die italienischen und niederländischen Besitzungen.[264]

Als in den Zolltarifen 1784 und 1788 eine forcierte Politik der Autarkie eingeleitet und die Importverbote auf mehr als 200 Waren ausgedehnt wurden, von denen man glaubte, daß sie im Inland ausreichend erzeugt würden oder als Luxusgüter entbehrlich seien, mußte man für Tirol als Durchzugsland Ausnahmeregelungen schaffen. 1786 wurden die Zölle für österreichische Ausfuhren nach Ungarn beseitigt, während ungarische Exporte nach Österreich weiterhin besteuert blieben. 1795 mußten auch österreichische Exporte nach Ungarn wieder verzollt werden, wobei es sich zweifellos um ein Präferenzzollsystem handelte, das bei einer durchschnittlichen Zollbelastung von 3,3 Prozent (Dreißigst) für Industrieexporte kaum eine Diskriminierung darstellte. Österreichs Teilnahme an der Kontinentalsperre 1806 bis 1814 brachte eine weitere Verschärfung der Importverbote, wurde allerdings nach Kriegsende zurückgenommen. Auch wenn 1835 die Zollordnung von 1788 durch die Zoll- und Staatsmonopolordnung ersetzt wurde, bedeutete dies eine Weiterführung der prohibitiven Außenhandelspolitik.

Tirol und Vorarlberg blieben bis 1826 nur durch sehr lockere Handelsbeziehungen mit dem übrigen habsburgischen Herrschaftsraum verknüpft. Nur ein Viertel der Importe und ein Drittel der Exporte wurden mit den übrigen habsburgischen Ländern abgewickelt. In der Auslandsorientiertheit drückte sich die traditionelle Einbindung in den Transithandel aus. Als 1762 die Aufhebung der Binnenzölle erwogen wurde, war das entscheidende Gegenargument die Schwierigkeit der Grenzkontrollen. Seit den sechziger Jahren wurde die Überwachung der Staats-Zollgrenze schrittweise und entscheidend verstärkt. 1775 wurde erstmals rechtlich zwischen Zoll und Maut unterschieden. Die Maut war nunmehr ganz als Beitrag zur Straßen- und Brückenerhaltung gedacht. Erst 1783 wurden die meisten Privatmauten aufgehoben. Bestehen blieben aber neben den zahlreichen Straßen- und Brückenmauten die Linienmauten zwischen Städten und Umland, vor allem die Wiener Stadtmaut, deren Einhebung 1811 von den Stadttoren an die Linien verlegt und 1829 in die Reform der indirekten Steuern eingebunden wurde. Verzehrungssteuerlinien hatten im Vormärz auch Graz und Linz. Generell galt für die Städte ein wesentlich höherer Steuersatz als für das Umland. Das Überschreiten war nur an eigens markierten Stellen möglich.[265]

Die Bewegungsfreiheit war ohnehin noch eingeschränkt. Wer das Gebiet seiner Herrschaft oder seines Kreises verlassen wollte, brauchte einen Paß für die Reise oder einen Konsenszettel für das Gesellenwandern. Nur Adel, Geistliche und Staatsbeamte konnten sich frei bewegen. Den Herrschaften fehlten allerdings häufig die Mittel, illegale Bewegungen zu verhindern. Paß-, Wander-, Melde-, Aufenthalts- und Schubwesen waren widersprüchlichen und schwer durchschaubaren Regelungen unterworfen. Ohne Paß Angetroffene wurden per Schub in ihre Heimatgemeinde zurückgebracht oder einer Verurteilung zugeleitet. Wer mit der neuen Eisenbahn eine Reise antrat, brauchte mindestens zwei Pässe und Passierscheine, einen zum Passieren des Wiener Linienwalles und einen für die Reise im Inland. Die Paß- und Passierscheinpflicht für Inlandsreisen endete erst 1857. Mobilität und Nutzung der Eisenbahn sollten nicht mehr durch eine restriktive Paßbürokratie eingeschränkt sein.[266]

In der ersten Hälfte des 19. Jahrhunderts wurde das einheitliche Zollgebiet endgültig erreicht: 1819 fiel der Zwischenkordon zu Salzburg, 1825 und 1826 wurden die Zollgrenzen zwischen Lombardo-Venetien bzw. zwischen Tirol/Vorarlberg und Österreich aufgehoben. Vom 1834 gegründeten Deutschen Zollverein, der die wirtschaftliche Integration Deutschlands vollzog, war Österreich ausgeschlossen. Seit 1829 erkannte Metternich, daß Wien eigentlich reagieren müsse. Er empfahl eine Annäherung Österreichs an die im Norden sich abzeichnende Zollunionspolitik als »wirtschaftliche Notwendigkeit«, stieß damit aber auf den Widerstand der Hofkammer. Metternich sah nicht nur die ökonomischen, sondern auch die politischen Weichenstellungen, die damit gesetzt waren. 1841 versuchte er noch einmal eine Veränderung zu erreichen. Ein Arrangement mit dem Zollverein scheiterte nicht nur an der Angst mancher Branchen vor der Konkurrenz oder am Widerwillen gegenüber dem in Preußen dominierenden Wirtschaftsliberalismus und an der Angst der Hofkammer, auf Steuereinnahmen verzichten zu müssen, sondern auch an der Rücksichtnahme auf den bedrohten Zusammenhalt der Monarchie, deren nicht zum Deutschen Bund gehörende Teile von der Integration ausgeschlossen worden wären.[267]

Die Habsburgermonarchie, die nur zwei Alternativen hatte, entweder einen radikalen innerstaatlichen Wirtschafts- und Verfassungsumbau einzuleiten und dann den Eintritt in den Zollverein zu vollziehen, oder den Zollverein zu verhindern bzw. zu zerschlagen, war zu beidem nicht imstande. Erst mit 1. Oktober 1850 wurde die Habsburgermonarchie mit der Beseitigung der Zwischenzollinie zu Ungarn zu einem einzigen einheitlichen Zollgebiet zusammengeschlossen, mit Ausnahme Dalmatiens und einiger kleiner Zollenklaven, die erst 1879 einbezogen wurden. Eine Entwicklung, die fast 200 Jahre in Anspruch genommen hatte, war zum Abschluß gelangt. Aber immer noch bestanden zahlreiche Mautstellen und Verzehrungssteuerlinien. John Komlos hat errechnet, daß die Herstellung der Zollunion zwischen Österreich und Ungarn im Jahre 1850 für beide Partner vorteilhaft war. Allerdings war der Nettogewinn zu gering – John Komlos errechnete den »Ein-für-allemal-Gewinn«, der sich aus dieser Liberalisierung ergab, mit 1,5 Prozent des Bruttoinlandsprodukts für Ungarn und 1 Prozent für Österreich –, um als ein bestimmender Faktor im langfristigen Wirtschaftswachstum aufzutreten. Viel bestimmender war da die verkehrswirtschaftliche Integration.[268]

Gustav Schmoller und viele mit ihm kritisierten die Zeit zwischen 1793 und 1848 als die »politische und finanzielle Unglückszeit Österreichs«.[269] Österreich hätte rasch eine Verwaltungs-, Zoll- und Steuereinheit herstellen sollen. Auch wenn es nicht jene so oft beschworene ökonomische Stagnation oder den behaupteten sozialen »Stillstand« gab, so sammelten sich doch Hypotheken an: die Unfähigkeit, mit den Staatsschulden zurechtzukommen, die Ungleichgewichtigkeit und Unzulänglichkeit der Besteuerung und letztlich das Defizit an Staatlichkeit durch die Weiterexistenz der Grundherrschaft.

Habsburgs Industrialisierung

Die kurze Blüte des Liberalismus

Das Erbe der Revolution

Das 19. Jahrhundert reichte bis zum Ausbruch des Ersten Weltkrieges, wenn man es nicht überhaupt so überspitzt formulieren möchte wie Raoul Auernheimer, der meinte, im letzten Viertel des 19. Jahrhunderts in Wien geboren, habe er im 18. Jahrhundert gelebt, das bis 1914 gedauert habe.[1] Hermann Bahr kleidete diese bemerkenswerte Doppeldeutigkeit, die für viele seiner Zeitgenossen symptomatisch war, in die Auffassung, »daß er in einem unglücklichen, höchst verwahrlosten, hinter dem übrigen Europa weit zurückgebliebenen Lande lebte, jedoch in einer herrlichen Zeit des Fortschritts und der Aufklärung«.[2]

Das 19. Jahrhundert war in Österreich gleichzeitig lang und kurz. Die Industrialisierung hatte das Land bereits in den zwanziger Jahren des 19. Jahrhunderts oder überhaupt im 18. Jahrhundert erfaßt und breitete sich wellenförmig aus. War die Habsburgermonarchie in den ersten zwei Dritteln des Jahrhunderts tendenziell hinter Westeuropa zurückgefallen, so war sie im späten 19. Jahrhundert in einem Aufholprozeß begriffen. Das Jahr 1848 ist in der neueren, auf das Wirtschaftswachstum orientierten Forschung als Epochengrenze immer mehr in den Hintergrund gerückt. Dennoch stellt es in vielerlei Hinsicht einen Wendepunkt dar.[3]

1846/47 gab es in der durch verbreitete Mißernten ausgelösten Hungersnot und Beschäftigungskrise die letzte Krise »alten Typs«.[4] Die gescheiterte Revolution von 1848 war ein Aufstand des Besitz- und Bildungsbürgertums. Dessen höchste Güter waren die Freiheit der Meinung und die Unantastbarkeit des Eigentums. Die Bauern, die eine ersatzlose Streichung ihrer Feudallasten wollten, und die von der Hungersnot und Wirtschaftskrise des Jahres 1847 besonders betroffenen Arbeiter, die in den Wiener Vorstädten Fabriken und Verzehrungssteuerämter in Brand steckten und vor den Häusern der Unternehmer Katzenmusiken veranstalteten, konnten für ihre Forderungen beim Bürgertum wenig Verständnis erwarten. Die sozialpolitischen Anliegen der Arbeiterschaft, Preisstopp, Lohnerhöhungen oder Zehnstunden-Arbeitstag, wurden von den

Sturm auf die Textilfabrik Granichstaedten, Wien-Sechshaus, im Jahr 1848, aquarellierte Federzeichnung von Franz Kaliwoda, 1848

bürgerlichen Garden erstickt. Die Revolution selbst scheiterte vor den Bajonetten der Armee.[5]

Schließlich erreichten nur die Bauern, was sie wollten, die Aufhebung der Grunduntertänigkeit und damit des Feudalsystems, auch wenn sie dafür vorerst noch einmal zur Kasse gebeten wurden. Die Regelung der bäuerlichen Lasten war im Frühjahr 1848 zu einer Hauptfrage geworden. In den Landtagen wurden Entschließungen gefaßt, die auf eine Umwandlung der bäuerlichen Giebigkeiten in eine erst festzusetzende Rente hinausliefen. Die generelle Lösung, die 1848 im Reichstag beschlossen und in der Folge durchgeführt wurde, sprach den ehemaligen Grundherren eine Entschädigung für den Verlust ihrer grundherrschaftlichen Einnahmen zu. Die Ablöse war in Geld zu erlegen, was den Bauern zwar ihren landwirtschaftlichen Besitzstand erhielt, ihnen aber vorerst beträchtlich erscheinende Lasten aufbürdete: Entschädigungslos wurden nur alle jene bisherigen Einkommen der Grundherren gestrichen, die aus dem persönlichen Untertänigkeitsverhältnis, aus der Ausübung der Justiz- und Polizeihoheit oder aus etwaig noch bestehenden Vorkaufs- und Bannrechten entstammten. Für die übrigen Einnahmen wurde ein auf 20 Jahre abgezinster Kapitalwert berechnet. Ein Drittel dieser Summe hatten die Bauern in langjährigen Raten abzuzahlen, ein weiteres Drittel steuerte der Staat bei, was über die Grundsteuer, die weitaus einträglichste Steuer, letztendlich wieder zu einem Gutteil von den Bauern zu bestreiten war, das letzte Drittel fiel entschädigungslos weg oder wurde als Gegenwert der vom Grundherrn nunmehr nicht mehr zu erbringenden Verwaltungsleistungen angesehen.[6]

Offiziell wurden im Bereich des heutigen Österreich inklusive Südsteiermark und Südtirol, aber ohne Burgenland, etwa 106 Millionen Gulden als Grundentlastungskapital ermittelt. Dazu kamen der Zehent, der mit 2,97 Millionen Gulden bewertet wurde, und die sonstigen Geldleistungen in Höhe von 3,1 Millionen. Die verpflichteten Bauern hatten 41,5 Millionen Gulden zu zahlen, der Staat steuerte 37,2 Millionen bei. Nicht ganz ein Viertel dieser 78,7 Millionen Gulden Obligationen fiel Kirchen, Schulen und

Korporationen zu, 70 Prozent erhielten die weltlichen und geistlichen Grundherrschaften. Das mochte für den Augenblick viel aussehen. Doch hätte das Geld gerade gereicht, das Grundkapital der 1855 vom Haus Rothschild gegründeten Credit-Anstalt für Handel und Gewerbe (60 Millionen) aufzubringen. Die Preisentwicklung in den »letzten goldenen Jahrzehnten« der österreichischen und europäischen Landwirtschaft zwischen 1850 und 1870 erleichterte den Bauern die Tilgung. Bereits zu Ende der fünfziger Jahre hatten viele ihre aus der Entlastung resultierenden Schulden bezahlt.

Die gesamtwirtschaftlichen Auswirkungen der Grundentlastung dürfen nicht überschätzt werden. Daß erst damit die Aktivierung der in der Landwirtschaft steckenden Reserven, die Mobilisierung des auf dem Lande festgehaltenen Arbeitskräftepotentials oder auch Kapitals und in der Folge die Industrialisierung möglich geworden sei, entspricht nicht der Realität. Das durch die Beseitigung der Hand- und Zugrobot theoretisch freigesetzte Arbeits- und Zugkraftangebot betrug etwa 1,6 Prozent des gesamten agrarischen Arbeitskräftepotentials und vielleicht 2,9 Prozent des Pferde- und 2,3 Prozent des Ochsenbestandes. Die Grundherren erhielten zwar namhafte Summen in Obligationen, die aber auf dem Kapitalmarkt erst realisiert werden mußten und dort andere Verwertungsinteressen beeinträchtigten. In mancher Hinsicht mag der Vorgang der Grundentlastung die Modernisierung mehr gehemmt als begünstigt haben. Sosehr die Bauern nach einer Herauslösung aus den grundherrschaftlichen Bindungen strebten, so wenig waren sie an sich gewillt, ihre Höfe von patriarchalisch gelenkten, halbautarken Einheiten in marktorientierte, risikoreiche Betriebe mit freien Arbeitsverhältnissen umzuwandeln.[7]

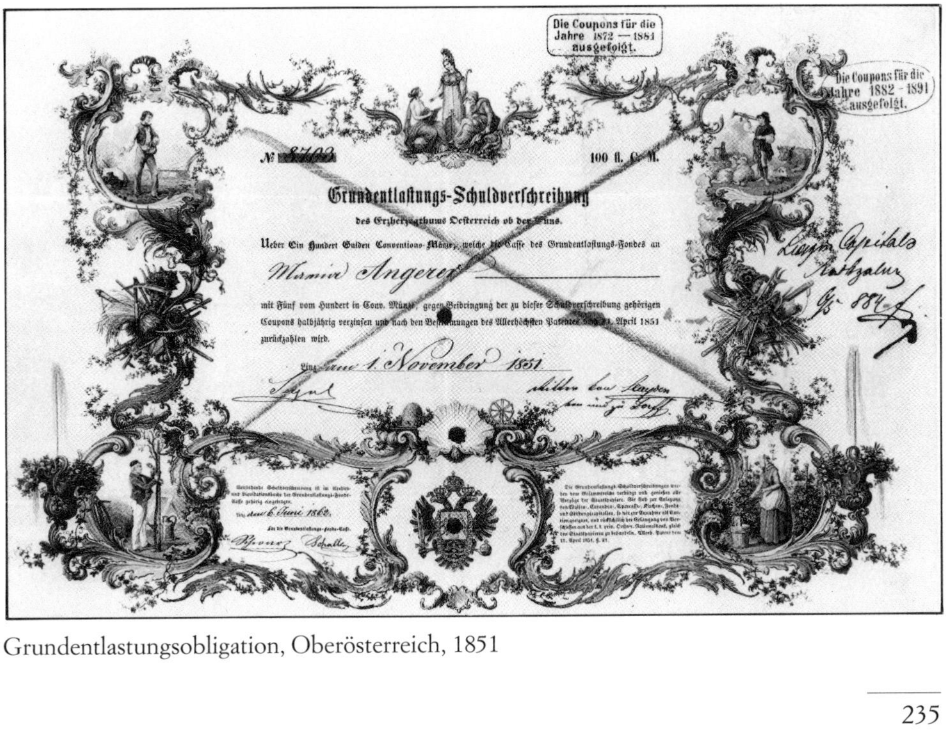

Grundentlastungsobligation, Oberösterreich, 1851

Anders als bei der Grundentlastung, die aus der Sicht des liberalen Bürgertums sogar als bauernfreundlich bezeichnet werden konnte, kam man den Bauern bei der Servitutenregulierung, insbesondere bei der Ablöse der Holzbezugs-, Streusammel- und Weiderechte, in den Jahren nach 1853 wenig entgegen. Hier wurde, durchaus im Sinne des liberalen Grundsatzes des ungeteilten Eigentums, zugunsten der meist adeligen oder geistlichen Waldbesitzer entschieden, so daß die Berechtigten bis zu 70 Prozent der früher bezogenen Naturalien verloren und in manchen Gegenden einen empfindlichen Teil ihrer Existenzbasis einbüßten. Die Ursachen dieses Wandels lagen einerseits in der geänderten politischen Situation, andererseits aber wohl auch darin, daß der Staat selber der größte Verpflichtete und Waldbesitzer war.[8]

Als wesentliches politisches Ergebnis folgte aus der Aufhebung der Grundherrschaft die Konstituierung der Ortsgemeinden und die Durchsetzung des Regionalprinzips der Verwaltung und Gerichtsbarkeit. »Die Grundfeste des freien Staates ist die freie Gemeinde«, hieß es im einleitenden Satz des 1849 erlassenen provisorischen Gemeindegesetzes. Die »politische Ortsgemeinde« als kleinste staatliche Verwaltungseinheit erhielt beträchtliche Selbstverwaltungsagenden. Indem die heutigen Gemeinde-, Gerichts- und Bezirkssprengel geschaffen und die Untertanen formal zu Staatsbürgern gemacht wurden, war die Grundlage für die beginnende politische Formierung gegeben. Daß 1848 erstmals auch ein Reichstag zusammentrat, bestimmte die weitere Entwicklung nachhaltig, auch wenn das nachrevolutionäre System des Neoabsolutismus vorerst den Demokratisierungsprozeß unterbrach. Gleichzeitig wurde durch die Einführung der Gendarmerie die öffentliche Sicherheit außerhalb der Städte gestärkt, so daß ein Bandenwesen, wie es im Vormärz selbst die nähere Wiener Umgebung noch bedroht hatte, undenkbar wurde.[9]

Von großer Tragweite war, daß um die Jahrhundertmitte die ökonomische Integration der Habsburgermonarchie voll zum Tragen kam. Durch den Abbau der noch bestehenden Zwischenzollinie zwischen Österreich und Ungarn konnte die um 1850 durch die Fertigstellung der ersten Bahnlinien wirklich wirksam werdende Verkehrsrevolution voll greifen. Während die Effekte der Handelsliberalisierung zwischen Österreich und Ungarn wegen der vergleichsweise geringen Höhe der weggefallenen Zollsätze maximal 2 Prozent des Sozialprodukts betrugen, müssen die Folgen der Transportrevolution als hoch veranschlagt werden. Erst die Dampfschiffe und Eisenbahnen, zusammen mit der Sicherstellung des gemeinsamen Zollgebiets, formten den gemeinsamen Markt der Habsburgermonarchie. Damit konnten fossile Energieträger und Agrarprodukte in nennenswerten Mengen in die Verbraucherzentren gebracht werden, sich die Agrarmärkte verändern, neue Industrien und Industriestandorte entstehen und das Stadtwachstum sowie die Binnenwanderung der zweiten Jahrhunderthälfte in Gang kommen. Der Gütertransport auf den Eisenbahnen stieg zwischen 1848 und 1873 von etwa 1,5 Millionen Tonnen auf 41 Millionen, die Zahl der Reisenden konnte von circa 3 Millionen auf 43 Millionen pro Jahr angehoben werden.

»Oesterreich ist durch seine Eisenbahnen aus einem Ackerbau treibenden Staate ein Industriestaat geworden«, resümierte Alfred Ritter von Lindheim am Ende des 19. Jahrhunderts mit der für Eisenbahnhistoriker nicht untypischen Begeisterung.[10] Bei der Suche nach objektiven Gründen für die vermeintliche oder reale wirtschaftliche Rückständigkeit der Habsburgermonarchie hatten die Segmentierung des Binnenmarktes und die mangelhafte Ausstattung mit Wasserstraßen immer eine tragende Rolle gespielt.[11] Die Eisenbahn wurde daher in Österreich viel stärker als anderswo zum Schlüsselsektor der industriellen Expansion.

Auch die Formierung der liberalen Wirtschaftsordnung erhielt neue Impulse. Der lang ventilierte Plan zur Schaffung von Handelskammern konnte nach der Revolution von 1848 realisiert werden. Die Gründung der Wiener Handelskammer 1849 machte den Anfang. Ab 1850 wurde ein auf regionaler Basis funktionierendes Netz von Handelskammern (im heutigen Österreich Wien, Linz, Graz, Leoben, Salzburg, Klagenfurt, Innsbruck, Dornbirn) aufgebaut, mit dem offiziellen Mandat eines gesamtwirtschaftlichen Engagements, auch wenn sie im wesentlichen eine Interessenvertretung der Industrie bildeten. Um diese Aufgabe frei von Gruppeneinflüssen und losgelöst von Sonderbelangen ausführen zu können, waren Rechte zum Schutz ihrer Unbestechlichkeit und Objektivität notwendig, Präferenzen, die ihnen ab 1868 als Bindeglied zwischen Wirtschaft und Verwaltung, in Form eines obligaten Begutachtungsrechtes von Gesetzen und Verordnungen und in der Einrichtung einer eigenen Wählerkurie in Landtagen und damit auch im Abgeordnetenhaus, zuerkannt wurden. Die Handelskammern wurden rasch zum Hort des ökonomischen Liberalismus.[12]

Der »Neoabsolutismus«

Der Neoabsolutismus (1849–1860), jene Zeit der Restauration, in der der junge Kaiser Franz Joseph absolut zu regieren versuchte, hat in der Wirtschaftsgeschichtsschreibung im Unterschied zur politischen Beurteilung in der Regel ein recht gutes Image. Die Formel von der »progressiven Diktatur«, die zur Durchsetzung von Gesellschafts- und Wirtschaftsreformen notwendig sei, hatte schon Joseph II. benutzt, und sie sollte noch einige Male in der österreichischen Geschichte auftauchen. Handelsminister Carl Freiherr von Bruck bezeichnete es als »List der Idee«, daß die Reaktion zum Schrittmacher des Fortschritts geworden sei.[13] Die Meinung von der geringen wirtschaftlichen Dynamik im österreichischen Vormärz, in dem sich die später so oft beklagte österreichische Rückständigkeit ausgebildet habe, ist nicht zuletzt aus dieser Propaganda entstanden.[14] Auch von Kritikern des nach 1848 etablierten Neoabsolutismus wurde den vormärzlichen Autoritäten immer wieder ihre angebliche Immobilität und mangelnde wirtschaftliche Tatkraft vorgehalten: Es werde trotz aller Vorbehalte, die man aus verfassungsrechtlichen Gründen der neoabsolutistischen Staatsgewalt gegenüber eigentlich haben sollte, im Gegensatz zum Stillstand des vormärzlichen Systems nunmehr »wenigstens energisch gearbeitet«.[15]

Zeitgenössische Beobachter und spätere Experten haben sich nur zu gern in den Dienst dieses Topos einer »Verbindung von politischer Reaktion und wirtschaftlicher Progressivität« gestellt oder sich von ihm täuschen lassen, mit Verweis auf die vermeintliche Ähnlichkeit zwischen Österreich unter Fürst Felix Schwarzenberg und

Frankreich unter Louis Napoleon. »Das Ziel ... beider war, in einer überwältigenden Demonstration administrativer Effizienz und materiellen Fortschritts die Menschen die Freiheit vergessen zu lassen.«[16] Wie Frankreich und Preußen wollte auch Österreich die Chance nützen, dem Bürgertum durch Beförderung der äußeren Wohlfahrt die Einbuße an politischer und geistiger Freiheit zu ersetzen und es durch »Veranstaltung eines großartigen Tanzes um das goldene Kalb« bei Laune zu halten.[17]

Der Taktik der Ausklammerung aller negativen Phänomene aus der offiziösen Fortschrittspropaganda hatten sich nicht nur die Vertreter der gelenkten und überwachten Presse, sondern auch die beamteten Statistiker und Sachbearbeiter in den neugegründeten Kammervertretungen unterzuordnen.[18] Würde man den offiziellen agrarstatistischen Daten der fünfziger Jahre glauben, so hätten die Ernten damals eine Höhe erreicht, wie sie bis zum Beginn des 20. Jahrhunderts nicht mehr verzeichnet wurde, obwohl die Getreidepreise auf ganz schlechte Ernteergebnisse schließen lassen und die Handelsbilanz der Monarchie in Getreide ausgerechnet in diesem Jahrzehnt das einzige Mal im 19. Jahrhundert passiv war. Ähnliches gilt für die Industrie- und die Einkommensstatistik.[19] Die zeitgenössischen statistischen Daten für die fünfziger Jahre bedürfen daher einer kritischen Beurteilung.[20]

Die Jahre 1849 bis 1857 standen in ganz Europa im Zeichen eines äußerst lebhaften Konjunkturaufschwungs, der aber in Österreich viel weniger stark war als in Deutschland, Frankreich oder England.[21] Während in den vierziger Jahren Österreichs Wirtschaft noch nicht weit hinter Preußen und dem Zollverein zurücklag und in Schlüsselbereichen wie der Baumwollindustrie, der Roheisenproduktion oder der Kohlenförderung die Wachstumsraten sogar höher waren als im Zollverein, wurde in den fünfziger Jahren Österreich in den Wachstumsraten vom Zollverein glatt überrundet.[22] Während von 1827 bis in die späten vierziger Jahre Österreich gegenüber der Schweiz bei der Zahl der Baumwollspindeln aufgeholt und wieder auf einen Gleichstand gekommen war, wurden in den nächsten Jahrzehnten die Kapazitätsunterschiede enorm. In den sechziger Jahren hatte die Schweiz fast doppelt so viele Baumwollspindeln wie das heutige Österreich. Zwischen 1834 und 1867 konnte Österreich die Zahl der Baumwollspindeln kaum verdoppeln, Belgien, Deutschland, Rußland und auch Großbritannien aber konnten sie mehr als verdreifachen. Auch in Frankreich war der Zuwachs größer als in Österreich.[23]

Man steht in Österreich für die fünfziger Jahren also viel eher vor dem Problem, anstelle eines Booms ein Ausbleiben desselben erklären zu müssen. Die Ursachen lagen sicherlich zu einem Teil im Agrarsektor. Die Ernteergebnisse in den frühen fünfziger Jahren waren schon witterungsbedingt schlecht. Dazu kamen Ausfälle bei Kartoffeln, Wein und Seide, die durch die Kartoffelfäule (Phytophthora), das Seidenraupensterben und die Rebenkrankheit (Phylloxera) verursacht wurden. Die Grundentlastung, die Liberalisierung des Außenhandels und die Gewerbeordnung von 1859, mit der ein Schlußstrich unter die Zunftverfassung gezogen wurde, waren wichtige institutionelle Reformen, die mit entsprechender Verzögerung positive Auswirkungen auf die Produktivität hatten, deren unmittelbare Wachstumseffekte aber relativ gering oder sogar negativ waren. Die Eisenbahnprivatisierung und die Innovationen im Bankbereich waren erfolgreich, wurden aber erst in der zweiten Hälfte der fünfziger Jahre wirksam, um dann sehr rasch wieder von Krisensymptomen überdeckt zu werden.[24] Von der Binnennachfrage waren daher keineswegs jene Impulse zu erwarten, die ein positives Konjunkturklima hätten schaffen können, was noch zusätzlich durch die kriegerischen Verwicklungen, die politische Krisenstimmung in den italienischen Provinzen und die Folgen der unglücklich-ambivalenten Haltung im Krimkrieg verstärkt wurde.

Nach dem ungünstigen Konjunkturklima der ersten Hälfte der fünfziger Jahre kam es mit dem Ende des Krimkrieges für ein knappes Jahr zu einer kräftigen Produktionsbelebung.[25] Dann folgte die europäische Krise von 1857, die aber in der österreichischen Industrie wenig spürbar war und nur kurz währte.[26] 1858 war ein gutes Jahr. Auch der Krieg von 1859, der mit dem Verlust der reichen, aber von politischen Krisen erschütterten Lombardei endete, konnte die relativ günstige Konjunktursituation vorerst nicht beeinträchtigen. Die Jahre 1861 und teilweise auch noch 1862 gehörten nach dem Urteil der Wiener Handelskammer zu den besseren in dem Zeitraum seit 1848.[27]

Das ausschlaggebende Moment für die konjunkturelle Aufwärtsbewegung, die 1856 zeitverschoben zu Westeuropa einsetzte, war der Eisenbahnbau, der nach der im Jahre 1854 begonnenen Privatisierung bis 1860 große Fortschritte machte. Auch wenn sich unter den in der Phase der ersten Verstaatlichung ausgeführten Projekten verkehrspolitisch wie bautechnisch gleichermaßen bedeutende Leistungen wie die im Revolutionsjahr 1848 als Arbeitsbeschaffungsprogramm begonnene und 1854 nach den Plänen Karl Ritter von Ghegas fertiggestellte Semmeringbahn und die Durchquerung des Karsts auf der Strecke Laibach–Triest befanden, so zeigte das Bauvolumen dieser Periode von durchschnittlich nur 76 Kilometer im Jahr doch die Begrenztheit der staatlichen Ressourcen.[28]

Die Semmeringbahn im Bau: Viadukt über die Kalte Rinne, Lithographie von Imre Benkert, 1851/52

1854 waren rund 70 Prozent des Eisenbahnnetzes der Monarchie unter staatlicher Kontrolle, mehr als in jedem anderen Staat Europas. Die Privatisierung, die 1858 im wesentlichen abgeschlossen war und vor allem französischen Finanzgruppen zu einer bedeutenden wirtschaftlichen Position verhalf, beschleunigte den Bahnbau rasant. Zahlreiche Hauptstrecken der Monarchie wurden in Angriff genommen, vor allem die »k. k. priv. Kaiserin Elisabeth-Westbahn«, die bereits 1838 geplant und dann lange als Konkurrenz zur Donau als überflüssig betrachtet worden war, so daß erst zwischen 1856 und 1860 eine Verbindung von Wien über Salzburg nach München hergestellt wurde.[29]

Vom Eisenbahnbau profitierten nicht nur die Bauwirtschaft und die Eisenindustrie, sondern auch die neu entstehende Maschinenindustrie und der Kohlenbergbau. Mit der zunehmenden Bedeutung der Kohle und dem Ausbau des Verkehrssystems kam es zu Anpassungsprozessen, die für die altindustrialisierten Räume der schlecht erschlossenen Alpentäler schmerzhaft waren. Energieintensive Branchen und lohnintensive Produktionsbereiche verlagerten ihre Standorte in den böhmisch-mährischen Raum, solange die Nordbahn – bis zur Eröffnung der Kaiser-Franz-Josephs-Bahn im Jahr 1870 – ihr Transportmonopol für Kohle weidlich ausnützen konnte und die Produzenten im Wiener und niederösterreichischen Raum um mehr als die Hälfte höhere Kohlenpreise zu verkraften hatten als die Brünner und Prager.[30] Dennoch war die wichtigste Folge des Eisenbahnbaus die endgültige Etablierung der Mineralkohle. Die Zuwachsraten des Mineralkohlenverbrauchs in Wien waren spektakulär: in jedem Jahrzehnt zwischen 1850 und 1890 eine Verdoppelung.[31]

Der Konsumgüterindustrie erging es mit Ausnahme der Rübenzuckerindustrie, die in den fünfziger Jahren endgültig die Oberhand über den Kolonialzucker erreichte, nicht gut.[32] Die Kaufkraft der breiten Massen in den Städten war durch die fortschreitende Teuerung geschwächt. Die ausbleibende Kauflust der von der Preisentwicklung durchaus profitierenden Landbevölkerung wurde auf die Abtragung von Verpflichtungen aus der Grundentlastung zurückgeführt.[33] Auf eine Verschlechterung des Lebensstandards deuten sowohl wirtschaftliche wie demographische Indikatoren, die Eheschließungen, die Geburtenrate und die Mortalitätsziffern. Nie vorher oder nachher war der Anteil der Verheirateten an der Gesamtbevölkerung in Wien so gering. Das durchschnittliche Heiratsalter erreichte in den fünfziger Jahren ein Maximum. Auch der Anteil der unehelichen Geburten stieg auf mehr als 50 Prozent. Die durchschnittliche Wohnungsbelegung in Wien war 1857 mit 5,3 Personen die höchste des 19. Jahrhunderts. Die Wohnungsnot war in quantitativer wie qualitativer Hinsicht extrem. Dennoch wurde wenig gebaut, weil die relativ hohen Hypothekarzinssätze bei der niedrigen Kaufkraft der Bevölkerung eine entsprechende Rentabilität der Vermietung nicht erwarten ließen. Erst nach dem Beschluß zur Wiener Stadterweiterung 1857 belebte sich die Baukonjunktur. Walter Rogge hat dem Neoabsolutismus nicht zu Unrecht vorgeworfen, er habe die »Ausbeutung der Kleinen durch die Großen« zum Prinzip erhoben.[34]

Der Kapitalbedarf war hoch. Die Zinssätze stiegen. 1853 wurde als erste große Aktienbank mit Hilfe der Privatbankiers Eskeles und Brandeis-Weikersheim die Niederösterreichische Escompte-Gesellschaft gegründet, die im Wechseldiskontgeschäft die

Lücke auf dem Markt für kurzfristige Gelder schließen sollte. Der durch die Eisenbahnprivatisierung dramatisch steigende Einfluß des französischen Kapitals veranlaßte 1855 das Haus Rothschild, mit österreichischem Kapital die »Österreichische Credit-Anstalt für Handel und Gewerbe« nach dem Muster des Crédit Mobilier der Brüder Péreire zu gründen. Die Idee der Mobilbanken war es, die Gründung von Industrie- und Verkehrsunternehmen bis zu deren Börseneinführung zu betreiben, sich der Plazierung der Wertpapiere zu widmen und den Gewinn aus der vorübergehenden Finanzierung bis zum Verkauf der Papiere zu lukrieren. Das außerordentlich hohe Grundkapital der Credit-Anstalt in Höhe von 60 Millionen Gulden ließ die nächstgrößten Geschäftsbanken als winzig erscheinen, die 5 Millionen der Niederösterreichischen Escompte-Gesellschaft etwa, deren Aktienkapital ihrerseits größer war als das jedes Industrieunternehmens.[35]

In den sechziger Jahren wurden die Bankgründungen häufiger: Neben zahlreichen Sparkassen und Escompte-Banken in den Provinzstädten entstanden weitere Universalbanken nach dem Muster der Credit-Anstalt, 1863 die »k. k. priv. allgemeine Boden-Credit-Anstalt«, an der das mit französischen Interessen verbundene Bankhaus Sina beteiligt war, dann die Anglo-Österreichische Bank, kurz Anglobank, schließlich 1864 die »k. k. priv. Pfandleihgesellschaft«, die spätere Verkehrsbank. Das waren alles keine Banken des kleinen Mannes. Die Boden-Credit-Anstalt wurde zur bevorzugten Bank des Hochadels und des Kaiserhauses.[36]

Die österreichische Zollpolitik hielt bis 1851 am 1784 eingeführten Prohibitivzollsystem fest. Ursprünglich war die Einfuhr von etwa 200 Positionen ausländischer Waren verboten. 1835 wurde der Katalog auf 91 und 1845 auf 63 Artikel reduziert. 1851 wurden Einfuhrverbote überhaupt abgeschafft. Die Tendenz der Handelspolitik blieb aber weiter protektionistisch. Österreich scheiterte nach 1850 zweimal mit dem Versuch, die durch den Deutschen Zollverein geschaffene Situation der Abkoppelung vom deutschen Markt zu korrigieren, 1849/50 mit Ministerpräsident Schwarzenbergs Vision eines »Reichs der 70 Millionen«, worin sowohl die österreichische Gesamtstaatskonzeption wie auch der habsburgische Führungsanspruch in Deutschland noch einmal zum Ausdruck kamen, und mit einem daran anschließenden umfassenden mitteleuropäischen Zollunionsprojekt, das Handelsminister Carl Freiherr von Bruck analog zu Schwarzenbergs politischem Konzept entwarf. Mit seiner klaren Stoßrichtung gegen das als freihändlerisch geltende Preußen rührte das Brucksche Projekt an den Grundfesten des Deutschen Zollvereins und hätte die Ehe von Industrie und Weizen, die schon für das habsburgische Zollgebiet nach 1850 geschlossen war, auf eine viel umfassendere Ebene gehoben.[37]

Durch den am 19. Februar 1853 schließlich unterzeichneten Handelsvertrag zwischen Preußen und Österreich hatte Preußen den mitteleuropäischen Zollunionsplan vorerst erfolgreich abgewehrt. Preußen durfte darauf bauen, daß sich die Kluft zwischen Österreich und Deutschland angesichts des unterschiedlichen Wirtschaftswachstums innerhalb der nächsten Jahre weiter vertiefen würde.[38] Die Einführung des Deutschen Handelsgesetzbuches mit Ausnahme des Seerechtes in Österreich, soweit es zum Deutschen Bund gehörte, bedeutete einen letzten Vorstoß in Richtung wirtschaftlicher

Integration. Die handelspolitischen Initiativen der Jahre 1862/64 waren nur mehr die Reaktion auf den preußisch-französischen Handelsvertrag von 1862, der auch als das »handelspolitische Königgrätz« der Habsburgermonarchie bezeichnet wurde. Die Industrie, die einem Eintritt in den Deutschen Zollverein zu dem Zweck, »einen politischen Standpunkt in Deutschland zu behaupten«, skeptisch gegenüberstand und wenig Begeisterung für zusätzliche Konkurrenz auf den angestammten Märkten zeigte, agitierte für ein handelspolitisches Bündnis mit den süddeutschen Staaten. Die politische Niederlage, die das Bemühen um die Aufnahme in den Zollverein darstellte, kann somit auch als »Sieg der österreichischen Industrie und des Zollschutzes« verstanden werden.[39]

Die Revolution von 1848 und die Kriege in Italien und Ungarn hatten eine sprunghafte Ausdehnung der Geldmenge zur Folge. In den inflationären Nachwehen dieser Notenemission konnte die Nationalbank die Konvertierbarkeit des Guldens nicht länger aufrechterhalten. Schon im Mai 1848 mußte von der Zentralbank die Suspendierung der Einlösungspflicht ihrer Noten in Silber veranlaßt werden. Papiergeld wurde zum gesetzlichen Zahlungsmittel mit Annahmezwang, dessen Kurs zum Silbergulden, das Agio, sich bis 1859 immer mehr verschlechterte. Man kann im Agio eine Abwertung und damit Exportprämie sehen. Allerdings scheint es, daß es dem Ausbau der Außenhandelsbeziehungen Österreichs eher abträglich war, weil es ein neues spekulatives Moment in den Außenhandel hineinbrachte.

1857 wurde ein Münzvertrag mit dem Deutschen Zollverein abgeschlossen, der für die Zukunft einen fixen Wechselkurs zwischen den Währungen des Zollvereins und der neuen »Österreichischen Währung« vorsah, die an die Stelle der seit 1753 bestehenden bayerisch-österreichischen Konventionsmünze trat. Ein bisheriger Gulden Konventionsmünze (C.M.) entsprach 1,05 Gulden neuer Österreichischer Währung (Ö.W.). Mit Kriegsausbruch 1859 zerrütteten sich aber die Währungsverhältnisse neuerdings. Nur kurzfristig nahm die Notenbank mit 1. November 1858 die Einwechslung von Papiergeld wieder auf, stellte sie aber schon im April 1859 mit dem Ausbruch des Krieges gegen Frankreich und Piemont abrupt wieder ein. Der Annahmezwang wurde dann nie mehr aufgehoben.[40]

Das neoabsolutistische Regime behinderte durch seine Großmachtpolitik und die damit verbundene Aufblähung der Militärausgaben den Industrialisierungsprozeß. Die Mittel, die Steuerquote zu heben, erwiesen sich als zu schwach. Neben der Noten-

Tabelle 18: Budgetindikatoren 1848 bis 1867 (in Prozent)

	1848/59	1860/67
Durchschnittliche Deckung der Ausgaben durch Einnahmen	70,2	84,0
Anteil des Defizits am Ausgabenvolumen	29,8	16,0
Aufwand für Zins und Tilgung in Prozent der Einnahmen	38,8	31,4
Aufwand für Militär in Prozent der Einnahmen	63,6	32,9

Quelle: Joachim Curt-Wilhelm *Liese*, Staatskredit und Defizitfinanzierung in der ersten Konstitutionellen Periode der Habsburgermonarchie 1860–1867 (Diss. Wien 1988) 56.

bankfinanzierung war man auf eine weitere Staatsverschuldung angewiesen. Von 1847 bis 1858 stieg der Zinsendienst für die Staatsschuld auf 40 Prozent der Einnahmen. Durchschnittlich 20 Prozent der Ersparnisbildung wurden zwischen 1849 und 1865 von der Rüstung absorbiert, in den Jahren 1854/55 sogar 90 Prozent. Alle paar Jahre war die Monarchie in einen bewaffneten Konflikt involviert. Das dadurch verursachte »crowding out« trug wesentlich zum unbefriedigenden Wachstumsprozeß bei. Das neoabsolutistische Regime war mit seinem Vorhaben gescheitert, über eine bürokratisch gelenkte Wirtschafts- und Außenpolitik den Staatsbildungsprozeß schlußendlich in die Bahn eines straffen Zentralstaates zu lenken.[41]

Österreichs große Krise

Es war vor allem der Zustand der Staatsfinanzen, der dazu führte, daß 1860/61 die neoabsolutistische Regierungsform zurückgenommen und den Forderungen nach einer parlamentarischen Kontrollinstanz nachgegeben werden mußte.[42] Die Einführung einer allgemeinen Verfassung und die Einberufung des mit Budgethoheit ausgestatteten Reichsrats bildeten den Hintergrund für die Geld- und Budgetpolitik der frühen sechziger Jahre. Das neoabsolutistische Regime hinterließ eine Staatsschuld von nicht weniger als 3 Milliarden Gulden. Dem standen jährliche Einnahmen des Staates aus Steuern und sonstigen Einkünften von nicht mehr als 300 Millionen Gulden gegenüber. Der Aufwand für den Zinsendienst verschlang allein 140 Millionen Gulden. Die rigorose Spar- und Deflationspolitik, die eingeschlagen wurde, verschärfte die durch den Verlust der reichen Lombardei ohnehin prekäre Lage.

Die Krise setzte mit voller Wucht im Jahre 1863 ein und war in Österreich ausgesprochen tiefgreifend. Der Finanzwissenschaftler Alexander Peez zählte die Jahre 1860 bis 1866 »in wirtschaftlicher Hinsicht zu den ungünstigsten, die Österreich je erlebt hatte«.[43] Zur Budgetkrise und der von dieser erzwungenen restriktiven Geld- und Finanzpolitik trat die Baumwollkrise, die durch den amerikanischen Bürgerkrieg ausgelöst worden war. Die Preise für Rohbaumwolle kletterten auf das Vier- bis Fünffache. Die Einfuhr von Baumwolle nach Österreich fiel 1862 um mehr als 56 Prozent. Im Ganzen rechnete man, daß von 350 000 Menschen, die im Jahr 1861 in der cisleithanischen Baumwollindustrie beschäftigt waren, Anfang 1864 nur noch ein Fünftel Arbeit hatte.

Die außerordentlich schlechten Ernten von 1863 und 1864, die zu einem deutlichen Rückgang der Getreideexporte führten, bedeuteten angesichts der ohnehin kritischen Situation sowohl für die Investitionsgüter- wie auch die Konsumgüterindustrie eine Katastrophe. »Indem einzelne Länder dadurch fast ohne Einkommen blieben, erlitt die Consumationsfähigkeit ganzer Bevölkerungsklassen, namentlich des Bauernstandes, welcher sonst der beste Abnehmer unserer Industrieerzeugnisse war, einen argen Stoß, und der Absatz der Fabriken und Gewerbe stockte in bedenklicher Weise«, schrieb die niederösterreichische Handelskammer in ihrem Bericht.[44]

Die Investitionstätigkeit kam zum Erliegen. Während der Zuwachs des Schienennet-

Index der Industrieproduktion in Cisleithanien, 1830 bis 1913 (1913 = 100, halblogarithmischer Maßstab)

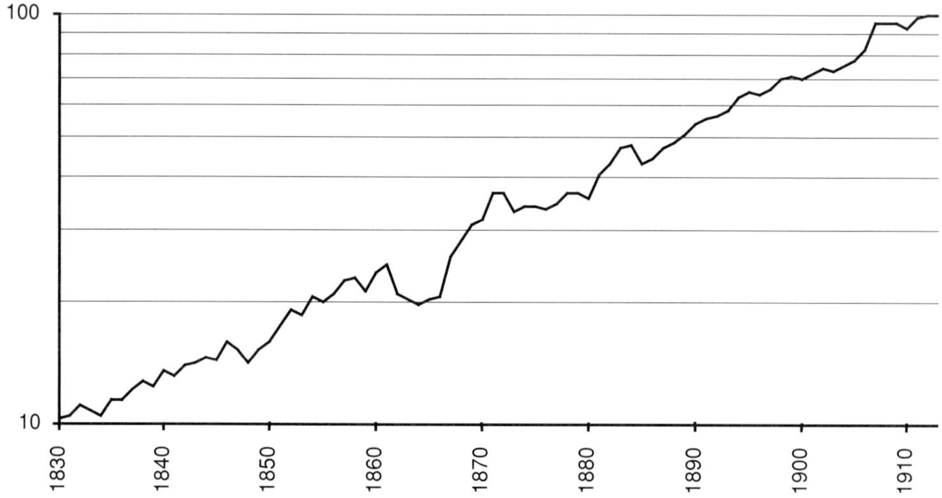

Quelle: John *Komlos*, Die Habsburgermonarchie als Zollunion. Die Wirtschaftsentwicklung Österreich-Ungarns im 19. Jahrhundert (Wien 1986) 187 ff.

zes in den Jahren 1855 bis 1860 durchschnittlich 438,5 Kilometer pro Jahr betragen hatte, wurde in den folgenden Jahren nur noch etwas mehr als halb so viel gebaut. Den Tiefpunkt brachte das Jahr 1864 mit einer Bauleistung von bloß 38 Kilometer. Für die Eisenindustrie war die abrupte Einschränkung des Eisenbahnbaus, der nach zeitgenössischen Schätzungen circa 40 bis 60 Prozent der gesamten Eisenerzeugung verbrauchte, schwer zu verkraften. Auch der Zusammenbruch des Sensenexportes nach Osteuropa und nach Amerika wirkte sich dramatisch aus. Am schwersten betroffen war der Maschinenbau.

Die Mißernten, die Kriegsauswirkungen und das international schlechte Konjunkturklima verstärkten sich gegenseitig. Daß man die Situation durch die restriktive Wirtschafts- und Fiskalpolitik unnötig verschärft hatte, dessen wurde man sich erst bewußt, als sich die Krise zum einschneidendsten Rückschlag auswuchs, den Österreich seit den Napoleonischen Kriegen erlebt hatte. Wie schwer die Krise war, zeigte sich neben den realen Daten auch in den nominellen Indikatoren, insbesondere in der Tatsache, daß trotz der scharfen Deflationspolitik, die der Finanzminister Ignaz von Plener verfolgte, die Preissteigerung nicht zum Stillstand kam.

Die Bankakte von 1862 war in wesentlichen Teilen das Resultat der Erfahrungen, die der Staat, die Nationalbank-Aktionäre und die Öffentlichkeit seit der Gründung der »k. k. priv. Oesterreichischen Nationalbank« im Jahr 1816 gesammelt hatten, vor allem des Umstands, daß die Nationalbank in den Kriegsjahren 1848 und 1859 jeweils als »lender of last resort« für den österreichischen Staat, immer unter Verlust der Konvertibilität, hatte einspringen müssen.[45] Im Reichsrat bildeten sich in der Diskussion um den Plenerschen Gesetzentwurf drei Gruppierungen: Gegner einer Einschränkung des

Notenumlaufs, Befürworter einer starken Reduktion und solche einer gemäßigten Reduzierung. Es setzten sich die Befürworter einer vorsichtigen Reduktion durch. Die wichtigste Bestimmung der Plenerschen Bankakte von 1862 war die Beschränkung der Notenemission nach dem Vorbild der Peelschen Bankakte. Der Bank- und Staatsnotenumlauf, der 1861 noch 477 Millionen Gulden betragen hatte, war Ende April 1866 auf einen Tiefststand von 337,9 Millionen gesunken. Das Silberagio, das Verhältnis zwischen dem höherbewerteten Silbergeld und der Papierwährung, sank von 150 im Januar 1861 auf 102 im März 1866. Das mußte wie eine Aufwertung der heimischen Währung wirken. Dennoch kam es zwischen 1863 und 1867 zu einem rasch steigenden Handelsbilanzüberschuß. Die Importe waren noch stärker zurückgegangen als die Exporte.[46]

Gründerzeit und Börsenboom

Daß sich 1867 nach einem verlorenen Krieg das Bild ganz schlagartig änderte, mochte fast wie ein Wunder erscheinen. Der unglückliche Krieg mit Preußen und Italien im Jahre 1866 hatte wirtschaftspolitisch zumindest die eine Folge, das Ende der restriktiven Geldpolitik herbeizuführen und den neuen Finanzminister Larisch, seit Sommer 1865 Nachfolger Pleners, unter Bruch des Notenbankprivilegiums zu einer massiven Ausweitung der Geldmenge zu zwingen. Daß diese Geldvermehrung sich nicht in nominellen Preissteigerungen erschöpfte, sondern einen vollkommenen Stimmungsumschwung herbeiführte, war vor allem jener Reihe guter Ernten zu danken, die mit der »Wunderernte« des Jahres 1867 einsetzte, während gleichzeitige Mißernten in Westeuropa Österreich große Exportchancen eröffneten.[47]

Der im Jahr 1867 mit Ungarn erreichte Ausgleich, der den Staat in zwei Reichshälften, in »Cisleithanien« und »Transleithanien«, trennte und die gemeinsamen Angelegenheiten der neuen Doppelmonarchie und die in Zehnjahresabständen jeweils neu zur Verhandlung anstehende Aufteilung ihrer Finanzierung, die sogenannte »Quote«, festschrieb, bedeutete fürs erste eine Stabilisierung der Habsburgermonarchie. Die übereinstimmende Regelung der Handels- und Zollpolitik, der indirekten Steuern, des Geldwesens, der Staatsschuld oder auch der Eisenbahnangelegenheiten garantierte die freie Beweglichkeit von Arbeit und Kapital und die Sicherstellung des gemeinsamen Wirtschaftsraumes.[48]

Die guten Ernteergebnisse stellten die konjunkturelle Reaktivierung auf eine reale Grundlage und regten die Transportwirtschaft an. Die Donaudampfschiffahrt verzeichnete die besten Jahre ihrer Geschichte. Das Schienennetz der Monarchie wurde zwischen 1866 und 1873 verdoppelt, die Wertschöpfung der Eisenbahnen hatte sich versechsfacht. Von den nach 1866 gebauten Bahnen sind von Wien aus die Kaiser-Franz-Joseph-Bahn, die das Waldviertel und Südböhmen verkehrsmäßig erschloß, und die Nordwestbahn, die eine neue Verbindung durch das Weinviertel zur Nord- und Ostsee herstellte, zu nennen, dazu die Linz-Budweiser-Bahn, die Salzburg-Tiroler-Bahn und die von 1868 bis 1872 erbaute Kronprinz-Rudolf-Bahn, die eine zweite, wenn auch von vielen Kritikern wegen der viel zu viele Interessen berücksichtigenden Strecken-

Karl Karger: Der Wiener Nordwestbahnhof, Öl auf Leinwand, 1875

führung nicht als optimal eingestufte Nord-Süd-Trasse von der Westbahn durch das Enns-, Palten-, Liesing- und Murtal und über den Neumarkter Sattel nach Kärnten eröffnete.[49]

Von den Verkehrsinvestitionen profitierte neben der Bauindustrie und dem Maschinenbau vor allem die Eisenindustrie, die ab 1863 mit dem raschen Aufgreifen des Bessemerverfahrens, der folgenreichsten hüttenmännischen Innovation des 19. Jahrhunderts, in Turrach, Heft, Neuberg, Ternitz und im Grazer Südbahnwalzwerk ihre Lebenskraft energisch unter Beweis stellte.[50] 1875 wurden bereits rund 80 Prozent des steirischen Stahls in Bessemerbirnen erzeugt, während in den Hochöfen die Substitution der Holzkohle durch Mineralkohle immer noch auf sich warten ließ. Die ersten Kokshochöfen auf österreichischem Boden wurden 1872/73 in Zeltweg und Schwechat erbaut und der letzte mit Holzkohle betriebene Hochofen der Steiermark 1901 ausgeblasen. Niederösterreich, auf halbem Weg zwischen dem steirischen Erz und der mährisch-schlesischen Kohle, schien sich als Standort einer neuen Eisenverhüttung anzubieten. Die Versuche der siebziger Jahre des 19. Jahrhunderts, mit dem Schwechater Hochofen die Eisenverhüttung an die Donau zu verlegen, verliefen allerdings nicht erfolgreich. Auch das Walzwerk, das Hugo Henckel von Donnersmarck in Wien/Zwischenbrücken errichtete, kam nie richtig in Schwung und wurde nach 1873 stillgelegt.[51]

Besonders hervorzuheben ist, in welch kurzer Zeit sich die österreichische Rübenzuckerindustrie aus bescheidenen Anfängen zu einer international erfolgreichen und innovativen Führungsbranche und »Königin der österreichischen Industrie« entwickeln konnte.[52] Seit den sechziger Jahren gehörte die Donaumonarchie zu den wichtigsten zuckerproduzierenden Staaten, und die Erfindungen, die von Österreich ausgingen, hatten ihre Wirkung bis in die traditionsreichen Rohrzuckerländer. Weltruf erlangte die 1864 von Julius Robert entwickelte Auslaugung der Rübenschnitzel durch Diffusion.

Zuerst war es ein Verdrängungswettbewerb. 1862 schloß die letzte Kolonialzuckerraffinerie Österreichs in Wiener Neustadt. Begünstigt durch die staatliche Steuer- und Subventionspolitik, verwandelte sich die Rübenzuckerindustrie nach 1867 innerhalb weniger Jahre von einer importsubstituierenden in eine primär exportorientierte Industrie.

Wien wurde zu einer riesigen Baustelle. Die Zahl der Baubewilligungen überstieg alle vorher und nachher erreichten Ausmaße. Rund 40 Prozent der Mietshäuser der Ringstraße wurden in den sieben Gründerjahren gebaut und auch die meisten Prunkbauten begonnen: Rathaus, Burgtheater, Parlament, Universität, Hofmuseen und Börse. Wien erhielt die nobelste Repräsentationsarchitektur und den prächtigsten Boulevard, der in Europa nach Haussmanns Beispiel angelegt wurde. Mit einem Schlag zog Wien als moderne Großstadt mit Paris gleich und überrundete London sowie jede andere Hauptstadt der Welt.[53]

An der Börse zeigte sich der Boom vor allem im Bereich der Baueffekten und Bahnwerte sowie in einer ungeheuren Zunahme der Aktienemissionen. Nicht weniger als 530 Aktiengesellschaften waren von Januar 1872 bis Mai 1873 an der Wiener Börse neu eingeführt worden. Nach dem 1875 verfaßten Bericht des volkswirtschaftlichen Ausschusses des Reichsrates wurden zwischen 1867 und 1873 insgesamt 1005 Aktiengesellschaften mit einem Nominalkapital von über 4 Milliarden Gulden neu konzessioniert. Die Gründerzeit war eine Zeit verstärkter, ja überhasteter Bankgründungen, viele davon als reine Spekulationsunternehmen, an der Spitze der Wiener Bankverein, eine Tochtergesellschaft der Boden-Credit-Anstalt, der sich von 1869 an zu einer atemberaubenden Karriere im Gründungsgeschäft anschickte und die vielleicht spektakulärste finanzielle Schöpfung dieser Zeit darstellte: Mit einem Kapital von bloß 3,2 Millionen Gulden wurden schwindelerregende Dividendenausschüttungen erzielt.[54]

In der Öffentlichkeit dominierte eine sehr einflußreiche Schicht von Kapitalisten und Rentiers. Ihre Pracht- und Repräsentativbauten prägten das Bild der Ringstraße und ihrer Umgebung: Rothschild, Königswarter, Todesco, Schey, Epstein, Boschan, Gomperz, Wiener, Springer und Wodianer manifestierten ihre finanzielle Macht im historisierenden Stil. Die Ringstraßengesellschaft formierte sich aus unternehmerischem Aufstiegswillen, glücklichen Spekulationen und reichen Heiraten. Es war eine kurze Blüte des politischen Liberalismus. Im Abgeordnetenhaus waren nach Meinung des Nationalökonomen und Ministers Albert Schäffle mehr große Erwerbsunternehmungen durch ihre Funktionäre vertreten, als das Haus überhaupt Mitglieder zählte: Das Abgeordnetenhaus sei eine Aktionärsversammlung und die Regierung ihr Verwaltungsrat.[55]

Das Spekulationsfieber und die bevorstehende Weltausstellung heizten die Preise, Mieten und Börsenkurse im Frühjahr 1873 noch weiter an: »Der Preis der Wohnungen ist nicht mehr zu erschwingen; die Teuerung des Fleisches kann kaum mehr steigen; das Brot wird täglich kleiner; das Bier wird teurer; in den Gast- und Kaffeehäusern wird man förmlich gebrandschatzt … kurz, das bißchen Existenz wird uns täglich schwerer gemacht«, klagte man.[56] Da die Gründerzeit bereits in der letzten Phase zu einer enormen Verteuerung der Lebenshaltungskosten geführt hatte, konnte die Realeinkommensspitze von 1871 in den letzten beiden Jahren der Hochkonjunktur schon nicht mehr gehalten werden. Die Realeinkommen sanken. Die Krise kündigte sich an.

»Der große Krach«

Das Weltausstellungsjahr 1873 erschien vielen als unwirkliche und unrealistische Illusion: »Glücklich macht uns Illusion«, hatten Karl Haffner und Richard Genée im bereits 1872 fertiggestellten Libretto der Fledermaus getextet. 1874, bei der Uraufführung, waren die Börsenträume längst geplatzt. Die Weltausstellung, welcher von den Zeitgenossen die Hauptschuld zugeschoben wurde, verzögerte vorerst den Ausbruch der schon 1872 drohenden Krise. Als nach der verregneten Ausstellungseröffnung die Fremden nicht gleich im erwarteten Ausmaß herbeiströmten, begannen sich die Ereignisse zu überstürzen. Ein Korrespondent der Prager Zeitung »Politik« hatte für den Kurssturz des 9. Mai 1873, des »Schwarzen Freitags«, den Begriff »großer Krach« geprägt, der rasch als »la grande craque« und »big crash«, ja selbst »a nagy Krach« in andere Sprachen einging. Schon am 1. August desselben Jahres wurde im Wiener Fürsttheater ein Stück mit dem Titel »Die Jagd nach Geld oder der große Krach« gegeben.[57]

Nach den Aufregungen des Mai brachte der Hochsommer eine Mißernte und eine Choleraepidemie, deren Auswirkungen den Erfolg der Weltausstellung, die trotzdem mehr als 7 Millionen Besucher erzielte, wahrscheinlich viel stärker beeinträchtigten als der Börsenkrach. Im Weltausstellungshotel »Donau« in der Nordbahnstraße erkrankten, vermutlich von einem aus Treviso kommenden Kaufmann angesteckt, in drei Tagen 13 Personen, wovon acht sofort starben. Die circa 400 Gäste verließen fluchtartig das Hotel und vermutlich auch Wien. Die eigentliche Epidemie dauerte 141 Tage, von Anfang Juli bis Ende Oktober, und traf daher mit den wichtigsten Ausstellungsmonaten zusammen. In Wien starben 2 983 Menschen. Insgesamt schätzte man die Zahl der Choleratoten in Österreich-Ungarn für das Jahr 1873 auf 436 000. Die Seuche setzte sich auch noch 1874 fort. Ungarn wurde von einer demographischen Katastrophe geradezu mittelalterlichen Ausmaßes heimgesucht, bei der die Cholera mit einer Hungersnot zusammentraf.[58]

Das Ausmaß und die tatsächlichen Auswirkungen der großen Depression, die der Hochkonjunktur der beginnenden siebziger Jahre nachfolgte, sind in neuerer Zeit viel diskutiert worden. Einige Produktionsreihen deuten darauf hin, daß die Schwierigkeiten in Österreich größer waren als in Deutschland. Der Einbruch der Produktion war unterschiedlich stark, in Ungarn war er ausgeprägter als in Cisleithanien, im heutigen Österreich war er spürbarer als in Böhmen und Mähren, in der alpinen Eisenindustrie war er am schwerwiegendsten. In der Bauindustrie setzte die Krise erst mit einer planungs- und zinsfußbedingten Verzögerung ein. Verstärkend wirkten die Cholera, die schlechten Ernten und der völlige Zusammenbruch des Bahnbaus. In den sieben guten Jahren 1867 bis 1873 hatte der Zuwachs des österreichisch-ungarischen Eisenbahnnetzes 9 472 Kilometer betragen. In den darauffolgenden sieben mageren kamen bloß 2 840 Kilometer an neuen Schienenwegen dazu, 1880, am Tiefpunkt, nur 75 Kilometer. In engem Zusammenhang damit standen die Probleme der Bau- und der Eisenindustrie: Gerade dieser Schlüsselsektor des alpinen Österreich mußte empfindliche Einbußen hinnehmen und konnte erst nach einem sehr schmerzhaften Strukturbereinigungsprozeß wieder Anschluß an die internationale Entwicklung finden.[59]

In der Investitionsgüterindustrie waren die Beschäftigtenzahlen innerhalb eines Jahres auf die Hälfte, teilweise sogar auf ein Drittel abgesunken. Der Ausbruch der Wirtschaftskrise führte zu einem spürbaren Rückgang der Nominallöhne, zunächst aber wegen der schlechten Ernten noch zu keiner Senkung der Lebenshaltungskosten. »Alle Consumpreise stehen auf der Höhe des Vorjahres und – merkwürdiger Weise, die Wohnungspreise der ärmsten Classe, die Dachkammern und Kellerwohnungen sowie die Bettmiete sind nicht um einen Bruchteil wohlfeiler geworden«, heißt es in einem Zeitungsartikel aus dem Jahre 1874.[60] Verwunderlich war das nicht. Wegen des Einkommensrückgangs war die Nachfrage nach Kleinwohnungen angestiegen, während große Wohungen leer standen oder relativ billig zu haben waren. Die Reallöhne gingen beträchtlich zurück. Ältere Arbeitskollegen erzählten den Neuzukömmlingen immer wieder vom herrlichen Leben vor der Krise.[61] Die Krise war hartnäckig. Der österreichische Arbeiterkalender schrieb 1879 über die Situation seit 1873, daß die alte Prophezeiung, »es wird bald besser werden«, sich immer noch nicht erfüllen wolle: »Die Geschäfte stocken, die Arbeiter haben wenig oder gar nichts zu tun, und jenen, die noch das ›Glück‹ voller Beschäftigung haben, ist der Lohn derart gekürzt, daß er kaum ausreicht zur Befriedigung der allerdringendsten Bedürfnisse; allerorts daher Elend und Not!«[62]

1873 gab es in Wien 72 Aktienbanken, 1874 waren es noch 28, 1879 nur mehr 14. Nach dem großen Krach war die Existenz der Boden-Credit-Anstalt und des Bankvereins längere Zeit äußerst gefährdet. Die Mobilbanken zogen sich aus dem industriellen

Der Wiener Börsenkrach von 1873

Gründungsgeschäft fast völlig auf das staatliche Darlehens- und laufende Bankgeschäft zurück. Der Zusammenbruch zahlreicher Banken und Industriegründungen erschütterte das bisherige Vertrauen in die Prinzipien des wirtschaftlichen Liberalismus, während zugleich zahlreiche liberale Politiker durch ihre Beteiligung an unsoliden Gründungen nun nach deren Zusammenbruch kompromittiert erschienen. Zuerst ging man an eine Verschärfung der börsen- und aktienrechtlichen Bestimmungen, eine nachträgliche Korrektur, die erst recht die Investitionstätigkeit beeinträchtigte. Sarkastisch meinte der Kolumnist Daniel Spitzer zum neuen Aktiengesetz 1874, ein gutes Gesetz erkenne man eben daran, daß es ähnlich wie die Feuerspritze bei Brandfällen regelmäßig zu spät komme: Nun möge jeder Staatsbürger mit der Gewißheit nach Hause gehen, daß nichts mehr zu verlieren sei.[63]

Die realen Auswirkungen der großen Depression wurden von den Zeitgenossen zweifellos überschätzt. Doch der Börsenkrach wurde zu einem Symbol, zum Symbol des Endes des Liberalismus. 1879 wurde die kurze Reihe liberaler Regierungen durch die konservative Regierung Taaffe (1879–1893) abgelöst. Die Gesellschaft hatte das Vertrauen zu sich selbst verloren. Wie immer machte man sich auf die Suche nach den Schuldigen. Antikapitalismus und Antisemitismus fanden einen reichlichen Nährboden. Die Achtundvierziger-Generation, begierig, das alte System endlich zu zerschmettern, mußte allzu rasch ihr Scheitern eingestehen. Früher und intensiver als anderswo erfolgte in Österreich die Niederlage des politischen und auch wirtschaftlichen Liberalismus.

Das Krisenjahr 1873 zeigt sich damit als wichtige Zäsur der österreichischen Wirtschafts- und Sozialgeschichte: Es markiert den Beginn der neuerlichen Verstaatlichung des Bahnsystems, der Reaktivierung schutzzöllnerischer Bestrebungen, der Bevorzugung festverzinslicher Werte gegenüber Aktien und Spekulationspapieren, generell einer antikapitalistischen Stimmung. Das Streben nach Sicherheit wurde zum Leitstern: Risikofeindschaft, »Rentnermentalität« und zünftlerisch-kleingewerbliches Denken wurden zu lange nachwirkenden Grundkomponenten der österreichischen Wirtschaftsordnung.

Der Ruf nach dem Staat wurde laut und unüberhörbar: Schon in der Regierungsvorlage zum Bau der Arlbergbahn im Jahre 1874 wurde ausdrücklich darauf verwiesen, daß »wegen der Schwierigkeit und Kostspieligkeit des Baus ein Privatunternehmer nicht zu erwarten sei«.[64] Damit war ein Stein ins Rollen gekommen. Nach einem kaum mehr als zwanzigjährigen privatwirtschaftlichen Intermezzo, noch in der liberalen Phase, schritt Österreich erneut zum Aufbau eines Staatsbahnsystems, dessen Durchsetzung aber lange Zeit in Anspruch nahm. Das Sequestrationsgesetz von 1877 ermächtigte die Regierung, jene Bahnen unter Zwangsverwaltung zu stellen, die ein vom Staat zu deckendes Defizit aufwiesen oder durch fünf Jahre mehr als die Hälfte des garantierten Reinertrags in Anspruch nahmen.[65]

Wie vor der Privatisierung der Staatsbahnen die Kritik sich gegen den Staat als Eisenbahnunternehmer gerichtet hatte, so wurde nun gegen die Privatbahnen argumentiert: Sie galten als langsam, ineffektiv, bürokratisch, teuer und monopolanfällig. Wettbewerbspolitischen, regionalen, wachstumspolitischen und konjunkturellen Anliegen mußte in der Eisenbahnpolitik Rechnung getragen werden. Besonders die militärischen

Stellen drängten auf eine zentrale Einflußnahme. Auch antisemitische Untertöne mischten sich in die Diskussion, vor allem aber fiskalische Motive, denn Eisenbahnen konnten im 19. Jahrhundert ohne die Konkurrenz des Autos unzweifelhaft ein Geschäft sein.

Das Aufkommen der Massenparteien und das Entstehen der drei großen politischen Lager in den achtziger Jahren sind nur unter dem Eindruck des Scheiterns der Liberalen der Gründerzeit verständlich. Es entstanden jene politischen Gruppierungen, die das öffentliche Leben Österreichs bis ins späte 20. Jahrhundert bestimmen sollten, als Parteien die drei neuen Massenparteien und Lager, das christlichsoziale, das deutschnationale und das sozialdemokratische, als Interessenvertretungen die Gewerkschaften und Unternehmerverbände, als Institutionen die ersten Sozialversicherungen und die Gewerbeinspektoren.[66]

Große Depression und antiliberale Reaktion

Die Anfänge der Agrarkrise

Der Großindustrielle Karl Wittgenstein, von Amerika stark geprägt, bezeichnete in einer 1888 publizierten und 1898 fortgesetzten Artikelserie zu Recht die Landwirtschaft als den wunden Punkt der österreichischen Volkswirtschaft. Es fehlte an der entsprechenden Produktivitätssteigerung und Marktorientierung.[67] Gegenüber dem westlichen Europa war die alpenländische Landwirtschaft rückständig. Mit jener der östlichen und nördlichen Provinzen des Habsburgerreiches, die zum Teil noch rückständiger war, konnte sie wegen der teilweise dort viel günstigeren Produktionsbedingungen nur schwer in Konkurrenz treten.

Zwischen 1869 und 1910 sank der Anteil der in der Landwirtschaft Tätigen an der Gesamtbevölkerung des heutigen Österreich von 59 auf 31 Prozent. In absoluten Zahlen ging die landwirtschaftliche Bevölkerung von etwa 2,6 Millionen auf 2 Millionen zurück. »Leutenot« und »Landflucht« wurden zu vielgebrauchten Vokabeln. Die Grundentlastung, die mit der Ablösung und Beseitigung feudaler Bindungen die Kommerzialisierung und Produktivitätssteigerung der landwirtschaftlichen Betriebe fördern sollte, wirkte in mancher Hinsicht als modernisierungshemmende Maßnahme, die die patriarchalische Stellung des Bauern stärkte, gleichzeitig aber die Verschuldung der Betriebe förderte. Die Grundentlastung hatte die Betriebsgrößenstruktur der Landwirtschaft fürs erste nicht berührt. Zudem existierten bis 1868 die aus dem Absolutismus stammenden Einschränkungen des freien Grundverkehrs im Landwirtschaftsbereich. Das änderte sich vom Rechtlichen her mit dem Durchbruch des liberalen Konzepts: Der beste Wirt sollte den besten Boden erwerben können. Ähnlich war es mit der Beseitigung der Wuchergesetze und der Einführung der Freiteilbarkeit. Es trat eine wachsende Verschuldung ein, mit steigenden Zahlen bei den Zwangsexekutionen. Die hypothekarische Verschuldung der Landwirtschaft vor dem Ersten Weltkrieg wird auf etwa 4,2 Milliarden Kronen geschätzt, knapp die Hälfte des damaligen Sozialprodukts.[68]

Als sich für den Großgrundbesitz im Norden und Osten der Monarchie, der mit der Ausdehnung der Schafzucht im Vormärz schon eine Schule der Kommerzialisierung durchgemacht hatte, durch Dampfschiff und Eisenbahn im Verein mit liberalen Grundsätzen des Handelsverkehrs vor allem bei Getreide die Absatzgebiete im Westen der Monarchie öffneten, wurden die in kleinräumigen Hochpreisgebieten produzierenden Bauern Österreichs empfindlich getroffen. Ihre goldenen Zeiten waren vorbei.

Allerdings waren die Modernisierungs- und Rationalisierungsmöglichkeiten für die alpenländische Landwirtschaft vorerst sehr beschränkt. Die in der zweiten Hälfte des 19. Jahrhunderts bekannten landwirtschaftlichen Maschinen erlaubten noch keine durchgängige, die Arbeitskette gleichmäßig erfassende Arbeitseinsparung, sondern nur die Verkürzung einzelner Arbeitsgänge. Die Sämaschinen führten mehr zu einer Saatgutersparnis als Arbeitsersparnis, die Mähmaschinen ersparten einen einzelnen Arbeitsgang bei der Getreide- und Heuernte. Die Dreschmaschinen bedeuteten eine Reduktion des Arbeitskräftebedarfs ausgerechnet im Winter, wo die Landwirtschaft ohnehin vor dem Problem stand, Leerläufe füllen zu müssen. Das ganze 19. Jahrhundert blieb ein Problem ungelöst, an dem eine weitergehende Mechanisierung der mittelbetrieblichen Landwirtschaft, wie sie in Österreich dominierte, vorerst scheiterte: die für den Feldeinsatz von Maschinen nötige Energie in mobiler Form bereitzustellen. Dampfmaschinen fanden in stationärer Form für den Antrieb von Dreschmaschinen Verwendung, während sich der Einsatz von Lokomobilen für den Betrieb der schweren Dampfpflüge, die mit Seilzügen über die Felder bewegt wurden, bei der österreichischen Betriebsgrößenstruktur nicht rentieren konnte. Innerhalb des heutigen Österreich gab es 1902 nur 15 landwirtschaftliche Betriebe, die Dampfmaschinen zu Zugzwecken verwendeten.[69]

Dampfpflug im Arbeitseinsatz, Ende 19. Jahrhundert

Nur in der Milchwirtschaft, wenn auch erst ab den neunziger Jahren und mehr im Einzugsbereich von Wien und der umliegenden Industriezentren als in den alpinen Gebieten, eröffnete sich für die Landwirtschaft eine Möglichkeit der Kommerzialisierung, die vor allem über den Weg von Genossenschaften beschritten wurde. Zwischen 1890 und 1910 bildete sich im weiteren Umkreis von Wien ein Ring von Milchgenossenschaften. Damit gelang mit neuen Organisationsformen die Vermarktung eines Produktes, das vorher gewissermaßen nur als Nebenprodukt der in erster Linie ins Auge gefaßten Getreidewirtschaft galt. 1900 wurden nur 35 Prozent der Wiener Milchversorgung aus Niederösterreich und weitere 6 Prozent aus dem heutigen Österreich gedeckt, 40 Prozent aber aus den Sudetenländern und 19 Prozent aus Ungarn. Bis 1914 war der Anteil Niederösterreichs auf 64 Prozent angestiegen. Die übrigen heutigen Bundesländer lieferten praktisch überhaupt nicht nach Wien, die Sudetenländer hielten bei 23,5 Prozent und Ungarn bei 12,3 Prozent.[70]

Im Weinbau, wo die Kommerzialisierung althergebracht war, bildeten Reblausschäden, überregionale Konkurrenz und Produktivitätsgewinne der Bier- und Branntweinindustrie einen ungeheuren Ertragsdruck.[71] Die Viehwirtschaft und Fleischproduktion war durch zollpolitische und einkommensbedingte Schwierigkeiten beeinträchtigt. Kommerzialisierungsmöglichkeiten gab es daneben vor allem mit Zuckerrüben, Hopfen, Obstmost, teilweise auch mit Spezialkulturen wie Weberkarden[72] und Zichorienwurzeln, wobei sich manches als eher kurzfristige Konjunktur erwies, während andere

Tabelle 19: Milcherzeugung in Österreich 1850 bis 1990 (heutiges Bundesgebiet, Schätzung)

	Milchkühe in 1 000 Stück	pro Kuh in kg	Gesamt in 1 000 t	Ablieferung in 1 000 t	sonstiger Verbrauch in 1 000 t	Verfütterung in 1 000 t
1850	1 069,9	1 359	1 454,0	–	–	–
1880	1 040,8	1 285	1 337,4	–	–	–
1910	1 096,4	1 771	1 941,7	–	–	–
1930	1 207,2	2 000	2 414,3	–	–	–
1937	1 211,7	1 955	2 369,0	1 405,0	579,5	384,5
1946	1 134,2	1 384	1 570,3	632,3	654,8	283,2
1950	1 100,2	1 895	2 084,9	980,2	698,5	406,2
1960	1 131,1	2 512	2 841,6	1 521,8	766,4	553,4
1970	1 077,5	3 089	3 328,4	2 044,7	756,5	527,2
1980	975,0	3 518	3 430,0	2 237,1	651,8	541,1
1990	883,6	3 791	3 349,9	2 238,5	453,8	657,6

Berechnet nach: Roman *Sandgruber*, Österreichische Agrarstatistik 1750–1918. Wirtschafts- und Sozialstatistik Österreich-Ungarns 2 (hg. von A. *Hoffmann*/H. *Matis*, Wien 1978); Felix *Butschek*, Statistische Reihen zur österreichischen Wirtschaftsgeschichte. Die österreichische Wirtschaft seit der industriellen Revolution (Wien 1993).

Industrierohstoffe wie der Flachs und die Wolle in eine tiefe Krise schlitterten. Der Anbau von Flachs verschwand fast ganz. Auch die Schafhaltung sank bis 1910 zur fast völligen Bedeutungslosigkeit ab, vor allem in Ober- und Niederösterreich, während in Innerösterreich der Rückgang weniger ausgeprägt war, weil viele Betriebe der Krise mit autarken Strategien beikommen wollten und auch den Bedarf an Textilien möglichst aus eigener Produktion abzudecken versuchten.[73]

Der Vorteil, den die bäuerliche Hauswirtschaft und die damit verbundene Gesindehaltung einmal geboten hatten, verwandelte sich immer mehr in einen Nachteil: Ledige Dienstboten waren immer schwerer zu bekommen und konnten das Jahr über keineswegs immer voll mit Arbeit versorgt werden. Taglohnwirtschaften, die einen Teil der Lohnkosten auf die kleine Subsistenzwirtschaft der Taglöhner überwälzen konnten, waren in der Kostenstruktur günstiger. Im letzten Drittel des 19. Jahrhunderts setzte die erste Welle der »Landflucht« mit dem Abgang familienfremder Dienstboten ein. Sie wurden durch mithelfende Familienmitglieder ersetzt. Die damit entstehenden eigentlichen »Familienbetriebe«, die sich aus der eigenen Wirtschaft versorgten und im Krisenfall auch viel leichter einschränken konnten, erwiesen sich als Sozialgruppen mit konservativem Zuschnitt. Die Arbeit mit eigenen Kindern und Verwandten machte im Vergleich zur Dienstbotenarbeit eine Senkung der Produktionskosten durch Konsumverzicht und Selbstausbeutung viel leichter.[74]

Immer mehr sahen die Bauern in der liberalen Wirtschaftsordnung die Wurzel ihrer Existenzbedrohung. In der Verlängerung der Schulpflicht durch die liberale Schulgesetzgebung erblickten sie nicht eine Möglichkeit zur Produktivitätssteigerung und

Chancenverbesserung, sondern den Entzug billiger Arbeitskräfte und die Verleitung zur Landflucht.[75] Die liberale, für alle Kinder gleiche Erbregelung steigerte die Verschuldung der Bauernhöfe sehr rasch. Die Mobilisierung des Grundbesitzes und die Freigabe des Grundverkehrs führten zu Güterschlächterei, Zwangsversteigerungen und Auflassung von Höfen bzw. deren Umwandlung in Jagdgebiete oder Großgüter. Im Kapitalismus war rasch ein Schuldiger gefunden, konkretisiert und personalisiert in der Gruppe der Juden, die im Zusammenhang mit dem börsenmäßigen Getreideterminhandel, dem regional sehr unterschiedlichen Einfluß des jüdischen Landhandels und Leihkapitals und als jüdische Kapitalisten, die Bauernhöfe für Jagdreviere aufkauften, für alle Übel der Agrarkrise verantwortlich gemacht wurden.[76]

Die Forderungen nach Heimstättengesetzen, nach einer Revision des Erbrechtes, nach neuen Formen des Gesindezwangsdienstes (bis 18 Jahre), nach Reduktion der Geldwirtschaft und Erweiterung der Naturalentlohnung blieben zwar weitgehend auf dem Papier. Aber die agrarpolitische Organisierung der alpenländischen Landwirtschaft erfolgte mit weitgehend antiliberalen Vorzeichen und setzte sich entsprechende Ziele. Die liberalen, vereinsrechtlich organisierten Landwirtschaftsgesellschaften, die ihre Basis im Großgrundbesitz, bei landwirtschaftlichen Beamten und ländlichen Industriellen gefunden hatten, wurden durch die mittelbäuerlich gestützten Landeskulturräte ersetzt. Bauernbünde formierten sich auf christlichsozialer und nationaler Basis.[77]

Tabelle 20: Berufstätige nach Wirtschaftssektoren, Österreich 1869 bis 1991

Jahr	Land-/Forstwirtschaft		Industrie/Gewerbe		Dienstleistungen	
	in 1 000	in %	in 1 000	in %	in 1 000	in %
1869	1 517,5	53,8	667,5	23,6	638,5	22,6
1880	1 454,7	52,0	696,4	24,9	646,6	23,1
1890	1 518,8	50,0	819,4	27,0	700,0	23,0
1900	1 393,6	44,1	895,4	28,4	869,0	27,5
1910	1 368,3	39,5	1 075,1	31,0	1 024,8	29,5
1923	1 438,4	39,9	1 197,9	33,3	966,3	26,8
1934	1 258,7	37,1	1 086,8	32,1	1 044,3	30,8
1939	1 357,7	39,0	1 128,0	32,4	995,7	28,6
1951	1 092,6	32,6	1 256,9	37,6	997,7	29,8
1961	776,4	23,0	1 394,1	41,4	1 199,3	35,6
1971	436,5	13,9	1 352,2	43,2	1 344,4	42,9
1981	290,5	8,5	1 398,5	41,0	1 722,5	50,5
1991	261,5	7,2	1 347,7	37,4	1 998,1	55,4

Quelle: Felix *Butschek*, Statistische Reihen zur österreichischen Wirtschaftsgeschichte. Die österreichische Wirtschaft seit der industriellen Revolution (Wien 1993) 3.9.

Handwerkerinteressen und Mittelstandspolitik

Die kapitalistische Umgestaltung der österreichischen Wirtschaft verlief zögernd, sowohl am Land, wo durch die Agrarkrise der bäuerliche Patriarchalismus eine neue Stütze erhielt, wie auch in den Städten, wo handwerklich organisierte Produktionsformen im zweiten Drittel des 19. Jahrhunderts in bestimmten Branchen eine erstaunliche Widerstandskraft oder sogar Überlegenheit bewahrten. Die Industriekonkurrenz wirkte sich keineswegs in allen Gewerbezweigen gleichzeitig und mit gleicher Schärfe aus. Die erste Welle der Industrialisierung hatte die Textilgewerbe, die Eisenwerke und den Bergbau erfaßt. Hier waren schon im 18. und frühen 19. Jahrhundert größere Unternehmen entstanden und die entsprechenden Handwerksberufe unter Druck geraten. Manche Gewerbe wurden verdrängt, weil es den Bedarf nicht mehr gab, etwa die Perückenmacher oder die Gemmenschneider. Müller, Bierbrauer, Gerber, vor allem aber viele Produzenten aus dem Eisen- und Metallbereich hatten es gegenüber der fabriksindustriellen Konkurrenz zunehmend schwerer. Krisenhafte Symptome gab es bei den Webern und Färbern, bei den Knopfdrehern und Wachsziehern. Aber auch Gewerbe, die sich lange Zeit ganz sicher fühlen konnten, wie die Schuster und Schneider, bekamen im letzten Drittel des 19. Jahrhunderts die industrielle und verlagsindustrielle Konkurrenz immer deutlicher zu spüren. Ein Teil der Handwerker konnte sich in den protoindustriellen Arbeitsprozeß eingliedern und sich selbst als Verleger etablieren, ein Teil konnte mit Verlagsarbeit wenigstens einen Rest der alten Selbständigkeit bewahren. Aber immer mehr schieden aus.[78]

In vielen Branchen aber wurde das Gewerbe von der Industrie wenig konkurrenziert. Die neuen Industrien erzeugten zum Teil Waren, die es vordem überhaupt nicht gegeben hatte, etwa Maschinen oder Zucker. Bäcker, Fleischhauer, Tischler und Schlosser und andere traditionelle Handwerke blieben lange ohne überlegene Industriekonkurrenz und profitierten vom Bevölkerungswachstum und Bauboom. Andere Handwerke entstanden durch den technischen Fortschritt neu, von den Mechanikern bis zu den Photographen.[79]

Vielleicht waren es insgesamt weniger die gesetzlichen Veränderungen als der wirtschaftliche Aufschwung und die neuen Produktionsbedingungen, die in der Hochindustrialisierung zu einer Konsolidierung des Kleingewerbes führten, freilich unter stetem Strukturwandel. Die »handwerkliche« Lebensweise, die Art der Arbeitsorganisation und die Gestaltung des Lebenszyklus vom Lehrling über den Gesellen zum Meister und die zugehörigen gesellschaftspolitischen Vorstellungen blieben weit über das Handwerk hinaus prägend, auch wenn sich das handwerkliche Arbeitsverhältnis allmählich von der paternalistischen Ordnung zur kapitalistischen Lohnarbeit wandelte.

Die Befürchtung, das Gewerbe werde zugrunde gehen, war im zweiten Drittel des 19. Jahrhunderts allgegenwärtig. Man sah im Zeitalter der Dampfmaschine für den Kleinbetrieb keine Mechanisierungschance. Was noch mehr ängstigte, war das Brüchigwerden alter Mechanismen sozialer Absicherung. Die Gewerbeordnung von 1859 blieb ein widersprüchliches Konglomerat aus liberalen, traditionellen und polizeistaatlichen Elementen: Den rechtlich verankerten Prinzipien der Gewerbefreiheit und freien Gestaltung des Arbeitsvertrages widersprachen die im zünftlerischen Geist stehenden Zwangsgenossenschaften. In dieselbe Richtung zielten die Einführung der Arbeitsbücher und die Beibehaltung des strafrechtlich verankerten Koalitionsverbots. Die Zünfte waren 1859 aufgehoben worden. Allerdings gingen noch intakte Innungen fast bruchlos in die neuen Genossenschaften über, nicht zu verwechseln mit Genossenschaften im heutigen Sinn (im Handel wurde auch die Bezeichnung »Gremium« verwendet), als gesetzliche Einrichtungen mit Pflichtmitgliedschaft, die seit 1883 eine gewerbepolitisch wichtige Funktion erhielten.[80]

Die 1879 an die Macht gelangten Konservativen realisierten ein Programm der patriarchalisch motivierten Sozialgesetzgebung mit gleichzeitiger Betonung der kleingewerblichen Interessen und des bäuerlichen Mittelstandes. Die Einführung der Wuchergesetzgebung (1881), des Befähigungsnachweises im Gewerberecht (1883), der Gewerbeinspektoren (1885) ebenso wie der Maximalarbeitszeit von elf Stunden in fabriksmäßigen Betrieben (1885) lagen auf der Linie, dem großen Kapital Schranken zu ziehen. 1883 wurde die Gewerbeausübung an einen Befähigungsnachweis gebunden und damit der Zugang erschwert. Immer mehr Gewerbezweige entschlossen sich zur Bildung von eigenen, ihre spezifischen Berufsinteressen wahrnehmenden Verbänden und gewerblichen Korporationen, den sogenannten Gewerbegenossenschaften.

Was für die weitere österreichische Wirtschaftsentwicklung als Mittelstandspolitik charakteristisch werden sollte, wurde damals entwickelt. Ein steigendes Selbstbewußtsein stärkte die gewerblichen Familienbetriebe und förderte die Übergabe vom Vater an den Sohn. Für die Handwerksmeister schien sich in der eigenen zünftischen Vergangenheit die Möglichkeit neuer Identitätsfindung zu bieten. Vom Ende der siebziger Jahre an wurden auf lokaler und überregionaler Ebene Gewerbetage abgehalten. Die Stärkung des gewerblichen Selbstbewußtseins demonstriert der Festzug, den Hans Makart aus Anlaß des vierzigjährigen Regierungsjubiläums von Kaiser Franz Joseph 1888 gestaltete: Aus der Fülle der 10 000 Festzugsteilnehmer und symbolreichen Darstellungen ragten die Gewerbetreibenden hervor, die Bäcker und Müller, Glaser und Hafner, Spengler, Gießer, Bronzearbeiter, Goldschmiede, Buchdrucker und vor allem die Fleischer, die äußerst effektvoll das Bild einer reichen Zunft zu vermitteln vermochten. Die Kleidung der Meister war aus Samt und Seide verfertigt, die der Gesellen war in blutrot und weiß gehalten. Als Zunftmeister fungierte der Vorsteher der Genossenschaft. Pagen in schwarz-gelber Seidenkleidung trugen die alten Zunftbücher und Siegel. Eigene Fanfarenbläser, Herolde und Bannerträger weckten die alte Zunftromantik.[81]

Der dritte Weg: Genossenschaften

Die Erwerbs- und Wirtschaftsgenossenschaften des 19. Jahrhunderts verfolgten vornehmlich zwei Ziele, einerseits als Hilfseinrichtungen das selbständige Handwerk und die bäuerliche Landwirtschaft zu stützen und andererseits die Konsumtionskraft der durch die Industrialisierung neu entstandenen unteren Schichten beim Einkauf und Wohnen zu heben. Das Ziel war, dem kleinen Mann so viel wie möglich die Vorteile des großen Kapitals zu verschaffen. Genossenschaftspioniere liberaler, christlicher und sozialdemokratischer Herkunft suchten nach dem »dritten Weg« zwischen Kapitalismus und Sozialismus, um das Auseinanderfallen von Arbeit und Kapital, von Produzenten und Konsumenten, von Besitzenden und Besitzlosen, von Industrie und Kleingewerbe und von Bürgern und Proletariern rückgängig zu machen und die Feindfiguren des kleinen Mannes, die Kapitalisten, Wucherer und Zwischenhändler, zurückzudrängen.

Von den vier Sparten des Genossenschaftswesens in Österreich gehen drei in ihren Anfängen weit hinter das Jahr 1880 zurück: So wird als erste gewerbliche Genossenschaft auf dem Gebiet der heutigen Republik Österreich im allgemeinen die 1851 errichtete Klagenfurter Aushilfskasse genannt, als erste Konsumgenossenschaft die der Teesdorfer Fabriksarbeiter 1856, als erste Baugenossenschaft die 1869 gegründete Wiener Neustädter »Arbeiter-Bau-Association«. Bis 1873 kam es bereits zu einer ersten Welle von Genossenschaftsgründungen, vor allem von Vorschußkassen, von Konsumvereinen und in geringem Maß auch von Produktivgenossenschaften nach dem streng liberal orientierten System Schulze-Delitzsch, das ausschließlich auf Selbsthilfe ausgerichtet war.[82]

Trotz der schweren Bedrängnis, in die manche Gewerbezweige gelangt waren, kamen genossenschaftliche Formen im Kleingewerbe nur langsam zum Tragen, in größerer Zahl nur im Bereich gewerblicher Kreditgenossenschaften, während Produktivgenossenschaften und Waren- und Dienstleistungsgenossenschaften sich nur allmählich entwickelten, wobei Österreich gegenüber dem böhmisch-mährischen Raum deutlich hinterherhinkte. Noch heute sind die gewerblichen Genossenschaften die schwächste Sparte des österreichischen Genossenschaftswesens. Die viel inhomogenere Struktur des Gewerbes und die stärkere Konkurrenz innerhalb der Kleingewerbetreibenden schoben hier dem genossenschaftlichen Handeln einen beträchtlichen Riegel vor.

Die Anfänge der landwirtschaftlichen Genossenschaften nach dem System Friedrich W. Raiffeisens, der im Gegensatz zu Schulze-Delitzsch neben dem genossenschaftlichen Zusammenschluß zusätzlich auf Staatshilfe setzte, gehen auf die achtziger Jahre zurück, sind also wesentlich jünger als die übrigen Genossenschaftstypen und stehen in deutlich engerem Konnex mit der Veränderung des politischen Systems nach 1879. Ein bedeutender Teil der Gründungen von Raiffeisengenossenschaften wurde von Mitgliedern und Organen der Landes- und Staatsverwaltungen vorgenommen. Die erste Raiffeisenkasse auf dem Gebiet der heutigen Republik wurde 1886 in Mühldorf bei Spitz begründet. Scheibbs, Eggern und Maissau folgten. Daneben kam es in Tirol zu einer Fülle von Gründungen. Die massive Förderung der Raiffeisenkassen auf Staats- und Landesebene zeitigte rasche Erfolge. 1898 schlossen sich auch die bisher nach Schulze-Delitzsch organisierten landwirtschaftlichen Genossenschaften dem Allgemeinen Verband landwirtschaftlicher Genossenschaften an. Trotz der regen Gründungstätigkeit und der unübersehbaren Anfangserfolge blieb die Bedeutung der landwirtschaftlichen Kreditgenossenschaften vor dem Ersten Weltkrieg relativ gering. Nur 4 Prozent der Bilanzsumme aller Kreditunternehmungen Cisleithaniens entfielen auf Raiffeisenkassen. Nur langsam nahmen sich die Genossenschaften auch der Lagerhaltung und Vermarktung an. 1898 wurde von dem Priester Matthäus Bauchinger in Pöchlarn die erste große La-

Arbeiter-Konsum-Verein Mödling, um 1900

gerhausgenossenschaft gegründet. Der Aufschwung der Molkereigenossenschaften begann im letzten Jahrzehnt des 19. Jahrhunderts.[83]

So günstig die Ära Taaffe für die Raiffeisengenossenschaften war, so ungünstig war sie für die Konsumgenossenschaften. Die Anfänge konsumgenossenschaftlicher Gründungen waren von verschiedenen Bevölkerungsschichten ausgegangen, von Vertretern des Kleingewerbes in den städtischen Ballungszentren, von Vertretern der niederen Beamtenschaft der Zentralverwaltung und der Länderverwaltungen in Wien und den größeren Landeshauptstädten, und schließlich von Arbeitern, im wesentlichen in den größeren Städten und in den Bergbaurevieren. In Vorarlberg und Tirol gab es auch eine von Bauern getragene konsumgenossenschaftliche Selbsthilfe. Es entstanden christliche Konsumvereine, in Aussee, Eisenerz, Neuberg, daneben liberale und schließlich sozialdemokratische. Zu Ende des Jahrhunderts war das Nahverhältnis vieler Konsumgenossenschaften zur Sozialdemokratischen Partei bereits so stark, daß ein Verbleiben im »Allgemeinen Verband der Genossenschaften«, in welchem der liberale Geist von Schulze-Delitzsch dominierte, unmöglich erschien. Der bei weitem wichtigere Teil der Konsumvereine schloß sich, nachdem schon 1901 der »Erste Wiener Arbeiterkonsumverein« gegründet worden war, 1904 im »Zentralverband der österreichischen Konsumvereine« zusammen, der der sozialdemokratischen Partei nahestand. Damit war der Aufstieg der Konsumgenossenschaften zur dritten Säule der Sozialdemokratie, neben Partei und Gewerkschaft, abgeschlossen. 1903 wurde die Konsumgenossenschaftsbewegung endgültig als wichtiger Bestandteil sozialdemokratischer Parteiarbeit anerkannt und 1907 die aktive Gründungstätigkeit und Mitarbeit zur Pflicht gemacht.[84]

Das reine Selbsthilfesystem hatte sich im Wohnbau vorerst als wenig wirksam erwiesen. Es gab immer wieder Forderungen nach staatlicher Einflußnahme auf den Bau günstiger Wohnungen. Die Mittelstandsbewegung konnte hier nicht greifen, weil die Hausherren selbst ein zentraler Teil des Mittelstandes waren. Erst als 1908 bzw. 1910 die

Tabelle 21: Das Genossenschaftswesen um 1910 in Österreich (heutiges Bundesgebiet)

	Genossenschaften	Mitglieder	Bilanzsumme in Millionen Kronen
Genossenschaften insgesamt	3 600	700 000	800
Baugenossenschaften	–	10 000	9
Konsumgenossenschaften	–	250 000	25
landwirtschaftliche	–	75 000	30
gewerbliche	–	24 000	38
sonstige	–	3 500	2
Kreditgenossenschaften nach			
Schulze-Delitzsch	–	160 000	400
Raiffeisen	–	180 000	300

Quellen: Franz *Baltzarek*, Die geschichtliche Entwicklung der österreichischen Genossenschaften, in: Handbuch des österreichischen Genossenschaftswesens (hg. von M. *Patera*, Wien 1986) 3 ff.; Franz *Baltzarek*, Die geschichtliche Entwicklung der Konsumgenossenschaften in Österreich, in: Verbraucherpolitik und Wirtschaftsentwicklung (hg. von A. E. *Rauter*, Wien 1976) 169 ff.

staatliche Wohnbauförderung einsetzte, kam es zu einer Aufwärtsentwicklung der gemeinnützigen Baugenossenschaften.[85]

Die Genossenschaften, zur Stärkung des Mittelstandes gegründet, stießen bald auf die erbitterte Gegnerschaft eben dieses Mittelstandes, etwa der Greißler und Detailhändler, die sich durch die Konkurrenz der Konsumgenossenschaften beeinträchtigt sahen, oder der ländlichen Kleingewerbetreibenden und Landwarenhändler, die in den Lagerhäusern und Molkereigenossenschaften eine unerwünschte Konkurrenz zu spüren bekamen. Die Höhepunkte der mittelständischen Agitation gegen die Konsumgenossenschaften lagen in Österreich zwischen 1893 und 1907. Vor allem gerieten die Genossenschaften aber immer mehr in den Strudel der Nationalitätengegensätze der Habsburgermonarchie und wurden zu Kampfinstrumenten nationaler Emanzipation.

Das Elend des 19. Jahrhunderts

»Blasser Kinder Todesreigen«

Die Leitha war nicht nur die Grenze zwischen Cisleithanien und Transleithanien, den beiden Hälften der Habsburgermonarchie. An der westlichen Grenze Ungarns zog sich eine wichtige demographische Trennlinie entlang, die Europa und die Habsburgermonarchie in zwei Teile teilte: Für den östlichen Teil Europas war die allgemeine und frühe Heirat charakteristisch. Ehelosigkeit bildete eine relativ seltene Ausnahme. Westlich dieser Linie heirateten die Menschen im allgemeinen spät, und der Anteil derjenigen, die überhaupt nicht heirateten, war groß. Auffallend ist, daß die Alpenländer ganz am oberen Ende der Skala des Heiratsalters und am unteren Ende der Wachstumsskala der Bevölkerung des Habsburgerreiches zu liegen kamen und dieses Wachstum nur etwa zur Hälfte aus dem natürlichen Zuwachs gespeist wurde, zur anderen Hälfte aus der Zuwanderung. Nicht nur das Gesinde hatte unverheiratet zu bleiben, selbst behauste Bauern tendierten bisweilen zur Ehelosigkeit.[86] Viel Kinder, viel Aufgang, sagte der Bauer. Der mittlere Bauer, der eifersüchtig auf die ungeteilte Erhaltung seines Besitzes bedacht war, neigte nicht zu hoher Kinderzahl, solange nicht Arbeitskräftebedarf und Arbeitsorganisation ihn dazu drängten.[87]

Auf dem Höhepunkt der industriellen Revolution, um die Mitte des 19. Jahrhunderts, heiratete man in Österreich später als in irgendeiner anderen Epoche, für die Daten ver-

Geburten, Sterbefälle und Eheschließungen in Österreich, 1820 bis 1993 (pro 1000 Einwohner)

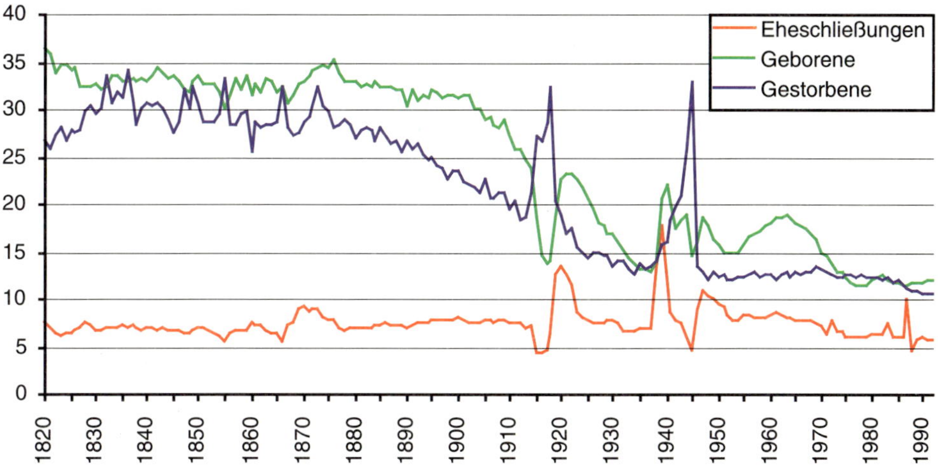

Quellen: Richard *Gisser*, Daten zur Bevölkerungsentwicklung der österreichischen Alpenländer 1819 bis 1913, in: Geschichte und Ergebnisse der zentralen amtlichen Statistik in Österreich 1829 bis 1979 (Beiträge zur Österreichischen Statistik 550, 1979) 403–424 und Tabellenanhang; Statistisches Handbuch für die Republik Österreich, laufende Jahrgänge. – Erster und Zweiter Weltkrieg inklusive Militärtote.

fügbar sind. Im ausgehenden 19. Jahrhundert begann in Österreich das Heiratsalter wieder langsam abzusinken. In England war es gerade umgekehrt. Dort sank das Heiratsalter in der Industrialisierung und stieg dann wieder. Um die Mitte des 19. Jahrhunderts heiratete man in England im Durchschnitt um etwa drei Jahre früher als in Deutschland und um fünf bis sieben Jahre früher als in Süddeutschland und Österreich. Das signalisiert eine andere Art der Industrialisierung in Österreich, die sehr viel stärker kleingewerblich strukturiert war.[88]

Bis in die siebziger Jahre des 19. Jahrhunderts waren in Österreich noch alle Anzeichen des demographischen »ancien régime« zu finden: hohe Geburten- und Sterbeziffern, starke Schwankungen um einen hohen Durchschnittswert periodisch wiederkehrender demographischer Krisen (1854/55, 1872/73) und insgesamt ein niedriges Bevölkerungswachstum. Ab 1875 setzte der demographische Übergang ein: Die Kurven glätteten sich, die Schere zwischen Geburten- und Sterberaten öffnete sich. Während die Geburtenrate vorerst unverändert blieb, setzte ein Sinken der Sterberate ein. Auf den Rückgang der Sterbeziffer folgte erst mit einiger Verzögerung der Rückgang der Geburtenziffer. Es kam zum wichtigsten Abschnitt des demographischen Übergangs, solange die Sterbeziffern abnahmen, die Geburtenziffern dagegen noch hoch blieben: Das natürliche Bevölkerungswachstum nahm zu.[89]

Von den großen Seuchen konnte die Cholera im letzten Drittel des 19. Jahrhunderts überwunden werden. Auch die Pocken waren nicht mehr bedrohlich; aber die »Kinderkrankheiten« Masern, Scharlach, Diphtherie und Keuchhusten traten immer wieder epidemieartig und mit hohen Todesfolgen auf. Die Tuberkulose wurde zur »Wiener Krankheit«, die in Wien und den großen Industriestädten, zum Beispiel Wiener Neustadt, etwa ein Fünftel aller Sterbefälle verursachte, wobei besonders die Altersgruppe der Dreißig- bis Fünfzigjährigen in einer Art von kumulativem Langzeiteffekt im industriell-städtischen Milieu betroffen war. Neben der Tuberkulose war die Lungenentzündung besonders gefürchtet. Mit steigender Tendenz begannen sich nach 1900 Krebs- und Kreislauferkrankungen in der Todesursachenstatistik nach vorne zu schieben.[90]

Das hohe Heiratsalter hatte zur Folge, daß Österreich um die Mitte des 19. Jahrhunderts im Spitzenfeld der europäischen Länder mit hoher Illegitimitätsquote lag. Durch die Illegitimität wurde die Zahl potentieller Erben vermindert und gleichzeitig die Zahl möglicher Arbeitskräfte hoch gehalten. Das Zentrum der Illegitimität bildeten Kärnten und etwas abgeschwächt die Steiermark und Salzburg. Auch Ober- und Niederösterreich verzeichneten hohe Werte. Eine Ausnahme bildeten nur die Realteilungsgebiete Westtirols und Vorarlbergs sowie Osttirol, wo es trotz ebenfalls extrem hohen Heiratsalters und hoher Ledigenanteile in der Bevölkerung kaum uneheliche Kinder gab. In diesen von Kleinstbesitz geprägten Regionen konnten uneheliche Kinder nicht mehr als zusätzliche Arbeitskräfte, sondern nur mehr als zusätzliche Esser aufgefaßt werden.[91]

Auch in den Städten, insbesondere in Graz, Wien oder Salzburg, war die Anzahl illegitimer Kinder im 19. Jahrhundert sprunghaft angestiegen, in Graz auf etwa zwei Drittel, in Wien auf mehr als die Hälfte der Geburten. Der neuerliche, allerdings nur vorübergehende Aufschwung hausrechtlich verfaßter Arbeitsverhältnisse in der Stadt, die

Anteil der unehelich Geborenen in Österreich, 1820 bis 1993 (in Prozent aller Geborenen)

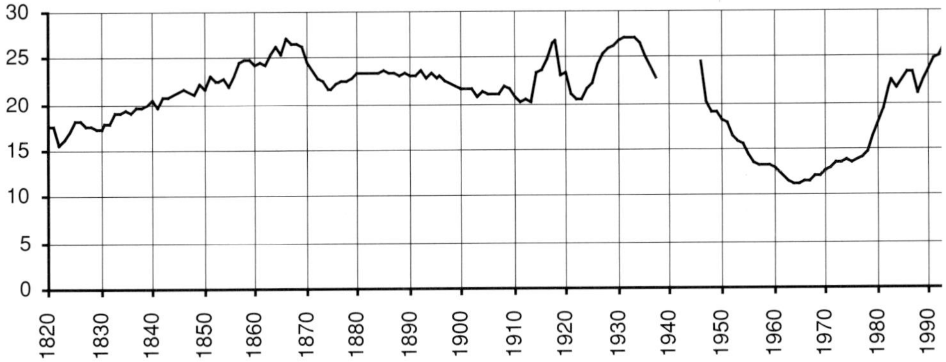

Quelle: Richard *Gisser*, Daten zur Bevölkerungsentwicklung der österreichischen Alpenländer 1819 bis 1913, in: Geschichte und Ergebnisse der zentralen amtlichen Statistik in Österreich 1829 bis 1979 (Beiträge zur Österreichischen Statistik 550, 1979) 403–424 und Tabellenanhang; Birgit *Bolognese-Leuchtenmüller*, Bevölkerungsentwicklung und Berufsstruktur, Gesundheits- und Fürsorgewesen in Österreich. Wirtschafts- und Sozialstatistik Österreich-Ungarns 1 (Wien 1978); Statistisches Handbuch für die Republik Österreich, laufende Jahrgänge.

gesunkenen Heiratschancen, die desolaten Wohnverhältnisse, das Bettgeherwesen, die Rasanz der Zuwanderung, die dadurch erzeugte Unsicherheit und eine generell zunehmende Entkirchlichung der städtischen Gesellschaft wirkten in der vorübergehenden Destabilisierung der Familie und der Zunahme illegitimer Kinder zusammen.

Das soziale Elend, das mit diesen hohen Illegitimitätsraten verbunden war, beschränkte sich nicht nur auf Ungleichheit vor dem Gesetz, verminderte Erwerbschancen und rücksichtslose Ausbeutung der Arbeitskraft, sondern bedeutete extreme soziale Ungleichheit bei Krankheit und Tod. Der unehelichen Geburt folgte meist sehr bald die Trennung des Kindes von der Mutter. Nirgends sonst in Europa mußten so viele Menschen ihre Kindheit bei Fremden verbringen. Die psychosozialen Folgen waren unübersehbar: Die gerade in den Zentren hoher Illegitimität überproportional hohen Anteile von Taubstummen, Blinden und »Cretinen« sind sicherlich mit der Belastung dieser Kinder aus zertrümmerten Sozialbeziehungen in instabilen Verhältnissen und bei Zieheltern in Zusammenhang zu sehen. Von mangelnder Pflege bis zu vorsätzlichem Mord wird immer wieder berichtet. Das »Himmeln«, das mehr oder minder absichtliche Sterbenlassen solcher Kinder, war häufig. Was Ödön von Horváth in den »Geschichten aus dem Wienerwald« darstellte, entsprach der Realität.[92]

Illegitimität, auf einen Nenner gebracht, war der krisenhafte Ausdruck der Übergangszeit von der Familienwirtschaft der alteuropäischen Gesellschaft zur »modernen Familie« individueller Lohnempfänger mit weitgehender Trennung von Erwerbstätigkeit und häuslichem Leben. Die österreichische Gesellschaft des 19. Jahrhunderts war in hohem Maße ungleich. Einzigartig für Europa waren der hohe Anteil unehelicher, in vielfacher Hinsicht entrechteter Kinder, der hohe Anteil von Ziehkindern, das Zusammenleben von Nichtverwandten in großen Haushalten, schließlich der hohe Anteil alter, arbeitsunfähiger Menschen, die durch keinen Familienverband abgesichert waren und auf ein Leben als »Einleger«, quasi als von Haus zu Haus ziehender Bettler, angewiesen waren.

Auf der Suche nach neuer Heimat

Die Wanderung drückte dem Leben den Stempel auf. Innerhalb des Staatsterritoriums setzten in der zweiten Hälfte des Jahrhunderts Bevölkerungsverschiebungen bis dahin nicht gekannten Ausmaßes ein. Naturgemäß waren es die Hauptstadtregionen, die die höchste Zuwanderung aufwiesen. Die Wienerstadt ist ein Magnet, hieß es im Wienerlied der Jahrhundertwende. Das Inbild Wien war voller Klischees: Eldorado und Traumbild der Kaiserstadt, ökonomischer Reichtum und kultureller Glanz, Walzerträume und Gemütlichkeit. Dennoch wäre es verfehlt, solche Klischeebilder bei den Wanderungsmotiven zu sehr in den Vordergrund zu rücken. Entscheidend waren die Arbeitsplätze. Übertriebene Vorstellungen von der »Kaiserstadt« waren bei den vielen jugendlichen Zuwanderern ebensowenig als Wanderungsmotiv bedeutsam, wie andererseits die weitverbreiteten und diffusen Ängste die Migration keineswegs behinderten.[93]

Die Verstädterung schritt sehr rasch voran. Im 18. Jahrhundert wohnten etwa 10 bis 15 Prozent der Bevölkerung Österreichs in Orten mit mehr als 2 000 Einwohnern, um die Mitte des 19. Jahrhunderts etwa 20 Prozent, 1910 aber bereits fast 50 Prozent. Wien war im 18. Jahrhundert zur größten deutschen Stadt geworden. Es dominierte die österreichische Gesellschaftsentwicklung im 19. Jahrhundert. 1830 zählte die Agglomeration Wien 401 000 Einwohner, 1910 bereits 2 084 000. Das Wachstum lag damit im oberen Mittelfeld damaliger Großstädte. Das war das Resultat einer gewaltigen Arbeitsmigration, die ohne Überwindung von Staatsgrenzen möglich war. Die Zuwanderung nach Wien erfolgte ganz überwiegend aus ländlichen Regionen, teils über die Durchgangs-

Tabelle 22: Die Urbanisierung im 19. Jahrhundert, Anteil der Bevölkerung in Orten nach Größenklassen (in Prozent)

	unter 2 000 Einwohner	2 000–5 000 Einwohner	5 000–10 000 Einwohner	über 10 000 Einwohner
1830	84,5	4,2	1,1	10,2
1843	83,4	4,0	1,5	11,1
1851	81,0	4,4	1,8	12,8
1869	76,9		3,7	19,4
1880	68,1	6,1	2,2	23,6
1890	64,0	5,8	2,5	27,7
1900	58,1	6,5	2,7	32,7
1910	53,9	6,9	3,1	36,1

Quelle: Roman *Sandgruber*, Die Anfänge der Konsumgesellschaft. Konsumgüterverbrauch, Lebensstandard und Alltagskultur in Österreich im 18. und 19. Jahrhundert (Wien 1982). – Nach Franz *Mathis*, Zur Bevölkerungsstruktur österreichischer Städte im 17. Jahrhundert (Wien 1977), wohnten um 1600 etwa 7 bis 8 Prozent, 1754 etwa 11 Prozent der Bevölkerung Österreichs in Orten mit mehr als 2 000 Einwohnern.

station kleinerer Städte, wie Steyr, Linz, Wiener Neustadt, St. Pölten oder Krems, über kurze oder mittlere Distanzen, die enge Bindungen an die heimatliche Familie fortbestehen ließen, teils über die Ausbildung vielfältiger Informations- und Beziehungsnetze. Schon früher zugewanderte Verwandte, Tauf- und Firmpaten, Bekannte und Nachbarn aus dem Heimatort spielten als Anlaufstellen eine besondere Rolle. Die saisonale Fluktuation war groß. Von fünf Wiener Zuwanderern im ausgehenden 19. Jahrhundert blieb höchstens einer auf Dauer. Die Gesellschaft war in hohem Maße mobil.[94]

Die Alpenländer waren im 19. Jahrhundert immer Zuwanderungsgebiet. Vom Bevölkerungswachstum zwischen 1819 und 1913, das mehr als eine Verdoppelung der Einwohnerzahl brachte, entfiel mehr als ein Drittel auf den stets positiven Wanderungssaldo. Netto ging die Zuwanderung fast ganz auf Niederösterreich mit dem Zentrum Wien. Im Vormärz hatte noch die Zuwanderung von Männern nach Österreich überwogen, während in der zweiten Hälfte des 19. Jahrhunderts dann wesentlich mehr Frauen als Männer nach Österreich zuzogen.[95]

Um 1880 waren nur 38,5 Prozent der Wiener in Wien geboren. Aus den heutigen Bundesländern stammten etwa 18 Prozent. Den höchsten Anteil hatten die Zuwande-

Tabelle 23: Geburten-, Wanderungs- und Bevölkerungsbilanz in Österreich 1819 bis 1991 (jährlicher Durchschnitt in absoluten Zahlen)

	Geburtenbilanz	Wanderungsbilanz	Gesamtbilanz
1819–1829	26 141	12 588	38 729
1830–1833	6 582	13 446	20 028
1834–1836	3 793	13 052	16 845
1837–1839	14 522	16 414	30 936
1840–1842	13 253	16 254	29 508
1843–1845	21 395	22 973	44 368
1846–1850	8 401	702	9 103
1851–1857	12 529	16 112	28 641
1858–1869	18 759	13 011	31 770
1869–1880	22 350	24 170	46 520
1880–1890	25 710	19 720	45 430
1890–1900	41 310	17 330	58 640
1900–1910	50 260	14 190	64 450
1910–1923	–9 892	1 154	–8 738
1923–1934	23 536	–3 036	20 500
1934–1939	180	–21 680	–21 500
1939–1951	1 642	21 792	23 433
1951–1961	26 890	–12 900	13 990
1961–1971	34 080	7 690	41 770
1971–1981	–990	7 370	6 380
1981–1991	2 350	21 700	24 050

Quelle: Felix *Butschek*, Statistische Reihen zur österreichischen Wirtschaftsgeschichte. Die österreichische Wirtschaft seit der industriellen Revolution (Wien 1993) 2.3; vor 1869 ohne Burgenland, Grenzen der ehemaligen Kronländer bis 1869, 1869 bis 1923 Rückrechnung auf heutige Grenzen.

rer aus dem heutigen Tschechien, die mit 26,7 Prozent gar nicht so weit hinter den »Urwienern« bereits die zweitgrößte Bevölkerungsgruppe stellten. Unbedeutend war die Zuwanderung aus dem Deutschen Reich und dem sonstigen Ausland geworden.

Wien war um 1900 mit über 100 000 Personen mit deklariert tschechischer Umgangssprache die zweitgrößte, vermutlich sogar die größte tschechische Stadt, da wahrscheinlich zahlreiche anwesende Tschechen Deutsch als Umgangssprache angaben. Etwa ein Viertel der Wiener in den letzten Jahrzehnten vor 1914 war in Böhmen und Mähren geboren, davon fast vier Fünftel in Bezirken mit mehrheitlich tschechischsprachiger Bevölkerung. 1965 trug mehr als ein Viertel der Wiener Hauptmieter tschechische Familiennamen.[96] Der Assimilationsprozeß, zumindest was die Umgangssprache betraf, ging sehr schnell und wurde durch öffentliche und private Repression beschleunigt. Die tschechischen Zuwanderer verdingten sich, was die Männer betraf, vor allem in Handwerksberufen: als Tischler, Schneider, Schuster, Ziegeleiarbeiter (Ziegelböhm) und Bausaisonarbeiter. Die zuwandernden Frauen gingen vor allem in den häuslichen Dienst (böhmische Köchin).

Zuwanderer waren auch die Juden. 1848 lebten in der Reichshauptstadt 197 tolerierte Juden sowie weitere 4 000, nach anderen Angaben sogar 10 000 Juden, 1857 bereits 15 116, die sich in der Leopoldstadt und im Viertel zwischen Hohem Markt und Salzgries konzentrierten. Bis 1913 stieg die Zahl der Juden in Wien auf 190 000, damit von etwa 1,6 Prozent der Bevölkerung im Jahr 1848 auf 8,9 Prozent 1910. Innerhalb dieser jüdischen Bevölkerung waren die sozialen Unterschiede groß: die jüdischen Kapitalisten und Intellektuellen einerseits, emanzipiert und assimiliert, teils schon lange ansässig, und die Masse der Einwanderer aus den Ostgebieten der Monarchie andererseits, mit ihren vom »Stetl« geprägten Lebensformen, fremd und aufstiegshungrig. Außerhalb Wiens blieb der Anteil der Juden gering. In den Landeshauptstädten lag er um die Jahrhundertwende zwischen 1,1 und 0,5 Prozent. Zu erwähnen sind die Juden Deutsch-Westungarns, des späteren Burgenlandes. Hier lebten um 1900 etwa 4 000 Juden, der Großteil bereits seit vielen Generationen ansässig, in den sogenannten »Sieben Gemeinden« des nördlichen (Eisenstadt, Mattersburg, Lackenbach, Deutschkreutz, Frauenkirchen, Gattendorf und Kittsee) und den »Fünf Gemeinden« des südlichen Teiles.[97]

Österreich war in Summe Zuwanderungsland. Dennoch gab es auch eine Auswanderung, wenngleich sie insgesamt nicht sehr ins Gewicht fiel. Der Auswanderung der Zeit von 1848 bis 1867 drückte, zumindest in den ersten Jahren, die sogenannte Achtundvierziger-Emigration ihren Stempel auf. Das Zentrum der Auswanderungswilligen dürfte um die Mitte des 19. Jahrhunderts in Tirol gelegen sein, wo für die Jahre von 1846 bis 1869 in den deutsch-tirolischen Bezirken ein Wanderungsverlust von 19 000 Personen festgestellt wurde. Aber auch Oberösterreich war betroffen. Das Ministerium des Äußeren beklagte sich am 8. November 1852, daß das »Auswandern namentlich aus… Österreich ob der Enns im verflossenen Jahr in einer bedeutenden Zunahme begriffen war«. Zwischen 1851 und 1858 gingen aus Oberösterreich rund 1 500 Personen nach Amerika. In den Vereinigten Staaten existierten zu dieser Zeit bereits einige von Österreichern gegründete Orte, so »Schwarzenburg« im Staate Michigan und das von dem Missionar Josef Kundek 1840 angelegte »Ferdinand«. Zehn Orte trugen den Namen »Vienna«, wo man jedoch nur selten tatsächlich österreichische Siedler vorfand. Die Emigration der Burgenländer, die schon vor dem Krieg sehr stark war, hielt auch nach 1918 weiter an.[98]

Zuwanderer mußten in der Regel mit den schlechtesten Bedingungen vorliebnehmen, bei den Wohnverhältnissen, am Arbeitsplatz, im Netz der sozialen Sicherheit und in der gesellschaftlichen Hierarchie. Wohnen ohne eigene Wohnung war die typische Wohnform der Zuwanderer. In Krisenfällen drohte der Rückschub in die für die Armenhilfe zuständigen Heimatgemeinden. Die räumliche Zusammenballung der Zuwanderer auf einzelne Nationalitätenviertel war im multinationalen Wien des 19. Jahrhunderts gering. Es war eher eine kleinräumige Konzentration auf Häuserblock- oder Hausebene typisch, nicht die Entstehung ganzer geschlossener Viertel. Das erleichterte und beschleunigte die Integration und Assimilation. Trotz der großen Zahl der zuwandernden Tschechen entstanden keine eigentlichen Tschechenviertel. Sehr viel stärker räumlich zentriert im zweiten, ersten und neunten Wiener Gemeindebezirk lebte die jüdische Bevölkerung.[99]

Neuzuwanderer, Bauarbeiter, Saisonarbeiter und sonstige stark fluktuierende Hilfskräfte, die nur während der Saison vom Lande kamen, um im Winter in die Heimat zurückzukehren, lebten und wohnten oft in der dürftigsten Weise in den von den Betrieben bereitgestellten Quartieren: auf Dachböden, wo sie in großer Gesellschaft schlechte Strohlager hatten, die voll von Ungeziefer waren, in Baracken und sonstigen Notunterkünften.[100]

Das Wohnungselend

Die ländlichen und städtischen Wohnverhältnisse sind kaum vergleichend zu bewerten. Die Überfüllung und soziale und hygienische Verwahrlosung ländlicher Wohnungen war eine Tatsache. Allerdings waren Wohnungen außerhalb der Städte wesentlich leichter zu bekommen. Und die Eigentumsverhältnisse waren gänzlich verschieden. Oft besaßen auf dem Land auch untere soziale Schichten ein eigenes Haus. Globale Einschätzungen, die dem Land oder der Stadt höhere Wohnqualität zuschreiben, ohne die unterschiedlichen Lebenszusammenhänge zu berücksichtigen, sind kaum von Wert. Das Wohnen auf dem Land war vom Bauernhaus bestimmt, das den einzelnen Mitgliedern sehr unterschiedliche Partizipationsmöglichkeiten und Wohnkomforts einräumte, von der warmen Kammer des Besitzerpaares bis zu den Schlafplätzen im Stall und Heu für Knechte und Einleger. Am Modell des Bauernhauses orientierte sich auch die Wohnkeusche, die für die ländliche Hausindustrie charakteristisch war. Je mehr sich die Notwendigkeit zentralisierter Fabriksstandorte stellte oder je entfernter von den dicht besiedelten Zentren Arbeitskräfte gebraucht wurden, um so mehr verlor die Wohnkeusche an Bedeutung und mußten von den Unternehmern kasernenartige Wohnmöglichkeiten geschaffen werden: Die Holzknechtskasernen, die wie Bauernhäuser mit gemeinschaftlichen Stuben und Küchen und mit einer abgetrennten Schlafkammer für jede Familie gebaut waren, orientierten sich am Modell des Bauernhauses, die Industriearbeiterkasernen der Fabriksorte mit Einzelwohnungen von 20 bis 30 m^2 Größe am Modell des städtischen Gangküchenhauses.[101]

Das 19. Jahrhundert war von einer extremen Verschärfung der städtischen Wohnungsnot gekennzeichnet. Die rasch steigenden Mieten und das unzureichende Angebot an Kleinwohnungen machten es den städtischen Unterschichten unmöglich, parallel zum Wirtschaftsaufschwung im Gefolge der Industrialisierung und der damit verbundenen Hebung der Einkommen und des Konsumniveaus auch eine allgemeine Verbesserung der Wohnverhältnisse zu erreichen.[102] Was das Wohnen in der Stadt vor allem vom ländlichen Wohnen unterschied, war die Komplexität des Wohnungsmarktes und der Infrastruktur, auch wenn der Zustand der Wohnungen wahrscheinlich nicht schlechter war als jener, den die Zuwanderer vom Land her gewohnt gewesen waren. Aber vieles wurde zum Problem, das auf dem Lande ganz selbstverständlich abgelaufen war: die Wasserversorgung, die Abfallbeseitigung, die Kinderbeaufsichtigung, der Weg zum Arbeitsplatz, die Kündigungstermine, ganz abgesehen von der unglaublichen Instabilität des Wohnens in der Stadt.

Nach 1848 kam die Bautätigkeit in Wien fast vollständig zum Erliegen, was durch das gespannte Warten auf den Startschuß zur Stadterweiterung noch verstärkt wurde. Mit dem Beschluß zu Stadterweiterung setzte zwar ein Bauboom in den späten fünfziger und beginnenden sechziger Jahren ein, der aber von der schwersten Rezession unterbrochen wurde, die Österreich im 19. Jahrhundert erlebte und die in der Bauwirtschaft etwas zeitverschoben von 1865 bis 1869 andauerte. Dann wurde zwar viel gebaut. Es kam aber dennoch bis 1914 zu keiner entscheidenden Entspannung auf dem Wiener Wohnungsmarkt.

Der geringe technische Fortschritt in der Bauwirtschaft, die günstigen alternativen Anlagemöglichkeiten für Kapital bzw. die hohen Zinssätze und die besondere Unvollkommenheit des Marktes zusammen mit dem beträchtlichen Verschleiß durch hohe

Tabelle 24: Wohnungen, Wohndichte und Mieten in Wien (innere Stadt und Vorstädte) 1780 bis 1910

	Einwohner in 1000	Wohnungen in 1000	Bevölkerung pro Wohnung	Miete pro Wohnung und Jahr in Gulden	Miete pro Kopf und Jahr in Gulden	eigene Wohnung/ Haus in Prozent	beim Arbeitgeber in Prozent	Untermiete Bettgeher in Prozent
1780	197,8	44,9	4,4	59,7	13,1	–	–	–
1803	236,4	58,9	4,0	60,8	15,1	–	–	–
1830	317,8	70,1	4,5	151,0	33,3	–	–	–
1857	474,0	89,8	5,3	228,3	43,3	–	–	–
1869	595,7	114,4	5,2	281,8	54,1	57	19	24
1880	695,3	146,3	4,8	368,9	77,6	67	15	16
1890	805,3	182,9	4,4	359,2	81,3	72	11	14
1900	983,1	221,3	4,4	368,7	85,6	–	–	–
1910	1093,3	252,8	4,3	435,2	102,2	82	6	9

Quellen: Roman *Sandgruber*, Die Anfänge der Konsumgesellschaft. Konsumgüterverbrauch, Lebensstandard und Alltagskultur in Österreich im 18. und 19. Jahrhundert (Wien 1982) 352, 366; Josef *Ehmer*, Soziale Traditionen in Zeiten des Wandels. Arbeiter und Handwerker im 19. Jahrhundert (Frankfurt 1994).

Umzugshäufigkeit bewirkten die hohen Mieten des 19. Jahrhunderts, denen von den Betroffenen durch Aufnahme von Bettgehern und Untermietern und durch Überbelegung und häufigen Wohnungswechsel gegengesteuert wurde. In Linz wurde 1900 jede fünfte Wohnung binnen Jahresfrist gewechselt, in Wien jede vierte. 40 Prozent der Wohnungen waren in Linz kürzer als drei Jahre bewohnt, in Wien 50 Prozent. Abgesehen von den volkswirtschaftlichen Kosten des oftmaligen Umziehens und den sozialen Problemen, die sich daraus ergaben, machte eine derartige Mobilität auch die Erwerbung umfangreicherer Fahrnisse unsinnig und unmöglich.[103]

Leben in Dampf und Rauch

Was die Industrie des 19. Jahrhunderts kennzeichnete, war das massive Aufbrechen der Umweltproblematik, der Luftverschmutzung in den Städten und Industrierevieren, der Abwasser- und Trinkwasserverseuchung, der Frage der Entsorgung von Müll und Fäkalien, der Staub- und Lärmplage.

Über den Smog der Industriereviere ist viel geschrieben worden. Aber es gab auch den Smog der vorindustriellen Agglomerationen: Johann Peter Xaver Fauken widmete bereits im späten 18. Jahrhundert »der Atmosphäre von Wien« eingehende Studien. Er verwies auf die vielen Arten stinkender Ausdünstungen: die bestialischen Gerüche der Schlachtbänke, Fleisch- und Fischmärkte, Käsehütten, Mist- und Senkgruben und stehenden Gewässer, den Pferdemist auf den Straßen, die Tierhaltung in den Hinterhöfen, die säuerlich faulenden Abfälle der Weinwirtschaft, die Abwässer von Färbereien, aber auch auf die gefährlichen Dämpfe, die aus den Werkstätten der Vergolder, Versilberer, Verzinker, Gerber, Seifensieder und Kerzengießer strömten, und dies alles potenziert durch die enge Verschränkung von Wohn- und Produktionsstandorten in den von Industrie und Gewerbe durchsetzten Hinterhöfen, aber auch in den ländlichen Industrieorten, wo die Arbeiter dicht neben den Fabriken wohnten.[104]

Mit der Größe der Städte wuchsen die Probleme. In der zweiten Hälfte des 18. Jahrhunderts wurden die Proteste über den Gestank in den Straßen und entlang der Gewässer der Wiener Innenstadt immer heftiger.[105] Auch die Staubplage war gefürchtet. Ignaz de Luca riet in seinen Wienführern, immer fleißig das Schnupftuch vor Mund und Nase zu halten und nur in Wagen mit geschlossenen Fenstern zu fahren.[106]

Das Industriezeitalter brachte neue Emissionen, vor allem durch die Verwendung von Mineralkohle, deren Qualm die ohnehin schon verdorbene Luft noch weiter verschlechterte. Beschränkungen wurden gefordert, »in Anbetracht, daß die in einer so dicht bevölkerten Großstadt dreifach wichtige Gesundheitspflege vor allem die thunlichste Reinhaltung der Atmosphäre und damit die möglichste Beschränkung des die Luft verderbenden Steinkohlenqualms fordert ...«[107] Rauch und Ruß, vermehrte Nebelbildung und saurer Regen waren in der Tat in den großen Städten und den Zentren der frühen Industrialisierung zu einer argen Plage und einem vieldiskutierten Thema geworden.

Emissionsschutz war weitgehend unbekannt. Von den Arsen- und Kobaltemissionen der in den 1780er Jahren eingerichteten staatlichen Farbenfabrik im niederösterreichischen Schlöglmühl war die Umgebung so akut gefährdet, daß bei Belegschaft und Anrainern Haarausfall, verschwollene Gesichter, offene Geschwüre und sich lösende Fingernägel zu beobachten waren. In der Nachbarschaft der Fabrik verendeten die Ziegen der Kleinhäusler, nach jedem Kobaltbrennen gaben die Kühe der Bauern blaue Milch.[108] Der gelblich-grau gefärbte Rauch der 1898 eröffneten Aluminium-Industrie-AG in Lend, dessen Auswirkungen auf die Natur nicht zu übersehen waren, wurde zum Gegenstand heftiger Umweltdiskussionen im Salzburger Landtag.[109] Gegen die 1884 errichtete Wörgler Zellulosefabrik formierte sich eine Protestbewegung, die neben moralischen, sozialpolitischen und touristischen auch ökologische Bedenken vorbrachte: »... so hat sie mit ihrem Qualm, welcher dem Schlot entströmte, auf Stunden in der Runde die gesunde Luft verpestet und das Wachsthum in Wald und Flur zum mindesten nicht gefördert. Die ätzenden Säuren und Stoffe haben die Wasser verdorben, so daß neue Wasserleitungen angelegt werden mußten, und den Aufenthalt von Fremden in dieser Gegend zur Unmöglichkeit gemacht ...«[110] Die Salzsäureemissionen der Sodafabriken führten zu gewaltigen Umweltschäden. Aber auch die Haushalte, die immer mehr billige Braunkohle verfeuerten, beeinträchtigten zunehmend die Luftqualität. In Linz nahm die Zahl der Nebeltage nach der Mitte des 19. Jahrhunderts signifikant zu.[111] Auch die negativen Seiten des Gaslichts waren nicht zu übersehen: die Explosions-, Brand- und Vergiftungsgefahr, die Ruß- und Wärmeentwicklung und das ständige

Franz Kopallik: Gaswerk Erdberg, Öl auf Leinwand, spätes 19. Jahrhundert

Kopfweh durch entweichendes Kohlenmonoxyd. Nicht zuletzt war Gas eine fortwährende Quelle der Umweltverschmutzung durch die Emissionen der Gaswerke und die vielen undichten Stellen im Rohrnetz.[112]

Mit dem Verschwinden der Senkgruben und dem Siegeszug der Reinlichkeit veränderten sich die Gerüche.[113] Die Verbesserung der Wasserversorgung und die Schwemmkanalisation waren ineinander verschränkt. 1724 erschien die Abhandlung »Physisch-medizinische Geschichte des Brunnenwassers der Stadt Wien«, in welcher die Wassermisere deutlich aufgezeigt wurde. Durch die Kanalisierung und Pflasterung sank die Ergiebigkeit der kleinen Quellwasserleitungen und rund 10 000 Wiener Schöpfbrunnen immer mehr. Die erste planmäßig größere Gebiete der Stadt versorgende Wasserleitung Wiens war die »Albertinische Wasserleitung«, die aus einer Stiftung der Erzherzogin Christine, Gemahlin Herzog Alberts von Sachsen-Teschen, erbaut wurde. Ab 1804 wurden damit von Hütteldorf aus Teile der rasch gewachsenen, industriereichen westlichen Wiener Vorstädte mit Wasser versorgt. Der Hauptbrunnen vor der Mariahilferkirche trug die Inschrift: »Zum gemeinen Genuß der lang wasserleeren Vorstadt ...«.

1835 bis 1841 wurde die Kaiser-Ferdinands-Wasserleitung erbaut, die das gesamte Stadtgebiet inklusive der Vorstädte versorgen sollte. 1841 bzw. 1846 wurden die Arbeiten abgeschlossen. Täglich wurden mittels Dampfkraft anfangs 6 000, später 10 000 m^3 uferfiltriertes Grundwasser dem Ufergebiet des Donaukanals entnommen. 1871 waren insgesamt 264 öffentliche Auslaufbrunnen und 882 Häuser angeschlossen. Das Rohrnetz erreichte eine Länge von 90 Kilometern. Die sanitäre Qualität des geförderten Wassers wurde immer schlechter. Die Temperatur stieg im Sommer auf 20 Grad.

Im letzten Drittel des 19. Jahrhunderts wurden in den meisten Großstädten der Monarchie zentrale Wasserversorgungen installiert, hauptsächlich mit uferfiltriertem Fluß- und Grundwasser. Von den größeren Städten erhielten nur Innsbruck und Wien große Quellwasserleitungssysteme. Nach der Eröffnung der Ersten Wiener Hochquellenwasserleitung im Jahre 1873 erhöhte sich der Wasserverbrauch der Wiener Bevölkerung von 16 Liter pro Tag und Einwohner auf 50 und ab 1877 auf 60 Liter. Bei der Planung der zweiten Hochquellenwasserleitung um 1900 kalkulierte man bereits mit einem Tagesbedarf von 110 bis 140 Litern pro Einwohner. Als die Zweite Wiener Hochquellenleitung, die Wasser aus dem steiermärkischen Salzatal nach Wien führte, 1910 in Betrieb ging, verfügte Wien selbst im Minimum mit 140 Liter pro Kopf und Tag für eine Zwei-Millionen-Stadt über eines der besten Trinkwassersysteme der Welt. »Worauf freut sich der Wiener, wenn er vom Urlaub kommt?« lautete ein berühmter Werbeslogan der Zwischenkriegszeit: »Auf Hochquellenwasser und Ankerbrot.«[114]

Mit der Wasserversorgung war die Schwemmkanalisation verbunden: Der Mistbauer, der sich die Fäkalien holte, wurde eliminiert. Die Abwässer wurden in die Flußläufe eingeleitet. Die Bäche wurden eingewölbt. Eine Ausnahme machte vorerst Graz. Dort wurde 1867 nach der Cholera von 1866 das Tonnensystem eingeführt und 1881 dessen ausnahmslose Verwendung vorgeschrieben. Der Inhalt der »Faßapparate« wurde mit Pferdefuhrwerken abtransportiert und zum größeren Teil dann ebenfalls in die Mur gestürzt und nur zum kleineren Teil an Landwirte abgegeben. Nach der Einführung der Abortspülung kam es zu Schwierigkeiten bei der Entsorgung, da die Fässer nun wesentlich schneller gefüllt wurden als bisher. So war auch hier die Einführung der Schwemmkanalisation unvermeidlich, die im Grazer Gemeinderat zwar schon um die Mitte des 19. Jahrhunderts diskutiert worden war, mit deren Bau nach langen Auseinandersetzungen aber erst 1925 begonnen wurde. Diesbezüglich war Graz eine der rückständigsten Städte des deutschen Sprachraums.[115]

Die Schwemmkanalisation verlagerte die Probleme aus den Städten in die Flüsse und auf deren weiter unten liegende Anrainer. Die Gewässer wurden in einem explodierenden Maß belastet: Nicht nur die Städte, sondern auch Papierfabriken, Zuckerfabriken, Bergbaubetriebe, Hütten, Sodafabriken und andere Chemiewerke leiteten ihre Abwässer direkt in die Flüsse und Seen, aus denen viele Anrainer gewohnt waren, ihr Wasch-, Koch- und Trinkwasser zu beziehen. 1904 formierte sich zum Beispiel eine Bürgerinitiative von 24 Anrainern der Ager: »Das Wasser wird nicht nur durch Farbstoffe, sondern auch durch Schmiere und Fettstoffe verunreinigt, so daß das Wasser der Ager öfters im Tage die Farbe wechselt. Da das Agerwasser seit undenklichen Zeiten von den Uferbewohnern für Vieh und zum Kochen benützt wird und daher der Genuß dieses Wassers durch die Färbung für Menschen und Vieh nur schädlich sein könnte, so sehen wir daher mit Besorgnis der Zukunft entgegen.«[116]

War Industrieskepsis lange Zeit Sorge um »Zucht und gute Sitte«, so wurden in der zweiten Hälfte des 19. Jahrhunderts die umweltpolitischen Bedenken immer offener artikuliert. Anrainerproteste waren an der Tagesordnung. Die Aufstellung von Dampfmaschinen in den mit Handwerk und Gewerbe durchmischten Wohngebieten der Städte führte seit der Mitte der dreißiger Jahre des 19. Jahrhunderts in fast jedem Fall wegen der Lärm-, Rauch- und Geruchsbelästigung zu erbitterten Konflikten. Das Land der Hämmer war ein Land des Lärms. Abhilfe allerdings war kaum vorgesehen.

Zwar war in den Fabriksgenehmigungen die Verpflichtung enthalten, keine fremden Interessen zu schädigen, doch existierte weder das Bewußtsein für ökologische Zusammenhänge noch die Möglichkeit genauer chemischer und biologischer Analysen. Proteste wurden meist auf die lange Bank geschoben, bis aus volkswirtschaftlichen Gründen an eine Sperrung nicht mehr zu denken war. Die Beweisführung wurde den Geschädigten auferlegt, oder sie wurden als »Agitatoren« und Unruhestifter mit »geistiger Beschränktheit« eingestuft, auch wenn die Schäden nicht wegzuleugnen waren.[117]

Die Elektrizität erschien als rettender Ausweg: Die Möglichkeit, mit Fernleitungen die angesichts damaliger Energieverbrauchsziffern unerschöpflich erscheinenden Wasserkräfte zu nutzen, nährte die Utopie von einem neuen, ganz auf regenerierbare Energieträger aufgebauten Industriezeitalter, von einer sauberen, weißen Energie, im Unterschied zu der die Städte in dicke Rauch- und Rußwolken hüllenden Schornsteinindustrie: Das Interesse der Kommunalverwaltungen an elektrischen Kraftwerksprojekten war groß, um endlich die Dampf- und Pferdestraßenbahnen und die Kesselhäuser mit den die ganze Umgebung verunzierenden Schornsteinen, mit ihrem enormen Kohlen- und Wasserbedarf, mit der damit verbundenen Explosionsgefahr, dem Lärm und den unangenehmen Emissionen aus den dicht besiedelten Räumen wegzubringen.[118]

Heimatschutz und lebensreformerische Positionen fanden in der Kultur des Fin de siècle beträchtlichen Widerhall, sie beschränkten sich aber auf Einzelaktionen: Im Vordergrund stand der Artenschutz, in Kooperation mit Naturschutzbewegungen, vor allem der Erhaltung der Alpenflora und -fauna. Vorläufer des biologischen Landbaus waren in einer extremen Außenseiterposition. Konzepte der Selbstversorgung und Nachhaltigkeit, der Naturnähe oder des Schutzes des Lebens wurden in kleinen Zirkeln vorgetragen und auch gelebt, von der Abstinenz bei Alkohol und Nikotin über den Vegetarismus und die Reformkost bis zur Bodenreform- und Siedlungsbewegung, Reformkleidung, Naturheilkunde und Nacktkultur, Schul- und Erziehungsreform und Reformpädagogik. Der Jugendbewegung und Großstadtkritik, den Tier- und Naturschützern, dem Heimatschutz und der Frauenemanzipation, allen Strömungen war gemeinsam, daß sie in den alles erfassenden Wirbel der politischen Extreme der Zeit gerieten, sich rassistisch vereinnahmen ließen oder Rassismus überhaupt zum Programm machten, extrem nationalistisches Gedankengut verbreiteten oder marxistische und anarchistische Positionen besetzten und damit die Polarisierung der politischen Lager verschärften.[119]

Der Glanz des Fin de siècle

Neue Energien – neue Motoren

Das Fin de siècle erstrahlte im Licht der neuen Energieträger Petroleum, Stadtgas und Elektrizität. Die Schatten zeichneten sich um so kontrastreicher ab. Die flexiblen und kostengünstigen Gas-, Verbrennungs- und Elektromotoren erklärten dem Dampfmaschinenkapitalismus den Krieg. Petroleumlampen, Gaslaternen und elektrische Lichter schufen neue Freiräume und neue Konsumstandards. Eine Fülle von Produkten und Innovationen wurde möglich, von der Großchemie über den Fahrzeugbau bis zur Elektrotechnik. Die neuen Motoren änderten das Aussehen der Fabriken und die Organisation der Arbeit. Die flexiblen Einzelantriebe bereiteten das Fließband vor und revolutionierten den Großbetrieb. Mit den Gaswerken, Elektrokonzernen und Elektrizitätsunternehmen traten neue Großunternehmen in den Markt ein, die sehr rasch beherrschende Positionen errangen oder sich diese vertraglich absichern ließen. Der steigenden Vernetzung, Konzentration und Monopolisierung als Konsequenz der leitungsgebundenen Energieversorgung schien nur die Kommunalisierung oder Verstaatlichung gewachsen zu sein. Andererseits boten diese Energieträger ganz neue Möglichkeiten der Dezentralisierung, die den Klein- und Mittelbetrieben Rationalisierungspotentiale und neue Betätigungsfelder eröffneten.[120]

Obwohl eine Reihe wesentlicher Beiträge zur Elektro-, Wechselstrom- und Nachrichtentechnik von Österreich ausging und sich vor allem im Wiener Raum eine respektable Elektroindustrie ansiedeln konnte, waren es zum Großteil ausländische Konzerne, die diese Unternehmen steuerten. 1913 gab es in Wien acht Betriebe der Elektroindustrie, die jeweils an die tausend und mehr Beschäftigte zählten. Der Aufschwung der österreichischen Elektrizitätswirtschaft und Elektroindustrie begann um die Mitte der 1880er Jahre. Zu den Pionieren zählten einzelne Industrielle, die sich für die neue Energie begeisterten und die sie nicht nur in ihren Betrieben nutzten, sondern darum herum auch in die hohe Zuwachsraten versprechende Elektroindustrie einzusteigen versuchten, etwa Friedrich Wilhelm Schindler im vorarlbergischen Kennelbach, Arthur Krupp in Berndorf oder der Waffenindustrielle Josef Werndl in Steyr. 1884 organisierte dieser in Steyr eine große Elektrizitätsausstellung, mit der er vor allem und als erster die mit der Elektrizität wieder interessant werdende Stärke der österreichischen Alpenländer, die Wasserkraft, ins Zentrum der Aufmerksamkeit rücken wollte. Er sah in der Elektrifizierung die Chance, mit der Nutzbarmachung der gigantischen Wasserkraftreserven der Alpen jener »Verschiebung des wirtschaftlichen Schwergewichts« entgegenzuwirken, unter welcher das westliche Österreich im 19. Jahrhundert so sehr zu leiden hatte.[121] Man erhoffte sich allerorten eine zweite industrielle Revolution, nachdem die erste die Alpenländer Salzburg, Tirol und Kärnten, aber auch Oberösterreich kaum berührt hatte. Im Salzburger Landtag brachte ein Redner seine Überzeugung zum Ausdruck, daß nunmehr, nachdem der Goldsegen der Tauern versiegt sei, das Wasser sich zur neuen Goldquelle entwickeln werde.[122]

Plakat der von Josef Werndl veranstalteten »Electrischen Ausstellung« in Steyr 1884, Farblithographie

Die Elektrizität setzte sich nur langsam durch, am schnellsten in kleinen Orten, wo häufig die Initiative eines vorausblickenden Hammerherrn oder Müllers, der über ein entsprechendes Wasserrecht verfügte, den Anstoß geben konnte, ein Kraftwerk zu errichten. In den Großstädten stieß die Elektrizität auf die Konkurrenz des Stadtgases. Zwar hatte die Elektrizität den unleugbaren Vorteil, viel umweltfreundlicher, bequemer und flexibler zu sein. Aber Gas hatte andere Pluspunkte: Es war billig, zumindest viel billiger als elektrisches Licht, es war schon weit verbreitet, und die Gaswerke und Kommunen hatten oft hohe Summen investiert, die sie nicht einfach in den Wind schreiben wollten. Die mächtigen Gasgesellschaften, die sich häufig zur Amortisation ihrer Anlagen von den Kommunen vertragliche Exklusivrechte hatten zusichern lassen, versuchten den Auf- und Ausbau der Elektrizitätsversorgung gerade in den größeren Städten zu hintertreiben. Die Gaspreise wurden unter dem Druck der elektrischen Konkurrenz gesenkt.

Zudem konnte durch technische Neuerungen der Gasverbrauch verringert und die Lichtausbeute erhöht werden. Im selben Jahr 1886, in welchem in dem kleinen Städtchen Scheibbs die erste öffentliche Elektrizitätsversorgung Österreichs in Betrieb genommen wurde, stellte Carl Auer von Welsbach das Gasglühlicht vor, das die bisherige Gasbeleuchtung nochmals entscheidend verbesserte und verbilligte. Der Glühstrumpf reduzierte den Gasverbrauch um ein Drittel. Das Gasglühlicht kostete damit nur mehr ein Fünftel bis ein Sechstel des elektrischen. Man mußte allerdings das oft als unangenehm empfundene kaltgrüne und die Gesichtsfarbe unvorteilhaft verändernde Licht, die unweigerlich eintretende Belastung der Luft in den Räumen und die Explosions-, Vergiftungs- und Brandgefahr in Kauf nehmen. Auer von Welsbach, der Retter der Gasindustrie, war es dann auch, der mit der von ihm mit entwickelten Metallfadenlampe, mit der der Wirkungsgrad und die Lebensdauer der Glühlampen entscheidend erhöht wurde, seiner ersten großen Erfindung, dem Glühstrumpf, den Todesstoß versetzte und den Vorsprung des elektrischen Lichts auf Dauer einzementierte.

Elektrizität war teuer und nobel. Daher kamen die meisten Nachfragen zuerst aus den Städten. Gleichzeitig war das Problem des städtischen Nahverkehrs mit den Pferdestraßenbahnen nicht mehr bewältigbar. Dampfstraßenbahnen aber waren aus Umweltgründen nicht durchsetzbar. Daher war die Elektrifizierung der Straßenbahnen das wichtigste Argument, mit dem der Elektrizitätsversorgung zum Durchbruch verholfen werden konnte, zumal Straßenbahnen untertags verkehrten, während Licht in den Abend- und Morgenstunden gebraucht wurde. Das in der Motorisierung strukturell nachhinkende Kleingewerbe wurde der erste Kunde der Elektrizitätswirtschaft, während die Großbetriebe meist eigene Elektrizitätswerke einrichteten und nur selten Strom aus dem öffentlichen Netz kauften.

Die Bedeutung der österreichischen Elektrizitätswirtschaft im Jahr 1913, nach immerhin rund 30 Jahren Entwicklung, gemessen am Beitrag zur Deckung der Energienachfrage, stellt sich ähnlich dar wie heute die der sogenannten alternativen Energieformen: Der Anteil lag unter 1 Prozent. Immerhin aber machte das in elektrische Produktions- und Verteilungsanlagen investierte Kapital bis 1912 ungefähr 400 Millionen Kronen aus, davon allein in Wien 123 Millionen. Dazu ist noch die elektrotechnische Industrie zu rechnen, deren Anlagekapital rund 200 Millionen Kronen betrug und jährlich einen Produktionswert von 150 Millionen Kronen erzielte.[123] Die 1913 auf dem Staatsgebiet der jetzigen Republik existenten 472 Kraftwerke verfügten über eine Gesamtkapazität von rund 220 000 kW und produzierten 1912 rund $4{,}4.10^8$ kWh, davon den Großteil trotz der Überfülle an Wasserkraftpotentialen auf Kohlenbasis. Verglichen mit dem Kohlenverbrauch, der vor dem Krieg bei 10 bis 12 Millionen Tonnen lag, nimmt sich die Entwicklung der Elektrizitätswirtschaft sehr bescheiden aus, auch wenn man die zusätzlichen rund 150 000 kW, die während des Krieges vorwiegend als hydraulische Industrieeigenanlagen installiert wurden, noch dazurechnet.[124]

Überregionale Elektrizitätsversorgungsunternehmen entstanden viel zögerlicher, später und in viel bescheideneren Dimensionen als im Deutschen Reich. In Österreich fehlten die großen Systemplaner, die dem Deutschen Reich vergleichbare große und mächtige Energiekonzerne und Elektroindustrien aufbauten. So blieb Walther Rathenau in Österreich als der vielbewunderte »Arnheim junior« in Robert Musils »Mann ohne Eigenschaften« und zielstrebiger, aber vielseitiger norddeutscher Manager nur eine literarische Figur, die für komplizierte österreichische Beamtenaktivitäten, wie sie die »Parallelaktion« in Musils berühmtem Roman darstellt, nicht den rechten Sinn hat.[125]

Um die Mitte des 19. Jahrhunderts war mit der Förderung des galizischen Erdöls begonnen worden. Um 1910 war die Habsburgermonarchie der drittgrößte Erdölproduzent der Welt, was aber bei den damaligen Mengen nicht viel bedeutete.

Büros und Beamte

Informationsverarbeitung und Informationsvermittlung gewannen im ausgehenden 19. Jahrhundert immer mehr an Bedeutung. Ob altständisches Comptoir oder großbürgerliches Kontor, altväterliches Bureau oder modernes Büro, die Verarbeitung und Weiterleitung von Informationsströmen in organisierter Form bestimmte immer stärker den betriebswirtschaftlichen und volkswirtschaftlichen Erfolg. Schnelle Kommunikation drang in immer mehr Bereiche vor. Den obersten Zugriff wollten der Staat und die Armee haben. Die modernen Verkehrsmittel benötigten für ihr reibungsloses Funktionieren neue Kommunikationsmittel. Das rasche Wachstum des Handels- und Bankenverkehrs potenzierte die Informationsverarbeitung. Nicht zuletzt wollte die Öffentlichkeit informiert sein – die Informationsgesellschaft entstand: Zeitungen und Postverkehr wuchsen exponentiell, neue Medien und Informationsträger kündigten sich an.[126]

Die Kommunikationsnetze wurden rasch dichter: Die Zahl der beförderten Poststücke (ohne Zeitungen) hatte sich zwischen 1848 und 1913 verhundertfacht. Zahlreiche posttechnische Neuerungen beschleunigten und erleichterten den Verkehr, von der Briefmarke (1850) über die Korrespondenzkarte (1869) bis zu Fahrrädern und Postautomobilen (ab 1907). Waren die umständlichen optischen Telegraphenlinien ausschließlich militärischen und staatspolitischen Bedürfnissen vorbehalten, so war der elektrische Telegraph zuerst ein Anliegen der Eisenbahnverwaltungen. Am 4. Juli 1845 wurde die erste österreichische Telegraphenlinie zwischen dem Wiener Nordbahnhof und dem Bahnhof Floridsdorf eröffnet und im folgenden Jahr bis nach Brünn und 1847 bis Prag verlängert. 1847 wurde im sogenannten »Telegraphenregal« das ausnahmslose Recht des Staates, Telegraphenlinien zu errichten und zu betreiben, festgeschrieben und die Benützung für Zwecke der Regierung als Hauptsache und für Erfordernisse der Eisenbahn als minder wichtig bestimmt.[127] 1848 wurde der Staatstelegraph auch Privaten geöffnet, in den Augen der Zeitgenossen etwas Umstürzlerisches, galt es vorher doch als selbstverständlich, daß der Staat das Vorrecht der schnellen Information habe. Mit der Einführung der Börsentelegraphie im Jahre 1849 wurde der erste, etwas zaghafte Schritt in die Richtung öffentlicher Zugänglichkeit getan, mit der Einführung telegraphischer Privatkorrespondenzen 1850 ein weiterer. Ende 1850 waren schon 15 Provinzhauptstädte mit Wien telegraphisch verknüpft und bis zum Jahr 1856 bereits 3 000 Kilometer Telegraphenleitungen verlegt. Um die Jahrhundertwende hatte das Telegraphennetz eine Länge von etwa 50 000 Kilometern.

1877 wurde der »Bellsche Sprechtelegraph« in Innsbruck dem österreichischen Fachpublikum vorgeführt. Im gleichen Jahr baute Franz Nissl in Wien schon eigene Fernsprecher, die er an der Technischen Hochschule mit großem Erfolg vorstellte. Der 1869 gegründeten »Wiener Privat-Telegraphen-Gesellschaft« wurde 1881 die Bewilligung für die Herstellung und Betreibung eines Telephonnetzes in Wien erteilt. Mit Hilfe von Inseraten in verschiedenen Wiener Tageszeitungen wurde für das neue Produkt, unter dem sich noch kaum jemand etwas vorstellen konnte, geworben. Die ersten Interessenten waren Unternehmer, Bankiers und Journalisten, nicht aber Behörden, Politiker und Adelige. Private Gesellschaften errichteten lokale Netze in den größeren Orten, in Graz 1882, in Linz und Urfahr 1885. Die erste interurbane Telephonleitung Österreichs wurde 1886 zwischen Wien und Brünn in Betrieb genommen. 1887 wurde in Österreich das Telephon dem Telegraphen gleichgestellt und zum staatlichen Verkehrsmittel erklärt. Der Staat begann die privaten Netze aufzukaufen, 1890 bis 1892 die Fernsprechnetze von Graz, Linz und Urfahr, Ende 1894 auch das Wiener Netz mit damals 7410 Anschlüssen.[128]

Noch regierten in den Büros Ärmelschoner und Stahlfedern, Steckkarteien und Karteikästen. Auch wenn die fünf Schreibmaschinenmodelle, die der Tiroler Peter Mitterhofer zwischen 1864 und 1869 gebaut hatte, auf Dachböden verstaubten, so war sein Grundgedanke richtungweisend: Bald trat die Schreibmaschine von den USA aus ihren Siegeszug an.[129] Im beginnenden 20. Jahrhundert setzte die Österreichische Postsparkasse bereits unterschiedlichste Geräte ein, um die Büroarbeit zu mechanisieren und zu rationalisieren: Rechen-, Schreib-, Frankier- und Adressiermaschinen, Kopiergeräte, Diktierphonographen, Briefschließ- und Brieföffnungsmaschinen, Rohrpostanlagen, Geldzählgeräte und maschinelle Bleistiftspitzer.[130]

Österreich zog auch als erster Staat mit den USA in der schnellen Auswertung großer Datenmengen durch Lochkartenmaschinen gleich. Verantwortlich für diese bahnbrechende Leistung war der Telephonpionier Otto Schäffler, der sich eingehend mit der Konstruktion elektrischer Zählmaschinen auf der Grundlage des Hollerithschen Systems befaßte und im Frühjahr 1891 eine vollständige Maschine nebst Lochungs- und Sortierapparat und einem für die Volkszählung angepaßten Schaltungsplan bereitstellte.[131]

Mit Telephon, Schreibmaschine oder Großkaufhaus entstanden neue Berufsbilder. Ein neuer Stand begann sich zwischen Mittelstand und Arbeiterschaft zu formieren, die Angestellten: im öffentlichen Dienst, in den Interessenvertretungen, in der Industrie, im Handel, in den Banken und in den freien Berufen. Sie dachten bürgerlich: Erforderlich war mindestens ein »Bürgerschulabschluß«, für qualifizierte Tätigkeiten auch der einer Handelsschule. Sie erhielten – im Unterschied zu den Arbeitern – eine Altersversicherung (1906) und Urlaubstage. Es waren einerseits qualifizierte Tätigkeiten. Gleichzeitig wuchs in diesen »Belegfabriken« die Routinetätigkeit. Das Büro erlebte um 1900 eine Verweiblichung: Stenotypistinnen, Schreibmaschinen- und Telephonfräuleins, Expedientinnen, Verkäuferinnen.

Das »Eindringen« weiblicher Angestellter in die Kontors, Büros, Kaufhäuser und Ämter im auslaufenden 19. Jahrhundert wurde von den Männern als massive Bedrohung erlebt. Beim Kongreß der österreichischen Handelsangestellten, der 1894 in Salzburg tagte, stand der Diskussionspunkt »Beseitigung der weiblichen Handelsangestellten« auf der Tagesordnung.[132] Neue Berufsfelder mußten für Bürger- und Akademikertöchter erkämpft werden: Lehrerinnen, Krankenschwestern, Sekretärinnen … Die bürgerliche Gesellschaft konservierte andererseits immer noch jene Berufe, die in der Tradition des dienenden Hauspersonals standen: die Dienstboten, Köchinnen, Gouvernanten, Kutscher, Hausmeister, Wäscherinnen, Zugehfrauen. Der häusliche Dienst, der weit in das Industriezeitalter hineinragte, erfuhr eine Umorientierung und Umbenennung: An die Stelle des Dienstboten trat die Hausangestellte. Der häusliche Dienst, dem

Männer wie Frauen zugehörten, war in der zweiten Hälfte des 19. Jahrhunderts immer mehr zu einer frauenspezifischen Tätigkeit geworden.[133]

Der Dienstleistungssektor als solcher trat genauer hervor. Bislang hatte es derartiges nur in Ansätzen gegeben. Mit der Industrialisierung begann die Beschleunigung der Spezialisierung und Ausdifferenzierung der Dienstleistungsberufe, die in Wien mit seinem hohen Anteil hoher Einkommen und seiner Hauptstadtfunktion sehr rasch vor sich ging: Dienste der Hoheitsverwaltung, Transport und Handel, Geld- und Kreditwesen, freie Berufe, persönliche Dienstleistungen, Unterhaltung, Sport, Kultur…

Cyclisation, Mobilisation, Zivilisation

Das Ende des 19. Jahrhunderts stand im Zeichen des Rades. Aus der verspotteten Spielerei einiger versnobter Sportfans war innerhalb weniger Jahre ein Fortbewegungsmittel geworden, das die Entwicklung des individuellen Massenverkehrs zu einem Kultur- und Wirtschaftsfaktor ersten Ranges einleitete. Wenn von den überall aus dem Boden sprießenden Radfahrerjournalen die »Cyclisation« als neue, höhere Stufe der Zivilisation gefeiert wurde, so drückte sich darin jenes Erlebnis der Beschleunigung aus, das mit der Entwicklung der Eisenbahnen und Dampfschiffe am Anfang des 19. Jahrhunderts erstmals verspürt worden war und mit dem Fahrrad, Auto und Flugzeug am Ende desselben Jahrhunderts sich als Leitsektor der nächsten Generation ankündigte.[134]

1886 zählte man in Wien etwa 250 Radfahrer, zur Jahrhundertwende aber bereits etwa 70000 bis 80000, im übrigen Bereich des heutigen Österreich noch einmal so viele und in der gesamten Monarchie 300000 bis 400000. »Durch die Masse der Bicyclisten ist es in den Wiener Straßen kaum mehr auszuhalten«, jammerte ein griesgrämiger Zeitgenosse.[135] Weltweit wurden 1897 schon 2 Millionen Fahrräder produziert.

Emanzipation durch das Fahrrad: Werbeplakat der Firma Schlumprecht, Innsbruck, Entwurf Michael Zeno Diemer, 1896

Österreich-Ungarn lag mit 25 Fahrradfabriken und einer Jahresproduktion von etwa 60 000 Stück weit abgeschlagen an fünfter Stelle der Weltrangliste. Aber die österreichischen Fahrradfabriken holten rasch auf. In den drei Jahren bis 1900 verdreifachte sich die Produktion.

Bedeutende Summen wurden investiert. Die Nachfrage nach Metallen und Werkzeugmaschinen wurde angeregt, die Gummiindustrie expandierte, und selbst die Textil- und Bekleidungsindustrie profitierte. Die mit genormten Einzelteilen arbeitende Serienfertigung hatte die Fahrraderzeugung mit der Nähmaschinenherstellung und der Gewehrfabrikation gemeinsam. Das aus der Fahrradproduktion sich entwickelnde konstruktive und fertigungstechnische Wissen wurde nicht nur für die Motorrad- und Autoindustrie, sondern für alle dauerhaften Konsumgüter entscheidend. Auch der Handel mußte sich mit dem Aufbau geeigneter Absatzorganisationen völlig neue Geschäftsstrategien im Vertrieb, in der Werbung und in der Entwicklung von Markennamen erarbeiten.

Radfahren war vorerst ein luxuriöser Sport der gehobenen Gesellschaft. Nach bestandener Radfahrprüfung ermunterte Arthur Schnitzler 1893 Hugo von Hofmannsthal: »Sie müssen Bicycle fahren lernen!«[136] Radfahren signalisierte Jugendlichkeit, Modernität und Emanzipation: für den einzelnen, der nun unabhängig von Fahrplänen und Eisenbahngleisen sich rasch fortbewegen konnte; für die Frauen, für deren Befreiung, nach einem berühmten Ausspruch der Wiener Frauenrechtlerin Rosa Mayreder, der Mitbegründerin des »Allgemeinen Österreichischen Frauenvereins«, das Radfahren mehr geleistet habe als alle Frauenbewegungen zusammen; und für die Arbeiter, denen sich damit erstmals für Beruf und Freizeit ein erschwingliches Verkehrsmittel anbot.[137] Für die Kulturpessimisten war die Geschwindigkeit des Rades Ausdruck der zunehmenden Nervosität, die man zu Ende des Jahrhunderts überall bemerken wollte.[138] Für die Politiker erhöhte es die Revolutionsgefahr, »weil man ja infolge der Schnelligkeit der Bewegung mit dem Rade, wie Sie ja wissen, in wenigen Stunden die Landesgrenze überschreiten kann«, wie der niederösterreichische Statthalter Graf Kielmannsegg, der selbst zusammen mit seiner Gattin ein begeisterter Radfahrer war, seine Besorgnisse im Jahr 1897 zum Ausdruck brachte.[139]

Der wirtschaftliche Wert des Fahrrades wurde rasch erkannt, für Telegraphenboten, Briefträger, Polizisten oder Landärzte, bald auch für Industriearbeiter und Arbeiterinnen, für den Weg zur Arbeit und für Ausflüge an den Wochenenden. Hier bot sich tatsächlich, nicht nur fiktiv wie beim Alkohol, ein Weg, rasch »aus Manchester hinauszukommen«, hinaus ins Grüne. Man organisierte sich in Radfahrvereinen, in elitären und in proletarischen. Im ersten Jahrzehnt des 20. Jahrhunderts wurde Radfahren von einem Mittelklassevergnügen zu einem Nahverkehrsmittel, um die größer werdenden Entfernungen zwischen Wohn- und Arbeitsstätten in entsprechender Zeit zurücklegen zu können. Radfahren und Fußball wurden 1907 bei einer Befragung von vielen Arbeitern als Lieblingsbetätigung genannt.[140] Damit hatte das Fahrrad sehr rasch einen anderen Stellenwert gewonnen. Für die einen war es nicht mehr fein genug, seit jeder Gevatter Schuster und Schneider am Sonntag seine Radpartie machte, für die anderen hörte es auf, ein Sportgerät zu sein, sobald es auch praktischen Zwecken dienen konnte.

Wer wirklich exklusiv sein wollte, fuhr ein Automobil. Robert Musil hat seinen

Roman »Der Mann ohne Eigenschaften« mit einem Verkehrsunfall beginnen lassen.[141] Nicht zufällig. Jedes dritte Auto war in den Anfangszeiten des Automobilismus einmal pro Jahr in einen Unfall involviert. 1906 gab es in Wien bei einer Gesamtzahl von 1087 Autos 305 Unfälle, 1910 bei 3285 Autos 1242. »Daß Sie ein Automobil gemietet haben, freut mich weniger, da man sich beständig ängstigen muß«, schrieb Kaiser Franz Joseph am 18. März 1907 an Katharina Schratt.[142]

Österreich rühmt sich, mit Siegfried Marcus auch hier einen verkannten Erfinder beigesteuert zu haben, der sich schon früh mit Automobilen beschäftigte und 1888, zwei Jahre nach Daimler und Benz, das erste Auto Österreichs von Märky, Bromovsky & Schulz in Adamsthal bauen ließ. Es blieb ein Einzelstück, das nur beschränkt fahrtüchtig war. Es dauerte bis zum November 1892, bis das erste Auto, ein Benz Phaethon, auf den Straßen Wiens verkehrte. 1897 gab es im Großraum Wien 15 Automobilbesitzer, in der gesamten Habsburgermonarchie mindestens 35.[143] Der Thronfolger Erzherzog Franz Ferdinand deklarierte sich als Verehrer des Automobils. Er sei in Konopischt sehr viel gefahren: »Es ist das Herrlichste, was es geben kann.«[144] Auch Erzherzog Franz Salvator brachte den »Mittheilungen des Österreichischen Automobil-Clubs« zufolge zum Autofahren eine ganz seltene Eignung mit, »indem er bald in der Lage war, mit der sogenannten dritten Geschwindigkeit (15 km/h) auf dem Kiesweg des Schloßparkes in Wallsee selbst zu steuern, was wohl auf die besondere Vertrautheit Seiner kaiserlichen Hoheit mit dem Fahrrad als auch mit dem Fahrradsport zurückzuführen sein dürfte.«[145]

1898 wurde die Fahrfreiheit für Automobile in der Wiener Innenstadt erreicht, nur ein Jahr später als für Fahrräder. Die Aristokraten, die im ersten Bezirk ihre Palais hatten, mußten nun nicht mehr ein Pferd vor ihr Auto spannen lassen, um aus der Fahrverbotszone zu gelangen. 1907 standen im heutigen Österreich etwa 1600 Automobile und 1911 etwa 5000 in Verwendung, davon jeweils etwa vier Fünftel in Wien und Niederösterreich. 90 Prozent des Fahrzeugbestandes waren ausländischer Herkunft. Doch es gab bereits 14 inländische Autofabriken, die hohe Gewinne erwirtschafteten. Man erkannte bald die große Bedeutung des Automobilismus für den Fremdenverkehr, der kaufkräftige Touristen auch in abseits der Bahnen liegende Regionen bringen konnte. Gleichzeitig wuchs die Feindschaft gegen den Automobilismus. 1912 etwa wurde im Salzburger Landtag eine Interpellation eingebracht, dem Automobilunwesen Einhalt zu bieten, das neben der Verängstigung der Menschen und Tiere insbesondere zu einem Verstauben der Fluren führe. Angesichts der Verkehrs- und Fremdenverkehrsbedeutung wurde die Forderung nach einer Kraftfahrzeugsteuer erhoben, aus der den Grundbesitzern die Schäden abgegolten werden sollten.[146]

Der Automarkt war zur Gänze ein Luxusmarkt, eine Domäne für Aristokraten und Großkapitalisten. Der Kaufpreis für ein Auto lag etwa halb so hoch wie der für eine Villa mit Garten. Hatte man das Fahrrad bald als Emanzipationsmöglichkeit für Frauen verstanden, so sah man das Auto als männliche Domäne. Die Wiener Mode befürchtete, daß sich die Damen dabei von männlicher Oberhoheit nicht werden freimachen können: »Die Hauptsache für Frauen werde vorläufig die sein: Wie zieht man sich dazu zweckentsprechend, stylgerecht und gefällig an?«[147] Anfang 1912 gab es in Wien 25 amtlich geprüfte Automobilistinnen, dagegen 7275 geprüfte Männer.

Vom Panorama zum Kino

Das 19. Jahrhundert war vom Schauen fasziniert: Festzüge, bewegliche Bilder und Panoramen lockten die Leute. Die Seh-Sucht war unstillbar. Man versuchte dieser Lust am Schauen mit hunderten Aussichtswarten entgegenzukommen, verzeichnete penibel die besten Aussichtspunkte in den zahlreich aufgelegten Reiseführern und stürmte die Berggipfel, um den Horizont so weit wie möglich auszudehnen. Das Riesenrad avancierte wie der Stephansturm zum Wahrzeichen Wiens, weil es einen Panoramablick eröffnete und die Übersicht von oben herab ermöglichte.

Das Panorama mit seinem gemalten Rundblick war das willkommene Medium, die Illusion der weiten Welt in die Städte zu zaubern. Seine Geschichte in Österreich begann mit Robert Barkers Panorama von London, das 1801 im Wiener Prater gezeigt wurde. Es folgten Darstellungen zahlreicher anderer Großstädte. Das berühmteste der vielen Panoramen dieser Zeit war wohl das 1826 bis 1829 von Johann Michael Sattler geschaffene, 5 x 27 Meter große Rundgemälde von Salzburg. Sein Sohn Hubert Sattler malte über hundert »Cosmoramen«. Nach einer Hochblüte zu Beginn des 19. Jahrhunderts wurden im letzten Drittel des 19. Jahrhunderts nochmals eine Reihe von großen Panoramen gebaut und im Prater und anderen Vergnügungszentren gezeigt. Die Themen waren nun stärker historisch-kulturgeschichtlichen Inhalts: Schlachten, Belagerungen, biblische Szenen, exotische Welten.[148]

In der Welt der künstlichen Paradiese und illusionären Räume des 19. Jahrhunderts, ob tropisches Gewächshaus oder riesiges Panorama, ob Ausstellungspalast oder Lunapark, war das Kino der End- und Höhepunkt. Die frühen Filme wiesen viele technische Unzulänglichkeiten auf: Sie waren kurz, flimmerten und waren stumm. Ihren Reiz bezogen sie aus der scheinbar objektiven Wiedergabe der Wirklichkeit. Gezeigt wurden Alltagsszenen in technisch wenig ausgereiften Bildern. Die Tatsache der Reproduzierbarkeit von bewegten Vorgängen war das Sensationelle.

Schon wenige Monate nach der ersten Pariser Vorstellung eines Kinematographen durch die Brüder Lumière im Dezember 1895 wurden ab 27. März 1896 auch dem Wiener Publikum in einem Nonstopprogramm »Lebende Photographien« vorgeführt. Die Filmtitel hießen »Meeresstrand«, »Ankunft eines Zuges«, »Eine einstürzende Mauer«, »Die Schmiede« oder »Fabriksarbeiter gehen nach Hause«. Der Eintritt kostete 50 Kreuzer. Der Film hielt seinen Einzug als Jahrmarktsattraktion und frivoles Beiprogramm für Varietés mit Titeln wie »Endlich allein« oder »Die Pariserin im Bade«. Im späteren Wiener Kohlmarktkino gab es 1905 drei Säle, einen mit einem Panoptikum, einen mit einer Abnormitäten-Ausstellung und einen für kinematographische Vorstellungen. Nicht von der eleganten Innenstadt, sondern von Prater und Vorstadt nahm die gigantische Expansion des Filmwesens ihren wirklichen Ausgang.[149]

Erst als die sensationelle Jahrmarktsunterhaltung professionalisiert wurde, wurde das Kino zur Konkurrenz des Theaters und die Traumfabrik zum Markenzeichen des Films. Auch die Namen, die man den Kinounternehmen gab, änderten sich: statt »Bioscop« oder »Vitagraph« nun »Imperial«, »Maxim«, »Colosseum«, »Odeon« oder »Excelsior«. Als 1908 von Karl Lifka das erste ständige Linzer Kino im Gebäude des ehemaligen Theater-Varietés eingerichtet wurde, erhielt es den Namen »Grand Théâtre électrique«. Nicht weniger als 13 Kinos entstanden in Wien in den Jahren 1898 bis 1910 rund um den Prater. Die Topographie der Wiener Kinolandschaft vor dem Ersten Weltkrieg spiegelt die Wurzeln des alten Kinos.[150] Der zweite Bezirk war das Kinoparadies Wiens. In der Zwischenkriegszeit holte der erste Bezirk auf und wurde zum Kinozentrum der Stadt. Die lokalen Verschiebungen spiegelten die soziale Nutzung.

Das größte Kontingent des frühen Kinopublikums stellten die kleinen Beamten, Angestellten und Soldaten. Das Kino rang lange um die Anerkennung in der feinen Welt der Vergnügen der Oberschicht: »Wir brauchen die Aristokratie, wir brauchen die reichen Leute«, schrieb 1911 eine Wiener Kinozeitschrift. 1912 hieß es euphorisch: »Das Kino ist somit von der verfeinerten Schaubude zum richtigen Theater des Volkes übergegangen, noch mehr, es hat sich auch die höheren Stände erobert und ist lange nicht mehr die Domäne der misera plebs.«[151]

Touristen, Kurgäste und Sommerfrischler

Es ist nicht so, daß das Mittelalter oder die frühe Neuzeit nicht Formen des Reisens gekannt hätten: Pilger, Kaufleute und Diplomaten bevölkerten die Reiserouten, meist bestrebt, möglichst rasch zu den Zielen durchzukommen, zu den Heiltümern, Marktorten und Herrschaftszentren. Nur vereinzelt waren Bildungshungrige auch an Sehenswürdigkeiten aus Natur und Kunst oder gar an Erholung in gesunder Umgebung interessiert. Aber der Tourismus vor der Epoche der Eisenbahn kann auf einen sehr kleinen Kreis begüterter Personen beschränkt werden: auf Bildungsreisen und adelige Kavalierstouren und die seit dem ausgehenden 18. Jahrhundert rasch an Beliebtheit gewinnenden Kur- und Badeaufenthalte.[152]

Die katholische Erneuerung brachte zusammen mit der romantischen Wiederentdeckung des Mittelalters auch eine Neubelebung der Wallfahrten. So wurde die Zeit zwischen 1830 und 1880 zu einer neuen Blütezeit der Wallfahrtsorte, die immer mehr auch zu weltlichen Ausflugszielen aufrückten. Die Wallfahrt vermischte sich mit dem biedermeierlichen Wochenendausflug, sie wurde, wie der Literat und Journalist Ferdinand Kürnberger einmal schrieb, zur »Landpartie der Armen«. Neben der religiös bestimmten Fußreise gewann das Spazierengehen und Wandern immer mehr an Popularität. Eine neue, bürgerliche Gehkultur wurde seit den 1780er Jahren beredet und erprobt. Keineswegs, so beginnt Johann Rautenstrauchs (Pseudonym »Arnold«) »Schilderung einer Reise nach Mariazell«, sei es ratsam, eine Reise im Wagen zu unternehmen, wenn man das Land und seine Bewohner kennenlernen wolle. Von einem Fuhrmann und Pferden abhängig, verbringe man die meiste Zeit »in einem engen Futteral eingesperrt« und sehe »nichts als Gasthäuser«. Wer also nichts als Essen, Trinken, An- und Zurückkommen wolle, könne sich eines Fuhrwerks bedienen. Wer aber Kenntnisse habe und diese noch vermehren wolle, wandere zu Fuß.[153] Das war eine deutliche Absage an adelige Vergnügungstouren zu Pferd oder im Wagen und die Aufforderung zu einem »Zurück zur Natur«, die nicht nur auf das Bildungsbürgertum wirkte, sondern auch den Adel erfaßte. Zahlreiche Handbücher für Fußreisende und Reiseführer wurden herausgegeben.

Die Landpartie, zunächst zu Fuß oder im gemieteten Wagen, dann im Zug, später mit dem Fahrrad oder gar Automobil, wurde zur großen Errungenschaft des 19. Jahrhunderts, auch wenn viele dieser Ausflüge nur ein Umweg ins Wirtshaus waren. Die Zahl der Wiener, die sonntags einen Ausflug machten, begann zu wachsen, nicht zuletzt auch deshalb, weil nach Einführung der Verzehrungssteuer 1829 sich das Leben außerhalb der Stadt deutlich billiger gestaltete als in der Stadt. Landschaften wurden entdeckt, der südliche Wienerwald, der Schneeberg und die Rax, das Salzkammergut. Die Repräsentanten der städtisch-intellektuellen Welt eroberten die Alpen und den Alpinismus. Die Städter ließen sich als Erstbesteiger feiern. 1862 wurde der Österreichische Alpenverein gegründet und 1873 mit dem 1869 in München gegründeten Deutschen Alpenverein zum »Deutschen und Österreichischen Alpenverein« zusammengeschlossen. Steige und Berghütten wurden errichtet. Im späten 19. Jahrhundert eroberten sich auch die Arbeiter das Wandern. Der 1895 gegründete Touristenverein »Die Naturfreunde« propagierte proletarisches Wandern: »Hand in Hand durch Berg und Land« lautete der Wahlspruch, »Berg frei« die Forderung. Alpenvereinsfunktionäre beklagten das »Hereinfluten sozialistischer Arbeitermassen in den aristokratischen Bergsport«.[154]

Die Badeorte blühten auf. Die Mächtigen kamen und mit ihnen die Adabeis: Baden bei Wien und Gastein, natürlich die böhmischen Bäder, aber auch die steirischen und oberösterreichischen, Gleichenberg, Toblbad, Aussee, Bad Hall, Ischl. Ein Salinenphysikus hatte mit Ischler Sole auffallende Heilerfolge an kranken Bergarbeitern erzielt. Der Wiener Hof- und Prominentenarzt Dr. Franz von Wirer brachte die ersten Gäste. Die Kurliste wies rasch prominente Namen auf, Staatskanzler Metternich oder Erzherzog Rudolf, die hier nach Erholung oder Heilung suchten. Als 1827 der noch kinderlose Neffe des Kaisers, Franz Karl, mit seiner Gattin Sophie kam und sich bald darauf mit den »Salzprinzen« Franz Joseph (1830), Ferdinand Maximilian (1832) und Karl Ludwig (1833) reicher Kindersegen einstellte, zweifelte niemand mehr an der heilsamen Kraft der Ischler Sole- und Soledampfbäder. Der krisengeschüttelte Industrieort war auf dem Weg zum Modebad. Villen wurden gebaut und Sommerquartiere gesucht. Bürgerliche Berufe wie Kaffeesieder und Friseure siedelten sich an. Um den Kranken das Aufsuchen der Bäder zu erleichtern, wurde eine Sesselträgergilde geschaffen. Kaiser Franz Joseph, der Salzprinz, war von 86 Sommern seines Lebens nur in dreien nicht in Ischl, nämlich 1878, 1915 und 1916. Weil der Kaiser hier war, und der war von robuster Gesundheit, kam die große Welt oder die, die sich dafür hielt, die Maler, Literaten und Komponisten.[155] Den Komponisten folgten die Librettisten, die Schauspieler, die Direktoren und Verleger, die Industriellen, Politiker, Ärzte und Wissenschaftler. Der Kuraufenthalt wandelte sich immer mehr zur Sommerfrische.

Die Sommerfrische ist ein Kind des 19. Jahrhunderts, zugleich mit der Landpartie und der Bergtour.[156] Der Begriff stammt wie der Urlaub aus der höfischen Gesellschaft, die sich in den heißen Sommermonaten auf ihre Landgüter zurückzog, wo sie neben dem Jagd- und Reitvergnügen auch die bukolische Ruhe genießen konnte. Durch Einmieten in oft sehr primitiven ländlichen Unterkünften oder durch Erwerb bzw. Errichtung eines Sommerhauses suchte das Bürgertum es dem Adel gleichzutun. Man trachtete auf diese Weise, den negativen Seiten des Stadtlebens, dem Gestank, Staub und Lärm, den sommerlichen Typhus-, Dysenterie- und Cholerawellen, dem schlechten Wasser und der stickigen Luft, wenigstens zeitweise zu entkommen.

Plakat der k. k. priv. Südbahngesellschaft von 1898, das die Sehenswürdigkeiten entlang der Südstrecke aufzeigt. Hervorgehoben sind der Semmering mit dem Südbahnhotel und die Kuranstalten der Bahngesellschaft an der Adria.

Den Sommerfrischlern war eine weitgehend gleiche Verhaltensweise eigen: Anhänglichkeit an den einmal gewählten Urlaubsort, Suche nach Familienanschluß und ein gewisses Überlegenheitsgefühl gegenüber der Landbevölkerung. Die Aufenthaltsdauer war lang, zumindest ein, nach Möglichkeit aber zwei bis drei Monate, von Ende Juni bis Anfang September. Man kam mit der ganzen Familie, wenn auch teilweise unter Ausschluß des Vaters, der weiter den Geschäften nachgehen mußte, mit Ungetümen von Koffern, mit Köchin und Gouvernante. Die Ziele lagen vorerst im näheren Wiener Umkreis, in Grinzing, Dornbach, Neuwaldegg, von Mödling hinaus bis Baden, wo Kaiser Franz seinen Urlaub verbrachte. In der Gründerzeit ging die Sommerfrische in die geographische und soziale Breite: neben Adel und Großbürgertum nun auch die gehobene Mittelschicht, neben dem Wienerwald und der Südbahngegend die halben Ostalpen, vom Semmering bis ins Salzkammergut, von den Kärntner Seen bis nach Südtirol.[157]

Der Fremdenverkehr wurde zu einer ökonomisch relevanten Größe. Als Zentren innerhalb der Habsburgermonarchie etablierten sich, abgesehen von den weit an der Spitze rangierenden böhmischen Badeorten, die Südbahngegend mit Baden, Vöslau und dem Semmering, dahinter das Salzkammergut mit Ischl, Aussee, Gmunden und St. Wolfgang, die Adria mit Grado und Abbazia, der dalmatinischen Küste und Dubrovnik, dann Südtirol mit Meran und den Dolomiten, das Wildbad Gastein, dessen Heilbäder von Herrschern, Staatsmännern und Militärs gerne aufgesucht wurden, die südsteirischen Bäder und weit abgeschlagen schließlich die Kärntner Seen. Das Unterinntal war Münchner Sommerfrischenzone.

Der Fremdenstrom verlief entlang der Bahnlinien. Wie eiserne Fangarme erschlossen sie die Fremdenorte. Die Bahngesellschaften bauten eigene Hotels, die Südbahn 1878 das Grandhotel in Toblach, lange Zeit das größte und exklusivste Hotel Tirols, 1882 das Südbahnhotel auf dem Semmering, das zum eigentlichen Startschuß für diesen Höhenkurort wurde, oder das Hotel Quarnero in Abbazia, das Prunkstück der aufblühenden k. u. k. Riviera, die Westbahn das Grandhotel in Zell am See. Die Palasthotels, die die Theaterarchitekten Fellner & Helmer und andere noble Architekturbüros in die Landschaft stellten, versprühten den Nimbus von unbezahlbarem Luxus. Auf verstaubtem Plüsch atmete man »rasiermesserscharfe« Frischluft. Man konnte beides zugleich haben: »Hier Parfum, der die Sinne umschmeichelt, dort die klare, gesunde Bergluft, hier das Rauschen und Knistern der Roben, dort das geheimnisvolle Rauschen von Fichten und Föhren …«[158]

Von 1890 bis zum Ersten Weltkrieg erlebten der Semmering, Reichenau an der Rax oder Ischl als noble Außenposten der Ringstraßengesellschaft eine prunkvolle Blüte.[159] Am Erfolg der berühmten Orte naschte jeweils die ganze Region mit: Im Einzugsbereich von Semmering und Reichenau das kleine Dorf Prein, einfacher, deftiger, alpiner, oder Edlach, wo auf den Grundmauern der stillgelegten Eisenhütte eine Kuranstalt entstand, Mürzzuschlag, das sich um die Jahrhundertwende als »Industrie- und Curort« anpries, oder Payerbach, das eine Werbeschrift der Südbahngesellschaft um 1900 die »größte Touristenstadt Österreichs und vielleicht der gesamten Alpenländer« nannte.[160]

Nicht Ischl allein, sondern das gesamte Salzkammergut blühte auf. »Im Jahre 70 oder 71 atmete ich zum ersten Male Salzkammergutluft«, notierte Arthur Schnitzler in seiner Autobiographie.[161] Die vielen Schriftsteller, die nach einem berühmten Ausspruch Raoul Auernheimers allsommerlich an die Seen wiederkehrten, um ihre Federkiele in dieses riesige Tintenfaß zu tauchen und sich ihre Inspirationen zu holen, verarbeiteten ihre Eindrücke, banden die Orte in ihre Stoffe ein und erhöhten damit deren Attraktivität. Gustav Mahler ließ am Attersee eines seiner Komponierhäuschen errichten.[162] Rudolf Steiner, der Begründer der Anthroposophie, folgte der Familie Todesco, die in Unterburgau einen riesigen Besitz erworben hatte, als Hauslehrer in die Sommerfrische. Gustav Klimt urlaubte zwischen 1900 und 1916 am Attersee. Victor Adler verbrachte mit Frau und Kindern von 1886 bis 1897 jeden Sommer in Parschallen. Mondsee, noch kurz vorher ein verträumter, kaum besuchter Ort mit guten Gasthäusern, erschien Kritikern bald als Rummelplatz. 1887 beschrieb Peter Rosegger das sommerliche Treiben im Ort: »In Mondsee selbst Wiener Theater, Konzerte, Tingeltangels. Solche Gegenden sollte man nicht in der ›Saison‹ besuchen, wann sie Stadt spielen, sondern im Frühjahre, im Spätherbst, im Winter, wann sie still und groß ihr ehrliches Landtum bekennen.«[163]

Die wichtigste Voraussetzung für die touristische Weiterentwicklung war ein Eisenbahnanschluß, am Semmering, im Salzkammergut, im Kärntner Seengebiet. Schon 1855 machte die Salzburger Handelskammer in einem Vorstoß zur Erbauung der Westbahn fremdenverkehrswirtschaftliche Gründe geltend: »Welche Zahl von Fremden wird erst den in den salzburgischen, oberösterreichischen und bairischen Alpen liegenden Naturreizen zuströmen, wenn dieselben aus allen Richtungen durch eine Eisenbahnverbindung leicht zugänglich gemacht sein werden?« meinten die Kammerfunktionäre: »Es wird eine wahre Pilgerfahrt für erholungsbedürftige Touristen werden.«[164]

Für das Salzkammergut wie für viele Alpentäler kam mit dem zunehmenden Bedeutungsverlust der Montanwirtschaft und der Krise der Landwirtschaft der neue Wirtschaftszweig wie gerufen. Eine neue Oberschicht, neue Berufe und neue Geschäfte bestimmten das Gesellschaftsbild und die Landschaft. Nicht nur Gasthäuser und Unterkünfte, Träger und Kutscher, Bergführer und Köchinnen, auch eine Andenkenindustrie und ein vielfältiges Luxusgewerbe blühten auf. Die aufgelegten Prospekte versäumten es nie, auf Gaumenfreuden und Wanderwege, auf Theater und Konzerte, Sportgelegenheiten und Ausflugsmöglichkeiten, Kurpromenaden und Spielbanken hinzuweisen. Verschönerungsvereine und Trachtenverbände entstanden, Feuerwerke und Blumenfeste wurden arrangiert. Wenn die noblen Städter kamen, wollten sie auch auf städtische Annehmlichkeiten nicht verzichten. Die beleuchteten Kurpromenaden und sich spiegelnden Lichter der Seeuferwege, die elektrisch angestrahlten Wasserfälle und Kirchtürme wurden zu Attraktionen des Tourismus.

Wasserkraft war umweltschonender und sauberer als Dampfkraft und stand in den Alpen im Überfluß zur Verfügung. Was war naheliegender, als die Bergwelt für den Fremdenverkehr elektrisch zu erschließen. Elektrisches Licht war das Markenzeichen moderner Hotels der Jahrhundertwende. Strom war der geeignete Antrieb für die steilen Zahnrad- und Seilbahnen. Die Anrainerproteste waren viel geringer als bei den funkensprühenden, Wald- und Flurbrände auslösenden Dampfloks. Der Reisende konnte unbehelligt von herumfliegenden Rußpartikeln die würzige Luft und das herrliche Panorama genießen. So begann in den Touristenzentren ein Bau- und Elektrifizierungsboom.

Mit der elektrischen Standseilbahn auf die Mendel im Jahre 1903 war das Eis für elektrische Bergbahnen werbewirksam gebrochen. Die Rittnerbahn, die Standseilbahn auf die Innsbrucker Hungerburg und die 1907 eröffnete Virglbahn in Bozen waren aufsehenerregende Projekte. Die erste Seilschwebebahn der Welt von Bozen nach Kohlern wurde 1908 eröffnet, mit einem hauchdünnen Vorsprung vor der Wetterhornbahn bei Grindelwald. Als 1903 die Vorkonzession für eine Dachsteinbahn erteilt wurde, meldeten sich die Touristenvereine kritisch: »Wir werden in der Touristenwelt kaum auf Widerspruch stoßen, wenn wir an diese Mitteilung den Wunsch knüpfen, die Dachsteinbahn möge auf dem Papier bleiben.«[165]

Bald ergaben sich Zielkonflikte zwischen einer Modernisierung via Industrialisierung und einer Modernisierung via Fremdenverkehr, und generell zwischen Modernisierungsbefürwortern und Modernisierungsgegnern. Es bildeten sich Regionen, die das Wirtschaftswachstum zum großen Teil über den tertiären Sektor, vor allem über den Fremdenverkehr, bewerkstelligten. In den siebziger Jahren des 19. Jahrhunderts wurde erstmals die volkswirtschaftliche Bedeutung des Fremdenverkehrs diskutiert. Aber Österreich war gegenüber der Schweiz noch weit abgeschlagen. 1913 war die alpenländische Fremdenverkehrswirtschaft bereits ein relevanter Wachstumsträger, dessen Erfolg aber vom Florieren der Zentren abhängig blieb.[166]

Die Kraft des Sports

Körperbeherrschung spielte sowohl in der feudalen wie in der höfischen Gesellschaft eine herrschaftsbestimmende Rolle. Die adeligen Leibesübungen Reiten, Voltigieren, Fechten, Tanzen und Exerzieren waren körperliches Training und adelige Standesdemonstration. Auch das bürgerliche Schützenwesen war unter diesem Aspekt einzureihen. Rekorde im Sinne des »höher – schneller – weiter« hatten keine Bedeutung. Das Wort Leistung, das vor 1800 das Nachkommen einer »Verpflichtung« meinte, erfuhr erst allmählich eine Umwertung in Richtung Produktivität. Der Leistungs- und Wachstumsgesellschaft in der Wirtschaft entsprach der sportliche Kampf um Zentimeter, Gramm und Sekunden.[167]

Die herkömmlichen bäuerlichen Kraftübungen verschwanden im 19. Jahrhundert ebenso wie das bürgerliche Scheibenschießen und die adeligen Exerzitien oder wurden versportet. Der Kanon der Übungen wurde ausgeweitet, Regelwerken unterworfen, in Organisationsstrukturen eingebunden und kommerzialisiert. Die Zahl der ausgeübten Sportarten nahm rasch zu: Trab- und Galopprennen, Eislaufen und Schwimmen, Turnen und Gewichtheben, Ringen und Boxen, Wandern und Laufen, Rudern und Tennis, Radfahren und Fußball, Schilaufen, Eishockey und Landhockey. Der Sport trat in die Dienste der Politik und der Wirtschaft. Sportvereine schossen aus dem Boden. Es entstanden jüdische und tschechische Vereine, vor allem aber deutschnationale, christliche und sozialdemokratische.

Der Sport, dessen Aufstieg als Wirtschaftsfaktor im 19. Jahrhundert begann, ist unter dreierlei Gesichtspunkten interessant. Einerseits ermöglichte er eine spielerische Einübung und soziale Verinnerlichung wirtschaftsimmanenter Verhaltensweisen. Dazu kam die kommerzialisierende Wirkung einzelner Sportarten mit hohen Ausgaben für Ausrüstung und enger Verknüpfung mit dem Tourismus und mit der Freizeitwirtschaft. Die dritte Entwicklung war der Wandel des Sports zur Massenunterhaltung und zum Professionalismus: Sportausübung als Wirtschaftsunternehmen. Dazu kam sicherlich auch seine Bedeutung für die Emanzipation der Frau: Wandern und Bergsteigen, Eislaufen, Schwimmen und Turnen, Radfahren, Tennis und Schifahren wurden auch den Frauen erschlossen.[168]

Obwohl fast alle gesellschaftlichen Schichten und politischen Richtungen am Aufschwung des Sports teilhatten, stand der Sport, abgesehen von einigen vorwiegend von Akademikern betriebenen Disziplinen und vom Pferdesport, in der Öffentlichkeit im Geruch von Straße, Pöbel und Vulgarität. Frauensport wurde von breiten Teilen der Gesellschaft noch mit Mißtrauen betrachtet, vor allem bei Ausdauer- und Kraftbewerben und Kampfspielen. Die Popularisierung des Sports war eng mit militärischen Interessen verknüpft, aber auch eng mit der Entfaltung der Leistungsgesellschaft. Das galt für das Reiten ebenso wie für die Leichtathletik. Das Interesse am Dressurreiten ließ im frühen 19. Jahrhundert rapid nach. An seine Stelle traten die Galopp- und Trabrennen um die Zeit und nach der Uhr.

Der Pferdesport war jene Sportart, die für Tiere und Ausrüstung die höchsten Aufwendungen verursachte und wo am frühesten der Schritt zur Professionalisierung gemacht wurde. Vor dem Ersten Weltkrieg war das Goldene Zeitalter des Pferdegalopp- und Trabrennsports, wo sich Offiziere, Adelige und Industrielle ein Stelldichein geben konnten. Ab den 1880er Jahren begann das Renn- und »Totalisateurfieber« auch auf den Mittelstand überzugreifen. Während Aristokraten, Großbürger und Offiziere häufig mit ihren Damen den Rennen beiwohnten, beschränkte sich beim Mittel- und Kleinbürgertum das Interesse auf die Männer.[169]

Die Pferderennen und die im späten 18. und frühen 19. Jahrhundert in Wien üblichen Laufwettbewerbe hatten einen ähnlichen gesellschaftlichen Hintergrund. Beide waren sie Ausdruck demonstrativen Konsums: wer die schnelleren Pferde, wer die besseren Läufer besaß. Bis in die 1840er Jahre hielt sich der hohe Adel Wiens Läufer, deren Aufgabe es war, den Kutschen vorauszueilen, und zu deren Standesehre es gehörte, möglichst schnell und ausdauernd zu laufen. Von diesen herrschaftlichen Läufern, die im 18. Jahrhundert auch in einer zunftartigen Vereinigung zusammengeschlossen waren und als eine Art Gesellenprüfung die etwa 18 Kilometer von der Stadtgrenze (Linie) nach Mariabrunn und zurück in einer Stunde und zwölf Minuten zurücklegen mußten, wurden auch regelmäßig Laufkonkurrenzen auf dieser Strecke ausgetragen, die von den Besten in weniger als einer Dreiviertelstunde zurückgelegt wurde. Erst ab den 1840er Jahren wurden in den Zeitungen auch die Zeiten genannt, mit denen die ersten Läufer durchs Ziel kamen. Aber die Zeiten interessierten nicht wirklich. Das Ganze war mehr ein Spektakel als ein sportliches Ereignis. Im Verlauf des Vormärz schlug die Freude zunehmend in Unmut über diesen feudalen Barbarismus um, der mit den Tierhetzen des späten 18. Jahrhunderts im ehemaligen »Hetztheater« verglichen wurde.[170] Am 1. Mai 1847 wurde das letzte Wettlaufen der herrschaftlichen Läufer im Prater veranstaltet.

Schwimmen wurde im Verlauf des 19. Jahrhunderts zunehmend populärer. Man begann die schockartige, abhärtende und disziplinierende Wirkung kalten Flußwassers zu preisen, kombiniert mit drakonischem Schwimmdrill im eiskalten Wasser der Militär- und Zivilschwimmschulen. Schwimmkonkurrenzen wie das populäre »Quer durch Wien«, bei dem die Akteure bei Wassertemperaturen von bisweilen nicht mehr als neun Grad, wie zum Beispiel 1912, die etwa 7,5 Kilometer lange Strecke des Donaukanals von der Nußdorfer Schleuse bis zur Rotundenbrücke zurücklegten, eine Schnapsflasche um den Hals gehängt, aus der sie von Zeit zu Zeit einen Schluck nahmen, entsprachen diesem Programm von Abhärtung und Disziplin.[171]

Das Turnen als einflußreichste Sportart des 19. Jahrhunderts war Disziplinierung, gesellschaftliches Ereignis und politisches Programm zugleich. Turnfahrten, Kneipen, Kommerse, Tanzkränzchen und Turnfeste, ein besonderer Gruß, eine besondere Fachsprache und eine besondere Turnerkleidung verbanden Aktive und Freunde. Das bis 1842 geltende Verbot der Turnvereine konnte die Turnbewegung zwar nicht stoppen. Aber erst nach dem Februarpatent von 1861 war die Entfaltung zur Massenbewegung möglich.

Die Anfänge des Wiener Fußballsports waren englisch-nobel: Im Dreß des 1894 gegründeten »First Vienna Football Club« traten Angestellte des Hauses Rothschild und Vertreter englischer Firmen auf. Mehrere Großindustrielle und zwei Erzherzoge zähl-

Plakat des Wiener Alpenskivereins, um 1900

ten zu den begeisterten Jungkickern. Ein Paragraph der Vereinssatzung schloß »Arbeiter, Handwerker und Taglöhner« als Aktive aus. Die Spieler überließen einander den Ball mit galanten Verneigungen. Nichts von dem war zu spüren, was sich auf den »Wiesen« im Prater oder in Hütteldorf abspielte, wo sich fast gleichzeitig der Vorstadtfußball anzusiedeln begann. 1898 wurde der 1. Wiener Arbeiter Fußball-Club gegründet, der sich bereits kurze Zeit später in SC Rapid umbenannte.[172]

Der alpine Schisport, heute untrennbar mit dem Winterfremdenverkehr verbunden, hat in den Alpen keine lange Geschichte. Sie reicht bestenfalls in die achtziger Jahre des 19. Jahrhunderts zurück.[173] Die Anfänge waren städtisch. In Wiennähe, am Semmering, in Lilienfeld und in Mürzzuschlag, erlebte der Wintersport bereits vor 1914 einen raschen Aufschwung. In den achtziger Jahren waren die ersten Schifahrer ins Semmeringgebiet und in verschiedene Alpentäler gekommen. Allerdings fanden sich schnell auch Einheimische, die diesen Sport aufgriffen. Bereits im Oktober 1891 bzw. November 1892 kam es in Wien zur Gründung der ersten Schivereine Österreichs. Innerhalb weniger Jahre entwickelte sich ein reiches Wintersportangebot, das durch ein adäquates Après-Ski-Leben abgerundet wurde. Mürzzuschlag beherbergte 1893 die erste Schikonkurrenz Mitteleuropas und richtete 1904 die ersten »Olympischen Winterspiele« aus. Seit Mitte der neunziger Jahre wurden auch in Kitzbühel jeden Winter Schirennen veranstaltet. Um die Jahrhundertwende hatte der Ort bereits einen treuen Kreis von Wintergästen aus England und Ostösterreich. St. Anton, wo 1901 der erste Schiklub Tirols gegründet wurde, wurde überhaupt erst durch den Wintersport als Fremdenverkehrsort entdeckt. Entscheidend war auch hier, wie man in die Schiorte gelangen konnte. Die Südbahn hatte bereits 1903 erstmals einen »Sportzug« in den Fahrplan aufgenommen. Die »Neue Freie Presse« gab Pistenverhältnisse bekannt.

Die wirtschaftliche Bedeutung des Wintersports wurde rasch klar. »Dadurch, daß wir im Lande den Schi zu einem volkstümlichen Verkehrsmittel machen, fördern wir auch in eminenter Weise den Fremdenverkehr«, wurde in der Sitzung des Salzburger Landtags am 8. November 1910 festgestellt.[174] Die geschäftsträchtige Kombination aus Winterfremdenverkehr und Erzeugung von Wintersportartikeln wurde noch vor dem Ersten Weltkrieg erkannt.[175] Daß unter den vielen Wintersportarten, nämlich Rodeln, Eislaufen, Pferdeschlittenfahren, Bobfahren, Skijöring, Schispringen oder Eisschießen gerade der alpine Schilauf so tourismuswirksam wurde, lag an der idealen Kombinationsmöglichkeit von individueller Betätigung und kommerzieller Umsetzung.

Lawn-Tennis, später einfach Tennis genannt, wurde in den 1880er Jahren in Wien eingeführt und stieg rasch zum Modesport der gehobenen Gesellschaft mit entsprechenden wirtschaftlichen und sozialen Auswirkungen auf. Es wurde zum Gesellschaftsspiel, das im Sport den Salon ersetzte und ähnlich wie das Schifahren die Ausgangsbasis für eine aufstrebende Sportartikelbranche abgab. Dem vornehmen Publikum wurde es als willkommene Abwechslung im langweiligen High-Society-Alltag präsentiert, um »Gäste rascher miteinander bekannt zu machen als durch die konventionelle Vorstellung im Salon und die ewig wiederkehrenden Gesprächsthemen«.[176] Es wurde als Spiel gelobt, dem die Ausübung durch beide Geschlechter zusammen besonders gut anstehe. Arthur Schnitzler spielte durch Jahrzehnte hindurch »mit viel Animo« und »mit mehr Eifer als Talent« Tennis.[177] »Das weite Land« (1910), die fünfaktige Tragikomödie um den Fabrikanten Friedrich Hofreiter und dessen Frau Genia, lebt vom fast ständig präsenten Tennisplatz. 1911 gab es in Wien schon mehr als 200 Tennisplätze. Gespielt wurde auch in den Garnisonstädten und in den Urlaubsorten, im Salzkammergut, am Wörthersee oder am Semmering.

Sichtbare Hände und unsichtbare Mächte

Die Zweite Gründerzeit

Die letzte Chance für die Habsburgermonarchie, auf wirtschaftlichem Gebiet aufzuholen, bot sich um die Jahrhundertwende. In den achtziger Jahren setzte eine Konsolidierung ein. Ab 1888 konnte man von einer Konjunkturbelebung sprechen. Als es am 9. November 1895 zu einem neuerlichen Kurssturz an der Wiener Börse kam, blieb dies ohne nachhaltige wirtschaftliche Auswirkungen. Ab 1896 begann ein langer Aufschwung, der häufig auch als »Zweite Gründerzeit« bezeichnet wird. Neue Produktionszweige, die Großchemie, der Fahrzeugbau und die Elektroindustrie, gaben Impulse. Während sich die Elektroindustrie der Monarchie zum größten Teil im Wiener Raum zentrierte, schienen sich in der Fahrrad- und Automobilerzeugung in den Provinzstädten, in Wiener Neustadt, Graz oder Steyr, gute Aussichten zu bieten. Nur die Großchemie konnte sich nicht dynamisch genug entwickeln. Ihre Standorte konzentrierten sich im böhmisch-mährischen Raum. Auch wurde sie zu wenig gefördert. In Österreich war der Aufschwung vor allem von der traditionellen Eisen- und Stahlindustrie getragen, wo sehr dynamische Unternehmerpersönlichkeiten auftraten. Dazu gehörte auch die kontinuierliche und beträchtliche Erhöhung des Rüstungsaufwandes seit der Annexionskrise von 1908. Gewaltige Zuwachsraten verzeichnete gerade im Wiener Raum auch die Nahrungs- und Genußmittelindustrie.[178]

Erstmals schienen um die Jahrhundertwende auch die Massen etwas von den Früchten der industriellen Revolution ernten zu können. Der Zuckerkonsum stieg. So mancher konnte sich sogar ein Fahrrad, Inbegriff der individuellen Fortbewegung, leisten. Modern waren die Zigarette, die Zahnpaste, die Elektrizität. Warenhäuser erlebten ihre erste große Zeit.

Mit dem Übergang zur Goldwährung konnten ein definitives Ende der langfristigen währungspolitischen Unsicherheit und die feste Verankerung im internationalen Zahlungsverkehr erreicht werden. Da das Silber nach 1870 auf den internationalen Metallbörsen im Preis stark zu sinken begann und 1878/79 einen förmlichen Kurssturz erlebte, wurde es als Währungsmetall zunehmend diskreditiert. Es bildete sich ein Disagio zwischen Silbermünzen und Papiergeld. Im Jahr 1879 verzichtete die Österreichisch-ungarische Bank, die 1878 aus der Oesterreichischen Nationalbank als Konsequenz der dualistischen Umgestaltung des Reiches hervorgegangen war, auf einen direkten Konnex zu einem Währungsmetall, setzte sich aber das Ziel der Einführung der Goldwährung. 1892 wurde dieser Schritt getan. An die Stelle der bisherigen Österreichischen Währung von einem Gulden gleich 100 Kreuzern trat die Krone zu 100 Hellern, die nach einer Übergangszeit ab 1900 als alleiniges gesetzliches Zahlungsmittel fungierte, wobei aus einem Kilogramm Feingold 3 280 Kronen ausgemünzt wurden. Größte Bedeutung hatte die Regelung der Umrechnungsrelation von alter und neuer Währung. Ein Gulden ÖW in Silber oder Papier wurde mit 2 Kronen festgelegt. Damit wurde das Disagio, das zum in den späten achtziger Jahren international immer stärker werdenden

Gold aufgetreten war und das sich zwischen 125,2 Prozent im Jahr 1887 und 115,8 Prozent im Jahr 1891 bewegte, praktisch eliminiert und ein leichter Gulden als Basis genommen. Bereits gegen Ende 1892 war die Krone einem Goldagio unterworfen und faktisch abgewertet. Dieses Agio erreichte 1893 mit 6,8 Prozent das Maximum und endete 1895. Die Bareinlösung ihrer Noten wurde von der Österreichisch-ungarischen Bank nie aufgenommen, so daß es sich statt einer reinen Goldwährung eigentlich um eine Golddevisenwährung handelte. Dennoch bewies der Wechselkurs der Krone von 1892 bis 1913 bemerkenswerte Stabilität.[179]

Gegen Ende des 19. Jahrhunderts besserte sich die ökonomische Situation der Habsburgermonarchie spürbar. Nach der Jahrhundertwende wurden Wachstumsraten erreicht, die diejenigen des Deutschen Reiches nicht unbeträchtlich übertrafen. Einerseits war die Konjunkturkrise, die den Beginn des Jahrhunderts in Europa überschattete, in Österreich außerordentlich mild ausgefallen, andererseits war der internationale Boom von 1904 bis 1908 in Österreich besonders ausgeprägt. Das mag den Publizisten Gustav Stolper dazu veranlaßt haben, künftigen Wirtschaftshistorikern als das bemerkenswerteste Ereignis in der Entwicklung des österreichisch-ungarischen Wirtschaftslebens im ersten Dezennium des 20. Jahrhunderts die erstmalige ausgiebige Teilnahme der Monarchie an einer Weltkonjunktur vorzuschlagen.[180] Allerdings war weder die Zeitspanne, die der österreichischen Wirtschaft bis zum Ausbruch des Ersten Weltkrieges noch gewährt war, lang genug, noch waren die infrastrukturellen Voraussetzungen günstig genug, daß Österreich-Ungarn wirklich die Chance gehabt hätte, seinen wirtschaftlichen Rückstand gegenüber Westeuropa aufzuholen.

Organisierter Kapitalismus

In den achtziger Jahren begann sich die Struktur der Wirtschaft tiefreichend zu ändern: In einzelnen Branchen schritt die Konzentration rasch voran, Kartelle bildeten sich, der Bankeneinfluß wurde immer stärker, die Organisierung der Interessen der Arbeitsmarktkontrahenten in Verbänden, Kammern, Gewerkschaften und Parteien wurde dichter und die direkte Einflußnahme des Staates durch Schutzzölle, Subventionen, ordnungs- und stabilitätspolitische Eingriffe und direkte Verstaatlichung intensiver.[181]

Theoretisch stand der Staat noch auf dem Boden des Wirtschaftsliberalismus. Praktisch kam es zu einer engen machtpolitischen Verflechtung zwischen Industrieunternehmen, Banken, Unternehmerorganisationen und Staat auf der Ebene einer zunehmenden Bürokratisierung der Wirtschaft, der Herausbildung der neuen Zwischenschicht der Manager und eines wachsenden Gleichschritts zwischen staatlicher und wirtschaftlicher Beamtenschaft. Das Phänomen dieser zunehmenden Machtkonzentration und Organisierung des Kapitalismus hat die zeitgenössische österreichische ökonomische und politische Wissenschaft stark beschäftigt. Die Wiener Schule der Nationalökonomie war in der Theorie streng liberal, in der Praxis allerdings interventionistisch.

Die nicht zuletzt am österreichischen Beispiel bereits im ausgehenden 19. Jahrhundert begonnene Diskussion um den Begriff des organisierten Kapitalismus hat Konzertierungs-, Konzentrations- und Organisationstendenzen der Arbeitgeber und Arbeitnehmer sowie diesen hilfreiche staatsinterventionistische Aktionen in den Vordergrund gestellt. Die allmählich zunehmende institutionelle Regelung der formell ihren Charakter verändernden Sozialkonflikte hingegen hat im Konzept des organisierten Kapitalismus nur unzureichende Berücksichtigung gefunden. Österreich hatte zahlreiche Elemente dieses organisierten Kapitalismus aufzuweisen, allerdings nicht alle. Seine zweifellos vorhandenen imperialistischen Intentionen waren sehr viel weniger Resultat eines organisierten Kapitalismus als eines weiterbestehenden Feudalismus, ausgerichtet auf Territorialerwerb, auf Machtausübung und auf innere Befriedung durch außenpolitische Verwicklungen.[182]

Die fortschreitende Tendenz zur Konzentration zeigte sich vor allem in der Eisenindustrie, aber auch in der Bier-, Branntwein- und Zuckererzeugung, in der Mühlenindustrie oder in den neu aufstrebenden Branchen der Chemie-, Fahrzeug-, Reifen- und Elektroindustrie.[183] Der längst überfällige Konzentrations- und Modernisierungsprozeß der zersplitterten steirischen und Kärntner Eisen- und Stahlindustrie wurde 1881 mit der Gründung der Oesterreichisch-Alpinen Montangesellschaft (ÖAMG) eingeleitet. Die steirische Eisenindustrie war damit vorderhand gerettet, auch wenn ihr Anteil an der gesamteuropäischen Produktion auf 1,5 Prozent abgerutscht war. Kärntens Eisenindustrie, 1855 noch als »Lebensnerv« des Landes bezeichnet, wurde sukzessive stillgelegt. Ein Vierteljahrhundert später wurde dieser »wahre Herzschlag des Landes« nicht mehr gehört.[184] Zur zentralen Persönlichkeit im Konzentrationsprozeß der alpenländischen Eisenindustrie stieg Karl Wittgenstein auf, der 1872 in das Walzwerk Teplitz eingetreten und nach fünf Jahren zum Generaldirektor avanciert war. Seine Karriere zum größten Eisenindustriellen der Habsburgermonarchie war steil. Schon 1885 erlangte er bestimmenden Einfluß auf die Böhmische Montan-Gesellschaft und die Prager Eisenindustrie-Gesellschaft. In weiterer Folge gelang es ihm, auch die Herz-

Bierbrauerei, Spiritus- und Preßhefefabrik der Brüder Reininghaus, Graz, Farblithographie, um 1895

stücke der alpinen Eisenindustrie, die St. Egydier Eisen- und Stahl-Industrie-Gesellschaft (1887) und die Oesterreichisch-Alpine Montangesellschaft (1897), in seinen Machtbereich einzubeziehen. Die Konzentration der Sensenindustrie, die Entwicklung der Werkzeugstähle, besonders der Schnelldrehstähle, und die Einführung der Elektrostahlerzeugung gingen auf sein Konto.[185]

Noch größer war das politische Gewicht der Zuckerbarone. Über das 1897 errichtete »Große Zuckerkartell«, das eng mit der staatlichen Steuer- und Prämienpolitik verknüpft war, entstand ein Interessengeflecht zwischen Unternehmern und Staat, das auf Zuckersteuer, Schutzzoll und Exportprämie basierte. Die Zuckerindustrie war durch den Zoll und die Prämie gegen die Weltmarkt-Konkurrenz abgeschirmt. Im Innern hatte sie mit ihrem Kartell mehr oder weniger freie Hand. Durch den rasch zunehmenden Zuckerkonsum wurde die Zuckersteuer zur wichtigsten Verzehrungssteuer überhaupt, wichtiger als die ebenfalls hohen Steuern auf Bier und Branntwein. Zwischen 1888 und 1904 stieg ihr Anteil an den Staatseinnahmen Cisleithaniens von 2,3 auf 6,7 Prozent.[186]

Die politische Macht der Zuckerindustrie zeigte sich am Beispiel des Konkurrenten Saccharin. 1878 vom deutschen Zuckerchemiker Fahlberg bei einem Aufenthalt in den USA zufällig entdeckt, kam dieser erste künstliche Süßstoff neun Jahre später unter dem Namen Saccharin als »Zucker der armen Leute« auf den Markt. Nach 1896 hielt die österreichische Zuckerindustrie keine Versammlung ab, in der nicht vor der »Gefährlichkeit« des Saccharins gewarnt worden wäre. Nicht daß das Saccharin den Zucker wirklich hätte gefährden können – die Bedeutung seiner Konkurrenz bestand lediglich darin, daß die Preispolitik des Zuckerkartells sowie das verwickelte Steuer- und Zollsystem in Frage gestellt worden wären. Saccharin, das ausschließlich importiert wurde, durfte ab 1898 nur mehr in Apotheken verkauft werden. Zur Operationsbasis der Schmugglerinnen und Schmuggler nach Österreich wurde die Schweiz – dort war das Saccharin frei erhältlich, und dort nahm die internationale Süßstoffindustrie, ein Zweig der aufstrebenden chemisch-pharmazeutischen Industrie, ihren Hauptsitz. Erst im Krieg wurde das Saccharin vom verfemten Verfälschungsmittel zum begehrten Surrogat, und die restriktiven Bestimmungen wurden aufgehoben. Ausgerechnet in den Jahren, in denen man den Zucker als Nahrungsmittel bitter nötig gehabt hätte, trat das nährwertlose Saccharin an dessen Stelle.[187]

Ein anderes Beispiel: Die Jahrhundertwende war die große Wachstumsperiode der Schokoladefabriken. Die Rohstoffe, vor allem Zucker, aber auch Kakaobohnen, waren trotz der hohen Besteuerung preisgünstiger geworden. Industrielle Fertigungstechniken verbilligten und vor allem verbesserten das Produkt. In Wien entstanden mehrere Schokoladenfabriken, die sich innerhalb weniger Jahre zu Großbetrieben entwickelten. So konnte Joseph Manner, der 1890 mit der Schokoladeerzeugung praktisch als Einmannbetrieb und ohne nennenswertes Kapital begonnen hatte, bis zum Ersten Weltkrieg den Personalstand seines Unternehmens auf 3 000 hinauftreiben.[188]

Die Macht der Banken

Alexander Gerschenkron hat dem Mobilbankwesen in Zentraleuropa eine führende Stellung im industriellen Gründungsgeschäft zugeschrieben, im mittleren Niveau der Rückständigkeit, wo die Privatinitiative nicht ausreichte und die Banken die Vorreiterrolle übernahmen. Dieses Verhältnis kristallisierte sich allerdings erst im ausgehenden 19. Jahrhundert heraus. Nachdem sich die Finanzwelt vom Trauma der großen Krise der siebziger Jahre nur sehr langsam und schwer befreien konnte, begann sich in den 1880er Jahren ein Wandel im Verhältnis zu Handel und Industrie zu vollziehen. Zwischen 1873 und 1880 war keine einzige Bankneugründung erfolgt. Erst das konservative Kabinett unter Ministerpräsident Graf Taaffe, das die deutsch-liberale Regierung Auersperg ablöste, suchte wiederum Bankgründungen zu initiieren, um in diesem liberal dominierten Zentralbereich der Wirtschaft an Einfluß zu gewinnen.

Während der konservative Finanzminister Dr. Julian Dunajewski dem Staat in der Anleihenpolitik zu mehr Unabhängigkeit von der um das Haus Rothschild gruppierten Hochfinanz verhelfen wollte und die Gründung einer neuen Großbank, der Oesterreichischen Länderbank, durch den französischen Financier und Ingenieur Paul-Eugène Bontoux und dessen Société de l'Union Générale im Jahre 1880 aktiv unterstützte, setzte sein Kollege als Handelsminister, Felix Pino-Friedenthal, auf die Idee des Postsparens. Sein politisches Kalkül war es, mit der Gründung der Österreichischen Postsparkasse im Jahre 1883 dem liberal ausgerichteten Wiener Bankkapital mit einer Staatssparkasse ein konservatives Gegengewicht entgegenzusetzen. Dazu kam die Erwartung, durch die große Zahl von Filialen, die der Post zur Verfügung standen, das Spargeld der kleinen Leute zu mobilisieren und durch den überregionalen Scheckverkehr eine weitere wirtschaftliche Klammer für den Vielvölkerstaat zu gewinnen.[189]

Der Kampf um das Einlagengeschäft und den kleinen Sparer entbrannte voll, was in der überaus raschen Zunahme der Bankinstitute und Filialen nach der Jahrhundertwende nicht nur in Wien, sondern auch in zahlreichen kleineren Orten zum Ausdruck kam. Mit den Genossenschaftsbanken und den Sparkassen wurden jene Kreditinstitute, die stärker auf die mittlere Geschäftswelt, die Handwerker und Bauern, zum Teil auch schon Angestellten und Arbeiter zugeschnitten waren, immer zahlreicher.

Nach der Krise der Société de l'Union Générale im Jahre 1882 löste sich die Länderbank finanziell und organisatorisch von ihrem französischen Mutterinstitut und wurde ein weitgehend österreichisches Unternehmen, obwohl die ursprüngliche Bestimmung, den Wiener Kapitalmarkt für französische Gelder zu öffnen, erhalten blieb. Ab dem Jahre 1898 finanzierte die Länderbank das Kommunalprogramm des Wiener Bürgermeisters Karl Lueger und avancierte zur Hausbank der Gemeinde Wien, was in der Zwischenkriegszeit unter anderen Vorzeichen in der Person des ehemaligen Länderbankdirektors und Wiener Finanzstadtrates Hugo Breitner fortgesetzt wurde.[190] Die öffentliche Hand konnte sich mit den erfolgreichen Experimenten der Länderbank- und Postsparkassengründung beachtliche Partner am Geld- und Effektenmarkt schaffen. Innerhalb weniger Jahre rückte die Postsparkasse durch ihre Erfolge im Bereich der Spareinlagen und des Scheckverkehrs in die Reihe der führenden Geldinstitute am Wiener

Platz auf und konnte sich als Staatsbank erfolgreich als Syndikatsführer eines »Österreich-Konsortiums« in der Bedienung der österreichischen Staatsschuld durchsetzen.[191]

Erst gegen Ende des 19. Jahrhunderts verstärkte sich das Engagement der Banken im Industriegeschäft. Im ersten Jahrzehnt des 20. Jahrhunderts wurde das Mobilbankwesen, wie es sich einst die Brüder Péreire vorgestellt hatten, in Österreich zur Realität: Jedes Bankinstitut suchte sich eine industrielle Macht- und Einflußsphäre zu erobern, die Länderbank in der Schwerindustrie, die Boden-Credit-Anstalt in der österreichischen Maschinenindustrie, die Credit-Anstalt in der Zucker-, Papier-, Petroleum- und Textilindustrie. Der Grad der industriellen Konzentration und Trustbildung wurde vorangetrieben. In diesen Einflußsphären konnte unter Führung der Banken die Kartellierung verwirklicht werden. 1880 gab es vier Kartelle, 1890 bereits 18, 1900 schon 57 und 1912 über 200. Die meisten davon hatten bloß regionalen Charakter, etwa ein Viertel umfaßte 1914 das gesamte Reich, einige griffen auch auf andere Staaten aus. Mit der Gründung der Österreichischen Kontrollbank im Jahr 1914 schufen sich die Banken eine eigene zentrale Kartell-Überwachungs- und Koordinationsstelle. Im Zusammenspiel der Banken, die die mächtigsten Kartelle kontrollierten, und dank der protektionistischen Handelspolitik konnten auf dem geschützten Binnenmarkt entsprechende Gewinne realisiert werden. Es gibt Anzeichen, daß die Großbanken durch direkte und indirekte Einflußnahmen in keinem anderen Land eine für das Wirtschaftsleben so bestimmende Rolle erlangten wie in der Donaumonarchie. Es begann die in der Literatur so oft beschriebene Phase der engen personellen Verflechtung zwischen Bank- und Industrieunternehmungen, wobei dieses Verhältnis weit stärker als in Deutschland durch den Vorrang der Hochfinanz bestimmt war.[192] Dies hatte schon Rudolf Hilferding festgestellt: »In Österreich ist daher der direkte und bewußte Einfluß des Bankkapitals auf die Kartellierung am leichtesten nachzuweisen«, behauptete er.[193]

Im Jahr 1914 verfügten die acht größten Wiener Banken über ungefähr zwei Drittel des gesamten Kapitals aller Finanzinstitutionen Cisleithaniens. Im ungarischen Teil der Monarchie gab es nur eine mit den führenden Wiener Häusern vergleichbare Bank, die Ungarische Allgemeine Credit-Anstalt, die mit der Wiener Credit-Anstalt verbunden war, aber nur etwa 16 Prozent des ungarischen Aktienkapitals kontrollierte. Im ersten Jahrzehnt des 20. Jahrhunderts waren auch tschechisch dominierte Banken erstmals als nennenswerte Konkurrenz in der von Wien aus regierten Bankenwelt aufgetreten. 1890 betrug das Aktienkapital der tschechischen Banken nur 2 Prozent von dem der Wiener, 1913 bereits ein Viertel. Es begannen sich immer deutlicher zwei große Finanzzentren zu entwickeln, nämlich Wien und Prag. Prag wurde zur Finanzhauptstadt nicht nur der Tschechen, sondern aller Slawen der Monarchie. Die tschechischen Banken waren in manchem moderner als ihre Wiener Konkurrenten: Sie stützten sich auf agroindustrielle Komplexe, engagierten sich in den von den Wiener Banken vernachlässigten Bereichen und forcierten das Einlagengeschäft.[194]

Dennoch blieb die Stellung Wiens als Finanzzentrum der Donaumonarchie unangefochten. Sein Anteil an der Wertschöpfung des gesamtösterreichischen Bankensektors betrug vor dem Ersten Weltkrieg mehr als 70 Prozent. Ein ausgedehntes Filialnetz und ein hohes Maß an Industriebeteiligungen waren aufgebaut worden, deren Schwerpunkte außerhalb des Gebiets der späteren Republik Österreich lagen.

Unternehmerverbände und Arbeiterorganisationen

Sich zur Durchsetzung der wirtschaftlichen und gesellschaftlichen Interessen in großen und schlagkräftigen Verbänden zu organisieren wurde immer mehr zum gestaltenden Element der Politik: Die Unternehmer, die Arbeitnehmer, die Bauern, die Gewerbetreibenden und die Hausbesitzer vereinigten sich in Vereinen, Verbänden, Gewerkschaften, Bünden, Genossenschaften und Parteien. Voraussetzung war die Möglichkeit von Zusammenschlüssen, die im Vereinsgesetz von 1867 und im Koalitionsrecht von 1870 gesichert wurde. Die Durchsetzung der Koalitionsfreiheit, in Österreich mit 7. April 1870, muß als wichtige Zäsur in der liberalen und kapitalistischen Gesellschaftsordnung eingestuft werden.[195]

Bereits 1854 konnte die Rübenzuckerindustrie ihre wirtschaftspolitische Macht mit der Gründung des »Vereins für die Rübenzucker-Industrie im Kaiserthume Österreich«, dem ersten Branchen-Verband der Donaumonarchie, institutionell absichern. Dieser ältesten industriellen Fachorganisation folgten zahlreiche weitere sektorale Zusammenschlüsse, etwa der »Verein der österreichisch-ungarischen Papierfabrikanten« (1872), der »Verein der Baumwollspinner« (1872) und der »Verein der Montan-, Eisen- und Maschinenindustriellen Österreichs« (VMEMÖ, 1873). Bis zum Ersten Weltkrieg schuf sich fast jede Branche einen regionalen oder überregionalen Verband.

Branchenübergreifend war der in den sechziger Jahren kurzfristig tätige »Verein der österreichischen Industriellen«, der für einen süddeutschen Zollverein agitierte. Der erste industrielle Spitzenverband von dauerhaftem Bestand, der »Industrielle Club« (IC), wurde 1875 gegründet, um die Schutzzollinteressen von Eisen- und Baumwollindustriellen zu vertreten und eine Abkehr von der Freihandelspolitik zu erreichen. Er wurde nie zu einer mitgliederstarken Interessenvertretung, sondern beschränkte sich auf wenige exklusive, persönliche Mitglieder und blieb ein finanziell potenter und einflußreicher Verband der Großindustrie. 1892 kam es zur Gründung des »Centralverbands der Industriellen Österreichs« (CVIÖ), in dem sich mit wenigen Ausnahmen die verschiedenen Fachverbände zu einem Dachverband zusammenschlossen und der in weiterer Folge auf sämtliche industrielle Interessenverbände und auch auf Einzelmitgliedschaft ausgeweitet wurde. Aus einem »Industriellen Actionscomité«, das sich vor allem aus Unternehmern der metallverarbeitenden und maschinenbauenden Industrie Wiens und Niederösterreichs rekrutierte, entstand 1897 der »Bund Österreichischer Industrieller« (BÖI), der sich vor allem der Interessen der klein- und mittelbetrieblich strukturierten Industrie annahm und zum CVIÖ, der vornehmlich die Großindustrie vertrat, ein nicht immer konfliktfreies Verhältnis hatte. Der BÖI verstand sich sehr viel stärker als der CVIÖ als Arbeitgeberverband und Kampforganisation. Sein Aufbau entsprach organisatorisch dem Aufbau von Arbeitnehmerverbänden. Die Klientel kam aus dem Finalbereich, während der CVIÖ im Grundstoff- und Halbfabrikatsbereich angesiedelt war.

Im BÖI waren etwa zehnmal so viel Unternehmen wie in CVIÖ und IC organisiert. Allerdings war die durchschnittliche Beschäftigtenzahl beim BÖI mit etwa 200 pro Mitgliedsbetrieb nur halb so groß wie beim CVIÖ. Schätzungsweise beschäftigten die im BÖI organisierten Arbeitgeber etwa ein Drittel der Industriearbeiterschaft.[196]

Das durchaus spannungsgeladene Nebeneinander dieser drei Dachverbände prägte die industrielle Interessenpolitik vor dem Ersten Weltkrieg. 1903 kam es zwar zur Einrichtung eines »ständigen Ausschusses« der drei großen Industriellenverbände und 1906 zur Gründung der »Hauptstelle der Arbeitgeberorganisationen österreichischer Industrieller«, in deren Vollzugsausschuß CVIÖ, BÖI und IC vertreten waren. Eine echte Verschmelzung gelang aber wegen der unterschiedlichen Interessenlage bis 1914 nicht.

Neben diesen Zentralverbänden arbeiteten zahlreiche regionale Organisationen, etwa der 1897 aus Anlaß des damaligen Generalstreiks in Neunkirchen entstandene »Verband der Industriellen von Neunkirchen, Baden, Mödling, Wiener Neustadt und Umgebung« (Neunkirchner Verband), der immer wieder als erster moderner Arbeitgeberverband gepriesen wurde, sowohl wegen der Bedeutung der Betriebe und der führenden Vertreter dieses Verbandes, vor allem Arthur Krupp, wie auch der Strategien, die angewandt wurden: Man bediente sich nicht nur der unternehmerischen Soli-

Hinterhofindustrie: Rudolf von Alt, Die Eisengießerei Kitschelt in der Skodagasse, Wien, 8. Bezirk, Aquarell, 1903

darisierung im Mittel der Aussperrung, des Arbeitsnachweises und der Arbeitsvermittlung, sondern nutzte vielfältige Instrumente politischer Agitation und Öffentlichkeitsarbeit und suchte nach Wegen der Befriedung der Arbeiterschaft durch ein ganzes Bündel von Sozialeinrichtungen, wiederum beispielgebend Krupp in Berndorf. 1906 wurde der »Wiener Industriellen-Verband« (1906–1936) gegründet, mit dem der Neunkirchner Verband seine sozial- und arbeitsmarktpolitischen Aktivitäten auch auf Wien ausdehnte.

Stand am Anfang die Einflußnahme auf die staatliche Handelspolitik im Vordergrund, dann die Herstellung eines unternehmerischen Solidaritätsbewußtseins, vornehmlich in Streiksituationen, so führte die Einführung des allgemeinen Wahlrechts zu einer Umgestaltung der Arbeitgeberorganisationen, um eine bürgerliche Sammlungspolitik in die Wege zu leiten. Da in der Situation des allgemeinen Wahlrechts die Interessenvertretungen der Industrie gezwungen waren, die Allianz zu Massenparteien zu suchen, mußten sie ihre partikularen Interessen zu Interessen der Gesamtheit transformieren. Die österreichische Großindustrie war traditionell im liberal-deutschfreiheitlich-deutschnationalen Lager und dessen Vorläufern verankert. Das Verhältnis der Industrie zur Christlichsozialen Partei, die nur bedingt als industriefreundlich eingestuft werden konnte und die für viele Industrielle als Partei der »Zünftler« und »Extremagrarier« mit einem starken »Arbeitereinschlag« galt, blieb gespannt. Der nach 1907 im Rahmen der »Freien Industriellen Vereinigung« im Reichsrat unternommene Versuch eines Brückenschlags zwischen Industrie und Christlichsozialen, um ein Gegengewicht zum Arbeiterblock zu bilden, scheiterte. Aber auch eine Modernisierungsallianz von Industrie und Arbeiterschaft gegen Agrarier und beharrende Kräfte kam nicht zustande. Ab 1909/10 trat im industriellen Einflußbereich immer mehr das Bestreben in den Vordergrund, eine autonome Arbeitgeberpolitik gegen oder unter Umgehung der Legislative durchzusetzen.[197]

1914 wurden in einem vom Industrierat herausgegebenen Verzeichnis der freien Interessenvertretungen von Industrie, Handel und Gewerbe rund 850 Interessenvertretungen aufgezählt, von denen etwa drei Viertel auf die Industrie entfielen. Im gewerblichen Bereich blieb die Organisierung viel schwächer. Mit Hilfe der Hauptstelle industrieller Arbeitgeberverbände gründete der Niederösterreichische Gewerbeverein 1908 den Österreichischen Arbeitgeber-Hauptverband, der die Gewerbetreibenden und Handwerksmeister sammeln sollte, aber bis 1914 keine sehr effiziente Organisation erreichen konnte. Die Bemühungen um die Gründung einer »Wirtschaftlichen Zentrale für Gewerbe, Handel und Industrie« nach dem Vorbild des 1909 gegründeten deutschen »Hansa-Bundes« führten 1911 zu einem ersten Erfolg.

Die Durchorganisierung schritt auch in der Landwirtschaft rasch voran: Die liberal geprägten Landwirtschaftsgesellschaften reichten in den Vormärz zurück, die bäuerlich dominierten Landeskulturräte als Vorläufer der Landwirtschaftskammern wurden ab den achtziger Jahren eingerichtet, konservative, christlichsoziale und nationale Bauernvereine und Bauernbünde bildeten sich teils schon im letzten Drittel des 19. Jahrhunderts, teils nach der Jahrhundertwende. 1898 wurde unter Leitung von Alfred Simitsch Ritter von Hohenblum die Landwirtschaftliche Zentralstelle als Vereinigung der Großagrarier begründet und 1908 die Präsidentenkonferenz der Landeskulturräte und Landwirtschaftsgesellschaften, die sich sehr viel stärker um die Anliegen der Bauern kümmern wollte.[198]

Auf der Arbeitnehmerseite bildete die Anerkennung der Koalitionsfreiheit, die Zusammenschlüsse zum Zweck der Einwirkung auf die Arbeitsbedingungen erlaubte, die Grundvoraussetzung jeglicher Organisierung. Die Gewerbeordnung von 1859, noch aus der Zeit des Neoabsolutismus, war einerseits dem Liberalismus verhaftet, da sie bezüglich des Arbeitsvertrages volle Freiheit gewährte, andererseits restriktiv, indem sie mit den Genossenschaften weiterhin das strafrechtlich verankerte Koalitionsverbot beibehielt. 1870 wurde die Koalitionsfreiheit zwar gesetzlich festgeschrieben, mußte aber in den nächsten 20 Jahren erst praktisch durchgesetzt werden. Während Unternehmer in ihrer Handlungsfreiheit nicht beeinträchtigt waren, waren Arbeiterkoalitionen mit den Traditionen einer repressiven Verwaltungspraxis konfrontiert. Die zwischen 1867 und 1873 entstandenen, straff organisierten Arbeiter(bildungs)vereine und Fachvereine (Gewerkschaften) büßten in der Wirtschaftskrise dramatisch an Durchsetzungskraft ein. Die Arbeitgeber-Arbeitnehmer-Auseinandersetzungen behielten mit wenigen Ausnahmen bis in die achtziger Jahre einen stark punktuellen und anarchistischen Charakter. Erst in den neunziger Jahren gelang der Aufbau einer wirkungsvollen Gewerkschaftsbewegung. Diese wurde in den Tarifverhandlungen und kämpferischen Konfrontationen um so stärker, je organisierter und zentralisierter sie wurde, wobei neben den immer noch häufigen spontanen und anarchistischen Ausbrüchen, etwa in den Teuerungsrevolten 1911, zunehmend planmäßig organisierte Streiks und Aktionen gesetzt wurden. Neben den sozialdemokratischen (freien) und den christlichen Gewerkschaften, die beide bald mit dem Problem nationaler Spaltung konfrontiert waren, bildeten sich nationale und »gelbe«, unternehmernahe Gewerkschaften.

Nach der Freigabe des Koalitionsrechtes und der Bildung von Verbänden konnte sich das kollektive Verhandeln entwickeln, in Einzelfällen ab den siebziger Jahren, stärker ab den neunziger Jahren des 19. Jahrhunderts. Mit der Errichtung der Zentralkommission der freien Gewerkschaften im Jahre 1893 war eine überbetriebliche und überregionale Koordination möglich. Die Ausbildung des Kollektivvertragswesens in den drei Jahrzehnten zwischen 1890 und 1920 bis zu seiner gesetzlichen Verankerung unmittelbar nach dem Ende des Ersten Weltkrieges bedeutete die Anerkennung der Gleichberechtigung zwischen Arbeitnehmern und Arbeitgebern. Die zunehmend paritätische Partizipation in diversen Gremien, vom Arbeitsstatistischen Amt samt Arbeitsbeirat bis zu den Gewerbegerichten, ließ aus »Klassenkampfgegnern« zunächst Verhandlungspartner, dann Vertragspartner, Arbeitsmarktpartner und schließlich (erst nach dem Zweiten Weltkrieg gebräuchlich) Sozialpartner werden.[199]

Sozialpolitik von oben

Was aus bürgerlicher Sicht als das »Zeitalter der Sicherheit«[200] erschien, war für die Arbeiter immer noch von höchster Unsicherheit geprägt: von Jahr zu Jahr ein Sorgen und Bangen ohne Ende. Hohe Berufsmobilität, häufiger Wohnungswechsel und Unsicherheit bei Arbeitslosigkeit, im Alter, bei Krankheit oder Behinderung verbanden sich mit vielerlei Abhängigkeiten, vom Arbeitgeber, vom Werkmeister, vom Hausherrn, vom Greißler, bei dem man anschreiben ließ, immer geprägt von dem Zwang, genau mit jedem Heller rechnen zu müssen, fast ohne Aussicht, Ersparnisse anlegen zu können, stets von der Hand in den Mund. Arbeiterleben, das war die ständige Hetzjagd mit der Zeit, zehn bis elf Stunden tägliche Arbeit, die Wege von und zur Arbeitsstätte zu Fuß, kaum Zeit für Besorgungen, kaum Raum für Erholung. Und immer wieder Zusammenstöße: Streiks, Unruhen und am Ende der Krieg.[201]

Neben den großen Zielen der Arbeiterbewegung, dem Kampf um den Achtstundentag, um das allgemeine Wahlrecht, um eine Anhebung der Löhne und um die Verbesserung der Wohnsituation, stand das alltägliche Gerangel um ein Minimum an hygienischer Ausstattung, um genügend Spucknäpfe, um Toiletten, um Rattengift, damit die zum Arbeitsplatz mitgebrachten Jausenbrote wenigstens bis zur Pause vor dem Anknabbern geschützt waren, und das nicht etwa nur in irgendwelchen ums Überleben kämpfenden Hinterhofbetrieben, sondern auch in der staatlichen, von einem dynamischen Wachstum gekennzeichneten Postsparkasse.[202]

Träger der öffentlichen Fürsorge waren die Gemeinden. Die josephinischen Pfarrarmeninstitute waren auf sie übergegangen. Gegen Ende des 19. Jahrhunderts wurden sie durch die Bezirke ersetzt. Das im Armenwesen immer noch gültige Heimatgemeindeprinzip erwies sich angesichts des wachsenden Zuzugs der Lohnarbeiter in industrialisierte Zentren, die stets von Arbeitslosigkeit bedroht waren, als sehr problematisch. Somit blieb kirchlichen und vermehrt auch privaten Initiativen, die meist auf Vereinsbasis arbeiteten, ein reiches Betätigungsfeld. Hatte sich in der ersten Hälfte des 19. Jahrhunderts der rückläufige Trend der privaten Wohltätigkeit aus dem späten 18. Jahrhundert fortgesetzt, so stellte die zweite Hälfte des 19. Jahrhunderts eine Zeit der Hochblüte des Stiftungswesens und der privaten Wohltätigkeit mit hoher Bedeutung für das soziale Netz dar.[203]

Verschiedene Gründe waren maßgeblich, daß es in den achtziger Jahren zu einer Reihe sozialpolitischer Initiativen kam, die zu einer Verbürokratisierung und staatlichen Regelung der sozialen Sicherheit führten. Die Militärs schlugen Alarm, entsprach doch aus Arbeitergemeinden kaum einer der Stellungspflichtigen den Tauglichkeitskriterien der Armee. Auf betriebswirtschaftlicher Seite wurde erkannt, daß aus einer Verbesserung der sozialen Sicherheit und Verkürzung überlanger Arbeitszeiten durchaus Produktivitätsgewinne zu erreichen waren, und von volkswirtschaftlicher, daß auf dem Weg ins Zeitalter zunehmender Massenkaufkraft den Konsumenten auch Zeit zum Konsum gegeben werden mußte. Den Politikern wiederum war es ein Anliegen, durch ein Nachgeben gegenüber gewerkschaftlichem Druck in sozialen Fragen zu einer ökonomischen und sozialen Systemstabilisierung zu kommen. Schließlich muß auch berücksichtigt werden, daß das Kabinett Taaffe und die konservative Parlamentsmehrheit, die ab 1879 im Reichsrat das Sagen hatte, in die zahlreichen sozialpolitischen Initiativen ihre antikapitalistischen Interessen verpackte.

In Österreich, wo die ständischen Ideen der christlichen Sozialreformer auf viel fruchtbareren Boden fielen als im protestantisch dominierten Deutschland, war zwar das deutsche Vorbild der Bismarckschen Sozialgesetzgebung handlungsleitend, doch trat zum Gedanken der Staatshilfe durch Unterstützung ökonomisch bedrängter, sozial schwacher Bevölkerungsschichten ein ständischer und antikapitalistischer Akzent. Das taktische Spiel, mit einer Doppelstrategie aus sozialen Reformen und politischer Unterdrückung der sozialistischen Arbeiterbewegung die Substanz zu nehmen, war hingegen in Österreich viel weniger ausgeprägt, weil die Sozialisten im Reichsrat ohnehin noch nicht vertreten waren und sich manche christlich-konservative Politiker durchaus mit Teilen des antikapitalistisch-sozialistischen Ideengutes identifizieren konnten. Die Sozialreformen, die von der Regierung Taaffe durchgesetzt wurden, waren in dem Sinne zweifellos antikapitalistisch, als durch eine Ausklammerung aus der Versicherungspflicht den nichtindustriellen Bereichen ein Konkurrenzvorteil zu verschaffen versucht wurde und die Kosten der sozialen Reformen nicht von den eigenen Sympathisanten zu tragen waren, sondern überwiegend von der Wählerbasis der Opponenten, den Liberalen, deren Kernschichten aus dem Großbürgertum kamen.[204]

Durch das Unfallversicherungsgesetz von 1887, das Krankenversicherungsgesetz von 1888 und das Bruderladengesetz 1889 waren alle Arbeiter und Betriebsbeamten (Angestellten) maschineller Betriebe unfallversichert, der erheblich größere Kreis aller gewerblichen Arbeiter überdies krankenversichert. Die Bergleute erhielten als einzige Gruppe auch eine Invaliditätsversicherung. Einzelne Ausdehnungsgesetze, etwa 1894 für Eisenbahner, folgten. Am wichtigsten wurde die gesonderte Sicherung spezifischer Angestelltenrechte wie Altersversicherung (1906) oder Urlaubsanspruch, Kündigungsschutz und Abfertigungsanspruch, die im Sinne der Stärkung eines fiktiven Mittelstandes wirken und einen Keil in die Lohnabhängigen treiben sollten.[205] Das Hauptübel sah man im großindustriellen Maschinenbetrieb, während man ähnlichen sozialen Verhältnissen in nicht maschinellen landwirtschaftlichen oder kleingewerblichen Betrieben viel weniger kritisch gegenüberstand.

Die Krankenversicherung sollte zunächst gegen den Einkommensverlust schützen. Medizinische Betreuung wurde erst in einer späteren Phase in die Versicherungsleistungen aufgenommen. Das Vertrauen zur Schulmedizin war gerade in den unteren Schichten noch gering, meist fehlte auch das Geld dazu. Von da kam der hohe Anklang, den Naturheiler und »Beindlrichter« gerade in der Arbeiterbewegung der Jahrhundertwende fanden. Die Finanzierung der Unfallversicherung geschah anfangs zu 90 Prozent durch Unternehmerbeiträge und zu 10 Prozent durch die Arbeitnehmer. 1917 fiel der Arbeitnehmerbeitrag ganz weg. Die Krankenversicherung wurde ursprünglich zu zwei Drittel durch die Arbeiter und zu einem Drittel durch die Unternehmer finanziert. 1938/39 wurde auf halb zu halb umgestellt. Die Leistungen der Unfallversicherung bestanden 1900 ausschließlich in Renten. 20 Prozent gingen für Verwaltung auf. Bei der Krankenversicherung erfolgten 1900 die Leistungen zu 54 Prozent für Krankengeld, 3,5 Prozent für Bestattungskosten, 13 Prozent für Medikamente, 6 Prozent für Spitalsaufenthalte und 16 Prozent für Arztkosten. Die Verwaltung erforderte 8 Prozent.[206]

Das soziale Netz war noch höchst unvollkommen: Von den vier Standardrisken Unfall, Krankheit, Alter und Arbeitslosigkeit waren nur zwei abgedeckt, und dies bei weitem nicht für alle Erwerbstätigen. Am schlechtesten stand es lange um die Arbeitslosenversicherung. Für die Einrichtung einer Altersversorgung bestanden nur vage Pläne. In der Arbeitszeitfrage war das Nahziel der Arbeiterbewegung die Durchsetzung von Beschäftigungsverboten für bestimmte schutzbedürftige Gruppen (Kinder, schwangere Frauen) sowie die Festlegung von Maximalarbeitszeiten, das Fernziel der sogenannte Normalarbeitstag mit der berühmten Formel: acht Stunden Arbeit, acht Stunden Schlaf, acht Stunden Freizeit. Es war gelungen, die Wochenarbeitszeit in der Industrie, die für die erste Hälfte des 19. Jahrhunderts auf 80 bis 85 Stunden geschätzt werden muß, bis 1910/14 auf unter 60 Stunden zu reduzieren. Nach der Jahrhundertwende, insbesondere nach den ersten allgemeinen Wahlen von 1907, trat die Sozialpolitik zwar immer stärker in den Vordergrund parlamentarischer und sonstiger Aktivitäten. Dennoch kam es bis zum Ersten Weltkrieg zu einer eklatanten Pattstellung in der Sozialpolitik. Bis unmittelbar vor Kriegsausbruch wurde an einem umfassenden Gesetzeswerk gearbeitet, das Unselbständige und Selbständige aus Landwirtschaft und Gewerbe in eine Unfall-, Kranken- und Altersversicherung einbeziehen und zusammenfügen sollte. Anfang Juli 1914 war das Gesetz beschlußreif. Während des Krieges allerdings wurde ein Kurswechsel vollzogen und von einem Versicherungszwang für Selbständige ebenso wie von einer Riskengemeinschaft zwischen Landwirtschaft und Gewerbe und zwischen Selbständigen und Unselbständigen strikt abgegangen.[207]

Staatseinfluß und Municipalsozialismus

Der Staatssektor zeigte absolut und relativ zum Sozialprodukt eine klare Tendenz der Zuwächse. Österreich war eines der wenigen Länder, wo im letzten Drittel des 19. Jahrhunderts der öffentliche Sektor rascher zunahm als das Sozialprodukt, und das in Friedenszeiten und bei im Unterschied zur Zeit vor 1867 ausgeglichenem Staatshaushalt. Der Anteil der Staatsausgaben am Bruttoinlandsprodukt, der 1880 bei 11,7 Prozent lag, erreichte 1900 15 Prozent und stieg bis 1913 auf 18,5 Prozent. Der Anteil der Militäraufwendungen, der im Neoabsolutismus weit mehr als die Hälfte und 1866 kriegsbedingt 47,4 Prozent der gesamten Staatsausgaben ausmachte, fiel auf 24,1 Prozent im Jahr 1870 und 15,7 Prozent 1910. Ausschlaggebend für die staatlichen Ausgabensteigerungen waren die Infrastrukturausgaben im weiteren Sinn, für Eisenbahnen, Post, Telegraphen, Telephon. Der Anteil der Bahnen stieg durch die Verstaatlichung von 3,5 auf 26,8 Prozent. Auf der Einnahmenseite stiegen die Einnahmen aus unternehmerischen Aktivitäten des Staates auf über 40 Prozent des Gesamtetats.[208]

Die erste Welle der Eisenbahnverstaatlichung, vor allem der Kaiserin-Elisabeth-Bahn und der Kaiser-Franz-Josephs-Bahn, und der Bau neuer staatseigener Strecken ließen das Staatseisenbahnnetz bis Ende 1884 auf 5301 Kilometer anwachsen. 1905 waren in ganz Cisleithanien bereits 12580 Kilometer Eisenbahn im Staatsbesitz. Mit dem Jahr 1906 begann mit der Verstaatlichung der Kaiser-Ferdinand-Nordbahn, der Staatseisenbahngesellschaft, der Nordwestbahn und der Süd-Norddeutschen Verbindungsbahn

Tabelle 25: Staatliche Gesamtnettoeinnahmen 1868 bis 1913 (in Millionen Kronen)

	direkte Steuern	Stempel, Gebühren	Verzehrungs-steuern	Steuer-monopole	Zölle	sonstige Einnahmen	Einnahmen insgesamt
1868	148,0	61,9	93,0	86,4	31,9	98,0	519,2
1883	196,4	100,4	105,8	127,2	93,3	54,1	677,2
1897	244,5	137,4	248,7	164,4	119,7	99,9	1014,6
1913	432,9	258,9	400,7	254,0	191,1	780,8	2318,4

Quelle: Paul *Grünwald*, Die Steuern Oesterreichs im Frieden und im Krieg (Stuttgart 1918) 210 f.

und mit der Ausführung der großen Eisenbahnbauten, die nach 1900 beschlossen worden waren, eine weitere Ausdehnung des Staatseinflusses, so daß 1909 von 22000 Bahnkilometern des cisleithanischen Eisenbahnnetzes bereits etwa 19000 dem Staat gehörten. An großen Privatbahnen blieben nur mehr die Südbahn und die Aspangbahn und einige Lokalbahnen übrig. Die Linien der Südbahn, bis zum Zerfall der Monarchie ein eigenständiger Wirtschaftskörper, wurden erst 1923 in den Staatsbetrieb übernommen.[209]

Die Verstaatlichung der Bahnen stand im Kontext einer seit den späten siebziger Jahren allgemein steigenden Interventionsneigung der öffentlichen Hand, die sich auch bei der Zollgesetzgebung, Gewerbeförderung und Einführung der öffentlichen Sozialversicherung zeigte und in der Kommunalisierung und Verstaatlichung zahlreicher Infrastrukturaufgaben gipfelte. Kathedersozialisten, Konservative und Christlichsoziale trafen sich in staatssozialistischen Gedankengängen, getragen vom Vertrauen auf die moralische Überlegenheit des öffentlichen Systems und die Möglichkeit einer Reform »von oben«.

In der liberalen Ära der Wiener Stadtverwaltung bis 1896 waren die Bestrebungen groß, das Fürsorgewesen, die Bildungseinrichtungen und die Wasserversorgung in kommunale Verwaltung zu bekommen. Die Gas- und Stromversorgung, die Tramway oder die Leichenbestattung wurden von privaten und teilweise ausländischen Gesellschaften betrieben, wobei die Mängel des Straßenbahnbetriebes und der Gasversorgung schon seit den achtziger Jahren eine stete Zielscheibe der Kritik bildeten. Unter Karl Lueger begründeten die Christlichsozialen den festen Kern der Wiener Kommunalbetriebe. Bis zum Ersten Weltkrieg wurden die wichtigsten städtischen Verkehrs- und Versorgungseinrichtungen kommunalisiert, die Gasversorgung, die Elektrizitätswirtschaft, die Straßenbahnen, Lagerhäuser, der Schlachthof und die Leichenbestattung, aber auch ein Brauhaus und der Rathauskeller. Auch die Verstaatlichung oder Kommunalisierung des Versicherungswesens gehörte zu den wichtigen Anliegen der christlichsozialen Politiker vor dem Ersten Weltkrieg, etwa mit der Gründung der Zentralsparkasse der Gemeinde Wien, der Wiener Städtischen Versicherungsanstalt und der Niederösterreichischen Landesversicherungsanstalten, aus denen 1922 die Versicherungsanstalt der österreichischen Bundesländer hervorging. Ganz anders agierte die christlichsoziale Kommunalpolitik im Wohnungswesen und im Handel, wo die unmittelbare Parteiklientel betroffen war. Der kommunale Wohnbau kam über bescheidene

Anfänge nicht hinaus, hätte dies doch Konflikte mit den Hausbesitzern gebracht. Ähnliches galt für die Lebensmittelversorgung. Die von den Sozialdemokraten vehement geforderte Kommunalisierung der Brot- und Fleischversorgung oder auch der Apotheken wurde von Karl Lueger nicht realisiert.[210]

Mit den reichlich fließenden Gewinnen aus den hochaktiven Betrieben konnte man die Steuerbelastung wesentlich verringern. Durch die Sozialisierung der Monopolerträge wurden sozialpolitisch notwendige Einrichtungen (Kranken- und Waisenhäuser, Pflegeanstalten, Schulen, Schwimmbäder) finanziert. Es wäre verfehlt, mit der fiskalischen Motivation der Kommunalisierung und dem Beibehalten der relativ hohen Tarife ihre sozialpolitische Bedeutung herunterzuspielen und den Christlichsozialen hier eine unsoziale oder unlautere Vorgangsweise zu unterschieben. Die Leistungsfähigkeit der Straßenbahn wurde wesentlich verbessert, und die Elektrizitäts- und Gasversorgung verlief klagloser. Gerade bei der Elektrizität konnten die hohen Preise auch als Besteuerung derjenigen aufgefaßt werden, die sich das Luxusprodukt Elektrizität leisten konnten. Zwar kam der durch diese Einnahmen ermöglichte Verzicht auf weitere Steuerbelastungen vor allem dem Mittelstand zugute, doch wurde dieser über die Preisgestaltung von Gas und Strom belastet, solange die unteren Schichten über gar keinen Gas- oder Stromanschluß verfügten. Der technische Fortschritt allerdings wurde damit erheblich gebremst. Das kommunalpolitische Programm des »roten« Wien konnte in den meisten Belangen an die christlichsozialen Vorleistungen anknüpfen.[211]

Staatlicher Einfluß kam auch in der verschärften Versicherungs- und Bankenaufsicht, in der Aufsicht und im Einfluß bei Sozialversicherungen, Genossenschaften und im Wohnbau (Wohnbauförderung) zum Tragen. Während die Forderung nach Verstaatlichung und Kommunalisierung zu den zentralen Programmpunkten der Christlichsozialen gehörte, war für die Sozialdemokraten die Verstaatlichung vor 1914 kaum ein Thema. Für sie war der Staat ein Klassenstaat, der das staatliche Monopol im Interesse der herrschenden Klasse einsetze. Der Achtstundentag, das allgemeine Wahlrecht, die Lohnfrage oder die Wohnungsproblematik hatten für sie weit größere Priorität.

Suche nach Stabilität und Wachstum

Der »Koerber-Plan« erscheint in der Literatur über die späte Habsburgermonarchie als einer der Marksteine der relativ positiv beurteilten Ministerpräsidentschaft Ernest von Koerbers, der dieses Amt von 1900 bis 1904 bekleidete. Teils wird das Gewicht mehr auf die politische Zielsetzung, teils mehr auf die wirtschaftliche gelegt, je nach Interessenlage der Autoren, entweder mehr als ein Teil der Strategie Koerbers, mit wirtschafts- und sozialpolitischen Vorlagen vom Nationalitätenstreit abzulenken und die Integration der verfeindeten Nationen auf wirtschaftlichem Weg voranzutreiben, oder mehr als wachstumspolitisches Konzept, die strukturellen und konjunkturellen Nachteile der österreichischen Wirtschaft mit einem kühnen Investitionsprogramm zu beseitigen und eine staatlich dominierte Modernisierungspolitik in die Wege zu leiten.[212]

Das von Ministerpräsident Ernest von Koerber vorgeschlagene Bauprogramm bestand aus zwei Teilen. Das Kanalbauprogramm sah vor, die großen Ströme der Monarchie, Donau, Moldau, Elbe, Oder, Weichsel, San und Dnjestr, zu einem großen Schifffahrtsnetz zu verbinden. Enthalten waren die Errichtung des Donau-Oder-Kanals zwischen Wien und Oderberg, eines Donau-Moldau-Kanals zwischen Linz oder Korneuburg und Budweis und die Herstellung von schiffbaren Verbindungen vom Donau-Oder-Kanal zur mittleren Elbe und quer durch Galizien zum Stromgebiet der Weichsel und des Dnjestr, insgesamt 1700 Kilometer Kanalnetz, ergänzt durch etliche Flußregulierungen. Das Eisenbahnprogramm betraf sehr viel stärker den alpinen Raum: die Tauern- und Karawankenbahn, die Wocheinerbahn, die Pyhrnbahn und die Wechselbahn. Die Errichtung dieser Bahnen sollte nicht nur eine Brechung des Südbahnmonopols, sondern auch Wegverkürzungen und beträchtliche Kapazitätserweiterungen bringen und für die Entfaltung des Fremdenverkehrs in den Alpenländern Schrittmacherdienste leisten.

Das Programm, mit 1 Milliarde Kronen veranschlagt und damit sicherlich ein kühnes Konzept der Konjunkturankurbelung und wirtschaftlichen Entwicklung, wurde im Parlament mit kühlem Interesse aufgenommen. Da war einmal der budgetäre Aspekt. Das Finanzministerium unter Eugen von Boehm-Bawerk und dem Referatsleiter Dr. Alexander Spitzmüller zeigte wenig Engagement für Fragen des ökonomischen Wachstums und versuchte das Projekt zu hintertreiben.[213] Die Sozialdemokraten sahen zwar ihren Aufstieg sehr eng mit dem industriellen Fortschritt verknüpft, zeigten sich aber allen Vorschlägen gegenüber einigermaßen skeptisch, die den Einfluß des wenig geliebten Staates weiter gestärkt hätten.

Insgesamt polarisierten und überschnitten sich die Fronten: Für das Kanalprogramm votierten mächtige Interessenverbände, vor allem der 1876 gegründete Elbeverein, der drei Jahre später entstandene Donauverein und das 1892 gegründete Donau-Moldau-Elbe-Kanalkomitee. Der Industriellentag im Oktober 1900 und der vom Donauverein mit großem publizistischen Aufwand organisierte Wasserstraßentag vom Dezember 1900 forderten die Regierung zum Handeln auf. Der Industriellen-Club und der Zentralverband der Industrie begrüßten die Kanalprojekte, die dem Wiener Becken sowohl einen Zugang zum west- und nordeuropäischen Markt und zu den offenen europäischen Meeren als auch eine Verbesserung der Versorgung mit Kohle aus dem Mährisch-Ostrauer Raum gebracht hätten. Skeptisch bis ablehnend gegen die Kanäle waren die Landwirtschaftsverbände, die zwar früher immer Kanalbauten gefordert hatten, nunmehr aber die weiter zunehmende Konkurrenz des überseeischen Getreides fürchteten. Die Österreichische Centralstelle zur Wahrung der land- und forstwirtschaftlichen Interessen beim Abschluß von Handelsverträgen votierte entschieden gegen die Vorlage.

Für das Eisenbahnprogramm engagierten sich die Alpenländer und natürlich die betroffenen Zulieferindustrien. Auf der einen Seite im Broschürenkrieg um das Eisenbahnprogramm standen die industriearmen Länder Salzburg, Kärnten und die Triester Handelskammer, die sich um leistungsfähige Nord-Süd-Verbindungen vom Hafen Triest zum süddeutschen und böhmischen Industriegebiet bemühten. In Oberösterreich und Böhmen prallten die Eisenbahn- und Kanalbauinteressen direkt aufeinander. Je weiter nördlich und östlich, um so schärfer wurden die Kritiker der alpinen Bahnprojekte. Aber die Bahnprojekte erhielten einen viel mächtigeren Verbündeten: die strategischen Interessen. Daß schließlich der Ausbau der Alpenbahnen das einzige Ergebnis des sogenannten Koerber-Planes blieb und sich das alpine Österreich so stark durchsetzte, ist als Folge der zunehmenden Kultivierung des Feindbildes »Italien« zu sehen, nachdem sich zu Beginn des Jahres 1904 für die militärischen und politischen Führungskreise die Gefahr eines bewaffneten Zusammenstoßes zwischen Österreich und Italien immer stärker abzeichnete. Der »verbündete Feind« war zu einem wichtigen Partner gegen den eigenen Fiskus geworden.[214]

Alexander Gerschenkron sah im Koerber-Plan die letzte große Chance, die die Habsburgermonarchie gehabt hätte, aber nicht nutzte. Daß das Programm hintertrieben und nur halbherzig ausgeführt wurde und die Aufwendungen relativ bescheiden blieben, ist für Gerschenkron die Ursache, daß die Habsburgermonarchie schlußendlich ihren großen wirtschaftlichen Sprung nach vorwärts doch nicht geschafft habe. Diese Ansicht wird dadurch relativiert, daß 1904 auch ohne die volle Verwirklichung des Koerber-Programms der Konjunkturaufschwung in einem Ausmaß einsetzte, wie es stärker kaum vorstellbar war.[215]

Hochschutzzölle und mitteleuropäische Wirtschaftsträume

In der Phase der liberalen, vorzugsweise von Großbritannien ausgehenden Handelspolitik der fünfziger bis siebziger Jahre des 19. Jahrhunderts schwenkte Österreich-Ungarn vorübergehend auf eine Freihandelslinie ein. Marksteine waren die Handelsverträge mit Großbritannien und Frankreich im Jahr 1865, denen Ende der sechziger Jahre eine ganze Reihe bilateraler Verträge mit Meistbegünstigung folgten. Sichtbares Zeichen des Eintritts in den Weltmarkt war die Einführung des dekadischen Maß- und Gewichtssystems im Jahre 1871. In der großen Depression nach 1873 begann die österreichische Industrie mit zunehmender Vehemenz für eine Rückkehr zu protektionistischen Zollsätzen zu kämpfen. Mit dem autonomen Zolltarif von 1878 wurde ein erster Schritt in diese Richtung gesetzt. Je geringer der Ausfuhrüberschuß bei landwirtschaftlichen Produkten im ausgehenden 19. Jahrhundert wurde, um so mehr wandelte sich auch die Landwirtschaft zu einem Befürworter der Schutzzölle. In weiterer Folge lehnte sich die Zoll- und Handelspolitik sehr stark an das deutsche Vorbild an, sowohl im Industrie- wie auch im Agrarbereich. Die Handels- und Zollverträge wurden zunehmend zu einem integralen Part der Außenpolitik der Habsburgermonarchie.

1882 kam es zur Schaffung eines neuen Außenhandelstarifes, der erhebliche Zollerhöhungen für Getreide, Mehl, Vieh und verschiedene Industrieprodukte vorsah. Darin artikulierte sich ein Zusammengehen der österreichischen Industriellen mit den ungarischen Großagrariern, auch wenn es in Österreich nie jene enge Koalition von Agrariern und Schwerindustrie gab wie im Deutschen Reich. Die Schutzzollbewegung erreichte im Zolltarif von 1906 ihren Höhepunkt, was zu erheblichen Spannungen mit den südosteuropäischen Agrarländern Rumänien, Bulgarien und Serbien führte.

Mit dem politischen Bündnis des Dreibundes lebte auch die Idee der wirtschaftlichen

Annäherung der beiden Reiche wieder auf. Die Ziele des 1904 in Berlin zum Zweck des handelspolitischen Zusammenschlusses von Deutschland und Österreich-Ungarn gegründeten »Mitteleuropäischen Wirtschaftsvereins« waren neben einem diffusen deutschen Großmachtstreben wirtschaftlicher Art: Deckung des Lebensmittel- und Rohstoffbedarfs einerseits, Raum für Güter- und Kapitalexporte andererseits. In Österreich gab es auf Wirtschaftsseite wenig Befürworter. Doch auch die deutschen Ambitionen entbehrten einer wirtschaftlichen Fundierung. Während 40 Prozent des österreichischen Außenhandels mit dem Deutschen Reich abgewickelt wurden, war für das Deutsche Reich Österreich-Ungarn mit nur 6 Prozent ein unwichtiger Handelspartner.

Der deutsche Kapitalfluß nach Österreich dürfte in den späten sechziger und frühen siebziger Jahren recht groß gewesen sein, insbesondere in Eisenbahnpapieren. Von den etwa 23,5 Milliarden Mark deutscher Portfolioinvestitionen im Ausland waren 12,5 Milliarden in Österreich-Ungarn veranlagt. Die Habsburgermonarchie war Deutschlands größter Schuldner, wobei der Anteil Ungarns im Steigen war. Frankreich war am Vorabend des Ersten Weltkrieges hinter Deutschland der zweitwichtigste Investor in Österreich-Ungarn, wobei 1914 jedenfalls mit Ausnahme einer deutschen Aktienmajorität an der Bank und Wechselgesellschaft Mercur in keiner österreichischen Bank mehrheitlich ausländisches Kapital vertreten war.[216] Die österreichischen Banken engagierten sich wenig im Zollausland. Es gab im Inland, vor allem auf dem ungarischen Markt genügend profitable Investitionsgelegenheiten. Den für die Habsburgermonarchie an sich naheliegenden Exportbeziehungen nach dem Südosten und der Levante stellten sich neben der Konkurrenz Englands und Frankreichs auch die deutschen Handelsinteressen entgegen.

Im Juni 1914 tauchte auf Anregung Walther Rathenaus der alte Gedanke eines mitteleuropäischen Zollverbands aufs neue auf, um so auf wirtschaftlichem Gebiet die Donaumonarchie unwiderruflich an das Deutsche Reich zu binden. Politische Überlegungen spielten hier die zentrale Rolle. In ökonomischer Hinsicht war die Herstellung eines einheitlichen Zollgebietes keineswegs sonderlich anziehend.[217]

Sicherheit am Abgrund

Die Geschichte der Habsburgermonarchie in ihren letzten siebzig Jahren ist durch drei markante Einschnitte geprägt: die Revolution von 1848, die Wirtschaftskrise von 1873 und den Weltkrieg. Die Hypothese von den zu spät und zu unvollkommen gelösten feudalen Fesseln ist weniger wirtschaftshistorisch tragfähig als für die Erklärung jener gesellschaftlichen Strukturen von Nutzen, die schließlich in den Untergang in einem vorwiegend von den feudalen Cliquen zu verantwortenden Krieg hineinführten. Auch die Hypothese von der fundamentalen Bedeutung der Wirtschaftskrise von 1873 ist mehr auf die sozialen und politischen als wirtschaftlichen Auswirkungen anwendbar. Und daß auch das Entfachen des Krieges und das schließliche Scheitern in diesem Kriege weniger wirtschaftliche als politische Ursachen hatte, ist hinreichend geklärt.

Politiker und Historiker tendieren dazu, politisches Versagen durch ökonomische

Wachstumsraten des Bruttoinlandsprodukts von Österreich, 1870 bis 1992, Rückrechnung für das heutige Bundesgebiet (real, in Prozent)

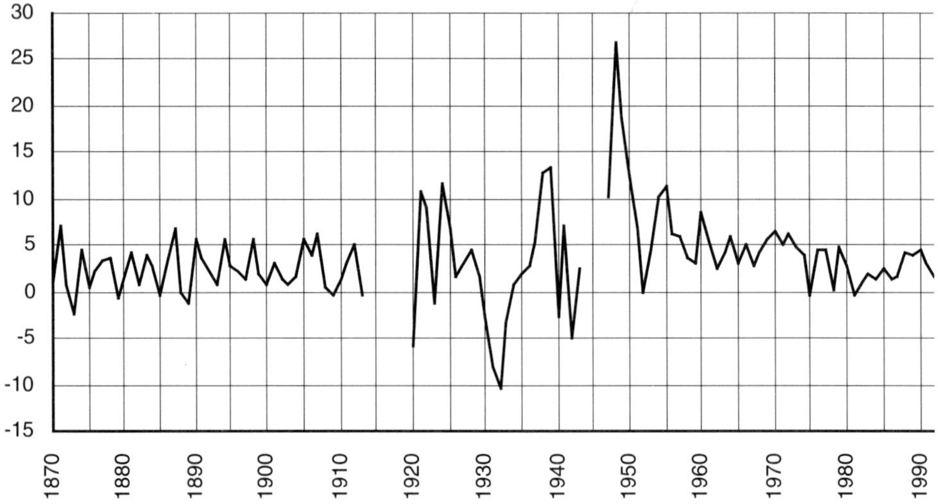

Quelle: Felix *Butschek*, Statistische Reihen zur österreichischen Wirtschaftsgeschichte. Die österreichische Wirtschaft seit der industriellen Revolution (Wien 1993) 5.1.

Mißerfolge oder Gegebenheiten bedingt zu sehen und einem politisch krisengeschüttelten Staat automatisch auch wirtschaftliche Schwäche zuzuschreiben. Für die Habsburgermonarchie, im 19. Jahrhundert häufig als Europas China oder als kranker Mann an der Donau apostrophiert, ist dies in besonderem Maße der Fall. Die politische Instabilität, die internen Nationalitätengegensätze und das schließliche Versagen und der Untergang im Ersten Weltkrieg haben viele Beobachter zu der Einschätzung zunehmender wirtschaftlicher Rückständigkeit und regionaler Ungleichheit veranlaßt. Tatsächlich wurde das ökonomische Gefälle zwischen Westeuropa und der Habsburgermonarchie von 1820 bis 1870 größer. Zwischen 1870 und 1910 aber machte die Habsburgermonarchie durch vergleichsweise hohe Wachstumsraten Boden gut. Dennoch war 1914, auch wenn man auf der Überholspur war, die ökonomische Position relativ zu Westeuropa schlechter als ein Jahrhundert zuvor.[218]

Die Industrialisierung war keine Angelegenheit, die in bestimmten nationalen oder gesamtstaatlichen Einheiten stattfand, sondern von regionalen Wachstumskernen ausging. Die relativ langsame Industrialisierung im Staatsdurchschnitt ergab sich aus dem regionalen Charakter dieses Vorgangs. Das durchschnittliche Wachstum mußte zurückbleiben, weil es von wesentlichen Regionen nicht mitgemacht wurde. Entwicklung und Unterentwicklung waren historisch parallel laufende Prozesse, die funktional miteinander in Beziehung standen und international wie innerstaatlich in der Polarisierung zwischen entwickelten und unterentwickelten Regionen, Gesellschaftsgruppen und Wirtschaftsbereichen zum Ausdruck kamen.

Die politischen und gesellschaftlichen Gegensätze zwischen den einzelnen Nationalitäten des Vielvölkerstaates wurden immer größer. Die wirtschaftliche Integration, die sich in der zweiten Hälfte des 19. Jahrhunderts beschleunigte, konnte den politischen Zerfall des Habsburgerreiches nicht verhindern. Sie mag ihn sogar gefördert haben, weil die meisten Menschen diesen Integrationsprozeß negativ erlebten, die alpenländischen Bauern ebenso wie die galizischen oder ungarischen Gewerbetreibenden, obwohl es nicht an einer bewußten Politik zur Beseitigung der wirtschaftlichen Rückständigkeit in den unterentwickelten Gebieten gefehlt hat. Die ökonomisch nachhinkenden Regionen fühlten sich wirtschaftlich und sozial benachteiligt, die rasch wachsenden politisch. Die Habsburgermonarchie zerbrach an der fehlenden politischen Rezeption der ökonomischen Verschiebungen.[219]

Die neuere Forschung hat ergeben, daß es zwar zu einer zunehmenden ökonomischen Integration der einzelnen Reichsteile und zu einer insgesamt positiven Wachstumswirkung des großen Wirtschaftsraumes gekommen war, andererseits aber auch, wie in Wachstumsverläufen regelmäßig, zu einer Verstärkung der internen Einkommensgefälle. Österreich-Ungarn um 1900 war noch immer ein Agrarstaat, Wien um 1900 aber eine Industriestadt, ein ständiger Anziehungspunkt für die ganze Monarchie, für Tschechen, Ungarn, Südslawen und Juden. Wien etablierte sich in der letzten Konjunkturperiode kurz vor dem Ersten Weltkrieg endgültig als modernste Industrieregion der österreichischen Reichshälfte. Dennoch blieb die Wirtschaftsstrukur der Stadt weiter vorrangig vom Kleingewerbe und den Dienstleistungen geprägt. Der Anteil vormoderner Gesellschaftsformen blieb groß: Ein starkes Gewicht feudal-aristokratischer Strukturen und eine schwache Präsenz des liberalen Bürgertums äußerten sich nicht nur in den gesellschaftlichen Zirkeln, sondern auch in den demographischen und ökonomischen Strukturen.

Die metropolitane Produktionsbranche schlechthin war die Bekleidungsindustrie, die zwar vorwiegend unqualifizierte Arbeitskräfte beschäftigte, wegen ihrer Mode- und Absatzabhängigkeit aber in der Stadt angesiedelt war, wo sie sich vorwiegend auf Nebenerwerb und Heimarbeit von Frauen stützte. 1890 beschäftigte die Bekleidungsindustrie in Wien allein 107 000 Arbeitskräfte, das heißt 15 Prozent aller Wiener Erwerbstätigen. Während in Berlin der Rückgang des Verlagsgewerbes und der Übergang zum Großbetrieb auch in der Bekleidungs- und Schuhindustrie schon vor 1900 einsetzte, erfolgte in Wien der Versuch, diese Tendenz durch stärkeren Druck auf die Verlegten zu unterlaufen. Daneben beherbergten die Städte Branchen, die sich wegen des Absatzes am Standort Großstadt orientieren mußten: Druckereien, Möbelerzeugung und altes spezialisiertes Handwerk. Das Luxusgewerbe war in Wien in hohem Maße vertreten und erhalten geblieben, viel stärker als in Berlin, während Budapest dieses Luxusgewerbe nie besessen hatte. Auch der Anteil der Hausdienerschaft war in Wien wesentlich höher als in Berlin, allerdings niedriger als in Budapest.[220]

In Wien lebte um 1900 etwa ein Viertel aller Steuerpflichtigen Cisleithaniens, die etwa ein Drittel aller steuerpflichtigen Einkommen des alten Österreich verdienten. Von der 1907 errechneten Gesamteinkommenssumme von etwa 3,9 Milliarden Kronen entfielen 1,3 Milliarden auf Wien. In Wien zählte man 291 000 Einkommensteuerpflichtige, in ganz Cisleithanien etwas mehr als 1 Million. Die Dominanz Wiens trat vor allem in den höheren Einkommensklassen hervor. Während die Metropole in den unteren Steuerklassen nur ein Viertel der Steuerträger stellte, gelangte mehr als die Hälfte der Spitzeneinkommen des alten Österreich in Wien zur Veranlagung.

Die überragende Konzentration aller Ressourcen auf die Reichshaupt- und Residenzstadt Wien verstärkte sich im Verlauf der Industrialisierung. Der Abstand zwischen der Metropole Wien und dem alpinen, westlichen Teil Österreichs wurde immer größer.[221] Joseph Roth hat Wien mit einer verführerischen Spinne verglichen, die »in der Mitte des gewaltigen, schwarz-gelben Netzes saß und unaufhörlich Kraft und Saft und Glanz von den umliegenden Kronländern bezog«.[222] Eduard Hanslick, der als junger Beamter um die Mitte des 19. Jahrhunderts seinen Dienst in der Provinz antreten mußte, fühlte sich »aus dem Paradies vertrieben«. Was er sich von der Provinz erwartete, war »vegetieren«, ohne edle Geselligkeit, erlesene musikalische Genüsse und wichtige Bildungsmittel.[223]

Die westlichen Alpenländer durchlebten eine lange Krise. Die alpine Landwirtschaft verzeichnete eine erste, sich tief in die Vorstellungen der Leute eingrabende Welle der Landflucht. Die vielen kleinen Bergbaue, Hammerwerke, Kleineisenerzeuger, Mühlen und Industriebetriebe verloren rasch an Konkurrenzfähigkeit. Sie lagen zu verkehrsungünstig, zu fern der Kohlenlagerstätten, zu standortungünstig in den engen Tälern.

Egon Schiele: Zerfallende Mühle, Öl auf Leinwand, 1916

Der Niedergang der Kleineisenindustrie galt als eine der Hauptursachen für die Verarmung und Entvölkerung ganzer Gebirgstäler.[224] Ebenso hatte sich der Reagrarisierungsprozeß der Textillandschaft des Wald- und Mühlviertels mit dem endgültigen Vordringen des mechanischen Webstuhls in der zweiten Jahrhunderthälfte verstärkt. Ein Teil der Textilindustrie siedelte in die kostengünstigen Sudetenländer ab. Der Rückgang der regionalen Bergbaue und Hüttenwerke entzog den Bauern einen wichtigen Nebenerwerb aus Holzköhlerei und Transportdiensten. Es gab allerdings um die Jahrhundertwende erste Hoffnungsstrahlen: die beginnende Elektrifizierung und Nutzung der Wasserkräfte, die Anfänge des Fremdenverkehrs und die letzte große Welle des Eisenbahnbaus, die besonders dem Alpenraum zugute kam.

Die böhmisch-mährischen Länder waren zum dynamischen Wachstumspol geworden, sahen aber keine politische Entsprechung für ihr wirtschaftliches Gewicht. Die Ostregionen, sowohl Galizien wie Ungarn, politisch durchaus einflußreich, glaubten sich ökonomisch vernachlässigt, wiewohl der große Wirtschaftsraum auch für sie von Vorteil war. Am stärksten fühlten sich wohl die südlichen Teile benachteiligt, etwa Triest, das als Ausfallstor zunehmend gegenüber Hamburg und Aussig (dem neuen Tor der Monarchie) an Bedeutung einbüßte, wiewohl die Südregionen von der räumlichen Orientierung der Habsburgermonarchie erheblich profitierten.

So machte sich überall viel Unzufriedenheit breit. Die Vorstellung, daß das Deutsche Reich expandiere, politisch, ökonomisch, kulturell, während Österreich stagniere und sich »durchwurstle«, wurzelte sich immer tiefer ein. Für viele Deutschsprachige wurde das »Deutsche« zum Inbegriff der Modernität.[225] Teile der Eliten suchten mit Staatsstreichplänen und außerhalb der Demokratie stehenden »Fachleuten« eine nur in den Gehirnen ausweglos scheinende Situation zu durchbrechen und begannen, einen den Untergang riskierenden Krieg als besseres, weil ehrenvolles Ende herbeizureden.[226] »Das Leben starb. Die Mörder tanzen Tango«, schrieb Karl Kraus schon 1913.[227]

Der Erste Weltkrieg

Kriegsursachen – Kriegsziele

Der Erste Weltkrieg war nicht einfach eine Wiederholung früherer Kriege in größerem Umfang. Er war der erste Krieg, in dem die Leistungsfähigkeit der Industrie und deren Organisation von entscheidender Bedeutung für den Erfolg der Kriegsführung wurden. In den »Privaten Aufzeichnungen« Franz Conrads von Hötzendorf, des österreichischen Generalstabschefs, findet sich die Bemerkung: Dieser Krieg war kein Krieg der Feldherren, sondern ein »Krieg der Massen und der Industrien«.[1] Auch wenn Conrad, wie viele andere Zeitgenossen und spätere Beobachter, damit von der verhängnisvollen Rolle ablenken wollte, die das Fehlverhalten der militärischen Führung in diesem Krieg gespielt hatte, so zeigt es doch seine nachträgliche Einsicht, daß nicht mehr nur der rasche Aufmarsch, sondern vor allem die wirtschaftliche Langzeitkraft und die »Heimatfront« entscheidend geworden waren.[2]

»Herr Kaiser, bist du zufrieden?«

Ottokar Kernstocks in der Kapitelüberschrift zitiertes, blutrünstiges »Steirisches Schnitterlied« war nur eines der vielen Ergebnisse einer weite Kreise der österreichischen Kultur- und Kunstszene erfassenden Kriegslust.[3] Österreich, besser gesagt, seine traditionellen Eliten, die sich immer noch an den Schalthebeln der Macht befanden, der hohe Adel, dem Hugo von Hofmannsthal 1913 in einem ahnungsvollen Brief die Verantwortung für alle Katastrophen Österreichs anlastete, die Generäle, Hochbürokraten, Politiker, Journalisten und Künstler, nicht zuletzt der Kaiser als »oberster Kriegsherr« hatten diesen Krieg herbeigeredet und damit entfacht.[4] Die Versuchung war groß geworden, die einzige Möglichkeit für die Überwindung der nationalen und sozialen Schwierigkeiten der Habsburgermonarchie im Krieg und in einer damit verbundenen Diktatur zu sehen.[5] Die geistige Disposition zur Anwendung von Gewalt, die als notwendig begrüßt oder zumindest fatalistisch als unvermeidlich akzeptiert wurde, führte militärisch und außenpolitisch zu Präventivkriegs- und Erstschlagsüberlegungen, innenpolitisch zum Ruf nach starken Männern, die dem Nationalitätengegensatz und dem

Aufstieg der Arbeiterschaft sich entgegenzustellen in der Lage seien,[6] wobei immer auch das Kalkül mitschwang, den Untergang zu riskieren:[7] Besser ein Ende mit Schrecken als Schrecken ohne Ende, lautete das in manchen Kreisen vorherrschende Grundgefühl, ausgedrückt in den von Josef Redlich notierten Worten des Grafen Aleks Hoyos: »Wir wollen und dürfen kein ›kranker Mann‹ sein, sagt Aleks, lieber rasch zugrunde gehen! ... So bricht heute ein großer Tag an: hoffentlich führt er zu einer Gesundung Österreichs.«[8]

Das Schlagwort vom »Krieg als großem Erzieher« wurde von konservativer wie zivilisationskritischer Seite immer wieder gebraucht, sowohl im Sinne der Wiederherstellung der patriarchalischen Ordnung als auch im Sinne eines Auslese- und Reinigungsprozesses.[9] Der Gedanke der Diktatur war allerorten präsent. Folgerichtig setzte in Österreich, durch das Kriegsleistungsgesetz von 1912 vorbereitet, viel früher als in den übrigen kriegführenden Ländern die Ausschaltung ziviler Instanzen durch das Kriegsministerium und das Armeeoberkommando ein. Zwar gab es auf Unternehmerseite Stimmen, die Krieg und Diktatur als Mittel zur inneren Stabilisierung und Durchsetzung außenwirtschaftlicher Ziele ansahen, der Großteil der Wirtschaftstreibenden dürfte aber einen viel kühleren Kopf bewahrt haben.[10] Und Zugang zur wirklichen Entscheidungsfindung hatten die Wirtschaftskreise ohnehin nicht. Auch prominenteste Vertreter der österreichischen Hochfinanz waren von der Einflußnahme auf die auswärtigen Angelegenheiten so gut wie ausgeschlossen. Das blieb die Domäne des Herrscherhauses und eines kleinen, exklusiven Kreises der Hocharistokratie, der sich aus sehr wenig von wirtschaftlichen Überlegungen bestimmten Motiven einem feudal orientierten Imperialismus verschrieb.[11] Die martialische Politik der aristokratischen Führer konnte mit dem Beifall weiter Kreise der Gesellschaft rechnen, deren in Wortwahl und Denkmustern kriegerischer Charakter durch das Fin-de-siècle-Klischee nachträglich verdeckt wurde.

»Von der Nordsee bis nach Innerasien«

Bereits 1913/1914 tauchte, maßgeblich angeregt von Walther Rathenau, die alte Idee eines mitteleuropäischen Zollverbands erneut auf.[12] Im Krieg begegnete man den Mitteleuropaplänen in dreierlei Gestalt, einerseits als Bestandteil territorialer Expansionsbestrebungen, andererseits als strategische Aushilfe im Blockade- und Abnützungskrieg und schließlich als Mittel, Österreich-Ungarn dauerhaft an das Deutsche Reich zu binden. Schon am 9. September 1914 formulierte die deutsche Führung ihre Kriegsziele im osteuropäischen Raum. Dieses »Septemberprogramm« sah als zentrales wirtschaftliches Ziel die Schaffung eines »mitteleuropäischen Wirtschaftsverbandes« vor, der von Frankreich bis Polen und Österreich-Ungarn reichen sollte,[13] unter äußerlicher Gleichberechtigung seiner Mitglieder, aber tatsächlich unter deutscher Führung, mit dem erklärten Ziel, damit die wirtschaftliche Vorherrschaft Deutschlands über Mitteleuropa zu stabilisieren.[14] Mitteleuropa war kein wirtschaftspolitisches Programm, sondern eine ideologische Plattform, hinter der sich verschiedene, miteinander konkurrierende partikulare Wirtschaftsinteressen und machtpolitische Ansprüche verstecken konnten. Es gehörte wie die Begriffe »Lebensraum« und »eigene Rohstoffbasis« zu den pseudoökonomischen Ideologien des ausgehenden 19. Jahrhunderts.[15]

Die Habsburgermonarchie war zwar nicht aus explizit wirtschaftlichen Motiven in den Krieg gegangen. Aber die teils von amtlicher Seite, teils von beauftragten oder selbsternannten Experten in den Jahren 1914 und 1915 ausgearbeiteten Memoranden und Denkschriften, die mit sehr weitgehenden wirtschaftlichen Expansionsabsichten in Südosteuropa und im Nahen Osten operierten, sind, auch wenn sie das Resultat der Überlegungen der einzelnen Autoren wiedergeben mögen, doch als die Frucht eines kollektiven politischen Bewußtseins zu verstehen. Wie sehr in der österreichischen intellektuellen und politischen Diskussion imperialistische und wirtschaftsstrategische Planungen und Phantastereien im Jahr 1915 die diversen Zirkel beherrschten, wird durch die Fülle vertraulich herumgereichter Denkschriften und Papiere belegt.[16]

Die mächtigste Wirkung ging freilich von Friedrich Naumann aus, dessen im Herbst 1915 veröffentlichtes »Mitteleuropa«-Buch Österreich zwar eine formal selbständige Stellung und einen entsprechenden Einfluß in Ost- und Südosteuropa zubilligte, in Wahrheit aber eine Einzementierung der wirtschaftlichen, kulturellen und wohl auch politischen Abhängigkeit vom Deutschen Reich bedeutet hätte. Dieses Konzept fand unter den österreichischen Ökonomen vor allem bei Eugen von Philippovich und Gustav Stolper Unterstützung. Skeptisch waren Rudolf Hilferding und der junge Joseph Schumpeter, der in mehreren Denkschriften und Briefen vor einem preußisch-lutherischen Deutschland warnte, dessen einziges Kriegsziel die Eroberung und Kolonialisierung Österreichs sei.[17] Weite Kreise der Industrie, berichtete der schweizerische Gesandte Mitte Januar 1916, seien gegen die Naumann-Pläne eingestellt.[18] Ablehnend waren auch die Aristokratie, der Kaiser und die Vertreter der nichtdeutschen Bevölkerung. Insgesamt waren die Gegner der Mitteleuropapläne zahlreicher als die Be-

Mit modernsten Methoden der Bildstatistik wurde das Vertrauen in die Wirtschaft Österreich-Ungarns zu stärken versucht, Kriegsanleihenplakat 1915.

fürworter. Die einen fürchteten eine deutsche Übermacht, die anderen eine nachhaltige Schädigung ihrer wirtschaftlichen Interessen. Die Mehrzahl der österreichischen Unternehmer wünschte sich zwar einen wirtschaftlich und national gestärkten Machtblock im Zentrum Europas, allerdings mit einem »süßlichen Gesicht und viel Bauchweh«, wie Felix von Auersperg in einem Brief an Heinrich Friedjung scharfsinnig feststellte.[19]

Die Anschlußfreudigkeit der österreichischen Industrie nahm von West nach Ost ab. Die Innsbrucker Handels- und Gewerbekammer sprach sich Anfang 1916 »stimmeneinhellig« für eine vollständige Zollunion und die »möglichst engste Wirtschaftsvereinigung mit Deutschland« aus, da die Innen- und Handelspolitik der Wiener Zentralverwaltung in Westösterreich zu einem Vertrauensschwund geführt habe. Ein gründlicher Wandel werde bestimmt im Vereine mit Deutschland leichter, wenn nicht überhaupt nur dadurch möglich werden. Vorteile erwartete man sich nicht nur für die Verwertung der Wasserkräfte, den Fremdenverkehr, die Land- und Forstwirtschaft, sondern generell für die Standortqualität des Landes.[20]

Zwar war die politische Diskussion über Mitteleuropa nach wenigen Monaten erledigt. Aber Mitteleuropa blieb als Kriegsziel weiter präsent. Der im Mai 1918 zur Tatsache gewordenen drastischen Einschränkung der österreichischen militärischen Souveränität folgte das im Spätsommer 1918 ausgehandelte und am 11. Oktober unterfertigte Zoll- und Handelsbündnis mit dem Deutschen Reich. Zu diesem Zeitpunkt war aber der wirtschaftliche und militärische Zusammenbruch nur mehr eine Frage der Zeit.

Kriegswirtschaft

Vom Kriegsschock zur Erschöpfung

Die österreichische Kriegsrüstung wird meist als vergleichsweise bescheiden eingestuft, auch in der Phase der Aufrüstung nach der Annexion Bosnien-Herzegowinas im Jahr 1908, als bis zum Jahr 1913 der militärische Sektor auf beinahe ein Drittel der gesamten Staatsausgaben anstieg. Obwohl die Militärausgaben der Habsburgermonarchie in absoluten Zahlen wesentlich hinter denen anderer Großmächte zurückblieben, war der prozentmäßige Anteil am Volkseinkommen schon vor Kriegsausbruch vergleichsweise hoch. In Deutschland betrug er 3,5 Prozent, in Großbritannien 3,6 Prozent, in Österreich-Ungarn rund 4 Prozent, in Rußland allerdings 6 Prozent.[21] Im Bereich der unmittelbaren Heeresversorgung war bereits vor Kriegsbeginn die Militarisierung weit vorangetrieben worden. Kriegswichtige Betriebe und deren Beschäftigte wurden nach dem Kriegsleistungsgesetz von 1912 militärischer Kontrolle unterstellt. Die Rüstungsgroßindustrie, die Österreichische Waffenfabriksgesellschaft (Steyr), Škoda (Pilsen), die Hirtenberger und die Wöllersdorfer Munitionsfabrik, das Artillerie-Arsenal in Wien oder die großen Rüstungsproduzenten in Triest, bildete einen mächtigen, international verzahnten Sektor. Dennoch war man auf den Krieg ökonomisch nahezu unvorbereitet, was die Vorratshaltung, die organisatorische Abwicklung oder das Geldwesen betraf. Man war in der Heeresleitung davon ausgegangen, daß der Krieg nach wenigen Monaten zu Ende sein werde und auf keiner Seite länger geführt werden könne, als die Heeresbestände reichen würden. Als man sah, daß zwar die Vorräte rapid schwanden, von einer Einstellung der Kampfhandlungen aber keine Rede sein konnte, mußte man rasch nach Ersatz aus der laufenden Produktion suchen.[22]

Die Schonung des »Menschenmaterials« schien vorerst keine Rolle zu spielen. Mannschaften und Pferde wurden ohne Rücksicht in die Schlacht geworfen. Auch mit den Lebensmitteln und sonstigen Vorräten glaubte man nicht sparen zu müssen. Die Mobilmachung und die dadurch ausgelösten Engpässe führten vorerst eine Beschäftigungskrise herbei: Die Arbeitslosenzahlen stiegen, weil die Exporte fast schlagartig aufhörten. Im Juli 1914 lag die Arbeitslosenrate bei knapp 5 Prozent, im August bei 18,3 Prozent, im September bei 17,8 Prozent und im Dezember bei 8,1 Prozent. Dann erst sank sie gegen Null. Schuld an dieser ungewöhnlichen Stärke des Kriegsschocks trug neben den unkontrollierten Rekrutierungsmaßnahmen vor allem die Krise des zivilen Eisenbahnverkehrs, die durch die Mobilmachung ausgelöst wurde.[23]

Anfangs wurden Arbeitskräfte ohne Unterschied rekrutiert, selbst aus der größten Munitionsfabrik der Monarchie in Wöllersdorf und aus praktisch allen rüstungswichtigen Bereichen. Die Eisenbahn wurde ohne Rücksicht auf wirtschaftliche Erfordernisse in den Dienst des Truppenaufmarsches gestellt, was die Energieversorgung lahmzulegen drohte und den Abtransport der Getreideernte in die Mühlen gefährdete. Nach dem Kriegsschock, der bis ins Frühjahr 1915 nachwirkte, folgte eine zweite Phase, die von lebhafter Konjunktur gekennzeichnet war. 1915 schien sich eine Konsolidierung

Tabelle 26: Entwicklung des Volkseinkommens 1910 bis 1918 (Cisleithanien, real, in Millionen Kronen zu Preisen von Juli 1914)

	Landwirtschaft	Bergbau	Industrie	Handel/Verkehr
um 1910	4 185,4	377,0	5 134,3	2 744,3
1914	3 487,9	358,1	4 877,7	2 572,9
1915	2 790,3	359,2	4 620,9	2 401,4
1916	2 092,7	320,3	4 346,2	2 229,9
1917	2 092,7	301,6	4 107,4	2 058,2

Quelle: Wilhelm *Winkler*, Die Einkommensverschiebungen in Österreich während des Weltkrieges (Wien 1930) 60.

der österreichisch-ungarischen Kriegswirtschaft abzuzeichnen, eine Art von Prosperität, die vergessen ließ, auf welch fragwürdigen Grundlagen sie stand, der 1916 ein langsamer, von 1917 an aber rascher Verfall der Produktion folgte. Die inflationistische Kriegsfinanzierung, die alliierte Blockade, der alarmierende Rückgang der Agrarproduktion und die Schwächen der Transportwirtschaft untergruben die Substanz. Die Vergeudungswirtschaft wandelte sich zur Mangelwirtschaft. Im Jahre 1917 begann die Verknappung der Rohstoffe dramatisch zu werden. Im letzten Kriegsjahr folgte der rasche wirtschaftliche Zusammenbruch, der mit einem neuerlichen Abbau von Arbeitskräften verbunden war.[24]

In der eigentlichen Rüstungsproduktion wurden die Kapazitäten in beachtlicher Weise ausgeweitet: Die österreichische Kriegswirtschaft hielt dem Vergleich mit anderen Ländern durchaus stand.[25] Neue Betriebe wurden gegründet und zahlreiche Zulieferer einbezogen. Der Flugzeugbau wurde praktisch neu etabliert. Hatten 1914 rund 1400 Beschäftigte etwa 70 Flugzeuge im Jahr hergestellt, so bauten im Jahr 1918 rund 12 000 Beschäftigte 2 378 Maschinen. Eine ähnliche Ausweitung erfuhr die Automobilindustrie.

Tabelle 27: Rüstungsproduktion Österreich-Ungarns 1914 bis 1918

	verfügbar bei Kriegsbeginn	1914	1915	1916	1917	1918
Schußwaffenbestand u. -erzeugung						
Gewehre (in 1 000 Stück)	2 500	149,2	905,8	1 197,1	1 091,1	237,1
MGs (in 1 000 Stück)	2,8	1,2	3,7	6,3	15,4	12,2
Geschütze (in 1 000 Stück)	2,8	–	1,7	6,9	7,7	2,1
Munitionserzeugung (in Millionen Stück)						
für Gewehre (täglich)	–	2,5	3,5–4,0	4	3	1,5–2,0
für Geschütze (monatlich)	–	0,3	1,3	2,0	1,4	0,8

Quelle: Robert J. *Wegs*, Die österreichische Kriegswirtschaft: 1914–1918 (dt. Bearbeitung von H. *Mejzlik*, Wien 1979).

Tabelle 28: Eisen- und Stahlproduktion Österreich-Ungarns 1914 bis 1918 (in 1000 Tonnen)

	Roheisen		Rohstahl	
	Österreich	Ungarn	Österreich	Ungarn
1913	1632,9	675,0	1840,0	808,5
1914	1487,8	–	1539,0	623,0
1915	1572,3	–	1979,0	688,0
1916	1900,0	446,7	2750,0	813,0
1917	1595,0	461,7	2424,0	692,0
1918	834,8	291,6	1461,0	426,0

Quelle: Robert J. *Wegs*, Die österreichische Kriegswirtschaft: 1914–1918 (dt. Bearbeitung von H. *Mejzlik*, Wien 1979) 54 (für 1918 nur die ersten acht Monate).

Während die Konsumgüterindustrien, die Nahrungsmittelindustrie, die Textilindustrie und die Papierindustrie zum Teil drastische Produktionseinbußen hinnehmen mußten, konnte in der Schwerindustrie das Produktionsniveau gehalten, wenn auch nicht wirklich ausgeweitet werden, was sich an der Erzeugung von Roheisen, dem wichtigsten summarischen Indikator, ablesen läßt. Österreich vermochte im Unterschied zu den übrigen Kriegsteilnehmern seine Roheisen- und Rohstahlproduktion sogar zu steigern.

Kritisch war die Situation bei den Buntmetallen. Dennoch konnte die Versorgung mit Kupfer und Blei durch Produktionssteigerungen, Beschlagnahmungen und Altmetallsammlungen gesichert werden, so daß man bei den zuständigen Stellen auch 1918 zuversichtlich war, den militärischen Bedarf bis 1919 decken zu können. Bei Blei, das viel weniger leicht einfach beschlagnahmt werden konnte, gelang es bis 1918, den Bedarf durch die Verwendung von Zink und Eisen drastisch zu reduzieren. Aluminium wurde zu einem wichtigen Ersatzmetall. Österreich-Ungarn konnte mit seinen Bauxitvorkommen auch den deutschen Bedarf weitgehend mitdecken.[26]

Tabelle 29: Kohlenproduktion und Kohlenversorgung 1913 bis 1918 (in 1000 Tonnen)

	Steinkohle		Braunkohle	
	Erzeugung	verfügbare Menge im Inland	Erzeugung	verfügbare Menge im Inland
1913	16337	25513	27462	20522
1914	15441	22118	23772	18222
1915	16083	21442	22024	17087
1916	17602	23592	23200	17405
1917	16776	21662	21648	17144
1918 (bis Juli)	7388	9937	10330	8316

Quelle: Robert J. *Wegs*, Die österreichische Kriegswirtschaft: 1914–1918 (dt. Bearbeitung von H. *Mejzlik*, Wien 1979).

Die Kohlenförderung wurde durch die Mobilisierung, sowohl was Arbeitskräfte als auch Transportkapazitäten betraf, empfindlich getroffen. Österreich-Ungarn hatte vor dem Krieg mehr als ein Drittel seines Steinkohlenverbrauchs importiert. Bei Braunkohle war etwa ein Viertel der Förderung exportiert worden. Da die Steinkohlenförderung etwa auf dem Vorkriegsniveau gehalten werden konnte, die Importe aber deutlich zurückgingen, verschärften sich die Energieengpässe mit zunehmendem Kriegsverlauf.

Zwar nicht kriegsentscheidend, aber doch verbunden mit beträchtlichen Auswirkungen auf die »Moral« im Feld und in der Heimat war die Krise der Textilindustrie. Die Produktion von Baumwollgarn sank von 134 000 Tonnen im Jahr 1914 auf 3 200 Tonnen im Jahr 1917. Aber auch bei Wolle war die Versorgung kritisch, mit dem bekannten Effekt, daß die kaiserlich-königliche Armee im letzten Kriegsjahr buchstäblich in Lumpen und zerrissenen Kitteln zu kämpfen hatte. Auch das Schuhwerk war nicht besser.[27]

Die allgemein verbreitete Auffassung vom Zustand völliger Erschöpfung, in welchem Österreich durch den Krieg »gehinkt« sei, nur mühsam gestützt vom mächtigen Bundesgenossen, bedarf entscheidender Korrekturen: Die Brennstoffkrise wäre nicht aufgetreten, hätte es eine wirksamere Organisation der Verteilung gegeben. Die Tragödie der Erschöpfung war eine Tragödie unzureichender Logistik und nicht unzureichender Kapazitäten. Die Eisenbahnen waren die Achillesferse, ausgelöst durch die Verluste und die Abnützung beim rollenden Material (beim Rückzug in Galizien 1914 gingen 15 000 Waggons verloren) und durch den Ausfall von Bediensteten, teils durch Einberufungen, teils durch natürlichen Abgang. 1915 hatte man um 8,7 Prozent Waggons weniger verfügbar als 1914. Bei den Lokomotiven war die Situation noch schlimmer, nicht nur wegen der geringen Neubauleistung, sondern auch, weil wegen des Ersatzes der kupfernen Feuerbüchsen durch eiserne die Zugkraft abnahm. Die Stehzeiten der Waggons nahmen erheblich zu. Ende 1916 begannen die Eisenbahnen zum echten Engpaßfaktor zu werden. Das Versagen des Eisenbahnsystems trug wesentlich zum wirtschaftlichen und militärischen Zusammenbruch bei. Selbst die Munitionsknappheit war eher ein Transport- denn ein Produktionsproblem.

Bunte Bilder, die das Elend nicht verdecken: Sammlung von Alttextilien 1917, Plakat, Entwurf Franz Griessler

Nach 1918 tat man alles, um auch in Österreich eine Dolchstoßlegende zu konstruieren: Die Armee sei durch die Heimtücke des Feindes besiegt worden, durch die wirtschaftliche Erschöpfung der Heimatfront und durch das Abspringen und Meutern der Nichtdeutschen und Revolutionäre. Daß der Termin des Waffenstillstands mit Italien so unpräzise festgelegt wurde und noch 400 000 österreichische Soldaten in italienische Gefangenschaft fielen, kann durchaus auch logistischen Überlegungen entsprungen sein, weil man in Österreich im Durcheinander des Zusammenbruchs diese Leute ohnehin nicht zurücktransportieren und vor allem nicht hätte verpflegen können.[28]

Gold gab ich für Eisen

Bereits 1914 begann man nach deutschem Vorbild mit dem Aufbau der Rohstoffbewirtschaftung. Für eine Reihe von strategischen Gütern wurden gleich nach Kriegsbeginn sogenannte »Zentralen« eingerichtet, für Baumwolle, Wolle, Häute und Leder, Metalle, Öle und Fette, Petroleum, Knochen, Harz, Kautschuk, später auch für Zucker, Spiritus, Holz, Kriegskaffee, Hadern und Ersatzstoffe generell. Sie sollten eine einheitlich gelenkte Bewirtschaftung vom Rohstoff bis zum fertigen Produkt gewährleisten und so die Sicherung des Heeres- und Zivilbedarfs garantieren. Zuletzt wurde die Kriegswirtschaft mit Hilfe von 91 Zentralen gelenkt. Neben den vornehmlich mit kaufmännischen Aufgaben betrauten, privatwirtschaftlich organisierten Zentralen waren die Kriegs- oder Wirtschaftsverbände von großer Bedeutung, die als sich selbst verwaltende Zwangseinrichtungen der Industrie von der Rohstoffzuteilung bis zur Preisgestaltung wesentliche Verwaltungsaufgaben übernahmen. Ihren äußeren Ausdruck gewann die so eingerichtete Planwirtschaft für die Masse der Bevölkerung in der Rationierung des unentbehrlichen Lebensbedarfes und in der Einführung von Höchstpreisen.[29]

Das Resultat war ein »Super-Etatismus« mit dem wirtschaftspolitischen Endziel, immer größere Teile des Wirtschaftslebens in den Zustand planmäßig gelenkter Bewirtschaftung überzuführen. Ab 1916/17 verfügte der Staat über die organisatorischen Instrumentarien für eine effektive Mobilisierung der wirtschaftlichen Ressourcen, bei der Ausrichtung der Industrie auf die Kriegsproduktion, der Verwaltung des Arbeitsmarktes, der Bewirtschaftung der Lebensmittel und Rohstoffe, der Regulierung des Außenhandels, der Kontrolle der Preise und der Handhabung der Instrumente der Kriegsfinanzierung. Den Zwangsmitteln der Kriegswirtschaft, Rationierung, Preisregelung, Ablieferungspflicht und Beschlagnahmung, traten Preistreiberei, Schleichhandel, Hamsterfahrten, Flurdiebstähle und Schmuggel gegenüber.

Die Parallelität zwischen Heeresverwaltung und ziviler Wirtschaftspolitik und der wirtschaftspolitische Partikularismus der beiden Reichshälften trugen zur Verschärfung der Lage bei. Was von vornherein nicht gelang, war die Lösung des Ernährungsproblems, insbesondere, und das war der dauernde Vorwurf an Ungarn, weil Ungarn nicht bereit war, entsprechende Einschränkungen zugunsten der österreichischen Reichshälfte auf sich zu nehmen. Auch innerhalb der österreichischen Reichshälfte standen einer einheitlichen Ernährungspolitik die nationalen Gegensätze entgegen. In Böhmen und Mähren, von wo Österreich traditionell versorgt wurde, war die Opferbereitschaft naturgemäß nicht überwältigend. Galizien war ohnehin weitgehend weggefallen.[30] Um die immer knapper werdenden Nahrungsmittel entbrannte ein heftiger Kampf zwischen den österreichischen und ungarischen Stellen. 1916 betrug die Getreideproduktion pro Kopf in Ungarn rund 203 Kilogramm, in Österreich rund 72 Kilogramm. Trotzdem lieferte Ungarn 1916 nur mehr rund 100 000 Tonnen Getreide und Mehl nach Österreich, gegenüber 2,1 Millionen Tonnen in den Vorkriegsjahren. Allerdings versorgte Ungarn die Armee. So ließ sich der bittere Vorwurf nicht aus der Welt schaffen, ungarische Schweine seien wichtiger als österreichische Menschen.[31]

In der Reduzierung der Viehhaltung und damit Ausschaltung von Produktionsumwegen wurde ganz allgemein ein wirksames Rezept gegen die Versorgungskrise gesehen: Hätten wir keine Schweine, hätten wir keine Nahrungssorgen. Mit dieser einfachen Formel glaubten manche Ökonomen im Ersten Weltkrieg die Lösung für die mißliche Versorgungssituation der Mittelmächte gefunden zu haben.[32] Da in der Habsburgermonarchie der Fleischverbrauch ohnehin nur halb so hoch war wie im Deutschen Reich, war das Argument für Österreich kaum sehr zutreffend.

Der Überfluß, der in den ersten Kriegswochen geherrscht hatte, insbesondere bei Fleisch und Zucker, aber auch bei Brot oder Reis, wurde rasch zum Mangel. Mit 31. Oktober 1914 wurde die Streckung der vorhandenen Brotgetreidevorräte verordnet (Kriegsbrot), am 21. Februar 1915 die Brotkarte eingeführt, im Juni 1915 die Zwangsbewirtschaftung von Getreide (Kriegsgetreideverkehrsanstalt) verfügt. Mit zunehmender Dauer des Krieges wurde der Kreis der staatlich bewirtschafteten Lebensmittel im-

Tabelle 30: Einführung von Lebensmittelkarten in Wien und dafür für Normalverbraucher erhältliche Rationen (pro Tag)

		zum Zeitpunkt d. Einführung		zu Kriegsende	
	Einführung	Tagesmenge in Gramm	Kalorien annähernd	Tagesmenge in Gramm	Kalorien annähernd
Mehlkarte	April 1915	100,0	300,0	35,7	107,1
Brotkarte	April 1915	140,0	350,0	180,0	450,0
Zuckerkarte	März 1916	41,6	166,4	25,0	100,0
Milchkarte	Mai 1916	0,25 l	82,5	0,0	0,0
Kaffeekarte	Juni 1916	8,9	0,0	8,9	0,0
Fettkarte	September 1916	17,1	153,9	5,7	51,3
Kartoffelkarte	Oktober 1917	214,0	171,2	71,4	57,1
Marmeladekarte	Herbst 1917	23,8	47,6	23,8	47,6
Fleischkarte	September 1918	28,5	28,5	17,8	17,8
Zusammen			1 300,0		830,9

Quellen: Marion *Breitner*, Hinter der Front. Zur Versorgungslage der Zivilbevölkerung im Wien des Ersten Weltkriegs. Jahrbuch des Vereines für Geschichte der Stadt Wien 50 (1994) 246 f.; Hans *Hautmann*, Geschichte der Rätebewegung in Österreich 1918–1924 (Wien 1987) 47.

mer weiter ausgedehnt. Noch 1915 wurden die Zentralen für Futtermittel, Zucker, Spiritus, Melasse, Brauerei und Malz eingerichtet, 1916 für Gemüse, Obst, Kaffee, 1918 auch für Vieh und Fleisch.

Auch die Bewirtschaftung konnte an der Mangelsituation nichts ändern. Es kam auch dort zu Engpässen, wo die Habsburgermonarchie auf jeden Fall autark hätte sein müssen, bei Eisen und Erdöl, bei Zucker und Salz. 1917 mußte auch zur Bewirtschaftung der Textilien und des Schuhwerks gegriffen werden. Rationiert wurden auch Petroleum, Seife und Kerzen. Zu den Produkten, deren Preise während des Krieges stark gesunken waren, zählten Holz und Kohle. Dennoch oder gerade deswegen war eines der Hauptprobleme die Brennstoffversorgung der städtischen Haushalte. Die Situation war in den Landeshauptstädten zumindest relativ besser als in Wien. Gut waren jene Städte dran, die bereits ein Elektrizitätswerk mit Wasserkraft hatten. Elektrischer Strom erfuhr neben Salz den stärksten Realpreisverfall.[33] Salz, an dem man bei den Mittelmächten nun wirklich keine Not hätte haben müssen, das aber, als alle Preise zu einer Hyperinflation anschwollen, weiter zu Vorkriegspreisen abgegeben wurde, hätte man zu Kriegsende fast geschenkt bekommen, wenn es überhaupt angeboten worden wäre. Bei Zucker kam es zuerst wegen des Verlusts von Exportmöglichkeiten sogar zu Überschüssen und zu einer Zunahme des Konsums, so daß man sich zur Verfütterung und Denaturierung bedeutender Mengen entschloß, die man später dringend gebraucht hätte. 1916 mußten Zuckerkarten eingeführt werden.[34]

Das Kriegsjahr 1917 stand bereits ganz im Zeichen der Ersatznahrungsmittel. Lange Listen von Stoffen wurden veröffentlicht, die geeignet sein sollten, das Brotgetreide zu strecken. Wollte man etwa Lupinenmehl verwenden, mußten die Lupinensamen »entbittert« werden, bevor sie getrocknet, vermahlen und dem Mehl beigemengt werden konnten. Im belagerten, hungernden Przemyśl nahmen 1915 Birkenrinden die Rolle eines Ersatzmittels ein, anderswo Brennesselstengel. Das »Kriegsbrot«, das in tausend Brösel zerfiel, war mit Gersten-, Mais-, Kastanien- und Kartoffelmehl gestreckt, wurde aus Hafer und Bohnen bereitet, vermischt mit Wurzeln und Gräsern, mit Eicheln und Sägespänen. Kaffee war sowieso Ersatzkaffee. Für Tabak, mit dem man zu Kriegsbeginn eher sorglos umgegangen war, wurde eine lange Liste von 72 Streckmitteln, feinsäuberlich geordnet von Adlerfarn bis Torf, approbiert. Besonders empfohlen wurde eine Kriegsmischung, die aus 20 Prozent Tabak, 40 Prozent Buchenlaub und 40 Prozent Hopfen zusammengesetzt war.[35] Der Verkauf von Rauchwaren an Frauen wurde untersagt. Raucherkarten galten nur für männliche Raucher über 17 Jahre. Pflanzliche Öle preßte man aus Bucheckern, Obstkernen, Hederich- und Leindottersamen und Roßkastanien. Statt Kartoffeln gab es Kohlrüben, Burgunderrüben und Zuckerrüben, statt Gemüse jungen Klee, Brennesseln und Waldlauch. Auf der Ersatzmittelausstellung, die von Mai bis August 1918 im Wiener Prater stattfand, erhielt man viele gute Ratschläge, was sich alles aus Produkten herstellen läßt, die man nicht besaß.[36] Häufig waren die Vorschläge wertlos: Den Seifensurrogaten fehlte das Wesentliche, die Waschkraft. Auch Ersatztextilien aus Brennesseln, Hopfen, Schilf, Wollgras und was auch immer erfüllten die Erwartungen nicht. Für die alten Kleider fehlte der Zwirn, sie zu flicken. Mit Holzschuhen oder überhaupt Barfußgehen wurde Leder gespart.[37]

Magistratsverordnung für Kriegsgemüsegärten, Wien 1915

Zu den einschneidendsten Ereignissen des Jahres 1918 gehörten die beiden Kürzungen der Brotration im Januar und Juni 1918 von 1260 auf 630 Gramm pro Woche für Normalverbraucher und von 2240 auf 1120 Gramm für Schwerarbeiter.[38] Mit der über Lebensmittelkarten zugeteilten Kalorienmenge konnte man nicht überleben. Die Klein- oder Schrebergärten, deren Zahl in allen Städten rapide stieg, boten eine notdürftige Hilfe: »Hätt' ich nicht geschrebert, wer weiß, ob ich noch lebert«, lautete ein populärer Spruch.[39]

»Gold gab ich für Eisen«, der Tausch goldener Eheringe gegen eiserne, war eine Kampagne, die zuerst begeistert mitgemacht worden war. 1917 allerdings war nichts mehr da, was nicht dringend gebraucht oder nur mit unheimlichem Grimm hergegeben worden wäre: Kirchenglocken und Glockenseile, Leuchter und Lampen, Ziborienkronen und Kreuze von Prozessionsfahnen, alle Arten von Kupferdrähten und Kupferdächern, kupferne Badeöfen und Haus- und Küchengeräte, messingene Türklinken und Orgelpfeifen aus Zinn. Die Heimat wurde zur »Front«, der Haushalt zum »wirtschaftlichen Schützengraben« mit Kochkursen für Ersatzmittel, Anleitungen zum Improvisieren und Aufrufen zum Durchhalten. Es wurde überlegt, den Kriegsküchen, in denen der völlig verarmte Mittelstand eine warme Mahlzeit erhalten sollte, Zwangscharakter zu verleihen und das Kochen in kleinen Privathaushalten überhaupt zu verbieten. Ein Zwang war aber bald gar nicht mehr notwendig. 1918 wurden die zuerst heftig angefeindeten Wiener Kriegsküchen von etwa 150000 Leuten pro Tag frequentiert. Die Wärmestuben wurden von 120000 Personen im Tag aufgesucht.[40]

Die Vergnügungsstätten, die Bühnen, Revuetheater und Kinos, konnten nicht über schlechten Besuch klagen. »Das theaterfrohe Wien – jetzt im Kriege ist es theatergieriger als je.«[41] Ein wahrer Gründungsboom von »Kinematographen-Theatern« setzte ein. Auch Sport konnte über die Tristesse hinwegtäuschen. Fußball wurde erstmals zu einem Massenereignis mit Massenpublikum.

Die Kosten des Krieges

Die Militärausgaben der Monarchie waren 1914/15 am höchsten und gingen real in den folgenden Rechnungsjahren jährlich um etwa 20 Prozent zurück. 1917/18 betrugen sie nur mehr rund 39 Prozent von 1914/15. Die gesamten Kriegsausgaben Österreich-Ungarns, die für die ganze Kriegsdauer auf 81 bis 90 Milliarden Kronen geschätzt werden können, waren, auf das Preisniveau von 1914 umgelegt, mit circa 18 bis 19 Milliarden Kronen annähernd so hoch wie das gesamte Volkseinkommen der Doppelmonarchie im Jahre 1914, betrugen allerdings nur knapp ein Viertel von denen des Deutschen Reiches.[42] Es ist bekannt, daß die Kriegsausgaben der Mittelmächte kaum die Hälfte jener der Alliierten ausmachten.

Da das Volkseinkommen ab 1916 sehr rasch absank, kostete der Krieg wesentlich mehr als ein Viertel des jährlichen Sozialprodukts der Habsburgermonarchie, deren Bevölkerungsmehrheit schon in Friedenszeiten nicht weit über dem Existenzminimum gelebt hatte. Ein entsprechender Substanzverzehr war die Folge, nicht nur durch direkte Zerstörungen, sondern vor allem durch Ausdünnung der Lager, durch Abnahme des Viehbestandes, Erschöpfung der Böden, Abnützung des Anlagenkapitals und Verbrauch der Gold- und Devisenreserven.[43]

Es wurde nicht im entferntesten der Versuch gemacht, auch nur einen Teil der Kriegskosten durch Steuereinnahmen zu decken. Das lag an der Erwartung, die Kosten den Besiegten aufbürden zu können, aber auch am innenpolitischen Kalkül und an der Art des Steuersystems, dessen Ergiebigkeit dramatisch abnahm, einerseits wegen seiner Ausrichtung auf Zölle und indirekte Steuern für Bier, Zucker, Tabak und Fleisch, die kaum mehr verfügbar waren, andererseits wegen der Geldentwertung, hinter der die Steuereingänge entsprechend nachhinkten. Die regulären Staatseinnahmen sanken bis 1917/18 real auf 16 Prozent des Friedensstandes.

So wurde der Krieg zu drei Fünftel über Anleihen und zu zwei Fünftel über die Geldschöpfung finanziert. Nominell wurden von der österreichischen Finanzverwaltung in acht Emissionen etwa 35,1 Milliarden Kronen an Kriegsanleihen gezeichnet und etwa 25 Milliarden Kronen von der Notenbank in Anspruch genommen. Die 17 in Ungarn aufgelegten Kriegsanleihen erzielten ein Nettoergebnis von rund 18 Milliarden Kronen, während Ungarn von der Notenbank etwa 10 Milliarden Kronen erhielt. Der Form nach waren die Kriegsanleihen zu 5,5 Prozent, später 6,25 Prozent verzinste Schatzscheine, die zwischen 1920 und 1930 zurückgezahlt werden sollten. Der Erfolg war anfangs beachtlich. Mit der ersten österreichischen Kriegsanleihe, die im November 1914 aufgelegt wurde, konnten insgesamt 2,2 Milliarden Kronen aufgebracht werden, rund das Vierfache dessen, was je in einem Friedensjahr an Anleihen gezeichnet worden war. Die Ergiebigkeit ließ aber rasch nach: Während die Nominalerträge von der ersten bis zur achten und letzten Kriegsanleihe auf rund das Zweieinhalbfache gesteigert werden konnten, fielen die Realerträge auf unter ein Viertel.

Die Kriegsanleihen wurden unter den Nationalitäten des Reiches vor allem von Deutschösterreichern gezeichnet. Sie hatten das meiste Geld und auch das größte Interesse am Kriegserfolg. Von den nominell etwa 35 Milliarden Kronen, die in Cisleithanien

Tabelle 31: Die Finanzierung des Ersten Weltkrieges durch Kriegsanleihen (Cisleithanien, in Millionen Kronen)

	Zeichnungsmonat	nominell	real (Kaufkraft 1. Juli 1914)
1. Kriegsanleihe	November 1914	2 221	1 805
2. Kriegsanleihe	Mai 1915	2 688	1 610
3. Kriegsanleihe	Oktober 1915	4 203	1 860
4. Kriegsanleihe	Mai 1916	4 520	1 303
5. Kriegsanleihe	November 1916	4 468	752
6. Kriegsanleihe	Mai 1917	5 189	679
7. Kriegsanleihe	November 1917	6 046	732
8. Kriegsanleihe	Juni 1918	5 814	436
Summe		35 129	9 177

Quelle: Eduard *März*, Österreichische Bankpolitik in der Zeit der großen Wende 1913–1923. Am Beispiel der Creditanstalt für Handel und Gewerbe (Wien 1981) 198.

gezeichnet wurden, entfielen etwa 24 Milliarden auf Österreich. Das zeigte bereits die erste Kriegsanleihe, die am 16. November 1914 zur Subskription aufgelegt worden war. Auffallend war der bescheidene Beitrag, den das führende tschechische Finanzinstitut, die Živnostenská Banka, mit nur 26 Millionen Kronen unter den Subskribenten einnahm. Die Zentralbank der Deutschen Sparkassen zeichnete 170 Millionen Kronen, die Zentralbank der tschechischen Sparkassen 9 Millionen. Es war die gehobene Schicht des deutschösterreichischen Bürgertums, das die Kriegsanleihen zeichnete. Die ganz kleinen und kleinen Zeichner von Kriegsanleihen machten neun Zehntel aller Subskribenten aus, deckten aber nur 20 Prozent der gezeichneten Beträge, davon die ganz kleinen Zeichner, immerhin mehr als die Hälfte, nur 2,7 Prozent. Fast die Hälfte des Ertrags der Anleihen entfiel auf weniger als 1 Prozent der Zeichner.[44]

Der Geldabschöpfungseffekt der Kriegsanleihen war gering, da sie als lombardfähige Wertpapiere zu 75 Prozent des Nominales der Notenbank zur Belehnung präsentiert

Tabelle 32: Die Kriegsanleihenzeichner

	Nominale			
	bis 1 000	1 000–10 000	10 000–100 000	über 100 000
Anzahl der Zeichner				
in 1000	1 856,8	1 311,7	280,4	28,9
in Prozent	53,4	37,7	8,1	0,8
Gezeichnete Beträge				
in Millionen Kronen	461,1	2 949,4	5 896,8	8 007,9
in Prozent	2,7	17,0	34,1	46,2

Quelle: Wilhelm *Winkler*, Die Einkommensverschiebungen in Österreich während des Weltkrieges (Wien 1930) 214 ff.

»Blut und Boden«, Plakat für die 2. Kriegsanleihe, Mai 1915

»Das Tor zum Frieden«, Plakat für die 8. Kriegsanleihe, Juni 1918

werden konnten. Dazu kam, daß die privaten Anleihenzeichner ihre Ersparnisse wegen des beschränkten Güterangebots kaum nachfragewirksam hätten ausgeben können, während der Staat diese ihm zufließenden Mittel zur Bestreitung des Kriegsaufwandes verwendete. Viel entscheidender war aber, daß die Regierung von Anfang weg die Notenbank unmittelbar als Finanzierungshilfe in Anspruch nehmen mußte oder nahm. Schon mit Kriegsausbruch sah sich die Österreichisch-ungarische Bank (31. Juli 1914) wie zahlreiche andere Notenbanken angesichts der rasch wachsenden Anforderungen gezwungen, die Abgabe von Gold und Devisen einzustellen. Das bedeutete das faktische Ende des seit rund drei Jahrzehnten bestehenden Goldstandards. Wenige Tage später wurden jene Passagen der Banksatzung außer Kraft gesetzt, die einer uneingeschränkten Finanzierung von Staatsausgaben durch die Notenbank entgegenstanden. Die österreichische und die ungarische Finanzverwaltung machten von der Möglichkeit der Verschuldung bei der Notenbank ausgiebig Gebrauch. Bei Kriegsende betrugen die Forderungen der Österreichisch-ungarischen Bank an die beiden Finanzverwaltungen circa 35 Milliarden Kronen. Bereits in den ersten Kriegsmonaten hatte sich die Geldmenge fast verdoppelt. Dann schwächte sich die Zuwachsrate merklich ab. Von Anfang des Jahres 1917 an, als das Instrument der Kriegsanleihe immer mehr versagte, vergrößerte sich die Geldmenge rapide und schlug voll auf die Preisentwicklung durch. Das Geldvolumen war von 1914 bis 1918 von 3,4 auf 42,6 Milliarden Kronen gestiegen.[45]

Die Kriegsinflation war in Österreich stärker als in den anderen großen kriegführenden Staaten, was sicher in der viel höheren Beanspruchung der Notenbank begründet war, aber auch in der Laxheit der Preisregelung. Während des ersten Kriegsjahres stiegen die Lebenshaltungskosten um 70 Prozent. Im Juli 1916 kletterte der Index der Lebenshaltungskosten (Juli 1914 = 100) auf 336, ein Jahr später auf 671, im Juli 1918 auf 1162. Praktisch kam es jedes Jahr zu einer Verdoppelung der Preise. Während des Krieges war die Kaufkraft der Krone auf ein Sechzehntel des Friedenswertes gesunken, der Wechselkurs wegen der Blockadepolitik und Devisenbewirtschaftung aber nur auf ein Drittel der Friedensparität.[46]

Soziale Konsequenzen

Versucht man aus der für die österreichische Reichshälfte angegebenen Zahl von etwa 4,36 Millionen zum Militärdienst herangezogenen Personen (rund 60 Prozent der im Alter zwischen 18 und 53 stehenden Männer) den auf Österreich entfallenden Anteil aliquot herauszurechnen, ergäbe das rund 1,04 Millionen, die natürlich nicht alle gleichzeitig eingezogen waren. Die Masse der Einberufungen entfiel auf die Jahre 1914 und 1915. Dann war das Potential weitgehend ausgeschöpft. Der durch das im Feld stehende Heer hervorgerufene Arbeitskräfteausfall konnte nur schwer wettgemacht werden. Dennoch kam es nur langsam zu einem verstärkten Einsatz von Frauen. Viele Arbeitgeber sträubten sich, Frauen aufzunehmen, weil sie anders als die Männer nicht der militärischen Disziplinargewalt unterstanden, auch wenn Frauen nur ein Drittel bis zur Hälfte der Löhne der Männer bezahlt erhielten. Frauen waren bei Kriegsbeginn zunächst sogar in besonderem Maße von Arbeitslosigkeit betroffen, da sie in weniger kriegswichtigen Industrien eingesetzt waren. In der Wiener Textilindustrie wurden beispielsweise im August 1914 rund 60 Prozent der weiblichen Arbeitskräfte freigesetzt.[47]

Ende 1915 wurden Frauen bereits als »Soldaten« des Hinterlandes umworben, um die zum Heeresdienst abgezogenen Arbeiter zu ersetzen.[48] Schrittweise dürfte die Zahl der erwerbstätigen Frauen außerhalb der Landwirtschaft um etwa 40 Prozent zugenommen haben, während bei den in der Landwirtschaft als mithelfende Familienmitglieder gezählten Frauen auch vor dem Krieg schon das mögliche zahlenmäßige Höchstmaß gegeben gewesen sein dürfte. Die Intensivierung der Arbeit mithelfender Familienmitglieder wegen der Abwesenheit der männlichen Arbeitskräfte und Betriebsleiter ist ohnehin nicht bezifferbar. Bei der Arbeiter-Unfallversicherung für Niederösterreich (einschließlich Wien) waren Ende 1914 27,6 Prozent aller Versicherten Frauen, Ende 1917 schon 37 Prozent. Bei der Wiener städtischen Straßenbahn war der Frauenanteil von praktisch Null im Jahr 1914 auf mehr als die Hälfte 1918 gestiegen. Auch Jugendliche und alte Leute wurden verstärkt ins Erwerbsleben eingegliedert.[49]

Der Krieg stärkte die Position der Frauen: Sie arbeiteten in Männerberufen, sie kleideten sich wie Männer, sie liebten wie Männer. Diskutiert wurde über weibliche Varianten einer modernen, funktionalen Berufskleidung und über Möglichkeiten, auch nach dem Krieg die Positionen zu halten.[50] Bubiköpfe, kurze Röcke oder Damenkrawatten erregten die Männer. Die Krise des traditionellen Männlichkeitsbildes stärkte männliche Gewaltphantasien, die sich aus der Angst nährten, als Mann bei der Arbeit wie in der Liebe ersetzbar zu sein. Die aus dem Krieg heimkehrenden Männer kamen in eine veränderte Welt. Sie selbst waren lädiert, und auch das aus der Vorkriegszeit vertraute soziale Umfeld existierte nicht mehr.[51] Wenig beachtet ist die Einbeziehung der Kinder in den Krieg: die Militarisierung der Schule und der Einsatz der Kinder für »gemeinnützige Tätigkeiten«. Ihr Arbeitseinsatz war die eine Seite, ihr Hunger die andere. Das Elend der Kinder allgemein und der Kriegswaisen insbesondere ist die wohl vernachlässigste Seite des Krieges.[52]

Die Flüchtlingsströme waren beträchtlich: Bis Mitte 1915 erreichte die Zahl der Vertriebenen bereits 600 000, die sich zu mehr als der Hälfte im heutigen Österreich aufhielten. Etwa 100 000 waren in Barackenlagern untergebracht. In Wien befanden sich 1915 zeitweilig 200 000 Flüchtlinge, vor allem aus Galizien und der Bukowina, darunter mindestens 70 000 Ostjuden, die 1915 ankamen, bettelarm, abgelehnt von der Wiener Bevölkerung, abgelehnt aber auch von den »Westjuden«. Ungefähr die Hälfte verblieb nach dem Krieg in Wien. Obwohl nach den militärischen Erfolgen an der Ostfront in der zweiten Hälfte des Jahres 1915 etwa 250 000 Flüchtlinge in ihre Heimat zurückkehren konnten, war bis ins Jahr 1917 die Zahl der Flüchtlinge auf über 760 000 Personen angestiegen. Wien erreichte 1916 mit 2,2 Millionen Einwohnern die größte Ausdehnung. Man versuchte nunmehr die Flüchtlinge in den Arbeitsmarkt einzugliedern. In den Lagern befanden sich im Sommer 1916 kaum mehr arbeitsfähige Personen.[53]

Von der Arbeitsleistung der Kriegsgefangenen hingegen wurde anfangs nur in einem sehr beschränkten Ausmaß Gebrauch gemacht. Gesamtdaten über die Zahl der Kriegsgefangenen liegen nicht vor. Im November 1916 dürften es etwa 10 000 Offiziere und 1,25 Millionen Mann gewesen sein. Der Höchststand wurde im Verlauf des Jahres 1918 mit etwa 2 Millionen feindlichen Kriegsgefangenen erreicht, die zum größten Teil in Lagern im Donauraum zwischen Budapest und Passau und in den an Deutschland grenzenden Teilen Böhmens und bis zum italienischen Kriegseintritt auch in der Steiermark untergebracht waren.[54] Im Verlauf des Krieges wuchs die Zahl der für Bau- und Erntearbeiten herangezogenen Kriegsgefangenen. Gegen Kriegsende waren über 1 Million Kriegsgefangene in der Landwirtschaft tätig.[55]

Das 1912 in Kraft getretene Kriegsleistungsgesetz ermöglichte einen militärischen Durchgriff auf Industrie und Industriearbeiterschaft. Die Rechte der Arbeiter wurden stark eingeschränkt, die Arbeitszeit verlängert, die Schutzbestimmungen für Frauen und Jugendliche aufgehoben. Die vom Kaiser am 10. Oktober 1914 unterzeichnete kriegswirtschaftliche Ermächtigungsverordnung wurde 1917 durch das kriegswirtschaftliche Ermächtigungsgesetz abgelöst. In den ersten beiden Kriegsjahren waren Arbeitervertrauensleute bevorzugtes Objekt der Repression. Hinsichtlich der Arbeitsbeziehungen schien das erreicht, was von manchen Politikern und Unternehmern vom Krieg erwartet worden war: ein diktatorisches Durchgriffsrecht. Aber nur kurzfristig.[56]

Der Krieg stärkte, trotz militärischer Repressionsmaßnahmen, je länger er dauerte, die Stellung der Arbeiter. Seit dem Frühjahr 1917 begann die Staatsverwaltung mit Zugeständnissen zu reagieren. Die Behörden setzten aus verschiedenen Gründen statt auf Konfrontation zunehmend auf Kooperation.[57] Im Lauf des Jahres 1917 ging nichts mehr ohne die Einbeziehung der Sozialdemokratie. Die paritätische Zusammensetzung der im März 1917 eingerichteten Beschwerdekommissionen und die Beteiligung im Hauptausschuß für die Kriegs- und Übergangswirtschaft stellte die Arbeiter den Unternehmern gleichberechtigt gegenüber. Der Mieterschutz wurde durchgesetzt. Mit kaiserlicher Verordnung wurde am 26. Januar 1917 der freie Markt in der Wohnungswirtschaft außer Kraft gesetzt. Auch die Arbeitszeit mußte wieder verkürzt werden. Im August 1918 arbeitete man in Wöllersdorf mit 52 Stunden pro Woche um zwei Stunden kürzer als vor dem Krieg. Die Vorgänge in Rußland schreckten die Verantwortlichen auf.[58]

Streiks und Unruhen setzten ab 1916 ein. Die Arbeiter in der Rüstungsindustrie oder bei den Eisenbahnen wurden sich ihrer Unentbehrlichkeit bewußt und nützten das neue Selbstverständnis. Mit wenigen Ausnahmen waren die Streiks kurz. Während zwischen 1904 und 1913 ihre durchschnittliche Länge 16 Tage betrug, dauerten sie im Krieg im Schnitt nur 5,1 Tage. Nur die Streiks im Mai 1917 und Januar und Juni 1918 waren groß genug, um die Produktion ernstlich zu stören. Verglichen mit der Streikaktivität der französischen Arbeiter blieb die österreichische Arbeiterschaft sehr ruhig. Im Januar 1918 verschärften sich die Unruhen im Industriegebiet des südlichen Wiener Beckens und erfaßten in kürzester Zeit mehr als 1 Million Arbeiter und Angestellte in allen wichtigen Industriegebieten der Monarchie. Im Januarstreik bildeten sich zusätzlich zu den Vertrauensleuten neue Organe heraus, die Arbeiterräte. Die freien Gewerkschaften gewannen rasch an Stärke, ihre Mitgliederzahlen stiegen von etwa 112 000 im Jahr 1916 auf fast 300 000 im Jahr 1918. Die Frauenanteile nahmen überdurchschnittlich zu. Die, wenn auch kurzfristige Verschiebung des Machtgefüges zugunsten der Arbeiterschaft war unübersehbar.[59]

Aber auch die Unternehmerverbände gingen aus dem Krieg gestärkt hervor, nachdem das Verbandssystem zunehmend zu einer Stütze der kriegswirtschaftlichen Organisation geworden war und sich ein immer größer werdendes Naheverhältnis zwischen Staat und Verbänden herausbildete, vor allem als im März 1917 das »Generalkommissariat für die Kriegs- und Übergangswirtschaft« installiert wurde, das deutlich sozialpartnerschaftliche Züge annahm. Erst im letzten Kriegsjahr gelang am 24. Februar 1918 der jahrzehntelang geforderte Zusammenschluß der drei großen Verbände der Industrie zum »Reichsverband der österreichischen Industrie«. Im Herbst 1918 übernahm ein organisatorisch noch im Hauptausschuß für Kriegs- und Übergangswirtschaft wurzelndes paritätisches Industriekomitee die Kontrolle über den Arbeitsmarkt.[60] Im Zusammenspiel mit dem »bürokratischen Kriegssozialismus« entstand erst wirklich jenes System, das als »organisierter Kapitalismus« bezeichnet werden kann.

Das soziale Netz mußte an die neue Situation des Massennotstands angepaßt werden. Hunger, Unterernährung und neue Gruppen von Hilfsbedürftigen machten staatliche Interventionen erforderlich: Kriegsopferfürsorge, Lebensmittelsubventionen, Kriegsküchen und Jugendämter wurden eingerichtet.

Der Krieg änderte die Einkommensverteilung: Die Landwirtschaft, nicht aber die Forstwirtschaft, zählte jedenfalls zu den ökonomischen Kriegsgewinnern. Mag sein, daß kleinere Landwirte durch Schwarzmarktpreise und Entschuldung mehr profitieren konnten als große. Die Entwicklung der Realeinkommen der Arbeiter, auch wenn diese zuletzt auf beinahe ein Drittel des Friedenseinkommens herabgesunken waren, war doch weniger ungünstig als der Verlauf bei den Beamten, deren Einkommen bis 1918 auf ein Fünftel bis Zehntel des Friedensstandes abgerutscht waren. Die Unternehmen haben naturgemäß sehr unterschiedlich verdient. Solchen, die aus der Rüstungskonjunktur beträchtliche Gewinne ziehen konnten, standen jene gegenüber, die wegen Produktionsstillegungen, Rohstoffmangel oder staatlicher Preisbewirtschaftung Ertragseinbußen hinnehmen mußten. Daß eine neue Schicht von Reichen auch manche Konsumgüterindustrien ankurbelte, läßt sich an der Entwicklung der Wiener Damenputzwarenindustrie, einer ausgesprochenen Luxusindustrie, ablesen, die 1917 um 50 Prozent und im ersten Halbjahr 1918 um 75 Prozent mehr erzeugte als 1914.[61]

Schreckliche Apokalypse

Die unmittelbaren Zerstörungen im Gebiet des heutigen Österreich waren gering. Der Produktionsapparat war erhalten geblieben, wenn auch stark abgenützt worden. Das galt verstärkt für die Rüstungsbetriebe. Da sie nicht mehr gebraucht wurden oder gebraucht werden durften, waren sie auch ohne physische Zerstörung entwertet. Zum Teil hatte eine Modernisierung stattgefunden, durch die der Trend zum Großbetrieb verstärkt worden war. Gleichzeitig war das Hinterland von Anfang weg betroffen: durch Rationierungen und Beschlagnahmungen, Seuchen und Hunger.

Von etwa 8 Millionen k.u.k. Soldaten starben mehr als 1 Million im Feld und weitere 480 000 in Gefangenschaft; etwa 1,9 Millionen wurden verwundet und 1,7 Millionen waren in Kriegsgefangenschaft geraten. Auf das heutige Österreich entfielen etwa 180 000 bis 190 000 Gefallene und Vermißte, dazu 60 000 Ziviltote und ein errechneter Geburtenausfall von etwa 280 000.[62] Etwa die Hälfte der Gefallenen war verheiratet. Das ergäbe etwa 90 000 bis 95 000 Kriegswitwen und etwa dreimal so viele Kriegswaisen. Dazu kamen die Verwundeten. Wieder aliquot gerechnet, dürften auf das heutige Österreich etwa 220 000 bis 230 000 entfallen sein, von denen etwa 66 000 eine dauernde Invalidität davontrugen.[63]

Hinsichtlich der Berufsstruktur hatten die Handwerksberufe (Fleischhauer, Schlosser, Maurer, Bäcker) den weitaus höchsten Blutzoll zu tragen, während für die Kriegswirtschaft notwendige Berufe wesentlich geringere Totenverluste aufwiesen, vor allem Arbeiter in der Schwerindustrie, aber auch Eisenbahner oder Journalisten.[64] Die höchsten Verluste hatten Deutsche und Ungarn zu beklagen. Agrarische Gebiete waren stärker betroffen als industrielle. Die höchsten Verlu-

Kriegsvolksbelustigung: Begleitprogramm anläßlich der Kriegsausstellung im Wiener Prater 1916

ste hatten die Bergbauern – wie der Salzburger Landespräsident stolz nach Wien berichtete: ein Menschenmaterial, das sich für das Militär am besten eignete.[65]

Man darf aber nicht nur auf die körperlichen Schäden sehen. Die Kriegsneurosen und das seelische Trauma, das viele Soldaten davongetragen hatten, beschäftigten die Psychiatrie nur oberflächlich. Auf die »Kriegszitterer«, die allzu häufig als Simulanten verdächtigt wurden, auf die Kriegshysterie und den Granatschock, wo mit militärischem Befehlston kein Erfolg mehr zu erzielen war, reagierten die Ärzte mit äußerst schmerzhaften Elektroschocks. Nach dem Krieg kam es vor der Kommission zur Erhebung militärischer Pflichtverletzungen zu einem Verfahren gegen den Hauptverantwortlichen für diese Art der Behandlung, den Chef der Wiener psychiatrischen Klinik und berühmten Psychiater Julius Wagner-Jauregg, der eine Vielzahl von Wiener Militärspitälern betreut und überwacht hatte. Wagner-Jauregg wurde freigesprochen.[66]

Der Krieg war zum prägenden Alltagserlebnis einer ganzen Generation geworden, in den Schützengräben, vor den Psychiatern, in den Essensschlangen und in den Streikkomitees. Das gab einer propagandistischen Heroisierung Raum, vom Film über die Kriegerdenkmäler und Schulbücher bis zu den nationalen und rassistischen Vorurteilen, die durch den Krieg und die Kriegspropaganda erst eine reale Basis erhielten. Der Krieg hatte die Erfahrungswelt der Betroffenen so entscheidend geprägt, daß sie auch Jahrzehnte später kaum anderes aus ihrem Leben zu erzählen wußten als eben diesen Krieg.

Krise zwischen zwei Kriegen

Der Neubeginn

Man kann den Ersten Weltkrieg, den Zerfall der Habsburgermonarchie, die Weltwirtschaftskrise und den Zweiten Weltkrieg als gewaltige Zusammenballung von Krisen betrachten, ausgelöst, und das unterscheidet sie zumindest partiell von vorhergehenden großen Krisen, denen des Spätmittelalters oder des 17. Jahrhunderts, nicht durch das Erreichen malthusianischer Grenzen, sondern durch menschliche Unvernunft. Aber die Wirkungen waren ähnlich: Die schwerste Krise, die das Industriesystem bislang erlebt hatte, brachte nach 1945 einen Aufschwung hervor, wie es ihn vorher noch nie gegeben hatte.

Die Habsburgermonarchie war von erheblichen nationalen und sozialen Spannungen gekennzeichnet. An ihrem ökonomischen Sinn allerdings wurde nur selten gezweifelt, auch nicht im Bereich der slawischen Nationalitäten. Vor dem Ersten Weltkrieg traten alle bedeutenden tschechischen Volkswirtschaftler und Unternehmer für die Erhaltung Österreich-Ungarns als mitteleuropäisches Wirtschaftsterritorium ein. Diese Position änderte sich zwischen Sommer 1917 und 1918.[1] Ab dann war der Zerfall endgültig programmiert.

»Eine Welt ist untergegangen ...«

»Eine Welt ist untergegangen. Kein Mensch weiß, wie die neue aussehen wird«, notierte Josef Maria Baernreither am 27. November 1918.[2] Was sich 1918 abspielte, war zumindest in der Überstürzung der Ereignisse eine Revolution. Innerhalb von Wochen änderten sich Rahmenbedingungen, die sich in Jahrhunderten herausgebildet hatten. Die »österreichische Revolution«, die keine Revolution war, bedeutete die Entmachtung des Adels und Militärs und die ökonomische Destabilisierung des Bürgertums, der Beamten, Rentiers und Hausbesitzer.[3]

Für Adelige wie Albert Graf Mensdorff schien der Sturz der Monarchie auch den persönlichen Untergang zu bedeuten. Er schrieb am 13. November 1918 in sein Diarium: »Die Welt um uns geht in Trümmer, man weiß nicht, was aus diesen Ruinen kommen wird. I wish I was dead.«[4] Die Umstellung wurde schwer verkraftet und der Glanz der Monarchie und des Großstaats von vielen vermißt. Selbst die Titel und Auszeichnungen hatten an Reputation eingebüßt. Die höchste Auszeichnung des neuen Österreich schien sich neben dem Großkreuz des Stefansordens auszunehmen »wie der Gamskarkogel neben dem Großglockner«.[5]

Optimistischer sahen die Arbeiter und Arbeiterführer in die Zukunft: »Viele Menschen glaubten in jenen Herbstwochen des Jahres 1918, die Deutschen Österreichs, auf sich selbst gestellt, würden nunmehr, ohne durch Rücksichten auf den Nationalitätenstreit gehemmt zu sein, aller Welt zeigen können, wie tüchtig sie seien«, meinte Adolf Schärf.[6] Dennoch plädierte gerade die Arbeiterbewegung für einen Anschluß an das Deutsche Reich.

Der Westen des Bundesgebietes, der so lange gegenüber Wien und dem Norden und Osten der Monarchie ins Abseits gedrängt war, erhielt größeres Gewicht. Wien war der Hauptverlierer. Das Wien der Zwischenkriegszeit, so hochstehend das geistige Leben und so beeindruckend die kommunalpolitischen Leistungen gewesen sein mochten, konnte an das Wien der Vorkriegszeit weder in den finanziellen noch den ideellen Ressourcen heranreichen. Die österreichische Provinz gewann an Selbstbewußtsein, während wohl viele Wiener wie Joseph Roths Graf Chojnicki die »Verwaldung Wiens« beklagen und Österreich nunmehr von den »christlichen Alpentrotteln« beherrscht sehen mochten.[7]

Österreich war nach 1918 mit einer höchst inhomogenen räumlichen Struktur konfrontiert: Niederösterreich, damals noch inklusive Wien, vereinigte mehr als die Hälfte der gesamten Einwohnerschaft des Landes auf sich. 1923 lebte jeder dritte Österreicher in Wien, heute nur mehr jeder fünfte. Der 1918 entstandene Staat war zentrumslastiger als die Habsburgermonarchie. Die strukturellen Spannungen zwischen Hauptstadt und Provinz wurden durch die politischen Spannungen zwischen »rotem« Wien und »schwarzen« Bundesländern noch verstärkt.

Das Elend vergangener Größe

Es hat in der Geschichte der Staaten immer wieder territoriale Veränderungen gegeben, bei denen es sich aber meist um die Loslösung von Randgebieten handelte. Bei der Auflösung der österreichisch-ungarischen Monarchie zerfiel jedoch das zentrale Wirtschaftsgebiet selbst in einzelne Blöcke, die alle mit unzähligen durchtrennten Verbindungen und ergänzungsbedürftigen Produktionskapazitäten zurückblieben. Fast über Nacht verwandelte sich ein weitgehend autarkes, nach innen in mannigfacher Weise verflochtenes, mit der Außenwelt jedoch nur durch ziemlich lockere Fäden verknüpftes Wirtschaftsgebilde in eine Reihe selbständiger, aber voneinander in höchstem Maße abhängiger Staaten. Was bisher Binnenhandel gewesen war, hatte sich plötzlich in einen mit viel größeren Schwierigkeiten behafteten Außenverkehr verwandelt. »Deutschösterreich – was nun?« war im Oktober 1918 die ratlose Frage des Publizisten und Ökonomen Gustav Stolper.[8] Für die übrigen Nachfolgestaaten bedeutete die Aufteilung die

Erfüllung des langen Wunsches nach Selbständigkeit. Der Umstellungsprozeß war Teil eines Neubeginns. In Österreich, der bis dahin privilegiertesten Region, mußte man den Zerfall als Entthronung und Katastrophe empfinden, ohne auf die Euphorie einer wirklichen oder wenigstens vorgeblichen Befreiungsbewegung zurückgreifen zu können.

Deutschösterreich, das, wie es die Republikgründer im Auge hatten, alle Deutschen der Habsburgermonarchie vereinen sollte, wäre geographisch ein höchst künstliches Gebilde gewesen, das sicher nur in dem vorgesehenen Anschluß an Deutschland Sinn ergeben hätte. Nicht automatisch waren alle Deutschen der Monarchie an einer Zugehörigkeit zum neuen Österreich interessiert. Die Ausgangsbedingungen in diesem Österreich waren schlecht. In Ungarn hatte man in und nach dem Krieg immer besser gegessen als in Österreich. Und in der neuen tschechoslowakischen Republik waren die wirtschaftlichen Daten deutlich günstiger.[9]

Über Österreichs Ausgangssituation nach dem Ersten Weltkrieg ist unter dem Schlagwort der »Lebensfähigkeit« viel diskutiert worden. Häufig wird sie im nachhinein weniger schlecht eingeschätzt, als es den Zeitgenossen vorkommen wollte: Österreich habe durchaus vorteilhaft »geerbt«: ein überdurchschnittlich hohes Volkseinkommen und ein entsprechendes Volksvermögen, einen hohen Industrialisierungsgrad, bei weniger als einem Viertel der Bevölkerung Cisleithaniens immerhin mehr als ein Drittel von dessen Sozialprodukt mit entsprechendem produktionstechnischem Knowhow, mehr als zwei Fünftel der Industrie, eine zukunftsweisende Elektroindustrie, fast die Hälfte der Handels- und Verkehrsleistungen, ein hochentwickeltes Bankwesen, eine dichte Infrastruktur, ein ausgezeichnetes Bildungswesen und ein exzellentes Niveau von Wissenschaft und Forschung. Und war der Verlust der östlichen, agrarisch bestimmten und unterentwickelten Regionen nicht auch als Vorteil zu sehen?[10]

In gewissem Sinn ist es problematisch, sich auf Wirtschaftsdaten zu beziehen, die vor dem Krieg Gültigkeit hatten, aber nicht mehr den realen Verhältnissen nach dem Krieg entsprachen. Rolf Wagenführ weist für Österreich für 1919 eine Industrieproduktion von 40 Prozent des Vorkriegsniveaus aus, für 1920 von 48 Prozent. Österreichs Bruttoinlandsprodukt lag 1920 bei 66,4 Prozent des Werts von 1913, das der ČSR aber bei 92,5 Prozent und das Ungarns bei 84,6 Prozent. Während Österreich die gesamte Zwischenkriegszeit über die Produktionsergebnisse von 1913 kaum übertreffen konnte, erreichte die ČSR 1929 50 Prozent mehr und Ungarn 30 Prozent.[11]

Viele Nobelpreisträger sind noch kein Garant für wirtschaftliches Wohlergehen, und die hohe Produktionskapazität bedurfte der Auslastung. Die hohe Konzentration der Investitionsgüterindustrie, der Dienstleistungen und des Staatsapparats im alten Zentralraum der Monarchie war auf Dimensionen zugeschnitten, die von den »Erben« nur sehr schwer, wenn überhaupt, genutzt werden konnten. Die im Krieg ausgebaute und modernisierte Munitions-, Automobil- und Flugzeugindustrie im Wiener Neustädter Raum erwies sich als problematisches Erbe. Der Vertrag von Saint-Germain sah eine völlige Vernichtung nicht nur der Munitionsfabriken, sondern auch der mächtig gewordenen österreichischen Flugzeugindustrie vor. Das Industrieviertel ebenso wie Steyr wurden zu Zentren der Arbeitslosigkeit der Zwischenkriegszeit. Manches war schlecht verteilt: Über 80 Prozent der Auto- und Lokomotivenproduktion und mehr als die Hälfte der

Herbert Reyl-Hanisch: Die Verfolgung, Öl auf Leinwand, 1932

Fahrraderzeugung des alten Cisleithanien befanden sich im neuen Österreich, von der Roheisenerzeugung 34,3 Prozent, von der Kohlenförderung aber 6,3 Prozent und von der Zuckererzeugung 4,7 Prozent. Österreich erhielt etwa ein Viertel der Spinnereikapazität, aber kaum Webereien. Die Branchenstruktur, die nicht auf die Deckung eines mehr oder weniger lokalen Bedarfs, sondern auf den Absatz im ganzen Territorium der österreichisch-ungarischen Monarchie ausgerichtet war, war plötzlich falsch dimensioniert. Industriekonzerne mit sehr arbeitsteilig organisierter Betriebsstättenstruktur sahen sich den Schwierigkeiten überstaatlicher Betriebssteuerung gegenüber. Auf dem Gebiet der Landwirtschaft war der neue Staat unterausgestattet und auf Importe angewiesen. Vor allem hatte er aus dem alten Österreich einen überdimensionierten Staatssektor und Beamtenapparat geerbt. 8,3 Prozent der Berufstätigen Cisleithaniens waren auf öffentlich Bedienstete entfallen, im neuen Österreich waren es 12,8 Prozent.[12]

Von den Einkommen aus selbständigen Unternehmungen und Beschäftigungen, die vor dem Krieg in Cisleithanien 1932 Millionen Kronen ausmachten, waren 1 048,2 Millionen auf das Gebiet des späteren Österreich entfallen, wesentlich mehr, als es der Anteil Österreichs an der Gesamtproduktion hätte erwarten lassen. Es müssen also etwa 446 bis 485 Millionen Kronen jährlich aus Betrieben und Kapitalanlagen außerhalb des heutigen Österreich zugeflossen sein. 54,2 Prozent der cisleithanischen Einkommen aus selbständigen Unternehmen und 61,6 Prozent der Kapitaleinkommen wurden im Gebiet des heutigen Österreich versteuert. Von der Erbschaftssteuer entfielen fast 50 Prozent auf Österreich.[13]

Das Hauptproblem war Wien mit seiner Bürokratie für ein 50-Millionen-Reich, dem Hof, den Banken und Zentralbüros der großen Industriegesellschaften, den Dienstleistungsbetrieben, freien Berufen, Rechtsanwälten, Ärzten und Künstlern. Aber auch das

Tabelle 33: Anteile der Nachfolgestaaten an Bevölkerung und Produktion Österreich-Ungarns

	Österreich-Ungarn	Österreich	Tschecho-slowakei	Ungarn
Bevölkerung				
in 1000	49137	6646	13636	7605
in Prozent	100	13,5	27,6	15,4
Nettoproduktionswert				
in Millionen Kronen	19522,5	3594,4	7022,3	2961,8
in Prozent	100	18,4	35,9	15,1
pro Kopf (in Kronen)	396	541	515	389
Bruttoinlandsprodukt				
in Millionen Kronen	23392,7	4610,4	8080,8	3422,4
in Prozent	100	19,7	34,5	14,6
pro Kopf (in Kronen)	476	694	593	450

Quelle: Herbert *Matis*, Disintegration and Multi-national Enterprises in Central Europe during the Post-war Years (1918–1923), in: The Economic Development of Austria since 1870 (hg. von *ders.*, Cambridge 1984) 295.

mußte nicht nur negativ sein: Wien war das Zentrum, und in Wien gab es immer noch viel Geld. Sicherlich, es fehlte der Hof. Zahlreiche Adelige und Rentiers verarmten. Der Hofrat und der Hoflieferant waren funktionslos geworden. Der Deutschösterreicher sei unter den Völkern der früheren Monarchie gewissermaßen der »Bourgeois« gewesen, meinte später Gustav Stolper. »Er hat ihnen die Organisatoren, Kaufleute, Techniker, Gelehrten, Beamten, Offiziere geliefert. Für die bürgerlichen Dienste, die Deutschösterreich den nichtdeutschen Nationen leistete, hat es als Entgelt Einnahmen aus dem gesamten Gebiet des früheren Österreich-Ungarn bezogen.« Aus einer solchen Sicht reduzierte sich die Frage der Lebensfähigkeit Österreichs vor allem auf die Frage der Lebensfähigkeit der Metropole Wien.[14]

Bei den Investitionsgüterindustrien, denen die Staatsaufträge fehlten, ging es darum, das Produktionsprogramm anzupassen und neue Absatzwege zu erschließen. Das war schwierig, aber nicht unmöglich. Für viele der Dienste, die Wien angeboten hatte, galt dies nicht: Für sie bestand zum Teil überhaupt kein Bedarf mehr. Sie hatten zu bestehen aufgehört. Das schuf ein viel tiefergehendes Adjustierungsproblem. Betroffen waren sowohl Einzelpersonen, denen die Umstellung aus Prestigegründen schwer fiel, als auch Wien als Stadt, die auf Jahrzehnte zu einer Problemregion gestempelt und von vielen Österreichern als »Wasserkopf« empfunden wurde.

Die Quelle des Reichtums erwies sich solcherart als Danaergeschenk: Die Errichtung eigener Verwaltungskörper und Zentralen in den neuen Staaten und deren Bestreben, möglichst viele der in österreichischer Hand befindlichen Unternehmen zu »nostrifizieren«, führte zu einem strukturellen Ungleichgewicht in Österreich. Die Versuche der Wiener Banken, die alte Vorreiterrolle weiterzuspielen, erwiesen sich als schwierig, kostspielig und letztendlich erfolglos. Vor allem aber verspürte der Bürokratie- und

Dienstleistungsapparat der Hauptstadt den Verlust des großen Hinterlandes. Die bürgerliche Republik, die 1918 erreicht war, war für wesentliche Teile des Bürgertums Symbol ihres ökonomischen und gesellschaftlichen Positionsverlustes.

Der Zerfall eines großen Wirtschaftsraumes bedeutet auf jeden Fall Wohlstandseinbußen, wie umgekehrt eben der Aufbau eines größeren Wirtschaftsraumes Wohlstandseffekte bringt. Eine Verkleinerung des Handelsgebietes von 53 Millionen auf 6 Millionen, mit entsprechenden Grenzzöllen und Verwaltungshürden, mußte einen beträchtlichen Rückgang des Handelsvolumens, der Arbeitsteilung und damit des Sozialprodukts nach sich ziehen, einen viel größeren jedenfalls als im Deutschen Reich, das ja in seinem Besitzstand nicht wesentlich beschnitten worden war. Man tröstete sich mit dem Schlagwort, daß politische und wirtschaftliche Grenzen nicht notwendigerweise identisch sein müßten.[15] Joseph Schumpeter erklärte als Staatssekretär im März 1919 vor Pressevertretern: »In dem Organismus wird Wien weiterhin das finanzielle Zentrum bleiben müssen, und an den rein wirtschaftlichen Verhältnissen wird die politische Trennung verhältnismäßig sehr wenig ändern.« Später, am 8. Mai 1919, verstärkte er diese Aussage noch: »Unser Heil liegt in einem friedlichen Verkehr mit allen und namentlich mit den umliegenden Staaten.«[16] Ausgeklammert blieben in solch einer Einschätzung die Animositäten und bürokratischen Hürden zwischenstaatlicher Wirtschaftsbeziehungen.

Der Zerfall des Wirtschaftsraumes

Zur ersten Nagelprobe der Nachkriegsordnung im Donauraum wurde die finanzielle Abwicklung der Kriegskosten und Kriegsfolgen. Die Reparationen, die Schuldenregelung und die handelspolitische Neuordnung waren die zentralen wirtschaftspolitischen Diskussionspunkte bei den Friedensverhandlungen in Saint-Germain. Die Mehrzahl der alliierten Verhandler neigte zu der unrealistischen Meinung, hinsichtlich der Reparationen einfach die deutschen Bestimmungen ohne nennenswerte Änderungen in den Friedensvertrag mit Österreich aufnehmen zu können.[17] Vorerst wurde keine Reparationssumme vereinbart, sondern nur die prinzipielle Verpflichtung zu Reparationsleistungen festgehalten.

Die Nichtfixierung der Reparationssumme war aber auch ein Verhandlungsziel der Österreicher. Der engste außenwirtschaftliche Berater der beiden Verhandlungsführer Otto Bauer und Karl Renner, Sektionschef Richard Schüller, formulierte es in gut »österreichischer« Beamtenmanier: »Reparationen werden wir ohnedies nicht zahlen, können wir ignorieren.«[18] Mit seiner Taktik, sich nicht um Milliardenbeträge zu streiten, die Österreich ohnehin nie werde zahlen können, sondern kleinere Auflagen, die zu einer realen Last werden könnten, wegzuverhandeln, sollte er recht behalten. Die drohende Beschlagnahmung österreichischer Vermögen in den Nachfolgestaaten konnte im Friedensvertrag verhindert werden. Von den in der Höhe offengelassenen Reparationen brauchten schlußendlich nichts bezahlt zu werden.[19]

Dennoch ergaben sich aus den Reparationsklauseln des Saint-Germainer Vertrages, auch wenn bald klar war, daß sie nicht erfüllbar waren, äußerst schädliche Folgen. Die Vorkriegsschuld entsprechend den Anteilen am Vorkriegssozialprodukt aufzuteilen ging an den Gegebenheiten nach dem Krieg weit vorbei. Die Außenhandelsbestimmungen, die dem Versailler Vertrag nachempfunden waren, hatten das erklärte Ziel, die Handels- und Industrieinteressen der Alliierten im Donauraum zu unterstützen. Die im Vertrag eingeräumte Möglichkeit der Errichtung eines präferentiellen Zollsystems zwischen Österreich, der Tschechoslowakei und Ungarn blieb toter Buchstabe.[20]

Am 20. Februar 1919 setzte die Tschechoslowakei mit der Zolltrennung den entscheidenden Schritt zur Auflösung der Zolleinheit. Aus der Aufteilung der Habsburgermonarchie war Österreich als stark außenhandelsabhängiger Rest übriggeblieben, sowohl was die Versorgung mit Lebensmitteln und Energie als auch den Absatz der hochwertigen Produkte der Verarbeitungs- und Veredelungsindustrie anlangte. Vor 1918 war das Deutsche Reich der Haupthandelspartner, allerdings nicht des kleinen Österreich, sondern der großen Habsburgermonarchie, die ohnehin fast keinen Außenhandel hatte. Nach 1918 war es ganz anders. Die Nachfolgestaaten waren die wichtigsten Handelspartner geworden. Österreichs Außenhandelsinteressen lagen nicht im Deutschen Reich.

Die Außenhandelsströme zeigten in den zwanziger Jahren ein an sich nicht überraschendes Bild: 1920 entfielen 42,3 Prozent der österreichischen Exporte und 50,2 Prozent der Importe auf die Nachfolgestaaten. Im Hinblick auf außenhandelstheoretische Gravitationsmodelle wäre diese Quote erstaunlich hoch, da geographische Distanz, Einkommenshöhe und Bevölkerungszahl einen höheren Anteil Deutschlands bzw. der Schweiz hätten erwarten lassen. Die entsprechenden Werte betrugen aber 1920 nur 17,0 Prozent und 36,6 Prozent im Fall Deutschlands und 7,5 Prozent bzw. 1,1 Prozent für die Schweiz. Die ökonomische Verflechtung im Gebiet der ehemaligen Monarchie war noch gegeben, obwohl von seiten der Nachfolgestaaten eine Fülle von Maßnahmen gesetzt wurden, um diese engen Verbindungen zu lockern.[21]

Zuerst vollzog sich der Außenhandel fast ausschließlich in staatlich angebahnten Kompensationsgeschäften. Nach dem Abklingen der extremen Mangelwirtschaft mußte sich die grundsätzliche Frage nach dem Leistungsbilanzausgleich des neuen Österreich stellen, für dessen bisherige Leistungen, nämlich zentrale politische, militärische und finanzielle Dienste, zu einem erheblichen Teil die Nachfrage fehlte. Die Handelsbilanz Österreichs war nach dem Ersten Weltkrieg auch deshalb so passiv geworden, weil die potentiellen Exportgüter hauptsächlich in einkommenselastischen Industriewaren, die entsprechenden Importprodukte aber in unelastisch nachgefragten Nahrungsmitteln und Brennstoffen bestanden. Das Defizit wurde durch einen Ausverkauf von Kapital- und Kulturgütern gedeckt. Österreich stand vor der doppelten Aufgabe, seine Handelsbeziehungen sowohl warenmäßig wie regional umzustellen. Neue Märkte mußten erschlossen und die Produktionsstruktur den geänderten Absatzmöglichkeiten angepaßt werden. Die Folge war eine Primitivisierung der Exportstruktur. 1921 hatte der Anteil der Fertigwaren an der Gesamtausfuhr noch mehr als 92 Prozent ausgemacht. 1924 war er bereits auf circa 82 Prozent gefallen, 1932 betrug er nur mehr 70 Prozent.[22]

Die Nationalitäten und der Zerfall der Habsburgermonarchie im Jahre 1918/19, berechnet nach Ergebnissen der Umgangssprachenerhebung der Volkszählung 1910 (relative Mehrheit), endgültige Grenzziehung nach 1921 (nach einem zeitgenössischen Entwurf)

Die traditionell protektionistische Außenhandelspolitik der Monarchie konnte in der Republik nicht fortgesetzt werden. Die Autarkieargumente hatten nur so lange eine gewisse Berechtigung, als es sich um ausgesprochene Verkäufermärkte handelte. Als sich nach 1921 wieder Käufermärkte herstellten, brauchten die österreichischen Konsumenten ihre Kohle und ihre Lebensmittel ja nur dort zu kaufen, wo sie sie auch schon vor dem Krieg gekauft hatten. Österreich befürwortete auf der Free-Trade-Conference 1920 eine freihändlerische Linie. Seine vergleichsweise niedrigen Zolltarife standen den Zollbarrieren der Nachfolgestaaten gegenüber, die nach möglichst rascher Industrialisierung strebten und ihre Wirtschaft mit schützenden Zollmauern umgaben, um mit staatlicher Förderung, hohen Zöllen, Handelskontingenten, Devisenregulierung und einer Politik der Nostrifikation und der Betätigungsverbote für ausländische Banken möglichst schnell zu von Österreich unabhängigen, nationalen und entwickelten Volkswirtschaften zu gelangen.

Die Nachteile der Schutzzollpolitik gingen in der Hauptsache zu Lasten des Zentrums, was in Österreich auch deutlich so empfunden wurde.[23] Alle auf internationalen Druck hin eingeleiteten Versuche, diese protektionistische Handelspolitik zu überwinden, etwa auf der 1921 einberufenen Konferenz von Portorož/Portorose, scheiterten. Allerdings wirkte die spekulative Entwertung der österreichischen Währung vorerst wie ein hoher Zollschutz. Die Teilnahme am wechselseitigen Zollkrieg, der die Zollsätze von etwa 20 Prozent in den zwanziger Jahren auf durchschnittlich 36 Prozent in den dreißiger Jahren brachte, raubte der österreichischen Wirtschaft viel Handlungsspielraum. Wenngleich alle Berechnungen mit erheblicher Unsicherheit behaftet sind, ergibt sich doch, daß das Volumen des österreichischen Außenhandels nach dem Ersten Weltkrieg um grob die Hälfte zurückgegangen war. Das war erheblich mehr als in den westlichen Industriestaaten. Die Rückschläge im Handel mit den Nachfolgestaaten waren deutlich stärker als jene mit dem übrigen Ausland.[24] Bis 1935 sollte der Handelsverkehr im Donauraum auf 15 Prozent des Wertes vor 1914 absinken.[25]

Donauföderation oder Anschluß?

Man glaubte, ohne das größere Ausland, ohne Deutschland oder zumindest den Völkerbund und seine wirtschaftspolitischen Auflagen nicht zurechtzukommen oder diese wenigstens als bequemen Sündenbock für eigene Probleme einsetzen zu können. Das gilt für die Genfer ebenso wie die Lausanner Anleihe, die jeweils Auflagen enthielten, von denen nicht zu Unrecht der Verdacht geäußert wurde, sie seien von österreichischer Seite in die Abmachungen hineingetragen worden, um die Schuld für bestimmte unliebsame Maßnahmen auf das Ausland abwälzen zu können, sozusagen als politischer Schachzug, um dem Druck der Bevölkerung den Druck des Auslandes gegenüberzustellen: »Der Völkerbund erlaubt es nicht!« Die Neigung, sich auf Zwänge von außen zu berufen, um damit eine bessere Akzeptanz politischer Entscheidungen im Inland zu erreichen, mag auch in die propagandistische Überbewertung der Tausendmarksperre und in das lautstarke Beklagen des Anschlußverbotes eingeflossen sein.[26]

Man meinte auch, daß sich das Unheil nur abwenden lasse, wenn Wien nicht mehr der »Wasserkopf« eines wirtschaftlich ohnmächtigen Zwergstaates sei, sondern eines der zahlreichen blühenden Wirtschaftszentren des großen Deutschen Reiches werde.[27] Übersehen wurde, daß das Problem Wien sicher nicht ein Problem der Größe, sondern der wirtschaftlichen Anpassung war, das sich in einem deutschen Reich, wo Wien auf keinen Fall mehr eine Hauptstadtfunktion hätte einnehmen können, noch sehr viel akzentuierter gestellt hätte.

Da ein Anschluß an Deutschland am Einspruch der Alliierten scheiterte, suchte man nach anderen Wegen, die alte Größe wiederherzustellen, und wandte sich verschiedenen Assoziierungsplänen für den Donauraum zu. Insgesamt wurden folgende Kombinationen diskutiert: Deutsch-österreichische Zollunion, Donauföderation (kleine Entente mit Einschluß Österreichs und Ungarns), Zweiblockidee (Industriestaaten Deutschland, Österreich, Tschechoslowakei plus Agrarstaaten Ungarn, Rumänien, Jugoslawien), kleine Donauföderation (Österreich, Tschechoslowakei, Ungarn), abgesehen von den ganz großen Lösungen der Mitteleuropa- und Paneuropa-Pläne.[28] Die Logik aller Zollunions- und Föderationspläne der Zwischenkriegszeit lag in der Vermengung von Wirtschaft und Politik, die Platz gegriffen hatte: Nachdem die Handelsbeschränkungen der Zwischenkriegszeit politischer Art waren, konnten sie nur politisch wieder aufgehoben werden.

Während der Anschluß an Deutschland vor allem von Frankreich bekämpft wurde, wurde der wirtschaftliche Fortbestand der Monarchie in Form einer Donaukonföderation von Italien, aber auch von Deutschland nicht goutiert. Die Idee eines Zollbündnisses zwischen den drei Kernländern der Monarchie, im Friedensvertrag angedeutet, hatte von Anfang weg wenig Chance auf Realisierung, nicht nur wegen des Einspruches von Italien oder Deutschland, sondern auch wegen des immer stärker bemerkbar werdenden wirtschaftlichen Nationalismus. Die Angst vor Wien war in den Nachfolgestaaten mindestens ebenso stark wie in den westlichen Bundesländern Österreichs.

Die Gegnerschaft der Sozialdemokratie gegenüber einer Donauföderation war nach Kriegsende groß. Für die Anschlußeuphorie der Sozialdemokraten gab es neben den wirtschaftlichen auch politische Gründe, die Vereinigung mit einem damals sozialistisch regierten und industriell entwickelten Deutschland anzustreben, während das neue Österreich auf lange Sicht agrarisch dominiert schien. Anzumerken ist allerdings, daß sie auch dann weiter für den Anschluß plädierten, als klar war, daß es kein sozialistisches Deutschland geben werde. Ein kleines Land würde im Dienste fremder Kapitalisten ein Leben der Knechtschaft führen, meinte Otto Bauer.[29] Auch Karl Renner hat die Anschlußpolitik später wirtschaftlich interpretiert: »Österreichs wirtschaftliche Lage verstehen, bedeutet, die Bewegung für den Anschluß verstehen«, schrieb er 1945.[30]

Die Christlichsoziale Partei, die nach dem Zusammenbruch der Habsburgermonarchie von der Spaltung in einen städtischen und einen ländlichen Flügel bedroht war, war vom Anschluß an ein sozialistisches, protestantisches oder gar revolutionäres Deutschland viel weniger begeistert.[31] Ignaz Seipel suchte den Ausweg in der Gründung einer Donauföderation, die ein Gegengewicht zu einer preußisch-protestantischen Übermacht bilden sollte. »Ins Reich geschickt und dort Provinz neben Provinzen unter der Herrschaft Preußens sein«, das wollte Seipel für Österreich nicht.[32] Den Kleinstaat Österreich wollte er aber auch nicht. Auch Joseph Schumpeter, von Frühjahr bis Herbst 1919 Finanzminister, war Anhänger einer Donauföderation, die sich politisch und ökonomisch an die westlichen Alliierten anlehnen sollte, um mit deren Hilfe die finanzielle und wirtschaftliche Führungsrolle in Ostmitteleuropa halten zu können. Im Falle eines Anschlusses an Deutschland würde man »in der großen deutschen Firma« bestenfalls als »Kommanditist« fungieren, bei einer Föderation aber als unabhängiger »Chef«.[33]

Donauföderation und wirtschaftlicher oder politischer Anschluß an Deutschland standen allerdings nur in einem scheinbaren Widerspruch: Bei beiden Strategien ging es darum, die Zentrumsfunktion Wiens in den Nachfolgestaaten zu sichern und zu erhalten, entweder direkt oder eben indirekt mit dem Deutschen Reich im Rücken. Mit Deutschland als Partner hoffte man, auch die tschechische Konkurrenz an die Wand zu spielen, die bei einer österreichisch-tschechischen Zollunion Österreich hätte überrollen können, auch wenn diese Überlegungen, wie sich auch nach 1938 zeigte, recht naiv gestimmt waren.[34]

Mit der Begründung eines europäischen Staatenbundes glaubte Richard Coudenhove-Kalergi 1923 ebenso wie mit dem 1924/25 von ihm ins Spiel gebrachten Plan einer gesamteuropäischen Zollunion die ideale und einzig praktische Lösung für die österreichische Frage zu finden, quasi den Anschluß an die Welt statt des Anschlusses an Deutschland. Er hielt es nicht nur für möglich, sondern sogar für wahrscheinlich, daß Wien sich zur Hauptstadt Paneuropas entwickeln würde, zum Mittelpunkt des gesamten Erdteils: »Es bedarf keiner weiteren Begründung, daß Wien es vorziehen würde, eine europäische Hauptstadt zu werden, statt eine deutsche Provinzstadt, lieber ein europäisches Washington, als ein zweites München ...«[35]

Aber bald wurde klar, daß diese Frage sowieso nicht in Österreich entschieden wurde. Allerdings war auch mit dem Friedensvertrag von Saint-Germain und dem darin enthaltenen Anschlußverbot das Thema der Anlehnung an Deutschland in Österreich keinesfalls vom Tisch. Nun kamen die Anschlußforderungen aber nicht mehr aus Wien, sondern aus den Bundesländern.

In Vorarlberg gab es einige wenige Jahre auch eine mächtige Bewegung für den Anschluß an die Schweiz, deren durch keinen Weltkrieg gebrochene wirtschaftliche Stärke für die überwiegende Zahl der Vorarlberger nach Kriegsende eine starke Anziehungskraft ausübte. Für den Anschluß an die Schweiz sprachen wirtschaftliche Gründe, auch wenn sie offiziell nicht oder nicht zu laut ausgesprochen werden durften, da die Motive rein idealistischer Natur erscheinen und die Schweizer nicht zu offensichtlich auf die Lasten aufmerksam gemacht werden sollten, die da auf sie zukommen würden, und andererseits nicht wenige Wirtschaftstreibende auch Angst vor der mächtigen Schweizer Konkurrenz hatten.[36]

Verstärkt wurde die Stimmung gegen das neue Österreich durch die unter westösterreichischen Wirtschaftsfunktionären sich bildende Meinung, daß sich die Wiener Regierung mehr um Sozialisierungsmaßnahmen kümmere als um Strukturimpulse. Durch die auf ostösterreichische Verhältnisse zugeschnittene Sozialisierung würden die Ansätze industrieller Betätigung in den Alpenländern im Keim erstickt.[37] Als zu Beginn des Winters 1919/20 die Lebensmittelsituation immer dramatischer wurde und es auch in Innsbruck zu Hungerkrawallen und Plünderungen kam, wurde vom Tiroler Landtag am 11. Dezember 1919 eine Resolution verabschiedet, die zur wirtschaftlichen Rettung das Zusammengehen mit dem großen deutschen Wirtschaftsgebiet verlangte. Wenige Tage später deponierte auch die Salzburger Landesversammlung ihren Wunsch nach einem Anschluß an Deutschland. Bei der in Tirol am 24. April 1921 durchgeführten Volksabstimmung plädierten 98,8 Prozent der abgegebenen Stimmen für den Zusammenschluß. Die Stimmung in Salzburg, Oberösterreich und in der Steiermark war ähnlich. Man wollte los vom »roten« Wien, weg von »der ganz verhaßten Wiener Wirtschaft«.[38]

Zwischen Hunger und Kälte

Die Nahrungsmittelproduktion Österreichs konnte 1918/19 trotz der niedrigen Rationen nur ein Viertel bis ein Drittel des Bedarfes decken. Während der Monate Januar und Februar 1919 erreichte die Ernährungskrise in Wien ihren Höhepunkt. Die Städter waren gezwungen, ihr Überleben durch neue Formen der Selbstversorgung zu sichern, durch »Hamsterfahrten«, »Schrebergärten« – ihre Zahl stieg in Wien von etwa

800 vor 1914 auf über 80 000 im Jahr 1922 – und die landwirtschaftliche Nutzung jedes kleinsten Fleckchens in Villengärten, Parkanlagen, Dachgärten und Balkonen. 1922 gehörte jeder sechste Wiener einer Familie an, die einen Schrebergarten bewirtschaftete.[39]

Auch nachdem die alliierte Blockade im März 1919 aufgehoben wurde, blieb Wien die am schlechtesten versorgte Stadt Europas, nicht nur weil die Lebensmittelzufuhren aus den ehemaligen Versorgungsgebieten und nunmehr neuen Nationalstaaten abgeschnitten waren, sondern weil auch aus dem umliegenden Niederösterreich und den westlichen Bundesländern nichts geliefert wurde. Der Ernährungskontrollor der Alliierten schätzte, daß die Wiener während der kritischen Periode bis Frühsommer 1919 nicht mehr als 1271 Kalorien täglich erhielten. Der Gesundheitszustand war bedrohlich schlecht. Die Tuberkulose, die »Wiener« Krankheit, triumphierte. Die Jugendlichenkohorte der Nachkriegsjahre war um acht bis neun Zentimeter kleiner als die Vorkriegsgeneration. Ihre Körpergröße entsprach der Generation der 1790er Jahre.[40] Das Durchschnittsgewicht der im Wiener Allgemeinen Krankenhaus geborenen Säuglinge sank zwischen 1915 und 1921 um etwa 200 Gramm. Von 1921 bis 1923 stieg es wieder auf die frühere Höhe von 3,2 Kilogramm.[41]

Ausländische Hilfsmaßnahmen setzten im Frühjahr 1919 ein. Die amerikanische Kinderhilfsaktion, die Dollarpakete, die Intelligenz- und Mittelstandshilfe, die Schulausspeisung, die Professorentische und die Studentenhilfe sind angesichts von CARE und Marshallplan in Vergessenheit geraten, waren aber nach dem Ersten Weltkrieg überlebenswichtig. Aufgrund verschiedener Hilfskredite konnte Österreich Lebensmittel, vor allem amerikanisches Getreide, einführen. Aber erst mit dem amerikanischen Mehlkredit, der Österreich 200 000 Tonnen Mehl verschaffte, von denen die ersten Schiffsladungen Ende April 1920 in Triest eintrafen, war das Ernährungsproblem weitgehend behoben. Von den Krediten in Höhe von 24 Millionen Dollar, etwa 800 Millionen Schilling, wurde bis zum Hoover-Moratorium 1931 schließlich etwa ein Siebentel zurückgezahlt.[42]

Ähnlich bedrohlich wie die Ernährungskrise war die Energiekrise. Österreich konnte lediglich einen Bruchteil seines Energiebedarfs aus der inländischen Produktion decken. Die wenigen vorhandenen Kohlengruben waren vernachlässigt. Von den traditionellen Versorgungszentren war das Land nicht nur durch die neuen Grenzen, sondern auch durch den Zusammenbruch des Transportwesens abgesperrt. Die Lokomotiven konnten nicht fahren, weil sie keine Kohle hatten. Weil sie nicht fuhren, kam erst recht keine Kohle. Der Personenverkehr der Eisenbahnen mußte 1918 wegen Kohlenknappheit weitgehend eingestellt und der Frachtverkehr auf Nahrungsmitteltransporte beschränkt werden. Besonders der Mangel an der für die Schwerindustrie so wichtigen Steinkohle bildete ein Hemmnis. In der Obersteiermark mußten die Hochöfen ausgeblasen werden. Auch wenn die Situation auf dem Sektor der Braunkohle etwas günstiger war, so konnte doch kaum welche für den Hausbrand bereitgestellt werden. Die fehlende Kohle durch Holz zu ersetzen, dem Brennholz an allen erdenkbaren Stellen nachzujagen, nicht zu heizen und doch kochen und sich warmhalten zu können, all das erforderte viel Eigeninitiative. In Massen und langen Kolonnen sah man die Holzsammler mit ihren Rückenkraxen und Handwägelchen im kritischen Winter 1918/19 tagtäglich in den stadtnahen Wienerwald ziehen. Um Holz zu sparen, griff man zur Kochkiste, einem gut schließbaren Behälter, gefüllt mit isolierendem Material. Die Speisen wurden in Töpfen zum Kochen gebracht und dann in die Kochkiste gestellt, wo sie nach vier bis sechs Stunden durch die zusammengehaltene Wärme gar wurden. Noch einfacher war es, zwei oder drei Kochgefäße zu einem Turmtopf übereinander zu stellen oder überhaupt schlicht die Bettwärme zum Weitergaren der Speisen zu verwenden.[43] Trotz steigender heimischer Kohlenförderung gelang es bis 1921 nicht, die eklatanten Versorgungsschwierigkeiten zu beseitigen und die Abhängigkeit von ausländischen Lieferungen zu verringern.[44]

Die sozialpolitische Revolutionsbremse

Man kann in der sozialpolitischen Gesetzgebung der Ersten Republik vier Abschnitte unterscheiden, die Zeit der Notmaßnahmen, des Radikalismus, der Konsolidierung und schließlich des Abbaus der sozialen Errungenschaften.[45] Die ersten Maßnahmen waren Notmaßnahmen: Arbeitslosenunterstützung für demobilisierte Soldaten und Lebensmittelsubventionen, um dem revolutionären Klima zuvorzukommen. Im Frühjahr 1919 hatte die Rätebewegung, die zunächst auf lokaler Basis operiert hatte, stark an Einfluß gewonnen und eine das ganze Staatsgebiet umfassende Organisation aufgebaut. Am 1. März 1919 trat eine Reichskonferenz der Arbeiterräte in Linz zusammen und beschloß ein eng an die russischen Sowjets angelehntes Statut. Nach der Errichtung der Räterepubliken in Ungarn (21. März 1919) und Bayern (7. April 1919) und einer Reihe »wilder« Sozialisierungen, von denen die bedeutendste das größte österreichische Industrieunternehmen, die Österreichische Alpine Montan-Gesellschaft, betraf, verstärkte sich die bürgerliche Revolutionsfurcht. Die Arbeiterräte gewannen kurzfristig eine erhebliche Machtfülle. Um diese konservativ auszutarieren, bildeten sich vorübergehend auch Bauern-, Schüler- und Bürgerräte. Die Sozialdemokratie, der 1918 plötzlich eine machtvolle Position zugefallen war, versuchte die Rätebewegung eher einzudämmen als aufzugreifen.[46]

Der sozialpolitische Fortschritt, der 1918/20 erreicht wurde, war sehr beachtlich: In mehr als 80 wichtigeren sozialpolitischen Gesetzen und Verordnungen wurden Materien wie Achtstundentag, Arbeitslosenversicherung, Arbeiterurlaub, Betriebsräte, Arbeiterkammern, Mieterschutz, Verbesserung des Kollektivvertragsrechts und des Jugend- und Frauenschutzes geregelt. Als im Spätherbst 1919 in Washington die erste internationale Arbeitskonferenz zusammentrat, hatte Österreich fast alle sozialpolitischen Forderungen, die dort aufgestellt wurden, bereits er- oder übererfüllt. Der Widerstand der Unternehmer war fürs erste gering, nicht nur weil sie das revolutionäre Potential, das in Rußland, Ungarn oder Bayern aufgebrochen war, fürchteten, sondern weil in der Inflation die zusätzlichen Kosten auch leicht auf die Preise übergewälzt werden konnten.[47]

Aus der Auseinandersetzung mit der Rätebewegung erwuchs die rechtliche Verankerung der betrieblichen Mitbestimmung: Gesetzlich verankerte Betriebsräte, mit denen den Arbeitern der Fabriksbetriebe eine ständige Vertretung ihrer Interessen im Betrieb eingeräumt wurde, können als allgemeines Kennzeichen des sozialen Umbruchs am Ende des Ersten Weltkrieges gelten. Österreich übernahm eine Pionierrolle, vor allem in der Verrechtlichung. Hier artikulierte sich am deutlichsten das sozialpolitische Ziel, den gesellschaftlichen Wandel in friedlichen Bahnen zu halten und die Rätebewegung sich totlaufen zu lassen. Schon die Bezeichnung »Betriebsrat« statt des althergebrachten gewerkschaftlichen »Vertrauensmannes« verdeutlichte das verbale Zugeständnis, das an die Rätebewegung gemacht werden sollte. Zusammen mit der Regelung der Kollektivverträge, mit der Errichtung der paritätisch besetzten Einigungsämter und der Schaffung der Arbeiterkammern wurde mit dem Betriebsrätegesetz die Grundlage für die weitere Entwicklung der partnerschaftlichen Arbeitsverfassung gelegt, und zwar bis in die Gegenwart.[48]

Paritätsüberlegungen gegenüber den Handelskammern spielten auch bei der Errichtung der Kammern für Arbeiter und Angestellte eine deutliche Rolle. Beide Kammern sollten jeweils in denselben Orten Standorte haben und wurden verpflichtet, ihre Gutachten und Beschlüsse auszutauschen. Von den Kammern wurde in der Folge die Professionalisierung der Interessenvertretung vorangetrieben. In der Wiener Arbeiterkammer verfügte die österreichische Arbeiterbewegung für die Zukunft über ein hervorragendes sozialwissenschaftliches Zentrum.[49]

Die Einführung der staatlichen Arbeitslosenunterstützung im November 1918 entsprang der akuten Notlage des Kriegsendes. Im März 1920 wurde sie in eine Arbeitslosenversicherung umgewandelt, die im Umlageverfahren drittelparitätisch von Staat, Arbeitnehmern und Arbeitgebern finanziert wurde. Allerdings wurde der Kreis der Anspruchsberechtigten 1920 wesentlich enger gezogen als noch 1918/19. Nach 1922 wurde der Staatsbeitrag sukzessive abgebaut, so daß die Kosten allein durch Arbeitgeber und Arbeitnehmer zu tragen waren. Charakteristisch aber blieb die paritätische Geschäftsführung unter staatlicher Oberleitung in den »Industriellen Bezirkskommissionen«.[50]

Die Arbeitszeitverkürzung auf acht Stunden täglich entsprach nicht nur einer langjährigen Forderung der Sozialdemokratie, sondern auch der wirtschaftlichen Notwendigkeit: Warum länger arbeiten, wenn die Menschen gar nicht die Kraft dazu hatten und den Maschinen die entsprechende Kohle fehlte? Das Achtstundentag-Gesetz, am 19. Dezember 1918 provisorisch beschlossen, wurde ein Jahr später ohne nennenswerte parlamentarische Gegenstimmen dauerhaft verankert. Das Arbeiterurlaubsgesetz vom 30. Juli 1919, das einen einwöchigen und nach fünf Jahren Betriebszugehörigkeit zweiwöchigen Urlaub brachte, ergänzte die Verkürzung der Wochenarbeitszeit. Die Welle der Sozialgesetzgebung nach 1918 brachte neben einer Reihe weiterer arbeitszeitrelevanter Regelungen (Verbot der Nachtarbeit für Frauen und Kinder) auch die Sonntagsruhe im Handelsgewerbe und die allgemeinverbindlichen Ladenschlußzeiten.[51]

Deutlich andere Schwerpunkte setzte das bereits von der bürgerlichen Koalition verabschiedete Angestelltengesetz vom 11. Mai 1921, das mit einer Sicherung der sozialrechtlichen Privilegierung hinsichtlich Pension, Abfertigung und Urlaub die Intention erkennen läßt, mit der politischen Umwerbung der Angestelltenschicht, deren soziale

Der Mieterschutz, eines der Hauptthemen politischer Auseinandersetzung in der Zwischenkriegszeit: Plakatentwurf von Victor Th. Slama für die Sozialdemokratische Arbeiterpartei zur Nationalratswahl 1927

Abgrenzung zu den Arbeitern durch die Inflation dahinzuschmelzen drohte, im bürgerlichen, mittelständischen Lager zu halten. Auch mit der Einbeziehung der Staatsbeamten, Land- und Forstarbeiter, Heimarbeiter und Hausgehilf(inn)en in die Krankenversicherung sollte der eher bürgerlich verankerte Teil der Unselbständigen aus einer möglichen proletarischen Einheitsfront herausgehalten werden.[52]

Nach dem Krieg wurde der »Mieterschutz« von der Bevölkerung als Teil der neuen sozialen Errungenschaften betrachtet und verlor damit den ursprünglich räumlich und zeitlich beschränkten und kriegswirtschaftlich motivierten Charakter. Nachdem die Sozialdemokraten mit ihrer Forderung nach Sozialisierung des Hausbesitzes nicht durchgedrungen waren, kam es zu einer weitgehenden »Sozialisierung des Mietrechtes«.[53] Das Mietengesetz vom 7. Dezember 1922 schaffte praktisch das Kündigungsrecht der Hauseigentümer ab und zerlegte die Mieten in drei Bestandteile, in Instandhaltung, Betriebskosten und die auf ein Hundertstel des Vorkriegswertes in Gold eingefrorene eigentliche Miete, wobei die Hausbesitzer in der Verzinsung ihres Kapitals mit den Besitzern von Staatsobligationen aus der Kriegs- und Vorkriegszeit gleichgesetzt wurden.

Nach der Genfer Sanierung gab es nur mehr unbedeutende Korrekturen am Gebäude der sozialen Sicherheit. Allerdings war die Frage der Einbeziehung der Unselbständigen aus der Land- und Forstwirtschaft in die Kranken- und Unfallversicherung und die Ausweitung der Arbeitersozialversicherung in Richtung einer Invaliditäts-, Alters- und Hinterbliebenenversicherung nicht gelöst. Das 1928 verabschiedete Landarbeiterversicherungsgesetz, das die 1921 beschlossene und 1925 durch Spruch des Verfassungsgerichtshofes wieder rückgängig gemachte Einbeziehung der Land- und Forstarbeiter in die gesetzliche Krankenversicherung bundeseinheitlich regelte, trat in den einzelnen Bundesländern unterschiedlich rasch in Kraft.[54] Das mit 1. April 1927 beschlossene Arbeiterversicherungsgesetz wurde hinsichtlich des pensionsrechtlichen Teils auf bessere Zeiten vertagt, wenn die Arbeitslosenzahl unter die Hunderttausendergrenze abgesunken sein würde. Anstelle einer Pensionsregelung wurde die provisorische Altersfürsorge eingeführt, auf die aber nur bei Arbeitsunfähigkeit ein Anspruch bestand.[55]

Bei voller Würdigung der sozialpolitischen Errungenschaften der Jahre 1918/19 darf allerdings die Hypothek nicht außer acht gelassen werden, die durch die damit verbundenen finanziellen Lasten für die Beschäftigungspolitik, den Wohnungsmarkt und die Strukturanpassung entstand. Die von den Kriegsanstrengungen schwer gezeichnete und mit Strukturproblemen aller Art konfrontierte österreichische Wirtschaft war für eine Sozialoffensive dieses Ausmaßes höchst schlecht gerüstet.

Sozialisierungspläne

Sozialisierung war in Mode. Die Pamphlete und Veröffentlichungen schossen wie Pilze hervor.[56] Man vermied bewußt den Begriff »Verstaatlichung«. Otto Bauer, dem theoretischen Kopf der Sozialisierungsbewegung, fehlte das Vertrauen zum bürgerlichen Staat, dem er aus dieser Skepsis heraus folgerichtig auch die Verwaltung der Betriebe nicht anheimstellen wollte. Gegenüber Karl Renner, der für die Verstaatlichung eintrat, sah Otto Bauers Konzeption die Vergesellschaftung der Großindustrie, des Großgrundbesitzes, des städtischen Wohnungsbesitzes und als letztes auch der Banken mit Drittelparitäten aus Beschäftigten, Konsumenten und Staat vor.[57] Der Gedanke der Sozialisierung durch Verstaatlichung, Verländerung oder Kommunalisierung und der Notwendigkeit der Übernahme und Kontrolle volkswirtschaftlich strategischer Positionen in großen, monopolverdächtigen Wirtschaftsbereichen durch Organe der Gemeinschaft fand auch in das Aktionsprogramm der Christlichsozialen vom Februar 1919 Eingang.[58]

1919 wurden von der Koalitionsregierung aus Christlichsozialen und Sozialdemokraten zwar drei Sozialisierungsgesetze verabschiedet und eine Sozialisierungsliste veröffentlicht, die vor allem auf den Energiesektor, die Eisen- und Stahlindustrie und die Großforst- und Holzwirtschaft abzielte. Aber der Zusammenbruch der Rätebewegungen in Ungarn und Bayern wie auch die doch recht vage Umschreibung des geplanten Sozialisierungsmodells beendeten den Sozialisierungseifer der Christlichsozialen, die nach Aussage Jodok Finks »auf den Revolutionskarren ohnehin nur aufgesprungen waren, um diesen zu bremsen«.[59] Die Bauern wollten nie die Verstaatlichung oder Sozialisierung des Großgrundbesitzes, sondern, wenn überhaupt, dann dessen Aufteilung. In der Zwischenzeit war mit dem spektakulären Verkauf eines namhaften Teils der Aktien der Alpine Montan-Gesellschaft an italienische Interessenten die Sozialisierung des prominentesten Industrieunternehmens praktisch unmöglich geworden.[60] Aber auch die Sozialdemokratie selbst betrieb die Sozialisierung mehr mit Phrasen als mit Taten.[61] Schließlich beschränkte sich die Sozialisierung auf einige ehemalige Heeresbetriebe, deren Zukunftsaussichten eher gering waren.[62]

1920 war die Sozialisierung in der neuen Bundesregierung, in der die Sozialdemokraten nicht mehr vertreten waren, kein Thema mehr. In den zwanziger Jahren wurde von christlichsozialer Regierungsseite die Forderung nach Entstaatlichung laut, vor allem gegenüber der Gemeinde Wien, die die kommunalen Einrichtungen forciert ausbaute, wobei sich die Diskussion in erster Linie um die relativ unwichtigen, in den Hungerjahren der Kriegszeit eingerichteten Wiener Öffentlichen Küchen (WÖK) drehte, die in einen heftigen Kampf mit den Gastwirten verwickelt waren.[63] Der in den Genfer Protokollen ventilierte Plan, Eisenbahnen, Tabakindustrie und Bundesforste zu privatisieren und damit zur Sanierung des Staatshaushaltes beizutragen, wurde nicht realisiert. Der Verkauf der Bundesforste, der Staatsdruckerei und des Telephonnetzes an eine amerikanische Privatfirma wurde überlegt. 1931 war die Bundesregierung allerdings allen verbalen Privatisierungsanliegen zum Trotz gezwungen, die Aktienmehrheit der vom Bankrott bedrohten Credit-Anstalt mit ihrem riesigen Industrieimperium zu übernehmen. Der Spielraum für eine liberale, nicht interventionistische Politik versagte vor der Größe der Probleme. Man konnte es sich nicht leisten, bei einem wirklich großen Betrieb nicht Feuerwehr zu spielen.[64]

Interessenvertreter und Sozialpartner

Der Einfluß der Arbeiterschaft war in und nach dem Krieg durch die Einführung von Elementen der Mitbestimmung und Sozialpartnerschaft wesentlich gestärkt worden. Paritätisch gegliederte Beratungsgremien und Beiräte staatlicher Behörden gab es bereits Ende des 19. Jahrhunderts. Institutionen, in denen die paritätische Beschickung früh Platz fand, waren das gewerbliche Gerichts- und Schlichtungswesen, das vor allem während des Ersten Weltkrieges entscheidenden Auftrieb erhalten hatte. Die im März 1917 paritätisch aus Unternehmer- und Arbeitervertretern besetzten Beschwerdekommissionen im Rahmen des Kriegsleistungsgesetzes (betreffend die Lohn- und Arbeitsverhältnisse in den militärischen Zwecken dienenden Betrieben) waren die direkten Vorläufer der unmittelbar nach Kriegsende gebildeten Einigungsämter. Mit der Schaffung der »Industriellen Bezirkskommissionen« im November 1918 zur Verwaltung der Arbeitsnachweise und der 1920 geschaffenen Arbeitslosenversicherung wurde das Prinzip der paritätisch beschickten Selbstverwaltung weiter gestärkt. Paritätisch besetzte Institutionen gab es auch in der Sozialversicherung, wenngleich das Verhältnis im Hinblick auf die Beitragsproportionen häufig von der 50:50-Norm der Arbeitsmarktpartner abwich.[65]

Frühe Versuche einer institutionalisierten Zusammenarbeit zwischen Unternehmer- und Arbeitnehmervertretern ergaben sich am Beginn der Ersten Republik in gemischten Kommissionen, bestehend aus Vertretern der Gewerkschaften und des Hauptverbandes der Industrie. Nur kurzfristig arbeiteten nach 1918 das paritätische Industriekomitee und die paritätischen Industriekonferenzen. Die Einberufung der »Wirtschaftskonferenz« im Jahre 1930 war die letzte umfassende Initiative zur Institutionalisierung eines von Staat und Verbänden gemeinsam getragenen wirtschaftspolitischen Krisenmanagements, das dann in der mit acht Vertretern der Handelskammer, sechs der Arbeiterkammer und vier der Landwirtschaftskammer beschickten »Wirtschaftskommission« eine Fortsetzung fand.[66]

Die 1920 erfolgte Gründung der Arbeiterkammern als Gegenstück zu den schon bestehenden Handelskammern und von Landwirtschaftskammern auf der Basis von Lan-

Tabelle 34: Gewerkschaftsmitglieder 1914 bis 1932

	freie	christliche	deutschnationale
1914	240 681	22 693	–
1918	412 910	20 556	–
1921	1 079 777	78 737	40 163
1927	772 762	78 906	47 877
1932	520 162	130 000	48 000

Quellen: Andreas *Khol*, Gewerkschaften in Österreich, in: Gewerkschaften in den Demokratien Westeuropas (hg. von H. *Rühle*/H.-J. *Veen*, 1983) 2, 251; Ulrike *Weber-Felber*, Gewerkschaften in der Ersten Republik, in: Handbuch des politischen Systems Österreichs. Erste Republik 1918–1933 (hg. von E. *Tálos* u. a., Wien 1995) 325.

desgesetzen zusammen mit einer überregionalen Vereinheitlichung durch Einführung des Handels- und Arbeiterkammertages (1920) und der Präsidentenkonferenz der land- und forstwirtschaftlichen Hauptkörperschaften (1923) boten eine wesentliche Voraussetzung für sozialpartnerschaftliche Kontakte.

Die Stärke der Gewerkschaften war in der Ersten Republik wie schon in der Monarchie erheblichen Schwankungen unterworfen: Auch wenn die Gewerkschaftsbewegung richtungsmäßig aufgespalten war, waren doch die freien, das heißt sozialdemokratischen Gewerkschafter so in der Überzahl, daß sie die Entscheidungen vorgeben konnten. Um 1900 waren erst 3 Prozent der Werktätigen gewerkschaftlich organisiert. 1920 betrug der gewerkschaftliche Organisationsgrad 59 Prozent und sank bis 1930 auf 47 Prozent.[67]

Erst in den letzten Monaten des Bestehens der Habsburgermonarchie kam es zu einer Vereinheitlichung der freien industriellen Interessenvertretungen. Der Centralverband und der Bund Österreichischer Industrieller (BÖI) wurden formell aufgelöst und mit der Gründung des »Reichsverbandes der österreichischen Industrie« eine Organisation angestrebt, die die Industrie der gesamten österreichischen Reichshälfte der Monarchie repräsentieren sollte. 1919 ging daraus der Hauptverband der Industrie Deutsch-Österreichs, ab 1921 Hauptverband der Industrie Österreichs, hervor. Dominierend war im Hauptverband nicht die großbetrieblich strukturierte Grundstoffindustrie, sondern die mittelbetriebliche und weiterverarbeitende Industrie, was deutlich in der Person des neuen Präsidenten Ludwig Urban zum Ausdruck kam, der ebenso wie der Generalsekretär Dr. Gustav Weiß-Wellenstein aus dem BÖI kam. Während der autoritären Tendenzen zwar nicht abgeneigte, aber proösterreichisch agierende Hauptverband der Industrie Österreichs der Heimwehr, den Christlichsozialen und den Großdeutschen nahestand, wurde die Schwerindustrie in sehr viel stärkerem Maße zur Anlaufstation des Nationalsozialismus, aber auch einer aggressiveren Modernisierungspolitik im Zeichen der vom Deutschen Institut für technische Arbeitsschulung (DINTA) propagierten Rationalisierung.[68]

1920 war die Vertretung des Gewerbes in den Handelskammern, die vorher praktisch ausschließlich Vertretungen der Industrie gewesen waren, gestärkt worden. Die Zwangsgenossenschaften diverser Gewerbe, aber auch des Handels und der Kaufmannschaft wurden territorial zusammengefaßt und mit der jeweiligen Landeskammer verbunden. Als vereinsmäßig organisierte Vertretungen der Selbständigen gab es Handels- und Gewerbebünde, von denen der Deutsch-österreichische Gewerbebund mit dem Zentrum in Wien und Niederösterreich der Christlichsozialen Partei nahestand, während in den Handels- und Gewerbebünden der Alpenländer großdeutsche Sympathien überwogen.[69] Die Zersplitterung der Verbändelandschaft (Hauptverband der Industrie, Hauptverband der Gewerbeverbände, Hauptstelle gewerblicher Arbeitgeberverbände, Hauptverband der Kaufmannschaft, Verband österreichischer Banken und Bankiers, Verein der Bergwerksbesitzer ebenso wie die verschiedenen Richtungsgewerkschaften) erschwerte Verhandlungslösungen und sozialpartnerschaftliche Einigungen.[70]

Die Härten der Anpassung

Die Hyperinflation

Österreich gehörte mit Rußland, Polen, Ungarn, Griechenland und Deutschland zu jener Gruppe von Ländern, deren Währungen nach dem Krieg völlig zusammenbrachen, während es der Tschechoslowakei gelang, nach einer mäßigen Inflation die Währung zu stabilisieren. Die Ursachen der österreichischen Hyperinflation lagen einerseits in der durch die Anstrengungen des Krieges, die Folgen des Zerfalls der Habsburgermonarchie und die schlechten Ernten und industriellen Produktionsausfälle hervorgerufenen Entgüterung der Wirtschaft, andererseits im Anstieg der Zentralbankgeldmenge und der Umlaufgeschwindigkeit des Geldes.[71]

Die Intention der Österreichisch-Ungarischen Bank, die entstehenden Nationalstaaten im gemeinsamen Währungsverband zu halten, war wohl von vornherein wenig realistisch, auch wenn die Fiskal- und Geldpolitik der österreichischen Regierung das währungspolitische Ausscheren der Nachfolgestaaten beschleunigt haben mag. Das Königreich der Serben, Kroaten und Slowenen begann im Januar 1919 mit der Abstempelung der im Umlauf befindlichen Kronen, die Tschechoslowakei folgte im März, wobei die Hälfte der umlaufenden Noten auf ein Sperrkonto eingezogen wurde und so eine rasche Stabilisierung der tschechoslowakischen Krone erreicht werden konnte. Österreich mußte mitziehen, schaffte aber das Stabilisierungsziel nicht.[72]

Joseph Schumpeter scheiterte als Finanzminister mit seinem Plan, durch eine Vermögensabgabe die Kriegsschulden zu tilgen. Während das Budgetdefizit des ersten Haushaltsjahres bis Juni 1919 noch weitgehend durch den Erlös der »Ersten deutschösterreichischen Staatsanleihe« gedeckt werden konnte, wurde für die Finanzierung der Defizite in den darauffolgenden Budgetjahren fast nur mehr die Notenbank herangezogen. Man glaubte dazu in den ersten Nachkriegsjahren keine Alternative zu haben, wollte man nicht Aufruhr und Anarchie heraufbeschwören und die überaus labile politische und soziale Ordnung ernsthaft gefährden. Die Lebensmittelzuschüsse, die Arbeitslosenunterstützung, die Beamtenentlohnung und die Defizite der Bahnen ließen kaum einen anderen Finanzierungsweg zu. Hatte man ursprünglich die Abtragung der Finanzschuld, die im Krieg entstanden war, als die drückendste Verpflichtung angesehen, so stellte sich bald heraus, daß diese Verpflichtung durch die Inflation nahezu belanglos geworden war. Auch die Personalkosten verringerten sich durch die mit der Geldentwertung drastisch sinkenden Beamtengehälter deutlich. Zur größten Belastung entwickelten sich immer mehr die Lebensmittelsubventionen, die ursprünglich auf Verlangen der Siegermächte eingeführt worden waren und im Budgetjahr Juli 1919 bis Juni 1920 etwa 25 Prozent und in der Budgetperiode Juli 1920 bis Juni 1921 bereits 58 Prozent der Staatsausgaben beanspruchten. In der zweiten Hälfte des Jahres 1921 waren die Staatsausgaben schließlich nur mehr zu 36 Prozent durch Einnahmen gedeckt. Erst im Januar und April 1922 wurden die Lebensmittelsubventionen abgeschafft. Österreich war 1922 in eine Finanzkrise geraten, die einem Staatsbankrott gleichkam.[73]

Die Hyperinflation in Österreich 1914 bis 1923: Verbraucherpreisindex, Banknotenumlauf und Dollarkurs (Juli 1914 = 1, halblogarithmischer Maßstab)

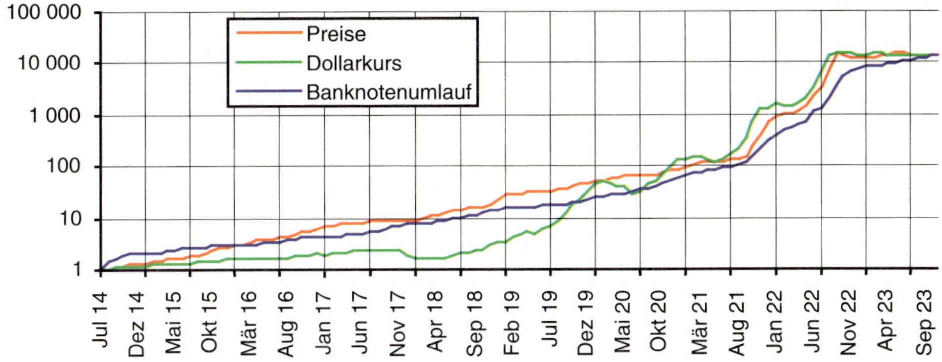

Quelle: Jan van *Walré de Bordes,* The Austrian Crown – its Depreciation and Stabilization (London 1924) 47 ff., 82 f., 114 ff.

Im Jahr 1920 stieg der Geldumlauf von 12 auf 30 Milliarden Kronen, erreichte Ende 1921 rund 174 Milliarden und überstieg im August 1922 die Grenze zur Billion. Die Preise verdoppelten sich zwischen 1914 und 1921 jedes Jahr. Im Herbst 1921 setzte die letzte Phase der Hyperinflation mit Preissteigerungen von über 50 Prozent pro Monat ein. Im August 1922 schließlich verdoppelten sich die Verbraucherpreise in einem Monat. Die Lebenshaltungskosten erreichten bis Sommer 1922 das 14 000fache der Vorkriegszeit. Geld wurde in riesigen Waschkörben transportiert. Bauern zündeten sich Zigarren mit wertlosen Geldscheinen an. Kluge Leute legten ihr Geld in Sachwerten an oder verlagerten es ins Ausland und in Devisen. Andere verschwendeten es bedenkenlos. Gekauft wurde alles, was angeboten wurde, nur um das Geld auf irgendeine Weise loszuwerden.[74]

Scheidemünzen mit ihrem an sich geringen Metallwert waren schon im Krieg knapp geworden und verschwanden, als der Metallwert den Nennwert zu übersteigen begann, ganz aus dem Markt. Einzelne Gemeinden überlegten, durch Herausgabe von offiziellem Ersatzgeld Abhilfe zu schaffen. Als Muster bot sich das Notgeld der Stadt Innsbruck an, wo unmittelbar nach Kriegsende größere Geldmengen in Heller- und Kronenwerten gedruckt worden waren. Allerdings stand längst nicht mehr der Ersatz des fehlenden Kleingeldes im Vordergrund, da um Bruchteile von Kronen ohnehin nichts mehr zu bekommen war, sondern die Möglichkeit, damit das Notenbankprivileg zu umgehen und den Gemeinden eine zusätzliche Einkommensquelle zu verschaffen, vor allem als sich herausstellte, daß diese Geldscheine zu begehrten Sammelobjekten wurden. Die Ausstattung der Scheine, die zuerst sehr primitiv war, wurde immer aufwendiger. Namhafte Künstler lieferten Entwürfe. Verschiedene Serien, teils mit Silber- und Golddruck, wurden ausgegeben. Als sich zeigte, daß wie bei Briefmarken in den Katalogen drucktechnische Varianten genau registriert wurden, wurden auch An- und Fehldrucke in Umlauf gebracht oder sogar bewußt angefertigt. Findige Gemeinden machten zahlreiche Serien in kleinen, voneinander abweichenden Auflagen, um das Sammlerinter-

Notgeld aus Spital am Pyhrn, Neufelden und Schärding, 1919/20

esse voll auszuschöpfen. Insgesamt wurde von etwa 1300 Gemeinden und sonstigen Institutionen Notgeld emittiert.[75]

Die Flucht aus und die Spekulation gegen die Krone, die nach Kriegsende massiv eingesetzt hatten, drückten den Kronenkurs auf den Devisenmärkten, der zu Kriegsende noch deutlich über der Kaufkraftparität der Krone gelegen war, in den Jahren 1919 und 1920 weit unter die Kaufkraft, was zu einer Exportprämie führte und Österreich zu einem »Preisparadies« für ausländische Touristen und internationale Finanzgruppen machte. Das Risiko für ausländische Investoren war durch den Kurssturz sehr gering geworden. So betrug der Kurswert des Aktienkapitals der Credit-Anstalt, das vor dem Krieg mit über 60 Millionen Dollar zu bewerten war, mit Jahresende 1920 nur 2,4 Millionen Dollar. Österreichische Aktien wurden für einige Zeit auf internationalen Märkten zu Modeeffekten.[76]

Die Inflation minderte und verschärfte zugleich die wirtschaftlichen und sozialen Probleme. Sie führte zu einer raschen Ankurbelung der Produktion. 1921 stieg das Bruttoinlandsprodukt um 10,7 Prozent und 1922 um 9 Prozent. Besonders die Exportwirtschaft profitierte. Österreich erlebte eine kurze Hochkonjunktur und einen Ausverkauf ins Ausland. 1921 lag die Gesamtproduktion Österreichs um 60 Prozent höher als 1919. Die Zahl der Arbeitslosen war von 350 000 im Jahr 1919 auf 30 000 im Jahr 1921 gefallen. Es herrschte Vollbeschäftigung. Es ist klar, daß die inflationäre Wirtschaftspolitik sowohl die Produktion als auch den Außenhandel wesentlich schneller in Gang zu setzen vermochte, als dies mit einer

Stabilitätspolitik geschehen wäre. Damit konnte die inflationäre Politik kurzfristig zur Aufrechterhaltung des sozialen Friedens beitragen.[77]

Nahezu jede Investition erwies sich, solange der Inflationsprozeß andauerte, als rentabel. Daraus entstand zwar ein aktivitätssteigernder Effekt, aber auch die Gefahr gigantischer Fehlinvestitionen, deren Ausmaß erst im nachhinein voll erkennbar wurde. Wenn manche Experten die Auffassung vertraten, daß im Gegensatz zu Deutschland der Umfang der von der Inflation stimulierten Investitionen in Österreich sehr gering gewesen sei,[78] so stimmt das pauschal sicher nicht, zum Beispiel nicht für die Elektrizitätswirtschaft, die Holz- und Papierindustrie, die Lebensmittelindustrie oder auch die Magnesiterzeugung und Metallurgie. Eine der Neugründungen, die erfolgreich expandierten, waren die Metallwerke Plansee Ges.m.b.H., mit denen Paul Schwarzkopf 1921 von Berlin in das elektrizitätsreiche Tirol übersiedelte und die sich in den folgenden Jahren zu einem der weltweit führenden Betriebe der Pulvermetallurgie entwickelten.[79]

In vielen Fällen allerdings schob die Inflation Probleme auf, die in der nachfolgenden Stabilisierungskrise mit um so größerer Schärfe deutlich wurden: Besonders negativ wirkte sich aus, daß sich die wirtschaftliche Expansion der Inflationszeit in einem hohen Maß in den Dienstleistungssektor verlagerte, der sich wegen des Verlusts der zentralen Funktionen ohnehin schon überdimensioniert darstellte. Die Inflation des Geldes führte zu einer Inflation der Kleinhändler, deren Zahl allein in Wien von 35 000 im Jahr 1913 auf rund 85 000 im Jahr 1925 anstieg.[80] Von 1919 bis 1922 wurden Hunderte neuer Banken registriert. Dazu kamen jene, die ihre Geschäfte unbefugt betrieben. Insgesamt, so schätzte man, gab es im Frühjahr 1924 nicht weniger als 1500 Bankfirmen gegenüber etwa 500 im Jahr 1914. Auf die Frage, welche dieser neuen Banken wichtig sei, antwortete der Bankier Feilchenfeld lakonisch: »Keine, lohnt nicht die Mühe, Namen zu merken.«[81] Dies verdeckte vorerst die Tatsache, daß sämtliche Wiener Großbanken in der Zeit zwischen 1913 und 1925 mehr als drei Viertel ihres Eigenkapitals eingebüßt hatten. Die Währungsreform offenbarte die Instabilität: Bankenzusammenbrüche und Skandale wurden nach 1924 zu einer Dauererscheinung in der österreichischen Wirtschaft.[82]

Die Kriegsverwaltung und die Inflation, kaum hingegen die Rückführung von Beamten aus den altösterreichischen Gebieten, hatten den bürokratischen Apparat so aufgebläht, daß es im kleinen Restösterreich etwa die gleiche Zahl von Beamten gab wie im ehemaligen Cisleithanien, nämlich etwa 260 000 bis 270 000.[83] Die Distanz zwischen den Beamten und ihrem Staat, der sie kaum mehr zu bezahlen wußte, wuchs.

Die Inflation traf die verschiedenen Bevölkerungsklassen ungleichmäßig: Die Arbeiterschaft konnte in der inflationären Vollbeschäftigung ihre gegenüber der Vorkriegszeit beträchtlich gestiegene Verhandlungsmacht ausspielen und 1919 zuerst für die Berechnung der Metallarbeiterlöhne ein Indexlohnsystem durchsetzen, das die Löhne automatisch der Geldentwertung anpaßte. Auch wenn die Arbeiter einen relativ größeren Teil des Nationalprodukts erhielten, lagen ihre Einkommen real weit unter dem Vorkriegsniveau und überstiegen kaum das physische Existenzminimum. Viel stärker als die Arbeiter waren die Angestellten und Beamten von Einkommensverlusten betroffen. Die Hyperinflation führte zu einer Nivellierung der Arbeitnehmereinkommen und damit zu einer erheblichen Statuseinbuße für Angestellte und Beamte.[84] Die Beamtenbezüge hinkten besonders weit hinter der Teuerung nach. Die Realbezüge der höheren Beamten waren 1924 um ein Drittel niedriger als 1913. Die Arbeiter hingegen konnten 1924 das Reallohnniveau von 1913 um 6 Prozent überschreiten. Auch innerhalb der Beamtenschaft hatten sich die Unterschiede verwischt: Ein Hofrat hatte im Jahre 1915 noch 8,6mal, im Jahre 1920 nur noch 3,3mal höhere Bezüge als ein Beamter der untersten Rangklasse. Die allgemeine Nivellierung der Löhne, zwischen Fach- und Hilfsarbeitern, zwischen städtischen und außerstädtischen Industriearbeitern, zwischen Industrie- und Landarbeitern, zwischen Arbeitern und Beamten und zwischen den oberen und den unteren Gehaltsklassen wurde zum sichtbarsten Ausdruck der Auflösung des Wertesystems der alten Gesellschaft.[85]

Unternehmer als typische Geldschuldner und Sachwertsbesitzer standen eher auf der Gewinner- als auf der Verliererseite der Inflation. Die Rentiers, die im späten 19. Jahrhundert stark an Bedeutung gewonnen hatten, waren die Hauptgeschädigten. Ihr Anteil am Volkseinkommen war fast vollständig auf Unternehmer und Arbeitnehmer aufgeteilt worden. Da hier die höchsten Einkommen erzielt worden waren, scheinen wie in Deutschland auch in Österreich die obersten Einkommensbezieher und nicht die Bezieher mittlerer und kleiner Einkommen die großen Verlierer der Inflation der frühen 1920er Jahre gewesen zu sein. Hausbesitzer wurden zwar ihre Schulden los, verloren aber durch die Mieterschutzverordnungen auch ihre Einkommen. Profitiert hatten von der allgemeinen Entschuldung die Bauern. Ihre Schulden waren praktisch gestrichen. Die Landwirtschaft war nach dem Urteil der »Neuen Freien Presse« sogar der einzige Stand, der durch Krieg und Inflation nur gewonnen hatte. Allerdings verwendeten die Bauern ihre Gewinne nicht zur technischen Verbesserung ihrer Betriebe und zum Ankauf von Maschinen, sondern investierten bestenfalls in Gebäude.[86] Völlig vernichtet wurde der breite Bestand von Stipendien, Stiftungen und Fonds, der einen wesentlichen Teil des sozialen Netzes des 19. Jahrhunderts gebildet hatte. Der Stellenwert privater Vorsorge und Fürsorge war durch die Inflation für lange Zeit diskreditiert.[87]

Es war eine brutale Umverteilung zu Lasten der Sparer, Geldvermögensbesitzer, Rentenbezieher und »Fixbesoldeten«, also des Bürgertums. Es gibt kaum eine bürgerliche Autobiographie, die diesen Schock nicht erwähnt.[88] Das Gefühl der materiellen Enteignung verband sich mit dem der politischen Machtlosigkeit.[89] Daß es für das Bürgertum doch nicht so schlimm kam, war dem Mieterschutz zu danken, der den Bürgerlichen die Aufrechterhaltung des äußeren Scheins erlaubte: Sie konnten ihre repräsentativen Wohnungen halten, die sie andernfalls keineswegs hätten bezahlen können. Man konnte mit diesen Wohnungen auch verdienen. Untervermietet wurde nicht mehr von den Unterschichten in ihren ungeheuer beengten Quartieren, sondern in den bürgerlichen Vierteln und in den großen Wohnungen des Bürgertums. Antonio Gramsci wohnte während seines Wiener Aufenthaltes 1923/24 bei einer bürgerlichen Alten, die so recht und schlecht von der Vermietung zweier Zimmer lebte, für die sie 3,5 Millionen Kronen im Monat kassierte, aber höchstens 1 000 an ihren Hausherrn zahlte.[90] 1918 oder 1922 bedeutete nicht das Ende des Bürgertums. Aber das Bürgertum, jene Mittelklasse, die sich einer Faustregel zufolge zwei Dienstboten leisten konnte, hatte einen entscheidenden Schlag einstecken müssen, der auch darin zum Ausdruck kam, daß die Zahl des häuslichen Dienstpersonals in Wien von 100 000 im Jahr 1910 auf 50 000 im Jahr 1934 absank.[91]

Inflationshaie und Hofratsinflation

Die Kosten der Inflation waren die Kehrseite ihrer Vorteile. Eine schmale Schicht von Schiebern und Spekulanten lebte in Saus und Braus. Der »Schieber« wurde nicht nur zur volkstümlichen Bezeichnung für den Modetanz der Inflationszeit, den schnellen Onestep, sondern für eine ganze Gesellschaftsklasse und ihre eskapistische, der Dekadenz verpflichtete Form des Vergnügens.[92] Das Tanzfieber beherrschte die frühen zwanziger Jahre.[93] Von einer kleinen Schar von Glücksrittern wurde eine hypertrophe Luxusindustrie gespeist: »Die Hyänen und Haie der Inflation wollen sich amüsieren! Eine Tanzbar und ein Nachtlokal nach dem anderen schießt empor – eine Bankfiliale nach der anderen ... Vor den Wechselstuben Menschenpolonaisen, die den Kurszettel studieren ... Wien taumelt im Milliardenrausch! Und merkt nicht, daß es vom Volksvermögen lebt«, schrieb Felix Dörmann 1925 in seinem Roman »Jazz« und meinte die Castiglionis, Bosels, Bronners, Wuttes und Waldeggs.[94] In Hugo Bettauers »Die freudlose Gasse«, geschrieben und veröffentlicht Ende 1923, wird dem finanziellen Desaster in der Familie des ehemaligen Generals Rumfort die Luxuswelt der neuen Reichen gegenübergestellt: Festmähler, Tanz und Automobile, die »Accessoires« des »modernen« Lebens. Das Auto wurde zum Statussymbol dieser Klasse von Neureichen.[95]

Es gab die simplen Betrüger, die dicke Zigarren im luxuriösen Ambiente pafften und wilde Feste im Sündenbabel einer Scheinwelt schmissen, wie Otto Waldegg, mit wirklichem Namen Velkoborsky, der selbsternannte Generaldirektor der als »Monarchistenbank« verschrienen und als »christliche Volksbank« bekannten Nordisch-Österreichischen Bank, und es gab die Machtmenschen, die nach geschäftlichem Erfolg gierten, wie Generaldirektor Dr. Wilhelm Berliner, ein rastloser Junggeselle von spartanischer Lebensweise, der sich privat nicht mehr gönnte als ein möbliertes Zimmer ein paar Schritte neben seinem Phönix-Konzern, zuletzt aber auch keinen Ausweg mehr wußte und mit seinem Abgang den ganzen riesigen Versicherungskonzern mit in den Abgrund riß.[96]

Der berühmteste der österreichischen Inflationsritter war der Triestiner Camillo Castiglioni, der im Krieg in der Gummiindustrie und im Fahrzeug- und Flugzeugbau hohe Gewinne erzielt hatte, 1918 die Aktienmehrheit der renommierten Wiener Allgemeinen Depositenbank erwarb und eine ganze Reihe großer österreichischer Industrieunternehmen in seinen Einflußbereich ziehen konnte. Wesentlich war seine Rolle in der Konzentration der österreichischen Automobilindustrie und im Transfer der Alpine-Aktien an den Fiat-Konzern und danach an den deutschen Industriellen Hugo Stinnes. Castiglioni war verheiratet mit einer Wiener Theaterschönheit, reiste im eigenen Flugzeug und privaten Eisenbahnwaggon, gab prunkvolle Feste und betätigte sich als Mäzen und Sammler: Sein Palais in unmittelbarer Nähe der Rothschilds beherbergte eine der größten und wertvollsten privaten Kunstsammlungen Europas. Vier Kataloge mit zusammen mehr als 500 Seiten registrierten seinen Besitz an Möbeln, Bronzen und Bildern alter Meister. Er förderte Max Reinhardt und überließ ihm für die Verwirklichung seiner künstlerischen Ambitionen das renovierte Theater in der Josefstadt. In der Franc-Spekulation von 1924 zerbrach Castiglionis Imperium noch schneller, als es entstanden war.[97]

Noch spektakulärer war der Weg des Sigmund Bosel. 1908 als Lehrling in eine Textilhandlung eingetreten, war er 1918 bereits Goldkronenmillionär und begann 1919 die Chancen zu nutzen, die ihm die Geldentwertung eröffnete. Mit der Gründung der Handelsfirma »Omnia«, die tatsächlich und buchstäblich mit »allem« handelte, stand er 1923, mit 30 Jahren, als »Trillionär« am Höhepunkt seiner finanziellen Macht. Undurchsichtige Geschäfte und dubiose Beziehungen kennzeichneten seinen Weg. Undurchsichtig waren seine guten Verbindungen zu Polizeipräsident Johannes Schober und zur Sozialdemokratischen Partei, seine Verwicklung in den Skandal der Postsparkasse und in den geplanten Neubau eines Archivgebäudes am Ballhausplatz, das Bosel gleichzeitig zu einem Stadtpalais in unmittelbarer Nachbarschaft von Bundespräsident und Bundeskanzler verhelfen sollte. Dubios war auch seine Rolle als Zeitungszar. Bis Ende 1926 zerfiel Bosels Firmenkonglomerat. Vorerst blieben ihm ein Teppichhaus, ein Anteil an der Tageszeitung »Der Tag«, ein seit 1925 stillgelegtes Arsenbergwerk im Lungau (Rothgülden), ein beträchtlicher Immobilienbesitz, die prachtvolle Villa Gloriettegasse 17 im 13. Wiener Bezirk und Millionenschulden. 1936 wurde Bosel verhaftet und 1937 verurteilt. Die Okkupation erlebte er im Gefängnis. Am 6. Februar 1942 wurde er nach Riga deportiert und während des Transportes auf grausamste Weise von einem begleitenden SS-Mann durch Zertreten des Kopfes ermordet. Bosels großer Widersacher und unerbittlicher Verfolger, der Sektionschef und spätere Vizegouverneur der Postsparkasse Dr. Robert Hecht, hatte schon im Mai 1938 nach Folterungen im Konzentrationslager Dachau Selbstmord begangen.[98]

Das leichte Geld lockte viele. Auch Joseph Schumpeter, der durch sein Zwischenspiel als Finanzminister und die ihm angelastete Mitschuld an der Inflationsmisere zum bestgehaßten Mann der Wiener Society geworden war, reihte sich in die Schar der Spekulanten ein. Er quittierte die durch die Geldentwertung unattraktiv gewordene Universitätsprofessur und ergatterte durch seine politischen Beziehungen eine der heißbegehrten Bankenkonzessionen und mit dieser die Präsidentschaft der renommierten Wiener Biedermannbank. Damit konnte er seine strapazierten Finanzen zumindest vorübergehend sanieren und die Allüren des leichten Geldes übernehmen: von Schloß und Reitstall über rasch wechselnde und zweifelhafte Liebschaften bis zur öffentlichen Provokation. Im offenen Fiaker, links und rechts eine Prostituierte auf den Knien, schockierte er die Wiener Gesellschaft. Am Ende des Inflationsbooms stand er vor einem Schuldenberg, an dessen Abzahlung er noch während seiner Bonner Professur durch eine Unzahl von Vorträgen und Auftragsarbeiten schwer zu tragen hatte.[99]

Am anderen Ende des Spektrums saßen die Desillusionierten, denen Status und Einkommen geraubt waren und die sich nur an den alten Titeln und Erinnerungen festklammern konnten. Es war die Zeit der »Hofratsinflation«, mit der die verlorengegangene Kaufkraft durch Titel ohne Mittel wettzumachen versucht wurde. Da in dem von der Monarchie übernommenen Beamtenapparat überproportional viele Führungskräfte vertreten waren und man auch versuchte, durch beschleunigte Aufstiegsmöglichkeiten die Verschlechterung der Einkommen teilweise wettzumachen, kam es bald zu einer gewaltigen Überbesetzung in den höheren Beamtenrängen, abgesehen vom Ruf der Titelsucht, der an der österreichischen Beamtenschaft seither haften geblieben ist.

Die Sanierung

Am Höhepunkt der Hyperinflation übernahm Ignaz Seipel am 31. Mai 1922 selbst die Regierungsgeschäfte. Daß es Seipel gelungen war, die kurz vorher verweigerte Hilfe des Völkerbundes zu erlangen, wurde von Otto Bauer, der Seipel »als den bei weitem bedeutendsten Mann des österreichischen Bürgertums, den einzigen Staatsmann europäischen Formats, den die bürgerlichen Parteien der Republik hervorgebracht hätten«, charakterisiert hatte, als »Ergebnis eines waghalsig-kühnen, aber überaus geschickten außenpolitischen Manövers« bezeichnet, nämlich der Verbindung der Anleihe mit der weiteren selbständigen Existenz des Staates Österreich.[100]

In den Genfer Protokollen vom 4. Oktober 1922 wurden die Bedingungen festgelegt, zu denen Österreich eine Anleihe in der Höhe von 650 Millionen Goldkronen oder 936 Millionen Schilling mit einer effektiven Zinsbelastung von rund 10 Prozent zugesichert wurde. Im Gegenzug verpflichtete sich die österreichische Regierung, den Staatshaushalt durch umfassende Reformen ins Gleichgewicht zu bringen und dem Völkerbund weitreichende Kontrollrechte bei der laufenden Gebarung einzuräumen. Damit war eine Bekräftigung des Anschlußverbotes und eine Erneuerung der Garantie der Selbständigkeit Österreichs verbunden, gleichzeitig aber auch ein nicht unbeträchtlicher Eingriff in die parlamentarische Budgethoheit mit auf zwei Jahre limitierten Sondervollmachten für die Regierung. Schon die Ankündigung der bevorstehenden Anleihe brachte den Währungsverfall abrupt zum Stillstand. Im November wurde die Budgetfinanzierung über die Banknotenpresse eingestellt, gleichzeitig der Abbau von 100 000 Staatsbeamten, also etwa eines Drittels aller Staatsbediensteten beschlossen, was auch tatsächlich fast voll durchgesetzt wurde, sich aber in den Arbeitslosenraten niederschlug.[101]

Die Diskussion um die Genfer Protokolle entzündete sich an der partiellen Preisgabe der wirtschaftlichen Handlungsfreiheit Österreichs, an der befristeten Ausschaltung des Parlaments, an der Verteilung der Lasten des Budgetsanierungsprogramms und an der Verwendung der Mittel. Noch Ende 1922 traf Dr. Alfred Zimmermann als Beauftragter des Völkerbundes in Wien ein.[102] Die Regierung hatte sich einen Vergewaltiger gesucht. So urteilten jedenfalls so unterschiedliche Persönlichkeiten wie Otto Bauer, Alexander Spitzmüller, Walter Federn oder Ludwig von Mises: »Die Regierung mußte die Möglichkeit haben, das Odium, das dem Veto der Ausgabensteigerung anhaftete, auf die finanzielle Bevormundung eines Ausländers… abwälzen zu können.«[103] Es ist schwer zu entscheiden, ob die Bedingungen des Vertrags auf die Völkerbundmächte zurückgingen oder ob Vorstellungen gewichtiger Teile der österreichischen Wirtschaft

Der Tod und die Banken: Wahlplakat von Victor Th. Slama zur Nationalratswahl 1927

und Gesellschaft über den Völkerbund reimportiert wurden.[104] Die Beschränkung der Souveränität war allerdings damals nichts so Außergewöhnliches. Ähnliche Auflagen gab es für andere Staaten, insbesondere auch für Deutschland. Die sozialdemokratische Opposition, die in der befristeten Ausschaltung des Parlaments den Versuch einer Finanzdiktatur der Regierung sah, befand sich in einer Zwangslage, da offensichtlich war, daß Seipel seinen wirtschaftspolitischen Erfolg auch dazu benützte, die »Sozialdemokratie niederzuwerfen und die Errungenschaften der Revolution zunichte zu machen«.[105] Aber auch die Deutschnationalen taten sich schwer, weil das Anschlußverbot in den Protokollen deutlich bekräftigt und verschärft wurde.

Trotz der restriktiven Wirkungen, die von der Budgetsanierung und Währungssicherung ausgingen, war die Stabilisierungskrise 1923 mit einer Schrumpfung von real 1,1 Prozent viel milder ausgefallen als erwartet. Das mag mit dem einsetzenden Investitionsprogramm der Gemeinde Wien und der Weiterführung der öffentlichen Investitionstätigkeit (Elektrifizierung, Ausbau der Wasserkräfte) zu erklären sein, auch mit der Ruhrkrise in Deutschland, die die rheinisch-westfälische Industrie lahmlegte, vor allem aber mit der Hausse an der Wiener Börse. Zum ersten Mal seit den Tagen der Gründerspekulation von 1873 beteiligte sich wieder ein großer Teil der Bevölkerung am Börsengeschehen, nicht nur große und kleine Kapitalisten, Kaufleute und Gewerbetreibende, Angestellte und Bauern, sondern auch kleine Leute, vom Liftjungen bis zur lustigen Witwe, von der »halben bis zur ganzen Welt …«[106] Die Aktienkurse erreichten Ende Januar 1924 den Höhepunkt, bevor im März mit der mißglückten Spekulation gegen den französischen Franc der katastrophale Kollaps folgte, der für die ohnehin kranke österreichische Wirtschaft verheerende Konsequenzen hatte und den österreichischen Devisenspekulanten Verluste zwischen 50 und 100 Millionen Schilling bescherte, was etwa 0,65 Prozent bis 1,3 Prozent des österreichischen Volkseinkommens von 1924 oder 8 bis 16 Prozent der Bruttoanlageninvestitionen desselben Jahres entsprach.[107]

Mit der Einführung der Schillingwährung, die auf 10 000 Kronen umgerechnet wurde, ging mit 20. Dezember 1924 das Kapitel Inflation auch formal zu Ende. Von der »Krone« glaubte man abgehen zu müssen, nicht nur wegen der währungspolitischen Signalwirkung, sondern auch wegen der bei Sozialdemokraten, Großdeutschen und teilweise auch Christlichsozialen verbreiteten antilegitimistischen Stimmung. Aber auch die Bezeichnung »Schilling« war in der Öffentlichkeit nicht populär. Noch weniger war es der dem niederländischen »Stüver« nachempfundene Name »Stüber«, den die Unterteilung des Schillings nach der Regierungsvorlage erhalten sollte, so daß man sich schließlich zu dem vertrauteren böhmisch-österreichischen »Groschen« entschloß.[108]

Die Rationalisierung

Die Flucht vom »Geld zur Maschine« und die Verbesserung der technischen Ausstattung der Produktionsstätten, die in der deutschen Hyperinflation deutlich zu beobachten war, trat in der österreichischen Inflation viel weniger ausgeprägt hervor, da die Geldentwertung in Österreich zu einem Zeitpunkt einsetzte, als wegen der vielen Engpässe im Energie- und Transportsektor eine volle Auslastung der vorhandenen Kapazitäten vielfach noch nicht möglich war.[109] Die Inflation führte zu einer weiteren Zunahme der Dienstleistungen, statt einen Schub im warenproduzierenden Sektor hervorzurufen.

Seit etwa 1890 hatte sich die Industriearbeit grundlegend zu ändern begonnen. Härtere Werkzeugstähle, Elektromotoren, genormte Teile, genaue Zeiteinteilung und zuletzt das Fließband veränderten die Arbeitsorganisation.[110] Als einer der ersten in Österreich formulierte 1898 der Stahlindustrielle Karl Wittgenstein die neuen Anforderungen in einem Vortrag vor dem Österreichischen Ingenieur- und Architektenverein: »Nun läßt sich durch nichts die menschliche Thätigkeit so antreiben, als durch exaktes und schnelles Arbeiten der Maschinen.«[111]

Die Rationalisierungsbewegung erfaßte zwar auch Österreich. Die Prinzipien des im Jahre 1924 gegründeten »Reichsausschusses für Arbeitszeitermittlung« (REFA) fanden auch in Österreich großen Widerhall. 1928 wurde nach deutschem Vorbild das Österreichische Kuratorium für Wirtschaftlichkeit gegründet. Wo eine Optimierung der Produktionsabläufe erfolgte, brachte sie wohl entsprechende Produktivitätsfortschritte. Doch war die Basis zu schmal, als daß das Äquivalent entsprechender Massennachfrage wirksam geworden wäre.

So reich das neue Österreich an potentiellen Wasserkraftreserven war, so arm war es an tatsächlich ausgebauten Kapazitäten. Angesichts der Auslandsabhängigkeit bei Energie war es nur zu natürlich, auf den Wasserreichtum Österreichs und auf die potentielle wirtschaftliche Bedeutung dieser Naturkraft zu verweisen. Bereits während des Krieges setzte unter dem Druck der zusammenbrechenden Kohlenversorgung eine Diskussion um den planmäßigen Ausbau der alpinen Wasserkräfte und die Errichtung einer Verbundleitung zu den Kohlenfeldern im Norden der Monarchie ein. Nach dem Krieg erhielt der Ausbau der Wasserkräfte Priorität. In gemischtwirtschaftlichen, teilweise im Eigentum der Länder stehenden Gesellschaften wurde mit viel Auslandskapital begonnen, die Elektrifizierung flächendeckend voranzutreiben und die einzelnen Stromversorger zu einem einheitlichen Versorgungsnetz zusammenzufassen. Die wichtigeren Kraftwerksbauten der Zwischenkriegszeit wurden zwischen 1919 und 1924 ausgeführt.

Allerdings erlahmte der Schwung des Ausbauprogramms rasch, als ausländische Kohle wieder im Überfluß zur Verfügung stand.[112] Das Interesse der österreichischen Großbanken, die auch nach 1918 ihre Beteiligung am tschechischen Kohlenbergbau beibehalten hatten, war für die Finanzierung eines großzügigen Ausbauprogramms der österreichischen Wasserkräfte nicht zu wecken. Im Verhältnis zu den hochgesteckten Plänen der ersten Nachkriegsjahre nahm sich der tatsächliche Ausbau der Wasserkräfte zwischen 1918 und 1938 daher höchst bescheiden aus. Die Zinssätze lagen viel zu hoch, um eine Rentabilität zu gewährleisten.[113]

Nach dem Einsetzen der Weltwirtschaftskrise wurden überhaupt keine größeren Kraftwerksprojekte mehr verwirklicht. Auch das Elektrifizierungsprogramm der Bahnen wurde eingestellt. Die Senkung der Kosten für Importkohle ließ trotz der hohen Arbeitslosigkeit eine wirtschaftliche Nutzung der Wasserkräfte und eine weitere Elektrifizierung der Bahnen nicht sinnvoll erscheinen. Die ausgearbeiteten Konzepte zur Nutzung der Wasserkraft von Drau, Enns oder Donau blieben, obwohl die Projekte teilweise wasserrechtlich genehmigt waren, in den Schubladen der Planer.

Obwohl durch die Elektrifizierung neue Möglichkeiten des Energieeinsatzes gegeben waren, stieg der Energieverbrauch in Österreich, alle Energieträger zusammengerechnet, in der Zwischenkriegszeit nicht an: Durch Verbesserung der Umformer (Dampfmaschinen, Turbinen, Generatoren) war einerseits der tatsächliche Ertrag an Nutzenergie angestiegen, andererseits hatte sich die Produktionsstruktur auf weniger energieintensive Branchen verlagert. Im Konsumgüterbereich kamen keine neuen Energieverbraucher hinzu. Die Haushaltselektrifizierung war nicht sehr energieaufwendig, da sie sich fast ausschließlich auf Licht beschränkte und die energieintensiven Haushaltsgeräte in der Zwischenkriegszeit in Österreich noch kaum in Verwendung waren.[114] Auch das Holz, kurz vorher noch als letzter Retter in einer dramatischen Energieklemme gepriesen, erlebte einen dramatischen Preisverfall, dem man durch eine verstärkte Förderung des Brennholzverbrauchs gegenzusteuern versuchte.[115]

Die Mehrzahl der österreichischen Industriebetriebe verfügte über brachliegende Kapazitäten. 1925 lag der Auslastungsgrad in der Industrie bei 50 bis 60 Prozent, 1928, am Gipfel der Konjunktur, bei etwa 80 Prozent. Selbst während der häufig hervorgehobenen »Rationalisierungsphase« in der zweiten Hälfte der zwanziger Jahre waren die Investitionen gering. Stark war die Tendenz zur Einbindung in nationale und übernationale Kartelle.

Die Inflation hatte der österreichischen Wirtschaft in Form eines exorbitant hohen Zinsniveaus eine schwere Hypothek hinterlassen. 1923 schwankte der Kontokorrentzinsfuß für erste Adressen zwischen 20 und 40 Prozent, nachdem er nach der Währungsstabilisierung im September 1922 50 bis 100 Prozent ausgemacht hatte. Auch 1924 trat keine fühlbare Senkung der österreichischen Debetzinsen ein, die fast dreimal so hoch wie in der Schweiz oder in England waren. Im August 1925 betrug der Eskomptzinsfuß der Nationalbank 15 Prozent, Industrieunternehmungen zahlten an Kontokorrentzinsen 25 bis 45 Prozent. Bis 1930 sank die Bankrate zwar auf 5,5 Prozent. Aber selbst erstklassige Kreditwerber hatten einen um 6 bis 7 Prozent darüber liegenden Zinssatz zu zahlen. Während man in Österreich 1929 bei Krediten mit durchschnittlichen Kosten von 14,9 Prozent rechnen mußte, kam man in Deutschland mit 9,5 Prozent und in der Schweiz und in England mit 6,5 bzw. 6,3 Prozent aus.[116] Daß die hohen Zinsen ein Hauptgrund der mangelnden Investitions- und Wettbewerbsfähigkeit waren, wurde erkannt. Doch unternommen wurde wenig.

Ein so hohes Zinsniveau mußte eine um so schwerere Belastung darstellen, als die meisten Industrieunternehmen an den Folgen des vor sich gegangenen Kapitalverzehrs zu leiden hatten. Daher führte auch die Konjunkturperiode 1927/29 zu keiner entscheidenden Belebung der Investitionen. Seit 1926 verflachten die Aufschwungtendenzen. Der Verlust von rund 150 000 Industriearbeitsplätzen in der zweiten Hälfte der zwanziger Jahre, noch ehe die Wirtschaftskrise voll eingesetzt hatte, ist ein Hinweis auf die Entwicklung der Wirtschaft in den zwanziger Jahren, die für Österreich keineswegs als »golden« bezeichnet werden können.

Durch die Inflation war eine Einkommensverteilung entstanden, die sich merklich von der vor dem Krieg unterschied. Der Anteil der Löhne und Gehälter am Volkseinkommen stieg von 51 Prozent im Jahre 1913 auf 57 Prozent im Jahr 1924. Die Erhöhung der Lohnquote ging hauptsächlich zu Lasten der Einkommen aus Vermögensbesitz. 1913 wurden 14,3 Prozent des verfügbaren Güter- und Leistungsvolumens investiert, im Durchschnitt der Jahre 1924 bis 1937 nur etwas mehr als 7 Prozent. Das Anlagenkapital wurde kaum erhalten, nicht vermehrt. 1913 waren 77 Prozent des verfügbaren Güter- und Leistungsvolumens in privaten Haushalten konsumiert worden, zwischen 1924 und 1937 betrug die Konsumquote real 80,6 Prozent. Insgesamt wies also die österreichische Bevölkerung in der Zwischenkriegszeit einen etwas höheren Lebensstandard auf als 1913, obwohl das reale Inlandsprodukt im Durchschnitt niedriger lag. Der öffentliche Konsum war 1924 real um 14 Prozent niedriger als im letzten Vorkriegsjahr, zum Teil wegen der Einsparungen, vor allem aber wegen des deutlich reduzierten Militäraufwandes.[117] Die Investitionstätigkeit wurde sehr wesentlich von der öffentlichen Hand bestimmt. Im Zeitraum von 1924 bis 1929 erreichten die Investitionen des Bundes und der Gemeinde Wien zusammen rund ein Drittel der gesamten Bruttoanlageninvestitionen Österreichs.[118]

Das Wirtschaftsprogramm der steirischen Christlichsozialen (»Vorschläge zur Schaffung einer österreichischen Nationalwirtschaft zwecks dauernder Stabilisierung der Währung«), das im Jahr 1925 im Umkreis von Finanzminister Jakob Ahrer erstellt wurde, blieb in den zwanziger Jahren das einzige umfassende Konzept für eine offensive Bekämpfung der wirtschaftlichen Schwierigkeiten. Das Programm, das auf eine massive Zinssenkung und Hebung der Produktivität der österreichischen Wirtschaft hinzielte, richtete sich vor allem an die Wiener Banken, die ihre Auslandsengagements abbauen und die repatriierten Kapitalien zur Modernisierung der heimischen Wirtschaft verwenden sollten. Das Programm fand wenig Widerhall, nicht nur wegen der

Gegnerschaft der Banken und der Presse, sondern auch wegen der bald darauf erfolgenden Demission von Finanzminister Ahrer, der sich nach Kuba absetzte.[119]

Bankenimperien und Bankenimperialismus

Das hohe Zinsniveau war nicht nur Folge der Inflation, sondern auch der Geschäftspolitik der Wiener Banken, die sich nach 1918 imperialer oder imperialistischer als zuvor darstellten und auf ihre nunmehr auswärtigen Interessen fixiert blieben, was die Kreditkonditionen für inländische Investoren verschlechterte. Die Wiener Großbanken hatten im Krieg ausgezeichnet verdient. Ihre wirtschaftliche Macht nahm infolge des beschleunigten Konzentrationsprozesses noch weiter zu. Daraus ergab sich ein Netz von Beteiligungen und Abhängigkeiten, das sich über fast jeden Produktionsbereich im ganzen weiten Raum der Monarchie erstreckte.[120] Der ungemein große Finanzierungsbedarf während der Inflationsperiode ließ die Banken noch mehr in den Mittelpunkt des Wirtschaftsablaufes treten und verstärkte die Abhängigkeit der Industrieunternehmen von ihren Kreditinstituten weiter.

Die großen Wiener Banken waren durch den Zerfall der Habsburgermonarchie mit einem Schlag zu multinationalen Unternehmen geworden. Von der Politik der neuen Staaten, unter Wahrung der Rechtslage eine Überführung von Tochterunternehmen nunmehr ausländischer Konzerne in nationale Gesellschaften mit Sitz im jeweiligen Land zu erreichen (»Nostrifizierung«), waren die Wiener Banken und ihre Industriekonzerne am unmittelbarsten betroffen. Die durch die nationale Unabhängigkeit gestärkten tschechischen, jugoslawischen, rumänischen und polnischen Banken suchten die Rolle Wiens zu erschüttern und direkten Zugang zu den billigeren westlichen Finanzmärkten zu finden. Auch die österreichischen Bundesländer trachteten in ähnlicher Weise, sich aus der Vorherrschaft des Wiener Finanzkapitals zu lösen, auch wenn dieser finanzielle Partikularismus, der sich in der Gründung zahlreicher Provinzbanken unter der Patronanz regionaler Politiker äußerte, fast überall kläglich scheiterte.[121]

Für die Wiener Banken gab es zwei Strategien, entweder den Rückzug aus dem Donauraum und die Konzentration auf die Bedürfnisse der österreichischen Volkswirtschaft oder den Versuch, den »Fuß in der Türe« zu behalten und die traditionellen Interessengebiete zu verteidigen, wenn möglich unter Einbeziehung starker westeuropäischer Bündnispartner, die in Südosteuropa ein wirtschaftliches Hoffnungsgebiet und in Wien die finanzielle Drehscheibe dafür erblickten.[122] Für die Banken war es klar, daß sie den zweiten Weg wählten und nicht daran dachten, sich aus ihren Einflußzonen in den Nachfolgestaaten zurückzuziehen. Prominente Fachleute wie der damalige Finanzminister Joseph Schumpeter oder der Gouverneur der Bank of England, Montagu Norman, rieten zu »business as normal«.[123]

Im Unterschied zu deutschen Banken, die sich nach 1918 gegen eine vermehrte Einflußnahme von außen wehrten, bemühten sich die Wiener Banken, Kapital aus Westeuropa anzulocken. Wie die Politiker im staatlichen Bereich glaubten die Bankleute für ihren Bereich, ohne eine Anlehnung an größere Partner nicht lebensfähig zu sein.

Tabelle 35: Auslandsanteil am Aktienkapital der Wiener Großbanken 1913 und Ende 1923 (in Prozent)

	1913	1923
Credit-Anstalt	3,9	20,2
Boden-Credit-Anstalt	17,8	46,0
Niederösterr. Escomptegesellschaft	0,7	36,0
Wiener Bankverein	18,3	38,4
Länderbank	31,4	70,0
Anglobank	3,0	55,6
Unionbank	1,5	10,0
Mercurbank	3,4	60,0
Verkehrsbank	?	37,6
Depositenbank	?	16,3
Insgesamt (ohne Länder- und Anglobank)	10,4	30,5

Quellen: Eduard *März*, Österreichische Bankpolitik in der Zeit der großen Wende 1913–1923. Am Beispiel der Creditanstalt für Handel und Gewerbe (Wien 1981) 443; Fritz *Weber*, Vor dem großen Krach. Die Krise des österreichischen Bankwesens in den zwanziger Jahren (Habil., Salzburg 1991) 108; Peter *Berger*, Ökonomische Macht und Politik, in: Handbuch des politischen Systems. Erste Republik 1918–1933 (hg. von E. *Tálos* u.a., Wien 1995) 400.

Während der kurzen Periode von 1919 bis 1923 wurden die führenden Wiener Banken von internationalem Kapital durchdrungen. Österreichisches Know-how plus westliches Kapital lautete die Formel. So war der Auslandsanteil, der bei der Credit-Anstalt vor dem Krieg etwa 4 Prozent betragen hatte, bis 1930 auf fast 50 Prozent angewachsen. Die Anglobank und die Länderbank, die vor dem Krieg in London bzw. Paris Filialen unterhielten und eine hohe Westverschuldung hatten, wurden formal in englische bzw. französische Unternehmen mit Sitz in London und Paris umgewandelt.[124]

Die einstige Bedeutung Wiens als Finanzplatz wiederherzustellen wäre nach den Verlusten des Krieges und der ersten Nachkriegsjahre auch unter günstigeren Bedingungen, als sie die zwanziger und dreißiger Jahre boten, unmöglich gewesen. Die harte Wirklichkeit aber war, daß Wien in den zwanziger Jahren als Finanzplatz kaum mehr über größeres Prestige verfügte als Prag. Zwischen der multinationalen Konzeption und der wirtschaftlichen Realität ergab sich eine zunehmende Diskrepanz. Die Forcierung des Auslandsgeschäfts vermochte kurzfristig die Ertragslage nicht zu verbessern, langfristig wurde sie zur Quelle großer Verluste.[125]

Österreich als Agrarstaat

»Nach dem Krieg nahm aber die Landwirtschaft einen ganz ungewöhnlichen Aufschwung«, schrieb die Niederösterreichische Landwirtschaftskammer 1932 in ihrem Tätigkeitsbericht über die ersten zehn Jahre ihres Bestehens.[126] Die Situation der österreichischen Landwirtschaft war eine ganz andere geworden: Obwohl die Marktchancen im Vergleich zum großen Wirtschaftsraum der Monarchie und zur Lage der Industrie erheblich besser waren, schritten Modernisierung und Kommerzialisierung nur langsam voran. Während vor dem Ersten Weltkrieg der Agraranteil sprunghaft abgenommen hatte, war in der Zwischenkriegszeit nur wenig Bewegung festzustellen. Der vorerst guten Agrarkonjunktur war es zuzuschreiben, daß der Agraranteil nicht weiter absank. Die Produktivität aber verbesserte sich nur geringfügig.[127]

1913 wurde der Anteil der Land- und Forstwirtschaft am Bruttonationalprodukt mit 11,2 Prozent angegeben, 1934 mit 15 Prozent, 1950 mit 18 Prozent. Der Anstieg der Getreide-, Milch- und Fleischproduktion bis in die späten zwanziger Jahre war beachtlich. Eine noch stürmischere Zunahme war bei der Zuckerproduktion zu verzeichnen, wo sich der Selbstversorgungsgrad Österreichs von beinahe Null nach Kriegsende auf 20 bis 30 Prozent in den Jahren 1923/24 und auf beinahe 100 Prozent in den dreißiger Jahren erhöhte. Die Auflösung der Monarchie beendete die wirtschaftliche Arbeitsteilung zwischen den österreichischen, böhmischen und mährischen Industriegebieten, dem Verwaltungs- und Handelszentrum Wien und den Agrargebieten Ungarns bzw. auch Mährens und Böhmens. Der Austausch von Nahrungsgütern gegen Dienstleistungen und Industriewaren hörte im Oktober/November 1918 fast schlagartig auf.

Der klein- und mittelbäuerliche Charakter der österreichischen Landwirtschaft blieb auch nach dem Zerfall der Monarchie erhalten. Die kleinen und mittleren Besitzgrößen wurden nach 1918 sogar wirtschaftlich aufgewertet, da der produktionsstarke Großgrundbesitz nun außerhalb der neuen Grenzen lag. Bis 1960 kam kein nennenswerter Konzentrationsprozeß in Gang. Obwohl schon seit dem späten 19. Jahrhundert ein rapider Rückgang der Gesindehaltung festzustellen war, waren die absoluten Zahlen auch in der Zwischenkriegszeit noch beachtlich. Knechte und Mägde bildeten immer

Wilhelm Dachauer: Holzfällerinnen, Öl auf Leinwand, 1922

noch eine relativ klar definierbare soziale Schicht: Sie waren ledig und überwiegend jugendlich. Gesindedienst hatte den Charakter einer Übergangsphase im Leben. Er endete in der Regel mit der Einheirat in ein Bauernhaus, mit der Übernahme eines landwirtschaftlichen Kleinbesitzes, mit dem Beginn eines Inwohnerdaseins oder seit dem späten 19. Jahrhundert immer häufiger mit der Abwanderung in die Stadt. Während im frühen 20. Jahrhundert in den alpinen Gebieten die Gesindehaltung bereits stagnierte, nahm sic im Alpenvorland und in den Flachlandregionen noch zu. Lebenslanger Gesindedienst fand sich nur im österreichischen Alpenraum, und auch hier nur in Ausnahmefällen und in der krisenhaften Übergangsphase.[128]

1930 wurden in Österreich etwa 250 000 Knechte und Mägde gezählt. Davon lebte allerdings schon ein Viertel nicht mehr in der Hausgemeinschaft des Dienstgebers. Die Klassenbildung schritt voran, je schwächer die Integrationskraft des »ganzen Hauses« wurde. Ein deutlicher Indikator war das Entstehen von sozialistischen und christlichsozialen Landarbeitergewerkschaften nach dem Ersten Weltkrieg. Die alten Dienstbotenordnungen wurden durch Landarbeiterordnungen ersetzt. An die Stelle des Jahrlohns traten monatliche Lohnzahlungen. Immer stärker wurde auch die Tendenz, Dienstboten während der Wintermonate zu entlassen, zumal mit der Einführung der Dreschmaschinen ein wesentlicher Teil der Winterarbeit weggefallen war. Während das Gesinde abnahm, stieg die Zahl der mithelfenden Familienangehörigen stark an. Die lange Wehrdienstzeit der Monarchie war weggefallen, eigene Kinder waren von der 1921 eingeführten Krankenversicherungspflicht für Landarbeiter ausgenommen, und das bäuerliche Haus bot ein Reservoir, Arbeitslosigkeit in versteckter Weise aufzufangen. Die Landflucht, immer wieder als Schreckbild an die Wand gemalt, entpuppte sich in der Zwischenkriegszeit als Fiktion.[129]

Die österreichische Landwirtschaft, die 1922 weitgehend schuldenfrei dastand, erreichte bereits 1929 wieder einen Schuldenstand von 900 Millionen Schilling (etwa 7,5 Prozent des Sozialprodukts) und 1933 1,1 bis 1,2 Milliarden Schilling (12 bis 13,5 Prozent des Sozialprodukts), wobei der überwiegende Teil der Kredite nicht zur Verbesserung der Betriebe, sondern zur Abfertigung weichender Erben aufgenommen worden war. Obwohl die Verschuldung im Vergleich zur Vorkriegszeit gering war, machte das etwa doppelt so hohe Zinsniveau die Situation viel kritischer. Die Ursachen der Verschuldung lagen neben den Vererbungsmodalitäten in der Steuerbelastung, die 1935/36 im Vergleich zu 1914 um 30 bis 70 Prozent höher war. Auch Neubauten trugen zur Überschuldung bei. Die Rentabilität des eingesetzten Kapitals, die Ende der zwanziger Jahre zwischen 3 und 5 Prozent betrug, stand im deutlichen Gegensatz zu den Darlehenszinsen, die oft den vierfachen Wert erreichten. Bis 1937 war eine leichte Entschuldung eingetreten. Das Institut für Wirtschafts- und Konjunkturforschung bezifferte 1937 die Gesamtverschuldung der österreichischen Landwirtschaft auf mehr als 1,04 Milliarden Schilling.[130]

1922 hatte sich die Ernährungswirtschaft so weit erholt, daß man von der Zwangsbewirtschaftung agrarischer Produkte abgehen konnte. Die günstige Entwicklung der Landwirtschaft endete 1928 abrupt unter dem doppelten Druck des auf den Weltagrarmärkten einsetzenden Preisverfalls und des von der Massenarbeitslosigkeit verursachten Kaufkraftschwunds und Konsumrückgangs im Inland. In der Agrarkrise der dreißiger Jahre verstärkten sich unter dem Vorzeichen einer Ideologie des gesellschaftlichen Vorrangs des Bauernstands vor anderen sozialen Schichten die staatliche Interventionstätigkeit auf den Agrarmärkten und die Verflechtung zwischen Landwirtschaft und Politik.[131]

Zwischen 1927 und 1931 erhielt die österreichische Ernährungswirtschaft durch Zollerhöhungen, Kontingentierungen und Devisenbewirtschaftung ein zunehmend interventionistisches und protektionistisches Gepräge. Aus Kreisen des Handels, der Industrie und des Gewerbes kam massive Kritik an dieser einseitigen Bevorzugung der Landwirtschaft durch die Zoll- und Währungspolitik, die allerdings in der Ernährungsbilanz positiv zum Ausdruck kam.[132] 1937 konnte Österreich mehr als vier Fünftel seines durch Arbeitslosigkeit und Wirtschaftskrise stark nach unten gedrückten Nahrungsmittelbedarfes aus eigener Produktion decken.

In den zwanziger Jahren begann die Agrarpolitik immer mehr von den »drei Säulen« zu sprechen, von denen die Landwirtschaft getragen werde, der politischen Vertretung durch den Bauernbund, der ständischen durch die Kammerorganisation und der wirtschaftlichen durch das Genossenschaftswesen.[133] Angelehnt war diese »Drei-Säulen-Theorie« an das sozialdemokratische Modell von Partei, Gewerkschaft und Konsumgenossenschaften. Genossenschaftlich durchorganisiert wurden der Milchsektor und der Handel mit Landesprodukten (Lagerhausgenossenschaften). Nur geringe Bedeutung erlangte die genossenschaftliche Idee im Obst- und Gemüsebereich, im Holzsektor und im Bereich der landwirtschaftlichen Nutzungsgenossenschaften (Weide-, Stierhaltungs-, Maschinen-, Mühlen-, Elektrizitäts- und Sägewerksgenossenschaften). Die landwirtschaftliche Marktlenkung stärkte die Genossenschaften, die ihren bürokratischen Apparat für die Durchführung der Marktinterventionen zur Verfügung stellten.[134]

Mit den Landwirtschaftskammern, die zuerst 1920 in Niederösterreich und bis 1934 in allen Bundesländern mit Ausnahme von Wien mit Zwangsmitgliedschaft als wichtigstem Kennzeichen eingerichtet wurden, entstand auch im Agrarbereich ein bürokratischer Apparat, dem einige wichtige Politiker wie Hans Sylvester, Engelbert Dollfuß oder Heinrich Gleißner entstammten. 1919 vereinigten sich die christlichsozialen und konservativen Bauernbünde zum »Reichsbauernbund«, der in der Folge die dominierende politische Vertretung der österreichischen Bauern blieb. 1922 schlossen sich verschiedene deutschnational-liberale Bauernbünde, etwa der »Kärntner Bauernbund« oder der 1918 gegründete »Steirische Bauernbund«, zum »Landbund für Österreich« zusammen, analog zum »Reichslandbund« im Deutschen Reich.[135]

Goldene zwanziger Jahre?

Eisenbahn, Automobil, Flugzeug

Im Eisenbahnwesen hatte die Habsburgermonarchie Österreich kein leichtes Erbe hinterlassen: Von den rund 46 000 Eisenbahnkilometern des Gesamtstaates entfielen etwa 5 800 auf Österreich, in Nord-Süd-Richtung meist Gebirgsstrecken mit engen Kurvenradien und niedrigen Achslasten, im Ost-West-Verkehr zum Teil nur eingleisig ausgebaute Hauptstrecken, die vor 1918 relativ geringe Bedeutung hatten und als ausgesprochen langsam galten. Die Fuhrparkaufteilung, die auf der Grundlage des Fahrplans 1913/14 erfolgte, kam Österreich entgegen. Andererseits wurde der zu hohe Personalstand durch Übernahme von Staatsbahnbeamten aus den ehemaligen Kronländern zu einem Bleigewicht.[136]

Die unmittelbare Folge des Zerfalls der Monarchie war eine Umstrukturierung und Neugewichtung der Trassen und Verkehrsströme. Die Südbahn, nunmehr auf Österreich, Jugoslawien und Italien aufgeteilt, war nicht mehr die Hauptstrecke. Graz geriet in eine Abseitsstellung, weil die Hauptverbindung nach Süden nun nicht mehr Richtung Triest, sondern Richtung Udine und Venedig durch das Kanaltal führte. In Graz plädierte man für den Bau einer Vollbahn über die Pack nach Kärnten, die aber nicht zustande kam.[137]

Die West-Ost-Linie wurde zur Hauptachse des neuen Österreich. Diese allerdings war umständlich. So fuhr ein Teil der Züge von Wien nach Innsbruck über die schlecht trassierte und zum Teil eingleisige Route Wien–Amstetten–Selzthal–Zell am See. Die Korridorstrecke von Salzburg über Rosenheim nach Innsbruck stand in der Zwischenkriegszeit nicht zur Verfügung. Auch die Hauptstrecken Richtung Deutschland Linz–Passau und Kufstein–Wörgl blieben bis 1938 einspurig. Ganz spezifische Verhältnisse herrschten im Burgenland. Hier existierten überhaupt nur Rumpflinien, die immer wieder die neue Staatsgrenze kreuzten.[138]

Die Elektrifizierung der Bahn, die einen Ausweg aus der Energiekrise und einen Impuls für den Fremdenverkehr bringen sollte, wurde nach 1920 mit den Arlberg- und Salzkammergutstrecken begonnen, aber 1927/28 gestoppt, als die Kohlepreise immer tiefer sanken und die Zinsbelastung immer höher wurde. Erst 1934/35 wurde mit der Elektrifizierung der Tauernbahn und 1937 mit dem Start der Elektrifizierung der Westbahn die Investitionstätigkeit wiederaufgenommen.

Eisenbahn und Schiffahrt hatten nicht nur große Teile ihres Liniennetzes verloren, sondern begannen auch ihre Monopolstellung einzubüßen. Der Automobilverkehr wurde zunächst in der Form des Autobusverkehrs massenwirksam. Ab Mitte der zwanziger Jahre etablierten sich neben dem staatlichen Postautodienst zahlreiche private Autobusunternehmen. Damit war der Eisenbahn eine ernsthafte Konkurrenz erwachsen, die sich in den dreißiger Jahren in den Einnahmen bereits empfindlich niederzuschlagen begann, vor allem im Personenverkehr, weniger im Güterverkehr. Die Bundesbahnen gründeten 1928 ihren eigenen Autobusbetrieb. Das österreichische Kursbuch

Georg Jung: Salzburger Rangierbahnhof, Öl auf Leinwand, 1924

von 1919 verzeichnete neun Autobuskurse. 1932 verkehrten bereits auf annähernd 500 Linien Autobusse. Immer noch bremsten aber zahlreiche Mautstellen und Brückenzölle den Verkehrsfluß auf den Straßen, deren Zustand viel zu wünschen übrig ließ.

Ende 1926 beschloß die österreichische Bundesregierung statt des Elektrifizierungsprogramms der Bundesbahnen ein Ausbauprogramm für Bundesstraßen, das allerdings dann nicht realisiert wurde. Ab 1930 entschied man sich im Straßenbau für landschaftsästhetische Repräsentationsbauten.[139]

Auf den Straßen war mit 700 000 bis 900 000 Stück das Fahrrad in den dreißiger Jahren immer noch das weitaus wichtigste Personenverkehrsmittel, zumindest im Nahverkehr und Ausflugstourismus. 250 000 der Fahrräder waren in Wien unterwegs. 30 Prozent der Radfahrer waren Frauen. In noblen Kreisen war die einstige Fahrradbegeisterung längst abgeebbt. Radelnde Adelige stellten nur mehr die Relikte einer fernvergangenen Zeit dar.[140]

Die Motorisierung begann zaghaft, zuerst im reichen Ostösterreich und zuerst über die billigeren Motorräder. Österreich war das einzige Land, in welchem die Zahl der Motorräder höher war als die aller anderen Kraftfahrzeuge zusammen. Die Zahl der Pferde in Wien war von 33 000 im Jahr 1914 bis 1928 auf 7 500 gesunken. Die Zahl der Privatautos im gleichen Zeitraum stieg von 1 684 auf 5 441 und die Zahl der Motorräder von 748 auf 13 567. Der Traum vom Automobil war zwar allgegenwärtig, die Erfüllung aber schien unerschwinglich. Während die ersten Automobilisten martialisch in Lederbekleidung, Staubmantel und Pilotenhaube auftraten, herrschten nun höchste Eleganz und exquisiter Luxus.[141] Die Dame am Beifahrersitz wurde zur Symbolfigur der Automobilkultur. 1926 wurde gegen viel Widerstand vom Verfassungsgerichtshof entschieden, daß Frauen auch berechtigt seien, ein Taxi zu lenken. »Eine Nichtzulassung von Frauen zum Platzwagenlenkerdienst ist in der Natur des weiblichen Geschlechts nicht gerechtfertigt«, hieß es in der diesbezüglichen Begründung. Was weibliche »Natur« war, wurde nicht weiter ausgeführt.[142]

Der Rausch der Geschwindigkeit verführte und entführte.[143] Arthur Schnitzler mokierte sich 1925 über den Schauspieler Alexander Moissi, der ihm vom bolschewistischen Rußland vorschwärmte und gleichzeitig im noblen Auto herumkutschierte.[144] Die gegen Ende der dreißiger Jahre veröffentlichte Schrift »Das Auto und seine Besitzer in Österreich« gibt ein treuliches Bild der damaligen High-Society vom Militär bis zum Film.[145] Man sprach, wenn man Bahn und Auto gegenüberstellte, von »Massenverkehr« und »Individualverkehr«, man sprach von »Herrenfahrern« und »Damen im Coupé«. Die Masse konnte sich auch die Massenverkehrsmittel nicht leisten, während eine schmale Elite »im Auto zum Flugplatz« fuhr. Die zahlreichen Mautstellen, die für den Autofahrer nicht nur viel administrative Verzögerung, sondern auch eine erhebliche finanzielle Belastung bedeuteten (in ein Urlaubsbudget für zehn Tage waren dafür mindestens 200 Schilling einzuplanen), wurden 1931 abgeschafft und durch die viel weniger hohe Benzinsteuer ersetzt. 1935 wurde wie schon 1934 in Deutschland auch in Österreich die extrem hohe Kraftfahrzeugsteuer aufgehoben und dafür in den meisten Bundesländern eine Fahrradsteuer eingeführt.[146]

Straßenbau und Motorisierung wurden als Mittel der produktiven Arbeitslosenfürsorge eingesetzt. Mit den Prestigeprojekten Großglockner-Hochalpenstraße und Wiener Höhenstraße sollte der Überlebenswillen zum Ausdruck kommen. Im Oktober 1935 wurde die Wiener Höhenstraße eröffnet: Die Hälfte der 11 000 in Wien registrierten Autos beteiligte sich am Corso, und mehr als 100 000 Schaulustige kamen.[147] Die Rechtsfahrordnung eroberte Österreich etappenweise. Man fuhr in der Habsburgermonarchie, alten aristokratischen Traditionen gemäß, links. Als erstes Bundesland wechselte Vorarlberg 1919 nach rechts. Ab April 1930 wurde auch in Nordtirol rechts gefahren. Mit der Eröffnung der Großglockner-Hochalpenstraße (1935) schob sich der Rechtsfahrbereich nach Kärnten und Salzburg vor, und erst der Anschluß an Deutschland brachte für ganz Österreich den Ruck nach rechts.

Obwohl der Bestand an Personenkraftwagen zwischen 1919 und 1937 um das Siebenfache stieg und jener der Lastkraftwagen um nahezu das Elffache, blieb der Grad der Motorisierung im internationalen Vergleich noch bescheiden. Aber jedes zweite Automobil auf Österreichs Straßen stammte aus inländischer Produktion. 1929 beschäftigte die österreichische Autoindustrie 13 000 Arbeiter, die pro Jahr 10 000 Fahrzeuge herstellten. Drei österreichische Ingenieure hatten Pläne für einen Volkswagen im Kopf und wurden 1934 vom Reichsverband der deutschen Automobilindustrie eingeladen, sie auszuarbeiten: Ferdinand Porsche, Josef Ganz und Edmund Rumpler. Porsche erhielt schließlich den Zuschlag. Die Steyr-Werke, die 1926 mit der Fließbandfertigung begonnen hatten, erzeugten ab 1936 auch 13 000 Stück des legendären »Steyr-Babys« (Typ 50/55), eines Vorläufers des Volkswagens, der im Unterschied zu diesem auch tatsächlich an private Kunden ausgeliefert wurde.[148]

Das neue Österreich war sehr viel mehr ein Donaustaat als das alte Cisleithanien, dessen gesamte Donaustrecke an Österreich gefallen war. Dennoch lag die Donauschiffahrt bedeutungsmäßig beträchtlich unter dem Niveau der Vorkriegszeit. Die DDSG, seinerzeit die größte Binnenreederei der Welt, mußte nach 1918 rund zwei Drittel ihres Schiffsbestands an die Nachfolgestaaten abtreten, blieb aber eine der größten Reedereien an der Donau. Zum Besitz des Unternehmens gehörten nicht nur fast 500 Motorschiffe und Kähne, sondern auch Werften und Kohlenbergwerke in Österreich und Ungarn und ein beträchtliches Immobilienvermögen. Der Rhein-Main-Donau-Kanal erschien nun in einem interessanteren Licht.[149]

Da im Vertrag von Saint-Germain faktisch ein generelles Luftfahrverbot für Österreich enthalten war, wurden in Wiener Neustadt einige hundert Flugzeuge und fast 1 000 Motoren vernichtet und die bei Kriegsende recht beachtlichen Flugzeugwerke stillgelegt. Die Beschränkungen für die Zivilluftfahrt wurden Ende 1922 aufgehoben. 1923 ging die neugegründete Österreichische Luftverkehrs-AG (ÖLAG) an den Aufbau eines ständigen Luftverkehrsdienstes. Beflogen wurden zuerst die Strecken Wien–München und Wien–Budapest. In der Folge kamen Nürnberg, Graz, Salzburg, Innsbruck, Klagenfurt und in der Hochsaison die Salzkammergut- und die Kärntner Seen dazu.[150]

Fliegen war eine noble Angelegenheit und wurde daher kräftig subventioniert. Mitte der dreißiger Jahre lag die ÖLAG hinsichtlich der wöchentlich angebotenen Sitzplatzkilometer hinter Lufthansa, KLM und Air France auf dem vierten Platz im europäischen Luftverkehr. Die Größenordnungen waren klein. Man war stolz, zwischen 1923 und 1938 insgesamt 7,5 Millionen Kilometer geflogen und dabei 120 000 Passagiere und dazu Gepäck, Fracht und Post befördert zu haben. 1938 lag der damalige Wiener Flughafen Aspern mit 71 881 Passagieren auf 8 388 Flügen in der Spitzengruppe europäischer Flughäfen weit vor Zürich. Aspern war zu einer wichtigen Drehscheibe des internationalen Luftverkehrs geworden und rühmte sich als »internationalster« Flughafen der Welt.[151]

Tourismusland Österreich

Die aufstrebende Entwicklung des österreichischen Fremdenverkehrs wurde mit dem Ende der Monarchie jäh unterbrochen. Die berühmtesten Reiseziele und Fremdenverkehrsorte der Habsburgermonarchie lagen nunmehr im Ausland: Grado und Abbazia, Dubrovnik und Meran, die böhmischen Bäder, die Dolomiten und die Hohe Tatra. Der Republik verblieb allerdings immer noch genug: die Alpen, die Wachau, Wien und Salzburg, das Salzkammergut, die Kärntner Seen, der Semmering, Baden, Gastein …

Zwischen 1914 und 1918 war der Fremdenverkehr weitgehend zum Erliegen gekommen. Die Versorgung mit Lebensmitteln war 1917 so kritisch geworden, daß auf Verlangen der Bevölkerung der Fremdenverkehr »amtlich« verboten wurde. Wer trotzdem kam, mußte sich seine Lebensmittel nachschicken lassen. Auch in den ersten Nachkriegsjahren blieb die Situation unverändert. 1919 hatten alle Gäste auf Anordnung der oberösterreichischen Landesregierung das Salzkammergut bis 1. September zu verlassen. Ein Erlaß des oberösterreichischen Landtages vom 7. Mai 1920 meinte unter Paragraph 4 lapidar: »Ein Sommerfremdenverkehr findet in Oberösterreich im Jahre 1920 nicht statt.« In Salzburg und Tirol handelte man ähnlich.[152] Immer wieder kam es zu Protesten und Handgreiflichkeiten hungernder Einheimischer gegen die anwesenden Touristen und die sie beherbergenden Hoteliers.[153] Der Fremde war vom Gast wieder zum Feind geworden, dem die Einreise verweigert und der Aufenthalt verwehrt wurde.

Der Kurssturz der Krone machte Österreich für Ausländer zum Preisparadies und heizte die Fremdenfeindlichkeit weiter an. Waren vor dem Krieg fast ausschließlich Wiener und sonstige Inländer gekommen, so konnten sich nun verstärkt Ausländer billig in den Luxushotels einmieten. Ischl verzeichnete 1922 fast genauso viele Gäste wie in den besten Jahren vor dem Krieg. Doch die Gästestruktur war ganz anders. »Neureiche« und »Kriegsgewinnler« prägten das Leben und brachten neue Zerstreuungen: Bars, Nachtlokale, »Negermusik«...[154]

Die Geldentwertung lockte ausländische Künstler und Intellektuelle an, auch wenn sie nicht viel Geld hatten. In den Sommern 1921 und 1922 war Tirol die Hochburg der Dadaisten: »Den Sommer verbringe ich in Tirol; ich werde im Mai dorthin fahren...«, schrieb Max Ernst im April 1921.[155] Begeistert schwärmte Tristan Tzara von Tarrenz: »... Die Reise kostet weniger als 60 Francs in der dritten Klasse, und für 130 Franken erhalten Sie 10 000 Kronen, um einen Monat lang hier zu leben...« 1922 lockte Matthew Josephson seinen lieben Freund Tzara: »Kommen Sie schnell, Eluard und Ernst sind noch hier und drei charmante amerikanische Päderasten. Man wird Sie gut behandeln. Die österreichische Krone fällt auf Nimmerwiedersehen: 4 000 zum französischen Franc, 2 000 zum Schweizer Franken. Das heißt Francs 2,50 oder Francs 3 pro Tag für 6 000 Kronen. Das heißt 180 000 Kronen pro Monat oder 90 Francs oder eigentlich gar nichts. Aber ich habe nichts und Du hast nichts. Oder sind Sie jetzt reich, daß Sie nach Österreich kommen?« Jeden Morgen, vor dem Frühstück, ging man zur Bank, um die ausländische Währung zum jeweils neuesten Kurs gegen Kronen einzutauschen. Mit dem Ende der Hyperinflation war auch »Dada in Tirol« zu Ende: »Alles geht drunter und drüber. Freundschaften und Ehen gehen in die Brüche. Adieu Tirol für immer.« Man fand sich auf den Bahnhöfen wieder, auf dem Weg zur fallenden Mark und instabilen Lira.[156]

Latente Ressentiments brachen offen aus: die versteckte Wienfeindlichkeit und der ohnehin offen zur Schau getragene Antisemitismus. Zahlreiche kleinere Gemeinden im Salzburger Flachgau, in der oberösterreichischen Eisenwurzen, in der Wachau oder im Kamptal deklarierten sich per Gemeinderatsbeschluß als »judenrein«. Eine Liste aus 1929 ergibt an die 70 solcher Orte in sieben Bundesländern.[157] Bekanntere und größere Fremdenorte hüteten sich aus wohlverstandenem Geschäftsinteresse vorerst vor solch einem Schritt. Die feinen Städter, die mit ihren Spazierstöcken und eleganten Schuhen auf die Almen kamen, förderten das Klischee vom hochmütigen, faulenzenden Wiener, der unter den Dienstboten nur die Sehnsüchte nach dem leichten Leben in der Stadt wecke und sie vom Land weglocke. Inmitten dieser Feindseligkeit allem Fremden gegenüber wurden 1920 die ersten Salzburger Festspiele abgehalten. Die Reaktion der Bevölkerung war skeptisch bis ablehnend.[158]

Nach der Währungsstabilisierung war der Fremde als Gast wieder allseits gern gesehen und umworben. Der Fremdenverkehr wurde zur »Lebens- und Überlebensfrage« der von wirtschaftlichen und politischen Krisen geschüttelten Republik hochgelobt.[159] 1925 wurden in Österreich 606 Gemeinden als »Fremdenorte« klassifiziert, wobei hinter Niederösterreich und Tirol die Steiermark das Bundesland mit den meisten Fremdenorten und Gästebetten war. Investitionen in die Verbesserung der Infrastruktur, in die Elektrifizierung der Bahnen und in den Ausbau des Straßennetzes wurden getätigt. Vorerst war vor allem der Ausflugsverkehr auf Kraftwagenlinien von Post und Bahn interessant. Aber der Autotourismus wurde zum Hoffnungsmarkt.

In der zweiten Hälfte der zwanziger Jahre versuchte man überall in Österreich, durch Anlage von Berg- und Seilbahnen die Attraktivität der Fremdenverkehrsorte zu erhöhen: Zwischen 1926 und 1928 eröffneten zehn Seilbahnen zwischen Rax und Pfänder. Der Wintersport begann populär zu werden. 1930 erreichten die Fremdennächtigungen im Winterhalbjahr erstmals die 20-Prozent-Marke. In den Großhotels dominierten reiche Privatiers und mondäne Schickeria. Zugleich nahmen nun breitere Gruppen am Fremdenverkehr teil, der damit von einem Element eines privilegierten Lebensstiles zu einem Massenkonsumgut wurde. Neben teuren Kurorten waren auch einfache Gebirgsdörfer mit billigen Gasthöfen immer mehr gefragt. Die Gästestruktur änderte sich. Die Aufenthaltsdauer begann zu sinken.[160]

Die Jahre 1924 bis 1928 gelten als das »Goldene Zeitalter« des österreichischen Fremdenverkehrs. Die Weltwirtschaftskrise machte einen gewaltigen Strich durch die Rechnung. 1930 kamen die Gäste noch, aber sie hatten, wie Alfred Polgar ätzte, kein Geld mehr.[161] 1931 kamen sie gar nicht mehr. Schon vor dem Machtantritt der Nationalsozialisten war die Zahl der deutschen Urlauber in Österreich um 78,6 Prozent zurückgegangen. Die Wirtschaftskrise und die Gebühr von 100 Mark, die nach einer 1931 ergangenen Notverordnung des Deutschen Reichs deutsche Touristen bei der Ausreise zahlen mußten, zeigten Wirkung. Dramatisch verschärft wurde das Ausbleiben der deutschen Urlauber durch die politisch motivierte Pression der »Tausendmark-

Wintersportland Tirol: Plakatentwurf von Alfons Walde, um 1930

sperre« im Jahre 1933, die Österreich in einem dreifachen Würgegriff aus Weltwirtschaftskrise, internem Terror und deutscher Erpressung wirtschaftlich in die Knie zwingen sollte. Das »Gesetz über die Beschränkung der Reisen nach der Republik Österreich« trat mit 1. Juni 1933 in Kraft: »Für jede Reise, die ein Reichsangehöriger mit Wohnsitz oder ständigem Aufenthalt im Inland in oder durch das Gebiet der Republik Österreich unternimmt, wird eine Gebühr von 1000 Reichsmark erhoben ... Die Gebühr fließt in die Reichskasse«, hieß es in Paragraph 1. Ausgenommen war nur der kleine Grenzverkehr. Diese Gebühr unterschied sich von allen vorhergehenden Reisehemmnissen in Deutschland und anderen Ländern durch ihren einseitig und allein gegen Österreich gerichteten Charakter.[162]

In den westlichen Bundesländern war die Wirkung einschneidend. Am stärksten betroffen war Tirol, wo einzelne Orte Ausfälle von bis zu 80 Prozent in Kauf zu nehmen hatten. Stark abhängig von den deutschen Gästen waren auch die Steiermark und Salzburg: In der Stadt Salzburg sank der Anteil deutscher Gäste von 63 Prozent im Jahre 1932 auf 6,3 Prozent im Jahr 1935. In Kärnten und Ober- und Niederösterreich hingegen, die vor dem Zweiten Weltkrieg als ausgesprochene Inländer-Reiseländer galten, waren die Auswirkungen viel weniger spürbar. Im allgemeinen waren die Folgen bei weitem nicht so katastrophal wie anfangs befürchtet. Bis 1935 waren die Ausfälle zu einem wesentlichen Teil bereits durch Gäste aus anderen Ländern und dem Inland wettgemacht worden. Die Salzburger Festspiele gewannen eine wichtige politische Dimension als Gegen-Bayreuth, gestützt von reichen amerikanischen Juden, die aus Protest gegen Hitler kamen, mit dem Antifaschisten Arturo Toscanini als Aushängeschild. Insgesamt traf die Tausendmarksperre weniger die großen Kurorte und renommierten Städte als die kleineren Orte, die nicht die Finanzkraft hatten, auf neuen Märkten werblich entsprechend aufzutreten. Die Aufhebung am 11. Juli 1936 hingegen wirkte sich kaum positiv aus, weil gleichzeitig Devisensperren in Kraft traten.[163]

1936/37 konnte wieder das Nächtigungsniveau des Jahres 1929/30 erreicht werden. Der Anteil des Inländerfremdenverkehrs lag aber nunmehr deutlich höher als in den zwanziger Jahren. Es kam zu einer grundlegenden Umorientierung des österreichischen Ausländerfremdenverkehrs: Der Anteil der Deutschen war bedeutungslos geworden. Immer stärker traten die Gäste aus Westeuropa hervor. Auf sie entfiel bereits fast ein Drittel aller Ausländernächtigungen. Die nationalsozialistische Propaganda erreichte eines: Der Ärger der Fremdenverkehrsbetriebe richtete sich weniger gegen die nationalsozialistischen Machthaber in Deutschland, die das verfügt hatten, als gegen die Wiener Regierung und den österreichischen Staat.[164] Tiroler Fremdenverkehrszentren wie Kitzbühel, Seefeld oder St. Anton wurden zu Zentren des Nationalsozialismus. Als 1938 Tafeln mit Aufschriften wie »Der Semmering ist judenfrei« oder »Der Arlberg ist judenfrei« aufgestellt wurden, war dies ein paradoxer Triumph, der diesen Orten teilweise erst recht die ökonomische Basis entzog.[165]

Sport und Freizeit

Sport, Freizeit, Fremdenverkehr und Konsumgüterindustrie gingen eine rasch enger werdende Symbiose ein. In den neunziger Jahren des 19. Jahrhunderts war der moderne Massensport entstanden. Als die drei Säulen des Arbeitersports entwickelten sich um die Jahrhundertwende die Arbeiter-Turnvereine, die Naturfreunde und die Arbeiter-Radfahrvereine. Nach 1900 wurden weitere Gebiete für den Arbeitersport erschlossen: Fußball, Stemmen und Schwimmen. Als bürgerlich exklusiv galten zwischen den beiden Weltkriegen Golf, Hockey, Fechten, Eislaufen, als bürgerlich dominant Tennis, Rudern, Kajak, Schwimmen und Leichtathletik. Schifahren, Fußball und Schwerathletik waren neutral. Als sozialistisch dominant wurden Handball, Radfahren und Schießen angesehen, als sozialistisch exklusiv Jiu-Jitsu.[166] Mehr als ein Fünftel der Arbeiterinnen trieb Sport, vor allem Wassersport, aber auch Turnen, Wandern und Wintersport, während Radfahren von Arbeiterfrauen kaum als sportliche Betätigung genannt wurde.[167]

Die organisierte Sportkultur schuf neue Schönheitsideale. Sport wurde zunehmend zu einem zentralen Faktor in der nationalen und politischen Identitätsstiftung und wurde zum Geschäft. Auch wenn sich die sozialistische Arbeitersportbewegung programmatisch strikt vom »bürgerlichen« Sport abgrenzte und dessen Ausrichtung auf individuelle Spitzenleistungen[168] und die Verwandlung des Sportplatzes zur »Schaubühne als unmoralische Anstalt« [169] kritisierte, so wurden doch auch auf der Zweiten Arbeiterolympiade, die 1931 in Wien stattfand, wie bei den »bürgerlichen« Olympiaden Siegertabellen, Landesbestenlisten und internationale Vergleichstabellen geführt. Und auch die »Arbeiter-Zeitung« stimmte bei Siegen österreichischer Sportler in den Lobgesang der »Nationalhelden« ein.[170]

Ab 1919/20 begannen die Zuschauerzahlen bei Fußballspielen deutlich anzusteigen. Der Fußball eroberte eine breite Öffentlichkeit. »Der Vater hat das Bier, die Mutter hat das Kino, der große Bruder hat den Fußball ...« So charakterisierte eine sozialdemokratische Zeitschrift Freizeittrends im Wien der zwanziger Jahre.[171] Fußballspiele wurden zu Massenereignissen. Fußball war nicht mehr nur Freizeitvergnügen, sondern auch Wirtschaftsunternehmen. Aus Vereinen wurden Betriebe.

Österreich war in den zwanziger Jahren das erste Land am Kontinent, das den Professionalismus im Fußball und anderen Mannschaftssportarten wie Wasserball oder Eishockey einführte. Fußballspielen als Beruf wurde 1924 legalisiert. Es begannen die zwei erfolgreichsten und interessantesten Jahrzehnte des Wiener Fußballs, auch wenn das alles ökonomisch kaum einen Erfolg zeitigte und aus dem »Scheinamateurismus« nur ein »Bettelprofessionalismus« geworden war. Die dreißiger Jahre wurden die Zeit des ersten österreichischen Wunderteams.[172] Matthias Sindelar, der »Papierene«, Sohn eines »Ziegel-Böhms«, aufgewachsen als Gassenjunge und Schlosserlehrling, schaffte den Aufstieg zum beneideten Idol der von Arbeitslosigkeit bedrohten Massen. Fußball wurde ein österreichischer Exportartikel. Viele der Spieler waren jüdisch. Die klassischen Sportarten Fechten, Turnen oder Rudern waren deutschnational besetzt und den Juden durch Arierparagraphen verschlossen. Die jungen Sportarten Fußball, Wasserball oder Eishockey, aber auch Tennis und Schifahren boten einen Ausweg.[173]

Die andere große wirtschaftliche Massenbasis gewann der Wintersport. 1925 widmete das Kaufhaus Gerngroß eine seiner riesigen Auslagenflächen dem Thema Schisport, mit einem rund um die Uhr im Hintergrund laufenden Film, auf dem über Abfahrtsmöglichkeiten und neueste Schifahrtechniken informiert wurde.[174] Hannes Schneider machte den Arlberg mit den in den frühen zwanziger Jahren dort gedrehten Schifilmen berühmt, mit dem ersten Arlberg-Kandahar-Rennen 1928 als Höhepunkt, und verhalf dem alpinen Schilauf zum Sieg über die Langlauf- und Sprungdisziplinen. Auch Kitzbühel oder Seefeld konnten sich als Wintersportzentren etablieren.[175]

Kino und Rundfunk

Der Krieg hatte der österreichischen Filmwirtschaft einen gewaltigen Auftrieb gegeben. Die Inflation schuf eine Scheinwelt. Theater und Kinos boomten. Die Filmstudios profitierten von der Geldentwertung. Alexander Joseph »Sascha« Kolowrat-Krakowsky gründete die »Sascha-Filmfabrik« in Wien und produzierte Monumentalfilme wie »Sodom und Gomorrha« (1922) oder »Die Sklavenkönigin« (1924). Auch in den Bundesländern entstanden zahlreiche Filmfirmen. Mit dem Ende der Inflation zerplatzten die meisten dieser Träume auf Zelluloid.

1922 gab es in Wien 180 Kinos, was bei durchschnittlich 450 Plätzen pro Kino, je zwei bis drei Vorstellungen am Tag und etwa dreiviertelvollen Häusern 150 000 bis 180 000 Kinobesucher täglich bedeutete. 1927 existierten in ganz Österreich bereits 762 Kinos. Aus der ehemaligen Jahrmarktunterhaltung war eine mächtige Industrie erwachsen. Bis 1925 war der Film zum wichtigsten Medium der Unterhaltung und Information geworden.[176] Im Kino entstand ein Ort, der, wenn auch nur jeweils für wenige Stunden, die Klassengrenzen aufzulösen schien. Die Karten waren billig genug, daß es auch für Unterschichten möglich war, einmal oder mehrmals pro Woche Vorstellungen zu besuchen.[177] Auch Frauen zählten zu den eifrigen Kinogehern. Die Liebe der Frauen zum Kino wurde zu einem sozialkritischen Topos, der in spöttischen Bemerkungen und als wissenschaftlich etikettierte Analyse immer wieder zum Ausdruck gebracht wurde.[178]

Bereits 1928 entstand der erste österreichische Tonfilm, ein Jahr nach Beginn der neuen Filmära in den USA. Bis 1931 waren alle Wiener Groß- und Mittelkinos umgestellt, und 1932 wurden in Österreich praktisch nur mehr Tonfilme gezeigt. Schon Anfang der dreißiger Jahre erreichte der heimische Tonfilm mit den Willi-Forst-Streifen »Maskerade« und »Leise flehen meine Lieder« einen Höhepunkt. Hatte in den zwanziger Jahren der amerikanische Film den Markt dominiert und nationale Filmproduktionen behindert, so bot der Tonfilm den Produktionen in Landessprache eine neue Chance. In Österreich allerdings trat eine umgekehrte Wirkung ein. Mit dem Tonfilm wurde der österreichische Film fast vollständig vom deutschen Markt abhängig. Der Einfluß der deutschen Filmindustrie wurde immer größer, durch deutsche Patente, aber auch durch die gestiegenen Kosten und den auf den deutschen Sprachraum eingeengten Markt. Es war faktisch unmöglich, in Österreich einen Film zu produzieren, ohne sich am deutschen Markt, am deutschen Geschmack und bald auch an der deutschen politischen Gesinnung und den dortigen Rassengesetzen zu orientieren.[179]

Ab 1. April 1923 meldete sich auch ein österreichischer Rundfunksender namens »Radio Hekaphon«, der von der Firma Czeija & Nissl versuchsweise betrieben wurde. Am 2. September 1923 strahlte er zur Eröffnung der Wiener Herbstmesse die erste »offizielle« Sendung aus: Bundespräsident Michael Hainisch und Bundeskanzler Ignaz Seipel hielten Ansprachen an das Messepublikum. Die Frühjahrsmesse 1924 stand bereits ganz im Zeichen der Radiobegeisterung. Die »Radio-Verkehrs-AG« (RAVAG), die ein Monopol für Sendeanlagen und Rundspruch erhielt, nahm am 1. Oktober 1924 den offiziellen Programmbetrieb auf. »Vom Hausknecht bis zum Direktor, ein jeder sitzt jetzt beim Detektor«, oder »Die schöne Adrienne hat eine Hochantenne ...«, tönte es aus den Grammophonen im Foxtrott- und Charleston-Rhythmus. Zu Weihnachten 1924 soll es allein in Wien an die 2 000 Radiohersteller gegeben haben, von denen etwa ein knappes Dutzend in irgendeiner Form als Unternehmen überlebt hat. Man sprach vom »Radiofieber« als dem inmitten der »Trostlosigkeit des wirtschaftlichen Niedergangs einzigen Gebiet, wo die Krise überwunden schien«.[180]

Man sah, daß das Radio sich noch rascher durchsetzen würde als das Kino und in die entferntesten Dörfer dringen würde, nicht in zwei Jahrzehnten, sondern in zwei Jahren. Die Hörerzahlen stiegen sprunghaft an.[181] Musik und gesprochenes Wort wurden für wenig Geld beliebig reproduzierbar. Radio und Grammophon trugen die Tanzbands und besten Orchester, die beliebtesten Tenöre und neuesten Schlager in jedes Wohnzimmer. Die damit verbundene Kommerzialisierung kreierte ihre eigenen Stars und Hits und machte Melodien und Stimmen allgegenwärtig.

Beim Radio handelte es sich um ein Produkt, dessen Nützlichkeitswert für Empfänger niedriger Einkommen höher war als für solche hoher Einkommen. Für diejenigen, denen aufgrund ihrer finanziellen Situation viele Unterhaltungs- und Zerstreuungsmöglichkeiten offenstanden, stellte das Radio nur ein zusätzliches, wenn auch bedeutsames Mittel der Unterhaltung dar. Für Personen in ärmeren Verhältnissen hingegen wurde es rasch zur wichtigsten Abwechslung und Unterhaltungsmöglichkeit. Daher zeigte sich die Nachfrage gegenüber konjunkturellen Einflüssen nahezu unempfindlich und hing stärker von der Reichweite der Sender ab als vom Einkommen der Bevölkerung.

Arbeiter gehörten zu den ersten Radiohörern. Die sozialdemokratische Zentralstelle für Bildungsarbeit schätzte den Anteil von Arbeitern und Angestellten an der Gesamtzahl der Radiohörer in Österreich im Jahre 1929 auf etwa 70 Prozent. Radiobastler waren innerhalb der sogenannten »Arbeiteraristokratie« prominent vertreten. Man begrüßte die neue Technik, mit der Information und Kultur gleichzeitig und billig einer massenhaften Verbreitung zugeführt werde, als Überwindung der kulturellen Dominanz der Stadt über die »geistige Öde des Dorfes«: Die »Radiotelephonie« werde das ganze geistige Bild des Dorfes umgestalten. In einem Jahrzehnt werde es in jedem Dorfe Empfangsapparate geben.[182] »Ist das nicht eine Zukunftsaussicht, besonders der ländlichen Bevölkerung wirklich edle Kultur zu bringen? Werden die nicht nun auch einbezogen in frohen Kunstgenuß, sonst nur dem Städter zugänglich? Fällt nicht ein Ansporn zur Landflucht fort, da man ja dann nicht mehr ausgeschlossen ist von allem, was Hörenswertes in der Stadt sich begibt?...« [183]

Bis alle Dörfer allerdings am Radiokonsum teilhaben konnten, dauerte es in Österreich länger als in anderen Ländern, weil das alpine Terrain die Empfangsbedingungen schwierig machte. Der Anteil der Wiener Hörer betrug im ersten Jahr fast 90 Prozent und 1929 immer noch zwei Drittel. Die Aufwärtsentwicklung in den einzelnen Bundesländern setzte erst parallel mit der Errichtung von Regionalsendern ein, die die Empfangssituation im Land verbesserten. Die politische Macht des neuen Mediums war bald klar. 1933 wurde der Großsender auf dem Bisamberg eröffnet, um ein leistungsstärkeres Instrument gegen die »Ätherpropaganda« des Nationalsozialismus zur Verfügung zu haben. Die Studios der RAVAG wurden zu den wichtigsten Zielen der Putschisten, 1934 wie 1938.

Die Weltwirtschaftskrise

Industriekrise und Arbeitslosigkeit

»Wer verdient heute Geld? Die Viehhändler, Konkurshändler, Transithändler. Nicht aber die Industrie«, sagte Ernst Streeruwitz 1933 im Klubvorstand der Christlichsozialen Partei.[184] Daß 1929 das Sozialprodukt das Ergebnis von 1913 überschritt, war nur den Ergebnissen der Landwirtschaft, des Dienstleistungssektors und der Elektrizitätswirtschaft zu danken. Industrie und Gewerbe blieben zurück. Einigen Wachstumsbranchen wie Holzverarbeitung, Papierindustrie oder chemischer Industrie standen die schlechten Ergebnisse im Bereich der Investitionsgüterindustrien gegenüber. 1930 wurde die österreichische Wirtschaft voll von der Weltwirtschaftskrise erfaßt. In diesem Jahr sank das Bruttonationalprodukt um 2,8 Prozent. In den folgenden Jahren setzte sich der Schrumpfungsprozeß ungebrochen fort: 1931 –8,0 Prozent, 1932 –10,3 Prozent, 1933 –3,3 Prozent. Erst 1934 gab es wieder einen bescheidenen Zuwachs von 0,8 Prozent.

Die Weltwirtschaftskrise war, wie schon der Name sagt, ein weltweites Phänomen. Allerdings lag in den USA das Sozialprodukt auch im schlimmsten Jahr noch um fast 9 Prozent über dem Vorkriegswert, während in Österreich um rund 20 Prozent weniger produziert wurde als vor dem Krieg.

»Wie lange werden sie noch rauchen«: Titelbild der Wochenzeitung »Der Kuckuck«, 2. Februar 1930

Die Industrieproduktion vermochte in Österreich in der Zwischenkriegszeit das Niveau von 1913 niemals zu erreichen. Die Produktionskapazitäten konnten zu keinem Zeitpunkt voll ausgelastet werden. Verglichen zu 1913 war die Industrieproduktion weltweit 1929 um 53,3 Prozent höher, die der USA um 81,8 Prozent, die Europas um 27,8 Prozent, während Österreich einen Rückgang um 2 Prozent hinnehmen mußte.[185] Bis 1933 sank die Industrieproduktion auf 60,9 Prozent des Vorkriegswerts. 1937 war sie nur um 3 Prozent höher als 1929, verglichen mit einem Zuwachs von 19 Prozent für den Durchschnitt der westeuropäischen Staaten. Die Entwicklung der Bauwirtschaft war noch ungünstiger als die der Industrie. Ihr Output war 1929 um 25 Prozent niedriger als im Jahr 1913, betrug 1933 kaum ein Drittel des Vorkriegsniveaus und erreichte bis

Tabelle 36: Durchschnittliches Wachstum des Bruttoinlandsprodukts 1913 bis 1938 in Österreich und den Nachfolgestaaten (in Prozent pro Jahr)

	Österreich	ČSR	Ungarn	Jugoslawien	Europa
1913–1929	0,3	2,7	1,2	2,1	1,9
1929–1938	–1,8	–0,2	1,1	1,3	1,1

Quelle: Angus *Maddison*, Economic Policy and Performance in Europe 1913–1970, in: The Fontana Economic History of Europe, Bd. 5/2 (London 1976) 453.

1937 knapp die Hälfte von 1913. Etwas besser als die Industrie konnte sich das Gewerbe behaupten. Nur die Landwirtschaft hatte 1929 den Stand des letzten Vorkriegsjahres bereits deutlich überschritten und lag 1937 um 16 Prozent über dem Niveau von 1913. Fortschritte waren auch in der Energiewirtschaft und bei den persönlichen Dienstleistungen gegeben.[186]

Betroffen waren vor allem die exportorientierten Zweige und die Investitionsgüterindustrie. Am schlimmsten war die Situation in der Eisenindustrie. Dort war im November 1932 der Auftragsstand auf 8,1 Prozent des Normalwerts zurückgegangen. 1932 wurde die Arbeit im Hüttenwerk Donawitz dreimal stillgelegt, im Dezember die gesamte Belegschaft gekündigt und der Betrieb erst im Frühjahr 1933 wiederaufgenommen. Aber auch die Konsumgüterindustrie geriet ins Trudeln. Die Nachfrage nach Bier, Zucker, Schokolade oder Textilien und Möbeln nahm teilweise drastisch ab. Eine Bewältigung der Krise wurde vor allem von einer Senkung der Lohn- und Lohnnebenkosten erwartet, was sich auf die Konsumgüternachfrage voll auswirken mußte.[187]

Das Volumen des Außenhandels sank um die Hälfte, die Arbeitsmarktlage verschärfte sich dramatisch, so daß 1933 fast ein Drittel aller Unselbständigen oder 16 Prozent aller Erwerbspersonen arbeitslos waren. Zu Ende des Jahres 1934 erreichte die

Arbeitslosigkeit in Österreich 1900 bis 1993 (in Prozent)

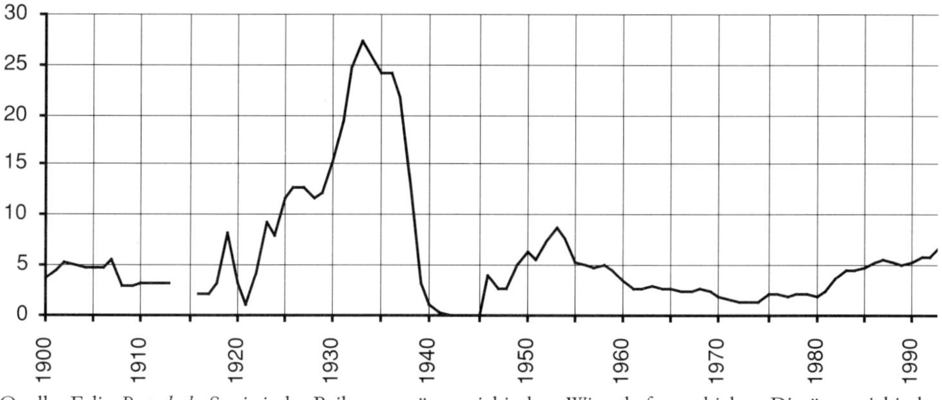

Quelle: Felix *Butschek,* Statistische Reihen zur österreichischen Wirtschaftsgeschichte. Die österreichische Wirtschaft seit der industriellen Revolution (Wien 1993) 3.3.

Arbeitslosigkeit nach zeitgenössischen Schätzungen mit etwa 770 000 Personen oder 38,5 Prozent der unselbständig Erwerbstätigen ihren Höhepunkt. 60 Prozent davon allerdings waren bereits ohne reguläre Unterstützung. Besondere Krisenherde bildeten die Eisen- und Metallindustrie und das Baugewerbe, auf die mehr als 40 Prozent der Arbeitslosen entfielen. Die alten, monostrukturellen Industrieregionen traf es am schwersten. Marienthal, Hirtenberg, Ternitz, Enzesfeld, Neunkirchen und Wiener Neustadt wurden zu schrecklichen Symbolen der Wirtschaftskrise der dreißiger Jahre.[188] Wiener Neustadt verzeichnete 1934 eine Arbeitslosenrate von 60 Prozent. Von Steyr war in Zeitungsartikeln als »Armenhaus Europas« und »sterbender Stadt« die Rede. Betroffen von der Arbeitslosigkeit waren weniger die Frauen als die Männer. Während der härtesten Krisenjahre reagierten viele Unternehmen mit einer Verlagerung von der teureren Männerarbeit auf die billigere Frauenarbeit. Es entstand eine Zweidrittelgesellschaft. Jene, die Arbeit hatten, waren besser gestellt als vor dem Krieg. Das Drittel, das keine Arbeit hatte, wurde ausgesteuert.[189]

Die 1933 einsetzende Erholung erwies sich als relativ schwach. Zwischen 1933 und 1937 stieg das Bruttoinlandsprodukt pro Jahr real um 2,8 Prozent und lag 1937 noch um 14 Prozent unter dem Niveau von 1929. Die Investitionsgüterindustrien hatten 1937 fast wieder das Produktionsvolumen des Jahres 1929 erreicht, während die Konsumgüterindustrie sich noch nicht erholt hatte, so daß die Industrieproduktion insgesamt um ein Fünftel unter dem Niveau von 1913 und 1929 blieb. Es war eine Krise der Großindustrie: Während 1913 in Wien rund 25 Industriebetriebe mit mehr als 1 000 Beschäftigten operierten, waren es 1930 nur mehr elf.[190]

Die Beschäftigungskrise hatte strukturelle, konjunkturelle und demographische Hintergründe. Von der Gewerkschaft wurde die Arbeitslosigkeit als Folge des Rationalisierungsprozesses und der zu geringen Masseneinkommen gesehen und eine Lösung in der Erweiterung des Massenkonsums erwartet.[191] In Wirklichkeit war es wohl eher umgekehrt. Die Arbeitslosigkeit stellte sich weniger als Folge der Rationalisierung und der Produktivitätszunahmen, die es in viel zu geringem Maße gab, sondern als Resultat der unbewältigten Strukturprobleme der ökonomischen Desintegration, aber auch der Zunahme des Arbeitskräftepotentials von 1910 bis 1934 um 290 000 Menschen dar. Verschärfend wirkten die realen Einkommenszuwächse und gestiegenen Soziallasten, die in der Produktivitätsentwicklung keine Entsprechung fanden. Auch die abgebauten Beamten – ihre Zahl sank von über 300 000 am Ende der Inflationszeit auf 169 000 im Jahr 1933 – fielen weitgehend der Arbeitslosigkeit anheim.[192]

Von 1913 bis 1945 wuchs die Bevölkerung per Saldo nicht. Eine charakteristische Verschiebung war jedoch in der Geschlechterrelation aufgetreten. War 1910 die Sexualproportion mit 102 Frauen zu 100 Männern noch weitgehend ausgeglichen, so entfielen 1923 bereits 108, 1951 sogar 116 Frauen auf 100 Männer. Der Frauenanteil an den Berufstätigen lag aber 1923 mit 39,0 Prozent nur geringfügig höher als 1910 (38,3 Prozent). Der während des Krieges erfolgte Prozeß der Integration von Frauen in den Arbeitsmarkt muß in erheblichem Maße rückgängig gemacht worden sein. Auch die Altersstruktur der Bevölkerung begann sich grundlegend zu ändern. Der Anteil der Bevölkerung im erwerbsfähigen Alter nahm stark zu. 1923 standen um 221 300 Personen mehr im erwerbsfähigen Alter als 1910. Der Anteil der Berufstätigen war weniger stark gestiegen, um 134 400 auf 3 602 600.[193]

Das im westeuropäischen Durchschnitt nur schwache Bevölkerungswachstum der zwanziger Jahre, das in den dreißiger Jahren in einen neuen Rückgang einmündete, war Folge der Geburtenbeschränkung in der Zwischenkriegszeit, die unter den kleinbürgerlichen Schichten Wiens am stärksten zum Ausdruck kam. Nach dem Geburtenboom der unmittelbaren Nachkriegszeit sank die Geburtenziffer ständig. Wien war zur geburtenärmsten Großstadt der Welt geworden. Aus dieser Entwicklung ergab sich eine Überalterung der Bevölkerung, die eine Dämpfung der Nachfrage und eine geringere berufliche und örtliche Mobilität zur Folge hatte. In auffallendem Kontrast zum Geburtentief der Zwischenkriegszeit stand das Ansteigen der Ehehäufigkeit. Der Anteil der Verheirateten an der Gesamtbevölkerung nahm von 33 Prozent im Jahre 1910 auf 39 Prozent 1934 und 44 Prozent 1951 zu. Der Rückgang der Säuglings- und Kindersterblichkeit setzte sich fort. Starben 1910 noch 18,4 Prozent aller Lebendgeborenen vor Vollendung des ersten Lebensjahres, so lautete 1937 der entsprechende Prozentsatz 9,2 Prozent. Unter den Todesursachen verlor die anfangs noch dominierende Tuberkulose allmählich an Bedeutung, während Herz-, Kreislauf- und Krebserkrankungen zunehmend in den Vordergrund traten. Die Selbstmordquote zählte zu den höchsten in Europa.[194]

Die Auswanderung, die zu Beginn der zwanziger Jahre ihren Höhepunkt erreichte, konnte wegen der zunehmend restriktiver werdenden Bestimmungen der Einwanderungsländer und der überall aufbrechenden Wirtschaftskrise bald kein Ventil mehr darstellen. Zwischen 1919 und 1937 verließen über 80 000 Österreicher ihre Heimat, um sich in Übersee eine neue Existenz aufzubauen. Aber auch nach den europäischen Ländern, insbesondere den Nachbarstaaten und Frankreich, muß die Auswanderung einen erheblichen Umfang angenommen haben. Kennzeichnend für das Fehlen wirklicher

Tabelle 37: Arbeitskräftepotential und dessen Auslastung von 1869 bis 1990 (in 1000)

	Selbständige/ Mithelfende in 1 000	Unselbständige in 1 000	Beschäftigte in 1 000	Arbeitslose in 1 000	Erwerbstätige in 1 000	Erwerbspersonen in 1 000	Erwerbsquote in Prozent
1900	1 224,8	1 933,2	1 838,2	95,0	3 063,0	3 158,0	52,6
1910	1 271,8	2 196,4	2 108,4	88,0	3 380,2	3 468,2	52,2
1923	1 304,3	2 298,3	2 038,7	259,6	3 343,0	3 602,6	55,1
1934	1 248,6	2 141,3	1 548,1	593,2	2 796,7	3 389,9	50,1
1939	1 360,9	2 120,5	2 064,2	56,3	3 425,1	3 481,4	52,3
1951	1 181,0	2 166,1	2 088,8	77,3	3 269,8	3 347,1	48,3
1961	982,9	2 386,9	2 323,7	63,2	3 306,6	3 369,8	47,6
1971	656,1	2 477,0	2 431,8	45,2	3 087,9	3 133,1	41,8
1981	466,3	2 945,2	2 846,1	99,1	3 312,4	3 411,5	45,2
1990	495,2	3 040,7	2 926,5	114,2	3 421,7	3 607,3	46,1

Quelle: Felix *Butschek*, Statistische Reihen zur österreichischen Wirtschaftsgeschichte. Die österreichische Wirtschaft seit der industriellen Revolution (Wien 1993) 3.1.

wirtschaftspolitischer Strategien waren Projekte, die Arbeitslosigkeit durch Förderung der Auswanderung zu bekämpfen.[195]

Krise der Bauwirtschaft

Die Bedeutung des Bausektors war im Verhältnis zur Vorkriegszeit absolut und relativ stark gesunken. Sein Anteil am Bruttosozialprodukt fiel um mehr als 40 Prozent. Die Bauwirtschaft erreichte auch in den besten Konjunkturjahren der Zwischenkriegszeit nie mehr als drei Viertel der Produktion des Jahres 1913. Der Rückschlag in der Weltwirtschaftskrise auf etwa ein Drittel des Vorkriegsniveaus war stärker und andauernder als in den meisten anderen Wirtschaftszweigen.

Die Gründe für diese spezifische Branchenkrise waren vielfältig: die Stagnation der Bevölkerung, insbesondere in Wien, die Dezentralisierung und Peripherisierung und die Investitionsschwäche. Die großen Baugesellschaften, die von Wien aus im Bereich des gesamten Vielvölkerstaates agiert hatten, sahen sich mit einemmal mehr oder weniger auf den kleinen österreichischen Binnenmarkt eingeengt. Da wenig investiert wurde, gab es wenig Aufträge für die Bauwirtschaft.

Der Rückgang der Wiener Einwohnerzahl zwischen 1916 und 1922 um fast 400 000 Personen führte nicht, wie man gehofft hatte, zu einer entsprechenden Linderung der Wohnungsnot, da der Abnahme der Bevölkerung eine Zunahme der Haushalte gegenüberstand. Die durchschnittliche Haushaltsgröße sank in Wien von 4,1 Personen 1910 auf 3,4 im Jahr 1923 und 2,9 im Jahr 1934. Die Abwanderung betraf zum größeren Teil die ärmste Bevölkerungsschicht, die den Großteil der Bettgeher und Untermieter gestellt hatte. Wegen der durch den Mieterschutz drastisch gesunkenen Mieten waren Arbeiter in ihren kleinen Wohnungen kaum mehr an der Aufnahme von Bettgehern und Untermietern interessiert, die nun ihrerseits eine Wohnung suchen mußten. Vor dem Weltkrieg betrugen die Wohnungskosten durchschnittlich 20 Prozent der Lohneinkommen, 1923 nur mehr 1 bis 2 Prozent. Die große Mobilität der städtischen Bevölkerung fand ein abruptes Ende. Weil die Mieten eingefroren waren, kam es zu einer Verstetigung des Wohnens, gleichzeitig zur Anschaffung von mehr Mobiliar, was ebenfalls die Umzugshäufigkeit reduzierte.

Nach 1918 war es im Gegensatz zur Zeit vor dem Krieg ungeheuer schwer, zu einer Wohnung zu kommen, wenn man noch keine hatte. Die Rentabilität des in Miethäusern angelegten Kapitals war Anfang der zwanziger Jahre praktisch auf Null gefallen. Die Einkommen aus Gebäudebesitz erreichten nur mehr etwa 5 Prozent des Vorkriegswertes. Während der Wohnungsbedarf trotz des Bevölkerungsrückgangs anstieg, waren der gewinnorientierte Wohnbau und die notwendigen Instandhaltungsarbeiten völlig zum Erliegen gekommen.[196]

Neubauten waren zwar vom Mieterschutz ausgenommen und steuerbegünstigt. Aber abgesehen vom Mißtrauen potentieller Investoren in die politische Zuverlässigkeit der Situation waren frei vereinbarte Neubaumieten gegenüber den »Friedenszinsen« nicht konkurrenzfähig. Die »Sozialisierung« der Mieten mußte auch eine »Sozialisierung« des

Wohnbaus nach sich ziehen. In Wien als dem einzigen Bundesland, wo die Sozialdemokratie die Mehrheit hatte, wurde exemplarisch versucht, einen kommunalen Wohnbau zu verwirklichen. Wien stellte dafür bis zu einem Viertel seines Steueraufkommens zur Verfügung.

Während der 1919 gegründete Bundes-Wohn- und Siedlungsfonds und die genossenschaftliche Siedlerbewegung in erster Linie den Bau von Einzelhäusern und Siedlungsprojekten zu forcieren suchten, lag im kommunalen Wohnbau ab 1923 die Betonung auf den Großbauten mit stark gemeinschaftlicher Orientierung und ohne individuelles Wohnungseigentum. Die Blüte der Wiener Siedlerbewegung im Rahmen eines von der Gemeindeverwaltung unterstützten »Großsystems organisierter Selbsthilfe« dauerte nur bis 1924. Die Entscheidung des Wiener Gemeinderats vom September 1923, künftig überwiegend mehrgeschossige Großwohnanlagen zu errichten, war der Beginn des Wohnbauprogramms der Gemeinde Wien, das aber an die Bauleistung der Vorkriegszeit nicht heranreichte. Mit einer Gesamtleistung von 91 200 Wohnungen, davon 63 754 kommunalen, also circa 5 000 im Jahr, betrug die Wiener Bautätigkeit der Zwischenkriegszeit nur etwa die Hälfte des Jahreszuwachses in der Spätgründerzeit, allerdings mit etwas größeren und besser ausgestatteten Wohnungen.[197]

Drei Viertel der Wohnungen hatten eine Größe von 38 m^2 und bestanden aus Zimmer, Küche, Vorzimmer und WC. Nur ein Viertel verfügte über ein weiteres Kabinett und insgesamt 48 m^2. Erst nach 1927 wurden auch Mittelstandswohnungen mit einer Wohnfläche von 57 m^2 für Angestellte und Angehörige freier Berufe vorgesehen. 10 Prozent des Wiener Wohnungsbestandes entfielen im Jahr 1934 auf kommunale Wohnbauten, die von etwa 250 000 Menschen bewohnt wurden. Die Standards, die gesetzt wurden, wirkten aber weit darüber hinaus.

Das Wohnbauprogramm der Gemeinde Wien schuf zwischen 1919 und 1934 Wohnungen, die mit einem Komfort vertraut machten, den Arbeiter vor dem Kriege nur vom Hörensagen gekannt hatten: fließendes Wasser und eigene Toilette innerhalb der Wohnung, Gas- und Stromanschluß, Vorzimmer. An die Stelle der durch halboffene oder verglaste Gangtüren und Gangfenster belichteten Küchen und Vorzimmer trat die elektrische Beleuchtung. Zum Stiegenhaus hin gab es nur mehr den »Spion«, das kleine Guckloch, das einen Blick nach außen erlaubte, die Wohnung und ihr Geschehen aber dem Vorbeikommenden optisch und akustisch stärker verbarg. Das Wohnen war ein beträchtliches Stück privater geworden.[198]

Neben dem »roten Wien« gab es auch »rote« Bundesländerhauptstädte, etwa ein »rotes« Linz. Allerdings war die Situation anders als in Wien, das gleichzeitig Gemeinde und Land war. In den Bundesländern hatte die kommunale Wohnbautätigkeit in der Zwischenkriegszeit nur ein geringes Ausmaß.[199]

Der große Bankenkrach

Das Unheilvolle der »Großen Depression« bestand im Zusammentreffen einer internationalen Agrar-, Industrie- und Kreditkrise. Österreich wurde, wie Deutschland und die USA, von der Krise besonders hart betroffen, weil hier zum Produktions- und Beschäftigungseinbruch jeweils eine schwere Verunsicherung des Bankensystems hinzukam. In Österreich scheint der Zusammenbruch des Bankensystems insofern besonders akzentuiert gewesen zu sein, als zwar der Abzug ausländischer Gelder den unmittelbaren Anlaß darstellte, das Bankensterben aber bereits am Ende der Spekulationsära Mitte der zwanziger Jahre begonnen hatte und der Zusammenbruch der Credit-Anstalt nur den dramatischen Schlußpunkt setzte, der die Krise verschärfte und verlängerte.

Anfang Mai 1924 erfuhr, wie der »Österreichische Volkswirt« schrieb, »der erstaunte Bürger... eines Morgens, daß Wien um eine selbständige Großbank weniger zählte«.[200] Die 1871 gegründete und angesehene Allgemeine Depositenbank mit 1800 Angestellten, die Camillo Castiglioni in seine Spekulationsgeschäfte hineingezogen hatte, mußte die Schalter schließen. Auch die 1782 begründete Biedermannbank, eine der ältesten Privatbanken Österreichs, an deren Spitze Joseph Schumpeter so unglücklich agiert hatte, war 1924 in Schwierigkeiten geraten und mußte 1926 liquidiert werden. Ähnlich erging es der Centralbank der deutschen Sparkassen, die von dem Grazer Inflationsgewinnler Viktor Wutte mit in den Abgrund gerissen wurde. Auch die Postsparkasse, die durch dubiose Geschäftsverbindungen mit Sigmund Bosel und die mißglückte Spekulation gegen den französischen Franc in Schwierigkeiten geraten war, konnte nur durch öffentliche Mittel über Wasser gehalten werden.[201]

Nach der 1926 von der Credit-Anstalt durchgeführten Übernahme der Anglo-Austrian Bank (Anglobank), deren Geschäftszweck, englisches Kapital nach Österreich zu bringen, mißglückt war, kam das Fusionskarussell nicht mehr zum Stillstand. Die vom Postsparkassenskandal gebeutelte Unionbank wurde 1927 mit der Boden-Credit-Anstalt verschmolzen, ebenso die Verkehrsbank und eine Reihe von Bundesländerbanken. 1929 zeichnete sich immer mehr ab, daß die Expansionspolitik, die Rudolf Sieghart, seit 1910 mit kurzen Unterbrechungen Gouverneur der Boden-Credit-Anstalt, betrieben hatte, gescheitert war. Am 5. Oktober 1929 mußten die Direktoren Bundeskanzler Schober die Zahlungsunfähigkeit der Bank eröffnen. Der 6. Oktober wurde ein dramatischer Sonntag. Jeder wußte, daß bis Montag früh eine Lösung gefunden sein mußte, die, wie man glaubte, nur von der Credit-Anstalt kommen konnte. Deren Präsident, Baron Louis Rothschild, befand sich auf der Jagd. Das Schicksal der österreichischen Volkswirtschaft hing davon ab, wie Otto Bauer es ironisch skizzierte, ob er von einem Großaufgebot mehrerer hundert Gendarmen rasch genug gefunden werden konnte und dann nicht, wegen der Störung bei der Jagd verstimmt, seine Zustimmung zu den Sanierungskonzepten verweigerte.[202] Der Spruch, Schober habe Rothschild nicht eine Pistole, sondern ein Maschinengewehr an die Brust gehalten, machte später die Runde.[203]

Aus der Fusion von Credit-Anstalt und Boden-Credit-Anstalt war ein Finanzriese entstanden: Rund zwei Drittel der Bilanzsumme und der Debitoren sämtlicher österreichischer Banken entfielen nunmehr auf die Credit-Anstalt für Handel und Gewerbe. Zwischen der Hälfte und zwei Dritteln der österreichischen Industrie wurden nach Mutmaßung der Zeitgenossen von ihr beherrscht.[204] Gemessen am Kriterium substantieller Aktienbeteiligungen bzw. Kreditgewährungen, umfaßte die Einflußsphäre der

Bank im Jahr 1931 216 österreichische Industrie-Aktiengesellschaften mit einem Gesamtkapital von etwa 700 Millionen Schilling. Dies entsprach 42 Prozent des Aktienkapitals aller österreichischen Industrieunternehmen. Gemessen an den Beschäftigten war der Anteil wesentlich höher.

Hatte es im Frühjahr 1931 geschienen, als ob sich eine Konjunkturwende abzeichne, so zerstörte der Kollaps der Credit-Anstalt für Handel und Gewerbe im Mai 1931 diese Hoffnungen und bewirkte die Fortdauer, ja Vertiefung der Krise. Wiewohl es im engeren Sinn des Wortes zu keinem »Zusammenbruch« der Credit-Anstalt gekommen war, weil sie vom Bund zusammen mit der Nationalbank und dem Haus Rothschild aufgefangen, eine Bundeshaftung für die Einlagen ausgesprochen sowie ein Zahlungsmoratorium mit den ausländischen Gläubigern vereinbart wurde, kam es neuerlich zu einer internationalen Vertrauenskrise, die zu einem rapiden Devisen- und Goldabfluß führte.[205]

Das wahre Ausmaß des Schadens wurde erst allmählich publik. Die in der Rekonstruktionsbilanz im Juli 1933 vorgenommenen Wertberichtigungen summierten sich mit den bereits in der Bilanz für 1930 durchgeführten Abschreibungen und dem Betriebsverlust der Jahre 1931 und 1932 auf einen Betrag von 987,2 Millionen Schilling. Dieser Wert entsprach rund 13 Prozent des Volkseinkommens von 1932 oder mehr als der Hälfte des Bundesbudgets.[206] Der Staat stellte der Credit-Anstalt durch direkte Einzahlung, Übernahme des größten Teils der Wechselschuld und Abdeckung der Verbindlichkeiten an Auslandsgläubiger insgesamt 883 Millionen Schilling zur Verfügung.[207]

Die Credit-Anstalt war 1933 eine andere Bank als 1931. Hatten ihrem Verwaltungsrat bisher Industrielle und Bankiers aus dem gesamten Donauraum und Repräsentanten der westeuropäischen Hochfinanz angehört und war an ihrer Spitze Baron Louis Rothschild mit dem gesamten Gewicht seines Namens und Hauses gestanden, so war nunmehr die öffentliche Hand im Besitz der Aktienmajorität. An die Stelle des in- und ausländischen Privatkapitals traten im Verwaltungsrat Politiker und Beamte, statt Louis Rothschild als Vorsitzender Finanzminister a. D. Emanuel Weidenhoffer. Zugleich wurden die ausländischen Aktiva der Bank im Donauraum, deren Wert 1931 auf rund 500 Millionen Schilling veranschlagt wurde, weitgehend veräußert. Die Credit-Anstalt wurde eine österreichische, überwiegend in Staatsbesitz befindliche Bank.[208]

Die Krise der Credit-Anstalt führte zu einer gewaltigen Kapitalflucht, die durch Kredithilfen des Auslands nur unzureichend ausgeglichen wurde. Der Anteil der von österreichischen Staatsbürgern ins Ausland verlagerten Kapitalien war größer als jener der gern als Sündenbock benannten Kreditkündigungen des Auslands.[209] Nach der Credit-Anstalt-Krise und der damit verbundenen Währungskrise mußte Österreich Mitte 1932 unter weitgehenden Konzessionen an die Auslandsgläubiger auf der Grundlage des Genfer Protokolls neuerlich eine Völkerbund-Anleihe aufnehmen (»Lausanner Protokoll«), deren Erlös von 309 Millionen Schilling dem Land Mitte 1933 zufloß und die in der Hauptsache zum Abbau der kurzfristigen Auslandsschuld verwendet wurde. Die österreichische Finanzpolitik unterwarf sich abermals der Kontrolle eines Völkerbundberaters, dessen Aufgabe es war, auf den Ausgleich des Bundeshaushaltes und der Zahlungsbilanz hinzuarbeiten.[210]

1934 kam es noch einmal zu einer, diesmal abschließenden Bankensanierung, die den Bund wiederum 180 Millionen Schilling kostete. Denn 1933 hatte sich auch die Lage des Wiener Bankvereins und der Niederösterreichischen Escomptegesellschaft zunehmend zugespitzt. Die Versuche, sie zu retten, führten schließlich zur Fusion des Bankvereins mit der Credit-Anstalt und der Übertragung des Bankgeschäfts der Escomptegesellschaft an die Credit-Anstalt. Die Escomptegesellschaft selber wurde 1934 in die Industriekredit AG umgewandelt, die als reine Holding nun ebenfalls in öffentlicher Hand die Industriebeteiligungen der gescheiterten Großbank verwaltete. Damit war einschließlich des bereits seit 1919 in Staatsbesitz stehenden Österreichischen Creditinstituts (ÖCI) praktisch das gesamte Wiener Bankwesen verstaatlicht, mit Ausnahme der französisierten Länderbank und der in deutschem Besitz stehenden, relativ kleinen Merkurbank. Insgesamt hatten der Staat und die Nationalbank zwischen 1931 und 1933 mehr als 1 Milliarde Schilling für die Sanierung der Wiener Banken aufgewendet.[211]

Zuletzt geriet auch der Versicherungsbereich in den Finanzstrudel und verbrauchte Sanierungsmittel. Das mühsam abgestützte Gebälk der größten österreichischen Versicherungsgesellschaft, der Lebensversicherungsgesellschaft Phönix, eines der wirklich multinationalen Unternehmen Österreichs mit Tätigkeitsbereich in 22 Ländern, stürzte nach dem plötzlichen Tod ihres Generaldirektors Dr. Wilhelm Berliner im Frühjahr des Jahres 1936 in sich zusammen. Der Gesamtverlust der Phönix entsprach etwa 5 Prozent des österreichischen Volkseinkommens von 1936. Während die Credit-Anstalt-Sanierung über den Bundeshaushalt der Allgemeinheit aufgebürdet wurde, mußte die Phönix-Liquidierung von der Versicherungswirtschaft und vor allem den betroffenen Polizzeninhabern getragen werden. Ein Zusammenbruch dieses Ausmaßes in einem für das Vertrauen der Allgemeinheit so sensiblen Bereich mußte mit seinen korrupten Verästelungen bis ins Regierungslager hinein einen schweren Schlag für das Ansehen des Staates bedeuten, zumal sich aus an sich politisch durchsichtigen Gründen die nationalsozialistische Propaganda mit antisemitischen Parolen schon lange auf den Phönix-Konzern eingeschossen hatte.[212] Der »Traum, daß Wien ein Finanzzentrum für ewige Zeiten sei und daß man von hier aus die Industrie der Nachbarstaaten in größtem Maße finanzieren könne«, wie die »Neue Freie Presse« 1932 nostalgisch schrieb,[213] war endgültig ausgeträumt.

Die konjunkturpolitischen Handlungsspielräume

Die Geldwertstabilität stellte zweifellos das oberste Ziel der österreichischen Wirtschaftspolitik zwischen 1923 und 1937 dar. Der Widerstand gegen unorthodoxe Währungsexperimente war von rechts wie von links groß, auch wenn sich die Geldpolitik nicht ohne weiteres als restriktiv bezeichnen läßt. Der damalige Nationalbankpräsident Viktor Kienböck hat 1947 in seinen Memoiren den Vorwurf, eine Deflationspolitik betrieben zu haben, energisch zurückgewiesen.[214] Er konnte auf die Diskontsatzsenkungen von 8 auf 3,5 Prozent, den Rückgang der Lombardsätze an der Wiener Börse von 9,1 Prozent auf 5 Prozent, die durchaus nicht kontraktive Geldmengenpolitik (die Zentralbankgeldmenge lag 1937 um 20,6 Prozent über dem Wert des Jahres 1932, das Bruttonationalprodukt hingegen nur um 7,8 Prozent) und die Wechselkurspolitik verweisen, die zwar deutlich »härter« war als die anderer Länder, aber doch ermöglichte, daß 1937, im letzten Jahr der Ersten Republik, erstmals ein Leistungsbilanzüberschuß erzielt werden konnte.[215] Der Banknotenumlauf war zu 38,4 Prozent durch Gold und Devisen gedeckt (im Unterschied zu 1,4 Prozent im Deutschen Reich). Die Geldmenge (M1) allerdings war von 1932 bis 1937 um etwa 7 Prozent gesunken.[216]

Das Festhalten am Schillingwechselkurs begründeten Regierung und Notenbank mit der Gefahr eines Inflationsimports, der mit einer Abwertung verbunden gewesen wäre. Österreich bezog 1936 mehr als drei Viertel seiner Importe aus den Abwertungsländern, lieferte aber nur etwa ein Drittel seiner Ausfuhren dorthin. Trotz der faktischen österreichischen Aufwertung war 1937 der Anteil der ehemaligen Goldblockländer an der österreichischen Ausfuhr höher als 1935. Nur gegenüber der Mark hatte sich der Wechselkurs des Schillings um etwa ein Viertel verschlechtert, ein Resultat der deutschen Devisenbewirtschaftung. Die Aufwertung des Schillings entlastete auch den Schuldendienst der öffentlichen Haushalte auf Anleihen, die zum größten Teil auf Dollar und Pfund lauteten, so daß die Auslandsverschuldung von 4,3 Milliarden Schilling im Jahr 1932 auf 1,8 Milliarden Ende 1937 zurückging.

Das Budget 1932 nahm mit seinen überscharfen Einsparungen eine Sonderstellung in der gesamten Zwischenkriegszeit ein. Das Budgetsanierungsgesetz sah ein drastisches deflationäres Maßnahmenpaket, vergleichbar dem der Genfer Sanierung, vor: Die Ausgaben für das Jahr 1932 wurden gegenüber dem Vorjahr um beinahe 20 Prozent gekürzt. Der Unterschied zwischen der Deflationspolitik der Jahre 1923/24 und 1931/32 bestand allerdings in der Weltkonjunktur. Darüber hinaus lag das Schwergewicht beim Budgetausgleich 1923 auf der Einnahmenseite, während 1931/32 vor allem durch Ausgabenkürzungen saniert wurde, die viel restriktiver und unmittelbarer wirksam wurden und vor allem zu einer Reduktion der staatlichen Investitionen führten.

Budgetsanierung, Exportrückgang und Deflationspolitik machten 1932 zum schwärzesten Krisenjahr der Republik. Die am 15. Juli 1932 unterzeichnete Lausanner Anleihe schrieb den begonnenen Kurs bloß fort. Der Erlös der Anleihe in Höhe von insgesamt 308,6 Millionen Schilling ging im Sommer 1933 ein. Er wurde ausschließlich für finanzielle Transaktionen verwendet. Den Regionalbehörden gelang es ab 1934 wieder, ausgeglichen zu budgetieren, aber auf einem etwa 25 Prozent niedrigerem Niveau. Beim Bund trat dies nicht ein.

Die wirtschafts- und konjunkturpolitischen Handlungsspielräume der Bundesregierung waren nicht nur durch die »Lausanner Anleihe« begrenzt, die sie formell der Kontrolle des Völkerbundes unterstellte, sondern auch durch die Orientierung auf jene Länder, die zu den Gegnern einer expansiven Geld-, Wechselkurs-, Budget- und Beschäftigungspolitik zählten. Fast alle maßgeblichen Interessenvertreter und Politiker auf Regierungsseite äußerten sich im Sinne von weniger Staatseingriffen und prinzipiell antiinterventionistisch, ausgenommen dann, wenn es um die eigene Interessengruppe ging.

Auch die sozialdemokratische Opposition stand prinzipiell auf dem Boden einer ausgeglichenen Budgetierung. Eine Ausnahme bildete vielleicht der Landbund, vor allem Vizekanzler Franz Winkler, der im Ministerrat immer wieder stärkeren Staatseingriffen zur Linderung der Wirtschaftsnot das Wort sprach. Betont staatsinterventionistische Töne herrschten lediglich bei der Heimwehr. Ein der Regierung überreichtes »Forderungsprogramm des Heimatblocks« verlangte ein wirtschaftliches Aufbauprogramm, das neben einem verpflichtenden Arbeitsdienst auch ein Arbeitsbeschaffungsprogramm beinhaltete.[217]

Die österreichische Schule der Nationalökonomie stand ganz auf der klassischen Linie: Ludwig von Mises, Fritz Machlup, Gottfried Haberler, Friedrich A. Hayek, Oskar Morgenstern, Abraham Wald, aber auch Wirtschaftspublizisten wie Gustav Stolper und Walter Federn waren diesbezüglich einer Meinung.[218] Die Heilung der wirtschaftlichen Übel sei »nicht von magischen Künsten fiduziären Kredits, sondern nur nach der alten Lebensregel zu erwarten: arbeite und spare«, meinte der Nationalbankpräsident Richard Reisch.[219] Österreich war bis spät in die dreißiger Jahre ein Hort der »alten Wahrheiten«. Oskar Morgenstern resümierte lobend die Erfolge dieser österreichischen Haltung der einfachen Grundsätze: Man habe nicht mehr ausgegeben, als man eingenommen habe, und seine Schulden bezahlt.[220] Aber auch die Sozialdemokraten, Otto Bauer, Julius Braunthal, Otto Neurath, Karl Polanyi, verankert im »roten Wien«, argumentierten in Richtung Stabilitätspolitik und gegen Inflation. Schärfer und kompromißloser hätte der damals herrschende orthodoxe Standpunkt von keinem bürgerlichen Ökonomen vertreten werden können als von Otto Bauer.[221]

Programme, die eine expansive Politik befürworteten, wurden nur von akademischen oder politischen Außenseitern vorgetragen. Den vom Gesichtspunkt des präkeynesianischen Denkens interessantesten Beitrag lieferten der Wirtschaftsredakteur der »Neuen Freien Presse« Dr. Otto Deutsch und Ing. Alexander Vértes in ihrem 1932 erschienenen Buch »Aufbau nicht Abbau«. Die Projekte, die von ihnen vorgeschlagen wurden, der Bau der Reichsbrücke und verschiedener Straßen, Bodenmeliorationen und Flußregulierungen, Wasserkraftwerke an Donau (Ybbs-Persenbeug), Drau, Mur, Traun, Enns, in Tirol und im Tauerngebiet, ein Pumpspeicherwerk in Payerbach-Reichenau, die Elektrifizierung der Bundesbahnen, der U-Bahnbau in Wien, der Bau von Häfen und Wasserstraßen, der Telephonausbau und die Eisenbahnelektrifizierung sind zum größten Teil, wenn auch in weiterer Ferne, verwirklicht worden, in der Zeit des Nationalsozialismus oder erst nach dem Zweiten Weltkrieg. Der Plan arbeitete auch mit Überlegungen zur Multiplikatorwirkung dieser Investitionen. Ob den Autoren der Mitte 1931 erschienene Multiplikator-Artikel von R. F. Kahn im »Economic Journal« bekannt gewesen war, läßt sich schwer feststellen. Aber Kahn selbst stellte einen Bezug zu Österreich her: »I began work on my so-called ›multiplier‹ article in the Austrian Tyrol in August 1930.«[222]

Während die Einwände der etablierten und akademischen Nationalökonomie gegen die Ausführungen von Deutsch und Vértes von einer fast manischen Inflationsangst gekennzeichnet waren, fanden die Gedankengänge bei gar nicht so wenigen Persönlichkeiten aus der Wirtschaft ein positives Echo.[223] Daß gesamtwirtschaftlich gefährliche

Wörgler Schwundgeld, 1932

Experimente, die Geldmenge auszudehnen oder die Umlaufgeschwindigkeit zu erhöhen, wie die von der damals sozialdemokratisch regierten Gemeinde Wörgl in Anlehnung an die Gedanken Silvio Gesells 1932 zur Arbeitsbeschaffung ausgegebenen »Arbeitsbestätigungsscheine« im Wert von ein, fünf und zehn Schillingen, die sich monatlich um 1 Prozent entwerteten (Wörgler Schwundgeld), von der offiziellen Währungspolitik verboten wurden, da sie gegen das Notenprivileg der Nationalbank verstießen, darf nicht verwundern.[224]

Das im Sommer 1933 auf einer gemeinsamen Konferenz von Freien Gewerkschaften und Sozialdemokratischer Partei beschlossene Dokument »Arbeit für 200 000« gilt im allgemeinen als Ausdruck einer »keynesianischen Wende« der Arbeiterbewegung.[225] Der Sekretär des Metallarbeiterverbandes Johann Schorsch drängte ähnlich dem Woytinsky-Tarnow-Baade-Plan der deutschen Gewerkschaften seit 1931 auf eine Politik der Arbeitsbeschaffung, hatte sich aber gegen Otto Bauer und Karl Renner vorerst nicht durchsetzen können.[226] Erst unter dem Eindruck der Machtergreifung Hitlers in Deutschland und des propagandistischen Erfolgs der nationalsozialistischen Arbeitsbeschaffungspolitik war Otto Bauer, sicher widerwillig, bereit, seine Haltung zu ändern.[227]

Nach dem Otto-Bauer-Plan sollten 300 Millionen Schilling aus der Lausanner Anleihe und einer zu begebenden Inlandsanleihe zur Arbeitsbeschaffung verwendet werden, wovon eine Nachfrage nach 60 000 Arbeitskräften erhofft wurde. Weitere 60 000 Personen sollten durch handels- und zollpolitische Maßnahmen Beschäftigung finden und 80 000 bis 100 000 durch eine Verkürzung der wöchentlichen Arbeitszeit von 48 auf 40 Stunden. Ein wirkliches Beschäftigungsprogramm im keynesianischen Sinn war das nicht: Die nachfragewirksamen Ausgaben waren nicht wesentlich höher als die von der Regierung bereitgestellten Mittel, die zollpolitischen Maßnahmen waren höchst problematisch, und die Forderung nach Arbeitszeitverkürzung wäre nur ohne Lohnausgleich beschäftigungswirksam gewesen. Es ist auffallend, daß nach dem Februar 1934 in Exilzeitschriften oder in Otto Bauers Buch »Zwischen zwei Weltkriegen« von diesem Programm nicht mehr die Rede war. Typisch für die Haltung der österreichischen Sozialdemokratie war eher die Reaktion Ernst Fischers auf die berühmte Rede Tarnows am SPD-Parteitag 1932, übrigens unter tosendem Beifall: »Wir wollen nicht die Ärzte am Krankenbett des Kapitalismus sein, sondern seine Mörder!«[228] Eine Besserung der Beschäftigungslage könne nur durch eine prinzipielle Systemänderung erreicht werden. »Sozialistische Planwirtschaft« lautete die linke Alternative zum bürgerlich-liberalen Wirtschaftskurs.[229]

Auch wenn die Regierung Dollfuß auf die Konzepte Otto Bauers nicht einging, so initiierte sie doch ein erstes größeres Arbeitsbeschaffungsprogramm, für das etwa 130 Millionen Schilling aus der im Oktober 1933 aufgelegten »Trefferanleihe« herangezogen wurden, die abweichend vom Lausanner Protokoll nicht für Darlehensrückzahlungen des Bundes verwendet wurden. Nachteilig war, daß diese Mittel statt für produktive Industrieinvestitionen für weitgehend unproduktive Notstandsarbeiten im Straßen- und Wasserbau eingesetzt wurden.[230] Zur Finanzierung der von der Regierung Schuschnigg im Jahr 1935 angekündigten »Arbeitsschlacht« wurde wiederum eine »Arbeitsanleihe« in Höhe von 175 Millionen Schilling aufgelegt. Davon allerdings wurden nur 66 Millionen Schilling für Infrastrukturinvestitionen verwendet und der Rest zur Konsolidierung kurzfristiger Schulden.

Diese Programme verursachten Budgetdefizite in der Größenordnung von 1,7 bis 2,7 Prozent des Bruttoinlandsprodukts, verbunden mit einer Geldpolitik, die eine Expansion zumindest nicht behinderte. Durch indirekte Aktivitäten des Bundes wurden sozusagen im Erstrundeneffekt 1934 42 000 und 1935 52 000 Arbeitskräfte beschäftigt, das entsprach gut 2 Prozent der Unselbständigen oder bis zu 10 Prozent der Arbeitslosen. Doch gab es keine Umorientierung, wie sie in Deutschland oder den USA stattgefunden hatte.[231] 1936 wurde die leicht expansive Linie überhaupt verlassen, in der Befürchtung, die Schuldenlast würde zu hoch steigen. Das Budgetdefizit wurde wieder auf 0,4 Prozent des Bruttoinlandsprodukts reduziert.

Die scheinbare Attraktivität der deutschen wirtschaftspolitischen Erfolge kontrastierte mit der Unfähigkeit Österreichs, mit den Beschäftigungs- und Konjunkturproblemen fertig zu werden. Die österreichische Regierung geriet nach der Nichtabwertung des Schillings und dem Sparbudget von 1936 zunehmend unter Druck, ablesbar an den beschäftigungspolitischen Äußerungen der Regierungsmitglieder, die in den letzten Monaten vor dem Anschluß stark zunahmen. Es wurde ein »Staatssekretariat für die Angelegenheiten der Industrie« geschaffen, dessen Leiter, Oberstleutnant Stepski-Doliwa, dem interventionistischen Flügel der Industrie angehörte. Auch der neue Handelsminister Julius Raab war staatsinterventionistisch gesinnt. Es wurde ein Arbeitsbeschaffungsprogramm in Höhe von 300 Millionen Schilling beschlossen, das Kurt Schuschnigg am 24. Februar 1938 der Öffentlichkeit präsentierte. Es scheint zum Teil als Grundlage für die ersten Maßnahmen der NS-Wirtschaftspolitik gedient zu haben.

Die gescheiterte Republik

Wirtschaftsdiktatur

In der Auseinandersetzung um das österreichisch-deutsche Zollunionsprojekt und die Lausanner Anleihe war die Basis der Regierung äußerst schmal geworden: Engelbert Dollfuß, der am 20. Mai 1932 auf Karl Buresch als Bundeskanzler gefolgt war, konnte sich auf eine Koalition aus Christlichsozialen, Landbund und Heimwehr stützen. Da die Großdeutschen wegen des geplatzten Zollunionsprojektes ausgeschert waren, verfügte die Koalition nur mehr über eine Majorität von einer Stimme im Parlament. Das Lausanner Protokoll war mit einer hauchdünnen Mehrheit im Nationalrat ratifiziert worden. Ein Streik der Eisenbahnergewerkschaft wegen verspäteter Auszahlung der Bezüge, der zu einem Mißtrauensantrag gegen die Regierung führte, löste schließlich am 4. März 1933 in einer Abstimmungskonfusion die Ausschaltung des Parlaments durch die Regierung aus, ein Schritt, der zur Durchsetzung radikaler Sanierungsmaßnahmen schon lange diskutiert worden war.

Der Ruf nach den starken Führern begleitet die neuere Geschichte Österreichs, vom sogenannten Neoabsolutismus über die letzten Jahrzehnte der Habsburgermonarchie und die ganze Zwischenkriegszeit hindurch. Die Durchsetzung wirtschaftspolitischer Vorstellungen mit politisch autoritären Mitteln wurde immer wieder vorgeschlagen: Friedrich von Wieser, der einflußreichste Lehrer der österreichischen Schule der Nationalökonomie, führte den Führerbegriff unentwegt im Munde und plädierte für eine »starke Regierung der Fachleute«. Er schuf das Diktum von der Diktatur als »Demokratie der Tat« gegenüber der bloßen Demokratie des Wortes.[232] Ludwig von Mises, der als leitender Sekretär der Wiener Handelskammer, aber auch durch das von ihm organisierte »Privatseminar« großen Einfluß auf das wirtschaftspolitische Denken und Handeln ausübte, sah die Ursache der Krise in der Existenz der Gewerkschaften und der von ihnen eingeschlagenen Lohnpolitik. Da der Staat vor den Gewerkschaften bereits kapituliert habe, begrüßte Mises anfangs die faschistischen Bewegungen in Italien und Deutschland, die sich zur »blutigen Gegenaktion« gegen die »Bolschewisten« und »marxistischen Sozialdemokraten« bereitgefunden hätten.[233]

Schon im Zusammenhang mit der Genfer Sanierung war der Nationalrat für zwei Jahre zu einem Verzicht auf seine budgetpolitischen Kompetenzen genötigt worden. Bundeskanzler Otto Ender verlangte in Analogie zu den Notverordnungen im Deutschen Reich ein Mandat des Parlaments, um »die Ordnung im Staatshaushalt« wiederherzustellen. Durch dieses Ermächtigungsgesetz sollten die wirtschaftspolitischen Belange auf eine bestimmte Zeit der Regierung überlassen bleiben und der Nationalrat nur über einen kleinen Parlamentsausschuß an den Maßnahmen mitwirken. Enders Nachfolger Karl Buresch verlangte noch energischer eine Notverordnung. Die Forderung nach politischem Druck, um »wirtschaftspolitische Notwendigkeiten« mit diktatorischen Mitteln durchzusetzen, wurde immer wieder wiederholt: »Die Parlamente aller in wirtschaftlicher Not darniederliegenden Staaten haben sich als ungeeignet erwiesen,

Staat und Volk aus der Krise herauszuführen«, erklärte Minister Kurt Schuschnigg am 17. Juni 1932 im Ministerrat: Die Regierung stehe daher vor der Entscheidung, ob sie es weiter verantworten könne, mit dem Parlament zu arbeiten, und ob der nächste Kabinettswechsel nicht gleichbedeutend mit der Ausschaltung des Parlaments sein müßte. Bei einem solchen Notstand sei ein Regieren mit dem Parlament nicht möglich.[234] Die Begründung zur Ausschaltung des Parlaments im Appell an das österreichische Volk vom 7. März 1933 war ganz wesentlich auf wirtschaftliche Argumente aufgebaut.[235] Auch beim Völkerbund stieß dies auf positive Reaktionen: Der Völkerbundkommissar Rost van Tonningen gab bei jeder sich bietenden Gelegenheit seiner Überzeugung von der wirtschaftspolitischen Überlegenheit autoritärer Regierungsformen Ausdruck: »Zusammen mit dem Kanzler [Dollfuß] und Kienböck haben wir die Ausschaltung des österreichischen Parlaments für notwendig gehalten, da dieses Parlament die Rekonstruktionsarbeit sabotierte.«[236]

Der wirtschaftliche Basiskonflikt der Ersten Republik, die Auseinandersetzung zwischen Arbeitgebern und Arbeitnehmern um ein nur unzureichendes Sozialprodukt, äußerte sich in der Diskussion um zu hohe soziale Lasten ebenso wie in der Diskussion um die Grenzen des Steuerstaats. Nur mit autoritären Mitteln glaubte man eine Wirtschaftspolitik durchsetzen zu können, wie sie seit den zwanziger Jahren von der »Wirtschaft« immer wieder gefordert worden war. Die überparteiliche Bürokratie wurde zum Inbegriff der Sachlichkeit hochstilisiert, von den Beamtenkabinetten der Monarchie und der Ersten Republik (Schober) über die antiparlamentarischen Tendenzen und ständestaatlichen Experimente bis zur Parteienkritik, die in der Sozialpartnerschaft enthalten ist.[237]

Die Grundsätze einer gesellschaftlichen und sozialen Harmonisierung statt klassenkämpferischer Polarisierung waren sowohl in der christlichen Soziallehre wie in den Programmen des deutschnationalen Lagers (Ideologie der Volksgemeinschaft) enthalten. Zwischen 1934 und 1938 wurde versucht, dieses Konzept der Solidarität von Unternehmern und Arbeitern in einer spezifischen Ausprägung zu verwirklichen: der berufsständischen Konzeption. Das beinhaltete auch die Idee der unmittelbaren und nicht erst über Parteien vermittelten Interessenwahrnehmung. Mehr oder weniger offen war darin auch die Kritik am parlamentarischen Repräsentationssystem verpackt.

Im »Ständestaat«, wo neben die Kammern, die 1937 eine bundesweite Dachorganisation erhielten, der Gewerbe-, der Handels- und der Verkehrsbund als Pflichtvereinigungen traten, erfolgte die von oben verordnete Vereinheitlichung des gewerblichen Organisationswesens, während der Industriellen- und Finanzbund freie Vereinigungen blieben. Die Vereinheitlichung wurde auch im Gewerkschaftsbereich durchgezogen. Nach dem Verbot der Freien Gewerkschaften nach dem 12. Februar 1934 wurde nicht eine Einheitsorganisation von Kapital und Arbeit nach nationalsozialistischem Vorbild verwirklicht, sondern eine Vereinigung im Arbeitnehmerbereich in Form des Gewerkschaftsbunds der österreichischen Arbeiter und Angestellten unter Dominanz christlicher Gewerkschafter, dessen Organisierungsgrad aber mit 368 000 Mitgliedern (im Jahre 1936) verhältnismäßig niedrig blieb. Das Modell dieses Einheitsgewerkschaftsbundes wurde nach 1945 wieder aufgegriffen.[238]

Trotz der hohen ideologischen Bedeutung der Bauernschaft für das autoritäre Regime kam es zu einer zunehmenden Entfremdung der Bauern vom ständestaatlichen System.[239] Alle Hilfsmaßnahmen waren halbherzig. Zu einer generellen oder teilweisen Entschuldung war man in keinerlei Weise bereit. Die bereitgestellten Mittel waren gering, verglichen mit dem, was die Nationalsozialisten 1938 versprachen.[240] So kam es zu einer Situation, die einerseits die Gegner des Regimes veranlaßte, Dollfuß und Schuschnigg auf der Grundlage der von ihnen betriebenen Propaganda einen agrarfreundlichen Kurs vorzuwerfen, und die andererseits dem »Ständestaat« auch keine Sympathien bei den Bauern brachte.[241]

Technikfeindschaft und Antikapitalismus

Die Beurteilung der Wirtschaftspolitik des österreichischen Ständestaates geschieht meist aus der Perspektive einer fehlenden Konjunktur- und Beschäftigungspolitik: Die wirtschaftlichen Belebungsmaßnahmen seien halbherzig und wenig durchdacht gewesen. Als Beleg wird meist das vernichtende, aber sicher nicht unparteiische Urteil genommen, das der Leiter des Berliner Instituts für Konjunkturforschung, Ernst Wagemann, nach dem Anschluß fällte, wobei er sowohl die Auslandsabhängigkeit wie auch die fachliche Unfähigkeit der österreichischen Regierungen kritisierte.[242]

Andererseits wird der Ständestaat als willfähriges Instrument der Wirtschaft interpretiert.[243] Mag sein, daß in den ständestaatlichen Eliten Selbständige gegenüber Unselbständigen überproportional vertreten waren. Aber daß der Ständestaat in Österreich mehr als andere Diktaturen dieser Zeit ein Staat der »Wirtschaft« und der »Selbständigen« gewesen sei, trifft kaum zu. Vielmehr artikulierten sich stärker als jemals zuvor oder nachher antikapitalistische Tendenzen, die sich aus Elementen der christlichen Soziallehre und romantischen Ökonomie, einer weitverbreiteten Technikskepsis des Bürgertums und einer rückwärtsgewandten, antimodernistischen Heimatideologie zusammensetzten.[244]

Die Technikfeindlichkeit des Ständestaates kam sowohl in den Straßenbauvorhaben, die kaum realen Bedürfnissen dienten und keine produktiven Kapazitäten schufen, zum Ausdruck, als auch in der Ablehnung von Kraftwerksprojekten und in der generellen Angst vor Innovationen. Der Ständestaat entsprach der Mentalität von Unternehmern, deren hervorstechendste Eigenschaft es war, nichts zu unternehmen.[245]

Die ständestaatliche Wirtschaftspolitik wollte in ihrem Einflußbereich auf Rationalisierung und Produktivitätssteigerung bewußt verzichten. So mußte die Österreichische Tabakregie unter dem Druck der Regierung einen überhöhten Personalstand halten und in ihren Fabriken die Entrippung der Blätter, die Mischung und die Verpackung mit Hand verrichten lassen, obwohl in Linz mit der vom Architekturbüro Peter Behrens und Alexander Popp geplanten Tabakfabrik zwischen 1928 und 1935 ein moderner, international beachteter Industriebau mit vollmechanisierter Fließfertigung geschaffen worden war.[246]

Eines der letzten großen Projekte des Ständestaates war der Bau der Wiener Reichs-

Die Arbeit in der Linzer Tabakfabrik, Glasbild von Robin Andersen in der Neuen Tabakfabrik in Linz, 1934, links Generaldirektor Dorrek und der Architekt

brücke, die am 10. Oktober 1937 mit allem Pomp eröffnet und eingeweiht wurde. Die Eröffnung wurde als Fest des Werkes »Neues Leben« der Vaterländischen Front gefeiert. Jeder, der an der Brücke mitgearbeitet hatte, erhielt ein kleines Büchlein, dem Guido Zernatto den Leitspruch »Die Spezialisierung ist der Fluch des technischen Zeitalters, ihr zu begegnen ist eine kulturelle Tat!« vorangestellt hatte – ein merkwürdiges Motto angesichts eines Baus, den der Ständestaat als Höchstleistung österreichischer Technik zu propagieren versuchte.[247]

Antikapitalismus gab es bei der Kirche und ihren Exponenten, etwa bei Kardinal Theodor Innitzer und Bischof Johannes Maria Gföllner. Antikapitalistische, mit antisemitischen Einstellungen verbundene Anschauungen gab es in der von der Inflation und damit vom Kapitalismus existenziell getroffenen Beamtenschaft. Antikapitalismus dominierte die ständestaatliche Publizistik und Kunst, von Guido Zernatto bis zu den zahlreichen Wochen- und Monatsschriften. Antikapitalismus gab es in der christlichen Arbeiterbewegung und bei den linkskatholischen und konservativen Anhängern Karl von Vogelsangs, in den Kreisen um Karl Lugmayer, Ernst K. Winter und Viktor Matejka. Im Bauernbund setzten sich die modernisierungsfeindlichen, althergebrachten Autoritäten gegen modernisierungsbewußtere Strömungen innerhalb der christlichsozialen Bauernschaft und vor allem gegenüber dem nationalen Landbund durch. Wie Hitler den Eintopf, so beschwor Dollfuß die bäuerliche Tischgemeinschaft, »wo der Bauer mit seinen Knechten nach gemeinsamer Arbeit abends am gleichen Tisch, aus der gleichen Schüssel seine Suppe ißt«.[248] Auch Exponenten der Wirtschaft wie Julius Raab oder Ernst Streeruwitz waren keine Befürworter des technischen Fortschritts, obwohl Streeruwitz 1931 als geschäftsführender Vorsitzender des Österreichischen Kuratoriums für Wirtschaftlichkeit ein dickes Buch über Rationalisierung veröffentlicht hatte.[249]

Energiepreispolitik, Steuerpolitik, Forschungspolitik, alles war strukturkonservierend und antikapitalistisch. Man warb nur recht zögernd für den wachstumsfördernden Massenkonsum und machte ihn keinesfalls möglich. Grundsätzliche Vorstellungen wie Entproletarisierung, Beendigung des Klassenkampfes und Autoritätsprinzip erhielten ihren Charakter aus der Widersprüchlichkeit des Zusammenfließens antikapitalistischer und antimodernistischer Tendenzen mit Interessen der Wirtschafts- und Finanzkreise im Sinne antirevolutionärer und antisozialistischer Politik.

Legitimistische, bürokratische und militärische Kreise wurden zu den Hauptstützen des Regimes. Technikfeindschaft mischte und verbündete sich mit Militarisierung. Front, Arbeitsschlacht, Endsieg über die Arbeitslosigkeit, Grabenkrieg, Position um Position: eine solche Diktion in wirtschaftlichen Programmen ist verräterisch. »Die Regimenter sind bereit, das Kriegsziel ist gesteckt: Kampf gegen und Sieg über die Wirtschaftskrise... Freudigen Herzens werden wir in diesen Kampf ziehen.«[250]

Die mißglückte Arbeitsschlacht

»Blüht das Bauen einer Stadt, jedes Handwerk Arbeit hat«, war der Leitspruch des Festwagens des Baugewerbes im Huldigungsfestzug der Stände am 1. Mai 1934.[251] »Wir müssen bauen!« gab Kardinal Theodor Innitzer als Motto aus. Denn der Weg zur Gesundung der Volkswirtschaft nehme von einer Belebung der Bauwirtschaft seinen Ausgang.[252] Bauen sei ein Ausdruck der Volkskraft. »Nur ein Volk, das an die Zukunft glaubt, wird eine rege Bautätigkeit entfalten...«, schrieb die Bau- und Bodenkorrespondenz am 29. Juli 1937.[253]

Die Arbeitsbeschaffungsmaßnahmen konzentrierten sich ab 1933/34, wie schon vorher die »produktive Arbeitslosenfürsorge« und der »freiwillige Arbeitsdienst«, vorwiegend auf Bauprojekte, den Bau der Großglockner-Hochalpenstraße, der Packstraße, der Plöckenstraße, Gerlosstraße, Iselsbergstraße, der Hochtannbergstraße, der Wiener Höhenstraße, der Autoeinfahrtsstraße Wiental und der Reichsbrücke. Auch in Linz baute man eine »Höhenstraße« auf den Freinberg, mehrere Kirchen, Siedlungen und den Hauptbahnhof. Die beteiligten Firmen mußten sich verpflichten, den über-

Der Bau der Großglockner-Hochalpenstraße: Kurvenpflasterung mit Kleinsteinen wiegenden Teil der Bautätigkeit mittels Handarbeit ausführen zu lassen. So war beim Bau der Wiener Höhenstraße der Einsatz von Baumaschinen für größere Erdbewegungen ausdrücklich verboten.

Es waren weitgehend unproduktive Investitionen, mit denen keine produktivitäts- oder kapazitätserhöhenden Effekte verbunden waren. Insofern spielte es auch kaum eine Rolle, ob die Projekte kostensparend durchgeführt wurden und ob der billigste Anbieter zum Zug kam. Der Multiplikatoreffekt war wegen der niedrigen Löhne gering. Nach der Beendigung der Bauarbeit war auch der Effekt verpufft. Die Projektauswahl und Durchführung waren ein Resultat der latent antikapitalistischen Regierungslinie der maßgeblichen Politiker.[254]

Vielleicht auch als Kompensation dafür, daß 1918 der straßenbauerische Stolz des alten Österreich, die großartigen Paßstraßen Südtirols, die Straße über das 2760 m hohe Stilfserjoch und die Dolomitenstraßen, verlorengegangen waren, konzentrierte man sich so stark auf Bergstraßen. Man lobte bei der Eröffnung im Jahre 1935 weniger die wirtschaftliche als die kulturelle Bedeutung der Großglockner-Hochalpenstraße.[255] Ein Vergleich zwischen den beiden großen Prestigeprojekten und Symbolträgern der Ersten und Zweiten Republik, der als »höchste und größte Alpenstraße Österreichs und zweithöchste Europas«[256] gerühmten Großglockner-Hochalpenstraße und dem in nächster Nähe ebenfalls »zwischen Fels und Eis« errichteten Kraftwerk Kaprun, illustriert die Unterschiede: eine unproduktive Arbeitsbeschaffung das eine, eine hochproduktive Investition das andere.

Auf dem Weg zum Anschluß

Als Lösung der österreichischen Wirtschaftsprobleme war immer wieder das Zusammengehen mit Deutschland aufgetaucht. Mit dem Ausbruch der Weltwirtschaftskrise erhielten diese Hoffnungen neue Nahrung. Von deutscher Seite waren Kanzler Brüning und Außenminister Julius Curtius an Österreich als Sprungbrett für den Aufbau einer Großmachtstellung im Donauraum interessiert. Man erwartete von einer Zollunion mit Österreich, daß sich dann die Tschechoslowakei, Ungarn, Jugoslawien und Rumänien gezwungenermaßen anschließen würden und bei gleichzeitiger wirtschaftlicher Annäherung an die baltischen Staaten Polen wie in einen Schraubstock gezwängt werde.[257] Von österreichischer Seite startete Kanzler Johannes Schober 1931 eine neue Offensive in Richtung eines wirtschaftlichen Zusammenschlusses. Das Zollunionsprojekt, das Curtius und Schober unter äußerster Geheimhaltung bis zur Fertigstellung eines Vertragsentwurfes führten, wurde, so scheint es, durch eine Indiskretion bestimmter Wiener Kreise, die sich in Gegnerschaft dazu befanden, sei es um Seipel, sei es aus der Industrie, am 21. März 1931 überstürzt publik gemacht und zu Fall gebracht.[258]

Während die Sozialdemokratie vorbehaltlos für eine Zollunion eintrat und sich der Landbund von einer Zollunion eine erwünschte Belebung des landwirtschaftlichen Tauschverkehrs erwartete, gab es innerhalb des christlichsozialen Spektrums keine einheitliche Linie. Die Ansichten reichten von der Befürwortung der Zollunion durch Engelbert Dollfuß bis zur völligen Ablehnung bei Ignaz Seipel, der das Projekt verborgen, aber um so heftiger bekämpfte.[259] Ein beträchtlicher Teil der österreichischen Industrie, deutsche Quellen sprachen von 40 Prozent, äußerte sich gegen die Zollunion. Die Eisenindustrie (Feinblech, Drahtindustrie etc.), mit Ausnahme natürlich der Alpine Montan-Gesellschaft, und sogar diese nur halbherzig, zeigte sich sehr skeptisch, ebenso die chemische Industrie, die Automobilindustrie, die Schuhfabrikanten.[260] Im September 1931 wurde von deutscher und österreichischer Seite der offizielle Verzicht auf das Projekt ausgesprochen.

Mit der Machtergreifung des Nationalsozialismus in Deutschland war für die offizielle österreichische Politik eine politische oder wirtschaftliche Vereinigung mit Deutschland kein Thema mehr. Unter der Oberfläche freilich schwelte die Agitation und wurde immer stärker. Einerseits gab es die Versuche einer Unterwanderung und wirtschaftlichen Erpressung Österreichs. Zwar waren nur etwa 10 Prozent des österreichischen Industrieaktienkapitals und etwa 8 bis 9 Prozent des Aktienkapitals der Banken vor 1938 in deutschem Eigentum. Tatsache ist aber, daß über einzelne mehrheitlich in deutschem Besitz befindliche Industrieunternehmen, etwa die Alpine Montan-AG, den größten österreichischen Industriebetrieb, die Böhler-Werke und die Österreichischen Siemens-Schuckert-Werke nicht nur »gelbe« oder nationale Gewerkschaften, sondern auch die nationalsozialistische Agitation gefördert wurden: Im Mürztal, am Erzberg, im Kohlenrevier Seegraben und im Ennstal hatten die Nationalsozialisten in den dreißiger Jahren den stärksten Zulauf. Durch Boykottmaßnahmen und handelspolitische Sanktionen wurde versucht, die wirtschaftliche Basis der österreichischen Regierung zu untergraben.[261]

Während die Thesen von der schon vor dem Anschluß weit fortgeschrittenen Durchdringung der österreichischen Wirtschaft durch deutsches Kapital widerlegt sind, ist die großdeutsche und teilweise nationalsozialistische Einstellung eines großen Teils der österreichischen Industriellen unbestritten.[262] Die zwischen Anschlußhoffnungen und Errichtung eines diktatorischen Regimes in Österreich schwankende Politik österreichischer Wirtschaftsverbände und Unternehmerkreise ist bekannt. Nicht selten hatten die Unternehmen einen Exponenten in der Vaterländischen Front und einen anderen bei den illegalen Nationalsozialisten. Viele Wirtschaftstreibende versprachen sich vom »Anschluß« nicht nur die Vorteile einer Großraumwirtschaft, sondern Aufträge und Modernisierungsimpulse. Die Handelskammern galten bereits vor der Annexion als Vorreiter des wirtschaftlichen Anschlusses an das Deutsche Reich. In der Steiermark und in Kärnten sympathisierte ein Großteil der Industriellen mit der NS-Bewegung.[263] Die Tiroler Handelskammer war seit den dreißiger Jahren mit NS-Sympathisanten durchsetzt. Bekannt ist auch die große Bedeutung, die die Vorarlberger Industriellen als »Hintermänner« der NSDAP hatten, mit dem größten Unternehmen Dornbirns, F. M. Hämmerle, an der Spitze.[264] Die Verbindungen zwischen NSDAP und Industrie dürften in Süd- und Westösterreich enger und stärker gewesen sein als im Osten. Der von Wien und Niederösterreich aus dominierte Hauptverband der Industrie wehrte sich immer wieder gegen Mitgliederforderungen, die Nationalsozialisten zu unterstützen.

Im Unterschied dazu war der alte gewerbliche Mittelstand in der NSDAP unterdurchschnittlich vertreten, mit Ausnahme des Handels und der Fremdenverkehrswirtschaft.[265] Überrepräsentiert bei den Anhängern der NSDAP waren die Angestellten.[266] Aber auch der Staatsapparat war längst ausgehöhlt. Bundesbedienstete waren in der NSDAP besonders stark vertreten. Die Pauperisierung der Beamten, die in der Weltwirtschaftskrise weiter verstärkt worden war, trieb sie immer stärker dem Nationalsozialismus in die Arme.[267]

Mit dem Juli-Abkommen 1936, das die Situation nach dem 1933 eingeleiteten Wirtschaftskrieg gegen Österreich »normalisieren« sollte, wurde praktisch der wirtschaftliche Anschluß eingeleitet, dem die Ausweitung der deutsch-österreichischen Handelsbeziehungen durch die im Januar 1937 vereinbarte Einbeziehung Österreichs in das System des deutschen Verrechnungsverkehrs folgte, während der Plan einer deutsch-österreichischen Währungsunion, der insbesondere von Hermann Göring seit Herbst 1936 immer wieder ins Spiel gebracht wurde, vorerst noch abgewehrt werden konnte.[268]

Insgesamt bedeutete die Epoche zwischen den beiden Weltkriegen für die österreichische Wirtschaft einen in Europa einzigartigen Rückschritt. In den dreißiger Jahren wurde Österreich von allen Industriestaaten Europas, mit Ausnahme Italiens und Finnlands, überflügelt. Österreichs wirtschaftliche Entwicklung zwischen den beiden Weltkriegen ist einerseits vor dem Hintergrund des wirtschaftlichen Niedergangs Europas und der schwersten Depression, die das kapitalistische System bislang durchgemacht hat, zu sehen. Zahlungsbilanzprobleme, Arbeitslosigkeit und Wachstumsschwäche waren internationale Phänomene. Dennoch ist nach den konkreten Ursachen der österreichischen Entwicklung zu suchen. Österreich zeigte markante Besonderheiten, die in Strukturproblemen ihre Wurzel hatten und wirtschaftspolitische Fehler inkludierten, die in eine wachsende wirtschaftliche Abhängigkeit vom Ausland und eine fatale innenpolitische Polarisierung mündeten.[269]

Sieben lange Jahre

Großdeutsche Wirtschaft

»Anschluß« und »Gleichschaltung«

Österreich wurde 1938 an das Deutsche Reich »angeschlossen« und mit der nationalsozialistischen Ideologie und Herrschaftspraxis »gleichgeschaltet«. In den Dienst dieser aus der Sprache der Eisenbahnbeamten, Telephontechniker und Elektroingenieure entlehnten Begriffe, mit denen die totalitären Vorstellungen von der Vereinheitlichung des politisch-gesellschaftlichen Lebens umschrieben wurden, hatten alle modernen Massenkommunikationsmittel, alle technischen Errungenschaften und alle Ressourcen des Landes zu treten.[1] Die Begriffe versprachen Fortschritt und Bewegung. Der »Anschluß« an Deutschland wurde von vielen Österreichern als Anschluß an eine modernere Wirtschaft interpretiert. Die nationalsozialistischen Machthaber konnten mit einer optimistischen Aufbruchsstimmung operieren. Ihr Potential an Anhängern war in Summe zwar auch nicht größer als das der Vaterländischen Front. Aber es gab genügend Mitläufer, die sich unmittelbare Vorteile für Karriere, Vermögen oder Arbeitsplatz erwarteten. Und wer hätte insgesamt die ideologische Basis des Nationalsozialismus hinterfragen wollen, wo sich so viele Meinungsführer positiv äußerten?[2]

Die Motive, die bei großen Teilen der österreichischen Bevölkerung und bei den maßgeblichen Politikern des Deutschen Reiches die Anschlußwünsche bestimmten, waren vielfältig: ideologisch-nationalistisch, militärisch-großraumpolitisch, wirtschaftlich-imperialistisch. Der Anschluß Österreichs war nicht eine Flucht vor oder aus einer inneren Krise des Deutschen Reiches, auch wenn deutsche Politiker und Wirtschaftsführer begehrliche Blicke auf österreichische Ressourcen warfen. Deutschland erfreute sich 1938 einer im Ausland vielbewunderten Hochkonjunktur, hatte die Arbeitslosigkeit im Unterschied zu den USA oder Österreich gemeistert und seine Auslandsschulden dramatisch abgebaut, auch wenn das alles recht wenig Niederschlag in den Einkommen der Bevölkerung gefunden hatte.[3]

Es gab Engpässe in der deutschen Rüstungswirtschaft, bei Facharbeitern, bei Eisen und Stahl, bei den Devisen.[4] An Österreich interessierten vor allem die Bodenschätze

(Erz, Magnesit, Erdöl), der Holzreichtum, die Wasserkraft, die brachliegenden Kapazitäten bei Arbeitskräften und Anlagen, die Devisen- und Goldreserven und die Position Österreichs auf dem Weg nach Südosteuropa. »So paradox es klingen mag, die Attraktivität der österreichischen Wirtschaft bestand für die deutschen Instanzen nicht zuletzt in ihrer Schwäche und geringen Auslastung, die die Chance der Ergänzung der deutschen Wehrwirtschaft in unterschiedlichen Bereichen bot.«[5]

Für das deutsche Kapital und zahlreiche Konzerne war der Anschluß Österreichs die willkommene Gelegenheit zu einem gewaltigen Beutezug in eigener Sache. Für die Parteiführung ging es um geopolitische Träume, großdeutsch-nationalistische Phantasien, handfeste rüstungswirtschaftliche Ziele und außenpolitische Erfolge. Für die Deutsche Notenbank war es die Möglichkeit, die total erschöpften Devisenreserven aufzufüllen. Der Gold- und Devisenbesitz der Oesterreichischen Nationalbank wurde zu den an der Berliner Börse notierten Kursen (also niedriger als der politisch festgelegte Wechselkurs) übernommen: circa 78 Tonnen Feingold im Wert von 467,7 Millionen Schilling sowie Devisen und Valuten im Wert von 60,2 Millionen Schilling.[6] Dazu kamen die Forderungen Österreichs aus den Clearingverträgen gegenüber dem Ausland und dem Deutschen Reich, die netto zwischen 94 und 150 Millionen Schilling ausmachten. Darüber hinaus wurden nach inoffiziellen Schätzungen von Privaten Goldbestände und Auslandsguthaben in der Höhe von insgesamt 1250 Millionen Schilling abgeliefert. Der Besitz österreichischer Staatsbürger an ausländischen Wertpapieren wurde auf circa 500 Millionen Schilling geschätzt, wobei es sich zunächst vor allem um Anmeldungen und noch nicht um tatsächliche Verkäufe handelte.[7]

Die Reserven des Deutschen Reiches an Gold, Devisen und Valuten wären also um mindestens 1 Milliarde, wahrscheinlich aber um mehr als 2,4 Milliarden Schilling erhöht worden, zu dem von der Reichsbank in diesem Fall verrechneten Kurs 1,2 Milliarden Reichsmark. Zum Vergleich: Die Deutsche Reichsbank verfügte am Jahresende 1937 nur über internationale Zahlungsmittel in der Höhe von circa 77 Millionen Reichsmark (rund 116 Millionen Schilling). Und da war 1937 schon das letzte devisenwirtschaftliche Aufgebot aufgerufen worden, der erzwungene Verkauf ausländischer Wertpapiere durch Inländer. Mit den österreichischen Zahlungsmitteln konnte daher die devisenwirtschaftliche Abwicklung des Vierjahresplanes sichergestellt werden.

Der österreichische Schilling blieb bis 25. April 1938 gesetzliches Zahlungsmittel und konnte bis 25. Mai gegen Reichsmark eingetauscht werden. Das gewählte Verhältnis (2 Reichsmark = 3 Schilling) entsprach in etwa der Kaufkraftparität und bedeutete eine Aufwertung des Schillings gegenüber der offiziellen Berliner Notierung um 36 Prozent von 2,17 Schilling auf 1,50 Schilling je Reichsmark. Die Deutsche Reichsbank hatte einen Umtausch 1 : 2 vorgeschlagen, was zwar dem aktuellen Kurs an der Berliner Börse entsprochen, den Österreichern aber noch mehr Kaufkraft entzogen hätte, da der Schilling als Währung eines vor der Annexion und damit dem Untergang stehenden Landes an den internationalen Börsen und wegen der Devisenbewirtschaftung vor allem an der Berliner Börse sicher stark unterbewertet war.[8]

Jedenfalls kam es trotz der kursmäßigen Aufwertung des Schillings um 36 Prozent zu einem Ansturm auf österreichische Geschäfte, österreichische Gaststätten, österreichische Unternehmen und österreichische Realitäten, weil die innerhalb des Deutschen Reiches nicht mehr realisierbare Kaufkraft durch den Wegfall der Transfer- und Devisenbeschränkungen plötzlich frei wurde, so daß damit nicht nur die bereits schmerzlich verspürten Versorgungslücken gestopft, sondern auch die sonst gar nicht mehr verwertbaren Ersparnisse veranlagt werden konnten. Preise spielten in der durch vielfache amtliche Eingriffe und Beschränkungen gesteuerten deutschen Wirtschaft bereits eine untergeordnete Rolle. Das Wiener Institut für Wirtschaftsforschung stellte in einem streng geheimen Bericht 1941 fest, daß sich die Lebenshaltungskosten – im Unterschied zum offiziellen Index des Statistischen Reichsamtes – in Wien von 1938 bis 1941 um 31 bis 38 Prozent verteuert hatten.[9]

Der Realist, besonders wenn er mit dem Herrn Karl Ähnlichkeit hatte, mußte bald ernüchtert feststellen: »Die Deitschen san einmarschiert – mit klingendem Spiel san's kummen, mit'n Bayerischen Hilfszug ... Die haben so Gulaschkanonen gehabt, wie man sagt ... Gulasch war kans drin ... Erdäpfeln, Kartoffeln ... Uns is ja schlecht 'gangen ... aber sowas hab'n mir nie 'gessen ...« Originalton des »Herrn Karl« in der unsterblichen Interpretation von Helmut Qualtinger.[10] Kartoffelpuffer und Eintopfessen wurden bald zu Symbolen, in denen sich antideutsche Ressentiments artikulierten.[11]

Die Beschäftigungspolitik

Während die unmittelbaren finanziellen Vorteile, die das Deutsche Reich aus dem Anschluß gezogen hat, einigermaßen bezifferbar sind, liegt bislang kein brauchbarer Versuch vor, das Ausmaß der deutschen Investitionen in Österreich zu schätzen. Nach offiziellen Angaben wurden 1938 von staatlicher Seite Aufträge in Höhe von 750 Millionen Schilling vergeben, was 8 Prozent des österreichischen Bruttoinlandsproduktes von 1937 entsprach und mehr als doppelt soviel wie die 300 Millionen Schilling war, die Bundeskanzler Kurt Schuschnigg am 24. Februar 1938 als »Arbeitsbeschaffungsprogramm« angekündigt hatte.[12] Was an privaten Investitionen getätigt wurde, läßt sich nicht beziffern. Es dürften aber beträchtliche Summen gewesen sein, die durch Firmenübernahmen und Direktinvestitionen nach Österreich flossen.

Daß Hitler die Arbeitslosigkeit überwunden habe, hat sich in die Erinnerung tief eingegraben. Die Erfolge, durch eine extreme Defizitpolitik erzielt, waren tatsächlich für den Augenblick beeindruckend. Eine auf Budgetdefizite aufbauende Beschäftigungspolitik hat allerdings immer Grenzen, die um so unüberwindbarer werden, je überzogener die dahinterstehende Politik ist. Daß diese Grenzen im Dritten Reich nicht sichtbar wurden, lag nicht nur an der kurzen Dauer des Regimes, sondern auch an seinem diktatorischen und kriegswirtschaftlichen Charakter. Nicht mehr äußerste Sparsamkeit in den öffentlichen Haushalten, sondern die ungezügelte Ausweitung der Budgets und der großzügige Ausbau öffentlicher Einrichtungen bestimmten die Denkweise der Provinz- und Dorfbourgeoisie und übten eine starke Faszination aus. Aufstellungen über die Kosten wurden zwar gemacht. Aber über die Frage der Finanzierbarkeit und der Aufbringung der Mittel machte man sich kaum Gedanken.

Der Reichsarbeitsdienst, Plakat 1938, Entwurf von Walther Dietz

Die Arbeitslosigkeit in Österreich wurde außerordentlich rasch abgebaut. Die Arbeitslosenrate, die 1937 noch 22 Prozent betragen hatte, sank im Jahresdurchschnitt 1938 auf 12,7 Prozent und betrug 1939 nur mehr 3,7 Prozent. Ein Teil der Arbeitslosen, unter ihnen viele arbeitslose Ingenieure und Facharbeiter, gingen ins »Altreich«. Ein Teil dürfte von Armee und Arbeitsdienst aufgesogen worden sein. Der hohe Bedarf des NS-Regimes für Verwaltung, Überwachung und Verteilung schlug sich auch in einer Ausweitung der Bürokratie nieder. Natürlich darf auch nicht übersehen werden, wie viele politisch und rassisch Verfolgte aus dem Arbeitsprozeß hinausgedrängt und in die Emigration, die Konzentrationslager und den Tod getrieben wurden. Der enorme Wanderungsnettoverlust von 129 200 Menschen im Jahre 1939 resultierte aus der jüdischen und politischen Emigration, aus der politisch-rassischen Verfolgung und aus dem Abzug österreichischer Arbeitskräfte nach Deutschland, der wesentlich größer war als der Zustrom deutscher Beamter und Angestellter. Die starke Zuwanderung ab 1940 wurde durch den vermehrten Einsatz von Fremdarbeitern und durch Betriebsverlegungen aus Deutschland infolge des Bombenkrieges hervorgerufen.

Die einsetzende Expansion kann nicht allein der deutschen Nachfrage nach Rohstoffen und Halbfertigwaren zugeschrieben werden.[13] Wohl schnellten die Exporte nach Deutschland auf das Dreifache empor. Da jedoch die Exporte in Drittländer im gleichen Ausmaß schrumpften, sich die Importe aus Deutschland ebenfalls verdreifachten und es auch zu einer Einfuhrsteigerung aus Drittländern um 7,1 Prozent kam, gingen per Saldo von der Außennachfrage keine expansiven Impulse aus. Insgesamt führte das erste Jahr des Anschlusses zu einer Explosion des Handelsbilanzpassivums auf etwa 900 Millionen Schilling, freilich zur Hälfte gegenüber Deutschland im nunmehr gemeinsamen Wirtschaftsgebiet. Entscheidend war die Binnennachfrage, stimuliert von der rasch steigenden Investitionstätigkeit und dem privaten Konsum. Einzig die traditionelle Exportindustrie, insbesondere die Textilindustrie, blieb in Schwierigkeiten, ebenso die Landwirtschaft. Die betont positive Einschätzung der Lebenschancen nach langen Jahren des Pessimismus und das hohe Vertrauen in die »Wirtschaftskompetenz« der Nationalsozialisten oder der Deutschen generell beeinflußten das Wirtschaftsklima: Sie beflügelten Heiratsraten, Geburtenziffern, Bierkonsum und Investitionsquoten. Spatenstiche, Baupläne, forsches Auftreten, das schienen vertrauenswürdige Versprechen zu sein.[14]

Die deutsche Wirtschaft war in den Konzepten der Machthaber und in der Realität der Entscheidungen eine Kriegswirtschaft im Frieden. Der weitaus größte Teil der direkten Beschäftigungseffekte kam aus der Rüstungsindustrie und deren Aufbau. Zivile Bauprojekte, die mit großem propagandistischem Aufwand verkündet wurden, wie der Autobahnbau, die Wasserkraftwerke, die Auto- und Kühlschrankfabriken, mußten demgegenüber bald zurückstehen.

Es war eine zwiespältige Modernisierung: gleichzeitig fortschrittsgläubig und rückwärtsgewandt, wachstumsbewußt, aber menschenverachtend, nur für »Herrenmenschen«, die Schwachen ausmerzend, nicht nur die »Rassefremden«, sondern auch die »Degenerierten«. Produktivität und Rationalität kippten immer wieder und immer öfter in Wahn und Realitätsverlust, in der gigantesken Übersteigerung der Projekte wie in der Hoffnung auf Wunder aller Art, auf Wirtschaftswunder und Wunderwaffen. Die Logik der nationalsozialistischen Beschäftigungspolitik war simpel: Abkoppelung vom Weltmarkt, Mobilisierung der inländischen Ressourcen, wachsender Einfluß des Staates, Aufrüstung und Großinvestitionen ohne Berücksichtigung der erforderlichen Faktoreinsätze. Alle Staaten, die diesen Weg befolgten und sich massiver Rüstung und monumentalen Prestigeprojekten zuwandten, konnten die Arbeitslosigkeit rasch beseitigen. Das Ziel war Expansion von Macht und Kapazitäten und nicht Steigerung des Wohlstands.

Tabelle 38: Bruttoinlandsprodukt in Österreich 1937 bis 1946, zu Preisen von 1954

	BIP in Millionen Schilling	Veränderung gegen Vorjahr in Prozent	Land-, Forstwirtschaft in Prozent	Industrie in Prozent
1937	63 610	–	–	–
1938	71 752	12,8	–0,5	18,0
1939	81 295	13,3	–7,3	30,0
1940	79 181	–2,6	–16,1	13,0
1941	84 882	7,2	11,8	9,0
1942	80 638	–5,0	–9,1	18,0
1943	82 573	2,4	1,2	34,0
1944	(82 224)	(2,0)	–9,4	4,0
1945	(42 112)	(–50,0)	–	–
1946	40 692	(–3,4)	–	–

Quelle: Felix *Butschek*, Die österreichische Wirtschaft 1938 bis 1945 (Wien 1978) 65.

Während kurzfristig jegliche Art von Ausgaben Beschäftigung erzeugt, ist langfristig die Effizienz und Wettbewerbsfähigkeit der damit getätigten Investitionen entscheidend. Über kurz oder lang hätte die wegen Überschuldung mittelfristig unausweichliche Reduzierung der Staatsausgaben und Rüstungsaufwendungen oder auch eine aus einkommenspolitischen Gründen sinnvolle Rückkehr auf den Weltmarkt und zu den Vorteilen internationaler Arbeitsteilung unweigerlich in eine neue, gefährlichere Arbeitslosigkeit geführt. Letztendlich hoffte man, diese Kosten auf die besiegten und unterworfenen Völker abwälzen zu können und diese gar nicht friedliche Beschäftigungspolitik mit Gewalt abzustützen.[15]

Gründungsfieber

Der Leitsektor, der am meisten von den durch den »Anschluß« ausgelösten Investitionsprogrammen profitierte, war zweifellos die Bauwirtschaft, die im Konzept des Dritten Reiches einen besonderen Stellenwert einnahm: Prestigebauten, in granitener Monumentalität, riesige Hoch- und Tiefbauprojekte und weitläufige Fabriksareale beflügelten die Phantasie der Planer. Das Konzentrationslager Mauthausen, wie das KZ Flossenbürg in der Nähe großer Granitsteinbrüche angelegt, war mit Blick auf den Bedarf für die zahlreichen in Aussicht genommenen Prunkbauten angelegt.

Das Baugewerbe erfuhr durch den 1938 ausbrechenden Auftragsschub des Heeres, der Partei, der Verwaltung, der Infrastruktur und der Industrieprojekte den größten Aufschwung und die größte Ausdehnung. Die vorhandenen Kapazitäten reichten bei weitem nicht aus. Im Juli 1938 versuchte die Wirtschaftsgruppe Bauindustrie sich in einer Enquete, zu der die 77 wichtigsten Baufirmen Österreichs geladen waren, einen Überblick über die Situation zu verschaffen. Im Jahr 1937 hatten diese Firmen mit etwa 15 000 Beschäftigten rund 48 Millionen Reichsmark Umsatz erwirtschaftet. Die Kapazität wurde mit etwa 100 bis 150 Millionen angegeben, die maximal auf 200 Millionen angehoben werden könne. Dem stand bereits für das zweite Halbjahr 1938 ein Auftragsvolumen von circa 650 Millionen Reichsmark gegenüber.[16]

Die Bauwirtschaft gehörte zu den ersten Branchen, wo die Arbeitslosigkeit in einen Arbeitskräftemangel umschlug. Der Reichsarbeitsminister stellte in einem Bericht über die Bauwirtschaft in der Ostmark fest, daß deren Anteil am Bauvolumen des gesamten Reiches mit 16 Prozent fast doppelt so groß war wie der Anteil an der Bevölkerung.[17] Der Fehlbestand an Bauarbeitern wurde für 1939 mit rund 50 000 Mann angegeben. In Österreich stieg auch 1940 die Zahl der am Bau Beschäftigten noch um 2,8 Prozent, während sie in Deutschland um 23 Prozent sank. Spätestens ab Mitte 1941 war die Weiterführung von Bauvorhaben von der zwangsweisen Rekrutierung ausländischer Arbeitskräfte abhängig.

Neben die Industriegründungen trat eine breite Palette von Investitionen in die Infrastruktur: der Autobahn- und Brückenbau, der Ausbau der Donauhäfen Linz, Krems und Wien, die Wiederaufnahme alter Kanalbaupläne (Donau-Oder-Kanal, Rhein-Main-Donau-Kanal), der Ausbau der Wasserkräfte, landwirtschaftliche Meliorationen,

Wildbach- und Lawinenverbauung und Güterwegebau. Die Planungen wurden in auch für europäische Maßstäbe außerordentlich großen Dimensionen angelegt. Dazu traten viele kleinere Gründungen und Erweiterungen, vor allem aber ein Ausbauprogramm für Luftschutzkeller und Kasernen.

Ein Gründungsfieber und eine Gründungseuphorie führten zu Großprojekten, wie es sie in Österreich in der Zwischenkriegszeit überhaupt nicht gegeben hatte: Den Höhepunkt bildete das propagandistische Liebkind der Nationalsozialisten, der Autobahnbau. Hermann Göring hatte in seiner Nordwestbahnhof-Rede vom 26. März 1938 den sofortigen Beginn des Baus von 1 100 Autobahnkilometern angekündigt. Bereits am 7. April nahm Hitler den Spatenstich für die Autobahn Salzburg–Wien am Walserberg vor. Der Bau kam aber über ein kleines Teilstück bei Salzburg und einige Brückenpfeiler im Wienerwald nicht hinaus und wurde im Laufe des Krieges gänzlich eingestellt. Das nationalsozialistische Autobahnkonzept ist mit ganz wenigen Abänderungen erst in der zweiten Jahrhunderthälfte verwirklicht worden.

Auf der Bahnstrecke Linz–Salzburg wurde die Elektrifizierung zu Ende geführt. Die Linien Wels–Passau und Kufstein–Wörgl erhielten einen zweigleisigen Ausbau. Der Güterbahnhof Wels wurde wesentlich erweitert. Die Strecke Linz–Hieflau mußte für den geplanten Erztransport ausgerichtet werden. Auch beschäftigte man sich mit einer neuen Bahnlinie für den verkehrstechnischen Anschluß der südböhmischen Bezirke Kaplitz und Krumau. Doch viele Pläne wurden nie realisiert. Die Bahn, nach Hitlers Meinung »viel zu kleinspurig«, sollte in den Hauptlinien zwischen den »Führerstädten« durch ein Netz von vier Meter Spurweite ersetzt werden. Der NS-Traum vom transkontinentalen »Breitspurbahnnetz«, das Zugsgarnituren wie »Ozeanriesen zu Lande« von Hamburg über Berlin und Prag nach Wien und weiter auf den Balkan und in die Türkei führen sollte, sollte zur Erschließung des »Großgermanischen Imperiums« beitragen, das bis tief nach Rußland hinein gedacht war.[18]

In den imperialistischen Zielen des Großdeutschen Reiches war der Donau nicht zuletzt auch in Erwartung der Herstellung des Rhein-Main-Donau-Kanals eine wichtige Funktion zugedacht. Der Vierjahresplan sah ihren großzügigen Ausbau zu einer Wirtschaftsstraße nach Südosten vor: Linz, Enns, das Nibelungenwerk in St. Valentin, Maut-

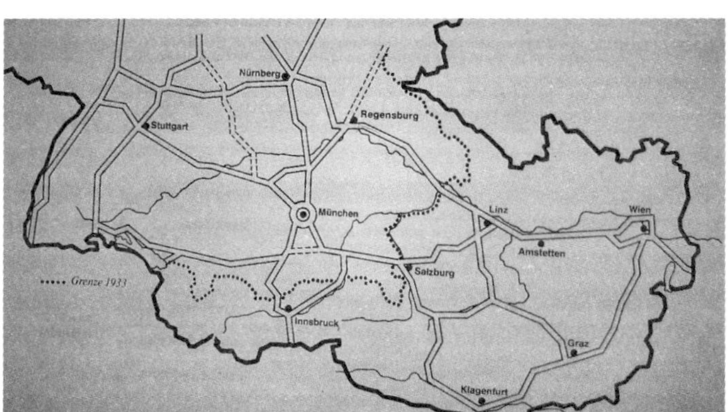

Projektierter Ausbau des Autobahnnetzes in der »Ostmark«, 1938/39

hausen, Pöchlarn, Melk, Krems, der Ausbau der Raffinerie in Moosbierbaum und das dortige Leichtmetallwerk der IG Farben, für 20 000 Arbeiter berechnet, die Flugzeugwerke in Schwechat und Fischamend, die Industriezone um Hainburg und vor Preßburg und das Aluminiumwerk in Berg bei Engerau belegen die wirtschaftliche Bedeutung, die man dem Donauraum beimaß. Die Linzer Schiffswerft, die in den dreißiger Jahren stillgelegt und deren Auflösung bereits beschlossen war, gewann für die beabsichtigte Aufwertung der Donauschiffahrt enorm an Bedeutung und wurde ebenso wie die DDSG und deren Korneuburger Werft kräftig erweitert und voll in den Dienst der Rüstung und der geplanten Expansion nach Südosten gestellt.

Die Wirtschaftspolitik des Dritten Reiches kalkulierte mit den österreichischen Energiereserven und forcierte deren Ausbau, vor allem der Wasserkräfte, weil die deutsche Energiewirtschaft sehr stark auf Kohle ausgerichtet war. Die Vereinheitlichung der Stromversorgung wurde systematisch »durchgezogen«. Geplant war ein großräumiger Verbund der alpinen Wasserkraftwerke mit den rheinischen, mitteldeutschen und oberschlesischen Dampfkraftwerken.

Von 1938 bis 1945 wurde eine große Zahl von Kraftwerksbauten begonnen, wobei man durchwegs auf österreichische Projektierungen aus den zwanziger und dreißiger Jahren zurückgreifen konnte. Schon am 16. Mai 1938 nahm der propagandistisch allgegenwärtige Hermann Göring den Spatenstich im bereits von der Österreichischen Kraftwerke Aktiengesellschaft (ÖKA) projektierten Tauernkraftwerk Kaprun vor. Auch der Bau der Vorarlberger Illkraftwerke wurde beschleunigt. An Inn, Enns, Donau, Mur und Drau wurde zu bauen begonnen. Der große Schwung des Kraftwerkbaus erlahmte aber mit der Verknappung der Arbeitskräfte und Baustoffe sehr rasch. Einige Großbaustellen wurden ganz eingestellt, an anderen wurde mit reduziertem Tempo gearbeitet, vor allem an Glockner-Kaprun, das Ende 1944 behelfsmäßig als Laufkraftwerk in Betrieb genommen wurde. Zwangsarbeiter, Kriegsgefangene und politische Häftlinge wurden eingesetzt.[19]

Man verlagerte die Aktivitäten auf die rascher zu bauenden thermischen Kraftwerke. Kalorische Kraftwerke wurden in Voitsberg, in der Hütte Linz und in Neusiedl an der Zaya neuerrichtet, in Simmering und Timelkam erweitert. Fertiggestellt wurden im Krieg rund 500 MW Wasserkraftleistung und 320 MW kalorische Kapazität, die aber im Unterschied zu den Wasserkraftwerken von beträchtlichen Zerstörungen und Demontagen betroffen waren. Drei Großumspannwerke für die Höchstspannungsnetze von 220 kV wurden errichtet. Zahlreiche halbfertige Anlagen konnten nach dem Krieg mit verhältnismäßig geringem Aufwand fertiggestellt werden.

Waren die österreichischen Wasserkräfte kriegswirtschaftlich hoch bedeutend, so war der Kohlenbergbau vom Blickpunkt des großdeutschen Wirtschaftsraums praktisch zu vernachlässigen: Die Bergbaue waren zwar voll beschäftigt, wurden aber nicht erweitert oder gar modernisiert. Von hohem strategischem Wert waren die Erdölvorkommen, deren Aufschließung Priorität erhielt. Bis zum Jahre 1944 stieg die Ölförderung von anfangs unbedeutenden Quantitäten (37 000 Tonnen) auf 1,2 Millionen Tonnen.[20]

Das gesamte Energieaufkommen im Bereich Österreichs stieg zwischen 1937 und

1944 von 3,3 Millionen Tonnen Steinkohleeinheiten auf 6,5 Millionen Tonnen, hauptsächlich durch den Ausbau der Wasserkräfte und die Erdölförderung. Der Kraftwerksbau schlug sich in einer Verdoppelung der österreichischen Stromerzeugung während des Krieges nieder. Selbst 1945 war trotz des allgemeinen Zusammenbruches die österreichische Stromerzeugung höher als 1937.[21]

Im Vordergrund der Industriegründungen standen Eisen, Aluminium, Düngemittel und Benzin. Bei der Erzeugung von Textilien war die Leitlinie die Verbesserung der Rohstoffversorgung aus dem Inland. Im Vierjahresplan wurde die Hebung der Schafzucht als vordringlich bezeichnet, ebenso die rasche Errichtung einer Zellwollfabrikation in Lenzing unter Führung der Thüringischen Zellwolle-AG. Das in Steyr-Münichholz mit Geldern des Reichsluftfahrtministeriums entstandene Wälzlagerwerk machte die Steyr-Daimler-Puch AG innerhalb von drei Jahren zum drittgrößten Kugel- und Wälzlagerproduzenten des Reiches.

Der steirische Erzberg wurde zu einem wichtigen Faktor im deutschen Rüstungskalkül. Die Hochofenkapazität Österreichs sollte ausgebaut werden, wobei der Neubau eines Eisen-, Stahl- und Kokereikomplexes mit Donaustandort forciert wurde. Darüber hinaus sollten auch die bestehenden österreichischen Stahlwerke eine Kapazitätserhöhung erfahren. Da die Neugründungen angesichts des damaligen Bedarfs Überkapazitäten darstellten, war die deutsche Schwerindustrie wenig begeistert. Diese Situation half dem staatlichen Vierjahresplankonzern »Reichswerke Hermann Göring«, Einfluß auf den Erzberg und auf wesentliche Industrien zu gewinnen. 1939 erfolgte auf nicht ganz freiwilliger Basis die Fusion der in deutschem Privatbesitz stehenden Österreichischen Alpine Montan-Gesellschaft mit den Linzer »Reichswerken« zur »Alpine Montan AG ›Hermann Göring‹, Linz«. Daneben gewann der Göring-Konzern noch auf zahlreiche weitere Stahlwerke Einfluß, aber auch auf die Simmeringer und Grazer Waggonbaufabriken, die Steyr-Daimler-Puch AG sowie die Schiffswerft Linz AG und die DDSG.[22]

Am 13. Mai 1938 erfolgte der Spatenstich der »Reichswerke AG für Erzbergbau und Eisenhütten ›Hermann Göring‹, Linz«. Das Werk sollte nach dem Vollausbau, der nach amerikanischen Plänen erfolgte, ursprünglich zwölf, in einer späteren Variante sechs Hochöfen und eine entsprechende Anzahl weiterverarbeitender Großbetriebe umfassen. Die Hütte sollte eine Rohstahlkapazität von mehr als 1 Million Tonnen erreichen und vornehmlich aus der Steiermark mit Erzen beliefert werden. 1940, mit dem Zugriff auf die lothringischen Minetteerze, sank das Interesse am Aufbau des Linzer Hüttenwerkes vorübergehend. Erst 1943 wurde wieder forciert weitergebaut. Man kalkulierte nunmehr auch mit den ukrainischen Erzen aus Kriwoj Rog, die auf der Donau angeliefert werden sollten. Am 1. Oktober 1941 wurde der erste Hochofen der Hütte Linz angeblasen. Bis Kriegsende wurden die sechs Hochöfen fertiggestellt. Zur Hütte gesellten sich die »Eisenwerke Oberdonau« – ein reiner Rüstungsbetrieb, der im April 1939 gegründet wurde und auf mehr als 10 000 Arbeitskräfte ausgelegt war.

Eine Standortverlagerung aus der beengten Alpinlage an die Donau wurde auch beim Aufbau der Hütte Krems verfolgt. August Schmid-Schmidsfelden, der als Wehrwirtschaftsführer Süd-Ost, SA-Brigadeführer und Reichstagsabgeordneter einflußreiche

Hermann Göring nahm am 13. Mai 1938 den Spatenstich der Hermann-Göring-Werke in Linz mit dem »größten Dampfbagger Deutschlands« vor.

Positionen besetzte, realisierte einen kompletten Transfer seiner Rottenmanner Eisenwerke AG nach Krems.[23]

Die Entscheidung, eine ursprünglich für Bayern geplante Anlage der »IG Farben« zur Stickstoffgewinnung in Linz anzusiedeln, stand in unmittelbarem Zusammenhang mit der Errichtung der Eisenhütte und deren Kokereianlage, aber auch mit den Modernisierungsbedürfnissen der österreichischen Landwirtschaft, war doch für die Erzeugung von Stickstoff in Österreich zuvor keine Produktionsanlage vorhanden und in der Landwirtschaft gegenüber Deutschland ein beträchtlicher Nachholbedarf bei mineralischem Dünger gegeben. So friedlich war das Projekt »Aktiengesellschaft Stickstoffwerke Ostmark« allerdings nicht. Stickstoff braucht man nicht nur zum Düngen, sondern auch zum Schießen. Im Rahmen des »Pulver-Schnellplans« sollte in Linz vor allem Stickstoff für Sprengstoff erzeugt werden.[24]

Auch die Errichtung eines Aluminiumwerkes in Ranshofen/Braunau als Gründung der Aluminiumwerke Berlin hatte wehrwirtschaftliche Hintergründe. 1944 war das »Mattigwerk« in Ranshofen der größte Aluminiumproduzent Deutschlands und stellte mit seiner etwa zu zwei Drittel genutzten Kapazität von rund 65 000 Jahrestonnen etwa 10 Prozent der weltweiten Erzeugung. Die Standortwahl, die auf verschiedenen Faktoren (Verkehrslage, Energieangebot, Arbeitskräfte, aber auch billiges, da »arisiertes« Betriebsareal in einem weitläufigen Forst, der die Emissionen schlucken sollte) basierte, wurde gegen erheblichen Widerstand der Naturschützer durchgezogen.[25]

Aus späterer Sicht mußte sich der Anschein ergeben, daß mit dem Anschluß an Deutschland und der Investitionspolitik, die unmittelbar darauf einsetzte, eine räumliche Neuorientierung und Verlagerung der österreichischen Industriestruktur nach Westen erfolgte und die nach 1945 sich verstärkende Industrialisierung Oberösterreichs durch das »Privileg« der persönlichen Beziehungen zu Hitler zustande gekommen sei, etwa in der Standortbestimmung der Hütte Linz oder der Aluminiumwerke in Ranshofen-Braunau. Das war kaum beabsichtigt. Die absolute Zahl der Neugründungen in

Oberösterreich war gar nicht so groß. Zwischen 1938 und 1945 wurden auf österreichischem Territorium (mit den annektierten Gebieten der Tschechoslowakei und Jugoslawiens) 158 Rüstungsbetriebe neu errichtet. Nur sechs davon kamen nach Oberösterreich. Allerdings handelte es sich hierbei um ausgesprochene Großbetriebe.[26] Die besondere Situation Oberösterreichs resultierte aus dem geringen Industrialisierungsgrad vor dem »Anschluß« und dem Weiterbestand der angesiedelten Betriebe über den Zweiten Weltkrieg hinaus.

In Niederösterreich kam es zu einer noch hektischeren Gründungs- und Expansionsaktivität. Die Wiener Neustädter Flugzeugwerke (WNF), die bereits am 30. März 1938 durch das Reichsluftfahrtministerium gegründet wurden, entwickelten sich mit zeitweise bis zu 23 000 Beschäftigten zum bei weitem größten Jagdflugzeughersteller des Deutschen Reiches. Die Dimension der Flugmotorenwerke Ostmark in Wiener Neudorf war ebenfalls auf einen Riesenbetrieb ausgelegt. Das Nibelungenwerk in St. Valentin war in den späteren Kriegsjahren das größte Jagdpanzerendfertigungswerk des Reiches. Die von Henschel & Sohn erworbene Wiener Lokomotivfabrik (LOFAG) wurde von der kleinsten zu einer der größten Lokomotivfabriken des Reiches ausgebaut, wobei mit der Wiederingangsetzung des in den dreißiger Jahren gesperrten Zweigwerkes Wiener Neustadt und der 1942 begonnenen Errichtung der Raxwerke zur Tender- und später Raketenerzeugung auch der Standort Wiener Neustadt erneut erweitert wurde, unter anderem auch mit der 1942 in Kraljevo demontierten »großen Serbenhalle«. Der Ausbau der Erdölförderung im Marchfeld und der Verarbeitung in der Raffinerie Moosbierbaum war für die deutsche Kriegswirtschaft von tragender Bedeutung. Die Ausweitung der Stahlwerke und Metallfabriken in Enzesfeld, St. Aegyd, Waidhofen, Traismauer, Ternitz, Traisen und Berndorf machte Niederösterreich zum zweiten Ruhrgebiet.[27]

Mit der zunehmenden Bedeutung der Rüstungsindustrie im Verlauf des Krieges verlagerte sich der Schwerpunkt des nationalsozialistischen Industrieausbaus wegen der zu den wichtigsten Kriegsschauplätzen im Osten günstigen, vor alliierten Luftangriffen lange geschützten und deshalb auch als »Reichsluftschutzkeller« apostrophierten Lage immer stärker nach Ostösterreich. Erst zu Kriegsende und nach dem Krieg drängten die Unternehmen stark nach Westösterreich.

Im Westen des Bundesgebietes gab es nur im Inntal größere Gründungen: Die an sich kleinen, krisengeschüttelten Jenbacher Berg- und Hüttenwerke des Friedrich Reitlinger, der nach dem Anschluß Selbstmord begangen hatte, wurden 1939 von Ernst Heinkel »arisiert« und zu einem Zulieferer der Flugzeugindustrie mit über 3 000 Beschäftigten ausgebaut. Der Flugzeughersteller Dornier ließ sich in Bregenz und Dornbirn nieder, Messerschmitt in Kematen bei Innsbruck.

Nur wenigen Unternehmen gelang es, von Österreich aus in das Reich zu expandieren. Die Tätigkeit der Österreichischen Postsparkasse wurde auf das gesamte Gebiet des Deutschen Reiches und später auch die besetzten Gebiete ausgedehnt. Hitler, der einst selbst Postsparer gewesen war, sah darin eine Möglichkeit, finanzielle Reserven zu mobilisieren und auf dem Weg über das Sparen Kaufkraft abzuschöpfen. Die Zahl der Postsparkassensparer stieg sehr rasch, von 400 000 Anfang 1939 auf 8,15 Millionen im

Tabelle 39: Industrieproduktion in Österreich 1938 bis 1945
(ausgewählte Branchen, Veränderungen gegenüber Vorjahr, in Prozent)

	Ölförderung	Roheisen	Aluminium	Papier	Zucker
1938	72,7	43,4	–	–6,5	–8,5
1939	154,4	32,8	0,0	13,6	–20,6
1940	184,1	–7,0	51,2	–3,6	–32,4
1941	51,5	–5,4	229,2	1,0	18,6
1942	39,1	20,1	72,0	–12,6	–12,4
1943	27,2	24,0	25,0	1,6	–21,7
1944	10,0	–3,4	10,9	–20,0	–31,3
1945	–62,8	–	–	–77,8	–84,5

Quelle: Felix *Butschek*, Die österreichische Wirtschaft 1938 bis 1945 (Wien 1978) 92.

Jahr 1942 und bis Kriegsende wohl noch einmal auf das Doppelte. Die neuen Dimensionen schufen in der Wiener Zentrale organisatorische Probleme größten Ausmaßes. Der Personalstand stieg von 1529 im Jahr 1937 auf über 5400 im Jahr 1945.[28]

Man kann mehrere Schübe von Betriebsneugründungen unterscheiden, einen ersten Schub 1938, dann 1939/40 und schließlich 1944, als zahlreiche Rüstungsbetriebe nach Österreich transferiert wurden bzw. der Bau neuer Anlagen im Zeichen eines sich ständig verengenden Reichsterritoriums begonnen wurde. Dazu gehörten auch die zahlreichen in Stollen und große Kellerräume verlagerten Fertigungen.

Bereits unmittelbar nach dem Anschluß und schon vor Kriegsausbruch wurde die Wirtschaftsentwicklung in den »Ostmarkgauen« besonders stark von unmittelbaren und mittelbaren Rüstungsproduktionen bestimmt, während die relative Bedeutung der Konsumgüterindustrie im Unterschied zum »Altreich« schon in der Periode 1939 bis 1941 zurückging. Die Finanzierung übernahm dabei weitgehend der Staat. Ab dem Jahr 1942 kristallisierte sich eine Sonderstellung der österreichischen Wirtschaft heraus: Einerseits war in der zweiten Hälfte des Jahres 1941 ein Teil jener Produktionsanlagen in Betrieb gegangen, die gleich nach dem Anschluß in Angriff genommen worden waren: der erste Hochofen in Linz, die Flugzeugwerke in Wiener Neustadt, das Kugellagerwerk in Steyr, die Raffinerie Lobau. Andererseits wurden wegen der Intensivierung des Luftkrieges über Deutschland in den Jahren 1943 und 1944 immer mehr Betriebe nach Österreich verlegt. Zuletzt, als ohnehin schon alles verloren schien, verlagerten deutsche Unternehmen ihre Standorte auch mit dem Hintergedanken nach Österreich, hier nach Kriegsende einer wohlwollenderen Haltung der Alliierten gegenüberzustehen als im »Altreich«.[29] Die Industriebeschäftigung in Österreich expandierte zwischen 1941 und 1944 um durchschnittlich 11,4 Prozent pro Jahr, in Deutschland nur um 1,2 Prozent.[30]

Die Expansion an sich erfolgte sehr einseitig, im Energiesektor, in der Rohstoffgewinnung und in der Schwerindustrie. Die Konsumgüterindustrie sowie die Fremdenverkehrswirtschaft bekamen die Auftriebstendenzen überhaupt nicht zu spüren. Die Position der Wiener Luxusindustrie (Taschen, Schuhe, Hüte, Möbel etc.), die international einen großen Ruf hatte, wurde durch den Anschluß zerstört. Allerdings wäre es übertrieben, wie dies bisweilen geschehen ist, von einer Primitivisierung der österreichischen Produktions- und Wirtschaftsstruktur zu sprechen, die durch den Ausbau der Grundstoff- und Investitionsgüterindustrie bei gleichzeitiger Reduzierung der Konsumgüterproduktion und des Dienstleistungsbereiches erfolgt sei, oder Österreichs Entwicklungschancen dadurch sogar reduziert zu sehen.[31]

Neben der Beschlagnahmung von Maschinen und Anlagen und dem Abzug von Arbeitskräften aus dem »zivilen« Sektor oder aus Wehrmachtsfertigungen niedrigerer Dringlichkeitsstufen durch sogenannte Auskämmaktionen war die Stillegung von Betrieben mit »kriegsunwichtigen« Fertigungen das schärfste Mittel zur Umlenkung von Ressourcen in den Rüstungssektor. Ab 1940 gab es beinahe jährlich im Frühjahr eine Kampagne zur Stillegung von Betrieben. Die Stillegungsaktion des Jahres 1942 betraf vor allem die Bauwirtschaft, aber auch den Textilsektor. In die Stillegungsaktion 1943 sollte auch der Handel, das Handwerk und das Gastgewerbe einbezogen werden. Im Bereich der Industrie lag der Schwerpunkt der »Auskämmung« auf der Glas- und Keramikerzeugung, der Papierproduktion, der Sparte Steine/Erden sowie der Verarbeitung von Edelmetallen. Zu Beginn des Jahres 1944 wurden weitere Stillegungen innerhalb der gewerblichen Wirtschaft durchgeführt. In der zweiten Hälfte des Jahres 1944 begann die Aktion der »Freimachung von Arbeitskräften für die kriegswichtigen Aufgaben durch Einschränkung von Verwaltungen und Betrieben«. Erstmals zog man somit den aufgeblähten Verwaltungsapparat als Arbeitskraftreserve heran. Die letzte dokumentierte Stillegungsaktion begann mit 1. Januar 1945. Über den Erfolg sind die Daten unklar. Auf jeden Fall zeichnete sich im Handwerk ein dramatischer Rückgang der Betriebe und Beschäftigten ab, vor allem in den ersten Kriegsjahren.[32]

Im Sommer 1943 setzten auch in Österreich die Luftangriffe ein. Doch hielten sich die Auswirkungen in Grenzen, auch nach der Eroberung des italienischen Luftstützpunkts Foggia durch die Alliierten. Vom Mai 1944 bis Januar 1945 sank die Wertschöpfung der Industrie, in eklatantem Unterschied zu Deutschland, nur um 10 Prozent, trotz der Dezentralisierung und Untertag-Verlagerung der Produktionsanlagen im

Tabelle 40: Industriebeschäftigung in Österreich 1939 bis 1944 nach Branchen

	1939	1940	1941	1942	1943	1944
in 1000:						
Grundstoffe	116	124	122	127	160	179
Investitionsgüter	167	179	202	236	305	358
Konsumgüter	207	177	174	160	161	152
Insgesamt	490	480	498	524	625	689
in Prozent:						
Grundstoffe	23,7	25,8	24,5	24,2	25,6	26,0
Investitionsgüter	34,1	37,3	40,6	45,0	48,8	52,0
Konsumgüter	42,2	36,9	34,9	30,0	25,8	22,1

Quellen: Rolf *Wagenführ*, Die deutsche Industrie im Kriege 1939–1945 (Berlin 1954); Felix *Butschek*, Die österreichische Wirtschaft 1938 bis 1945 (Wien 1978) 81.

Jahre 1944, die mit erheblichen Produktivitätseinbußen verbunden waren. Mit voller Stärke setzten die Luftangriffe auf österreichisches Gebiet erst im Februar 1945 ein. Schwere Angriffe wurden in der letzten Kriegsphase gegen Wien, Graz, Linz und Wiener Neustadt geflogen. Gegen Kriegsende wurden die Produktionsanlagen im Osten Österreichs auch von Bodenkämpfen schwer in Mitleidenschaft gezogen.[33]

Erbhofrealität und Modernisierungsträume

Die Bauernschaft, die von der Agrarkrise der dreißiger Jahre durchgeschüttelt war, wenn auch weniger stark als die übrigen Sektoren, hoffte, in der nationalsozialistischen Agrarpolitik Unterstützung finden zu können. Die Erwartungen der Bauern und die Ankündigungen der neuen Machthaber gingen in zwei Richtungen, einerseits in die Richtung einer rückwärtsgewandten bäuerlichen Ideologie, die Besitzfestigung und Entschuldung mit Erbhofbildung und Traditionsbindung koppelte, andererseits in die Richtung einer Modernisierung, Mechanisierung und Produktivitätssteigerung der Betriebe.

Anton Lutz: Mühlviertler Bauer, Öl auf Leinwand, 1941

Der deutschnational und nationalsozialistisch orientierte Flügel der österreichischen Bauernschaft hatte sich schon vor 1938 mechanisierungs- und modernisierungswilliger dargestellt als der christlichsoziale. Insgesamt hatte die österreichische Landwirtschaft gegenüber der deutschen einen erheblichen Produktivitäts- und Modernisierungsrückstand. Während zum Beispiel im Deutschen Reich 1936/37 19,8 Kilogramm Stickstoff je Hektar landwirtschaftlicher Nutzfläche verwendet wurden, waren es in Österreich 1933/34 nur 1,5 Kilogramm. Bei

Phosphorsäure war die Relation ähnlich, bei Kali noch ungünstiger. Auch hinsichtlich der maschinellen Ausstattung lag die österreichische Landwirtschaft weit hinter der deutschen.

Der »Anschluß« begann daher mit einer sehr weit ausholenden Produktivitätskampagne für die Landwirtschaft. Im Bereich der Ausstattung mit Maschinen sollte ein Aufholprozeß in Gang gesetzt werden. Förder- und Zuschußaktionen sollten die Mechanisierung erleichtern und die Bauern mit neuen Betriebsmitteln bekannt machen. Durch den neuen Wechselkurs und den Wegfall der Zölle waren deutsche Landmaschinen, Kali- und Stickstoffdünger und diverse Futtermittel in Österreich um 33 bis 50 Prozent billiger geworden. Die Ergebnisse waren dennoch nicht spektakulär. Zwar soll sich der Düngemittelverbrauch dadurch bis 1940 verdreifacht haben, allerdings von einem sehr niedrigen Niveau aus. In den ersten zwei Jahren nach dem Anschluß wurden rund 2 000 Traktoren neu angeschafft. Doch bei mehr als 400 000 Betrieben, davon die Hälfte über fünf Hektar, waren dies kaum beeindruckende Werte. Bei Elektromotoren, Sämaschinen oder Mähmaschinen gab es ebenfalls Zuwächse, aber keine höheren als in den letzten Jahren vor dem Anschluß.

Während bis Ende 1938 die durchschnittlichen Gestehungskosten für sämtliche Betriebsmittel um etwa 18 Prozent gesenkt wurden, stiegen gleichzeitig die Landarbeiterlöhne bis Ende 1938 um mindestens 35 Prozent. Da die Löhne fast 40 Prozent der Barausgaben ausmachten, Maschinen und Düngemittel aber nur geringe Anteile hatten, verschlechterte sich die Ertragskraft der Betriebe massiv. Das schlagartige Einsetzen der Landflucht und die ungeheure Dynamik, die sie innerhalb eines Jahres erreichte, war auch durch beträchtliche Lohnerhöhungen nicht zu stoppen. Ein völliger Zusammenbruch der Produktion konnte nur durch vermehrte Kinder- und Frauenarbeit, durch den Arbeitsdienst und in weiterer Folge durch den Einsatz von Zwangsarbeitern und Kriegsgefangenen verhindert werden.[34]

Der Landwirtschaft fehlte es vor allem an Kapital. Die aus der »Entschuldungsaktion« und der »Aufbauaktion« von 1938 bis 1945 bereitgestellten Mittel waren viel zu gering, um eine Modernisierung auszulösen oder die durch den Anschluß bewirkten Nachteile auszugleichen. Die Bauern wurden sofort in das enge Korsett der Produktionskontrollen und Bewirtschaftungsmaßnahmen gepreßt. So waren bereits von 1938 auf 1939 Produktionsverminderungen zu verzeichnen. 1940 kam es zu einem durch Mangel an Arbeitskräften und Betriebsmitteln ausgelösten steilen Abfall. Auch die Einbindung in die totale Bewirtschaftung, die Verschärfung der Ablieferungspflichten durch Ablieferungskontingente und das umfassende Repressionssystem konnten den Produktionsausfall nicht wettmachen.

Das Reichserbhofgesetz erlangte im Juli 1938 auch für das Gebiet der Ostmark Geltung. Zwar hatte Österreich auch vorher bereits ein Anerbenrecht und teilweise auch Erbhofregelungen besessen, etwa in Salzburg, aber nur als Ehrendiplom und ohne rechtliche Eingriffe. Nunmehr aber bedeutete »Erbhof« für Vollerwerbsbetriebe zwischen 7,5 und 125 Hektar Besitz eine Zwangsregelung, die nur »arische« und »ehrbare« Inhaber und Vererbung im Anerbenrecht zuließ, wobei männliche Erben auch in nichtdirekter Linie absoluten Vorrang vor etwaigen weiblichen direkten Erben genossen und durch die Nichtbelastbarkeit und Unveräußerbarkeit dieser Betriebe das Verfügungsrecht der Besitzer erheblich eingeschränkt war. Das schützte die Bauern zwar vor Verschuldung, führte aber andererseits zum »Erbhofkreditproblem« bei modernisierungswilligen Bauern. Zudem waren zahlreiche Bauern über die im österreichischen Bereich in diesem harten Maße unübliche Diskriminierung der Frauen in Erbfällen aufgebracht, so daß die Unzufriedenheit mit der nationalsozialistischen Erbhofregelung unter den Bauern, weichenden Erben und besonders auch Bauerntöchtern ohne männliche Geschwister, die gegenüber nahen männlichen Verwandten nachrangig behandelt wurden, groß war und die Machthaber zu Anpassungen zwang.[35]

Besonders viel hatte sich die Fremdenverkehrswirtschaft vom Anschluß erwartet. In der nationalen Arbeitsteilung wurde Salzburg und Tirol die Rolle von Erholungslandschaften für das ganze Reich zugedacht. Die Steiermark präsentierte sich als »Südland deutscher Sehnsucht«.[36] Salzburg pflegte sich als »Gau der guten Nerven« zu bezeichnen, Tirol als Hochalpengau und Erholungsgau des Reiches. Innsbruck wurde Sitz des »Deutschen Alpenvereins«. Der Wunsch des Tiroler Gauleiters, Innsbruck die offizielle Bezeichnung »Stadt des Bergsteigens« zu verleihen, scheiterte an der ablehnenden Haltung Hitlers. Bestrebungen zur Industrialisierung wurden abgeblockt, um die landschaftliche Schönheit und den Erholungswert nicht zu beeinträchtigen.[37]

Eines der zugkräftigsten Versprechen der Nationalsozialisten war der Massentourismus. Der Zustrom deutscher Touristen stieg mit dem Anschluß tatsächlich sprunghaft an. Gleichzeitig hörte aber der Ausländertourismus auf und waren die so wichtigen jüdischen Gäste ausgesperrt. Daß auch österreichische Arbeiter in den Genuß von Reisen »ins Reich« oder gar auf Kreuzfahrtschiffen kamen, wurde propagandistisch entsprechend verwertet.[38] Andererseits brachte die Freizeitorganisation der Deutschen Arbeitsfront »Kraft durch Freude« zahlreiche Gruppenreisende nach Tirol und Salzburg, ins Salzkammergut, zu den Kärntner Seen oder in die Wachau. Allerdings kam ab dem Jahr 1942 der eigentliche Fremdenverkehr fast völlig zum Erliegen. Die Einrichtungen wurden für die Unterbringung von Fronturlaubern, Verwundeten, Ausgebombten und Flüchtlingen herangezogen und in Lazarette, HJ-Heime und Notunterkünfte umgewandelt. Aus den Fremdenverkehrsgauen wurden »Lazarettgaue«.[39] In den Nobelherbergen der Alpen tummelten sich immer mehr nationalsozialistische Bonzen, die den Unannehmlichkeiten der bombengefährdeten Städte und zuletzt der Invasion zu entkommen suchten, ebenso wie die Mitglieder diverser ostmitteleuropäischer Exilregierungen.

Nationalsozialistische Gewaltherrschaft

»Germanisierung« und »Arisierung«

Nach 1938 kam es zur größten Welle von Eigentumsübertragungen und Vermögensverschiebungen, die Österreich je erlebt hatte. Die Betroffenen und Verlierer waren die Juden, die Kirchen, die politischen Gegner des Nationalsozialismus, das Auslandskapital, die Staatsunternehmen. Die Täter und Gewinner waren viele »biedere« Österreicher, zahlreiche Parteigünstlinge und die NSDAP direkt, das hereinströmende deutsche Privatkapital und der deutsche Staat mit seinen Untergliederungen.

Eine der unmittelbaren Folgen des Anschlusses bildete die Neustrukturierung des österreichischen Bankwesens. Dem Bankplatz Wien sollten spezielle Aufgaben zugewiesen werden, wozu die Pflege und Abwicklung des großdeutschen Exportgeschäfts mit Südosteuropa gehören sollte. Auch wenn die Wiener Großbanken über Österreich hinaus in den Nachbarstaaten ausgedehnte Beziehungen und Beteiligungen unterhalten hatten, befanden sie sich doch gegenüber der Kapitalmacht der deutschen Konzernbanken in einer ungleich schwächeren Position.

Die Einflußsphären wurden säuberlich aufgeteilt: Die Mehrheit an der Creditanstalt-Wiener Bankverein (CA-BV), deren Aktien sich zum größeren Teil im Besitz des österreichischen Staates und der Nationalbank, zu etwa 30 Prozent in meist ausländischem Privatbesitz befanden, konnte sich bis 1942 über die Vereinigten Industrieunternehmungen AG (VIAG) und andere Quellen sukzessive die Deutsche Bank sichern, wobei andere Mitbewerber und die lokale Parteielite überspielt wurden. Die Länderbank gelangte zusammen mit der Wiener Niederlassung der tschechoslowakischen Živnostenská Banka und der Wiener Niederlassung der ungarischen Hermes an die Dresdner Bank, die daraus mit der ohnehin schon in ihrem Besitz stehenden Merkurbank die »Länderbank Wien AG« formte. Das verstaatlichte Österreichische Creditinstitut (ÖCI), das die Bayerische Hypotheken- und Wechselbank erhielt, wurde in »Hypotheken- und Creditinstitut« umbenannt.[40]

Wesentliche Industriebeteiligungen aus dem Konzern der CA-BV, die Steyr-Daimler-Puch-AG, die Judenburger Gußstahlwerke, die Kärntnerische Eisen- und Stahlwerke AG Ferlach, die Simmeringer Maschinen- und Waggonbau-AG, die Stahlwerke Traisen, die Linzer Schiffswerft, die DDSG und die Schiffahrtsgesellschaft COSMOS gingen an die Hermann-Göring-Werke. Die Friedrich Krupp AG übernahm 94 Prozent der Berndorfer Metallwarenfabrik A. Krupp, bei der es längst keine Beziehungen zu den deutschen Krupps mehr gegeben hatte. Die IG-Farben erhielt die chemischen Betriebe aus dem Konzern der Creditanstalt und formte daraus die Donau Chemie AG, Henschel die Wiener und Wiener Neustädter Lokomotivfabrik. Insgesamt mußte die Creditanstalt Anteile an 21 Großunternehmen abtreten. Die Tobis-Sascha Filmindustrie-AG mit den berühmten Studios gelangte an die Ufa.[41]

Der Bau der Großkraftwerke und Hochspannungsnetze wurde der Alpenelektrowerke AG (AEW) übertragen, die wie die Reichswerke Hermann Göring ein Bestandteil der staatseigenen Vereinigten Industrieunternehmungen AG (VIAG) war und aus der die spätere Verbundgesellschaft hervorging.[42]

Zahlreiche reichsdeutsche Investoren zeigten an österreichischen Unternehmen Interesse. So engagierte sich das königliche Haus Hannover-Braunschweig-Lüneburg, das gute Beziehungen zu den Nationalsozialisten unterhielt und eine ganze Reihe von Mehrheitsbeteiligungen in der österreichischen Wirtschaft anstrebte, bei der Allgemeinen Baugesellschaft-A. Porr AG.[43] Von den großen österreichischen Unternehmen entgingen nur Schöller-Bleckmann und Saurer-Wien dem deutschen Zugriff.

Unmittelbar nach dem Anschluß setzte die Eliminierung der in Österreich lebenden oder seit 1933 aus Deutschland eingewanderten Juden aus dem öffentlichen und wirtschaftlichen Leben ein. 93 Prozent der österreichischen Juden lebten 1938 in der Bundeshauptstadt. Wien hatte nach Warschau und Budapest die drittgrößte jüdische Minderheit aller Städte Europas. Die Enteignung des jüdischen Vermögens, das auf etwa 2 bis 3 Milliarden Reichsmark geschätzt wurde, begann mit Schikanen und Boykottaktionen, vor allem gegen die nach außen sichtbare jüdische Geschäftswelt. Das waren vor allem die Warenhäuser, die im ausgehenden 19. Jahrhundert als Symbole großstädtischer Warenfülle entstanden waren und in der nationalsozialistischen Ideologie als orientalisch-jüdische Basare und in diesem Sinn als zentrale Zielscheibe »arischer« Mittelstandspolitik galten. Das Kaufhaus Bauer & Schwarz, das größte Kaufhaus Tirols, das neben dem Warenhaus Schwarz in Salzburg, dem gleichnamigen Betrieb in Graz, dem Warenhaus Falnbigl in Wien und Kraus & Schober in Linz Bestandteil der großen Kaufhauskette der Salzburger Familie Schwarz war, war bereits im Mai 1938 praktisch bankrott. Bei der Arisierung des Großkaufhauses Herzmansky waren die Vorarlberger Unternehmer F. M. Hämmerle und Franz M. Rhomberg erfolgreich, beides Exponenten der illegalen NSDAP im Ständestaat. Das traditionsreiche Grazer Warenhaus Kastner & Öhler wurde »teilarisiert« und in Alpenland-Kaufhaus umbenannt. Bei Gerngroß, dem größten Wiener Warenhaus, konnte ein Hannoveraner Konsortium zuschlagen.[44]

Im Sommer 1938 war in den meisten österreichischen Provinzstädten die jüdische Bevölkerung bereits verschwunden.[45] In Wien dauerte es trotz der großen Zahl nicht viel länger. Die Politik der Enteignung begann mit spontaner Aneignung von Geschäften und Betrieben durch sogenannte »wilde Kommissare«. Nachträglich wurde dieses System legalisiert. Als rechtliche Grundlage für die Ausschaltung jüdischer Wirtschaftstreibender standen drei Varianten zur Verfügung: erzwungener Verkauf, Konfiszierung sowie Betriebsauflösung (Abwicklung). Der überwiegende Teil sogenannter jüdischer Betriebe wurde unter dem Druck des Regimes entweder von den Besitzern selbst aufgegeben oder schon vor der sogenannten Arisierung durch Boykottaktionen in den Konkurs getrieben, quasi als Konzept einer von den Nationalsozialisten anvisierten Strukturbereinigung in

Zeitungsanzeige aus dem Jahr 1938

Kleingewerbe und Handel. Zahlreiche jüdische Betriebe wurden durch die Unfähigkeit der »Ariseure« zugrunde gerichtet. Was blieb vom Aufstieg des Wilhelm Wolf Spinrad, der mitten im Ersten Weltkrieg aus dem ostgalizischen Stryi nach Wien gekommen war und mit Branntweinbrennerei bis 1938 ein beträchtliches Vermögen gemacht hatte? Ein paar persönliche Gebrauchsgegenstände, ein Gebetbuch, ein paar Photographien. Seine Unternehmen, die Branntweinbrennerei »Gròf Keglevich Pal« und die »Grande Distillerie Damase Hobé & Cie. A.G.«, mit deren Produkten Viktor Schmidt seine Schokoladenfläschchen füllte, ging bankrott. Spinrad starb in Theresienstadt. Seine Frau überlebte als U-Boot. Zurückgestellt wurde ihr mangels Masse nichts.[46]

Von den etwa 33 000 als »jüdisch« qualifizierten Betrieben wurde ein Fünftel bereits im Verlauf des »Anschlusses« aufgelöst oder zerstört. Mehr als 80 Prozent der restlichen rund 26 000 Betriebe und Geschäfte, die Juden gehört hatten, wurden liquidiert, vor allem im Handels-, Handwerks- und Privatbankenbereich. Eine eigentliche Arisierung fand nur in etwa 5 000 Fällen statt. Alle Einzelfirmen und Personen- und Kapitalgesellschaften der gewerblichen Wirtschaft, deren Eigentümer oder Anteilseigner Juden waren, wurden »zwangsarisiert« oder liquidiert. Betroffen waren gewerbliche Unternehmen, land- und forstwirtschaftliche Güter, Privatbanken, Haus- und Grundbesitz. Das von der Anmeldungspflicht betroffene jüdische Vermögen (industrielle-gewerbliche Unternehmungen) in ganz Österreich betrug 320 Millionen Reichsmark. Mehr als eine halbe Milliarde machten die Realitäten aus, 266 Millionen die Wertpapiere, etwa 900 Millionen der sonstige Besitz. Bereichern konnte man sich an den Wohnungen, Automobilen, Pretiosen. Breite Schichten suchten am Vermögen ihrer jüdischen Mitbürger mitzuschneiden. Es profitierten zahlreiche Illegale, Günstlinge und Protektionskinder, aber auch viele Unbeteiligte. So wurde insbesondere in Wien die »Arisierung« zu einem makabren »Surrogat« der vom Nationalsozialismus versprochenen und nicht eingelösten »Mittelstandspolitik« und verhalf zahlreichen Tätern neben emotionaler Abreaktion auch zu einer Existenzverbesserung. Da auch aus der Beamtenschaft und den freien Berufen die Verdrängung der Juden erfolgte, konnten auch hier viele »arische« Konkurrenten nachrücken.[47]

Das »ostmärkische Modell« der Enteignungspolitik war der reichsgesetzlichen Regelung in vielen Bereichen vorausgeeilt und wurde zum »Vorbild« für das Altreich. Als staatliche Zentralinstanz der Enteignungspolitik wurde am 18. Mai 1938 im österreichischen Ministerium für Wirtschaft und Arbeit die Vermögensverkehrsstelle (VVST) gegründet, die ab November 1939 als »Abwicklungsstelle« und bis Kriegsende als »Referat III Entjudung« bei der Reichsstatthalterei Wien weiterbestand. Ihr oblag die Kontrolle und Gesamtorganisation der »Entjudung« der Wirtschaft. Dabei standen lokale Versorgungsinteressen der »Alten Kämpfer« und anderer NS-Anhänger und individuelle Bereicherungsgelüste in Konflikt mit den an strukturellen und volkswirtschaftlichen Kriterien orientierten Konzepten, die von den technokratischen Behördenvertretern erarbeitet wurden und denen eine Konzentration und Modernisierung der österreichischen Wirtschaft als übergeordnetes Ziel vorschwebte.

Im großindustriellen und großkapitalistischen Bereich ging es um die Expansionsinteressen deutscher Großunternehmen. Aber auch österreichische Firmen suchten am

Arisierungsgeschäft mitzuschneiden, etwa bei der Arisierung der Kuffnerschen Brauerei, Preßhefe- und Spiritusfabrik durch die Harmersche Gutsinhabung und Spiritusfabrik-KG. Bei den großen Brocken schnappte das deutsche Kapital zu. Zwei Beispiele aus vielen: Die Hirtenberger Patronen- und Waffenfabrik wurde durch den Konzern der Weimarer »Wilhelm-Gustloff-Stiftung« »arisiert« und die Lenzinger Zellstoff und Papierfabrik AG durch die Thüringische Zellwolle-AG, die die am gleichen Ort geplante Zellwollfabrik errichtete.

Involviert waren viele Stellen. Neben der VVST das Ministerium für Wirtschaft und Arbeit, die Gaue und Kreise mit ihren Leitern und Wirtschaftsberatern, die Organisation der gewerblichen Wirtschaft oder das »Reichskuratorium für Wirtschaftlichkeit«. Der »Wiener Giro- und Cassenverein« hatte die kollektive »kommissarische Verwaltung« und Auflösung von 77 kleinen und mittleren Privatbanken (von insgesamt 85) übernommen, darunter Rothschild, Ephrussi & Co etc. Eine besondere Rolle spielte die Österreichische Kontrollbank für Industrie und Handel, von der 102 industrielle Großunternehmen und Großhandelsfirmen zum Liquidationswert übernommen und weiterverkauft wurden. Als das »Arisierungsgeschäft« beendet war, wurde die Kontrollbank Anfang 1943 von ihren Gesellschaftern (Creditanstalt, Länderbank, E. v. Nicolai & Co) aufgelöst. Der technokratische Zynismus ist entlarvend, mit dem im nachhinein vom damaligen Leiter der »Arisierungsabteilung« der Kontrollbank, Walther Kastner, der nach Kriegsende wegen seiner handels- und gesellschaftsrechtlichen Sachkenntnis auch wieder mit der Rückgabe »arisierter« Vermögen betraut wurde, die Auflösung der Kontrollbank begründet wurde: »Ich hatte Zweifel«, schreibt Kastner, »ob der Nationalsozialismus den Weltkrieg gewinnen werde, für den Fall seines schlechten Ausganges schien es aber zweckmäßig, die Kontrollbank nicht mehr als die für Arisierungen verantwortliche Rechtsperson aufrechtzuerhalten … die Abwicklung ergab einen Erlös, der das Grundkapital überstieg. Der Arisierungsauftrag hatte sich als Regieträger günstig ausgewirkt.«[48]

Zweifellos waren die gleich nach dem Anschluß einsetzenden Maßnahmen gegen die wirtschaftliche Basis der Kirchen – angesichts der Größenverhältnisse und größeren Nähe der evangelischen Kirche zum Nationalsozialismus kam hier vor allem die katholische Kirche in Betracht – Bestandteil weltanschaulicher Differenzen. Ungeachtet dessen sind hinter der Politik der »Entkonfessionalisierung« auch beträchtliche wirtschaftliche Motive erkennbar.[49] Durch das Kirchenbeitragsgesetz fielen die Staatsleistungen für die Kirche (aus dem Religionsfonds, aus staatlichen Deputaten und dem Kulturbudget) weg und wurden auf die Gläubigen übergewälzt. Die Enteignungswelle, die schon im April/Mai 1938 mit der versuchten Übernahme der Salzburger Residenz begann, führte zur Beschlagnahmung eines Großteils des geistlichen Besitzes: Insgesamt 26 große Stifte, darunter Klosterneuburg, Kremsmünster, St. Florian, St. Peter in Salzburg, Admont, St. Paul in Kärnten, Mehrerau und Wilten, 188 kleinere Klöster und Ordenshäuser sowie mehr als 1 000 andere kirchliche Räumlichkeiten wurden unter verschiedenen Begründungen beschlagnahmt, zahlreiche Stiftungen eingezogen, das konfessionelle Schulwesen aufgelöst und eine Reihe kircheneigener Wirtschaftsbetriebe privatisiert oder geschlossen.

Der ehemalige österreichische Staatsbesitz wurde zum Reichsbesitz erklärt, ebenso die Bundesbahnen, das Straßennetz und die Post. Die staatlichen Betriebe, die Bundesforste, das Tabak- und Salzmonopol und die verstaatlichten Banken wurden in deutsche Kontrolle übergeführt. Ausländische Unternehmen, etwa die Ölgesellschaften und die Bankbeteiligungen, wurden mit mehr oder weniger sanftem Druck germanisiert. Mit Kriegsende war daher das österreichische Kapital zum größeren Teil in reichsdeutscher Hand. Drei verschiedene Kategorien ließen sich unterscheiden:

1. Unternehmen, die bereits vor dem »Anschluß« im März 1938 im Besitz deutscher Konzerne gewesen waren, wie die Alpine Montangesellschaft, Siemens, AEG, die Merkurbank, teilweise auch die Gebr. Böhler & Co. AG.

2. Betriebe, die nach der Annexion vom deutschen Staat oder von deutschen Privatunternehmen neu errichtet worden waren, wie die Anlagen der Hermann-Göring-Werke in Linz, die Stickstoffwerke in Linz, die Zellwollfabrik in Lenzing, die Aluminiumwerke in Ranshofen, die Raffinerien, Flugzeug- und Flugmotorenwerke und zahlreiche im Zug des Bombenkrieges verlagerte Produktionen.

3. Unternehmen, die nach 1938 unter mehr oder weniger großem politischem Druck aus dem Eigentum österreichischer Staatsbürger oder Institutionen in deutsche Hände übergegangen waren. Das Ausmaß der deutschen Kapitalbeteiligungen in Österreich, das 1928/1937 bei den Industrieaktiengesellschaften 10 bis 12 Prozent und bei den Aktienbanken (inklusive Versicherungen) an die 8 Prozent betragen hatte, war vom Februar 1938 bis zum Jahr 1945 auf etwa 57 Prozent angewachsen.[50]

Tabelle 41: Deutscher Anteil am Aktienkapital österreichischer Unternehmen 1938 und 1945 (in Prozent)

	1938	1945		1938	1945
Ölindustrie	0	13	Bauindustrie	0	36
Banken	8	83	Lederindustrie	–	33
Elektroindustrie	19	72	Glas und Porzellan	0	59
Berg- und Hüttenwesen	25	72	Holzindustrie	0	39
Chemische Industrie	4	71	Papierindustrie	1	12
Maschinen und Metall	7	54	Nahrungsmittel	0	1
Versicherungen	6	51	Zucker	0	6
Transportwesen	0	48	Brauereien	0	1
Textilindustrie	3	37	Hotels	0	26
			Insgesamt	9	57

Quelle: Otto *Klambauer*, Die Frage des deutschen Eigentums in Österreich. Jahrbuch für Zeitgeschichte (1978) 127–174, 148. Ganz andere Daten für 1945, die zum Teil, weil sie genau eine oder zwei Zehnerstellen höher sind, auf Schreibfehlern beruhen dürften, hat Jürgen *Nautz*, Die österreichische Wirtschaft und die Anschlußfrage, in: Tirol und der Anschluß. Voraussetzungen, Entwicklungen, Rahmenbedingungen 1918–1938 (hg. von T. *Albrich* u.a., Innsbruck 1988) 158, und er zitiert sie nach William Lloyd *Stearman*, Die Sowjetunion und Österreich 1945–1955 (Wien 1962) 25: Maschinen- und Metall: 64 Prozent, Versicherungen: 61 Prozent, Transportwesen: 58 Prozent, Textilindustrie: 57 Prozent, Bauindustrie: 56 Prozent.

Provinzialismus und Imperialismus

Im Gesetz über die »Wiedervereinigung Österreichs mit dem Deutschen Reich« vom 13. März 1938 hatte es noch geheißen, Österreich sei »ein Land des Deutschen Reiches«. Mit dem Ostmarkgesetz vom 14. April 1939 wurde der Name Österreich systematisch getilgt.[51] Den Namen »Österreich« durch die NS-Zeit hindurchzuretten war nur ganz wenigen Firmen gegönnt, unter einem Regime, das bestrebt war, alles, was irgendwie an Österreich erinnerte, völlig auszumerzen. Die Österreichische Tabakregie durfte ihren alten Namen zumindest im Untertitel (»Austria Tabakwerke AG, vorm. Österreichische Tabakregie«) bewahren. Die »Erste österreichische Spar-Casse« behielt ihren Traditionsnamen. Auch bei der Österreichischen Versicherungs-Aktiengesellschaft (ÖVAG), die aus dem Phönix-Desaster hervorgegangen war und in den Besitz der Deutschen Arbeitsfront überging, blieb das Wort »österreichisch« bis Kriegsende merkwürdigerweise im Namen erhalten, ebenso auch bei der »Collegialität«. Auch der Wiener Fußballclub »Austria«, der unmittelbar nach dem Anschluß in SC Ostmark umbenannt worden war, konnte schließlich doch seinen Österreichnamen beibehalten. Antideutsche Ressentiments wurden auf den Fußballfeldern bereits im Oktober 1938 artikuliert.[52]

Wenn schon Österreich nicht erhalten blieb, so blieben es doch die Länder. Die Ländergrenzen wurden mit wenigen Abweichungen zu Gaugrenzen. Vorarlberg, das erst 1918 die Bindung an Tirol abgestreift hatte und das, wenn schon nicht selbständiger Reichsgau, dann jedenfalls an den alemannisch sprechenden Reichsgau Schwaben angeschlossen werden wollte, wurde Tirol unterstellt. Das Burgenland, das auf keine historisch gewachsene Tradition zu verweisen hatte, wurde zwischen Niederösterreich und Steiermark aufgeteilt, Osttirol kam zu Kärnten, das Ausseerland zu Oberösterreich.

Einig war man sich in Linz, Graz, Salzburg oder Innsbruck im vehementen Widerstand gegen die Absicht des Staatskommissars für die Privatwirtschaft Walter Rafelsberger, Wien mit einer einzigen zentralen Wirtschaftskammer für die ganze Ostmark zu einer Vorrangstellung zu verhelfen. Die Gauwirtschaftsberater gingen mit Wien hart ins Gericht: »Die Führung durch Wien war immer einseitig ›wienerisch‹ und hat auf die Bedürfnisse der ›Provinzen‹ nie Rücksicht genommen. Die Erfahrungen mit dem heutigen Wien lassen hierin einen Wandel für die Zukunft nicht erhoffen. Es gibt tatsächlich in der Ostmark Wirtschaftsgebiete, die in ihrer Struktur der Wiener Wirtschaft fremd gegenüberstehen, und der deutsche Mensch im Gau sieht in der Wirtschaft etwas anderes als der Wiener, der nicht nur rassisch verdorben ist, sondern in seinem ganzen Wesen allzuviel Schlechtes aus der Fremdherrschaft aufgenommen hat.«[53]

Die Gauleiter und Gauwirtschaftsberater konnten sich durchsetzen. Dies bedeutete die Zerschlagung der führenden Stellung Wiens auf dem Gebiet der administrativen und auch wirtschaftlichen Organisationsstrukturen. 1918 war Wien zur Hauptstadt eines Kleinstaates abgesunken, 1938 hatte es die Funktion als Hauptstadt überhaupt verloren: Dem Anschluß folgte die Provinzialisierung. Wien wurde Reichsgau wie jeder andere Reichsgau, die Kaiserstadt wurde zu einer »deutschen Provinzstadt denaturiert« (Thomas Mann).[54] Die Länder wurden von Wien abgekoppelt und direkt Berlin unterstellt. Der Jubel der Wiener auf dem Heldenplatz machte gerade in diesem Punkt schnell einer Ernüchterung Platz.

Wien, das als »Groß-Wien« auf mehr als das Vierfache seiner bisherigen Fläche ausgedehnt wurde, mit einer Einwohnerschaft von über 2 Millionen statt vorher 1,8 Millionen, war zwar zur flächenmäßig größten und einwohnermäßig zweitgrößten Stadt im Dritten Reich geworden. Aber Wien gehörte nicht wie Berlin, Hamburg, Nürnberg, München und das vergleichsweise kleine Linz zu den bevorzugten »Führerstädten«. Erst 1942 wurde Wien zur »Neugestaltungsstadt« erklärt. Mit dem Slogan von »Wien als Hamburg des Südostens« sollte eine neue wirtschaftliche Blüte der Stadt signalisiert werden. Der Bau eines Großhafens und der Anschluß an das Wasserstraßennetz zur Nord- und Ostsee, die Errichtung der Fernautobahnen und leistungsfähiger Massenverkehrsmittel und zahlreiche Betriebsansiedlungen scheiterten aber nicht nur an den finanziellen Gegebenheiten, sondern auch am Widerstand anderer Städte und der Zentralstellen. Auch der Plan, Wien als »Reichshauptstadt der Mode«[55] zu etablieren, oder der Ausweg, als Ausgleich für den politischen Funktionsverlust die »Kulturmission« der Stadt in den Vordergrund zu rücken, erregten bei den Zentralstellen und Konkurrenten Widerstand und Neid und erwiesen sich als reichlich utopisch.[56]

Der Ausbau seines beabsichtigten Alterssitzes Linz zu einem kulturellen Zentrum von europäischem Format war für Hitler allen Berichten zufolge ein persönliches Anliegen, das ihn bis wenige Tage vor seinem Tod beschäftigte. Eines der letzten Photos zeigt ihn vor einem Modell von Linz, das im Führerbunker der Reichskanzlei aufgestellt war. Linz sollte zu einer Donaumetropole mit etwa 420 000 Einwohnern werden: mit Opernhaus, Prachtstraße, Bahnhof, Gemäldegalerien, Museen, Schauspielhaus und entsprechenden Wohn- und Infrastrukturbauten. Von den Monumentalbauten wurden nur die Nibelungenbrücke und die Brückenkopfverbauung realisiert. Ähnliches hatte man in Graz, Salzburg, Steyr, Wels oder Braunau vor. Selbst in kleinen Gemeinden wie im Mühlviertler Bezirksort Rohrbach mit weniger als 2 000 Einwohnern ließ man monumentale Ortserweiterungen, Ruhmeshallen und Siegesdenkmäler planen.[57] Die »Flucht in die Superlative«, die nicht nur die Führungsspitze in Berlin, sondern auch die Provinz- und Dorfbourgeoisie erfaßte, suggerierte eine Modernisierung, bei der man sich über den Sinn und die Kosten vorerst keine Gedanken machte.[58]

Die »Entprovinzialisierung« der Provinz, die tendenzielle Angleichung des wirtschaftlichen und kulturellen Niveaus, der Lebenschancen und des politischen Einflusses der westlichen Bundesländer an die ehemalige Metropole Wien wurde durch die neue Verwaltungsgliederung zweifellos gefördert, allerdings eher in einer Nivellierung nach unten. Andererseits setzte ein Prozeß der Verstädterung ein. Die Landflucht wurde ein zentrales Problem, bedingt durch die Beschäftigungsprogramme und die Industrialisierung. Die »Entprovinzialisierung der Provinzen« war einerseits als großstadtfeindliche Position, andererseits als Modernisierungsansatz konzipiert.

Die gestärkten Gaue entwickelten ihrerseits Ambitionen, periphere Regionen in ihre politische und wirtschaftliche Abhängigkeit zu bringen. Kärnten und Steiermark erhielten 1941 nach der Besetzung Jugoslawiens Oberkrain und die ehemalige Untersteiermark, wo massive Germanisierungsmaßnahmen eingeleitet wurden, die die Aushöhlung der wirtschaftlichen Substanz dieser slowenischen Siedlungsgebiete zur Folge hatten.

Niederösterreich/Niederdonau, als »Grenzgau«, »Bollwerk gegen Osten« und »Ahnengau« des Führers, erhielt nicht nur das nördliche Burgenland, sondern nach dem Münchner Abkommen (September 1938) auch Teile Südmährens, Südböhmens und der Slowakei. Krems wurde im Juli 1938 zur neuen Gauhauptstadt erhoben, wenn auch nur in symbolischer Bedeutung, da Wien vorerst Sitz der Gauleitung und Verwaltung blieb und dem Gauleiter für die weitere Zukunft Brünn als würdigere Hauptstadt eines um Mähren vergrößerten und eingedeutschten Großgaus Niederdonau vorschwebte.[59]

Für die mit dem Münchner Abkommen Oberösterreich zugeschlagenen Kreise Krum(m)au und Kaplitz ebenso wie für die an Niederösterreich gefallenen Teile Böhmens und Südmährens brachte die neue territoriale Zugehörigkeit keine wirtschaftlichen Vorteile.[60] Keine der nationalsozialistischen Industrieneugründungen lag nördlich der Donau oder gar in den neuerworbenen Kreisen. Der strukturschwache südböhmisch-südmährische Wirtschaftsraum mußte während der NS-Zeit weitere Einbußen hinnehmen.[61] Handwerk, Gewerbe und Kleinindustrie verzeichneten dort Abnahmen. Zu den angekündigten Bahnbauten (Verlängerung der Mühlkreisbahn) kam es nicht. Die Abwanderung verstärkte sich. Im Blickpunkt der Wirtschaftsplaner des Dritten Reiches wie auch der Gauwirtschaftskammer Oberdonau lag die neugewonnene Stellung des oberösterreichischen Zentralraumes im Achsenkreuz von Nord-Süd und West-Ost. Darauf konzentrierte sich die industrielle Gründungstätigkeit. Südböhmen erscheint in allen Konzepten in erster Linie als landwirtschaftliches Reservoir für die oberösterreichische Großindustrie und kultureller Grenzraum gegen das Protektorat.[62]

Das Vorgehen der oberösterreichischen Stellen bei den »Arisierungen« und sonstigen Vermögenstransfers in den dem Gau neu zugeschlagenen südböhmischen Gebieten wie auch im Protektorat (hinsichtlich der Parteiorganisation reichte der Arm der oberösterreichischen NSDAP bis knapp vor Prag) kann als kolonialistisch eingestuft werden. Die Politik der Linzer Behörden war darauf gerichtet, »Arisierungen« im Protektorat dem Deutschtum zugute kommen zu lassen. Die Beschlagnahmungen gelangten über die Linzer Zentralstellen zur Verteilung. Tschechische Interessenten sollten ausgeschlossen werden. Die oberösterreichischen Stellen wußten auch die Gründung eines Flugzeugwerkes im außerhalb der Gaugrenzen gelegenen Budweis erfolgreich zu verhindern. Schließlich versuchte eine eigene »Pressure-Group«, bestehend aus süddeutschen und österreichischen NS-Spitzen, in Berlin eine Aufteilung des Protektorats durchzusetzen. Der böhmisch-mährische Wirtschaftsraum sollte zerschlagen und Prag wie Wien zur Provinzstadt gemacht werden. Als neuer Zentralort im Süden war Linz vorgesehen, was von den Berliner Zentralstellen aus kriegswirtschaftlichen Interessen vorerst nicht mitgetragen wurde.[63]

Die Provinzen expandierten territorial und wirtschaftsimperialistisch. Die Reorientierung Ostösterreichs auf den Donauraum und den Balkan entsprechend den großdeutsch-imperialistischen Mittel- und Südosteuropa-Konzeptionen blieb zwar auf dem Papier.[64] Aber was bislang tiefste Provinz gewesen war, konnte sich nun als Teil des

Großdeutschen Reiches und Glied der erwarteten zukünftigen Zentralmacht Europas sehen.[65]

Gewaltsame »Modernisierung«

Der Nationalsozialismus trat mit einem Programm- und Propagandabündel an, das zahlreiche modernisierungsfördernde Komponenten enthielt: maschinelle Ausstattung, organisiertes Management, großbetriebliche Produktionsformen, insgesamt eine grenzenlose Wachstumsideologie, die nach innen in gigantischen Projekten für einen vorher nicht bestehenden Markt zum Ausdruck kam, nach außen in der Herrschaft über andere Völker, denen die Kosten der inneren Expansion letztendlich aufgebürdet werden sollten und wurden.[66]

Schlag- und Lockworte sind haften geblieben: Volkswagen und »Kraft durch Freude«, Volksempfänger und Volkskühlschrank, Betriebsgemeinschaft und Kameradschaft, Ehestandsdarlehen und Mutterschutz, Kinderbeihilfe und Altersversicherung, auch wenn viel davon von eher propagandistischem Wert blieb, da bis 1945 kaum Ansprüche auf Rentenzahlungen und schon gar nicht auf Autos oder Kühlschränke entstanden.[67]

Populär war die Einrichtung von mit entsprechender sanitärer Infrastruktur ausgestatteter »Gefolgschaftsräume« – das Wort ist bis heute im Sprachschatz verankert – oder die Errichtung der »Hitlerbauten« in Linz. Der 1939 von der Deutschen Arbeitsfront erhobene Fehlbestand an Wohnungen in Österreich wurde mit 120 000 bis 130 000 angegeben.[68] Die etwa 30 000 während der nationalsozialistischen Zeit tatsächlich errichteten Wohnungen konzentrierten sich nahezu ausschließlich auf Rüstungszentren und Landeshauptstädte, auf Linz, Innsbruck und die obersteirischen Industriezentren, während in Wien die Einlösung des versprochenen Wohnbauprogramms unterblieb, weil die Judenverfolgung den Wohnbau ersetzte. 65 000 jüdische Wohnungen wechselten durch Enteignung und erzwungene Auswanderung ihre Besitzer.[69]

Die »Großzügigkeit« der Wohnanlagen darf nicht über die autoritären Bedingungen, unter denen sie entstanden sind, hinwegsehen lassen, die Zwangsarbeit, die rücksichtslose und nahezu entschädigungslose Enteignung der Grundbesitzer und die gewaltsamen Umsiedlungen. Im Linzer Fall ist die Bauleistung und Ausgestaltung auch nicht ohne den Zusammenhang mit dem Konzentrationslager Mauthausen und mit der Schlackenziegelproduktion in dessen Linzer Nebenlagern verständlich.[70]

Der populärste Modernisierungsträger war der Rundfunk. Das vorerst einschneidendste Ereignis des Anschlusses an das Deutsche Reich war für viele Bauern in abgelegeneren Regionen der Ankauf eines Radios, eines Volksempfängers. Eine Mühlviertler Bäuerin erinnert sich, daß ihr Elternhaus das erste war, in dem 1938 ein Radiogerät angeschafft wurde und wo die Leute aus dem Dorf zusammenkamen, um wichtige Reden und Nachrichten zu hören: »Da san im Stadl Bänke aufgestellt worden und a Hakenkreuzfahne ham's a aufg'hängt.«[71] Die drahtlose Gleichschaltung mündete in den Krieg. Drahtloser Beifall umtoste die Verkündung des Kriegszustandes. Die Kriegsparolen wurden über den Äther allgegenwärtig. Die Rundfunkstationen im angeschlossenen Österreich bildeten propagandistische Vorposten der Expansion nach Südosten. Totaler Krieg und Rundfunk waren eng verschränkt. Trotz aller Gleichschaltung aber sicherte gerade das Radio einen Hauch von Freiheit und Information. Bald wurden die ersten Todesurteile wegen Abhörens von Feindsendern ausgesprochen.[72]

Modern war das Kino. Der Kinobesuch stellte das wichtigste Freizeitvergnügen dar. Zu Beginn des Jahres 1944 konnte man dem Problem der überfüllten Lichtspielhäuser nur mehr durch »Rationierung« beikommen. Die Zahl der Wiener Kinos stieg von 179 im Jahr 1937 auf 222 im Jahr 1941. 27,5 Millionen Kinokarten wurden in Wien im Jahr 1938 verkauft, fast 60 Millionen im Jahr 1944. Die Filmindustrie produzierte bis zum bitteren Ende. Ob Durchhalteparolen oder Alltagsflucht, stets war der Zusammenklang zwischen propagandistischer Absicht und filmischer Handlung gewahrt.[73]

Ebenso wie Film, Theater und Konzerte diente der Sport als Teil eines funktionierenden und kompensierenden Kultur- und Unterhaltungsprogramms. Profisport war im Nationalsozialismus verpönt. Die Verträge aller österreichischen Berufsfußballer wurden gekündigt.

Wenn man eine industriewirtschaftliche »Modernität« für sich allein nimmt, als eine dem jeweiligen technologischen und wirtschaftlichen Niveau entsprechende Umformung gesellschaftlicher Strukturen, und man darunter die Konzentration zu Großbetrieben oder die Rationalisierung und straffere Führung versteht, dann muß man vielen gewalttätigen Systemen und allen modernen Kriegen eine modernisierungsfördernde Wirkung zuschreiben. Selbst die Entwicklung in Richtung größerer sozialer Sicherheit oder betrieblicher Mitbestimmung ist durch die Kriege des 20. Jahrhunderts vorangetrieben worden.

Solche Modernisierungseffekte betrafen die Mechanisierung und Rationalisierung von Landwirtschaft und Industrie, die betriebliche Organisation und fachliche Ausbildung, das Aktien- und Steuerrecht, die Emanzipation der Dienstboten wie die Zunahme der Facharbeiter und Angestellten, die Frauenarbeit und betriebliche Gefolgschaft, die Egalisierung der Gesellschaft und regionale Umverteilung, die Mobilität und das »Learning by doing« durch den Krieg und den dabei eingeübten Umgang mit technischen Systemen.

Für die ländlichen Unterschichten ergaben sich mit dem Anschluß an Deutschland entscheidende Veränderungen ihrer Situation. Nun gab es Arbeit, gab es die Möglichkeit, dem Dienstbotendasein zu entfliehen, wo oft nur ums Essen gearbeitet wurde. So wird verstehbar, daß dieser März 1938 so tief im Bewußtsein eingeprägt blieb. Der »Anschluß« Österreichs war für die Dienstbotengeneration, die vor dem Ersten Weltkrieg geboren wurde, eine so klare Zäsur, daß sie bis heute ihre Lebensgeschichte nach »vorm Hitler« und »nach'm Hitler« periodisiert.[74]

Die Stellung der Frau änderte sich. Auch hier war die Situation widersprüchlich. Gab es einerseits die nationalsozialistischen Parolen von der »deutschen Frau«, die nicht trinkt, raucht oder sich schminkt und ihre Erfüllung in Mutterschaft und Haushalt findet, so eröffneten nicht nur die Zwänge der Kriegswirtschaft neue Chancen. Es gab verschiedene nationalsozialistische Frauentypen, die am Herd, die in den Büros, die Karrieristinnen, auch die Aufseherinnen in den Lagern. Die Frauenarbeit nahm zu. In der zweiten Kriegshälfte erfolgte eine Ausweitung der Frauenarbeit in der Industrie, dies stärker als im »Altreich«. Der Frauenanteil an der Industriearbeiterschaft betrug im letzten Kriegsjahr etwa 33 Prozent. Als Regel galt, daß Frauen 75 Prozent des Lohns von Männern in gleicher Verwendung erhielten.[75]

Die Mobilisierung der »inneren Reserven« hatte die innerbetriebliche Leistungssteigerung zum Ziel. Durch rationelle und vor allem durch arbeitsmotivierende Methoden sollte die Produktivität in den Betrieben erhöht werden. Die Deutsche Arbeitsfront sah es als eine ihrer wichtigsten Aufgaben an, moderne Erkenntnisse der Arbeitswissenschaft zu verbreiten. Die Gemeinschaftsideologie und die Ästhetisierung der Arbeitswelt bildeten den Rahmen bei der Einführung leistungssteigernder Produktionsmethoden.

Gleichzeitig wurde dem Österreicher klarzumachen versucht, wie wenig leistungsfähig seine Wirtschaft bislang gewesen sei und wie wenig effektiv die österreichischen Arbeiter eingesetzt waren. Durch Betriebsprüfungen und Rationalisierungskommissionen wurde Branche für Branche durchleuchtet, mit immer demselben Ergebnis: veraltet, schlecht ausgebildet, katastrophale Arbeitsbedingungen, »rückständige Maschinenparks«, auch dort, wo sie offensichtlich durchaus modern waren, fehlende Managementkenntnisse, das »anerzogen langsame Arbeitstempo österreichischer Arbeiter«, unzureichende Standards von Sozialräumen und Sozialleistungen, die der »Schönheit und Würde der Arbeit« widersprechen würden.[76] Bemängelt wurden vor allem der geringe Mechanisierungsgrad und das Fehlen von Facharbeitern in der Bauindustrie, hatte doch der Ständestaat den Einsatz von Baumaschinen möglichst zu beschränken versucht.

Das Aufsaugen freier Kapazitäten durch Rüstungsprojekte und langfristig ausgelegte Großprojekte behinderte den Ausbau der bestehenden Betriebe.[77] Während die Großprojekte enorme Investitionssummen banden, waren für die Modernisierung und Rationalisierung der Klein- und Mittelbetriebe auch vergleichsweise kleine Summen nicht aufzubringen. Die große Staatsnachfrage führte zu Fehlallokationen und verursachte Verdrängungseffekte (Crowding out) im privaten Sektor.[78]

Abgesehen vom ersten stürmischen Wirtschaftsaufschwung 1938/39, der durch die großen freien Kapazitäten in der Produktion und auf dem Arbeitsmarkt ermöglicht wurde, und abgesehen von einigen wenigen Großinvestitionen wurde der Produktivitätsunterschied zum »Altreich« nicht kleiner, sondern größer.[79] Die Wirtschaftskammer Oberdonau erkannte dies deutlich und artikulierte im September 1940 in einer umfangreichen »Denkschrift« an den Reichswirtschaftsminister, die als erste eingehende Stellungnahme eines Teils der österreichischen Wirtschaft zur NS-Wirtschaftspolitik seit dem Anschluß bemerkenswert ist, ihre Besorgnisse.[80] Die mittelständisch dominierte Wirtschaftskammer befürchtete, daß sich Oberösterreich, »... der Heimatgau des Führers ... zu einer Art ›Vereinigte Staaten von Oberdonau‹« entwickeln werde, das heißt, zu einem rassischen Schmelztiegel, und sah sich veranlaßt, nicht nur vor den »... volkspolitischen Gefahren der fremdblütigen Unterwanderung« zu warnen, sondern auch vor einer »Amerikanisierung«, worunter man eine Zunahme der Lohnempfänger auf Kosten der Selbständigen verstand.[81] Die Wirkung des Aus- und Neubaus von Großbetrieben auf die Mittel- und Kleinbetriebe erregte Besorgnis: »Die Wirtschaftskammer bittet daher im engsten Einverständnis mit dem Gauleiter und Reichsstatthalter den Herrn Reichswirtschaftsminister, im Rahmen der weiteren Industrieplanung des Reiches von einer weiteren Gründung bzw. Zulassung von industriellen Großbetrieben im Gau Oberdonau abzusehen und als Gegengewicht zu der seit dem Anschluß eingetretenen Entwicklung eine großzügige Förderung der Mittel- und Kleinbetriebe in die Wege zu leiten.«[82]

Die praktizierte Form der Zwangsarbeit ausländischer Arbeitskräfte, Kriegsgefangener und KZ-Häftlinge war einer Produktivitätssteigerung sehr hinderlich. Neben der schlechten körperlichen Verfassung, der unzulänglichen Ausbildung und der fehlenden Motivation war auch ein hoher Aufwand für die Bewachung erforderlich. Es gelang insbesondere in Österreich nicht, Fließfertigungen wie etwa in den USA in nennenswertem Ausmaß einzurichten. Dazu fehlten, ausgenommen in den wenigen neugebauten Großbetrieben, die zumindest teilweise mit modernen Anlagen, zum Teil aber auch mit veralteter Kriegsbeute ausgestattet wurden, die entsprechenden Maschinen.[83]

Die Modernisierungsgläubigkeit wurde wunderlich angesichts der Spekulationen über die Gewinnbarkeit des Krieges, die gerade auch von den österreichischen Spitzenfunktionären des Nationalsozialismus lange aufrechterhalten wurde. Der Mythos von der Wunderwaffe wurde zum zentralen Bestandteil einer Durchhaltestrategie. Utopisch war diese Strategie bereits geworden, als die Alliierten im Sommer 1943 die Vorherrschaft über den deutschen Luftraum errangen. Im Zuge der unterirdischen Verlagerung der wichtigsten Industriezweige sank auch die Produktivität dramatisch ab.[84]

Vernichtung durch Zwangsarbeit

Der Krieg herrschte auch in der Heimat. Heimatfront bedeutete dabei nicht nur, daß mit den Bombenangriffen der Krieg ins Hinterland getragen wurde, sondern auch daß die abgestuft diskriminierende Herrschaft von »Herrenmenschen« über Juden, über sonstige als »rassisch minderwertig« bezeichnete In- und Ausländer, über Fremdarbeiter, Zwangsarbeiter und Kriegsgefangene und deren Ausbeutung und systematische Vernichtung die »Heimat« zum tödlichen Kampfplatz machte. Die nationalsozialistische Staats- und Arbeitsorganisation basierte auf Abstufungen der Herrschaft im Staat, in den Betrieben, in der Armee, in den Konzentrationslagern, der Herrschaft von Männern über Frauen, von Deutschen über Nichtdeutsche, von Ariern über Juden, von Kriminellen über politisch und rassisch Verfolgte. Gerade die privilegierte Stellung von inländischen gegenüber ausländischen Arbeitskräften war eine wesentliche Bedingung für das Funktionieren des Systems der »Zwangsarbeit«. Der Einsatz von Ausländern bot Deutschen Aufstiegschancen.

Abgesehen von der national-rassistischen Differenzierung unterschied man vier große Gruppen von Zwangsarbeitern: Zivilpersonen in verschieden diskriminierenden Abstufungen, Kriegsgefangene, KZ-Häftlinge und Juden in eigenen »Judenlagern«.

Diese Zwangsarbeit ist aus dem österreichischen Alltagsbewußtsein verdrängt worden. Von den Einrichtungen der »Betriebsgemeinschaft« waren die immer zahlreicher werdenden ausländischen Arbeitskräfte ausgeschlossen. Es war dem nationalsozialistischen Herrschaftssystem weitgehend gelungen, eine in der Bevölkerung akzeptierte, nach rassistischen Kriterien hierarchisierte Gesellschaftsordnung zu etablieren. Die Ausübung von Herrschaft über »rassisch Minderwertige« im Alltag trug zur Statuserhöhung bei.

Mehrere Gründe dürften ausschlaggebend gewesen sein, daß im tertiären Sektor, obwohl dieser wegen des im totalitären Staat rasch anwachsenden Verwaltungsaufwands beträchtlich expandierte, der Einsatz von Ausländern gering blieb. Die Verwaltung verlangte Arbeitskräfte mit entsprechender Grundschulbildung. Sprachliche Probleme beschränkten hier mehr als anderswo den Einsatz von Ausländern und Ausländerinnen. Zudem war die Gefahr der Spionagetätigkeit gegeben, bot der Verwaltungsapparat doch Zugang zu wichtigen Informationen. Auch in Handel und Verkehr spielten Sprach- und Überwachungsprobleme sowie Loyalitätsüberlegungen eine gewisse Rolle. Auch propagandamäßig stimmte es: Die Arbeit mit »weißen Krägen« sollte den »Herrenmenschen« zufallen, die schmutzige und schwere den »Untermenschen«.

Bereits 1939 kamen Arbeitskräfte aus Südosteuropa und der Tschechoslowakei zum Einsatz, um vor allem den explosionsartig steigenden Bauarbeiterbedarf zu decken. Devisenmangel schränkte aber die Beschäftigungsmöglichkeiten stark ein. In der Industrie konnte 1939 der Bedarf an Arbeitskräften noch weitgehend aus dem heimischen Reservoir gedeckt werden.

Mit Kriegsausbruch begann sich die Praxis der »Mobilisierung« ausländischer Arbeitskräfte stark zu ändern. Die Österreicher, die Wehrdienst leisteten, fehlten als Arbeitskräfte. Polnische Arbeitskräfte wurden zwangsrekrutiert. Nach dem Frankreich-Feldzug wurde eine große Zahl französischer Kriegsgefangener in der Landwirtschaft und allmählich auch in der gewerblichen Wirtschaft eingesetzt. Gleichzeitig wurden in West- und Südosteuropa die Anwerbungsaktionen für Arbeitskräfte verstärkt. Im April 1941 waren in Österreich insgesamt bereits über 8 Prozent aller Beschäftigten Ausländer (im Durchschnitt des Deutschen Reiches 6,6 Prozent). 43 Prozent davon waren in der Industrie und Bauwirtschaft eingesetzt (= circa 9,9 Prozent aller Industriebeschäftigten).[85] Um hinsichtlich des Arbeitseinsatzes von Kriegsgefangenen die Haager Land-

Tabelle 42: Industriebeschäftigung in Österreich 1939 bis 1944 nach Kategorien

Beschäftigte (jeweils 31. 5.)	1939	1940	1941	1942	1943	1944
inl. Männer	383 474	366 006	346 213	343 010	338 110	289 126
inl. Frauen	147 263	146 170	151 779	150 546	167 376	185 340
ausl. Männer	4 208	11 902	29 988	46 200	93 400	162 302
ausl. Frauen	1 014	1 470	4 558	11 944	36 860	43 549
Kriegsgefangene	–	1 513	20 904	27 724	37 983	54 705
Insgesamt	535 959	527 061	553 442	579 424	673 729	735 022

Quellen: Rolf *Wagenführ*, Die deutsche Industrie im Kriege 1939–1945 (Berlin 1954); Felix *Butschek*, Die österreichische Wirtschaft 1938 bis 1945 (Wien 1978) 125 f.

kriegsordnung zu umgehen, wurden sie häufig formal freigelassen und als »Fremdarbeiter aus besetzten Gebieten« wieder dienstverpflichtet. Unterschieden wurde zwischen »Fremdarbeitern« aus besiegten oder feindlichen Ländern und solchen aus verbündeten oder abhängigen Staaten: Italiener, Rumänen, Bulgaren, Kroaten, Ungarn, Türken, Slowaken oder Tschechen aus dem Protektorat und Franzosen aus dem Vichy-Staat.

Im Herbst 1941 wurde begonnen, sowjetische Kriegsgefangene und Zivilisten (»Ostarbeiter«) für die deutsche Wirtschaft verfügbar zu machen. Auch in West- und Südosteuropa wurde 1942 die »Dienstpflicht« eingeführt, 1943 auch in Italien. Die Zahl der in Österreich eingesetzten ausländischen Arbeiterinnen und Arbeiter stieg sprunghaft und erreichte im August 1944 mit über 580 000 den Höhepunkt, nicht eingerechnet die Kriegsgefangenen und KZ-Insassen. Fast die Hälfte entfiel auf die Industrie.

Zwischen 1942 und 1944 kam es in Österreich im Unterschied zum Reich zu einem steilen Anstieg der Beschäftigtenzahlen im gesamten Industriesektor und im besonderen in der Rüstungsindustrie. Der Arbeitskräftebedarf wurde durch einen vermehrten Einsatz von Ausländern gedeckt, deren Zahl von 86 000 auf 260 000 anstieg, von 10 Prozent auf fast 36 Prozent. Die Zahl der eingesetzten Kriegsgefangenen verdoppelte sich von 1942 bis 1944, die der zwangsweise requirierten Zivilpersonen vervierfachte sich. Die Ausweitung des Industriepotentials war also fast ausschließlich durch die Zwangsarbeit von über einer viertel Million Menschen getragen. Auch die Landwirtschaft funktionierte bald nicht mehr ohne Kriegsgefangene und Fremdarbeiter.[86]

Fremd- und Zwangsarbeiter (ohne Kriegsgefangene und KZ-Insassen) im Bereich des heutigen Österreich 1941 und 1944 nach Nationalitäten (in absoluten Zahlen)

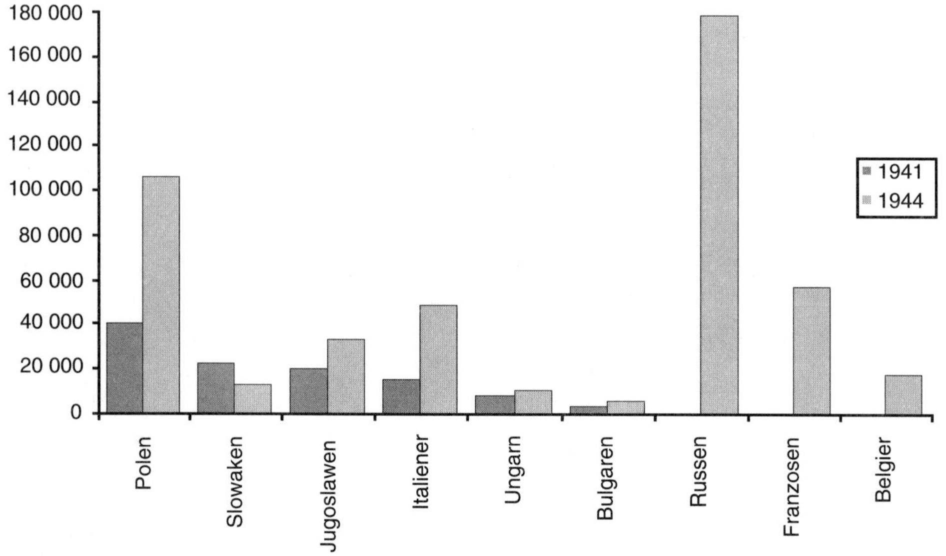

Quelle: Florian *Freund,* Zwangsarbeit von zivilen Ausländern und Ausländerinnen in Österreich 1938 bis 1945, in: Österreichischer Zeitgeschichtetag 1993 (hg. von I. *Böhler*/R. *Steininger,* Innsbruck 1995) 217 f.

Allein in Niederösterreich standen 1944 162 000 ausländische Zivilarbeiter und Arbeiterinnen im Einsatz, dazu etwa 30 000 Kriegsgefangene, zu denen noch 30 000 Häftlinge in niederösterreichischen Außenlagern des KZ Mauthausen hinzuzurechnen sind. Im Kriegsverlauf verstärkte sich der Arbeitsdruck. Die verlängerten Arbeitszeiten erreichten 1944 mit bis zu 72 Stunden wöchentlich ihren Höhepunkt. 1944 kam die Bedrohung durch Luftangriffe hinzu, wovon die Unterkünfte der Zwangsarbeiter, die fast immer in der Nähe der Betriebe lagen und für die entsprechende Luftschutzeinrichtungen großteils fehlten, besonders betroffen waren.[87]

Der Rassismus als eine der Säulen des Regimes legitimierte den Einsatz von als minderwertig betrachteten Menschen. Es wurde ein nach völkischen Kriterien differenziertes System der Behandlung dieser Arbeitskräfte entwickelt. Fremdarbeiter waren drastisch schlechter bezahlt als Deutsche. Zwangsarbeiter erhielten nur ein Minimum an Entgelt. Rassistische Vorurteile kamen überall zum Ausdruck: gegen Italiener ebenso wie gegen Russen, etwa in Berichten aus den Hermann-Göring-Werken Linz: »Der Tscheche« stehe »dem deutschen Arbeitskameraden« leistungsmäßig bei weitem nach, meckere viel usw. Der bulgarische Arbeiter christlichen Glaubens sei fleißig, bescheiden und ausdauernd, der bulgarische Mohammedaner jedoch faul, unrein und nicht verläßlich.[88] In bezug auf Arbeitsleistung und Arbeitswilligkeit wurden 1942 die Slowaken, die aus einem »befreundeten« Land stammten, am höchsten eingestuft. Den Griechen hingegen, welche die niedrigste Bewertung bekamen, sprach man eine gewisse »Feindseligkeit« zu.[89] Das Einstufungsgefälle von höherwertigen zu niederen »Rassen« verlief nach der Herkunft von Nord- und West- über Süd- nach Osteuropa. Die Arbeitskräfte wurden an »Deutscher Tüchtigkeit« gemessen: 80 bis 90 Prozent die Franzosen, Belgier 75 bis 80 Prozent, Polen 65 bis 70 Prozent, Serben 60 bis 70 Prozent und Russen 40 bis 50 Prozent. Am schlechtesten erging es den sogenannten »Ostarbeitern und Ostarbeiterinnen« aus der Sowjetunion und den Polen. Der Vorteil, Deutscher zu sein, war plötzlich augenscheinlich.[90]

Ende April 1941 befanden sich etwa 97 000 Kriegsgefangene auf österreichischem Gebiet, von denen etwa 45 Prozent bei Bauprojekten eingesetzt waren und weitere 40 Prozent der Landwirtschaft zugeteilt wurden. Die Behandlung war unterschiedlich. Verdrängt oder vergessen ist das Schicksal und die systematische Vernichtung von Kriegsgefangenen, die in riesigen Lagern untergebracht waren, bewacht nicht etwa von der SS, sondern von älteren Landschützen, nicht fern an der Front, sondern vor der Haustür, zum Beispiel in den Lagern Wolfsberg in Kärnten oder St. Johann im Pongau. Fast 4 000 sowjetische Kriegsgefangene sind in St. Johann umgekommen, erfroren, verhungert, an Seuchen verstorben oder wurden erschossen. Fast 58 Prozent der sowjetischen Soldaten in deutscher Gefangenschaft starben. Zum Vergleich: Im Ersten Weltkrieg war die Todesrate in österreichischen Gefangenenlagern bei 5 Prozent gelegen. Erst ab 1943/44, als die Kriegsgefangenen als Arbeitskräfte immer dringender gebraucht wurden, besserte sich ihre Lage und Ernährung.[91]

Die Häftlinge der Konzentrationslager waren eine der letzten verfügbaren Arbeitskraftreserven. War bis 1942 die Arbeit in den Konzentrationslagern vor allem Mittel der Disziplinierung und Vernichtung politisch-ideologischer Gegner, so wurden ab 1943 in immer größerem Ausmaß auch in der »Ostmark« Häftlinge im Zusammenhang mit der Verlagerung kriegswichtiger Produktionen und dem Ausbau unterirdischer Produktionsanlagen herangezogen. Zu den ersten Unternehmen, die KZ-Häftlinge bei Bau und Produktion einsetzten, gehörten die Steyr-Werke, für die bereits im Sommer 1941 ein Außenlager des KZ Mauthausen errichtet wurde, und die Hermann-Göring-Werke in Linz, von denen ebenfalls 1941 entsprechende Gespräche mit der SS geführt wurden.[92] Ab 1943 stiegen die Häftlingszahlen im Konzentrationslagerkomplex Mauthausen/Gusen markant an, von 14 000 Anfang 1943 auf 28 000 Anfang 1944, circa 73 000 im Oktober 1944 und schließlich 84 000 im März 1945, die im Hauptlager und in zuletzt 49 Nebenlagern vorwiegend für Rüstungs- und Baufirmen tätig waren. Die Lager Ebensee (Arbeitslager »Zement«, ursprünglich für Raketenherstellung) und Melk (wo unter der Tarnbezeichnung »Quarz« für Steyr-Daimler-Puch in einer unterirdischen Anlage Kugellager hergestellt wurden) entwickelten sich neben Mauthausen und Gusen (Messerschmitt) zu den größten Konzentrationslagern in Österreich. Im KZ in der Hinterbrühler Seegrotte wurden »Heinkel-Volksjäger« hergestellt, auch in der Wiener Neustädter Serbenhalle arbeiteten KZ-Häftlinge, ebenso in Wiener Neudorf bei den Flugmotorenwerken Ostmark, in Schwechat-Haidfeld (Heinkelwerke) oder in den Kellern der Brauerei Redl-Zipf (Projekt Schlier). Ende 1944 befanden sich in Mauthausen 10 000, in den Außenlagern über 60 000 Häftlinge, was rund einem Viertel der zur selben Zeit in der Industrie beschäftigten ausländischen Zivilarbeiter und Kriegsgefangenen entsprach. Das Konzentrationslager Mauthausen, das zusammen mit den Nebenlagern bis 1945 etwa 335 000 Häftlinge aufnahm, von denen über 120 000 den Tod fanden, hatte die höchste Todesrate unter allen deutschen Konzentrationslagern.[93]

KZ-Häftlinge beim Kraftwerksbau im Ennstal

Die Arbeitsbedingungen und Überlebenschancen waren abhängig von der Kategorie, in die der Häftling gestellt wurde: ob das Dreieck unter der Häftlingsnummer von roter (Politische), grüner (Kriminelle), schwarzer (»Asoziale/Zigeuner«), violetter (»Bibelforscher«) oder rosa (Homosexuelle) Farbe war, welcher Buchstabe die Nationalität vermerkte oder ob ein Judenstern alle anderen Differenzierungen überschattete. Die hierarchische Gliederung der Häftlingsgesellschaft war dadurch zementiert, daß die SS-Bewachungsmannschaft einen Teil ihrer Aufgaben an sogenannte Funktionshäftlinge delegierte, die je nach Bereitwilligkeit zur Kooperation über bestimmte Macht und Privilegien verfügten. Jenen 7 bis 10 Prozent der »Lagerprominenz« anzugehören oder Freunde innerhalb dieser zu haben erhöhte die Überlebenschancen entscheidend. Juden, Zigeuner und Homosexuelle bildeten die gefährdetste Gruppe. Gegen sie richteten sich zum Teil auch die Diskriminierungen der Mithäftlinge. Spuren von Solidarität, Sabotage oder gar Widerstand zu erkennen war unter dieser permanenten Repression beinahe unmöglich.[94]

Obwohl in den Außenlagern des Konzentrationslagers, etwa in Ebensee, die Vernichtung der Gefangenen nicht im Vordergrund stand, führte die Menschenverachtung und der enorme Zeitdruck, unter dem die Arbeiten durchgeführt wurden, zum rücksichtslosen Verschleiß der Arbeitskraft. Katastrophale hygienische Bedingungen und der vor allem ab dem Winter 1944/45 zunehmend akuter werdende Ernährungsnotstand führten zur systematischen Dezimierung der Häftlingszahl. Die medizinische Betreuung beschränkte sich nur noch auf die Selektion. In den Apriltagen des Jahres 1945, als innerhalb einer Woche weitere 10 000 Menschen nach Ebensee getrieben wurden, stieg die Todesrate auf über 400 Menschen pro Tag.

Die letzte Stufe waren die Todesmärsche bewachter Gefangenenkolonnen über lange Strecken und unter schlechtesten Bedingungen. 30 000 ungarische Häftlinge, darunter Juden, Angehörige der ungarischen Elite und deutschfeindliche Gruppen, wurden 1944 in mehreren Wellen nach Niederösterreich in die Lager Oberlanzendorf, Straßhof, Felixdorf und Lichtenwörth deportiert und zur Zwangsarbeit in der Landwirtschaft, in der Lebensmittelindustrie und Bauwirtschaft eingesetzt. Die Verpflegung war armselig (zum Frühstück anfangs 5, später 3 Zentiliter schwarzer Kaffee, das Mittagessen 4 bis 5 Zentiliter dünne, ungesalzene, fettlose Suppe, die Brotration anfangs 330 Gramm, zuletzt nur mehr 80 Gramm pro Tag). Die Behandlung war in den meisten Fällen schrecklich.[95] Am 8. November 1944 wurden etwa 76 000 ungarische Juden an die niederösterreichische Grenze gebracht, wo sie an der »Niederdonaulinie« des sogenannten »Südostwalles« arbeiteten. Im März und April 1945 wurden dann Tausende dieser ungarischen Juden in Todesmärschen durch Österreich getrieben.[96]

Bereits ab Sommer 1944 entspannte sich der »Arbeitsmarkt« sichtlich. Dazu trugen auch die Zerstörungen von Fabriken (oder Teilen davon) durch Bombenangriffe bei. Der sich beschleunigende Verfall der Produktion ließ den Bedarf an Arbeitskräften rasch sinken. Ende 1944 kamen zahlreiche Flüchtlinge ins Land, die nun als Arbeitskräfte zur Verfügung standen und meist in der Landwirtschaft untergebracht wurden. Bis Kriegsende nahm der Flüchtlingsstrom weiter zu. Mit der Bereitstellung entsprechender Unterkünfte und Verpflegungseinrichtungen wurden zahlreiche Arbeitskräfte gebunden. In zahlreichen Betrieben arbeiteten bereits im Herbst 1944 etwa 30 bis 40 Prozent der Belegschaften nur mehr an der Behebung von Bombenschäden und nicht mehr in der Produktion.[97]

In den Ruinen des Krieges

Die landläufige Vorstellung eines bis Ende 1945 funktionierenden Ernährungssystems für jene Teile der deutschen Bevölkerung, die in das staatliche Rationierungssystem eingebunden und damit als Verbraucher anerkannt waren, bedarf entscheidender Korrekturen. Die Masse der Normalverbraucher litt spätestens seit Kriegsbeginn unter einem spürbaren Mangel an regelmäßig verfügbaren, frei wählbaren und quantitativ wie qualitativ ausreichenden Nahrungsgütern des täglichen Bedarfs, ganz abgesehen vom Nahrungsentzug, der gegen Minderheiten, Verfolgte und Gegner systematisch als Waffe und politisches Kalkül eingesetzt wurde.

Die Nahrungsmittelversorgung wurde zunehmend schlechter: 1937 war der tägliche Lebensmittelverbrauch des durchschnittlichen Österreichers mit 3 200 Kalorien ermittelt worden. 1944 standen Normalverbrauchern 2 000 Kalorien zur Verfügung, Schwer- und Schwerstarbeitern 2 700 und 3 400 Kalorien. Im Jahr 1945 wäre man schon zufrieden gewesen, wenn die Normzuteilung von 800 Kalorien hätte eingehalten werden können.

Mit dem Tage des Kriegsausbruches wurde auch die Rationierung von Lebensmitteln und anderen Bedarfsartikeln wie Seife, Kohle, Spinnstoffe und Schuhwaren eingeführt. Sie war besser organisiert als während des Ersten Weltkrieges. Die Lebensmittelrationen wurden sofort weit unter das Ausmaß des bisherigen friedensmäßigen Verbrauches herabgesetzt. Insgesamt dürfte der Nahrungsmittelverbrauch in den ersten Kriegsjahren um etwa ein Drittel zurückgegangen sein. 1942/43 standen nach Behördenangaben einem erwachsenen Normalverbraucher bezogen auf 1938 62,5 Prozent des Fettverbrauchs, 32,9 Prozent des Fleischverbrauchs und 80,4 Prozent des Brotverbrauchs zur Verfügung, was noch erschwert wurde durch die Verknappung nicht rationierter Nahrungsmittel und den Mehraufwand an Energie, der durch die längeren Arbeitszeiten und erhöhten Anstrengungen erforderlich wurde.[98] Schon während des Krieges lagen die ausgegebenen Rationen durchwegs unter dem physiologischen Mindestbedarf. Daß es daneben noch Beschaffungsmöglichkeiten außerhalb des regulären Marktes gab, erklärt erst die Aufrechterhaltung der Arbeitsfähigkeit.[99]

Bereits 1942 wurde von der Reichsstatthalterei Wien den Bäckern aufgetragen, die Kunden darauf hinzuweisen, daß älteres Brot ein leichteres Auskommen mit der Brotkarte gewährleiste: »Die Gewohnheit, frisches Brot zu essen, muß da, wo sie bestanden hat, aufgegeben werden. Das Brot muß ablagern!«[100] Fettlos kochen, ohne Eier, ohne Fleisch, wollte gelernt sein. So wandte sich Karl Duch im Februar 1940 in seinem Ratgeber »Die Wiener Küche im Kriege« mit dem wahrhaft sparsamen Text an die deutsche Frau: »Die beste Zutat zu jeder Speise ist die Liebe.«[101]

Ersatzstoffe bestimmten wieder das Leben, bei Kleidung und Schuhwerk ebenso wie bei Gewürzen und Speisezutaten. Eine der Ideen war die Herstellung von Holzzucker, um aus Holz Alkohol, Zucker und Nährhefe zu gewinnen. Wirkungsvoller war die »Holzvergasung«, um der akuten Treibstoffnot ein Substitutionsprodukt entgegenzusetzen. Auch Holzschuhe begannen wieder die Straßen zu beherrschen.

Die Menschen wurden zu Tieren gemacht: Die Forschungsabteilung des deutschen Zellwolle- und Kunstseiderings entwickelte zu Anfang der vierziger Jahre in Lenzing unter Aufsicht der SS ein Verfahren, auf Sulfitablauge durch Züchtung einer Pilzrasse eine Eiweißmasse zu produzieren, die zu einer Art Streichwurst verarbeitet werden konnte. Im Sommer 1943 wurde in Lenzing die Produktion dieser »Mycel-« oder »Biosynwurst« in einer Versuchsanlage aufgenommen. Schon im Sommer 1943 begann man mit Ernährungsversuchen an KZ-Häftlingen im dortigen KZ-Nebenlager: »... habe ich vorsichtigerweise erst einmal die Verfütterung von Biosyn-Veggetabil-Wurst an 100 Häftlinge befohlen ...«, berichtete der zuständige Lagerkommandant. Im Dezember 1943 betrug die tägliche Produktion an Mycel-Eiweiß 5 000 Kilogramm. Das reichte angeblich, um den täglichen Eiweißbedarf von rund 100 000 Häftlingen zu decken, deren Rationen ohnehin auf 1 000 Kalorien täglich beschränkt waren. Die Wurst dürfte tatsächlich bis zur, wenn auch abscheulich schmeckenden Genießbarkeit entwickelt worden sein. Die Errichtung der geplanten Großanlage in Lenzing unterblieb aber schließlich in den Wirren der letzten Kriegsjahre.[102]

Es war der Vorsorge- und Rationierungspolitik, die von Anfang weg den Vorrang der pflanzlichen Erzeugung gegenüber der tierischen forciert hatte, zweifellos weitgehend gelungen, Produktion und Verbrauch auf einem gerade noch tragbaren Minimalniveau zu erhalten. Wie weit die amtlichen Berichte stimmen, müßte auf geeignetem Wege überprüft werden. Jedenfalls haben auch nachträglichen Befragungen zufolge Produktion, Verteilung und Versorgung bis Kriegsende erstaunlich gut funktioniert, allerdings unter dem Aspekt der kontinentalen Großraumwirtschaft, die den besetzten Ländern und nichtdeutschen Volksgruppen erhebliche Lebensmittel entzog. Dazu kam eine rigorose, nur in einer Diktatur durchsetzbare Bewirtschaftung. Der offenen Inflation war durch den im Deutschen Reich bereits 1936 verhängten generellen Lohn- und Preisstopp der Weg verlegt: Die Zuteilung war an die Stelle der Preise getreten. Die weitgehende Entgüterung der Wirtschaft hatte den Geldkreislauf aber ausgehöhlt.

Der Grundbedarf war gesichert, alle Extras mußten auf anderem Wege beschafft werden. Ein weites Netz der Schattenwirtschaft und des Organisierens war aus dem Militärbereich auch in den Zivilbereich eingedrungen, auch wenn sich Schleichhandel und Schwarzmarktpreise in Grenzen hielten, da die Härte der Strafen die abschreckende Wirkung nicht verfehlte. Vielleicht wissen wir aber einfach nur zu wenig, weil die amtlichen Berichte auch für den internen Gebrauch ausgesprochen nichtssagend sind.

Wegen Umquartierungen aus dem Altreich und aus den Großstädten waren die Häuser auf äußerste überfüllt. Ausgebombte, Flüchtlinge, Umgesiedelte, sie alle brauchten Unterkunft. Häufig war damit ein extremer Milieuschock verbunden. Die Enttäuschung über die primitiven Bauernhäuser, in denen die Bombengeschädigten aus den großen Städten untergebracht werden mußten, war Anlaß mancher Auseinandersetzungen. Es wurde über Schwierigkeiten mit den Verschickten berichtet, sie hätten »übertriebene Ansprüche«, seien gewohnt, mehr zu verbrauchen.[103]

Es war eine Welt der Baracken und Lager: In Linz mußten bald mehr als 40 000 Personen in Barackenlagern leben. Für Fremdarbeiter, Kriegsgefangene und Flüchtlinge waren die neuen Wohnungen nicht vorgesehen. Aus der Barockstadt Linz wurde die Barackenstadt Linz.[104] Die massiven Bombenschäden und die Verknappung von Materialien und Ressourcen zwangen dazu, die Bautechniken immer mehr zu vereinfachen und zu beschleunigen, durch Ersatzstoffe, Fertigbauteile, Normungen. Daraus wurde der Schluß gezogen: »Die Lösung technischer Aufgaben ist während des Krieges in einem so hohen Maße gelungen, daß wir auch vor der Beseitigung der Trümmer in den Städten nicht zu zagen brauchen ...« Die Augen vor der Realität zu verschließen war die Kunst der totalen Kriegspropaganda: »Der Krieg treibt auch hier die Entwicklung mächtig vorwärts. Der Wohnungsbau wird unmittelbar nach Erringung eines siegreichen Friedens eine vordringliche Aufgabe sein. Sie ist überwältigend groß, in künstlerischer, technischer und organisatorischer Hinsicht, eine einzigartige Gelegenheit zu beweisen, welcher Kulturleistung das deutsche Volk fähig ist.«[105]

Die Wohlstandsgesellschaft

Trümmerjahre

Zusammenbruch – Umbruch – Rückbruch – Aufbruch

1945 war ein Bruch: ein Zusammenbruch und Desaster für die einen, ein »Rückbruch« und eine simple Rückkehr zum Vorkriegssystem, wie Josef Schöner[1] in seinem Tagebuch die Apriltage bezeichnete, für die anderen, ein Umbruch, eine Veränderung für die Masse der unbeteiligten Mitläufer, ein Aufbruch vielleicht am Anfang für die wenigsten.[2] Viele fühlten sich von den Trümmern fast erschlagen.[3]

Die in der österreichischen Nachkriegspolitik und Geschichtsbewältigung gängigste und gehätscheltste Meinung, die von der »Stunde Null«, die alles Vorausgegangene vergessen und den so überraschend kräftigen und schnellen Wirtschaftsaufschwung als Resultat eines sehr tiefgehenden Bruchs mit vorangegangenen Bedingungen sehen wollte, war mehr eine politische Strategie als eine sozialwissenschaftliche Theorie. Die Zweite Republik sollte aus der Verantwortung für das Vorhergegangene möglichst herausgenommen und der Wiederaufbau aus dem neuen politischen Klima der Konsensbereitschaft und Pragmatik erklärt werden. So entstand der Mythos des Neubeginns aus Fleiß und Gemeinschaftsgeist, getragen von Arbeitern mit Krampen und aufgekrempelten Ärmeln. Das Baugerüst sei das Symbol unserer Zeit, tönte die pathetische Sprechstimme in dem 1953 vom Bundesministerium für Handel und Wiederaufbau produzierten Dokumentarfilm »Und neues Leben blüht aus den Ruinen«.[4] Die Lagerstraße, deren gemeinsame schreckliche Erfahrung aus den verfeindeten Parteiführern der Zwischenkriegszeit nach 1945 Partner gemacht habe, war mehr Mythos als Realität, hatten doch nur wenige der nach 1945 maßgeblichen Parteigrößen tatsächlich längere Zeit in Konzentrationslagern verbracht, weder Renner noch Raab, weder Schärf noch Gruber, weder Körner noch Gleißner.

Auf der anderen Seite muß auf Entwicklungslinien hingewiesen werden, die durch das Jahr 1945 nicht unterbrochen wurden. Die Zeichen des Nationalsozialismus waren trotz Agrarromantik und Blut-und-Boden-Ideologie auf »Fortschritt« und »Technikgläubigkeit« gestellt, die für den Nachkriegsaufschwung eine gute Basis boten. Es darf nicht übersehen werden, wie sehr das Vertrauen in die Machbarkeit eines Wirtschaftswunders nach dem Krieg schon im Wirtschaftsaufschwung des Nationalsozialismus begründet wurde, der in Österreich zwar nur die eineinhalb Jahre 1938/39 umfaßt hatte, dafür aber um so intensiver erlebt worden war.[5]

Konservative Agrarromantik, Volkstum und Heimat, jene Positionen, von denen aus die Kritik am Industriesystem in den dreißiger Jahren artikuliert worden war, waren wegen der engen Affinität von konservativer Zivilisationskritik und nationalsozialistischen Phrasen verdächtig geworden, auch wenn die tatsächlichen Entscheidungen Adolf Hitlers sehr viel mehr in Richtung einer gigantesken Übersteigerung der Industrialisierung als einer Heimatutopie gingen. Die wenigen Kritiker, die Naturschützer, Lebensreformer und Kämpfer gegen die »Vermassung«, blieben in den ersten Jahrzehnten der Nachkriegszeit in den Bereich eines belächelten Sektierertums verbannt und wurden zum Teil mißtrauisch als Unverbesserliche betrachtet. Bestenfalls aus dem ästhetischen Affekt wurden Technikvorbehalte laut, wie vorher gegen das Kino, so nun gegen das Fernsehen.

In wirtschaftlich so relevanten Bereichen wie Steuerrecht, Handelsrecht oder Kreditwesen blieben durch das Rechts-Überleitungsgesetz von 1945 die deutschen Vorschriften bestehen. Auch die damals getroffene Entscheidung, nicht wieder die traditionelle Struktur der österreichischen Vorkriegswirtschaft anzustreben, sondern die während der Anschlußzeit und im Krieg getätigten Investitionen weiterzuführen, ist als deutliches Signal der Kontinuität zu verstehen.

Aber auch die Bezugslinien zum ständestaatlichen System lebten 1945 wieder auf, sei es in personeller Hinsicht, was die Exponenten der Wirtschaftspolitik betraf, sei es bezüglich wirtschaftspolitischer Institutionen wie des überparteilichen Gewerkschaftsbundes oder von Grundelementen der Sozialpartnerschaft. Viktor Kienböck, der umstrittene letzte Notenbankpräsident vor dem Anschluß, sollte trotz Sträubens zur neuerlichen provisorischen Übernahme der Nationalbank überredet werden. »Was haben wir für Chancen, wenn alles wieder mit den Alten vollgestopft wird?« klagte Josef Schöner in seinem Tagebuch.[6]

Der Wirtschaftsinfarkt fiel 1945 ähnlich dramatisch aus wie nach dem Ersten Weltkrieg. 1946 betrug das österreichische Bruttoinlandsprodukt etwa 60 Prozent des Volumens von 1913 und 1937. Es gab aber einen signifikanten Unterschied zwischen 1918 und 1945. Auch wenn die Zahl derjenigen, die vom Zusammenbruch des Deutschen Reiches und vom Entstehen des neuen Österreich negativ berührt waren und der verlorenen Macht nachweinten, sicher nicht klein war und man von einer revolutionären Situation ähnlich der 1918/19 weit entfernt war, gelang es erfolgreicher als nach dem Ersten Weltkrieg, einen Optimismus des Wiederaufbaus und einen Glauben an das neue Österreich zu etablieren.

Die Bilanz des Schreckens

Die nationalsozialistische Schreckensherrschaft und der Krieg hatten eine grausige Bilanz hinterlassen. Die nüchternen Zahlen, die wohl eher Untergrenzen darstellen, können nur das Ausmaß andeuten: etwa 247 000 österreichische Militärtote, mindestens 120 000 Österreicher, die in Haft, Konzentrationslagern und Euthanasieprogrammen umgekommen und ermordet worden waren, und etwa 25 000 bis 30 000 Ziviltote, die Luftangriffen und Kriegshandlungen auf österreichischem Boden zum Opfer gefallen waren.[7]

Von den 185 000 bis 190 000 österreichischen Juden war etwa 125 000 bis 130 000 die »Auswanderung« oder besser wohl Flucht geglückt. Diese Möglichkeit bestand vor allem für jüngere und vermögendere Juden, kaum aber für mittellose. Insgesamt wurden 65 459 österreichische Juden während der NS-Herrschaft umgebracht: davon 1 576 in deutschen Konzentrationslagern, 46 791 direkt in Vernichtungslagern, 16 692 in Vernichtungslagern, nachdem sie aus Österreich vertrieben worden und in anderen europäischen Ländern wieder unter deutsche Herrschaft geraten waren, der Rest auf andere gewaltsame Art. Auch mehr als die Hälfte der etwa 11 000 österreichischen Roma und Sinti wurde ermordet.[8] Das Euthanasie-Programm zur Vernichtung der Insassen der Heil- und Pflegeanstalten lief im Oktober des Jahres 1939 an. Schloß Hartheim bei Linz war unter den Anstalten, die solche Vernichtungsaktionen durchführten, die größte. Von den mehr als 70 000 bis September 1941 im Deutschen Reich ermordeten Geisteskranken entfielen 18 269 auf Hartheim. Am 11. April 1944 begann eine zweite Phase, die nur mehr die Anstalt Hartheim bei Linz betraf. Sie dauerte bis 11. Dezember 1944.[9] Insgesamt dürften in Hartheim etwa 30 000 Menschen ermordet worden sein. Ungefähr 5 000 Österreicher waren zwangssterilisiert worden. Von den etwa 1,2 Millionen zur Deutschen Wehrmacht eingezogenen Soldaten aus Österreich trugen 170 000 eine dauernde Invalidität davon. Fast 500 000 waren in Kriegsgefangenschaft geraten, davon

Kriegsinvalider, Photographie von Ernst Haas, Wien 1946

20 000 bis 230 000 in russische. An die 370 000 Witwen und Waisen waren zu versorgen.[10]

Von den im Jahr 1938 vertriebenen und geflüchteten Juden kamen nur rund 6 Prozent zurück. Der immer noch virulente Antisemitismus, die akuten Versorgungsprobleme und die ungeklärten Fragen der Wiedergutmachung schreckten die meisten ab. Der Gesamtwert des jüdischen Vermögens, das nach dem Anschluß »arisiert« worden war, betrug nach Schätzungen der Kultusgemeinde etwa 3 Milliarden Reichsmark oder 1,2 Milliarden Dollar, wovon ein großer Teil zerstört, verschwunden oder ins »Altreich« verschoben war. Der Gesamtwert der jüdischen Vermögen dürfte um ein Vielfaches höher gewesen sein.[11]

Während den Kriegsgefangenen, Bombengeschädigten, Kriegsinvaliden und Hinterbliebenen selbstverständlich Unterstützungen und Renten gewährt wurden, entschloß man sich nur zögernd und in viel geringerer Höhe zu Leistungen für die direkten Opfer des NS-Regimes, um jeden Verdacht der »Mitschuld« Österreichs abzuweisen und die Formel von Österreich als erstem »Opfer« der nationalsozialistischen Aggression zu bekräftigen. Besonders große Schwierigkeiten hinsichtlich der Durchsetzung von Entschädigungen hatten neben den Juden jene Personen, die von nationalsozialistischen Gerichten aus vordergründig kriminellen Gründen verurteilt worden waren, aber auch die Slowenen, Roma und Sinti, die Zwangssterilisierten, die Homosexuellen, die Behinderten und psychisch Kranken und alle, die als »asozial« und sozial nicht angepaßt verurteilt, eingesperrt oder sonst geschädigt worden waren. Insgesamt wurden für Leistungen nach dem Opferfürsorgegesetz zwischen 1946 und 1987 etwa 6,4 Milliarden Schilling ausgegeben, davon 4,9 Milliarden für Renten und Heilfürsorge und etwa 700 Millionen für Entschädigungen. Für drei Hilfsfonds und das Abgeltungsfondsgesetz stellte die österreichische Bundesregierung insgesamt 1 760 Millionen Schilling zur Verfügung, wobei die Bundesrepublik Deutschland gemäß dem Kreuznacher Abkommen sich mit insgesamt 600 Millionen Schilling beteiligte.[12]

Verschleppte, Vertriebene, Verfolgte

Trotz der fast 400 000 Kriegs- und Regimeopfer, der Verluste durch die Emigration und Vertreibung, der über 488 000 in Kriegsgefangenschaft geratenen österreichischen Wehrmachtsangehörigen, von denen sich Ende 1945 immer noch 200 000 außer Landes befanden, und der generell erhöhten Sterblichkeit war die Bevölkerung in Österreich von 1939 bis 1945 um 318 000 gestiegen und im längeren Intervall von 1934 bis 1951 trotz der inzwischen erfolgten Weiterwanderung der meisten Vertriebenen um über 170 000.

Die nationalsozialistische Herrschaft, der Krieg und das Kriegsende hatten die größte Wanderungs- und Fluchtwelle ausgelöst, die Österreich je über sich ergehen lassen mußte. Österreich war von Menschen überschwemmt: 1,2 Millionen deutsche Soldaten, die in Österreich kapituliert hatten, mehr als 1 Million Besatzungssoldaten, eine halbe Million Angehörige von Fremdarmeen aus Ungarn, Kroatien und der Ukraine und

400 000 volksdeutsche Flüchtlinge und Vertriebene sowie 200 000 Reichsdeutsche, die als Beamte, Parteifunktionäre, Arbeiter oder Evakuierte nach Österreich gekommen waren, zusammen mit etwa 590 000 fremdsprachigen, als DPs (»displaced persons«) bezeichneten Zwangsdeportierten, befreiten KZ-Häftlingen, ausländischen Juden und ehemaligen Kriegsgefangenen standen rund 6 Millionen Österreichern gegenüber. Die Repatriierung der Verschleppten und Evakuierten zog sich über längere Zeit hin. Noch länger dauerte die Bewältigung der Flüchtlingsprobleme. Insgesamt dürften über 550 000 Volks- und Sudetendeutsche nach Österreich gelangt sein, von denen sich etwa 320 000 auch hier ansiedelten.[13]

Es kam zu erheblichen sozialen Spannungen, die aus allgemeiner und in der nationalsozialistischen Zeit speziell geschürter Fremdenfeindlichkeit herrührten, sich an den Lebensmittelzuteilungen entzündeten, die für die in Lagern ausgemergelten Personen teilweise höher sein mußten, als sie für österreichische Staatsangehörige verfügbar waren, und nicht zuletzt auch wegen der Rolle der Fremden am Arbeitsmarkt eskalierten. Zuerst erregte es Unwillen, daß sie nicht zu arbeiten brauchten oder nicht bereit waren, für ihre ehemaligen Ausbeuter zu arbeiten. Später führte es zu Unmut, daß sie arbeiteten und, so hieß es, den Einheimischen die Arbeit wegnähmen. Mit zunehmendem Anspringen der Konjunktur wurde allerdings die Bedeutung der Zuwanderer für den österreichischen Wiederaufbau immer offensichtlicher. Zu Beginn des Jahres 1948 waren 13 Prozent aller unselbständig Beschäftigten Flüchtlinge oder DPs, obwohl sie nur 8,7 Prozent der Wohnbevölkerung stellten.[14]

Das Ausmaß der Zerstörungen

Der gesamte durch Annexion und Krieg ausgelöste materielle Schaden wurde auf Preisbasis 1960 auf 160 Milliarden Schilling geschätzt. Die Zerstörungen schienen gewaltig. Am auffälligsten waren die Schäden an den Gebäuden und Verkehrseinrichtungen. Die Ausgangslage der einzelnen Bundesländer war allerdings sehr unterschiedlich. Wien, Niederösterreich und das Burgenland befanden sich in einer viel schlechteren Situation. Wiener Neustadt war die am meisten bombardierte und am stärksten zerstörte Stadt Österreichs. Von den baulichen Kriegsschäden entfiel mehr als die Hälfte auf Wien. Etwa ein Zehntel aller Wohnungen Österreichs waren ganz oder teilweise zerstört, mehr als die Hälfte davon, 86 000, in Wien. Die Verluste übertrafen damit das von 1918 an im »roten« Wien erzielte Bauvolumen erheblich. Weitere 100 000 leicht beschädigte Wohnungen wurden durch Witterungseinflüsse unbewohnbar. Berechnungen über das Flächenmaß der zerbrochenen Fensterscheiben oder die zu bewältigenden Schuttmassen muten wie Zahlenspielereien an. Gleichzeitig hatte die Baustoffindustrie durch Kriegseinwirkungen etwa 40 Prozent ihrer Friedenskapazität verloren.[15]

Ein Drittel aller Eisenbahnstrecken, 6 Prozent aller Eisenbahnbrücken, darunter sämtliche Donaubrücken, waren zerstört und zahlreiche Bahnhöfe zerbombt. Nur 40 Prozent der Lokomotiven, 48 Prozent der Personen- und 70 Prozent der Güterwaggons waren einsatzbereit, wurden aber, ebenso wie die Industrieanlagen, zum Teil von den Besatzungsmächten requiriert. Die Zahl der Kraftfahrzeuge war auf ein Viertel des Vorkriegsstandes gesunken. Treibstoffe fehlten fast vollständig. Die Donaudampfschiffahrtsgesellschaft (DDSG) hatte mehr als die Hälfte ihrer Schiffe eingebüßt. Der Flugverkehr wurde zur Gänze untersagt. Wem sein Fahrrad unbeschädigt durch den Krieg erhalten geblieben und nicht gestohlen oder beschlagnahmt worden war, der konnte sich überglücklich schätzen. Fahrraddiebstahl war ein lukratives Geschäft.[16]

Wien war wie gelähmt, weder Post noch Telephon funktionsfähig, das Radio verstummt, keine Zeitungen, nur Mundpropaganda. Die letzte nationalsozialistische Sendung wurde vom Wiener Funkhaus aus am 6. April 1945 ausgestrahlt. Der Großsender Bisamberg wurde von abziehenden SS-Truppen zerstört. Funkstille. »Am meisten fehlt uns das Radio ... An das fehlende Telephon sind wir seit Monaten gewöhnt«, notierte Eugen Margarétha am 30. April 1945 in sein Tagebuch.[17]

Ob die kapazitätserweiternden Investitionen zwischen 1938 und 1945 größer waren als die Zerstörungen und Demontagen, ist umstritten. Die Schätzungen reichen von einem Nettorückgang des Kapitalstocks um ein Drittel bis zu einem nicht genau quantifizierten Zuwachs. Das Anlagenkapital, gemessen am Bestand an Werkzeugmaschinen, dürfte jedenfalls in vielen Branchen zu Kriegsende höher als 1937 gewesen sein. Die Kapazität der Roheisenerzeugung war auf 1,6 Millionen Jahrestonnen angestiegen, die bei Aluminium von 9 000 Tonnen im Jahr 1937 auf 69 000 Tonnen. Stickstoffdünger hatte man vor dem Krieg zur Gänze importieren müssen. Die Papier-, Textil- und Bekleidungsindustrie war zwar nicht ausgebaut worden, hatte aber auch unter den Kriegsfolgen wenig gelitten.[18]

Das geringe Niveau der Nachkriegsproduktion erklärt sich nicht aus fehlenden Produktionsanlagen, sondern aus dem Mangel an Energie, Rohstoffen, geeigneten Arbeitskräften, Transportmöglichkeiten und Nahrungsmitteln. Die tatsächliche Produktion der Industrie im Jahre 1946 erreichte etwa die Hälfte des Jahres 1937. Von der Kapazität her wäre ein doppelt bis dreimal so hoher Ausstoß möglich gewesen. Aber auch 1937 waren die Kapazitäten bei weitem nicht ausgelastet gewesen.[19]

Die landwirtschaftliche Produktion wurde vor allem in Ostösterreich durch die Kampfhandlungen schwer beeinträchtigt. Insgesamt dürfte die Ernte des Jahres 1945 nur 50 Prozent des Ergebnisses des Jahres 1937 erbracht haben. Der Rinderbestand war zwar einigermaßen gehalten worden, der Schweinebestand aber, zumindest soweit er von den Bauern deklariert wurde, auf ein Drittel der Vorkriegszeit abgesunken. Die Wertschöpfung der Landwirtschaft erreichte 1946 nur 60,8 Prozent des Jahres 1937.[20]

Das Arbeitskräfteangebot war per Saldo gegenüber der Vorkriegszeit durch die Gefallenen, Gefangenen und Kriegsversehrten erheblich reduziert. 1937 hatte das Angebot an unselbständigen Arbeitskräften mehr als 2 Millionen ausgemacht. Für 1945 wurde es auf rund 1,5 Millionen geschätzt. Es fehlten die vielen noch in Gefangenschaft befindlichen Soldaten, es fehlte die Qualifikation der verschleppten, vertriebenen und ermordeten Juden, und es fehlten auch zahlreiche Nationalsozialisten, die nicht mehr in ihren früheren Berufen arbeiten konnten.

Dennoch waren die wirtschaftlichen Ausgangsbedingungen nach 1945 besser als nach 1918, trotz der Zerstörungen und trotz der Demontage wesentlicher Teile des Produktionsapparates und der Infrastruktur. Aufgrund der Interessenlage der deutschen Rüstungspolitik waren in Österreich zahlreiche Projekte entstanden, die in dieser Größenordnung vor 1938 nicht existiert hatten. Der Krieg bedeutete einen gewaltigen technischen Lernprozeß. Ein Industrialisierungs-, Konzentrations- und gleichzeitig Regionalisierungsprozeß war in Gang gekommen. Geographisch war die Industrie nach dem Zweiten Weltkrieg gleichmäßiger verteilt als vorher.

Die Entnazifizierung der Wirtschaft

Während 1938 die wirtschaftliche Elite, soweit sie »belastet« war, schonungslos ausgewechselt wurde, war 1945 die Kontinuität viel größer. Die Entnazifizierung funktionierte nur beschränkt, am wenigsten im Bereich der Wirtschaft. Einflußreiche Wirtschaftsmanager der nationalsozialistischen Zeit wurden gesuchte Fachleute beim Wiederaufbau. Wirtschaftsjuristen und -funktionäre bearbeiteten 1946 bei der Rückgabe von Vermögen genau jene Akten, an deren Zustandekommen sie 1938/39 beteiligt gewesen waren.

Stärker als in Deutschland waren in Österreich die Anhänger des Nationalsozialismus unter Wirtschaftstreibenden vertreten, in Industrie und Gewerbe, Handwerk und Handel, vor allem aber im Fremdenverkehr und in den freien Berufen. In den Unternehmen, Handelskammern und Wirtschaftsverbänden amtierte die nationalsozialistische Führung häufig bis zum Sommer und Herbst 1945. Die wegen der Größe des Sektors nicht unbeträchtliche Gruppe der Belasteten in der Land- und Forstwirtschaft war kaum von der Entnazifizierung betroffen. Sie waren zu wichtig für die Nahrungsmittelversorgung. Die Säuberung von nationalsozialistischem Einfluß erschien angesichts der Versorgungs- und Ernährungsprobleme und der vielfältigen Schwierigkeiten nicht als das vordringlichste Problem, dem sich die provisorischen Staatsorgane gegenübersahen. Durchgezogen wurde die Entnazifizierung am ehesten noch im öffentlichen Dienst: Etwa 127 000 Personen waren betroffen, ein Großteil davon schied aus.

Von den etwa 537 000 nach dem NSDAP-Verbotsgesetz registrierten Personen galten 1947 etwa 42 000 als belastet, der Rest als minderbelastet. Insgesamt wurden im Zuge der Entnazifizierung bis 1947 etwa 7,5 Prozent der Berufstätigen entlassen oder mit Berufsverbot belegt, neben den etwa 100 000 aus dem öffentlichen Dienst ausgeschiedenen Personen etwa 70 000 aus der Privatwirtschaft, davon 27 000 Selbständige, 2 000 in freien Berufen beschäftigte Personen und 5 000 leitende Angestellte. Die belasteten Unternehmer wurden von der Führung ihres Betriebes ausgeschlossen. Das Eigentumsrecht war nicht berührt. Minderbelastete Unternehmer waren von etwaigen Einschränkungen nur betroffen, wenn das Unternehmen über einen Mittelbetrieb hinausging. Und die Grenze, was noch als Mittelbetrieb galt, wurde mehr als großzügig interpretiert, bis im April 1948 durch die Minderbelasteten-Amnestie ohnehin alle Berufsverbote für diesen Teil der ehemaligen Nationalsozialisten wegfielen.[21]

Die Involvierung des Hermann-Göring-Konzerns und anderer Großbetriebe, etwa der Steyr-Daimler-Puch-Werke, Siemens, der Flugmotorenwerke oder auch einzelner

Elektrizitätsgesellschaften, in die Vernichtungsmaschinerie des »Dritten Reiches« durch den Einsatz von KZ-Häftlingen und »Fremdarbeitern« wurde nicht einmal ansatzweise diskutiert. Meist konnte man auf die Mitwirkung der Fachleute nicht verzichten.[22]

Die Auswirkungen der Entnazifizierungsgesetze 1945 und des Wirtschaftssäuberungsgesetzes auf den Arbeitsmarkt waren dennoch nicht unbeträchtlich. 28 Prozent der registrierten Nationalsozialisten hatten ihre Beschäftigung nach dem 27. April 1945 geändert, waren vor allem Arbeiter geworden oder aus dem Erwerbsleben ausgeschieden. Von den betroffenen Angestellten hatten 59 Prozent ihre Beschäftigung geändert, von den betroffenen selbständig Erwerbstätigen hingegen nur 5 Prozent. Eigentum bot einen gewissen Schutz vor politischer Säuberung. Ein Teil der Unselbständigen wurde arbeitslos oder pensioniert, die belasteten Frauen kehrten in den Haushalt zurück.[23]

Ab 1948 bemühte man sich sicherlich auch aus wahltaktischen Gründen um eine verstärkte Reintegration. Als 1956 der Nationalrat die Vermögensverfallsamnestie beschloß, war das vielfach nur mehr ein nachträglicher Formalschritt, da von den etwa 10 000 Fällen von Vermögensverfall der weitaus größere Teil bereits vor 1956 auf verschiedenen Wegen rückgängig gemacht worden war. Ebenso bedeutete die 1957 gewährte Amnestie nach dem NS-Gesetz in erster Linie ein formales Nachziehverfahren. Auch die Anrechnung von Dienstzeiten und Zwischenzeiten für Beamte und die Einrechnung in Sozialversicherungsansprüche wurde in weiterer Folge positiv erledigt. Insgesamt wurde der Personenkreis der Täter, Mitläufer und Mitschuldigen deutlich besser behandelt als deren Opfer.[24]

Der Wiederaufbau

Trümmerwirtschaft

Unmittelbar nach Kriegsende, in den Jahren 1945 bis 1947, ging es ums nackte Überleben. Mentalitätsmäßig dominierte das »Vergraben« jener Dinge, die zwar den einzelnen nicht mehr denunzieren durften, aber offenkundig wieder auffindbar bleiben sollten. Vergraben und versteckt wurden Waffen und Parteiembleme, Wertgegenstände und viel wertlos gewordenes Zeug. Zu Schuldbekenntnissen fehlten Zeit, Mut und Wille. Die Menschen stürzten sich ganz in den Wiederaufbau. Daß dabei Leistung, Erfolg, Geld und Sicherheit eine überragende Bedeutung gewannen und zu Götzen aufstiegen, darf nicht verwundern. Und je mehr es gelang, aus der materiellen Not einen Ausweg zu finden, desto weniger schien es notwendig, die seelische Trauerarbeit zu leisten.[25]

Von den Besatzungsmächten wurde zuerst eine allgemeine Lethargie des Wiederaufbaus bemängelt, daß Leute zum Schuttbeseitigen gezwungen werden oder die Initiativen zur Beseitigung der ärgsten Hindernisse von den Besatzern ausgehen mußten.[26] Nun ist das vielleicht die Sicht der Sieger. Wieviel konnte man tatsächlich mit 800 Kalorien täglich arbeiten? Mit mangelhafter Kleidung und unzureichender Ausrüstung? Mußte hier nicht der Rückzug auf eine andere Art von Ökonomie die Folge sein? Die Schuttwirtschaft verlangte andere Prioritäten: Den Schutt nicht wegzuräumen, sondern zu nutzen, darin bestand die Phantasie der alltäglichen Erfahrung. Mit Fallschirmseide, Reifengarnen, Wehrmachtsdecken, Gasmasken oder Stahlhelmen konnte man manches anfangen: Hochzeitskleider nähen, Unterhosen stricken, Wintermäntel machen, Sieblöffel und Mörtelschöpfer herstellen.[27]

Die Trümmerwirtschaft bot der Eigeninitiative viel Raum: Es galt, Fenster irgendwie abzudichten, einen Raum beheizbar zu machen, etwas Nahrung zu kriegen, ein Ersatzteil zu bekommen oder sich anzufertigen, trotz fehlender Medien Informationen zu erhalten, kurz, in dem Durcheinander zu überleben, einmal solidarisch zusammenzustehen, ein andermal andere zu übervorteilen. Tauschzentralen, Schwarzmärkte und Provisorien boten Gelegenheit zur Einübung der Marktwirtschaft. »Organisieren« war schon im Krieg eine große Kunst und sollte es noch jahrelang bleiben.[28]

Überfälle, Einbrüche, Diebstähle, Vergewaltigungen, Selbstjustiz: Gewalt war zum Alltag geworden. Gestohlen wurde alles, die Kartoffeln auf den Feldern, das Holz in den Wäldern, die Kupferdrähte von Telephonleitungen und selbst die gußeisernen Grabkreuze auf den Friedhöfen. Hamsterfahrten, Schmuggeltouren, Schwarz- und Schleichhandelsgeschäfte konnten über Engpässe hinweghelfen, aber auch reich machen. Die arbeitsteilige Wirtschaft war vorübergehend funktionsunfähig geworden: Plündern, Organisieren, Sammeln und Tauschen bedeuteten das kurzfristige Wiederaufleben archaischer Formen wirtschaftlicher Beziehungen. Auch die Sozialformen erlebten einen vorübergehenden Regressionsprozeß. Der auf die Kleinfamilie orientierte Haushalt war außer Kraft gesetzt. Improvisierte Konstellationen ergaben sich: die Män-

»Raucht österreichisch für Österreichs Wiederaufbau«: Die Tabaksteuer war eine der wichtigsten Stützen des Staatshaushaltes. Plakat von 1946, Entwurf Atelier Koszler

ner teilweise in Gefangenschaft, zahlreiche Witwen und Waisen, überproportional viele Ehescheidungen, um die Opportunitäts-, Zufalls- und Notpartnerschaften aus dem Krieg rückgängig zu machen, überall familienfremde oder entfernt verwandte Personen in den Haushalten, erzwungene Wohngemeinschaften für Ausgebombte, Verschleppte, Verschlagene und Geflüchtete.

Das Zurechtkommen mit dem Mangel verlangte und verführte zu einem Gutteil Korruption. Man wäre ja sonst verhungert. Daß die Verfolgung der Schattenökonomie wegen der Massenhaftigkeit der Tatbestände ihren Schrecken verlor und die eigentlichen Machthaber, die Besatzungsmächte, tief in sie verwickelt waren, trug wesentlich zur Blüte der Illegalität bei. Naturaltausch stand hoch im Kurs. Man kannte die »Bauernvaluta«, den Speck, und die »Edelvaluta«, die Zigaretten. Die Versorgung mit Zigaretten, der Goldwährung des schwarzen Marktes, war ganz vom Nachschub der Besatzer abhängig. 1946 wurde geschätzt, daß von der Landwirtschaft etwa 15 bis 25 Prozent der Produkte nicht abgeliefert, sondern in den schwarzen Markt geleitet wurden.[29]

Wieder zogen die Wiener in Scharen in den Wienerwald, um zu Brennmaterial zu kommen. Im burgenländischen Seewinkel wurden die letzten Wälder gefällt. »Innsbruck verheizt seine Landschaft«, schrieb die »Tiroler Tageszeitung« besorgt.[30] Die Autofahrer waren auf Holzgas angewiesen, um ihr Fahrzeug betreiben zu können. Mit Holzaschenlauge konnte dem Seifenmangel beigekommen werden. Um dem Engpaß bei Schulheften abzuhelfen, wurde vom Oberösterreichischen Landesschulrat 1947 eine Holzaktion eingeleitet. Jedes Schulkind sollte ein meterlanges, entrindetes Holzscheit in die Schule bringen, das in der Papierfabrik Steyrermühl gegen Schreibpapier eingetauscht wurde. Der Tiroler Bischof Dr. Paulus Rusch traf bei einer Ansprache im Oktober 1947 den Kern: »Wir sind eben leider ein Land, das im Zustand der Verarmung ist. Dieser Tatsache müssen wir, so bitter es ist, offen und ehrlich ins Auge schauen.«[31]

Die Sicherung des Überlebens

Der katastrophale Zustand der Nahrungsmittelversorgung und Ernährungslage wurde erst nach dem Zusammenbruch deutlich, als die Zufuhren aus den eroberten Gebieten im Osten ausblieben. Zwar hatte man sich in den langen Kriegsjahren schon daran gewöhnt, daß die Versorgung kontinuierlich schlechter wurde. Neu war 1945 allerdings, daß auch der Grundbedarf nicht mehr gesichert war. Der Unterschied zum Ersten Weltkrieg bestand darin, daß das Kriegsende nicht in den Herbst, sondern in den Frühling fiel, in Ostösterreich zwar die Aussaat behindert wurde und die Lager leer waren, es aber immerhin die Hoffnung auf eine baldige Ernte gab.

Im April 1945 brach die Versorgung völlig zusammen.[32] Eine Schnitte Brot war ein nobles Geschenk.[33] Man mußte nehmen, was zu bekommen war, die russischen Erbsen, voller Maden und Ungeziefer, und die amerikanischen Silverhake-Fischkonserven, die dem österreichischen Geschmack so völlig widersprachen. Aber wer konnte sich leisten, wählerisch zu sein? Glücksfälle waren die in einzelnen Fabriken noch vorhandenen Vorräte, die nicht mehr weitertransportierten Militärrationen, die vielen notgeschlachteten Pferde der Flüchtlinge und Soldaten. Mangel bestand an Brotgetreide, Obst und Gemüse.

Weggeworfen wurde in dieser Zeit rein gar nichts, keine Kleidung, kein Papier und schon gar keine Lebensmittel. Die Abfallkübel waren leer, und wäre etwas hineingeworfen worden, wäre es schon nach kurzer Zeit von anderen herausgeholt worden. Alles wurde verwertet, verschimmeltes Brot und Apfelschalen (luftgetrocknet als Tee), Abfälle von Wurzelgemüse und Krautstrünke.[34]

Noch zu Weihnachten 1945 erschien die Lage aussichtslos: »Ich kann euch nichts geben, kein Stück Brot, keine Kohle zum Heizen, kein Glas zum Einschneiden«, sagte der damalige österreichische Bundeskanzler Leopold Figl in seiner berühmten Rede zur ersten Nachkriegsweihnacht.[35] Ob Menschen es damals zustande brachten, einen Tag oder zumindest ein paar Stunden lang nicht vom Essen zu reden? Eine Frauenzeitschrift ging dieser Frage 1947 nach. »Der geistige Horizont der Menschen ist von der Essenssorge verbarrikadiert. Selbst wenn sie einander besuchen, wenn sie sich im Kaffeehaus oder anderwärts treffen: ›Haben Sie genug Zucker?‹ ›Kommen Sie mit dem Brot aus?‹ ›Mein Fett ist zu Ende.‹ ...«[36]

Nach dem schrecklichen Hungerwinter 1945/46 hoffte man auf die neue Ernte. Die Kriegsfolgen, die Verwüstung der Äcker und der Mangel an Arbeitskräften und Betriebsmitteln führten 1946 aber zu einer neuerlichen Katastrophe. Die Ernte erbrachte nur die Hälfte des Ertrages von 1937 oder 1943.[37] Trotz Angleichung der Verbrauchergruppen in ganz Österreich mit Beginn der 17. Zuteilungsperiode (22. Juli 1946) bestanden nach wie vor länderweise Unterschiede in der Zusammensetzung und in den Kalorienwerten der Rationen. Die Notstandszonen hatten sich allerdings verschoben. In der 21. Zuteilungsperiode (11. November bis 8. Dezember 1946) sah das länderweite Versorgungsgefälle ganz anders aus als im Jahr 1945 und noch zu Beginn des Jahres 1946. Insbesondere in Tirol steigerte sich die seit längerem kritische Versorgungslage zu einer Krise, während bis dahin die Versorgung im Burgenland und in Niederösterreich am schlechtesten war. Ähnliche Versorgungsschwierigkeiten traten auch in der Steiermark und in Kärnten auf.[38]

Das Bewirtschaftungssystem, das vom nationalsozialistischen System in seinen Grundzügen übernommen wurde, unterschied die zuzuteilenden Rationen nach der Höhe der Arbeitsbelastung in fünf Kategorien: Schwerarbeiter, Arbeiter, Angestellte, Kinder und Normalverbraucher. In der Einstufung der einzelnen Berufsgruppen war naturgemäß erheblicher Konfliktstoff enthalten. Frauen waren in vielen Fällen benachteiligt. Sie erhielten fast immer nur Normalverbraucherstatus zuerkannt, bekamen weniger Zigaretten zugeteilt und hatten nur im Alter von 25 bis 55 Jahren Anspruch auf eine Raucherkarte, während diese Männern ab 18 Jahren und nach oben unbeschränkt gewährt wurde. Der deswegen angerufene Verfassungsgerichtshof konnte in einem Erkenntnis vom 11. Februar 1947 darin keine Diskriminierung sehen. Die unterschiedliche Zuteilung von Rauchwaren an Männer und Frauen wurde im Gegensatz zum schon erwähnten Taxilenkerentscheid von 1926 von der »weiblichen Natur her« für gerechtfertigt erkannt.[39]

Hilfe!

Die Bewirtschaftung und die forcierte Förderung der Agrarproduktion und Lebensmittelablieferung konnten das Versorgungsproblem bestenfalls regeln, aber nicht lösen. Die Alliierten und Neutralen sprangen mit Hilfsaktionen ein. Auch wo es sich um kleine und kleinste Beträge und Mengen handeln mochte, konnten sie lebensrettend sein. Die sogenannte 1.-Mai-Spende der Roten Armee im Mai 1945, pro Person 1 Kilogramm Brot, 150 Gramm Fleisch, 50 Gramm Öl, 400 Gramm Hülsenfrüchte und 150 Gramm Zucker, war eine entscheidende Erleichterung in der Zeit der größten Wirren nach dem Zusammenbruch, konnte aber nicht viel mehr als eine Woche überbrücken.

Verschiedene internationale, nationale und private Hilfsorganisationen, vornehmlich aus den USA, Kanada, England, Schweden, Dänemark, Irland, Portugal und der Schweiz, trugen zur raschen Überwindung der Not bei. Im August 1945 hatte der Rat der UNRRA (United Nations Relief and Rehabilitation Administration) einstimmig beschlossen, die Hilfsmaßnahmen auf Österreich auszudehnen, doch liefen diese ebenso wie die CARE-Paketaktion (Cooperative for American Remittances for Europe) erst im März 1946 an. Vor dem Einsetzen der UNRRA-Hilfe hatte sich die Situation dramatisch zugespitzt, da die Rationen im Mai 1946 wieder auf das Niveau des Vorjahres gesunken waren. Das wirkte sich auf die Arbeitsleistung aus, es kam zu »Kalorienstreiks«. Der Unmut richtete sich gegen die Landwirtschaft und gegen den schwarzen Markt.[40]

Erst mit der am 10. November 1946 beginnenden Versorgungsperiode wurde dank der zusätzlichen Hilfe der Alliierten und der eigenen Ernte eine Erhöhung des Tageskaloriensatzes auf 1550 Kalorien möglich. 1946 stammten die offiziell an die nichtagrarische Bevölkerung verteilten Nahrungsmittel zu 39 Prozent aus der österreichischen Landwirtschaft, zu 60 Prozent aus UNRRA-Lieferungen und zu 1 Prozent aus kommerziellen Importen. 1947 war der Anteil der aus dem Ausland bezogenen Lebensmittel noch höher. In den 16 Monaten ihres Wirkens hat die UNRRA nahezu 800 000 Tonnen Nahrungsmittel nach Österreich gebracht. Noch für das Wirtschaftsjahr 1946/47 läßt sich zusammenfassend sagen, daß der Verbrauch der Nichtselbstversorger Österreichs unter Zugrundelegung eines Kaloriensatzes von 1700 pro Tag und Normalverbraucher nur zu rund 40 Prozent von heimischer Seite gedeckt werden konnte. Unter Zugrundelegung eines Mindestnormalverbrauches von 2 550 Kalorien pro Tag hätte die Eigenaufbringung gar nur zu 26 Prozent ausgereicht.[41] Im Frühjahr 1947 konnte Österreich immer noch als eines der Länder Europas mit der am schlechtesten ernährten Bevölkerung eingestuft werden. So mochte es fast überraschen, als im Herbst 1947 der Tageskaloriensatz für Normalverbraucher endlich von 1 800 auf 2 100 Kalorien erhöht und ab 1948 die Lebensmittelbewirtschaftung nach und nach abgebaut werden konnte. Erst 1954 allerdings überschritt die landwirtschaftliche Produktion Österreichs das Niveau von 1937.

Die USA helfen Österreich: Plakat zur Interimshilfe zwischen dem Auslaufen der UNRRA-Spenden und dem Beginn der Marshallplanhilfe, 1948. Dieses und ähnliche Plakate durften in der russisch besetzten Zone nicht affichiert werden.

Der Marshallplan

Österreich hat in den ersten zehn Nachkriegsjahren Auslandshilfe in der Höhe von 1 585 Millionen Dollar (= 41 Milliarden Schilling auf Wertbasis 1955) erhalten. 87 Prozent davon leisteten die USA. Im Vergleich zur Genfer Anleihe 1922/23 war dies die sechsfache Summe, noch dazu nicht als Kredit, sondern zum überwiegenden Teil als Geschenk. Den auf etwa 1 250 Millionen Dollar geschätzten Kriegsschäden standen 1 585 Millionen Dollar Auslandshilfe gegenüber.[42]

Während die vor 1948 gewährte Auslandshilfe hauptsächlich als karitative Unterstützung konzipiert war, war das 1947 vom amerikanischen Außenminister George Marshall bei einer Rede an der Harvard-Universität angekündigte Hilfsprogramm für Europa zur Rekonstruktion der Wirtschaft gedacht. Österreich reagierte rasch auf das Angebot der Marshallplanhilfe. Außenminister Karl Gruber gelang es, auch die Zustimmung des kommunistischen Kabinettsmitglieds im Ministerrat zur Teilnahme an der 1947 in Paris stattfindenden Europäischen Wirtschaftskonferenz zu erhalten, auf der die Grundzüge eines Wiederaufbauprogramms erarbeitet wurden und aus der die »Konferenz der Sechzehn«, die OEEC (Organization of European Economic Coope-

Tabelle 43: Auslandshilfe an Österreich (in Millionen Dollar)

	1945/46	1947	1948	1949	1950	1951	1952	1953	1954	1955	Summe
ERP, direkt	–	–	94,3	194,2	119,5	127,6	91,4	38,5	19,8	1,5	686,8
ERP, indirekt	–	–	3,3	95,6	83,1	76,0	11,6	–	–	–	269,9
UNRRA	91,6	44,0	–	–	–	–	–	–	–	–	135,6
USA, War-Department	–	38,0	–	–	–	–	–	–	–	–	38,0
Kongreß- und Interimshilfe	–	54,6	101,5	–	–	–	–	–	–	–	156,1
Kanadahilfe	–	–	3,4	–	–	–	–	–	–	–	3,4
Beute/Überschußgüter	–	30,7	56,2	–	–	–	–	–	–	–	86,9
Liebesgaben	–	29,9	19,6	9,3	4,1	2,4	2,4	1,8	–	–	69,5
Sonstiges	24,8	28,2	1,5	1,0	0,1	–	–	–	–	–	55,6
Summe	200,0(?)	225,4	279,8	300,1	206,8	206,0	105,4	40,3	19,8	1,5	1585,1

Quellen: Franz *Nemschak,* Zehn Jahre österreichische Wirtschaft 1945–1955 (Wien 1955); Wilfried *Mähr,* Der Marshall-Plan in Österreich (Graz 1989).

ration, 1961 zur OECD, Organization of Economic Cooperation and Development, erweitert), hervorging, der Österreich seit ihrer Gründung angehört. Von Wirtschafts-, aber auch von Gewerkschaftsseite wurde das Hilfsangebot begeistert aufgenommen, nicht zuletzt aufgrund der sozialdemokratischen Erwartungen auf Verwirklichung planerischer Ordnungsvorstellungen, die mit dem Marshallplan verbunden schienen.[43]

Österreich trat am 1. Juli 1948 dem Marshallplan (European Recovery Program – ERP) bei. Es floß ihm knapp 1 Milliarde der rund 13 Milliarden Dollar zu, die im Rahmen des ERP insgesamt verteilt wurden. Das war pro Kopf die zweithöchste Summe hinter Norwegen. Zudem gehörte Österreich im Unterschied zu Norwegen zu jenen Ländern, die die Güter zur Gänze geschenkt erhielten. Ähnlich hoch dotiert waren nur Griechenland und die Niederlande, während die BRD oder Italien pro Kopf kaum mehr als ein Zehntel, Frankreich und England nur die Hälfte der österreichischen Pro-Kopf-Quoten erhielten. Gemessen am Sozialprodukt war dies ein sehr beträchtlicher Impuls: für das Jahr 1949 je nach Berechnungsart 7 bis 18 Prozent des österreichischen Bruttoinlandsprodukts, in Westdeutschland aber weniger als 3 Prozent.[44]

Die Lieferungen trugen zuerst noch den Charakter von Notstandshilfen, die zu 45 Prozent in Lebensmitteln oder Investitionen für die Landwirtschaft geleistet wurden. Die Hilfe trug zur Entlastung der Zahlungsbilanz bei, stimulierte aber die Investitionstätigkeit durch ein besonderes Finanzierungs-Instrument, die sogenannten Counterpart-Funds. Die Hilfsgüter wurden von der Regierung an die betreffenden Unternehmen weitergeleitet, die den Gegenwert der Waren in Schilling auf sogenannte Gegenwert-Konten einzahlten. Diese Counterpart-Mittel konnten zu einem sehr niedrigen Zinssatz zur Finanzierung weiterer Investitionen abgerufen werden.

Ende der vierziger Jahre entfielen rund 30 Prozent der Brutto-Investitionen oder sogar 60 Prozent der Netto-Investitionen auf Counterpart-Mittel. So konnte die Investitionsquote, die 1937 bei 9,4 Prozent gelegen war, 1948 schon 13,7 Prozent betragen und bis 1952 auf 20,9 Prozent ansteigen. Für Österreich war der Marshallplan anders als für die BRD mit Sicherheit von strategischer Bedeutung. Die Hilfslieferungen erfolgten von 1948 bis 1955. Die Zuweisungen aus den Counterpart-Funds setzten ebenfalls 1948 ein. Anfangs wurde der größte Teil der Counterpart-Mittel nicht als Kredite, sondern als Zuwendungen vergeben. Der Großteil der Mittel, etwa 60 Prozent, ging in den verstaatlichten Sektor, die E-Wirtschaft und die Eisenbahn.[45]

Die Aufteilung der Mittel auf die einzelnen Besatzungszonen entsprach dem strategischen Ziel, die Westzonen wirtschaftlich aufzuwerten und die Abhängigkeit von der Ostzone zu verringern. Sofern ERP-Mittel in die Ostzone gegeben wurden, mußte nachgewiesen werden, daß die damit produzierten Güter nicht in die Sowjetunion oder die anderen osteuropäischen Staaten geliefert wurden. USIA-Betriebe erhielten bis 1955 praktisch keine ERP-Kredite.[46] Auf Wien, Niederösterreich und das Burgenland entfielen bis Oktober 1950 bei 46 Prozent der Arbeitnehmer nur 16,5 Prozent der ERP-Gelder, auf Salzburg und Oberösterreich mit 22 Prozent der Industriebeschäftigten 44 Prozent dieser Kredite. Pro Industriebeschäftigten bekam Niederösterreich bis 1953 insgesamt 5500 Schilling, während die entsprechenden Pro-Kopf-Quoten für Salzburg 6000 Schilling, Kärnten 28000 Schilling, Oberösterreich 21800 Schilling und Steiermark 14600 Schilling betrugen. So war Ostösterreich nicht nur vom Nachkriegsboom ausgeschlossen, sondern erhielt durch Neugründungen im Westen noch zusätzliche inländische Konkurrenz.[47]

Der Handelsverkehr mit den östlichen Nachbarstaaten, der in der Ersten Republik noch rund ein Drittel der Ausfuhren ausgemacht hatte, reduzierte sich bis 1951 auf einen Exportanteil von 13 Prozent und einen Importanteil von 11 Prozent. Als 1949 mit der Gründung des Rates für Gegenseitige Wirtschaftshilfe (RGW, auch Comecon = Council for Mutual Economic Assistance) an der Ostgrenze Österreichs ein abgeschotteter Block entstand, wurde bald klar, daß die Hoffnungen auf eine rasche Rekonstruktion des Ostgeschäftes utopisch waren. Die traditionellen Importgüter aus Osteuropa wurden durch ERP-Lieferungen substituiert. Österreich nahm am westeuropäischen Aufschwung voll teil, wurde aber durch die Gründung des RGW seiner östlichen Handelspartner beraubt. Da ein erheblicher Teil des Handels naturgemäß mit den Nachbarn verläuft, war Ostösterreich gegenüber Westösterreich benachteiligt.[48]

»Goldener Westen« und »Grauer Osten«

Besetzung oder Befreiung? Von den Besatzungsmächten wurden zwar durch Lebensmittellieferungen und Aufräumungs- und Instandsetzungsarbeiten Initiativen zur Wiederankurbelung des Wirtschaftslebens gesetzt. Auf der anderen Seite mußten sich aber aus der Anwesenheit einer so großen Zahl von Besatzungstruppen unvermeidlich infrastrukturelle, finanzielle und persönliche Belastungen ergeben. Nach 18 Monaten Besatzung wurden dem österreichischen Staat für 700000 Besatzungssoldaten 3,6 Milliarden Schilling in Rechnung gestellt. Etwa 80 Prozent davon wurden bis Dezember 1947 tatsächlich bezahlt. Aber bereits im Juli 1947 hatten die USA auf die Refundierung der Besatzungskosten verzichtet und die seit Mai 1945 bezahlte Summe zurückerstattet. Engländer und Franzosen reduzierten ihre Forderungen um die Hälfte. Ab 1953 verzichtete auch die Sowjetunion, und 1954 folgten Frankreich und Großbritannien.[49]

Der Zerfall in viele kleine, regionale wirtschaftliche »Inseln«, der schon in der letzten Phase des Krieges eingesetzt hatte, wurde durch die Errichtung der Besatzungszonen und den völligen Zusammenbruch des Verkehrswesens verstärkt. In der unmittelbaren Nachkriegszeit betrieb jede Besatzungszone eine eigene Bewirtschaftung und verfügte über die innerhalb ihrer Grenzen vorgefundenen Vorräte und Ressourcen, unabhängig davon, ob diese in einer anderen Zone vielleicht dringender benötigt wurden oder wo der Eigentümer seinen Wohnsitz hatte.[50] Die Länder führten zunächst auch unabhängig voneinander und eigenständig Außenhandelsgeschäfte durch. Der Warenverkehr zwischen den einzelnen Besatzungszonen unterschied sich kaum von jenem mit dem Ausland. Der »latente Handelskrieg« zwischen den Zonen, der sich in vielen, teils kuriosen Beispielen äußerte und das Resultat vielfältiger Engpässe und Sonderinteressen war, ging zu Ende, als die Währungsreform zu greifen begann und die Zonenbarrieren Schritt für Schritt beseitigt wurden.

Da praktisch bis zum Zweiten Kontrollabkommen am 26. Juni 1946 die vier Besatzungszonen wirtschaftlich nahezu hermetisch voneinander abgeschlossen waren und über die Zonengrenzen der lebensnotwendige Güteraustausch nur unter größten Schwierigkeiten mit sogenannten »Zwischenzonenkompensationsgeschäften« möglich war, war die Integration Österreichs zu einer einheitlichen Wirtschaft auf das äußerste gefährdet. Mit dem im Februar 1946 in Judenburg von Vertretern der Bundesländer und der Bundesregierung beschlossenen Übergang von Einzelkompensationsgeschäften zu Globalkontingenten war ein erster Schritt in Richtung Abbau der Demarkationslinien getan.

Dennoch begann die wirtschaftliche Lage der westlichen Zonen und der russischen immer mehr auseinanderzudriften. Hatte schon die ungleiche Belastung einzelner Regionen durch den Krieg ganz unterschiedliche Ausgangssituationen geschaffen, so vertiefte die unterschiedliche Politik der Besatzungsmächte das Ungleichgewicht. Westösterreich war privilegiert. 71 Prozent der Bauschäden der gesamten österreichischen Industrie entfielen auf Niederösterreich. In Ostösterreich war die Rüstungsindustrie zu Kriegsende ein Trümmerhaufen. Im westlichen Österreich hingegen war der überwiegende Teil der Industriebetriebe von Bombenangriffen verschont geblieben. Auch die Energie- und Verkehrssituation war im Osten deutlich schlechter als im Westen, wo kaum Schäden an den Verkehrswegen und Eisenbahnen entstanden waren und elektrische Energie aus Wasserkraft verfügbar war. Auch bei Vieh war in Westösterreich viel weniger verlorengegangen als in Ostösterreich.

Die in den letzten Kriegswochen erfolgte Verlagerung von Anlagen, Rohstoffen und Vorräten aus Ostösterreich nach Westen besserte ebenfalls die Ausgangsposition Westösterreichs. Vor den vorrückenden Russen waren erhebliche Vermögenswerte und ganze Fabriken in Sicherheit gebracht worden. Der Abtransport von Anlagen der Steyr-

Werke aus den polnischen Betrieben nach Oberösterreich, von Teilen der Flugmotorenfertigung der Steyr-Werke aus Budapest und Wien nach Oberösterreich und Salzburg oder der Transport des fast fertigen Aluminiumwerkes bei Hainburg nach Linz sind nur einige Beispiele dafür.

Die dramatische Verminderung des Maschinenbestands zwischen April 1945 und Januar 1946 wurde zu einem wesentlichen Teil durch Demontagen verursacht. Davon betroffen war vor allem Ostösterreich. Immerhin lagen damals 60 Prozent der industriellen Kapazitäten in Ostösterreich, also im russischen Sektor.[51] Es ging dabei offenbar nicht nur darum, sowjetische Reparationsansprüche zu decken, sondern auch um Überlegungen, das österreichische Industrieniveau auf das der Vorkriegszeit zurückzubilden. Das geht auch daraus hervor, daß im »Sowjetischen Wirtschaftsprogramm für Österreich« die Forderung nach einer Demontierung der Hermann-Göring-Werke in Linz enthalten war.[52] Der Gesamtwert der sowjetischen Demontagen kann wohl nur mehr sehr schwer festgestellt werden. Laut Österreichischem Institut für Wirtschaftsforschung belief sich der Wert der im Jahre 1945 beschlagnahmten Maschinen in Wien, Niederösterreich und dem Burgenland auf 650 Millionen Schilling. Darüber hinaus wurden Rohstoffe, Halb- und Fertigfabrikate im Wert von 180 Millionen Schilling, Transportmittel im Wert von 20 Millionen und Bargeld für 50 Millionen Schilling beschlagnahmt. Die Steiermark erlitt während der kurzen russischen Besatzung einen Schaden von etwa 200 Millionen Schilling (Wertbasis April 1946).[53]

Sowohl ostösterreichische wie auch aus dem Sudetenland vertriebene und ausländische Unternehmer tendierten wegen der labilen Situation in der Ostzone nach Westösterreich. Das Institut für Wirtschaftsforschung schätzte die Zahl der in Oberösterreich ansässigen Industriebetriebe im Sommer 1946 auf circa 1 100 gegenüber 500 bis 600 im Jahr 1937. Davon waren etwa 100 im Krieg entstanden oder hierher verlagert worden. Den Rest bildeten Neugründungen und Verlagerungen nach Kriegsende.[54] Dieser »Gründerboom« unmittelbar nach Kriegsende war von Flüchtlingen, Vertriebenen und Wagemutigen getragen, die ihr Glück versuchten.[55] In Oberösterreich war es auch leichter, entsprechende Produktionsmittel aufzutreiben. Die Verlegung von Firmensitzen und Firmenvermögen, das große Angebot an neuen Arbeitskräften durch Flüchtlinge und die unterschiedlichen Strategien der westlichen Besatzungsmächte

Tabelle 44: Bestand an Werkzeugmaschinen 1937 bis 1946 (in Stück)

	Dez. 1937	April 1945	Januar 1946
Elektroindustrie	12 038	19 327	7 896
Fahrzeugindustrie	13 508	21 043	8 777
Maschinenindustrie	8 868	18 096	7 276
Eisen- und Metallwaren	32 693	29 471	23 681
Eisen- und Stahlbau	2 624	4 296	1 981

Quelle: Norbert *Schausberger,* Der Strukturwandel des ökonomischen Systems 1938–1945, in: Arbeiterschaft und Nationalsozialismus in Österreich (hg. von R. G. *Ardelt*/H. *Hautmann,* Wien 1990) 165.

schufen in Westösterreich eine vergleichsweise günstige Lage für die weitere wirtschaftliche Entwicklung.[56]

Die USIA

Ab Februar 1946 begann die Rote Armee gemäß den Potsdamer Beschlüssen, die eine Abdeckung der alliierten Reparationsforderungen aus dem deutschen Eigentum vorsahen, mit der Beschlagnahme von Betrieben. Die Diskussion, ob es sich bei der unscharfen und dehnbaren Definition des »Deutschen Eigentums« auf der Potsdamer Konferenz um einen Verhandlungsfehler oder um eine kalkulierte Zustimmung der westlichen Alliierten gehandelt habe, wird eher in Richtung Inkompetenz zu entscheiden sein.[57]

Mit dem Befehl Nr. 17 der Besatzungsmacht vom 27. Juni 1946 wurde die Übernahme aller deutschen Vermögenswerte im östlichen Österreich in das Eigentum der Sowjetunion dekretiert. Insgesamt wurden mehr als 300 Industrie- und Bergbaubetriebe, rund 140 land- und forstwirtschaftliche Besitzungen mit über 160 000 Hektar Kulturfläche, die Mineralölverwaltung und die DDSG zu sowjetisch verwalteten Konzernen zusammengefaßt. Die USIA, zuerst USIWA (Uprawlenje Sowjetskim Imuschestwom w [wostochnoj] Awstrii = Verwaltung des sowjetischen Vermögens im [östlichen] Österreich), und die SMV (Sowjetische Mineralölverwaltung) zählten in ihren besten Zeiten rund 55 000 Beschäftigte und produzierten rund 5 Prozent des österreichischen Bruttoinlandsprodukts. Zum Zeitpunkt der Rückgabe an Österreich am 13. August 1955 waren es nur mehr rund 28 000 Arbeiter und Angestellte, davon etwa 10 000 bei der SMV/ÖMV.[58]

Die USIA-Betriebe, die eine Art exterritorialer Stellung einnahmen, nur einen Teil der vorgeschriebenen Zölle und Steuern entrichteten und die Gewinne ins Ausland transferierten, beeinflußten die Wirtschaftsentwicklung in der russischen Besatzungszone in mehrfacher Hinsicht negativ: durch Konkurrenzierung der privaten Betriebe, durch zu geringes Steueraufkommen, durch geringe Investitionstätigkeit und dauernden Substanzverzehr und durch Gegenstrategien und Gegengründungen der übrigen Alliierten. Der österreichischen Volkswirtschaft wurden damit Güter und Leistungen im Ausmaß von etwa 2 Prozent des Bruttoinlandsprodukts ent-

USIA-Betrieb Böhler-Ybbstalwerke

zogen. In den USIA-Geschäften konnte man zwar billig einkaufen, vor allem Zigaretten. Aber auf diese Weise wurden 2 bis 2,5 Milliarden Dollar an versteckten Reparationen von Österreich an Rußland bezahlt.[59]

Bei Zigaretten war man auf österreichischer Seite deswegen so empfindlich, weil die Tabakbesteuerung in der unmittelbaren Nachkriegszeit eine zentrale Position in der staatlichen Finanzgebarung einnahm. Daher wurde von der Tabakwerbung ganz massiv auf die staatserhaltende Funktion des Rauchens angespielt: »Raucht Regie, dann rauchen Österreichs Schornsteine ...!« Eine Zigarettensorte namens »Elektra« wurde ausgegeben, die die Bedeutung des Wiederaufbaus besonders unterstreichen sollte.[60]

Auf amerikanischer Seite entwickelte man in den Jahren 1947/48 einen sogenannten »Neutralisierungsplan«, um der Wirtschaftspolitik der UdSSR in Österreich entgegenzuwirken und das Schwergewicht der österreichischen Industrie nach Westen zu verlagern. Die wirtschaftliche Bedeutung der USIA-Betriebe und der »Ostzone« generell sollte entscheidend geschwächt und deren wirtschaftliche Lebensfähigkeit letztlich untergraben werden.[61] Solche Pläne beschworen die Gefahr der Teilung des Landes herauf und stießen daher bei der österreichischen Regierung auf wenig Unterstützung. Die Intention der Schwächung der USIA fand aber in der Verteilung der Marshallplan-Mittel ihren Niederschlag. In den westlichen Besatzungszonen wurden Ersatzproduktionen aufgenommen.[62]

Die Westorientierung, die mit dem »Anschluß« und den Investitionen im Krieg eingesetzt hatte, wurde erst nach 1945 einzementiert. Mit der Errichtung des Eisernen Vorhangs und dem westeuropäischen Wirtschaftsaufschwung verlagerte sich das ökonomische Schwergewicht Österreichs noch mehr nach Westen. Insgesamt wurde die Wirtschaftsstruktur des Landes damit ausgewogener und homogener. Mitte 1958 gab es in Oberösterreich, Salzburg und Tirol drei- bis dreieinhalbmal so viel Industriebeschäftigte wie Mitte 1936, in Kärnten, Vorarlberg und Steiermark zwei- bis zweieinhalbmal so viel, in Wien, Niederösterreich und Burgenland nur um die Hälfte bis drei Viertel mehr.[63]

Die Verlagerung des industriellen Schwergewichtes zeigte sich auch in den Standorten der Großbetriebe mit über 1 000 Beschäftigten. Niederösterreich hatte 1930 13 derartige Großbetriebe mit insgesamt 20 500 Beschäftigten, 1959 15 Betriebe dieser Größenklasse mit insgesamt 28 000 Beschäftigten. In Oberösterreich hingegen war die Zahl der Großbetriebe von drei mit 3 400 Beschäftigten auf 15 mit 43 000 angestiegen. Durchwegs war die relative Bedeutung der Mittel- und Großbetriebe gewachsen.[64]

Tabelle 45: Regionale Verteilung der Industriebeschäftigten 1937 bis 1954 (in Prozent)

	Sept. 1937	Sept. 1947	1954
Ostösterreich (Wien, NÖ, Bgl.)	60,4	48,6	46
Westösterreich	39,6	51,4	54

Quelle: Fritz *Weber,* Die wirtschaftliche Entwicklung, in: Handbuch des politischen Systems Österreichs (hg. von H. *Dachs* u. a., Wien 1991) 31.

Staatswirtschaft

Staatswirtschaft war en vogue. Die Nationalsozialisten hatten mit ihren Industriegründungen deutliche staatswirtschaftliche Akzente gesetzt. Mit den Hermann-Göring-Werken und den Alpen-Elektro-Werken waren große staatseigene Komplexe entstanden. Insgesamt war in Österreich die nationalsozialistische Wirtschaftsordnung aus verschiedenen Gründen sehr viel stärker etatistisch ausgerichtet als im »Altreich«. Die totale Kriegswirtschaft stärkte das zentralistische Lenkungsinstrumentarium noch zusätzlich.[65]

Im Sommer 1943 veröffentlichten österreichische Exilsozialisten in den USA das Manifest »Österreichs Wirtschaftsprobleme nach Hitlers Sturz«. In dem Dokument war viel von Sozialismus, Planwirtschaft, Verstaatlichung und einem »Österreich der Arbeiter und Bauern und der kleinen Leute« die Rede. Im Vordergrund stand die »Politik der sogenannten Vollbeschäftigung«. Ausdrücklich wurde auf Keynes verwiesen: Man müsse künftig »von der Erkenntnis ausgehen, daß staatliche Defizite, zu produktiven, Wert und Arbeit schaffenden Ausgaben und Investitionen verwendet, die Wirtschaft befruchten«.[66] Ähnliche Diskussionen liefen im englischen und schwedischen Exil. Die Konzepte können schwerlich als keynesianisch oder marktwirtschaftlich bezeichnet werden. Es waren Beschäftigungsprogramme, wie sie später in den osteuropäischen Volksdemokratien verwirklicht wurden. Im Staat als Unternehmer wurde der einzige Garant für die Sicherung der Beschäftigung gesehen. Als vordringlichstes Ziel galt, den Privatkapitalismus einzuschränken und durch eine umfassende Wirtschaftslenkung Krisen zu vermeiden. Produktivität, Rentabilität und optimaler Faktoreinsatz spielten in diesen Überlegungen eine untergeordnete Rolle.

In der SPÖ nahmen staatswirtschaftliche und zentralverwaltungswirtschaftliche Vorstellungen aus politisch-ideologischen und beschäftigungspolitischen Intentionen eine bestimmende Position ein: Das Ziel einer Neutralisierung der in der Zwischenkriegszeit so gewerkschaftsfeindlichen und antidemokratischen Schwerindustrie, der Etablierung eines planwirtschaftlichen Systems und der Herstellung einer gerechteren Einkommensverteilung und Gesellschaftsordnung war zumindest im linken Flügel unbestritten.[67] »Daß die Zukunft des Landes dem Sozialismus gehört, ist unfraglich und bedarf keiner Betonung«, hatte auch der eher rechtssozialistisch orientierte Karl Renner an Stalin geschrieben.[68] Sicher ist dieses Dokument ein Resultat diplomatischer Anpassung und Taktik. Aber die Überzeugung vom Sieg des Sozialismus war weit verbreitet.

Auch im linken Flügel der ÖVP spielten etatistische Überlegungen in Form einer Übertragung des »Gemeindesozialismus« Luegerscher Prägung auf die staatliche Ebene eine Rolle. In den »Programmatischen Leitsätzen der ÖVP« von 1945 wurden gemeinwirtschaftliche Bestrebungen akzeptiert, soweit sich »die Sozialisierung oder Kommunalisierung lebenswichtiger Betriebe innerhalb wohlüberlegter, sozial und wirtschaftlich tragbarer Grenzen« vollziehe.[69]

Die Aussicht auf raschen Wiederaufbau, der unter staatlicher Beteiligung eher durchführbar erschien, und die Möglichkeit der Austrifizierung, um sowohl den Potsdamer Beschlüssen vom Juli 1945 und den dort deklarierten alliierten Ansprüchen auf das

»Deutsche Eigentum« zuvorzukommen als auch eine Situation wie in den dreißiger Jahren mit deutlicher Auslandsbeteiligung und entsprechender Einmischung zu verhindern, ließen eine Verstaatlichung auch für Gegner dieser Eigentumsform als gangbare Lösung erscheinen.[70]

Zahlreiche ÖVP-Politiker, vor allem Julius Raab, waren sicherlich kaum Freunde der Verstaatlichung, obwohl beide Verstaatlichungsgesetze unter ihrer aktiven Mitwirkung entstanden waren und Raab selbst im Durcheinander der unmittelbaren Nachkriegszeit für umfassende Bewirtschaftungsmaßnahmen eintrat, zum Beispiel im ihm naheliegenden Bereich der Baustoffe. Wie weit der Vorstellung, durch Verstaatlichung wären die Russen zum Verzicht auf das Deutsche Eigentum zu bewegen, oder auch der Hoffnung, die Verstaatlichung könne durch das Werksgenossenschaftsgesetz teilkompensiert werden, in den pragmatischen Überlegungen Bedeutung zukam, muß offenbleiben.[71]

Bei Kriegsende waren eine Reihe von Betrieben »herrenlos«. Diese Unternehmen wurden einem Gesetz vom 10. Mai 1945 entsprechend von sogenannten »Öffentlichen Verwaltern« in Zusammenarbeit mit den Belegschaften geführt. Ein erster Anlauf zu einem Verstaatlichungsgesetz am 5. September 1945 war am Einspruch der sowjetischen Besatzungsmacht gescheitert. Und auch die Anwendung der späteren Verstaatlichungsgesetze wurde von der UdSSR in ihrer Besatzungszone verhindert. Die Verstaatlichungsgesetze vom 26. Juli 1946 und 26. März 1947 brachten ungefähr 70 Industrie- und Bergbauunternehmungen und die wichtigsten Elektrizitätsgesellschaften in öffentliches Eigentum, dazu die drei großen Banken Creditanstalt-Bankverein, Länderbank und Österreichisches Creditinstitut und damit indirekt auch die mit diesen Banken verbundenen Industriekonzerne. Von einer ursprünglich von der SPÖ vorgelegten Verstaatlichungsliste mit 235 Betrieben wurden alle jene Betriebe gestrichen, die nicht dem Grundstoffsektor zuzuzählen waren bzw. für deren Verstaatlichung keine unbedingte Notwendigkeit im Sinne der Zugehörigkeit zum »Deutschen Eigentum« bestand. Darunter waren die Versicherungsgesellschaften, der Fahrzeugbau, die Zementindustrie, die Zuckerindustrie sowie die Großbetriebe der Lebensmittelindustrie. Darüber hinaus konnte die Verstaatlichung einzelner Unternehmen wie Waagner-Biró oder der Magnesitindustrie nicht durchgesetzt werden.[72]

Allerdings war 1946 die Entscheidung nicht für eine Staatsindustrie gefallen. Der gemeinwirtschaftliche Sektor sollte im privatwirtschaftlichen möglichst organisch eingebettet bleiben. Lediglich die Eigentumsrechte wurden an den Staat übertragen, die privatrechtliche Organisation der Betriebe aber wurde aufrechterhalten. Bei der Elektrizitätswirtschaft war auf einer Länderkonferenz im Januar 1946 beschlossen worden, eine Verstaatlichung unter Beteiligung von Bund, Ländern und Gemeinden durchzuführen und eine Monopolisierung durch den Bund abzulehnen. Das Erste Verstaatlichungsgesetz erfaßte etwa ein Fünftel der österreichischen Industrie, das Zweite alle Elektrizitätsversorgungsunternehmen, die eine bestimmte Größe überstiegen. Ende der fünfziger Jahre, am Höhepunkt ihres Einflusses, beschäftigte die Verstaatlichte Industrie (einschließlich Bergbau) etwa 130 000 Personen und lieferte rund 30 Prozent der österreichischen Exporte.[73]

Rückbau oder Ausbau?

Die Diskussion, ob die durch den Anschluß und die Kriegswirtschaft entstandene Wirtschaftsstruktur tendenziell beibehalten oder eine Rückentwicklung in Richtung der früheren Struktur angestrebt werden sollte, noch dazu wo die hervorstechendsten Großprojekte der Anschlußzeit teilweise unfertig, erheblich zerstört oder in den Besitzrechten ungeklärt waren, war in der unmittelbaren Nachkriegszeit durchaus offen. Auch in Linz oder Lenzing wäre heute ähnlich wie in Wiener Neustadt, Wiener Neudorf, Hainburg oder Moosbierbaum anstelle der Großbetriebe eine freie Fläche denkbar, die einfach brachliegt oder für Gewerbeansiedlungsprojekte genutzt werden könnte.[74]

Obwohl auf die Hütte Linz, deren Ausbau 1943 gestoppt worden war, etwa 6000 Bomben abgeworfen worden waren, waren die Anlagen nicht wirklich vernichtet. Die VOEST erstellte 1945 eine Bilanz der Zerstörungen durch Bombenangriffe und errechnete eine Schadenssumme von 10,5 Millionen Reichsmark. Die sonstigen kriegsbedingten Schäden wurden mit 6,8 Millionen Reichsmark beziffert. Bezogen auf das zum 31. Dezember 1945 errechnete Anlagevermögen von 209,1 Millionen Reichsmark betrugen die Verluste somit 8,5 Prozent.[75] Bei den Linzer Stickstoffwerken belief sich der Schaden auf 12,5 Prozent der Errichtungskosten. Starke Zerstörungen wiesen auch die

Oskar Kokoschka: Ansicht von Linz, Öl auf Leinwand, 1955

Steyr-Werke auf, während das Zellstoffwerk Lenzing oder die hervorragend getarnten Aluminiumwerke Ranshofen den Krieg ohne jeden kampfbedingten Schaden überstanden hatten. Die Anlagen waren zwar im Krieg in höchster Hast und provisorisch in Gang gesetzt worden, waren aber auf dem neuesten Stand der Technik.

Mangelnden Kapazitäten in bestimmten Produktionsbereichen, insbesondere in der Energieaufbringung, aber auch im Bereich der Stahl- und Buntmetallwalzanlagen (durch den Ausfall der Blockwalzstraße in Donawitz sowie der Blechwalzanlagen in Krems, Ternitz und Kindberg wie auch durch die Demontagen in Berndorf und Enzesfeld) standen Überkapazitäten in anderen Bereichen gegenüber, wie bei der VOEST und in Ranshofen, wo in den ersten Nachkriegsjahren ein kontinuierlicher Betrieb aus Koks- und Strommangel unmöglich war. Von den sechs Hochöfen im Linzer Werk wurde 1945 einer an Schweden verkauft. Der Verkauf von zwei weiteren an die Tschechoslowakei scheiterte Ende 1946 am Veto der USA.[76]

Um die Weiterführung und den Ausbau der Grundstoffindustrie entwickelte sich eine lebhafte Diskussion. Lenzing, das im Jahr 1943 ein beachtliches Produktionsergebnis erzielt hatte, aber bereits im Sommer 1944 wegen Maschinenschäden stillgelegt werden mußte, sollte den Vorstellungen der Besatzungsmacht zufolge in eine Autoreparaturwerkstätte für militärische Zwecke umgewandelt werden. Auch bei Ranshofen dachte man zuerst an eine Umwidmung oder Auflassung.[77] Während Professor Franz Nemschak, der Leiter des Österreichischen Instituts für Wirtschaftsforschung, zu den erklärten Gegnern der Fortführung der im Krieg entwickelten Grundstofflastigkeit zählte, votierte die Regierung letztendlich für deren Ausbau.[78]

Industrialisierungsfeindliche Argumente, die in der ständestaatlichen Zeit immer wieder gebraucht wurden, gab es auch nach 1945, etwa in der Art, wie sie die Gemeinde Stams 1948 gegen die Ansiedlung einer Gablonzer Glashütte in der Gemeinde vorbrachte: Vergeudung von landwirtschaftlichem Boden, Verstärkung der Leutenot in der Landwirtschaft, landfremde Esser in der Gemeinde, Erzeugung von Dingen, die niemand brauche, Förderung einzelner Kapitalisten statt der Allgemeinheit.[79] Die Glashütte wurde dann statt in Stams in Kufstein angesiedelt.

Die grundsätzliche Entscheidung für eine großzügige Weiterführung und Ausweitung des Grundstoffsektors fiel nicht bereits unmittelbar nach Kriegsende, sondern erst in den Jahren 1947 und 1948. Stimulierend war der Marshallplan. Nach langwierigen Verhandlungen und erheblichen Widerständen wurden viele der aus der Kriegszeit ererbten Torsi wieder in Betrieb genommen. Bereits Mitte 1946 kam die Produktion in

Tabelle 46: Verteilung der Arbeitnehmer in der österreichischen Industrie nach Sektoren, 1902 bis 1970 (in Prozent)

	1902	1920/22	1930	1938	1954	1970
Investitionsgüter	44,7	56,4	49,2	46,6	58,6	63,5
Konsumgüter	55,3	43,6	50,8	53,4	41,4	36,5

Quelle: Fritz *Weber,* Österreichs Wirtschaft in der Rekonstruktionsperiode nach 1945. Zeitgeschichte 15 (1987) 273.

den Linzer Stickstoffwerken wieder in Gang; es wurden umfangreiche Diversifizierungsinvestitionen vorgenommen.[80] Bei der VOEST wurde der erste Hochofen 1947 wieder angeblasen. Lenzing wurde zur größten Zellwollfabrik Europas ausgebaut. Dem Aluminiumwerk Ranshofen wurden weiterverarbeitende Betriebe angegliedert, ein Walzwerk und eine Stranggußanlage.

Bemerkenswert ist, daß der in der NS-Zeit größte Industriebetrieb Österreichs, die Steyr-Daimler-Puch-AG, nicht mehr an seine frühere Bedeutung anschließen konnte und trotz des enormen Ausbaus während des Krieges und der Situierung in der Westzone die Automobilproduktion aufgeben mußte. Sicherlich wirkte es sich aus, daß die österreichischen Autoerzeuger keinen der mächtigen amerikanischen Konzerne hinter sich hatten. Die Industrieregion Steyr, bis dahin in Oberösterreich führend, geriet gegenüber dem Großraum Enns-Linz-Wels ins Hintertreffen.

Vom Plan zum Markt

Schon zweimal ist das Geld verreckt ...

Unmittelbar nach Kriegsende bestand überhaupt keine Alternative zu der von den Nationalsozialisten eingeführten Bewirtschaftung, obwohl klar war, daß diese in einer demokratischen Gesellschaft weit weniger gut funktionieren würde als in einem totalitären Staat, dessen drakonische Sanktionen für jedermann evident waren. Die Notwendigkeit einer einigermaßen gerechten Verteilung der wenigen Güter ließ keinen Zweifel an der Unumgänglichkeit der Weiterführung der Wirtschaftslenkung entstehen. Das im Krieg eingespielte System wurde nach Möglichkeit beibehalten oder wieder eingerichtet. In Ostösterreich, wo die frühere Administration, die den Rahmen für die Organisation der Versorgung in der Mangelwirtschaft der Nachkriegszeit hätte abgeben können, angesichts der anrückenden Russen zusammengebrochen war, mußte ein funktionsfähiges Bewirtschaftungssystem völlig neu aufgebaut werden, während in den westlichen Bundesländern der vorhandene Verwaltungsapparat mit geringen personellen Veränderungen erhalten geblieben war und seine Tätigkeit nahezu ohne Unterbrechung fortführen konnte.

Auch die Lohn-, Preis- und Sozialpolitik blieb weitgehend unangetastet. Daß lohnpolitische Verhandlungen weiter anhand der Lohntabellen der DAF (Deutschen Arbeitsfront) geführt und alle preisrechtlichen Bestimmungen für das gesamte Jahr 1945 mit geringen Ausnahmen starr am Niveau von 1938 orientiert und ansatzlos in die Lohn-Preis-Abkommen übernommen wurden, konnte in der Realität nicht verhindern, daß sie nur ein Zifferngebäude ohne ökonomische Beziehung zu den realen Gegebenheiten darstellten, die sich durch den Übergang zur Friedenswirtschaft, durch die Ausgliederung aus dem Großraum des Deutschen Reiches und durch die Destabilisierung der Preiskontrolle ergeben hatten.[81]

Eine Bewegung in Richtung marktwirtschaftlicher Regelungen mußte eine Reihe von Problemen aufwerfen. Die in Österreich umlaufende Geldmenge war auf das Vier- bis Sechsfache der Vorkriegsmenge angestiegen. Die in den umliegenden Staaten überhaupt wertlosen oder nur mit geringer Entschädigung eingezogenen Reichsmarknoten strömten über die offenen Grenzen unkontrolliert nach Österreich und erzeugten eine »ungeheure Geldwolke«. Eine ähnlich destruktive Wirkung übte die Ausgabe von Besatzungsgeld in Form der alliierten Militärschillinge aus, auch wenn damit nur beschränkt Ansprüche an das österreichische Sozialprodukt geschaffen wurden, da ja die meisten Konsumgüter nur gegen Lebensmittelkarten oder Bezugsscheine erhältlich waren.[82]

Der Geldüberhang, der trotz des Lohnstopps über die legalen Einkaufsmöglichkeiten wesentlich hinausging, begünstigte den Schleichhandel. Schwarze und graue Märkte dehnten sich immer mehr aus. Die Schwarzmarktpreise für Lebensmittel lagen im Sommer 1945 um das 260fache über den amtlichen. Bis Ende 1946 reduzierte sich die Spanne auf das 40fache, Ende 1947 auf das 20fache und Ende 1948 auf das Vierfache.

Erst im Laufe des Jahres 1950 löste sich der schwarze Markt auf.[83] Am berühmtesten Schwarzmarkt Wiens, dem Resselpark, galten viele Währungen: Schokolade und Zigaretten, Schnaps und Konserven, Kaffee und Uhren, Saccharin und Penicillin, Dollars und Diamanten.

Vorerst blieb die Reichsmark gesetzliches Zahlungsmittel. Durch das Schaltergesetz vom 3. Juli 1945 wurden 60 Prozent der bei Kreditinstituten vorhandenen Reichsmarkguthaben eingefroren. Über den Rest durfte nur beschränkt verfügt werden. Gleichzeitig wurde die Bevölkerung aufgerufen, die in ihren Händen befindliche Geldmenge bei voller Zusicherung der Verfügbarkeit auf die Banken zu transferieren. Der Erfolg war groß: 1,5 Milliarden Reichsmark wurden hinterlegt. Der dringendste Schritt aber war, die österreichische Währung von der deutschen abzukoppeln, um die immer unkontrollierbarer werdenden Banknotenzuflüsse zu stoppen. Mit 30. November 1945 wurde der Schilling wieder zur österreichischen Währung. Das Umtauschverhältnis betrug 1 : 1. Zur Barauszahlung gelangte jedoch nur eine Pro-Kopf-Quote von 150 Schilling. Darüber hinausgehende Beträge mußten in Konversionskonten angelegt werden, die zu 60 Prozent gesperrt, zu 28 Prozent beschränkt und nur zu 12 Prozent unbeschränkt verfügbar waren.

Die 1945 ergriffenen währungspolitischen Maßnahmen lassen sich nur bedingt als erfolgreich bezeichnen. Zwar wurde der Geldüberhang fürs erste abgeschöpft. Das Zentralbankgeld wurde von etwa 7,7 Milliarden Reichsmark auf 2 Milliarden Schilling reduziert. Etwa 8,5 Milliarden Schilling wurden auf diversen Sperrkonten blockiert. Da die Bundesregierung aber dazu übergegangen war, die Besatzungskosten zum größten Teil über die Notenbank zu bezahlen, und zusätzlich etwa 2,6 Milliarden Militärschillinge im Umlauf waren, begann die Geldmenge bald wieder zu steigen und die Preis-Lohn-Spirale wieder in Gang zu setzen. Ende Oktober 1947 betrug der Notenumlauf bereits wieder 12,5 Milliarden, zusätzlich zu den vielen Milliarden auf diversen Konten, von denen etwa 7 Milliarden verfügbar waren.

Mit dem »Währungsschutzgesetz« (Bundesgesetz über die Verringerung des Geldumlaufs und der Geldeinlagen bei Kreditunternehmungen) vom 19. November 1947 wurde durch einen Zwangsumtausch im Verhältnis 3 : 1 von Alt- auf Neuschillinge, ausgenommen 150 Schilling pro Lebensmittelkartenbesitzer, ein neuerlicher Geldmengenschnitt vollzogen. Sämtliche Sperrkonten wurden ersatzlos gestrichen. Sparbücher, Kriegsanleihen und sonstige Ersparnisse waren wieder einmal endgültig verloren. Nur manche nahmen es humorvoll: »Iß und trink, solang Dir's schmeckt, / schon zweimal ist uns's Geld verreckt!«[84]

Um einer neuerlichen inflationären Entwicklung vorzubeugen, war bereits im August 1947 von den Interessenvertretungen der Arbeitgeber und Arbeitnehmer das erste Lohn-Preis-Abkommen ausgehandelt worden. Ein zweites folgte im Oktober 1948. Der Weg, der zur Preis-Lohn-Regelung eingeschlagen wurde, repräsentierte in mehrfacher Hinsicht eine wirtschaftspolitische Novität. Die Inflation sollte auf der monetären Seite durch Kontenblockierung und Geldabschöpfung, auf der realen durch Kontingentierung, Rationierung und den Lohn-Preis-Stopp bekämpft werden. Allerdings war nur das erste Abkommen mit monetären Eingriffen verknüpft. Die weiteren vier Abkom-

Löhne, Preise und Schwarzmarktpreise 1946 bis 1951 (Die Lohn-Preis-Abkommen, April 1945 = 100)

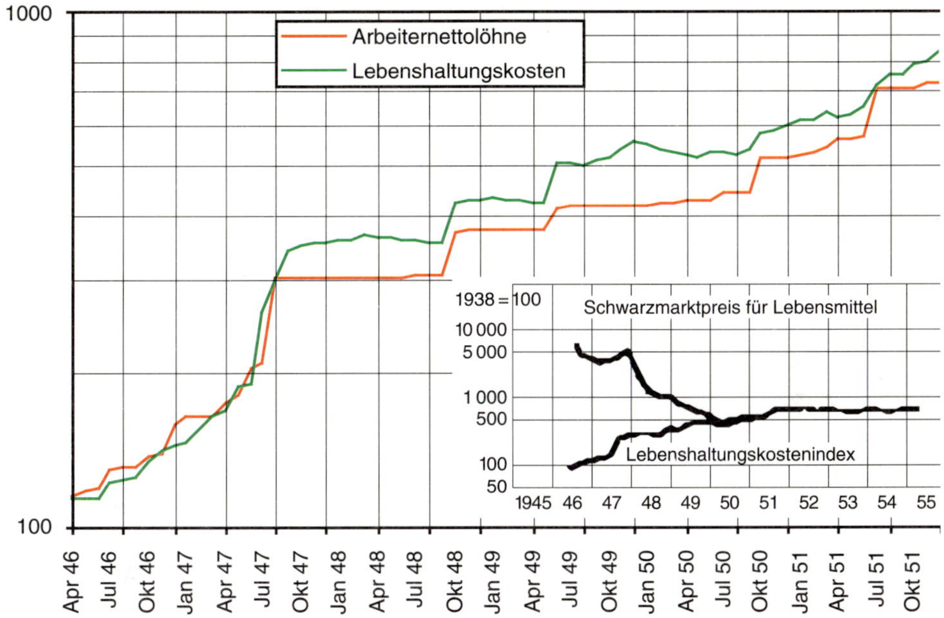

Quelle: Franz *Nemschak,* Zehn Jahre österreichische Wirtschaft 1945-1955 (Wien 1955) 72.

men beschränkten sich auf preis- und lohnregelnde Absprachen. Das vierte Lohn-Preis-Abkommen bot den äußeren Anlaß für den kommunistischen Generalstreik und Putschversuch vom Oktober 1950. Mitte 1951 folgte noch ein fünftes Lohn-Preis-Abkommen. Doch als Waffe gegen die Inflation waren diese Vereinbarungen längst stumpf geworden: Unternehmer und Gewerkschaften nahmen in ihren Kalkulationen die Inflationserwartung bereits vorweg und untergruben damit von vornherein eine mögliche dämpfende Wirkung.[85]

Wenn das Konzept der Lohn-Preis-Abkommen letztendlich auch fehlschlug, so bedeutete es doch einen wichtigen Schritt zur Integration der Interessenvertretung der Arbeitnehmer in den Prozeß der wirtschaftspolitischen Willensbildung und zur Ausbildung des Klimas und der Institution der Sozialpartnerschaft. Das wirtschaftspolitische Hauptziel, die Herstellung des binnenwirtschaftlichen Gleichgewichts, scheint aber eindeutig verfehlt worden zu sein. Im Gegenteil, das fünfte Lohn-Preis-Abkommen erwies sich als Fiasko: Es vermochte den Preisauftrieb in keiner Weise zu bremsen, es scheint ihn sogar beschleunigt zu haben.

Nach dem Mißerfolg des letzten Lohn-Preis-Abkommens wurde nur noch eine informelle Übereinkunft zwischen Arbeitgebern und Arbeitnehmern erreicht, die durch eine restriktive Geld- und Budgetpolitik flankiert wurde. Einer von der Industriellenvereinigung initiierten Preissenkungsaktion entsprach auf Gewerkschaftsseite die Zurückstellung von Lohnforderungen. Die informelle Sozialpartnerschaft war geboren.[86] Eine sozialpartnerschaftliche Fundierung erhielt 1955 auch die Oesterreichische Nationalbank, deren Aktien zur einen Hälfte von der Regierung, zur anderen paritätisch von sozialpartnerschaftlichen Institutionen gezeichnet wurden. Sozialpartnerschaftlich wurde auch das Österreichische Institut für Wirtschaftsforschung organisiert, dessen Vorgängerorganisation schon bei der Gründung 1927 paritätisch von Handelskammern und Arbeiterkammern getragen worden war.[87]

Zwischen Plan und Markt

Kurz nach Kriegsende wurde das Bundesministerium für Vermögenssicherung und Wirtschaftsplanung unter Peter Krauland (ÖVP) geschaffen, das die Aufgabe hatte, für eine umfassende Koordination der österreichischen Wirtschaft zu sorgen, und dem auch die Verstaatlichte Industrie unterstellt wurde. Die Elektrizitätswirtschaft wurde dem Bundesministerium für Energiewirtschaft und Elektrifizierung zugeordnet, das zuerst von Karl Altmann (KPÖ) und später von Alfred Migsch (SPÖ) geleitet wurde. Bereits 1948 wurden von den Expertenteams des Bundesministeriums für Vermögenssicherung und Wirtschaftsplanung der Kohlen-, der Eisen- und Stahlplan, der Elektrizitätswirtschaftsplan und der Metallindustrieplan herausgegeben. Es wurde aber kein geschlossenes Plansystem einer zentral gelenkten Wirtschaft erarbeitet, sondern eine Produktionsplanung im Sinne der Marktwirtschaft.[88]

Nach den Nationalratswahlen von 1949 wurde das Bundesministerium für Vermögenssicherung aufgelöst und eine ersatzlose Streichung der staatlichen Planungskompetenz durchgesetzt. Die Verstaatlichte Industrie und die Elektrizitätswirtschaft wurden dem Ministerium für Verkehr und verstaatlichte Betriebe unter Minister Karl Waldbrunner (SPÖ) übertragen, der Bankenbereich dem Finanzministerium. Karl Waldbrunner entwickelte zwar in seinem Bereich weitergehende planwirtschaftliche Vorstellungen: In einem sogenannten »Kernplan« sollten die unmittelbar lebenswichtigen Teile der österreichischen Wirtschaft eingehend geplant werden. Ein sogenannter »Konstitutionsplan« sollte Richtlinien und Orientierungshilfen für eine optimale Struktur der Wirtschaft liefern. Beide Pläne nahmen nie wirklich Gestalt an, boten aber das geistige Gerüst für die Umsetzung des Marshallplans und das österreichische Wiederaufbaukonzept im »Österreichischen Investitionsprogramm 1950/52«. Organisatorisch waren diese Planungen teils im Zentralbüro für ERP-Angelegenheiten im Bundeskanzleramt, teils im Bundesministerium für Verkehr und verstaatlichte Betriebe zentriert. Eine konkrete Planungsarbeit war für 22 verschiedene Wirtschaftszweige vorgesehen. Der Einfluß war groß, weil die beträchtlichen Mittel aus den Counterpart-Funds des ERP über diese Stellen und nach diesen Richtlinien vergeben wurden.[89]

Während in der sich konstituierenden Bundesrepublik Deutschland der Weg seit der Währungsreform des Jahres 1948 konsequent auf die Durchsetzung einer marktwirtschaftlichen Ordnung ausgerichtet war, konnte für Österreich Anfang der fünfziger Jahre eher das Gegenteil gelten. Der Staat hatte einen gewichtigen Anteil am Wirtschaftsgeschehen und war ständig dabei, diesen weiter auszubauen. Parallel zum hohen

Anteil verstaatlichter Unternehmen, die Karl Waldbrunner als Ausgangspunkt einer weitgehend staatlich gelenkten Wirtschaft ansah, wuchs die Staatsquote beträchtlich: Von 1946 bis 1952 versiebenfachte sich der österreichische Staatshaushalt von 2,7 Milliarden auf 19 Milliarden Schilling. Rund 40 Prozent des Volkseinkommens wurden damit durch den Staat verausgabt.[90] Das Volkseinkommen war 1950 zu 33 Prozent, 1952 bereits zu 38 Prozent durch Steuern und Abgaben belastet. Das Wirtschaftsdirektorium, dem neben nahezu allen Ministern auch Vertreter des Gewerkschaftsbundes, der Kammern und der Nationalbank angehören sollten und dem vom Nationalrat im April 1951 weitgehende Lenkungsbefugnisse eingeräumt wurden, scheiterte dann doch an verfassungsrechtlichen und ordnungspolitischen Bedenken.[91]

Der Raab-Kamitz-Kurs

1951/52 wurde zunehmend Kritik an der Wirtschaftspolitik der unmittelbaren Nachkriegszeit artikuliert, wobei vor allem der Kammerstaat, die Macht der Großbanken und der Einfluß des verstaatlichten Sektors hervorgehoben wurden. Der Weg zur Marktwirtschaft, der mit einer Preissenkungsaktion der Wirtschaft begonnen wurde, ist untrennbar mit der Übernahme der Kanzlerschaft durch Julius Raab am 2. April 1953 und mit der schon vorher erfolgten Berufung von Reinhard Kamitz zum Finanzminister verbunden. Als »Raab-Kamitz-Kurs« sind die von ihnen eingeleiteten Reformmaßnahmen in die österreichische Wirtschaftsgeschichte eingegangen.

Die wirtschaftspolitische Kontroverse erreichte schon im letzten Kanzlerjahr Leopold Figls im sogenannten »Budgetstreit« einen Höhepunkt. Die Ursachen der Auseinandersetzung lagen in den grundsätzlich divergierenden Vorstellungen der beiden Koalitionspartner hinsichtlich der öffentlichen Haushaltspolitik. Der Weg der klassischen Budgetsanierung, den der 1952 neu ernannte Finanzminister Reinhard Kamitz einschlug, stieß auf den Widerstand des sozialistischen Koalitionspartners, der den unbedingten Vorrang der Sicherung der Vollbeschäftigung forderte. Die Regierungskrise im Herbst 1952 führte zu Neuwahlen, die im Februar 1953 stattfanden. Der Wahlkampf stand zwangsläufig im Zeichen der künftigen Gestaltung der Wirtschaftspolitik: Während die ÖVP einen Abbau des zu erwartenden Haushaltsdefizits durch Sparmaßnahmen anstrebte, wollte die SPÖ für Arbeitsbeschaffungsmaßnahmen ein höheres Defizit mit vermehrten staatlichen Investitionen und wachsendem staatlichem Lenkungsapparat in Kauf nehmen. Der trotz schwerer Stimmenverluste in Mandaten knapp verteidigte Vorsprung der ÖVP ermöglichte die Stabilisierungsvariante.

Der neue Finanzminister Reinhard Kamitz war ein exzellenter Ökonom, dessen theoretischer Hintergrund seinem wissenschaftlichen Werdegang entsprechend die nationalsozialistische Wirtschaftspolitik gewesen war und der diese, wie sich der spätere Leiter des Wirtschaftsforschungsinstituts und Staatssekretär Hans Seidel erinnerte, bis in die letzten Kriegstage als damaliger Professor an der Wiener Hochschule für Welthandel vom Katheder aus verteidigt hatte.[92] Nicht zuletzt deswegen wurde er von sozialistischer Seite scharf kritisiert.[93] Seine Wachstumspolitik, sein Konzept der vorzeitigen

Anspielung auf das »Wunderteam«: Finanzminister Kamitz hält den von der SPÖ geschossenen »Inflationsball«, ÖVP-Wahlplakat, 1953

Abschreibung, seine Forcierung der Infrastrukturinvestitionen, auch der Wiederaufnahme des Autobahnbaus, die zu Grundelementen des österreichischen Wirtschaftswunders wurden, sind auch in dieser Kontinuität zu sehen. Nach dem Krieg wieder als Kammerangestellter tätig, wandelte sich Kamitz immer mehr zum wesentlichen Exponenten einer staatlich abgestützten, dem Ordoliberalismus verpflichteten Marktwirtschaft.[94] Vorrangiges Ziel der Kamitzschen Finanzpolitik war die steuerliche Entlastung der unternehmerischen Initiative durch Investitionsbegünstigungen und Steuersenkungen, sein politisches Ziel die Zurückdrängung des Staates.

Julius Raab hingegen hatte sich um ökonomische Theorie nie viel gekümmert, beherrschte aber alle Facetten der praktischen Umsetzung: »Sie können vielleicht a ganz guater Professor sein, aber von Wirtschaftspolitik verstehen Sie nix«, soll er Franz Nemschak, dem Leiter des Wirtschaftsforschungsinstituts, einmal schulterklopfend erklärt haben, wie dieser als Zeitzeuge schmunzelnd selbst erzählte.[95] Julius Raab war kein Wissenschaftler, auch keiner, der Wirtschaftspolitik studiert hatte, aber er war ein begnadeter Wirtschaftspolitiker, eine Persönlichkeit, die Persönlichkeiten einzusetzen und anzuziehen wußte und die von diesen präsentierten Konzepte durchsetzen konnte. Ohne Raab hätte Reinhard Kamitz, wie er selbst bestätigte, seinen Kurs nie verwirklichen können. Raab war kein Vielredner, aber seine Fähigkeit für griffige Formulierungen ist berühmt, die Unzahl der köstlichen Situationen und Anekdoten Legende.

Die Sanierung des defizitären Bundeshaushaltes wurde von der Regierung Raab durch eine strikte Ausgabenreduzierung und einige Verbrauchssteuererhöhungen eingeleitet. Zur Wiederherstellung des Vertrauens in die Währung wurde eine konsequente Politik des knappen Geldes verfolgt und der Diskontsatz hinaufgesetzt, wurden die Liquiditätsvorschriften verschärft und Kreditrestriktionen eingeführt, allerdings um den Preis eines weiteren Ansteigens der Arbeitslosigkeit, eines wirtschaftlichen Nullwachstums von 1952 auf 1953 und eines realen Rückgangs im außerlandwirtschaftlichen Bereich: Eine klassische Stabilisierungskrise war das Resultat. Im Januar 1953 war der Zenit der Krise mit 280 000 Arbeitslosen erreicht. Noch im ersten Halbjahr 1953 begann sich die kritische Beschäftigungssituation zu entspannen, dennoch mußte auf das Gesamtjahr 1953 umgerechnet eine Arbeitslosenrate von 8,7 Prozent in Kauf genommen werden.[96]

Der Budgetkonsolidierung und der Stabilisierung der Währung nach innen folgte die Stabilisierung nach außen: Mit einer Abwertung des Schillings um 18 Prozent am 4. Mai 1953 und der Festlegung eines Einheitskurses von 1 US-Dollar gleich 26 Schilling, der das komplizierte System der bisher geltenden drei unterschiedlichen Schilling-Wechselkurse ersetzte, wurde der Abbau der Devisenbewirtschaftung eingeleitet und damit die Einordnung der österreichischen Wirtschaft in das internationale Handels- und Wettbewerbssystem ermöglicht. Zur Überwindung der Außenhandelsprobleme wurden Exportanreize geschaffen: eine Umsatzsteuerrückvergütung, eine Bundeshaftung für Kredite und die Erschließung von neuen Märkten durch eigene Außenhandelsdelegierte. Das Ziel der Ankurbelung wurde rasch erreicht. Noch im ersten Halbjahr 1953 setzte eine ausgesprochene Exportkonjunktur ein. Österreich konnte seinen Anteil am Welthandel deutlich ausweiten.

Das System der staatlichen Bewirtschaftung und der Preiskontrollen wurde zügig abgebaut. 1954 konnte man davon ausgehen, daß die Verwaltung des Mangels endgültig überwunden und an seine Stelle bereits die Bewältigung der Überschüsse getreten war. Die Ankurbelung des Wachstums bedurfte der Schaffung und Förderung eines Investitions- und Sparklimas durch werbliche und steuerpolitische Maßnahmen, von den Weltspartagen bis zur Schaffung eines Sparbegünstigungsgesetzes. Es war der doppelte Wert des Sparens, der volkswirtschaftliche und der gesellschaftspolitische, den Julius Raab immer wieder betonte, um durch Eigentumsbildung die Unabhängigkeit und Freiheit des einzelnen zu sichern. Die Wiederherstellung eines funktionsfähigen Kapitalmarktes war nach den Vertrauensverlusten der Kriegs- und Nachkriegszeit ein vordringliches Anliegen.

Die Bundesregierung war bemüht, durch Anleihen Großprojekte zu finanzieren, etwa den auch innerhalb der Koalition äußerst umstrittenen Weiterbau der Westautobahn[97], die Elektrifizierung der Bahnen und den Ausbau des Telegraphen- und Telephonnetzes. Tatsächlich gelang es, den Rückgang der ERP-Kredite wettzumachen. 1954 und 1955 wurden um 1,9 bzw. 2,2 Milliarden Schilling Wertpapiere neu emittiert. Allerdings entfiel fast nichts (nur 1 Prozent) davon auf die Industrie, da die Anleihen des Bundes und der Elektrizitätsgesellschaften durch Steuerbegünstigung und Wertsicherung zu attraktiv gestaltet waren.[98]

Das Kernstück der Steuerpolitik bildete die als grundsätzliche ordnungspolitische Entscheidung zu mehr Privatinitiative konzipierte Steuerreform in drei Etappen zwischen 1953 und 1958. Statt der befürchteten Minderung der öffentlichen Einnahmen stiegen diese wegen des kräftigen Wirtschaftswachstums deutlich an. Zum zentralen Punkt der steuerlichen Investitionsbegünstigungen wurde die vorzeitige Abschreibung, die im Ausfuhrförderungsgesetz vom 9. Juli 1953 erstmals verankert war und einen steuerlichen Anreiz für Investitionen bot. Vorerst für die Exportwirtschaft konzipiert, konnte sich in der Folge die gesamte österreichische Wirtschaft dieses Steuervorteils bedienen. Österreich war weltweit eines der ersten Länder, das dieses System praktizierte. Vorerst auf zwei Jahre beschränkt, wurde die vorzeitige Abschreibung zur Dauereinrichtung, die lediglich 1956 ausgesetzt war. Die Abschreibungssätze wurden nach konjunkturellen und regionalen Kriterien modifiziert. Der Erfolg war überragend: Außerordentlich hohe Investitionsraten, um die 20 Prozent des Sozialprodukts, wurden erreicht.[99]

Von keynesianischer Budgetpolitik hielten weder Kamitz noch Raab viel. So wurde sowohl im Winter 1952/53, als mit über 200 000 Arbeitslosen ein Nachkriegsrekord erreicht wurde, als auch 1959, nachdem 1958, eher unfreiwillig, eine Politik des »Deficit spending« betrieben worden war, ein restriktiver Budgetkurs eingeschlagen. Eine Ausgabenaufblähung sollte um jeden Preis vermieden werden. Raabs kühler Hausverstand ließ ihn automatisch nach der Lebenserfahrung handeln, daß sich »ein Hund eher einen Knackwurstvorrat anlege als ein Politiker einen Budgetüberschuß«, was ihn zu einer entsprechend nüchternen Einschätzung keynesianischer Budgetierungskonzepte führte, die Kamitz in eine wissenschaftlich formulierte Warnung verpackte: »Ist einmal Vollbeschäftigung der alles beherrschende Faktor geworden, dann wird der momentane Beschäftigungszustand zum Leitmotiv für die Führung der Wirtschaftspolitik. Niemand interessiert sich mehr für die Ursachen.«[100]

Der lange Boom

Wirtschaftswunder

Der langjährige Handelsminister der Regierung Kreisky, Josef Staribacher, meinte einmal, daß das deutsche Wirtschaftswunder ja kein wirkliches Wunder gewesen sei, das österreichische aber schon: »Das deutsche Wirtschaftswunder geht auf den Fleiß der Deutschen zurück, bei uns ist es ein Wunder.«[101] Die »langen Fünfziger Jahre«, jene in ihrer wirtschaftlichen und sozialen Gestaltung so wichtigen eineinhalb Jahrzehnte von den ausgehenden vierziger Jahren bis in die frühen sechziger Jahre, sind jene Jahre, die zu Recht auch in Österreich als Jahre des »Wirtschaftswunders« bezeichnet werden, auch wenn das Wort auf die deutschen Verhältnisse gemünzt und schon vorher in den dreißiger Jahren von den Nationalsozialisten zur Kennzeichnung des ebenso überraschenden wie hohlen Aufstiegs der Wirtschaft des Dritten Reichs verwendet worden war. Das Wirtschaftswunder trat in Österreich um so überraschender auf, als zu Beginn der fünfziger Jahre durchaus offen war, ob nicht wieder eine Situation der Stagnation und Rezession wie in der Zwischenkriegszeit bevorstand.

Mit durchschnittlichen jährlichen Wachstumsraten von 7 bis 8 Prozent in den späten fünfziger Jahren setzte sich Österreich hinter der BRD an die Spitze des Wirtschaftswachstums der westlichen Welt. Was dabei die Wirtschaftspolitik leisten konnte, war die Herstellung der Vor- und Rahmenbedingungen. Und dies war in hervorragendem Maße gelungen, wie die sehr unterschiedlichen Wachstumsraten der verschiedenen Länder Mitteleuropas deutlich erkennen lassen. Das internationale Wachstumsklima einerseits, das Ende der Besatzungszeit und die Wiedererringung voller Souveränität im Staatsvertrag mit verstärkter Westorientierung andererseits trugen zur Sicherung des Aufschwungs wesentlich bei.

Die Kosten für die Besatzung waren zuletzt nicht mehr hoch gewesen. In den westlichen Zonen war mit den stationierten Truppen sogar ein nicht unwesentlicher Devisenzufluß verbunden. Die bis 1952 von Österreich bezahlten Besatzungskosten machten etwa 530 Millionen Dollar aus. Die durch die unter russischer Verwaltung stehenden USIA-Betriebe entstandenen Steuerausfälle wurden bis Ende 1951 mit etwa 150 Millionen Dollar beziffert. Was bis 1955 weiter aufgelaufen ist, wird vielleicht noch einmal so viel betragen haben, ganz abgesehen davon, daß die Betriebe abgewirtschaftet wurden. Etwa 500 Millionen Dollar dürfte die österreichische Erdölwirtschaft bis 1955 durch Lieferungen an die UdSSR verloren haben.

Wäre der Staatsvertrag in jener Fassung abgeschlossen worden, die noch bis zum Moskauer Memorandum vom 15. April 1955 als im Prinzip vereinbart galt, so wären große Teile des sogenannten »Deutschen Eigentums« in den Besitz der Sowjetunion übergegangen, die Erdölfelder und Raffinerieanlagen, große Teile des Wiener Hafens, die DDSG und ihre Besitzungen. Auch so war es teuer genug. Die Sowjetunion ließ sich ihre Ansprüche mit etwa 7,35 Milliarden Schilling ablösen, davon 3,9 Milliarden in Warenlieferungen, 2,7 Milliarden in Öllieferungen und 750 Millionen in Zahlungen an die

Sowjetische Militärbank. Die westlichen Erdölgesellschaften wurden für die 1938 erfolgte Enteignung ihrer Schürfrechte mit weiteren 400 Millionen Schilling entschädigt. Die Erlöse aus dem Verkauf der USIA-Betriebe wurden mit etwa 2,5 Milliarden Schilling veranschlagt, so daß eine Nettoleistung von etwa 5,2 Milliarden Schilling verblieb.[102]

Die finanziell wie technisch sanierungsbedürftigen USIA-Betriebe mußten sinnvoll in die bestehende Verstaatlichte Industrie eingegliedert oder entsprechend privatisiert werden, wobei den verstaatlichten Partnern jeweils schwere Lasten aufgebürdet wurden. Der größere Teil der 319 Betriebe des USIA-Konzerns wurde privatisiert. Die Regelungen im Rahmen des Staatsvertrages, die Teilreprivatisierung bei den verstaatlichten Großbanken und die Ausgabe von Volksaktien konnten aber die dominierende Stellung des österreichischen Staates im Wirtschaftsleben in keinerlei Hinsicht reduzieren. Nach den für die ÖVP siegreichen Nationalratswahlen 1956 wurde das »Königreich Waldbrunner«, wie seine Gegner es nannten, aufgelöst. Die Kompetenz für die staatseigenen Betriebe übernahm die neugegründete »Österreichische Industrie- und Bergbauverwaltungs-Gesellschaft« (IBV). Generaldirektor wurde Hans Igler (ÖVP). Proporz und paritätische Führung waren die neuen Schlagworte. Der Staat als Träger der Anteilsrechte wurde beiseite geschoben. An seine Stelle traten die politischen Parteien. 1959 war wieder die SPÖ siegreich. Die IBV wurde aufgelöst, die Verwaltung der Verstaatlichten Industrie ging an das Bundeskanzleramt und wurde Vizekanzler Bruno Pittermann (SPÖ) unterstellt. Die Verstaatlichte Industrie wurde zum Spielball der wechselnden politischen Konstellationen.[103]

Als Ende 1956 die Weltkonjunktur wieder abzuklingen begann, schien das »Österreichische Wirtschaftswunder« zunächst wenig betroffen. Die Wachstumsperiode in Österreich erstreckte sich über zwei volle Konjunkturzyklen, 1953 bis 1958 und 1958 bis 1962. Sozialprodukt und Produktivität stiegen mit hohen Raten. Die Handelsströme expandierten außerordentlich stark. Aber erst gegen Ende zu wurde die Vollbeschäftigung erreicht. Das Arbeitskräfteangebot nahm zu, weil der Agrarsektor leicht Arbeitskräfte abgeben konnte. Die Industrieproduktion war 1959 im Durchschnitt zweieinhalbmal so groß wie im Jahre 1937, erreichte aber in der schwerindustriellen, der chemischen und Investitionsgüterbranche das Drei- bis Vierfache des Vorkriegsniveaus, während sie in der traditionsverankerten Leichtindustrie nur um 20 bis 90 Prozent darüber lag. Ähnlich war die Verschiebung in der Exportstruktur. Eisen, Stahl und Holz umfaßten 1959 mehr als 30 Prozent aller Exporte gegenüber rund 20 Prozent im Jahre 1937. Die Exportbedingungen erleichterten es Österreich, seine neue Produktionsstruktur in den Weltmarkt einzugliedern.[104]

Die regionale Verteilung der Industrie, die Besitzverhältnisse, die Betriebsgrößen, sie alle wurden ruckartig verändert. Österreich erlebte eine dramatische Wende zum Industriestaat, die von jenen Sektoren getragen war, die in der Zwischenkriegszeit zu den wachstumsschwächsten gezählt hatten. 1937 waren 37,5 Prozent der Wertschöpfung auf den industriell-gewerblichen Sektor und 40,7 Prozent auf Dienstleistungen entfallen. 1952 erbrachte der sekundäre Sektor 47,1 Prozent, der tertiäre Sektor hingegen nur 36,6 Prozent.

Österreichs Schwerindustrie profitierte von innovativen Entwicklungen: Das in den vierziger Jahren entwickelte LD(Linz-Donawitz)- oder Sauerstoff-Blasstahl-Verfahren, das 1949 erstmals vorgeführt und 1952 in Linz in Betrieb genommen wurde, sicherte der österreichischen Stahlindustrie auf Jahre hinaus einen hohen Konkurrenzvorteil, da damit die Kosten der Stahlherstellung und auch die Investitionskosten gegenüber den Siemens-Martin-Öfen um 30 bis 50 Prozent gesenkt werden konnten. Der Anteil des LD-Stahls an der österreichischen Gesamterzeugung stieg von 0,5 Prozent im Jahre 1952 auf knapp 50 Prozent 1960 und 84 Prozent im Jahr 1980. Weltweit lag der LD-Anteil 1960 bei 4 Prozent und 1980 bei 55 Prozent.[105]

Die Vorstellungen von einer Wohlstandssteigerung durch Produktivitätssteigerung, Rationalisierung und Investitionsförderung stießen im Nachkriegsösterreich auf offene Türen, sowohl beim Gewerkschaftsbund und der Sozialistischen Partei wie bei der Österreichischen Volkspartei.[106] Der »Österreichische Volkswirt« meinte: »Wir müssen es diesmal anders machen als nach dem Ersten Weltkrieg: Damals wurde der Ausgleich der Zahlungsbilanz durch eine fortschreitende Schrumpfung der Produktion und durch eine dauernde Senkung des Lebensstandards erreicht mit einer halben Million Arbeitslosen und völliger politischer und sozialer Zersetzung. Diesmal wollen wir es mit einer Vermehrung, Verbesserung und Verbilligung der Produktion durch zweckentsprechende Investitionen und Rationalisierung versuchen ...«[107] Auch das Österreichische Institut für Wirtschaftsforschung erklärte, die Steigerung der Produktivität sei das Kernproblem der österreichischen Wirtschaft, ja sie sei geradezu die Lebensfrage für Österreich.[108] Das 1928 in einem breiten sozialpartnerschaftlichen Kompromiß errichtete Österreichische Kuratorium für Wirtschaftlichkeit (ÖKW) wurde 1946 als erste sozialpartnerschaftliche Institution der Nachkriegszeit wiederbegründet. 1950 kam das Österreichische Produktivitätszentrum (ÖPZ) dazu. Zu den Leitern wurden Wilhelm Taucher, der Vorsitzende des Österreichischen ERP-Büros, und Franz Nemschak, der Direktor des Österreichischen Instituts für Wirtschaftsforschung, bestellt. Eine neue Haltung zur Technik hatte sich etabliert. Die Propaganda wirkte. Technikängste wurden abgebaut. Bauernsöhne wie angehende Akademiker waren im Krieg mit Motoren und Maschinen vertraut geworden.[109]

Man stand sicherlich unter dem Legitimationsdruck, den Schlagworten vom Erfolg der nationalsozialistischen Beschäftigungs- und Konsumpolitik, die immer noch und immer wieder auftauchten, den Boden zu entziehen. Nur mit einer raschen Beseitigung der Arbeitslosigkeit, dem Ausbau der Industrie und Infrastruktur, dem Aufbau eines breitgefächerten Sozialsystems und der Einlösung der von den Nationalsozialisten so propagandawirksam eingesetzten Versprechen einer Wirtschaftswunderwelt konnte die Stabilität des neuen Staates dauerhaft gesichert werden.

Das Konzept der sozialen Marktwirtschaft und Sozialpartnerschaft setzte sich durch. 1957 wurde die Paritätische Kommission gegründet. 1961 legten sich die Sozialpartner im Raab-Olah-Abkommen auf Geldwertstabilität und Wirtschaftswachstum fest. Die Zuwachsraten des Sozialprodukts verlagerten sich von der Investitionsgüterindustrie mehr auf den Konsumgüterbereich. Die Arbeitszeitverkürzung war vorerst kein Diskussionsthema. Ganz im Gegenteil. Der Wiederaufbau und die Befriedigung des wirtschaftlichen Nachholbedarfs standen im Vordergrund. Die 60-Stunden-Woche blieb durch das Rechtsüberleitungsgesetz formal bestehen, auch wenn die reichsrechtlichen Vorschriften in der Praxis kaum angewendet wurden und die Arbeitszeit durch Kollektivverträge in Anlehnung an das Achtstundentagsgesetz von 1919 geregelt wurde. Aber die ganzen fünfziger Jahre hindurch war die wöchentliche Arbeitszeit beträchtlich höher als in der Zwischenkriegszeit und lag im Durchschnitt über 50 Stunden. Erst als die Kriegsfolgen längst überwunden und das Wirtschaftswunder in vollem Gang war, wurde Mitte der fünfziger Jahre vom Gewerkschaftsbund die Forderung nach Arbeitszeitverkürzung wieder aufgegriffen und 1959 die Wochenarbeitszeit von 48 auf 45 Stunden verkürzt. Die Ausweitung der Produktion und das wirtschaftliche Wachstum standen im Vordergrund: Johann Böhm, den Maurerpolier und Präsidenten des Gewerkschaftsbunds, und Julius Raab, den Baumeister und Bundeskanzler, vereinte der Realitätssinn: »Bevor wir mehr konsumieren können, müssen wir mehr produzieren.«[110]

Wirtschaftswunderwelten

1953 hatte sich die Nahrungsmittelversorgung so weit gebessert, daß auch die letzten Reste der Bewirtschaftung Mitte des Jahres beseitigt werden konnten. Mit Wirkung vom 1. Juli 1953 waren für den Bezug von Lebensmitteln keine Karten mehr notwendig. Im Gegenteil, ab 1953 begannen schon die Besorgnisse über agrarische Überschüsse und die Forderungen nach marktregelnden Schutzmaßnahmen in den Vordergrund zu treten. Trotz der entscheidenden Ausweitung gegenüber den ersten Nachkriegsjahren zeigte die Zusammensetzung des Nahrungsmittelverbrauches in den frühen fünfziger Jahren im Vergleich zur Vorkriegszeit aber noch die für eine verarmte Wirtschaft charakteristische Verschiebung zugunsten der relativ billigen Pflanzenprodukte. 1960/61 hingegen bevorzugten die Konsumenten schon deutlich relativ teurere und kalorienärmere Lebensmittel gegenüber billigen und kalorienreichen, sie kauften bessere Qualitäten und immer mehr weiterverarbeitete oder genußfertig vorbereitete Produkte.[111]

Sechs Jahre Krieg und die folgende Periode der Inflation und Güterknappheit hatten die Verbrauchsstruktur verzerrt. Die aufgestaute Nachfrage wurde, als allmählich »normale« Verhältnisse wiederkehrten, entsprechend ihrer Dringlichkeit in verschiedenen Schüben befriedigt. Man sprach von der »Eß- oder Freßwelle« und der »Bekleidungswelle«. Darüber lagerte sich eine »Möblierungs- und Einrichtungswelle«. Nach einer Übergangsperiode mit leichten wirtschaftlichen Stagnationserscheinungen und beginnender Spartätigkeit begann sich die Nachfrage seit der Wende 1953/54 auch auf langlebige Konsumgüter auszuweiten: Haushaltsgeräte, Unterhaltungselektronik, Automobile.

Man kann zwei Phasen unterscheiden: zunächst die noch recht kargen fünfziger Jahre, die lang Entbehrtes endlich wieder verfügbar machten, und dann die Zeit ab den sechziger Jahren, wo mehr oder weniger lang Begehrtes, aber vorher noch nicht Erfüllbares in den Vordergrund rücken konnte. Man kann anhand zweier typischer Waren von einer »Kühlschrank-« und einer »Autowelle« sprechen. Schrankwandmöbel, Stehlampen, Nierentische, Kühlschränke, Mixer, Waschmaschinen, Staubsauger, Geschirrspüler, 1952 noch als »amerikanische« Wunderdinge vorgestellt, wurden zu Wohlstandsindikatoren. Bald nahmen Motorräder, Automobile, Fernsehapparate, Sommerurlaube und Fernreisen diese Position ein. Die Küche nach amerikanischer Art, das Wohnzimmer mit Einbaumöbeln und das eigene Badezimmer wurden zu Wohlstandssymbolen.[112]

Die neue Konsumwelt brach von allen Seiten herein: Von Strümpfen statt Kanonen hatten viele Frauen während des Krieges geträumt. 1945 tauchten auf dem Schwarzmarkt Nylonstrümpfe als Importartikel auf, die alle bisherigen Strumpfmodelle zu kratzenden und unförmigen Monstern stempelten, für die meisten Frauen zunächst aber fast unerschwinglich waren. Die neue, voll synthetische Massenware war elastisch, waschfest, wetterbeständig und, was das wichtigste war, fast durchsichtig. Die Feinheit und Transparenz entzückte. Das nahtbestrumpfte Bein mit Stöckelschuh und Strumpfband wurde zum Inbegriff der Erotik der fünfziger Jahre.[113] Wer zu keinem dieser transparenten Dinger kommen konnte, kaufte sich Palmers' »Strumpfzauber«, ein Fläschchen mit brauner Schminke, um sich Strumpfnähte auf das nackte Bein zu zeichnen, und dazu das Merkblatt »Auch ohne Strümpfe schöne Beine.«[114]

Thomas Bernhard erinnerte sich an die halbwüchsigen Mädchen, die es Tag und Nacht mit den Amerikanern hielten. »Die Amerikaner überhäuften ihre Mädchen aus der Siedlung mit Schokolade und mit Nylonstrümpfen und Nylonblusen und mit dem ganzen, plötzlich mit ihnen in Europa hereingebrochenen Luxusunrat. Die Mädchen malten sich alle wie chinesische Puppen an, und in den hohen Stöckelschuhen hatten sie einen frechen, gleichzeitig komischen Gang. Sie kamen ganz hochmütig in unser Geschäft herein, auf das sie, die Glücklichen, die sich einen Amerikaner angelacht hatten, nicht mehr angewiesen waren ...«[115] Amerikanisierung war das Schlagwort, Coca-Cola war Fortschritt: 1946 wurde eine der 63 Abfüllanlagen, die Coca-Cola in die ganze Welt verschickte, in Lambach in Oberösterreich aufgestellt, um für die amerikanischen Truppen und ihre Angehörigen Coca-Cola auszuliefern. Zu Jahresbeginn 1950 brachten österreichische Tageszeitungen Sensationsmeldungen über die Einführung von Coca-Cola und verknüpften diese mit wahren Untergangsszenarios für die österreichische Getränkeindustrie und die österreichische Kultur: Das »braune Amerikawasser« oder die »braune Flut

Austro-Cola, Plakat, 1952

aus Amerika« assoziierten Antiamerikanismus mit Antifaschismus, Abqualifikationen wie »ein G'spritzter mit Schmierseife« oder wie »aufgelöste Schuhcreme« wiederholten das Klischee von der amerikanischen Unkultur. Ab 8. Dezember 1953 wurde Coca-Cola offiziell an Zivilpersonen verkauft. Von 1956 an konnte von einer flächendeckenden Versorgung gesprochen werden, da inzwischen in Salzburg, Innsbruck, Graz und Wien Abfüllfabriken gegründet worden waren. Die fünfziger Jahre brachten auch eine Vielzahl von österreichischen Cola-Kreationen und Imitationen, wie »Erfrig-Cola«, »Sodax-Cola«, »Sport-Cola«, »Bio-Kola«, »Rio-Cola«, »Clio-Cola«, »Taxi-Kola«, »Chabeso-Cola« und »Austro-Cola«, das durch besonders patriotische Werbung glänzte: »Wenn – dann Austro-Cola«. Der Siegeszug von Coca-Cola und Pepsi-Cola war damit nicht zu bremsen.[116]

Aus amerikanischen Armeebeständen wurden auch die ersten Jeans verkauft. Blauer Denim wurde zum Symbol amerikanischer Tugend und amerikanischer Freiheit. Jeans gehörten zu den Helden und zu den Rebellen, zu John Wayne und zu Marlon Brando. An den Jeans haftete der Mythos von Ungezügeltheit und Aufbegehren. Elvis Presley und Freddy Quinn führten sie vom Schock zum Schick: Freizeit, in die man sich hineinpreßt. Die Protestkleidung der Hippies siegte über die Arbeitskleidung der Cowboys. Mit der Bürgerrechtsbewegung, der Studentenbewegung und der Frauenbewegung wurden die alten Arbeits- und Freizeithosen zu politischen Symbolen gegen die Rassentrennung, gegen den Vietnamkrieg und gegen Diskriminierungen jeglicher Art. 1968, als die Protestwelle auch nach Österreich überschwappte, signalisierten Jeans Antiamerikanismus im Zeichen der Amerikanisierung.

Die Zunahme der Einkommen, der Rückgang der relativen Preise der dauerhaften Konsumgüter und die Möglichkeit von Teilzahlungsgeschäften hatten zusammen mit Steuersenkungsmaßnahmen den Kauf dauerhafter Konsumgüter erst ermöglicht und sti-

Tabelle 47: Ausstattung österreichischer Haushalte mit dauerhaften Konsumgütern (auf 100 Haushalte kommen)

	Radio-bewilligungen	Fernseh-bewilligungen	PKW-Zulassungen	Wasch-maschinen	Kühl-schränke
1951	65,3	0,0	2,3	0,14	0,96
1955	78,1	0,06	6,4	1,7	3,4
1961	88,2	12,6	20,6	12,3	16,9
1965	94,9	29,6	33,0	20,6	40,5
1971	83,9	61,6	52,3	36,9	66,8
1974	80,7	69,0	49,0	64,0	87,0
1981	87,8	81,2	84,2	72,0	98,0
1992	93,0	87,2	107,1	83,0	97,0

Quellen: Inge *Karazman-Morawetz*, Arbeit, Konsum, Freizeit. Veränderungen im Verhältnis von Arbeit und Reproduktion, in: Österreich 1945–1995. Gesellschaft – Politik – Kultur (hg. von R. *Sieder* u.a., Wien 1995) 413; Wirtschafts- und sozialstatistisches Handbuch 1945–1969; Statistisches Handbuch der Republik Österreich; für Waschmaschinen und Kühlschränke 1981 und 1992 (1989) Mikrozensus »Ausstattung der Haushalte« 1979 und 1989.

muliert.[117] Elektrogeräte konnten in den fünfziger Jahren besonders hohe Absatzsteigerungen erzielen. 1954 war der Import der meisten Haushaltselektrogeräte liberalisiert worden. Die Mitte 1954 vom Verband der E-Werke zusammen mit der Elektroindustrie organisierte »Elektrogeräte-Aktion« und die ab Mitte 1958 von der Stadt Wien ins Leben gerufene Aktion zur »Modernisierung der Küchen« ermöglichten großzügige zinsenlose Teilzahlungskredite und Ratenkredite für Kühlschränke und andere Haushaltsgeräte. Nach diversen Schätzungen waren Ende 1957 rund 150 000 bis 200 000 Kühlschränke und 108 000 Waschmaschinen in Betrieb, gegen nur 21 000 bzw. 3 000 Ende 1951. Etwa 8 bis 9 Prozent der Haushalte waren somit mit einem Kühlschrank ausgestattet. »Eiskasten hab i ...«, sagt der Herr Karl. »I brauch'n ja eigentlich net. I hab ja nix drin. I iß eh net z'haus ... I kumm aa kaum zum Radiohern ...«[118] Wurde der Kühlschrank 1952 als »Traum jeder Hausfrau« beworben, so war dieser Traum in den siebziger Jahren erfüllt. Auch die Ausstattung der Haushalte mit Elektroherden hatte nach Beginn der »Elektrogeräte-Aktion« rasch zugenommen. Ende 1957 waren etwa 300 000 Elektroherde und 80 000 Doppelkochplatten in Betrieb, so daß ungefähr 17 Prozent der Haushalte ganz oder teilweise mit elektrischem Strom kochten. Nach einer Umfrage des Instituts für Markt- und Meinungsforschung hatten 1956 schon 43 Prozent der Wiener Haushalte einen Staubsauger.[119]

1958 gab es in Österreich 1,5 Millionen Fahrräder. Der Aufbruchsstimmung und Technikbegeisterung der Nachkriegszeit konnte das Fahrrad aber nicht mehr genügen. Es wurde zum Kinderspielzeug, das die Zeit bis zum Motorfahrrad (Mofa) oder Motorroller überbrückte. Der soziale Status des Fahrrads sank, seine Qualität wurde schlecht. Nur noch in ökonomischen Randgebieten und Nischen ließ sich ein einigermaßen befriedigender Absatz erzielen. Fahrräder wurden zu Zeichen wirtschaftlicher Unterentwicklung und Verarmung, bis sie als teure Sportgeräte und alternative Fortbewegungsmittel in den achtziger Jahren eine Renaissance erlebten. Ähnlich erging es dem Motorrad mit etwas Verspätung und etwas anders gelagerten Motiven.

Titelblatt der bedeutendsten Radio- und Filmillustrierten Österreichs, 8. März 1958

Motorräder und Motorfahrräder 1920 bis 1993 (in 1000)

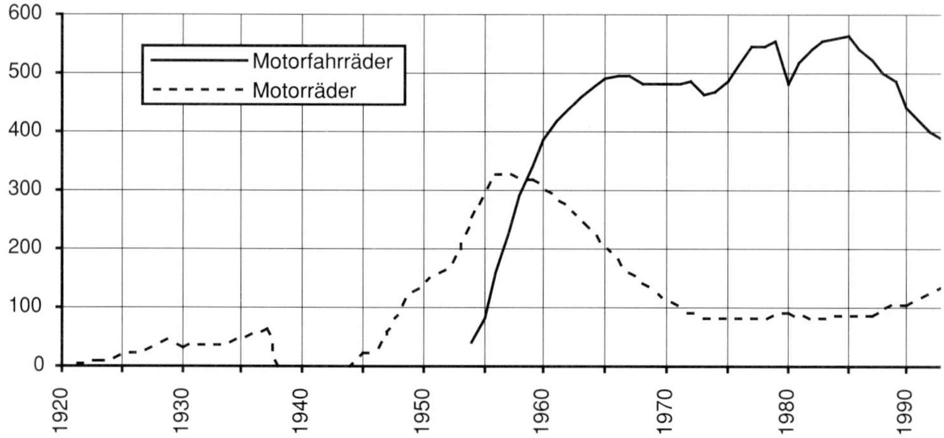

Quelle: Statistisches Handbuch für die Republik Österreich, jeweilige Jahrgänge.

Der »Volkswagen« wurde zum dominierenden Symbol der Nachkriegszeit. Der Erwerb eines Automobils war das unverkennbare Zeichen, daß »man es geschafft hatte«. Die kindliche Sozialisation trat mit Seifenkisten-Rennen und Spielzeugautos voll in den Dienst der Erziehung zur Automobilität. Die stürmische Expansion begann 1954 mit der Liberalisierung der Fahrzeugeinfuhr und einer massiven Zollsenkung für Automobile. 1957 erklang im Österreichischen Rundfunk zum erstenmal die Kennmelodie der Radiosendung »Autofahrer unterwegs«. Das Kraftfahrzeugpauschale wurde eingeführt. Der Bau der Westautobahn wurde 1954 wieder aufgenommen und 1958 auch die Errichtung der Inntal-Brenner-Autobahn in Angriff genommen. 1948 waren in Österreich 34 000 Autos angemeldet; bis 1960 hatte sich die Zahl mehr als verzehnfacht. »Freiheit« und »Individualität« als wesentliche Prämissen des Selbstverständnisses der Nachkriegsgesellschaft wurden in das eigene Auto hineinprojiziert. Die »Eins-Zwei-Drei-Vier-Familie« wurde zur Norm des häuslichen Glücks: eine Frau, zwei Kinder, drei Zimmer, vier Räder.[120] Die Konsequenzen allerdings wurden in keiner Weise vorhergesehen: 1955 glaubte man bereits »eine gewisse Sättigung« im Autosektor bemerken zu müssen.[121] 1960 ging das Wirtschaftsforschungsinstitut von einer zu erwartenden Marktsättigung bei etwa 1 Million Automobilen aus. 1994 langte man bei 3,3 Millionen an: Die Konsumgesellschaft wandelte sich zur Freizeitgesellschaft und weiter zur Erlebnisgesellschaft.

Solange ein allgemeiner Warenmangel herrschte und daher ein hoher Kaufkraftüberhang bestand – also während des Krieges und in den ersten Nachkriegsjahren –, konzentrierte sich die Nachfrage der Konsumenten naturgemäß auf die wenigen nicht rationierten Güter und Dienstleistungen. So erlebten neben dem Buch- und Kunsthandel besonders die Kinos, Theater- und Konzertunternehmungen eine ausgesprochene Hochkonjunktur. Auch das Radio stand am Anfang des Wiederaufbaus. Die Zahl der Rundfunkbewilligungen stieg nach dem Zweiten Weltkrieg noch einmal stark an. Der

Personenkraftwagen 1920 bis 1993 (in 1000, halblogarithmischer Maßstab)

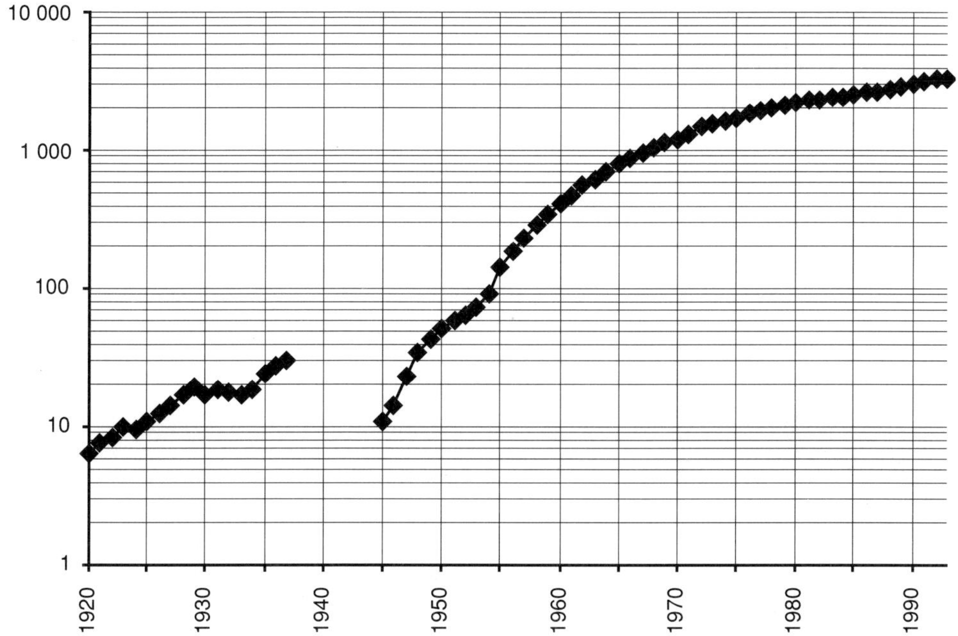

Quelle: Statistisches Handbuch für die Republik Österreich, jeweilige Jahrgänge.

Trend zum Zweit- und Autoradio kurbelte die Nachfrage zusätzlich an. 1957 besaß jedes sechste österreichische Auto einen eingebauten Rundfunkempfänger, 1970 jedes dritte und 1983 waren bereits zwei Drittel aller Autos damit ausgerüstet.[122]

Aus zahlreichen Tagebucheintragungen wird die große Bedeutung, die dem Kinobesuch im Jahr 1945 zukam, deutlich.[123] Das Kino bildete in den fünfziger Jahren in der Stadt wie auf dem Land einen der zentralen Brennpunkte des gesellschaftlichen und kulturellen Lebens. Von 1956 an war der Kino- und Theaterbesuch in Wien rückläufig. 1960 zeichnete sich in Österreich erstmals die Konkurrenz des Fernsehens in den Besucherzahlen der Kinos und Theater ab. Auch die neuen Verfahren Breitwand und »Cinemascope«, die Hollywood der Konkurrenz des Fernsehens entgegenzusetzen versuchte, konnten die Kinokrise nicht stoppen. Es waren eben nicht nur das Fernsehen, sondern auch die Wochenendmobilität und die besseren Wohnverhältnisse, die die Kinokrise auslösten. Zwischen 1960 und 1977 wurden in Österreich mehr als 700 Kinos zugesperrt, fast soviel, wie im Jahr 1937 überhaupt bestanden hatten. Der Höhepunkt der Krise war in Wien 1978 erreicht. In diesem Jahr konnten die österreichischen Kinobetriebe nur mehr 13 Prozent der Besucherzahlen des Jahres 1957 erreichen.[124]

Erste Aktivitäten in Richtung Einführung des Fernsehens wurden 1948 gesetzt. Aber es dauerte bis 1955, bis die Idee des »drahtlosen Fernkinos« auch in Österreich Wirklichkeit wurde. Den ersten Fernsehabend am 1. August 1955 mit einer Programmdauer von etwas über einer halben Stunde konnten einige tausend Österreicher mitverfolgen.

Rundfunk- und Fernsehbewilligungen und Kabel-TV-Anschlüsse 1920 bis 1993 (in 1000)

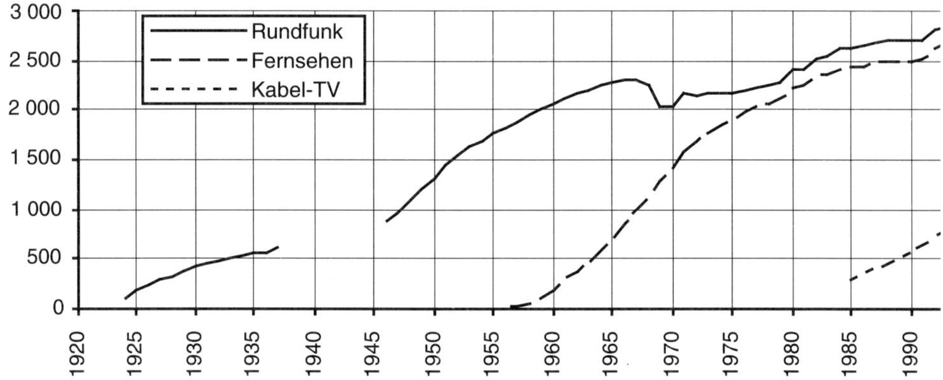

Quelle: Statistisches Handbuch für die Republik Österreich, jeweilige Jahrgänge.

Bei der Post waren 516 Fernsehgeräte registriert. An drei Tagen in der Woche wurde je eine Stunde Programm ausgestrahlt. Am 1. Januar 1957 begann das österreichische Fernsehen mit regelmäßigen Sendungen an sechs Tagen der Woche. 1959 setzte die Fernsehwerbung ein, im Oktober desselben Jahres wurde der fernsehfreie Tag gestrichen. Im September 1961 wurde ein zweites TV-Programm installiert und Ende 1965 mit den ersten Versuchssendungen in Farbe begonnen.[125]

Das Fernsehen war ein Mittelschichtmedium. Seine Vielseitigkeit beinhaltete seinen Erfolg, gerade bei Schlechterverdienenden, die damit alle ihre Freizeitmöglichkeiten und Interessen abgedeckt sahen. Für Unterschichten kam das Fernsehen zwar wegen des Preises der Geräte vorerst nicht in Frage. Genauso galt aber in den Anfangszeiten des Fernsehens, daß ab einer gewissen Einkommenshöhe mit steigender sozialer Schicht die Prozentzahl der Fernsehkonsumenten abnahm. Bei den Oberschichten bestand eine

Tabelle 48: Verteilung der Ausgabenstruktur österreichischer Haushalte, 1970 bis 1992 (in Prozent der Gesamtausgaben)

	Nahrung, Getränke	Kleidung, Schuhe	Wohnung, Heizung	Einrichtung, Hausrat	Gesundheit	Verkehr, Nachrichten	Bildung, Unterhaltung	Sonstiges	Ausgaben Ausland
1970	32,3	11,6	11,6	9,8	3,6	11,0	5,3	9,1	5,7
1975	26,4	11,6	14,1	9,8	4,1	13,5	5,3	8,8	6,4
1980	23,6	10,6	16,8	7,6	4,6	15,9	5,0	8,7	7,2
1985	21,7	10,2	19,6	7,0	4,9	15,7	5,0	8,6	7,3
1990	18,9	9,0	18,6	8,0	5,4	15,7	6,5	9,0	8,9
1992	18,4	8,4	19,0	7,9	5,9	16,2	6,5	9,2	8,5

Quelle: Statistisches Handbuch für die Republik Österreich.

erstaunliche Reserviertheit, die in der markanten Fehleinschätzung des österreichischen Bundeskanzlers Julius Raab über die politischen Zukunftschancen dieses Mediums zum Ausdruck kam, wenn er meinte, was es denn schon ausmache, »ob 3 000 in das Narrnkastl schauen oder nicht«.[126]

Die Ausstattung der Haushalte mit Fernsehgeräten war Ende der fünfziger Jahre noch sehr gering. Zum Fernsehen ging man in Gaststätten und Kaffeehäuser. Auch in Schaufenstern, noch besser bei Verwandten und Bekannten konnte man die begehrten Blicke in das neue Gerät machen.[127] Zwischen 1964 und 1966 wird die Zeit angesetzt, in der Fernsehen vom Luxus- zum Gebrauchsgut wurde. Jeder dritte bis vierte österreichische Haushalt besaß nun ein Empfangsgerät. Ab 1972 verlangsamte sich die Zunahme der Fernsehzulassungen. 1978 war eine erste Stufe der Sättigung erreicht, die sich erst im Zuge der Satellitenprogramme wieder radikal auszuweiten begann.

Das Fernweh verband sich mit dem Fernsehen: Waren es in den fünfziger Jahren die inländischen Reiseziele – die Zahl der Fremdenübernachtungen von Inländern stieg rapide – so folgten in den sechziger Jahren zuerst ein zaghaftes Vortasten an die obere Adria, dann auch an die jugoslawische Küste, schließlich die Mittelmeerländer, zuletzt die Fernreisen. In den siebziger Jahren kam der meist im Inland verbrachte Winterurlaub zusätzlich dazu. In den achtziger Jahren vergrößerte sich der Reisehorizont deutlich. Reisen und Urlaubsaufenthalte wurden zu immer gewichtigeren Posten in den Ausgaben der Haushalte.[128]

Die Technokraten kommen

Während weltweit 1958/59 eine Rezession herrschte, war in Österreich 1960 ein Wachstumshöhepunkt zu verzeichnen. Erst danach setzte der Abschwung ein. Nach 1962 kam es zu einer kurzfristigen Erholung mit einer neuerlichen Krise ab 1965, bereits vor der westeuropäischen Rezession der Jahre 1966/67. Hatte Österreich in den fünfziger Jahren im Vergleich der 13 wichtigsten Industriestaaten hinter der BRD zu den Spitzenreitern im Wachstum gezählt, so war es 1960/65 auf den vorletzten Platz vor Großbritannien zurückgefallen. Vor allem die Industrie und die Bauwirtschaft erlitten Konjunktureinbrüche. Die Jahre 1961 bis 1967 brachten eine Verlangsamung des Wachstums bei gleichzeitiger Zunahme der Inflationsraten. Das Jahr 1967/68 markierte den Höhepunkt der Rezession. Selbst die bis dahin als »unsinkbare Schiffe« angesehenen Großbetriebe des verstaatlichten Sektors sahen sich mit konjunkturellen und strukturellen Problemen konfrontiert.[129]

Schon 1956/57 wurden in Österreich Überlegungen bezüglich eines Beitritts zur Europäischen Gemeinschaft für Kohle und Stahl (EGKS/Montanunion) bzw. der in Gründung befindlichen EWG (Europäische Wirtschaftsgemeinschaft) angestellt. Die sieben Rest-OEEC-Staaten beschlossen, nachdem mit der Gründung der EWG die Schaffung einer großen europäischen Freihandelszone gescheitert war, 1960 die Europäische Freihandelsassoziation (EFTA) unter Führung Großbritanniens und der skandinavischen Länder (4. Januar 1960, Stockholmer Verträge). Vordringliches Ziel war die Verwirkli-

Regionale Herkunft der österreichischen Exporte 1922 bis 1992 (in Prozent)

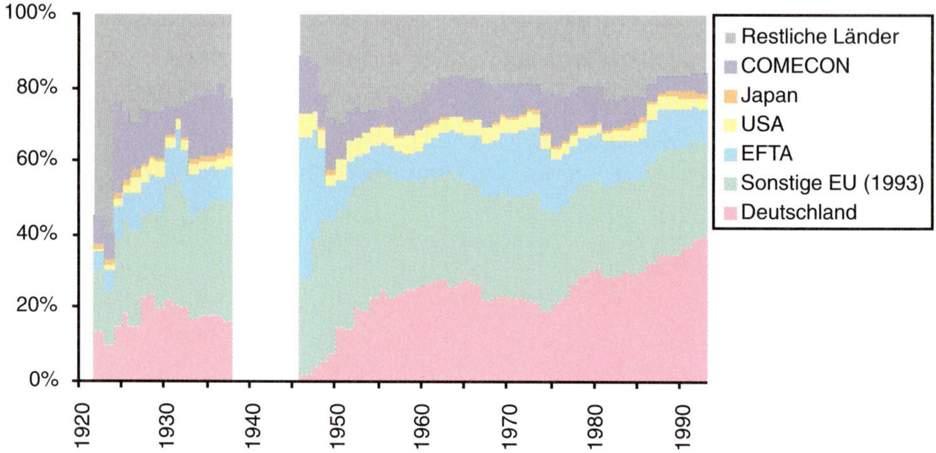

Quelle: Felix *Butschek,* Statistische Reihen zur österreichischen Wirtschaftsgeschichte. Die österreichische Wirtschaft seit der industriellen Revolution (Wien 1993) 15.4.

chung des Freihandels für industrielle Erzeugnisse innerhalb der EFTA, Fernziel der Brückenschlag zur EWG.[130]

Die österreichische Außenhandelsintegration hatte in den fünfziger Jahren mit den Ländern der späteren EWG stark zugenommen, mit den späteren EFTA-Ländern aber abgenommen. 1960 gingen über 50 Prozent der österreichischen Exporte in die sechs EG-Länder, nur knapp über 13 Prozent in die Länder der späteren EFTA. 57 Prozent der Importe stammten 1960 aus den EG-Ländern und nur 12 Prozent aus EFTA-Staaten. Deutschland, Italien und die Schweiz waren in den sechziger Jahren die wichtigsten Exportmärkte. Überseeische Märkte spielten eine geringe Rolle. Mehr als 85 Prozent der österreichischen Exporte gingen in europäische Länder, während es bei der Schweiz nur 67 Prozent waren. Damit hatte Österreich unter den europäischen Staaten die weitaus höchste Europakonzentration. Das lag am Warensortiment, aber auch an institutionellen Gründen, am Fehlen entsprechender Marktkenntnis und ausreichender Kreditierungsmöglichkeiten.[131]

In Österreich führte die Frage der Westintegration zu heftigen Kontroversen. Während die ÖVP mehrheitlich für eine möglichst weitgehende Anlehnung an die EWG eintrat, bevorzugte die SPÖ in ihrer Mehrheit den Weg in die EFTA. Auch wenn die ÖVP als Partei sich zur EFTA bekannte, lehnten bedeutende Gruppen innerhalb der ÖVP diesen Schritt ab. Es wurde vom »Verhungern in Neutralität« gesprochen.[132] Eine Konsequenz dieser Differenzen war, daß Außenminister Bruno Kreisky nach den Wahlen 1962 die Kompetenz für die Integrationspolitik an den ÖVP-Handelsminister Fritz Bock abtreten mußte.[133] Während Großbritannien, Dänemark und Norwegen formelle Beitrittsgesuche zur EWG einreichten, beschränkte sich Österreich auf einen 1961 gemeinsam mit der Schweiz und Schweden überreichten Assoziierungsantrag. Als 1963 der Aufnahmeantrag Großbritanniens auf unbestimmte Zeit vertagt wurde, ka-

Regionale Verteilung der österreichischen Importe 1922 bis 1992 (in Prozent)

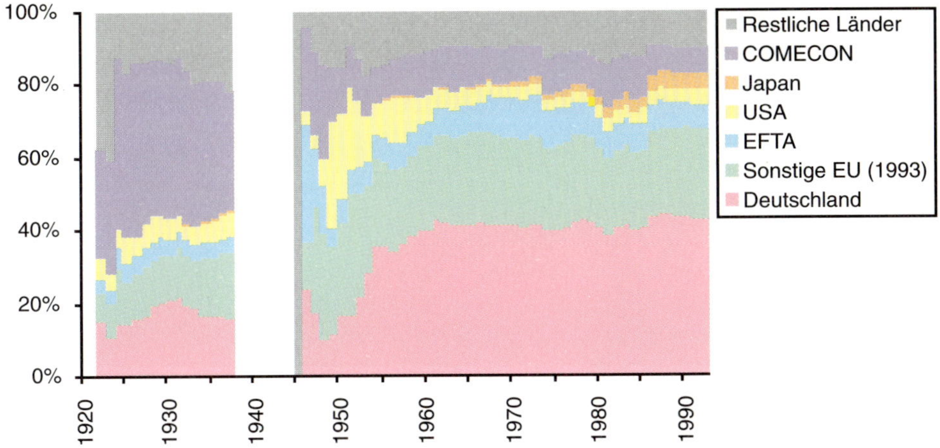

Quelle: Felix *Butschek,* Statistische Reihen zur österreichischen Wirtschaftsgeschichte. Die österreichische Wirtschaft seit der industriellen Revolution (Wien 1993) 15.3.

men auch die Verhandlungen mit den übrigen Assoziierungswerbern ins Stocken. Der österreichische Ministerrat bekundete zwar im Februar 1963 sein Interesse an einer Fortführung der Verhandlungen, und von der EWG-Kommission wurde in einem umfassenden Bericht dem Rat der EWG die Aufnahme von Verhandlungen mit Österreich empfohlen. Ab Juni 1967 waren diese Verhandlungen jedoch durch ein Veto Italiens in Zusammenhang mit dem Südtirol-Problem blockiert, insgesamt aber wohl im Zeichen des Ost-West-Konflikts bei einer gegenüber allen österreichischen Assoziationsbemühungen empfindlichen Sowjetunion und in Anbetracht der Ereignisse in Prag im Sommer 1968 wenig aussichtsreich.

Die Entscheidung für die EFTA und gegen die EWG führte in den sechziger Jahren zu ökonomischen Schwierigkeiten. Auf den beiden Hauptmärkten BRD und Italien mußte Österreich in den sechziger Jahren die größten Marktanteilsverluste hinnehmen. Für den österreichischen Export ergab sich von 1961 bis 1965 ein Diskriminierungsverlust in der EWG von rund 169 Millionen Dollar und ein Integrierungsgewinn in der EFTA von 30 Millionen Dollar, also ein Nettoausfall von rund 140 Millionen Dollar (das heißt von etwa 11 Prozent des Gesamtvolumens). Die Mitgliedschaft in der EFTA lenkte Österreichs Handelsströme in einer asymmetrischen Weise von der EG zur EFTA um. Während zwischen 1960 und 1972 die Exporte mit den sechs EWG-Staaten um 11,5 Prozentpunkte sanken und wieder das Niveau von 1950 erreichten, nahmen die Importanteile um mehr als 1 Prozentpunkt zu, was die Marktposition unterschiedlich großer Länder auf unterschiedlich großen Märkten spiegelt. Die Diskriminierung in den sechziger Jahren äußerte sich in Marktanteilsverlusten und höheren Transaktions- und Transportkosten auf den abseitiger gelegenen EFTA-Märkten, so daß insgesamt für Österreich ein entsprechender Effizienz- und Wohlfahrtsverlust zu vermuten ist.[134]

Die Befürchtung, daß Österreich zum »Land der Schilehrer und Kellner« absinken werde, kam ins Standardrepertoire der Sonntagsreden und Wirtschaftsprogramme. Österreich müsse seine Stellung als Billigreiseland abbauen und qualitativ Hochwertiges anbieten. Die Angst vor einer Deindustrialisierung Österreichs grassierte sowohl bei der Industrie wie bei der Gewerkschaft. Vor der Entwicklung Österreichs zu einer »Fremdenverkehrskolonie« Europas wurde gewarnt.[135] Die Angst, die österreichische Wirtschaft könnte zu dienstleistungslastig werden, entstand daraus, daß trotz der österreichischen Kriegs- und Nachkriegsindustrialisierung in den meisten europäischen »Industrieländern« der Beschäftigtenstand und Anteil des sekundären Sektors höher war als in Österreich. Die Diskussion um die »vorzeitige Reife« – oft wurde auch das Schlagwort von der »frühzeitigen Vergreisung« verwendet – spiegelte die Strukturschwäche der österreichischen Industrie. Dabei war es gar nicht so sehr deren Grundstofflastigkeit oder gar schwerindustrielle Ausrichtung als die Orientierung auf traditionelle Konsumgüter (Nahrungsmittel, Textilien, Bekleidung), die Besorgnis erregen mußte, während die forschungsintensiven Finalindustrien deutlich unterrepräsentiert waren. Gewisse strukturelle Disproportionen zeigten sich in den fünfziger und sechziger Jahren vor allem in dem kontinuierlich anhaltenden Abfluß österreichischer, im Inland mit hohen Kosten ausgebildeter Facharbeiter und Akademiker ins westliche Ausland.[136]

Beide Großparteien forderten eine neue Industrialisierungswelle und die Etablierung neuer Wachstumsbranchen. Die ÖVP strebte eine generelle Industrieförderung an. Die SPÖ forcierte das Konzept der selektiven, gezielten Förderung und kritisierte das Gießkannenprinzip und die in diese Richtung zielende Bewertungsfreiheit bei Abschreibungen. Neugründungen und »Turn-around«-Investitionen würden von vorzeitigen Abschreibungen viel weniger profitieren, während auslaufende Produkte, eben die Fortsetzung, nicht der Wechsel der Produktionsrichtung, weiter gefördert würden, so daß nicht ein Strukturwandel, sondern eine »Strukturvertiefung« und »Strukturversteinerung« die Folge seien.[137]

Beide Koalitionspartner bzw. Regierung und Opposition waren sich zu dieser Zeit darin einig, in Großprojekten, im Auf- und Ausbau von Großbetrieben und im industriellen Konzentrationsprozeß die Allheilmittel zu sehen. Durch die steuerliche Begünstigung von Kooperationen und Fusionen wollte die ÖVP in diese Richtung wirken, durch die Forcierung der Konzentration innerhalb der Verstaatlichten Industrie zu international konkurrenzfähigen Groß- und Mischkonzernen die SPÖ, vor allem, weil man hier einen unmittelbaren Zugriff hatte. Im Vordergrund stand die Stahlfusion, gegenüber der sich die ÖVP aber vorerst ablehnend verhielt, ferner die Konzentration im Buntmetall-, Maschinen- und Fahrzeugbereich und im Bereich der Chemie und Erdölwirtschaft.[138]

Mit dem Erreichen der Vollbeschäftigung ab 1960 und dem Verschwinden der stillen Arbeitsmarktreserven hatte sich die Möglichkeit des wirtschaftlichen Wachstums durch reine Kapazitätsausweitung abgeschwächt und gleichzeitig die relative Position der Arbeitnehmer verbessert. Nach 1961 wuchsen Löhne und Gehälter mittelfristig rascher als das Bruttoinlandsprodukt. Das Image des »Billiglohnlandes« bröckelte ab. Wachstumshemmend wirkte auch der Ausschluß aus der europäischen Integration. Das Handelsbilanzdefizit vergrößerte sich von 1965 bis 1967 beträchtlich.[139]

Auch wenn die sich ausbreitende Verwendung des Begriffes Strukturpolitik im Vokabular der Wirtschaftspolitiker in einem umgekehrt proportionalen Verhältnis zur Klarheit der Vorstellungen stand, die man sich von den Begriffsinhalten machte, so war damit doch eine Tendenz zur Versachlichung und zur Beiziehung von Experten und Wissenschaftlern verbunden. Die Expertengeneration, die in den späten fünfziger Jahren die Wirtschaftspolitik zu bestimmen begann, gewann zuerst außerhalb der Regierung an Einfluß, in den Kammern, im Gewerkschaftsbund, in der Notenbank und nicht zuletzt im Österreichischen Wirtschaftsforschungsinstitut. Den Sozialpartnern gelang es, über diese »Verwissenschaftlichung« Einfluß auf die Regierungsarbeit zu gewinnen.[140]

Ein Zeichen dafür war die auf Initiative des ÖGB erfolgte Gründung des Beirats für Wirtschafts- und Sozialfragen im Jahr 1963 als Unterausschuß der Paritätischen Kommission. Die Wirksamkeit dieses Beirats läßt sich schwer abschätzen, zumal die potentiellen wissenschaftlichen Kritiker damit in die Arbeit der Regierung integriert waren. Führende Mitglieder des Beirats, Wolfgang Schmitz, der erste Beiratsvorsitzende, oder Josef Taus, gelangten bald in zentrale politische Positionen als Finanzminister bzw. Staatssekretär für verstaatlichte Betriebe. Dasselbe galt in der nächsten Regierungsperiode für Josef Staribacher und Eugen Veselsky auf der sozialistischen Seite.[141]

Die beginnende Datenverarbeitung, der Einsatz der ersten Großcomputer, die Hoffnung auf die Ökonometrie und Programmierung weckten übertriebene Vorstellungen von den Möglichkeiten einer kurzfristigen Konjunkturprognose und Feinsteuerung der Wirtschaft. Josef Klaus sprach von der »Faszination der Rechenzentren«, ließ sich als Bundeskanzler von Prof. Heinz Zemanek, dem Konstrukteur des »Mailüfterls«, des einzigen in Österreich entworfenen Großrechners, als Privatschüler 1968/69 Unterricht in Datenverarbeitung geben und machte die »wirtschaftspolitische Aussprache« mit Experten und Sozialpartnern zu einer dauernden Einrichtung.[142]

Zwischen den Wirtschaftsprogrammen der beiden Großparteien und dem dabei voll-

»Fünfzig Jahre unseres Lebens«: Karikatur von Ironimus, 1968

führten Expertenauftrieb ergab sich eine Art Wettlauf: In der ÖVP kam dieser Expertentrend in der »Aktion 20« zum Ausdruck, in deren Rahmen die Grundlinien des »Koren-Plans« erarbeitet wurden. Im April 1967 gab Bruno Kreisky als neuer Parteiobmann auch in der SPÖ mit der Gründung der »Ökonomischen Versammlung«, zu der die sogenannten »1400 Experten« eingeladen wurden, den Startschuß zu einer Verwissenschaftlichung der Programmdebatte, als deren wichtigstes Ergebnis das am Parteitag 1968 einstimmig beschlossene Wirtschaftsprogramm der SPÖ mit der Vollbeschäftigung als oberster Zielsetzung zu nennen ist.

Was Wirtschaftsexperten aller politischen Lager damals zu der übereinstimmenden Auffassung gelangen ließ, das Land habe »den Anschluß an Westeuropa« verpaßt, stellt sich aus größerer zeitlicher Distanz lang nicht so dramatisch dar. Aus heutiger Sicht wäre die Zeit der frühen sechziger Jahre kaum mehr als Strukturkrise, sondern bestenfalls als Anpassungskrise zu bezeichnen. Man übersah den exzeptionellen Charakter der fünfziger Jahre. »Die sechziger Jahre waren gar nicht so schlecht«, schrieb Franz Nemschak bereits 1970 in einem Rückblick auf dieses Jahrzehnt.[143]

Klaus, Koren, Kreisky

Man könnte die Ära 1966 bis 1973/75 als Zeit der Strukturpolitik bezeichnen. Die Kontinuität, obwohl zuerst ÖVP-, dann SPÖ-Alleinregierung, war durch die Sozialpartner und ihre Fachleute bedingt. Die ÖVP-Alleinregierung unter Josef Klaus war 1966 mit einem sehr ambitionierten Reformwillen angetreten. Schon im ersten Regierungsjahr wurden die »Gesetze zur Förderung des Wirtschaftswachstums« beschlossen, die erweiterte Abschreibmöglichkeiten, Steuerfreiheit für Investitionsrückstellungen und diverse Steuerbegünstigungen vorsahen.[144] Eine Bildungsoffensive wurde eingeleitet: Die sechziger Jahre brachten die Bildungsexplosion in Form von höheren Schulen für mindestens jeden Bezirksort und in Form eines durch Stipendien und die Beseitigung aller Studiengebühren erleichterten Universitätszugangs. 1962 besuchten nur 10 Prozent der Zehn- bis Vierzehnjährigen eine höhere Schule. Der Hochschulzugang stagnierte seit der Zeit der Monarchie. In der Zeit der ÖVP-Alleinregierung wurden 22 höhere Schulen gegründet. Es kam zur Errichtung neuer Universitäten in Linz, Salzburg und, schon in die Regierung Kreisky fallend, in Klagenfurt.[145]

Zum engsten wirtschaftspolitischen Berater von Kanzler Klaus stieg bald Stefan Koren auf, zuerst als Staatssekretär für Wirtschaftsfragen, ab 1968 als Finanzminister. Koren hatte noch im Februar 1945 bei Reinhard Kamitz die Diplomprüfung für Nationalökonomie an der Wiener Hochschule für Welthandel abgelegt und dann seine wissenschaftliche Heimat im Institut für Wirtschaftsforschung und an der Universität Innsbruck gefunden. Im Frühjahr 1967 berieten Bundeskanzler Klaus und Stefan Koren in Salzburg erstmals über ein neues wirtschaftspolitisches Konzept, das einen Maßnahmenkatalog zur Überwindung einerseits der kurzfristigen Konjunktur- und andererseits der langfristigen Struktur- und Wachstumsprobleme beinhalten sollte. Dieser sogenannte Koren-Plan wurde am 26. April 1968 vom Ministerrat beschlossen.[146]

Korens erste Aktivitäten als Finanzminister im Frühjahr 1968, mit denen er gleichzeitig eine Budgetsanierung und eine Wachstumspolitik und Strukturverbesserung einleiten wollte, waren in sich nicht widerspruchsfrei: Um ein drohendes Budgetdesaster für 1969 und 1970 zu vermeiden, wurden Steuererhöhungen und Ausgabenkürzungen durchgeführt, losgelöst von allen strukturpolitischen Überlegungen. Das Budgetsanierungsgesetz vom 22. Mai 1968 ist unter dem Schlagwort »Paukenschlag« in die neuere österreichische Wirtschaftsgeschichte eingegangen. Das Strukturverbesserungsgesetz vom 5. Mai 1968 hingegen entsprach den Intentionen der Wachstums- und Strukturpolitik.[147]

Das Experiment gelang: 1968 setzte ein neuer Konjunkturaufschwung ein, der Österreich die längste Hochkonjunktur seit Bestehen der Republik bescherte (1968–1973). 1969 zog der Schilling bei der 9,3prozentigen Aufwertung der DM nicht mit. Die Regierung Klaus und die Notenbank entschieden sich im Sinn der in der Nachkriegszeit von allen ÖVP-Regierungschefs bevorzugten Weichwährungspolitik für eine De-facto-Abwertung, die die internationale Position der österreichischen Exporteure verbesserte und dennoch nicht zu dem befürchteten inflationären Schub im Inland führte. Man konnte von einer europäischen Ebenbürtigkeit und Wettbewerbsfähigkeit der österreichischen Produktionsstruktur ausgehen.

Sieben Jahre hindurch lag das Wirtschaftswachstum mit durchschnittlich 5 Prozent jährlich deutlich über dem OECD-Niveau. Der Regierungsantritt der Kabinetts Kreisky I fiel in diesen ungewöhnlich lang dauernden Boom, der die internationale Rezession 1971/72 zu überspringen vermochte. Ermöglicht wurden die Zuwachsraten auch durch eine über die Gastarbeiterbeschäftigung gesteuerte Expansion des Arbeitskräfteangebots. Zwischen 1970 und 1973 verdoppelte sich die Zahl der in Österreich beschäftigten ausländischen Arbeitskräfte und erreichte 1973 8,7 Prozent aller unselbständig Beschäftigten.[148]

Die »Wachstumsgesetze« und das »Strukturverbesserungsgesetz« blieben auch nach 1970 in Kraft und stellten eine nicht unwichtige »angebotsorientierte« Komponente im Rahmen der Gesamtkonzeption des »Austro-Keynesianismus« dar. Wichtige strukturpolitische Weichenstellungen, die schon in der Ära Klaus vorbereitet worden waren, wurden in den Anfangsjahren der Regierung Kreisky realisiert: die Regelung des Verhältnisses zur EG, der Übergang zum Mehrwertsteuersystem, die Reform der Gewerbeordnung oder der große, aus nachträglicher Sicht nicht in allem glückliche Konzentrationsprozeß innerhalb der Verstaatlichten Industrie (Stahlfusion, Edelstahlfusion).

Grundlage des Wachstums war die hohe Investitionstätigkeit, eine Entwicklung, die zu einer wesentlichen Verjüngung der in Betrieb befindlichen Produktionsanlagen und zu hohen Produktivitätssteigerungen führte. Es besserte sich auch die außenwirtschaftliche Position, nachdem die bis in die frühen sechziger Jahre zurückreichenden Bemühungen um eine Liberalisierung des Handels mit der EG endlich Erfolg zeitigten und gleichzeitig die Umorientierung der Exportstruktur in Richtung Fertigwaren voranschritt. Europareife war der große Hit!

Als nach dem Rücktritt de Gaulles die französische Integrationspolitik 1969 offener wurde, wurden die Verhandlungen mit den Aufnahmewerbern wieder aufgenommen, die 1972 zur Erweiterung der EG um Großbritannien, Dänemark und Irland zum Europa der Neun führten. Mit den übrigen EFTA-Staaten wurde am 22. Juli 1972 ein Freihandelsabkommen geschlossen, das eigentlich nur einen Zoll- und Handels-Vertrag darstellte. Mit der darin vorgesehenen Beseitigung der Zollschranken war am 1. Juli 1977 de facto eine neue Freihandelszone für gewerblich-industrielle Produkte in Westeuropa realisiert. Die Landwirtschaft wurde nicht einbezogen. Durch die Freihandelsabkommen wurde die alte Wettbewerbsposition zwischen EG und EFTA wiederhergestellt. Bis 1991 stieg der Exportanteil Österreichs mit den ursprünglichen sechs EG-Staaten um über 19 Prozentpunkte, der Importanteil um rund 4 Prozentpunkte.[149]

Austropragmatismus oder Austrokeynesianismus?

Der wirtschaftspolitische Kurs- und Stilwechsel der sozialistischen Alleinregierung wurde nicht mit dem Regierungswechsel 1970, sondern erst mit dem Ölschock 1973/75 deutlich erkennbar. Ab 1975 setzten die beiden Großparteien auf dezidiert unterschiedliche wirtschaftspolitische Konzepte zur Überwindung der konjunkturellen Schwierigkeiten. War der Anfang der Regierung Kreisky von inlandswirksamen Budgetüberschüssen gekennzeichnet, so kam es bereits 1973 zu einem ersten Budgetdefizit von 1,3 Prozent des Bruttoinlandsprodukts, das sich bis 1975 auf 4,5 Prozent steigerte. Auch wenn sich die Budgetdefizite in der weiteren Folge auf diesem Niveau stabilisierten, so wurde damit der budgetpolitische Spielraum fortschreitend eingeschränkt, eine Entwicklung, die einer der engsten Vertrauten Kreiskys, Heinz Fischer, zwar sehr wohlwollend, aber um so entlarvender aufgezeigt hat: Der Finanzschuldenbestand 1988 stammte zu 6 Prozent aus der Zeit vor 1970, zu 48 Prozent aus den Jahren 1970 bis 1983 und zu 46 Prozent aus den Jahren 1984 bis 1988.[150]

»Der Bart muß ab ...«: Bundeskanzler Bruno Kreisky in einer Karikatur von Ironimus, 1971

Kreisky und sein Finanzminister Hannes Androsch setzten mit einer expansiven Budgetpolitik auf den Vorrang der Vollbeschäftigung, die bei gleichzeitiger Umstellung auf eine dezidierte Hartwährungspolitik inflationshemmend sein sollte. Man bezeichnete dies später als »Austro-Keynesianismus«, eine spezifische Art der Deficit-spending-Politik.[151] Die neue Währungspolitik, die die heimische Wirtschaft mit einer faktischen Bindung an die Deutsche Mark einem starken Anpassungsdruck aussetzte, trat erstmals 1971 in

Erscheinung, als das System von Bretton Woods zusammenbrach und es zu einer Aufwertung des Schillings um etwa 5 Prozent kam. Die DM-Aufwertung im Juli 1973 um 5,5 Prozent wurde vom Schilling praktisch mitvollzogen, womit gleichzeitig die Inflation gedämpft und die Wirtschaftstreibenden zu produktivitätssteigernden Investitionen gezwungen werden sollten.[152]

Vorerst stellte sich Österreich als Insel der Seligen dar, an der die vom Ölpreisschock der Jahre 1973 und 1975 eingeleitete scharfe Konjunkturwende und Krise des Weltwährungssystems unbemerkt vorbeizugehen schien. Der abrupte Einbruch, der etwas später als in der BRD dann 1975 doch eintraf, führte zu hektischen Versuchen der Gegensteuerung durch eine bewußt expansive Budgetpolitik. Tatsächlich wirkte sich die weltweit registrierte Wirtschaftskrise der Jahre 1974/75 nur in beschränktem Umfang auf die österreichische Wirtschaft aus. 1974 wurde mit +4,3 Prozent noch ein relativ starker Zuwachs des realen Bruttoinlandsprodukts erzielt. Im Krisenjahr 1975, für das von den Prognostikern starke Einkommenszuwächse erwartet worden waren, schrumpfte das Bruttoinlandsprodukt um 1,5 Prozent. Das war aber wesentlich weniger als in den westlichen Nachbarländern BRD (–2,6 Prozent), Schweiz (–7,5 Prozent) und Italien (–3,5 Prozent). 1976 wurde sogar zu einem Spitzenjahr des Wirtschaftswachstums (+6,2 Prozent).

Die Vollbeschäftigung, das anhaltende Wirtschaftswachstum (1976 bis 1980 durchschnittlich 3,9 Prozent pro Jahr), die Hartwährungspolitik, die relativ niedrigen Inflationsraten und entsprechend geringen Steigerungen der Lohnkosten zusammen mit einem als einzigartig gerühmten sozialpartnerschaftlichen Klima des sozialen Friedens, einer denkbar geringen Streikintensität und einem hohen Ausmaß öffentlicher Sicherheit machten Österreich innerhalb der OECD für die einen zum »Musterland«, für die anderen zum »Sonderfall«. Die Notenbank setzte sich keine Geldmengen-, sondern Wechselkursziele. Die daraus resultierende Hartwährungspolitik bedeutete eine Verringerung der importseitigen Kosteneffekte. Die Aufwertungseffekte führten aber zu

Höhenflug oder Turbulenzen? Wahlplakat der SPÖ, 1970

Abgang bzw. Überschuß im Bundesrechnungsabschluß (in Prozent der Ausgaben und des Bruttoinlandsprodukts) 1925 bis 1992

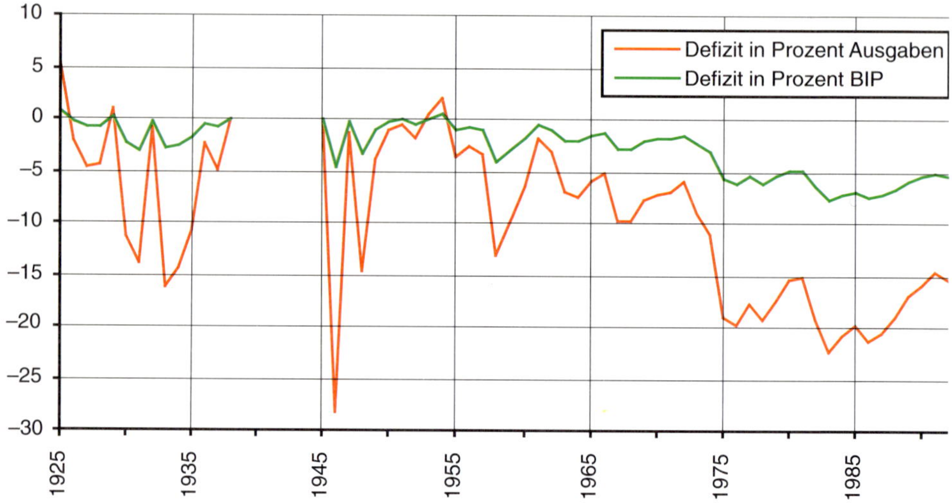

Berechnet nach: Felix *Butschek,* Statistische Reihen zur österreichischen Wirtschaftsgeschichte. Die österreichische Wirtschaft seit der industriellen Revolution (Wien 1993) 7.1.

rasch wachsenden außenwirtschaftlichen Ungleichgewichten. Die Leistungsbilanz verschlechterte sich bis 1977 dramatisch. Dem versuchte man durch eine neue Staffelung der Mehrwertsteuer, insbesondere durch die Einführung eines 30-Prozent-Satzes für »Luxusgüter«, das heißt für dauerhafte Konsumgüter, entgegenzutreten, von denen viele eine hohe Importquote aufwiesen, vor allem der für die Zahlungsbilanz strategische Bereich der Autoimporte.[153]

Die öffentlichen Unternehmen wurden im Rahmen der keynesianischen Globalsteuerung als zusätzliches Steuerungspotential herangezogen. Auf den Konjunktureinbruch des Jahres 1975 reagierten die verstaatlichten Unternehmen mit der Aufrechterhaltung des hohen Investitionsniveaus, mit verstärkter Hinwendung zur Finalgüterindustrie und mit beschäftigungs- und regionalpolitischen Investitionsprogrammen, so daß sich die Beschäftigung sogar erhöhte. Gleichzeitig wurde die notwendige Strukturanpassung damit aber verabsäumt und die Kapitalbasis der Unternehmen ausgehöhlt.[154]

Bruno Kreiskys legendärer Ausspruch: »Mir sind ein paar Milliarden Schilling Schulden lieber als ein paar hunderttausend Arbeitslose«, erwies sich auf Dauer als nicht tragfähig.[155] Die Abgabenquote in Prozent des Sozialprodukts, die vor dem Ersten Weltkrieg von 10 auf etwa 15 Prozent angestiegen war, in der Zwischenkriegszeit um die 20 Prozent pendelte und in den fünfziger und sechziger Jahren um die 30 Prozent lag, überstieg in den siebziger Jahren die 40-Prozent-Marke. 1985 erreichte sie 43,1 Prozent.[156] Die Staatsverschuldung nahm dramatisch zu. Die Phillips-Kurve, die Beziehung zwischen Vollbeschäftigungsgrad und Inflationsrate, erwies sich über die Zeit hinweg als nicht stabil. Die schleichende Inflation wandelte sich zur Stagflation mit steigenden

Arbeitslosenraten. Für das »Durchtauchen« wurde der Atem zu kurz. Krisen taten sich aller Orten auf, im Budget, in der Verstaatlichten Industrie, im Sozialversicherungssystem, in der politischen Moral.[157]

Das vermeintliche Ende der Geschichte

Der österreichische Mix des Keynesianismus, bestehend aus Fiskalpolitik, Hartwährungspolitik, System der Wirtschafts- und Sozialpartnerschaft und hohem Anteil verstaatlichter Unternehmen – der Begriff »Austro-Keynesianismus« geht auf den damaligen Leiter des Wirtschaftsforschungsinstitutes Hans Seidel zurück –, sah sich Anfang der achtziger Jahre an den Grenzen seiner Möglichkeiten angelangt. Im Jahre 1982 versuchte die Regierung noch einmal, durch Sondermaßnahmen eine Konjunkturankurbelung zu erreichen. Aber von der Budgetsituation her war eine expansive Konjunkturförderung auf Dauer nicht durchzustehen. Die schwere Rezession der Weltwirtschaft und die explodierende Staatsverschuldung erzwangen 1981 bis 1985 den Übergang zu einer sehr restriktiven Geldpolitik mit rasch steigenden Zinssätzen.[158]

Die Länge und Intensität der Krise zusammen mit dem Höhenflug der Zinssätze führten dazu, daß die »fiskalische Folgelast« der beschäftigungsorientierten Fiskalpolitik in Form eines wachsenden Schuldendienstes immer deutlicher spürbar wurde.[159] Der konjunkturpolitische Spielraum des Staates war durch die zunehmende Verschuldung immer enger geworden. An eine wesentliche Defizitausweitung zur Konjunkturankurbelung war nicht mehr zu denken. Der weltweit in die Krise geratene Grundstoffsektor, der in Österreich von der Konjunkturförderung im Bereich der Verstaatlichten Industrie am meisten profitiert hatte, sah sich dem Zwang strukturverändernder Maßnahmen ausgesetzt.[160]

In den achtziger Jahren ging das »österreichische Arbeitsmarktwunder« zu Ende. 1982 begann die Arbeitslosigkeit kräftig zu steigen und erreichte 1987 schließlich eine international zwar immer noch sehr niedrige Rate von 5,6 Prozent. Trotz der Beschleunigung des Konjunkturaufschwunges und kräftiger Beschäftigungsexpansion zu Ende des Jahrzehnts sank die Arbeitslosigkeit kaum. Es kam zu einer »Abkoppelung« der Beschäftigung vom Wirtschaftswachstum. Die Arbeitslosigkeit trat parallel zum Arbeitskräftemangel auf und konnte auf den jeweiligen Gipfelpunkten der Konjunktur nicht mehr auf das Niveau des vorhergehenden Gipfelpunktes hinabgedrückt werden, so daß sich eine treppenförmige Zunahme ergab.[161] Dazu gesellte sich nach 1980 der Rückschlag in den verstaatlichten Unternehmen. Die VOEST-Alpine und die Vereinigten Edelstahl-Werke (VEW) erhielten allein zwischen 1981 und 1985 20,8 Milliarden Schilling an Eigenmitteln, der ÖIAG-Gruppe insgesamt flossen 26,1 Milliarden Schilling zu. Das verhinderte nicht, daß die Probleme der Verstaatlichten Industrie im Jahr 1986 mit den fehlgeschlagenen Ölgeschäften der VOEST-Handelsfirma Intertrading und der Chemie-Linz-Tochter Merx schlagartig auch für die breite Öffentlichkeit offenkundig wurden.

Die Ursachen der Krise lagen in der angespannten finanziellen Situation der Unternehmen, mitbedingt durch ihre Rolle im Rahmen der Vollbeschäftigungspolitik der siebziger Jahre, dazu in riskanten und gescheiterten Spekulationsgeschäften und Auslandsprojekten, etwa dem Stahlwerk Bayou der VOEST in den USA, fehlgeschlagenen Joint-Ventures, die dem Einstieg in neue Sparten dienen sollten, und zuletzt in dem überdimensionierten und völlig mißlungenen Internationalisierungs- und Diversifizierungsprogramm bei der AMAG Ranshofen in den frühen neunziger Jahren.

Mit der Wirtschaftskrise, den finanziellen Schwierigkeiten der öffentlichen Hand und dem Versagen des Keynesianismus gewannen neoliberale oder neoklassische Ordnungsvorstellungen wiederum an Boden. Die Forderung nach Privatisierung und Entstaatlichung zielte auf Entlastung der öffentlichen Haushalte und – dahinterstehend – auf eine Verschiebung der Gewichte von staatlicher Lenkung auf marktwirtschaftliche Steuerung.[162]

1988 setzte ein neuer Aufschwung ein, ein Aufschwung, der in Österreich den in den übrigen OECD-Staaten an Stärke und Dauer deutlich übertraf. Der Konjunkturaufschwung erreichte 1990 seinen Höhepunkt, nicht zuletzt als Folge des politischen Umbruchs in Osteuropa, der nicht nur die Zukunftserwartungen und das Investitionsklima verbesserte, sondern kurzfristig einen zusätzlichen Nachfrageschub zur Folge hatte. Die deutsche Wiedervereinigung löste eine Sonderkonjunktur aus. Aber auch von Ungarn und der Tschechoslowakei gingen erhebliche Nachfrageeffekte aus. Auf die Arbeitslosigkeit wirkte sich die Konjunkturbelebung allerdings scheinbar wenig aus. Intensiviert wurde dies durch den wachsenden Zustrom ausländischer Arbeitskräfte und Flüchtlinge: Es kam zu einer stürmisch wachsenden Beschäftigung und einer gleichzeitig steigenden Arbeitslosigkeit. Der vergleichsweise kräftige Aufschwung mündete 1993 in eine Rezession, die international den stärksten wirtschaftlichen Rückschlag seit 1945 brachte. In Österreich erwies sich dieser Rückschlag mit –0,8 Prozent als relativ mäßig. Doch nahm die Arbeitslosigkeit weiter zu.

Das Integrations-Thema wurde wieder aktuell, als 1985 von der EG das »Weißbuch über die Vollendung des Binnenmarktes« beschlossen wurde. Die seit 1986 amtierende große Koalition steuerte seit ihrer Bildung klar auf Beitrittskurs. Am 17. Juli 1989 überreichte die österreichische Bundesregierung in Brüssel den Antrag um Aufnahme in die Europäische Gemeinschaft (EG).[163] 1994 konnten die Verhandlungen abgeschlossen und der Beitrittsvertrag nach dem überzeugenden Votum der Bürger für die EU unterzeichnet und ratifiziert werden. Seit 1. Januar 1995 ist Österreich Mitglied der Europäischen Union.

Die Westorientierung, die Österreich seit dem Ersten Weltkrieg sukzessive erfahren hat, hat damit einen formellen Schlußpunkt erhalten. Gleichzeitig begannen mit der Ostöffnung neue Entwicklungen. Die lange in toten Winkeln liegenden Grenzregionen im Osten und Norden wurden aus ihrer Isolation herausgerissen, mit positiven wie negativen Effekten. Spürte man einerseits die belebende Wirkung, so begann andererseits auch ein Kaufkraft- und Arbeitsplätzeabfluß in die Billiglohnregionen jenseits der Grenze.[164] Dieser Verdrängungswettbewerb wurde durch Zuwanderung, Schwarzarbeit, illegale Beschäftigung und Direkteinkäufe der Konsumenten im billigeren Ausland verstärkt.

Dennoch sind die Szenarien positiv. Die Arbeitsplatzverluste wurden durch zusätzlich nach Österreich strömende Kaufkraft kompensiert. Der verbesserte Zugang zu den zu Österreich geographisch wie kulturell günstig gelegenen Absatzmärkten wurde durch Joint-Ventures und österreichische Direktinvestitionen unterstützt. Am meisten begann Wien, das nun wieder stärker ins Zentrum eines offeneren Wirtschaftsraumes gerückt war, zu profitieren, während die Steiermark und Kärnten in einer schwierigen geographischen und strukturellen Lage blieben, nicht zuletzt wegen der kriegerischen Verwicklungen im ehemaligen Jugoslawien. Graz stagniert, in der Bevölkerungsentwicklung wie im Regionalprodukt: Noch vor dem Ersten Weltkrieg die zweitreichste Großstadt der Habsburgermonarchie, liegt es heute in vielen Kenndaten hinter Linz, Salzburg oder Innsbruck.[165]

In den Gravitationszentren der EU, die sich von den Benelux-Staaten über Oberdeutschland bis Norditalien erstrecken, hat Österreich eine hervorragende Positionierung. Wenn es gelingt, durch die Ostöffnung auch den anderen für Österreich bestimmenden Wirtschaftsraum, den ostmitteleuropäischen, wieder zu beleben, sind die Karten für Österreich hervorragend verteilt.

Tabelle 49: Beitrag der Bundesländer zum Bruttoinlandsprodukt 1965 bis 1990 (in Prozent)

	1965	1975	1985	1990
Burgenland	2,1	2,1	2,1	2,2
Kärnten	5,8	5,9	5,8	5,6
Niederösterreich	16,7	16,6	15,9	16,1
Oberösterreich	15,4	16,1	16,9	16,3
Salzburg	5,5	6,1	6,5	6,8
Steiermark	12,9	12,9	12,5	12,2
Tirol	6,8	7,5	8,0	8,0
Vorarlberg	3,7	4,1	4,3	4,3
Wien	31,2	28,7	28,1	28,4

Quellen: Hans *Seidel*/Felix *Butschek*/Anton *Kausel,* Die regionale Dynamik der österreichischen Wirtschaft (Wien 1966); Statistisches Handbuch für die Republik Österreich; Helmut *Jeglitsch,* Der Beitrag der Bundesländer zum Brutto-Inlandsprodukt. Langzeitreihen 1961 bis 1985 (WIFO-Monatsberichte 1987) 6.

Problemfelder und Krisenzonen

Bevölkerungsstruktur und Arbeitsmarkt im Wandel

Von 1900 bis 1990 wuchs die Bevölkerung Österreichs um fast 2 Millionen Menschen. 1994 wurden erstmals mehr als 8 Millionen Einwohner in Österreich gezählt. Die durchschnittliche Zuwachsrate von etwa 2,8 Promille pro Jahr war ganz überwiegend das Ergebnis sinkender Sterberaten und positiver Wanderungsbilanzen bei deutlich abnehmenden Geburtenraten, mit der prägenden Ausnahme des Geburtenbooms nach dem Anschluß an das Deutsche Reich und des Babybooms der Wirtschaftswunderjahre, der Mitte der fünfziger Jahre einsetzte und 1963 den Höhepunkt erreichte. Von da an gingen die Geburtenziffern zurück und scheinen sich wie die Sterberate bei 12 Promille einzupendeln. 1975 ergab sich erstmals nach dem Krieg ein Geburtendefizit. Österreich begann sich unter die geburtenschwächsten Länder Europas einzureihen.[166]

Die demographischen Wechselfälle des 20. Jahrhunderts haben sich in den Altersaufbau der Bevölkerung förmlich eingekerbt: die Gefallenen des Ersten wie des Zweiten Weltkriegs, der Geburtenausfall im und nach dem Ersten Weltkrieg, in der Wirtschaftskrise der dreißiger Jahre und am Ende des Zweiten Weltkriegs, der Babyboom der frühen sechziger Jahre und der markante Rückgang der Geburtenziffern seit den siebziger Jahren durch steigende Frauenerwerbstätigkeit, Schwangerschaftsverhütung und Entkriminalisierung der Abtreibung. Der einstmals breite Fuß der Bevölkerungspyramide wurde zusehends schmäler, der Kopf zunehmend breiter und schwerer. Bekannte Probleme resultieren daraus: die Pensionsfinanzierung, die Last der Alten, die Neuformulierung des Generationenvertrages, die Zunahme der Vier- und Fünf-Generationen-Linien. Die Umkehrung der Bevölkerungspyramide mit sinkender Kinder-

Altersstruktur der Wohnbevölkerung Österreichs nach den Volkszählungen 1900, 1961 und 1991

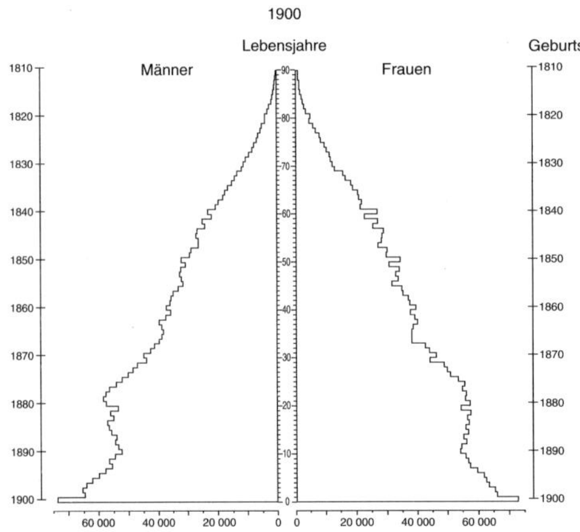

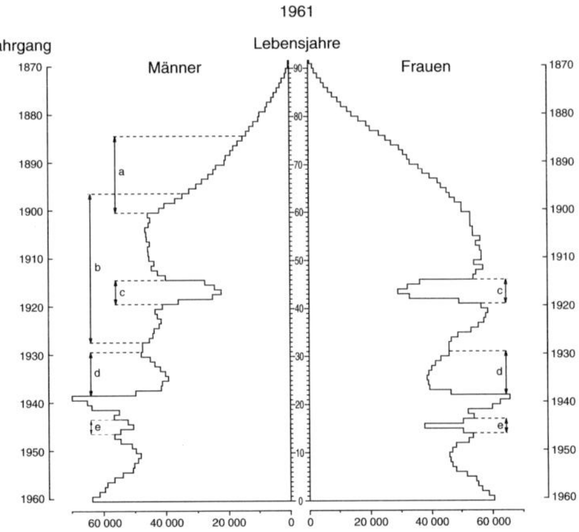

quote und steigender Altenquote hat Auswirkungen auf Erhalter und zu Erhaltende und ruft nach entsprechenden Anpassungen des Pensionsalters.

Von 1900 bis 1990 erfolgte ein drastischer Umbruch im Sterbealter. 1900 waren fast die Hälfte aller Begräbnisse Kinderbegräbnisse, 1990 etwa 1 Prozent. Im Jahr 1900 waren nur 12 Prozent der Verstorbenen 70 und mehr Jahre alt, 1990 aber 70 Prozent. Die Säuglingssterblichkeit ist von einem Viertel auf 0,7 Prozent der Neugeborenen gesunken. Der Tod hat sich geändert, er kommt nicht mehr blitzschnell, sondern sehr oft erwartet, sozusagen überfällig. Andererseits wird das Sterben immer stärker aus dem Gesichtsfeld der Bevölkerung verdrängt und hinter Krankenhausmauern verlegt.

Das Problem der unehelichen Kinder ist verschwunden, zuerst aus demographischen Gründen, dann auch aus sozialen und legistischen: Von fast einem Viertel der Geborenen um 1900 sank der Anteil unehelicher Kinder bis gegen 10 Prozent in den sechziger Jahren und stieg dann wieder auf die alte Höhe. Die Ursachen aber waren nunmehr ganz andere: die veränderte Einstellung zur Ehe, eventuell auch steuerliche bzw. transferrechtliche Vorteile, die sich aus unehelichen Kindern ergaben. Die Außenseiterstellung unehelicher Kinder ist völlig beseitigt. Informelle Partnerschaften und bewußt alleinstehende Mütter nehmen zu.[167]

Auffällig ist der Wandel der Familienstrukturen: Die durchschnittliche Haushaltsgröße sank zwischen 1910 und 1990 von 4,7 auf 2,5 Personen. Den sinkenden Geburtenraten entsprach eine veränderte Zusammensetzung der Haushalte. Die Ausformung der modernen Kernfamilie nahm immer deutlichere Gestalt an. Die siebziger Jahre bedeuteten einen Gipfelpunkt der Zwei-Generationen-Familie. Die Zahl der Verheirateten nahm zu, das Heiratsalter sank. Die Dauer der Ehen erhöhte sich, weil die Lebenserwartung stieg. Bereits seit den frühen sechziger Jahren vermehrten sich die Scheidungen. Immer mehr gewannen auch Single-Haushalte an Bedeutung: 1951 mit 17,5 Prozent, 1991 bereits mit 29,7 Prozent. Neue Formen des Zusammenlebens etablieren sich. Das Heiratsalter steigt. Trotz hoher Ledigenquoten, trotz »Individualisierung« und »Singularisierung« in der jüngeren Generation hat es aber noch nie in der Geschichte Österreichs so viele Verheiratete gegeben wie zu Beginn der neunziger Jahre. 45 Prozent der Bevölkerung sind verheiratet, 8 Prozent sind verwitwet, 5 Prozent sind geschieden.

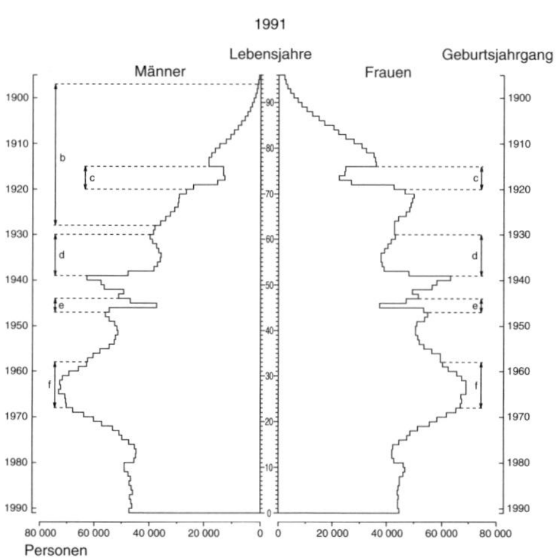

Quelle: Statistisches Handbuch für die Republik Österreich. - a. Gefallene des Ersten Weltkrieges; b. Gefallene des Zweiten Weltkrieges; c. Geburtenausfall im und nach dem Ersten Weltkrieg; d. Geburtenausfall während der Weltwirtschaftskrise; e. Geburtenausfall Ende des Zweiten Weltkrieges; f. Babyboom der frühen sechziger Jahre.

Lebenserwartung für ausgewählte Altersjahre, Österreich, 1870 bis 1990, Männer (in jeweils noch zu erwartenden Jahren)

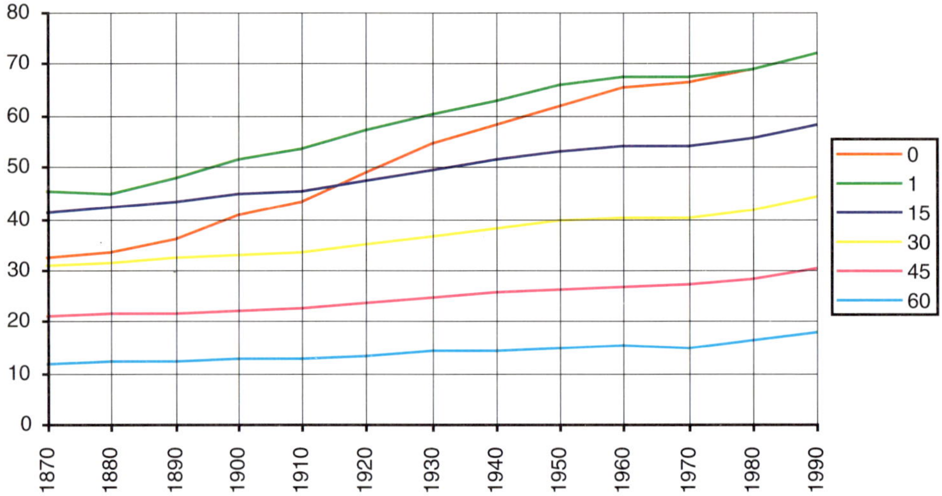

Quelle: Felix *Butschek,* Statistische Reihen zur österreichischen Wirtschaftsgeschichte. Die österreichische Wirtschaft seit der industriellen Revolution (Wien 1993) 2.4.

Der hohen Zuwanderung zu Kriegsende, die zwischen 1945 und 1951 trotz der rasch einsetzenden Weiterführung der Flüchtlinge in andere Zielländer eine beträchtliche Nettoerhöhung der Bevölkerung ergab, folgte in den fünfziger Jahren auch unter Einbeziehung des ungarischen Flüchtlingszustromes im Jahr 1956 eine Nettoabwanderung. In den sechziger Jahren wurde die Wanderungsbilanz wieder positiv. Die 1962 erstmals abgeschlossenen Gastarbeiterkontingentverträge begannen sich im Bevölkerungszuwachs auszuwirken, obwohl Österreich immer noch durch Abwanderung in die westlichen Nachbarländer hochqualifizierte Kräfte, vor allem Facharbeiter und Techniker, verlor. Gab es in den sechziger Jahren durch den hohen Geburtenüberschuß und die Nettozuwanderung einen hohen Gesamtzuwachs, so folgte in den siebziger Jahren mit dem abrupten Ende des Geburtenüberschusses und der reduzierten Zuwanderung nur mehr ein geringes Wachstum. Die achtziger und frühen neunziger Jahre brachten durch eine neue Welle des medizinischen Fortschritts und eine Reaktivierung der Zuwanderung und der Flüchtlingsströme erneut eine starke Vermehrung der Einwohnerzahl.

Die wichtigste Veränderung gegenüber der Habsburgermonarchie und der Ersten Republik war die regionale Verlagerung der Bevölkerung. Die Einwohnerzahl Wiens sank zwischen 1910 und 1991 von 2,08 auf 1,54 Millionen, auch die Bevölkerungszahl des Burgenlands nahm ab, die von Niederösterreich stagnierte. Der Anteil Ostösterreichs an der Bevölkerung verringerte sich von 1910 bis 1991 von 57,2 Prozent auf 42,1 Prozent. 1910 lebten 31,3 Prozent und 1934 fast 28,6 Prozent der Bevölkerung in Wien, 1951 nur mehr 23,3 Prozent. 1991 war nur mehr jeder fünfte Österreicher in Wien ansässig. In den Bundesländern Oberösterreich, Salzburg, Tirol und Vorarlberg lebten 1910 weniger als ein Viertel aller Einwohner Österreichs, 1991 hingegen mehr als ein Drittel.

Lebenserwartung für ausgewählte Altersjahre, Österreich, 1870 bis 1990, Frauen (in jeweils noch zu erwartenden Jahren)

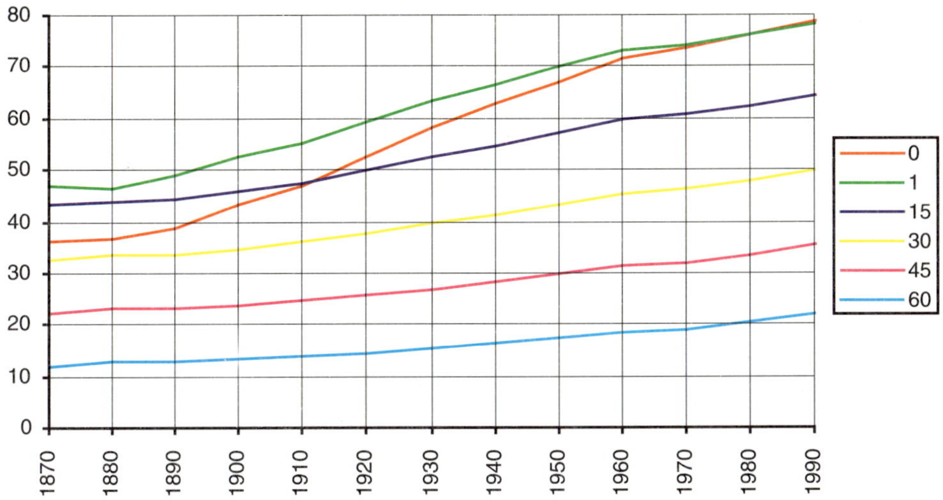

Quelle: Felix *Butschek,* Statistische Reihen zur österreichischen Wirtschaftsgeschichte. Die österreichische Wirtschaft seit der industriellen Revolution (Wien 1993) 2.4.

Die Westwanderung hatte mehrere Ursachen: erstens den Verlust der Stellung Ostösterreichs als Zentralraum der Habsburgermonarchie, wo Westösterreich Peripherie gewesen war, dazu die Krise Wiens nach 1938, als es nicht nur seine beherrschende Stellung, sondern mit den Juden auch mehr als 10 Prozent der Einwohnerschaft verlor, drittens die Binnenwanderung nach 1945 als Flucht vor der sowjetischen Besatzung und Folge des westeuropäischen Wirtschaftsbooms. Der Trend nach Westen hielt weiter an,

Tabelle 50: Die Urbanisierung Österreichs 1890 bis 1990 (Einwohner in Prozent nach Gemeindegrößenklassen)

	unter 2 000	2 000–5 000	5 000–10 000	10 000–50 000	50 000–100 000	100 000–1 000 000	über 1 000 000
1890	64,0	5,8	2,5	3,2	0,0	1,9	22,6
1900	58,1	6,5	2,7	5,2	0,9	2,0	24,6
1910	53,9	6,9	3,1	5,6	1,6	2,0	27,0
1923	50,0	7,0	3,6	6,0	0,9	3,9	28,6
1934	39,2	15,6	5,5	7,0	0,9	3,9	27,7
1951	34,7	17,0	6,4	8,9	2,3	7,4	23,3
1961	32,1	17,8	7,0	10,2	0,9	9,1	23,0
1971	25,8	22,1	8,0	10,3	2,5	9,3	21,6
1981	22,6	22,4	10,3	12,1	3,2	9,2	20,1
1991	21,5	23,3	10,9	12,4	3,2	9,0	19,8

Quelle: Statistisches Handbuch für die Republik Österreich, jeweilige Jahrgänge.

einerseits durch die Errichtung des Eisernen Vorhangs, andererseits durch die beginnende ökonomische Integration Westeuropas. Wien war an den Rand gerückt, trotz Wiederherstellung des Hauptstadtstatus.[168]

Das Schrumpfen Wiens führte zu einer für einen industrialisierten Staat atypischen Entwicklung der Urbanisierungsquoten. Dabei überlagerten sich zwei gegenläufige Entwicklungen, die Abnahme der Wiener Bevölkerung und das Voranschreiten der Verstädterung im übrigen Bundesgebiet. Der Verstädterungsprozeß war vor allem durch das Anwachsen der Umlandgemeinden der Städte charakterisiert.

Die Erwerbsquote sank zwischen 1910 und 1951 von 52,2 Prozent auf 48,3 Prozent. Ausschlaggebend dafür war in erster Linie der Rückgang der Frauen-Erwerbsquote von 40,1 Prozent (1910) auf 36,7 Prozent (1934) bzw. 35 Prozent (1951). Wirksam wurde also nicht die massive Heranziehung weiblicher Arbeitskräfte in den Weltkriegen, sondern der Abbau weiblicher Dienstboten, die wachsende Agitation gegen die Frauenarbeit und die staatlichen Maßnahmen gegen »Doppelverdienertum«. 1971 wurde in den gesamtgesellschaftlichen Erwerbsquoten mit 41,8 Prozent ein Minimum erreicht. Bis 1991 stieg die Erwerbsquote wieder auf 46,1 Prozent, vor allem weil die Frauenerwerbsquoten wieder stark zunahmen.

Frauen gehen vermehrt einer außerhäuslichen Erwerbsarbeit nach. Teilzeit- und Nebenerwerbe nehmen zu, teilweise auch außerhalb der wirtschaftlich erfaßten Kategorien, als Schwarzarbeit und Nachbarschaftshilfe. Gleichzeitig entstehen durch die Informationsgesellschaft neue Potentiale der Dezentralisierung der Arbeit.[169]

Die arbeitsmarktpolitischen Unterschiede der Geschlechter begannen sich abzuschwächen, wenn auch nicht zu nivellieren. Die siebziger Jahre bedeuteten zweifellos einen Höhepunkt in der Mehrfachbelastung der Frauen, einerseits durch steigende Anforderungen hinsichtlich der Haushaltsarbeit durch Wegfall des Hauspersonals und neue Standards der Haushaltsführung bei noch nicht voll durchgezogener Rationalisierung und noch sehr wenig ausgeprägter Bereitschaft der Männer zur Mithilfe, andererseits durch eine bereits stark angestiegene Erwerbstätigkeit, sowohl in unselbständigen

Tabelle 51: Arbeitskräfte in Österreich, 1954 bis 1990 (in 1000)

	Unselbständig Beschäftigte				Selbständig
	männlich	weiblich	insgesamt	davon Ausländer	Beschäftigte
1954	1 314,5	660,8	1 975,2	–	1 039,8
1960	1 465,9	816,0	2 281,9	–	935,8
1965	1 500,2	881,2	2 381,5	37,3	809,4
1970	1 506,9	882,3	2 389,2	111,7	685,5
1975	1 624,6	1 031,9	2 656,4	191,0	545,9
1980	1 672,2	1 116,6	2 788,7	174,7	484,2
1985	1 631,8	1 127,8	2 759,7	140,2	453,4
1990	1 718,8	1 209,9	2 928,7	217,6	421,7
1992	1 767,0	1 289,0	3 056,0	273,9	413,6

Quelle: Ingrid *Kubin*/Peter *Rosner*, Arbeitsmarktpolitik: Theoretische Grundlagen und österreichische Institutionen, in: Grundzüge der Wirtschaftspolitik Österreichs (hg. von E. *Nowotny* u. a., Wien 1994) 83.

Erwerbsverhältnissen als auch in selbständiger Rolle in Landwirtschaft und Gewerbe. Berufstätige Männer arbeiteten 1969 in Beruf und Haushalt zusammen etwa 54 Stunden pro Woche, berufstätige Frauen aber über 80 Stunden.[170] 1981 betrugen die entsprechenden Gesamtarbeitszeiten 51,3 und 65,9 Stunden pro Woche. Bis in die neunziger Jahre ergab sich eine weitere Angleichung. Allerdings ist die Aufteilung in häusliche und außerhäusliche Komponente weiter ziemlich unterschiedlich. Aus der im März und September 1992 vom Österreichischen Statistischen Zentralamt durchgeführten Zeitbudget-Erhebung geht hervor, daß erwerbstätige Ehefrauen und Lebensgefährtinnen mit Kindern unter 15 Jahren im Wochenschnitt mit 6 Stunden pro Tag beinahe dreimal so lange mit Haushalts- und Gartenarbeit, handwerklichen Tätigkeiten, Kinderbetreuung und Pflege hilfsbedürftiger Erwachsener beschäftigt sind wie ihre erwerbstätigen Partner. Nichterwerbstätige Frauen verwenden für Haushaltstätigkeiten circa 8¼ Stunden pro Tag. Die von Männern diesen Aufgaben gewidmete Zeit ist von der Erwerbstätigkeit der Partnerin kaum beeinflußt. Bei Nicht- bzw. Teilzeiterwerbstätigkeit der Partnerin geben sie 2 Stunden pro Tag an, bei deren Vollzeitbeschäftigung kaum eine Viertelstunde mehr. Während vollzeitbeschäftigte Frauen mit Kindern eine durchschnittliche Gesamtarbeitszeit in Haushalt und Erwerb von 9 Stunden und teilzeitbeschäftigte von 8¼ Stunden pro Tag aufweisen, betragen die vergleichbaren Werte der Männer 7¾ Stunden täglich. Nur bei nichtbeschäftigter Partnerin weisen Männer eine höhere Gesamtbelastung von 8¼ gegenüber 6¾ Stunden pro Tag auf.[171]

Die postindustrielle Gesellschaft brachte neue Zeitbudgetstrategien. Die neuen Konsumgüter waren häufig freizeitintensiv. Zeit blieb trotz der Arbeitszeitverkürzung knapp. Arbeitssparende Geräte im Haushalt und die Verlagerung von immer mehr Haushaltstätigkeiten in den Produktions- und Dienstleistungssektor verringerten zwar die Haushaltsarbeit: Fertigmenus, hohe Verarbeitungsstufen der Nahrungsmittel, Elektro- und Mikrowellenherde und häufigeres außerhäusliches Essen verminderten den Aufwand für das Kochen. Die Wegwerfgesellschaft reduzierte die häusliche Reparaturtätigkeit: Die Nähmaschine, im frühen 20. Jahrhundert unverzichtbarer Bestandteil einer Mädchenaussteuer, ist aus den Haushalten nahezu verschwunden. Nähen oder Stricken werden in den Schulen kaum mehr gelehrt. Auch die Kinderaufsicht und Er-

Tabelle 52: Die Stellung der Frau in der Wirtschaft, 1951 bis 1988 (in Prozent und in 1000)

	Unselbständig		Selbständig	Mithelfend	in 1000
	unqualifiziert	qualifiziert			
1951	37,5	18,0	11,5	32,9	1299
1961	36,7	27,0	11,1	25,2	1360
1971	35,8	37,5	10,0	16,7	1237
1981	33,1	49,2	10,7	7,0	1427
1988	28,8	55,0	8,1	8,0	1391

Quelle: Marina *Fischer-Kowalski,* Social Change in the Kreisky Era, in: The Kreisky Era in Austria (hg. von G. *Bischof*/A. *Pelinka,* New Brunswick 1994) 112.

ziehung wurde zunehmend nach außen verlagert oder wurde durch geringere Kinderzahlen weniger zeitaufwendig, auch wenn gleichzeitig die Intensität der Sorge um die Kinder zunahm. Aber größere Wohnungen, Einfamilienhäuser, Zweitwohnsitze und arbeitsaufwendige Hobbys vermehrten den Zeitaufwand.

Geschrumpft ist der primäre Sektor, 1934 noch 37,1 Prozent, 1981 nur 8,5 Prozent und 1991 7,2 Prozent. Der industriell-gewerbliche Bevölkerungsanteil, 1934 mit 32,1 Prozent knapp hinter dem landwirtschaftlichen und vor dem tertiären Sektor gereiht, wuchs bis 1951 auf 37,6 Prozent und erreichte 1971 mit 43,2 Prozent sein größtes relatives Gewicht. Bis 1991 sank sein Anteil wieder auf 37 Prozent. Der tertiäre Sektor, 1934 mit 30 Prozent knapp der schwächste und 1951 mit 29,8 Prozent kaum verändert, kletterte bis 1991 auf über 55 Prozent.

In der Ersten Republik war fast jeder fünfte Berufstätige Selbständiger. Fast ebenso hoch war die Zahl der mithelfenden Familienmitglieder. Zusammen stellten sie zwischen 35 und 40 Prozent aller Berufstätigen. In der Gegenwart sind nur mehr 14 Prozent aller Berufstätigen Selbständige und Mithelfende; fast die Hälfte aller Berufstätigen sind Angestellte und Beamte, mehr als zwei Drittel davon im tertiären Sektor. Gewachsen ist die Zahl der Angestellten auch in der Produktion, was auch hier eine Zunahme dispositiver gegenüber produzierender Tätigkeit andeutet, zum Teil aber auch nur die Aufwertung von Arbeitern in den Angestelltenstatus wiedergibt.

Der Anteil der im Alter von 15 bis 65 Jahren stehenden und damit theoretisch erwerbsfähigen Personen ist über den Zeitraum von 1869 bis 1991 mit fast genau zwei

Tabelle 53: Altersverteilung, Anteil der Erwerbsfähigen (15 bis 65 Jahre) und Anteil der Berufstätigen (Erwerbsquote) an der Gesamtbevölkerung Österreichs, 1869 bis 1991 (in Prozent)

	unter 15 Jahre	15–65 Jahre	über 65 Jahre	Berufstätige insgesamt (Erwerbsquote)
1869	28,2	66,6	5,2	62,8
1880	29,3	65,0	5,6	56,4
1890	29,8	64,3	5,9	56,1
1900	29,6	64,6	5,7	52,6
1910	29,8	64,1	6,0	52,2
1923	25,0	68,6	6,4	55,1
1934	23,7	68,4	8,1	50,1
1939	21,1	70,1	8,8	52,3
1951	22,9	66,5	10,6	48,3
1961	22,4	65,3	12,4	47,6
1971	24,3	61,5	14,2	41,8
1981	20,0	64,8	15,2	45,2
1991	17,3	67,4	15,3	46,1

Berechnet nach: Felix *Butschek,* Statistische Reihen zur österreichischen Wirtschaftsgeschichte. Die österreichische Wirtschaft seit der industriellen Revolution (Wien 1993) 3.1, 3.9.

Drittel erstaunlich stabil geblieben, wobei 1971 mit nur 61,5 Prozent ein erster Tiefpunkt und dann wieder ein Anstieg auf die alte Höhe zu verzeichnen war. Dabei überlagern sich zwei Entwicklungen, die Abnahme der Unterfünfzehnjährigen und die Zunahme der alten Menschen. Der Anteil der tatsächlich Berufstätigen an der Gesamtbevölkerung (Erwerbsquote) hingegen hat von 1869 bis 1971 von fast zwei Drittel auf zwei Fünftel mehr oder weniger kontinuierlich abgenommen und zeigt seither wieder steigende Tendenz, was aber nur eine vorübergehende Entwicklung darstellen wird.

Der Anstieg der Arbeitslosigkeit hat seine Ursachen sowohl angebots- wie nachfrageseitig. Durch den Babyboom der sechziger Jahre und die wachsende Frauenerwerbstätigkeit kam es seit 1971 längerfristig zu einem steigenden Angebot an Arbeitskräften. Durch die Rationalisierung und die wachstumsbedingten Strukturverschiebungen zusammen mit den konjunkturellen Schwächen und den Produktionsauslagerungen nach Südostasien und noch viel mehr nach Osteuropa, die die wirtschaftliche Entwicklung der achtziger und neunziger Jahre kennzeichneten, gingen in vielen Branchen Arbeitsplätze verloren.

Die Agrarrevolution der Nachkriegszeit

Der Wandel, der sich in der Landwirtschaft nach dem Zweiten Weltkrieg vollzog, war tiefgreifender und rascher als je zuvor. Dieser Wandel, der die Produktionsmethoden ebenso betraf wie die Lebensverhältnisse, war von enormen Ertrags- und Produktivitätssteigerungen, aber auch von einem harten Verdrängungswettbewerb im Dorf geprägt. Waren die ersten Jahre nach dem Zweiten Weltkrieg von Hungersnot und Mangel, von Ablieferungspflicht und Hamsterkäufen gekennzeichnet, so sind heute die nicht absetzbaren Überschüsse, die Kontingentierungen und die Stillegungsprämien die

Tabelle 54: Landwirtschaftliche Erträge pro Hektar, Österreich 1790 bis 1990 (in metrischen Zentnern)

	Weizen	Roggen	Gerste	Hafer	Mais	Kartoffeln	Zuckerrüben
1790	9,7	9,3	12,3	7,6	17,0	75,1	–
1830	9,7	9,3	12,3	7,6	17,5	75,1	192,2
1870	10,2	9,9	11,4	9,5	16,6	60,9	190,0
1910	13,4	13,1	12,5	11,1	14,9	87,7	192,8
1930	14,3	12,6	14,8	13,3	19,9	116,6	241,3
1950	17,6	15,5	17,2	10,7	20,5	138,6	281,1
1980	44,7	35,0	40,5	34,3	67,0	240,4	510,0
1990	50,5	42,6	51,8	39,4	79,5	247,4	469,1

Berechnet nach: Roman *Sandgruber,* Österreichische Agrarstatistik 1750–1918. Wirtschafts- und Sozialstatistik Österreich-Ungarns 2 (hg. von A. *Hoffmann*/H. *Matis,* Wien 1978); Felix *Butschek,* Statistische Reihen zur österreichischen Wirtschaftsgeschichte. Die österreichische Wirtschaft seit der industriellen Revolution (Wien 1993) 9.3.

Hauptmerkmale der Agrarpolitik. Wo man früher um jedes Fleckchen Feldrain und jeden Grashalm am Mittelstreifen der Fahrwege gierte, können heute gewisse Wiesenstücke nur mehr mit entsprechenden Vergütungen gemäht werden und werden für die Stillegung von Flächen Prämien bezahlt.

1945 war die landwirtschaftliche Welt noch wenig verändert. Die Hektarerträge lagen in diesem Jahr nicht wesentlich über den mittelalterlichen. Immer noch arbeitete man mit Sichel und Sense, mit Pferd und Leiterwagen, in vielen Fällen wegen des Energiemangels sogar mit dem Dreschflegel, man säte und molk mit der Hand und wirtschaftete in den hergebrachten Kreisläufen. Die Sozialstrukturen waren traditionell. »Die Mahd auf steiler Bergwiese, der kraxentragende Bergbauer mit festem Tritt, das Ochsengespann auf holprigem Weg, der schwere Schritt des säenden Ackermanns: kaum ein repräsentativer Bildband oder Kulturfilm der fünfziger Jahre über das Land und seine fleißigen Menschen wollte ohne solche Motive auskommen.«[172]

Die Arbeitsproduktivität war gering. Die verfügbaren landwirtschaftlichen Maschinen erlaubten es nicht, auch nur ein einziges Produktionsverfahren durchgängig zu mechanisieren und damit durch Schließung der Arbeitsketten jene saisonalen Engpässe und Arbeitsspitzen, die die Haltung einer überdimensionierten, außerhalb der Spitzenzeiten nicht benötigten Beschäftigtenzahl erzwangen, auszuschalten und abzubauen. Erst nach 1950 begann in der Getreide- und Grünlandwirtschaft die Vollmechanisierung. Zuerst wurde eine pferdegezogene Mähmaschine gekauft, dann ein Motormäher, später ein Traktor und die zugehörigen Bodenbearbeitungs- und Heuerntegeräte, es wurden der Stall erweitert, die Jauchegrube vergrößert, ein Ladewagen, ein Miststreuer, ein Mähdrescher, ein Gebläsehäcksler, eine Kartoffellegemaschine und ein Kartoffel-

Pferd und Maschine: Schwadenzieher (»Sonnenrad«) in den fünfziger Jahren vollernter angeschafft. Melkmaschinen, halbautomatische Entmister und Selbsttränkeanlagen vereinfachten die Stallarbeit und erzwangen den Umbau und die Modernisierung der Ställe. Zuletzt wurden die bäuerlichen Wohngebäude adaptiert und auch Haus und Küche rationalisiert. Immer mehr Arbeitsgänge, auch sehr unangenehme und spezialisierte, wurden durch Maschinen ersetzt, wenngleich manuelle Arbeit ein wesentlicher Bestandteil bäuerlicher Arbeit geblieben ist.

Die Motorisierung durch Traktoren, Geräteträger und selbstfahrende Landmaschinen verminderte den Bedarf an Zugtieren und damit Futtermitteln und machte Platz für mehr Marktproduktion. Gleichzeitig wurde durch den Einsatz fossiler Energieträger, mineralischer Dünger und zugekaufter Futtermittel die vorher unumgänglich notwendige Verbindung zwischen Getreidebau und Viehzucht aufgelöst und der Spezialisierung der Produktion der Weg freigemacht. Die Landwirtschaft entfernte sich immer mehr von den Schranken der Kreislaufwirtschaft. Bei der Tierhaltung war eine zunehmende betriebliche und regionale Konzentration zu beobachten, am stärksten bei Masthühnern und Mastschweinen, etwas weniger stark bei Rindern. Die Schweinehaltung orientierte sich auf die Intensivgebiete des Flachlands, die Milchproduktion und Rinderhaltung auf einen schmäler werdenden Streifen des Voralpengebietes und die bergbäuerlichen Ungunstlagen.

Das Bild, das die Felder boten, änderte sich. Roggen und Hafer, ein Jahrtausend lang die wichtigsten Feldfrüchte, sind fast verschwunden. Die blaublühenden Flachsfelder prägen nicht mehr das Landschaftsbild. Die Kartoffel, der Aufsteiger des 19. Jahrhunderts, besetzt nur mehr wenig Flächen. Der Mais ist der große Sieger. Neue Feldfrüchte tauchten auf: gelbblühende Raps- und Sonnenblumenfelder, Futtererbsen, Pferdeboh-

Traktorgezogener Pflug, Steyr-Diesel-Traktor, Typ 180, 26 PS, 1952

nen, Soja. Die alten Mostobstgärten um die Höfe herum wurden durch Monokulturen in Reih und Glied ersetzt. Mit den Streuobstwiesen verschwand eine wichtige ökologische Nische. Die vielen Feldraine und begrenzenden Hecken fielen der Ausräumung der Landschaft zum Opfer. Die neuen Windschutzstreifen bieten nur einen unzureichenden Ersatz.

Die geographische Spezialisierung und produktionstechnische Mechanisierung bewirkte eine Einsparung an Arbeitskraft, die sich erstmals auf alle wesentlichen Produktionsschritte erstreckte und damit einen durchgängigen Arbeitskräfteabbau möglich machte. Von 1961 bis 1993 ging der Anteil der Landwirtschaft an den Gesamtbeschäftigten von 22,8 Prozent auf 6,7 Prozent zurück, was einem Arbeitskräfteabbau von 519 000 Menschen entspricht. Dieser erfolgte stufenweise, von den familienfremden Arbeitskräften über die mithelfenden Familienmitglieder bis hin zum Nebenerwerb des Bauern oder des Besitzerehepaars. Die Übergänge verliefen zwar scheinbar kontinuierlich und organisch. Selten kam es zu wirklichen Kündigungen. Häufig wurden freiwerdende Stellen nicht mehr nachbesetzt. Die sozialen Spannungen und Umstellungsschwierigkeiten, die damit verbunden waren, verzeichnet aber keine Statistik.

Die Zahl der Betriebe nahm ab, von etwa 430 000 im Jahre 1930 auf etwa 278 000 im Jahre 1990. Der Konzentrationsprozeß setzte im wesentlichen erst in den sechziger Jahren ein. Die Grenze zwischen den nebenberuflich und hauptberuflich bewirtschaftbaren Hofgrößen rutschte nach oben. 1990 wurden weniger als 30 Prozent der Betriebe im Vollerwerb geführt. 1950 war das Verhältnis noch umgekehrt: Etwa 65 Prozent Vollerwerbsbetrieben standen circa 35 Prozent Zu- und Nebenerwerbsbetriebe gegenüber. Die ehemals gesindereichen Bauernhöfe wurden zu vom Bauern allein bewältigbaren Einmannbetrieben. Die Klein- und Mittelbetriebe, soweit sie überhaupt noch existenzfähig sind, wurden zu Nebenerwerbsbetrieben, in denen die Hauptlast der landwirtschaftlichen Arbeit auf die Bäuerin übergewälzt wird. Waren ehemals in größeren und mittleren Wirtschaften Bauer und Bäuerin in disponierenden Funktionen tätig, so wurden sie im 20. Jahrhundert zu ausführenden Arbeitskräften, die in der Gegenwart häufig den Haupterwerb in anderen Berufszweigen finden.

Die Arbeitszeiten in solchen Nebenerwerbsbetrieben sind sowohl für die Frauen als auch die Männer überdurchschnittlich lang, für die Männer durch die außerlandwirtschaftliche Erwerbsarbeit zusammen mit den meist in der Freizeit und Urlaubszeit ausgeführten landwirtschaftlichen Arbeiten und den häufig sehr langen Anfahrtswegen zum Arbeitsplatz, für die Frauen durch die entstehende Doppelbelastung aus Betrieb und Haushalt. Anders als in der Industrie, wo Produktivitätssteigerungen zumindest teilweise durch Arbeitszeitverkürzung ausgeglichen wurden, fehlt dieses Korrektiv in der Landwirtschaft vorläufig fast vollständig.

In den Mangeljahren, die dem Kriegsende folgten, fanden die Agrarprodukte immer ihre Käufer. Die einfache Formel der Agrarpolitik »Intensivierung und Mechanisierung« genügte vollauf. 1953 konstatierte man eine erste Wende in der agrarpolitischen Ausgangslage: Die Devise »Ernährungssicherung der Bevölkerung« wurde von der der »Existenzsicherung der landwirtschaftlichen Betriebe« abgelöst. Die seit 1958 wirksamen Marktordnungsgesetze, die die Marktregelung in einem Zusammenspiel der staatlichen Fonds mit den Genossenschaften zu lösen versuchten, wurden zum Ausgangspunkt neuer Probleme. Die Milchwirtschaft wurde zum zentralen Bestandteil der Marktordnung, mit den Milchverwertungsunternehmen als zentraler Nahtstelle. Obwohl die Sättigungsgrenze bei Milch und Milchprodukten näherrückte und die Preise sanken, stiegen die Liefermengen wegen inverser Reaktionen der Milchproduzenten weiter an. Nach der Mitte der sechziger Jahre wurde ein Viertel der Milchprodukte exportiert. Die Marktleistung für Brotgetreide stieg auf über 30 Prozent über dem Inlandsbedarf.[173]

Die spezifischen Probleme der österreichischen Landwirtschaft, die Betriebsgrößenstruktur und natürliche Ungunst, wurden durch Marktsättigung und Änderung der Konsumgewohnheiten verstärkt. Die Landwirtschaft ist in der Wachstumsgesellschaft, in der ein immer kleinerer Teil des steigenden Volkseinkommens zum Kauf von Nahrungsmitteln und Getränken verwendet wird, im Nachteil. Die Orientierung auf den Markt ist sehr viel stärker geworden. Der Bauer verkauft immer mehr Produkte und muß gleichzeitig immer mehr Produkte zukaufen. Er erzeugt nicht mehr fertige Lebensmittel, sondern fast nur mehr Rohstoffe für den verarbeitenden Sektor. Es bestehen zwar noch Reste von Subsistenzwirtschaft, bei der Instandhaltung von Geräten und Gebäuden und bei der Selbstversorgung mit Lebensmitteln. Immer mehr Bauern erkennen auch die Chance, durch Direktvermarktung die Abhängigkeit von den nachgelagerten Sektoren zu vermindern und sich zusätzliche Erwerbsnischen zu schaffen. Die Zurückdrängung der Bauern auf die Rohstoffproduktion verstärkte aber die Verschlechterung der Terms of Trade. Vom Wert der landwirtschaftlichen Produktion verbleibt den Bauern immer weniger. Von den Lebensmittelausgaben der Konsumenten erhielt der Bauer 1950 im Durchschnitt noch 43,5 Prozent, 1985 nur mehr 12 Prozent.

Die durch die Agrarpreispolitik verschärfte Intensivierungs- und Überschußspirale konnte bestehen, weil sowohl Teile der Bauern, die auf guten Standorten unter günstigen Bedingungen produzierten, als auch die vor- und nachgelagerten Branchen, die am vermehrten Umsatz verdienten, daran Interesse hatten. Die Einkommensdisparitäten

Tabelle 55: Pflanzenproduktion, Österreich 1790 bis 1990 (in 1000 Tonnen)

	Weizen	Roggen	Gerste	Hafer	Mais	Kartoffeln	Zuckerrüben
1789	102,8	324,4	95,7	218,3	42,5	112,7	0,0
1830	163,8	441,4	95,8	281,5	68,6	279,9	0,7
1870	217,8	379,2	160,4	303,4	109,5	610,7	34,3
1910	276,8	539,9	173,1	365,1	94,7	1319,7	232,5
1930	287,4	481,0	216,5	411,7	116,8	2056,7	541,1
1950	383,9	387,7	229,9	222,6	119,9	2547,7	820,8
1980	1200,6	382,8	1514,5	315,9	1292,7	1263,9	2585,7
1990	1403,5	387,7	1511,9	264,4	1543,7	801,5	2334,1

Berechnet nach: Roman *Sandgruber,* Österreichische Agrarstatistik 1750–1918. Wirtschafts- und Sozialstatistik Österreich- Ungarns 2 (hg. von A. *Hoffmann*/H. *Matis,* Wien 1978); Felix *Butschek,* Statistische Reihen zur österreichischen Wirtschaftsgeschichte. Die österreichische Wirtschaft seit der industriellen Revolution (Wien 1993) 9.3.

zwischen Gunst- und Ungunstlagen konnten durch die Agrarpolitik nicht beseitigt werden. Strukturell benachteiligte Regionen leiden stark unter der Agrarkrise, das Mühlviertel oder die Eisenwurzen, Landschaften in geographischer Randlage und unter erschwerten klimatischen und geologischen Bedingungen, die durch wenig Arbeitsplätze, hohe Auspendlerquoten und Abwanderungsraten gekennzeichnet sind.

Die Landwirtschaft gilt allgemein als Inbegriff der Naturverbundenheit. Andererseits war landwirtschaftliche Betätigung immer mit Eingriffen in die Natur gekoppelt. Die Kulturlandschaft, die durch die landwirtschaftliche Tätigkeit entstanden ist und das ursprüngliche Landschaftsbild in vielerlei Hinsicht mehr oder weniger stark modifiziert hat, ist in zweierlei Richtung gefährdet: einerseits durch die Intensivierung der landwirtschaftlichen Tätigkeit, andererseits durch die Aufgabe derselben. So ist das Bild des Bauern widersprüchlich geworden, einerseits als Giftsprüher und Artenvernichter, andererseits als Erhalter und Heger der Vielfalt der Landschaft.

Die Grenzen der landwirtschaftlichen Intensivierung könnten rascher erreicht werden als erwartet: Rückstände der Pflanzenschutz- und Unkrautbekämpfungsmittel, Wirkungen der Mineraldünger, die durch Ausschwemmung die Fließ- und Grundwässer gefährden und die Bodenfauna und den Artenreichtum reduzieren, Veränderungen durch Flurbereinigungen und Kommassierungen, Drainagierungen und Flußregulierungen, die Verdichtung und Versiegelung der Böden, die »Ausräumung und Zersiedelung der Landschaft«, die Bodenerosion durch inadäquate Fruchtfolgen, Auswirkungen von Spezialisierungen und Monokulturen, mögliche Überdüngung der umliegenden Böden bei Massentierhaltung, dazu Bedrohungen, die aus den in greifbare Nähe gerückten Genmanipulationen entstehen, ganz abgesehen vom Hauptproblem, dem Aufbrechen ehemals geschlossener Kreisläufe und der fehlenden Nachhaltigkeit des Systems, bilden ein vielfach vernetztes Gefährdungspotential. Dazu kommen außerlandwirtschaftliche Belastungen der Natur, die Flächenverluste für den Straßen- und Siedlungsbau, die Auswirkungen der Luftschadstoffe auf den Boden, die Vegetation und die Fauna, die Schwankungen und Bedrohungen des Wasserhaushalts und die generellen klimatischen Veränderungen.

Düngemittel »Nitramoncal«, Anzeige der Stickstoffwerke Linz aus den fünfziger Jahren

Die Grundform der landwirtschaftlichen Arbeitsorganisation in Österreich war und ist der bäuerliche Familienbetrieb. Diese enge Verbindung von Arbeits- und Lebensform macht produktionstechnische Veränderungen noch tiefgreifender, als sie es sonst sind. Kinder waren, als die familienfremden Arbeitskräfte immer weniger bereit waren, in der Landwirtschaft zu bleiben, notwendig, um den Hof bewirtschaften zu können. Inzwischen kann und will man die Kinder nicht mehr an den Hof binden. Heute ist es häufig so, daß Bauern arbeiten gehen, um den Hof zu erhalten. Die Hofübernahme ist in manchen Gebieten keineswegs mehr so selbstverständlich wie früher, zumal die Ausbildungsmöglichkeiten auch für Bauernkinder sehr gestiegen sind. In vielen Fällen dient der Hof lediglich als eine Art Krisenvorsorge. War es bis in die fünfziger Jahre für die nichterbenden Geschwister eines Hoferben schwierig, überhaupt zu heiraten, während der Hoferbe vielfach schon als Kind »vergeben« wurde, ist es heute für den Hoferben bedeutend schwieriger, einen Partner zu finden, als für die anderen Geschwister.

Aus den »Bauern« sind »Unternehmer« geworden. Bauern- und Unternehmerideologie bilden eine vielfach verschränkte Gemengelage. Auch das Dorf ist nicht mehr agrarisch bestimmt. Die Bauern sind nicht nur in der Gesellschaft, sondern auch in den Dörfern zur Minderheit geworden. Dieser Bedeutungsverlust wirkt verunsichernd. Die stark patriarchalische Familienstruktur wurde aufgeweicht. Vor allem die Bäuerin ist ins Zentrum der Aufmerksamkeit gerückt. Sie war, anders als die bürgerliche Frau, immer stark in den Arbeitsprozeß eingebunden, was ihr von jeher ein hohes Maß an Doppelbelastung aufbürdete. Die Anforderungen gegenüber früher sind erheblich gestiegen. Der bäuerliche Haushalt ist arbeitsaufwendiger als der städtische. Die Ausrichtung am bürgerlichen Frauenideal, das im bäuerlichen Haushalt schwer zu verwirklichen ist, drängt die Bäuerinnen in einen kaum auflösbaren Zwiespalt. Zudem lasten auf der Bäuerin noch immer viel mehr familiäre Pflichten: Altenteiler, die mitleben, berufstätige Geschwister, die im Haushalt wohnen, der Kinderreichtum. Die Kinderzahl ist zwar geringer geworden, ist aber noch immer wesentlich höher als der Durchschnitt.

Durch den rascheren Generationenwechsel leben jetzt mehr Generationen zusammen. Das bringt Vorteile, aber auch Schwierigkeiten. Zwar war der Stellenwert alter Leute als Träger und Mittler der Überlieferung und Erfahrung früher größer als heute, wo mit der raschen technischen Veränderung am Hofe neues Wissen notwendig geworden ist und die traditionelle Altersautorität verschwunden ist. Aber durch das 1957 geschaffene System der Zuschußrenten wurde dem »Ausnehmer« ein gewisses Mindestmaß an Bargeld zur Verfügung gestellt. Die 1969 beschlossenen Bauernpensionen sind zwar die niedrigsten Pensionen Österreichs, viele Altbauern dürften dennoch dank der Pension mehr verfügbares Bargeld haben als in ihrem ganzen früheren Leben. Zudem werden in vielen Betrieben die Altbäuerinnen und Altbauern als mithelfende Kräfte gebraucht, wenn die Existenz des Hofes überhaupt gesichert sein soll. Viel häufiger als den »Pensionsschock« findet man daher im bäuerlichen Bereich das Umgekehrte, nämlich den Zwang, bis ins hohe Alter weiterarbeiten zu müssen, weil kein Erbe den Hof übernommen hat oder ihn der Nachfolger ohne Mithilfe der Alten nicht bewirtschaften könnte.

So ist die Agrarpolitik, die den bäuerlichen Betrieb in Österreich lange Zeit und länger als im übrigen Nordwesteuropa zu sichern und zu erhalten vermochte, in ein schwer zu bewältigendes Dilemma geraten, das sich mit dem EU-Beitritt noch pointierter stellt:

Der bäuerliche Betrieb verliert immer mehr an Lebenschancen und Erwerbsmöglichkeiten, ist aber längerfristig der wichtigste Garant einer naturnahen Lebensmittelversorgung und Schutz für eine im Verlauf von über 1000 Jahren herausgebildete Kulturlandschaft.[174]

Energie im Überfluß?

Aus dem ausgesprochen energiearmen Land, das nach dem Zerfall des großen Wirtschaftsraums der Monarchie als der österreichische Rest übriggeblieben war und dessen ökonomische Strukturschwächen nicht zuletzt auf den Mangel an konkurrenzfähigen Energiequellen zurückgeführt wurden, war nach 1945 eines der am besten und billigsten mit Energie versorgten Länder Europas geworden. 1959 verbrauchte die österreichische Wirtschaft zweieinhalbmal soviel Energie wie 1937. Die inländische Produktion an Rohenergie war aber in der gleichen Zeit auf das Siebenfache gestiegen und um eine Zehnerpotenz billiger geworden.[175]

Vorerst allerdings war nach Kriegsende Sparsamkeit im Umgang mit Energie das oberste Gebot. Gemessen an der gesamten Kraftwerkskapazität waren die Kriegsverluste und Demontagen zwar nicht sehr groß. Erheblich ins Gewicht fielen sie aber im Wiener Raum, wo auch der Kohlenmangel die Wirtschaft stark behinderte. Die während des Krieges durch Raubbau und geringe Investitionstätigkeit vernachlässigten Kohlenbergbaue konnten nach Kriegsende rasch aktiviert werden. Während die gesamtösterreichische Industrieproduktion 1946 nur etwa ein Viertel des Jahres 1937 ausmachte, war im steirischen Kohlenbergbau 1946 bereits eine Produktion von 80 Prozent des Vorkriegsstandes erreicht. Man hoffte im 1948 erstellten Elektrizitätswirtschaftsplan, Österreich aufgrund der Erdölvorkommen und Wasserkräfte zur »Kraftquelle Europas« und als »bedeutendstes Stromexportland Europas« etablieren zu können.[176]

1947 wurden im zweiten Verstaatlichungsgesetz die Elektrizitätsgesellschaften mit wenigen Ausnahmen verstaatlicht. Organisatorisch war je eine Landesgesellschaft für jedes Bundesland vorgesehen, dazu Sondergesellschaften für überregionale Großkraftwerke und die Verbundgesellschaft als Dachorganisation. Damit wurden auch die organisatorischen Voraussetzungen geschaffen, die Zersplitterung der Versorgungsnetze zu beheben.

Das Schwergewicht des Ausbaus der Wasserkräfte verlagerte sich zu den großen Anlagen, deren wirtschaftliche Nutzung durch den Ausbau des Verbundnetzes möglich gemacht wurde. Der nach dem Zweiten Weltkrieg einsetzende oder fortgeführte Kraftwerksbau kontrastierte scharf zur Zwischenkriegszeit. Zuerst erfolgte die Fertigstellung der im Krieg begonnenen Arbeiten, des Speicherkraftwerks Kaprun, der vier Laufkraftwerke der Ennsgruppe, des Gerloswerks und des Kraftwerks Lavamünd. Ein wesentlicher Teil der Finanzierung erfolgte aus ERP-Mitteln. In den Jahren 1948 bis 1954 wurden der E-Wirtschaft aus dem ERP-Programm knapp 3 Milliarden Schilling zur Verfügung gestellt, etwa 37 Prozent der gesamten ausgeschütteten Summe. Mehr als 1,3 Milliarden Schilling gingen davon in den Ausbau des Tauernkraftwerks Glockner-Kaprun.

Kraftwerk Kaprun: Limberg-Sperre im Bau, 1950

Um dieses im Jahr 1955 fertiggestellte Speicherkraftwerk ranken sich die Heldenlieder des österreichischen Wiederaufbaus. Ein Hauch von Pionierzeit und Goldgräberromantik hauste in den Baracken der Bausiedlung. »Die Männer von Kaprun«, die das »weiße Gold der Alpen« erschlossen, wurden als bärenstarke Hilfsarbeiter und heroische Ingenieure dargestellt, die keine Gefahr »der Gebirgsfront« scheuten. »Weißes Gold und grauer Beton«, das war das »Hohelied von Kaprun«. Der Kraftwerksbau bedeutete fast wie der Staatsvertrag nationale Unabhängigkeit. Der Verkehrs- und Verstaatlichtenminister Karl Waldbrunner sprach bei der Eröffnung vom neuen »Nationalheiligtum«. Das war für Österreich bislang Mariazell gewesen. Daß die kirchliche Weihe unterblieb, ein für Österreich beispielloser Vorgang, mag Ausdruck dieses Willens gewesen sein, hier ein explizit weltliches Heiligtum zu etablieren. Kaprun wurde zum Mythos: Neben zahlreichen Dokumentationen, Kulturfilmen und Wochenschauberichten, die Kaprun zum Thema hatten, entstanden mehrere Romane und Erzählungen und ein Heimatfilm (»Das Lied von Kaprun«), während ein anderes Filmprojekt nach Jürgen Thorwalds umstrittenem Kaprun-Roman mit Ruth Leuwerik und Burt Lancaster in den Hauptrollen dann doch nicht realisiert wurde. »Vielleicht vom österreichischen Staatsvertrag abgesehen, war es Kaprun, das den Österreichern des Jahres 1955 den stärksten Glauben in Österreichs Zukunft vermittelt hat«, resümierte der österreichische Bundespräsident Rudolf Kirchschläger 1980.[177]

1952 begann mit dem Kraftwerk Jochenstein auch der Ausbau der Donau. In Ybbs-

Persenbeug, wo sich wegen der Beschlagnahme der Baustelle durch die russische Besatzungsmacht Schwierigkeiten ergeben hatten, wurden die Bauarbeiten 1954 wieder aufgenommen. Jochenstein konnte 1956 in Vollbetrieb gehen, Ybbs-Persenbeug 1959. Von 1959 an wurden an der Donau in zwei- bis vierjährigen Intervallen sieben weitere Laufkraftwerke errichtet. 1992 wurde mit dem Bau der Staustufe Wien-Freudenau begonnen. Nicht durchgesetzt werden konnten die Kraftwerke bei Hainburg und in der Wachau. Insgesamt deckt inzwischen die Donau etwa ein Viertel des österreichischen Stromverbrauchs. Den Ausbau der großen Laufkraftwerke an Donau, Drau, Enns und Mur begleiteten die großen Speichergruppen: Illwerke, Kaunertal, Sellrain-Silz, Zemm-Ziller, Reißeck-Kreuzeck, Malta, Fragant ...[178]

So wichtig die Kohlenbergbaue im ersten Nachkriegsjahrzehnt waren, so schwierig gestaltete sich ihre Situation in den nächsten Jahrzehnten. Nach der Produktivitätskampagne zur Ankurbelung der österreichischen Kohlenförderung in der unmittelbaren Nachkriegszeit versuchte man nach Ausbruch der internationalen Kohlenkrise 1958/59, eine Anpassung an die neue energiewirtschaftliche Situation zu erreichen. Immer mehr Mittel waren für Stillegungskosten von Bergwerken aufzuwenden.[179]

Die russische Besatzungsmacht, die unter dem Titel des Deutschen Eigentums alle Ölfelder, Raffinerien und Konzessionen für sich reklamierte, forcierte die Ölförderung: Bis zum Abschluß des österreichischen Staatsvertrages 1955 wurden insgesamt 21 Millionen Tonnen Rohöl gefördert, rund fünfmal soviel wie während der Zugehörigkeit zum Deutschen Reich. Damit waren allerdings die Spitzenwerte überschritten. Der mengenmäßige Ertrag der Felder ging in weiterer Folge kontinuierlich zurück. Der Erdgasförderung hingegen wurde erst nach 1955 größeres Augenmerk geschenkt. Die russische Verwaltung betrachtete das Erdgas mehr oder weniger als Abfallprodukt. Energiewirtschaftlich genutzt wurden nur etwa 40 Prozent der Gesamtproduktion. Bis zum Jahre 1955 stieg die Erdgasförderung auf 766 Millionen m^3, von denen etwa 60 Prozent diversen Verbrauchern außerhalb der Ölwirtschaft zugeführt wurden. Nach 1955 wurde begonnen, ein Versorgungsnetz aufzubauen. Beliefert wurden vorerst das Land Niederösterreich, die Gemeinde Wien und die Steirische Ferngasgesellschaft, die entsprechende Verteilungseinrichtungen aufbauten.

1958 bahnte sich ein neuerlicher Umschwung der Energiebilanz an: Die Importabhängigkeit begann wieder drastisch zuzunehmen, durch die Verbilligung der ausländischen Energie, durch den dramatischen Verbrauchsanstieg und die Erschöpfung der inländischen Lagerstätten. Die niedrigen Öl- und Gaspreise in den sechziger Jahren führten zum verstärkten Bau kalorischer Kraftwerke. Der Ölpreisschock 1973/75, der kurzfristig zu einer Vervierfachung der Rohölpreise führte, und die Bedenken gegen die Kernenergie ließen die Anteile der Wasserkraft wieder ansteigen, bis auch beim Wasserkraftausbau die Widerstände zunehmend stärker wurden, so daß wiederum eine stärkere Verlagerung auf Kohlekraftwerke das Resultat war. Die Energiepreise blieben niedrig.

Der Plan zum Einstieg in die Kernenergie Ende der sechziger Jahre entstand auf Betreiben der Regierung, der Wissenschaft und der Industrie, die von den technologischen Perspektiven, die die Kernenergie zu eröffnen schien, motiviert waren und fürchteten, den internationalen Anschluß zu verlieren. Wenig Anstöße kamen ursprünglich von den Elektrizitätsgesellschaften selber, die die Konkurrenzfähigkeit der Kernenergie vorerst eher skeptisch beurteilten. Energiewirtschaftliche Argumente spielten in der Entscheidungsfindung kaum eine Rolle, sicherheitstechnische bis 1973 überhaupt keine. Es bestand ein breiter, fortschrittsoptimistischer Konsens. Erst in der Vermengung parteitaktischer Überlegungen mit Sachargumenten kam es zur Volksabstimmung vom 5. November 1978, die mit 50,5 Prozent der abgegebenen Stimmen, bei einer Wahlbeteiligung von 64 Prozent, zu einer Ablehnung der Inbetriebnahme des fertiggebauten Kernkraftwerks in Zwentendorf führte. Das Projekt wurde gestoppt und durch ein kalorisches Kraftwerk im nahen Dürnrohr ersetzt, da die Stromleitungen für Zwentendorf bereits vorhanden, aber ungenutzt waren. Im Dezember 1978 folgte ein Gesetz, das den Einsatz von Kernkraftwerken in Österreich verbietet und nur mit qualifizierter Mehrheit abgeändert werden kann.[180]

Die Nutzung der Wasserkraft als heimischer und sauberer Energieform war bis in die siebziger Jahre gesellschaftlich weitgehend akzeptiert. Zu ersten Auseinandersetzungen kam es in Oberösterreich um das Kraftwerk Molln, in Niederösterreich um die Verbauung des Kamptals. Der folgenreichste Konflikt entzündete sich an der Donau. Die Donaukraftwerke (DOKW) hatten bereits 1952 eine Staustufe bei Hainburg vorgesehen, deren Planung 1981 gemäß dem Fahrplan des Donauausbaus begann. Es schien mit der Erklärung zum bevorzugten Wasserbau und der Erteilung der Naturschutzgenehmigung durch die niederösterreichische Landesregierung alles den gewohnten Gang zu nehmen. Der sich formierende Widerstand verschiedener recht differenter Gruppierungen wurde durch den Zusammenschluß zur »Aktionsgemeinschaft gegen das Kraftwerk Hainburg« immer mehr auf eine grundsätzliche Ebene kanalisiert und endete schließlich nach der Besetzung der Kraftwerksbaustelle in einer Sistierung des Baubeschlusses.

Auch andere Kraftwerksprojekte konnten nicht realisiert werden: Das Bauvorhaben im Dorfertal, das auf Planungen aus der Zwischenkriegszeit und dem Dritten Reich zurückgeht, scheiterte am Einspruch des freiheitlichen Handelsministers Norbert Steger, am zunehmenden Widerstand verschiedener Gruppen und am »Hainburgschock«. Im Reichraminger Hintergebirge formierte sich eine »Aktionsgemeinschaft Hintergebirge«, die das Projekt der Ennskraftwerke, zwei Speicherbecken mit 100 bzw. 80 Meter hohen Talsperren und 72 MW installierter Leistung, zu Fall brachte. Die kleinen Konflikte sind inzwischen beinahe unüberschaubar. Waren in der ersten Hälfte des 20. Jahrhunderts die Finanzierungsengpässe das größte Hindernis für die Realisierung von Kraftwerksprojekten, so sind es in neuester Zeit die Befürchtungen um die Umwelt.[181]

Zwischen 1947 und 1985 stieg der Stromverbrauch in Österreich auf das Zwölffache. Die jährlichen Zuwachsraten, die in den fünfziger Jahren über 10 Prozent lagen, haben sich inzwischen auf etwa 3 Prozent verringert. Energie ist billig geworden: Für das Bruttoentgelt von einer Stunde Arbeit in der Industrie konnte ein Konsument 1990 etwa 40mal soviel elektrische Energie kaufen wie um 1930 und etwa 200mal soviel wie vor dem Ersten Weltkrieg. In abgeschwächter Form gilt dies auch für primäre Energieträ-

Energieverbrauch in Österreich 1922 bis 1992 nach Energieträgern (in Terajoule)

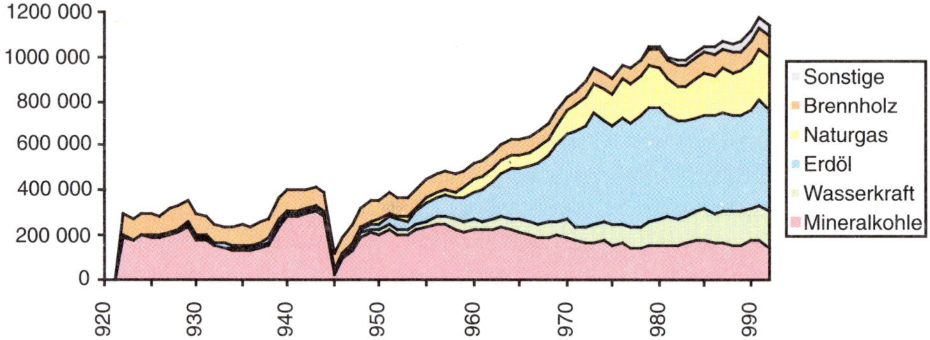

Quelle: Felix *Butschek,* Statistische Reihen zur österreichischen Wirtschaftsgeschichte. Die österreichische Wirtschaft seit der industriellen Revolution (Wien 1993) 10.5.

ger. Die Ursachen für die sinkende Tendenz der Preise von Energie und insbesondere für sekundäre Energieträger bzw. Energiedienstleistungen liegen im technischen Fortschritt, in der Entdeckung und Erschließung von Ressourcen, in den deutlich niedrigeren Realzinssätzen und im Aufbrechen monopolistischer Strukturen, die die Energiemärkte des 19. Jahrhunderts kennzeichneten. Entscheidende Verbilligungseffekte für elektrische Energie ergaben sich vor allem im Gefolge der beiden Weltkriege und als Resultat der damit zusammenhängenden hyperinflationären Geldentwertung und Abschreibung der teuren Errichtungskosten. Die Wachstumsdynamik der Nachkriegszeit beruhte nicht zuletzt auf den niedrigen Rohstoff- und Energiepreisen. Gleichzeitig geht von den niedrigen Energiepreisen ein hohes Gefährdungspotential aus: die Wegwerfgesellschaft und das mangelnde Recyclingbewußtsein, die CO_2-Emission und die Überbeanspruchung von Räumen und Ressourcen.

Energieproduktion in Österreich 1922 bis 1992 nach Energieträgern (in Terajoule)

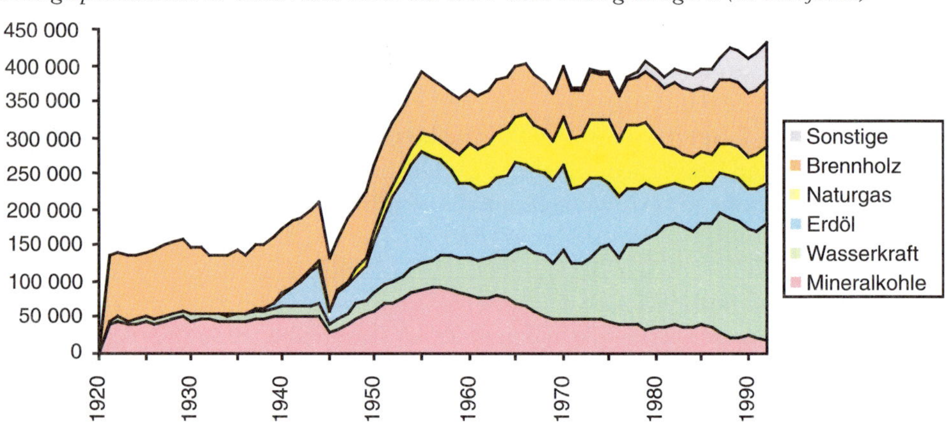

Quelle: Felix *Butschek,* Statistische Reihen zur österreichischen Wirtschaftsgeschichte. Die österreichische Wirtschaft seit der industriellen Revolution (Wien 1993) 10.2.

Das Gewerbe in der Industriegesellschaft

Die großen Veränderungen in der Struktur des Kleingewerbes begannen bereits im 19. Jahrhundert und setzten sich in der Zweiten Republik fort. Die Weltwirtschaftskrise, die Wirtschaftspolitik des Nationalsozialismus und die Kriegswirtschaft zwangen eine große Zahl von Gewerbebetrieben zum Aufgeben. Allerdings waren viele davon in der Improvisation der unmittelbaren Nachkriegszeit wieder reaktiviert worden. Das Reparaturgewerbe erfuhr eine beträchtliche Ausdehnung. Ab 1955 begannen die vielen traditionellen Produktionsgewerbe, die Schneider, Schuster, Hutmacher, Tischler, Huf- und Wagenschmiede, Wagner, Bürstenmacher, Binder, Korbflechter, Seifensieder und Müller, zahlenmäßig neuerlich stark abzunehmen. So sank zum Beispiel die Zahl der österreichischen Mühlen von etwa 4 400 im Jahre 1929 auf 2 317 im Jahre 1960 und 284 im Jahr 1992.

Die alten Gewerbe wurden, wenn sie überhaupt weiterbestehen konnten, zu Reparatur- und Handelsbetrieben. Bei den wachsenden Branchen hingegen handelte es sich in erster Linie um Dienstleistungsgewerbe. Als expansiv oder stabil erwiesen sich auch die Sanitär-, Heizungs- und Elektroinstallateure, die Hafner, Radio- und Fernsehtechniker, Bauhilfs- und Nebengewerbe, KFZ-Mechaniker und Zahntechniker, die graphischen Gewerbe, daneben auch so unterschiedliche Bereiche wie Gärtner und Optiker, Friseure und Raumausstatter, Rauchfangkehrer und Kosmetiker. Von 1949 bis 1958 sank die Zahl der Mitglieder der Fachgruppe Gewerbe in der Bundeswirtschaftskammer von 124 000 auf circa 100 000, stieg bis 1970 aber auf etwas mehr als 125 000 und hielt 1982 bei 116 000. Enorme Fluktuationen verbergen sich hinter den relativ stationären Gesamtzahlen. Die Zahl der Unselbständigen im Gewerbe erwies sich ebenfalls als erstaunlich stabil, mit der Tendenz zur Vergrößerung der Beschäftigtenzahlen.

War das Gewerbe ein relativer Verlierer im Prozeß des raschen wirtschaftlichen Wachstums? In Umfragen stellte sich die soziale Welt für die österreichischen Gewerbetreibenden meist wenig heil dar. Sie fühlten sich von der wirtschaftlichen und sozialen Entwicklung überrollt und übergangen. Daß gerade bezüglich Alter und Krankheit die Sorgen groß waren, wurde immer wieder artikuliert. Die makroökonomischen Daten schauen anders aus. Das Bruttosozialprodukt signalisiert keine generelle Tendenz des Zurückfallens des Gewerbes.

Nach 1945 war die Bundeswirtschaftskammer als gemeinsame Interessenvertretung wiederbegründet worden, nachdem die im Ständestaat erfolgte Trennung in Industrie- und Handwerkskammer in der nationalsozialistischen Zeit noch wesentlich verstärkt worden war. Es war das Verdienst Eduard Heinls und Julius Raabs, diese Trennung rückgängig gemacht und dem Gewerbe die Teilnahme an den Kreditförderungsaktionen und vor allem an der Marshallplanhilfe ermöglicht zu haben. Dazu kam die Lockerung der im Ständestaat sehr rigoros gewordenen Zugangsbeschränkungen in der Ära Kamitz. Eine liberale Zugangsmöglichkeit war nicht nur für eine Dynamisierung der Entwicklung Voraussetzung. Es erwies sich auch für die Gewerbetreibenden selbst von Vorteil, wenn engagierte Gewerbetreibende von einem Gewerbe leichter in ein anderes, verwandtes überwechseln konnten. Die Einbeziehung der Selbständigen in das System der sozialen Sicherheit und in den Familienlastenausgleich, die zuerst ja nur für die Unselbständigen konzipiert waren, war eines der maßgeblichen sozialpolitischen Anliegen der Gewerbetreibenden und hat zweifellos auch die Produktivitätsentwicklung befördert, indem der Strukturbereinigungsprozeß innerhalb des Gewerbes beschleunigt wurde, da die Erlangung des Pensionsanspruches mit der Zurücklegung des Gewerbes verbunden war. Damit war eine strukturbereinigende Veränderung der Gewerbelandschaft gewährleistet.[182]

Das Land der »Häuslbauer«

Die Kriegsereignisse machten die Wohnungsnot zu einem brennenden Problem. Bundeskanzler Raab, der auch als »Baumeister Österreichs« nach dem Zweiten Weltkrieg bezeichnet wurde, hatte als Brancheninsider viel Verständnis für die Belange der Bauwirtschaft. Der Wiederaufbau und die erforderliche Modernisierung der Infrastruktur kamen in erster Linie der Bauwirtschaft zugute, die als eine Art Multiplikator und Motor für die Gesamtkonjunktur wirkte.

Daß die Bauwirtschaft im Wiederaufbau eine Schlüsselstellung einnehmen werde, war klar, doch fehlten 1945 die wesentlichsten Voraussetzungen: Es mangelte an Baustoffen, Energie, Maschinen und auch an qualifizierten Bauarbeitern. Es waren vielfach Frauen, die die ersten Wiederaufbauarbeiten leisteten. So dringend eine baldige Linderung des Wohnungselends war, so sehr mußte dennoch der Wohnbau in der ersten Nachkriegszeit auf einem Nebengeleise verbleiben. In den ersten drei Nachkriegsjahren wurden etwa 40 000 Wohnungen saniert. 1951 fehlten in Wien noch rund 200 000 Wohnungen. Der Baubestand war überaltet: 69 Prozent der Wiener Wohnungen stammten 1951 aus der Zeit vor 1918, 16 Prozent aus der Ersten Republik. Der Standard war schlecht, was Toiletten, Wasseranschluß oder Ausstattung mit Badezimmern betraf. Fortschritte wurden in den fünfziger Jahren vor allem bei der Installierung von Innenwasserleitungen erreicht. Aber 1961 hatten noch immer mehr als die Hälfte aller Wohnungen kein WC im Wohnungsverband und mehr als 70 Prozent kein Badezimmer. 1951 wohnten 35,3 Prozent der Arbeiterfamilien in Linz in Baracken und 20,3 Prozent in Untermiete. Von den rund 25 000 Barackenbewohnern waren mehr als drei Viertel der Arbeiterschaft zuzurechnen. Es sollte bis in die sechziger Jahre dauern, bis die letzten Baracken abgetragen werden konnten.[183]

Die große Bauleistung nach 1945 half den quantitativen Wohnungsmangel überwinden, konnte aber den qualitativen Mängeln nur schrittweise beikommen. 1948 gab es mit der Verabschiedung des Wohnhaus-Wiederaufbaugesetzes die ersten Förderungsmaßnahmen. Aber erst 1950 kam der Wohnungsneubau in Schwung. Die Wohnbauförderungsgesetze von 1954 und 1968 führten zu einer gewaltigen Steigerung der Bautätigkeit. Die sechziger und siebziger Jahre brachten den größten Schub im Wohnbau und in der Ausstattung der Wohnungen. Dem entspricht, daß sich die Wohnsituation erst ab den sechziger Jahren spürbar verbesserte. In den sechziger Jahren dominierten die großen Wohnbauprojekte in Stadtrandlage. In den siebziger Jahren sanken die Zahlen der fertiggestellten Wohnungen. Es kam zu einer allmählichen Verlagerung auf kostenintensivere, kleinere Projekte. Der abrupte Zusammenbruch der Baukonjunktur 1973, ein unglückliches Zusammenfallen restriktiver und konjunkturdämpfender Maßnahmen der Bundesregierung (Baubremse) mit der einsetzenden Stagflation mündete in eine anhaltende Rezession der Bauwirtschaft von 1975 bis 1984.

Das Wohnungseigentum, ein altes Anliegen der katholischen Sozialpolitik, wurde massiv gefördert. Der Wohnbau wurde zum dominierenden Signet der Nachkriegsgesellschaft, das Hausbauen zur gemeinsamen Erfahrung von Status und Identität. Man denke nur an jenes leidenschaftliche Plädoyer für die Zersiedelung, zu dem sich Unterrichtsminister Theodor Piffl-Perčević hinreißen ließ, gegen jenes »schlagwortgetränkte Verdichtungsevangelium, das die Eigenheimsiedler und die Siedler im Grünen an den Pranger stellt und die ›Urbanisierung‹ der Wohnverdichtungen in den Städten hochjubelt«.[184] Inzwischen wagt niemand mehr in dieser pointierten Form für das Einzelhaus zu kämpfen. Aber die Zersiedelung der Landschaft schreitet munter fort. Mehr als zwei Drittel der bestehenden Ein- und Mehrfamilienhäuser wurden erst nach 1945 errichtet. Die Zahl der Ein- und Zweifamilienhäuser hat sich zwischen 1945 und 1990 mehr als vervierfacht.[185]

Vom Himmel der Mobilität zur Hölle des Transits

Die Radikalität der Umwälzungen im Verkehrswesen kann durch viele Beispiele illustriert werden: 1949 erhielt Innsbruck die erste Verkehrsampel. Im Dezember 1950 wurden Teile der Brennerstraße »versuchsweise als Rodelstraße« freigegeben. Der dabei gegebene Hinweis, daß »nach der Straßenpolizeiordnung ... Skiläufer und Rodler auf alle übrigen Straßenbenützer größte Rücksicht zu nehmen und ihnen bei Begegnung auszuweichen« hätten, könnte in den achtziger und neunziger Jahren nur mehr als Aufforderung zum Selbstmord aufgefaßt werden.[186] Radfahrer wurden 1951 auf den Tiroler Straßen erinnert und ermahnt, daß sie nicht allein auf der Straße seien. Viehtriebe und Pferdefuhrwerke waren auf Hauptverkehrsstraßen noch Selbstverständlichkeiten.

1950 war der Anteil der Straße bei den über den Brenner transportierten Gütern vernachlässigbar, 1955 lag er bei 1 Prozent, 1971 hatte die Straße gleichgezogen und 1985 bereits das Dreifache der Bahn erreicht. Die 1951 während eines gesamten Jahres über die Brennerstraße auf Lastkraftwagen transportierte Tonnage hätte 1985 in eineinhalb Stunden bewältigt werden können.[187]

Nach 1945 wurde noch einige Zeit die Weiterführung touristischer Straßenprojekte im Stil der Zwischenkriegszeit diskutiert, um so die Hochgebirgs- und Gletscherwelt der österreichischen Alpen ähnlich der der Dolomiten für den Autotourismus zu erschließen, etwa durch Verbindungen der Tiroler Täler vom Zillertal über das Tuxerjoch ins Stubaital mit einer Verlängerung über das Ötztal bis ins Pitztal. Panoramastraßen wurden von der technischen Entwicklung überholt. Statt dessen fand die Seilbahnerschließung statt.

Der Satz »Tirols Straßen sind sein Schicksal«, noch in den siebziger Jahren hinsichtlich der Gefahr einer »Umfahrung« verstanden,[188] müßte heute ganz anders interpretiert werden. 1954 protestierte Tirol gegen den einseitigen Ausbau der West-Ost-Achse, den Bau der Autobahn Salzburg–Wien, »der sicherlich einen nicht unbeträchtlichen Teil des westdeutschen Verkehrs von Tirol abzulenken droht«.[189] Man befürchtete in Tirol, gegenüber der Schweiz und Ostösterreich ins verkehrspolitische Abseits gedrängt zu werden. Die Förderung des Nord-Süd-Verkehrs wurde massiv verlangt. Die Hauptforderungen waren der Bau der Brenner- und der Inntal-Autobahn, die 1959 begonnen und 1972 durchgehend befahrbar wurden. Die Europa-Brücke der Brenner-Autobahn wurde in den sechziger Jahren ein akklamiertes Symbol der Leistungen des österreichischen Wiederaufbaus.

Die Bedeutung Österreichs im europäischen Transit war immer hoch und nahm zu, je enger die Verflechtung der EU-Staaten untereinander und mit den ehemaligen RGW-Staaten wurde und je stärker sich der großräumige Freizeitverkehr ausdehnte. In den 30 Jahren zwischen 1960 und 1990 hat sich die Transportleistung der Eisenbahn um ein Drittel erhöht, die auf den Straßen verdreifacht, jene im Transitverkehr auf der Straße aber vervierundzwanzigfacht.

Während das Eisenbahnnetz der USA oder der BRD im 20. Jahrhundert um fast ein Drittel zurückgegangen ist, ist das österreichische Eisenbahnnetz mit rund 6 000 Kilometer seit 1919 bislang praktisch unverändert geblieben. Neue Bauvorhaben, der Semmering-Basistunnel, der Brenner-Basistunnel, die Überlegungen zu einer Koralmbahn als Direktverbindung Graz–Klagenfurt und die Beschleunigungsprogramme der Westbahn, sollen die Attraktivität der Eisenbahn heben helfen, eine Anbindung an die deut-

PKW-Stau auf der Brennerautobahn

schen Hochleistungsstrecken ermöglichen, die Verbindung über die Alpen verbessern oder mit dem zweifellos noch utopischen Projekt einer neuen Südbahn Wien–Eisenstadt–Oberwart–Graz–Koralmtunnel–Klagenfurt, mit einer Fahrzeit von je einer Stunde Wien–Graz und Graz–Klagenfurt, einen schnellen Anschluß an die italienischen Hochleistungsstrecken, die im Kanaltal gebaut werden, herstellen. Vernachlässigt wurden die Bahnverbindungen zu den ehemaligen RGW-Staaten und ins ehemalige Jugoslawien, etwa der Abschnitt Graz–Spielfeld, der in den fünfziger Jahren auf ein Gleis rückgebaut wurde, die Kaiser-Franz-Josefs-Bahn oder die Bahnverbindung Linz–Budweis.

Nach Kriegsende verlor die DDSG nicht nur ihre sämtlichen ausländischen Vermögenswerte, sondern wurde zweigeteilt, in eine unter USIA-Verwaltung stehende Schifffahrtslinie und in eine österreichische in der amerikanischen Besatzungszone. Nahezu neun Zehntel des Linzer Donauumschlags, der heute mehr als das Zwanzigfache der Vorkriegszeit beträgt (jährlich circa 4,5 bis 5,5 Millionen Tonnen), vollzieht sich im Industriehafen der VOEST. Das Umschlagvolumen in allen österreichischen Häfen und Länden ist in seiner Gesamtheit mit rund 7,3 bis 7,5 Millionen Tonnen jährlich rund fünfmal so groß wie in der Zwischenkriegszeit und vor 1914. Durch die Fertigstellung des Rhein-Main-Donau-Kanals ist auch die Anbindung an die Nordsee endlich erreicht. Dennoch steckt die Donauschiffahrt in der Krise. Hatte sie lange Zeit mit der Dumpingkonkurrenz der Oststaaten zu kämpfen, so ist inzwischen auch die moderne Konkurrenz der westeuropäischen Reedereien dazugekommen.

Ist der Verkehr zum Monster geworden? Beim CO_2- und Stickoxid-Ausstoß ebenso wie beim Energieverbrauch, bei der Zerstörung der Landschaft und beim Streß der Menschen? Ökologische Grenzen des Wachstums bestehen. Das Verkehrswesen droht ohne die Forcierung ökologisch akzeptabler Varianten zum limitierenden Faktor der weiteren Entwicklung zu werden.

Land der Kellner und Schilehrer

Der Fremdenverkehr sah sich 1945 mit ähnlichen Problemen konfrontiert wie nach dem Ersten Weltkrieg. 1947 meinte der Innsbrucker Bürgermeister Dr. F. Greiter: »Was sollen wir mit dem Fremdenverkehr, wir haben doch nicht einmal genug zu essen!«[190] Man klagte, wieviel Kilogramm und Liter an Lebensmitteln den Einheimischen durch den Fremdenverkehr entzogen würden. Es war nicht nur die Not der unmittelbaren Nachkriegszeit, die dazu verleitete, die zukünftige Bedeutung des Fremdenverkehrs für Österreich extrem niedrig einzuschätzen. Die Vorurteile gegen diese »moderne Art von Menschenhandel« saßen viel tiefer.[191] Auch wenn solche Vorbehalte immer noch existieren, wäre inzwischen zum Beispiel »ein Tirol ohne Fremdenverkehr ein Tirol der Katastrophe ...«[192] Das Devisenaufkommen Tirols aus dem Fremdenverkehr ist höher als das aus allen Tiroler Warenexporten zusammen.

Österreich war nach dem Zweiten Weltkrieg ein Billigreiseland, ohne die ausländischen Gäste vorerst so magisch anzuziehen wie nach dem Ersten Weltkrieg. Die Ausgangsbedingungen waren wenig einladend: die Besatzungszonen, die Versorgungsschwierigkeiten, die Zerstörungen. Ausländische Gäste durften Österreich erst 1947 wieder betreten. Die Gäste aus Ostmitteleuropa waren überhaupt weggefallen. Auch die Deutschen konnten vorerst nicht reisen. Die Beherbergungskapazität war quantitativ wie qualitativ gering. Von den bestehenden Tourismusbetrieben standen nur wenige tatsächlich für den Fremdenverkehr zur Verfügung. Der größte Teil war für Besatzungsmächte und Flüchtlinge reserviert und beschlagnahmt. Die gesamten Kriegsschäden der österreichischen Fremdenverkehrswirtschaft wurden von der Bundeskammer der gewerblichen Wirtschaft auf 1,5 Milliarden Schilling, Wertbasis 1949, geschätzt. Besonders schlimm war die Situation in Ostösterreich, wo die alten Fremdenverkehrszentren Baden, Vöslau, Reichenau oder der Semmering von Kriegseinwirkungen und Besatzung schwer getroffen waren.[193]

Die Fremdenverkehrsentwicklung nach 1945 kann in vier Phasen unterteilt werden, in die Aufbauphase von 1947 bis 1954/55, in die Aufschwungphase 1955 bis 1973/74, in die Stagnationsphase bis 1985, in welcher sich die südeuropäische Konkurrenz zunehmend verstärkte, und eine Reorganisationsphase seither, die in den neunziger Jahren in eine schwere Krise des österreichischen Fremdenverkehrs hineinmündete.

Bis zur Mitte der fünfziger Jahre hatte der Fremdenverkehr wieder den Stellenwert erreicht, den er zwischen den beiden Kriegen eingenommen hatte. Besonders forciert wurde der Ausländer-Tourismus. Die Deviseneinnahmen stiegen von 9,5 Millionen Schilling im Jahr 1948 auf 2 067,3 Millionen im Jahr 1954. Die Gästestruktur aber war durch den Ausfall der Touristen aus den Oststaaten und durch das Fehlen der jüdischen Gäste vollkommen verändert.

Dann folgte ein fulminanter Aufschwung, der bald dem Fremdenverkehr zu einer neuen Rolle als Wachstumsführer verhalf, vor allem für die Bauwirtschaft. Gleichzeitig begann das Auto seinen Siegeszug anzutreten und den Fremdenverkehr massiv zu beeinflussen. Die zunehmende Mobilität ermöglichte die Ausweitung des Fremdenverkehrs auf bislang noch nicht erschlossene Regionen. Die Förderung des Winterfremdenverkehrs genoß Priorität. Schifahren wurde vom Exklusiv- zum Massensport. Gleichzeitig zeichneten sich in der Belebung des Großstadttourismus Erfolge ab. Für die Landwirtschaft in den Gebirgsregionen wurde der Fremdenverkehr zu einer wichtigen Einnahmenquelle. Der Fremdenverkehr erlebte in den sechziger Jahren einen derartigen Boom, daß man, wie bereits bemerkt, vielerorts eine strukturell ungünstige Tertiarisierung der österreichischen Wirtschaft befürchtete.[194]

Die Heimatfilm-Welle prägte ein nachhaltiges Österreich-Image. Im Vordergrund standen die heroische Landschaft und die heile Dorfkulisse: die Wachau, das Salzkammergut, Salzburg, die Kärntner Seen, die Tiroler Berge, der Bodensee, zwischen »The Sound of Music« und »Mariandl«, zwischen »Fischerin vom Bodensee« und Donauwalzer, zwischen Tirolerhut und Wachauer Haube. Österreich verdankt sein touristisches Image den fünfziger Jahren. Heimat und Folklore wurden zu Waren, die sich verkaufen ließen.[195]

Das »Wirtschaftswunder« ermöglichte völlig neuen Bevölkerungsgruppen Urlaubsreisen. Auch die Struktur der Beherbergungs- und Verköstigungsbetriebe begann sich durch Zunahme der Espressos, Barbetriebe, Weinschenken, Imbißstuben, Buffets und

Fremdenverkehr in Österreich 1925 bis 1992, Übernachtungen nach dem Herkunftsland der Gäste (in Prozent)

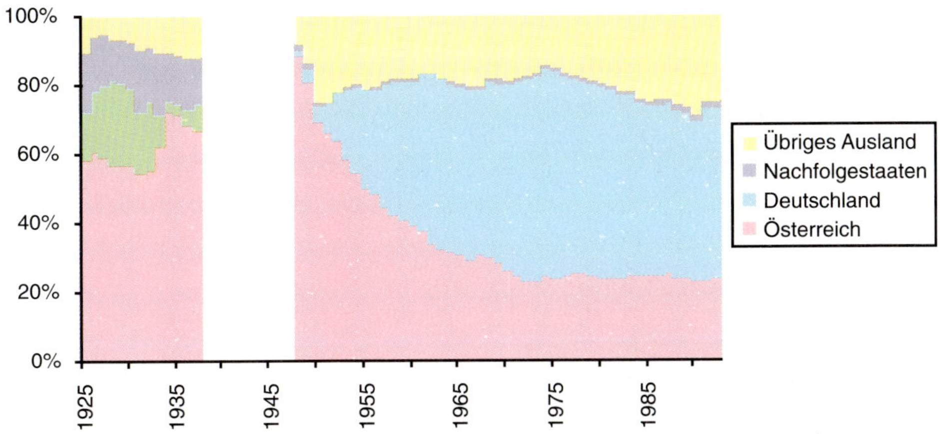

Quelle: Felix *Butschek,* Statistische Reihen zur österreichischen Wirtschaftsgeschichte. Die österreichische Wirtschaft seit der industriellen Revolution (Wien 1993) 14.3.

Jausenstationen dem neuen Publikumsgeschmack anzupassen. 1960 war die österreichische Fremdenverkehrswirtschaft zu 58 Prozent von ausländischen Gästen getragen, 1973 bereits zu 77 Prozent und 1982 zu 76 Prozent.[196]

Der Wachstumsknick 1973/74 leitete eine Stagnationsphase ein, die hauptsächlich den Sommerfremdenverkehr betraf, der sich immer mehr in preisgünstigere und wettersicherere Mittelmeerländer verlagerte. Der Winterfremdenverkehr und der Städtetourismus expandierten weiter. Der Flugtourismus begann zunehmend den Autotourismus zu konkurrenzieren. Ab der zweiten Hälfte der achtziger Jahre wurden vor allem der Städtetourismus und der Qualitätstourismus forciert. Die Wintersaison wurde immer bedeutender: Ihr Anteil an den Nächtigungen stieg von 22 Prozent 1959/60 auf 37 Prozent 1981/82.

Im Jahr 1925 war Niederösterreich das mit Abstand wichtigste Fremdenverkehrsland Österreichs. Inzwischen ist es auf den vorletzten Rang abgerutscht, nur mehr unterboten vom Burgenland. Tirol ist an die Spitze gerückt. Bad Ischl, vor dem Ersten Weltkrieg der größte Fremdenverkehrsort im Bereich des heutigen Österreich, das hinsichtlich der Zahl der gemeldeten Fremden nur vom Wallfahrtsort Mariazell übertroffen wurde, fand sich 1993 unter den 90 besucherstärksten Fremdenverkehrsorten des Landes an 64. Stelle. Mariazell ist überhaupt nicht mehr in der Wertung.

Die Verlagerung des Fremdenverkehrs in die westlichen Bundesländer war einerseits eine Folge dieser zunehmenden Gewichtung der Wintersaison, andererseits auch der weltpolitischen Lage. In der Zwischenkriegszeit stammte die Majorität der Gäste aus Wien und dem Donauraum, und sie besuchten vor allem Ostösterreich. Nach dem Krieg dominierten die deutschen und westeuropäischen Feriengäste, und sie besuchten vor allem Westösterreich. Bis zum Beginn der sechziger Jahre überstieg der Anteil der deutschen Gäste an den Ausländerübernachtungen bereits 80 Prozent.[197]

Der Fremdenverkehr floriert dort am besten, wo zwei Saisonen möglich sind. Dabei ist der Winterfremdenverkehr ausschlaggebend, weil er zahlungskräftigere Gäste bringt, die wesentlich mehr Geld ausgeben. Sessellifte, Seilbahnen und Schilifte wurden errichtet. 1952 hatte man 44 Seilbahnen und Sessellifte und etwa doppelt so viele Schlepplifte. In den neunziger Jahren stehen rund 600 Seilbahnen und Mehrfachsesselbahnen zur Verfügung und etwa 2700 Schlepplifte.[198] Die Wintersaison hat die Sommersaison bereits fast eingeholt. Allerdings zeigen sich immer mehr Krisensymptome, sowohl im Sommer- wie im Winterfremdenverkehr: Die Hartwährungspolitik, die niedrigen Flugpreise und die schneearmen Winter verleiten zu anderen Zielen und verstärken die Überschuldung der heimischen Betriebe. Auch die Österreicher drängen immer mehr ins Ausland und zu Fernreisen, so daß die Überschüsse in der Fremdenverkehrsbilanz sich immer mehr verringern.

Tabelle 56: Anteile der österreichischen Bundesländer am gesamtösterreichischen Fremdenverkehr, 1925 bis 1990 (Anteile an den Übernachtungen in Prozent und Zahl der Übernachtungen insgesamt in 1000)

	1925	1937	1950	1960	1970	1980	1990
Wien	16,5	14,4	5,8	5,2	4,1	3,9	5,9
Niederösterreich	32,4	27,8	16,2	11,0	6,4	5,2	5,4
Oberösterreich	10,7	11,2	15,6	10,4	8,4	7,1	6,4
Burgenland	0,6	1,9	0,4	0,9	1,0	1,7	1,7
Salzburg	9,2	9,0	18,3	15,8	17,6	18,4	18,4
Steiermark	11,0	13,0	14,1	9,4	8,7	7,9	7,5
Kärnten	5,9	7,1	8,1	12,6	15,8	16,0	13,4
Tirol	11,2	11,3	14,2	27,5	31,6	32,9	34,7
Vorarlberg	2,5	4,4	7,3	7,3	6,4	6,9	6,6
Österreich	14684,7	20595,3	17164,1	41965,0	85824,1	118023,6	122749,9

Quellen: Felix *Butschek,* Statistische Reihen zur österreichischen Wirtschaftsgeschichte. Die österreichische Wirtschaft seit der industriellen Revolution (Wien 1993) 14.1; Statistisches Handbuch für die Republik Österreich.

Wegmarken

Sozialpartnerschaft am Scheideweg

Als eines der wichtigsten Elemente der österreichischen Nachkriegsordnung ist die Sozialpartnerschaft anzusehen. Diese ist Ausdruck der Zusammenarbeit zwischen den verschiedenen Interessenvertretungen der großen sozialen Gruppen Arbeiter, Unternehmer und Bauern, wie auch des vermehrten Einflusses, den diese über ein weites Vorfeld sozialpartnerschaftlich beeinflußter Institutionen, Sozialversicherungen, Beiräte, Kommissionen, Gerichte, Fonds und Forschungseinrichtungen auf die inhaltliche Ausrichtung der Politik nehmen. Die Konkordanz zwischen Kammern, Verbänden, Bürokratie und Parteien funktioniert über institutionelle Verflechtungen und personelle Mehrfachfunktionen. Die hohe, teilweise durch Zwangsmitgliedschaft erreichte Organisationsdichte und das System der bloß indirekten Wahl der Spitzenpositionen förderte ein System der Technokooperation, das problemorientierte Verhandlungslösungen begünstigte, aber auch in eine Pfründenwirtschaft münden konnte.

Für die Entwicklung der Sozialpartnerschaft nach 1945 stellten die Kammern als gesetzlich eingerichtete Instrumente der Interessenwahrnehmung aufgrund der Pflichtmitgliedschaft und des hohen Zentralisierungsgrades eine wichtige Voraussetzung dar.[199] Die Wiederherstellung der Kammern schuf jenen ordnungspolitischen »Überbau«, der das institutionelle Gerüst für einen weitgehenden Interessenausgleich zwischen Landwirtschaft und Industrie und zwischen Selbständigen und Unselbständigen abgeben konnte. Mit Gesetz vom 20. Juli 1945 wurden die 1920 gegründeten und 1938 aufgelösten Arbeiterkammern wiedererrichtet. Mit der Errichtung der Bundeswirtschaftskammer im Jahre 1946 als Spitzeninstitut der Wirtschaftskammerorganisation gemeinsam mit der Einpflanzung einer fachlichen Binnendifferenzierung in das davor rein territorial gegliederte Handelskammersystem, anknüpfend an Strukturen des Ständestaates und der NS-Zeit, wurden die immanenten Konflikte zwischen obligatorischen, territorial organisierten Kammern und freiwilligen Fachverbänden entschärft. Die bedeutendste freie Interessenvereinigung der Unternehmer, die Industriellenvereinigung, wurde nur auf dem Wege über die Bundeskammer in die sozialpartnerschaftlichen Gremien integriert.

Auch die Wiedererrichtung des Österreichischen Gewerkschaftsbundes (ÖGB) als einer formal parteiunabhängigen, überparteilichen und zentralistischen Einheitsgewerkschaft verstärkte diese Tendenzen. Die Gründung erfolgte 1945 (als offizielles Gründungsdatum wird der 15. April 1945 angegeben) in einer Situation, als auch auf parteipolitischer Ebene aus den Erfahrungen der nationalsozialistischen Zeit und der Konflikte der Ersten Republik die Bereitschaft zur Zusammenarbeit sehr stark war. Bereits zwei Jahre nach seiner Gründung hatte der ÖGB über 1,2 Millionen Mitglieder. Der gewerkschaftliche Organisationsgrad war außerordentlich hoch. 1950 erreichte er 67 Prozent. 1981 konnte der ÖGB mit fast 1,7 Millionen Mitgliedern zwar in absoluten Zahlen den höchsten Stand seiner Geschichte erreichen. Der Organisationsgrad war aber bereits zurückgegangen, auf etwa 54 Prozent der Arbeitnehmer. Bis 1990 sank der Organisationsgrad auf etwa 45 Prozent.[200]

Vielfach werden sozialpsychologische Gründe angeführt, warum sich das zwischenkriegszeitliche Klassen- und Lagerdenken zunehmend zu einem Partnerschafts- und Kooperationskonzept wandelte: die gemeinsamen Erfahrungen und Erlebnisse in den Konzentrationslagern des Nationalsozialismus, in der Emigration oder im Widerstand mögen ein Aspekt sein, die Traditionen kooperativ-konzertierter Politik, die in der bündischen Struktur der ÖVP und in den Grundgedanken der christlichen Soziallehre vorgeformt waren, ein anderer. Manche Sozialdemokraten, etwa Adolf Schärf, Bruno Pittermann oder später auch Bruno Kreisky, sahen sich bei derartigen Gedankengängen zwar unangenehm an ständestaatliche Konzeptionen erinnert.[201] Aber auch auf Gewerkschafts- und Arbeitnehmerseite waren die Interessen an einer Kooperation groß, wobei die fordistischen Vorbilder, die Gewerkschaftsvertreter bei den nach 1945 in großer Zahl organisierten Amerikareisen kennenlernten, eine erhebliche Rolle spielten. Gewerkschaftsbundpräsident Johann Böhm formulierte es in dem alten Bild vom »gemeinsamen Ast«, auf dem Arbeitgeber und Arbeitnehmer säßen, mögen sie auch noch so viele Differenzen miteinander haben, zum Teil vielleicht auch eingebildete, und von dem sie aber beide – wenn einer von beiden ihn durchsägt – herunterfallen müßten.[202]

1957 wurde nach der ersten Periode erfolgreicher sozialpartnerschaftlicher Kooperation in den Lohn-Preis-Abkommen und nach der in den frühen fünfziger Jahren feststellbaren Abkühlung der sozialpartnerschaftlichen Begeisterung mit der Gründung der »Paritätischen Kommission für Preis- und Lohnfragen« ein neuerlicher Schritt in Richtung einer institutionalisierten sozialpartnerschaftlichen Mitgestaltung gesetzt. Die Bundeskammer der gewerblichen Wirtschaft und die Präsidentenkonferenz der Landwirtschaftskammern verpflichteten sich gegenüber den Arbeiterkammern und dem Gewerkschaftsbund, beabsichtigte Preiserhöhungen vor ihrer Realisierung von den zuständigen Fachverbänden der Paritätischen Kommission zur Prüfung vorlegen zu lassen. Dasselbe galt auf der anderen Seite für beabsichtigte Lohnforderungen.

Mitte 1960 beschloß die Paritätische Kommission auf Vorschlag von Bundeskanzler Raab ein »Kaufkraftstabilisierungsabkommen«. 1961 wurde die Paritätische Kommission zu einem wirtschaftspolitischen Beratungsorgan der Regierung aufgewertet. Im Februar 1962 wurde neben dem bestehenden Unterausschuß für Preisfragen auch ein solcher für Lohnfragen geschaffen. Eine umfassende Zulassung ausländischer Arbeitskräfte, die bis dahin vom ÖGB abgelehnt worden war, wurde vereinbart. Ende 1963 wurde als dritter Unterausschuß ein »Beirat für Wirtschafts- und Sozialfragen« gegründet. Im Rahmen des sogenannten »Raab-Benya-Abkommens« wurden sachbezogene Unterausschüsse dieses Beirats eingerichtet.[203]

Der Erfolg der Sozialpartnerschaft beruht sicherlich auf der hochgradigen Konzentration und Zentralisierung des österreichischen Verbändesystems, die die Bereinigung verbandsinterner Konflikte und Gegensätze auf die den sozialpartnerschaftlichen Vereinbarungen vorgelagerten Gremien verschob, daneben auf der engen Verflechtung der Interessenvertretungen mit den politischen Parteien, drittens auf dem hohen Anteil des

Staatssektors.[204] Die Sozialpartnerschaft ist ein Forum der beiden großkoalitionären Parteien ÖVP und SPÖ. Nicht repräsentiert sind die kleineren und neuentstandenen Parteien. Auch einige Berufsgruppen, die über eigene Interessenorganisationen verfügen, sind in der Sozialpartnerschaft nicht vertreten, vor allem die freien Berufe.

Durch den hohen Korporatismusgrad konnten Arbeitskämpfe weitgehend vermieden und das oft zitierte österreichische Klima des »sozialen Friedens« ermöglicht werden. Gleichzeitig mußten sich die einzelnen und Betroffenen durch die Elitenkooperation häufig im Entscheidungsprozeß ausgeschlossen und übergangen fühlen. Daß die Sozialpartnerschaft an Bedeutung verliert, hat einerseits innerösterreichische Gründe, weil ihre Akzeptanz in der sich immer mehr fragmentierenden Parteienlandschaft abnimmt, und ist andererseits mit dem Eintritt in die EU verbunden, der nationalstaatliche Entscheidungsspielräume einschränkt.

Die Sozialpartnerschaft ist zwar geeignet, Stabilität und Stetigkeit zu sichern, nur sehr beschränkt aber in der Lage, Dynamik zu erzeugen. Die Erstarrung zeichnet sich allerorten ab, trotz permanenter Reform, im Bildungssystem, an den Universitäten, im Steuerwesen, in der Energiepolitik, im Umweltbereich, in der Arbeitszeitflexibilisierung. Die Frage der Partizipation wird virulent. Sozialpartnerschaftliche Institutionen geraten zusehends ins Schußfeld der Privilegien- und Demokratiediskussion. Immer weniger Leute fühlen sich durch die Sozialpartner vertreten und angesprochen. Die Pflichtmitgliedschaft wird in Zweifel gezogen. Um dem gegenzusteuern, werden die Sozialpartner zunehmend zu Serviceinstitutionen. Die politische Entflechtung der Mehrfachfunktionen im sich überlappenden Verbände- und Parteiensystem wird immer mehr verlangt, nicht nur aus einkommenspolitischen, sondern auch aus demokratiepolitischen Intentionen.[205]

Das Gewicht des Staates

Der öffentliche Dienst hat langfristig nicht nur absolut, sondern auch relativ zugenommen. In den frühen achtziger Jahren waren relativ zur Gesamtbeschäftigung rund dreimal so viele Personen im öffentlichen Dienst beschäftigt wie vor dem Ersten Weltkrieg. Die Struktur des öffentlichen Dienstes hat sich dabei sehr unterschiedlich geändert: Zunächst stieg die Zahl der bei Eisenbahnen und Post Beschäftigten sehr stark an, nach dem Zweiten Weltkrieg vor allem die der Beschäftigten im Schuldienst.

Die immer offenkundiger werdende Krise der verstaatlichten Unternehmungen förderte seit den achtziger Jahre Privatisierungsbestrebungen, die nicht nur Geld in die Staats- und Regionalkassen führen sollten, was ohnehin nur bei einigen profitablen Unternehmen der Fall war, sondern auch Risken vom Staat wegnehmen sollte. Der Schwung der Privatisierung sollte einer Strukturverbesserung auf die Beine helfen. Dennoch schritt die Privatisierung nur langsam voran.[206]

Die Abgabenquote, gemessen am Bruttonationalprodukt, nahm von 11 Prozent im Jahr 1880 auf 43 Prozent im Jahr 1993 zu. Die Entwicklung der Einnahmen- und Ausgabenquoten läßt sich in den Jahren nach dem Zweiten Weltkrieg in drei recht deutlich

Volkswirtschaftliche Kennziffern für Österreich, 1954 bis 1992 (in Prozent)

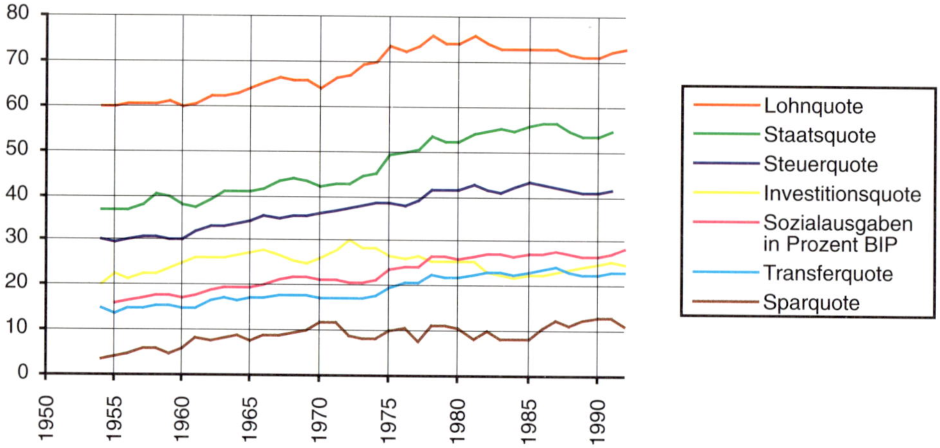

Quelle: Felix *Butschek,* Statistische Reihen zur österreichischen Wirtschaftsgeschichte. Die österreichische Wirtschaft seit der industriellen Revolution (Wien 1993) 5.5.

abgrenzbare Zeiträume gliedern. Von 1954 bis 1964 stieg die Abgabenquote von 30,2 Prozent auf 33,8 Prozent. Der Großteil der Zunahme entfiel auf die Steuerquote, die um 2,7 Prozentpunkte stieg, obwohl die Steuern mehrmals gesenkt wurden. Die Erhöhung der Steuerquote erfolgte ausschließlich aufgrund der hohen inneren Flexibilität des Steuersystems. Die Ausgabenquote stieg gleich stark wie die Abgabenquote. Die kräftig steigenden Einnahmen hatten offensichtlich Ausgabensteigerungen nach sich gezogen. In den Jahren 1964 bis 1974 verstärkte sich zunächst die Zunahme der Abgabenquote noch, allerdings großteils durch eine Zunahme der sonstigen Abgaben. Insgesamt konnte die Abgabenquote mit der Ausweitung der Ausgaben Schritt halten, allerdings bereits mit Steuererhöhungen und neuen Steuern.[207]

Seit Mitte der siebziger Jahre hat die fiskalische Ergiebigkeit des österreichischen Steuersystems stark nachgelassen. Ausgabenzuwächse drängten zu Steuererhöhungen. Dennoch konnten die Einnahmen mit den Ausgaben nicht Schritt halten, was zu einer Ausweitung der Kreditquote und der Budgetdefizite führte. Zwischen 1976 und 1984 wurden eine Reihe neuer Steuern eingeführt und erhebliche Steuererhöhungen beschlossen, die zu einer Erhöhung der Steuerquote um etwa 2,5 Prozentpunkte hätten führen müssen. Tatsächlich aber war die Steuerquote 1984 nur unwesentlich (0,6 Prozentpunkte) höher als 1974.

Die fiskalische Ergiebigkeit des Steuersystems wird durch verschiedene Faktoren verringert: die Aushöhlung der Bemessungsgrundlagen, die sinkende Eigenkapitalquote, die wachsende Bedeutung der Schattenwirtschaft und Nachfrageverschiebungen, die die Ergiebigkeit mengenabhängiger Steuern reduzieren. Die Einführung der Individualbesteuerung anstelle der Haushaltsbesteuerung brachte für einen Teil der Einkommensteuerpflichtigen die Möglichkeit, das Einkommen zu splitten und damit den Progressionseffekt zu verringern.

Finanzschuld des Bundes 1925 bis 1993 (in Prozent des Bruttoinlandsprodukts)

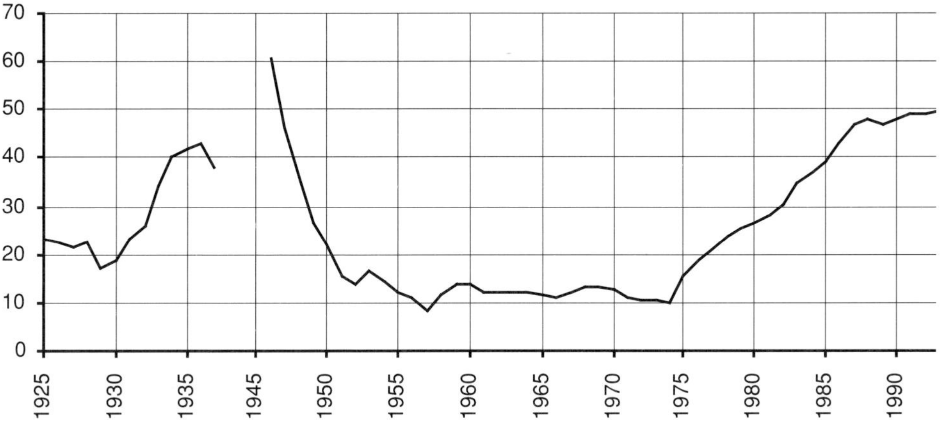

Berechnet nach: Felix *Butschek,* Statistische Reihen zur österreichischen Wirtschaftsgeschichte. Die österreichische Wirtschaft seit der industriellen Revolution (Wien 1993) 7.2.

Bei den Ausgaben läßt sich eine deutliche Verlagerung von den »klassischen« Aufgaben der Hoheitsverwaltung und Bereitstellung von Infrastruktur zu neuen Funktionen wie Risikoübernahme erkennen. Schließlich muß der Staat im Rahmen seiner Funktion als Aktionär und Eigentümer immer mehr Ausgaben aufwenden. Der Rückgang der öffentlichen Investitionsquote hatte verschiedene Ursachen, nicht zuletzt die Auslagerung zahlreicher Investitionen in Sondergesellschaften. Die Ausweitung des öffentlichen Konsums resultierte vor allem aus den Personalaufwendungen. Die laufenden Transfers sind großteils Sozialausgaben (gesetzliche Pensionsversicherungen und Beamtenpensionen, Familienbeihilfen, Arbeitslosenunterstützung, Kriegsopferversorgung, neue Aufgaben wie Studien- und Schülerbeihilfen, Wohnbeihilfen etc.).

Der öffentliche Sektor als Dienstleistungsunternehmen unterliegt wie alle Dienste dem »tertiären Preisverhalten« und überdurchschnittlichen Kostensteigerungen, weil die Entwicklung der Arbeitsproduktivität deutlich hinter der Gesamtwirtschaft zurückbleibt, die Dynamik der Löhne aber der Gesamtwirtschaft entspricht. Im klassischen Bereich, der Bereitstellung von Gütern und Diensten, ist der Anstieg der Staatsquote zwischen 1969 und 1991 als reines Kostenphänomen zu sehen, nicht als eine Ausweitung der Leistungen. Da unterscheidet sich der Staat wenig von den privat erbrachten Dienstleistungen. Für die weitere Entwicklung wird einerseits die Frage der Produktivitätsentwicklung von Bedeutung sein, andererseits die gesellschaftliche Bereitschaft, für personalintensive öffentliche Dienstleistungen einen höheren Teil des Einkommens aufzuwenden.[208]

Die bedrohlichste Entwicklung aber kommt von der Seite der Staatsverschuldung, die in mehreren Schüben seit Beginn der siebziger Jahre immer mehr gesteigert wurde und Ende 1994 mit 65 Prozent des Bruttoinlandsprodukts Ausmaße erreichte wie nach den beiden Kriegen, wo sie dann jeweils durch Hyperinflationen abgebaut wurde. Der für die Bedienung dieser Staatsschuld sprunghaft zunehmende Zinsendienst droht die

Dispositionsfähigkeit des Fiskus in viel bedenklicherer Weise einzuschnüren als die immer wieder ins Spiel gebrachten Sozialaufwendungen.[209]

Tabelle 57: Staatsquoten 1954 bis 1984 (in Prozent des nominellen Bruttoinlandsprodukts)

	1954	1964	1974	1984
Steuern	18,7	21,4	22,9	24,3
sonstige Abgaben	11,5	12,4	15,8	17,4
Insgesamt, Abgabenquote	30,2	33,8	38,7	41,7
Kreditquote	0,0	1,6	2,6	5,5
Ausgabenquote	37,7	41,3	45,6	54,4

Struktur der Ausgabenquote (in Prozent des Bruttoinlandsprodukts)

öffentlicher Konsum	13,6	13,3	15,8	18,5
öffentliche Investitionen	3,5	4,6	5,2	3,3
laufende Transfers	12,5	14,6	15,5	20,1
Subventionen	2,0	2,2	2,1	3,0
Zinsen	0,3	0,8	1,0	3,3
Kapitaltransfers	1,8	1,8	1,7	1,9
Beteiligungen, Darlehen	4,0	4,0	4,3	4,3

Komponenten der laufenden Transfers (in Prozent der laufenden Transfers)

gesetzliche Pensionen	34,7	48,5	51,4	50,2
Beamtenpensionen	32,2	23,6	22,1	20,5
Familienbeihilfen	10,6	14,7	10,7	11,3
Arbeitslosenunterstützung	8,0	2,6	2,3	4,6
Kriegsopfer	8,2	4,7	3,6	2,5
sonstige Transfers	6,3	5,9	9,9	10,9

Struktur der Subventionen (in Prozent der Subventionen)

Land- und Forstwirtschaft	70,6	66,5	37,5	24,3
Bundesbetriebe	16,4	13,9	29,7	29,2
Haftungen	0,0	1,5	2,6	11,8
Sonstige	13,0	18,1	30,2	34,7

Quelle: Gerhard *Lehner,* Die Entwicklung der Staatsquote in Österreich, in: Handbuch der österreichischen Finanzpolitik. Festgabe für Wilhelm Weber zum 70. Geburtstag (hg. von W. *Weigel* u.a., Wien 1986) 219.

Die Kosten der sozialen Sicherheit

Österreich behielt im Bereich der Sozialversicherung 1945 die deutschen Regelungen, die 1939 übernommen worden waren, weiterhin bei. Es setzte aber eine umfangreiche Diskussion um die möglichen Reorganisationskonzepte ein, die von seiten der ÖVP vorerst in Richtung einer Gemeinschaftsrente oder Volksversicherung, von seiten der SPÖ in Richtung eines weiteren Ausbaus der Sozialversicherungsträger und des Sozialstaats gelenkt wurden. Die Ära Figl brachte im wesentlichen nur sozialpolitische Absichtserklärungen. Das sozialpolitische Credo der fünfziger Jahre war so eindeutig wie effektiv: »Die richtige Wirtschaftspolitik ist die beste Sozialpolitik.«[210] Dazu gehörte der unverrückbare Grundsatz, daß die Kosten jeder sozialen Maßnahme vorher verdient werden müßten und daß es die Kräftigung der Wirtschaft sei, die der Arbeiterschaft am sichersten zu einer Hebung des Lebensstandards verhelfe.

Der klassische Bereich der Sozialpolitik wurde in den fünfziger und sechziger Jahren abgerundet, das Sozialversicherungsrecht der Arbeiter und Angestellten einheitlich, unter endgültiger Beseitigung der reichsgesetzlichen Bestimmungen im Allgemeinen Sozialversicherungsgesetz von 1955 (ASVG) neugeregelt und in weiterer Folge die Alters- und Krankenversicherung verpflichtend auf jene Gruppierungen, die bislang daran nicht teilhatten, ausgedehnt, um schließlich als Ziel, wenn auch nicht vom Rechtsanspruch her, die gesamte Bevölkerung zu umschließen. Marksteine bildeten das Gewerblich-Selbständigen-Pensionsversicherungs-Gesetz (GSPVG) 1958, das Gewerblich-Selbständigen-Krankenversicherungs-Gesetz (GSKVG) 1966 bzw. dessen Ausweitung auf alle Gewerbetreibenden und Gewerbepensionisten sämtlicher Kammersektionen im Jahre 1976, das landwirtschaftliche Zuschußrentengesetz 1957, das Bauernkrankenversicherungsgesetz 1965 und das Bauernpensionsversicherungsgesetz 1969 und schließlich das Bundesgesetz über die Sozialversicherung für freiberuflich selbständig Erwerbstätige 1978. Sie wirkten stabilisierend und mobilisierend.[211] Von einigen Ausnahmen abgesehen (Prostituierte, geringfügig Beschäftigte und auf Werkvertragsbasis Arbeitende) sind damit alle unselbständig und selbständig Erwerbstätigen mit ihren Angehörigen in die staatlich geregelte Pflichtversicherung integriert. Betrug der Anteil der Versicherten im ausgehenden 19. Jahrhundert etwa 7 Prozent und 1946 etwa 46 Prozent, so 1980 bereits 96 Prozent und 1994 circa 99 Prozent.[212]

Die Leistungen innerhalb der Sozialversicherung wurden angehoben und der Leistungskatalog weiter ausgedehnt. Mit der dynamischen Rente wurde ein grundlegend neues Element in die Sozialversicherung eingeführt, das schließlich für weite Bereiche staatlicher Sozialleistungen bestimmend wurde. Hinsichtlich des zweiten sozialen Netzes, der »Fürsorge«, dauerte die Neuordnung länger. Ausdruck dafür war die Umbenennung in »Sozialhilfe«. Eine prinzipielle Weiterentwicklung des sozialen Netzes erfolgte in Richtung Pflegesicherung, Behindertenhilfe, Familienförderung und Karenzregelung, sowohl hinsichtlich Zugangsmöglichkeiten wie Höhe der Transfers: Ausdehnung der bezahlten Karenzjahre oder Sonderbeihilfen für alleinerziehende Mütter und Verbilligung von Bildung (Schulbuchaktion, Schülerfreifahrten, Streichung der Universitätsgebühren, Stipendien, Pflegegeld).

Der Sozialstaat und das System der sozialen Sicherheit wurden zum Instrument der Umverteilung und Einkommenspolitik. Lohnpolitische Forderungen wurden nicht direkt, sondern auf dem Umweg über die soziale Sicherheit und über den Staat vorgetragen, sicherlich auch als Ausdruck eines deklarierten Sicherheitsbedürfnisses. Die Sozialquote, die 1955 15,9 Prozent betrug, erreichte 1984 bereits 26,7 Prozent des Bruttoinlandsprodukts. Mit einer Sozialquote von über 28 Prozent liegt Österreich derzeit im europäischen Spitzenfeld, wobei die Steigerungsraten zuletzt besonders hoch waren. Zwischen 1990 und 1993 sind die Sozialtransfers an private Haushalte im Jahresdurchschnitt um 11,3 Prozent gewachsen.

Das von Selbstverwaltungskörpern getragene und von den Sozialpartnern kontrollierte System der sozialen Sicherheit wird in hohem Maße durch Leistungen des Bundes aufrechterhalten, neben den Bundespensionen und der Kriegsopferversorgung vor allem durch die Beiträge zur Pensions- und Krankenversicherung, zum Familienlastenausgleich und zur Arbeitslosenversicherung. Der Sozialstaat ist in die Krise geraten, vor allem was Pensionen und Gesundheitswesen, aber auch Schule und Ausbildung anbelangt. Die Kritikpunkte betreffen die Finanzierbarkeit, die Effizienz und die Flexibilität. Die steigende demographische Belastungsquote ergab sich aus der steigenden Lebenserwartung, der Änderung der Alterspyramide und den damit rasch steigenden Anforderungen an die medizinische Versorgung, die soziale Betreuung und die Pensionsfonds. Im Leistungsbereich sind es nicht nur Verbesserungen im einzelnen oder die Ausdehnung des Kreises der Versicherten, sondern die Verkürzung der Lebensarbeitszeit durch steigendes Schulalter und sinkendes Pensionsalter (Frühpension).[213]

Die Kostenprobleme im Gesundheits- und Transferbereich ergeben sich aus wachsenden, aber immer teurer werdenden medizinischen Möglichkeiten zusammen mit einer zunehmenden Überalterung und damit Krankheits- und Pflegeanfälligkeit der Bevölkerung, nur beschränkten Rationalisierungsmöglichkeiten in diesem heiklen Dienstleistungsbereich und der immer wieder diskutierten Ineffizienz bzw. dem mangelnden Kostenbewußtsein im Medizin- und Krankenhauswesen. So ergibt sich das an sich merkwürdige Problem, daß Staat und Gesellschaft, die noch nie zuvor in ihrer Geschichte so reich waren wie in der Gegenwart, hier hinsichtlich Finanzierbarkeit und letztlich gesellschaftlicher Akzeptanz vor größten Anspannungen stehen.[214]

Rückblick und Ausblick

Nie vorher hat es einen derart raschen Einkommenszuwachs und gesellschaftlichen Wandel gegeben wie in der zweiten Hälfte des 20. Jahrhunderts. Ein halbes Jahrhundert hat die Lebenssituation der Menschen gründlicher verändert als Jahrtausende in früherer Zeit. Die Knappheitsgesellschaft wurde zur Überflußgesellschaft, die »Alles-zusammensammelgesellschaft« wandelte sich zur »Wegwerfgesellschaft«. Österreich ist dabei nicht bloß Abbild einer insgesamt positiven Entwicklung der Weltwirtschaft. Österreich ist in die Spitzengruppe der wohlhabendsten Staaten dieser Welt vorgestoßen. Das Pro-Kopf-Einkommen von 1990 betrug das 4,3fache von 1913 und das 10,7fache von 1830. Die Reallöhne haben sich in dieser Zeit mehr als verzwölffacht.[1] 1950 überstieg das Pro-Kopf-Einkommen der USA dasjenige Österreichs um 424 Prozent, 1960 um 215 Prozent, 1970 um 140 Prozent und 1978 nur mehr um 24 Prozent,

Tabelle 58: Einkommen und Arbeitszeit eines ungelernten Wiener Industriearbeiters pro Woche, 1790 bis 1990

	durchschnittliches Einkommen/Woche, zeitgenössische Daten		Brotpreis pro kg	für einen Wochenlohn erhält man kg Brot	Arbeitszeit/ Woche, Stunden	Einkommen/ Woche in Schilling, Kaufkraft 1989
1790	1,5	Gulden CM	0,07	21,4	–	–
1830	2,5	Gulden CM	0,06	41,7	82,5	396,5
1870	6	Gulden ÖW	0,16	37,5	78	563,6
1910	18	Kronen	0,31	58,1	58	770,4
1930	56	Schilling	0,55	101,8	44	1 410,6
1950	231		2,40	96,3	50,3	1 360,6
1970	961		6,10	157,5	44,3	2 354,5
1990	5 010		21,55	232,5	37,7	5 010,0

Quelle: Roman *Sandgruber,* Was kostet die Welt? Geld und Geldwert in der österreichischen Geschichte, in: Geld. 800 Jahre Münzstätte Wien (hg. von W. *Häusler,* Wien 1994) 183, 192. – Angaben 1790 bis 1858 in Gulden Conventionsmünze, ab 1858 in Gulden Österreichischer Währung, ab 1890 in Kronen, 1925 bis 1937 in Schilling, 1938 bis 1945 in Reichsmark und ab 1945 wieder in Schilling.

Tabelle 59: Verteilung der Ausgaben eines Wiener Arbeiterhaushalts (in Prozent)

	Nahrung	Kleidung	Miete	Heizung	Einrichtung	Sonstiges
1830	63,0	8,0	11,0	11,0	–	7,0
1870	60,0	8,0	20,0	5,0	–	8,0
1910	59,2	8,8	14,2	4,5	1,3	12,0
1930	52,6	11,6	4,0	4,3	4,5	23,0
1950	50,7	13,6	4,1	4,9	3,9	22,8
1970	31,9	13,1	6,9	4,3	8,2	35,2
1988	25,5	10,4	10,5	5,5	6,8	41,3

Quelle: Roman *Sandgruber,* Die Anfänge der Konsumgesellschaft. Konsumgüterverbrauch, Lebensstandard und Alltagskultur in Österreich im 18. und 19. Jahrhundert (Wien 1982); Statistisches Handbuch für die Republik Österreich.

berechnet auf der Basis der offiziellen Wechselkurse. Bis in die neunziger Jahre ist Österreich fast an die USA herangerückt. Es schaffte den Aufstieg in die Gruppe der (gemessen am Pro-Kopf-Einkommen) 15 reichsten Nationen der Welt.

1950 zählte Österreich unter den späteren OECD-Ländern zu denen mit der niedrigsten Pro-Kopf-Produktion. 1992 stand es hinter den USA, der Schweiz, Deutschland, Frankreich und Japan in der Spitzengruppe und hatte Länder wie Großbritannien, Schweden und Dänemark überholt. Kein anderes Land außer Japan konnte seine Leistung schneller steigern.[2]

Zwischen 1950 und 1991 wuchs das Sozialprodukt pro Kopf um jährlich durchschnittlich 3,8 Prozent. Sicherlich, die Veränderungen begannen schon lange vorher, die Industrialisierung setzte bereits vor zwei Jahrhunderten ein, die Wirtschaftsgeschichte des heutigen Österreich ist mehr als tausend Jahre alt und hat ihre Wurzeln in wiederum viel älteren Strukturen.

Tabelle 60: Österreich und seine Nachbarn. Bruttonationalprodukt pro Kopf, real, 1913 bis 1990 (Schweiz = 100)

	1913	1925	1929	1933	1938	1948	1990
Österreich	70,7	64,2	56,9	45,2	58,8	35,6	79,2
Tschechoslowakei	54,4	49,9	46,3	41,0	45,5	44,2	38,5
Deutschland	78,6	69,8	60,9	58,5	93,5	36,3	87,1
Ungarn	38,6	35,8	33,5	32,4	37,5	22,2	28,9
Polen	–	20,0	27,7	27,2	30,9	32,0	21,1
Jugoslawien	29,5	29,6	27,0	23,9	28,2	–	25,3
Italien	45,8	47,1	40,9	40,2	45,8	23,8	76,3
Schweiz	100,0	100,0	100,0	100,0	100,0	100,0	100,0

Quelle: Felix *Butschek,* External Shocks and Long-Term Patterns of Economic Growth in Central and Eastern Europe, in: Economic Transformations in East and Central Europe (hg. von D. F. *Good,* London 1994) 30.

Die gängigste Hypothese sieht den Nachkriegsboom als Resultat eines sehr tiefgehenden Bruchs mit vorangegangenen Bedingungen: Die von den Notwendigkeiten des Wiederaufbaus, der gemeinsamen Erfahrung des Nationalsozialismus und der Auslandshilfe geprägte Konsensbereitschaft und Pragmatik der Wirtschaftspolitik nach 1945 habe zusammen mit einschneidenden Änderungen der Wirtschaftsordnung, der Wirtschaftsstruktur und den weltwirtschaftlichen Rahmenbedingungen das außerordentliche Wachstum begünstigt.[3]

Die zweite Erklärungsmöglichkeit besteht darin, den Aufschwung als Teil jener seit dem 19. Jahrhundert feststellbaren langfristigen Wellenbewegung zu sehen, die alle 25 bis 30 Jahre die Grundrichtung ändert, mit einer Abschwungphase in der Zwischenkriegszeit und einer neuerlichen Aufschwungphase 1947 bis 1973, die wohl seither wieder in eine das nächste Vierteljahrhundert abdeckende Abschwungsphase eingeschwenkt wäre.[4]

Die dritte Hypothese unterstellt einen bis in die Mitte des 19. Jahrhunderts, in extremer Interpretation sogar bis ins Mittelalter zurückverfolgbaren langfristigen Wachstumspfad, der in der Zwischenkriegszeit nicht eingehalten und nach 1945 überkompensiert wurde. Langfristig »normal« sei der Wachstumsprozeß, wie er sich bis 1913 abgespielt habe und wie er auch im 20. Jahrhundert weitergegangen wäre, wäre er nicht durch externe Störungen unterbrochen worden. Die Rate des technisch-ökonomischen Fortschritts gibt dabei zunächst nur eine Möglichkeit vor. Sie muß, wie die Entwicklung der Zwischenkriegszeit zeigt, nicht zwingend genützt werden. Es besteht aber, so die

Bruttoinlandsprodukt, Österreich, 1870 bis 1992, Rückrechnung für das heutige Bundesgebiet (real, 1913 = 100, halblogarithmischer Maßstab)

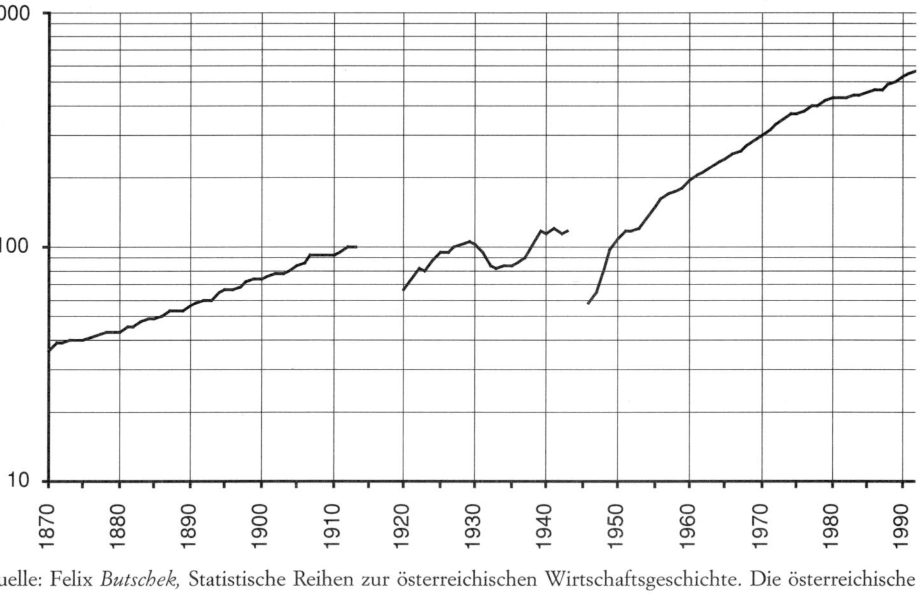

Quelle: Felix *Butschek,* Statistische Reihen zur österreichischen Wirtschaftsgeschichte. Die österreichische Wirtschaft seit der industriellen Revolution (Wien 1993) 5.1.

Annahme, eine Tendenz, nach Störungen das Versäumte aufzuholen, wenn die Bedingungen danach sind, und dann wieder zur Normalität zurückzukehren. Das erklärt die Wachstumschancen nach 1945. Der »akkumulierte Fortschrittsüberschuß«, der Abstand zwischen dem tatsächlich realisierten und dem technisch möglichen Wirtschaftsniveau, war nach Weltwirtschaftskrise und Krieg sehr groß, und entsprechend hoch konnten, bis der Überschuß verzehrt war, die Wachstumsraten sein.[5]

Die Trendlinie des wirtschaftlichen Wachstums in Österreich zwischen 1830 und 1913, für das 20. Jahrhundert extrapoliert, wurde in der Zwischenkriegszeit bei weitem nicht erreicht. Das Sozialprodukt lag 1937 um einiges unter dem Wert von 1913 und noch viel weiter unter dem hypothetischen Trend. Der aus dem 19. Jahrhundert extrapolierte Trend und die tatsächlich verzeichneten Sozialproduktswerte treffen für Österreich erstmals 1973 wieder zusammen – ob purer Zufall oder Ausdruck eines gar nicht so sehr vom sogenannten ersten Ölschock hervorgerufenen Einschnittes, sei dahingestellt – und gehen dann nahezu parallel weiter, mit einem wesentlich niedrigeren, für das 19. Jahrhundert typischen Wachstumstempo. Die österreichische Wirtschaft wäre damit wieder auf den »normalen«, viel langsameren Pfad des 19. Jahrhunderts eingeschwenkt.

Während die Situation der achtziger Jahre aus der Perspektive der Nachkriegszeit »Wachstumsschwäche« zu signalisieren schien, aus dem Blickwinkel der Wellentheorie das Eintauchen in eine ähnlich langfristige Abschwung- und Stagnationsphase wie in der Zwischenkriegszeit vermuten ließ, fügten sich dieselben Zahlen fast nahtlos in den säkularen Trend. Die Wirtschaft Österreichs wuchs in den achtziger Jahren keineswegs langsamer als vor dem Ersten Weltkrieg. In einer noch längeren Perspektive ist dieser Aufschwung Teil eines Wachstumsschubes, der irgendwann seine Grenzen erreichen wird.[6]

Die Position des heutigen Österreich im ökonomischen »Wunder Europas« und die europäischen Einkommensunterschiede haben sich längst vor der Industrialisierung eingependelt. Schockartig ist die Entwicklung in Österreich mehrere Male unterbrochen worden, nach dem Zerfall der Habsburgermonarchie, in der Weltwirtschaftskrise und durch den Zweiten Weltkrieg und das Desaster, welches die Herrschaft des Nationalsozialismus hinterlassen hatte.

Die Wende nach 1945 kam zweifellos unerwartet und der Aufschwung überraschend. Die Vorzüge der Kleinheit wurden entdeckt. Die heute so gern kritisierte »Opferthese« hat politisch zweifellos ihre Funktion erfüllt. Österreich war damit nicht nur von den Identitätsproblemen der Zwischenkriegszeit entlastet, sondern auch aus der Kriegsschulddiskussion herausgenommen, trotz recht tiefgehender und in Wortwahl und Mentalität erstaunlich nachwirkender Einbindung in die Vernichtungsmaschinerie des Dritten Reiches. Immerhin waren 1989 noch 43 Prozent der Österreicher der Meinung, daß der Nationalsozialismus neben den schlechten auch gute Seiten gehabt habe, und meinten damit in diffuser Form offensichtlich irgendwelche ökonomische und soziale Erfolge. Daß Österreich mit dieser Einschätzung den Spitzenplatz im deutschen Sprachraum belegt, wirft ein erklärungsbedürftiges Schlaglicht auf das kollektive Bewußtsein seiner Bewohner.[7]

Die Konfliktpotentiale der Nachkriegszeit fanden im raschen Wachstum eine Lösung. Es konnte im Zeitablauf allen politisch relevanten Gruppen besser gehen, auch jenen, die langfristig hinsichtlich der Verteilung der Wohlfahrt in eine relativ viel schlechtere Position geraten waren. Die Gesellschaft war von Auseinandersetzungen um die Einkommens- und Vermögensverteilung, die die Zwischenkriegszeit so sehr kennzeichneten, kaum belastet und konnte wohl erst unter diesen Bedingungen die Sozialpartnerschaft entwickeln, die gewaltigen Brocken der Strukturanpassung verkraften und den Sozialstaat aufbauen. Das Wirtschaftswachstum sicherte die materielle Basis für jenen satten Grundkonsens, der den Interessenausgleich der sozialen Gruppen untereinander erleichterte, obwohl die Nachkriegszeit im Gegensatz zum allgemeinen Eindruck die Gleichverteilung der Einkommen nicht begünstigte. Die Wahrscheinlichkeit ist sehr groß, daß sich bei reduziertem Wirtschaftswachstum die Verteilungsdiskussion wieder verstärken wird, wenn jede Änderung und Reform nicht Verteilung von Zuwächsen, sondern Umverteilung des Bestandes bedeutet, wenn »Schlupflöcher« geschlossen und »wohlerworbene Rechte« angetastet werden müssen. Wenn die Massenarbeitslosigkeit immer bedrohlicher wird und das System der sozialen Sicherheit und des Sozialstaats immer mehr in die Krise gerät, besteht die Gefahr, daß zugleich die sozialen Spannungen wieder stärker werden.[8]

Wirtschaftswachstum und innerstaatliche Ausbalancierung festigten die Stabilität der Zweiten Republik. Die Stabilität ihrerseits trug wiederum maßgeblich zur Aufrechterhaltung und zum Ausmaß des wirtschaftlichen Aufschwungs bei. Das Verhältnis der Österreicher zur Funktionsfähigkeit des Staates ist dabei merkwürdig doppelbödig, einerseits von tiefer Skepsis getragen, andererseits von einem fast blinden Vertrauen in die schützende Hand und Vorsorge des Staates, zu dem die Österreicher inzwischen eine innig-patriotische Zuneigung entwickelt haben.[9]

Die Österreicher sind in Umfragen besonders stolz auf Österreich als Fremdenverkehrsland, als nächstes in der Reihenfolge auf die innere und die soziale Sicherheit, auf Wien als Kongreßstadt und auf die Sozialpartnerschaft. Weniger zufrieden sind sie mit der österreichischen Technik im internationalen Kontext, mit der Stellung der österreichischen Wirtschaft auf dem Weltmarkt und mit der Bewältigung der Umweltprobleme in Österreich.[10] Gerade die relativ geringe Beachtung der auffälligsten Tatsache der Nachkriegszeit, des österreichischen Aufholprozesses in der Weltwirtschaft, zeigt erstaunliche Wahrnehmungsverzerrungen. Man ist stolz auf bestimmte Produkte: So haben 1992 etwa ein Drittel der Österreicher hochwertige Lebensmittel als typisch österreichisch eingeschätzt, etwa ein Viertel die Stahlerzeugung (LD-Verfahren), 21 Prozent die Trachtenerzeugung und die Schifabrikate.[11] Kaprun, die »Europabrücke« der Brennerautobahn und der Erzberg sind immer noch die markantesten Symbole des österreichischen Wiederaufbaus, unbeeindruckt davon, daß die Brennerautobahn in Wirklichkeit längst zum Symbol der Transitbelastung wurde, Kaprun zum Symbol der Übererschließung der Alpen und der Erzberg zum Symbol der Krise der Grundstoffindustrie.

Das Wirtschaftswachstum und die hohe Produktivität sichern Masseneinkommen, die einen entsprechenden Lebensstandard und ein nahezu sorgloses Konsumieren ge-

Symbol des Wiederaufbaus oder Industriedenkmal? »Der steirische Erzberg«, Herbert Boeckl, Öl auf Leinwand, 1942

währleisten. Die Wachstumsgesellschaft denkt nicht an Grenzen. Die Überspannung der Staatsfinanzen, die Verschuldung und das Leben auf Kosten der nachfolgenden Generation einerseits, die Wegwerfgesellschaft andererseits, die die ökologischen Grenzen mißachtet, sind die Resultate der Wachstumsgesellschaft und bergen Gefahrenpotentiale, deren Größenordnung sich rasch steigern kann.

Die Umweltfrage wird immer mehr zur Bewährungsprobe der modernen Industriegesellschaft. War die menschlich verursachte Umweltproblematik, der sich die Bevölkerung auch in früherer Zeit mit elementarer Wucht gegenübergestellt sah, meist regional eng begrenzt und auf Städte, Bergbaureviere, besonders belastete Industriestandorte oder einzelne Landschaftsstriche beschränkt, so ist sie inzwischen allgemein geworden. Die Umweltpolitik des 19. Jahrhunderts, die eine Lösung über eine Gleichverteilung der Umweltgefahren auf das gesamte Land suchte, durch höhere Schornsteine, die die Abgase über weite Landstriche verdünnten, durch Kanalisationen, die den Schmutz der Städte auf ganze Flußlandschaften überwälzten, und durch die Elektrifizierung und Motorisierung, die die Produktion von der Reproduktion trennten, »saubere« Energie zu den Verbrauchern lieferten und die entscheidende Dezentralisierung und Entschärfung der Umweltfrage versprachen, ist längst stumpf geworden und an ihre Grenzen gelangt. Die Umweltprobleme sind grenzüberschreitend und weltweit geworden und im regionalen Rahmen überhaupt nicht mehr lösbar.

Wege des Fortschritts, 1742 – 1842 – 1942: Schützenscheibe aus Leoben, 1842

Die Umweltprobleme sind nicht mehr auf Städte und Industriezentren beschränkt. Sie betreffen die Landwirtschaft und den Fremdenverkehr, den Boden und die Gewässer, die Tier- und Pflanzenwelt, die unteren und die oberen Luftschichten, die hochindustrialisierte und die wenig entwickelte Welt. Die Motorisierung und der Straßenbau, die Intensivierung und Industrialisierung der Landwirtschaft, die Deponie- und Sondermüllprobleme, die Ausdünnung der Ozonschicht, das bodennahe Ozon, die CO_2-Zunahme und der drohende Treibhauseffekt und schließlich die mit der Kernkraft verbundenen weltweiten Risken sind nicht nur Schlagworte: Die globale Vernetzung der Umweltprobleme wurde und wird zunehmend bewußter wahrgenommen.[12] Ein Abkoppeln eines einzelnen Landes ist nicht möglich. Die kleinen Räume und abgeschlossenen Inseln, die die Anfänge kennzeichneten, gibt es nicht mehr. Österreich ist Teil einer weltweit vernetzten Ökonomie und Ökologie. Die »Grenzen und Räume«, die dem ersten Band dieser Reihe den Titel gaben, sind durchlässig, offen und anachronistisch geworden.[13] Gleichzeitig zeichnet sich ab, daß die Grenzen gegen Zuwanderer, Flüchtlinge und Asylsuchende dichter gemacht werden. Die Grenzen hingegen, die die Natur dem Menschen und dem Wachstum seiner wirtschaftlichen Aktivitäten setzt und die er in seinem Höhenflug nicht überspringen kann, sind zwar ins allgemeine Bewußtsein gedrungen, werden aber in den politischen und wirtschaftlichen Entscheidungsprozessen noch nicht ernsthaft zur Kenntnis genommen.

Anhang

Anmerkungen

Mittelalterliches Wirtschaftswachstum

Seite 15–46

1 Zu diesem Kapitel siehe vor allem: Wolfram, Grenzen und Räume; Fichtenau, Lebensordnungen; Bruckmüller, Sozialgeschichte 51–132; ders., Die Landwirtschaft und ihre Organisation 448–463; Posch, Siedlung 359–444; Knittler, Städtewesen 473–495; ders., Die Wirtschaft 60 ff.; Mitterauer, Die soziale Entwicklung 72 ff.; ders., Verkehr, Handel und Stadtwirtschaft 47–68; Riedmann, Mittelalter 267–607; H. Dopsch, Die wirtschaftliche Entwicklung 757–835.
2 Fichtenau, Wald 13 ff.
3 Küster, Umwelt und Pflanzenanbau 185 ff.; K. Brunner, Wovon lebte der Mensch? 192 ff.; Grüger, Über die Deutung 43 ff.; Stolz, Rechtsgeschichte 58 f.; A. Dopsch, Einleitung, in: Die landesfürstlichen Urbare Nieder- und Oberösterreichs CLXXV ff.
4 Driesch/Boessneck, Haustierhaltung 198 ff.; Stolz, Rechtsgeschichte 53 ff.
5 A. Dopsch, Ältere Wirtschafts- und Sozialgeschichte 12 f.; Riedmann, Mittelalter 288; Stolz, Rechtsgeschichte 55 f., 61.
6 Kirchengast/Winkler, Populations- und schichtspezifische Körperhöhenunterschiede 203 ff.
7 Posch, Siedlung 359–444; Bruckmüller, Sozialgeschichte 74 ff.; Riedmann, Mittelalter 487 f.
8 A. Dopsch, Einleitung, in: Die landesfürstlichen Urbare Nieder- und Oberösterreichs LXXXI ff.; Bruckmüller, Sozialgeschichte 76; Zehrer, Besiedlung 66 ff.; Posch, Siedlung und Bevölkerung 359 ff.
9 Stolz, Rechtsgeschichte 31; Stolz, Geschichtskunde der Gewässer Tirols.
10 Kral, Botanische Beiträge 243 ff.
11 Hägermann, Technik; Schmidt, Volkskultur der romanischen Epoche 35 ff., 51 ff.; Nekuda, Mährische Wüstungen 203 ff.; Sperber, Bäuerliche Geräte 291 ff.; Koren, Pflug und Arl 75 ff., 115 ff., 204 ff.; Schmidt, Volkskunde 181 ff.; Tremel, Wirtschafts- und Sozialgeschichte 70.
12 Lex Baiuvariorum I, 13, 287; XIII, 6, 410; Hägermann, Technik 380 ff.
13 Hägermann, Technik 380 ff.; Riedmann, Mittelalter 287, verweist auf Reste quadratischer Flureinteilungen aus der Römerzeit im Unterinntal; ähnlich Brosch, Romanische Quadrafluren 125 ff.; für die besonders regelmäßigen Blockfluren im Bereich des Salzburger Kuchl fehlt der wissenschaftliche Beweis einer Rückführung auf römische Quadrafluren; H. Dopsch, Besiedlung und Bevölkerung 347.
14 Ilg, Sense 179 ff.; ders., Siedlungsgeschichte und Siedlungsformen der Walser 142 ff., dort auch der Verweis auf »Meier Helmbrecht« von Werner dem Gärtner, wo von einer wesentlichen Verbesserung der Sensen die Rede ist; Deutsches Wörterbuch (hg. von Jacob und Wilhelm Grimm, Nachdruck München 1984), »Grumet«; unter der Bezeichnung *fenum secundum,* »zweites Heu«, ist eine zweite Heuernte im österreichischen Bereich bereits Ende des 9. Jahrhunderts belegt: D. Arnolf 172 von 899 II 5 (Ranshofen) (MGH Diplomata regum Germaniae ex stirpe Karolinorum 3, hg. von Paul Kehr, Berlin 1940); Zehrer, Besiedlung des Rheintales 72 (»Mähder«); Stolz, Rechtsgeschichte 30 f., 57 f. (Bewässerung).
15 Burgstaller, Sichel als Getreideschnittgerät 63 ff.; Schmidt, Volkskunde 193 ff.
16 Wopfner, Beiträge 36–70; Klein, Über Schwaigen 109 ff.; Stolz, Beiträge zur Geschichte 141–157; Tiefenbacher, Schwaighöfe im Gailtal 367 ff.; H. Dopsch, Besiedlung und Bevölkerung 350 f.; Tremel, Wirtschafts- und Sozialgeschichte 72 ff.
17 Riedmann, Mittelalter 288; Stolz, Rechtsgeschichte 61 ff.
18 Wanner, Spuren des ältesten Weinbaus 434–463.
19 Tschulk, Weinbau und Weinhandel; K. Brunner, Herzogtümer 391 f.; Winter, Wachau 157 ff.
20 Klein, Weinsaumdienste 65 ff.; Mitterauer, Wirtschaft und Handel 421; Stolz, Rechtsgeschichte 62.
21 Loehr, Beiträge zur Geschichte des mittelalterlichen Donauhandels 163 ff.
22 Knittler, Tiere vor Pflug und Wagen 9–15; Hägermann, Technik 461 ff.
23 H. Dopsch/F. Koller, Umweltschutz 178; Koller, Die ältesten Wassermühlen 111–114; Härtel, Von Wasser- und Mühlenrecht 219–236; Lausegger, Wassermühlen 299–321.
24 Hägermann, Technik 346 ff.; Strauss, »Mills without Wheels« 23–42: Im 16. Jahrhundert waren von 135 Wassermühlen im Gasteinertal 116 dem horizontalen Typ zuzuordnen.
25 Ludwig, Technik im hohen Mittelalter 85.
26 Riedmann, Mittelalter 345.

27 Schinnerl, »Venezianer Säge« 279–329; 1307 ist eine Sägemühle in Hall in Tirol genannt. 1333 gibt es die erste Kärntner Erwähnung in Obervellach. Aus der Steiermark stammt ein Beleg aus dem Jahr 1335.
28 H. Dopsch, Die wirtschaftliche Entwicklung 798.
29 H. Dopsch, Almkanal 46–76; ders., Die wirtschaftliche Entwicklung 798 ff.; Alltag im Spätmittelalter 49 ff.
30 Kühnel, Zu den Lebensverhältnissen 419.
31 Hye, Innsbrucker Sillkanal 71, 82 f.
32 Mitterauer, Die soziale Entwicklung 72 ff.; Dollinger, Der bayerische Bauernstand; Bruckmüller, Sozialgeschichte 79 ff.; ders., Die Landwirtschaft und ihre Organisation 448–463; H. Dopsch, Grundstrukturen der Lokalverwaltung 19 f.
33 Riedmann, Mittelalter 341; Bauernland Oberösterreich 28 ff.; Ebner, Stadelhof 69–80; Bruckmüller, Sozialgeschichte 80 f.; H. Dopsch, Grundstrukturen der Lokalverwaltung 21.
34 A. Dopsch, Einleitung, in: Die landesfürstlichen Urbare Nieder- und Oberösterreichs CIII ff.; Dollinger, Der bayerische Bauernstand 366–375; Bruckmüller, Grundherrschaft 33 ff.; 81 f.
35 Bruckmüller, Sozialgeschichte 82; ders., Grundherrschaft 36 ff.; A. Dopsch, Einleitung, in: Die landesfürstlichen Urbare Nieder- und Oberösterreichs CIII ff., CXVIII ff.
36 Wiessner, Beiträge zur Geschichte des Dorfes; Bruckmüller, Sozialgeschichte 88 ff.; K. Brunner, Herzogtümer 414 f.; H. Dopsch, Die soziale Entwicklung 415 f.
37 Knittler, Städtewesen 477; Klebel, Die Städte und Märkte 37 ff., 50 f.; Helleiner, Österreichs ältestes Stadtrechtsprivileg; H. Dopsch, Wann wurde Salzburg Stadt? 11 ff.
38 H. Dopsch, Zeit der Karolinger und Ottonen 226 f.; Knittler, Städtewesen 474, 478; Mitterauer, Jahrmärkte 68 ff.; Knittler, Enns und der Donauhandel 73 ff.
39 Mitterauer, Herrenburg und Burgstadt 470 ff.; Wolfram, Salzburg, Bayern, Österreich 91; Bruckmüller, Sozialgeschichte 96 f.
40 Mitterauer, Zur räumlichen Ordnung 94–120; Bruckmüller, Sozialgeschichte 96 f.; generell dazu: Mitterauer, Markt und Stadt.
41 Mitterauer, Zentralorttheorie 219 ff.; ders., Herrenburg und Burgstadt 192 ff.
42 Bruckmüller, Sozialgeschichte 96 ff., 99; Knittler, Städtewesen 481 f., 483; Ebner, Residenz- und Hauptstädte 32.
43 Knittler, Städtewesen 484 ff.; ders., Städte und Märkte 158 ff.
44 Mitterauer, Verkehr, Handel und Stadtwirtschaft 62; ders., Zollfreiheit und Marktbereich 231 ff., 318 ff.
45 Mitterauer, Verkehr, Handel und Stadtwirtschaft 66 f.; ders., Zollfreiheit und Marktbereich 290 ff.
46 Mitterauer, Zollfreiheit 318 ff.; Sandgruber, Von der Widmung zum Wettbewerb 193 ff.
47 Polak/Stelzl, Südliches Innviertel 9: etwa Kirchberg im Innviertel, wo es nachweislich nie eine Kirche gab; Genser, Land Salzburg 30–32; Winter, Wachau 157 ff.
48 Moßler, Holzkirchen in Österreich 473.
49 Kühnel, Die materielle Kultur Österreichs 92 f., 95.
50 K. Brunner, Herzogtümer 394 ff.; Kühnel, Die materielle Kultur Österreichs 92 f.
51 Kühnel, Zu den Lebensverhältnissen 407, 410; Stolz, Rechtsgeschichte 23 f.; Knittler, Vorindustrielle bürgerliche Haustypen 111 ff.; am Ende der Babenbergerzeit dürfte Wien bei 1 000 Häusern etwa 10 000 Einwohner gezählt haben; Knittler, Städtewesen 495.
52 O. Moser, Zum Aufkommen der »Stube« 207–228; ders., Räume eines Villacher Bürgerhauses 269–282; Hundsbichler, Beitrag deskriptiver Quellenbelege 29 ff.; O. Moser, Hausangaben 151 ff., 239 f.
53 Nekuda, Pfaffenschlag 246 ff.; Knittler, Vorindustrielle bürgerliche Haustypen 112; Werner Ogris, Fahrnis, Fahrhabe, in: Handwörterbuch zur deutschen Rechtsgeschichte 1 (Berlin 1971) 1049 ff.
54 Bruckmüller, Sozialgeschichte 138.
55 Sandgruber, Anfänge der Konsumgesellschaft 327 ff.
56 H. Dopsch, Hemma von Gurk 18.
57 Ludwig, Silber- und Golderzbergbau 193 f.
58 Riedmann, Mittelalter 345; Palme, Entstehung 317–340; Europäisches Montanwesen.
59 Tremel, Geschichte des Bergbaues 871.
60 Tremel, Ende des Silberbergbaus 1 ff.; Stadlober, Zeiringer Bergordnung 17–22.
61 Tremel, Geschichte des Bergbaues 872 ff.; Kunnert, Schladminger Bergbrief 272 ff.
62 K. Brunner, Herzogtümer 34 f.
63 Wanderwitz, Salzwesen 24; H. Dopsch, Zeit der Karolinger und Ottonen 225.
64 S. Haider, Geschichte Oberösterreichs 28; Wolfram, Gründungsurkunde Kremsmünsters 51 ff.
65 Wiessner, Geschichte des Kärntner Bergbaues 1, 214 f. (MC III, n. 1308).
66 K. Brunner, Herzogtümer 35; Hoffmann, Werden, Wachsen, Reifen 38; Srbik, Studien 10 ff.
67 Koller, Salzwesen 738 ff.
68 H. Dopsch, Die äußere Entwicklung 331 ff.; Koller, Die innere Entwicklung 637 ff.; ders., Salzwesen 751.

69 Roth, Eisen, Silber 374; Hocquet, Weißes Gold 52 f., 70 ff.; Srbik, Studien 14 ff.
70 Palme, Rechts-, Wirtschafts- und Sozialgeschichte 31 ff.; Vilfan, Meersalz 105–118; Hoffmann, Werden, Wachsen, Reifen 38 f.; Srbik, Studien 42 ff.
71 Riedmann, Mittelalter 510 f.
72 Koller, Die innere Entwicklung 649 ff.; Hattinger, Passau und das Salz 44; Koller, Salzwesen 800 ff.
73 Fichtenau, Wald 20.
74 Hägermann, Technik 419 ff.; Schmidt, Das bäuerliche Arbeitsgerät 269 ff.; ders., Volkskunde 175 ff.; Die mittelalterlichen Stiftsurbare 2, 102, 106 u. oft; Fichtenau, Wald 18 f.; Schmidt, Antike und mittelalterliche Pflugscharen 227 ff.
75 Riedmann, Mittelalter 344; Wenninger, Bergbau 150; Kaus, Zur Zeitstellung 63 ff.; Sperl, Frühes Hüttenwesen 419; Otruba, Überblick der Entwicklung 77 f.; Haider-Berky, Das Kart 358 ff.; Pap, 3 000 Jahre Bergbau 314 ff.; K. Brunner, Herzogtümer 34.
76 Spörk, Zur Funktion der Sage 261 ff.; Bittner, Eisenwesen in Innerberg 9 f.; Eibner, Beginn der Radwerksorganisation 25–30, 27; Haiding, Steirische Bergwerks- und Hüttensagen 353 ff.; Haiding, Sagen von Bergwerksentstehung.
77 Knittler, Zum ältesten Steiner Zolltarif 52 f.; Tomaschek, Rechte und Freiheiten der Stadt Wien 1, n. 29; Die mittelalterlichen Stiftsurbare 2, Kremsmünster, Urbare A und B, 94 ff. *1 aratrum cum ferro bene expeditum*, unter »Hofgericht« immer wiederkehrend.
78 Dies kann daraus erschlossen werden, daß die Größe der Halbmaße oder »Stuck«, der Produkte eines Schmelzvorgangs, auf das Zweieinhalbfache anstieg; Roth, Eisen, Silber 373; Bittner, Eisenwesen in Innerberg 35 f.
79 Tremel, Geschichte des Bergbaues 867–900; Bittner, Eisenwesen in Innerberg 36 f.; Tremel, Wirtschafts- und Sozialgeschichte 78 ff.
80 Bittner, Eisenwesen in Innerberg 50 ff.; Roth, Eisen, Silber 373 f.
81 Unter König Ottokar von Böhmen begann der Aufstieg des nicht unter landesfürstlicher, sondern unter bischöflich freisingischer Herrschaft stehenden Waidhofens. 1266 befreite Ottokar den Marktflecken, der damals auch das Stadtrecht erlangt haben dürfte, von der Unterordnung unter Aschbach. 1277 ist für Waidhofen erstmals der Titel »Stadt« belegt. Die Qualität der in der Waidhofener Gegend erzeugten Schwerter, Messer und Sporen wurde schon von dem Dichter Neidhart von Reuenthal um 1240 in einem seiner Winterlieder gerühmt; 800 Jahre Waidhofen 79 ff.; Mitterauer, Zollfreiheit 231 ff.
82 Bittner, Eisenwesen in Innerberg 73 ff.
83 Bruckmüller, Sozialgeschichte 97; Mitterauer, Verkehr, Handel und Stadtwirtschaft 51; Weltin, Ascherichsbrvgge 3; Hoffmann, Werden, Wachsen, Reifen 64 f.; Knittler, Städtewesen 481.
84 Hassinger, Zollwesen und Verkehr 292–361; ders., Handels- und Verkehrsstellung Villachs 211 ff.; ders., Verkehrsgeschichte 441 ff.
85 K. Brunner, Herzogtümer 202 f.; Mumelter, Kuntersweg.
86 Hassinger, Verkehrsgeschichte 449.
87 Wenninger, Siedlungsgeschichte der innerösterreichischen Juden 190–217; Pickl, Stellung der Steiermark 185 ff.; Knittler, Städtewesen 479 f.; Roth, Die ältesten Judenniederlassungen 40 ff.
88 Hoffmann, Werden, Wachsen, Reifen 59, 63; Stolz, Ein venetianisch-böhmisch-belgisches Verkehrsprojekt; Pickl, Stellung der Steiermark 183 f.
89 Pickl, Pettau 87–109; ders., Stellung der Steiermark 170 ff.
90 Wolfram, Gesandtschaft Konrads II. 163; Knittler, Donau 29.
91 Loehr, Beiträge zur Geschichte des mittelalterlichen Donauhandels 163 ff.; Neweklowsky, Schiffahrt 1, 291 f., 329.
92 Koller, Salzachschiffahrt bis zu den erzbischöflichen Privilegien 41 ff.; H. Dopsch, Die erzbischöflichen Ordnungen für die Salzachschiffahrt 56 ff.
93 Popelka, Der Name Judendorf 57 ff.; Klein, Judendörfer im Salzburgischen 65 ff.; Neumann, Zur frühen Geschichte der Juden 92 ff.; Roth, Die ältesten Judenniederlassungen 40 ff.; Pickl, Handel und Verkehr in der Steiermark 338; Wenninger, Siedlungsgeschichte der innerösterreichischen Juden 190 ff.
94 Verlinden, Traite des esclaves 377 ff.
95 Mitterauer, Wirtschaft und Verfassung 344 ff.
96 Mitterauer, Verkehr, Handel und Stadtwirtschaft 64; Knittler, Städtewesen 478 f.; ders., Enns und der Donauhandel 73 ff.; Katzinger, Einige Bemerkungen zu den Jahrmärkten von Ardagger 116 ff.
97 Mitterauer, Verkehr, Handel und Stadtwirtschaft 64 f.; Opll, Studien zur frühen Wiener Handelsgeschichte 49 ff.; Csendes, »Des riches houptstat in Osterrich« 48 ff.
98 Luschin von Ebengreuth, Handelspolitik der österreichischen Herrscher 9 ff.; Rechtsquellen der Stadt Wien 28, Nr. 3; G. Rösch, Zwei literarische Quellen 111 ff.; Knittler, Städtewesen 484 f.
99 Opll, Studien zur frühen Wiener Handelsgeschichte 49 ff.

100 G. Rösch, Venedig und das Reich 85 ff.; ders., Wirtschaftsbeziehungen der Ostalpenländer 71–82; Stromer, Bernardus Teutonicus 6 ff.; Pickl, Stellung der Steiermark 182 ff.
101 Riedmann, Mittelalter 506.
102 Alram, Geld aus aller Welt 25 ff.; Hahn, Fundmünzen des 5.–9. Jahrhunderts; ders., Fundmünzen des 10. und 11. Jahrhunderts; Hahn/Luegmeyer, Der langobardenzeitliche Münzschatzfund.
103 Alram, Geld aus aller Welt 42.
104 Scheibelreiter, Anfänge der Geldwirtschaft 75.
105 H. Dopsch, Hemma von Gurk 15; ders., Zeit der Karolinger und Ottonen 227.
106 Alram, Geld aus aller Welt 45.
107 Alram, Geld aus aller Welt 48 ff.
108 G. Rösch, Wirtschaftsexpansion und Münze 17 ff.
109 Koch, Corpus Nummorum Austriacorum 109 ff.; Probszt, Österreichische Münz- und Geldgeschichte 241 ff.
110 Scheibelreiter, Anfänge der Geldwirtschaft 76 f.; Koch/Haider-Berky, Münzstätte Neunkirchen; Koch, Corpus Nummorum Austriacorum 38 ff.; Probszt, Österreichische Münz- und Geldgeschichte 279 f.
111 Scheibelreiter, Anfänge der Geldwirtschaft 76 f.; Probszt, Österreichische Münz- und Geldgeschichte 257 ff.
112 Alram, Wiener Pfennig 53–74; Scheibelreiter, Anfänge der Geldwirtschaft 78 ff.; Koch, Geschichte der Münzstätte Wien 196 f.; Probszt, Österreichische Münz- und Geldgeschichte 281 ff.
113 Koch, Corpus Nummorum Austriacorum; ders., Geschichte der Münzstätte Wien 195 ff.; Lindeck-Pozza, Mittelalterliche Preis- und Wertangaben 247 f.
114 Alram, Wiener Pfennig 59 ff.
115 Häusler, »Geld ist die welt« 13 ff., 22.
116 Alram, Wiener Pfennig 59 ff.
117 Alram, Wiener Pfennig 63 ff.
118 Lohrmann, Darlehen, Rente und Kauf 85 ff.
119 Wenninger, Juden und Christen 281 ff.
120 Wenninger, Juden und Christen 281; Roth, Die ältesten Judenniederlassungen 40 ff.
121 Lohrmann, Juden im mittelalterlichen Wien 1 ff.
122 Wenninger, Juden und Christen 282 ff.
123 Liebertz-Grün, Das andere Mittelalter 54.
124 Lohrmann, Darlehen, Rente und Kauf 88; ders., Überlegungen zur vermögensrechtlichen Stellung 11 ff.; ders., Judenpolitik in Österreich 120 f.
125 Liebertz-Grün, Das andere Mittelalter 49, 55 ff.
126 Hoffmann, Werden, Wachsen, Reifen 59.
127 Scheibelreiter, Anfänge der Geldwirtschaft 83. Nach den babenbergischen Urbaren für Österreich und Steiermark wurde das Jahreseinkommen des babenbergischen Landesherrn aus Ober- und Niederösterreich auf 35 000 Pfund Wiener Pfennige (oder 52 500 Mark) geschätzt, wobei das Kammergut im engeren Sinn, also die landesfürstlichen Grundherrschaften, keine größere Bedeutung für die Finanzwirtschaft des Territoriums besaßen. Nach Schätzungen soll der Anteil der Urbareinnahmen am Gesamtvolumen im 13. Jahrhundert etwa 18 Prozent (6 100 Pfund) betragen haben, während der Hauptteil der Einkünfte aus den Regalien und Steuern herrührte. Das entsprechende Einkommen aus der Steiermark wurde mit rund 14 000 Mark (oder 9 333 Pfund Pfennige) errechnet. Ertragreich waren die Mauten und Zölle, vor allem die Donaumauten. Für das späte 13. Jahrhundert wurde die Höhe der Mauteinnahmen, vor allem für Salz, in Österreich auf 9 000 Pfund geschätzt. Das entsprach etwa 25 Prozent der Gesamteinkünfte. 1392/93 lag der Ertrag mit knapp 14 000 Pfund deutlich höher; Knittler, Die Wirtschaft 70 f. Die von König Albrecht 1305 den Tiroler Landesherren übertragenen Zölle am Lueg (nördlich des Brenners), an der Töll (westlich von Meran) und zu Bozen machten damals mit 1 300 Mark Berner etwa ein Achtel der Einnahmen aus dem Land Tirol aus. Von der Haller Saline erzielte man mit etwa 1 000 Mark rund ein Zehntel der Gesamteinnahmen des Landes; Riedmann, Mittelalter 504; Liebertz-Grün, Das andere Mittelalter 164 f.; Lohrmann, Judenpolitik in Österreich 121 f.
128 Alram, Wiener Pfennig 64 f.; Probszt, Österreichische Münz- und Geldgeschichte 283 f.

Große Krise und zweiter Anlauf

Seite 47–101

1 Komlos, Ernährung 190; Bruckmüller, Sozialgeschichte 137; Auflistung der Katastrophen bei Wacha, Zur Wetterchronik 5–86. Für dieses Kapitel siehe besonders: Adel im Wandel; Alltag im Spätmittelalter; O. Brunner, Die Finanzen der Stadt Wien; Hassinger, Die althabsburgischen Länder 927–967; Mit-

terauer, Wirtschaftspolitik 15–46; Tremel, Frühkapitalismus; Palme, Frühe Neuzeit 3–287; Bruckmüller, Sozialgeschichte 133–214; dazu auch die verschiedenen Arbeiten von Knittler, Hoffmann, Palme, Valentinitsch.

2 Camporesi, Brot der Träume 9 ff.,97 ff., 155 ff., 179 ff.; Fischer, Die Stadt und die Wildnis 29 ff.

3 Alltag im Spätmittelalter 121 ff.

4 Zit. n. Hödl, Habsburg und Österreich 1273–1493 82; Wacha, Zur Wetterchronik 8 Anm. 12; Stolz, Rechtsgeschichte 416 f.; Fischer, Die Stadt und die Wildnis 31.

5 Zit. n. Straka/Neunteufl, Die steirische Bevölkerung 244.

6 Die Forschung zum Erdbeben von 1348 ist umfangreich und bis in neueste Zeit sehr unkritisch. Da heißt es, rund 10 000 Tote seien zu verzeichnen gewesen, davon die Hälfte in Villach, wo höchstens ein Viertel bis ein Zehntel der Einwohnerschaft überlebt habe, und etwa 3 000 in der Gegend von Arnoldstein: Villach kann allerdings im Mittelalter nie mehr als 3 000 Einwohner gehabt haben. Wie Wilhelm Neumann nachweisen konnte, ging das Leben in Villach weiter, auch wenn die Schäden sicher groß waren; Neumann spricht von maximal 200 Toten in Villach, aber sehr beträchtlichen baulichen Schäden. Der Bergsturz vom Dobratsch ging in unbesiedeltes Gebiet. Als Folge des Rückstaus der Gail mußten zwei Dörfer im Talboden statt der angeblich 17 verschütteten aufgegeben werden. Borst, Das Erdbeben von 1348 533; Hödl, »Und die Glocken läuteten von selbst!« 149 ff., beide mit übertrieben hohen Opferzahlen; Neumann, Zu den Folgen des Erdbebens von 1348, 1. Teil 25 ff.; 2. Teil 9 ff.; Hammerl, Das Erdbeben vom 25. Jänner 1348 55 ff.

7 Bergdolt, Der schwarze Tod in Europa; Fresacher, Pest in Kärnten 349 ff.; Peinlich, Geschichte der Pest; Alltag im Spätmittelalter 130; H. Dopsch, Besiedlung und Bevölkerung 353 f.; Fischer, Die Stadt und die Wildnis 32 f.

8 Schretter, Seuchen in der Geschichte Tirols 42.

9 Fresacher, Pest in Kärnten 349 ff.; Schretter, Seuchen in der Geschichte Tirols 40 ff.; Klein, Das große Sterben 91 ff.; Pickl, Auswirkungen des Großen Sterbens 41 ff.; ders., Ursachen der sozialen und wirtschaftlichen Umbrüche 16 ff., bes. 22 f.; Hassinger, Die althabsburgischen Länder 930.

10 Hödl, Habsburg und Österreich 82, 169; Neumann, Zur frühen Geschichte der Juden 92 ff.; Wadl, Geschichte der Juden in Kärnten 26 ff.; Köfler, Tirol und die Juden 169; Lohrmann, Judenverfolgungen 47 ff.

11 Burmeister, Kulturgeschichte der Stadt Feldkirch 48 ff.; ders., Juden in Vorarlberg 10 ff.

12 Drabek/Häusler, Das österreichische Judentum; Lohrmann, Judenverfolgungen 40–51, 46 f.; Wenninger, Zur Geschichte der Juden in Salzburg 748.

13 Olbort, Die Pestepidemie von 1653–1657 in Niederösterreich 11–23; ders., Vergessene Pestjahre 10 ff.; ders., Pest in Niederösterreich von 1653 bis 1683; Senfelder, Das niederösterreichische Sanitätswesen 35 ff.; Demetz, »Pest« in Tirol; Schretter, Seuchen in der Geschichte Tirols 40–83; Klein, Bevölkerung und Siedlung 1296.

14 Kühnel, Auftreten des »Englischen Schweißes« 342 f.; Die Korrespondenz Ferdinands I., Bd. II/2 (bearb. von W. Bauer/Robert Lacroix, Wien 1938) (2. Februar 1530) 593 f., 597, 599, 600 f., 604 ff., 608 f., 613 f.

15 Kemper, Zur Syphilis-Erkrankung des Conrad Celtis 99 ff.; Alltag im Spätmittelalter 142.

16 Zit. n. Neumann, Zu den Folgen des Erdbebens 37.

17 Friess, Herzog Albrecht V. von Österreich 1 ff.; Andreas Baumkircher und seine Zeit; Die wirtschaftlichen Auswirkungen der Türkenkriege; Die Steiermark. Brücke und Bollwerk.

18 Wiesflecker, Berechnung der Bevölkerungszahl 348 f.; Klein, Materialien 102 ff.; Hassinger, Die althabsburgischen Länder 931.

19 Klein, Daten zur Siedlungsgeschichte 103 f.; Bruckmüller, Sozialgeschichte 133 ff.

20 Deutsche Fortsetzung des Anonymus Leobiensis (hg. von Hieronymus Pez, Scriptores rerum Austriacarum 1, Wien 1721) Sp. 971, zit. n. Mitterauer, Wirtschaftspolitik 36; Bruckmüller, Sozialgeschichte 138.

21 Moeser, Die drei Tiroler Wirtschaftsordnungen 253–263; Schwind/Dopsch, Ausgewählte Urkunden 184, n. 100.

22 Tomaschek, Rechte und Freiheiten der Stadt Wien 1, n. 77, n. 48, n. 47; Mitterauer, Wirtschaftspolitik 36 f.

23 Mittelalterliche Wüstungen; Fresacher, Pest in Kärnten 349 ff.; Klein, Das große Sterben 91 ff.; Hageneder, Die spätmittelalterlichen Wüstungen 65 ff.; Rist, Der Wald nimmt zu; Tremel, Zur Erforschung der Wüstungen.

24 Lamprecht, Verödung der Mittelsteiermark 46 ff.

25 Knittler, Adel und landwirtschaftliches Unternehmen 46; Klein, Quantitative Informationen 55 ff., 68. Wenn es zutrifft, daß etwa 11 Prozent des spätmittelalterlichen Ortschaftsbestandes in Niederösterreich durch Verödung abgekommen seien, so könnte dies doch kaum 11 Prozent des Häuserbestandes be-

deutet haben, da von den Wüstungen kleinere Dörfer stärker als der Durchschnitt betroffen waren. Vielleicht ist es realistisch, daß etwa 7 000 bis 8 000 Häuser (7,5 bis 9 Prozent des niederösterreichischen Häuserbestandes) abkamen. Wenn dazu noch 115 Siedlungen gerechnet werden, die vom 14. bis zum Ende des 16. Jahrhunderts irgendwann verödeten und bis 1600 wieder besiedelt wurden (2,5 Prozent), wären das etwa 3 900 Häuser. Einzelhäuser dürften etwa 3 500 bis 7 000 verödet sein, so daß etwa 14 000 bis 16 000 Häuser insgesamt den Wüstungen zum Opfer gefallen sein könnten (etwa 15 bis 17 Prozent des Häuserbestands von 1590). Klein, Daten zur Siedlungsgeschichte.

26 Bruckmüller, Sozialgeschichte 138; Pickl, Ursachen der sozialen und wirtschaftlichen Umbrüche 24 ff.

27 Gänser, Zur mittelalterlichen Siedlungs- und Bevölkerungsentwicklung 117–127; ders., Strukturveränderungen 23 ff.; Stolz, Rechtsgeschichte 105 ff.; Hassinger, Die althabsburgischen Länder 935.

28 Gänser, Mittelalterliche bäuerliche Besitzformen 195–198; Tremel, Anfänge der Gemeinerschaften 171 ff.

29 Gänser, Strukturveränderungen 23 ff.; Bruckmüller, Herren und »gemeine Leut« 29 ff.; ders., Sozialgeschichte 142 ff.; H. Dopsch, Die soziale Entwicklung 414 ff.

30 Gänser, Strukturveränderungen 26 f.; Bruckmüller, Sozialgeschichte 141 f.

31 Mayer, Der auswärtige Handel 39; ders., Krems und Stein 236 ff., 244.

32 Wahrscheinlich ist die Einführung des Buchweizens, des »heidnischen Weizens« oder Haidens, früher anzusetzen, als es in der Literatur vermutet wird. Für Tirol reichen die Belege ins beginnende 15. Jahrhundert zurück. Für Kärnten ist die Einführung bereits im 14. Jahrhundert wahrscheinlich. Mit pollenanalytischen Methoden konnte sein Vorkommen in der Wüstung Pfaffenschlag bei Zlabings an der mährisch-österreichischen Grenze für das ausgehende 13. Jahrhundert belegt werden. Für etwas spätere Zeit konnte Buchweizen auch in der nahegelegenen Wüstung Hard nachgewiesen werden; Nekuda, Pfaffenschlag 262; ders., Bauern im Mittelalter 45; Sandgruber, Anfänge der Konsumgesellschaft 43 ff.

33 Knittler, Abriß einer Wirtschafts- und Sozialgeschichte der Doppelstadt Krems-Stein 51; Stolz, Wiener Nahrungs- und Genußmittelpolitik 29 f.; Helleiner, Peunten und Sonderkulturen.

34 Mitterauer, Wirtschaftspolitik 25 f.

35 Knittler, Nutzen, Renten, Erträge 146 ff.

36 Sandgruber, Anfänge der Konsumgesellschaft 172; Myrdal, The Plunge Churn 111 ff.; Klein, Über Schwaigen 109 ff., 127 f.

37 Knittler, Pferd oder Ochse 147.

38 Tremel, Frühkapitalismus 126 f.

39 Sandgruber, Zur Wirtschaftsentwicklung Niederösterreichs 210 ff.; Sandgruber, Anfänge der Konsumgesellschaft 172 ff.

40 Bruckmüller, Herren und »gemeine Leut« 29 ff.; ders., Sozialgeschichte 142 ff.; Pickl, Ursachen der sozialen und wirtschaftlichen Umbrüche 26 f.

41 Tremel, Frühkapitalismus 152 ff.; Blank, Der Villacher Bürger Wilhelm Neumann 334–353; Metnitz, Geadelte Bürger; Hassinger, Die althabsburgischen Länder 934.

42 Grüll, Weinberg 7 ff.; Bruckmüller, Sozialgeschichte 139 f.

43 Tremel, Wirtschafts- und Sozialgeschichte 232 ff.; ders., Frühkapitalismus 37 ff.

44 Knittler, Nutzen, Renten, Erträge 117 ff.; ders., Adel und landwirtschaftliches Unternehmen 45 ff.; ders., Zur Einkommensstruktur niederösterreichischer Adelsherrschaften 73 ff.; ders., Zwischen Ost und West 191 ff.; Melville, Grundherrschaft 295 ff., 302, 304 f.

45 Bruckmüller, Sozialgeschichte 186 ff.; ders., Strafmaßnahmen 95 ff.; Tremel, Wirtschafts- und Sozialgeschichte 132 ff.; Grüll, Bauer, Herr und Landesfürst; Barton, Der vorweggenommene Bauernkrieg 62 ff.; Feldbauer, Soziale Konflikte 28 ff.; Hassinger, Die althabsburgischen Länder 938 f.; Ammerer/Lemberger/Oberrauch, Vom Feudalverband 25 ff., 49 ff.

46 Landsteiner, Einen Bären anbinden 218 ff.

47 Bruckmüller, Strafmaßnahmen 97 f., 101 dort auch die Literatur; ders., Sozialgeschichte 197 f.; Pferschy, Zu den politischen Aktivitäten 151 ff.

48 Blickle, Krise des Ständestaates 45 ff.; Macek, Tiroler Bauernkrieg; Bischoff-Urack, Michael Gaismair; Sander, Bauernaufstand in Vorarlberg; Bruckmüller, Strafmaßnahmen 98 f.; ders., Sozialgeschichte 187 ff.

49 H. Dopsch, Salzburger Bauernkriege 225 ff.; Hollaender, Die vierundzwanzig Artikel 65 ff.; Bruckmüller, Sozialgeschichte 189 ff.; Ammerer/Lemberger/Oberrauch, Vom Feudalverband 25 ff., 28 ff.

50 Bruckmüller, Sozialgeschichte 191 ff., 292; Zauner, Quellen; Hoffmann, Typologie 325, 327; Feigl, Die befreiten Ämter 209 ff.; Grüll, Der Bauer im Lande ob der Enns; Klein-Bruckschwaiger, Bauernaufstand 113 ff.

51 Bruckmüller, Strafmaßnahmen 98; Koropec, Der innerösterreichische Bauernkrieg 228 ff.; Feigl, Ursachen der niederösterreichischen Bauernkriege 197 ff.

52 Feigl, Pernegger Bauernunruhen 95.

53 Hoffmann, Typologie 325–333; Czerny, Der erste Bauernaufstand; ders., Der zweite Bauernaufstand; Heilingsetzer, Der oberösterreichische Bauernkrieg; Schober, Zur Geschichte des Bauernaufstandes 1632; Bruckmüller, Strafmaßnahmen 100 f.
54 Flucht und Zuflucht; Otruba, Das österreichische Wirtschaftssystem im Zeitalter des Prinzen Eugen 77.
55 Bruckmüller, Sozialgeschichte 203 ff.; Schulze, Der windische Bauernaufstand 15 ff.; Valentinitsch, Advokaten, Winkelschreiber 188 ff.
56 Ludwig, Sozialemanzipatorische, politische und religiöse Bewegungen 211 ff.; Bücking, Michael Gaismair; Bücking, »Bauernkrieg«; Ludwig/Gruber, Gold- und Silberbergbau 193 ff.; Hoffmann, Typologie 328; Bruckmüller, Strafmaßnahmen 106 f., 113; generell Bruckmüller, Nation Österreich 166–177, und ders., Sozialgeschichte 210 ff.; vgl. dazu auch: Goldscheid/Schumpeter, Finanzkrise 340: »Es gehört die ganze Engherzigkeit des liberalisierenden, fürstenbürokratisch orientierten Typus von Historiker dazu, im Kampf zwischen Fürst und Ständen die Partei des ersteren zu ergreifen und ihn als um das öffentliche Wohl besorgten Landesvater, der gegen eine brutale Herrenklasse und für die Bedrückten kämpft, zu stilisieren.«
57 LeGoff, Arbeitszeit 29–42.
58 Aichmair, Geschichte der Brille 713.
59 Burmeister, Kulturgeschichte der Stadt Feldkirch 75.
60 Alltag im Spätmittelalter 11 ff.; Burmeister, Kulturgeschichte der Stadt Feldkirch 74.
61 Abraham a Sancta Clara, Centi-Folium Stultorum in Quarto oder Hundert Ausbündige Narren in Folio (Nürnberg 1709) 447.
62 Die Formulierung von den »ABC-Waffen des Mittelalters« verdanke ich Werner Ogris, Wien.
63 Gamber, Die österreichische Bewaffnung 93 ff.
64 Ottokar aus der Gaal, Steirische Reimchronik V. 77 290 ff.(hg. von Joseph Seemüller, MGH Deutsche Chroniken 5, Hannover 1890/93); Liebertz-Grün, Das andere Mittelalter 162 f.
65 Knittler, Burg – Festung – Garnison 36.
66 Riedmann, Mittelalter 499 f.; Egg, Tiroler Geschützguß.
67 Loehr, Thörl; Pickl, Peter Hofkircher 69 ff.; Valentinitsch, Standorte 161 ff.
68 Mitterauer, Wirtschaftspolitik 45 f.
69 Enea Silvio Piccolomini hatte seine Erfahrungen in der Kanzlei Friedrichs III. vor Augen, als er in dem im Winter 1457/58 verfaßten Brieftraktat »Germania« das Geld als Nerv des Staates bezeichnete; Winkelbauer, »Das Geld ist sanguis« 143 ff.
70 Kühnel, Wohnen und Leben in niederösterreichischen Städten 82–99.
71 Knittler, Burg – Festung – Garnison; Popelka, Graz 2, 28; Ebner, Residenz- und Hauptstädte 33.
72 Ebner, Zur Ideologie des mittelalterlichen Städtebürgertums 157–184.
73 Bruckmüller, Sozialgeschichte 147 ff.; Schalk, Wiener Handwerker 300 ff.; A. Müller, Machtpositionen und Ordnungen 425 ff.; Pohanka, Die Unbehausten 111 ff.; Hassinger, Die althabsburgischen Länder 934 f.; Ebner, Residenz- und Hauptstädte 30 f.
74 Klein, Daten zur Siedlungsgeschichte; Die Stadt am Ausgang des Mittelalters; Die Stadt an der Schwelle zur Neuzeit; Mitterauer, Typen und räumliche Verteilung 259 ff.; Hassinger, Die althabsburgischen Länder 931; Mathis, Urbanisierung 162 f: Geht man von der Ortsgröße aus, so wohnten um 1600 etwa 7 bis 8 Prozent, um 1754 etwa 11 Prozent in Orten mit über 2 000 Einwohnern; zu Marktrechtsverleihungen: Tremel, Studien zur Wirtschaftspolitik Friedrichs III. 567 ff.
75 Allerdings sind diese Angaben umstritten: Franz Mathis hat aufgrund der Stadtansicht im Schwazer Bergbuch (1556) etwa 300 bis 350 Wohnhäuser ermittelt, was bei einer durchschnittlichen Behausungsziffer von 10, wie sie zur gleichen Zeit in Innsbruck belegt ist, kaum mehr als 3 000 Einwohner ergeben würde. Für Rattenberg, Kufstein oder Kitzbühel werden üblicherweise weniger bzw. kaum mehr als 1 000 Einwohner angenommen. 1648 läßt der Merian-Stich von Schwaz auf etwa 6 000 Einwohner schließen. In den Zählungen von 1749 und 1763 werden 7 500 und 6 100 Einwohner angegeben. 1611/12 allerdings wird für Schwaz eine Zahl von 800 Häusern genannt. Mathis, Die wirtschaftliche Entwicklung 81 f.
76 Klein, Daten zur Siedlungsgeschichte 106 ff.
77 O. Brunner, Wiener Bürgertum 224.
78 Dieser Abschnitt vorwiegend nach Landsteiner, Weinbau und Gesellschaft in Ostmitteleuropa 8 ff., 124 ff; ders., Weinbau und Gesellschaft in Mitteleuropa 99 ff.
79 Hundsbichler, Reise, Gastlichkeit und Nahrung 246.
80 »Seit derselben stat ze Wienne ere und gevuore allermaist an den weingarten leit, damit sie geeret und gezirет ist, und nuotzlichen dienst uns und dem lande erzaigen muogen ...«, Tschulk, Weinbau im alten Wien 6 f.; Stolz, Wiener Nahrungs- und Genußmittelpolitik 22 ff.; Landsteiner, Weinbau und Gesellschaft in Ostmitteleuropa 19 ff.; O. Brunner, Finanzen der Stadt Wien 10, zählt den Weinbau »mit Fug zu den städtischen Wirtschaftszweigen«.

81 Tomaschek, Rechte und Freiheiten der Stadt Wien 1, n. 57.
82 J. Schlager, Wiener Skizzen des Mittelalters NF 3 (1846) 355.
83 O. Brunner, Eine handelspolitische Denkschrift 494.
84 Hundsbichler, Wein als Kulturaufgabe 53.
85 Landsteiner, Weinbau und Gesellschaft in Ostmitteleuropa 64 ff., 200 ff.
86 Zit. n. Tietze, Alt-Wien in Wort und Bild 11.
87 Emminger, Kellergassen 264, 271; Landsteiner, Weinbau und Gesellschaft in Ostmitteleuropa 174.
88 Hoffmann, Weinfuhren auf der österreichischen Donau 216–238, 225.
89 Landsteiner, Weinbau und Gesellschaft in Ostmitteleuropa 119 ff.
90 Werneck, Rückzug des Weinbaues 51 ff.; Gartner, Weinbau in Kärnten 87; Burmeister, Kulturgeschichte der Stadt Feldkirch 21, 140; Elmenreich/Feuerstein, Landwirtschaft Vorarlbergs 371 ff.; Cerwinka, Steirischer Weinbau im Mittelalter 161 ff.; Mayer, Der mittelalterliche Weinbau; Wanner, Spuren des ältesten Weinbaus 434.
91 Landsteiner, Weinbau und Gesellschaft in Ostmitteleuropa 84, 100 ff., 173 ff.; für zusätzliche Informationen danke ich Erich Landsteiner.
92 Hassinger, Die althabsburgischen Länder 946 ff.
93 Suhling, Schmelztechnische Entwicklungen 125–130; ders., Herzog Ludwig der Reiche 119 ff.; ders., Innovationen 97 ff.; Ludwig/Gruber, Gold- und Silberbergbau 45 ff., 88 f.
94 Ludwig/Gruber, Gold- und Silberbergbau 86 ff.
95 Ludwig/Gruber, Gold- und Silberbergbau 80 ff.; Pirchegger, Das steirische Eisenwesen; Dinklage, Kärnten um 1620; Tasser, Kupfererzbergbau 40 ff.
96 Ludwig, Zur Problematik der Göpelförderung 1023–1039.
97 Stromer, Wassernot und Wasserkünste 50 ff.
98 Ludwig, Silber- und Golderzbergbau 171 f.
99 Ludwig/Gruber, Gold- und Silberbergbau 8 ff.; Carnaval, Bergbauterrain 88 (dieser gibt die jährliche Ausbeute, wohl zu hoch, mit etwa 4 125 kg Feingold an); Daten für die Gastein/Rauriser Produktion: Ludwig/Gruber, Gold- und Silberbergbau 274 ff.: am Höchststand 1557 etwa 830 kg Gold und 13 000 kg Silber.
100 Ludwig/Gruber, Gold- und Silberbergbau 134 ff., 270 ff.
101 Schwazer Bergbuch: Codex Vindobonensis 10.852.
102 Listen der Brandsilberproduktion; Westermann, Zur Brandsilber- und Kupferproduktion 120 ff.; ders., Zur Silber- und Kupferproduktion Mitteleuropas 188 ff.
103 Mutschlechner, Kitzbüheler Bergbaugeschichte 137–223.
104 Tasser, Kupfererzbergbau 40–50.
105 Gröbl, Kupfererzbergbau in der Radmer; Roth, Der Kupfererzbergbau Radmer 103 f.
106 Wiessner, Geschichte des Kärntner Bergbaues 2, 23 ff., 46 ff., 67; Scheuermann, Fugger als Montanindustrielle 10 ff.; Unger, Fugger 205 ff..
107 Allesch, Arsenik 35 ff., 163 ff., 219 ff., 247 ff.; Sandgruber, Bittersüße Genüsse 99 f.
108 Valentinitsch, Quecksilberbergbau 199–203; ders., Das landesfürstliche Quecksilberbergwerk Idria 11 ff., 32 ff., 65 ff.; Blank, Der Villacher Bürger Wilhelm Neumann 334–353.
109 Egg, Tiroler Metallbergbau 39; Palme, Frühe Neuzeit 17 ff.; Hildebrandt, Bedeutung Tirols 35 ff.; Kellenbenz, Kapitalverflechtung 13 ff.
110 Egg, Tiroler Geschützguß; Palme, Frühe Neuzeit 24 f.
111 Blendinger, Zur Geschichte der Messinghütte 53 ff.; Mutschlechner/Palme, Messingwerk 13 ff.; Westermann, The Brass-works 161 ff.
112 Palme, Frühe Neuzeit 122.
113 Mitterauer, Produktionsweise 234 ff.; Ludwig/Gruber, Gold- und Silberbergbau 104 ff.
114 Mitterauer, Wirtschaftspolitik 41 f.
115 Ludwig/Gruber, Gold- und Silberbergbau 299 ff.
116 W. Hundt, Bayrisch Stamenbuch III (Ingolstadt 1585), zit. n. Egg, Tiroler Metallbergbau 39.
117 Zit. n. Ludwig/Gruber, Gold- und Silberbergbau 349.
118 Ludwig/Gruber, Gold- und Silberbergbau 342 ff., 350 ff.
119 Hocquet, Weißes Gold 365 ff.; Bergier, Geschichte vom Salz 52 ff.,124 ff., 200 f.
120 Koller, Bayern – Salzburg – Berchtesgaden 767–821; Hassinger, Die althabsburgischen Länder 945 f.
121 Koller, Salzgewinnung und Salzhandel 145 f.
122 Kallbrunner, Hans Steinberger 8 f.; Schraml, Das oberösterreichische Salinenwesen 145 f., 196 ff., 216, 334 ff.; Srbik, Studien 142 ff.; Tremel, Studien zur Wirtschaftspolitik Friedrichs III. 560 ff.
123 Ludwig, Technik im hohen Mittelalter 176.
124 Hoffmann, Salzmaut zu Sarmingstein 188–204; Srbik, Studien 168 ff., 176 ff.
125 Hoffmann, Thomas Seeauer und der Wasserweg 205 ff.

126 Roth, Eisen, Silber 373 ff.; Tremel, Eisenwesen 285 ff.; ders., Studien zur Wirtschaftspolitik Friedrichs III. 562 ff.; Hassinger, Die althabsburgischen Länder 948 ff.
127 Kallbrunner, Hans Steinberger 3 ff.; Pantz, Innerberger Hauptgewerkschaft; Bittner, Eisenwesen in Innerberg 56 ff., 94 ff., 150 ff.; Pirchegger, Das steirische Eisenwesen; Erz und Eisen in der Grünen Mark; Grubenhunt & Ofensau; Strieder, Studien zur Geschichte kapitalistischer Organisationsformen 129 ff.; Sandgruber, Innerberger Eisenproduktion 72 ff.
128 Tremel, Studien zur Wirtschaftspolitik Friedrichs III. 564.
129 Sandgruber, Von der Widmung zum Wettbewerb 193 ff.; Kaser, Kampf um das Waldregal 25 ff.; Mitterauer, Zollfreiheit 318 ff.; Tremel, Studien zur Wirtschaftspolitik Friedrichs III. 563 f.
130 H. Dopsch/F. Koller, Umweltschutz 177–199; Mitterauer, Wirtschaftspolitik 41.
131 H. Dopsch/F. Koller, Umweltschutz 181–183.
132 Ludwig/Gruber, Gold- und Silberbergbau 277; Schöll, Rauriser Wälder 361–406; Gruber/Strobl, Flurnamen 425 ff.; Bruckmüller/Ammerer, Land- und Forstwirtschaft 2548 f.; Stehrer, Beiträge zur Entwicklung der Almwirtschaft 385 ff.
133 Koller, Salzgewinnung und Salzhandel 138 ff.; Bruckmüller/Ammerer, Land- und Forstwirtschaft 2548 ff.
134 Ludwig/Gruber, Gold- und Silberbergbau 95 f.; Koller, Salzachschiffahrt 119 ff.; Bruckmüller/Ammerer, Land- und Forstwirtschaft 2504.
135 Valentinitsch, Umweltprobleme 124 ff.
136 Allesch, Arsenik 46 f., 77 f., 85, 91 ff., 152, 248 ff.
137 Zit. n. Valentinitsch, Idria und Fragen der Umweltgestaltung 70; ders., Das landesfürstliche Quecksilberbergwerk Idria 3, 202; Lesky, Arbeitsmedizin 8 f.
138 Valentinitsch, Quecksilberbergbau 199 ff.; ders., Idria und Fragen der Umweltgestaltung 57–72.
139 Lesky, Arbeitsmedizin.
140 Zatschek, Studien zur Wiener Handels- und Gewerbegeschichte; ders., Handwerk, Stadt und Landesfürst 138–200; ders., Handwerk und Gewerbe; Dinklage, Die älteste Zunftordnung 283–286; Fresacher, Vom Handwerk in Villach 296–333.
141 Mitterauer, Wirtschaftspolitik 15 ff.
142 Putzer, Vom Zunftzwang zur Gewerbefreiheit 107 ff.
143 Mitterauer, Familie und Arbeitsorganisation 1–36; Bruckmüller, Sozialgeschichte 150 ff.
144 Lentze, Zunftwesen 15–41; Popelka, Geschichte des Handwerkes 86–144.
145 Otruba, Vom Handwerk zur Manufaktur 15–34, 21.
146 Thiel, Handwerkerordnung Ferdinands I. 30–66; Hassinger, Die althabsburgischen Länder 953 f.
147 Arbeitshefte zur österreichischen Kunsttopographie Steyrdorf-Wehrgraben-Wieserfeld; Ehler, Eisengewerbe und Stadtentwicklung; Fenzl, Steyr-Wehrgraben.
148 Bittner, Eisenwesen in Innerberg 547 ff.; Valentinitsch, Das eisenverarbeitende Gewerbe 207 ff.; ders., Standorte 161 ff.; Ruhri/Dittrich, Schwerpunkte der Waffenerzeugung 235 ff.
149 Loehr, Thörl; Pickl, Peter Hofkircher 69 ff.; Hassinger, Die althabsburgischen Länder 952.
150 Valentinitsch, Das eisenverarbeitende Gewerbe 207 ff.; ders., Standorte 161 ff.; ders., Eisenverarbeitung in Kärnten 287 f.; Ofner, Die Gesellschaft der Rohr- und Büchsenhandlung 30 ff.
151 Kallbrunner, Zur Geschichte der Barchentweberei 76 ff., 79 ff., 83 ff.; Stromer, Gründung der Baumwollindustrie 46 ff., 128 ff.; H. Dopsch, Die wirtschaftliche Entwicklung 785 f.; Hassinger, Die althabsburgischen Länder 952.
152 Marks, Leinengewerbe 169 ff.; freundlicher Hinweis von Erich Landsteiner auf Daten über Bedeutung der Leinenexporte donauabwärts im 16. Jahrhundert.
153 Knittler, Überlegungen zur Nutzung der Wasserenergie 267 ff.
154 Schinnerl, »Venezianer Säge« 279 ff.; Engleitner, Schleifsteinbruch-Manipulation.
155 Otruba/Sagoschen, Gerberzünfte in Österreich 18 ff.
156 Thiel, Geschichte der Papiererzeugung im Donauraum; ders., Geschichte der Papiererzeugung und des Papierhandels in Steiermark 1 ff.; Helleiner, Anfänge der Papierindustrie 175 ff., 194.
157 Winkelbauer, Vom Waldglas zum Böhmischen Kristall 183 ff.; Glas und Kohle; Roth, Glaserzeugung in der Steiermark; Hassinger, Die althabsburgischen Länder 953.
158 Sailer, Bierbrau- und Schankmonopol 1–33; Stolz, Wiener Nahrungs- und Genußmittelpolitik 27 ff.; Hye, Der späte Aufschwung des Tiroler Bieres 135 ff.; Rumpler, In Salzburg steht ein Hofbräuhaus 161 ff.; Katzinger, Bierland Oberösterreich 167 ff.; Mayrhofer, Vom Linzer Bier 179 ff.; Knittler, Dominium und Brauhaus 331 ff.; Wagner/Waitzbauer, 500 Jahre Salzburger Stiegl-Bier 51 ff.
159 O. Brunner, Finanzen der Stadt Wien 341 ff.; Knittler, Vorindustrielle bürgerliche Haustypen 109–129; Rechnungen des Kirchenmeisteramtes, Kap. XVIII f.
160 Ofner, Ennsschiffahrt 3 ff.
161 Koller, Salzachschiffahrt 91 ff., 113 ff.

162 Palme, Frühe Neuzeit 72 ff.
163 Hassinger, Die althabsburgischen Länder 957 f.; ähnlich auch die Informationsverbindungen mit der Einrichtung der Taxis-Post; Behringer, Thurn und Taxis 55 ff.
164 Pickl, Zur Handelspolitik der frühen Habsburger 82 ff.; ders., Stellung der Steiermark 189 ff.; Hassinger, Verkehr über Brenner und Reschen 137 ff.; Valentinitsch, Eisenstraße über den Präbichl 251 ff.; Hassinger, Die althabsburgischen Länder 958.
165 Pickl, Pettau 87 ff.; ders., Pettaus Kampf um sein Niederlagsrecht 432 ff.; ders., Stellung der Steiermark 200 ff.
166 Makkai, Der ungarische Viehhandel 483 ff.; Prickler, Volumen 131 ff.; Pickl, Viehhandel 39 ff.; ders., Routen, Umfang und Organisation 143 ff.; ders., Rolle der habsburgischen Ostalpenländer 303 ff.; ders., Österreichisch-ungarische Handelsbeziehungen 11 ff.; Hassinger, Die althabsburgischen Länder 955; Pach, Zur Geschichte der Handelsbeziehungen 244 ff., 255.
167 Neweklowsky, Schiffahrt 1, 291 f., 329.
168 Die Salzburgischen Taidinge (hg. von Heinrich Siegel/Karl Tomaschek, Wien 1870) 86: Laufen: »Es ist auch recht, das man das rossen verpieten sol von Lauffen gen dem Hellein, damit sich die armen lawt zu Lauffen generen mügen und die stet gefuerdert werden ...«
169 Pickl, Österreichisch-ungarische Handelsbeziehungen 16 ff.
170 Wenninger, Juden und Christen 288 ff.; Lohrmann, Judenverfolgungen 40 ff.; Palme, Sozial- und Rechtsgeschichte der Juden 187 ff.; Wiesflecker-Friedhuber, Austreibung der Juden 48 ff.
171 Bruckmüller, Sozialgeschichte 161 f.; Strieder, Studien zur Geschichte 125; Tremel, Studien zur Wirtschaftspolitik Friedrichs III. 563.
172 Pickl, Grazer Finanzleute 147–165; Stromer, Zeringer 603 ff.
173 Tremel, Frühkapitalismus 131 ff., 134.
174 Merzbacher, Passauer Stapelrecht 181–198.
175 Kellenbenz, Kapitalverflechtung 13–50.
176 Kallbrunner, Lazarus Henckel von Donnersmark 151–155.
177 Eberstaller, Burgvogtei Wels 147 f.; Holter/Trathnigg, Wels 121.
178 Holter/Trathnigg, Wels 122, dort eine Karte mit den Orten seiner Schuldner um 1610.
179 Rausch, Handel an der Donau; Katzinger/Mayerhofer, Geschichte der Stadt Linz 193 ff.
180 Rausch, Linzer Repressalienrecht 249 ff.; ders., Handel an der Donau, bes. 77–108.
181 Valentinitsch, Verpachtung von Handelsmonopolen 82 ff.
182 Alram, Wiener Pfennig 67 ff.
183 Alram, Wiener Pfennig 71 f.; Probszt, Österreichische Münz- und Geldgeschichte 285; Schneider, Untersuchungen 21; Tremel, Studien zur Wirtschaftspolitik Friedrichs III. 557 ff.
184 Jungwirth, Münzstätte Wien 97 ff.
185 Sandgruber, Zur Wirtschaftsentwicklung Niederösterreichs 210–221; Hassinger, Die althabsburgischen Länder 966 f.
186 Winkelbauer, »Das Geld ist sanguis« 145; »Hirschen und Schreiber«, damit charakterisierte der Amtmann des Klosters Neustift bei Brixen, Georg Kirchmair, 1518 die Jagdleidenschaft und die Verbürokratisierung; Bruckmüller, Sozialgeschichte 177, 176 ff., 243 ff.; Hollegger, Zur »Beamtenethik« 139 ff.
187 Quellen zur Geschichte des Zollwesens und Handelsverkehrs in Tirol und Vorarlberg 212 ff.; Huber, Studien über die finanziellen Verhältnisse 181–247; Sartori-Montecroce, Geschichte des landschaftlichen Steuerwesens.
188 Hassinger, Die althabsburgischen Länder 962 f.; Burkert/Ziegerhofer, Die ständischen Finanzen 32 ff.

Der schöne Schein des Barock

Seite 103–141

1 Srbik, Exporthandel XXVII f.; Bruckmüller, Sozialgeschichte 166 f.
2 Sandgruber, Agrarpolitik 96–117, 101 f.; Hoffmann, Werden, Wachsen, Reifen 150 f., 553; Kumpfmüller, Hungersnot 98 ff.; zur Klimageschichte: Wacha, Zur Wetterchronik; Hassinger, Die althabsburgischen Länder 929.
3 Demetz, Die »Pest« in Tirol; Schretter, Die Pest in Tirol; ders., Seuchen in der Geschichte Tirols 40–83; Kissling, Sanitätsverhältnisse Oberösterreichs 1–105; Senfelder, Das niederösterreichische Sanitätswesen 35 ff.; Renner, Wien im Jahre 1683; Schwerdfeger, Pest in Wien 1679 162 ff.; Probszt, Sanitäre Verhältnisse in Wien 1–13; Friess/Gugitz, Zur Pestperiode 1679–1680 119–122; Gugitz, Wiener Pestepidemie von 1713 87.
4 Klein, Bevölkerung Österreichs 47 ff.; Winkelbauer, Robot und Steuer 6; Bruckmüller, Sozialgeschichte 215 ff.

5 Klein, Siedlungs- und Bevölkerungsentwicklung Vorarlbergs 125 ff.
6 Uhlig, Schwabenkinder; Künstler, Händler, Handwerker 190 ff.; Keul, Gewerbepolitik 12 ff.
7 Soritsch, Namenforschung 265 ff., dort die ältere Literatur: Breu, Kroatensiedlung im Burgenland; Tobler, Grundtendenzen 67 ff.
8 Knittler, Österreichs Städte in der frühen Neuzeit 68.
9 Oberleitner, Finanzlage Nieder-Österreichs 26.
10 Krobath, Bürgermeister der Stadt Steyr 24 (1963) 6 ff., 20 f.; 25 (1964) 3 ff.; Bruckmüller, Sozialgeschichte 230 f.
11 Knittler, Waldviertler Städte 20 ff.
12 Rechtsquellen der Stadt Weitra 210 n. 162.
13 Klein, Daten zur Siedlungsgeschichte 106 f.
14 Sandgruber, Anfänge der Konsumgesellschaft 34 f.; Mathis, Urbanisierung 163 f.; Klein, Daten zur Siedlungsgeschichte 89, gibt bereits für das 15. Jahrhundert für Tirol einen Urbanisierungsgrad von 20 Prozent, Franz Mathis ermittelt für das frühe 16. Jahrhundert für die 7 Städte und 7 Märkte Nordtirols eine Bevölkerung von vielleicht 18 000 Menschen, was einen Urbanisierungsgrad von etwa 15 Prozent ergeben würde. Um 1750 gab es in Tirol immer noch gleich viel Städte und Märkte mit einer Gesamteinwohnerzahl von höchstens 30 000 oder knapp 14 Prozent der Bevölkerung. Mathis, Die wirtschaftliche Entwicklung 82.
15 Mathis, Bevölkerungsstruktur 96 ff., 236 ff.; Bruckmüller, Sozialgeschichte 234 f.; Ebner, Residenz- und Hauptstädte 29 ff., 36 ff., 38 f. Der Anteil der Bürger betrug in Wien wie in Innsbruck im 17. Jahrhundert etwa 10 bis 20 Prozent der Haushaltsvorstände, also etwa 2 bis 5 Prozent aller Einwohner, in Graz 13 bis 15 Prozent, in Salzburg 1692 etwa 16 Prozent der Haushalte. Diese relativ kleine Gruppe setzte sich in Salzburg zu 94 Prozent aus Handels- und Gewerbetreibenden zusammen. In Innsbruck wiesen 96,4 Prozent aller Händler, aber nur 37,4 Prozent der Handwerker Bürgerstatus auf, in Salzburg hingegen 56,9 Prozent und 53,2 Prozent.
16 Lichtenberger, Wiener Altstadt 101; Mayrhofer/Katzinger, Linz 170 ff., 209 f.; Mathis, Bevölkerungsstruktur 125 ff., 248 ff.; Bruckmüller, Sozialgeschichte 233 f.
17 Ehmer, Herkunft der Handwerker 47–67, 56 f.
18 Feigl, Die oberösterreichischen Weistümer 61–93.
19 1736 zählte man in Wien bereits 10 869 selbständige Handwerker und Gewerbetreibende, davon 30,8 Prozent bürgerliche Meister, 28,8 Prozent Dekretisten, 27,1 Prozent Störer, 9,0 Prozent Livréebediente, 2,8 Prozent Hofbefreite und der Rest Stadtguardisten, Arsenalisten und Universitätshandwerker: Rizzi, Das österreichische Gewerbe 74 ff.; Adler, Gewerbepolitik 22 ff.; Pribram, Einführung der Schutzdekrete 883 ff.; Göhlert, Historisch-statistische Notizen 206 ff.; Thiel, Gewerbe und Industrie 411 ff.
20 Für Innsbruck wurde errechnet, daß 50 Prozent der Gewerbebetriebe keinen Gehilfen hatten, 27 Prozent mit einem Gehilfen auskamen, nur 12,4 Prozent zwei und 6,7 Prozent drei Gehilfen beschäftigten. Ähnlich war es in Salzburg und wohl auch Wien. 1647 waren in Salzburg fast die Hälfte der Werkstätten Ein-Mann-Betriebe. Ein Fünftel der Meister hatte einen Gehilfen, 30 Prozent zwei bis vier Gehilfen, fünf und mehr Mitarbeiter gab es nur ganz ausnahmsweise. Durchschnittlich zählte man einen Gehilfen pro Betrieb. Das Verhältnis der Selbständigen zu den Unselbständigen war in Salzburg Mitte des 17. Jahrhunderts wie 6 zu 7. Nicht anders war es in den kleinen Städten. Mathis, Bevölkerungsstruktur 72 ff., 151 ff., 211 ff.
21 Mitterauer, Zur familienbetrieblichen Struktur 191 ff.
22 Thiel, Gewerbe und Industrie 411 ff.; Zatschek, Aus der Geschichte des Wiener Handwerks 28–74.
23 Sandgruber, Bittersüße Genüsse 30 ff.; Landsteiner, Weinbau und Gesellschaft in Ostmitteleuropa 111 ff.
24 Landsteiner, Der Wein und das Weinviertel 117–132; ders., Weinbau und Gesellschaft in Ostmitteleuropa 123.
25 Landsteiner, Der Wein und das Weinviertel 119 ff.; ders., Weinbau und Gesellschaft in Ostmitteleuropa 124 ff.
26 Landsteiner, Weinbau und Gesellschaft in Ostmitteleuropa 238 ff.; ders., Der Wein und das Weinviertel 122 ff., 127 f.
27 Emminger, Kellergassen 262–274; Schmidbaur, Die niederösterreichischen Kellergassen; Landsteiner, Weinbau und Gesellschaft in Ostmitteleuropa 275 ff.
28 Ucik, Bergmännische Sagen 541 ff.
29 Vgl. etwa Bruckmüller, Die habsburgische Monarchie im Zeitalter des Prinzen Eugen 109.
30 Pickl, Salzproduktion 11 ff.; Palme, Kampf um den böhmischen Salzmarkt 211 ff.; Srbik, Studien 194 ff.
31 H. Dopsch, »Sichere Armut« 148 ff.; Koller, Salzgewinnung und Salzhandel 128 ff.; Schremmer, Zwischen Konkurrenz und Kartell 156 ff.
32 Spaur, Reise durch Oberdeutschland 47.

33 Hellmuth/Hiebl, Zeit des Umbruchs 255.
34 Tremel, Eisenproduktion 319–332.
35 Die Innerberger Hauptgewerkschaft umfaßte den Bergbau auf der nördlichen Seite des Erzbergs, 10 bis 14 Schmelzhütten in Eisenerz, etwa 60 Welsch- und Kleinhammerwerke zum Frischen des Roheisens und zur Ausschlagung der verschiedenen Dimensionen, eine ausgedehnte Waldwirtschaft zur Bereitstellung der erforderlichen Holzkohlen und die Steyrer Eisenhändler als Verleger. Etwa 2 000 bis 3 000 Beschäftigte fanden einen Arbeitsplatz, davon circa je ein Drittel bei den Radwerken, Hammerwerken und der Köhlerei. Was sich dahinter verbarg, war aber kein dynamischer Konzern, sondern ein hochbürokratisiertes, schwerfälliges Konglomerat: Pantz, Innerberger Hauptgewerkschaft; Sandgruber, Innerberger Eisenproduktion 72 ff.
36 Sandgruber, Innerberger Eisenproduktion 72–105; Tremel, Eisenproduktion 319–332.
37 Egg, Eisenschaffende Industrie in Tirol 91.
38 Thomas, Hans Schmidt von und zu Helding 15 ff.; Dinklage, Hans Schmidt von Helding 115 ff.; Valentinitsch, Eisenverarbeitung in Kärnten 287 f.; ders., Standorte 161 ff.; Ruhri/Dittrich, Schwerpunkte der Waffenerzeugung 235 ff.
39 Posch, Die niederländische Armaturenmeisterschaft 46–55; Valentinitsch, Niederländische Waffenschmiede 71 ff., bes. 78 ff., und 82 f. über holländische Waffenproduzenten im steirischen Neuhaus.
40 Pickl, Neuberger Eisenindustrie 297–326; Sandgruber, Vom Klingenhammer zur Alten Tuchfabrik 378 ff.
41 Wagenhofer, Eisengußwerk bei Mariazell; Valentinitsch, Bedeutung der steirischen Wirtschaft 348.
42 Fischer, Blaue Sensen 149 ff., 175 ff.; Sandgruber, Innerberger Eisenproduktion 84 f.
43 Hoffmann, Werden, Wachsen, Reifen 367 ff.
44 Egg/Pfaundler/Pizzinini, Von allerley Werkleuten 56 ff., 72 ff.
45 Hassinger, Die althabsburgischen Länder 927 ff.; ders., Verkehr über Brenner und Reschen 137 ff.; ders., Verkehrsgeschichte 441 ff.
46 Pickl, Pettau 87 ff.; ders., Verkehrswege nach dem Südosten 101 ff.
47 Pickl, Österreichisch-ungarische Handelsbeziehungen 27 f.; ders., Handel an Inn und Donau 205 ff.; ders., Die Rolle der habsburgischen Ostalpenländer 303 ff.; Vangerov, Linz und der Donauhandel 41 ff.
48 Valentinitsch, Der ungarische und innerösterreichische Viehhandel nach Venedig 213 ff.; Pickl, Der Viehhandel 39 ff.
49 Schröder, Fürstliche Schatz- und Rentkammer 357 f.; ähnlich Hörnigk, Österreich über alles 168.
50 Schröder, Fürstliche Schatz- und Rentkamer 278 f.
51 Hassinger, Die erste Wiener Orientalische Handelskompanie 1–53.
52 Halm, Habsburgischer Osthandel; Herzfeld, Zur Orienthandelspolitik 225 ff.; Dullinger, Handelskompagnien 46 ff.
53 Pollack-Parnau, Eine österreichisch-ostindische Handelskompagnie 7 ff.; Halm, Österreich und Neurußland; Mayer, Anfänge des Handels; Srbik, Exporthandel; Barbudieri, Trieste; Markov, Die koloniale Versuchung 593 ff.; Otruba, Wirtschaftspolitik 125 ff.; Sauer, Aspekte der Handelspolitik 235 ff., 242 ff., 260 ff.
54 Peez, Alte serbische Handelsbeziehungen 498 ff.; Teply, Einführung des Kaffees in Wien; Tomadakis, Les communautés helleniques 452–461; Tremel, Griechenkolonie 108 f.; John/Lichtblau, Schmelztiegel 76 f.
55 Mayrhofer/Katzinger, Linz 1, 341 ff.
56 Popelka, Geschichte der Grazer Messen; Mühlberger, Absolutismus und Freiheitskämpfe 420 ff.
57 Dickson, Finance and Government 1, 140 ff.; Grunwald, Samuel Oppenheimer; Edel, Karl Abraham Wetzlar.
58 Die Berechnungen von H. Schnee, daß aus dem Kreis der Hofbefreiten von 1698 bis 1739 mit mindestens 2 Millionen Gulden im Jahr rund ein Drittel dessen, was die Gefälle ausmachten, an Vorschüssen eingegangen wäre, sind sicherlich übertrieben, weil dabei einerseits die Kredite zu hoch, die Staatseinnahmen hingegen um einen Faktor drei zu niedrig angesetzt wurden; Schnee, Hoffinanz; Mensi, Finanzen 232 ff.; Tremel, Wirtschafts- und Sozialgeschichte 302.
59 Grunwald, Samuel Oppenheimer; Kaufmann, Samson Wertheimer; McCagg, A History of Habsburgs Jews; Berger, Finanzwesen 108, verweist auf die sehr unterschiedliche Bewertung des Oppenheimerschen Konkurses, ob »logische Folge wucherischer Geschäftstätigkeit«, wie in der älteren Forschung vorherrschend, oder Folge eines zweifelhaften Aktes staatlicher Willkür.
60 Dickson, Finance and Government 1, 154 ff.; H. L. Mikoletzky, Schweizer Händler 149–183.
61 Holl, Hofkammerpräsident Gundaker Thomas Graf Starhemberg; Bidermann, Wiener Stadtbank 341 ff.
62 Bidermann, Wiener Stadtbank 341 ff.
63 Evans, Habsburgermonarchie 125 ff.; Knittler, Donaumonarchie 880–915.
64 Lichtenberger, Bürgerstadt 311 f.; Oberleitner, Finanzlage im Jahre 1761 24; ders., Österreichs Finan-

zen 224 ff.; H. L. Mikoletzky, Haushalt des kaiserlichen Hofes 658–683; Lhotsky, Kaiser Karl VI. 52–80; Bruckmüller, Sozialgeschichte 235 f.; Berger, Finanzwesen 111 f.

65 Ehalt, Ausdrucksformen absolutistischer Herrschaft; Klingenstein, »Jede Macht ist relativ« 309 ff.; W. Brunner, Städtisches Tanzen 45–64.

66 Bruckmüller, Sozialgeschichte 271 ff.; Berger, Finanzwesen 110 f.

67 Pfeisinger, Entzauberung der Montur 83 ff.

68 MacHardy, Social Mobility 97–139; Winkelbauer, Adel in Ober- und Niederösterreich 13–33; ders., Krise der Aristokratie? 328–353; Bruckmüller, Sozialgeschichte 226 f.; Dickson, Finance and Government 1, 95 ff.; Evans, Habsburgermonarchie 134 ff.

69 O. Brunner, Adeliges Landleben; Das Haushaltungsbüchl der Grünthaler; Winkelbauer, Repräsentationsstreben 179 ff.; Winner, »Adeliger Stand und bürgerliche Hantierung« 57 ff.; Zollinger, Banquiers und Pointeurs 37 ff.

70 Knittler, Nutzen, Renten, Erträge 117 ff.

71 Knittler, Nutzen, Renten, Erträge 146 ff., 175.

72 Winkelbauer, Robot und Steuer 152 ff.; Huber, Wollproduktion 178–193.

73 Knittler, Zur Einkommensstruktur niederösterreichischer Stifte 264.

74 Knittler, Nutzen, Renten, Erträge 86 ff.; Berthold, Einkommensstruktur 204 ff.

75 Grüll, Der Bauer am Ausgang des 16. Jahrhunderts 9.

76 Rozdolski, Die große Steuer- und Agrarreform 136 ff., 148 ff.

77 Burmeister, Kulturgeschichte der Stadt Feldkirch 103.

78 Loidl, Menschen im Barock 221 f.

79 Blum, Von der Leibeigenschaft 65 f.; Loidl, Menschen im Barock 218 ff.

80 Loidl, Menschen im Barock 218.

81 Knittler, Nutzen, Renten, Erträge 20 ff.; ders., Donaumonarchie 895 ff.; Winkelbauer, Robot und Steuer 185 ff., 202 ff.; Bruckmüller, Sozialgeschichte 229 f.; ders., Die habsburgische Monarchie im Zeitalter des Prinzen Eugen 111, dort Belege; Winkelbauer, Grundherrschaft 66 ff.

82 Winkelbauer, Robot und Steuer 91 ff., 200; Grüll, Der Bauer am Ausgang des 16. Jahrhunderts 73 ff., 227 ff.

Tabelle 61: Von den niederösterreichischen Ständen jährlich bewilligte und großteils auf die Untertanen überwälzte direkte Steuern

	in Gulden	in Stück Ochsen umgerechnet zu Wiener Preisen
um 1550	161 000	17 100
1650/1660	332 500	13 500
1691/1700	804 000	16 400
1714/1724	600 000	14 400
1739/1748	900 000	22 500
1749/1759	2 000 000	60 000

Quelle: Winkelbauer, Grundherrschaft 66.

83 Rozdolski, Die große Steuer- und Agrarreform, Anh. IV: 1785 wurde die durchschnittliche Zusammensetzung des Werts der untertänigen Entrichtungen (Feudalrente) in Innerösterreich folgendermaßen geschätzt: 30,2 Prozent entfielen auf Robot, 19,2 Prozent auf Naturalabgaben, 15,6 Prozent auf Geldzinse, 13,9 Prozent auf Besitzwechselgebühren und sonstige Taxen und 20,3 Prozent auf Zehenten. 1778 war in der Steiermark eine Maximalforderung von 156 Tagen (3 Tage pro Woche) und 1772 in Niederösterreich von 104 Tagen definiert worden, auch wenn die tatsächliche Leistung meist wesentlich darunter lag. In Oberösterreich waren 14 Tage pro Jahr als Obergrenze festgelegt, die schon weitgehend in Geld umgewandelt waren. In Tirol war die Robot ebenfalls gering. Von 106 niederösterreichischen Bauern einer 1785 durchgeführten stichprobenartigen Erhebung leisteten 42 keine Robot, 26 1 bis 26 Tage im Jahr und 36 40 bis 104 Tage, von 90 innerösterreichischen leisteten 16 keine Robot, 45 1 bis 22 Tage und 29 30 bis 156 Tage. In Oberösterreich wurde im Traun- und Hausruckviertel überhaupt keine Robot mehr geleistet, im Inn- und Mühlviertel nur von einem Viertel der erfaßten Bauern im Ausmaß von 2 bis 32 Tagen jährlich; Bruckmüller, Grundherrschaft 49, hat Berechnungen für die Herrschaft Ort angestellt, die ähnliche Ergebnisse erbrachten; Dickson, Finance and Government 1, 122 f.

84 Winkelbauer, Robot und Steuer 185 ff., 220 ff., 233 ff.; ders., Herren und Holden 73 ff.

85 Winkelbauer, »Wir, die armen Untertanen« 49 ff.; Evans, Habsburgermonarchie 140 ff.

86 Koller-Neumann, Statistik zum österreichischen Klosterwesen 331–344.
87 Knittler, Zur Einkommensstruktur der niederösterreichischen Stifte 257–275.
88 Katzinger/Mayrhofer, Linz 1, 302 ff.; ähnlich in Graz, Innsbruck, Salzburg und Wien: Bruckmüller, Sozialgeschichte 235.
89 Lichtenberger, Wiener Altstadt 52, 101, 110 f.
90 Feigl, Pernegger Bauernunruhen 99.
91 Reingrabner, Verfolgung 58 ff.; Otruba, Das österreichische Wirtschaftssystem im Zeitalter des Prinzen Eugen 60 f.
92 Rumpler, Sozialer Wandel 573 ff.
93 Rumpler, Sozialer Wandel 573 ff.; O. Brunner, Adeliges Landleben; Pröll, Ein Blick in das Hauswesen; Winkelbauer, Sozialdisziplinierung 317 ff.
94 Engelbrecht, Geschichte 2, 184 ff.; 3, 202 ff.
95 Sandgruber, Alltag und materielle Kultur 23–44.
96 Mayrhofer/Katzinger, Linz 2, 52 (1783, Die Gimpelinsel).
97 Engelbrecht, Geschichte 2, 128 ff.
98 Engelbrecht, Geschichte 3, 21 ff.
99 Gugitz, Wallfahrten Oberösterreichs; ders., Österreichs Gnadenstätten; Loidl, Menschen im Barock 60 ff.; Sandgruber, Fremdenverkehrsland Oberösterreich 125 ff.
100 Spaur, Reise durch Oberdeutschland 278.
101 Mitterauer, Lebensformen und Lebensverhältnisse 315–338; Stekl, Unterschichten und Obrigkeit 291 ff.; Scheffknecht, Armut und Not 69 ff.; Valentinitsch, Fremd und arm 275 ff.; Scheffknecht, Fahrende Leute 23 ff.; Roth, Raub-, Diebs-, Mörder- und Zigeunergesindel 645–655; Winkelbauer, Robot und Steuer 56 ff.; Bruckmüller, Sozialgeschichte 264.
102 Hoffmann, Werden, Wachsen, Reifen 248 f.
103 Loidl, Menschen im Barock 97 ff., 100.
104 A. Müller, Machtpositionen und Ordnungen 425–470.
105 Scheffknecht, »Arme Weiber« 77–109.
106 Loidl, Menschen im Barock 99; N. Schindler, Salzburger Bettler 85 ff.
107 Tepperberg, Räuber, Mörder, Deserteure 197–223.
108 Klammer, Auf fremden Höfen 192 (Das Einlegebüchel der Eva Sieder: 1912 war sie bei 46 verschiedenen Quartierträgern unterschiedlich lang in Einlege).
109 Ortmayr, Sozialhistorische Skizzen 354; Ziss, Ziehkinder 313 f.; Hofmüller/Stekl, Ausschließung, Förderung, Integration 9–18.
110 Adler, Gewerbepolitik 425.
111 Stekl, Österreichs Zucht- und Arbeitshäuser 62 ff., 88 ff., 91, 139 f., 294 ff.; Valentinitsch, Das Grazer Zucht- und Arbeitshaus 495 ff.; Bruckmüller, Sozialgeschichte 268 ff.
112 M. Schindler, Räubertum; Hartl, Kriminalgericht 310 ff.; Pammer, Randgruppenkriminalität um 1800.
113 Winkelbauer, Robot und Steuer 177 f.; Walleitner, Wildern; Ammerer/Lemberger/Oberrauch, Vom Feudalverband 55 f.; Girtler, Wilderer 20 ff.
114 Evans, Habsburgermonarchie 291; Erb, Bild des Zigeuners; Mergen, Tiroler Karrner; Kreidl, Karrner 8–12; Kluibenschedl, Laninger 54 ff.; P. Rösch, Ein Teil unbewältigter Tiroler Vergangenheit 17 ff.
115 Die Literatur zu Hexen, Hexern und Hexenprozessen in Österreich ist sehr umfangreich geworden: Evans, Habsburgermonarchie 271 ff.; Byloff, Hexenglaube und Hexenverfolgung; Hexen und Zauberer; Dienst, Magische Vorstellungen und Hexenverfolgungen 70 ff.; Beck, Hexenprozesse in Oberösterreich; Berghammer, Greinburger Hexenprozeß; Keplinger, Vorstellungswelten; Schoenleitner, Zauberei- und Hexenprozesse; Tschaikner, »Also schlecht ist das Weib 57–76; Winkelbauer, Robot und Steuer 36 ff.; Valentinitsch, Untertanenunruhen 223 ff., bringt Beispiele der Disziplinierungsversuche durch Hexenprozesse.
116 Evans, Habsburgermonarchie 291 f.; Lohrmann/Wadl/Wenninger, Wirtschafts- und Sozialgeschichte; Prickler, Beiträge zur Geschichte der burgenländischen Judensiedlungen 65 ff.; Burmeister, Entwicklung der Hohenemser Judengemeinde 171 ff.; Purin, Juden in Vorarlberg 121 ff.
117 Jungwirth, Münzstätte Wien 103 ff.
118 Redlich, Die deutsche Inflation; Roth, Kipper- und Wipper-Zeit 85–104; Hirn, Die lange Münze 1–119; Luschin von Ebengreuth, Das lange Geld 26 ff.
119 Knittler, Donaumonarchie 899; Probszt, Österreichische Münz- und Geldgeschichte 425 ff., 461 ff.
120 Schröder, Fürstliche Schatz- und Rentkammer, zit. n. Winkelbauer, »Das Geld ist sanguis« 144.
121 Winkelbauer, »Das Geld ist sanguis corporis politici« 143 ff.; zu dieser im Titel von Winkelbauers Text verwendeten, einem Referat der Hofkammer entnommenen Passage Srbik, Exporthandel 290.
122 Winkelbauer, »Das Geld ist sanguis« 149 ff.

123 Bérenger, Finances; Winkelbauer, »Das Geld ist sanguis«; Knittler, Donaumonarchie 893 ff.; Berger, Finanzwesen 114 ff.; Otruba, Das österreichische Wirtschaftssystem im Zeitalter des Prinzen Eugen 62 ff.
124 Hüther, Der Dreißigjährige Krieg als fiskalisches Problem 52 ff.
125 Mensi, Finanzen; ders., Geschichte der direkten Steuern; Ernst, Der innerösterreichische Tabakappalt 371 ff.; Otruba, Staatshaushalt 198 ff.; ders., Das österreichische Wirtschaftssystem im Zeitalter des Prinzen Eugen 65 ff.; Berger, Finanzwesen 126 ff.; Winkelbauer, Grundherrschaft 66.
126 Hörnigk, Österreich über alles 110 f.; Dittrich, Kameralisten; Hassinger, Johann Joachim Becher; Sommer, Kameralisten; Srbik, Wilhelm von Schröder; Evans, Habsburgermonarchie 129 ff.; Brauleke, Leben und Werk 91 ff.
127 Hörnigk, Österreich über alles 119.
128 Brauleke, Leben und Werk 91 ff.
129 Schumpeter, Geschichte der ökonomischen Analyse 1, 260 f.
130 Di Vittorio, Kriege, Militärkosten 13–26; Pickl, Kriegsfinanzierung als Faktor der Wirtschaftsbelebung 81–90; Matis, Staatswerdungsprozeß 15 ff.
131 Schumpeter, Geschichte der ökonomischen Analyse 1, 261.
132 Hörnigk, Österreich über alles 75 f., 140 (»Wie seynd aber die Leute an Arbeit zu gewöhnen, die nur gewohnt seynd, im Luder zu liegen?«), 70 ff., 92 f., 131, 137, 155, 164 f.; Brauleke, Leben und Werk 102.

Das Jahrhundert des Fleißes

Seite 143–231

1 Komlos, Ernährung 144 ff., 108 ff.
2 Klingenstein, Between Mercantilism and Physiocracy 181–214.
3 Klingenstein, Sozialdisziplinierung 83 ff.
4 Bauernfeld, Pia desideria 14 ff., zit. n. Bruckmüller, Ein begrenzter Aufstieg 81.
5 Pammer, Glaubensabfall 145 ff., 169 ff.; Klingenstein, Staatsverwaltung und kirchliche Autorität 71 ff., über die seit den 1730er Jahren zunehmenden Eingriffe der Regierung in die liturgische Praxis.
6 Pammer, Glaubensabfall 154 ff., 178 ff., 207 ff.
7 Pammer, Glaubensabfall 233 ff.
8 Richter, Bildergalerie 103; Gedanken über die Wallfahrt in Österreich (Wien 1781) 23; Tanzer, Spectacle 81 f.
9 Tanzer, Spectacle 88.
10 Sauer, Schuster, bleib bei deinem Leisten … 441 ff.
11 Tanzer, Spectacle 33.
12 Richter, Bildergalerie 187 f.
13 Dickson, Finance and Government 1, 65 ff., Tabelle 4.2; 1, 74; Bruckmüller, Sozialgeschichte 326.
14 Otruba, Industrietopographie; Hahn, Auf dem Weg zur Industriestadt 205 ff.; Rumpler, Viktring 8 ff.; Schwarz, Wiener Becken 72–75.
15 Daten nach: Tafeln zur Statistik (1828 ff.).
16 Mitterauer, Pfarre und ländliche Gemeinde 123 ff.; Bruckmüller, Sozialgeschichte 326, 328.
17 G. Wagner, Großhändler 1 ff.
18 Barth-Scalmani/Bauer/Fuchs, Frauen und Arbeit 155 ff.; Ortmayr, Sozialhistorische Skizzen 339 ff.; Mitterauer, Geschlechtsspezifische Arbeitsteilung 819 ff.
19 Mitterauer, Auswirkungen von Urbanisierung 143.
20 Dinklage, Arbeiterschaft 1, 79 ff.
21 Beitl, Das khevenhüllersche »Zinnhaus« 223–240; Dinklage, Kärnten um 1620 125 f.
22 Bittner, Eisenwesen 101.
23 H. Dopsch, »Sichere Armut« 148 ff.
24 Ehmer, Familienstruktur; ders., Frauenarbeit und Arbeiterfamilie 438 ff.; Wanner, Vorarlbergs Industriegeschichte 153 ff.
25 Sandgruber, Anfänge der Konsumgesellschaft 337 ff.; Klammer, Auf fremden Höfen.
26 Matis, Über die sozialen und wirtschaftlichen Verhältnisse 433 ff.; ders., Protoindustrialisierung 40 ff., 44 f.; Tafeln zur Statistik (1841 ff.); Bruckmüller, Sozialgeschichte 265 ff.
27 Feldbauer, Kinderelend 16 ff., 24 ff., 106 ff.; Otruba, Zur Geschichte der Frauen- und Kinderarbeit; Wanner, Kinderarbeit; ders., Vorarlbergs Industriegeschichte 148 ff.; Heiß, Erziehung der Waisen 316 ff.; Mises, Zur Geschichte 257.
28 Melton, Absolutism; ders., Arbeitsprobleme 49 ff.; Engelbrecht, Geschichte 3, 112 ff., 119 f., 128 ff.
29 Bruckmüller, Sozialgeschichte 322 f.; Mayrhofer/Katzinger, Linz 2, 18.
30 Engelbrecht, Geschichte 3, 236 ff., 287 ff.

31 Engelbrecht, Geschichte 3, 89 f., 172 ff.; Weinzierl, Visitationsberichte 96.
32 Johann Jakob Fezer, 1785, zit. n. Melichar, Ästhetik und Disziplin 288.
33 Richter, Das alte und das neue Wien 18; zur Armee: Bruckmüller, Sozialgeschichte 329 f.; über die Größe der Armee: Dickson, Finance and Government 2, 343 ff., Anhang A; Winkelbauer, Grundherrschaft 65 f.
34 Engelbrecht, Geschichte 3, 151 ff., 160 ff., 255 ff.
35 Engelbrecht, Geschichte 3, 177 ff., 260 ff.
36 Engelbrecht, Geschichte 3, 60 ff., 189 ff., 202 ff., 268 ff.
37 Engelbrecht, Geschichte 3, 196, 285 f.
38 Bodie, Tauwetter; Engelbrecht, Geschichte 3, 292 ff.; Jesinger, Wiener Lektürekabinette 80.
39 K. Wagner, Domherr Friedrich Graf Spaur 155; Bruckmüller, Sozialgeschichte 323 f.
40 Dinklage, Kärntner Landwirtschaft 149 ff.; Bruckmüller, Die Anfänge der Landwirtschaftsgesellschaften 36 ff.; ders., Landwirtschaftliche Organisationen 42 ff., 97 ff., 102 f., 106; ders., Sozialgeschichte 337 ff.; Engelbrecht, Geschichte 3, 300 ff.; Burkert, Beeinflussung bäuerlichen Denkens 239 ff.
41 Knittler, Donaumonarchie 909.
42 Tanzer, Spectacle 23 ff.; Stekl, Österreichs Zucht- und Arbeitshäuser 220 ff.
43 Loidl, Menschen im Barock 64 ff.
44 Otruba, Berufsstruktur; Bruckmüller, Sozialgeschichte 262.
45 Komlos/Ritschl, Holy Days 57–66; Hersche, Wider »Müßiggang« und »Ausschweifung« 97–122.
46 Abgedruckt bei Walter, Die österreichische Zentralverwaltung II, 4, Aktenstücke 2 ff.; Heindl, Gehorsame Rebellen 224 ff., 231 ff.
47 Hokr, Pottendorf; Piduhn, Arbeitsbedingungen; Matis, Protoindustrialisierung; Knolz, Darstellung der Verfassung.
48 Sandgruber, Anfänge der Konsumgesellschaft 290 ff.
49 Pribram, Gewerbepolitik 156 ff.
50 Tanzer, Spectacle 93 ff.
51 Komlos, Ernährung 106 f., 49 ff.
52 Sandgruber, Anfänge der Konsumgesellschaft 43 ff.; Stoianovich, Le mais dans les balkans 272 ff.
53 Wadl, Alter und Entwicklung 239 ff.; W. Brunner, Frühe Nachrichten 5 ff., 9 f.; Stolz, Landwirtschaft 120 f.
54 Dazu Sandgruber, Anfänge der Konsumgesellschaft 45 ff.
55 Die Kartoffel. Geschichte und Zukunft 15 ff; Sandgruber, Einführung der Kartoffeln 163 ff.
56 Sandgruber, Einführung der Kartoffeln 166.
57 Sandgruber, Einführung der Kartoffeln 167 ff.; ders., Anfänge der Konsumgesellschaft 48 ff.; Schuhladen, Zur Einführung der Kartoffel 332 f.
58 Sandgruber, Anfänge der Konsumgesellschaft 49 f.
59 Teppner, Der Steirische Ölkürbis 57–63.
60 Sandgruber, Bittersüße Genüsse 91 ff.; ders., Anfänge der Konsumgesellschaft 210 ff.; Trost, Zur allgemeinen Erleichterung 38 ff.; Hitz/Huber, Geschichte der österreichischen Tabakregie; Hörnigk, Österreich über alles 95 f., kritisierte 1684, daß der Tabakanbau in Österreich nicht aufgegriffen worden sei: »Die Erbland allein seind so saumselig darinnen, daß sie lieber jährlich eine unglaubliche Menge Gelds hinaus schicken, als dessen Bau anfangen ...«
61 Mayrhofer/Katzinger, Linz 2, 9; Stolz, Rechtsgeschichte 416 ff.; Otruba, Wirtschaftspolitik 106 f.
62 Bruckmüller, Landwirtschaftliche Organisationen 74 ff.; ders., Verzögerte Modernisierung 290 f.; über Viehseuchen: Stolz, Rechtsgeschichte 414 ff. Das demonstrative Engagement, das die Staatsspitzen für die Landwirtschaft zeigten und das propagandistisch wohl in jener Furche gipfelte, die Kaiser Joseph II. eigenhändig am 19. August 1769 zog, hat seine Vorbilder in China: Haushofer, Das kaiserliche Pflügen 171 ff.
63 Sandgruber, Agrarrevolution 224 f.
64 Sandgruber, Anfänge der Konsumgesellschaft 79; Feigl, Die Auswirkungen der Theresianisch-Josephinischen Reformgesetzgebung 53 f., 62 f.; Grünberg, Bauernbefreiung; Hubert Weitensfelder, Allmendteilungen in Vorarlberg im 18. und 19. Jahrhundert, Manuskript.
65 Sandgruber, Anfänge der Konsumgesellschaft 63 ff.
66 Knittler, Tiere vor Pflug und Wagen 14.
67 Knittler, Pferd oder Ochse 159 f.
68 Bruckmüller/Ammerer, Land- und Forstwirtschaft 2545 f.
69 Sandgruber, Agrarrevolution 195 ff.; ders., Agrarstatistik 85 f.
70 Sandgruber, Anfänge der Konsumgesellschaft 153 ff.
71 Sandgruber, Anfänge der Konsumgesellschaft 327 ff.
72 Meiners, Kornfege; O. Moser, »Getreidewinde« 55–107; Wiegelmann, Kornfege 145–156.
73 Dinklage, Kärntner Landwirtschaft 148; Troitzsch, Technischer Wandel 101 f.

74 Sandgruber, Anfänge der Konsumgesellschaft 74 ff.; ders., Produktions- und Produktivitätsfortschritte 95 ff.; Pietsch, Dreschmaschinen 153 ff.; Hörnandner, Maschinelles Dreschen 231 ff.
75 Mitterauer, Geschlechtsspezifische Arbeitsteilung 819 ff.; Hoffmann, Agrarisierung der Industriebauern 66 ff.
76 Mitterauer, Auswirkungen der Agrarrevolution 241 ff.; ders., Lebensformen und Lebensverhältnisse 315 ff., 327 ff.; Ortmayr, Ländliches Gesinde 325 ff.; Feigl, Auswirkungen der Theresianisch-Josephinischen Reformgesetzgebung 57 ff.; Bruckmüller, Sozialgeschichte 296 ff.
77 Komlos, Ernährung 10 ff.; Matis, Protoindustrialisierung 15 ff.; Mosser, Protoindustrialisierung 383–440; Protoindustrialisierung in Europa, Einleitung 9 ff., 161 ff.
78 Fitz, Frühindustrialisierung 96; ders., Frau als Motor 140 f.; Wanner, Vorarlbergs Industriegeschichte 252 ff.
79 Burmeister, Rechtliche und soziale Stellung 126 ff.
80 Ammerer, »Alles was sich rührt« 173 ff.; Mittendorfer, Spielzeug und Hausrat; H. Dopsch, »Sichere Armut« 148 ff.
81 Ehmer, Familienstruktur; Cerman, Proto-industrielle Entwicklung 172 f.
82 Otruba/Steindl, Einleitung, in: Österreichische Fabriksprivilegien 11 ff., 64 ff.
83 Niel, Wirtschaft und Hausrat 45 ff., 51.
84 Hassinger, Johann Joachim Bechers Bedeutung 209–245, 233 ff.; Adler, Gewerbepolitik; Hassinger, Stand der Manufakturen 110 ff.; Hatschek, Manufakturhaus am Tabor; Österreichische Fabriksprivilegien 34 ff.
85 Österreichische Fabriksprivilegien 38 ff.
86 Österreichische Fabriksprivilegien 140 ff., 142 f.; Krackowizer, Tabakfabrik in Enns; Hofmann, Wollenzeugfabrik 11 ff.
87 Freudenberger, Struktur der frühindustriellen Fabrik 413–433; Freudenberger/Redlich, The industrial development 383 ff.; Freudenberger, Brno 81 ff., 96 ff., 190 ff.; ders., Three Mercantilistic Protofactories 172 f.; Matis, Betriebsorganisation 145, 148.
88 Klein, Beiträge zur Geschichte; Winkelbauer, Der verhinderte Streik; ders., Manufaktur und Gewerbe 55–68.
89 Posch, Die niederländische Armaturenmeisterschaft 46 ff.; Valentinitsch, Niederländische Waffenschmiede 80; Grüll, Strumpffabrik Poneggen; Otruba, Industrietopographie 63 f.; Bemerkungen auf einer Reise durch einige Gegenden von Österreich unter und ob der Enns. Vaterl. Blätter 3 (1810) 17 f., zit. n. Sandgruber, Anfänge der Konsumgesellschaft 344.
90 Meinharter/Ofner, Frühindustrielle Produktionsformen 91 ff.; Pongratz, Industrieprojekte 90 ff.
91 Hokr, Bandel in Handel und Wandel 296–301.
92 Schweickhardt, Darstellung des Erzherzogthums Oesterreich VI, 99.
93 Zeitlhofer, Textile Verbindungen 131 ff., 134 f.; Pongratz, Industrieprojekte 98 ff.
94 Knittler, Donaumonarchie 906 ff.; Komlos, Ernährung 122 f.; Pribram, Gewerbepolitik 38, 104, 218, 319, 329, 361, 514; Slokar, Geschichte 135, 358.
95 Ehmer, The Artisan Family 194–218.
96 Ehmer, Heiratsverhalten 20 f.; Wadl, Studien zur sozialen Mobilität 279–351; Ehmer, Ökonomischer und sozialer Strukturwandel 78 ff.
97 Walter, Zur Wirtschaftslage Tirols 257–279, 259; Keul, Gewerbepolitik.
98 Biack/Kerschbaumer, Geschichte der Stadt Tulln 119 f., zit. n. Häusler, Von der Manufaktur 49.
99 Pribram, Gewerbepolitik 171 ff.; Otruba, Wirtschaftspolitik 40 f.
100 Zit. n. Heiss, Die ökonomische Schattenregierung Tirols 66–87, 82.
101 Komlosy, Industriegeschichte des Oberen Waldviertels 95 ff.
102 Slokar, Geschichte 16 f.; Pribram, Gewerbepolitik 587, 592.; Baltzarek/Hoffmann/Stekl, Wirtschaft und Gesellschaft 73 ff.
103 Justi, Vollständige Abhandlung 1, 81 f.; Osterloh, Joseph von Sonnenfels.
104 Slokar, Geschichte 39.
105 Slokar, Geschichte 48.
106 Hokr, Von der Weberzeile zum Fabriksdorf 114.
107 Hokr, Von der Weberzeile zum Fabriksorf 114 f.
108 Slokar, Geschichte 50.
109 Steindl, Anton von Krauß-(Elislago) 21 ff.; ders., Überlegungen 76 ff.; Otruba/Steindl, Einleitung, in: Österreichische Fabriksprivilegien 83, 119 f.; Steindl, Entfesselung der Arbeitskraft 103 ff.
110 Good, Aufstieg 12 ff., 42 ff.; Slokar, Geschichte 637; Blum, Transportation and Industry 38; Hassinger, Stand der Manufakturen 118; Komlos, Habsburgermonarchie 64 f., 69, 72, 74 ff., 138; ders., Ernährung 9 f., 12 ff.
111 Sandgruber, Anfänge der Konsumgesellschaft 93.

112 Komlos, Habsburgermonarchie 65 f.
113 Sandgruber, Anfänge der Konsumgesellschaft 95 ff.; Slokar, Geschichte 21.
114 Mayr, Wien im Zeitalter Napoleons 89 f., 127 f.
115 Sandgruber, Indikatoren des Lebensstandards 57 ff.
116 Baldacci, Über die inneren Zustände 31.
117 Komlos, Habsburgermonarchie 67.
118 Komlos, Habsburgermonarchie 68 ff., 139.
119 Komlos, Habsburgermonarchie 74; Sandgruber, Weltspitze oder Nachzügler? 49 ff.
120 Sandgruber, Lebensstandard und wirtschaftliche Entwicklung 372 ff.; ders., Anfänge der Konsumgesellschaft 97 f.; Brandt, Der österreichische Neoabsolutismus; Jelecek, The French Revolution 91–105.
121 Czoernig, Österreichs Neugestaltung 1, XIV.
122 Sandgruber, Wirtschaftswachstum, Energie und Verkehr 70 ff., 91.
123 Hofmann, Wollenzeugfabrik 11 ff.; 169 ff., 175 ff., 282 ff., 297; Lackner/Stadler, Fabriken in der Stadt 73 ff.
124 Hofmann, Wollenzeugfabrik 407 ff., 410 f., 412; Freudenberger, Brno 17 ff., 183 ff.
125 Otruba, Über das erbländische Commerce 509.
126 Hofmann, Wollenzeugfabrik 108 ff.; Freudenberger, Zur Linzer Wollzeugfabrik 220–235.
127 Drobesch, Die frühneuzeitliche Wirtschaft Kärntens; Rumpler, Viktring 81–102.
128 Rothbauer, Anfänge der A.G. der Vöslauer Kammgarnfabrik 139 ff.
129 Hofmann, Anfänge der österreichischen Baumwollwarenindustrie 425 ff.
130 Das begann schon mit Hörnigk, Österreich über alles 167; Otruba, Über das erbländische Commerce 511 f., zitiert eine Denkschrift des Philipp Graf Sinzendorf: »Nach meiner Ansicht hat man in diesem Land [Niederösterreich] vorzüglich die Fabrikazion mit vielen Kösten und Zwangsmitteln unterstützt, welche in Rücksicht der ganzen Monarchie es am allerwenigsten verdienen: das ist die Seiden- und Baumwollfabrikazion. Durch beide wird in der Bilance fast kein Nutzen erhalten.« Vgl. auch ein Zitat einer Stellungnahme des Kommerzienrates Rößler aus 1810 (zit. bei Slokar, Geschichte 269), der die Baumwollindustrie als »für die weit ergiebigeren vaterländischen Gewerbe, welche inländische Rohprodukte verarbeiten, sehr abträglich und überhaupt für das Land verderblich« bezeichnete und »als eine Mißgeburt des inländischen Kunstfleißes«. Dort auch die daraufhin geführte Diskussion über Luxus; besonders interessiert an einer Einschränkung der Baumwolle war die Linzer Wollzeugfabrik, Hofmann, Wollenzeugfabrik 115, dort auch ein Gegenargument der Staatsverwaltung. Schon Johann Joachim Becher, Närrische Weißheit und Weise Narrheit (1680, 1725) 53, beklagte den Schaden für die Leinenindustrie und die gesamte Wirtschaft, der durch die Baumwollindustrie entstehe, Hofmann, Anfänge der österreichischen Baumwollwarenindustrie 420.
131 Komlos, Habsburgermonarchie 65.
132 Matis, Protoindustrialisierung 29 ff.; Komlos, Habsburgermonarchie 67 ff.
133 Komlosy, Stube und Websaal 119 ff.
134 Ehmer, Familienstruktur; Sandgruber, Anfänge der Konsumgesellschaft 96 f., 268 ff.
135 Marks, Leinengewerbe 169 ff.; Hoffmann, Werden, Wachsen, Reifen 310 ff., 443 f.; Lauß, Wachstum und Krise.
136 Zit. n. Radkau, Zur angeblichen Energiekrise 27.
137 Reiner, Karl von Zinzendorf 279–329; Pantz, Eine Studienreise 120–134; Sandgruber, Von der Widmung zum Wettbewerb 193 ff.
138 Komlos, Habsburgermonarchie 65, 69; Mitchell, European Historical Statistics 391 ff.
139 Handtmann, Der technische Fortschritt 52 ff., 94 ff.; Paulinyi, Der technische Fortschritt 144 ff.
140 Lackner, »Zur Zeit ist die Eisenindustrie« 293 ff.
141 Köstler, Die niederösterreichischen Hochofenwerke 429 ff., 436 ff.; Pickl, Anfänge der Industrialisierung 228 ff.; Pap, Industrieraum Reichenau 249 ff.
142 Sandgruber, Österreich 1650–1850 671 f.; Fischer, Blaue Sensen 68 f., 89 ff., 149 ff., 175 ff.
143 Hahn, Auf dem Weg zur Industriestadt 205 ff.; Janetschek, Eisenbahn als Motor 807–861.
144 Janetschek, Eisenbahn als Motor 807 ff., 831 ff., 840 ff., 854 ff.
145 Janetschek, Nadeln 314 ff.; Kallbrunner, 200 Jahre 151–169.
146 Thiel, Geschichte der Papiererzeugung; Otruba, Industrietopographie; Pongratz, Industrieprojekte 102 ff.
147 Hofmann, Anfänge der Zuckerindustrie, 2. Abt., 4 ff.; Otruba, Industrietopographie.
148 »Die Wienerische Neustadt« 209 f.
149 Sandgruber, Anfänge der Konsumgesellschaft 205 ff.; Tafeln zur Statistik (1841).
150 Sandgruber, Bittersüße Genüsse 33 ff.; Kropf, Bier und Most 191 ff.; Katzinger, Bierland Oberösterreich 167 ff.; Mayrhofer, Vom Linzer Bier 179 ff.; Wagner/Waitzbauer, 500 Jahre Salzburger Stiegl-Bier 64 ff.
151 Sandgruber, Österreich 1650–1850 673; Winkelbauer, Studien zur Geschichte passim; Glas und Kohle.

152 Zu Beginn des 18. Jahrhunderts wurde Wien noch ohne Manufakturen beschrieben. 1783 wurde der Bruttoproduktionswert der Wiener Industrie in 543 Fabriken auf circa 12 Millionen Gulden geschätzt, in den 1820er Jahren auf etwa 20 Millionen Gulden Conventionsmünze, 1841 auf 45,8 Millionen. Die wichtigsten Branchen der Wiener Industrie um 1840 waren die Seidenindustrie und die Baumwoll- und Wollwarenindustrie, die zusammen mehr als 50 Prozent des Bruttoproduktionswertes besetzten. Dahinter rangierten mit 20 Prozent die Metallwaren, mit 10 Prozent die Lederindustrie, ferner Fahrzeuge (6,6 Prozent) und Zucker (5,5 Prozent). Der Rest verteilte sich auf diverse Branchen. Sandgruber, Österreich 1650–1850 673 f.; ders., Anfänge der Konsumgesellschaft 107 f.
153 Sandgruber, Anfänge der Konsumgesellschaft 228.
154 Wanner, Vorarlbergs Industriegeschichte 12 ff.
155 Karner, Grazer Wirtschaft 165 ff.; Hubbard, Auf dem Weg zur Großstadt 55 ff.
156 Rumpler, Von Innerösterreich nach Illyrien 154 ff., 156; ders., Kärntner Sparkasse 21 f.
157 Zorn, Gesamtdeutsche Wirtschaftsverflechtungen 409–416; Rumpler, Kärntner Sparkasse 70 f.
158 Dietrich/Meixner, Die wirtschaftspolitischen Rahmenbedingungen 119 ff.; Meixner/Kessler, Handwerk und Gewerbe 156–198; Alexander, Geschichte der Tiroler Industrie.
159 Wysocki, Wirtschaft Salzburgs 2713 ff.
160 Prickler, Grundherrschaft 75.
161 Radkau, Holzverknappung 513–543; Sandgruber, Energieversorgung Wiens 459 ff.; Johann, Geschichte der Waldnutzung; Koller, Forstgeschichte des Landes Salzburg; ders., Forstgeschichte Oberösterreichs.
162 Schraml, Holzaufzug 102–105; Koller, Holztrift im Salzkammergut; Sandgruber, Energieversorgung Wiens 465 ff.
163 Killian, Vom »Schinderblech« 65–101; Killian, Holzknechte 161–191.
164 Bruckmüller/Ammerer, Land- und Forstwirtschaft 2548 ff., 2552.
165 Gleitsmann, Montanwirtschaft 24–39; Winkelbauer, Robot und Steuer 172 ff.
166 Paulinyi, Der technische Fortschritt 144 ff.; Handtmann, Der technische Fortschritt 152 ff.
167 Sandgruber, Energieversorgung Wiens, 461 f.; Wimmer, Gesundheit 181, 184.
168 Sandgruber, Energieversorgung Wiens 462 f.
169 Sandgruber, Energieversorgung Wiens 463 f.
170 Sandgruber, Energieversorgung Wiens 463 ff.; Hoffmann, Werden, Wachsen, Reifen 296.
171 Sandgruber, Agrarstatistik 102 f., 105; K. Schindler, Forste, dort eine Einschlagstatistik der Wienerwaldforste im 19. Jahrhundert.
172 Richter/Kirnbauer, Bergbau Seegraben; Weber/Weiss, Bergbaugeschichte 116 ff.
173 Lackner, Kohlenbergbau 68 ff.; Pickl, Anfänge des steirischen Kohlenbergbaus; Starke, Kohlenbergbau 35 ff.; Tremel, Aus den Anfängen des Braunkohlenbergbaues Häring 421–432; Übersichten für alle Bergbaue bei Weber/Weiss, Bergbaugeschichte; Otruba, Wirtschaftspolitik 52 ff., 88 f.
174 Katzer, Wiener Neustädter Steinkohlen-Gewerkschaft 1 ff.; Sandgruber, Energieversorgung Wiens 465 f., 468 ff.
175 Sandgruber, Energieversorgung Wiens 468 ff.
176 Lackner, Brennstoffversorgung 189 ff.; Lackner, Anwendung der steirischen Kohle 81 ff.
177 Teich, The Early History of the Newcomen Engine 24–38; Janetschek, The First Trevithick Engine 60 ff.; ders., Eisenstädter Dampfmaschine 29–41; Johann Dietrich Langenreiter, der die in England gekaufte Dampfmaschine aufgestellt hatte, konstruierte für Esterházy 1812 auch eine uhrwerksbetriebene Aufzugsmaschine, mit der ein oder zwei Personen sieben- bis achtmal bis zum dritten Stock auf- und abwärts fahren und in jedem Stock nach Belieben aussteigen konnten.
178 Sandgruber, Strom der Zeit 33, 36 f., 43; Hantschk, Johann Joseph Prechtl; Matis/Bachinger, Österreichs industrielle Entwicklung 174.
179 Knittler, Verkehrswesen als Ausgangspunkt 137 ff., bes. 143 ff., 147 ff.; ders., Donaumonarchie 913 f.; Güttenberger, Straßenwesen 231–276.
180 Hassinger, Verkehr über Brenner und Reschen 137 ff.; ders., Verkehrsgeschichte 441 ff.
181 Saurer, Straße, Schmuggel, Lottospiel 13.
182 Saurer, Straße, Schmuggel, Lottospiel 51 ff.
183 Mozart, 8. Nov. 1780, zit. n. Braunbehrens, Mozart in Wien 24 f.
184 Gugitz, Zeiselwagen 78–91; ders., Sesselträger 94–104; Suppanz, Transportsysteme 24.
185 Knittler, Verkehrswesen als Ausgangspunkt 151 ff.; Effenberger, Geschichte der österreichischen Post 5 ff.; ders., Die österreichische Post und ihre Reformen.
186 Effenberger, Geschichte der österreichischen Post 120 ff., 162 f.; ders., Die österreichische Post und ihre Reformen 63 ff.; Knittler, Verkehrswesen als Ausgangspunkt 152 f.; Sandgruber, Österreich 1650–1850 681 f.
187 Dienes, Situation vor dem Bau der Eisenbahnen 13.
188 Neweklowsky, Schiffahrt und Flößerei; Sandgruber, Handel auf der Donau 167 ff.

189 Kállay, Ungarischer Donauhandel 48; Grössing/Funk/Sauer/Binder, Rot-Weiß-Rot.
190 Starke, Kohlenbergbau 135 f., 140 ff.
191 Knittler, Verkehrswesen als Ausgangspunkt 154 ff.; Pickl, Zeit der großen Kanalprojekte 123 ff.; Otruba, Wirtschaftspolitik 159 f.; Maire, Bemerkungen über den inneren Kreislauf 8, 13.
192 Riebe, Wiener Neustädter Schiffahrtskanal; Katzer, Als die Schiffe 22 f.
193 Aschauer, Oberösterreichs Eisenbahnen; Stengel, Pferdeeisenbahn Linz–Budweis 33–45; 150 Jahre Pferdeeisenbahn Linz–Budweis; Ulm/Marks, Dokumente aus der Sammlung Franz Bergauer.
194 Pfeffer/Kleinhanns, Budweis – Linz – Gmunden 20 f.
195 Starke, Kohlenbergbau 141 ff.; Pfeffer/Kleinhanns, Budweis – Linz – Gmunden.
196 Gutkas, Bahnbrechende Mobilität 123 ff.; Sandgruber, Jahrhundert der Bahn 132 ff.; Bachinger, Verkehrswesen 278 ff.; Tafeln zur Statistik.
197 Bachinger, Verkehrswesen 230 ff.; Dienes, Wechselspiele 72 ff.
198 Sandgruber, Anfänge der Konsumgesellschaft 21 ff.
199 Ehmer, Heiratsverhalten 49; Becker, Leben und Lieben; Hofmann, Wollenzeugfabrik 114 ff.
200 Die Eheschließungsziffer in Wien stieg von 1771/80 bis 1811/20 von 7,7 auf 12,1 pro Tausend an, während das Heiratsalter entsprechend sank. Die Geburtenrate stieg von 29,2 pro Tausend im Zeitraum 1754/60 auf 49,8 im Zeitraum 1801/10. Bis 1850 sank die Eheschließungsziffer wieder auf 8,5 pro Tausend. Ehmer, Familienstruktur; Bruckmüller, Sozialgeschichte 309 f.
201 Ortmayr, Späte Heirat 119 ff.; Klein, Geburten und Sterbefälle in Niederösterreich 177 ff.; ders., Geburtlichkeit und Sterblichkeit in Vorarlberg 182 ff.; ders., Bevölkerung und Siedlung 1289 ff.
202 In frühmittelalterlichen Gräberfeldern, bei aller Unsicherheit der anthropologisch-archäologischen Ergebnisse und unter Ausklammerung der Kindersterblichkeit, die offensichtlich untererfaßt ist, lagen die höchsten Anteile der Bestatteten im Alter zwischen 20 und 39 Jahren: Ziegelmayer, Bajuwaren aus anthropologischer Sicht 249 ff., 254.
203 Falk/Weiß, »Hier sind die Blattern« 163 ff.; Pammer, Vom Beichtzettel zum Impfzeugnis 11–30; Wycklicky, Zur Geschichte der Impfung 359 f.; Weinzierl, Visitationsberichte 44 ff.; Schönberger, Bevölkerungsstatistik 279 f.
204 Peller, Zur Kenntnis der städtischen Mortalität 227 ff., bes. 250 ff.
205 Klein, Bevölkerung Österreichs 47 ff.
206 Reingrabner, Verfolgung 58 ff.; Reformation, Emigration, Protestanten in Salzburg (Salzburg 1981); Nowotny, Transmigration.
207 Otruba/Rutschka, Herkunft der Wiener Bevölkerung 227 ff.; Till, Zur Herkunft der Wiener Bevölkerung 15 ff.
208 Stoessl, Sonnenmelodie 10 f.
209 Sandgruber, Anfänge der Konsumgesellschaft 343 ff.; Köpl/Redl, Das totale Ensemble 41 ff., 110 ff., 134 f., 160 ff.
210 Johann Nestroy, Eine Wohnung ist zu vermieten in der Stadt. Eine Wohnung ist zu verlassen in der Vorstadt. Eine Wohnung mit Garten ist zu haben in Hietzing, in: Ders., Komödien (hg. von Franz H. Mautner, [2]1981) 2, 207; Mittendorfer, Biedermeier 48 f.
211 Pezzl, Skizze von Wien 65.
212 Johann Nestroy, Zu ebener Erde und erster Stock, in: Ders., Komödien 23; Mittendorfer, Biedermeier.
213 Knittler, Vorindustrielle bürgerliche Haustypen 121 f.; Grobauer, Bauen und Wohnen; Kallbrunner, Wiener Hofquartierwesen 24; Cloeter, Das Starhemberg'sche Freihaus 109–117; Spiesberger, Das Starhembergsche Freihaus 181–208.
214 Mayr, Wien im Zeitalter Napoleons 86 f.; Lichtenberger, Wiener Altstadt 155.
215 Sandgruber, Anfänge der Konsumgesellschaft 350 f.
216 Banik-Schweitzer, Wohnungsbau; Schwarz, Wiener Becken; Köpl/Redl, Das totale Ensemble 28 ff., 59 ff.; Mosser, Die österreichische Industriesiedlung 145 ff.
217 Knittler, Vorindustrielle bürgerliche Haustypen 125 f.; Lichtenberger, Wiener Altstadt 113, 117; Baltzarek/Hoffmann/Stekl, Wirtschaft und Gesellschaft 45 ff.; 90 ff.; 260 ff.; 327 ff.
218 Sandgruber, Anfänge der Konsumgesellschaft 114 ff., 226 f.; ders., Einkommensentwicklung 261 ff.
219 Mozart in der Tanzkultur seiner Zeit; Braun/Gugerli, Macht des Tanzes; Lager/Seidl, Kontratanz in Wien 19 f.; Witzmann, Will der Herr Graf 435 ff., 440; Witzmann, Wiener Walzer 131; J. Gerning, Reise durch Österreich und Italien (Frankfurt 1802) 1, 30.
220 Stekl, Österreichs Aristokratie im Vormärz 128 ff.; Bruckmüller, Sozialgeschichte 340 f.
221 An den Nobilitierungen des 18. Jahrhunderts hatten Offiziere den größten Anteil, gefolgt von Beamten, Vertretern von Handel und Industrie und, weit abgeschlagen, von Wissenschaft und Kunst. Zwischen 1701 und 1739 entfielen 4,5 Prozent aller Nobilitierungen auf Wirtschaftstreibende, von 1740 bis 1780 7 Prozent und 1781 bis 1790 18,2 Prozent. 38 Prozent aller Nobilitierten zwischen 1740 und 1780 waren Beamte, davon 10 Prozent Wirtschaftsbeamte. Zwischen 1791 und 1820 wurden 1 177 Personen in

den Adelsstand erhoben, 143 in den Ritterstand, 205 in den Freiherrn-, 31 in den Grafen- und 7 in den Fürstenstand. 32,2 Prozent waren Beamte, 46,8 Prozent Offiziere, 6,3 Prozent Künstler und Wissenschafter und 9,2 Prozent Wirtschaftstreibende; Jäger-Sunstenau, Statistik der Nobilitierungen 3–16; Dickson, Finance and Government 1, 78 ff.; Putz, Die österreichische Wirtschaftsaristokratie; Bruckmüller, Sozialgeschichte 253 f.; Engel-Janosi, Über die Entwicklung 100 ff.

222 H. L. Mikoletzky, Franz Stephan von Lothringen 231–257; Sombart, Moderner Kapitalismus I/2, 843; Matis, Grafen von Fries 487; Prickler, Grundherrschaft 60 ff., 70.

223 Dieter Schwab, Artikel Eigentum, in: Geschichtliche Grundbegriffe 2 (hg. von Otto Brunner u. a., Stuttgart 1975) 65 ff., 94 ff.; Brusatti, Staatsgüterveräußerungen 255 ff.

224 Knittler, Donaumonarchie 905 f.; Bruckmüller, Grundherrschaft 53 ff.; ders., Grundentlastung und Servitutenregulierung 118; Sandgruber, Agrarpolitik 107 f.; H. Wagner, Reise Josephs II. 100 ff.

225 Bruckmüller, Grundherrschaft 54 f.

226 Rozdolski, Die große Steuer- und Agrarreform 19; Grünberg, Bauernbefreiung 1, 323; L. Mikoletzky, Der Versuch einer Steuer- und Urbarialregulierung 310 ff.; Sandgruber, Anfänge der Konsumgesellschaft 80 ff.; Bruckmüller, Sozialgeschichte 191.

227 Baltl, Beschwerden der steirischen Stände 41.

228 Liebel-Weckowicz, Count Karl von Zinzendorf 69 ff.; Lütge, Robot-Abolition 153 ff.; Otruba, Staatshaushalt 217 f.

229 Blum, Noble Landowners; O. Brunner, Staat und Gesellschaft 39 ff.; Stolz, Rechtsgeschichte 382 ff.

230 Grünberg, Grundentlastung 1–80; Lütge, Grundentlastung 190 ff.; Stolz, Rechtsgeschichte 389 ff.; Bruckmüller, Grundentlastung 118 ff.

231 Dickson, Finance and Government 1, 155 f.; Landau, Entwicklung des Warenhandels; Kuraic, Wiener Niederleger 114 ff.

232 Matis, Grafen von Fries 484 ff.; ders., Protoindustrialisierung 35 ff., 39. Konkret als Vorbild für Raimund kam eher Fries als Geymüller in Frage, da das Haus Geymüller erst nach Entstehung des Verschwenders fallierte, vgl. Komorzynski, Urbild des Verschwenders 18 ff.

233 Dickson, Finance and Government 1, 157 ff., 163 ff., 172 ff.; Matis, Grafen von Fries 484 ff.; H. L. Mikoletzky, Schweizer Händler 160 ff., 169 ff.; Fries, Grafen von Fries.

234 Dickson, Finance and Government 1, 175 ff., 2, 300 ff.; über belgisch-niederländische Bankhäuser: Dickson, Finance and Government 1, 179 ff.; Houtman-de Smedt, Charles Proli.

235 G. Wagner, Großhändler 1 ff.; Welz, Familie Geymüller; Brusatti, Unternehmensfinanzierung und Privatkredit 331–379; O. Brunner, Staat und Gesellschaft 74 f.

236 Baltzarek, Wiener Börse 19 ff.

237 Rager, Wiener Kommerzial-, Leih- und Wechselbank 19 ff.; vgl. dazu auch die ausführliche Besprechung von Silberschmidt, Die werdende Aktienbank in Österreich, VSWG 15, 272–280; Brusatti, Unternehmensfinanzierung 331 ff.

238 Czeike, Dorotheum 29 ff., 40 ff., 51 f., 62 ff., 68 ff.; Piskernik, Versatzamt in Klagenfurt 63.

239 150 Jahre Sparkassen 50, 55 f., 70, 260 ff.

240 Rumpler, Kärntner Sparkasse 19 f., 23 ff.; 150 Jahre Sparkassen 65; März/Socher, Währung und Banken 335 f.

241 Leimdörfer, Brandschadenversicherung; Salzburger Landes-Versicherung. 1811–1986; Otruba, Feuerversicherungen 81 ff., 85 ff.; Rohrbach, Von den Anfängen bis zum Börsenkrach 47 ff., bes. 137 ff., 168 ff., 196 ff., 249 ff.

242 Evans, Habsburgermonarchie 256 ff.; Binswanger, Geld und Magie; ders., Geld und Wirtschaft 43 f., 47; Sandgruber, Magie der Industrie 14 ff.; Srbik, Abenteurer am Hofe 52–73; Srbik, Wilhelm von Schröder 1–161.

243 Baltzarek, Finanz- und Steuerinnovation 27 ff.; Otruba, Staatshaushalt 203 ff.; immer noch wichtig: A. Wagner, Zur Geschichte und Kritik 577 ff., 392 ff.

244 Knittler, Donaumonarchie 899 f.; Otruba, Staatshaushalt 208; Jungwirth, Münzstätte Wien 121 ff.; Häusler, »Geld ist die welt« 20.

245 Knittler, Donaumonarchie 895 f.; Bidermann, Wiener Stadtbank 341 ff.; Walter, Wiener Stadtbank; L. Mikoletzky, Der Hamburger Bankier Johann Gottlieb Gerhard 277 ff.; Beer, Staatsschulden; Raudnitz, Das österreichische Staatspapiergeld; Otruba, Staatshaushalt 197 ff., 209 ff., 248 f. (Kriegskosten 1700–1790); Dickson, Finance and Government 2, 29 ff., 36 ff., 114 ff.; M. Wagner, Zwischen zwei Staatsbankrotten 126 ff.

246 Komlos, Habsburgermonarchie 66; Knittler, Donaumonarchie 896 f.; Otruba, Staatshaushalt 202 ff., 212 ff., 225 ff. (Zinzendorf'sches Staatsinventar 1763); Winkelbauer, Grundherrschaft 66 f.

247 Otruba, Staatshaushalt 235 ff.; Komlos, Habsburgermonarchie 66; M. Wagner, Zwischen zwei Staatsbankrotten 128 ff.

248 Knittler, Donaumonarchie 897 f.; Mayr, Wien im Zeitalter Napoleons 21; Hauer, Beiträge zur Ge-

schichte; Kraft, Finanzreform des Grafen Wallis; Materialien zur Geschichte der Preise; Reinitz, Das österreichische Staatsschuldenwesen; Hofmann, Devalvierung; ders., Finanzsystem des Grafen O'Donell; Fischer, Staatsbankrott von 1816, 252 ff.; Baravalle, Inflation in der Steiermark 46 ff.; M. Wagner, Zwischen zwei Staatsbankrotten 134 ff., 142 ff.

249 Mayr, Wien im Zeitalter Napoleons 19 f.
250 Fischer, Staatsbankrott von 1816 287 ff.
251 Butschek, Österreichische Geldgeschichte 161–180.
252 Schachermayr, Der Finanzplan des Jahres 1806.
253 Saurer, Konsumbesteuerung Österreichs 390–415.
254 Saurer, Straße, Schmuggel, Lottospiel 236 ff., 268 ff.
255 Otruba, Wirtschaftspolitik 42 f.; Hofmann, Wollenzeugfabrik 166 f.; Hecht, Die k. k. Spiegelfabrik Neuhaus; Hofmann, Anfänge der Zuckerindustrie 2. Abt, 81 ff.; Saurer, Straße, Schmuggel, Lottospiel 298 ff., 335 ff., 358 ff.
256 Klingenstein, Sozialdisziplinierung 83–91.
257 Slokar, Geschichte 44.
258 Brusatti, Staatsgüterveräußerungen 258 f., 260 ff., 271 ff.; Matis, Niederösterreichs Ärarialfabriken 202–210; Hofmann, Wollenzeugfabrik 166 ff.
259 Klingenstein, Kommerz und Außenpolitik 55; Evans, Habsburgermonarchie 295 ff.
260 Pribram, Gewerbepolitik 25, 31 f.; Otruba, Wirtschaftspolitik 12 f.; Knittler, Donaumonarchie 900 f.
261 Alexander, Industrie 85; Hoffmann, Werden, Wachsen, Reifen 255; Matis, Staatswerdungsprozeß 22.
262 Bruckmüller, Sozialgeschichte 284 f.
263 Otruba, Über das erbländische Commerce 505.
264 Komlosy, Ein Land – viele Grenzen 59 ff.; Otruba, Wirtschaftspolitik 123 f., 144 ff.; Hassinger, Außenhandel der Habsburger Monarchie 61 ff.; Beer, Zollpolitik 237 ff.; Liebel-Weckowicz, Modernisierungsmotive 153 ff.; Knittler, Donaumonarchie 909 ff.
265 Saurer, Straße, Schmuggel, Lottospiel 124 ff., 146 ff., 189 ff.
266 Komlosy, Ein Land – viele Grenzen 67.
267 Wehler, Deutsche Gesellschaftsgeschichte 2, 125 ff., 131; Koch, Österreich und der Deutsche Zollverein 537 ff.; Matis, Deutsch-österreichische Wirtschaftsbeziehungen 370 ff.; Born, Deutsch-österreichische Wirtschaftsbeziehungen 350 ff.
268 Komlos, Habsburgermonarchie 26 ff.; Sieghart, Zolltrennung und Zolleinheit.
269 Schmoller, Skizze einer Finanzgeschichte 24.

Habsburgs Industrialisierung

Seite 233–313

1 Auernheimer, Das Wirtshaus zur verlorenen Zeit 11.
2 Bahr, Selbstbildnis 64, zit. n. Farkas, Hermann Bahr 73.
3 Rudolph, Economic Revolution in Austria? 165 ff.; Komlos, Ernährung 9 f.; wichtigste Literatur: Die Habsburgermonarchie Bd. 1, Wirtschaftliche Entwicklung; Eddie, Economic Policy 814–886; Good, Aufstieg; Gross, Industrielle Revolution 203–236; ders., Stellung der Habsburgermonarchie 1–28; Matis/Bachinger, Österreichs industrielle Entwicklung 105–232; März, Österreichische Industrie- und Bankpolitik; Matis, Grundzüge der österreichischen Wirtschaftsentwicklung 107–124; ders., Österreichs Wirtschaft; Komlos, Habsburgermonarchie 25 ff.
4 Marx, Die wirtschaftlichen Ursachen 113 ff.
5 Häusler, Von der Manufaktur 51 ff.; ders., Von der Massenarmut zur Arbeiterbewegung 145 ff.; Bruckmüller, Sozialgeschichte 354 f., 357 ff.
6 Bruckmüller, Die Grundherren, die Bauern und die Revolution 57 ff.; ders., Sozialgeschichte 349 ff.; Grünberg, Grundentlastung 1 ff.; Sandgruber, Anfänge der Konsumgesellschaft 80 ff.; Dinklage, Die landwirtschaftliche Entwicklung 403 ff.; Ammerer/Lemberger/Oberrauch, Vom Feudalverband 75 ff.
7 Komlos, Habsburgermonarchie 35 ff., 40 ff., 49, 61 f., 64 f., Good, Aufstieg 88 f., halten die Grundentlastung für ökonomisch relativ neutral, im Unterschied zu Tremel, Wirtschafts- und Sozialgeschichte 319, Dinklage, Die landwirtschaftliche Entwicklung 410 ff., Hocevar, Slovenian Economy 50 f., Matis, Österreichs Wirtschaft 44, die der Grundentlastung stark positive Effekte zuschreiben.
8 Bruckmüller, Grundentlastung 118 ff.; Ammerer/Lemberger/Oberrauch, Vom Feudalverband 86 ff.
9 Bruckmüller, Sozialgeschichte 361 f.; ders., Die verzögerte Modernisierung 291 f.
10 Alfred Ritter von Lindheim, Unsere Eisenbahnen in der Volkswirtschaft, in: Geschichte der Eisenbahnen 2, 57 ff., 63.
11 Binder, Wasserstraßenvorlage 46 f.; Good, Aufstieg 90 ff.

12 Matis, Österreichs Wirtschaft 45 ff.
13 Rosenberg, Weltwirtschaftskrise 17.
14 Czoernig, Österreichs Neugestaltung 1, XIV: »Wer die heutigen Zustände von Gesamt-Österreich nach den Verhältnissen des Jahres 1847 beurteilen wollte, der würde einen gewaltigen Anachronismus begehen; er stünde mit seinem Urteile näher dem Jahre 1758 als dem Jahre 1857.« Auch Wirth, Geschichte der Handelskrisen 257, meint, daß während der neun Jahre von 1848 bis 1857 in jedem Teile des Wirtschaftsorganismus ein anhaltender, beschleunigter Fortschritt stattgefunden habe.
15 Zöllner, Geschichte Österreichs 399; Matis, Österreichs Wirtschaft 33, 37: »Revolution von oben« ... »Innerhalb eines knappen Jahrzehnts wurden die gesellschaftlichen Voraussetzungen der industriellen Revolution vorbereitet.« Rosdolsky, Die Bauernabgeordneten 2: »Es gilt heute als Binsenwahrheit, daß die wirkliche historische Aufgabe der österreichischen Revolution von 1848/49 darin bestand, den kapitalistischen Produktionsformen, die sich seit der Mitte des 18. Jahrhunderts in Österreich entwickelt hatten, die Bahn freizumachen und alle Hindernisse, die sich ihrer vollen Entfaltung entgegenstellten, hinwegzufegen.« März, Einige Besonderheiten 92: »Anbruch des industriellen Zeitalters in den fünfziger Jahren, als das ancien régime zu bestehen aufgehört hatte«; Brusatti, Unternehmensfinanzierung 331. Ähnlich Dinklage, Kärntner Landwirtschaft 403, Hocevar, Slovenian Economy 11, skeptisch Good, Aufstieg 82 f.
16 Palmer, A History of the Western World 485, zit. n. Good, Aufstieg 74 f.
17 Rosenberg, Weltwirtschaftskrise 15 f.
18 Stölzl, Ära Bach 293. Eine derartige Propagandaschrift ist auch die von Bachs Pressereferenten Benedikt Mayer anonym verfaßte Broschüre, Rückblicke auf die jüngste Entwicklungsperiode Ungarns (1857).
19 Davon hat sich auch die neuere Forschung bisweilen in die Irre führen lassen. Aufgrund eines Vergleichs von industriestatistischen Daten aus 1841 und 1856/58 kam Thomas Huertas zu dem Schluß, daß die Industrieproduktion zwischen 1841 und 1856/58 um 3,6 Prozent jährlich zugenommen habe und Österreichs Wirtschaft nach 1848 besonders schnell gewachsen sein muß. Huertas, Economic Growth 2 ff.; zu den Berechnungen von Huertas vgl. Komlos, Habsburgermonarchie 150 f., der die Verläßlichkeit der Daten von Schmitt und die Stichhaltigkeit der Argumentation Huertas' mit guten Gründen in Frage stellt.
20 Auch das Herausgreifen einzelner Indikatoren kann zu falschen Schlüssen führen. Die Zeitreihe des Kohlenverbrauchs, die in den fünfziger Jahren wegen der forcierten Substitution von Holz hohe Zuwächse verzeichnet, würde für sich allein sicherlich das Ergebnis rechtfertigen, daß die »Zeit zwischen den politischen Umstürzen von 1848/49 und der Wirtschaftskrise von 1873 die der raschesten Modernisierung war«. Für eine Langfristanalyse ist ein einzelner Indikator allerdings sicher zu undifferenziert. Gross, Consumption of Coal 901 f.
21 Matis, Österreichs Wirtschaft 90; März, Österreichische Industrie- und Bankpolitik 19, 375.
22 Kotelmann, Vergleichende statistische Übersicht 95, 125.
23 Sandgruber, Weltspitze oder Nachzügler? 49 ff.
24 Good, Aufstieg 45, 48, 77, 81 f., 88 f.; Bontoux, Ungarn 5 ff.
25 Stölzl, Ära Bach 100 ff.; Bericht der Handels- und Gewerbekammer für das Kronland Krain zu Laibach ... über den Zustand des Handels und der Industrie im Jahre 1851 (1852) 6.
26 Rosenberg, Weltwirtschaftskrise 184; Matis, Österreichs Wirtschaft 97.
27 Bericht der Handels- und Gewerbekammer Niederösterreich ... für 1861–1866, III f.
28 Matis, Österreichs Wirtschaft 101 ff.
29 Bachinger, Verkehrswesen 282 ff., 305; Wysocki, Finanzpolitik 84.
30 Stölzl, Ära Bach 151 ff.; Sandgruber, Wirtschaftswachstum, Energie und Verkehr 75 f.; Matis/Bachinger, Österreichs industrielle Entwicklung 151 ff.
31 Um die Jahrhundertmitte wurden in Wien 50 000 t Mineralkohle verbraucht, 1860 schon 100 000 t, 1870 221 000 t, 1880 440 000 t und 1890 727 000 t: Sandgruber, Energieversorgung Wiens 459–490.
32 Dessáry, Ergebnisse einer Enquête 194, 208; Schwarzer, Geld und Gut 55 f.
33 Bericht der Handels- und Gewerbekammer für das Erzherzogthum Österreich unter der Enns ... über die Verkehrsverhältnisse des Kammerbezirkes während des Jahres 1852, III; Schwarzer, Geld und Gut 5; Bontoux, Ungarn 5.
34 Rogge, Österreich von Világos 1, 343 f.; Feldbauer, Stadtwachstum 53 ff.
35 März, Österreichische Industrie- und Bankpolitik 28–31, 40; Matis, Österreichs Wirtschaft 109 ff.; Good, Aufstieg 79; März/Socher, Währung und Banken 330 ff.
36 Matis, Österreichs Wirtschaft 166 ff.; März/Socher, Währung und Banken 333 f.
37 Henderson, Zollvereinspläne 130 ff.; Koch, Österreich und der Deutsche Zollverein 537 ff.; Matis, Österreichs Wirtschaft 33.
38 Koch, Österreich und der Deutsche Zollverein 546.
39 Benedikt, Wirtschaftliche Entwicklung 69; Höbelt, Handelspolitik 561 ff.

40 März/Socher, Währung und Banken 325 ff.; Matis, Österreichs Wirtschaft 49 ff.
41 Brandt, Der österreichische Neoabsolutismus; Wysocki, Finanzpolitik 85 ff.
42 Rumpler, Kontrolle der österreichischen Staatsfinanzen 155 ff.
43 Alexander Peez, Rückblicke auf die Geschäftsperiode 1867/68, in: Compaß. Kalender und Jahrbuch für Handel, Industrie und Verkehr, Kapital und Grundbesitz 2 (1869); Jahrbuch für Industrie und Handel in Österreich 2 (hg. vom Verein d. Österr. Industriellen, 1866) 86; Matis, Österreichs Wirtschaft 128 ff.
44 Sandgruber, Anfänge der Konsumgesellschaft 99.
45 Liese/Schulze, Geldpolitik und Konjunktur 512.
46 Matis, Österreichs Wirtschaft 137 f.
47 Matis, Österreichs Wirtschaft 153 ff.
48 Matis, Österreichs Wirtschaft 141 ff.; Eddie, Economic Policy 814 ff.; Paulinyi, Wirtschaftspolitik 567 ff.
49 Bachinger, Verkehrswesen 287 ff.
50 Köstler, Einführung und Beginn der Stahlerzeugung 194–206.
51 Köstler, Die niederösterreichischen Hochofenwerke 429–453.
52 Merki, Zucker gegen Saccharin 156 (nach Gustav Raunig, Sekretär des Industriellen-Klubs, 1891); Matis/Bachinger, Österreichs industrielle Entwicklung 205 ff.
53 Girouard, Die Stadt 327; Matis, Österreichs Wirtschaft 195 ff.
54 Matis, Österreichs Wirtschaft 203 ff., 219 ff.; Bericht des parlamentarischen Untersuchungsausschusses 441–548; März, Österreichische Industrie- und Bankpolitik 149 ff.; März/Socher, Währung und Banken 339 ff.; Baltzarek, Wiener Börse 71 ff.
55 Bruckmüller, Ein begrenzter Aufstieg 69 ff.; Matis, Österreichs Wirtschaft 234 ff., 245; Schäffle, Börsenkrach 87.
56 Konstitutionelle Vorstadt-Zeitung, 4. 5. 1873, nach Sandgruber, Anfänge der Konsumgesellschaft 122.
57 Sandgruber, Der Große Krach 68–75; Maier, Börsenkrach; Pemsel, Wiener Weltausstellung; Matis, Österreichs Wirtschaft 260 ff.
58 Matis, Österreichs Wirtschaft 256, 282 ff.; Katus, Probleme 63–65, 67.
59 Matis, Österreichs Wirtschaft 282 ff.
60 Mayerhofer, Behandlung der sozialen Frage 23, nach Sandgruber, Anfänge der Konsumgesellschaft 123.
61 Habermann, Aus meinem Leben 59, nach Sandgruber, Anfänge der Konsumgesellschaft 123.
62 Österreichischer Arbeiterkalender (1879), nach Sandgruber, Anfänge der Konsumgesellschaft 123.
63 Matis, Österreichs Wirtschaft 291 ff.; Bericht des parlamentarischen Untersuchungsausschusses 441–548; Schäffle, Börsenkrach 1–70; Rossbacher, Literatur und Liberalismus 47–52; Spitzer, Wiener Spaziergänge Bd. 1.
64 Czedik, Österreichische Staatsbahnen 124.
65 Bachinger, Verkehrswesen 294 f.
66 Bruckmüller, Sozialgeschichte 424 ff.; Wadl, Liberalismus und soziale Frage; Matis, Österreichs Wirtschaft 350 ff.
67 Hanisch, Der lange Schatten 188.
68 Bruckmüller, Sozialgeschichte 379 ff.; Pacher, Agrarpolitik 344.
69 Sandgruber, Agrarrevolution 241 ff., 246.
70 Sandgruber, Anfänge der Konsumgesellschaft 179 f.; Bruckmüller, Landwirtschaftliche Organisationen 162 f., 179.
71 Landsteiner, Der Wein und das Weinviertel 130 f.; ders., Wein und Weinbau in Niederösterreich.
72 Jontes, Weberkarde 257–273: Der Anbau der Weberkarden, Distelpflanzen, deren striegelartige Köpfe zum Aufrauhen des Tuches aus Südwesteuropa, vor allem Südfrankreich, importiert wurden, wurde seit dem ausgehenden 18. Jahrhundert auch in Österreich, insbesondere in der Steiermark, propagiert und nahm seit den zwanziger Jahren des 19. Jahrhunderts, insbesondere aber in den sechziger Jahren stark zu, um gegen die Jahrhundertwende aufgrund des technischen Fortschritts der Textilmaschinen rasch zu verschwinden. Heute kommt sie nur mehr verwildert als Rest des einstigen Anbaus vor.
73 Sandgruber, Agrarstatistik 73 ff., 99.
74 Sandgruber, Anfänge der Konsumgesellschaft 90; Bruckmüller, Landwirtschaftliche Organisationen 242 f.; Ortmayr, Sozialhistorische Skizzen 353 f.
75 Hanisch, Bäuerliche Kindheit 139 f.; Engelbrecht, Geschichte 4, 107 ff., 116 ff.
76 Bruckmüller, Die verzögerte Modernisierung 289–307, 293 ff.; ders., Wirtschaftsentwicklung und politisches Verhalten 504 ff.; Ammerer/Lemberger/Oberrauch, Vom Feudalverband 99 ff.
77 Bruckmüller, Landwirtschaftliche Organisationen 186 ff.; Dinklage, Die landwirtschaftliche Entwicklung 451 ff.
78 Ehmer, Soziale Traditionen; Otruba, Handwerk und Industrialisierung 195–216; Reschauer, Geschichte des Kampfes der Handwerkerzünfte; Schwiedland, Kleingewerbe und Hausindustrie; Waentig, Gewerbliche Mittelstandspolitik; Bruckmüller, Sozialgeschichte 384 ff.

79 Ehmer, Ökonomischer und sozialer Strukturwandel 87 ff.
80 Sandgruber, Soziale Sicherheit 130 ff.; Matis, Österreichs Wirtschaft 353 ff.; Bruckmüller, Sozialgeschichte 387 f.; Baryli, Konzessionssystem.
81 Ehmer, Lage und Bewußtsein 351 ff.; ders., Handwerk und Gewerbe 139–144; Bruckmüller, Sozialgeschichte 388 f.
82 Baltzarek, Die geschichtliche Entwicklung der österreichischen Genossenschaften 11 ff., 102 ff.; Sauer, 100 Jahre Österreichischer Genossenschaftsverband; Bruckmüller, Sozialgeschichte 410 f.
83 Bruckmüller, Landwirtschaftliche Organisationen 120 ff.; Baltzarek, Die geschichtliche Entwicklung der österreichischen Genossenschaften 37 f., 88 ff.; Werner, Liberalismus und ländliches Genossenschaftswesen; für Salzburg etwa: Ammerer/Lemberger/Oberrauch, Vom Feudalverband 153 ff.
84 Baltzarek, Die geschichtliche Entwicklung der Konsumgenossenschaften 194 ff.; ders., Die geschichtliche Entwicklung der österreichischen Genossenschaften 34 f., 47 ff.
85 Hösl, Die Anfänge; Baltzarek, Die geschichtliche Entwicklung der österreichischen Genossenschaften 76 ff.; Feldbauer/Hösl, Wohnverhältnisse 683 ff.; Feldbauer/John/Lichtblau, Arbeiterwohnungsfrage 390 ff.
86 Bruckmüller, Sozialgeschichte 368 ff.; Kürsinger, Lungau 752; Sandgruber, Anfänge der Konsumgesellschaft 27, 392.
87 Sandgruber, Anfänge der Konsumgesellschaft 24, 27 f.; ders., Die bäuerliche Gesellschaft Österreichs 7–20.
88 Ehmer, Heiratsverhalten 20 ff.
89 Findl, Mortalität und Lebenserwartung; Gisser, Daten 403 ff.
90 Hansluwka, Tuberkulosesterblichkeit; Otruba, Lebenserwartung; Friedl, Gesundheitsverhältnisse 471 ff.
91 Mitterauer, Ledige Mütter; ders., Familienformen und Illegitimität 123–188; Ortmayr, Sozialhistorische Skizzen 301 ff.
92 Ziss, Ziehkinder 319 ff., 322 f.; Ortmayr, Sozialhistorische Skizzen 346 ff.
93 John, Zuwanderung 113 ff.; John/Lichtblau, Schmelztiegel 93 ff.; Otruba/Rutschka, Herkunft der Wiener Bevölkerung 227–274; Till, Zur Herkunft der Wiener Bevölkerung 15–37.
94 John/Lichtblau, Schmelztiegel 89 ff.; Hubbard, Wachstumsprozeß 386; ders., Auf dem Weg zur Großstadt 18 ff.
95 Faßmann, A Survey of Patterns 69–93; John, Zuwanderung 102 ff.
96 John/Lichtblau, Česká Vídeň 34 ff.; dies., Schmelztiegel 18 ff.; Glettler, Wiener Tschechen; dies., Acculturation 297 ff.
97 Beller, Wien und die Juden; Berkley, Vienna and its Jews; John, Zur wirtschaftlichen Bedeutung des Judentums 39 ff.; John/Lichtblau, Schmelztiegel 33 ff.; Rozenblit, Juden in Wien; John, Die jüdische Bevölkerung in Wirtschaft und Gesellschaft 197 ff., bes. 226 ff. (Burgenland).
98 Faßmann, Einwanderung 92 ff.; Sandgruber, Bevölkerungsstruktur 121 ff., 127 f.; Pichler, Auswanderer.
99 Till, Ein Plan zur Gliederung Wiens 73 ff.; John/Lichtblau, Schmelztiegel 127 ff., 143 ff.
100 Ehmer, Wohnen ohne eigene Wohnung 132 ff.; Sandgruber, Anfänge der Konsumgesellschaft 360 ff.; John/Lichtblau, Schmelztiegel 169 ff.
101 Sandgruber, Anfänge der Konsumgesellschaft 373 f.; Mosser, Die österreichische Industriesiedlung 148 ff.
102 Sandgruber, Anfänge der Konsumgesellschaft 347 ff.; John, Hausherrenmacht 3 ff.
103 Feldbauer, Stadtwachstum 54 f., 150 ff., 277 ff.; John, Hausherrenmacht 29 ff., 87 ff.
104 Fauken, Anmerkung über die Lebensart 25–36; Pezzl, Skizze von Wien 58 f.; Fischer, Die Stadt und die Wildnis 28.
105 (Sonnenfels, Joseph v.), Der Mann ohne Vorurteil (Wien 1765) 1/1, 5. Stk.; Fauken, Anmerkung über die Lebensart 31.
106 De Luca, Beschreibung der kaiserlich-königlichen Residenzstadt Wien 20.
107 Forstliches Jahrbuch für Österreich-Ungarn 3 (1882) 138 f.
108 Sandgruber, Strom der Zeit 11.
109 Katzer, Industrialisierung anno 1781 3 f.
110 Von der Monarchie zum Anschluß 41 f.
111 Zeitungsartikel aus 1887, zit. n. Alexander, Geschichte der Tiroler Industrie 124.
112 Zotl, Geschichte der Linzer Luft.
113 Saurer, Materialien von der Straße 5 ff.
114 Drennig, 1. Wiener Hochquellen-Wasserleitung; ders., 2. Wiener Hochquellen-Wasserleitung; Brot und Werbung.
115 Nöst, Abwasserentsorgung in Graz 112 ff.
116 Nach Severin Heinisch, Lenzing, unveröffentlichtes Manuskript.

117 Killian, Immissionsschäden 81–88. In einem Fall 1891 in Voitsberg, wo eine Zellulosefabrik in einem sehr engen Tal errichtet wurde und 44 Bauern die Schließung der Fabrik verlangten, wurde die Bezirkshauptmannschaft zwar von der Statthalterei zurechtgewiesen, daß es »Aufgabe der politischen Behörde sei, die oft widerstreitenden Interessen der Landwirtschaft und Industrie zu versöhnen, und hiebei nicht nur den volkswirtschaftlichen Wert beider Erwerbszweige im Auge zu behalten, sondern auch dem Umstand Rechnung zu tragen, daß industrielle Unternehmungen nur dann und nur insoweit als zulässig erscheinen, als sie bestehenden Rechten nicht nachtheilig werden«. Aber der Streit zog sich jahrelang hin.
118 Sandgruber, Strom der Zeit 11 ff.
119 Farkas: Einleitung, in: Peter Roseggers Heimgarten 20 ff.; ders., Grüne Wurzeln; Mattl, Mit Nietzsche auf den Höhen 529 ff.; Jansen, Lebensreform.
120 Sandgruber, Strom der Zeit 30 ff., 133 ff., 191 ff.; Matis/Bachinger, Österreichs industrielle Entwicklung 171 ff., 175, 185 f.; Hausmann, Es ward Licht 191 ff.
121 Resolution des Allgemeinen Wassertages, Alpenländische Sektion des Bundes Österreichischer Industrieller, Salzburg, 25. und 26. März 1909, stenographisches Protokoll (Wien 1909) 203 f.
122 Verhandlungen des Salzburger Landtages, 25. 2. 1907, 769 ff., zit. n. Hanisch/Fleischer, Im Schatten 25.
123 Schwaar, Zur Entwicklung der österreichischen Elektrizitätswirtschaft 58.
124 Schwaar, Stromzeiten 177 ff.
125 Buddensieg/Hughes/Kocka, Ein Mann vieler Eigenschaften.
126 Sandgruber, Strom der Zeit 170 ff.; Bachinger, Verkehrswesen 316 ff.
127 Sandgruber, Strom der Zeit 170 ff.; Pircher, Vernetzte Welt 79; Lobentanz, Anfänge der Telegraphie 18, 24; Bachinger, Verkehrswesen 318.
128 Sandgruber, Strom der Zeit 173 ff.
129 Krcal, 100 Jahre Schreibmaschine 81–111.
130 Nienhaus, Büro- und Verwaltungstechnik 551; Eigner/Löffler/Wagner/Weigl, Gesicherte Tagfertigkeit 9 ff., 16, 27, 38 ff.; Wagner/Tomanek, Bankiers und Beamte 55 ff., 118, 150 f.
131 Sandgruber, Strom der Zeit 180.
132 Die andere Geschichte 192; Appelt, Von Ladenmädchen; Bruckmüller, Sozialgeschichte 395 f.; Baryli, Geschichte des Dienstrechts 325 ff.
133 Stekl, Hausrechtliche Abhängigkeit 303–313.
134 Sandgruber, Cyclisation 285 ff.; Hochmuth, Kommt Zeit, kommt Rad 9 ff., 36 ff.; zu Fuß erreichte man 4 bis 6 km in der Stunde, mit dem Pferdewagen vielleicht 12 km, ein Reiter 15 km, der Personenzug 30 bis 40 km, der Schnellzug 60 km. Und nun erreichte man mit dem Rad ebenfalls 15 bis 18 km, im Rennen noch viel mehr.
135 Zit. n. Grobauer, Fahr'n ma, Euer Gnad'n 98.
136 Hofmannsthal/Schnitzler, Briefwechsel 83 f.
137 Zit. n. Frau im Korsett 162; Sandgruber, Cyclisation 290 ff.; Hochmuth, Kommt Zeit, kommt Rad 52 ff.
138 Sandgruber, Cyclisation 293 ff.
139 Stenographisches Protokoll über die am 5. bis inclusive 7. April 1897 abgehaltene Enquête zum Zwecke der Beratung der gesetzlichen Regelung des Radfahrwesens in Niederösterreich (Wien 1897) 4; Hochmuth, Kommt Zeit, kommt Rad 43 ff.
140 Sorer, Auslese und Anpassung 256; Hochmuth, Kommt Zeit, kommt Rad 66 ff.
141 Musil, Der Mann ohne Eigenschaften 9 ff.
142 Meine liebe, gute Freundin 514.
143 Seper, Automobilgeschichte 27 ff.
144 Allgemeine Automobil-Zeitung (1904); Seper, Automobilgeschichte 93.
145 Mittheilungen des Österreichischen Automobil-Clubs, Nr. 16 (1898).
146 Von der Monarchie zum Anschluß 45 f.
147 Wiener Mode (1900) H. 14, 557.
148 Oettermann, Das Panorama 9 ff., 222 ff.
149 Sandgruber, Strom der Zeit 64 ff.
150 Bernold, Kino 29.
151 Kino Journal, 19. 5. 1923, 5; Österr. Komet, 10. 6. 1911, 1 f. und 10. 8. 1912, 2, zit. n. Schwarz, Kino 72, 80 f.
152 Häusler, Donaufahrt 139–162, 396 ff.; Tremel, Binnenhandel 396 ff.
153 Rautenstrauch, Reise nach Mariazell.
154 Pils, »Berg frei« 48.
155 Torberg, Tante Jolesch 83.
156 Haas, Sommerfrische 365.
157 Rigele, Landaufenthalte 11–28; Csendes, Landpartien und Tourismus 471–473; Czeike, Landpartien und Sommeraufenthalte 41–64; Ast, Sommerfrische.

158 Die Saison in den Bergen, Neue Freie Presse, 3. 2. 1912, zit. n. Kos, Über den Semmering 158; Dienes, Schiene und Fremdenverkehr 264 ff.; Sandgruber, Jahrhundert der Bahn 137 f.
159 Kos, Über den Semmering 118 ff.; Schwarz, Sommerfrische 97–107.
160 Eroberung der Landschaft; Baltzarek, Fremdenverkehr und Sport 163 ff.; Brusatti, 100 Jahre österreichischer Fremdenverkehr; Burkert, Beginn des modernen Fremdenverkehrs; Kubinsky, »Alle Schnellzüge halten am Semmering« 271 ff.
161 Schnitzler, Jugend in Wien 34.
162 Killian, Gustav Mahler; Grieser, Nachsommertraum 20 ff.
163 Peter Rosegger, Rings um den Dachstein, in: Alpensommer (Leipzig 1928) 36.
164 Stadler, Von der Kavalierstour 209.
165 Zit n. Sandgruber, Fremdenverkehrsland 137.
166 Hanisch, Wirtschaftswachstum 817 ff.
167 Eichberg, »Auf Zoll und Quintlein« 141–176.
168 Svoboda, »Es lebe der Sport!«; Tanzer, Spectacle 270 ff.; Die andere Geschichte 261 ff.
169 Binnebös, Galoppsport in Wien.
170 Oettermann, Läufer und Vorläufer 211–233; Tanzer, Spectacle 271 ff.; Glossy, Zur Geschichte der Wiener Laufer 163–173.
171 Hoppauf Hakoah 47.
172 Horak, Fußballkultur 371 ff.; John, Bürgersport 76 ff.; Dürr, Sozialgeschichte 59 f.
173 Gründler, Eroberung des Winters 578 ff.; Hüttenegger/Pfliger, Steirische Skigeschichte 354 ff.; Kos, Über den Semmering 151; Wörgötter, Kitzbüheler Skigeschichte 733 ff.; Volaucnik, Anfänge des Skilaufs 3 ff.
174 G. Müller, Früher Wintertourismus 76.
175 Von der Monarchie zum Anschluß 45.
176 Ebhardt's Wiener Modenblatt, 16. 3. 1881, 94; Wiener Salonblatt, 20. 5. 1887, 11; allgemein dazu: Norden, Tennis in Wien 57–78.
177 Grill, »Fin de Cycle« 257; Norden, Tennis in Wien 76 (Illustriertes Österr. Sportblatt, 21. Juni 1913).
178 Good, Aufstieg 144 ff.; Mosser, Industrieaktiengesellschaft 171 ff.; Matis, Österreichs Wirtschaft 367 ff.; Matis/Bachinger, Österreichs industrielle Entwicklung 131 ff., 159 ff., 167 ff., 205 ff.; Mathis, Big Business II, 70 ff.
179 März/Socher, Währung und Banken 343 ff., 351 ff.; März, Österreichische Industrie- und Bankpolitik 260 ff.; Wysocki, Die österreichisch/ungarische Krone 143 ff.
180 Sandgruber, Anfänge der Konsumgesellschaft 101, nach: Der österreichische Volkswirt 4 (1912) 544; Matis, Österreichs Wirtschaft 433.
181 Mosser, Industrieaktiengesellschaft; Matis, Österreichs Wirtschaft 367 ff.; Bruckmüller, Sozialgeschichte 399 f., 403 ff., 412 f.; Good, Aufstieg 170 ff.
182 Krizek, Die wirtschaftlichen Grundzüge 12 ff., 26 f., bietet ein marxistisches Imperialismuskonzept, Daten zu Konzentration, Kartellierung, Bankkapital etc.; Mosser, Industrieaktiengesellschaft; ders., Konzentrationserscheinungen 186 ff.; ders., Raumabhängigkeit 163 f.; Good, Aufstieg 170 f.; Mathis, Big Business II, 100 ff.
183 Krizek, Die wirtschaftlichen Grundzüge 26 ff.; Good, Aufstieg 189 ff.; für Bier exemplarisch: Wagner/Waitzbauer, 500 Jahre Salzburger Stiegl-Bier 77 ff.
184 Lackner, Das Kärntner Eisenhüttenwesen 293.
185 Braman, Karl Wittgenstein 29 ff.
186 Merki, Zucker gegen Saccharin 160 ff.
187 Merki, Zucker gegen Saccharin 164 ff., 255 ff.; ders., Kommerzialisierung 87 f., 89.
188 Sandgruber, Schokolade 64–72, 67 ff.
189 Wagner/Tomanek, Bankiers und Beamte 15 ff.; Eigner/Weigl, Außer Streit gestellt.
190 Piperger, 100 Jahre Länderbank 43, 85; Ransmayr, Die zentraleuropäische Länderbank 13 ff.
191 Wagner/Tomanek, Bankiers und Beamte 141 ff.; Kernbauer, Beschleunigter Geldverkehr 43 ff.
192 März, Österreichische Bankpolitik 53; Krizek, Die wirtschaftlichen Grundzüge 33 ff.; Good, Aufstieg 180 ff.; März/Socher, Währung und Banken 346 ff., 358 ff.
193 Hilferding, Finanzkapital 291; März, Österreichische Bankpolitik 52 ff.
194 Lopuszánski, Einige Streiflichter; Scheffer, Bankwesen; März, Österreichische Bankpolitik; Good, Aufstieg 98 f.
195 Stourzh, Zur Institutionengeschichte 21; Ebert, Einführung der Koalitionsfreiheit 69–122.
196 Zeiner, Die österreichischen Unternehmerverbände; Sturmayr, Industrielle Interessenpolitik.
197 Mentzel, Arbeitgeberverbände und politische Partizipation.
198 Bruckmüller, Verzögerte Modernisierung 297 ff.
199 Stourzh, Zur Institutionengeschichte 13–37; Ungersböck, Vom »freien« Arbeitsvertrag 123 ff.

200 Zweig, Welt von Gestern.
201 Sandgruber, Postsparkassensparer 53 ff.
202 Wagner/Tomanek, Bankiers und Beamte 151.
203 J. Mikoletzky, Gesundheitspflege; Melinz/Zimmermann, Über die Grenzen der Armenhilfe.
204 Grandner, Staatliche Sozialpolitik 150 ff.
205 Baryli, Geschichte des Dienstrechts 295 ff.; Otruba, Privatbeamte 240 ff.
206 Hofmeister, Ein Jahrhundert Sozialversicherung.
207 Sandgruber, Soziale Sicherheit 130 ff.
208 Wysocki, Infrastruktur 114 ff., 137 f.; ders., Finanzpolitik 89 ff., 95 ff.
209 Bachinger, Verkehrswesen 292 ff.; Wysocki, Infrastruktur 55 ff.
210 Seliger/Ucakar, Wien; Otruba, Feuerversicherungen 110 ff.; Brusatti, Die historischen Grundlagen 222 f.
211 Chaloupek/Eigner/Wagner, Wien.
212 Binder, Wasserstraßenvorlage 59 f.; März, Österreichische Bankpolitik 26 ff.
213 Spitzmüller, »... und hat auch Ursach« 49; Matis, Leitlinien 58 f.
214 Behnen, Rüstung 145.
215 Gerschenkron, Economic Spurt 71.
216 Teichova, Kleinstaaten im Spannungsfeld 88.
217 Mommsen, Österreich-Ungarn 219.
218 Good, Aufstieg 208 ff.
219 Michel, Banques & banquiers 14; Matis/Bachinger, Österreichs industrielle Entwicklung 220 ff.; März, Österreichische Bankpolitik 104 ff.
220 Banik-Schweitzer, Urbanisierung und Metropolenbildung 5 ff.
221 Die von David F. Good durchgeführte regionale Einkommensschätzung, die für Salzburg und Tirol hohe Werte erbrachte, wird man nicht heranziehen dürfen, weil sie konstruktionsbedingt zu völlig verzerrten und die westlichen Länder überschätzenden Werten führte, vgl. Good, Economic Lag 869–891; dazu: Michael Pammer, Proxy-Data and Artificial Income Estimates: The Economic Lag of Central and Eastern Europe, Manuskript.
222 Roth, Radetzkymarsch 274.
223 Hanslick, Aus meinem Leben 159, 170.
224 Die Kleineisenindustrie der Eisenwurzen war nicht mehr zu retten. Von den 283 Hammerwerken und Schmieden, die 1850 in der niederösterreichischen Eisenwurzen bestanden hatten, hatten bis 1883 159 den Betrieb eingestellt, bis 1914 weitere 84. Von den übrigen hatte ein Gutteil sich auf andere Produkte umgestellt; Sandgruber, Von der Widmung zum Wettbewerb 193 ff.; Bachinger, Der Niedergang der Kleineisenindustrie; Resch, Die alpenländische Sensenindustrie 45 ff., 243 ff.
225 Hanisch/Fleischer, Im Schatten 24; Kos, Über den Semmering 170.
226 Wank, Pessimism 295 ff.; Good, Aufstieg 207 ff.; Rauchensteiner, Tod des Doppeladlers 37.
227 Eichstedt/Polster, Tanzen wie die Wilden 34.

Der Erste Weltkrieg

Seite 315–334

1 Rauchensteiner, Tod des Doppeladlers 257.
2 Zu diesem Kapitel siehe besonders: Rauchensteiner, Tod des Doppeladlers; Gratz/Schüller, Die äußere Wirtschaftspolitik; Gratz/Schüller, Tragödie der Erschöpfung; Loewenfeld-Russ, Regelung der Volksernährung; März, Österreichische Bankpolitik; Modell einer neuen Wirtschaftsordnung: Wirtschaftsverwaltung in Österreich; Österreich und der Große Krieg; Popovics, Geldwesen; Riedl, Industrie Österreichs; Volksgesundheit im Krieg; Wegs, Kriegswirtschaft; Winkler, Einkommensverschiebungen.
3 Österreich und der Große Krieg, dort zahlreiche Beispiele, etwa Winkelbauer, Krieg in Deutsch-Lesebüchern, Pfabigan, Austromarxismus und Kriegsgesinnung, Broucek, Kriegspressequartier; Rauchensteiner, Tod des Doppeladlers 101 ff.
4 Hugo v. Hofmannsthal an L. v. Andrian, 24. August 1913, zit. n. März, Österreichische Bankpolitik 108 f.; The Habsburg Empire in World War I; Rumpler, Kriegsziele 465–479.
5 Ein ungarischer Nationalökonom, P. Szende, übertitelte derartige Ausführungen mit »Zusammenbruch oder Krieg«, Rauchensteiner, Tod des Doppeladlers 37; Williamson, Vienna and July 1914 9 ff.; Jannen, The Austro-Hungarian Decision for War 55 ff.; Rumpler, Kriegsziele 477.
6 Mommsen, Topos vom unvermeidlichen Krieg 194 ff.; Rauchensteiner, Tod des Doppeladlers 32 ff.
7 Rauchensteiner, Tod des Doppeladlers 46.
8 Redlich, Schicksalsjahre Österreichs 239; Kann, Nationalitätenproblem 183 ff., dort auch ein ähnlich argumentierender Brief des späteren Außenministers Graf Czernin aus 1913.

9 Rauchensteiner, Tod des Doppeladlers; Österreich und der Große Krieg.
10 Verbandstag des CVIÖ 1910, Die Industrie, 5. 11. 1910; Rauchensteiner, Tod des Doppeladlers 39.
11 März, Österreichische Bankpolitik 114 ff.; Schumpeter, Zur Soziologie der Imperialismen 1–39; Hantsch, Leopold Graf Berchtold Bd. 2, 522.
12 Mommsen, Mitteleuropaidee 3 ff.; Rauchensteiner, Tod des Doppeladlers 311 f.
13 Fischer, Weltmacht oder Niedergang 25; Mommsen, Imperialismus 233 ff.
14 Zit. n. Fischer, Krieg der Illusionen 769; Hardach, Erster Weltkrieg 245; Opitz, Europastrategien 215–217; Koralka, Anpassung oder Widerstand? 25 ff.
15 Hardach, Erster Weltkrieg 251; Mitrovic, Zentralmächte 39 ff.; Dioszegi, Reaktion Ungarns 63 ff.
16 Grundlegend dazu: Fellner, Denkschriften aus Österreich 145 ff.; Gratz/Schüller, Die äußere Wirtschaftspolitik; Heinrich Friedjungs »Denkschrift aus Deutsch-Österreich«, die dieser im Juli 1915 in Umlauf hatte bringen lassen (als Manuskript gedruckt, vertraulich, Leipzig 1915), suggerierte eine wirtschaftliche Expansion bis in den Nahen Osten, »von der Nordsee bis nach Innerasien«. In ähnlicher Weise sah Gustav Marchet in einer wirtschaftlichen Gemeinschaft von Deutschem Reich und Österreich-Ungarn einen mächtigen »magnetischen Block«, dessen wirtschaftliche Kraft vom skandinavischen Norden bis weit in den Südosten ausgreifen könne, ohne jede Landeroberung. Kapp, Bethmann-Hollweg 215 ff.
17 Verosta, Joseph Schumpeter 388; März, Österreichische Bankpolitik 261 f.
18 Rauchensteiner, Tod des Doppeladlers 315.
19 Morgenbrod, Wiener Großbürgertum im Ersten Weltkrieg 29.
20 Alexander, Geschichte der Tiroler Industrie 150.
21 Hardach, Der Erste Weltkrieg 162; März, Österreichische Bankpolitik 30 ff., 45, 109 ff.; Rauchensteiner, Tod des Doppeladlers 140.
22 Loewenfeld-Russ, Im Kampf gegen den Hunger 14 f., 20, 22, 25 f., 32; Hautmann, Geschichte der Rätebewegung 36 f., 42 ff.
23 Winkler, Einkommensverschiebungen 35 f.; März, Österreichische Bankpolitik 121 ff.
24 Winkler, Einkommensverschiebungen 44 ff.
25 Rauchensteiner, Tod des Doppeladlers 141.
26 Wegs, Kriegswirtschaft; März, Österreichische Bankpolitik 174 ff.
27 Gratz/Schüller, Tragödie der Erschöpfung 145; März, Österreichische Bankpolitik 177.
28 Das Telegramm des Heeresgruppenkommandos Tirol vom 5. November 1918 an das AOK: »Es muß alles gemacht werden, daß die Truppen südlich des Brenners stehen bleiben und von Entente verpflegt werden. Selbst Gefangennahme ist ein milderes Los als Verhungern …«, Garamvölgyi, Betriebsräte 35; Rauchensteiner, Tod des Doppeladlers 621 f., vermutet allerdings, daß es weniger pure Absicht gewesen sei, den Italienern die Sorge für 400 000 Mann aufzuhalsen, als die organisatorische Unfähigkeit des Armeeoberkommandos, Termine exakt zu koordinieren.
29 Winkler, Einkommensverschiebungen 37 f., 108 ff.; März, Österreichische Bankpolitik 130 ff.
30 Loewenfeld-Russ, Regelung der Volksernährung; Landwehr, Hunger; Haselsteiner, Habsburg Empire in World War I 87 ff.
31 März, Österreichische Bankpolitik 171 ff.; Grandner, Kooperative Gewerkschaftspolitik 115 (Stürgkh an Tisza, 17. 12. 1915); Loewenfeld-Russ, Im Kampf gegen den Hunger 83 ff.
32 Skalweit/Klaas, Das Schwein in der Kriegsernährungswirtschaft.
33 Sandgruber, Strom der Zeit 212; ders., Strompreis 203 ff.
34 Das österreichische Ernährungsproblem; Loewenfeld-Russ, Im Kampf gegen den Hunger 31 f.
35 Neuber, Ernährungslage; Hautmann, Geschichte der Rätebewegung 45 ff.; Sandgruber, Bittersüße Genüsse 96.
36 Das Schwarz-Gelbe Kreuz 36.
37 Spann, Vom Leben im Kriege 155 f.
38 Sieder, Zur alltäglichen Praxis 148 f.
39 Hautmann, Geschichte der Rätebewegung 48.
40 Denscher, Gold gab ich für Eisen; Breitner, Hinter der Front 249; Rauchensteiner, Tod des Doppeladlers 411.
41 Arbeiter-Zeitung, 28. 3. 1918.
42 März, Österreichische Bankpolitik 194 ff.; Hardach, Der Erste Weltkrieg 166; Winkler, Einkommensverschiebungen 222 ff.
43 Wilhelm Winkler beziffert die verbrauchten Vorräte mit 5 000 Millionen Friedenskronen, die Ausdünnung des Viehstapels mit insgesamt 1 242,3 Millionen, sonstige verbrauchte Vermögenswerte mit 500 Millionen, das Handelsbilanzpassivum mit 3 340 Millionen und die Summe der Entnahmen aus dem Volksvermögen mit 10 082,2 Millionen, fast soviel wie das Sozialprodukt des Jahres 1913; Winkler, Einkommensverschiebungen 78 ff.; 268 ff.

44 Wysocki, Finanzpolitik 101 ff.; Grünwald, Steuern Österreichs 127 ff.; Michel, Le sabotage des emprunts 321–339; März, Österreichische Bankpolitik 152 ff.; konträr dazu: Perz, Aspekte der Kriegsfinanzierung; Wagner/Tomanek, Bankiers und Beamte 190 f.
45 Popovics, Geldwesen; März, Österreichische Bankpolitik 198 ff.; Wagner/Tomanek, Bankiers und Beamte 181 ff.
46 Winkler, Einkommensverschiebungen 38 ff., 153 ff.; März, Österreichische Bankpolitik 211 ff.
47 Augeneder, Arbeiterinnen 10 ff.; Winkler Einkommensverschiebungen 30 ff.
48 Grandner, Kooperative Gewerkschaftspolitik 147.
49 Augeneder, Arbeiterinnen 53 ff.; Rauchensteiner, Tod des Doppeladlers 265 f.; Hautmann, Geschichte der Rätebewegung 57 ff.
50 Bauer, Frauen im Krieg 296.
51 Bauer, Frauen im Krieg 323 ff.; Pfoser, Verstörte Männer 205 ff.
52 Hämmerle, »Diese Schatten über unserer Kindheit gelegen …« 265 ff.
53 John/Lichtblau, Schmelztiegel 114, 208 ff.; Hanisch, Der lange Schatten 203; Rauchensteiner, Tod des Doppeladlers 264 f.
54 Hansak, Kriegsgefangene; Winkler, Einkommensverschiebungen 33 f.
55 Eines der größten Kriegsgefangenenlager der österreichisch-ungarischen Monarchie befand sich in Sigmundsherberg (Niederösterreich). Ursprünglich für 30 000 Gefangene konzipiert, beherbergte es im Oktober 1916 bereits 56 000 Personen. Im November 1918 betrug der Evidenzstand über 156 000, von denen allerdings fast 100 000 außerhalb des Lagers eingesetzt wurden. In den Holzbaracken mit jeweils etwa 450 m^2 Fläche, die von drei Öfen notdürftig beheizt wurden, waren jeweils 200 bis 300 Gefangene untergebracht. Seuchen kamen wenig vor. Der Lagerfriedhof zählt etwa 2 500 Gräber. Über die Behandlung der Gefangenen sind keine Anschuldigungen bekannt. Sie muß, soweit es in den Möglichkeiten der Lagerleitung lag, als korrekt eingeschätzt werden; Koch, Kriegsgefangenenlager Sigmundsherberg 109 ff.
56 Meißl, Wandel der sozialen Beziehungen; Regelung der Arbeitsverhältnisse im Kriege.
57 Im Frühjahr 1917 schrieb Außenminister Czernin an den ungarischen Mnisterpräsidenten Stephan Tisza: »Erstens werden wir nach dem Kriege Sozialpolitik machen müssen, ob es dem einzelnen gefällt oder nicht, und ich halte es für unbedingt wichtig, die Sozialdemokraten dazu heranzuziehen. Die Sozialpolitik ist das Ventil, das wir aufmachen müssen, um den überflüssigen Dampf abzulassen – sonst explodiert der Kasten.« Grandner, Kooperative Gewerkschaftspolitik 309 und Anm. 5340.
58 Grandner, Kooperative Gewerkschaftspolitik; dies., Beschwerdekommission 191 ff.
59 Unfried, Arbeiterprotest; Hautmann, Geschichte der Rätebewegung 69 ff., 153 ff.
60 Fischer, Freie und genossenschaftliche Interessenvertretungen; Hautmann, Geschichte der Rätebewegung.
61 Ammerer/Lemberger/Oberrauch, Vom Feudalverband 170 ff.; Winkler, Einkommensverschiebungen 97 ff., 153 ff., 188 ff., 199 ff.; Hautmann, Geschichte der Rätebewegung 49 ff.
62 Winkler, Bevölkerungslage Österreichs 3; Totenverluste des Zweiten Weltkrieges, Statistische Nachrichten 10 (1955) 146.
63 Winkler, Einkommensverschiebungen 16 ff.
64 Winkler, Berufsstatistik der Kriegstoten; ders., Totenverluste.
65 Hanisch/Fleischer, Im Schatten 207.
66 Malleier, Kriegsneurose 206 ff.; Eissler, Freud und Wagner-Jauregg; Hubenstorf, Vom Krebsgang des Fortschritts 150 ff.

Krise zwischen zwei Kriegen

Seite 335–402

1 Lacina, Folgen des Zerfalls der Habsburgermonarchie 257.
2 Hanisch, Der lange Schatten 90 f.; Burkert, »Eine Welt ist untergegangen« 199.
3 Bauer, Die österreichische Revolution 489 ff.
4 Zit. n. Burkert, »Eine Welt ist untergegangen« 197 ff.
5 18. August 1934, zit. n. Burkert, »Eine Welt ist untergegangen« 202.
6 Adolf Schärf, Erinnerungen aus meinem Leben (Wien 1963), zit. n. Burkert, »Eine Welt ist untergegangen« 210.
7 Joseph Roth, Kapuzinergruft (Ausgabe 1972) 176.
8 Der (Oesterreichische) Volkswirt, Nr. 4, 26. 10. 1918.
9 Nautz, Die österreichische Handelspolitik 44, 346.

10 Butschek, Die österreichische Wirtschaft im 20. Jahrhundert 30; Bruckmüller, Das sozial- und wirtschaftspolitische System 179 ff.; Sacher, Nachfolgestaaten; Pasvolsky, Economic Nationalism.
11 Wagenführ, Industriewirtschaft 64 ff.
12 Hertz, Economic Problem; ders., Ist Österreich wirtschaftlich lebensfähig?; ders., Zahlungsbilanz; Stolper, Deutschösterreich; März, Österreichische Bankpolitik 275 ff.
13 Hertz, Kapitalbedarf 43; ders., Zahlungsbilanz 99; Stiefel, Die große Krise 281 ff., 296 ff.
14 Stolper, Deutschösterreich 115.
15 Wilhelm Rosenberg, Österreich gerettet, wenn es nur will, Neue Freie Presse, 9. 2. 1922: »Die Wahrheit ist die, daß unser Staat vollkommen lebensfähig ist, natürlich nur bei bescheidenen Ansprüchen seiner Bewohner ...«; März, Österreichische Bankpolitik 284.
16 März, Österreichische Bankpolitik 333 ff.
17 Hoffmann, Die wirtschaftlichen Grundlagen 270; März, Österreichische Bankpolitik 363 ff.
18 Schüller, Unterhändler des Vertrauens 124, 237 f.
19 Bansleben, Das österreichische Reparationsproblem; März, Österreichische Bankpolitik 367.
20 Basch, The Danube Basin 32; März, Österreichische Bankpolitik 369 ff., 375 f.
21 Butschek, Zerfall Österreich-Ungarns 231 ff., 234.
22 Nautz, Die österreichische Handelspolitik; Stiefel, Die große Krise 313 ff.
23 Stiefel, Die große Krise 321.
24 Layton/Rist, Wirtschaftslage Österreichs; Butschek, Zerfall Österreich-Ungarns 235.
25 Hertz, Economic Problem 83 ff.; Teichova, Wirtschaftspolitik 134; Ránki, Economy and Foreign Policy.
26 Matis, Wirtschaftliche Mitteleuropa-Konzeptionen 229–255; Teichova, East-Central and South-East Europe; Ránki, Economy and Foreign Policy; Molt, »... wie ein Klotz«.
27 Gustav Stolper, Unsere wirtschaftliche Zukunft. Der Volkswirt Nr. 8, 23. 11. 1918.
28 Stiefel, Die große Krise 329 ff.; Frommelt, Paneuropa oder Mitteleuropa; Molt, »... wie ein Klotz«; Stegmann, »Mitteleuropa« 203 ff.
29 Steininger, Anschluß 12.
30 Renner, Denkschrift 18 f.
31 Garamvölgyi, Betriebsräte 52; Verosta, Joseph Schumpeter 401.
32 Zit. n. Wittendorfer, Industrie, Banken, Politiker 58.
33 Matis, Wirtschaftliche Mitteleuropa-Konzeptionen 251 f.
34 Matis, Wirtschaftliche Mitteleuropa-Konzeptionen 253; Stiefel, Die große Krise 336.
35 Stiefel, Die große Krise 332, 360; Posselt, »Ich bin seit dem Zusammenbruch ...« 367 ff.
36 Dreier, Vorarlberg und die Anschlußfrage 182 ff.; Pichler/Dreier, Vergebliches Werben; Pichler, »Lieber in Lumpen gehüllt« 61 ff.
37 Alexander, Geschichte der Tiroler Industrie 159 f.
38 Richard Steidle in einem Brief vom 25. Mai 1921 an Bundeskanzler Mayr, Steininger, Anschluß 17; Kuprian, Tirol und die Anschlußfrage 64 f.
39 März, Österreichische Bankpolitik 291 ff.; Kernbauer/März/Weber, Die wirtschaftliche Entwicklung 345 f.; Loewenfeld-Russ, Im Kampf gegen den Hunger 197 ff.; Hoffmann, »Nimm Hack' und Spaten ...« 61 f. Die Zahl der Wiener Kleingärtner stieg von 3 000 im Jahr 1915 auf 18 500 gegen Ende des Krieges und schließlich 55 000 im Dezember 1920.
40 Komlos, Comments 298, bezieht sich (allerdings ohne Zitatverweis) auf: E. Nobel, Anthropometrische Untersuchungen an Jugendlichen in Wien. Zeitschrift für Kinderheilkunde 36 (1924) 13–16.
41 Ward, Weight at Birth 11 ff.
42 Adlgasser, American Individualism; Loewenfeld-Russ, Im Kampf gegen den Hunger 230 ff.
43 Loewenfeld-Russ, Im Kampf gegen den Hunger IX ff., XXIII; Neuber, Ernährungslage.
44 Bachinger/Matis, Strukturwandel und Entwicklungstendenzen 106 ff.
45 Gulick, Österreich von Habsburg zu Hitler 98 ff.; Tálos, Sozialgesetzgebung 416 ff.
46 Hautmann, Arbeiter- und Soldatenräte 245–260; Hautmann, Geschichte der Rätebewegung; Garamvölgyi, Betriebsräte 245 ff.
47 Pribram, Sozialpolitik 626: Professor Karl Pribram, der wahrscheinlich beste Kenner der österreichischen Sozialpolitik der Ersten Republik, kommentierte diese Situation folgendermaßen, auch seine Überraschung über die glatte Abwicklung andeutend: »Angesichts der Fülle der sozialpolitischen Neuerungen ... ist es auffallend, daß in der bürgerlichen Presse kaum jemals ein Wort ernsthafter Kritik laut wurde, ja, daß die führenden Tagesblätter – von der Arbeiterpresse abgesehen – kaum hie und da eine dürftige Notiz über die sozialpolitischen Maßnahmen brachten.«
48 Garamvölgyi, Betriebsräte 109 ff., 215 ff.
49 Weidenholzer/Kepplinger, Geschichte der Arbeiterkammer 9 ff.
50 Stiefel, Arbeitslosigkeit; Tálos, Sozialpolitik in der Ersten Republik 570 ff.; Hofmeister, Ein Jahrhundert Sozialversicherung 626 ff., 633 ff.; März, Österreichische Bankpolitik 300 ff.

51 Sandgruber, Zeit, Arbeitszeit 45 ff.; März, Österreichische Bankpolitik 302 f.
52 Peissl, Das »bessere« Proletariat 101 ff.; Botz, Angestellte 213 ff.; Hofmeister, Ein Jahrhundert Sozialversicherung 638 f.; Baryli, Geschichte des Dienstrechts 350 ff.; Garamvölgyi, Betriebsräte 176 ff.
53 Matis/Stiefel, Mit der vereinigten Kraft 216 ff.; Feldbauer/John/Lichtblau, Arbeiterwohnungsfrage 408 ff.; März, Österreichische Bankpolitik 305 f.
54 Redik, Knecht oder Arbeiter? 521 ff.; Hofmeister, Ein Jahrhundert Sozialversicherung 647 ff.
55 Tálos, Staatliche Sozialpolitik in Österreich 196 ff.; Hofmeister, Ein Jahrhundert Sozialversicherung 637 ff.
56 Gulick, Österreich von Habsburg zu Hitler 1, 188; März, Österreichische Bankpolitik 307 ff.
57 März, Österreichische Bankpolitik 308; März/Weber, Otto Bauer 74 ff.; Gerlich, Die gescheiterte Alternative; Garamvölgyi, Betriebsräte 82 ff.; Butschek/Baltzarek, Austria's Transformation 55 f., sie zitieren Ludwig v. Mises, der im Dezember 1919 in einem Vortrag meinte: »Die Republik hat das wirtschaftliche System des Kaiserreiches nur noch verschärft, sie hat die staatssozialistischen und merkantilistischen Tendenzen des Militarismus ausgebaut und erneuert.«
58 Österreichische Parteiprogramme 362.
59 Otruba, Bauer und Arbeiter 67.
60 März, Österreichische Bankpolitik 338 ff.
61 Weissel, Ohnmacht des Sieges 154.
62 Gerlich, Die gescheiterte Alternative; März/Weber, Verstaatlichung und Sozialisierung 85 ff.
63 Schönfellner, Bund als Gesellschafter der WÖK 148 ff.
64 Stiefel, Finanzdiplomatie 13 ff.
65 Historische Wurzeln der Sozialpartnerschaft; Tálos, Interessenvermittlung 371–394; Fischer, Ansätze zur Sozialpartnerschaft 124 ff.
66 Weber-Felber, Wege aus der Krise 135 f.; Grandner/Traxler, Sozialpartnerschaft 75 ff.
67 Hanisch, Der lange Schatten 77 f.; Weber-Felber, Gewerkschaften 324 ff.; Klenner, Die österreichischen Gewerkschaften 1, 481.
68 Sturmayr, Industrielle Interessenverbände 339–352.
69 Geißler, Österreichs Handelskammer-Organisation 1, 36 ff., 2, 15 ff., 314 ff.
70 Stiefel, Im Interesse des Handels 31 ff.
71 Suppanz, Die österreichische Inflation; Teichova, A Comparative View; Sargent, The Ends of Four Big Inflations; Dornbusch, Lessons 13 ff.; Dornbusch, Monetary Problems 391 ff.; Kernbauer/März/Weber, Die wirtschaftliche Entwicklung 348 ff.; März, Österreichische Bankpolitik 318 ff.
72 Berger, Der Donauraum im wirtschaftlichen Umbruch.
73 März, Österreichische Bankpolitik 379 ff.
74 Walré de Bordes, The Austrian Crown 163; Wagner/Waitzbauer, 500 Jahre Salzburger Stiegl-Bier 91 f.
75 Schöpfer, Zum österreichischen Notgeld 559 ff.
76 Kernbauer, Währungspolitik in der Zwischenkriegszeit; Weber/Haas, Deutsches Kapital 169 ff.
77 Bachinger/Matis, Die österreichische Nachkriegsinflation 83 ff.
78 Federn, Kreditpolitik 65; Bunzel, Das neue Österreich 115.
79 Mathis, Big Business I, 227 ff.
80 Wirtschaftsstatistisches Jahrbuch 2 (1925) 209.
81 Schüller, Unterhändler des Vertrauens 125.
82 Weber, Vor dem großen Krach; Ausch, Als die Banken fielen; März, Österreichische Bankpolitik 524 ff.
83 Heindl, Bürokratie und Beamte 95.
84 Madlé, Bezüge 131 ff., 135. Die Realeinkommen der Beamten waren im Schnitt 1920 auf 14 Prozent des Vorkriegsstandes geschrumpft. Nach der Stabilisierung lag die Kaufkraft ihrer Einkommen bei einem Drittel bis zwei Fünftel des Vorkriegsstandes, 1925 bei etwa 56 Prozent. Arbeiter und Angestellte verdienten 1925 etwa 75 Prozent des Vorkriegswertes.
85 Bruckmüller, Bürgertum 60 ff.; Stiefel, Die große Krise 78 ff.
86 Kernbauer, Währungspolitik 231; Bruckmüller/Ulsperger, Friedrich Pachers Einschätzung 104 ff.
87 J. Mikoletzky, Gesundheitspflege 281 f.
88 Wakounig, Konsumverhalten des Wiener Bürgertums 154–186, hier 174.
89 Bauer, Die österreichische Revolution 755 f.
90 Antonio Gramsci, Briefe aus dem Kerker (1923–1924), zit. n. John/Lichtblau, Schmelztiegel 207.
91 Berger, Ökonomische Macht und Politik 396 ff.
92 Weidenholzer, Auf dem Weg zum neuen Menschen 179.
93 Wiener Mode (1924) Nr. 1, 12; Die Frauenwelt (1929) Nr. 1, 6.
94 Pfoser, Verstörte Männer 205 ff.; Achberger, Inflation 29 ff., 30 f., 34.
95 Karl Kraus, Metaphysik der Haifische. Die Fackel Nr. 632–639 (Oktober 1923) 150–158.
96 Strasser/Waitzbauer, Salzburger Kunstfilm-Industrie 106 ff.; Ackerl, Der Phönix-Skandal 241 ff.

97 Mathis, Camillo Castiglioni 423 ff.; Attlmayr, Verwandlung 6, 69 ff., 74; März, Österreichische Bankpolitik 465–469; Ufermann, Könige der Inflation 68 ff.
98 Hoffmann, Der Fall Sigmund Bosel 85 ff., 107; Ufermann, Könige der Inflation 77 ff.; Wagner/Tomanek, Bankiers und Beamte 229 ff.
99 Swedberg, Joseph A. Schumpeter 68 f.
100 Otto Bauer, Nachruf auf Ignaz Seipel, Arbeiter-Zeitung, 3. August 1932, zit. n. März, Österreichische Bankpolitik 476; Kernbauer/März/Weber, Die wirtschaftliche Entwicklung 354 ff.
101 Kernbauer, Währungspolitik 53 ff.; März, Österreichische Bankpolitik 487 ff.
102 März, Österreichische Bankpolitik 496 ff.; Ludwig von Mises, Erinnerungen (Stuttgart 1978) 54.
103 Baltzarek, Ludwig von Mises 133.
104 Weber-Felber, Wege aus der Krise 41; Stiefel, Die große Krise 144 ff.; Matthes, Ende der Ersten Republik 156; Bachinger, Umbruch und Desintegration 920.
105 Karl Renner, zit. n. März, Österreichische Bankpolitik 494.
106 Kernbauer, Währungspolitik 94; Baltzarek, Wiener Börse 123 ff.
107 Die Verluste der Wiener Spekulation waren jedenfalls gigantisch, sie sind aber schwierig zu quantifizieren. Ein vertrauliches Papier des französischen Außenministeriums bezeichnet die damals von der Presse und der Börse genannte Summe von 80 Millionen Dollar als übertrieben und beziffert die Verluste der Banken mit 5 Millionen Dollar, jene der Privatbanken und Privatpersonen mit 15 Millionen Dollar; Ransmayr, Zentraleuropäische Länderbank 83, 85.
108 Karl Kraus hatte in der »Fackel« die neuen Währungsbezeichnungen mit Hohn und Spott überschüttet und mit den in Österreich üblichen Bezeichnungen »Nasenstüber« für eine leichte Ohrfeige und »Schilling« für eine Tracht Prügel in Zusammenhang gebracht. »Ostmark« wäre, wie Kraus meinte, von vielen gewünscht worden. Am ehesten hätte er aber die schlichte Bezeichnung »Neanderthaler« als angemessen empfunden. Karl Kraus, Einen Stüber. Die Fackel Nr. 657–667 (August 1924) 197 f.
109 Hertz, Economic Problem 140.
110 Bauer, Kapitalismus und Sozialismus; Novak, Rationalisierung; Scheiber, Rationalisierung; Niederhuber, Taylorismus und Fordismus.
111 Karl Wittgenstein, in: Zeitschrift des Österr. Ingenieur- und Architektenvereines 50 (1898) 714; Braman, Karl Wittgenstein 29 ff.
112 Sandgruber, Strom der Zeit 212 ff.
113 Sandgruber, Strom der Zeit 209, 214 f.; Weber, Wirtschaft und Wirtschaftspolitik 139 f.
114 Sandgruber, Strom der Zeit 107 ff.
115 Killian, Als das grüne Gold seinen Glanz verlor 81–84.
116 Weber, Vor dem großen Krach 303; Stiefel, Die große Krise 298 ff.; Weber, Wirtschaft und Wirtschaftspolitik 139 ff.
117 Butschek, Statistische Reihen.
118 Kernbauer, Währungspolitik 227.
119 Kernbauer, Währungspolitik 247 ff.
120 Teichova, Kleinstaaten im Spannungsfeld 88.
121 März, Österreichische Bankpolitik 423 ff., 504 ff.; Weber, Vor dem großen Krach; Nötel, Money; Weber, Der finanzielle Länderpartikularismus.
122 Weber, Vor dem großen Krach 87; Neue Freie Presse, 21. März 1919; Spitzmüller, »... und hat auch Ursach« 357.
123 Kernbauer/März/Weber, Die wirtschaftliche Entwicklung 365; Butschek, Die österreichische Wirtschaft im 20. Jahrhundert 44 f.; März, Österreichische Bankpolitik 352 ff.
124 Cottrell, Aspects 317; Ransmayr, Zentraleuropäische Länderbank 31 ff.; Beer/Staudinger, Penetration Österreichs 49 ff.
125 Weber, Vor dem großen Krach 347–351, 367; Kernbauer, Währungspolitik 44; Kernbauer/Weber, Multinationales Banking 605; Berger, Ökonomische Macht und Politik 398 ff.
126 10 Jahre NÖ. Bauernkammer. Die Tätigkeit der NÖ. Landes-Landwirtschaftskammer und der NÖ. Bezirksbauernkammern 1922–1932 (hg. von L. Greil, Wien 1932) 51.
127 Kluge, Bauern 266 ff.; Mattl, Agrarstruktur; Schöhl, Österreichs Landwirtschaft.
128 Ortmayr, Sozialhistorische Skizzen 297 ff., 299 f., 311 ff., 317 ff.
129 Ortmayr, Sozialhistorische Skizzen 324 ff., 334 ff.; Bruckmüller, Interessenvertretung der Bauern 353 ff.
130 Pacher, Agrarpolitik 345 ff.; Kluge, Bauern 276 ff.
131 Komlos, Comments 298 f.; Miller, Engelbert Dollfuß 116 ff.
132 Kernbauer, Währungspolitik 235; Stiefel, Die große Krise 372 ff.; Kluge, Bauern 373; Miller, Engelbert Dollfuß 91 ff.
133 Werner, Roggenpreisstabilisierung 182 ff., 184.
134 Kluge, Bauern 332 ff.; Werner, Roggenpreisstabilisierung 182 ff.; Baltzarek, Die geschichtliche Ent-

wicklung der österreichischen Genossenschaften 99; Mattl, Finanzdiktatur 150 ff.; Ammerer/Lemberger/Oberrauch, Vom Feudalverband 187 ff.
135 Bruckmüller, Interessenvertretung der Bauern 353 ff.; Kluge, Bauern 441 ff., 467 ff.; Miller, Engelbert Dollfuß 65 ff.
136 Schmid/Lindenbaum/Staudacher, Bewegung und Beharrung 18 ff., 25, 32 f.
137 Dienes, Von der großen Zäsur 346–354.
138 Schmid/Lindenbaum/Staudacher, Bewegung und Beharrung 29 ff.
139 Rigele, Wienerwaldbahn 15 ff.
140 Sandgruber, Fahrrad 57–63; Hochmuth, Kommt Zeit, kommt Rad 95 ff., 100 ff.
141 Warmuth, Eisenbahn 144 ff., 159 ff.; Glaser, Automobil 24; Sandgruber, Auto 63–70; Schmid/Lindenbaum/Staudacher, Bewegung und Beharrung 160 ff.
142 Hornyik, Judikatur des Verfassungsgerichtshofes 272.
143 Doderer, Strudlhofstiege 708 f.
144 8. 4. 1925, zit. n. Grill, »Fin de Cycle« 259.
145 Das Auto und seine Besitzer in Österreich (hg. von R. R. Schmal, Wien o. J.); Schmid/Lindenbaum/Staudacher, Bewegung und Beharrung 204 ff.
146 Für einen 4-PS-Wagen zahlte man 1930 in Niederösterreich jährlich 450 Schilling, in Wien 240, in Vorarlberg 140, für ein 11-PS-Gefährt 1 237 Schilling in Niederösterreich und 440 in Vorarlberg – horrende Summen, wenn gleichzeitig ein amerikanischer Wagen vor dem Zoll 2 900 Schilling kostete.
147 Rigele, Wiener Höhenstraße; Warmuth, Eisenbahn 163 f.
148 Seper, Automobilgeschichte; Schmid/Lindenbaum/Staudacher, Bewegung und Beharrung 198 ff.; Warmuth, Eisenbahn 136 f.; 160 ff.
149 Sandgruber, Handel auf der Donau 176.
150 Lenotti, Mehr als ein Landeplatz; Warmuth, Eisenbahn 148 ff.
151 Mussak, Österreichische Luftfahrt; Warmuth, Eisenbahn 165 ff.
152 Pilz, 100 Jahre Salzkammergut-Verkehrsverband; Schmidt, Entwicklung des Fremdenverkehrs 102; Loewenfeld-Russ, Im Kampf gegen den Hunger 174 f.
153 Am 30. Juli 1919 marschierten die Lenzinger Arbeiter nach Seewalchen, um gegen die etwa 500 dort anwesenden Sommergäste zu demonstrieren, drangen schließlich in die Küchen zweier Gasthäuser ein und nahmen das dort gerade für das Abendessen vorbereitete Beuschl, etliche Kilogramm Kartoffeln, Gulasch, Zucker, Mehl, Rosinen und Wein mit. Ein Teil der Arbeiter zog dann nach Kammer weiter, um den Beutezug im Seehotel und in einigen Villen fortzusetzen. Severin Heinisch, Lenzing, unveröffentlichtes Manuskript.
154 Prochaska, Badeort Ischl 337.
155 Schrott, Dada in Tirol 12, 163.
156 Schrott, Dada in Tirol 155, 180.
157 Fellner, Antisemitismus in Salzburg 99 ff.
158 Hanisch, Wirtschaftswachstum 104 ff.
159 Feichtinger, »Bad Ischl …«; Hanisch, Wirtschaftswachstum 107.
160 Bernecker, Entwicklung des Fremdenverkehrs 233 ff.; G. Müller, Der motorisierte Tourismus 98 ff.; ders., Früher Wintertourismus 76 ff.; Sandgruber, Fremdenverkehrsland Oberösterreich 136 ff.
161 Alfred Polgar, in: Schädigende Wirkung der Kunst (1931).
162 Otruba, Hitlers »Tausend-Mark-Sperre«; Nussbaumer, »Tausend-Mark-Sperre« 324 ff.
163 Otruba, Hitlers »Tausend-Mark-Sperre«; Sandgruber, Fremdenverkehrsland Oberösterreich 138; Hanisch, Wirtschaftswachstum 108 f.; Kammerhofer-Aggermann, Kulturmetropole Salzburg 117.
164 Nussbaumer, »Tausend-Mark-Sperre« 324 ff.; Otruba, Die große Wandlung 187 ff.
165 Kos, Über den Semmering 179 ff., 189.
166 Langewiesche, Zur Freizeit des Arbeiters 384.
167 Leichter, So leben wir … 113.
168 Julius Deutsch, Sport und Politik (1928) 23.
169 Jacques Hannak, Großmacht Sport. Der Kampf (1926) 276.
170 Langewiesche, Zur Freizeit des Arbeiters 381.
171 Die Unzufriedene 4 (1926) 18, 7, zit. n. Bernold, Kino 100 f.
172 John, »Wenn ich einen Deutschen sehe« 143 ff.
173 John, Sports in Austrian Society; Horak/Maderthaner, Vom Fußballspielen 99 ff.; Maderthaner, Der »papierene« Tänzer 203 ff.; Marschik, Arbeiterfußball 197 ff.; ders., »They lived like heroes«.
174 Die Moderne Frau (1928) Nr. 1, 5.
175 Hanisch, Der lange Schatten 175 f.; Polednik, Glück im Schnee.
176 Sandgruber, Strom der Zeit 76, 79 f.
177 Bernold, Kino 73; Sandgruber, Strom der Zeit 77.

178 Bernold, Kino 1; Lichtfuss, Operette im Ausverkauf 44; Sandgruber, Strom der Zeit 78 f.
179 Schmid, Kinogeschichte 713; Sandgruber, Strom der Zeit 81 f.
180 Grazer Volksblatt, 26. 10. 1924, 17, zit. n. Russ, Rundfunk in der Steiermark 41; Sandgruber, Strom der Zeit 85 f.
181 Braunbeck, Radiogeschichte 9 ff.; Sandgruber, Strom der Zeit 86 f.
182 Venus, Entstehung des Rundfunks 1198 f.; Sandgruber, Strom der Zeit 88 f.
183 Kino und Radio. Grazer Volksblatt, 11. 5. 1924, 13, zit. n. Russ, Rundfunk in der Steiermark 42; Sandgruber, Strom der Zeit 89.
184 Ernst Streeruwitz, Sitzung vom 22. März 1933, in: Protokolle des Klubvorstandes der Christlichsozialen Partei 195.
185 Aldcroft, Die zwanziger Jahre 337.
186 Butschek, Statistische Reihen.
187 Eisenbach-Stangl, Eine Gesellschaftsgeschichte des Alkohols 23 ff., 48 ff., 124 ff.; Wagner/Waitzbauer, 500 Jahre Salzburger Stiegl-Bier 100 f.
188 Jahoda/Lazarsfeld/Zeisel, Die Arbeitslosen von Marienthal; Russ, Zwischen Protest und Resignation 23 ff.; Wilding, »... für Arbeit und Brot«.
189 Stiefel, Arbeitslosigkeit; Bruckmüller, Sozialgeschichte 500 ff.
190 Mathis, Big Busines II, 105 ff.
191 Protokoll des zehnten österreichischen Gewerkschaftskongresses vom 18. bis 22. Juni 1928 446.
192 Stiefel, Arbeitslosigkeit 29; Butschek, Die österreichische Wirtschaft im 20. Jahrhundert 35 f.; Faßmann, Wandel der Bevölkerungs- und Sozialstruktur 20 ff.; Heindl, Bürokratie und Beamte 101; Weber-Felber, Gewerkschaften 332 ff.
193 Faßmann, Wandel der Bevölkerungs- und Sozialstruktur 11 ff.
194 Faßmann, Wandel der Bevölkerungs- und Sozialstruktur 12 f.; Ortmayr, Selbstmord 209–225.
195 Dujmovits, Amerikawanderung 104 ff.; Prutsch, Auswanderung von Österreichern; Viktor Stein, Der Auswanderungsplan der Arbeiterkammer. Arbeit und Wirtschaft, 1. 6. 1925, Sp. 577 ff.; Faßmann, Wandel der Bevölkerungs- und Sozialstruktur 15 ff.; Reiter/Rampl/Humer, Dreizehnlinden.
196 Bauer, Die österreichische Revolution 755 f.
197 Bobek/Lichtenberger, Wien 142; Bauböck, Zur sozialdemokratischen Wohnungspolitik; Hoffmann, »Nimm Hack' und Spaten ...« 41 ff., 88 ff.; Hösl, Hintergründe 61 ff.
198 Sieder, Zur alltäglichen Praxis 416.
199 Kepplinger, Wohnen in Linz; Rieser, Wohnhausbauten 139 ff.
200 Österreichischer Volkswirt, Aus der Woche, 19. Mai 1924, 967, zit. n. Weber, Vor dem großen Krach 145.
201 Ausch, Als die Banken fielen; Wagner/Tomanek, Bankiers und Beamte 212 ff.
202 Kernbauer, Währungspolitik 256; Otto Bauer im Nationalrat, 16. Okt. 1929.
203 Zit. bei Gulick, Österreich von Habsburg zu Hitler 3, 115.
204 Weber, Vor dem großen Krach 595 f.
205 Schubert, The Credit-Anstalt Crisis of 1931; Stiefel, Finanzdiplomatie 27 ff.
206 Kernbauer, Währungspolitik 360; Weber, Vor dem großen Krach 622 f.; Stiefel, Finanzdiplomatie 15.
207 Stiefel, Finanzdiplomatie 7, 230 ff.
208 Stiefel, Die große Krise 394; Weber, Vor dem großen Krach 587.
209 Stiefel, Finanzdiplomatie 78.
210 Stiefel, Die große Krise 190 ff.
211 Stiefel, Finanzdiplomatie 214 ff.
212 Ackerl, Phönix-Skandal 241 ff.; Mosser/Roloff, Wiener Allianz 135 ff.; März/Kernbauer, Krise des Bankensystems 33; Roloff, Entwicklung der Lebensversicherung 418 ff., 464 f.
213 Neue Freie Presse, 6. 11. 1932, zit. n. Weber, Vor dem großen Krach 659.
214 Kienböck, Währung und Wirtschaft 6; Stiefel, Die große Krise 212 f.
215 Kernbauer, Währungspolitik 395.
216 Zipser, Zentralbankgeldangebot.
217 Butschek, Präkeynesianismus in Österreich; Weber-Felber, Wege aus der Krise 223 ff., 230 ff.
218 Fritz Machlup, Zur Frage der Ankurbelung durch Kreditpolitik. Zeitschrift für Nationalökonomie (1932) 398; Stiefel, Die große Krise 214 f.
219 Richard Reisch, Das Kreditproblem in der Volkswirtschaft. Zeitschrift für Nationalökonomie (1931) 12 u. 22; Stiefel, Die große Krise 218.
220 Stiefel, Die große Krise 219.
221 März/Szecsi, Otto Bauer 70; Stiefel, Die große Krise 222 ff.
222 R. F. Kahn, The Making of Keynes General Theory (Cambridge, Mass. 1984) 91, zit. n. Butschek, Präkeynesianismus in Österreich.

223 Butschek, Präkeynesianismus in Österreich 179; Weber-Felber, Wege aus der Krise 225 ff. Positiv äußerten sich der Vizepräsident des Hauptverbandes der Industrie Österreichs Ernst Geiringer, Handelsminister Eduard Heinl, Eugen Margarétha, damals Generalsekretär des Wiener Industriellenverbandes, Richard Reisch, Bundesminister für Finanzen und früherer Präsident der Nationalbank, und Johann Resch, Bundesminister für soziale Verwaltung. Im »Österreichischen Volkswirt« wurde die Studie durch Walter Federn sehr abschätzig beurteilt. Auch Karl Polanyi kritisierte den »gefährlichen ... Luftbau«, ebenso Gottfried Haberler.
224 Baltzarek, Schwundgeldexperiment 379 ff.; Weber-Felber, Wege aus der Krise 227 f.; Schwarz, Experiment von Wörgl; Onken, Ein vergessenes Kapitel; Wolf, Katastrophenwirtschaft. Es gab späterhin noch weitere Versuche, solche Konzepte aufzugreifen. Mit Unterstützung des Wiener Vizebürgermeisters und Leiters der »Österreichischen Arbeiter-Aktion« Ernst Karl Winter wurde von einer Gruppe von »Wirtschaftsoppositionellen« aus dem Umfeld der nunmehr staatlich kontrollierten Arbeiterkammern bis 1936 ein »Arbeitsbeschaffungsprogramm« erarbeitet, das sehr stark an die im Wörgler Experiment vorexerzierte Vermehrung der Geldmenge durch Gemeinden oder Gemeindeverbände abzielte; Mattl, Finanzdiktatur 152 ff.
225 Bauer, Arbeit für 200 000 941–952.
226 Weber-Felber, Johann Schorsch 491 ff.; dies., Wege aus der Krise 247 ff.
227 Weber, Primat der Wirtschaftspolitik 24 f.; Weber-Felber, Wege aus der Krise 199 ff., 225 ff.; dies., Gewerkschaften 335 ff.
228 Philipp Reiger, Die Rezeption keynesianischer Ideen in Östereich – Erinnerungen eines Zeitzeugen, in: Austro-Keynesianismus in Theorie und Praxis 29.
229 Weber, Die keynesianische Wende 652.
230 Kernbauer, Währungspolitik 393.
231 Butschek, Präkeynesianismus in Österreich 171 ff.
232 Streissler, Arma virumque cano 63 f.
233 Kernbauer, Währungspolitik 388; Ludwig Mises, Liberalismus (Jena 1927) 43 ff.; ders., Ursachen der Wirtschaftskrise. Ein Vortrag (Tübingen 1931) 34.
234 Protokolle des Ministerrates, Kabinett Dollfuß, Bd. 1, 244; Stiefel, Die große Krise 109 ff.
235 Stiefel, Die große Krise 115.
236 Klingenstein, Anleihe von Lausanne 98 (Rost van Tonningen, Die Entwicklung der Finanzlage Österreichs seit der Einstellung der parlamentarischen Arbeiten, Wien, 19. 4. 1933).
237 Mattl, Krise und Balkanisierung 51 ff.
238 Haas, Zum Problemkomplex »Wirtschaftstreibende und Ständestaat«; Pelinka, Christliche Arbeiterbewegung 121 ff., 124 f., 130 f.; Bruckmüller, Sozialgeschichte 499 f.
239 Bruckmüller, Sozialgeschichte 483 ff., 512 f.; Mattl, Krise und sozialer Protest 1 ff.
240 Pacher, Agrarpolitik 362.
241 Pacher, Agrarpolitik 357.
242 Weber, Vor dem großen Krach 19.
243 Mattl, Finanzdiktatur 133 ff.; Stiefel, Die große Krise 118.
244 Stiefel, Utopie und Realität 416 ff.
245 Streissler, Investitionsförderung 88 ff.
246 Trost, Zur allgemeinen Erleichterung 174.
247 Matis/Stiefel, Mit der vereinigten Kraft 1, 371; »Die Reichsbrücke«, hg. vom Vaterländischen Front-Werk »Neues Leben« (Wien 1937).
248 Trabrennplatzrede, 11. 9. 1933, in: Dollfuß an Oesterreich 32.
249 Ernst Streeruwitz, Rationalisierung und Weltwirtschaft. Grundzüge der Rationalisierung vom Standpunkt künftiger Weltgemeinschaft (Wien 1931) 45.
250 Die Wirtschaftspolitik 2 (1935) H. 6 (15. März) 4; dazu: »Wiener Arbeitsschlacht«. Österreichischer Volkswirt 27 (1935) Nr. 29 (20. April) 557.
251 Das neue Wien und seine Bürgerschaft. Eine Darstellung des ständischen Aufbaues in der Stadt Wien (Wien 1935) 167.
252 Dr. Theodor Innitzer, Wir müssen bauen. Mitteilungen des Blauen Adlers 13 (13. 12. 1937) 3; Valazza, »Wir bauen auf«.
253 Bau- und Bodenkorrespondenz (1937) Nr. 26 (29. Juli) 2.
254 Pawlowsky, Werksoldaten 226 ff.
255 Matis/Stiefel, Mit der vereinigten Kraft 359 ff.
256 Fritz Kircher, Ein Heldenlied der Arbeit im ewigen Eis. Arbeiterwoche (1935) Nr. 14 (10. August) 9; Rigele, Großglockner-Hochalpenstraße.
257 Steininger, Anschluß 22 f.; Krüger, Wirtschaftliche Mitteleuropapläne 281–303.
258 Wittendorfer, Industrie, Banken, Politiker 144 ff.

259 Wittendorfer, Industrie, Banken, Politiker 39.
260 Nautz, Die österreichische Wirtschaft und die Anschlußfrage 395.
261 Hwaletz, Bergmann 15 ff.; Karner, »... Des Reiches Südmark« 458 ff., 461 ff.
262 Mathis, Deutsches Kapital 435 ff.
263 Karner, »... Des Reiches Südmark« 461; ders., Grazer Wirtschaft 206 f.
264 Schreiber, Nazizeit in Tirol; Fischer, Handelskammern.
265 Botz, Übergang der Mittelstände 377, 381.
266 Botz, Angestellte 237; Hanisch, Der lange Schatten 113 f.
267 Heindl, Bürokratie und Beamte 102.
268 Basch, The Danube Basin; Stuhlpfarrer, Der deutsche Plan 272 ff.; ders., Zum Problem.
269 Hudeczek, Die österreichische Volkswirtschaft, bietet wahrscheinlich immer noch die beste Zusammenstellung der wichtigsten Entwicklungen der österreichischen Wirtschaft zwischen den Kriegen und des Zustandes im Jahr 1937.

Sieben lange Jahre

Seite 403–438

1 Sandgruber, Strom der Zeit 54, 121, 217; Schmid/Lindenbaum/Staudacher, Bewegung und Beharrung 38 f.
2 Hanisch, Der lange Schatten 337 ff.; Butschek, Die österreichische Wirtschaft 1938–1945; ders., Der österreichische Arbeitsmarkt 109–118; Hanisch, Nationalsozialistische Herrschaft; Karner, Steiermark im Dritten Reich; ders., Kärntens Wirtschaft 1938–1945; NS-Herrschaft in Österreich; Luža, Österreich und die großdeutsche Idee; J. Moser, Oberösterreichs Wirtschaft; Pichler/Walser, Wacht am Rhein; Ránki, Economics of the Second World War; Schausberger, Griff nach Österreich; ders., Rüstung; Schreiber, Nazizeit in Tirol; Walser, Bombengeschäfte.
3 Butschek, Die österreichische Wirtschaft 1938–1945 31 ff., 45.
4 Petzina, Die deutsche Wehrwirtschaftsplanung 460 ff.
5 Petzina, Die deutsche Wehrwirtschaftsplanung 476.
6 Kernbauer, Währungspolitik 418 f.; Butschek, Die österreichische Wirtschaft 1938–1945 46.
7 S. L. Gabriel, Österreich in der großdeutschen Wirtschaft. Jahrbücher für Nationalökonomie und Statistik 148 (1938) 648 ff.; Kernbauer, Währungspolitik 411 ff.; Schausberger, Griff nach Österreich.
8 Der Schillingkurs an der Berliner Börse betrug 0,49 RM, die Münzparität 0,59 RM, die Kaufkraftparität 0,7 RM, die Parität der Lebenshaltungskosten 0,926 RM, die der Großhandelspreise 0,87 RM. Die gewählte Relation 1:1,5 kam mit 0,66 RM der Kaufkraftparität am nächsten. Allerdings handelte es sich um keine freien Märkte.
9 Butschek, Die österreichische Wirtschaft 1938–1945 83 f.; Treue, Unternehmergeschichtliche Anmerkungen 241 ff.
10 Merz/Qualtinger, Der Herr Karl 301.
11 Köstlin, Der Eintopf der Deutschen 220 ff.
12 Butschek, Die österreichische Wirtschaft 1938–1945 46 ff.; Tálos/Weber, Der wirtschaftliche »Anschluß« 311 f., 315, 325 f. Auch 1937 hatte der österreichische Staat Bestellungen von rund 300 Millionen Schilling plaziert (lt. Angaben von Finanzminister Neumayer, Neue Freie Presse, 22. Okt. 1937).
13 Butschek, Die österreichische Wirtschaft 1938–1945 60 ff., 71.
14 Butschek, Die österreichische Wirtschaft 1938–1945 57 ff.
15 J. Moser, Beschäftigungspolitik 95 ff., bes. 117 ff.; ders., Oberösterreichs Wirtschaft 53 ff.
16 J. Moser, Oberösterreichs Wirtschaft 58 ff., 163 ff.; Butschek, Die österreichische Wirtschaft 1938–1945 79.
17 Matis/Stiefel, Mit der vereinigten Kraft 1, 398.
18 Schmid/Lindenbaum/Staudacher, Bewegung und Beharrung 38 ff., 40; Joachimsthaler, Gigantomanie 703 ff.
19 Sandgruber, Strom der Zeit 217 f.; Koller, Elektrizitätswirtschaft; Hutter, Kaprun 76 ff., 105 ff.
20 Die Erdölvorkommen im Wiener Becken waren schon lange vor dem Ersten Weltkrieg vermutet worden. Obwohl man 1930 mit äußerst geringen Erschließungskosten in Zistersdorf erstmals Erdöl fördern konnte, führte dies doch zu keinen größeren Folgeinvestitionen. Für größere Explorationen fehlten die treibende Kraft und das nötige Kapital. Nach vielen Mühen konnte zusammen mit schweizerischem Kapital die »Erdölproduktionsgesellschaft« (EPG) gegründet werden, die ab 1934 wirtschaftlich verwertbare Erfolge erbrachte. Nun traten auch die großen Ölgesellschaften wieder auf den Plan. Shell und Vacuum Oil gründeten gemeinsam die »Rohölgewinnungs A.G.« (RAG), die sich die Schürfrechte für den

größten Teil des Wiener Beckens sicherte, aber nicht viel unternahm, so daß die niederösterreichischen Erdölvorkommen vor 1938 faktisch ungenutzt blieben. Die Förderung stieg von etwa 1 000 t im Jahr 1938 auf 1,2 Millionen t im Jahr 1944. Sandgruber, Strom der Zeit 218 f.; Butschek, Die österreichische Wirtschaft 1938–1945, 104.

21 Sandgruber, Strom der Zeit 218.
22 Meyer, Syndikat 200 f.; Fiereder, Reichswerke »Hermann Göring«; Lackner/Stadler, Fabriken in der Stadt 216 ff.
23 Berthold, 500 Jahre 58 f., 65 ff.; Krautzer, Das Problem der Verstaatlichung 339 ff.
24 Lackner/Stadler, Fabriken in der Stadt 416 ff.
25 J. Moser, Oberösterreichs Wirtschaft 233 ff.; König, Aluminiumindustrie 60 ff.
26 Karner, Österreichs Rüstungsindustrie 193. Zu erwähnen ist dabei, daß etwa ein Betrieb wie die Stickstoffwerke Ostmark nicht als Rüstungsbetrieb eingestuft war, obwohl hier ab Ende 1943 circa 10 Prozent des Reichsbedarfes an hochkonzentrierter Salpetersäure zur Munitionserzeugung hergestellt wurden und der Bau dieser Anlage – im Gegensatz zur Hütte Linz – die höchsten Dringlichkeitsstufen aufwies.
27 Perz, Rüstungsindustrie 47 ff.
28 Wagner/Tomanek, Bankiers und Beamte 267 ff.
29 Walser, Bombengeschäfte 191 f.
30 Butschek, Die österreichische Wirtschaft 1938–1945 78 ff., 89 f.
31 Stiefel, Sozioökonomische Folgen der Ostmark 56.
32 J. Moser, Oberösterreichs Wirtschaft 262 ff.
33 Butschek, Die österreichische Wirtschaft 1938–1945 92 f.
34 Butschek, Die österreichische Wirtschaft 1938–1945 63 ff., 94 f.; Ammerer/Lemberger/Oberrauch, Vom Feudalverband 209 ff., 232 ff.
35 Mooslechner/Stadler, Landwirtschaft und Agrarpolitik 69 ff.; Exel, Reichsnährstand; Fleißner, Landwirtschaft und Agrarpolitik; Rosinger, Österreichs Bauern; Ammerer/Lemberger/Oberrauch, Vom Feudalverband 229 ff.
36 Sommerführer durch die Sommerfrischen, Heilbäder und Kurorte in Steiermark. Deutsches Reich (1938).
37 Butschek, Die österreichische Wirtschaft 1938–1945 53.
38 Mulley, Träumen von der Ferne 63–77.
39 Kerschbaumer, Tourismus 120 ff.; Kos, Über den Semmering 189.
40 Matis/Weber, Economic Anschluß 109 ff.; Ransmayr, Zentraleuropäische Länderbank 134 ff.
41 Matis/Weber, Economic Anschluß 109 ff.; Perz, Rüstungsindustrie 47 ff.; Romanik, Österreichs wirtschaftliche Ausbeutung; Treue, Unternehmergeschichtliche Anmerkungen 241 ff.; Zrzavy, Wie entstand das deutsche Eigentum.
42 Koller, Elektrizitätswirtschaft.
43 Matis/Stiefel, Mit der vereinigten Kraft 1, 404 ff.; Treue, Unternehmergeschichtliche Anmerkungen 243.
44 J. Moser, Österreichs Juden 185 ff.; Walser, Bombengeschäfte 32 ff.; John, Über ein Linzer Warenhaus 47–54; Botz, »Arisierung« 122 ff.; Witek, »Arisierungen« in Wien 199 ff.; anderen Quellen zufolge wurde das jüdische Vermögen in Österreich auf mehr als 10 Milliarden RM geschätzt, Treue, Unternehmergeschichtliche Anmerkungen 241.
45 John, Die jüdische Bevölkerung in Linz 111 ff.; ders., Modell Oberdonau? 208 ff.
46 Wantoch, Spinrad 124 ff.; basierend auf: Margules, Aufstieg und Fall eines jüdischen Unternehmers.
47 Botz, »Arisierung« 122 ff.; Bankier, »... Auch nicht von der Frau Hinterhuber« 17 ff.
48 Kastner, Mein Leben kein Traum 108.
49 Sauer, Österreichs Kirchen 525 f.
50 Weber/Haas, Deutsches Kapital 216; Mathis, Deutsches Kapital 435 f.
51 Hanisch, Der lange Schatten 363 f.
52 Thür, »Österreichische Versicherungs-AG« 703 ff.; Rohrbach, Von der ÖVAG zur Austria-ÖVAG 743 ff.; Trost, Zur allgemeinen Erleichterung 173 ff.; John, »Wenn ich einen Deutschen sehe« 143 ff.
53 Niederschrift einer Sitzung der Gauwirtschaftsberater mit Rafelsberger in Wien, 19. 9. 1938, zit. n. Schreiber, Nazizeit in Tirol 25.
54 Hanisch, Nationalsozialistische Herrschaft 9 ff.; Österreichs Fall 161 f.
55 Sultano, Wie geistiges Kokain 119 ff.
56 Eine Tagebucheintragung Goebbels' aus dem Jahr 1942 artikulierte das Ziel, auch die kulturelle Hegemonie Wiens zu brechen. »... Er (Hitler) will nicht, daß das Reich zwei Hauptstädte besitzt, die miteinander konkurrieren. Wien soll vor allem auch keine hegemoniale Stellung den österrei-

chischen Gauen gegenüber einnehmen ... Der Führer billigt meine Wien gegenüber betriebene Kulturpolitik und freut sich sehr, daß ich ihm dabei behilflich bin, das Schwergewicht unserer kulturellen Betreuung von Wien nach Graz und vor allem nach Linz zu verlagern«, zit. n. Amann, Brückenbauer 60 ff., 72.

57 J. Moser, Oberösterreichs Wirtschaft 106 f.; Bukey, »Patenstadt des Führers«.

58 Hanisch, Der lange Schatten 348 ff.; J. Moser, Beschäftigungspolitik 107 f.

59 Seliger, Wien und Niederösterreich 406; Nemec, Gauleiter Dr. Hugo Jury 469 ff.

60 Die beiden vorwiegend deutschsprachigen Kreise Böhmisch-Krum(m)au und Kaplitz waren im 18. und 19. Jahrhundert sicherlich wirtschaftlich stark zum Donauraum hin orientiert gewesen. 1918 sollten die fast ausschließlich deutsch bewohnten Teile der Gerichtsbezirke Kaplitz, Krumau, Prachatitz, Bergreichenstein und Neuern nach den Vorstellungen der deutschsprachigen Abgeordneten der böhmischen Länder und des Österreichischen Staatsrates als Kreis »Deutsch-Südböhmen« zu Oberösterreich kommen. Die bessere wirtschaftliche Situation in der neugegründeten Tschechoslowakei dämpfte die Option für Österreich. Der Friedensvertrag von St-Germain schlug das Gebiet ohne Volksabstimmung der Tschechoslowakei zu. Wie in Österreich wurde nach 1918 auch in der Tschechoslowakei die West-Ost-Verbindung zur wirtschaftlichen Hauptachse. Die Nord-Süd-Verbindungen verloren an Bedeutung, Südböhmen wie die österreichischen Gebiete nördlich der Donau gerieten in eine Randlage. Allerdings war die wirtschaftliche Situation in den Bezirken Kaplitz und Krumau in den dreißiger Jahren um Grade günstiger als im übrigen Sudetengebiet oder auch im angrenzenden Mühlviertel.

61 John, Südböhmen 447 ff.

62 Wirtschaftsbericht über den Gau Oberdonau 1938–1943 (hg. von Gauwirtschaftsberater Oskar Hinterleitner, 1943), zit. n. John, Südböhmen 455 f.

63 John, Südböhmen 465 f.

64 Okey, Central Europe/Eastern Europe 102–133.

65 Hoensch, Nationalsozialistische Europapläne 307–325; Kural, Von Masaryks »Neuem Europa« 351–357.

66 Hanisch, Der lange Schatten 348 ff.

67 Tálos/Weber, Der wirtschaftliche »Anschluß« 321 ff.; Kerschbaumer, Faszination Drittes Reich; Mulley, Modernität oder Traditionalität? 25 ff.; Sandgruber, Strom der Zeit 122 f.; Hofmeister, Ein Jahrhundert Sozialversicherung 655 ff.; Tálos, Sozialpolitik 1938–1945, 115 ff.

68 Botz, Wohnungspolitik und Judendeportation 19.

69 Botz, Wohnungspolitik und Judendeportation 57–61; Statistisches Jahrbuch der Stadt Linz 1957 (Linz 1958) 24; Schreiber, Nazizeit in Tirol 47.

70 Kepplinger, Nationalsozialistische Wohnbaupolitik 265 ff.

71 Falkner, Bäuerinnen- und Landarbeiterinnenalltag 74.

72 Sandgruber, Strom der Zeit 90 f.; Venus, Bis zum Ende gespielt 108–157.

73 Sandgruber, Strom der Zeit 81 f.

74 Ortmayr, Sozialhistorische Skizzen 339.

75 Berger, »Hut ab vor Frau Sedlmayer!« 141 ff.; Faszination des Nationalsozialismus für österreichische Frauen.

76 J. Moser, Oberösterreichs Wirtschaft 126 ff.

77 J. Moser, Oberösterreichs Wirtschaft 133 ff.

78 J. Moser, Oberösterreichs Wirtschaft 14, 200 ff.

79 Zit. n. Stiefel, Die große Krise 341 f.

80 J. Moser, Oberösterreichs Wirtschaft 201 ff.

81 J. Moser, Oberösterreichs Wirtschaft 312.

82 J. Moser, Oberösterreichs Wirtschaft 201 f.

83 J. Moser, Oberösterreichs Wirtschaft 332 ff.

84 Freund, Arbeitslager Zement 11 ff.

85 Freund/Perz, Industrialisierung durch Zwangsarbeit 100 f.

86 Freund/Perz, Industrialisierung durch Zwangsarbeit 106.

87 Freund, »Ihr zahlreiches Auftreten« 91 ff., 110 ff.

88 J. Moser, Oberösterreichs Wirtschaft 313.

89 Hans F. Zeck, Erfahrungen mit dem Einsatz südosteuropäischer Arbeiter. Unter besonderer Berücksichtigung der Verhältnisse im Landesarbeitsamtsbezirk Wien-Niederdonau. Schriften der Südosteuropa-Gesellschaft (Wien 1943); J. Moser, Oberösterreichs Wirtschaft 314.

90 Fiereder, Nebenlager 95–113; J. Moser, Oberösterreichs Wirtschaft 313, 317 f.; Freund, »Ihr zahlreiches Auftreten« 115 ff.; Freund, Zwangsarbeit 217 f.

Tabelle 62: Zahl und Nationalität der zivilen Ausländer und Ausländerinnen (Fremd- und Zwangsarbeiter) in der »Ostmark«, 1941–1944

	1941	1942	1943	1944
Polen	40 928	62 568	97 382	106 023
Italiener	15 298	32 802	17 800	49 078
Jugoslawen	20 594	35 345	35 131	33 916
Franzosen	589	2 592	62 303	57 628
Ungarn	8 258	12 335	12 018	10 759
Sowjets	538	45 803	153 310	178 596
Tschechen	n. a.	37 677	66 553	61 738
Slowaken	22 180	23 799	n. a.	13 213
Dänen	575	444	n. a.	415
Niederländer	895	2 096	3 411	3 651
Belgier	926	2 467	4 237	17 949
Griechen	n. a.	n. a.	n. a.	10 481
Rumänen	n. a.	n. a.	n. a.	2 978
Bulgaren	3 414	n. a.	n. a.	6 221
Schweizer	684	n. a.	n. a.	861
Sonstige	13 851	44 536	75 445	27 133
Insgesamt	128 730	302 464	527 590	580 640

Quelle: Freund, Zwangsarbeit 217 f.

91 Hanisch, Westösterreich 452 f.; ders., Der lange Schatten 375.
92 Perz, Projekt Quarz 84; Marsálek, Konzentrationslager Mauthausen 85.
93 Freund/Perz, Industrialisierung durch Zwangsarbeit 95 ff.; Marsálek, Konzentrationslager Mauthausen; ders., Konzentrationslager Gusen; Freund/Perz, Das KZ in der Serbenhalle; Perz, Projekt Quarz; ders., Steyr-Münichholz.
94 Freund, Arbeitslager Zement 145 ff.
95 Szabolcs, Ungarische Zwangsarbeiter 31 ff.
96 Horwitz, In the Shadow of Death 144 ff.
97 Meixner, Linz 1945–1960, 35.
98 Sandgruber, Lebensstandard in der ersten Nachkriegszeit 199 f., 213 f.
99 Gutkas, Geschichte des Landes Niederösterreich 523 ff., 529 ff.; Butschek, Die österreichische Wirtschaft 1938–1945 94 ff.
100 Das Reich, 28. 6. 1942.
101 Berger/Holler, Trümmerfrauen 45.
102 Severin Heinisch, Lenzing, unveröffentlichtes Manuskript.
103 NÖLA, Landratsberichte, Oberpullendorf, Juli 1943, Bruck, Juni 1943; Sandgruber, Aspekte des Nachkriegsalltags 201 f.; ders., Lebensstandard in der ersten Nachkriegszeit 213.
104 Koref, Gezeiten 244, 266, 268.
105 Neues Wiener Tagblatt, 21. 9. 1944, zit. n. Matis/Stiefel, Mit der vereinigten Kraft 1, 386.

Die Wohlstandsgesellschaft

Seite 439–528

1 Schöner, Wiener Tagebuch 18, 164, 197; Hanisch, Der lange Schatten 395 ff.
2 Hanisch, Versuch einer Periodisierung 17 ff.; Botz/Müller, »1945« 179 ff.
3 »Als dann im Jahr 1945 unsere Welt zusammenstürzte, haben mich deren Trümmer fast begraben ...«, Ludwig Heßhaimer, ... daß eine goldene Spur ... Mein Lebensweg vom Soldaten zum Künstler 1872–1953 (Rio de Janeiro 1951) 370 f., zit. n. Burkert, »Eine Welt ist untergegangen« 214.
4 Kos, Eigenheim Österreich 59 ff., 103, 107.
5 Weber, Spuren der NS-Zeit 135 ff.
6 Schöner, Wiener Tagebuch 196.
7 Totenverluste des Zweiten Weltkriegs. Statistische Nachrichten 10 (1955) 146 ff.
8 Stuhlpfarrer, Verfolgungspolitik 144 ff.; Thurner, Nationalsozialismus und Zigeuner; ders., »Ortsfremde, asoziale Gemeinschaftsschädlinge« 531 ff.

9 Kropf, Geschichte der Euthanasie 17 ff.; Neugebauer, Zur Psychiatrie 197–285.
10 Karner, Österreichische Kriegsgefangene 19–34.
11 Embacher/John, Remigranten 5 ff.; G. Wagner, Emigranten 83 ff.; Rathkolb, Wiedergutmachung 17 f.
12 Bailer, Wiedergutmachung 275 ff.; Rathkolb, Wiedergutmachung 17 f.
13 Stanek, Verfolgt 17 f.; Albrich, Asylland wider Willen 217–244; ders., Exodus durch Österreich; John, Displaced Persons in Linz 213–229; Slapnicka, Die Vereinten Nationen 231–247; ders., Erste Raststätte 202; Stanek, Flüchtlinge 203–212.
14 Stanek, Verfolgt; Scheuringer, Schicksal der Volksdeutschen 155–172; Wurm, Flüchtlingsproblematik.
15 Butschek, Die österreichische Wirtschaft im 20. Jahrhundert 65–73; Weber, Österreichs Wirtschaft 267–277; Rauchensteiner, Sonderfall 77; Butschek, Die wirtschaftlichen Konsequenzen des Kriegsendes 165 f., 168 ff.; Nemschak, Zehn Jahre österreichische Wirtschaft 7 f.
16 Butschek, Die österreichische Wirtschaft im 20. Jahrhundert 65–73; Weber, Österreichs Wirtschaft 267–277; Hochmuth, Kommt Zeit, kommt Rad 113.
17 Zeuge der Stunde Null 63.
18 Butschek, Die österreichische Wirtschaft im 20. Jahrhundert 65 ff., 107; Weber, Österreichs Wirtschaft 272; Schausberger, Rüstung 185; Monatsberichte WIFO 1–3 (1947); die Demontagen werden auf 1 Milliarde Schilling geschätzt, Bischof, Between Responsibility 250.
19 Butschek, Die österreichische Wirtschaft im 20. Jahrhundert 69 f.
20 Butschek, Die österreichische Wirtschaft im 20. Jahrhundert 80 f.
21 Rathkolb, Entnazifizierung 14–16; Stiefel, Entnazifizierung 93, 271.
22 Hutter, Kaprun 120 ff., 152 ff.
23 Mulley, Zur Entnazifizierung 100 ff.; Hanisch, Der lange Schatten 424 f.
24 Bailer, Wiedergutmachung 268.
25 Sandgruber, Aspekte des Nachkriegsalltags 191–208, 191 ff.
26 Sandgruber, Aspekte des Nachkriegsalltags 193 ff.; Gesellschaft und Politik am Beginn der Zweiten Republik 210; Understanding Austria 52–55; Hanisch, Der lange Schatten 414 f.
27 Prinzip Hoffnung 384 ff.; Bönsch, Kleidung nach dem Krieg 102 ff.
28 Trude Marzik, Einleitung, in: Berger/Holler, Trümmerfrauen; Bandhauer-Schöffmann, Trümmerfrauen 24 ff.; Bandhauer-Schöffmann/Hornung, Von der Trümmerfrau auf der Erbse 77 ff.
29 Hornung, Die Kunst zu überleben 56; Berichte und Informationen 1, 32 H. (6. 12. 1946) 1.
30 Tiroler Tageszeitung, 11. Sept. 1947, zit. n. Nussbaumer, Sozial- und Wirtschaftsgeschichte Tirols 65; Sandgruber, Lebensstandard in der ersten Nachkriegszeit 213.
31 Nussbaumer, Sozial- und Wirtschaftsgeschichte Tirols 72.
32 Sandgruber, Aspekte des Nachkriegsalltags 193 ff.; ders., Lebensstandard in der ersten Nachkriegszeit 199 ff.; Hornung, Die Kunst zu überleben 55–57; Bandhauer-Schöffmann/Hornung, Von der Trümmerfrau auf der Erbse 77–105; Langer-Ostrawsky, Frauen in Niederösterreich 29–33; Bezemek, »Der lange Weg zur Freiheit« 38 ff.
33 Schärf, April 1945 in Wien 38 f.
34 Berger/Holler, Trümmerfrauen 27.
35 Zit. n. Bachinger/Matis, Der österreichische Schilling 170.
36 Die Österreicherin 2 (1947) Heft 8/9, 39.
37 Burkert, Landwirtschaft 1938–1947 192.
38 Sandgruber, Aspekte des Nachkriegsalltags 197 ff.; ders., Lebensstandard in der Ersten Nachkriegszeit 199 ff., dort statistische Daten; Monatsberichte WIFO (1945 ff.); Eisterer, Hunger- und Ernährungsprobleme in Tirol 189 ff.; Längle, Ernährungslage in Vorarlberg 99 ff.
39 Irene Bandhauer-Schöffmann, Schlechte Karten für Frauen. Die Frauendiskriminierung im Lebensmittelkartensystem im Nachkriegs-Wien, freundlich zur Verfügung gestelltes Manuskript; Hornyik, Judikatur 272.
40 Mähr, Marshall-Plan 26 ff.
41 Einwitschläger, Amerikanische Wirtschaftspolitik 54 ff., 98 ff.
42 Bischof, Marshallplan 463 ff.; Weber, Österreichs Wirtschaft 284, 295; Butschek, Die österreichische Wirtschaft im 20. Jahrhundert 94; ders., Der österreichische Arbeitsmarkt 126 ff.; Nemschak, Zehn Jahre österreichische Wirtschaft 22 ff.
43 Wala, Die innenpolitische Durchsetzung 112 ff.; Mähr, Marshall-Plan 81 ff., 151 ff.
44 Butschek, Die österreichische Wirtschaft im 20. Jahrhundert 90 f.; Bischof, Foreign Aid. Während Österreich pro Kopf 132 $ erhielt, gab es für die deutsche Bizone nur 19 $. Der Anteil am BIP von 1948/49 betrug in Westdeutschland 2,9 Prozent, in Österreich 14 Prozent. Vgl. Milward, Reconstruction 96 ff.
45 Butschek, Die österreichische Wirtschaft im 20. Jahrhundert 91 ff.; Langer, Verstaatlichung 275.
46 Bischof, Marshallplan 467; Einwitschläger, Amerikanische Wirtschaftspolitik 110 ff.; USIA-Betriebe in Niederösterreich 73.

47 Bischof, Marshallplan 467; USIA-Betriebe in Niederösterreich 68 ff., 73 ff.; Stearman, Sowjetunion und Österreich 120 ff.
48 Ardelt/Haas, Westintegration Österreichs 379 ff.; Breuss, Österreichs Außenwirtschaft 365 ff.
49 Gruber, Kosten der Besatzung; Butschek, Die österreichische Wirtschaft im 20. Jahrhundert 128.
50 Monatsberichte WIFO (1946) 10, (1947) 7, 142.
51 Butschek, Der österreichische Arbeitsmarkt 123.
52 Mähr, Der Marshall-Plan 96.
53 Österreichisches Institut f. Wirtschaftsforschung, Die Produktivität der österreichischen Industrie (6. Sonderheft, Wien 1949).
54 Monatsberichte WIFO (1946) 1–6, 84.
55 Monatsberichte WIFO (1947) 7, 142.
56 So hieß es etwa über die Gründung der Fa. Iweg-Maschinenfabrik GmbH in Ried: »Der Grundstock der Firma bestand nur aus einigen verlagerten Maschinen eines Wiener Betriebes, die unmontiert in einem gänzlich ungenügenden Raum standen und für die weder Arbeit noch Konstruktionszeichnungen vorhanden waren.« Die Industrie, Nr. 48 (1948) 49; vgl. auch Monatsberichte WIFO (1947) 7, 142 ff.
57 Einwitschläger, Amerikanische Wirtschaftspolitik 42 ff.; Steiner, USIA-Betriebe 206 ff.
58 Klambauer, USIA-Betriebe; USIA-Betriebe in Niederösterreich 4 ff., 18 ff., 45 ff.; Bezemek, »Der lange Weg zur Freiheit« 52 ff.; Stearman, Sowjetunion und Österreich 55 ff.
59 Bischof, Between Responsibility 320; Steiner, USIA-Betriebe 206 ff.; USIA-Betriebe in Niederösterreich 320 ff.
60 Trost, Zur allgemeinen Erleichterung 178 ff.; Hutter, Kaprun 172; Sandgruber, Bittersüße Genüsse 156 ff.
61 Einwitschläger, Amerikanische Wirtschaftspolitik 45 ff.; Mähr, Der Marshall-Plan 100. Dabei war vor allem an die allmähliche Einstellung aller Zulieferungen von Rohstoffen, Energie, Industrieprodukten und Investitionsgütern aus dem Westen gedacht.
62 Einwitschläger, Amerikanische Wirtschaftspolitik 61 ff.; Mähr, Der Marshall-Plan 100.
63 Koren, Industrialisierung 336 ff.; Rothschild, Wurzeln und Triebkräfte 105 ff., 111.
64 Mathis, Big Business II, 140 ff., 147 f., 170 ff.; Rothschild, Wurzeln und Triebkräfte 111 f.
65 Butschek, Die österreichische Wirtschaft im 20. Jahrhundert 73 ff.; Brusatti, Die historischen Grundlagen 225 ff.
66 Weber, Die keynesianische Wende 658.
67 Stöger, Verstaatlichungsdiskussion; Weber, 1946–1986; Deutsch, Chronologie eines Kampfes 21; Hemetsberger-Koller, Staat als Unternehmer 130 ff.; März/Weber, Verstaatlichung und Sozialisierung 123 ff.
68 Csáky, Weg zur Freiheit 35; Hanisch, Der lange Schatten 403.
69 Koren, Sozialisierungsideologie 331 f.; Langer, Verstaatlichung in Österreich 39 f.; Hemetsberger-Koller, Staat als Unternehmer 129; Österreichische Parteiprogramme 378.
70 Langer, Verstaatlichung in Österreich 34 ff.
71 Deutsch, Chronologie 22; Hemetsberger-Koller, Julius Raab und die Verstaatlichung 279, 281 f.; dies., Staat als Unternehmer 116 ff., 121 ff., 123, 129 f.
72 Hollerer, Verstaatlichung; Langer, Verstaatlichung in Österreich 45 ff.; Krautzer, Problem der Verstaatlichung 342 ff.; Berthold, 500 Jahre 83 ff.
73 Langer, Verstaatlichung in Österreich 113 ff., 254 ff.; Weber, 1946–1986.
74 J. Moser, Oberösterreichs Wirtschaft 347, 351 f., 364; Rothschild, Austrian Economy since 1945.
75 J. Moser, Oberösterreichs Wirtschaft 340.
76 Einwitschläger, Amerikanische Wirtschaftspolitik 54 ff.
77 J. Moser, Oberösterreichs Wirtschaft 346 f.; König, Aluminiumindustrie 105 ff.
78 Sandgruber, Energiebericht in historischer Perspektive 23 ff.
79 Nussbaumer, Sozial- und Wirtschaftsgeschichte Tirols 120.
80 Lanzerits, Geschichte der verstaatlichten chemischen Industrie 38 ff.
81 Butschek, Die österreichische Wirtschaft im 20. Jahrhundert 75 ff.
82 Nemschak, Zehn Jahre österreichische Wirtschaft 66; Butschek, Die österreichische Wirtschaft im 20. Jahrhundert 75 f.
83 Nemschak, Zehn Jahre österreichische Wirtschaft 70 ff.; Butschek, Die österreichische Wirtschaft im 20. Jahrhundert 81 f., 102.
84 Butschek, Österreichische Geldgeschichte 161 ff.; Wagner/Tomanek, Bankiers und Beamte 281 ff.; Androsch, Die politische Ökonomie 51 ff.
85 Butschek, Die österreichische Wirtschaft im 20. Jahrhundert 99 ff.; ders., Preis-Lohnabkommen; Chaloupek, Österreichische Erfahrungen 5 ff.; Gruber/Hörzinger, ... bis der Preistreiberpakt fällt; Ludwig/Mulley/Streibel, Oktoberstreik.

86 Butschek, Österreichische Geldgeschichte 161 ff.; Tweraser, Marshallplan 211 ff., 227 ff.
87 Kepplinger, Johann Böhm 83 f.
88 Sandgruber, Energiebericht in historischer Perspektive 23 ff.; Butschek, Die österreichische Wirtschaft im 20. Jahrhundert 74 f.; Hollerer, Verstaatlichung 168 ff.
89 Franz, Zur Geschichte der Energieplanung 235 ff.
90 Reinhard Kamitz, Arbeitslosigkeit und Steuerpolitik. Österreichische Monatshefte 10 (1954) Nr. 4, 3; deutliche Kritik kam von einem Bericht des damaligen Wirtschaftsattachés an der amerikanischen Botschaft, Harry W. Johnstone: Harry W. Johnstone, Einschränkung des freien Wettbewerbes in der österreichischen Wirtschaft, Johnstone-Bericht (Wien 1952).
91 Winkel, Ausformung der sozialen Marktwirtschaft 29 ff.
92 Erich Streissler, Kritische Bemerkungen, in: Austro-Keynesianismus 114.
93 Diwok/Koller, Reinhard Kamitz 61 ff.
94 Hemetsberger-Koller, Reinhard Kamitz 257–264.
95 Hugo Portisch/Sepp Riff, Österreich II. Der lange Weg zur Freiheit (Wien 1986) 45.
96 Butschek, Die österreichische Wirtschaft im 20. Jahrhundert 111 ff.; Diwok/Koller, Reinhard Kamitz 103 ff., 124 ff.
97 »Aprilscherz Autobahn«: Diwok/Koller, Reinhard Kamitz 65.
98 Hemetsberger-Koller, Wirtschaftspolitik Julius Raabs 246 ff.; Diwok/Koller, Reinhard Kamitz 120 ff.; Streissler, Investitionsförderung 77 ff.; Streissler/Neudeck, Wachstums- und Umweltpolitik 189 f.
99 Butschek, Die österreichische Wirtschaft im 20. Jahrhundert 123 ff.; Diwok/Koller, Reinhard Kamitz 113 ff.
100 Raab verwendete dabei einen Ausspruch Schumpeters, daß sich ein Mops eher eine Wurstsammlung anlege als eine Regierung Budgetüberschüsse; Hemetsberger-Koller, Wirtschaftspolitik Julius Raabs 255; Reinhard Kamitz, Wirtschaftspolitik und Kollektivismus. Schweizer Monatshefte 34 (1954) H. 3, 134; Diwok/Koller, Reinhard Kamitz 137 ff.
101 Heinz Kienzl, Einkommenspolitik und Währungspolitik seit 1951, in: Austro-Keynesianismus 65.
102 Butschek, Die österreichische Wirtschaft im 20. Jahrhundert 128; Rathkolb, Großmachtpolitik 384; Butschek, Fundamente 64; Stearman, Sowjetunion und Österreich 175 ff.; Hemetsberger-Koller, Wirtschaftspolitik Julius Raabs 250 f.
103 Weber, 1946–1986; Koren, Sozialisierungsideologie 115, 129 ff.; Hemetsberger-Koller, Staat als Unternehmer 125 f., 132; dies., Julius Raab und die Verstaatlichung 286.
104 Koren, Industrialisierung 336 ff., 339 ff., 344, 350 ff.; Rothschild, Wurzeln und Triebkräfte 105 ff.; Butschek, Arbeitsmarkt in der Zeit der großen Koalition 137 ff.
105 Fiereder, Der Weg zu LD 261 ff.; Lackner/Stadler, Fabriken in der Stadt 232 ff., 564 ff.
106 Weber, Die österreichische Sozialdemokratie 181 f.; Mulley, Wo ist das Proletariat? 20 ff.
107 Der Österreichische Volkswirt (1949/5) 6.
108 Österreichisches Institut für Wirtschaftsforschung, Die Produktivität der österreichischen Industrie (6. Sonderheft, Wien 1949) 5.
109 Lackner, Mitarbeit der Gewerkschaften 207 ff.; ders., Zur technischen Entwicklung 74 f.; ders., »Der Höchstförderung entgegen« 379 ff., 388 ff.
110 Zit. n. Ausch, Licht und Irrlicht 66; Kepplinger, Johann Böhm 78–85, 83.
111 Meihsl, Landwirtschaft im Wandel 570; Rothschild, Wurzeln und Triebkräfte 124 ff.; Nemschak, Zehn Jahre österreichische Wirtschaft 17 ff.
112 Sandgruber, Vom Hunger zum Massenkonsum 112 ff.
113 Saurer, Schweißblätter 50.
114 Holl, Frau im Krieg 107.
115 Bernhard, Der Keller 204; Bönsch, Kleidung nach dem Krieg 105.
116 Bandhauer-Schöffmann, Coca-Cola im Kracherlland 92 ff., dort Belege.
117 Sandgruber, Vom Hunger zum Massenkonsum 120; Frauenarbeit, Frauenrecht 5 (1959) 2.
118 Merz/Qualtinger, Der Herr Karl 316; Sandgruber, Strom der Zeit 118 ff.
119 Sandgruber, Strom der Zeit 111 ff., 116 f.
120 Fischer-Kowalski, Die gesellschaftliche Entwicklung 127.
121 Nussbaumer, Sozial- und Wirtschaftsgeschichte Tirols 143.
122 Sandgruber, Strom der Zeit 92 f.; Hochmuth, Kommt Zeit, kommt Rad 117 ff.; Sandgruber, Vom Hunger zum Massenkonsum 120; Prskawetz, Traum von der Freiheit 198 ff.
123 Sandgruber, Strom der Zeit 82.
124 Sandgruber, Strom der Zeit 83 f.
125 Stiefel, Wirtschaftsgeschichte des österreichischen Fernsehens; Sandgruber, Strom der Zeit 95 ff.
126 Pisa, Julius Raab und die Medien 345.
127 Merz/Qualtinger, Der Herr Karl 317.

128 Kos, Eigenheim Österreich 151 ff.
129 Butschek, Die österreichische Wirtschaft im 20. Jahrhundert 128 ff.; Weber, 1946–1986; Hössl, ÖIG; Hemetsberger-Koller, Staat als Unternehmer 127 f., 132 f.
130 Breuss, Österreichs Außenwirtschaft 79 ff.
131 Breuss, Österreichs Außenwirtschaft 91 ff.; ders., Österreichs Wirtschaft und die europäische Integration 451 ff.
132 Butschek, Die österreichische Wirtschaft im 20. Jahrhundert 133.
133 Ableitinger, Fritz Bock 73 f.; Luif, Außenwirtschaftspolitik 674–689.
134 Breuss, Österreichs Außenwirtschaft 92 ff.; ders., Österreichs Wirtschaft und die europäische Integration 451 ff.; Butschek, Die österreichische Wirtschaft im 20. Jahrhundert 134.
135 Industriestaat oder Land der Skilehrer und Hotelportiers. Die Industrie (25. 8. 1967) 4; Die Zukunft (9. 10. 1967) 6; Seidel, Anschluß an das Industriesystem 265.
136 Wysocki, Die Wirtschaft 65–75; Österreichisches Institut für Wirtschaftsforschung, Der technische und naturwissenschaftliche Nachwuchs in Österreich (Beilage Nr. 45, Wien 1957); Seidel, Anschluß an das Industriesystem 164 f.
137 Weber, Austro-Keynesianismus 21 ff.
138 Weber, Verstaatlichung; Butschek, Die österreichische Wirtschaft im 20. Jahrhundert 135; Hemetsberger-Koller, Staat als Unternehmer 128; März, Österreichs Wirtschaft zwischen Ost und West 70 ff., 139 ff.
139 Breuss, Österreichs Außenwirtschaft 91 ff.
140 Hanisch, Josef Klaus 301 f.; Nevlacsil, Alleinregierung der ÖVP 159 ff.
141 Butschek, Die österreichische Wirtschaft im 20. Jahrhundert 138 ff., 142.
142 Hanisch, Der lange Schatten 456; Butschek, Die österreichische Wirtschaft im 20. Jahrhundert 141; Klaus, Macht und Ohnmacht 193 ff.
143 Nemschak, Österreichs Wirtschaft in den 60er und 70er Jahren 3.
144 Butschek, Die österreichische Wirtschaft im 20. Jahrhundert 142.
145 Bodenhöfer, Bildungspolitik 546 ff.; Engelbrecht, Geschichte 5, 351 ff., 485 ff., 754; Hanisch, Der lange Schatten 462; Lassnigg, Bildungsreform gescheitert 458 ff., bes. 461 ff.
146 Pfeifer, Stephan Koren 83 ff.; Schausberger, Stephan Koren 330 f.
147 Pfeifer, Stephan Koren 115 ff.
148 Butschek, Die österreichische Wirtschaft im 20. Jahrhundert 144 ff.
149 Breuss/Stankovsky, Österreich und der EG-Binnenmarkt; Breuss, Österreichs Wirtschaft und die europäische Integration 451 ff.
150 Fischer, Kreisky-Jahre 168–170.
151 Seidel, »Der Austro-Keynesianismus« 11–15; Tichy, Austro-Keynesianismus 16 ff.; Seidel, Anschluß an das Industriesystem 267 f.; Butschek, Der österreichische Arbeitsmarkt 287 ff.
152 Butschek, Die österreichische Wirtschaft im 20. Jahrhundert 148 f.; Wysocki, Hannes Androsch 42 f.; Austro-Keynesianismus 12, 18; Androsch, Die politische Ökonomie 70 ff., 74 ff., 92 ff.
153 Nowotny, Wirtschaftspolitik 37 ff.; Rothschild, Austro-Keynesianism Reconsidered 119 ff.; Androsch, Die politische Ökonomie 95 ff.
154 Tichy, Wirtschaft 713; Austro-Keynesianismus 88.
155 Kriechbaumer, Parteiprogramme im Widerstreit 640.
156 Nowotny, Wirtschaft im Wandel 280.
157 Winckler, Austrokeynesianismus und sein Ende 221 ff.; Hanisch, Der lange Schatten 469.
158 Butschek, Die österreichische Wirtschaft im 20. Jahrhundert 170 f.; Androsch, Die politische Ökonomie 110 ff.
159 Nowotny, Wirtschaftspolitik 41.
160 Rothschild, Felix Austria? 261–274.
161 Butschek, Arbeitsmarkt in der Zeit der großen Koalition 137 ff.; ders., Der österreichische Arbeitsmarkt 333 ff.
162 Eder, Vom »österreichischen Weg« zur Sanierungspartnerschaft.
163 Luif, Außenwirtschaftspolitik 674 ff.; Schneider/Pointner, Österreich im internationalen Wirtschaftssystem 44 ff., 74 ff.
164 Stankovsky, Das neue Osteuropa und Österreich.
165 Reinprecht, Österreich und der Umbruch 348 f.; Stankovsky, Direktinvestitionen 415 ff.; Karner, Grazer Wirtschaft 242 ff.; ders., Steiermark in der österreichischen Wirtschaft 558 ff.
166 Faßmann, 60er Jahre 47–63; ders., Wandel der Bevölkerungsstruktur 395 ff.; Bodzenta, Gesellschaft im Wandel 274 ff.
167 Hanisch, Der lange Schatten 45 ff., 51 f., dort Literatur.
168 Butschek, Die österreichische Wirtschaft im 20. Jahrhundert 178 ff.

169 Lichtenberger-Fenz, »Frauenarbeit mehrt den Wohlstand« 224 ff.
170 Fischer-Kowalski, Soziale Distribution von Zeit 56; dies., Social Change in the Kreisky Era 100 ff.; dies., Sozialer Wandel in den 1970er Jahren 204.
171 Österreichisches Statistisches Zentralamt, Pressemitteilung 6.100-141/95; die dort angeführte und von den in der Presseaussendung angegebenen Daten nicht unwesentlich abweichende Studie von Beatrix Wiedenhofer, Zeitverwendung: Arbeitsteilung von Ehepartnern mit Kindern unter 15 Jahren. Ergebnisse des Mikrozensus 1992. Statistische Nachrichten 1995, H. 8, 601–608, bes. 602, wurde vom Statistischen Zentralamt inzwischen korrigiert; Faßmann, Zeitbudget 36 ff. konnte nicht mehr berücksichtigt werden.
172 Kos, Eigenheim Österreich 112.
173 Butschek, Die österreichische Wirtschaft im 20. Jahrhundert 193 ff.; Stockinger, Hans Lehner 383 ff.
174 Burkert, Landwirtschaft 65 ff.; Meihsl, Landwirtschaft im Wandel 551 ff.; Greif, Agrarstruktur und Agrarpolitik 11–77; Kaser/Stocker, Bäuerliches Leben 1, 187 ff., 2, 187 ff.; Ammerer/Lemberger/Oberrauch, Vom Feudalverband 243 ff.; Pevetz, Haushaltsstrukturen und Lebensstil; ders., Die ländliche Entwicklung 493 ff.; ders., Lebens- und Arbeitsverhältnisse; Aistleitner, Formen und Auswirkungen; Ziebermayr, Entwicklung; Bruckmüller, Soziale Sicherheit 9 ff.; zahlreiche autobiographische Texte in der Reihe: »Damit es nicht verloren geht ...« (hg. von M. Mitterauer u. a.)
175 Sandgruber, Strompreis 203 ff.
176 BM f. Vermögenssicherung und Wirtschaftsplanung, Elektrizitätswirtschaftsplanung (Wien 1948) 22 f.
177 Pammer, mythos kaprun 35; Ransmayr, Kaprun 1 ff.; Hutter, Kaprun 124 ff.; Ammerer, Mythos von Kaprun 52–57; Kaprun-Romane: Jürgen Thorwald, Hoch über Kaprun (1954); Kurt Maix, Kaprun. Bezähmte Gewalten (1964); Othmar Franz Lang, Die Männer von Kaprun ([2]1955); Rudolf M. Stoiber, Tagebuch aus Kaprun. Nach Aufzeichnungen von Uwe Oschanitzky (hg. von Hans Weigel als erster Band einer Reihe »Junge österreichische Autoren«, 1950); Hans Thür, Die Männer von Kaprun, in: Männer, Fahrten, Abenteuer. Jahrbuch für richtige Jungen (1953).
178 Sandgruber, Strom der Zeit 220 ff.
179 Sandgruber, Strom der Zeit 218 f.
180 Sandgruber, Strom der Zeit 221 f.; Fischer-Kowalski/Payer, Fünfzig Jahre Umgang 560 f.
181 Pelinka, Hainburg 93–108; Sandgruber, Strom der Zeit 222 f.; Fischer-Kowalski/Payer, Fünfzig Jahre Umgang 561.
182 Koren, Industrialisierung 490 ff.; Sandgruber, Soziale Sicherheit 130 ff.; ders., Gewerbeentwicklung und Gewerbepolitik 385–392.
183 Österreichisches Institut für Wirtschaftsforschung, Die österreichische Wohnungswirtschaft (1954); Die Häuser- und Wohnungsstruktur in Österreich. Monatsberichte WIFO (1963) 8, 305–315.
184 Piffl-Perčević, Zuspruch und Widerspruch 236 f.
185 Hoffmann, »Nimm Hack' und Spaten ...« 269 ff., 277; Bittermann, Von der Landschaftsnutzung 635.
186 Nussbaumer, Sozial- und Wirtschaftsgeschichte Tirols 142.
187 Nussbaumer, Sozial- und Wirtschaftsgeschichte Tirols 140 ff.
188 Feist, Tirols Behauptung als Verkehrskreuz 70.
189 Zit. n. Tschurtschenthaler, Tourismus 159.
190 Nussbaumer, Sozial- und Wirtschaftsgeschichte Tirols 95.
191 Günther, Die gewerbliche Wirtschaft in Tirol 160.
192 Emil Erler, Was wäre Tirol ohne Fremdenverkehr? Tiroler Verkehr 1 (1932) 2.
193 Burkert, Tourismus 71 ff.
194 Bernecker, Entwicklung des Fremdenverkehrs 233 ff.
195 Hanisch, Der lange Schatten 440; Brusatti, 100 Jahre österreichischer Fremdenverkehr 153 ff.
196 Koren, Industrialisierung 545 ff.
197 Smeral/Kramer/Walterskirchen, Situation des österreichischen Fremdenverkehrs.
198 Wilfried Puwein, Der Seilbahnverkehr in Österreich. Monatsberichte WIFO (1993) 399.
199 Karl Renner, Arbeiterkammern. Arbeiter-Zeitung 47 (1945) 26. 8. 1945, zit. n. Weidenholzer/Kepplinger, Geschichte der Arbeiterkammern 38.
200 Mulley, Der Österreichische Gewerkschaftsbund 8; Karlhofer, ÖGB und europäische Integration 34; Hanisch, Der lange Schatten 78 (die Daten divergieren stark).
201 Weidenholzer/Kepplinger, Geschichte der Arbeiterkammern 43.
202 Arbeit und Wirtschaft 8 (1948/49) 3.
203 Schefbeck, Anton Benya 51.
204 Tálos/Kittel, Sozialpartnerschaft 109 ff.
205 Österreich auf einem Weg; Pelinka, Modellfall Österreich; Phänomen Sozialpartnerschaft; Sozialpartnerschaft in der Krise; Sozialpartnerschaft. Kontinuität und Wandel; Prisching, Bestandsaufnahme der

Sozialpartnerschaft 9 ff.; Gerlich, A Farewell to Corporatism 132 ff.; Chaloupek, Rolle der Sozialpartnerschaft 318 ff.; Katzenstein, Corporatism and Change; Tálos, Sozialpartnerschaft 390 ff.
206 Butschek, Die österreichische Wirtschaft im 20. Jahrhundert 185 ff.; Hemetsberger-Koller, Der Staat als Unternehmer 116 ff., 133 f.
207 Neck/Schneider, The Growth of the Public Sector 231 ff.; Neck, Staatsverschuldung 335 ff.
208 März/Kernbauer, Die Aktualität der Schumpeterschen Thesen 501 ff.; Nowotny, Wirtschaft im Wandel 263 ff.
209 Genser/Holzmann, Öffentlicher Sektor 242.
210 Julius Raab, Verantwortung für Österreich. Die Furche (14. 9. 1963), zit. n. Hemetsberger-Koller, Wirtschaftspolitik Julius Raabs 243.
211 Tálos, Sozialpolitik in der Ersten Republik 530 f.; ders., Staatliche Sozialpolitik 304 ff.; Hofmeister, Ein Jahrhundert Sozialversicherung 662 ff.; Bruckmüller/Sandgruber/Stekl, Soziale Sicherheit im Nachziehverfahren; Melinz, Aspekte des Sozialwesens 76 ff.
212 Tálos, Sozialstaat 541; Butschek, Der österreichische Arbeitsmarkt 423 ff.
213 Nowotny, Wirtschaft im Wandel 263 ff.
214 Butschek, Die österreichische Wirtschaft im 20. Jahrhundert 200 ff.

Rückblick und Ausblick

Seite 529–535

1 Streissler, Einkommensentwicklung seit 1973 169 ff.; Christl, Entwicklungstendenzen 199 ff.
2 Butschek, Die österreichische Wirtschaft im 20. Jahrhundert 206 f.
3 Borchardt, Trend, Zyklus 100 ff., bes. 106 ff., 112 f.; Borchardt, Bundesrepublik in den säkularen Trends 129 ff.
4 Borchardt, Trend, Zyklus 110 ff.
5 Borchardt, Trend, Zyklus 107 ff.
6 Komlos, Ernährung 161 ff.
7 Bruckmüller, Österreichbewußtsein im Wandel 32 f.
8 Vgl. Borchardt, Bundesrepublik in den säkularen Trends 125 ff.
9 Bruckmüller, Österreichbewußtsein im Wandel 25 ff., 29, 82.
10 Bruckmüller, Österreichbewußtsein im Wandel 29.
11 Trends. Die aktuelle trend-Umfrage zur inneren Lage der Nation. trend 1992, H. 10, 18, zit. n. Bruckmüller, Österreichbewußtsein im Wandel 30.
12 Umweltreport Österreich; Fischer-Kowalski/Payer, Fünfzig Jahre Umgang 552 ff.
13 Wolfram, Grenzen und Räume.

Maße, Gewichte, Geldeinheiten

Geld

Pfund/Schilling/Pfennig:

Bis etwa 1510 galt in den österreichischen Ländern die auf den Pfennig aufgebaute Pfund-Schilling-Pfennig-Zählung. Man rechnete in Österreich mit den »langen« Schillingen.

1 Pfund (Pf) = 8 Schilling (ß) à 30 Pfennige = 240 Pfennige (d).

Gulden/Kreuzer/Pfennig:

Nach der Vereinigung des tirolischen und des österreichischen Münzsystems in den Jahren 1510/11 wurde auch in den österreichischen Ländern die Gulden-Kreuzer-Zählung eingeführt. Seit dem 16. Jahrhundert ist der Kreuzer (kr) und sein Vielfaches, der Gulden (fl), bevorzugte, dann alleinige Recheneinheit.

1 Gulden (fl) = 60 Kreuzer (kr) à 4 d = 240 Pfennige (d).

1 Schilling (ß) = 7,5 Kreuzer (k).

Conventionsmünze/Bankozettel/Wiener Währung/Österreichische Währung:

Papiergeld (Bankozettel) wurde erstmals im Siebenjährigen Krieg ausgegeben. Im Staatsbankrott 1811 wurden die Bankozettel auf ein Fünftel ihres Nennwerts herabgesetzt und durch »Antizipationsscheine« ersetzt. Ab 1. Februar 1812 waren diese als »Wiener Währung« (W.W.) das alleinige Zahlungsmittel im Inland. Nach der Währungsstabilisierung erfolgte 1819 eine rechnungsmäßige Gleichsetzung von 250 fl W.W. mit 100 fl C.M. (Conventionsmünze). Mit Patent vom 27. April 1858 wurde die rechnungsmäßige Gleichsetzung von 100 fl C.M. mit 105 fl der neuen Österreichischen Währung (Ö.W.) angeordnet. Die neue Währung trat mit 1. November 1857 fakultativ, mit 1. November 1858 ausschließlich in Geltung und verwendete das Dezimalsystem.

1 Gulden (fl Ö.W.) = 100 Kreuzer (kr Ö.W.)

Kronen/Heller:

Mit der Währungsreform vom 2. August 1892 trat die Goldwährung an die Stelle der Silberwährung. 1 fl Ö.W. wurden rechnungsmäßig mit 2 Kronen (K) gleichgestellt.

1 Krone (K) = 100 Heller (h).

Schilling/Groschen:

Mit 20. Dezember 1924 erlangte die Schilling-Groschen-Währung Gültigkeit.

1 Schilling (S) = 100 Groschen (g) = 10 000 Papierkronen (K).

1 Goldkrone (Friedenskrone) = 14 000 Papierkronen (K).

Mit 25. April 1938 wurde auf Reichsmark umgestellt:

1 Reichsmark (RM) = 100 Pfennige (d). Umgetauscht wurde 1 RM = 1,5 S.

Mit 30. November 1945 wurde wieder zur Schilling-Groschen-Währung übergegangen. Umgerechnet wurde 1 : 1, allerdings mit Sperrkonten. Mit dem »Währungsschutzgesetz« (Bundesgesetz über die Verringerung des Geldumlaufs und der Geldeinlagen bei Kreditunternehmungen) vom 19. November 1947 wurde ein Zwangsumtausch im Verhältnis 3 : 1 von Alt- auf Neuschillinge vorgenommen, nochmals mit Sperrkonten, die dann für verfallen erklärt wurden.

Wechselkurse, Kursschwankungen, Verbraucherpreise:

Vgl. die entsprechenden Tabellen in: Materialien zur Geschichte der Preise und Löhne 1–84, bes. 28 f., 54 f., 67, 71 ff.; Europäische und nordamerikanische Devisenkurse I, 122–135, 238–240; II, 97–104, 353–369; III, 72–76, 126–132, 175–179, 216–219, 293–299, 381–451; Butschek, Statistische Reihen 1.10.1–1.10.3; Mühlpeck/Sandgruber/Woitek, Index der Verbraucherpreise 649 ff.; Die Entwicklung der Verbraucherpreise seit 1900.

Maße, Gewichte, Faustzahlen

Angeführt sind die bis zur Einführung des metrischen Systems (Patent vom 23. Juli 1871 mit verpflichtender Wirksamkeit 1. Januar 1876) üblichen und unter Maria Theresia in den Jahren 1752 bis 1761 gesamtstaatlich vereinheitlichten Maße. Für regionale Abweichungen und mittelalterlich-frühneuzeitliche Varianten sind die entsprechenden Handbücher und Spezialstudien heranzuziehen, vor allem: Geyer, Maß und Gewicht 85 ff.; Rottleuthner, Alte lokale und nichtmetrische Gewichte und Maße.

Längenmaße:

1 österreichische Meile = 7,685 km

1 Wiener Klafter = 6 Fuß oder Schuh = 72 Zoll = 1,896 m

1 Wiener Schuh oder Fuß = 12 Zoll = 0,316 m
1 Schritt = 30 Zoll = 0,79 m
1 Elle = 2 Schuh = 24 Zoll = 288 Strich (Linien) = 0,63 m
1 Span (Spanne) = 8 Zoll = 0,21 m
1 Elle (Wiener Maß) = 0,7775 m
1 Elle (Tirol, Bayern) = 0,833 m
1 Tiroler Klafter (6füßig) = 2,005 m
1 Tiroler Klafter (8füßig) = 2,673 m
1 Tiroler Fuß = 12 Zoll = 0,334 m

Flächenmaße:

1 geographische Quadratmeile = 55,063 km^2
1 österreichische Quadratmeile (zu 1 000 niederösterr. Joch) = 57,546 km^2
1 niederösterr. Joch = 1 600 Quadratklafter à 3,597 m^2 = 0,575 ha
1 Quadratklafter = 3,596 m^2
1 Quadratfuß = 10 dm^2
1 Metzen (Flächenmaß) = 0,33 Joch = 0,190 ha
1 Quadratklafter = 36 Quadratfuß = 3,597 m^2
Weingartenmaße:

Das übliche Weingartenmaß war das Viertel, 4 Viertel ergaben einen ganzen Weingarten. Weiters kamen auch Achtel und Drittel vor, für die analoge Umrechnungen gelten.
Wiener Umland, Weinviertel: 1 Viertel Weingarten = ca. 0,25 ha, ca. ein halbes Joch, 1 Achtel Weingarten = ca. ein Viertel Joch.
Wachau, Krems, Langenlois: 1 Viertel Weingarten = ca. 0,125 ha
Südliches Wiener Becken: 1 Pfund Weingarten = ca. 0,025 ha (80 Quadratklafter).

Kubikmaße:

1 Kubikfuß = 31,57 dm^3
1 Kubikklafter = 6,82 m^3

Hohlmaße/Flüssigmaße:

1 niederösterr. Eimer = 40 Maß oder Achtering = 56,589 l
1356–1556: 1 Eimer = 35 Achtering (Maß) à 1,6572 l = 58,00 l
1557–1568: 1 Eimer = 38 Achtering (Maß) à 1,5624 l = 58,00 l
1569–1761: 1 Eimer = 41 Achtering (Maß) à 1,4147 l = 58,00 l
1762–1875: 1 Eimer = 40 Achtering (Maß) à 1,4147 l = 56,59 l
1 Wiener Maß (Achtering, Pint) = 1,414 l = 4 Seidel
1 Seidel = 0,3535 l
1 Dreiling = 24 Eimer = 1358 l
1 Fuder = 32 Eimer = 1811 l
Oberösterr. Landmaß:
1 Maß = 1 Achtering = 1 Kandl = 2 Halbe = 4 Seidl = 1,45 l
1 Eimer = 1 Amper = 4 Viertl = 40 Maß = 58 l
1 Faß = 10 Eimer = 580 l
Tiroler Maß:
1 Maß = 2 Trinkl = 4 Seidl = 8 Fräggl = 0,817 l
1 Viertel = 2 Maß = 1,634 l
1 Yhre = 2 Lagel = 12 Pazeiden = 96 Maß à 0,817 l = 78,43 l

Hohlmaße/Trockenmaße:

1 niederösterr. Landmetzen = 61,49 l (unterteilt in halbe Metzen, Viertel, Achtel, Mühlmaßl [1/16], großes Maßl [1/32], kleines Maßl [1/64 Metzen])
1 Scheffel = 6 Metzen
1 Mut = 30 Metzen
Niederösterr. Metzen:
1588–1687: 1 Metzen = 59,25 l
1688–1756: 1 Metzen = 61,00 l
1756–1875: 1 Metzen = 61,50 l (61,487 Liter)
Oberösterr. Landmaß von 1570:
1 Mut = 30 Metzen (gegupft) = 60 Strich
1 gegupfter Metzen = 2 Strich = 4 Viertel = 8 Achtl = 72,8 l
1 Strich = 8 Mühlmaßl = 16 große Maßl = 32 kleine Maßl
1 kleines Maßl = 2 Becher = 1,14 l

Wiener Metzen:
bis 1596 bzw. 1620: 1 Metzen = 42,00 l
1690–1752: 1 Metzen = 46,25 l
1 (Tiroler) Star = ½ niederösterr. Metzen = 31,7 l
1 (Wiener) Strich (Mehl) = 40,750 l
1 Stübich (Holzkohle) = 2 Metzen = 123 l

Gewichte:
1 Wiener Mark Silber = 16 Lot = 64 Quintl oder Quentchen = 281 g
1 Zollzentner = 50 kg
1 Wiener Zentner = 100 Pfund = 56,001 kg
1 Wiener Pfund = 2 Mark = 32 Lot à 4 Quentchen = 128 Quentchen (Quintl) = 0,56001 kg
1 Schilling (ß) = 4 Vierdung = 8 Unzen = 16 Lot = 0,28 kg
1 Lot = 4 Quintl = 16 Pfennige (d) = 17,5 g
Tirol:
1 Pfund = 4 Vierdung = 32 Lot = 128 Quint = 0,566 kg
1 Zentner = 100 Pfund

Holzmaße:
1 Kubikklafter = 216 Kubikfuß à 0,03158 m^3 = 6,82 m^3 (rm) = 5,050 fm
1 Klafter, 36zöllig (36") = 108 Kubikfuß = 3,41 m^3 (rm) = 2,526 fm
1 Klafter, 30zöllig (30") = 90 Kubikfuß = 2,84 m^3 (rm) = 2,104 fm
1 Klafter, 24zöllig (24") = 72 Kubikfuß = 2,27 m^3 (rm) = 1,680 fm
1 Normalklafter = 100 Kubikfuß = 3,16 m^3 (rm) = 2,340 fm
Maßeinheit für die Holzkohle war der Stübich zu 123 l. Ein Kubikklafter Holz ergab nach Erfahrungswerten 125 Kubikfuß Holzkohle, ein Festmeter folglich 0,78 m^3.
Die Tiroler Landesordnung von 1573 bestimmte als Holzmaß die Länge und Breite des achtfüßigen Tiroler Klafters bei einer Schnittlänge von 2½ Tiroler Fuß.

Zählvielfache und Verschleißeinheiten:
1 Gros = 144 Stück
1 Dutzend = 12 Stück
1 Schilling (Kraut, Eier etc.) = 30 Stück
1 Schock = 60 Stück
1 Paar = 2 Stück
Papier:
1 Ries = 2 Buch = 48 Bogen
Salz:
1 Fuder = 100 bis 115 Pfund
1 Kufe = 145 bis 150 Pfund
1 Küfel = 12,5 Pfund
Holz:
1 Rachel = 2,5 Wiener Klafter
1 Pfanne = 120 Klafter

Faustzahlen:
1 Klafter (36") Holz = 20–22 Zentner Holz (Außenhandelsstatistik).
Spezifische Gewichte (pro hl in kg) für Umrechnung von Getreidehohlmaßen in heute übliche Gewichtsangaben:

Weizen	75,0 kg
Roggen	70,0
Gerste	64,0
Hafer	45,0
Mais	67,0
Kartoffeln	77,0
Spelz	52,0
Hirse	69,0
Buchweizen	56,0
Mengfrucht (Durchschnitt)	63,0
Hülsenfrüchte (Durchschnitt)	76,5
Futterrüben	64,0
Flachs- und Hanfsamen	60,0
Raps	67,0
Mohn	60,0

Obst (Durchschnitt)	55,0
Milch (pro Liter)	1,04
Kraut (pro 100 Stück, ca.)	95,0

Für sonstige Faustzahlen (spezifische Gewichte, Umschlagziffern, Schlachtalter, Lebend- und Schlachtgewichte von Tieren, Milch-, Woll- und Legeleistung, Saatgut- und Futtermittelbedarf, Zug- und Arbeitsleistung, Wirkungsgrade, Großvieheinheiten, Getreidewerte, Kalorien/Jouletabellen für Nahrungsmittel, Steinkohlenäquivalente und Brennwerte für Energieträger etc.) vgl. die entsprechenden Handbücher und Ratgeber, etwa: Khackhl, Materialien zum Gebrauche; Waggershauser, Landwirtschaftliche Richtzahlen.

Literatur:

Felix *Butschek*, Statistische Reihen zur österreichischen Wirtschaftsgeschichte. Die österreichische Wirtschaft seit der industriellen Revolution (Wien 1993).

Dezsö *Dányi*/Vera *Zimányi*, Soproni árak és bérek a középkortol 1750-IG (= Preise und Löhne in Ödenburg. Vom Mittelalter bis 1750, Münz- und Geldgeschichte von Lajos *Huszár*) (Budapest, 1989).

Wolfgang *Dietrich*, Geschichte der Preise und Löhne in Stift Stams von 1532 bis 1806 (Diss. Innsbruck 1980).

Die Entwicklung der Verbraucherpreise seit 1900 (hg. vom Österreichischen Statistischen Zentralamt, Beiträge zur Österreichischen Statistik 956, Wien [2]1990).

Europäische und nordamerikanische Devisenkurse 1777–1914 (hg. von Jürgen *Schneider* u. a., Stuttgart 1991).

Rudolf *Geyer*, Maß und Gewicht in Wien, Nieder- und Oberösterreich, in: Materialien zur Geschichte der Preise und Löhne in Österreich, Bd. 1 (hg. von Alfred Francis *Pribram*, Wien 1938) 85–128.

Das Haushaltungsbüchl der Grünthaler (hg. von Alexander *Sperl*, Linz 1994).

Thomas *Khackhl*, Materialien zum Gebrauche bei Abschätzung landwirthschaftlicher Güter und derlei Gegenstände (Klagenfurt 1850).

Materialien zur Geschichte der Preise und Löhne in Österreich, Bd. 1 (hg. von Alfred Francis *Pribram*, Wien 1938).

Vera *Mühlpeck*/Roman *Sandgruber*/Hannelore *Woitek*, Index der Verbraucherpreise von 1800 bis 1914, in: Geschichte und Ergebnisse der zentralen amtlichen Statistik in Österreich 1829 bis 1979 (Beiträge zur Österreichischen Statistik 550, Wien 1979), Bd. 1, 649–688, Bd. 2, 125–166.

Wilhelm *Rottleuthner*, Alte lokale und nichtmetrische Gewichte und Maße und ihre Größen nach metrischem System. Ein Beitrag in Übersichten und Tabellen (Innsbruck 1985).

Wilhelm *Rottleuthner,* Die alten Localmaße und Gewichte nebst den Aichungsvorschriften bis zur Einführung des metrischen Maß- und Gewichtssystems und der Staatsaichämter in Tirol und Vorarlberg (Innsbruck 1883).

Franz *Scheichl*, Ein Beitrag zur Geschichte des gemeinen Arbeitslohnes vom Jahre 1500 bis auf die Gegenwart (Wien 1885).

Matthias *Schmelzer*, Geschichte der Preise und Löhne in Rattenberg vom Ende des 15. bis in die 2. Hälfte des 19. Jahrhunderts (Diss. Innsbruck 1972).

Otto *Waggershauser*, Landwirtschaftliche Richtzahlen und Hinweise (Faustzahlen) für den Berater und praktischen Landwirt (Stuttgart 1949).

Felix *Wintermayr*, Niederösterreichische Getreidemaße von 1500 bis zur Gegenwart. Unsere Heimat 47 (1976) 31–35.

Quellen- und Literaturverzeichnis

Vorbemerkung: Vergleichende Literaturhinweise auf andere Länder oder generelle Entwicklungen konnten aus Platzgründen nicht gemacht werden. Das Literaturverzeichnis ist nach Kapiteln gegliedert, wobei sich naturgemäß Überschneidungen ergaben. Generell ist jede Veröffentlichung jenem Kapitel zugeordnet, wo sie in den Anmerkungen erstmals verwendet wurde. Längsschnittdarstellungen wurden in einem allgemeinen Teil zusammengefaßt.

Abkürzungen

BH = Beiheft
DA = Diplomarbeit (ungedruckt)
Diss. = Dissertation (ungedruckt)
Erg.Bd. = Ergänzungsband
FS = Festschrift
Habil. = Habilitationsschrift (ungedruckt)
IfÖG = Institut für Österreichische Geschichtsforschung
Jb. = Jahrbuch
ÖAW = Österreichische Akademie der Wissenschaften
SB = Sonderband
SH = Sonderheft
StA = Staatsprüfungsarbeit (ungedruckt)
TU = Technische Universität
WIFO = Österreichisches Institut für Wirtschaftsforschung
WU = Wirtschaftsuniversität

AÖG = Archiv für österreichische Geschichte, Bd. 1–34 unter dem Titel Archiv für Kunde österreichischer Geschichtsquellen
BHS = Beiträge zur historischen Sozialkunde
BlH = Blätter für Heimatkunde (für Steiermark)
BlLkNÖ = Blätter des Vereins für Landeskunde von Niederösterreich
Car I = Carinthia I. Mitteilungen des Geschichtsvereins für Kärnten
FRA = Fontes Rerum Austriacarum
GuG = Geschichte und Gesellschaft
HJbStG = Historisches Jahrbuch der Stadt Graz
HJbStL = Historisches Jahrbuch der Stadt Linz
HZ = Historische Zeitschrift
JbLkNÖ = Jahrbuch für Landeskunde von Niederösterreich
JbooMV = Jahrbuch des oberösterreichischen Musealvereins
JbVGStW = Jahrbuch des Vereins für Geschichte der Stadt Wien
JEEH = Journal of European Economic History
JEH = Journal of Economic History
MAG = Mitteilungen der Anthropologischen Gesellschaft in Wien
MGSLK = Mitteilungen der Gesellschaft für Salzburger Landeskunde
MIÖG = Mitteilungen des Instituts für Österreichische Geschichtsforschung
MÖNG = Mitteilungen der Österreichischen Numismatischen Gesellschaft
Montfort = Montfort. Vierteljahresschrift für Geschichte und Gegenwart Vorarlbergs
MOÖLA = Mitteilungen des oberösterreichischen Landesarchivs
MÖSTA = Mitteilungen des Österreichischen Staatsarchivs
MVGStW = Mitteilungen des Vereins für Geschichte der Stadt Wien
ÖGL = Österreich in Geschichte und Literatur
ÖZfVK = Österreichische Zeitschrift für Volkskunde
ÖZG = Österreichische Zeitschrift für Geschichtswissenschaft
ÖZP = Österreichische Zeitschrift für Politikwissenschaft
SchrVSP = Schriften des Vereins für Socialpolitik
UH = Unsere Heimat
VSWG = Vierteljahrschrift für Sozial- und Wirtschaftsgeschichte

WGBl = Wiener Geschichtsblätter
WuG = Wirtschaft und Gesellschaft
ZAA = Zeitschrift für Agrargeschichte und Agrarsoziologie
ZBLG = Zeitschrift für bayerische Landesgeschichte
ZHVSt = Zeitschrift des historischen Vereins für Steiermark

Bibliographien

Bibliographie zur Geschichte der Städte Österreichs (hg. von Wilhelm *Rausch*, Linz 1984).
Christel *Durdik*, Bibliographischer Abriß zur Bevölkerungs- und Sozialstatistik der Habsburgermonarchie im 19. Jahrhundert (Wien 1973).
Sigmund *Frauendorfer*, Quellen zur österreichischen Agrargeschichte der letzten 100 Jahre. Das Schrifttum der Agrarwirtschaft 8 (1968) 49–57.
Alois *Gehart*, Statistik in Österreich 1918–1938: eine Bibliographie (Wien 1982).
Gustav *Gugitz*, Bibliographie zur Geschichte und Stadtkunde von Wien. 5 Bde. (Wien 1947/1958).
Österreichische historische Bibliographie 1965 ff. (Wien 1967 ff.) und Rückblick bis 1945.
Otto *Ruhsam*, Historische Bibliographie der Stadt Linz (Linz 1989).
Anton L. *Schuller*, Erz und Eisen in der Grünen Mark. Steirische Bibliographie SB 1 (Graz 1983).

Statistiken und statistische Übersichtswerke

Birgit *Bolognese-Leuchtenmüller*, Bevölkerungsentwicklung und Berufsstruktur, Gesundheits- und Fürsorgewesen in Österreich 1750–1918 (Wirtschafts- und Sozialstatistik Österreich-Ungarns 1, Wien 1978).
Felix *Butschek*, Statistische Reihen zur österreichischen Wirtschaftsgeschichte. Die österreichische Wirtschaft seit der industriellen Revolution (Wien 1993).
Dezsö *Dányi*/Vera *Zimányi*, Soproni árak és bérek a középkortol 1750-IG (= Preise und Löhne in Ödenburg. Vom Mittelalter bis 1750. Münz- und Geldgeschichte von Lajos *Huszár*) (Budapest 1989).
Wolfgang *Dietrich*, Geschichte der Preise und Löhne in Stift Stams von 1532 bis 1806 (Diss. Innsbruck 1980).
Die Entwicklung der Verbraucherpreise seit 1900 (Beiträge zur Österreichischen Statistik 956, hg. vom Österreichischen Statistischen Zentralamt, Wien ²1990).
Geschichte und Ergebnisse der zentralen amtlichen Statistik in Österreich 1829 bis 1979. 2 Bde. (Beiträge zur Österreichischen Statistik 550, Wien 1979).
Das Getreide im Weltverkehr. 1: Statistische Tabellen über Produktion, Handel, Konsum, Preise, Frachtsätze und Kündigungen; 2: Graphische Darstellungen; 3: Erläuternde Bemerkungen. 3 Bde. (Wien 1900), NF (Wien 1905), 3. Folge (Wien 1909).
Anton *Kausel*, Österreichs Volkseinkommen 1830 bis 1913, in: Geschichte und Ergebnisse der zentralen amtlichen Statistik 689 ff.
Materialien zur Geschichte der Preise und Löhne in Österreich (hg. von Alfred F. *Pribram*, Wien 1938).
Mitteilungen der Statistischen Abteilung des Wiener Magistrats für die Jahre … (1919 bis 1990).
Monatsberichte des Österreichischen Instituts für Konjunkturforschung (Wien 1928 ff.).
Monatsberichte des Österreichischen Instituts für Wirtschaftsforschung (Wien 1945 ff.).
Vera *Mühlpeck*/Roman *Sandgruber*/Hannelore *Woitek*, Index der Verbraucherpreise von 1800 bis 1914, in: Geschichte und Ergebnisse der zentralen amtlichen Statistik Bd. 1, 649–688; Bd. 2, 125–166.
Österreichisches Statistisches Handbuch für die im Reichsrathe vertretenen Königreiche und Länder 1–35 (1882–1917).
Österreichs Volkseinkommen 1913 bis 1963 (Monatsberichte des Österreichischen Instituts für Wirtschaftsforschung SH 14, Wien 1963).
Roman *Sandgruber*, Österreichische Agrarstatistik 1750–1918 (Wirtschafts- und Sozialstatistik Österreich-Ungarns 2, hg. von A. *Hoffmann*/H. *Matis*, Wien 1978).
Franz *Scheichl*, Ein Beitrag zur Geschichte des gemeinen Arbeitslohnes vom Jahre 1500 bis auf die Gegenwart (Wien 1885).
Matthias *Schmelzer*, Geschichte der Preise und Löhne in Rattenberg vom Ende des 15. bis in die 2. Hälfte des 19. Jahrhunderts (Diss. Innsbruck 1972).
Statistische Nachrichten (hg. von Bundesamt für Statistik/Österreichisches Statistisches Zentralamt, Wien 1923 ff.).
Statistische Rückblicke aus Österreich (Wien 1913).
Statistische Tafeln zur Währungsfrage der Österreichisch-Ungarischen Monarchie (Wien 1892).
Statistisches Handbuch für die Republik Österreich (Wien 1920 ff.)

Statistisches Jahrbuch (der österreichischen Monarchie) für das Jahr ... (1863–1883).
Statistisches Jahrbuch der Stadt Wien (1883 ff.).
Tabellen zur Währungsstatistik (Wien 1893; 1. Teil, Wien ²1896–1899; 2. Teil, Wien 1900–1904).
Tafeln zur Statistik der Österreichisch-Ungarischen Monarchie 1–21 (1828–1848); NF 1–5 (1849–1865).
Wirtschafts- und Sozialstatistisches Handbuch (hg. von der Kammer für Arbeiter und Angestellte für Wien, Wien 1924 ff.).
Wirtschafts- und sozialstatistisches Handbuch 1945–1969 (hg. von der Kammer für Arbeiter und Angestellte für Wien 11, Wien 1970).
Wirtschafts- und Sozialstatistisches Taschenbuch (hg. vom Österreichischen Arbeiterkammertag, Wien 1961 ff.).

Quellenwerke

Das älteste Urbar der Benediktinerabtei St. Georgenberg zu Fiecht (hg. von Hans *Bachmann*, Österreichische Urbare III 5/4, Innsbruck 1981).
Außenpolitische Dokumente der Republik Österreich 1918–1938. Bd. 1–2 (hg. von Klaus *Koch* u. a., Wien 1993/94).
Codex Austriacus, Eigentlicher Begriff und Inhalt aller ... unter der Regierung seiner Majestät Leopoldi I. ausgegangenen Generalien, Patente, Ordnungen (Wien 1704).
Die landesfürstlichen Gesamturbare der Steiermark aus dem Mittelalter (hg. von Alphons *Dopsch*/Alfred *Mell*, Wien 1910).
Die landesfürstlichen Urbare Nieder- und Oberösterreichs aus dem 13. und 14. Jahrhundert (hg. von Alphons *Dopsch*, Wien 1904).
Alphons *Lhotsky*, Quellenkunde zur mittelalterlichen Geschichte Österreichs (MIÖG Erg.Bd. 19, Wien 1963).
Die mittelalterlichen Stiftsurbare des Erzherzogtums Österreich ob der Enns 2 (hg. von Konrad *Schiffmann*, Wien/Leipzig 1913).
Die mittelalterlichen Urbare des Benediktinerstiftes St. Paul in Kärnten 1289/90 und 1371/72 (hg. von Walter *Fresacher*, Österreichische Urbare III 3/2, Wien 1968).
Österreichische Fabriksprivilegien vom 16. bis ins 18. Jahrhundert (hg. von Gustav *Otruba*, Wien 1981).
Österreichische Parteiprogramme 1868–1966 (hg. von Klaus *Berchtold*, Wien 1967).
Österreichische Urbare (hg. von der ÖAW, 1904 ff. 1. Abt.: Landesfürstliche Urbare, 1–4/1; 2. Abt.: Weltliche Grundherrschaften, noch nichts erschienen; 3. Abt.: Geistliche Grundherrschaften 1–5/3).
Österreichische Weistümer 1–18 (1896–1973).
Die Passauer Urbare. 3 Bde. (hg. von Adam *Maidhof*, Passau 1933–1939).
Protokolle des Klubvorstandes der Christlichsozialen Partei 1932–1934 (hg. von Walter *Goldinger*, Wien 1981).
Protokolle des Ministerrates der Ersten Republik. Abteilung V, Kabinett Dr. Ignaz Seipel. Bd. 2 (hg. von Rudolf *Neck* u. a., Wien 1986).
Protokolle des Ministerrates der Ersten Republik. Abteilung VIII, Kabinett Engelbert Dollfuß. Bd. 1–7 (hg. von Rudolf *Neck* u. a., Wien 1980–1986).
Die Quellen der Geschichte Österreichs (hg. von Erich *Zöllner*, Wien 1982).
Die Rechtsquellen der Stadt Weitra (hg. von Herbert *Knittler*, FRA III/4, Wien 1975).
Die Rechtsquellen der Stadt Wien (hg. von Peter *Csendes*, FRA III/9, Wien 1986).
Schicksalsjahre Österreichs 1908–1919. Das politische Tagebuch Joseph Redlichs. 2 Bde. (hg. von Fritz *Fellner*, Graz 1953/54).
Ernst *Schwind*/Alphons *Dopsch*, Ausgewählte Urkunden zur Verfassungsgeschichte der deutsch-österreichischen Erblande im Mittelalter (Innsbruck 1895).
Johann A. *Tomaschek*, Die Rechte und Freiheiten der Stadt Wien. 2 Bde. (Wien 1877–1879).
Jakob *Unrest*, Österreichische Chronik (hg. von Karl *Grossmann*, MGH SS nova series XI, Weimar 1957).
Die Urbare des Benediktinerstiftes Göttweig von 1302 bis 1536 (hg. von Adalbert Fr. *Fuchs*, Wien 1906).
Die Wiener Stadtbücher: 1395–1430 (hg. von Wilhelm *Brauneder*/Gerhard *Jaritz*, FRA 4 III/10, 1, Wien 1989).

Gesamtdarstellungen

Helmut *Alexander*, Geschichte der Tiroler Industrie. Aspekte einer wechselvollen Entwicklung (Innsbruck 1992).

Die andere Geschichte. Eine Salzburger Frauengeschichte von der ersten Mädchenschule (1695) bis zum Frauenwahlrecht (1918) (hg. von Brigitte *Mazohl-Wallnig*, Salzburg 1995).
Atlas zur Geschichte des steirischen Bauerntums (hg. von Fritz *Posch*, Graz 1976).
Austro-Keynesianismus in Theorie und Praxis (hg. von Fritz *Weber* u. a., Wien 1993).
Karl *Bachinger*/Hildegard *Hemetsberger-Koller*/Herbert *Matis*, Grundriß der österreichischen Sozial- und Wirtschaftsgeschichte von 1848 bis zur Gegenwart (Wien [5]1994).
Hermann *Baltl*/Gernot *Kocher*, Österreichische Rechtsgeschichte: unter Einschluß sozial- und wirtschaftsgeschichtlicher Grundzüge, von den Anfängen bis zur Gegenwart (Graz [7]1993).
Bauernland Oberösterreich. Entwicklungsgeschichte seiner Land- und Forstwirtschaft (hg. von Alfred *Hoffmann*, Linz 1974).
Das Bauerntum in der Steiermark (hg. von Fritz *Posch*, ZHVSt SB 7, Graz 1963).
Beiträge zur Bevölkerungs- und Sozialgeschichte Österreichs (hg. von Heimold *Helczmanovszki*, Wien 1973).
Der Bergmann – der Hüttenmann. Gestalter der Steiermark (Graz 1968).
Benedikt *Bilgeri*, Geschichte Vorarlbergs. 5 Bde. (Wien 1971–1987).
Knut *Borchardt*, Die Bundesrepublik in den säkularen Trends der wirtschaftlichen Entwicklung, in: *ders.*, Wachstum, Krisen, Handlungsspielräume der Wirtschaftspolitik. Studien zur Wirtschaftsgeschichte des 19. und 20. Jahrhunderts (Göttingen 1982) 125–150.
Knut *Borchardt*, Trend, Zyklus, Strukturbrüche, Zufälle. Was bestimmt die deutsche Wirtschaftsgeschichte des 20. Jahrhunderts?, in: *ders.*, Wachstum, Krisen, Handlungsspielräume der Wirtschaftspolitik. Studien zur Wirtschaftsgeschichte des 19. und 20. Jahrhunderts (Göttingen 1982) 100–124.
Wilhelm *Brauneder*/Friedrich *Lachmayer*, Österreichische Verfassungsgeschichte (Wien [6]1992).
Ernst *Bruckmüller*, Bäuerliche Gemeinde und Agrargemeinschaft, in: Bauernland Oberösterreich 63–75.
Ernst *Bruckmüller*, Die Bauern, in: Österreichs Sozialstrukturen 89–106.
Ernst *Bruckmüller*, Nation Österreich. Sozialhistorische Aspekte ihrer Entwicklung (Wien 1984).
Ernst *Bruckmüller*, Österreichbewußtsein im Wandel. Identität und Selbstverständnis in den 90er Jahren (Wien 1994).
Ernst *Bruckmüller*, Sozialgeschichte Österreichs (Wien 1985).
Ernst *Bruckmüller*/Roman *Sandgruber*/Hannes *Stekl*, Soziale Sicherheit im Nachziehverfahren. Die Einbeziehung der Bauern, Landarbeiter, Gewerbetreibenden und Hausgehilfen in das System der österreichischen Sozialversicherung (Wien 1978).
Alois *Brusatti*, Österreichische Wirtschaftspolitik vom Josephinismus zum Ständestaat (Wien 1965).
Die burgenländischen Kroaten im Wandel der Zeiten (hg. von Stefan *Geosits*, Wien 1986).
Karl-Heinz *Burmeister*, Geschichte Vorarlbergs (Wien 1983).
Felix *Butschek*, Der österreichische Arbeitsmarkt von der Industrialisierung bis zur Gegenwart (Stuttgart 1992).
Felix *Butschek*, Die österreichische Wirtschaft im 20. Jahrhundert (Stuttgart 1985).
Piero *Camporesi*, Das Brot der Träume. Hunger und Halluzinationen im vorindustriellen Europa (Frankfurt/New York 1990).
Günther *Chaloupek*/Peter *Eigner*/Michael *Wagner*, Wien. Wirtschaftsgeschichte 1740–1938. 2 Bde. (Wien 1991) 1. Industrie; 2. Dienstleistungen (= Geschichte der Stadt Wien, Neue Reihe 4, 5).
Chronik der Salzburger Wirtschaft (Salzburg [2]1990).
Peter *Csendes*, Geschichte Wiens (Wien 1981).
Elisabeth *Dietrich*/Wolfgang *Meixner*/Bettina *Kessler*/Gerhard *Sturmayer*, Die wirtschaftliche Entwicklung Tirols seit der Zeit des Merkantilismus bis zum Ersten Weltkrieg, in: Chronik der Tiroler Wirtschaft (Wien 1991) 115–208.
Karl *Dinklage*, Geschichte der Kärntner Arbeiterschaft. 2 Bde. (Klagenfurt 1976/77).
Karl *Dinklage*, Geschichte der Kärntner Landwirtschaft (Klagenfurt 1966).
Karl *Dinklage*/Alfred *Walkolbinger*, Kärntens gewerbliche Wirtschaft von der Vorzeit bis zur Gegenwart (Klagenfurt 1953).
Anna *Drabek*/Wolfgang *Häusler* u. a., Das österreichische Judentum. Voraussetzungen und Geschichte (Wien 1974).
The Economic Development of Austria since 1870 (hg. von Herbert *Matis*, Cambridge 1994).
Erich *Egg*/Wolfgang *Pfaundler*/Meinrad *Pizzinini*, Von allerley Werkleuten und Gewerben (Innsbruck 1976).
Helmut *Engelbrecht*, Geschichte des österreichischen Bildungswesens. Erziehung und Unterricht auf dem Boden Österreichs. 5 Bde. (Wien 1982–1988). 1. Von den Anfängen bis in die Zeit des Humanismus (Wien 1982); 2. Das 16. und 17. Jahrhundert (Wien 1983); 3. Von der frühen Aufklärung bis zum Vormärz (Wien 1984); 4. Von 1848 bis zum Ende der Monarchie (Wien 1986); 5. Von 1918 bis zur Gegenwart (Wien 1988).
August *Ernst*, Geschichte des Burgenlandes (Wien 1987).
Erz und Eisen in der Grünen Mark. Beiträge zum steirischen Eisenwesen (hg. von Paul W. *Roth*, Graz 1984).

Helmuth *Feigl*, Die niederösterreichische Grundherrschaft vom ausgehenden Mittelalter bis zu den theresianisch-josephinischen Reformen (Wien 1964).
Thomas *Fellner*/Heinrich *Kretschmayr*/Friedrich *Walter*, Die österreichische Zentralverwaltung. 12 Bde. (Wien 1907–1971).
Walther *Fresacher*, Der Bauer in Kärnten. 3 Bde.: 1. Die persönliche Stellung des Bauern in Kärnten; 2. Das Freistiftrecht; 3. Das Kaufrecht (Klagenfurt 1950–1955).
Geld. 800 Jahre Münzstätte Wien (hg. von Wolfgang *Häusler*, Wien 1994).
Genuß und Kunst. Ausstellung Schloß Schallaburg. Katalog (hg. von Roman *Sandgruber*/Harry *Kühnel*, Wien 1994).
Geschichte des Landes Tirol. 4 Bde. (hg. von Josef *Fontana* u. a., Bozen/Innsbruck 1985–1988).
Geschichte Salzburgs. 2 Bde. in 6 Teilen (hg. von Heinz *Dopsch*/Hans *Spatzenegger*, Salzburg 1981/91).
Glas und Kohle (hg. von Paul W. *Roth*, Graz 1988).
David F. *Good*, Der wirtschaftliche Aufstieg des Habsburgerreiches 1750–1914 (Wien 1986).
Grubenhunt & Ofensau. Vom Reichtum der Erde. Landesausstellung Hüttenberg/Kärnten 1995. Bd. 2: Beiträge (Klagenfurt 1995).
Fritz *Gruber*/Karl Heinz *Ludwig*, Salzburger Bergbaugeschichte (Salzburg 1982).
Karl *Gutkas*, Geschichte des Landes Niederösterreich (Wien [6]1983).
Odilo *Haberleitner*, Handwerk in Steiermark und Kärnten vom Mittelalter bis 1850 (Graz 1962).
Die Habsburgermonarchie, 1848–1918 (hg. von Adam *Wandruszka*/Peter *Urbanitsch*). Bd. 1: Die wirtschaftliche Entwicklung (hg. von Alois *Brusatti*, Wien 1973); Bd. 2: Verwaltung und Rechtswesen (Wien 1975); Bd. 3: Die Völker des Reiches, 2 Teile (Wien 1980); Bd. 4: Die Konfessionen (Wien 1985); Bd. 5: Die bewaffnete Macht (Wien 1987); Bd. 6: Die Habsburgermonarchie im System der internationalen Beziehungen, 2 Teile (Wien 1989/93).
Siegfried *Haider*, Geschichte Oberösterreichs (Wien 1987).
Handbuch der historischen Stätten. Österreich. 2 Bde. (Stuttgart 1966/1970).
Handbuch des politischen Systems Österreichs (hg. von Herbert *Dachs* u. a., Wien 1991).
Handbuch zur neueren Geschichte Tirols. Bd. 2,1 (hg. von Anton *Pelinka* u. a., Innsbruck 1993).
Ernst *Hanisch*, Der lange Schatten des Staates. Österreichische Gesellschaftsgeschichte im 20. Jahrhundert (Österreichische Geschichte, hg. von Herwig *Wolfram*, Wien 1994).
Hans *Hautmann*/Rudolf *Kropf*, Die österreichische Arbeiterbewegung vom Vormärz bis 1945 (Wien 1974).
Hexe oder Hausfrau. Das Bild der Frau in der Geschichte Vorarlbergs (hg. von Alois *Niederstätter*/Wolfgang *Scheffknecht*, Sigmaringendorf 1991).
Historische Familienforschung (hg. von Michael *Mitterauer*/Reinhard *Sieder*, Frankfurt 1982).
Historisches Lexikon Wien. Bd. 1–3 (hg. von Felix *Czeike*, Wien 1992–1994).
Alfred *Hoffmann*, Staat und Wirtschaft im Wandel der Zeit. Studien und Essays. 2 Bde. (hg. von Alois *Mosser*, Wien 1979).
Alfred *Hoffmann*, Werden, Wachsen, Reifen. Wirtschaftsgeschichte des Landes Oberösterreich. Bd. 1: Von der Frühzeit bis zum Jahr 1848 (Linz 1952).
Hundert Jahre österreichische Wirtschaftsentwicklung 1848 bis 1948 (hg. von Hans *Mayer*, Wien 1949).
William M. *Johnston*, Österreichische Kultur- und Geistesgeschichte. Gesellschaft und Ideen im Donauraum 1848 bis 1938 (Wien 1974).
Reinhard *Kamitz*, Die österreichische Geld- und Währungspolitik von 1848 bis 1948, in: Hundert Jahre österreichische Wirtschaftsentwicklung (hg. von Hans *Mayer*, Wien 1949).
Kärntner Landeswirtschaftschronik. Teil I: Kärnten – Wirtschaft im Wandel der Zeit. Teil II: Kärnten – lebendige Wirtschaft (Klagenfurt 1992).
Peter *Klammer*, Auf fremden Höfen. Anstiftkinder, Dienstboten und Einleger im Gebirge (Wien 1992).
Herbert *Klein*, Beiträge zur Siedlungs-, Verfassungs- und Wirtschaftsgeschichte von Salzburg (Salzburg 1965).
Knechte. Autobiographische Dokumente und sozialhistorische Skizzen (hg. von Norbert *Ortmayr*, Wien 1992).
Herbert *Knittler*, Die Donaumonarchie 1648–1848, in: Handbuch der europäischen Wirtschaftsgeschichte 4 (Stuttgart 1993) 880–915.
Herbert *Knittler*, Handwerk und Gewerbe in Österreich (bis ins 19. Jahrhundert), in: Österreichs Sozialstrukturen 70–82.
John *Komlos*, Austria and European Economic Development. What has been learned?, in: State and Society in Early Modern Austria (hg. von Charles W. *Ingrao*, West Lafayette 1994) 215–225.
Stephan *Koren*, Die Industrialisierung Österreichs – vom Protektionismus zur Integration, in: Österreichs Wirtschaftsstruktur 1, 223–550.
Kulturen an der Grenze (hg. von Andrea *Komlosy* u. a., Wien 1995).

Helmut *Lackner*, »Zur Zeit ist die Eisenindustrie unzweifelhaft der Lebensnerv des Landes«. Das Kärntner Eisenhüttenwesen vom Mittelalter bis ins 20. Jahrhundert, in: Grubenhunt & Ofensau 293–316.
Helmut *Lackner*/Gerhard *Stadler*, Fabriken in der Stadt. Eine Industriegeschichte der Stadt Linz (Linz 1990).
Oskar *Lehner*, Österreichische Verfassungs- und Verwaltungsgeschichte mit Grundzügen der Wirtschafts- und Sozialgeschichte (Linz 1991).
Elisabeth *Lichtenberger*, Die Wiener Altstadt. Von der mittelalterlichen Bürgerstadt zur City (Wien 1977).
Lichtjahre. 100 Jahre Strom in Österreich. Ausstellungskatalog (Wien 1986).
Magie der Industrie. Leben und Arbeiten im Industriezeitalter (hg. von Roman *Sandgruber*, Wien 1989).
Franz *Mathis*, Big Business in Österreich. I: Österreichische Großunternehmen in Kurzdarstellungen. II: Wachstum und Eigentumsstruktur der österreichischen Großunternehmen im 19. und 20. Jahrhundert. Analyse und Interpretation (Wien 1987/1990).
Herbert *Matis*, Deutsch-österreichische Wirtschaftsbeziehungen 1815–1938 – aus österreichischer Sicht, in: Deutschland und Österreich (hg. von Robert A. *Kann*/Friedrich E. *Prinz*, Wien 1980) 370–397.
Fritz *Mayrhofer*/Willibald *Katzinger*, Geschichte der Stadt Linz. 2 Bde. (Linz 1990).
William O. *McCagg*, A History of Habsburgs Jews 1670–1918 (Bloomington 1989).
Grete *Mecenseffy*, Geschichte des Protestantismus in Österreich (Graz 1956).
Peter *Meihsl*, Die Landwirtschaft im Wandel der politischen und ökonomischen Faktoren, in: Österreichs Wirtschaftsstruktur 2, 551–839.
Erich *Meixner*, Männer, Mächte, Betriebe. Wirtschaftsgeschichte des Landes Oberösterreich, 1848 bis zur Gegenwart. Bd. 2 (Linz 1952).
Menschen & Münzen & Märkte. Steirische Landesausstellung 1989 Judenburg. Katalog (hg. von Gerald *Schöpfer*, Fohnsdorf 1989).
Franz *Mensi*, Finanzgeschichte. Bis zum Tode Kaiser Josef II. (1790), in: Ernst *Mischler*/Josef *Ulbrich*, Österreichisches Staatswörterbuch. Bd. 2 (Wien ²1906) 36–62.
Franz *Mensi*, Staatsschuld, in: Ernst *Mischler*/Josef *Ulbrich*, Österreichisches Staatswörterbuch. Bd. 4 (Wien ²1909) 399 ff.
Mitteleuropa-Konzeptionen in der ersten Hälfte des 20. Jahrhunderts (hg. von Richard G. *Plaschka* u. a., Wien 1995).
Michael *Mitterauer*, Ledige Mütter. Zur Geschichte illegitimer Geburten in Europa (München 1983).
Michael *Mitterauer*, Sozialgeschichte der Jugend (Frankfurt 1986).
Montanwirtschaft Mitteleuropas vom 12. bis 17. Jahrhundert (hg. von W. *Kroker* u. a., Der Anschnitt BH 2, Bochum 1984).
Ernst *Neweklowsky*, Die Schiffahrt und Flößerei im Raum der oberen Donau und ihrer Nebenflüsse. 3 Bde. (Linz 1952–1964).
Öffentliche Wirtschaft und Gemeinwirtschaft in Österreich. Grundlagen – Entwicklungen – Dimensionen. Das Handbuch (hg. vom Verband der Öffentlichen Wirtschaft und Gemeinwirtschaft Österreichs, Wien 1992).
Österreich im Wandel. Gesellschaft, Wirtschaft, Raum (hg. von Erich *Bodzenta* u. a., Wien 1985).
Österreichisches Montanwesen. Produktion, Verteilung, Sozialformen (hg. von Michael *Mitterauer*, Wien 1974).
Österreichisches Städtebuch, bislang Teilbände Oberösterreich (Wien 1968), Burgenland (Wien 1970), Vorarlberg (Wien 1973), Nordtirol (Wien 1980), Niederösterreich (Wien 1976, 1982, 1988), Steiermark (Wien 1990).
Österreichs Sozialstrukturen in historischer Sicht (hg. von Erich *Zöllner*, Wien 1980).
Österreichs Städte und Märkte in ihrer Geschichte (hg. von Erich *Zöllner*, Wien 1985).
Österreichs Wirtschaftsstruktur gestern – heute – morgen. Bd. 1 und 2 (hg. von Wilhelm *Weber*, Berlin 1961).
Fritz *Popelka*, Geschichte der Stadt Graz. 2 Bde. (Graz 1928).
Fritz *Posch*, Steirische Bauern- und Agrargeschichte, in: Die Steiermark. Land, Leute, Leistung (Graz 1971) 945–957.
Probleme des niederösterreichischen Weinbaus in Vergangenheit und Gegenwart (hg. von Helmuth *Feigl*, Wien 1990).
Günther *Probszt*, Österreichische Münz- und Geldgeschichte. Von den Anfängen bis 1918 (Wien 1973).
Paul W. *Roth*, Eisen, Silber, Salz und Kohle. Die Bergschätze der Steiermark, in: 800 Jahre Steiermark und Österreich 1192–1992 (hg. von Othmar *Pickl*, Graz 1992) 373–386.
Kurt W. *Rothschild*, Wurzeln und Triebkräfte der österreichischen Wirtschaftsstruktur, in: Österreichs Wirtschaftsstruktur 1–158.
Roman *Sandgruber*, Die Anfänge der Konsumgesellschaft. Konsumgüterverbrauch, Lebensstandard und Alltagskultur in Österreich im 18. und 19. Jahrhundert (Wien 1982).
Roman *Sandgruber*, Bittersüße Genüsse. Kulturgeschichte der Genußmittel (Wien 1986).
Roman *Sandgruber*, Handel auf der Donau, in: Die Donau. Facetten eines europäischen Stromes. Katalog zur oberösterreichischen Landesausstellung 1994 in Engelhartszell (Linz 1994) 167–177.

Roman *Sandgruber*, Österreich 1650–1850, in: Handbuch der europäischen Wirtschaftsgeschichte 4 (Stuttgart 1993) 619–687.
Roman *Sandgruber*, Strom der Zeit. Das Jahrhundert der Elektrizität (Linz 1992).
Leopold *Schmidt*, Volkskunde von Niederösterreich. 2 Bde. (Horn 1966).
Reinhard *Sieder*, Sozialgeschichte der Familie (Frankfurt 1987).
Siedlungs- und Bevölkerungsgeschichte Österreichs (hg. von Institut für Österreichkunde, Wien 1974).
Werner *Sombart*, Der moderne Kapitalismus 1–3. 6 Bde. (München 1916/1927).
Spinnen – Spulen – Weben. Leben und Arbeiten im Waldviertel und anderen ländlichen Industrieregionen (hg. von Andrea *Komlosy*, Krems 1991).
Georg *Stadler*, Von der Kavalierstour zum Sozialtourismus. Kulturgeschichte des Salzburger Fremdenverkehrs (Salzburg 1975).
Stadt und Eisen (hg. von Ferdinand *Opll*, Linz 1992).
Stadt und Salz (hg. von Wilhelm *Rausch*, Linz 1988).
Vom Stadtrecht zur Bürgerbeteiligung. FS 700 Jahre Stadtrecht von Salzburg (hg. von Heinz *Dopsch*, Salzburg 1987).
Die Steiermark. Brücke und Bollwerk. Katalog der Landesausstellung (hg. von Gerhard *Pferschy*/Peter *Krenn*, Graz 1986).
Steiermark und Österreich 1192–1992. Der Beitrag der Steiermark zu Österreichs Größe (hg. von Othmar *Pickl*, red. von Robert F. *Hausmann*, Forschungen zur geschichtlichen Landeskunde der Steiermark 35, Graz 1992).
Der steirische Bauer. Leistung und Schicksal von der Urzeit bis zur Gegenwart (Graz 1966).
Das steirische Handwerk. Katalog der 5. Landesausstellung (Graz 1970).
Hannes *Stekl*, Das Gesinde, in: Österreichs Sozialstrukturen 107–122.
Otto *Stolz*, Zur Geschichte der Landwirtschaft in Tirol. Tiroler Heimat NF 3 (1930) 93–139.
Otto *Stolz*, Geschichte des Zollwesens, Verkehrs und Handels in Tirol und Vorarlberg von den Anfängen bis ins 20. Jahrhundert (Schlern-Schriften 108, Bozen 1953).
Otto *Stolz*, Geschichtskunde der Gewässer Tirols (Schlern-Schriften 32, Innsbruck 1936).
Otto *Stolz*, Quellen zur Geschichte des Zollwesens und Handelsverkehrs in Tirol und Vorarlberg vom 13.–18. Jahrhundert (Stuttgart 1955).
Otto *Stolz*, Rechtsgeschichte des Bauernstandes und der Landwirtschaft in Tirol und Vorarlberg (Bozen 1949).
Die Südbahn. Vom Donauraum zur Adria (hg. von Gerhard M. *Dienes*, Graz 1987).
Emmerich *Tálos*, Staatliche Sozialpolitik in Österreich (Wien 1981).
Anton *Tautscher*, Wirtschaftsgeschichte Österreichs: auf der Grundlage abendländischer Kulturgeschichte (Berlin 1974).
Hans *Tietze*, Alt-Wien in Wort und Bild. Vom Ausgang des Mittelalters bis zum Ende des 18. Jahrhunderts (Wien 1926).
Tirol und der Anschluß (hg. von Thomas *Albrich* u. a., Innsbruck 1988).
Ernst *Tomek*, Kirchengeschichte Österreichs. 3 Bde. (Innsbruck 1937–1959).
Ferdinand *Tremel*, Die Geschichte des Bergbaues in der Steiermark, in: Steiermark, Land, Leute, Leistung (Graz 1971) 867–900.
Ferdinand *Tremel*, Wirtschafts- und Sozialgeschichte Österreichs (Wien 1969).
Karl *Uhlirz*, Das Gewerbe (Wiens), in: Geschichte der Stadt Wien II/2 (hg. vom Altertumsverein zu Wien, Wien 1905) 592–740.
Versicherungsgeschichte Österreichs. 3 Bde. (Wien 1988).
Sergij *Vilfan*, Rechtsgeschichte der Slowenen bis zum Jahr 1941 (Graz 1968).
Von der Glückseligkeit des Staates. Staat, Wirtschaft und Gesellschaft in Österreich im Zeitalter des aufgeklärten Absolutismus (hg. von Herbert *Matis*, Berlin 1981).
Friedrich *Walter*, Österreichische Verfassungs- und Verwaltungsgeschichte von 1500–1955 (hg. von Adam *Wandruszka*, Wien 1972).
Fritz *Weber*, Wirtschaft und Wirtschaftspolitik in der Ersten und Zweiten Republik, in: Österreichs Erste und Zweite Republik (hg. von Erich *Zöllner*, Wien 1985) 121–152.
Wellen der Verfolgung in der österreichischen Geschichte (hg. von Erich *Zöllner,* Wien 1986).
Wiener Wirtschaftschronik (Wien 1989).
»Die Wienerische Neustadt«. Handwerk, Handel und Militär in der Steinfeldstadt (hg. von Sylvia *Hahn*/Karl *Flanner,* Wien 1994).
Hermann *Wiessner,* Beiträge zur Geschichte des Dorfes und der Dorfgemeinde in Österreich (Klagenfurt 1946).
Hermann *Wiessner,* Geschichte des Kärntner Bergbaues. 3 Bde. (Klagenfurt 1950/1952).
Die Wirtschaftsgeschichte Österreichs (hg. vom Institut für Österreichkunde, Wien 1971).

Hermann *Wopfner,* Bergbauernbuch. Von Arbeit und Leben des Tiroler Bergbauern in Vergangenheit und Gegenwart. 3 Bde. (Innsbruck 1951–1960).
Heinz *Zatschek,* Handwerk und Gewerbe in Wien. Von den Anfängen bis zur Erteilung der Gewerbefreiheit im Jahre 1859 (Wien 1949).
Erich *Zöllner,* Geschichte Österreichs. Von den Anfängen bis zur Gegenwart (Wien [8]1990).
Erich *Zöllner,* Perioden der österreichischen Geschichte und Wandlungen des Österreich-Begriffes bis zum Ende der Habsburgermonarchie, in: Die Habsburgermonarchie 1, 1848–1918. Bd. 3/1: Die Völker des Reiches (Wien 1980) 1 ff.

Mittelalterliches Wirtschaftswachstum

800 Jahre Waidhofen a. d. Ybbs, 1186–1986 (Waidhofen 1986).
1000 Jahre Babenberger in Österreich. Katalog der Ausstellung in Lilienfeld (Wien 1976).
Alltag im Spätmittelalter (hg. von Harry *Kühnel,* Graz [3]1986).
Michael *Alram,* Geld aus aller Welt. Die Entwicklungsgeschichte zur Münze im Altertum und die Geschichte des Geldwesens in Österreich bis zum Beginn der Münzstätte Wien, in: Geld. 800 Jahre Münzstätte Wien 25–52.
Michael *Alram,* Der Wiener Pfennig. Von Herzog Leopold V. (1177–1194) bis Kaiser Friedrich III. (1452–1493), in: Geld. 800 Jahre Münzstätte Wien 53–74.
Baiern und Slawen in Oberösterreich. Probleme der Landnahme und Besiedlung (hg. von Kurt *Holter,* Linz 1980).
Baiernzeit in Oberösterreich. Das Land zwischen Inn und Enns vom Ausgang der Antike bis zum Ende des 8. Jahrhunderts (Linz 1977).
Die Bajuwaren. Von Severin bis Tassilo 488–788 (hg. von Hermann *Dannheimer*/Heinz *Dopsch,* Salzburg 1988).
Franz *Bastian,* Die Legende vom Donauhandel im Frühmittelalter. VSWG 22 (1929) 289–330.
Franz *Bastian,* Oberdeutsche Kaufleute in den älteren Tiroler Raitbücher (1288–1370). Rechnungen und Rechnungsauszüge samt Einleitung und Kaufmannsregister (München 1931).
Ludwig *Bittner,* Das Eisenwesen in Innerberg-Eisenerz bis zur Gründung der Innerberger Hauptgewerkschaft im Jahre 1625. AÖG 89/2 (1901) 3–196 (453–646).
Franz *Brosch,* Romanische Quadrafluren in Ufernoricum. JbooMV 94 (1949) 125 ff.
Ernst *Bruckmüller,* Die Grundherrschaft, in: Bauernland Oberösterreich 28–62.
Ernst *Bruckmüller,* Die Landwirtschaft und ihre Organisation. Die Entstehung der abhängigen Bauernschaft, in: Österreich im Hochmittelalter 448–463.
Karl *Brunner,* Herzogtümer und Marken. Vom Ungarnsturm bis ins 12. Jahrhundert (Österreichische Geschichte, hg. von Herwig *Wolfram,* Wien 1994).
Karl *Brunner,* Wovon lebte der Mensch? Zur Wirtschaftsgeschichte der Baiern im Frühmittelalter, in: Die Bajuwaren 192–197.
Otto *Brunner,* Land und Herrschaft. Grundfragen der territorialen Verfassungsgeschichte Österreichs im Mittelalter (Wien [5]1965).
Walter *Brunner,* Die Gmein im steirischen Altsiedelland, in: Siedlung, Macht und Wirtschaft. FS für Fritz Posch (hg. von G. *Pferschy,* Graz 1981) 45–50.
Ernst *Burgstaller,* Die Sichel als Getreideschnittgerät in Oberösterreich. ZAA 11 (1963) 63 ff.
Peter *Csendes,* »Des riches houptstat in Osterrich«. JbLkNÖ NF 53 (1987) 47–58.
Peter *Csendes,* Die Straßen Niederösterreichs im Früh- und Hochmittelalter (Wien 1969).
Philippe *Dollinger,* Der bayerische Bauernstand vom 9. bis zum 13. Jahrhundert (München 1982).
Alphons *Dopsch,* Die ältere Sozial- und Wirtschaftsgeschichte der Alpenslawen (Weimar 1909).
Alphons *Dopsch,* Die ältere Wirtschafts- und Sozialgeschichte der Bauern in den Alpenländern Österreichs (Oslo 1930).
Alphons *Dopsch,* Beiträge zur Geschichte der Finanzverwaltung Österreichs im 13. Jahrhundert. MIÖG 18 (1897) 233–340.
Alphons *Dopsch,* Herrschaft und Bauer in der deutschen Kaiserzeit (Stuttgart 1964).
Alphons *Dopsch,* Die Wirtschaftsentwicklung der Karolingerzeit. 2 Bde. (Darmstadt [3]1962).
Heinz *Dopsch,* Der Almkanal in Salzburg, in: Städtische Versorgung und Entsorgung im Wandel der Geschichte (hg. von Jürgen *Sydow,* Sigmaringen 1981) 46–76.
Heinz *Dopsch,* Die äußere Entwicklung, in: Geschichte Salzburgs I/1 (hg. von *ders.,* Salzburg [2]1983) 229–336.
Heinz *Dopsch,* Besiedlung und Bevölkerung, in: Geschichte Salzburgs I/1 (hg. von *ders.,* Salzburg [2]1983) 347–360.

Heinz *Dopsch*, Die erzbischöflichen Ordnungen für die Salzachschiffahrt (1267 und 1278) und die Anfänge der Schifferschützen von Laufen-Oberndorf. Das Salzfaß (1978) 56 ff.
Heinz *Dopsch*, Grundstrukturen der Lokalverwaltung im frühen Mittelalter. historicum 30 (1992) 17–21.
Heinz *Dopsch*, Hemma von Gurk – eine Stifterin zwischen Legende und Wirklichkeit, in: Hemma von Gurk. Katalog (Klagenfurt 1988) 11–23.
Heinz *Dopsch*, Recht und Verwaltung, in: Geschichte Salzburgs I/2 (hg. von *ders.*, Salzburg 1983) 867–950.
Heinz *Dopsch*, Die soziale Entwicklung, in: Geschichte Salzburgs I/1 (hg. von *ders.*, Salzburg ²1983) 361–418.
Heinz *Dopsch*, Wann wurde Salzburg Stadt?, in: Vom Stadtrecht zur Bürgerbeteiligung. FS 700 Jahre Stadtrecht von Salzburg (hg. von *ders.*, Salzburg 1987) 11–25.
Heinz *Dopsch*, Die wirtschaftliche Entwicklung, in: Geschichte Salzburgs I/2 (hg. von *ders.*, Salzburg 1983) 757–835.
Heinz *Dopsch*, Die Zeit der Karolinger und Ottonen, in: Geschichte Salzburgs I/1 (hg. von *ders.*, Salzburg ²1983) 157–228.
Heinz *Dopsch*/Fritz *Koller*, Umweltschutz, Energie und Arbeitsmarkt – »Moderne« Wirtschaftsprobleme in früheren Jahrhunderten am Beispiel Salzburgs, in: Für ein Lebensrecht der Schöpfung (hg. von Dolores M. *Bauer*/Günter *Virt*, Salzburg 1987) 177–199.
Heinz *Dopsch*/Peter M. *Lipburger*, Die rechtliche und soziale Entwicklung, in: Geschichte Salzburgs I/2 (hg. von Heinz *Dopsch*, Salzburg 1983) 675–746.
Angela von den *Driesch*/Joachim *Boessneck*, Haustierhaltung, Jagd und Fischfang bei den Bajuwaren, in: Die Bajuwaren 198–207.
Herwig *Ebner*, Die habsburgischen Residenz- und Hauptstädte in den österreichischen Erblanden im späten Mittelalter und in der frühen Neuzeit, in: Geschichtsforschung in Graz (hg. von Herwig *Ebner* u. a., Graz 1990) 29–41.
Herwig *Ebner*, Der Stadelhof. Ein Beitrag zur Wirtschaftsgeschichte des Hochmittelalters, in: Siedlung, Wirtschaft und Kultur. FS für Fritz Popelka (Graz 1960) 69–80.
Clemens *Eibner*, Der Beginn der Radwerksorganisation am Steirischen Erzberg aus archäologischer Sicht. Beiträge zur Mittelalterarchäologie in Österreich 8 (1992) 25–30.
Europäisches Montanwesen im Hochmittelalter. Das Trienter Bergrecht von 1185–1214 (hg. von Dieter *Hägermann*/Karl-Heinz *Ludwig*, Köln 1986).
Heinrich *Fichtenau*, Lebensordnungen des 10. Jahrhunderts. Studien über Denkart und Existenz im einstigen Karolingerreich (München 1992).
Heinrich *Fichtenau*, Wald und Waldnutzung im 10. Jahrhundert, in: FS für Fritz Posch (Graz 1981) 13–21.
Rudolf *Fischer*, Zur Besiedlungs-, Rechts- und Sozialgeschichte des Bregenzerwaldes, in: Landes- und Volkskunde, Geschichte, Wirtschaft und Kunst Vorarlbergs 2 (Innsbruck 1968) 83–106.
Kurt *Genser*, Land Salzburg. Überblick zur Erforschung römischer Villen. Arche. Zeitschrift für Geschichte und Archäologie in Oberösterreich 7 (1994) 30–32.
Germanen, Awaren, Slawen in Niederösterreich (Wien 1977).
E. *Grüger*, Über die Deutung pollenanalytischer Daten aus archäologischen und siedlungsgeschichtlichen Untersuchungen (mit Befunden aus der Umgebung von Pompeji und vom Höllerer See in Oberösterreich), in: Bioarchäologie und Frühgeschichtsforschung. Archaeologia Austriaca Monographien 2 (1993) 43 ff.
Adolf *Gstirner*, Das »Gericht« oder »Stift« in Steiermark. VSWG 28 (1935) 313–347.
Adolf *Gstirner*, Die Schwaighöfe im ehemaligen Herzogtum Steiermark. ZHVSt 31 (1937) 1–86.
Karl *Gutkas*, Die Entwicklung des österreichischen Städtewesens im 12. und 13. Jahrhundert, in: Die Städte Mitteleuropas im 12. und 13. Jahrhundert (hg. von Wilhelm *Rausch*, Linz 1963) 77–91.
Dieter *Hägermann*, Technik im frühen Mittelalter zwischen 500 und 1000, in: Dieter *Hägermann*/Helmut *Schneider*, Landbau und Handwerk. 750 v. Chr. bis 1000 n. Christus (Berlin 1991) 317–508.
Reinhard *Härtel*, Von Wasser- und Mühlenrecht im Hochmittelalter, in: Recht und Geschichte. FS für Hermann Baltl (hg. von Helfried *Valentinitsch*, Graz 1988) 219–236.
Wolfgang *Häusler*, »Geld ist die welt und welt ist gelt«. Von den vielen Namen des Geldes, in: Geld. 800 Jahre Münzstätte Wien 13–24.
Wolfgang *Hahn*, Die Fundmünzen des 5.–9. Jahrhunderts in Österreich und den unmittelbar angrenzenden Gebieten, in: Typen der Ethnogenese unter besonderer Berücksichtigung der Bayern 2 (hg. von Herwig *Friesinger*/Falko *Daim*, Wien 1990) 235–251.
Wolfgang *Hahn*, Fundmünzen des 10. und 11. Jahrhunderts aus Ostösterreich. MÖNG 31 (1991).
Wolfgang *Hahn*/Andrea *Luegmeyer*, Der langobardenzeitliche Münzschatzfund von Aldrans in Tirol (Wien 1992).
Wolfgang *Haider-Berky*, Das Kart, ein ausgedehntes historisches Bergbaugebiet südlich von Neunkirchen, in: Bergbau in Niederösterreich (Wien 1987) 355–368.
Karl *Haiding*, Die Sagen von Bergwerksentstehung und Bergwerksuntergang. Österreichischer Volkskundeatlas, Kommentare, 5. Lieferung 2. Teil (Wien 1978).

Karl *Haiding*, Steirische Bergwerks- und Hüttensagen, in: Der Bergmann – der Hüttenmann 353–361.
Herbert *Hassinger*, Die Handels- und Verkehrsstellung Villachs bis in die Mitte des 19. Jahrhunderts. Car I 166 (1976) 211–283.
Herbert *Hassinger*, Zur Verkehrsgeschichte der Alpenpässe in der vorindustriellen Zeit. VSWG 66 (1979) 441–465.
Herbert *Hassinger*, Zollwesen und Verkehr in den österreichischen Alpenländern bis um 1300. MIÖG 73 (1965) 292–361.
Walter *Hattinger*, Passau und das Salz (Passau 1990).
Karl *Helleiner*, Österreichs ältestes Stadtrechtsprivileg (Veröffentlichungen des Kulturamtes der Stadt St. Pölten 2, 1959).
Jean-Claude *Hocquet*, Grundherrschaft und Salzgewinnung im Mittelalter. MIÖG 98 (1990) 81–101.
Jean-Claude *Hocquet*, Weißes Gold: das Salz und die Macht in Europa von 800 bis 1800 (Stuttgart 1993).
Alfred *Hoffmann*, Die österreichische Agrarwirtschaft im Mittelalter und in der frühen Neuzeit, in: Die Wirtschaftsgeschichte Österreichs (Wien 1971) 33–46.
Robert *Hörger*, Gottesgnadensalz. Die Salzreichnisse an das Kloster Heiligenkreuz vom 12. Jahrhundert bis zur frühen Neuzeit. JbLkNÖ 57/58 (1991/1992) 71–108.
Helmut *Hundsbichler*, Der Beitrag deskriptiver Quellenbelege des 15. Jahrhunderts zur Kenntnis der spätmittelalterlichen Stube in Österreich, in: Europäische Sachkultur des Mittelalters (Wien 1980) 29–56.
Franz-Heinz *Hye*, Der Innsbrucker Sillkanal und seine Gewerbebetriebe. Ein Beitrag zur Kenntnis historischer Mühlkanäle im Alpenraum, in: Exportgewerbe und Außenhandel vor der Industriellen Revolution (hg. von Franz *Mathis*/Josef *Riedmann*, Innsbruck 1984) 71–87.
Karl *Ilg*, Die Sense in ihrer Entwicklung und Bedeutung, in: Beiträge zur Volkskunde Tirols (Innsbruck 1949) 179 ff.
Karl *Ilg*, Siedlungsgeschichte und Siedlungsformen der Walser einschließlich des Montafons, in: Landes- und Volkskunde, Geschichte, Wirtschaft und Kunst Vorarlbergs 2 (Innsbruck 1968) 107–151.
Karl *Ilg*, Die Walser in Vorarlberg. 2 Bde. (1949/1956).
Willibald *Katzinger*, Einige Bemerkungen zu den Jahrmärkten von Ardagger. UH 51 (1980) 116 ff.
Willibald *Katzinger*, Wirtschaft im Mittelalter, in: Oberösterreichische Wirtschaftschronik (Wien 1994) 9–28.
Karl *Kaus*, Zur Zeitstellung von ur- und frühgeschichtlichen Eisenverhüttungsanlagen Burgenlands auf Grund der Kleinfunde, in: Archäologische Eisenforschung in Europa (Wissenschaftliche Arbeiten aus dem Burgenland 59, Eisenstadt 1977) 63–70.
Sylvia *Kirchengast*/Eike-Meinrad *Winkler*, Populations- und schichtspezifische Körperhöhenunterschiede in Österreich von der Römerzeit bis zum Barock. MAG 121 (1991) 203–220.
Ernst *Klebel*, Die Städte und Märkte des baierischen Stammesgebietes in der Siedlungsgeschichte. ZBLG 12 (1939) 37–93.
Herbert *Klein*, Die bäuerlichen Leihen im Erzstift Salzburg. MGSLK 69 (1929) 145–168, wieder in: *ders.*, Beiträge zur Siedlungs-, Verfassungs- und Wirtschaftsgeschichte von Salzburg (Salzburg 1965) 299–324.
Herbert *Klein*, Brenner und Radstädter Tauern, in: *ders.*, Beiträge zur Siedlungs-, Verfassungs- und Wirtschaftsgeschichte von Salzburg (Salzburg 1965) 411–425.
Herbert *Klein*, Judendörfer im Salzburgischen, in: Siedlung, Wirtschaft und Kultur im Ostalpenraum (hg. von Fritz *Posch*, Graz 1960) 65–68.
Herbert *Klein*, Die Salzburger Alpenstraßen und ihre Bedeutung für den mittelalterlichen und neuzeitlichen Verkehr. Veröffentlichungen des Verbandes der österreichischen Geschichtsvereine 14 (1960) 20–35.
Herbert *Klein*, Der Saumhandel über die Tauern. MGSLK 90 (1950) 37–114.
Herbert *Klein*, Über Schwaigen im Salzburgischen. MGSLK 71 (1931) 109–128.
Herbert *Klein*, Die Weinsaumdienste in Nordtirol und Bayern. Tiroler Heimat 14 (1949/50) 65–90; 17 (1953) 133–139.
Herbert *Knittler*, Zum ältesten Steiner Zolltarif. Mitteilungen des Kremser Stadtarchivs 17/18 (1978) 27–75.
Herbert *Knittler*, Die Donau. 13. Handelsverkehr und Flußübergänge, in: Reallexikon der Germanischen Altertumskunde 6 (Berlin 1986) 28–30.
Herbert *Knittler*, Enns und der Donauhandel um 1200, in: 800 Jahre Georgenberger Handfeste. Mitteilungen des Museumsvereines Lauriacum-Enns NF 24 (1986) 73 ff.
Herbert *Knittler*, Eine Markt- und Zollordnung Herzog Leopolds VI. MIÖG 85 (1977) 342–350.
Herbert *Knittler*, Salz- und Eisenniederlagen. Rechtliche Grundlagen und wirtschaftliche Funktion, in: Österreichisches Montanwesen 199–233.
Herbert *Knittler*, Städte und Märkte. Herrschaftsstruktur und Ständebildung 2 (Wien 1973).
Herbert *Knittler*, Städtewesen, Handel und Gewerbe, in: Österreich im Hochmittelalter 473–495.
Herbert *Knittler*, Tiere vor Pflug und Wagen. BHS 23 (1993) 9–15.
Herbert *Knittler*, Vorindustrielle bürgerliche Haustypen in den österreichischen Städten. Siedlungsforschung. Archäologie – Geschichte – Geographie 5 (1987) 109–129.

Herbert *Knittler*, Die Wirtschaft, in: 1000 Jahre Babenberger in Österreich 60–71.
Bernhard *Koch*, Corpus Nummorum Austriacorum 1: Mittelalter (Wien 1994).
Bernhard *Koch*, Die Geschichte der Münzstätte Wien, in: Geld. 800 Jahre Münzstätte Wien 195–213.
Bernhard *Koch*/Wolfgang *Haider-Berky*, Die Münzstätte Neunkirchen und der Markt im Mittelalter, in: Geschichte von Neunkirchen. Bd. 3 (Neunkirchen 1986).
Fritz *Koller*, Hallein im frühen und hohen Mittelalter. MGSLK 116 (1976) 1–116.
Fritz *Koller*, Die innere Entwicklung, in: Geschichte Salzburgs I/1 (hg. von Heinz *Dopsch*, Salzburg ²1983) 594–661.
Fritz *Koller*, Die Salinen der Fürstpropstei Berchtesgaden. Salzproduktion und Salzhandel zwischen Bayern, Salzburg und Österreich, in: Das Salz in der Rechts- und Handelsgeschichte: Internationaler Salzgeschichtekongreß 1990, Hall in Tirol (hg. von Jean-Claude *Hocquet*/Rudolf *Palme*, Schwaz 1991) 95–103.
Fritz *Koller*, Die Salzachschiffahrt bis zu den erzbischöflichen Privilegien der Jahre 1267 und 1278. Das Salzfaß (1978) 41–55.
Fritz *Koller*, Salzhandel im Alpenraum. Leobener Grüne Hefte NF 3 (Wien 1982) 119–132.
Fritz *Koller*, Das Salzwesen, in: Geschichte von Berchtesgaden. Stift – Markt – Land. Bd. 1: Zwischen Salzburg und Bayern (bis 1594) (hg. von Walter *Brugger* u. a., Berchtesgaden 1991) 737–842.
Heinrich *Koller*, Die ältesten Wassermühlen im Salzburger Raum. Ein Beitrag zur Nutzung der Wasserenergie im Mittelalter, in: FS für Berent Schwineköper (hg. von Helmut *Maurer*/Hans *Patze*, Sigmaringen 1982) 105–115.
Hanns *Koren*, Pflug und Arl. Ein Beitrag zur Volkskunde der Ackergeräte (Salzburg 1950).
Friedrich *Kral*, Botanische Beiträge zu Fragen der Umwelt im Mittelalter. Beiträge zur Mittelalterarchäologie in Österreich 4/5 (1988/89) 243–250.
Ingo Herbert *Kropac*, Mühlen und Mühlenrecht in der Steiermark während des Mittelalters (Graz 1983).
Harry *Kühnel*, Das Alltagsleben in Österreich zur Babenbergerzeit, in: Das babenbergische Österreich (976–1246) (hg. von Erich *Zöllner*, Wien 1978) 98–111.
Harry *Kühnel*, Zu den Lebensverhältnissen in der mittelalterlichen Stadt um 1200. Zeitschrift für Archäologie des Mittelalters BH 4 (1986) 405–424.
Harry *Kühnel*, Die materielle Kultur Österreichs zur Babenbergerzeit, in: 1000 Jahre Babenberger in Österreich 90–109.
Hansjörg *Küster*, Umwelt und Pflanzenanbau, in: Die Bajuwaren 185–191.
Heinrich *Kunnert*, Der Schladminger Bergbrief als europäisches Dokument, in: Der Bergmann – der Hüttenmann 272–277.
Herta *Lausegger*, Wassermühlen im südlichen Kärnten. Volkskundliche und terminologische Aspekte. Car I 175 (1985) 299–321.
Lex Baiuvariorum (hg. von Ernst *Schwind*, MGH Leges I/V/II, Hannover 1926).
Ursula *Liebertz-Grün*, Das andere Mittelalter. Erzählte Geschichte und Geschichtserkenntnis um 1300. Studien zu Ottokar von Steiermark, Jans Enikel, Seifried Helbling (München 1984).
Irmtraud *Lindeck-Pozza*, Mittelalterliche Preis- und Wertangaben aus dem Burgenland, in: Das Burgenland in seiner pannonischen Umwelt. FS für A. Ernst (Eisenstadt 1984) 246–268.
August *Loehr*, Beiträge zur Geschichte des mittelalterlichen Donauhandels. Oberbayerisches Archiv 60/2 (1916) 155 ff.
Klaus *Lohrmann*, Darlehen, Rente und Kauf im Spätmittelalter, in: Geld. 800 Jahre Münzstätte Wien 85–96.
Klaus *Lohrmann*, Juden im mittelalterlichen Wien. WGBl BH 1 (1994).
Klaus *Lohrmann*, Judenpolitik in Österreich bis 1420, in: Die Juden in ihrer mittelalterlichen Umwelt (hg. von Alfred *Ebenbauer*/Klaus *Zatloukal*, Wien 1991) 113–129.
Klaus *Lohrmann*, Judenrecht und Judenpolitik im mittelalterlichen Österreich (Wien 1990).
Klaus *Lohrmann*, Judenschaden, Marktschutzrecht und Pfanddarlehen im Wiener Stadtrechtsbuch. JbVGStW (1991) 213–228.
Klaus *Lohrmann*, Überlegungen zur vermögensrechtlichen Stellung der Juden im Mittelalter, in: Studien zur Geschichte der Juden in Österreich (hg. von Martha *Keil*/Klaus *Lohrmann*, Wien 1994) 11–40.
Karl-Heinz *Ludwig*, Silber- und Golderzbergbau – vielerorts in Kärnten, in: Grubenhunt & Ofensau 169–176.
Karl-Heinz *Ludwig*, Technik im hohen Mittelalter zwischen 1000 und 1350/1400, in: Metalle und Macht. 1000 bis 1600 (hg. von Karl-Heinz *Ludwig*/Volker *Schmidtchen*, Berlin 1992) 11–208.
Arnold *Luschin v. Ebengreuth*, Die Handelspolitik der österreichischen Herrscher im Mittelalter (Wien 1893).
Michael *Mitterauer*, Herrenburg und Burgstadt. ZBLG 36 (1973) 470–521, oder in: *ders.*, Markt und Stadt im Mittelalter (Stuttgart 1980) 192–234.
Michael *Mitterauer*, Jahrmärkte in Nachfolge antiker Zentralorte, in: *ders.*, Markt und Stadt im Mittelalter (Stuttgart 1980) 68–153.
Michael *Mitterauer*, Markt und Stadt im Mittelalter (Stuttgart 1980).

Michael *Mitterauer*, Zur räumlichen Ordnung Österreichs in der frühen Babenbergerzeit. MIÖG 78 (1970) 94–120.
Michael *Mitterauer*, Die soziale Entwicklung im babenbergischen Österreich, in: 1000 Jahre Babenberger in Österreich 72–89.
Michael *Mitterauer*, Soziale Strukturen im mittelalterlichen Österreich, in: Österreichs Sozialstrukturen 5–25.
Michael *Mitterauer*, Zur Struktur alteuropäischer Gesellschaftssysteme am Beispiel des mittelalterlichen Österreich, in: *ders.*, Grundtypen alteuropäischer Sozialformen. Haus und Gemeinde in vorindustriellen Gesellschaften (Stuttgart 1979) 13–24.
Michael *Mitterauer*, Verkehr, Handel und Stadtwirtschaft im mittelalterlichen Österreich, in: Die Wirtschaftsgeschichte Österreichs (Wien 1971) 47–68.
Michael *Mitterauer*, Wirtschaft und Handel, in: Geschichte Salzburgs I/1 (hg. von Heinz *Dopsch*, Salzburg ^{2}1983) 419–436.
Michael *Mitterauer*, Wirtschaft und Verfassung in der Zollordnung von Raffelstetten. MOÖLA 8 (1964) 344–373, oder in: *ders.*, Markt und Stadt im Mittelalter (Stuttgart 1980) 235–263.
Michael *Mitterauer*, Zentralorttheorie und historische Zentralitätsforschung, in: Bericht über den 19. österreichischen Historikertag (Wien 1993) 215–222.
Michael *Mitterauer*, Zollfreiheit und Marktbereich. Studien zur mittelalterlichen Wirtschaftsverfassung am Beispiel einer niederösterreichischen Altsiedellandschaft (Wien 1969).
Oskar *Moser*, Zum Aufkommen der »Stube« im Bürgerhaus des Spätmittelalters, in: Das Leben in der Stadt des Spätmittelalters (Wien 1977) 207–228.
Oskar *Moser*, Die Hausangaben in St. Pauler Ehrungsbüchern und die Rauchstubenhäuser Unterkärntens. Car I 167 (1977) 151–240.
Oskar *Moser*, Die Räume eines Villacher Bürgerhauses um 1300. Car I 165 (1975) 269–282.
Gertrud *Moßler*, Holzkirchen in Österreich, in: 1000 Jahre Babenberger in Österreich 473–475.
Vladimir *Nekuda*, Mährische Wüstungen als Quelle zum spätmittelalterlichen Dorfleben, in: Bäuerliche Sachkultur des Spätmittelalters (Wien 1984) 203–217.
Vladimir *Nekuda*, Pfaffenschlag. Zaniklá středoviká ves u Slavonice (Pfaffenschlag. Mittelalterliche Ortswüstung bei Slavonice) (Brno 1975).
Wilhelm *Neumann*, Zur frühen Geschichte der Juden in Kärnten. Car I 152 (1962) 92–104.
Elisabeth *Noichl*, Codex Falkensteinensis. Die Rechtsaufzeichnungen der Grafen von Falkenstein (München 1978).
Österreich im Hochmittelalter (907 bis 1246) (Veröffentlichungen der Kommission für die Geschichte Österreichs der ÖAW, phil.-hist. Kl. 17, Wien 1991).
Ferdinand *Opll*, Stadtgründung und Stadtwerdung. Bemerkungen zu den Anfängen des Städtewesens in Österreich, in: Österreichs Städte und Märkte 13–30.
Ferdinand *Opll*, Studien zur frühen Wiener Handelsgeschichte. WGBl 35 (1980) 49–62.
Gustav *Otruba*, Überblick der Entwicklung des niederösterreichischen Bergbaus von seinen Anfängen bis zur Gegenwart, in: Bergbau in Niederösterreich (Wien 1987) 61–307.
Rudolf *Palme*, Alpine Salt Mining in the Middle Ages. JEEH 19 (1990) 117–136.
Rudolf *Palme*, Die Entstehung des Tiroler Bergrechts 1185–1214. MIÖG 92 (1984) 317–340.
Rudolf *Palme*, Geschichte des Salzbergbaues und der Saline Hall, in: Stadtbuch Hall in Tirol (hg. von N. *Grass*/H. *Hochenegg*, Innsbruck 1981) 67–92.
Rudolf *Palme*, Rechts-, Wirtschafts- und Sozialgeschichte der inneralpinen Salzwerke bis zu deren Monopolisierung (Frankfurt 1983).
Johann Robert *Pap*, 3 000 Jahre Bergbau im Raxgebiet, in: Bergbau in Niederösterreich (Wien 1987) 311–323.
Othmar *Pickl*, Brandwirtschaft und Umwelt seit der Besiedlung der Ostalpenländer, in: Beiträge zur Wirtschafts- und Sozialgeschichte 20 (1982) 27–55.
Othmar *Pickl*, Handel und Verkehr in der Steiermark zur Zeit der Traungauer, in: Das Werden der Steiermark: die Zeit der Traungauer (hg. von Gerhard *Pferschy*, Graz 1980) 327–354.
Othmar *Pickl*, Pettau, ein internationaler Handelsplatz des 15. und 16. Jahrhunderts. ZHVSt 62 (1971) 87–109.
Othmar *Pickl*, Die Stellung der Steiermark im europäischen Fernhandel vom 13. bis zum 17. Jahrhundert, in: 800 Jahre Steiermark und Österreich 1192–1992 (hg. von Othmar *Pickl*, Graz 1992) 167–212.
Marianne *Polak*/Adolf *Stelzl*, Südliches Innviertel. Eine archäologische Landesaufnahme zur Erforschung römerzeitlicher Besiedlung. Arche. Zeitschrift für Geschichte und Archäologie in Oberösterreich 7 (1994) 8–12.
Fritz *Popelka*, Der Name Judendorf in den östlichen Alpenländern und seine handelsgeschichtliche Bedeutung. BlH 13 (1935) 57 ff.
Fritz *Posch*, Siedlung und Bevölkerung Österreichs im Hochmittelalter, in: Österreich im Hochmittelalter 359–444.

Josef *Riedmann*, Mittelalter, in: Geschichte des Landes Tirol. Bd. 1 (hg. von Josef *Fontana* u. a., Bozen/Innsbruck 1985) 267–607 (danach zitiert) (²1990: 293–698).
Josef *Riedmann*, Die Rechnungsbücher der Tiroler Landesfürsten, in: Landesherrliche Kanzleien im Spätmittelalter (München 1984) 315–323.
Gerhard *Rösch*, Venedig und das Reich. Handels- und verkehrspolitische Beziehungen in der deutschen Kaiserzeit (Tübingen 1982).
Gerhard *Rösch*, Die Wirtschaftsbeziehungen der Ostalpenländer zu Venedig und ein Raubzug babenbergischer Ministerialen nach Ungarn. ZHVSt 70 (1979) 71–82.
Gerhard *Rösch*, Wirtschaftsexpansion und Münze im 12. Jahrhundert. Ein Problem der Geldgeschichte. MIÖG 101 (1993) 17–36.
Gerhard *Rösch*, Zwei literarische Quellen zu Handel und Verkehr Österreichs im 13. Jahrhundert. WGBl 46 (1991) 111–117.
Paul W. *Roth*, Die ältesten Judenniederlassungen in Österreich. BlH 49 (1975) 40–47.
Roman *Sandgruber*, Von der Widmung zum Wettbewerb. Der Scheibbser Eisen- und Provianthandel vom 17. bis zum 19. Jahrhundert. UH 48 (1977) 193–220.
Georg *Scheibelreiter*, Die Anfänge der Geldwirtschaft im babenbergischen Österreich, in: Geld. 800 Jahre Münzstätte Wien 75–84.
Heimo *Schinnerl*, Die Geschichte und Technik der »Venezianer Säge« im ehemaligen Herrschaftsbezirk Hollenburg. Car I 181 (1991) 279–329.
Leopold *Schmidt*, Antike und mittelalterliche Pflugscharen in Österreich. Archaeologia Austriaca 19/20 (1956) 227 ff.
Leopold *Schmidt*, Das bäuerliche Arbeitsgerät in Niederösterreich. Der Stand seiner Erforschung, dargetan am Beispiel des randbeschlagenen Spaten. JbLkNÖ 32 (1955/56) 269–283.
Leopold *Schmidt*, Die Volkskultur der romanischen Epoche in Österreich. Mitteilungen des Kremser Stadtarchivs 4 (1964) 35–91.
Fritz *Schneiter*, Agrargeschichte der Brandwirtschaft (Graz 1970).
Elisabeth *Schuster*, Die Etymologie der niederösterreichischen Ortsnamen. 3 Bde. (Wien 1989–1994).
Helmut *Sperber*, Bäuerliche Geräte des Spätmittelalters, in: Bäuerliche Sachkultur des Spätmittelalters (Wien 1984) 291–306.
Gerhard *Sperl*, Frühes Hüttenwesen in Niederösterreich, in: Bergbau in Niederösterreich (Wien 1987) 411–424.
Ingrid M. *Spörk*, Zur Funktion der Sage. Überlegungen zur Weisung des Steirischen Erzbergs durch den Wassermann, in: Otto *Hwaletz* u. a., Bergmann oder Werkssoldat. Eisenerz als Fallbeispiel industrieller Politik (Graz 1984) 261–267.
Heinrich v. *Srbik*, Studien zur Geschichte des österreichischen Salzwesens (Innsbruck 1917).
Karl *Stadlober*, Die Zeiringer Bergordnung und Berggerichtsbarkeit, in: Der Zeiringer Silberpfennig – Montangeschichte und Münzwesen. Leobener Grüne Hefte SB 3 (Leoben 1989) 17–22.
Die Städte Mitteleuropas im 12. und 13. Jahrhundert (hg. von Wilhelm *Rausch*, Linz 1963).
Otto *Stolz*, Beiträge zur Geschichte der alpinen Schwaighöfe. VSWG 25 (1932) 141–157.
Otto *Stolz*, Ein venetianisch-böhmisch-belgisches Verkehrsprojekt Kaiser Karls IV. Mitteilungen des Vereins für Geschichte der Deutschen in Böhmen 52 (1914) 413–422.
Felix F. *Strauss*, »Mills without Wheels« in the 16th-Century Alps. Technology and Culture 12 (1971) 23–42.
Wolfgang v. *Stromer*, Bernardus Teutonicus und die Geschäftsbeziehungen zwischen den deutschen Ostalpen und Venedig vor Gründung des Fondaco dei Tedeschi, in: Beiträge zur Handels- und Verkehrsgeschichte (Grazer Forschungen zur Wirtschafts- und Sozialgeschichte 3, Graz 1978) 1–55.
Thomas *Tiefenbacher*, Die Schwaighöfe im Gailtal. Car I 141 (1951) 367–382.
Ferdinand *Tremel*, Das Ende des Silberbergbaus in Oberzeiring. BlH 27 (1953) 1–5.
Ferdinand *Tremel*, Zeiring. BlH 37 (1963) 33–45.
Herbert *Tschulk*, Weinbau und Weinhandel im Wiener Raum im Hoch- und Spätmittelalter (StA IfÖG 1983).
Charles *Verlinden*, Traite des esclaves et cols alpins au haut moyen age, in: FS für Herbert Hassinger (hg. von Franz *Huter*/Georg *Zwanowetz*, Innsbruck 1977) 377–389.
Sergij *Vilfan*, Meersalz und Steinsalz im Südostalpenraum, in: Das Salz in der Rechts- und Handelsgeschichte (hg. von Jean-Claude *Hocquet* u. a., Berenkamp 1991) 105–118.
Heinrich *Wanderwitz*, Studien zum mittelalterlichen Salzwesen in Bayern (München 1984).
Richard *Wanner*, Spuren des ältesten Weinbaus in Kärnten. Car I 147 (1957) 434–463.
Max *Weltin*, Ascherichsbrvgge – das Werden einer Stadt an der Grenze. Mitteilungen aus dem Niederösterreichischen Landesarchiv 10 (1986/87) 1–42.
Markus J. *Wenninger*, Der Bergbau des Mittelalters, in: Grubenhunt & Ofensau 147–154.

Markus J. *Wenninger*, Juden und Christen als Geldgeber im hohen und späten Mittelalter, in: Die Juden in ihrer mittelalterlichen Umwelt (hg. von Alfred *Ebenbauer*/Klaus *Zatloukal*, Wien 1991) 281–300.
Markus J. *Wenninger*, Zur Praxis des Geld- und Kreditgeschäftes im österreichischen Spätmittelalter (StA IfÖG 1983).
Markus J. *Wenninger*, Die Siedlungsgeschichte der innerösterreichischen Juden im Mittelalter und das Problem der »Juden«-Orte, in: Bericht über den 16. österreichischen Historikertag (Wien 1985) 190–217.
Otto Friedrich *Winter*, Besitz- und Herrschaftsstrukturen in der Wachau auf der Basis von Königsschenkungen an baierische Stifte und Klöster. Studien und Forschungen aus dem niederösterreichischen Institut für Landeskunde 11 (Wien 1989) 157–172.
Herwig *Wolfram*, Die Gesandtschaft Konrads II. nach Konstantinopel (1027/29). MIÖG 100 (1992) 161–174.
Herwig *Wolfram*, Grenzen und Räume. Geschichte Österreichs vor seiner Entstehung 378–907 (Österreichische Geschichte, hg. von *ders.*, Wien 1995).
Herwig *Wolfram*, Die Gründungsurkunde Kremsmünsters, in: Die Anfänge des Klosters Kremsmünster (MOÖLA Erg.Bd. 2, Linz 1978) 51–82.
Herwig *Wolfram*, Salzburg, Bayern, Österreich (MIÖG Erg.Bd. 32, Wien 1995).
Hermann *Wopfner*, Beiträge zur Geschichte der alpinen Schwaighöfe. VSWG 24 (1931) 36–70.
Josef *Zehrer*, Die Besiedlung des Rheintales und des Walgaues, in: Landes- und Volkskunde, Geschichte, Wirtschaft und Kunst Vorarlbergs 2 (Innsbruck 1968) 45–82.

Große Krise und zweiter Anlauf

Adel im Wandel. Politik – Kultur – Konfession 1500–1700. Niederösterreichische Landesausstellung 1990. Katalog (Wien 1990).
Hermann *Aichmair*, Die Geschichte der Brille, in: Kunst des Heilens. Niederösterreichische Landesausstellung 1991. Katalog (Wien 1991) 717–729.
Richard M. *Allesch*, Arsenik. Seine Geschichte in Österreich (Archiv für vaterländische Geschichte und Topographie 54, Klagenfurt 1959).
Gerhard *Ammerer*/Josef *Lemberger*/Peter *Oberrauch*, Vom Feudalverband zur Landwirtschaftskammer. Agrarische Korporations- und Organisationsformen in Salzburg vom Beginn der Neuzeit bis heute (Salzburg 1991).
Andreas Baumkircher und seine Zeit (hg. von Rudolf *Kropf*/Wolfgang *Meyer*, Eisenstadt 1983).
Arbeitshefte zur österreichischen Kunsttopographie Steyrdorf – Wehrgraben – Wieserfeld (Wien 1987).
Der Außenhandel Ostmitteleuropas 1450–1650 (hg. von Ingomar *Bog*, Köln 1971).
Peter F. *Barton*, Der vorweggenommene Bauernkrieg – der Modellfall Innerösterreich, in: Sozialrevolution und Reformation (hg. von *ders.*, Wien 1975) 62–72.
Wolfgang *Behringer*, Thurn und Taxis. Die Geschichte ihrer Post und ihrer Unternehmen (München 1990).
Heinrich *Berg*/Karl *Fischer*, Vom Bürgerspital zum Stadtbräu. Zur Geschichte des Bieres in Wien. WGBl BH 3 (1992).
Klaus *Bergdolt*, Der schwarze Tod in Europa. Die große Pest und das Ende des Mittelalters (München 1994).
Jean-François *Bergier*, Die Geschichte vom Salz (Frankfurt 1989).
Angelika *Bischoff-Urack*, Michael Gaismair. Ein Beitrag zur Sozialgeschichte des Bauernkriegs (Innsbruck 1983).
Heinrich *Blank*, Der Villacher Bürger Wilhelm Neumann als Kaufmann und Gewerke in Idria. Car I 130/NF 50 (1940) 334–353.
Friedrich *Blendinger*, Zur Geschichte der Messinghütte am Stainenberg bei Pflach bzw. Reutte, in: FS für Herbert Hassinger (hg. von Franz *Huter*/Georg *Zwanowetz*, Innsbruck 1977) 53–66.
Peter *Blickle*, Die Krise des Ständestaates. Tirol als Modell zur Lösung des Konfliktes von 1525, in: Die Bauernkriege und Michael Gaismair (hg. von F. *Dörrer*, Innsbruck 1982) 45 ff.
Peter *Blickle*, Ständische Vertretung und genossenschaftliche Verbände der Bauern im Erzstift Salzburg. ZBLG 32 (1969) 131–192.
Arno *Borst*, Das Erdbeben von 1348. Ein historischer Beitrag zur Katastrophenforschung. HZ 233 (1981) 529–569.
Ernst *Bruckmüller*, Bauernkriege, Aufstände und Revolten im Lande ob der Enns, in: Bauernland Oberösterreich 76–94.
Ernst *Bruckmüller*, Herren und »gemeine Leut«. Sozialer Wandel in der Krise des Spätmittelalters, in: Andreas Baumkircher und seine Zeit (hg. von Rudolf *Kropf*/Wolfgang *Meyer*, Eisenstadt 1983) 29–61.
Ernst *Bruckmüller*, Die Strafmaßnahmen nach den bäuerlichen Erhebungen des 15. bis 17. Jahrhunderts, in: Wellen der Verfolgung 95–117.

Ernst *Bruckmüller*/Gerhard *Ammerer*, Die Land- und Forstwirtschaft in der frühen Neuzeit, in: Geschichte Salzburgs II/4 (hg. von Heinz *Dopsch*/Hans *Spatzenegger*, Salzburg 1991) 2501–2562.
Otto *Brunner*, Die Finanzen der Stadt Wien von den Anfängen bis ins 16. Jahrhundert (Studien aus dem Archiv der Stadt Wien 1–2, Wien 1929).
Otto *Brunner*, Die geschichtliche Stellung der Städte Krems und Stein, in: Krems und Stein. FS zum 950jährigen Stadtjubiläum (Krems 1948) 19–102.
Otto *Brunner*, Eine handelspolitische Denkschrift der Stadt Wien an König Ferdinand I. MIÖG Erg.Bd. 11 (1929) 474–496.
Otto *Brunner*, Die Politik der Stadt Wien im späteren Mittelalter. 1396–1526, in: Historische Studien. A. F. Pribram zum 70. Geburtstag dargebracht (Wien 1929) 5–41.
Otto *Brunner*, Das Wiener Bürgertum. Eine historisch-soziologische Skizze. Monatsblatt des Vereines für Geschichte der Stadt Wien 11–15 (1929/1933) 220–231.
Otto *Brunner*, Das Wiener Bürgertum in Jans Enikels Fürstenbuch. MIÖG 58 (1950) 550–574.
Jürgen *Bücking*, Der »Bauernkrieg« in den habsburgischen Ländern als sozialer Systemkonflikt 1524–1526. GuG SH 1 (1975) 168–192.
Jürgen *Bücking*, Michael Gaismair. Reformer – Sozialrebell – Revolutionär (Stuttgart 1978).
Günther R. *Burkert*/Anita *Ziegerhofer*, Die ständischen Finanzen 1500 bis 1800. historicum. Zeitschrift für Geschichte (Winter 93/94) 32–37.
Karl Heinz *Burmeister*, Die Juden in Vorarlberg im Mittelalter. Schriften des Vereins für Geschichte des Bodensees und seiner Umgebung 94 (1976) 1–18.
Karl Heinz *Burmeister*, Kulturgeschichte der Stadt Feldkirch bis zum Beginn des 19. Jahrhunderts (Sigmaringen 1985).
Richard *Carnaval*, Das Bergbauterrain in den Hohen Tauern. Jb. des Naturhistorischen Landesmuseums für Kärnten 63 (1897).
Günter *Cerwinka*, Steirischer Weinbau im Mittelalter, in: Weinkultur (Graz 1990) 161–166.
Peter *Csendes*, Widmungsbezirke, Straßen, Fuhr- und Handelswesen von 1500 bis 1600. Erläuterungen zum Österreichischen Volkskundeatlas, 4. Lieferung (Wien 1971).
Peter *Csendes*, Zur Wiener Handelsgeschichte des 16. Jahrhunderts, in: Wien an der Schwelle zur Neuzeit (Wien 1974) 44–53.
Peter *Csendes*, Die Wiener Salzhändler im 15. und 16. Jahrhundert. JbVGStW 27 (1971) 7–30.
Albin *Czerny*, Der erste Bauernaufstand in Oberösterreich 1525 (Linz 1882).
Albin *Czerny*, Der zweite Bauernaufstand in Oberösterreich 1595–1597 (Linz 1890).
Karin *Demetz*, Die »Pest« in Tirol in den Jahren 1540–1580 (Diss. Innsbruck 1987).
Karl *Dinklage*, Die älteste Zunftordnung aus Kärnten. Car I 147 (1957) 283–286.
Karl *Dinklage*, Kärnten um 1620. Die Bilder der Khevenhüller-Chronik (Wien 1980).
Karl *Dinklage*, Technischer Fortschritt und wirtschaftlicher Aufschwung des Kärntner Eisenwesens namentlich in der frühen Neuzeit, in: Schwerpunkte der Eisengewinnung und Eisenverarbeitung in Europa 1500–1650 (hg. von Hermann *Kellenbenz*, Köln 1974) 309–337.
Heinz *Dopsch*, Die Salzburger Bauernkriege und Michael Gaismair, in: Die Bauernkriege und Michael Gaismair (hg. von F. *Dörrer*, Innsbruck 1982) 225–246.
Heinz *Dopsch*, Wandlungen und Konstanz der spätmittelalterlichen Grundherrschaft im Erzstift Salzburg, in: Die Grundherrschaft im späten Mittelalter (hg. von H. *Patze*, Vorträge und Forschungen 27, Sigmaringen 1983) 229–275.
Herta *Eberstaller*, Mitteilungen zur Geschichte der Burgvogtei Wels in der ersten Hälfte des 17. Jahrhunderts. Jb. des Musealvereins Wels (1962/63) 147–154.
Herwig *Ebner*, Zur Ideologie des mittelalterlichen Städtebürgertums aufgrund österreichischer Stadtrechte des späten Mittelalters. Jb. für Geschichte des Feudalismus 7 (1983) 157–184.
Herwig *Ebner*, Die Kornmesser und ihr Stadthaus in Bruck an der Mur, in: Symbole des Alltags, Alltag der Symbole. FS für Harry Kühnel zum 65. Geburtstag (Graz 1992) 245–276.
Erich *Egg*, Der Tiroler Geschützguß 1400–1600 (Tiroler Wirtschaftsstudien 9, Innsbruck 1961).
Erich *Egg*, Der Tiroler Metallbergbau und seine Weltgeltung. Res Montanarum. Zeitschrift des Montanhistorischen Vereins für Österreich 4 (1992) 36–39.
Otto *Ehler*, Eisengewerbe und Stadtentwicklung: der Einfluß der vorindustriellen, wasserkraftgebundenen Eisenverarbeitung auf die Stadtentwicklung, dargestellt am Beispiel der Ersten Zeugstätte am Wehrgraben in Steyr (Diss. TU Graz 1990).
Ferdinand *Elmenreich*/Gottfried *Feuerstein*, Die Landwirtschaft Vorarlbergs, in: Landes- und Volkskunde, Geschichte, Wirtschaft und Kunst Vorarlbergs 2 (Innsbruck 1968) 345–410.
Gyözö *Ember*, Ungarns Außenhandel mit dem Westen um die Mitte des 16. Jahrhunderts, in: Der Außenhandel Ostmitteleuropas 1450–1650 (hg. von Ingomar *Bog*, Wien 1971) 86–104.
Erwin *Emminger*, Zur Frage des Alters der Kellergassen im südöstlichen Weinviertel. UH 61 (1990) 262–274.

Walter *Endrei*/Wolfgang von *Stromer*, Textiltechnische und hydraulische Erfindungen und ihre Innovatoren in Mitteleuropa im 14./15. Jahrhundert. Technikgeschichte 41 (1974) 89–117.

Friedrich *Engel-Janosi*, Zur Geschichte der Wiener Kaufmannschaft von der Mitte des 15. bis zur Mitte des 16. Jahrhunderts. MVGStW 6 (1926) 36–71.

Johann *Engleitner*, Die Schleifsteinbruch-Manipulation (Miskolc/Waidhofen an der Ybbs 1990).

Helmuth *Feigl*, Die befreiten Ämter der Herrschaft Steyr in den Bauernkriegen des 16. und 17. Jahrhunderts. MOÖLA 6 (1959) 209–262.

Helmuth *Feigl*, Die oberösterreichischen Weistümer als Quellen für die Geschichte von Handel und Gewerbe. HJbStL (1985) 61–93.

Helmuth *Feigl*, Die Pernegger Bauernunruhen 1614/1615. UH 52 (1981) 91–108.

Helmuth *Feigl*, Die Ursachen der niederösterreichischen Bauernkriege des 16. Jahrhunderts und die Ziele der Aufständischen, in: Die Bauernkriege und Michael Gaismair (hg. von F. *Dörrer*, Innsbruck 1982) 197–210.

Helmuth *Feigl*, Die Wirkungen der Weinbaukonjunktur des 15. und 16. Jahrhunderts auf die Sozialstruktur Niederösterreichs, in: Probleme des niederösterreichischen Weinbaus 81–97.

Peter *Feldbauer*, Lohnarbeit im österreichischen Weinbau. Zur sozialen Lage der niederösterreichischen Weingartenarbeiter des Mittelalters und der frühen Neuzeit. ZBLG 38 (1975) 227–243.

Peter *Feldbauer*, Soziale Konflikte in Österreich im 14. und 15. Jahrhundert, in: Revolutionäre Bewegungen in Österreich (hg. von Erich *Zöllner*, Wien 1981) 28–51.

Barbara *Fenzl*, Steyr-Wehrgraben: ehemalige Produktionsstätten an der ersten Zeugstätte: bauhistorische Untersuchung und Erarbeitung eines Revitalisierungsvorschlages (DA TU Wien 1989).

Franz *Fischer*, Die Sensenausfuhr aus Österreich nach dem Norden und Osten 1450–1650, in: Der Außenhandel Ostmitteleuropas 1450–1650 (hg. von Ingomar *Bog*, Wien 1971) 286–319.

Gerhard *Fischer*, Die Stadt und die Wildnis, Wien 1000–1500, in: Die Stadt und die Wildnis. Wien 1000–1500 (Basel 1992) 15–51.

Josef *Fischer*, Tirols Getreidepolitik von 1527 bis 1601 (Innsbruck 1919).

Flucht und Zuflucht. Das Tagebuch des Priesters Balthasar Kleinschroth aus dem Türkenjahr 1683 (hg. von Hermann *Watzl*, Forschungen zur Landeskunde von Niederösterreich 8, Wien 1956).

Walther *Fresacher*, Vom Handwerk in Villach. Car I NF 50 (1940) 296–333.

Walther *Fresacher*, Die Pest in Kärnten im 14. Jahrhundert. Car I 153 (1963) 349–378.

Gottfried Edmund *Friess*, Geschichte der Hammer- und Sensengewerke in Waidhofen a. d. Ybbs bis zur Mitte des 17. Jahrhunderts. JbLkNö NF 10 (1911) 144–180.

Gottfried Edmund *Friess*, Herzog Albrecht V. von Österreich und die Hussiten. 17. Programm des k. k. Obergymnasiums der Benedictiner zu Seitenstetten (Linz 1883) 1 ff.

Erik *Fügedi*, Der Außenhandel Ungarns am Anfang des 16. Jahrhunderts, in: Der Außenhandel Ostmitteleuropas 1450–1650 (hg. von Ingomar *Bog*, Wien 1971) 56–85.

Gerald *Gänser*, Mittelalterliche bäuerliche Besitzformen zur gesamten Hand in der Steiermark, in: Bericht über den 19. österreichischen Historikertag (Wien 1993) 195–198.

Gerald *Gänser*, Zur mittelalterlichen Siedlungs- und Bevölkerungsentwicklung im Bezirk Voitsberg, in: Siedlung, Macht und Wirtschaft. FS für Fritz Posch (hg. von Gerhard *Pferschy*, Graz 1981) 117–127.

Gerald *Gänser*, Strukturveränderungen im agrarischen Bereich während des 15. Jahrhunderts. ZHVSt 75 (1984) 23–30.

Ortwin *Gamber*, Die österreichische Bewaffnung zur Zeit der Romanik. Mitteilungen des Kremser Stadtarchivs 4 (1964) 93–97.

Anni *Gamerith*, »Hirsch« und »Pfennich«. ÖZfVK 59 (1956) 97–112.

Herbert *Gartner*, Weinbau in Kärnten, in: Weinkultur (Graz 1990) 87.

Rudolf *Goldscheid*/Joseph *Schumpeter*, Die Finanzkrise des Steuerstaats. Beiträge zur politischen Ökonomie der Staatsfinanzen (hg. von Rudolf *Hickel*, Frankfurt 1976).

František *Graus*, Die Handelsbeziehungen Böhmens zu Deutschland und Österreich im 14. und zu Beginn des 15. Jahrhunderts. Historica 2 (1960) 77–110.

Susanne *Gröbl*, Der Kupfererzbergbau in der Radmer. Von den Anfängen bis 1650 (Dissertationen der Karl-Franzens-Universität Graz 69, Graz 1986).

Fritz *Gruber*/Karl-Heinz *Ludwig*, Der Metallbergbau, in: Geschichte Salzburgs II/4 (hg. von Heinz *Dopsch*/Hans *Spatzenegger*, Salzburg 1991) 2595–2630.

Fritz *Gruber*/Walter *Strobl*, Flurnamen des oberen Gasteiner und Rauriser Tals als Zeugen historischer Baumvorkommen. MGSLK 132 (1992) 425–445.

Georg *Grüll*, Bauer, Herr und Landesfürst. Sozialrevolutionäre Bestrebungen der oberösterreichischen Bauern von 1650 bis 1848 (Linz 1963).

Georg *Grüll*, Der Bauer im Lande ob der Enns am Ausgang des 16. Jahrhunderts. Abgaben und Leistungen im Lichte der Beschwerden und Verträge von 1597 bis 1598 (Linz 1969).

Georg *Grüll*, Die Robot in Oberösterreich (Linz 1952).
Georg *Grüll*, Weinberg. Die Entstehungsgeschichte einer Mühlviertler Wirtschaftsherrschaft. MOÖLA 4 (1955) 7–203.
Odilo *Haberleitner*, Handwerk in Steiermark und Kärnten vom Mittelalter bis 1850. I. Von der Aufdingung bis zur Erlangung der Meisterwürde (Graz 1961).
Othmar *Hageneder*, Die spätmittelalterlichen Wüstungen in der Grafschaft Schaunberg. JbLkNÖ NF 33 (1957) 65–81.
Christoph *Haidacher*, Zur Bevölkerungsgeschichte von Innsbruck im Mittelalter und der beginnenden Neuzeit (Innsbruck 1984).
Christa *Hammerl*, Das Erdbeben vom 25. Jänner 1348 – Rekonstruktion des Naturereignisses. Neues aus Alt-Villach 31 (1994) 55–94.
Herbert *Hassinger*, Die althabsburgischen Länder und Salzburg 1350–1650, in: Handbuch der europäischen Wirtschafts- und Sozialgeschichte 3 (hg. von Hermann *Kellenbenz*, Stuttgart 1986) 927–967.
Herbert *Hassinger*, Geschichte des Zollwesens, Handels und Verkehrs in den östlichen Alpenländern vom Spätmittelalter bis in die zweite Hälfte des 18. Jahrhunderts, Bd. 1: Regionaler Teil, Erste Hälfte, Westkärnten – Salzburg (Stuttgart 1987).
Herbert *Hassinger*, Der Verkehr über Brenner und Reschen vom Ende des 13. bis in die 2. Hälfte des 18. Jahrhunderts. Tiroler Wirtschaftsstudien 26 (1969) 137–194.
Georg *Heilingsetzer*, Der oberösterreichische Bauernkrieg 1626 (Wien 1976).
Adolf *Helbok*, Die Bevölkerung der Stadt Bregenz am Bodensee. Vom 14. bis zum Beginne des 18. Jahrhunderts (Innsbruck 1912).
Karl *Helleiner*, Die Anfänge der Papierindustrie im Viertel ob dem Wienerwald. JbLkNÖ NF 25 (1932) 175–199.
Karl *Helleiner*, Peunten und Sonderkulturen in Nieder- und Oberösterreich, in: Wirtschaftliche und soziale Strukturen im saekularen Wandel. FS für Wilhelm Abel zum 70. Geburtstag. Bd. 1 (hg. von Ingomar *Bog*, Hannover 1974) 131–142.
Reinhard *Hildebrandt*, Die Bedeutung Tirols für die oberdeutsche Wirtschaft (1500–1618/50). Tiroler Heimat 55 (1991) 35–46.
Günther *Hödl*, Habsburg und Österreich 1273–1493. Gestalten und Gestalt des österreichischen Spätmittelalters (Wien 1988).
Günther *Hödl*, »Und die Glocken läuteten von selbst!« Das Kloster Arnoldstein und die Erdbebenkatastrophe von 1348, in: Geschichte und ihre Quellen. FS für Friedrich Hausmann (Graz 1987) 149–156.
Alfred *Hoffmann*, Die Grundherrschaft als Unternehmen. ZAA 6 (1958) 123–131.
Alfred *Hoffmann*, Die Salzmaut zu Sarmingstein in den Jahren 1480 bis 1487, in: *ders.*, Studien und Essays. Bd. 2 (Wien 1981) 188–204.
Alfred *Hoffmann*, Thomas Seeauer und der Wasserweg von Hallstatt nach Prag, in: *ders.*, Studien und Essays. Bd. 2 (Wien 1981) 205–215.
Alfred *Hoffmann*, Zur Typologie der Bauernaufstände in Oberösterreich, in: Ostmitteleuropäische Bauernbewegungen (Budapest 1972) 325–333.
Alfred *Hoffmann*, Die Weinfuhren auf der österreichischen Donau in den Jahren 1480 bis 1487, in: *ders.*, Studien und Essays. Bd. 2 (Wien 1981) 216–238.
Albert *Hollaender*, Die vierundzwanzig Artikel gemeiner Landschaft Salzburg. Ein Quellenbeitrag zur Geschichte des Bauernkriegs in Südostdeutschland. MGSLK 71 (1931) 65–88.
Manfred *Hollegger*, Zur »Beamtenethik« um 1500. Standards von Räten, Beamten, Amtsleuten und Dienern Maximilians I., in: Geschichtsforschung in Graz (hg. von Herwig *Ebner* u. a., Graz 1990) 139–146.
Kurt *Holter*/Gilbert *Trathnigg*, Wels von der Urzeit bis zur Gegenwart (Wels ^{2}1986).
Alfons *Huber*, Studien über die finanziellen Verhältnisse Österreichs unter Ferdinand I. MIÖG Erg.Bd. 4 (Wien 1893) 181–247.
Helmut *Hundsbichler*, Reise, Gastlichkeit und Nahrung im Spiegel der Reisetagebücher des Paolo Santonino (Diss. Wien 1979).
Helmut *Hundsbichler*, Der Wein als Kulturaufgabe und Kulturträger im Mittelalter, in: Probleme des niederösterreichischen Weinbaus 49–69.
Franz-Heinz *Hye*, Der späte Aufschwung des Tiroler Bieres, in: Bierwelt (hg. von Conrad *Seidl*/Willibald *Katzinger*, Linz 1992) 135–142.
Josef *Janacek*, Die Handelsbeziehungen zwischen Prag und Linz im 16. Jahrhundert. HJbStL (1960) 55–80.
Helmuth *Jungwirth*, Die Münzstätte Wien und das neuzeitliche Geldwesen in Österreich, in: Geld. 800 Jahre Münzstätte Wien 97–142.
Josef *Kallbrunner*, Zur Geschichte der Barchentweberei in Österreich im 15. und 16. Jahrhundert. VSWG 23 (1930) 76–93.

Josef *Kallbrunner*, Hans Steinberger. Ein Beitrag zur Geschichte der Montanwirtschaft im Zeitalter Kaiser Rudolfs II. VSWG 27 (1934) 1–27.
Josef *Kallbrunner*, Lazarus Henckel von Donnersmark. VSWG 24 (1931) 142–156.
Josef *Kallbrunner*, Der oberdeutsche Kaufmann in Österreich vom Ausgang des Mittelalters bis zum Dreißigjährigen Krieg. Nachrichtenblatt des Vereins für Geschichte der Stadt Wien 1 (1939) 65–72.
Kurt *Kaser*, Der Kampf um das Waldregal in der Steiermark. ZHVSt 25 (1929) 25–46.
Willibald *Katzinger*, Das Bierland Oberösterreich, in: Bierwelt (hg. von Conrad *Seidl*/Willibald *Katzinger*, Linz 1992) 167–178.
Hermann *Kellenbenz*, Kapitalverflechtung im mittleren Alpenraum. Das Beispiel des Bunt- und Edelmetallbergbaus vom 15. bis zur Mitte des 17. Jahrhunderts. ZBLG 51 (1988) 13–50.
Hermann *Kellenbenz*, Lindau und die Alpenpässe. Tiroler Wirtschaftsstudien 33 (1977) 199–221.
Hermann *Kellenbenz*, Der Niedergang Venedigs und die Beziehungen Venedigs zu den Märkten nördlich der Alpen, in: *ders.*, Europa, Raum wirtschaftlicher Begegnungen. Kleine Schriften 1 (VSWG BH 92, Stuttgart 1991) 121–177.
Raimund *Kemper*, Zur Syphilis-Erkrankung des Conrad Celtis, zum ›Vaticinium‹ Ulsens und zum sogenannten ›Pestbild‹ Dürers. Archiv für Kulturgeschichte 59 (1977) 99–118.
Herbert *Klein*, Das große Sterben von 1348/49 und seine Auswirkungen auf die Besiedlung der Ostalpenländer. MGSLK 100 (1960) 91–170.
Kurt *Klein*, Bevölkerung und Siedlung, in: Geschichte Salzburgs II/2 (hg. von Heinz *Dopsch*/Hans *Spatzenegger*, Salzburg 1988) 1289–1360.
Kurt *Klein*, Daten zur Siedlungsgeschichte der österreichischen Länder bis zum 16. Jahrhundert (Wien 1980).
Kurt *Klein*, Quantitative Informationen zu den Verödungserscheinungen des 14.–16. Jahrhunderts in Niederösterreich, in: Mittelalterliche Wüstungen in Niederösterreich (hg. von Helmuth *Feigl*/Andreas *Kusternig*, Wien 1983) 55–77.
Kurt *Klein*, Siedlungs- und Bevölkerungsentwicklung Vorarlbergs im späten Mittelalter. Montfort 44 (1992) 125–143.
Kurt *Klein*, Siedlungswachstum und Häuserbestand Niederösterreichs im späteren Mittelalter. JbLkNÖ 43 (1977) 1–63.
Franz *Klein-Bruckschwaiger*, Der Bauernaufstand in St. Peter in der Au. Vorgeschichte und Folgen. JbLkNÖ 39 (1973) 113–154.
Richard *Klier*, Innerösterreichische Kaufleute als Besucher oberdeutscher Messen am Ende des Mittelalters, in: Die Steiermark im 16. Jahrhundert (Graz 1979) 9–18.
Richard *Klier*, Der Konkurrenzkampf zwischen dem böhmischen und dem idrianischen Quecksilber in der ersten Hälfte des 16. Jahrhunderts. Bohemia. Jb. des Collegium Carolinum 8 (1967) 82–110.
Herbert *Knittler*, Abriß einer Wirtschafts- und Sozialgeschichte der Doppelstadt Krems-Stein, in: 1000 Jahre Kunst in Krems (Krems 1971) 43–73.
Herbert *Knittler*, Adel und landwirtschaftliches Unternehmen im 16. und 17. Jahrhundert, in: Adel im Wandel. Politik – Kultur – Konfession 1500–1700. Niederösterreichische Landesausstellung 1990 (Wien 1990) 45–72.
Herbert *Knittler*, Burg – Festung – Garnison. BHS 9 (1979) 36–41.
Herbert *Knittler*, Dominium und Brauhaus. Herrschaftliche Bierbrauerei als vorindustrielles Gewerbe, in: Versuche und Ansätze zur Industrialisierung des Waldviertels (hg. von Helmuth *Feigl*/Willibald *Rosner*, Wien 1990) 331–347.
Herbert *Knittler*, Zur Einkommensstruktur niederösterreichischer Adelsherrschaften 1550–1750, in: Adel in der Frühneuzeit (hg. von R. *Endres*, Köln 1991) 73–98.
Herbert *Knittler*, Gewerblicher Eigenbetrieb und frühneuzeitliche Grundherrschaft am Beispiel des Waldviertels. MIÖG 92 (1984) 115–146.
Herbert *Knittler*, Nutzen, Renten, Erträge. Struktur und Entwicklung frühneuzeitlicher Feudaleinkommen in Niederösterreich (Wien 1989).
Herbert *Knittler*, Pferd oder Ochse. Spanntiergrenzen in Niederösterreich um 1800, in: Otto Winter zum 75. Geburtstag (JbLkNÖ NF 59, 1993) 147–164.
Herbert *Knittler*, Stadtgeschichtsforschung in Österreich. Entwicklung, Aufgaben und Probleme, in: Stadt und Stadtherr im 14. Jahrhundert (hg. von Wilhelm *Rausch*, Linz 1972) 379–400.
Herbert *Knittler*, Überlegungen zur Nutzung der Wasserenergie im 17. Jahrhundert. UH 54 (1983) 267–282.
Herbert *Knittler*, Zum Viehbesatz Weinviertler Bauernwirtschaften um die Mitte des 16. Jahrhunderts. UH 62 (1991) 17–32.
Herbert *Knittler*, Zwischen Ost und West. Niederösterreichs adelige Grundherrschaft 1550–1750. ÖZG 4 (1993) 191–217.
Gretl *Köfler*, Tirol und die Juden, in: Tirol und der Anschluß 169–182.
Fritz *Koller*, Die Salzachschiffahrt bis zum 16. Jahrhundert. MGSLK 123 (1983) 1–126.

Fritz *Koller*, Bayern – Salzburg – Berchtesgaden. Der Streit um den Salzhandel. ZBLG 50 (1987) 767–821.
Fritz *Koller*, Die Salzachschiffahrt bis zum 16. Jahrhundert. MGSLK 123 (1983) 1–126.
Fritz *Koller*, Salzgewinnung und Salzhandel unter den Erzbischöfen, in: Salz. Salzburger Landesausstellung 1994. Katalog (Salzburg 1994) 128–147.
John *Komlos*, Ernährung und wirtschaftliche Entwicklung unter Maria Theresia und Joseph II. Eine anthropometrische Geschichte der Industriellen Revolution in der Habsburgermonarchie (St. Katharinen 1994).
Joze *Koropec*, Der innerösterreichische Bauernkrieg im Jahre 1515 – der erste slowenische Bauernkrieg – der erste slowenische Bauernaufstand, in: Das Burgenland in seiner pannonischen Umwelt. FS für A. Ernst (Eisenstadt 1984) 228–241.
Heinz *Kreibich*, Die Geschichte der Salzburger Hofbrauereien. Jb. der Gesellschaft für die Geschichte und Bibliographie des Brauwesens (1955) 7–82; (1956) 7–169.
Harry *Kühnel*, Das Auftreten des »Englischen Schweißes« in Österreich 1529/30. JbLkNÖ NF 38 (1968/70) 339–343.
Harry *Kühnel*, Wohnen und Leben in niederösterreichischen Städten nördlich der Donau 1500–1650, in: Zwischen Herren und Ackersleuten (Horn 1990) 82–99.
Heinrich *Kunnert*, Nürnberger Montanunternehmer in der Steiermark. Veröff. d. Verbands österreichischer Geschichtsvereine 17 (1967) 106–115.
Christian *Lackner*, Das Finanzwesen der Herzoge von Österreich in der zweiten Hälfte des 14. Jahrhunderts. UH 63 (1992) 284–300.
Otto *Lamprecht*, Gemeinerschaften auf dem Besitz des Stiftes St. Paul im Lavanttal. ZHVSt 53 (1962) 29–35.
Otto *Lamprecht*, Die Verödung der Mittelsteiermark am Ende des Mittelalters. ZHVSt 30 (1936) 46–52.
Erich *Landsteiner*, Einen Bären anbinden. ÖZG 4 (1993) 218–252.
Erich *Landsteiner*, Weinbau und Gesellschaft in Mitteleuropa. Ein Interpretationsversuch am Beispiel des Retzer Gebietes (16.–18. Jahrhundert), in: Probleme des niederösterreichischen Weinbaus 99–139.
Erich *Landsteiner*, Weinbau und Gesellschaft in Ostmitteleuropa. Materielle Kultur, Wirtschaft und Gesellschaft im Weinbau, dargestellt am Beispiel Niederösterreichs in der frühen Neuzeit (Diss. Wien 1992).
Jacques *LeGoff*, Die Arbeitszeit in der »Krise« des 14. Jahrhunderts: Von der mittelalterlichen zur modernen Zeit, in: Für ein anderes Mittelalter. Zeit, Arbeit und Kultur im Europa des 5.–15. Jahrhunderts (hg. von *ders.*, Frankfurt 1984) 29–42.
Gerda *Leipold-Schneider*, Bevölkerungsgeschichte Feldkirchs bis ins 16. Jahrhundert (Schriftenreihe der Rheticus-Gesellschaft 25, Feldkirch 1991).
Hans *Lentze*, Die Gewerbereform Rudolfs IV., in: FS für Hans Schmitz. Bd. 2 (Wien 1967) 90–101.
Hans *Lentze*, Die rechtliche Struktur des mittelalterlichen Zunftwesens in Wien und den österreichischen Städten. MVGStW 15 (1935) 15–41.
Erna *Lesky*, Arbeitsmedizin im 18. Jahrhundert. Werksarzt und Arbeiter im Quecksilberbergwerk Idria (Wien 1956).
Erich *Lindeck-Pozza*, Wiener Neustadts Streben nach der Vorherrschaft im Eisenhandel des südöstlichen Niederösterreich (bis zur Eisenordnung Maximilians II. 1574). JbLkNÖ 31 (1954) 114–132.
Die Listen der Brandsilberproduktion des Falkenstein bei Schwaz (hg. von Ekkehard *Westermann*, Leobener Grüne Hefte NF 7, Wien 1988).
Maja *Loehr*, Thörl. Geschichte eines steirischen Eisenwerkes vom 14. Jahrhundert bis zur Gegenwart (Wien 1952).
Klaus *Lohrmann*, Die spätmittelalterlichen Städte Österreichs als konkurrierende Zentralorte, in: Österreichs Städte und Märkte 31–42.
Klaus *Lohrmann*, Die Judenverfolgungen zwischen 1290 und 1420 als theologisches und soziales Problem, in: Wellen der Verfolgung 40–51.
Karl-Heinz *Ludwig*, Zur Problematik der Göpelförderung im mittelalterlichen und frühneuzeitlichen Bergbau, in: Hochfinanz, Wirtschaftsräume, Innovationen. FS für Wolfgang von Stromer. Bd. 3 (Trier 1987) 1023–1039.
Karl-Heinz *Ludwig*, Sozialemanzipatorische, politische und religiöse Bewegungen 1524–1526 im Montanwesen des Ostalpenraumes, in: Die Bauernkriege und Michael Gaismair (hg. von F. *Dörrer*, Innsbruck 1982) 211–224.
Karl-Heinz *Ludwig*, Sozialstruktur, Lehenschaftsorganisation und Einkommensverhältnisse im Bergbau des 15. und 16. Jahrhunderts, in: Montanwirtschaft Mitteleuropas 118–124.
Karl-Heinz *Ludwig*/Fritz *Gruber*, Gold- und Silberbergbau im Übergang vom Mittelalter zur Neuzeit. Das Salzburger Revier von Gastein und Rauris (Köln 1987).
Josef *Macek*, Der Tiroler Bauernkrieg und Michael Gaismair (Berlin 1965).
László *Makkai*, Der ungarische Viehhandel 1550–1650 nach Westen, in: Der Außenhandel Ostmitteleuropas 1450–1650 (hg. von Ingomar *Bog*, Wien 1971) 483–506.

Alfred *Marks*, Das Leinengewerbe und der Leinenhandel im Lande ob der Enns von den Anfängen bis in die Zeit Maria Theresias. JbooMV 95 (1950) 169–286.
Franz *Mathis*, Handwerk, Handel und Verkehr (1519–1816), in: Geschichte Salzburgs II/4 (hg. von Heinz *Dopsch*/Hans *Spatzenegger*, Salzburg 1991) 2563–2594.
Franz *Mathis*, Urbanisierung und städtische Infrastruktur, in: Von der Glückseligkeit des Staates 162–175.
Franz *Mathis*, Die wirtschaftliche Entwicklung in der frühen Neuzeit (1519–1740), in: Chronik der Tiroler Wirtschaft (Wien 1991) 75–114.
Matthias *Mayer*, Der mittelalterliche Weinbau im Nordtiroler Unterlande (Schlern-Schriften 95, Innsbruck 1952).
Theodor *Mayer*, Der auswärtige Handel des Herzogtums Österreich im Mittelalter (Innsbruck 1909).
Theodor *Mayer*, Die Stellung der Städte Krems und Stein im mittelalterlichen Handel Österreichs. JbLkNÖ NF 13/14 (1915) 236–251.
Fritz *Mayrhofer*, Vom Linzer Bier, in: Bierwelt (hg. von Conrad *Seidl*/Willibald *Katzinger*, Linz 1992) 179–190.
Ralph *Melville*, Grundherrschaft, rationale Landwirtschaft und Frühindustrialisierung, in: Von der Glückseligkeit des Staates 295–313.
Friedrich *Merzbacher*, Das Passauer Stapelrecht, in: FS für Heinrich Demelius zum 80. Geburtstag (hg. von Gerhard *Frotz*/Werner *Ogris*, Wien 1973) 181–198.
Gustav Adolf v. *Metnitz*, Geadelte Bürger in Kärnten. Car I 154 (1964) 70–151; 155 (1965) 437–503; 156 (1966) 184–200.
Mittelalterliche Wüstungen in Niederösterreich (hg. von Helmuth *Feigl*/Andreas *Kusternig*, Wien 1983).
Michael *Mitterauer*, Familie und Arbeitsorganisation in städtischen Gesellschaften des späten Mittelalters und der frühen Neuzeit, in: Haus und Familie in der spätmittelalterlichen Stadt (hg. von Alfred *Haverkamp*, Köln 1984) 1–36.
Michael *Mitterauer*, Produktionsweise, Siedlungsstruktur und Sozialformen im österreichischen Montanwesen des Mittelalters und der frühen Neuzeit, in: Österreichisches Montanwesen 234–315.
Michael *Mitterauer*, Typen und räumliche Verteilung der mittelalterlichen Städte und Märkte in den österreichischen Ländern, in: Erzeugung, Verkehr und Handel in der Geschichte der Alpenländer. FS für Herbert Hassinger (hg. von Franz *Huter*/Georg *Zwanowetz*, Innsbruck 1977) 259–282.
Michael *Mitterauer*, Die Wirtschaftspolitik der österreichischen Landesfürsten im Spätmittelalter und ihre Auswirkungen auf den Arbeitsmarkt, in: Wirtschaftspolitik und Arbeitsmarkt (hg. von Hermann *Kellenbenz*, Wien 1974) 15–46.
Karl *Moeser*, Die drei Tiroler Wirtschaftsordnungen aus der Pestzeit des 14. Jahrhunderts, in: Beiträge zur geschichtlichen Landeskunde Tirols. FS für Franz Huter (Innsbruck 1959) 253–263.
Heinz *Moser*/Helmut *Rizzolli*, Tiroler Münzbuch: die Geschichte des Geldes aus den Prägestätten des alttirolischen Raumes (Innsbruck 1984).
Albert *Müller*, Machtpositionen und Ordnungen. Zwei oder drei Bausteine zu einer Sozialgeschichte von Wiener Neustadt im Spätmittelalter, in: »Die Wienerische Neustadt« 425–470.
Norbert *Mumelter*, Der Kuntersweg (Karneid 1984).
Georg *Mutschlechner*, Kitzbüheler Bergbaugeschichte, in: Stadtbuch Kitzbühel. Bd. 2 (Kitzbühel 1968) 137–223.
Georg *Mutschlechner*/Rudolf *Palme*, Das Messingwerk in Pflach bei Reutte. Ein bedeutsames Industrieunternehmen zu Beginn der Neuzeit (Reutte 1976).
Janken *Myrdal*, The Plunge Churn from Ireland to Tibet, in: Food and Drink and Travelling Accessories (hg. von Alexander *Fenton*/Janken *Myrdal*, Edinburgh 1988) 111–137.
Vladimir *Nekuda*, Bauern im Mittelalter, in: Bauernkalender. Bauern – Unser Leben – Unsere Zukunft (Wien 1992) 45.
Wilhelm *Neumann*, Zu den Folgen des Erdbebens von 1348. 1. Teil: In Villach; 2. Teil: Im Gailtal bei Arnoldstein. Neues aus Alt-Villach 24 (1987) 25–40; 25 (1988) 9–68.
Wilhelm *Neumann*, Eine neue Nachricht über das Erdbeben und die Pest von 1348 in Villach. Neues aus Alt-Villach 8 (1971) 75–88.
Josef *Ofner*, Die Ennsschiffahrt. Veröffentlichungen des Kulturamtes der Stadt Steyr (1951) 3 ff.
Josef *Ofner*, Die Gesellschaft der Rohr- und Büchsenhandlung in Steyr. Veröffentlichungen des Kulturamtes der Stadt Steyr 22 (1961) 30 ff.
Ferdinand *Olbort*, Die Pest in Niederösterreich von 1653 bis 1683 (Diss. Wien 1973).
Ferdinand *Olbort*, Die Pestepidemie von 1653 bis 1657 in Niederösterreich. UH 45 (1974) 11–23.
Ferdinand *Olbort*, Vergessene Pestjahre. Die Seuche von 1653 bis 1656 in Wien. WGBl 28 (1973) 10–14.
Ferdinand *Opll*, Das österreichische Städtewesen vom Mittelalter bis zum Beginn des 17. Jahrhunderts. pro civitate Austriae 13 (1991) 17–34.
Gustav *Otruba*, Gewerbe und Zünfte in Niederösterreich (St. Pölten 1989).

Gustav *Otruba*, Vom Handwerk zur Manufaktur, in: Niederösterreichische Wirtschaftschronik (Wien 1994) 15–34.
Gustav *Otruba*, Das österreichische Wirtschaftssystem im Zeitalter des Prinzen Eugen, in: Prinz Eugen von Savoyen und seine Zeit (hg. von Johannes *Kunisch*, Würzburg 1986) 57–90.
Gustav *Otruba*/Josef A. *Sagoschen*, Gerberzünfte in Österreich: Organisation und Brauchtum eines weitverbreiteten Handwerks in sieben Jahrhunderten (Wien 1964).
Szigmond P. *Pach*, Zur Geschichte der Handelsbeziehungen zwischen Österreich und Ungarn im 15. und 16. Jahrhundert. MÖSTA 25 (1972) 244–256.
Rudolf *Palme*, Einige Bemerkungen zu den älteren Bodenleiheverhältnissen in Tirol, in: FS für Louis Carlen zum 60. Geburtstag (Zürich 1989) 183–194.
Rudolf *Palme*, Frühe Neuzeit (1490–1665), in: Geschichte des Landes Tirol. Bd. 2 (hg. von Josef *Fontana* u. a., Bozen/Innsbruck 1986) 3–287.
Rudolf *Palme*, Die Salzproduktion in Hall in Tirol und in Reichenhall 1507–1571: Beschreibung, Vergleich und Deutung einer ähnlichen tendenziellen Entwicklung, in: Quantifizierungsprobleme bei der Erforschung der europäischen Montanwirtschaft des 15. bis 18. Jahrhunderts (St. Katharinen 1988) 53–70.
Rudolf *Palme*, Zur spätmittelalterlichen und frühneuzeitlichen Sozial- und Rechtsgeschichte der Juden in Tirol, in: Die Juden in ihrer mittelalterlichen Umwelt (hg. von Alfred *Ebenbauer*/Klaus *Zatloukal*, Wien 1991) 183–204.
Rudolf *Palme*, Stollen, Schächte, fahle Erze. Zur Geschichte des Schwazer Bergbaus (Schwaz ^{3}1993).
Anton *Pantz*, Die Innerberger Hauptgewerkschaft 1625–1783 (Graz 1906).
Richard *Peinlich*, Geschichte der Pest in Steiermark. 2 Bde. (Graz 1877–1878).
Richard *Perger*, Beiträge zur Wiener Verfassungs- und Sozialgeschichte im Spätmittelalter. JbVGStW 32/33 (1976/77) 11–41.
Richard *Perger*, Familien- und Handelsbeziehungen des Wiener Bürgertums in der ersten Hälfte des 16. Jahrhunderts, in: Bericht über den 15. österreichischen Historikertag (Salzburg 1984) 353–361.
Richard *Perger*, Die Grundherren im mittelalterlichen Wien, in: Die Stadt und die Wildnis. Wien 1000–1500 (Basel 1992) 103–109.
Richard *Perger*, Die politische Rolle der Wiener Handwerker im Spätmittelalter. WGBl 38 (1983) 1–36.
Gerhard *Pferschy*, Zu den politischen Aktivitäten der steirischen Bauernschaft im 15. Jahrhundert, in: Siedlung, Macht und Wirtschaft. FS für Fritz Posch (hg. von Gerhard *Pferschy*, Graz 1981) 151–157.
Othmar *Pickl*, Das älteste Geschäftsbuch Österreichs. Die Gewölberegister der Wiener Neustädter Firma Alexius Funck (1516–1538) und verwandtes Material zur Geschichte des steirischen Handels im 15./16. Jahrhundert (Graz 1966).
Othmar *Pickl*, Die Auswirkungen der Türkenkriege auf den Handel zwischen Ungarn und Italien im 16. Jahrhundert, in: Die wirtschaftlichen Auswirkungen der Türkenkriege (hg. von *ders.*, Graz 1971) 71–130.
Othmar *Pickl*, Die Auswirkungen des Großen Sterbens auf die Siedlungsstruktur der Steiermark, in: Wirtschafts- und sozialhistorische Beiträge. FS für A. Hoffmann (hg. von Herbert *Knittler*, Wien 1979) 41–66.
Othmar *Pickl*, Glaubenskampf und Türkenkriege in ihren Auswirkungen auf das Siedlungswesen und die Bevölkerungsstruktur der österreichischen Länder, in: Siedlungs- und Bevölkerungsgeschichte Österreichs (Wien 1974) 97–113.
Othmar *Pickl*, Grazer Finanzleute und Fernhändler im 15. und 16. Jahrhundert, in: 850 Jahre Graz 1128–1978 (hg. von Wilhelm *Steinböck*, Graz 1978) 147–165.
Othmar *Pickl*, Der Handel Wiens und Wiener Neustadts mit Böhmen, Mähren, Schlesien und Ungarn in der ersten Hälfte des 16. Jahrhunderts, in: Der Außenhandel Ostmitteleuropas 1450–1650 (hg. von Ingomar *Bog*, Wien 1971) 320–341.
Othmar *Pickl*, Zur Handelspolitik der frühen Habsburger in Innerösterreich, in: Der Unternehmer und die Geschichte. FS für Alois Brusatti (Wien 1979) 82–103.
Othmar *Pickl*, Österreichisch-ungarische Handelsbeziehungen entlang der Donau vom 15. bis zum 18. Jahrhundert. HJbStL (1987) 11–40.
Othmar *Pickl*, Peter Hofkircher – ein steirischer Waffenschmied zur Zeit des Frühkapitalismus. ZHVSt 53 (1962) 69–83.
Othmar *Pickl*, Pettaus Kampf um sein Niederlagsrecht (1520–1535). MIÖG 78 (1970) 432–443.
Othmar *Pickl*, Routen, Umfang und Organisation des innereuropäischen Handels mit Schlachtvieh im 16. Jahrhundert, in: FS für Hermann Wiesflecker zum 60. Geburtstag (Graz 1973) 143–166.
Othmar *Pickl*, Die Ursachen der sozialen und wirtschaftlichen Umbrüche des 14./15. Jahrhunderts. ZHVSt 14 (1967) 16–32.
Othmar *Pickl*, Der Viehhandel von Ungarn nach Oberitalien vom 14. bis zum 17. Jahrhundert, in: Internationaler Ochsenhandel 1350–1750 (hg. von Ekkehard *Westermann*, Stuttgart 1979) 39–84.
Othmar *Pickl*, Die Ze(i)ringer von Zeiring und Judenburg. Fernhändler und Montangewerken aus der Stei-

ermark, in: Hochfinanz, Wirtschaftslandschaften und Innovationen. FS für Wolfgang v. Stromer (hg. von Uwe *Bestmann* u. a., Bamberg 1987) 541–558.
Hans *Pirchegger*, Das steirische Eisenwesen bis 1564 (Steirisches Eisen 2, Graz 1937).
Hans *Pirchegger*, Das steirische Eisenwesen von 1564 bis 1625 (Steirisches Eisen 3, Graz 1939).
Reinhard *Pohanka*, Die Unbehausten. Arme, Randschichten und Fahrende Leute in und um die mittelalterliche Stadt, in: Die Stadt und die Wildnis. Wien 1000–1500 (Basel 1992) 111–124.
Fritz *Popelka*, Geschichte des Handwerkes in Obersteiermark bis zum Jahre 1527. VSWG 19 (1926) 86–144.
Fritz *Popelka*, Lebensmittelpreise und Löhne in Graz vom 16. bis zum 18. Jahrhundert. VSWG 23 (1930) 157–218.
Harald *Prickler*, Das Volumen des westlichen ungarischen Außenhandels vom 16. Jahrhundert bis 1700, in: Die wirtschaftlichen Auswirkungen der Türkenkriege (hg. von Othmar *Pickl*, Graz 1971) 131–144.
Peter *Putzer*, Vom Zunftzwang zur Gewerbefreiheit. Aspekte der rechtlichen Ordnung des Salzburger Gewerbes, in: Vom Stadtrecht zur Bürgerbeteiligung. FS 700 Jahre Stadtrecht von Salzburg (hg. von Heinz *Dopsch*, Salzburg 1987) 107–125.
Quellen zur Geschichte des Zollwesens und Handelsverkehrs in Tirol und Vorarlberg vom 13.–18. Jahrhundert (hg. von Otto *Stolz*, Stuttgart 1955).
Wilhelm *Rausch*, Handel an der Donau. 1. Die Geschichte der Linzer Märkte im Mittelalter (Linz 1969).
Wilhelm *Rausch*, Das Linzer Repressalienrecht, in: Bericht über den 11. österreichischen Historikertag (Wien 1972) 249–259.
Franz *Rauscher*, Die Bauernrevolte im Gföhlerwald anno 1769. Das Waldviertel 5 (1956) 41–64.
Hermann *Rebel*, Peasant Classes. The Bureaucratization of Property and Family Relations under Early Habsburg Absolutism 1511–1636 (Princeton 1983).
Die Rechnungen des Kirchenmeisteramtes von St. Stephan zu Wien (hg. von Karl *Uhlirz*, Wien 1901/1902).
Gustav *Reingrabner*, Adel und Reformation. Beiträge zur Geschichte des protestantischen Adels im Lande unter der Enns während des 16. und 17. Jahrhunderts (Wien 1976).
Gerhard *Rill*, Quecksilber aus Idria. Zur Wertung des Höchstetter-Vertrages von 1525 im Rahmen der österreichischen Finanzen. MÖSTA 40 (1987) 27–60.
Helga *Rist*, Der Wald nimmt zu. Untersuchungen zu spätmittelalterlichen Wüstungen im Ostalpen- und Donauraum (DA Wien 1987).
Helmut *Rizzolli*, Münzgeschichte des alttirolischen Raumes im Mittelalter und Corpus nummorum tirolensium mediaevalium. Bd. 1: Die Münzstätten Brixen-Innsbruck, Trient, Lienz und Meran vor 1363 (Bozen 1991).
Paul W. *Roth*, Die Glaserzeugung in der Steiermark von den Anfängen bis 1913 (Graz 1976).
Paul W. *Roth*, Der Kupfererzbergbau Radmer und seine europäische Bedeutung, in: Aus der Geschichte des Erzbergbaues im zentraleuropäischen Raum (Leobener Grüne Hefte NF 1, Wien 1992) 103–108.
Alois *Ruhri*/Reinhard *Dittrich*, Schwerpunkte der Waffenerzeugung im Umkreis des Steirischen Erzbergs, in: Erz und Eisen in der Grünen Mark 235–266.
Klaus *Rumpler*, In Salzburg steht ein Hofbräuhaus ..., in: Bierwelt (hg. von Conrad *Seidl*/Willibald *Katzinger*, Linz 1992) 161–166.
Leopold *Sailer*, Das Bierbrau- und Schankmonopol des Wiener Bürgerspitals. MVGStW 6 (1926) 1–33.
Hermann *Sander*, Der Bauernaufstand in Vorarlberg im Jahre 1525. MIÖG Erg.Bd. 4 (Wien 1893) 297–372.
Roman *Sandgruber*, Die Innerberger Eisenproduktion in der frühen Neuzeit, in: Österreichisches Montanwesen 72–105.
Roman *Sandgruber*, Der Scheibbser Eisen- und Provianthandel vom 16. bis ins 18. Jahrhundert, mit besonderer Berücksichtigung preis- und konjunkturgeschichtlicher Probleme (Diss. Wien 1971).
Roman *Sandgruber*, Zur Wirtschaftsentwicklung Niederösterreichs im 16. und 17. Jahrhundert. UH 45 (1974) 210–221.
Tullius R. *Sartori-Montecroce*, Geschichte des landschaftlichen Steuerwesens in Tirol. Von Kaiser Maximilian I. bis Maria Theresia. Beiträge zur österreichischen Reichs- und Rechtsgeschichte 2 (Innsbruck 1902) 1–334.
Karl *Schalk*, Gemeiner Arbeitslohn und Kaufkraft des Geldes in Wien im 15. Jahrhundert (1424–1527). Wiener Kommunal-Kalender (1888) 231–258.
Karl *Schalk*, Die Wiener Handwerker um die Zeit des Aufstandes von 1462 und die Bevölkerungszahl von Wien. JbLkNÖ NF 13/14 (1915) 300–346.
Ludwig *Scheuermann*, Die Fugger als Montanindustrielle in Tirol und Kärnten. Ein Beitrag zur Wirtschaftsgeschichte des 16. und 17. Jahrhunderts (München 1929).
Luise *Schneider*, Untersuchungen über die österreichische Chronik Jakob Unrests (Diss. Wien 1939).
Friedrich *Schober*, Zur Geschichte des Bauernaufstandes 1632. MOÖLA 2 (1952) 175–186.
Peter *Schöll*, Die Rauriser Wälder und ihre Schlägerung zur Deckung des Holzbedarfs des Rauriser Goldbergbaus im Mittelalter – ein Umweltthema des Mittelalters. MGSLK 130 (1990) 361–406.

Bernhard *Schretter*, Die Pest in Tirol 1611–1612. Ein Beitrag zur Medizin-, Kultur- und Wirtschaftsgeschichte der Stadt Innsbruck und der übrigen Gerichte Tirols (Innsbruck 1982).
Bernhard *Schretter*, Seuchen in der Geschichte Tirols, in: St. Prokulus in Naturns. Ergrabene Geschichte. Von den Menschen des Frühmittelalters und der Pestzeit (hg. von Südtiroler Landesmuseum für Archäologie, Schloß Tirol 1991) 40–83.
Schriftdenkmäler des steirischen Gewerbes. Bd. 1 (hg. von Fritz *Popelka*, Graz 1950).
Alois *Schulte*, Geschichte der Großen Ravensburger Handelsgesellschaft 1380–1530. 3 Bde. (Stuttgart 1923).
Winfried *Schulze*, Landesdefension und Staatsbildung. Studien zum Kriegswesen des österreichischen Territorialstaates (1564–1619) (Wien 1973).
Winfried *Schulze*, Der windische Bauernaufstand von 1573. Bauernaufstand und feudale Herrschaft im späten 16. Jahrhundert. Südost-Forschungen 32 (1974) 15–61.
Schwazer Bergbuch: Von dem hoch- und weltberühmten Bergwerk am Falkenstein zu Schwaz in der fürstlichen Grafschaft Tyrol und anderen dazugehörigen Bergwerken (Codex Vindobonensis 10.852, 1556) (Übertragung des Textes in den heutigen Sprachgebrauch von Heinrich *Winkelmann*, Faksimile-Ausgabe, Graz/Essen 1988).
Leopold *Senfelder*, Das niederösterreichische Sanitätswesen und die Pest im XVI. und XVII. Jahrhundert. BlLkNÖ NF 33 (1899) 35–80.
Die Stadt am Ausgang des Mittelalters (hg. von Wilhelm *Rausch*, Beiträge zur Geschichte der Städte Mitteleuropas 3, Linz 1974).
Die Stadt an der Schwelle zur Neuzeit (hg. von Wilhelm *Rausch*, Beiträge zur Geschichte der Städte Mitteleuropas 4, Linz 1980).
Johann *Stehrer*, Beiträge zur Entwicklung der Almwirtschaft der östlichen Osterhorngruppe (Land Salzburg). MGSLK 129 (1989) 385–410.
Karl *Stolz*, Die Wiener Nahrungs- und Genußmittelpolitik im Mittelalter. MVGStW 8 (1928) 5–30.
Otto *Stolz*, Neue Beiträge zur Geschichte des Niederlagsrechtes und Rodfuhrwesens in Tirol. VSWG 22 (1929) 144–173.
Manfred *Straka*/Walter *Neunteufl*, Die steirische Bevölkerung, in: Die Steiermark. Land, Leute, Leistung (Graz 1971) 256–274.
Jakob *Strieder*, Studien zur Geschichte der kapitalistischen Organisationsformen. Monopole, Kartelle und Aktiengesellschaften im Mittelalter und am Beginn der Neuzeit (München 1914).
Wolfgang v. *Stromer*, Wassernot und Wasserkünste im Bergbau des Mittelalters und der frühen Neuzeit, in: Montanwirtschaft Mitteleuropas 50–72.
Wolfgang v. *Stromer*, Die Zeringer. Steirisch-Nürnberger innovatorische Montanunternehmer und Fernhändler im 15. Jahrhundert, in: FS für Othmar Pickl (hg. von Herwig *Ebner* u. a., Graz 1987) 603–632.
Lothar *Suhling*, Herzog Ludwig der Reiche als Montanunternehmer am Inn. Versuch eines Technologietransfers von Nürnberg nach Brixlegg in den Jahren 1467/8. Veröffentlichungen des Museums Ferdinandeum 57 (1977) 119–136.
Lothar *Suhling*, Innovationen im Montanwesen der Renaissance. Zur Frühgeschichte des Tiroler Abdarrprozesses. Technikgeschichte 42 (1975) 97–119.
Lothar *Suhling*, Schmelztechnische Entwicklungen im ostalpinen Metallhüttenwesen des 15. und 16. Jahrhunderts, in: Montanwirtschaft Mitteleuropas 125–130.
Rudolf *Tasser*, Der Kupfererzbergbau von Prettau im Ahrntal – Der Erztransport und damit zusammenhängende Fragen. Res Montanarum. Zeitschrift des Montanhistorischen Vereins für Österreich 4 (1992) 40–50.
Viktor *Thiel*, Geschichte der Papiererzeugung im Donauraum (Biberach 1940).
Viktor *Thiel*, Geschichte der Papiererzeugung und des Papierhandels in Steiermark. Zentralblatt für die Papierindustrie (1926) H. 1–7, 1–34.
Viktor *Thiel*, Die Handwerkerordnung Ferdinands I. für die fünf niederösterreichischen Lande (1527). JbLkNÖ NF 8 (1909) 27–66.
Ferdinand *Tremel*, Die Anfänge der Gemeinerschaften in den Ostalpen. VSWG 33 (1940) 171–180.
Ferdinand *Tremel*, Beiträge zur Handelsgeschichte Leobens in der frühen Neuzeit. ZHVSt 60 (1969) 107–126.
Ferdinand *Tremel*, Das Eisenwesen in der Steiermark und in Tirol 1500–1600, in: Schwerpunkte der Eisengewinnung und Eisenverarbeitung in Europa 1500–1650 (hg. von Hermann *Kellenbenz*, Köln 1974) 285–308.
Ferdinand *Tremel*, Zur Erforschung der Wüstungen im ausgehenden Mittelalter. ZHVSt 37 (1946) 108–111.
Ferdinand *Tremel*, Der Frühkapitalismus in Innerösterreich (Graz 1954).
Ferdinand *Tremel*, Das Handelsbuch des Judenburger Kaufmannes Clemens Körbler 1526–1548. Beiträge zur Erforschung steiermärkischer Geschichtsquellen NF 15 (1960).
Ferdinand *Tremel*, Studien zur Wirtschaftspolitik Friedrichs III. 1435–1453. Car I 146 (1956) 549–580.

Ferdinand *Tremel*, Tucherzeugung und Tuchhandel im Ostalpenraum vom 13. bis zum 16. Jahrhundert, in: Produzione, commercio e consumo dei panni di lana. Atti della Seconda Settimana di studio 1970 (Firenze 1976) 311–323.
Ferdinand *Tremel*, Der Venezianer Handel Wiens in der ersten Hälfte des 17. Jahrhunderts, in: Mélanges Fernand Braudel. Bd. 2 (1973) 622–631.
Herbert *Tschulk*, Weinbau im alten Wien. WGBl BH 7 (1982).
Eike Eberhard *Unger*, Die Fugger in Hall i. T. (Tübingen 1967).
Helfried *Valentinitsch*, Advokaten, Winkelschreiber und Bauernprokuratoren in der frühen Neuzeit, in: Aufstände, Revolten, Prozesse. Beiträge zu bäuerlichen Widerstandsbewegungen im frühneuzeitlichen Europa (hg. von W. *Schulze*, Stuttgart 1983) 188–201.
Helfried *Valentinitsch*, Die Eisenstraße über den Präbichl und die Mautordnung von 1569. Der Leobener Strauß 9 (1981) 251–264.
Helfried *Valentinitsch*, Das eisenverarbeitende Gewerbe im Umkreis des Steirischen Erzberges, in: Erz und Eisen in der Grünen Mark 207–233.
Helfried *Valentinitsch*, Die Eisenverarbeitung in Kärnten in vorindustrieller Zeit, in: Grubenhunt & Ofensau 281–292.
Helfried *Valentinitsch*, Idria und Fragen der Umweltgestaltung, in: Wirtschaftsentwicklung und Umweltbeeinflussung (hg. von Hermann *Kellenbenz*, Wiesbaden 1982).
Helfried *Valentinitsch*, Das landesfürstliche Quecksilberbergwerk Idria 1575–1659 (Graz 1981).
Helfried *Valentinitsch*, Quecksilberbergbau, -verhüttung und -handel in der frühen Neuzeit, in: Montanwirtschaft Mitteleuropas 199–203.
Helfried *Valentinitsch*, Die Standorte der österreichischen Rüstungsproduktion in der frühen Neuzeit, in: Beiträge zur eisengeschichtlichen Forschung in Österreich (Leobener Grüne Hefte NF 6, Wien 1986) 161–172.
Helfried *Valentinitsch*, Umweltprobleme. Das Beispiel der innerösterreichischen Länder in der frühen Neuzeit. BHS 20 (1990) 124–127.
Helfried *Valentinitsch*, Die Verpachtung von Handelsmonopolen durch den Landesfürsten in Innerösterreich, in: Menschen & Münzen & Märkte 85–95.
Georg *Wacha*, Zur Wetterchronik des Linzer Raumes, in: Witterung und Klima von Linz (Wien 1959).
Wilhelm *Wadl*, Geschichte der Juden in Kärnten im Mittelalter (Klagenfurt 1981).
Christoph *Wagner*/Harald *Waitzbauer*, 500 Jahre Salzburger Stiegl-Bier 1492–1992 (Wien 1992).
Friedrich *Walter*, Die österreichischen Eibenholzmonopole des 16. Jahrhunderts. VSWG 27 (1934) 313–335.
Weinkultur. 2 Bde. (hg. von Ileane *Schwarzkogler*/Harald *Vetter*, Graz 1990).
Markus J. *Wenninger*, Zur Geschichte der Juden in Salzburg, in: Geschichte Salzburgs I/2 (hg. von Heinz *Dopsch*, Salzburg [2]1983) 747–756.
Heinrich *Werneck*, Brauwesen und Hopfenbau in Oberösterreich von 1100–1930. Jb. der Gesellschaft für die Geschichte und Bibliographie des Brauwesens (1937) 47–101, (1938) 18–79, (1939/40) 89–163.
Heinrich *Werneck*, Der Rückzug des Weinbaues in Nieder- und Oberösterreich seit 1600. Veröffentlichungen des Verbandes österreichischer Geschichtsvereine 2 (1952) 51–54.
Ekkehard *Westermann*, Zur Brandsilber- und Kupferproduktion des Falkenstein bei Schwaz, 1470 bis 1623. Tiroler Heimat 50 (1986) 109–125.
Ekkehard *Westermann*, The Brass-works of the Höchstetter at Pflach near Reutte in the Tirol, 1509–1529, in: Industry and Finance in Early Modern History. Essays presented to George Hammersley (hg. von Ian *Blanchard* u. a., Stuttgart 1992) 161–185.
Ekkehard *Westermann*, Zur Silber- und Kupferproduktion Mitteleuropas vom 15. bis zum frühen 17. Jahrhundert. Über Bedeutung und Rangfolge der Reviere von Schwaz, Mansfeld und Neusohl. Der Anschnitt 38 (1986) 188–194.
Hermann *Wiesflecker*, Ein neuer Beitrag zur Berechnung der Bevölkerungszahl der österreichischen Länder um 1518, in: Siedlung, Macht und Wirtschaft. FS für Fritz Posch (hg. von Gerhard *Pferschy*, Graz 1981) 347–350.
Inge *Wiesflecker-Friedhuber*, Die Austreibung der Juden aus der Steiermark unter Maximilian I., in: Juden im Grenzraum (hg. von Rudolf *Kropf*, Eisenstadt 1993) 47–64.
Thomas *Winkelbauer*, »Das Geld ist sanguis corporis politici«, in: Geld. 800 Jahre Münzstätte Wien 143–160.
Die wirtschaftlichen Auswirkungen der Türkenkriege (hg. von Othmar *Pickl*, Graz 1971).
Heinz *Zatschek*, Handwerk, Stadt und Landesfürst. Eine Studie zur Gesetzgebung in den Anfängen Leopolds I. JbVGStW 10 (1952/53) 138–200.
Heinz *Zatschek*, Studien zur Wiener Handels- und Gewerbegeschichte. JbVGStW 21/22 (1965/66) 229–249.
Peter *Zauner*, Quellen zur Geschichte der bäuerlichen Erhebung im Land ob der Enns von 1525 (StA IfÖG 1986).

Der schöne Schein des Barock

Max *Adler*, Die Anfänge der merkantilistischen Gewerbepolitik in Österreich. Wiener Staatswissenschaftliche Studien 4/3 (Wien 1903).

Karl Othmar v. *Aretin*, Fürst Kaunitz und die österreichisch-ostindische Handelskompagnie von 1775. VSWG 46 (1959) 361–377.

Fulvio *Barbudieri*, Trieste e gli interessi austriaci in Asia nei secoli XVIII e XIX (Padova 1966).

Isolde *Beck*, Hexenprozesse in Oberösterreich (Linz 1987).

Jean *Bérenger*, Finances et absolutisme autrichien dans la seconde moitié du XVIIème siècle (Paris 1975).

Peter *Berger*, Finanzwesen und Staatswerdung. Zur Genese absolutistischer Herrschaftstechnik in Österreich, in: Von der Glückseligkeit des Staates 105–136.

Maria Ludmilla *Berghammer*, Der Greinburger Hexenprozeß 1694/95 (Wien 1987).

Werner *Berthold*, Die Einkommensstruktur der adeligen Herrschaften um die Mitte des 18. Jahrhunderts, in: Nutzen, Renten, Erträge. Struktur und Entwicklung frühneuzeitlicher Feudaleinkommen in Niederösterreich (hg. von Herbert *Knittler*, Wien 1989) 204–237.

Ignaz *Bidermann*, Die Wiener Stadtbank. AÖG 20 (1859) 341–445.

Jerôme *Blum*, Von der Leibeigenschaft zur Freiheit, in: Die bäuerliche Welt: Geschichte und Kultur in sieben Jahrhunderten (hg. von *ders.*, München 1982).

Heinz-Joachim *Brauleke*, Leben und Werk des Kameralisten Philipp Wilhelm von Hörnigk: Versuch einer wissenschaftlichen Biographie (Frankfurt am Main 1978).

Josef *Breu*, Die Kroatensiedlung im Burgenland und den anschließenden Gebieten (Wien 1970).

Ernst *Bruckmüller*, Die habsburgische Monarchie im Zeitalter des Prinzen Eugen zwischen 1683 und 1740, in: Österreich und die Osmanen. Prinz Eugen und seine Zeit (hg. von Erich *Zöllner*/Karl *Gutkas*, Wien 1988) 88–119.

Otto *Brunner*, Adeliges Landleben und europäischer Geist. Leben und Werk Wolf Helmhards von Hohberg 1612–1688 (Salzburg 1949).

Wolfgang *Brunner*, Städtisches Tanzen und das Tanzhaus im 16. Jahrhundert, in: Alltag im 16. Jahrhundert (hg. von Alfred *Kohler*/Heinrich *Lutz*, Wien 1987) 45–64.

Karl Heinz *Burmeister*, Die Entwicklung der Hohenemser Judengemeinde, in: Hohenems. Geschichte (Hohenems 1975) 171–188.

Fritz *Byloff*, Hexenglaube und Hexenverfolgung in den österreichischen Alpenländern (Berlin 1934).

Heimo *Cerny*, Wolf Helmhard von Hohberg (1612–1688): ein niederösterreichischer Landedelmann, Schriftsteller und Agronom. JbLkNÖ NF 54/55 (1988/89) 59–84.

Heide *Dienst*, Magische Vorstellungen und Hexenverfolgungen in den österreichischen Ländern (15. und 18. Jahrhundert), in: Wellen der Verfolgung 70–94.

Karl *Dinklage*, Hans Schmidt von Helding. Künstler, Gewerke und Kaufmann der Frühbarockzeit, in: Exportgewerbe und Außenhandel vor der Industriellen Revolution (hg. von Franz *Mathis*/Josef *Riedmann*, Innsbruck 1984) 115–123.

Erhard *Dittrich*, Die deutschen und österreichischen Kameralisten (Darmstadt 1974).

Heinz *Dopsch*, »Sichere Armut«. Zu den sozialen Verhältnissen in Bergbau und Saline, in: Salz. Salzburger Landesausstellung 1994. Katalog (Salzburg 1994) 148–161.

J. *Dullinger*, Die Handelskompagnien Oesterreichs nach dem Orient und nach Ostindien in der ersten Hälfte des 18. Jahrhunderts. Zeitschrift für Wirtschaftsgeschichte 7 (1900) 46 ff.

Erich *Egg*, Eisenschaffende Industrie in Tirol, in: Beiträge zur eisengeschichtlichen Forschung in Österreich (Wien 1986) 85–91.

Hubert Chr. *Ehalt*, Ausdrucksformen absolutistischer Herrschaft. Der Wiener Hof im 17. und 18. Jahrhundert (Wien 1980).

Josef *Ehmer*, Die Herkunft der Handwerker in überregionalen städtischen Zentren: Zürich, Wien und Zagreb zur Mitte des 19. Jahrhunderts, in: Handwerk in Mittel- und Südosteuropa (hg. von Klaus *Roth*, München 1987) 47–67.

Edith *Erb*, Das Bild des Zigeuners vom 16. bis ins 18. Jahrhundert dargestellt anhand von Quellen- und Gesetzestexten unter besonderer Berücksichtigung der Situation im Habsburgerreich (DA Wien 1992).

Elisabeth *Ernst*, Der innerösterreichische Tabakappalt 1678–1704. ZHVSt 83 (1992) 371–381.

Robert J. W. *Evans*, Das Werden der Habsburgermonarchie 1550–1700. Gesellschaft, Kultur, Institutionen (Wien 1986).

Franz *Fischer*, Die blauen Sensen. Sozial- und Wirtschaftsgeschichte der Sensenschmiedezunft zu Kirchdorf-Micheldorf bis zur Mitte des 18. Jahrhunderts (Graz 1967).

Edmund *Friess*/Gustav *Gugitz*, Zur Pestperiode 1679–1680 in Wien. Monatsblatt des Vereines für Geschichte der Stadt Wien 19 (54) (1937) 119–122.

Roland *Girtler*, Wilderer. Soziale Rebellen im Konflikt mit den Jagdherren (Linz 1988).

Vinzenz J. *Göhlert*, Historisch-statistische Notizen über Niederösterreich. BlLkNÖ 5 (1871) 206 ff.
Georg *Grüll*, Bauernhaus und Meierhof. Zur Geschichte der Landwirtschaft in Oberösterreich (Linz 1975).
Max *Grunwald*, Samuel Oppenheimer und sein Kreis (Wien 1913).
Gustav *Gugitz*, Österreichs Gnadenstätten in Kult und Brauch. Ein topographisches Handbuch zur religiösen Volkskunde. 5 Bde. (Wien 1955–1958).
Gustav *Gugitz*, Die Wallfahrten Oberösterreichs (Linz 1964).
Gustav *Gugitz*, Die Wiener Pestepidemie von 1713 und ihr Ausmaß. WGBl 14 (1959) 87–91.
Karl *Gutkas*, Österreichs Städte zwischen Türkenkriegen und staatlichem Absolutismus, in: Städtewesen und Merkantilismus in Mitteleuropa (hg. von Volker *Press*, Wien 1983) 82–110.
Hans *Halm*, Habsburgischer Osthandel im 18. Jahrhundert (1954).
Hans *Halm*, Österreich und Neurußland. Bd. 1: Donauschiffahrt und -handel nach dem Südosten 1718–1780 (Breslau 1942).
Friedrich *Hartl*, Das Wiener Kriminalgericht. Strafrechtspflege vom Zeitalter der Aufklärung bis zur österreichischen Revolution (Wien 1973).
Herbert *Hassinger*, Die erste Wiener Orientalische Handelskompanie 1667–1683. VSWG 35 (1942) 1–53.
Herbert *Hassinger*, Johann Joachim Becher 1635–1682. Ein Beitrag zur Geschichte des Merkantilismus (Wien 1951).
Herbert *Hassinger*, Wien im Zeitalter des Merkantilismus. Nachrichtenblatt des Vereins für Geschichte der Stadt Wien 3 (1941) 1 ff.
Das Haushaltungsbüchl der Grünthaler (hg. von Alexander *Sperl*, Linz 1994).
Thomas *Hellmuth*/Ewald *Hiebl*, Zeit des Umbruchs. Salzproduktion und Salzarbeiterschaft im 19. Jahrhundert, in: Salz. Salzburger Landesausstellung 1994. Katalog (Salzburg 1994) 248–263.
Marianne v. *Herzfeld*, Zur Orienthandelspolitik Österreichs unter Maria Theresia in der Zeit von 1740–1771. AÖG 108 (1920) 215–344.
Hexen und Zauberer. Die große Verfolgung – ein europäisches Phänomen in der Steiermark (hg. von Helfried *Valentinitsch*, Graz 1987).
Josef *Hirn*, Die lange Münze in Tirol und ihre Folgen. AÖG 104 (1915) 1–119.
Philipp Wilhelm v. *Hörnigk*, Österreich über alles, wenn es nur will. Das ist: Wohlmeinender Fürschlag wie mittelst einer wohlbestellten Landes-Oeconomie die Kayserl. Erbland in kurzem über alle andere Staat von Europa zu erheben und von denen anderen independent zu machen. Durch einen Liebhaber der Kayserl. Erbland Wohlfahrt. Nach der Erstausgabe von 1684 in Normalorthographie übertragen (hg. von Gustav *Otruba*, Wien 1964).
Gertha *Hofmüller*/Hannes *Stekl*, Ausschließung, Förderung, Integration. Historische Wurzeln von Einstellungen gegenüber Behinderten. BHS 12 (1982) 9–18.
Brigitte *Holl*, Hofkammerpräsident Gundaker Thomas Graf Starhemberg und die österreichische Finanzpolitik der Barockzeit (1703–1715). AÖG 132 (1976).
Hugo *Huber*, Wollproduktion und Wollgeschäft der Domäne Esterházy in der ersten Hälfte des 19. Jahrhunderts, in: Beiträge zur Landeskunde des burgenländisch-westungarischen Raumes. FS für Harald Prickler (Eisenstadt 1994) 178–193.
Michael *Hüther*, Der Dreißigjährige Krieg als fiskalisches Problem: Lösungsversuche und ihre Konsequenzen. Scripta Mercaturae 21 (1987) 52 ff.
Michael *John*/Albert *Lichtblau*, Schmelztiegel Wien – einst und jetzt: zur Geschichte und Gegenwart von Zuwanderung und Minderheiten (Wien 1990).
David *Kaufmann*, Samson Wertheimer, der Oberhoffaktor und Landesrabbiner (1658–1724) und seine Kinder (Wien 1888).
Maria *Keplinger*, Vorstellungswelten und Lebenswelten – Hexenverfolgungen in Oberösterreich: Aberglaube, Magie, Volksmedizin und Alltagssituation anhand von Hexenprozeßakten (und anderen Primärquellen) aus Oberösterreich (DA Wien 1988).
Michael *Keul*, Staatliche Gewerbepolitik in Tirol (1648–1740) (Innsbruck 1960).
Adolf R. v. *Kissling*, Beiträge zu einer Geschichte der Sanitätsverhältnisse Oberösterreichs mit besonderer Berücksichtigung der Pestinvasion im 17. Jahrhundert. Bericht über das Museum Francisco-Carolinum 45 (Linz 1887) 1–105.
Kurt *Klein*, Die Bevölkerung Österreichs vom Beginn des 16. bis zur Mitte des 18. Jahrhunderts, in: Beiträge zur Bevölkerungs- und Sozialstatistik (hg. von Heimold *Helczmanovszki*, Wien 1973) 47–111.
Grete *Klingenstein*, »Jede Macht ist relativ«. Montesquieu und die Habsburgermonarchie, in: FS für Othmar Pickl (hg. von Herwig *Ebner* u. a., Graz 1987) 307–323.
Siegfried *Kluibenschedl*, Die Laninger. Tiroler Heimatblätter (1990) 54 ff.
Herbert *Knittler*, Zur Einkommensstruktur der niederösterreichischen Stifte um die Mitte des 18. Jahrhunderts, in: 1144–1994. Benediktinerstift Altenburg (Altenburg 1994) 257–275.
Herbert *Knittler*, Österreichs Städte in der frühen Neuzeit, in: Österreichs Städte und Märkte 43–68.

Herbert *Knittler*, Waldviertler Städte in der frühen Neuzeit, in: Zwischen Herren und Ackersleuten. Bürgerliches Leben im Waldviertel 1500–1700 (Horn 1990).
Irmtraud *Koller-Neumann*, Eine Statistik zum österreichischen Klosterwesen von 1563, in: Historische Blickpunkte. FS für Johann Rainer (Innsbruck 1988) 331–344.
Waltraud *Kreidl*, Karrner. Erziehung heute (1990) H. 4, 8–12.
Erlefried *Krobath*, Die Bürgermeister der Stadt Steyr und ihre Zeit. Veröffentlichungen des Kulturamtes der Stadt Steyr 24 (1963), 25 (1964).
Künstler, Händler, Handwerker. Tiroler Schwaben in Europa (Reutte 1989).
Josef *Kumpfmüller*, Die Hungersnot von 1770 bis 1772 in Österreich (Diss. Wien 1969).
Erich *Landsteiner*, Der Wein und das Weinviertel, in: Niederösterreichische Wirtschaftschronik (Wien 1994) 117–132.
Alphons *Lhotsky*, Kaiser Karl VI. und sein Hof im Jahre 1712/13. MIÖG 66 (1958) 52–80.
Klaus *Lohrmann*/Wilhelm *Wadl*/Markus *Wenninger*, Wirtschafts- und Sozialgeschichte, in: 1000 Jahre Österreichisches Judentum (hg. von Klaus *Lohrmann*, Eisenstadt 1982) 54–68.
Franz *Loidl*, Menschen im Barock. Abraham a Sancta Clara über das religiös-sittliche Leben in Österreich in der Zeit von 1670 bis 1710 (Wien 1938).
Arnold *Luschin v. Ebengreuth*, Das lange Geld oder die Kipperzeit in Steiermark. Mittheilungen des historischen Vereines für Steiermark 38 (1890) 26 f.
Karin J. *MacHardy*, Social Mobility and Noble Rebellion in Early Modern Habsburg Austria. Medium Aevum Quotidianum 29 (1994) 97–139.
Walter *Markov*, Die koloniale Versuchung: Österreichs zweite Ostindienkompanie. Supplementa zu F. von Pollack-Parnau, in: Österreich im Europa der Aufklärung. Bd. 1 (Wien 1985) 593–603.
Franz *Mathis*, Zur Bevölkerungsstruktur österreichischer Städte im 17. Jahrhundert (Wien 1977).
Herbert *Matis*, Staatswerdungsprozeß und Ausbildung der Volkswirtschaft, in: Von der Glückseligkeit des Staates 15–27.
Franz Martin *Mayer*, Die Anfänge des Handels und der Industrie in Österreich und die orientalische Compagnie (Innsbruck 1882).
Franz *Mensi*, Die Finanzen Österreichs von 1701 bis 1740 (Wien 1890).
Franz *Mensi*, Geschichte der direkten Steuern in der Steiermark bis zum Regierungsantritte Maria Theresias. 3 Bde. (Graz 1890/1936).
Armand *Mergen*, Die Tiroler Karrner (Mainz 1949).
Hanns Leo *Mikoletzky*, Der Haushalt des kaiserlichen Hofes zu Wien (vornehmlich im 18. Jahrhundert). Car I 146 (1956) 658–683.
Hanns Leo *Mikoletzky*, Schweizer Händler und Bankiers in Österreich (vom 17. bis zur Mitte des 19. Jahrhunderts), in: Österreich und Europa. FS für Hugo Hantsch (Graz 1965) 149–183.
Michael *Mitterauer*, Zur familienbetrieblichen Struktur im zünftischen Handwerk, in: Wirtschafts- und sozialhistorische Beiträge. FS für Alfred Hoffmann (hg. von Herbert *Knittler*, Wien 1979) 190–219.
Michael *Mitterauer*, Lebensformen und Lebensverhältnisse ländlicher Unterschichten, in: Von der Glückseligkeit des Staates 315–338.
Karl *Oberleitner*, Die Finanzlage in den deutschen österreichischen Erbländern im Jahre 1761. AÖG 34 (1865) 145–211.
Karl *Oberleitner*, Die Finanzlage Nieder-Österreichs im sechzehnten Jahrhundert. AÖG 30 (1864) 1–90.
Karl *Oberleitner*, Österreichs Finanzen und Kriegswesen unter Ferdinand I. vom Jahre 1522 bis 1564. AÖG 22 (1860) 1–232.
Norbert *Ortmayr*, Sozialhistorische Skizzen zur Geschichte des ländlichen Gesindes in Österreich, in: Knechte. Autobiographische Dokumente und sozialhistorische Skizzen (hg. von *ders.*, Wien 1992) 297–356.
Gustav *Otruba*, Staatshaushalt und Staatsschuld unter Maria Theresia und Joseph II., in: Österreich im Europa der Aufklärung. Bd. 1 (Wien 1985) 197–249.
Gustav *Otruba*, Das Verkehrswesen Österreichs in der Neuzeit (16.–18. Jahrhundert), in: Verkehrswege und Eisenbahnen. Beiträge zur Verkehrsgeschichte Österreichs (hg. von Karl *Gutkas*/Ernst *Bruckmüller*, Wien 1989) 23–59.
Gustav *Otruba*, Die Wirtschaftspolitik Maria Theresias (Wien 1963).
Rudolf *Palme*, Der Kampf um den böhmischen Salzmarkt in der frühen Neuzeit, in: Exportgewerbe und Außenhandel vor der Industriellen Revolution. FS für Georg Zwanowetz (hg. von Franz *Mathis*/Josef *Riedmann*, Innsbruck 1984) 211–218.
Michael *Pammer*, Randgruppenkriminalität um 1800 im Waldviertel, in: Johann Georg Grasel. Räuber ohne Grenzen (hg. von Harald *Hitz*, Horn 1992).
Carl v. *Peez*, Alte serbische Handelsbeziehungen zu Wien. MIÖG 36 (1915) 498–510.
Charlotte E. *Peter*, Die Saline Tirolisch Hall im 17. Jahrhundert (Zürich 1952).

Gerhard *Pfeisinger*, Die Entzauberung der Montur. Über Sozialdisziplinierung, Uniformierung und Frühindustrialisierung. HJbStL (1987) 83–98.
Othmar *Pickl*, Handel an Inn und Donau um 1630, in: Beiträge zur Wirtschaftsgeschichte 5 (hg. von Hermann *Kellenbenz*/J. *Schneider*, Bamberg 1978) 205–243.
Othmar *Pickl*, Kriegsfinanzierung als Faktor der Wirtschaftsbelebung. Die Ausgaben für das »Drau-Corps« 1684–1687 als »Investitionsspritze« für die Wirtschaft Innerösterreichs, in: Geschichtsforschung in Graz (hg. von Herwig *Ebner* u. a., Graz 1990) 81–90.
Othmar *Pickl*, Die Neuberger Eisenindustrie, in: Geschichte des Ortes und Klosters Neuberg an der Mürz (Neuberg 1966) 297–326.
Othmar *Pickl*, Die Rolle der habsburgischen Ostalpenländer im Ost-West-Handel von der Mitte des 15. bis zur Mitte des 17. Jahrhunderts, in: Domus Austriae. FS für Hermann Wiesflecker (hg. von Walter *Höflechner*, Graz 1983) 303–320.
Othmar *Pickl*, Die Salzproduktion im Ostalpenraum am Beginn der Neuzeit, in: Österreichisches Montanwesen 11–28.
Othmar *Pickl*, Die Verkehrswege nach dem Südosten vom Ausgang des Mittelalters bis ins 18. Jahrhundert. Südostdeutsches Archiv 15/16 (1972/73) 101–114.
Franz v. *Pollack-Parnau*, Eine österr.-ostindische Handelskompagnie 1775–1785. VSWG BH 12 (1927) 1–108.
Fritz *Popelka*, Geschichte der Grazer Messen (Graz 1921).
Fritz *Posch*, Die niederländische Armaturenmeisterschaft in Wiener Neustadt (1657–1751). UH 21 (1950) 46–55.
Karl *Pribram*, Die Einführung der Schutzdekrete unter Karl VI. in Wien. Schmollers Jb. 30 (1906) 883 ff.
Harald *Prickler*, Beiträge zur Geschichte der burgenländischen Judensiedlungen, in: Juden im Grenzraum (hg. von Rudolf *Kropf*, Eisenstadt 1993) 65–106.
Günther *Probszt*, Sanitäre Verhältnisse in Wien vor und während der Türkenbelagerung 1683. Wiener Medizinische Wochenschrift 29 (1933) 1–13.
Laurenz *Pröll*, Ein Blick in das Hauswesen eines österreichischen Landedelmannes aus dem ersten Viertel des 17. Jahrhunderts. Jb. über das k. k. Staatsgymnasium im 8. Bezirke Wiens 38 (1888); 39 (1889).
Bernhard *Purin*, Die Juden in Vorarlberg und die süddeutsche Judenheit im 17. und 18. Jahrhundert, in: Studien zur Geschichte der Juden in Österreich (hg. von Martha *Keil*/Klaus *Lohrmann*, Wien 1994) 121–129.
Bernhard *Purin*, Die Juden von Sulz. Eine jüdische Landgemeinde in Vorarlberg 1676–1744 (Studien zur Geschichte und Gesellschaft Vorarlbergs 9, Bregenz 1991).
Fritz *Redlich*, Die deutsche Inflation des frühen 17. Jahrhunderts in der zeitgenössischen Literatur: Die Kipper und Wipper (Köln 1972).
Gustav *Reingrabner*, Die Verfolgung der österreichischen Protestanten während der Gegenreformation, in: Wellen der Verfolgung 52–69.
Viktor v. *Renner*, Wien im Jahre 1683 (Wien 1883).
Hans *Rizzi*, Das österreichische Gewerbe im Zeitalter des Merkantilismus. Zeitschrift für Volkswirtschaft, Sozialpolitik und Verwaltung 12 (1903) 74 ff.
Paul *Rösch*, Ein Teil unbewältigter Tiroler Vergangenheit. Geschichte des Karrnerwesens mit dem Schwerpunkt Vinschgau. Erziehung heute (1990) H. 4, 17 ff.
Paul W. *Roth*, Die Kipper- und Wipper-Zeit in den Habsburgischen Ländern, 1620 bis 1623, in: Geld und Währung vom 16. Jahrhundert bis zur Gegenwart (hg. von Eckart *Schremmer*, Stuttgart 1993) 85–104.
Paul W. *Roth*, Raub-, Diebs-, Mörder- und Zigeunergesindel. Steirische Gaunermandate als Quelle der Sozialgeschichte, in: Wirtschaftskräfte und Wirtschaftswege. FS für Hermann *Kellenbenz*. Bd. 2 (Stuttgart 1978) 645–655.
Roman *Rozdolski*, Die große Steuer- und Agrarreform Josefs II. Ein Kapitel zur österreichischen Wirtschaftsgeschichte (Warschau 1961).
Helmut *Rumpler*, Sozialer Wandel und Gegenreformation in Klagenfurt, in: Katholische Reform und Gegenreformation in Innerösterreich 1564–1628 (Klagenfurt 1994) 573 ff.
Roman *Sandgruber*, Agrarpolitik zwischen Krisen und Konjunkturen, in: Bauernland Oberösterreich 96–117.
Roman *Sandgruber*, Alltag und materielle Kultur. Städtischer Lebensstil und bürgerliche Wohnkultur am Beispiel zweier oberösterreichischer Städte des 16. Jahrhunderts, in: Alltag im 16. Jahrhundert (Wiener Beiträge zur Geschichte der Neuzeit 14, Wien 1987) 23–44.
Roman *Sandgruber*, Fremdenverkehrsland Oberösterreich, in: Oberösterreichische Wirtschaftschronik (Wien 1994) 125–144.
Roman *Sandgruber*, Vom Klingenhammer zur Alten Tuchfabrik. Zwei Jahrhunderte Pottensteiner Industriegeschichte, in: Magie der Industrie 378–385.

Manfred *Sauer*, Aspekte der Handelspolitik des »aufgeklärten Absolutismus«, in: Von der Glückseligkeit des Staates 235–265.

Wolfgang *Scheffknecht*, »Arme Weiber«: Bemerkungen zur Rolle der Frau in den Unterschichten und vagierenden Randgruppen der frühneuzeitlichen Gesellschaft, in: Hexe oder Hausfrau 77–109.

Wolfgang *Scheffknecht*, Armut und Not als soziales Problem. Aspekte der Geschichte vagierender Randgruppen im Bereich Vorarlbergs vom 16. bis zum 18. Jahrhundert. Innsbrucker Historische Studien 12/13 (1990) 69–96.

Wolfgang *Scheffknecht*, Fahrende Leute und Scharfrichter. Beispiele für nicht-seßhafte und seßhafte Außenseiter und Randgruppen in der Geschichte Vorarlbergs. Dornbirner Schriften 8 (1990) 23–51.

Marion *Schindler*, Das Räubertum im Kerngebiet der österreichisch-ungarischen Monarchie im 18. und 19. Jahrhundert, dargestellt am Beispiel des Räuberhauptmanns Johann Georg Grasel (Wien 1979).

Norbert *Schindler*, Die Mobilität der Salzburger Bettler im 17. Jahrhundert. BHS 19 (1989) 85–91.

Andreas G. *Schmidbaur*, Die niederösterreichischen Kellergassen: eine Bestandsaufnahme. Entstehung, Verbreitung und Typologie, Entwicklungstendenzen. 3 Bde. (Diss. TU Wien 1989).

Heinrich *Schnee*, Die Hoffinanz und der moderne Staat. 6 Bde. (Berlin 1955–1967).

Ulrike *Schoenleitner*, Zauberei- und Hexenprozesse in Österreich (DA Wien 1986/87).

Carl *Schraml*, Das oberösterreichische Salinenwesen vom Beginne des 16. bis zur Mitte des 18. Jahrhunderts (Studien zur Geschichte des österreichischen Salinenwesens 1, Wien 1932).

Eckart *Schremmer*, Zwischen Konkurrenz und Kartell. Wechselwirkungen zwischen der österreichischen und der bayerischen Salzhandelspolitik im 17. und 18. Jahrhundert, in: Wirtschafts- und sozialhistorische Beiträge. FS für Alfred Hoffmann (hg. von Herbert *Knittler*, Wien 1979) 156–173.

Wilhelm v. *Schröder*, Fürstliche Schatz- und Rentkammer nebst seinem nothwendigen Unterricht vom Goldmachen (1704).

Joseph *Schumpeter*, Geschichte der ökonomischen Analyse. 2 Bde. (Göttingen 1965).

Josef *Schwerdfeger*, Die Pest in Wien 1679 und die Augustinlegende, in: Vienna gloriosa. Bilder und Studien aus Wiens Vergangenheit (Wien 1923) 162 ff.

Louise *Sommer*, Die österreichischen Kameralisten in dogmengeschichtlicher Darstellung (Wien 1920–1925).

Alois *Soritsch*, Namenforschung über die Marchfeldbevölkerung unter besonderer Berücksichtigung der Marchfeldkroaten. UH 60 (1989) 265–274.

Friedrich *Spaur*, Reise durch Oberdeutschland (Schellenberg 1800, Faksimile Salzburg 1985).

Heinrich v. *Srbik*, Der staatliche Exporthandel Österreichs von Leopold I. bis Maria Theresia (Wien 1907).

Heinrich v. *Srbik*, Wilhelm von Schröder. Ein Beitrag zur Geschichte der Staatswissenschaften. Sitzungsberichte der phil.-hist. Kl. d. k. k. Akademie der Wissenschaften 164 (1910) 1–161.

State and Society in Early Modern Austria (hg. von Charles W. *Ingrao*, West Lafayette 1994).

Hannes *Stekl*, Österreichs Zucht- und Arbeitshäuser 1671–1920. Institutionen zwischen Fürsorge und Strafvollzug (Wien 1978).

Hannes *Stekl*, Unterschichten und Obrigkeit im Wien des ausgehenden 18. Jahrhunderts, in: Österreich im Europa der Aufklärung. Bd. 1 (Wien 1985) 291–304.

Karl *Teply*, Die Einführung des Kaffees in Wien (Wien 1980).

Christoph *Tepperberg*, Räuber, Mörder, Deserteure. Fahnenflucht und Bandenkriminalität im Vormärz, dargestellt am Beispiel zweier Verbrechergruppen, in: Otto Winter zum 75. Geburtstag. JbLkNÖ NF 59 (Wien 1993) 197–223.

Viktor *Thiel*, Gewerbe und Industrie, in: Geschichte der Stadt Wien 4 (hg. von A. *Mayer*, Wien 1911) 411–523.

Bruno *Thomas*, Hans Schmidt von und zu Helding. Der »kunstreiche« Büchsenschäfter von Ferlach (um 1600–1669) (Klagenfurt 1982).

Felix *Tobler*, Grundtendenzen der wirtschaftlichen und sozialen Entwicklung der südburgenländischen Kroaten (1550–1850), in: Bauerntum und Kirche bei den südburgenländischen Kroaten (hg. von Robert *Hajszan*, Wien 1990) 67–108.

Nicolaus B. *Tomadakis*, Les communautés helleniques en Autriche, in: 200 Jahre Haus-, Hof- und Staatsarchiv. Bd. 2 (Wien 1951) 452–461.

Ferdinand *Tremel*, Die Eisenproduktion auf dem steirischen Erzberg im 16. Jahrhundert, in: Die wirtschaftlichen Auswirkungen der Türkenkriege (hg. von Othmar *Pickl*, Graz 1971) 319–332.

Ferdinand *Tremel*, Die Griechenkolonie in Wien im Zeitalter Maria Theresias. VSWG 51 (1964) 108–115.

Ulrich *Troitzsch*, Technischer Wandel in Staat und Gesellschaft zwischen 1600 und 1750, in: Mechanisierung und Maschinisierung. 1600 bis 1840 (hg. von Akos *Paulinyi*/Ulrich *Troitzsch*, Berlin 1991) 11–267.

Manfred *Tschaikner*, »Also schlecht ist das Weib von Natur ...«. Grundsätzliches zur Rolle der Frau in den Vorarlberger Hexenverfolgungen, in: Hexe oder Hausfrau 57–76.

Friedrich H. *Ucik*, Bergmännische Sagen und ihr realer Hintergrund, in: Grubenhunt & Ofensau 541–545.

Otto *Uhlig*, Die Schwabenkinder aus Tirol und Vorarlberg (Innsbruck 1978).

Helfried *Valentinitsch*, Die Bedeutung der steirischen Wirtschaft im Zeitalter des Absolutismus für Österreich, in: 800 Jahre Steiermark und Österreich 1192–1992 (hg. von Othmar *Pickl*, Graz 1992) 343–358.
Helfried *Valentinitsch*, Fremd und arm im Zeitalter des Barock. Zur Sozialdisziplinierung von Unterschichten und Randgruppen in der Steiermark, in: Lust und Leid. Barocke Kunst, barocker Alltag (Graz 1992) 275–282.
Helfried *Valentinitsch*, Zur Geschichte des Handels und der Produktion von Handfeuerwaffen in der Steiermark im Zeitalter der Türkenkriege. Veröffentlichungen des Landeszeughauses Graz (1976) 97–143.
Helfried *Valentinitsch*, Das Grazer Zucht- und Arbeitshaus 1734–1783, in: FS für Hermann Baltl zum 60. Geburtstag (hg. von K. *Ebert*, Innsbruck 1978) 495–514.
Helfried *Valentinitsch*, Niederländische Waffenschmiede in Österreich zur Zeit der Türkenkriege, in: Wirtschaftsbeziehungen zwischen den Österreichischen Niederlanden und den Österreichischen Erblanden im 18. Jahrhundert (hg. von Othmar *Pickl*, Graz 1991) 71–84.
Helfried *Valentinitsch*, Der ungarische und innerösterreichische Viehhandel nach Venedig in der 1. Hälfte des 17. Jahrhunderts. Car I 163 (1973) 213–247.
Helfried *Valentinitsch*, Untertanenunruhen und Hexenprozesse in der Steiermark, in: Geschichtsforschung in Graz (hg. von Herwig *Ebner* u. a., Graz 1990) 223–232.
Hans-Heinrich *Vangerov*, Linz und der Donauhandel des Jahres 1627. HJbStL (1962) 223–332; (1963) 255–377; (1964) 41–98.
Antonio di *Vittorio*, Kriege, Militärkosten und wirtschaftlich-finanzielle Änderungen im habsburgischen Reich in der 1. Hälfte des 18. Jahrhunderts, in: Krieg, Militärausgaben und wirtschaftlicher Wandel (hg. von Othmar *Pickl*, Graz 1980) 13–26.
Josef *Walleitner*, Wildern im ehemaligen Erzstift Salzburg (Salzburg 1968).
Der ganzen Welt ein Lob und Spiegel. Das Fürstenhaus Liechtenstein in der frühen Neuzeit (hg. von Evelin *Oberhammer*, Wien 1990).
Thomas *Winkelbauer*, Der Adel in Ober- und Niederösterreich in der frühen Neuzeit. Versuch eines Literaturüberblicks, in: Verbindendes und Trennendes an der Grenze (hg. von Václav *Buzek*, Česke Budejovice 1992) 13–33.
Thomas *Winkelbauer*, Grundherrschaft und bäuerliche Gemeinde im Waldviertel, in: Heimatforschung heute (hg. von Ulrike *Kerschbaum*/Erich *Rabl*, Horn 1988) 59–85.
Thomas *Winkelbauer*, Herren und Holden. Die niederösterreichischen Adeligen und ihre Untertanen im 16. und 17. Jahrhundert, in: Adel im Wandel. Politik – Kultur – Konfession 1500–1700. Niederösterreichische Landesausstellung 1990 (Wien 1990) 73–90.
Thomas *Winkelbauer*, Krise der Aristokratie? Zum Strukturwandel des Adels in den böhmischen und niederösterreichischen Ländern im 16. und 17. Jahrhundert. MIÖG 100 (1992) 328–353.
Thomas *Winkelbauer*, Repräsentationsstreben, Hofstaat und Hofzeremoniell der Herren bzw. Fürsten von Liechtenstein in der ersten Hälfte des 17. Jahrhunderts. Opera Historica 3 (1993) 179–197.
Thomas *Winkelbauer*, Robot und Steuer. Die Untertanen der Waldviertler Grundherrschaft Gföhl und Altpölla zwischen feudaler Herrschaft und absolutistischem Staat (vom 16. Jahrhundert bis zum Vormärz) (Wien 1986).
Thomas *Winkelbauer*, Sozialdisziplinierung und Konfessionalisierung durch Grundherren in den österreichischen und böhmischen Ländern im 16. und 17. Jahrhundert. Zeitschrift für historische Forschung 19 (1992) 317 ff.
Thomas *Winkelbauer*, Vom Waldglas zum Böhmischen Kristall, in: Gewerbe und Handel vor der Industrialisierung. Regionale und überregionale Verflechtungen im 17. und 18. Jahrhundert (hg. von Joachim *Jahn*/Wolfgang *Hartung*, Sigmaringendorf 1991) 183 ff.
Thomas *Winkelbauer*, »Wir, die armen Untertanen Euer Gnaden«. Stadt und Herrschaft Horn im 16. und 17. Jahrhundert, in: Zwischen Herren und Ackersleuten. Bürgerliches Leben im Waldviertel 1500–1700 (Horn 1990) 37–66.
Gerhard *Winner*, »Adeliger Stand und bürgerliche Hantierung«. HJbStL (1959) 57–92.
Heinz *Zatschek*, Aus der Geschichte des Wiener Handwerks während des Dreißigjährigen Krieges. JbVGStW 9 (1951) 28–74.
Gerfried *Ziegelmayer*, Die Bajuwaren aus anthropologischer Sicht, in: Die Bajuwaren 249–257.
Eva *Ziss*, Ziehkinder (Wien 1994).
Manfred *Zollinger*, Banquiers und Pointeurs. Geschichte des Glücksspiels zwischen Integration und Ausgrenzung vom 18. bis zum 20. Jahrhundert (Diss. Wien 1990).

Das Jahrhundert des Fleißes

150 Jahre Pferdeeisenbahn Linz–Budweis. Ausstellung des Stadtmuseums Linz im Nordico (Katalog des Stadtmuseums Linz 29, hg. von Georg *Wacha*, Linz 1982).

150 Jahre Sparkassen in Österreich. 5 Bde. (hg. von Hedwig *Fritz* u. a., Wien 1969–1971).

Gerhard *Ammerer*, »Alles was sich rührt, beschäftigt sich mit Baumwolle Stricken«. Bemerkungen zum Halleiner Wollverlag im 17. und 18. Jahrhundert. Salzburg-Archiv (1986) 173–177.

Die Anfänge der Industrialisierung Niederösterreichs (hg. von Helmuth *Feigl*/Andreas *Kusternig*, Wien 1982).

Franz *Aschauer*, Oberösterreichs Eisenbahnen. Geschichte des Schienenverkehrs im ältesten Eisenbahnland Österreichs (Linz 1946).

Die Auswirkungen der theresianisch-josephinischen Reformen auf die Landwirtschaft und die ländliche Sozialstruktur Niederösterreichs (hg. von Helmuth *Feigl*, Wien 1982).

Karl *Bachinger*, Das Verkehrswesen, in: Die Habsburgermonarchie 1, 278–322.

Freiherr Anton von *Baldacci*, Über die inneren Zustände Österreichs. Eine Denkschrift aus dem Jahre 1816 (hg. von F. v. *Krones*, Wien 1889).

Hermann *Baltl*, Die Beschwerden der steirischen Stände gegen die josephinische Steuer- und Urbarialregulierung, in: FS für Othmar Pickl (hg. von Herwig *Ebner* u. a., Graz 1987) 39–47.

Franz *Baltzarek*, Finanz- und Steuerinnovation im Habsburgerreich zwischen 1680 und 1780, in: Etatisation et bureaucratie. Staatswerdung und Bürokratie. Symposion der Österreichischen Gesellschaft zur Erforschung des 18. Jahrhunderts (hg. von Moritz *Csáky*/Andrea *Lanzer*, Wien 1990) 27–38.

Franz *Baltzarek*, Finanzplatz Wien. Die innerstaatliche und internationale Stellung in historischer Perspektive. Quartalshefte der Girozentrale (1980) H. 4, 11–63.

Franz *Baltzarek*, Die Geschichte der Wiener Börse (Wien 1973).

Franz *Baltzarek*/Alfred *Hoffmann*/Hannes *Stekl*, Wirtschaft und Gesellschaft der Wiener Stadterweiterung (Wiesbaden 1975).

Renate *Banik-Schweitzer*, Der staatlich geförderte, der kommunale und der gemeinnützige Wohnungsbau in Österreich bis 1945 (Diss. Wien 1972).

Robert *Baravalle*, Die Inflation in der Steiermark zu Beginn Ehg. Johanns Aufbauarbeit (1800–1820). ZHVSt 50 (1959) 29–70.

Gunda *Barth-Scalmani*/Ingrid *Bauer*/Sabine *Fuchs*, Frauen und Arbeit, in: Die andere Geschichte 153–211.

Peter *Becker*, Leben und Lieben in einem kalten Land. Sexualität im Spannungsfeld von Ökonomie und Demographie. Das Beispiel St. Lambrecht 1600–1850 (Frankfurt 1990).

Adolf *Beer*, Die handelspolitischen Beziehungen Österreichs zu den deutschen Staaten unter Maria Theresia. AÖG 79 (1893) 401–669.

Adolf *Beer*, Die österreichische Handelspolitik unter Maria Theresia und Josef II. AÖG 86 (1898) 1–204.

Adolf *Beer*, Die Staatsschulden und die Ordnung des Staatshaushaltes unter Maria Theresia. AÖG 82 (1894) 1–135.

Adolf *Beer*, Studien zur Geschichte der österreichischen Volkswirtschaft unter Maria Theresia. I. Die österreichische Industriepolitik. AÖG 81/1 (1894) 1–134.

Adolf *Beer*, Die Zollpolitik und die Schaffung eines einheitlichen Zollgebietes unter Maria Theresia. MIÖG 14 (1893) 237–326.

Wilfried *Beimrohr*, Die öffentliche Armenfürsorge in Tirol vom 16. bis 19. Jahrhundert, in: Historische Blickpunkte. FS für Johann Rainer (Innsbruck 1988) 11–33.

Klaus *Beitl*, Das khevenhüllersche »Zinnhaus« in Kreuzen (Kärnten). Eine Bildquelle um 1620 und ihre Auswertung für Handwerksgeschichte und Volkskunde, in: Tradition und Fortschritt. In memoriam Hanns Koren (hg. von Volker *Hänsel* u. a., Trautenfels 1986) 223–240.

Beiträge zur Landeskunde des burgenländisch-westungarischen Raumes. FS für Harald Prickler zum 60. Geburtstag (Burgenländische Forschungen SB 13, Eisenstadt 1994).

Otto *Biack*/Anton *Kerschbaumer*, Geschichte der Stadt Tulln (Tulln 1966).

Viktor *Bibl*, Das Robot-Provisorium für Niederösterreich vom 20. 6. 1796. Ein Beitrag zur Geschichte der österreichischen Agrarpolitik unter Kaiser Franz I. JbLkNÖ NF 7 (1908) 235–276.

Hans Christoph *Binswanger*, Geld und Magie: Deutung und Kritik der modernen Wirtschaft anhand von Goethes Faust (Stuttgart 1985).

Hans Christoph *Binswanger*, Geld und Wirtschaft – Arbeit oder Glück? Goethe contra Adam Smith, in: Unternehmer und Unternehmen. FS für Alois Brusatti (Wien 1989) 42–49.

Jerôme *Blum*, Noble Landowners and Agriculture in Austria, 1815–1848. A Study in the Origins of the Peasant Emancipation of 1848 (Baltimore 1948).

Jerôme *Blum*, Transportation and Industry in Austria: 1815–1848. Journal of Modern History 15 (1943) 23–38.

Leslie *Bodi*, Tauwetter in Wien: zur Prosa der österreichischen Aufklärung (Wien ²1995).
Erich *Born*, Deutsch-österreichische Wirtschaftsbeziehungen 1815–1938 aus deutscher Sicht, in: Deutschland und Österreich (hg. von Robert A. *Kann*/Friedrich E. *Prinz*, Wien 1980) 350–369.
Rudolf *Braun*/David *Gugerli*, Macht des Tanzes – Tanz der Mächtigen: Hoffeste und Herrschaftszeremoniell 1550–1914 (München 1993).
Volkmar *Braunbehrens*, Mozart in Wien (München 1988).
Ernst *Bruckmüller*, Die Anfänge der Landwirtschaftsgesellschaften und die Wirkungen ihrer Tätigkeit, in: Die Auswirkungen der theresianisch-josephinischen Reformen auf die Landwirtschaft und die ländliche Struktur Niederösterreichs (Wien 1981) 36–92.
Ernst *Bruckmüller*, Ein begrenzter Aufstieg. Das österreichische Bürgertum zwischen Biedermeier und Liberalismus, in: Innere Staatsbildung und gesellschaftliche Modernisierung in Österreich und Deutschland 1867/71–1914 (hg. von Helmut *Rumpler*, Wien 1991) 69–90.
Ernst *Bruckmüller*, Die Grundherren, die Bauern und die Revolution, in: Hans Kudlich und die Bauernbefreiung in Niederösterreich (Wien 1985) 57–76.
Ernst *Bruckmüller*, Landwirtschaftliche Organisationen und gesellschaftliche Modernisierung. Vereine, Genossenschaften und politische Mobilisierung der Landwirtschaft Österreichs vom Vormärz bis 1914 (Salzburg 1977).
Ernst *Bruckmüller*, Die verzögerte Modernisierung. Mögliche Ursachen und Folgen des »österreichischen Weges« im Wandel des Agrarbereiches, in: Wirtschafts- und sozialhistorische Beiträge. FS für A. Hoffmann (hg. von Herbert *Knittler*, Wien 1979) 289–307.
Otto *Brunner*, Staat und Gesellschaft im vormärzlichen Österreich im Spiegel von I. Beidtels Geschichte der österreichischen Staatsverwaltung 1740–1848, in: Staat und Gesellschaft im deutschen Vormärz 1815–1848 (hg. von Th. *Schieder*, Stuttgart ³1978) 39–78.
Walter *Brunner*, Frühe Nachrichten über Maisanbau in der Steiermark. BlH 68 (1994) 5–15.
Alois *Brusatti*, Die Staatsgüterveräußerungen 1780–1848. MÖSTA 11 (1958) 252–274.
Alois *Brusatti*, Unternehmensfinanzierung und Privatkredit im österreichischen Vormärz. MÖSTA 13 (1960) 331–379.
Günther R. *Burkert*, Beeinflussung bäuerlichen Denkens durch Lesevereine. ZHVSt 77 (1986) 239–254.
Karl Heinz *Burmeister*, Die rechtliche und soziale Stellung der Frau im Zeitalter der Aufklärung in Vorarlberg, in: Hexe oder Hausfrau 110–131.
Felix *Butschek*, Österreichische Geldgeschichte im Rahmen der Sozial- und Wirtschaftsgeschichte vom 18. Jahrhundert bis zur Gegenwart, in: Geld. 800 Jahre Münzstätte Wien 161–180.
Markus *Cerman*, Proto-industrielle Entwicklung in Österreich, in: Protoindustrialisierung in Europa (hg. von Markus *Cerman*/Sheilagh C. *Ogilvie*, Wien 1994) 161–176.
Hermine *Cloeter*, Das Starhemberg'sche Freihaus auf der Wieden. Monatsblatt des Vereins für Geschichte der Stadt Wien 19 (1937) 109–117.
Felix *Czeike*, Das Dorotheum. Vom Versatz- und Fragamt zum modernen Auktionshaus (Wien 1982).
Karl v. *Czoernig*, Österreichs Neugestaltung 1848–1857. Ethnographie der österreichischen Monarchie 1 (Wien 1857).
Peter G. M. *Dickson*, Finance and Government under Maria Theresia 1740–1780. 2 Bde. (Oxford 1987).
Gerhard M. *Dienes*, Die Situation vor dem Bau der Eisenbahnen zwischen Donau und Adria, in: Die Südbahn 12–15.
Gerhard M. *Dienes*, Wechselspiele – Zur Rechtsgeschichte der Südbahn, in: Die Südbahn 72–77.
Elisabet *Dietrich*/Wolfgang *Meixner*, Die wirtschaftspolitischen Rahmenbedingungen im ausgehenden 18. und beginnenden 19. Jahrhundert, in: Chronik der Tiroler Wirtschaft (Wien 1991) 115–124.
Karl *Dinklage*, Gründung und Aufbau der theresianischen Ackerbaugesellschaften. ZAA 13 (1965) 200–211.
Susanne *Dressler*, Der österreichische Eisenbahnbau von den Anfängen bis zur Wirtschaftskrise des Jahres 1873, in: Verkehrswege und Eisenbahnen. Beiträge zur Verkehrsgeschichte Österreichs (hg. von Karl *Gutkas*/Ernst *Bruckmüller*, Wien 1989) 74–86.
Werner *Drobesch*, Die frühneuzeitliche Wirtschaft Kärntens (16. bis 18. Jahrhundert). Bergbau und Industrialisierungsversuche als Dynamisierungsfaktoren im Prozeß der Proto-Industrialisierung, in: Kärntner Landeswirtschaftschronik (Wien 1992).
Klaus *Edel*, Karl Abraham Wetzlar von Plankenstern 1715(16)–1799 (Wien 1975).
Eduard *Effenberger*, Geschichte der österreichischen Post (Wien 1913).
Eduard *Effenberger*, Die österreichische Post und ihre Reformen unter Kaiserin Maria Theresia und Kaiser Joseph II. (Wien 1916).
Josef *Ehmer*, The Artisan Family in Nineteenth-Century Austria: Embourgeoisement of the Petite Bourgeoisie?, in: Shopkeepers and Modern Artisans in Nineteenth-Century Europe (hg. von Geoffrey *Crossick*/Heinz-Gerhard *Haupt*, London 1984) 194–218.

Josef *Ehmer*, Familienstruktur und Arbeitsorganisation im frühindustriellen Wien (Wien 1980).
Josef *Ehmer*, Frauenarbeit und Arbeiterfamilie in Wien. Vom Vormärz bis 1934. GuG 7 (1981) 438–473.
Josef *Ehmer*, Heiratsverhalten, Sozialstruktur, ökonomischer Wandel. England und Mitteleuropa in der Formationsperiode des Kapitalismus (Göttingen 1991).
Josef *Ehmer*, Ökonomischer und sozialer Strukturwandel im Wiener Handwerk – von der industriellen Revolution zur Hochindustrialisierung, in: Handwerker in der Industrialisierung (hg. von Ulrich *Engelhardt*, Stuttgart 1984) 78–104.
Friedrich *Engel-Janosi*, Über die Entwicklung der sozialen und staatswirtschaftlichen Verhältnisse im deutschen Österreich 1815–1848. VSWG 17 (1924) 95–108.
Sabine *Falk*/Alfred S. *Weiß*, »Hier sind die Blattern«. Der Kampf von Staat und Kirche für die Durchsetzung der (Kinder-)Schutzpockenimpfung in Stadt und Land Salzburg (Ende des 18. Jahrhunderts bis ca. 1820). MGSLK 131 (1991) 163–186.
Familienstruktur und Arbeitsorganisation in ländlichen Gesellschaften (hg. von Michael *Mitterauer*/Josef *Ehmer*, Wien 1986).
Helmuth *Feigl*, Die Auswirkungen der Theresianisch-Josephinischen Reformgesetzgebung auf die ländliche Sozialstruktur Österreichs, in: Österreich im Europa der Aufklärung. Bd. 1 (Wien 1985) 45–66.
Helmuth *Feigl*, Landwirtschaft und Grundherrschaft unter dem Einfluß des Physiokratismus, in: Österreich im Zeitalter des aufgeklärten Absolutismus (hg. von Erich *Zöllner*, Wien 1983) 71–83.
Peter *Feldbauer*, Kinderelend in Wien. Von der Armenpflege zur Jugendfürsorge (17.–19. Jahrhundert) (Wien 1980).
Erich *Fischer*, Der Staatsbankrott von 1816 und die Sanierung der österreichischen Finanzen nach den Napoleonischen Kriegen. Zeitschrift für Volkswirtschaft und Sozialpolitik NF 4 (1924) 252–317.
Arno J. *Fitz*, Die Frau als Motor der Vorarlberger Frühindustrialisierung, in: Hexe oder Hausfrau 132–144.
Arno J. *Fitz*, Die Frühindustrialisierung Vorarlbergs und ihre Auswirkungen auf die Familienstruktur (Dornbirn 1985).
Herman *Freudenberger*, Brno. The Industrialization of a Central European City (Edington 1977).
Herman *Freudenberger*, Zur Linzer Wollzeugfabrik, in: Wirtschafts- und sozialhistorische Beiträge. FS für Alfred Hoffmann (hg. von Herbert *Knittler*, Wien 1979) 220–235.
Herman *Freudenberger*, Die proto-industrielle Entwicklungsphase in Österreich. Proto-Industrialisierung als sozialer Lernprozeß, in: Von der Glückseligkeit des Staates 355–381.
Herman *Freudenberger*, Die Struktur der frühindustriellen Fabrik im Umriß, in: Wirtschafts- und sozialgeschichtliche Probleme der frühen Industrialisierung (hg. von Wolfram *Fischer*, Berlin 1968) 413–433.
Herman *Freudenberger*, Three Mercantilistic Protofactories. Business History Review 40 (1966) 167–189.
Herman *Freudenberger*, The Woolengoods Industry of the Habsburg Monarchy in the Eighteenth Century. JEH 20 (1960) 383–406.
Herman *Freudenberger*/Fritz *Redlich*, The Industrial Development of Europe: Reality, Symbols, Images. Kyklos 17 (1964) 383 ff.
August *Fries*, Die Grafen von Fries. Eine genealogische Studie (Dresden 1903).
Rolf-Jürgen *Gleitsmann*, Der Einfluß der Montanwirtschaft auf die Waldentwicklung Mitteleuropas, in: Montanwirtschaft Mitteleuropas 24–39.
Franz Josef *Grobauer*, Bauen und Wohnen im Wandel der Zeit (Wien 1974).
Helmut *Grössing*/Ernst Ulrich *Funk*/Manfred *Sauer*/Johannes *Binder*, Rot-Weiß-Rot auf blauen Wellen. 150 Jahre DDSG (Wien 1979).
Henryk *Grossmann*, Die Anfänge und die geschichtliche Entwicklung der amtlichen Statistik in Österreich. Statistische Monatsschrift NF 21 (1916) 331–423.
Georg *Grüll*, Die Strumpffabrik Poneggen 1763–1818. MOÖLA 6 (1959) 5–135.
Karl *Grünberg*, Die Bauernbefreiung und die Auflösung des gutsherrlich-bäuerlichen Verhältnisses in Böhmen, Mähren und Schlesien. 2 Bde. (Leipzig 1893/94).
Karl *Grünberg*, Franz Anton von Blanc. Ein Sozialpolitiker der theresianisch-josefinischen Zeit (München 1921).
Karl *Grünberg*, Die Grundentlastung, in: Geschichte der österreichischen Land- und Forstwirtschaft 1/1 (Wien 1899) 1–80.
Alfred *Gürtler*, Die Volkszählungen unter Maria Theresia und Josef II. 1753–90 (Innsbruck 1909).
Heinrich *Güttenberger*, Die Begründung des niederösterreichischen Straßenwesens unter Karl VI. JbLkNÖ NF 21 (1928) 231–276.
Gustav *Gugitz*, Die Sesselträger in Alt-Wien. JbVGSW 8 (1949/50) 94–104.
Gustav *Gugitz*, Der Zeiselwagen. JbVGSW 7 (1948) 78–91.
Karl *Gutkas*, Bahnbrechende Mobilität. Die wirtschaftliche und soziale Bedeutung der Eisenbahn, in: Zug um Zug. 1 x Marchfeld und retour (hg. von Reinhard *Linke*/Hannes *Schopf*, St. Pölten 1987) 123–131.

Wolfgang *Häusler*, Von der Manufaktur zum Maschinensturm. Industrielle Dynamik und sozialer Wandel im Raum von Wien, in: Wien im Vormärz (hg. von Felix *Czeike*, Wien 1980) 32–56.
Wolfgang *Häusler*, »Überhaupt hat der Fortschritt das an sich, daß er viel größer ausschaut, als er wirklich ist«. Stichworte für den Historiker aus Johann N. Nestroys vorrevolutionärer Posse »Der Schützling« (1847). Römische historische Mitteilungen 31 (1989) 419–451.
Sylvia *Hahn*, Auf dem Weg zur Industriestadt – Wiener Neustadt im 19. Jahrhundert, in: »Die Wienerische Neustadt« 205–282.
Adelheid J. *Handtmann*, Der technische Fortschritt im Eisenhüttenwesen der Steiermark und Kärntens von 1750 bis 1864 (Diss. Marburg/Lahn 1980).
Christian *Hantschk*, Johann Joseph Prechtl und das Wiener Polytechnische Institut (Wien 1988).
Herbert *Hassinger*, Der Außenhandel der Habsburger Monarchie in der 2. Hälfte des 18. Jahrhunderts, in: Die wirtschaftliche Situation in Deutschland und Österreich um die Wende vom 18. zum 19. Jahrhundert (hg. von F. *Lütge*, Stuttgart 1964) 61–98.
Herbert *Hassinger*, Johann Joachim Bechers Bedeutung für die Entwicklung der Seidenindustrie in Deutschland. VSWG 38 (1951) 209–246.
Herbert *Hassinger*, Der Stand der Manufakturen in den deutschen Erbländern der Habsburgermonarchie am Ende des 18. Jahrhunderts, in: Die wirtschaftliche Situation in Deutschland und Österreich an der Wende vom 18. zum 19. Jahrhundert (hg. von F. *Lütge*, Stuttgart 1964) 110–176.
Hans J. *Hatschek*, Das Manufakturhaus am Tabor in Wien (Wien 1886).
Josef *Hauer*, Beiträge zur Geschichte der österreichischen Finanzen (Wien 1848).
Heinz *Haushofer*, Das kaiserliche Pflügen, in: Wege und Forschungen der Agrargeschichte (hg. von *ders.*, Frankfurt 1967) 171–180.
Otto *Hecht*, Die k. k. Spiegelfabrik Neuhaus in Niederösterreich 1701–1844. Ein Beitrag zur Geschichte des Merkantilismus (Wien 1909).
Waltraud *Heindl*, Gehorsame Rebellen. Bürokratie und Beamte in Österreich 1780 bis 1848 (Wien 1991).
Hans *Heiss*, Die ökonomische Schattenregierung Tirols. Zur Rolle des Bozner Merkantilmagistrates vom 17. bis ins frühe 19. Jahrhundert. Geschichte und Region 1/1 (1991) 66–87.
Gernot *Heiß*, Erziehung der Waisen zur Manufakturarbeit. Pädagogische Zielvorstellungen und ökonomische Interessen der mariatheresianischen Verwaltung. MIÖG 85 (1977) 316–331.
Peter *Hersche*, Wider »Müßiggang« und »Ausschweifung«. Feiertage und ihre Reduktion im katholischen Europa, namentlich im deutschsprachigen Raum zwischen 1750 und 1800. Innsbrucker Historische Studien 12/13 (1990) 97–122.
Harald *Hitz*/Hugo *Huber*, Geschichte der österreichischen Tabakregie 1784–1835 (Wien 1975).
Edith *Hörnandner*, Angaben zur Einführung des maschinellen Dreschens auf Gutshöfen des Marchfeldes im frühen 19. Jahrhundert, in: Sammeln und Sichten. Beiträge zur Sachvolkskunde (Wien 1979) 231–262.
Alfred *Hoffmann*, Die Agrarisierung der Industriebauern in Österreich. ZAA 20 (1973) 66–81.
Viktor *Hofmann*, Die Anfänge der österreichischen Baumwollwarenindustrie in den österreichischen Alpenländern im 18. Jahrhundert. AÖG 110 (1926) 415–741.
Viktor *Hofmann*, Die Anfänge der Zuckerindustrie in Österreich und Ungarn. AÖG 112/113 (1932/1934) 1–120, 1–166.
Viktor *Hofmann*, Die Devalvierung des österreichischen Papiergeldes im Jahre 1811 (Wien 1923).
Viktor *Hofmann*, Das Finanzsystem des Grafen O'Donell und die österreichische Vermögenssteuer des Jahres 1810 (Wien 1918).
Viktor *Hofmann*, Die Wollenzeugfabrik zu Linz a. d. Donau. AÖG 108 (1919) 345–778.
Leopoldine *Hokr*, Bandel in Handel und Wandel, in: Magie der Industrie 296–301.
Leopoldine *Hokr*, Pottendorf. Historische Studien zur Arbeit, Kultur und Lebensweise einer Industriegemeinde im 19. Jahrhundert (Diss. Wien 1984).
Leopoldine *Hokr*, Von der Weberzeile zum Fabriksdorf. Ein Beitrag zur Sozialgeographie von Textilarbeitersiedlungen im Waldviertel und im Industrieviertel, in: Spinnen – Spulen – Weben 109–118.
James van *Horn Melton*, Absolutism and the Eighteenth Century Origins of Compulsory Schooling in Prussia and Austria (Cambridge 1988).
James van *Horn Melton*, Arbeitsprobleme des aufgeklärten Absolutismus in Preußen und Österreich. MIÖG 90 (1982) 49–75.
Helma *Houtman-de Smedt*, Charles Proli. Antwerps zakenman en bankier, 1723–1786 (Brüssel 1983).
William H. *Hubbard*, Auf dem Weg zur Großstadt. Eine Sozialgeschichte der Stadt Graz 1850–1914 (Wien 1984).
Hanns *Jäger-Sunstenau*, Statistik der Nobilitierungen in Österreich 1701–1918. Österreichisches Familienarchiv 1 (1963) 3–16.

Hellmut *Janetschek*, Die Eisenbahn als Motor für die Eisen- und Maschinenindustrie in Österreich. Archiv der Geschichte der Naturwissenschaften 17/18 (1986) 807–861.
Hellmut *Janetschek*, The First Trevithick Engine in the Austro-Hungarian Empire. The Journal of the Trevithick Society 13 (1986) 60–68.
Hellmut *Janetschek*, Die Eisenstädter Dampfmaschine des Fürsten Esterházy. Die erste Watt'sche Dampfmaschine in Österreich-Ungarn im Lichte des Esterházyschen Wirtschaftskomplexes. Burgenländische Heimatblätter 46 (1984) 29–41.
Hellmut *Janetschek*, Nadeln, Knöpfe, Herzlschnallen, in: Magie der Industrie 314 ff.
Hellmut *Janetschek*/Gerhard *Maresch*, Technik und Technologie in der Ära Maria Theresias und Josephs II., in: Von der Glückseligkeit des Staates 453–483.
Leos *Jelecek*, The French Revolution and the Development of Capitalism in Agriculture in the Czech Lands after Revolution 1848/49. Hospodárské Déjiny Economic History 18 (Prag 1990) 91–105.
Alois *Jesinger*, Wiener Lektürekabinette (Wien 1928).
Elisabeth *Johann*, Geschichte der Waldnutzung in Kärnten unter dem Einfluß der Berg-, Hütten- und Hammerwerke (Klagenfurt 1968).
Johann Heinrich G. *Justi*, Vollständige Abhandlung von denen Manufakturen und Fabriken (Leipzig 1761).
István *Kállay*, Ungarischer Donauhandel 1686–1848. HJbStL (1987) 41–50.
Josef *Kallbrunner*, 200 Jahre Fabrik Leonischer Waren. JbLkNÖ NF 30 (1949/52) 151–169.
Josef *Kallbrunner*, Das Wiener Hofquartierwesen und die Maßnahmen gegen die Quartiersnot im 17. und 18. Jahrhundert. MVGStW 5 (1925) 24–36.
Stefan *Karner*, Die Grazer Wirtschaft der letzten 100 Jahre. Nach Ost-Mitteleuropa und zurück, in: Steirische Wirtschaftschronik. Bd. 1 (Graz 1993) 165–245.
Die Kartoffel. Geschichte und Zukunft einer Kulturpflanze (hg. von Helmut *Ottenjann*/Karl-Heinz *Ziessow*, Cloppenburg 1992).
Ernst *Katzer*, Als die Schiffe noch auf der Straße fuhren. Zur Geschichte des Wiener Neustädter Kanals. NÖ Kulturberichte (Juli 1981).
Ernst *Katzer*, Die »Wiener Neustädter Steinkohlen-Gewerkschaft«. Unser Neustadt 26/2 (1982) 1–4.
Herbert *Killian*, Arbeit und Leben der Holzknechte im Ötschergebiet vor 150 Jahren. Eine forstgeschichtliche Analyse der Wandgemälde von Josefsberg. Centralblatt für das gesamte Forstwesen 95 (1978) 161–191.
Herbert *Killian*, Vom »Schinderblech« zum Diebswerkzeug. Ein Rückblick auf die 400jährige Geschichte unserer Waldsäge. Centralblatt für das gesamte Forstwesen 97 (1980) 65–101.
Kurt *Klein*, Geburten und Sterbefälle in Niederösterreich am Ende des 18. Jahrhunderts. JbLkNÖ NF 54/55 (1988/89) 177–188.
Kurt *Klein*, Geburtlichkeit und Sterblichkeit in Vorarlberg 1750–1850. Montfort 41 (1989) 182–200.
Grete *Klingenstein*, Between Mercantilism and Physiocracy. Stages, Modes, and Functions of Economic Theory in the Habsburg Monarchy, 1748–63, in: State and Society in Early Modern Austria (hg. von Charles W. *Ingrao*, West Lafayette 1994) 181–214.
Grete *Klingenstein*, Kommerz und Außenpolitik. Habsburgische Kommerzialreisen im Vorfeld der Diplomatischen Revolution, 1756, in: Wirtschaftsbeziehungen zwischen den Österreichischen Niederlanden und den Österreichischen Erblanden im 18. Jahrhundert (Graz 1991).
Grete *Klingenstein*, Sozialdisziplinierung und ökonomische Probleme in der Theresianischen Politik, in: Carlo M. Attems, primo vescovo di Gorizia, 1752–1774 (hg. von Luigi *Tavano*/France M. *Dolinar*, Görz 1990) 83–91.
Grete *Klingenstein*, Staatsverwaltung und kirchliche Autorität im 18. Jahrhundert. Das Problem der Zensur in der theresianischen Reform (Wien 1970).
Herbert *Knittler*, Das Verkehrswesen als Ausgangspunkt einer staatlichen Infrastrukturpolitik, in: Von der Glückseligkeit des Staates 137–160.
Josef Johann *Knolz*, Darstellung der Verfassung und Einrichtung der Baumwoll-Spinnerei-Fabriken in Niederösterreich (Wien 1843).
Regina *Köpl*/Leopold *Redl*, Das totale Ensemble. Ein Führer durch die Industriekultur des südlichen Wiener Beckens (Wien 1989).
Hans Jörg *Köstler*, Die niederösterreichischen Hochofenwerke von der Mitte des 19. Jahrhunderts bis zur Auflassung der Roheisenerzeugung im Jahre 1901, in: Bergbau in Niederösterreich (Wien 1987) 429–453.
Engelbert *Koller*, Forstgeschichte des Landes Salzburg (Salzburg 1975).
Engelbert *Koller*, Forstgeschichte Oberösterreichs (Linz 1975).
Engelbert *Koller*, Die Holztrift im Salzkammergut (Linz 1954).
John *Komlos*, Die Habsburgermonarchie als Zollunion. Die Wirtschaftsentwicklung Österreich-Ungarns im 19. Jahrhundert (Wien 1986).

John *Komlos*/Albrecht *Ritschl*, Holy Days, Work Days, and the Standard of Living in the Habsburg Monarchy. Journal of interdisciplinary History 26 (1995) 57–66.
Andrea *Komlosy*, Industriegeschichte des Oberen Waldviertels, in: Niederösterreichische Wirtschaftschronik (Wien 1994) 95–116.
Andrea *Komlosy*, Ein Land – viele Grenzen, in: Kulturen an der Grenze (hg. von *dies.* u. a., Wien 1995) 59–72.
Andrea *Komlosy*, Stube und Websaal. Waldviertler Textilindustrie im Spannungsfeld zwischen Verlagswesen, Heim- und Fabriksarbeit, in: Spinnen – Spulen – Weben 119–138.
Egon *Komorzynski*, Das Urbild des Verschwenders. Raimund-Almanach (1959) 18–22.
Ferdinand *Krackowizer*, Die bürgerliche Tabakfabrik in Enns 1676 (Linz 1898).
Johanna *Kraft*, Die Finanzreform des Grafen Wallis und der Staatsbankrott von 1811 (Graz 1927).
Rudolf *Kropf*, Bier und Most, in: Bierwelt (hg. von Conrad *Seidl*/Willibald *Katzinger*, Linz 1992) 191–202.
Helen *Kuraic*, Die Wiener Niederleger im 18. Jahrhundert (Diss. Wien 1946).
Helmut *Lackner*, Die Anwendung der steirischen Kohle bis 1842. BlH 53 (1979) 81–90.
Helmut *Lackner*, Die Brennstoffversorgung des steirischen Eisenwesens, in: Erz und Eisen in der Grünen Mark 189–206.
Helmut *Lackner*, Kohlenbergbau in Österreich. Der Anschnitt 35 (1983) 68 ff.
Herbert *Lager*/Hilde *Seidl*, Kontratanz in Wien. Geschichtliches und Nachvollziehbares aus der theresianisch-josephinischen Zeit (Wien 1983).
Helene *Landau*, Die Entwicklung des Warenhandels in Österreich (Wien 1906).
Josef *Lauß*, Wachstum und Krise der österreichischen Leinenindustrie im 19. Jahrhundert (Diss. Wien 1977).
Max *Leimdörfer*, Entwicklung und Organisation der Brandschadenversicherung in Österreich 1700–1848 (Wien 1905).
Helen *Liebel-Weckowicz*, Count Karl v. Zinzendorf and the Liberal Revolt against Joseph's II. Economic Reforms, 1783–1790, in: Sozialgeschichte Heute. FS für Hans Rosenberg (hg. von H. U. *Wehler*, Göttingen 1974) 69–85.
Helen *Liebel-Weckowicz*, Modernisierungsmotive in der Freihandelspolitik Maria Theresias, in: Maria Theresia und ihre Zeit (hg. von Walter *Koschatzky*, Salzburg 1980) 153–158.
Friedrich *Lütge*, Die Grundentlastung (Bauernbefreiung) in der Steiermark. ZAA 16 (1968) 190–209.
Friedrich *Lütge*, Die Robot-Abolition unter Kaiser Joseph II., in: Wege und Forschungen der Agrargeschichte (hg. von H. *Haushofer*, Frankfurt 1967) 153–170.
F. J. *Maire*, Bemerkungen über den inneren Kreislauf der Handlung in den österreichischen Erbstaaten … oder Hauptentwurf der zu eröffnenden schiffbaren Wasserstraßen von allen Meeren nach Wien. Aus dem Französischen (1786).
Herbert *Matis*, Die Ansätze der Industrialisierung im Wiener Becken, in: Die Anfänge der Industrialisierung Niederösterreichs (hg. von Helmuth *Feigl*/Andreas *Kusternig*, Wien 1982) 82–224.
Herbert *Matis*, Betriebsorganisation, Arbeitsverfassung und Struktur des Arbeitsmarktes in der Phase der »Proto-Industrialisierung«, in: Exportgewerbe und Außenhandel vor der Industriellen Revolution (hg. von Franz *Mathis*/Josef *Riedmann*, Innsbruck 1984) 139–158.
Herbert *Matis*, Die Grafen von Fries. Aufstieg und Untergang einer Unternehmerfamilie. Tradition 12 (1967) 484–496.
Herbert *Matis*, Niederösterreichs Ärarialfabriken während des 18. und frühen 19. Jahrhunderts. UH 39 (1968) 202–210.
Herbert *Matis*, Protoindustrialisierung und »Industrielle Revolution« am Beispiel der Baumwollindustrie Niederösterreichs, in: Spinnen – Spulen – Weben 15–48.
Herbert *Matis*, Über die sozialen und wirtschaftlichen Verhältnisse österreichischer Fabrik- und Manufakturarbeiter um die Wende vom 18. zum 19. Jahrhundert. VSWG 53 (1966) 433–476.
Herbert *Matis*/Karl *Bachinger*, Österreichs industrielle Entwicklung, in: Die Habsburgermonarchie 1, 105–232.
Josef Karl *Mayr*, Wien im Zeitalter Napoleons. Staatsfinanzen, Lebensverhältnisse, Beamte und Militär (Wien 1940).
Uwe *Meiners*, Die Kornfege in Mitteleuropa (Münster 1983).
Thea *Meinharter*/Franz *Ofner*, Frühindustrielle Produktionsformen am Beispiel der Groß-Sieghartser Bandweberei, in: Spinnen – Spulen – Weben 91–107.
Gerhard *Meißl*, Industrie und Gewerbe in Wien 1835 bis 1845. Branchenmäßige und regionale Strukturen und Entwicklungstendenzen im Spiegel der Gewerbeausstellungen von 1835, 1839 und 1845, in: Wien im Vormärz (hg. von Felix *Czeike*, Wien 1980) 75–106.
Wolfgang *Meixner*/Bettina *Kessler*, Handwerk und Gewerbe, in: Chronik der Tiroler Wirtschaft (Wien 1991) 156–198.
Peter *Melichar*, Ästhetik und Disziplin. Das Militär in Wiener Neustadt 1740–1914, in: »Die Wienerische Neustadt« 285–338.

Peter *Meusburger*, Die frühe Alphabetisierung der Bevölkerung als Einflußfaktor für die Industrialisierung Vorarlbergs?, in: Elmar Vonbank zum 70. Geburtstag (Jb. des Vorarlberger Landesmuseumsvereins 135, Bregenz 1991) 95–199.
Hanns Leo *Mikoletzky*, Franz Stephan von Lothringen als Wirtschaftspolitiker. MÖSTA 13 (1960) 231–257.
Hanns Leo *Mikoletzky*, Holics und Sassin, die beiden Mustergüter des Kaisers Franz I. Stephans. MÖSTA 14 (1961) 190–212.
Hanns Leo *Mikoletzky*, Österreichs Anleihen in der Schweiz vom 18. bis zum Beginn des 19. Jahrhunderts. MOÖLA 8 (1964) 513–535.
Lorenz *Mikoletzky*, Der Hamburger Bankier Johann Gottlieb Gerhard und der Versuch der Staatsschuldentilgung in Österreich (1762–1766). MÖSTA 25 (1972) 277–294.
Lorenz *Mikoletzky*, Der Versuch einer Steuer- und Urbarialregulierung unter Kaiser Joseph II. MÖSTA 24 (1972) 310–346.
Ludwig v. *Mises*, Zur Geschichte der österreichischen Fabriksgesetzgebung. Zeitschrift für Volkswirtschaft, Sozialpolitik und Verwaltung 14 (1905).
Brian R. *Mitchell*, European Historical Statistics 1750–1975 (London ²1987).
Konstanze *Mittendorfer*, Biedermeier oder: das Glück im Haus. Bauen und Wohnen in Wien und Berlin 1800–1850 (Wien 1991).
Konstanze *Mittendorfer*, Spielzeug und Hausrat aus Holz. Proto-industrielle Erzeugungsbedingungen in Hallein im 18. und 19. Jahrhundert (DA Salzburg 1988).
Michael *Mitterauer*, Auswirkungen der Agrarrevolution auf die bäuerliche Familienstruktur in Österreich, in: Historische Familienforschung (hg. von *ders.*/Reinhard *Sieder*, Frankfurt 1982) 241–270.
Michael *Mitterauer*, Die Auswirkungen von Urbanisierung und Frühindustrialisierung auf die Familienverfassung an Beispielen des österreichischen Raumes, in: Sozialgeschichte der Familie in der Neuzeit Europas (hg. von Werner *Conze*, Stuttgart 1976) 55–146.
Michael *Mitterauer*, Geschlechtsspezifische Arbeitsteilung und Geschlechterrollen in ländlichen Gesellschaften Mitteleuropas, in: Aufgaben, Rollen und Räume von Mann und Frau (hg. von J. *Martin*/R. *Zoepffel*, Freiburg 1989) 819 ff.
Michael *Mitterauer*, Pfarre und ländliche Gemeinde in den österreichischen Ländern. Historische Grundlagen eines aktuellen Raumordnungsproblems. Blätter für deutsche Landesgeschichte 109 (1973) 1–30, oder in: *ders.*, Grundtypen alteuropäischer Sozialformen. Haus und Gemeinde in vorindustriellen Gesellschaften (Stuttgart 1979) 123–147.
Oskar *Moser*, Zur frühen Verwendung der »Getreidewinde« in Steiermark und Kärnten. ZHVSt 72 (1981) 55–107.
Oskar *Moser*, Die Getreidesense in Kärnten und die Bestrebungen der Kärntner Landwirtschaftsgesellschaft zu ihrer Einführung. Car I 174 (1984) 217–245.
Alois *Mosser*, Die österreichische Industriesiedlung, in: Siedlungs- und Bevölkerungsgeschichte Österreichs (Wien 1974) 133–162.
Mozart in der Tanzkultur seiner Zeit (hg. von Walter *Salmen*, Innsbruck 1990).
Georg *Mühlberger*, Absolutismus und Freiheitskämpfe (1665–1814), in: Geschichte des Landes Tirol Bd. 2 (hg. von Josef *Fontana* u. a., Bozen/Innsbruck 1986) 290–579.
Paul *Niel*, Wirtschaft und Hausrat eines Oberpielacher Bauernhofes vor 250 Jahren. UH 12/13 (1939/40) 45 ff., 81 ff.
Ernst *Nowotny*, Die Transmigration ober- und innerösterreichischer Protestanten nach Siebenbürgen im 18. Jahrhundert (Jena 1931).
Norbert *Ortmayr*, Ländliches Gesinde in Oberösterreich 1918–1938, in: Familienstruktur und Arbeitsorganisation in ländlichen Gesellschaften (hg. von Josef *Ehmer*/Michael *Mitterauer*, Wien 1986) 325–416.
Norbert *Ortmayr*, Späte Heirat. Ursachen und Folgen des alpinen Heiratsmusters. Zeitgeschichte 16 (1989) 119–134.
Karl-Heinz *Osterloh*, Joseph von Sonnenfels und die österreichische Reformbewegung im Zeitalter des aufgeklärten Absolutismus (Lübeck 1970).
Gustav *Otruba*, Die Bedeutung englischer Subsidien und Antizipationen für die Finanzen Österreichs 1701 bis 1748. VSWG 51 (1964) 192–234.
Gustav *Otruba*, Berufsstruktur und Berufslaufbahn vor der industriellen Revolution (Wien 1952).
Gustav *Otruba*, Über das Erbländische Commerce 1786 – eine Denkschrift Philipp Graf Sinzendorfs. MOÖLA 8 (1964) 502–512.
Gustav *Otruba*, Die Feuerversicherungen und die damit befaßten Gesellschaften in Österreich von ihren Anfängen bis zur Gegenwart, in: Entwicklung und Aufgaben von Versicherungen und Banken (hg. von F. W. *Henning*, Berlin 1980) 81–131.
Gustav *Otruba*, Zur Geschichte der Frauen- und Kinderarbeit in Gewerbe und Manufakturen Niederösterreichs. JbLkNÖ NF 34 (1958/1960) 143–179.

Gustav *Otruba*, Industrietopographie Niederösterreichs vom Zeitalter des Merkantilismus bis zum Ersten Weltkrieg (Wien 1956).
Gustav *Otruba*, Österreichs Industrie und Arbeiterschaft im Übergang von der Manufaktur- zur Fabrikaturepoche (1790–1848). ÖGL 15 (1971) 569–604.
Gustav *Otruba*/L. S. *Rutschka*, Die Herkunft der Wiener Bevölkerung in den letzten hundertfünfzig Jahren. JbVGStW 13 (1957) 227–274.
Michael *Pammer*, Vom Beichtzettel zum Impfzeugnis. Beamte, Ärzte, Priester und die Einführung der Vaccination. ÖGL (1995) 11–30.
Michael *Pammer*, Glaubensabfall und Wahre Andacht. Barockreligiosität, Reformkatholizismus und Laizismus in Oberösterreich 1700–1820 (Wien 1994).
Michael *Pammer*, Die Johann Georg Graßlische Räuber-Complozität. Zeitgeschichte 15 (1988) 1–26.
Anton v. *Pantz*, Eine Studienreise durch Kärnten im Jahr 1771. Car I 131 (1941) 120–134.
Johann Robert *Pap*, Die Entwicklung des Industrieraumes Reichenau an der Rax von 1780 bis 1918, in: Die Anfänge der Industrialisierung Niederösterreichs (hg. von Helmuth *Feigl*/Andreas *Kusternig*, Wien 1982) 249–262.
Akos *Paulinyi*, Die Technik des Eisenschmelzens in der Habsburger-Monarchie vom 16. bis zum 18. Jahrhundert, in: FS für Othmar Pickl (hg. von Herwig *Ebner* u. a., Graz 1987) 463–477.
Akos *Paulinyi*, Der technische Fortschritt im Eisenhüttenwesen der Alpenländer und seine betriebswirtschaftlichen Auswirkungen (1600–1860), in: Österreichisches Montanwesen 144–180.
Sigismund *Peller*, Zur Kenntnis der städtischen Mortalität im 18. Jahrhundert mit besonderer Berücksichtigung der Säuglings- und Tuberkulosesterblichkeit (Wien zur Zeit der ersten Volkszählung). Zeitschrift f. Hygiene und Infektionskrankheiten 90 (1920) 227–262.
Franz *Pfeffer*/Günther *Kleinhanns*, Budweis – Linz – Gmunden: Pferdeeisenbahn und Dampfbetrieb auf 1106 mm Spurweite (Wien 1982).
Othmar *Pickl*, Die Anfänge der Industrialisierung im Herrschaftsbereich des Klosters Neuberg an der Mürz, in: Die Anfänge der Industrialisierung Niederösterreichs (hg. von Helmuth *Feigl*/Andreas *Kusternig*, Wien 1982) 228–246.
Othmar *Pickl*, Die Anfänge des steirischen Kohlenbergbaus, in: Beiträge zur Geschichte der Industrialisierung des Südostalpenraumes im 19. Jahrhundert (hg. von *ders.*, Graz 1970) 47–58.
Othmar *Pickl*, Die Zeit der großen Kanalprojekte (1765–1780) und der Flußverkehr im 18./19. Jahrhundert, in: Menschen & Münzen & Märkte 123–127.
Susanne *Piduhn*, Die Arbeitsbedingungen und die geschäftliche Entwicklung der Pottendorfer Garnmanufaktur im 19. Jahrhundert (DA Köln 1983).
Walter *Pietsch*, Die ersten Dreschmaschinen in der Oststeiermark. ZHVSt 75 (1984) 153–175.
Elke *Piskernik*, Das Versatzamt in Klagenfurt (1756–1853) (Diss. Innsbruck 1986).
Walter *Pongratz*, Industrieprojekte unter der Stiftsherrschaft Zwettl im 18. Jahrhundert. UH 61 (1990) 85–105.
Siegfried *Pressburger*, Das österreichische Noteninstitut 1816–1966. I. Teil, Bde. 1–3 (Wien 1959/63).
Karl *Pribram*, Geschichte der österreichischen Gewerbepolitik von 1740 bis 1860. Bd. 1: 1740–1798 (Leipzig 1907).
Harald *Prickler*, Die Grundherrschaft als wirtschaftliche Basis des Fürstenhauses Esterházy, in: Die Fürsten Esterházy. Magnaten, Diplomaten & Mäzene (Eisenstadt 1995) 60–83.
Protoindustrialisierung in Europa (hg. von Markus *Cerman*/Sheilagh C. *Ogilvie*, Wien 1994).
Franz *Putz*, Die österreichische Wirtschaftsaristokratie von 1815 bis 1859. 2 Bde. (Diss. Wien 1975).
Joachim *Radkau*, Zur angeblichen Energiekrise des 18. Jahrhunderts. Revisionistische Betrachtungen über die »Holznot«. VSWG 73 (1986) 1–37.
Joachim *Radkau*, Holzverknappung und Krisenbewußtsein im 18. Jahrhundert. GuG 9 (1983) 513–543.
Fritz *Rager*, Die Wiener Kommerzial-, Leih- und Wechselbank (1787–1830). Ein Beitrag zur Geschichte des österreichischen Aktienbankwesens (Wien 1918).
Joseph *Raudnitz*, Das österreichische Staatspapiergeld und die privilegierte Nationalbank, 1762–1820 (Wien 1917).
Reformation, Emigration, Protestanten in Salzburg (Salzburg 1981).
Elisabeth *Reiner*, Karl von Zinzendorf und das Eisenwesen in Innerösterreich. MÖSTA 13 (1960) 258–330.
Max *Reinitz*, Das österreichische Staatsschuldenwesen von seinen Anfängen bis zur Jetztzeit (München 1913).
Joseph *Richter*, Das alte und das neue Wien (Wien 1788).
Joseph *Richter*, Bildergalerie katholischer Mißbräuche (o. O. 1784).
Wilhelm *Richter*/Franz *Kirnbauer*, Der Bergbau Seegraben 1606–1726–1964. Leobener Grüne Hefte 77 (Wien 1964) 9–53.
Else *Riebe*, Der Wiener Neustädter Schiffahrtskanal (Wien 1933).

Wolfgang *Rohrbach*, Von den Anfängen bis zum Börsenkrach des Jahres 1873, in: Versicherungsgeschichte Österreichs. Bd. 1(Wien 1988) 47–432.
Franz Otto *Roth*, Kärntner Bauern im Urteil der »aufgeklärten« Obrigkeit. Car I 160 (1970) 342–362.
August *Rothbauer*, Die Anfänge der A.G. der Vöslauer Kammgarnfabrik. JbLkNÖ NF 35 (1961/63) 139–164.
Helmut *Rumpler*, Von Innerösterreich nach Illyrien. Kärntens Wandel von der ständischen zur bürgerlichen Gesellschaft, in: Franz Xaver von Salm. Aufklärer – Kardinal – Patriot (Klagenfurt 1993) 154–168.
Helmut *Rumpler*, Die Kärntner Sparkasse als Wirtschaftsfaktor des Landes Kärnten im 19. Jahrhundert, in: Geld und Wirtschaftsentwicklung in Kärnten seit dem Vormärz (Klagenfurt 1985) 15–110.
Helmut *Rumpler*, Viktring nach den Zisterziensern – die Tuch- und Lodenfabrik der Familie Moro, Aichelburg, Dreihan-Holenia und Reichmann (1718–1966), in: Stift Viktring 1142–1992 (Klagenfurt 1992) 81–102.
Salzburger Landes-Versicherung. 1811–1986. Eine Dokumentation anläßlich des 175jährigen Bestehens (Salzburg 1986).
Roman *Sandgruber*, Die Agrarrevolution in Österreich, in: Österreich-Ungarn als Agrarstaat (hg. von A. *Hoffmann*, Wien 1978) 195–271.
Roman *Sandgruber*, Die Einführung der Kartoffeln in Österreich. Sozialgeschichtliche und volkskundliche Interpretation, in: Sozialer und kultureller Wandel in der ländlichen Welt des 18. Jahrhunderts. Wolfenbütteler Forschungen 19 (1982) 163–194.
Roman *Sandgruber*, Einkommensentwicklung und Einkommensverteilung in der zweiten Hälfte des 18. Jahrhunderts, in: Österreich im Europa der Aufklärung. Bd. 1 (Wien 1985) 251–263.
Roman *Sandgruber*, Die Energieversorgung Wiens im 18. und 19. Jahrhundert, in: Bergbau in Niederösterreich (hg. von Andreas *Kusternig*, Wien 1987) 459–490.
Roman *Sandgruber*, Indikatoren des Lebensstandards in Wien in der ersten Hälfte des 19. Jahrhunderts, in: Wien im Vormärz (Forschungen und Beiträge zur Wiener Stadtgeschichte 8, Wien 1980) 57–74.
Roman *Sandgruber*, Das Jahrhundert der Bahn, in: Zug um Zug. 1 x Marchfeld und retour (hg. von Reinhard *Linke*/Hannes *Schopf*, St. Pölten 1987) 132–141.
Roman *Sandgruber*, Lebensstandard und wirtschaftliche Entwicklung im österreichischen Neoabsolutismus (1848–1859), in: Wirtschafts- und sozialhistorische Beiträge. FS für Alfred Hoffmann (hg. von H. *Knittler*, Wien 1979) 372–394.
Roman *Sandgruber*, Magie der Industrie, in: Magie der Industrie 14–33.
Roman *Sandgruber*, Produktions- und Produktivitätsfortschritte der niederösterreichischen Landwirtschaft im 18. und frühen 19. Jahrhundert, in: Die Auswirkungen der Theresianisch-Josephinischen Reformen auf die Landwirtschaft und die ländliche Sozialstruktur Niederösterreichs (hg. von Helmuth *Feigl*, Wien 1982) 95–136.
Roman *Sandgruber*, Weltspitze oder Nachzügler? Österreichs Textilindustrie und Österreichs Industrialisierung in der ersten Hälfte des 19. Jahrhunderts, in: Spinnen – Spulen – Weben 49–64.
Roman *Sandgruber*, Wirtschaftswachstum, Energie und Verkehr in Österreich 1840–1913, in: Wirtschaftliches Wachstum, Energie und Verkehr vom Mittelalter bis ins 19. Jahrhundert. Bericht über die 6. Arbeitstagung der Gesellschaft für Sozial- und Wirtschaftsgeschichte 1975 in Tübingen (hg. von Hermann *Kellenbenz*, Stuttgart 1978) 67–93.
Roman *Sandgruber*, Zeit der Mahlzeit. Veränderungen in Tagesablauf und Mahlzeiteneinteilung in Österreich im 18. und 19. Jahrhundert, in: Wandel der Volkskultur in Europa. FS für G. Wiegelmann (Münster 1988) 459–472.
Walter *Sauer*, Schuster, bleib bei deinem Leisten ... Politische und weltanschauliche Entwicklungen unter Wiener Handwerkern am Beispiel der Affäre des Jahres 1794, in: Handwerker in der Industrialisierung (hg. von U. *Engelhardt*, Stuttgart 1984) 435–457.
Edith *Saurer*, Die Konsumbesteuerung Österreichs und Lombardo-Venetiens (1829–1859). Ein Vergleich. MIÖG 86 (1978) 390–415.
Edith *Saurer*, Straße, Schmuggel, Lottospiel. Materielle Kultur und Staat in Niederösterreich, Böhmen und Lombardo-Venetien im frühen 19. Jahrhundert (Göttingen 1989).
August *Schachermayr*, Der Finanzplan des Jahres 1806. Die Maßnahmen zur Verminderung der verzinslichen und unverzinslichen Staatsschulden und die Vermögenssteuer des Jahres 1806 (Wien 1919).
Karl *Schindler*, Die Forste der in der Verwaltung des k. k. Ackerbauministeriums stehenden Staats- und Fondsgüter (Wien 1885).
Gustav *Schmoller*, Skizze einer Finanzgeschichte von Frankreich, Österreich, England und Preußen (1500–1900) (Leipzig 1909).
Matthias *Schönberger*, Bevölkerungsstatistik eines Salzburger Gebirgstales 1621–1920. MAG 56 (1926) 271–281.
Carl *Schraml*, Der Holzaufzug und die Wasserriesen im Außerweißenbach. Blätter für Technikgeschichte 5 (1938) 102–105.

Hans *Schuhladen*, Zur Einführung der Kartoffel im Salzburgischen. Ein Beispiel lenkender Sorge um die Bevölkerung durch Vertreter der Volksaufklärung, in: Forschungen zur historischen Volkskultur. FS für Torsten Gebhard zum 80. Geburtstag (München 1989) 309–338.
Wolfgang *Schwarz*, Das Wiener Becken – ein alter Industrieraum. Eine dynamische Länderkunde des niederösterreichischen Industrieviertels (Diss. Wien 1968).
Franz X. *Schweickhardt*, Darstellung des Erzherzogthums Oesterreich unter der Enns (Wien 1841).
Rudolf *Sieghart*, Zolltrennung und Zolleinheit. Die Geschichte der österreichisch-ungarischen Zwischenzollinie (Wien 1915).
Johann *Slokar*, Geschichte der österreichischen Industrie und ihrer Förderung unter Kaiser Franz I. (Wien 1914).
Else *Spiesberger*, Das Starhembergsche Freihaus auf der Wieden. JbVGStW 19/20 (1963/64) 181–208.
Heinrich v. *Srbik*, Abenteurer am Hofe Kaiser Leopold I. Archiv für Kulturgeschichte 8 (1910) 52–73.
Karl *Starke*, Kohlenbergbau im oberösterreichischen Hausruck. Frühzeit 1760–1872 (Wien 1991).
Harald *Steindl*, Anton von Krauß-(Elislago) und die Gründung des Polytechnischen Instituts, in: Johann Joseph Prechtl. Sichtweisen und Aktualität seines Werkes (hg. von Christian *Hantschk*, Wien 1990) 21–54.
Harald *Steindl*, Entfesselung der Arbeitskraft, in: Wege zur Arbeitsrechtsgeschichte (hg. von *ders.*, Ius Commune SH 20, 1984) 29–135.
Harald *Steindl*, Überlegungen zum Verhältnis von Privatrecht, Gewerbefreiheit und Industrialisierung. Bürgerliches Recht als »Instrument« der Entwicklung wirtschaftlicher Märkte im 19. Jahrhundert in Mitteleuropa?, in: Vorträge zur Geschichte des Privatrechts in Europa (Ius Commune SH 15, Frankfurt 1981) 76–108.
Hannes *Stekl*, Österreichs Aristokratie im Vormärz. Herrschaftsstil und Lebensformen der Fürstenhäuser Liechtenstein und Schwarzenberg (Wien 1973).
Otto *Stengel*, Die Pferdeeisenbahn Linz-Budweis, in: 100 Jahre österreichischer Ingenieur- und Architektenverein (Linz 1985) 33–45.
Traian *Stoianovich*, Le maïs dans les balkans, in: Pour une histoire de l'alimentation. Cahiers des Annales 28 (Paris 1970) 272–284.
Otto *Stolz*, Die Bauernbefreiung in Süddeutschland im Zusammenhang ihrer Geschichte. VSWG 33 (1940) 1–66.
Otto *Stolz*, »Der rechte Kreis«, eine dreijährige Fruchtfolge mit Flurzwang im Pustertal nach Belegen des 16. bis 18. Jahrhunderts. VSWG 25 (1922) 353–357.
Gerda *Suppanz*, Transportsysteme im präindustriellen Wien. Kommunikationsmechanismen auf den Straßen der zweiten Hälfte des 18. Jahrhunderts (DA Wien 1985).
Gerhard *Tanzer*, Spectacle müssen seyn. Die Freizeit der Wiener im 18. Jahrhundert (Wien 1992).
Mikulas *Teich*, The Early History of the Newcomen Engine at Nova Bana (Königsberg): Isaac Potter's Negotiations with the Hofkammer and the Signing of the Agreement of 19. August 1721. East-Central Europe 9 (1982) 24–38.
Herwig *Teppner*, Der Steirische Ölkürbis und einige frühe Quellen über Kürbisanbau, in: Die Koralpe. Beiträge zur Botanik, Geologie, Klimatologie und Volkskunde (hg. von *ders.*, Graz 1982) 57–63.
Hans J. *Teuteberg*, Österreich und das »Engelländische Commercium« im Zeitalter des Merkantilismus, in: FS für Othmar Pickl (hg. von Herwig *Ebner* u. a., Graz 1987) 649–676.
Rudolf *Till*, Zur Herkunft der Wiener Bevölkerung im 19. Jahrhundert. VSWG 34 (1941) 15–37.
Rudolf *Till*, Die Schweizer Uhrmacherkolonie in Wien. Zeitschrift für Schweizerische Geschichte 30 (1950) 46–70.
Ferdinand *Tremel*, Aus den Anfängen des Braunkohlenbergbaues Häring, in: Neue Beiträge zur geschichtlichen Landeskunde Tirols. FS für F. Huter. Bd. 2 (Innsbruck 1969) 421–432.
Ernst *Trost*, Zur allgemeinen Erleichterung ... : Eine Kultur- und Wirtschaftsgeschichte des Tabaks in Österreich (Wien 1984).
Benno *Ulm*/Alfred *Marks*, Dokumente aus der Sammlung Franz Bergauer zur Eröffnung der Pferdeeisenbahn vor 150 Jahren (Katalog des OÖ. Landesmuseums 111, Linz 1982).
Versuche und Ansätze zur Industrialisierung des Waldviertels (hg. von Helmuth *Feigl*, Wien 1990).
Sergij *Vilfan*, Die Agrarsozialpolitik von Maria Theresia bis Kudlich, in: Der Bauer Mittel- und Osteuropas im sozio-ökonomischen Wandel des 18. und 19. Jahrhunderts (hg. von H. *Ischreyt*, Wien 1973) 1–52.
Wilhelm *Wadl*, Alter und Entwicklung der Maiskultur in Kärnten. Car I 177 (1987) 239–251.
Wilhelm *Wadl*, Studien zur sozialen Mobilität von Handwerksgesellen im 19. Jahrhundert. Car I 178 (1988) 279–351.
Gertraud *Wagenhofer*, Das Eisengußwerk bei Mariazell von seiner Gründung bis zur Übernahme durch das Aerar (1742–1800) (Dissertationen der Universität Graz 84, Graz 1991).
Adolph *Wagner*, Zur Geschichte und Kritik der österreichischen Bankozettelperiode. Zeitschrift für die gesamte Staatswissenschaft 17 (1861) 577–635; 19 (1863) 392–488.

Gertrude *Wagner*, Großhändler, Bankiers und Industrielle – Juden in der ersten Hälfte des 19. Jahrhunderts, in: Österreichisch-jüdisches Geistes- und Kulturleben 3 (1990) 1–16.
Hans *Wagner*, Die Reise Josephs II. nach Frankreich 1777, in: Österreich zur Zeit Josephs II. (Wien 1980) 100–102.
Karl O. *Wagner*, Domherr Friedrich Graf Spaur und seine Werke. MGSLK 74 (1934) 145–158.
Michael *Wagner*, Zwischen zwei Staatsbankrotten. Der Wiener Finanzmarkt im 18. Jahrhundert. WGBl 32 (1977) 113–143.
Friedrich *Walter*, Die österreichische Zentralverwaltung. II/4: Aktenstücke (Wien 1950).
Friedrich *Walter*, Die Wiener Stadtbank und das Staatsbankprojekt des Grafen Kaunitz aus dem Jahre 1761. Zeitschrift für Nationalökonomie 8, 4 (1937).
Friedrich *Walter*, Zur Wirtschaftslage Tirols um 1770, in: Tiroler Wirtschaft 1 (Innsbruck 1951) 257–279.
Gerhard *Wanner*, Kinderarbeit in Vorarlberger Fabriken im 19. Jahrhundert (Feldkirch [2]1986).
Gerhard *Wanner*, Vorarlbergs Industriegeschichte (Feldkirch 1990).
Leopold *Weber*/Alfred *Weiss*, Bergbaugeschichte und Geologie der österreichischen Braunkohlenvorkommen. Archiv f. Lagerstättenforschung der Geologischen Bundesanstalt 4 (1983).
Hans-Ulrich *Wehler*, Deutsche Gesellschaftsgeschichte. 2 Bde. (München 1987).
Erika *Weinzierl*, Visitationsberichte österreichischer Bischöfe an Kaiser Franz I. 1804–1835, in: *dies.*, Ecclesia semper reformanda. Beiträge zur österreichischen Kirchengeschichte im 19. und 20. Jahrhundert (Wien 1985) 27–98.
Lucia *Welz*, Die Familie Geymüller: über die politische, wirtschaftliche und gesellschaftliche Situation in Österreich in der ersten Hälfte des 19. Jahrhunderts und die Bedeutung der Familie Geymüller in dieser Zeit (Diss. Wien 1989).
Günter *Wiegelmann*, Zur Geschichte der Kornfege in Mitteleuropa, in: Museum und Kulturgeschichte. FS für Wilhelm Hansen (Münster 1978) 145–156.
Johannes *Wimmer*, Gesundheit, Krankheit und Tod im Zeitalter der Aufklärung. Fallstudien aus den habsburgischen Erbländern (Wien 1991).
Thomas *Winkelbauer*, Manufaktur und Gewerbe: Die Horner Tucherzeugung im 17. Jahrhundert und die Tuchmachersiedlung in der »Öttinger Vorstadt«, in: Eine Stadt und ihre Herren. Puchheim, Kurz, Hoyos (Horn 1991) 55–68.
Thomas *Winkelbauer*, Studien zur Geschichte der Wald- und Mühlviertler Glashütten, ihrer Glasmeister und Arbeiter im 17. und 18. Jahrhundert (StA IfÖG 1986).
Thomas *Winkelbauer*, Der verhinderte Streik der Horner Tuchmachergesellen im Jahre 1652. Das Waldviertel NF 39 (1990) 120–133.
Reingard *Witzmann*, Wiener Walzer, in: Bürgersinn und Aufbegehren. Katalog (Wien 1987) 130–137.
Reingard *Witzmann*, Will der Herr Graf den Tanz mit mir wagen?, in: Zaubertöne. Mozart in Wien (Wien 1991) 435–440.
Bernd *Wunder*, Die Institutionalisierung der Invaliden-, Alters- und Hinterbliebenenversorgung der Staatsbediensteten in Österreich (1748–1790). MIÖG 92 (1984) 341–406.
Helmut *Wycklicky*, Zur Geschichte der Impfung in Österreich. Österreichische Apothekerzeitung (1987) 359–360.
Josef *Wysocki*, Die Wirtschaft Salzburgs im 19. Jahrhundert, in: Geschichte Salzburgs II/4 (hg. von Heinz *Dopsch*/Hans *Spatzenegger*, Salzburg 1991) 2713–2742.
Hermann *Zeitlhofer*, Textile Verbindungen, in: Kulturen an der Grenze (hg. von Andrea Komlosy u. a., Wien 1995) 131–139.
Wolfgang *Zorn*, Gesamtdeutsche Wirtschaftsverflechtungen der östlichen Alpenländer im 18. Jahrhundert, in: Erzeugung, Verkehr und Handel in der Geschichte der Alpenländer (Innsbruck 1977) 409–416.

Habsburgs Industrialisierung

Erna *Appelt*, Von Ladenmädchen, Schreibfräulein und Gouvernanten. Die weiblichen Angestellten Wiens zwischen 1900 und 1934 (Wien 1985).
Hiltraut *Ast*, Sommerfrische der Kaiserzeit. Die großbürgerliche Sommerfrischengesellschaft und ihre einheimischen Gastgeber. Begegnungen zweier sozialer Schichten (Augsburg 1990).
Raoul *Auernheimer*, Das Wirtshaus zur verlorenen Zeit. Erlebnisse und Bekenntnisse (Wien 1948).
Karl *Bachinger*, Der Niedergang der Kleineisenindustrie in der niederösterreichischen Eisenwurzen (1850–1914). Fallstudie einer industriellen Regression (Wien 1972).
Franz *Baltzarek*, Fremdenverkehr und Sport, in: Das Zeitalter Kaiser Franz Josephs. 2. Teil: 1880–1916, Beiträge (Wien 1987) 163–174.

Franz *Baltzarek*, Die geschichtliche Entwicklung der Konsumgenossenschaften in Österreich, in: Verbraucherpolitik und Wirtschaftsentwicklung (hg. von Anton E. *Rauter*, Wien 1976) 169–241.
Franz *Baltzarek*, Die geschichtliche Entwicklung der österreichischen Genossenschaften, in: Handbuch des österreichischen Genossenschaftswesens (hg. von Mario *Patera*, Wien 1986) 3–116.
Renate *Banik-Schweitzer*, Urbanisierung und Metropolenbildung im 19. Jahrhundert. BHS 16 (1986) 5–14.
Renate *Banik-Schweitzer*/Gerhard *Meißl*, Industriestadt Wien. Die Durchsetzung der industriellen Marktproduktion in der Habsburgerresidenz (Wien 1983).
Andreas *Baryli*, Die Geschichte des Dienstrechts der Angestellten in Österreich, in: Wege zur Arbeitsrechtsgeschichte (hg. von Harald *Steindl*, Ius Commune SH 20, 1984) 295–368.
Andreas *Baryli*, Zur Geschichte der gesetzlichen Krankenfürsorgepflicht der gewerblichen Arbeitgeber in Österreich, in: Wege zur Arbeitsrechtsgeschichte (hg. von Harald *Steindl*, Ius Commune SH 20, 1984) 173–204.
Andreas *Baryli*, Konzessionssystem contra Gewerbefreiheit. Zur Diskussion der österreichischen Gewerberechtsreform 1835–1860 (Frankfurt 1984).
Michael *Behnen*, Rüstung – Bündnis – Sicherheit. Dreibund und informeller Imperialismus 1900–1908 (Tübingen 1985).
Steven *Beller*, Wien und die Juden: 1867–1938 (Wien 1993).
Heinrich *Benedikt*, Die wirtschaftliche Entwicklung in der Franz-Joseph-Zeit (Wien 1958).
Bericht des parlamentarischen Untersuchungsausschusses. Verhandlungen des Hauses der Abgeordneten des österreichischen Reichsrates in den Jahren 1875–1876. 6, Beil. 441–548.
George *Berkley*, Vienna and its Jews. The Tragedy of Success, 1880s–1980s (Cambridge 1988).
Monika *Bernold*, Kino. Über einen historischen Ort weiblichen Vergnügens und dessen Bewertung durch die Sozialdemokratische Partei. Wien 1918–1934 (DA Wien 1987).
Harald *Binder*, Die Wasserstraßenvorlage und die wirtschaftlich-politische Lage Österreichs im Jahre 1901. ÖZG 3 (1992) 43–62.
Walter *Binnebös*, Galoppsport in Wien (Wien 1980).
Eugen *Bontoux*, Ungarn und die Ernährung Europas (1861).
Jorn K. *Braman*, Karl Wittgenstein – ein Amerikaner in Wien. Zeitgeschichte 2 (1974) 29–40.
Harm-Hinrich *Brandt*, Der österreichische Neoabsolutismus. Staatsfinanzen und Politik 1848–1860. 2 Bde. (Göttingen 1978).
Brot und Werbung. Die Geschichte der Ankerbrotplakate. Ausstellung der PLAKATERIA im Palais Palffy (Wien 1988).
Ernst *Bruckmüller*, Grundentlastung und Servitutenregulierung, in: Bauernland Oberösterreich 118–131.
Ernst *Bruckmüller*, Wirtschaftsentwicklung und politisches Verhalten der agrarischen Bevölkerung in Österreich 1867–1914. VSWG 59 (1972) 489–529.
Ludwig *Brügel*, Soziale Gesetzgebung in Österreich 1848 bis 1918. Eine geschichtliche Darstellung (Wien 1919).
Alois *Brusatti*, 100 Jahre österreichischer Fremdenverkehr. Historische Entwicklung 1884–1984 (Wien 1984).
Tilmann *Buddensieg*/Thomas *Hughes*/Jürgen *Kocka*, Ein Mann vieler Eigenschaften. Walther Rathenau und die Moderne (Berlin 1990).
Günther R. *Burkert*, Der Beginn des modernen Fremdenverkehrs in den österreichischen Kronländern (Graz 1981).
Philipp L. *Cottrell*, London Financiers and Austria 1863–1875: The Anglo-Austrian Bank. Business History 11 (1969) 108–119.
Peter *Csendes*, »Erwachen heiterer Empfindungen bei der Ankunft auf dem Lande ...« Landpartie und Tourismus im Biedermeier, in: Bürgertum und Aufbegehren. Biedermeier und Vormärz in Wien 1815–1848 (Wien 1988) 471–473.
Aloys Frh. v. *Czedik*, Der Weg von und zu den Österreichischen Staatsbahnen (Wien 1913).
Felix *Czeike*, Landpartien und Sommeraufenthalte. Die Entwicklung vom ausgehenden 17. bis zur Mitte des 19. Jahrhunderts. WGBl 43 (1988) 41–64.
Alois *Dessáry*, Ergebnisse einer Enquête über die dermaligen Zustände der Rübenzucker-Fabrikation in Österreich. Österr. Vierteljahresschrift f. Rechts- und Staatswissenschaft 6 (1860).
Deutscher Bund und Deutsche Frage. Europäische Ordnung, deutsche Politik und gesellschaftlicher Wandel im Zeitalter der bürgerlich-nationalen Emanzipation (hg. von Helmut *Rumpler*, Wiener Beiträge zur Geschichte der Neuzeit 16/17, Wien 1990).
Gerhard M. *Dienes*, Schiene und Fremdenverkehr am Beispiel der Südbahn, in: Die Südbahn 264–270.
Karl *Dinklage*, Die landwirtschaftliche Entwicklung, in: Die Habsburgermonarchie 1, 403–461.
Alfred *Drennig*, Die 1. Wiener Hochquellen-Wasserleitung (Wien 1973).
Alfred *Drennig*, Die 2. Wiener Hochquellen-Wasserleitung (Wien 1988).
Hubert *Dürr*, Die Sozialgeschichte des Fußballspiels in Österreich (1896–1911) (DA Wien 1990).

Kurt *Ebert*, Die Anfänge der modernen Sozialpolitik in Österreich (Wien 1975).
Kurt *Ebert*, Die Einführung der Koalitionsfreiheit in Österreich, in: Historische Wurzeln der Sozialpartnerschaft (hg. von Gerald *Stourzh* u. a., Wien 1986) 69–122.
Scott *Eddie*, Economic Policy and Economic Development in Austria-Hungary, 1867–1913, in: The Cambridge Economic History of Europe 8 (hg. von Peter *Mathias*, Cambridge 1989) 814–886.
Josef *Ehmer*, Handwerk und Gewerbe, in: Das Zeitalter Kaiser Franz Josephs. 1. Teil: Von der Revolution zur Gründerzeit, 1848–1880, Beiträge (Wien 1984) 139–144.
Josef *Ehmer*, Lage und Bewußtsein des gewerblichen Kleinbürgertums aus Zeugnissen Wiener Innungen um 1880. Christliche Demokratie 2 (1984) 351–358.
Josef *Ehmer*, Soziale Traditionen in Zeiten des Wandels. Arbeiter und Handwerker im 19. Jahrhundert (Frankfurt 1994).
Josef *Ehmer*, Wohnen ohne eigene Wohnung. Zur sozialen Stellung von Untermietern und Bettgehern, in: Wohnen im Wandel (hg. von Lutz *Niethammer*, Wuppertal 1979) 132–150.
Henning *Eichberg*, »Auf Zoll und Quintlein«. Sport und Quantifizierungsprozeß in der frühen Neuzeit. Archiv für Kulturgeschichte 56 (1974) 141–176.
Astrid *Eichstedt*/Bernd *Polster*, Tanzen wie die Wilden. Tänze auf der Höhe ihrer Zeit (Berlin 1985).
Peter *Eigner*/Roland *Löffler*/Michael *Wagner*/Andreas *Weigl*, Gesicherte Tagfertigkeit. Arbeitsproduktivität und Technikeinsatz in der Österreichischen Postsparkasse 1883–1988 (Wien 1989).
Peter *Eigner*/Andreas *Weigl*, Außer Streit gestellt. Die Österreichische Postsparkasse als Modell geldwirtschaftlicher Integration Mitteleuropas 1883–1938 (Wien 1992).
Die Eroberung der Landschaft. Semmering, Rax, Schneeberg. Katalog der niederösterreichischen Landesausstellung 1992 (hg. von Wolfgang *Kos*, Wien 1992).
Ein Jahrhundert Sozialversicherung in der Bundesrepublik Deutschland, Frankreich, Großbritannien, Österreich und der Schweiz (hg. von P. A. *Köhler*/H. F. *Zacher*, Berlin 1981).
Reinhard *Farkas*, Grüne Wurzeln. Ökologische & spirituelle Reform in der Steiermark (Fohnsdorf 1992).
Reinhard *Farkas*, Hermann Bahr: Dynamik und Dilemma der Moderne (Wien 1989).
Heinz *Faßmann*, Einwanderung, Auswanderung und Binnenwanderung in Österreich-Ungarn um 1910. Demographische Informationen (1990/91) 92–101.
Heinz *Faßmann*, A Survey of Patterns and Structures of Migration in Austria, 1850–1900, in: Labor Migration in the Atlantic Economies (hg. von Dirk *Hoerder*, Westport 1985) 69–93.
Johann Peter Xaver *Fauken*, Anmerkung über die Lebensart der Einwohner in großen Städten (Wien 1779).
Karin *Feichtinger*, »Bad Ischl lebt und stirbt mit dem Fremdenverkehr«: die Entwicklung des Fremdenverkehrs in Bad Ischl unter besonderer Berücksichtigung der Zwischenkriegszeit (DA Salzburg 1992).
Peter *Feldbauer*, Stadtwachstum und Wohnungsnot. Determinanten unzureichender Wohnungsversorgung in Wien 1848 bis 1914 (Wien 1977).
Peter *Feldbauer*/Wolfgang *Hösl*, Die Wohnverhältnisse der Wiener Unterschichten und die Anfänge des genossenschaftlichen Wohn- und Siedlungswesens, in: Bewegung und Klasse (hg. von Gerhard *Botz* u. a., Wien 1978) 683–712.
Peter *Feldbauer*/Michael *John*/Albert *Lichtblau*, Arbeiterwohnungsfrage, Wohnungspolitik und Mietrechtsreform in Österreich am Beispiel Wiens (1890–1916), in: Wege zur Arbeitsrechtsgeschichte (hg. von Harald *Steindl*, Ius Commune SH 20, 1984) 369–414.
Peter *Findl*, Mortalität und Lebenserwartung in den österreichischen Alpenländern im Zeitalter der Hochindustrialisierung (1868–1912), in: Geschichte und Ergebnisse der zentralen amtlichen Statistik 425–452.
Krisztina M. *Fink*, Die österreichisch-ungarische Monarchie als Wirtschaftsgemeinschaft (München 1968).
Die Frau im Korsett. Wiener Frauenalltag zwischen Klischee und Wirklichkeit 1848–1920 (Wien 1984).
Hans Peter *Friedl*, Die Gesundheitsverhältnisse in Österreich im 19. Jahrhundert, in: Geschichte und Ergebnisse der zentralen amtlichen Statistik 471–478.
Alexander *Gerschenkron*, An Economic Spurt That Failed. Four Lectures in Austrian History (Princeton 1977).
Geschichte der Eisenbahnen der Oesterreichisch-Ungarischen Monarchie. 6 Bde. (red. von Hermann *Strach*, Wien 1897/1908).
Geschichte der österreichischen Land- und Forstwirtschaft und ihrer Industrien, 1848–1898. 6 Bde. (Wien 1899–1901).
Mark *Girouard*, Die Stadt (Frankfurt 1987).
Richard *Gisser*, Daten zur Bevölkerungsentwicklung der österreichischen Alpenländer 1819–1913, in: Geschichte und Ergebnisse der zentralen amtlichen Statistik 403–424.
Monika *Glettler*, The Acculturation of the Czechs in Vienna, in: Labor Migration in the Atlantic Economies (hg. von Dirk *Hoerder*, Westport 1985) 297–320.
Monika *Glettler*, Die Wiener Tschechen um 1900. Strukturanalyse einer nationalen Minderheit in der Großstadt (Wien 1972).

Carl *Glossy*, Zur Geschichte der Wiener Laufer. Wiener Neujahrs-Almanach (1898) 163–173.
David F. *Good*, Austria-Hungary, in: Patterns of European Industrialization. The Nineteenth Century (hg. von Richard *Sylla*/Gianni *Toniolo*, London 1991) 218–247.
David F. *Good*, The Economic Lag of Central and Eastern Europe. Income Estimates of the Habsburg Successor States, 1870–1910. JEH 54 (1994) 869–891.
Margarete *Grandner*, Staatliche Sozialpolitik in Cisleithanien 1867–1918, in: Innere Staatsbildung und gesellschaftliche Modernisierung in Österreich und Deutschland 1867/71–1914 (hg. von Helmut *Rumpler*, Wien 1991) 150–165.
Dietmar *Grieser*, Nachsommertraum (St. Pölten 1993).
Martin *Grill*, »Fin de Cycle« – Fahrradkultur im Wien Arthur Schnitzlers (Diss. Wien 1988).
Franz Josef *Grobauer*, Fahr'n ma, Euer Gnad'n. Vom Kobelwagen zum Straßenkreuzer (Wien 1965).
Nachum T. *Gross*, Economic Growth and the Consumption of Coal in Austria and Hungary 1831–1913, in: The Economic Development of Austria since 1870 (hg. von H. *Matis*, Cambridge 1994) 118–136.
Nachum T. *Gross*, Die Industrielle Revolution im Habsburgerreich 1750–1914, in: Europäische Wirtschaftsgeschichte 4 (hg. von Carlo *Cipolla* u. a., Stuttgart 1977) 203–236.
Nachum T. *Gross*, Die Stellung der Habsburgermonarchie in der Weltwirtschaft, in: Die Habsburgermonarchie 1, 1–28.
Die Großindustrie Österreichs. 6 Bde. (Wien 1898; ²1908).
Karl *Gründler*, Die Eroberung des Winters. Die Anfänge von Wintersport und Wintertourismus im Semmeringgebiet, in: Die Eroberung der Landschaft (hg. von Wolfgang *Kos*, Wien 1992) 578–586.
Paul *Grünwald*, Die Steuern Österreichs im Frieden und im Kriege (Finanz- und volkswirtschaftliche Zeitfragen 54, Stuttgart 1918).
Hanns *Haas*, Die Sommerfrische – Ort der Bürgerlichkeit, in: »Durch Arbeit, Besitz, Wissen und Gerechtigkeit«. Bürgertum in der Habsburgermonarchie. Bd. 2 (hg. von Hannes *Stekl* u. a., Wien 1992) 364–377.
Wolfgang *Häusler*, Donaufahrt und Fußreise, Sommerfrische und Landeskunde, in: Sommerfrische. Aspekte eines Phänomens (Wien 1994) 139–162.
Wolfgang *Häusler*, Von der Massenarmut zur Arbeiterbewegung. Demokratie und soziale Frage in der Wiener Revolution von 1848 (Wien 1979).
Ernst *Hanisch*, Bäuerliche Kindheit in Österreich vor dem Ersten Weltkrieg, in: Unterdrückung und Emanzipation. FS für Erika Weinzierl (hg. von Rudolf G. *Ardelt* u. a., Wien 1985) 129–148.
Ernst *Hanisch*, Wirtschaftswachstum ohne Industrialisierung. Fremdenverkehr und sozialer Wandel in Salzburg 1918–1938, in: Weltbühne und Naturkulisse. Zwei Jahrhunderte Salzburg-Tourismus (hg. von Hanns *Haas* u.a., Salzburg 1994) 104–112.
Ernst *Hanisch*, Zentrum – Peripherie: Modellüberlegungen am Beispiel des Kronlandes Salzburg. MGSLK 131 (1991) 187–199.
Ernst *Hanisch*/Ulrike *Fleischer*, Im Schatten berühmter Zeiten. Salzburg in den Jahren Georg Trakls (1887–1914) (Salzburg 1986).
Eduard *Hanslick*, Aus meinem Leben (Berlin 1894).
Harald *Hansluwka*, Die Tuberkulosesterblichkeit in Österreich. Mitteilungen der Österreichischen Sanitätsverwaltung 57 (1956) H. 6.
Robert F. *Hausmann*, Es ward Licht. Zu den Anfängen des elektrischen Lichtes in der Steiermark, in: Geschichtsforschung in Graz (hg. von Herwig *Ebner* u. a., Graz 1990) 191–194.
Hans *Heidinger*, Der Beitrag Mürzzuschlags zur Entwicklung des Schilaufs in Mitteleuropa, in: Sport. Sinn und Wahn. Katalog Steirische Landesausstellung 1991 (Mürzzuschlag 1991) 153–156, 241–246.
Richard *Heinersdorff*, Die k. u. k. privilegierten Eisenbahnen der österreichisch-ungarischen Monarchie 1828–1918 (Wien 1975).
William O. *Henderson*, Mitteleuropäische Zollvereinspläne 1840–1940. Zeitschrift für die gesamte Staatswissenschaft 122 (1966) 130–161.
Rudolf *Hilferding*, Das Finanzkapital (1910) (Wien ³1977).
Toussaint *Hocevar*, The Structure of the Slovenian Economy, 1848–1963 (New York 1965).
Andreas *Hochmuth*, Kommt Zeit, kommt Rad. Eine Kulturgeschichte des Radfahrens (Wien 1991).
Lothar *Höbelt*, Die Handelspolitik der Österreichisch-Ungarischen Monarchie gegenüber dem Deutschen Reich, in: Die Habsburgermonarchie 6/1, 561–583.
Wolfgang *Hösl*, Die Anfänge der gemeinnützigen und genossenschaftlichen Bautätigkeit in Wien (Diss. Wien 1979).
Hugo v. *Hofmannsthal*/Arthur *Schnitzler*, Briefwechsel (Frankfurt 1964).
Herbert *Hofmeister*, Ein Jahrhundert Sozialversicherung (Berlin 1981).
Herbert *Hofmeister*, Die Verbände in der österreichischen Sozialversicherung. Eine historische Übersicht von den Anfängen bis zum Tätigkeitsbeginn des Hauptverbandes der österreichischen Sozialversicherungsträger (Wien 1989).

Hoppauf Hakoah. Jüdischer Sport in Österreich. Von den Anfängen bis in die Gegenwart (hg. von John *Bunzl*, Wien 1987).
Roman *Horak*, Fußballkultur in Wien. Von den englischen Anfängen zum österreichischen Ende. Einige vorläufige Anmerkungen zu ihrer Geschichte und Soziologie. Sozialwissenschaftliche Rundschau 30 (1990) 371–377.
William H. *Hubbard*, Der Wachstumsprozeß in den österreichischen Großstädten 1869–1910, in: Soziologie und Sozialgeschichte. Aspekte und Probleme (hg. von P. Ch. *Ludz*, Opladen 1973) 386–418.
Thomas F. *Huertas*, Economic Growth and Economic Policy in a Multinational Setting: The Habsburg Monarchy, 1841–1865 (Diss. Chicago 1977).
Theodor *Hüttenegger*/Max *Pfliger*, Steirische Skigeschichte (Graz 1968).
Hundert Jahre österreichische Wirtschaftsentwicklung 1848–1948 (hg. von Hans *Mayer*, Wien 1949).
Im kurzen Wege. Hundert Jahre Postscheckverkehr (hg. von Bernhard *Heiller*/Michael *Wagner*, Wien 1987).
Isolde *Jansen*, Die Lebensreform in Österreich. Zur Veränderung der bürgerlichen Lebenspraxis um die Jahrhundertwende (DA Wien 1987).
Michael *John*, Bürgersport, Massenattraktion und Medienereignis. Zur Kultur- und Sozialgeschichte des Fußballspiels in Österreich. BHS 22 (1992) 76–86.
Michael *John*, Hausherrenmacht und Mieterelend 1890–1923. Wohnverhältnisse und Wohnerfahrung der Unterschichten in Wien 1890–1923 (Wien 1982).
Michael *John*, Die jüdische Bevölkerung in Wirtschaft und Gesellschaft Altösterreichs (1867–1918). Bestandsaufnahme, Überblick und Thesen unter besonderer Berücksichtigung der Süd-Ostregion, in: Juden im Grenzraum (hg. von Rudolf *Kropf*, Eisenstadt 1993) 197–244.
Michael *John*, Land in Veränderung: Oberösterreich zur Zeit der Industrialisierung. Zu Aspekten der Wirtschaftsentwicklung, Migration und Urbanisierung im 19. Jahrhundert. MOÖLA 16 (1990) 313–348.
Michael *John*, Zur wirtschaftlichen Bedeutung des Judentums in Österreich 1848–1938, in: Österreichisch-jüdisches Geistes- und Kulturleben 3 (Wien 1990) 39–85.
Michael *John*, Wohnverhältnisse sozialer Unterschichten im Wien Kaiser Franz Josephs (Wien 1984).
Michael *John*, Zuwanderung in Österreich 1848–1914. Archiv. Jb. des Vereins für Geschichte der Arbeiterbewegung 4 (1988) 102–132.
Michael *John*/Albert *Lichtblau*, Česká Vídeň: Von der tschechischen Großstadt zum tschechischen Dorf. Archiv. Jb. des Vereins für Geschichte der Arbeiterbewegung 3 (1987) 34–55.
Michael *John*/Gerhard *Stadler*, Zu Bevölkerungsentwicklung und Stadtwachstum in Linz 1840–1880. HJbStL 1987 (Linz 1988) 99–144.
Günther *Jontes*, Die Weberkarde, ein vergessenes Landwirtschaftsprodukt. Zu ihrem Anbau in der Steiermark. ZHVSt 82 (1991) 257–273.
Kurt *Kaindl*/Peter *Schuster*/Christian *Strasser*/Harald *Waitzbauer*, Hundert Jahre Film 1895–1995. Salzburger Film- und Fotopioniere (Salzburg 1994).
Michael *Kalwoda*, Wiener Skigeschichte, in: Neue Forschungsergebnisse aus der Wiener Stadt- und Landesbibliothek (hg. von F. *Patzer*, Wien 1979) 133–169.
László *Katus*, Die Probleme des demographischen Übergangs in Ungarn vor dem Ersten Weltkrieg, in: Demographie, Bevölkerungs- und Agrarstatistik (hg. von Gábor *Erdödy*, Budapest 1982) 61–105.
Ernst *Katzer*, Industrialisierung anno 1781. Die Blaufarbenfabrik Schlöglmühl. Niederösterreichische Kulturberichte (März 1985).
Hans *Kernbauer*, Beschleunigter Geldverkehr. Die Veränderung der Zahlungsgewohnheiten durch die Einführung des Postscheckverkehrs im österreichischen Raum, in: Im kurzen Weg. Hundert Jahre Postscheckverkehr (hg. von Bernhard *Heiller*/Michael *Wagner*, Wien 1987) 43–61.
Herbert *Killian*, Zur Geschichte der Immissionsschäden in Österreich. Forstliche Bundesversuchsanstalt, Jahresbericht (1985) 81–88.
Herbert *Killian*, Gustav Mahler in den Erinnerungen von Natalie Bauer-Lechner (Hamburg 1984).
Fritz *Klenner*, Die österreichischen Gewerkschaften. 3 Bde. (Wien 1951/1953/1979).
Klaus *Koch*, Österreich und der Deutsche Zollverein (1848–1871), in: Die Habsburgermonarchie 6/1, 537–560.
Hans Jörg *Köstler*, Einführung und Beginn der Stahlerzeugung nach dem Bessemerverfahren in Österreich. Berg- und hüttenmännische Monatshefte 122 (1977) 194–206.
Hans Jörg *Köstler*, Zur Geschichte der Stahlerzeugung in Kärnten seit dem Ende des 18. Jahrhunderts. Radex-Rundschau (1978) 519–545.
Hans Jörg *Köstler*, Die Hochofenwerke in der Steiermark von der Mitte des 19. Jahrhunderts bis zur Wiederaufnahme der Roheisenerzeugung nach dem Zweiten Weltkrieg. Radex-Rundschau (1982) 789–852.
Hans Jörg *Köstler*, Die Roheisenerzeugung in Kärnten von 1870 bis zu ihrer Auflassung im Jahre 1908. Radex-Rundschau (1979) 961–993.

György *Köver*, The Austro-Hungarian Banking System, in: International Banking 1870–1914 (hg. von Rondo *Cameron*/V. I. *Bovykin*, New York 1991) 319–344.
Wolfgang *Kos*, Über den Semmering. Kulturgeschichte einer künstlichen Landschaft (Wien 1984).
Albert *Kotelmann*, Vergleichende statistische Übersicht über die landwirtschaftlichen und industriellen Verhältnisse Österreichs und des deutschen Zollvereins (1852).
Richard *Krcal*, 100 Jahre Schreibmaschine 1864–1964. Die Schreibmaschine Peter Mitterhofers. Tatsachen und Irrtümer über seine Modelle. Blätter für Technikgeschichte 26 (1964) 81–111.
Jurij *Krizek*, Die wirtschaftlichen Grundzüge des österreichisch-ungarischen Imperialismus in der Vorkriegszeit (1900–1914) (Prag 1963).
Karl Albrecht *Kubinsky*, »Alle Schnellzüge halten am Semmering« – ein Beispiel der Verbindung von Eisenbahn und Tourismus, in: Die Südbahn 271–275.
Ignaz *Kürsinger*, Lungau. Historisch, ethnographisch und statistisch (1853).
Erich *Landsteiner*, Wein und Weinbau in Niederösterreich im 19. und 20. Jahrhundert (DA Wien 1986).
Andreas *Lehne*, Wiener Warenhäuser 1865–1914. Mit Beiträgen von Gerhard *Meißl* und Edith *Hann* (Wien 1990).
Joachim C. *Liese*, Staatskredit und Defizitfinanzierung in der ersten konstitutionellen Periode der Habsburger Monarchie 1860–1867 (Diss. Wien 1988).
Joachim *Liese*/Max-Stephan *Schulze*, Geldpolitik und Konjunktur in Österreich: Die »Plener'sche Stagnation« 1862 bis 1866. VSWG 80 (1993) 510–530.
Gerhard *Lobentanz*, Die Anfänge der Telegraphie in Österreich (Diss. Wien 1967).
Eugen *Lopuszánski*, Einige Streiflichter auf das österreichisch-ungarische Bankwesen. Volkswirtschaftliche Wochenschrift (1908).
Ignaz de *Luca*, Beschreibung der kaiserlich-königlichen Residenzstadt Wien. Ein Versuch (Wien 1785).
Eduard *März*, Einige Besonderheiten in der Entwicklung der österreichischen Volkswirtschaft im 19. Jahrhundert. Sozialwissenschaftliche Annalen 1 (1977) 87–107.
Eduard *März*, Österreichische Bankpolitik in der Zeit der großen Wende 1913–1923. Am Beispiel der Creditanstalt für Handel und Gewerbe (Wien 1981).
Eduard *März*, Österreichische Industrie- und Bankpolitik in der Zeit Franz Josephs I. Am Beispiel der k. k. priv. Österreichischen Credit-Anstalt für Handel und Gewerbe (Wien 1968).
Eduard *März*/Karl *Socher*, Währung und Banken in Cisleithanien, in: Die Habsburgermonarchie 1, 323–368.
Helga *Maier*, Börsenkrach und Weltausstellung in Wien. Ein Beitrag zur Geschichte der bürgerlich-liberalen Gesellschaft um das Jahr 1873 (Diss. Graz 1973).
Julius *Marx*, Die wirtschaftlichen Ursachen der Revolution von 1848 in Österreich (Graz 1965).
Herbert *Matis*, Grundzüge der österreichischen Wirtschaftsentwicklung 1848–1914, in: Innere Staatsbildung und gesellschaftliche Modernisierung in Österreich und Deutschland 1867/71–1914 (hg. von Helmut *Rumpler*, Wien 1991) 107–124.
Herbert *Matis*, Leitlinien der österreichischen Wirtschaftspolitik, in: Die Habsburgermonarchie 1, 29–67.
Herbert *Matis*, Österreichs Wirtschaft 1848–1913. Konjunkturelle Dynamik und gesellschaftlicher Wandel im Zeitalter Kaiser Franz Josephs I. (Berlin 1972).
Siegfried *Mattl*, Mit Nietzsche auf den Höhen. Zur Lebensreformer-Szene im Wien des späten 19. Jahrhunderts, in: Die Eroberung der Landschaft 529–534.
Maria *Mayerhofer*, Die Behandlung der sozialen Frage im »Vaterland« mit besonderer Berücksichtigung der Jahre 1847 bis 1890 (Diss. Wien 1939).
Meine liebe, gute Freundin. Die Briefe Kaiser Franz Josephs an Katharina Schratt aus dem Besitz der Österreichischen Nationalbibliothek (hg. von Brigitte *Hamann*, Wien 1992).
Gerhard *Meißl*, »Für mich wäre es Freiheit, wenn ich in die Fabrik ginge«. Zum Wandel der Arbeitsorganisation und Arbeitserfahrung in Wien zwischen 1890 und 1914. Archiv. Jb. des Vereins für Geschichte der Arbeiterbewegung 1 (1985) 18–31.
Gerhard *Meißl*, Minutenpolitik. Die Anfänge der »Wissenschaftlichen Betriebsführung« am Beispiel der Wiener Elektroindustrie vor dem Ersten Weltkrieg, in: Neuere Studien zur Arbeitergeschichte (Wien 1984) 41–100.
Gerhard *Melinz*/Susan *Zimmermann*, Über die Grenzen der Armenhilfe. Kommunale und staatliche Sozialpolitik in Wien und Budapest in der Doppelmonarchie (Wien 1991).
Walter *Mentzel*, Arbeitgeberverbände und politische Partizipation der österreichischen Industrie zwischen der Wahlrechtsreform 1906/1907 und der Ausschaltung des Reichsrates im März 1914 (DA Wien 1992).
Christoph Maria *Merki*, Die Kommerzialisierung des süßen Geschmacks, in: Genuß und Kunst 84–91.
Christoph Maria *Merki*, Zucker gegen Saccharin. Zur Geschichte der künstlichen Süßstoffe (Frankfurt 1993).
Bernard *Michel*, Banques & banquiers en Autriche au debut du 20ème siècle (Paris 1976).
Juliane *Mikoletzky*, Gesundheitspflege und soziale Fürsorge im 19. Jahrhundert am Beispiel von Wiener Neustadt, in: »Die Wienerische Neustadt« 239–282.

Michael *Mitterauer*, Familienformen und Illegitimität in ländlichen Gebieten Österreichs. Archiv für Sozialgeschichte 19 (1979) 123–188.
Jörn P. Hasso *Möller*, Wandel der Berufsstruktur in Österreich zwischen 1869 und 1961 (Linz 1974).
Wolfgang J. *Mommsen*, Österreich-Ungarn aus der Sicht des deutschen Kaiserreichs, in: Innere Staatsbildung und gesellschaftliche Modernisierung in Österreich und Deutschland 1867/71–1914 (hg. von Helmut *Rumpler*, Wien 1991) 205–220.
Alois *Mosser*, Die Industrieaktiengesellschaft in Österreich: 1880–1913. Versuch einer historischen Bilanz- und Betriebsanalyse (Wien 1980).
Alois *Mosser*, Konzentrationserscheinungen in der österreichischen Industrie bis 1914, in: Bericht über den 11. österreichischen Historikertag (Wien 1972) 186–200.
Alois *Mosser*, Raumabhängigkeit und Konzentrationsinteresse in der industriellen Entwicklung Österreichs bis 1914. Bohemia 17 (1976) 136–192.
Guido *Müller*, Früher Wintertourismus, in: Weltbühne und Naturkulisse. Zwei Jahrhunderte Salzburg-Tourismus (hg. von Hanns *Haas* u. a., Salzburg 1994) 76–81.
Robert *Musil*, Der Mann ohne Eigenschaften (Reinbek 1978).
Ursula *Nienhaus*, Büro- und Verwaltungstechnik, in: Die Technik. Von den Anfängen bis zur Gegenwart (hg. von Ulrich *Troitzsch*/Wolfhard *Weber*, Stuttgart 1987) 544–563.
Heimo *Nöst*, Die Abwasserentsorgung in Graz vom Mittelalter bis zur Einführung der Schwemmkanalisation, in: Wasser. Ein Versuch (hg. von Gerhard M. *Dienes* u. a., Graz 1990) 112–116.
Gilbert *Norden*, Tennis in Wien von 1878 bis zum Ersten Weltkrieg. Zur Entwicklung des Tennisvereinswesens und des Tennissports. WGBl 50 (1995) 57–78.
Stephan *Oettermann*, Läufer und Vorläufer. Zeitschrift für Volkskunde 76 (1980) 211–233.
Stephan *Oettermann*, Das Panorama. Die Geschichte eines Massenmediums (Frankfurt 1980).
Gustav *Otruba*, Handwerk und Industrialisierung in Österreich im 19. und am Beginn des 20. Jahrhunderts, in: Handwerk in Mittel- und Südosteuropa (hg. von Klaus *Roth*, München 1987) 195–216.
Gustav *Otruba*, Lebenserwartung und Todesursachen der Wiener. JbVGStW 15/16 (1959/60) 209–223.
Gustav *Otruba*, Privatbeamte-, Handlungsgehilfen- und Angestelltenorganisationen, in: Angestellte im europäischen Vergleich (hg. von Jürgen *Kocka*, Göttingen 1981) 240–256.
Robert R. *Palmer*, A History of the Western World (New York 1961).
Akos *Paulinyi*, Die sogenannte gemeinsame Wirtschaftspolitik Österreich-Ungarns, in: Die Habsburgermonarchie 1, 567–604.
Jutta *Pemsel*, Die Wiener Weltausstellung von 1873 und ihre Bedeutung für die Entfaltung des Wiener Kulturlebens in der Franzisco-Josephinischen Epoche (Diss. Wien 1983).
Peter Roseggers Heimgarten (hg. von Reinhard *Farkas*, Wien 1994).
Johann *Pezzl*, Skizze von Wien (1786) (hg. von Gustav *Gugitz*/Anton *Schlossar*, Graz 1923).
Meinrad *Pichler*, Auswanderer: von Vorarlberg in die USA 1800–1938 (Bregenz 1993).
Manfred *Pils*, »Berg frei«. 100 Jahre Naturfreunde (Wien 1994).
Alois *Piperger*, 100 Jahre Österreichische Länderbank (Wien 1980).
Wolfgang *Pircher*, Vernetzte Welt, in: Lichtjahre. 100 Jahre Strom in Österreich. Ausstellungskatalog (Wien 1986) 73–93.
Harald *Praschinger*, Bemerkungen über die wirtschaftliche und soziale Rolle der im franzisko-josephinischen Zeitalter nach Wien zugewanderten Bevölkerung. ÖGL 29 (1985) 19–34.
Harald *Praschinger*, Die österreichischen Eisenbahnen als wirtschaftlicher Faktor, in: Verkehrswege und Eisenbahnen. Beiträge zur Verkehrsgeschichte Österreichs (hg. von Karl *Gutkas*/Ernst *Bruckmüller*, Wien 1989) 100–123.
Ursula *Prokop*, Wien. Aufbruch zur Metropole. Geschäfts- und Wohnhäuser der Innenstadt 1910–1914 (Wien 1994).
Johann *Rautenstrauch* (Pseudonym »Arnold«), Reise nach Mariazell in Steyermark (Wien 1785).
Manfried *Rauchensteiner*, Der Tod des Doppeladlers. Österreich-Ungarn und der Erste Weltkrieg (Graz 1993).
Annelies *Redik*, Knecht oder Arbeiter? Probleme land- und forstwirtschaftlicher Arbeitnehmer im Steiermärkischen Landtag 1919–1929, in: FS für Othmar Pickl (Graz 1987) 521–531.
Andreas *Resch*, Die alpenländische Sensenindustrie um 1900 (Studien zur Wirtschaftsgeschichte und Wirtschaftspolitik 3, hg. von H. *Matis*/R. *Sandgruber*, Wien 1995).
Heinrich *Reschauer*, Geschichte des Kampfes der Handwerkerzünfte und der Kaufmannsgremien mit der österreichischen Bureaukratie (Wien 1882).
Brigitte *Rigele*, Landaufenthalte im Wien der Biedermeierzeit, in: Sommerfrische. Aspekte eines Phänomens (Wien 1994) 11–28.
Walter *Rogge*, Österreich von Világos bis zur Gegenwart. Bd. 1 (1872).
Roman *Rosdolsky*, Die Bauernabgeordneten im konstituierenden österreichischen Reichstag 1848–1849 (Wien 1976).

Hans *Rosenberg*, Die Weltwirtschaftskrisis von 1857 bis 1859 (VSWG BH 30, Stuttgart 1934).
Karlheinz *Rossbacher*, Literatur und Liberalismus. Zur Kultur der Ringstraßenzeit in Wien (Wien 1992).
Joseph *Roth*, Radetzkymarsch, in: *ders.*, Romane. Bd. 2 (Köln 1984).
Marsha *Rozenblit*, Juden in Wien 1867–1914. Assimilation und Identität (Wien 1989).
Richard *Rudolph*, Economic Revolution in Austria? The Meaning of 1848 in Austrian Economic History, in: Economic Development in the Habsburg Monarchy in the Nineteenth Century (hg. von John *Komlos*, New York 1983) 165–182.
Helmut *Rumpler*, Der Kampf um die Kontrolle der österreichischen Staatsfinanzen 1859/60. Ein Beitrag zur Geschichte des parlamentarischen Budgetrechts, in: Gesellschaft, Parlament und Regierung (hg. von Gerhard A. *Ritter*, Düsseldorf 1974) 155–188.
Roman *Sandgruber*, Die bäuerliche Gesellschaft Österreichs im 19. Jahrhundert im Spiegel der Alltagsgeschichte. Jb. für Volkskunde (1986) 7–20.
Roman *Sandgruber*, Bevölkerungsstruktur und Bevölkerungsentwicklung, in: Das Zeitalter Kaiser Franz Josephs. 1. Teil: Von der Revolution zur Gründerzeit. Katalog (Wien 1984) 121–129.
Roman *Sandgruber*, Cyclisation und Zivilisation. Fahrradkultur um 1900, in: Glücklich ist, wer vergißt ...? Das andere Wien um 1900 (hg. von H. Ch. *Ehalt*/G. *Heiß*/H. *Stekl*, Wien 1986) 285–303.
Roman *Sandgruber*, Der Große Krach. Wirtschaft und Gesellschaft in Wien 1873, in: Traum und Wirklichkeit. Wien 1870–1930. Katalog (Wien 1985) 68–75.
Roman *Sandgruber*, Die Postsparkassensparer. Sozialstruktur und Alltagsleben im Lichte von Bankkunden, in: Stillstand ist Rückschritt. Der erste Postsparkassen-Gouverneur (hg. von Roland *Löffler*/Michael *Wagner*, Wien 1986) 43–67.
Roman *Sandgruber*, Schokolade. Von der Götterspeise zum Massenprodukt, in: Genuß und Kunst 64–72.
Roman *Sandgruber*, Soziale Sicherheit für Handels- und Gewerbetreibende, in: Bruckmüller/Sandgruber/Stekl, Soziale Sicherheit 130–173.
Manfred *Sauer*, 100 Jahre Österreichischer Genossenschaftsverband 1872–1972 (Wien 1972).
Edith *Saurer*, Materialien von der Straße: Bemerkungen zu unserer Umwelt. BHS 14 (1984) 5–10.
Albert *Schäffle*, Der große Börsenkrach des Jahres 1873. Zeitschrift für die gesamte Staatswissenschaft 30 (1874) 1–70.
Robert *Schediwy*, Die Blütezeit des Kommunalsozialismus, in: Die Bewegung. Hundert Jahre Sozialdemokratie in Österreich (hg. von Erich *Fröschl*, Wien 1989) 364–378.
Egon *Scheffer*, Das Bankwesen in Österreich (Wien 1924).
Anna *Schmidt*, Die Entwicklung des Fremdenverkehrs und der Fremdenverkehrspolitik im Bundesland Salzburg (Diss. Salzburg 1990).
Arthur *Schnitzler*, Jugend in Wien. Eine Autobiographie (Frankfurt 1981).
Carl E. *Schorske*, Wien. Geist und Gesellschaft im Fin de siècle (Frankfurt 1982).
Marc *Schwaar*, Stromzeiten, in: Lichtjahre. 100 Jahre Strom in Österreich. Ausstellungskatalog (Wien 1986) 177–211.
Marc *Schwaar*, Zur Entwicklung der österreichischen Elektrizitätswirtschaft bis 1912 (DA Wien 1987).
Mario *Schwarz*, Sommerfrische und Villenarchitektur am Beispiel von Reichenau, in: Sommerfrische. Aspekte eines Phänomens (Wien 1994) 97–107.
Werner Michael *Schwarz*, Kino und Kinos in Wien. Eine Entwicklungsgeschichte bis 1934 (DA Wien 1990).
Ernst von *Schwarzer*, Geld und Gut in Neu-Österreich (Wien 1857).
Eugen *Schwiedland*, Kleingewerbe und Hausindustrie in Österreich (Leipzig 1894).
Maren *Seliger*/Karl *Ucakar*, Wien – Politische Geschichte, 1740–1934. Entwicklung und Bestimmungskräfte großstädtischer Politik. 2 Bde. (Wien 1985).
Hans *Seper*, Österreichische Automobilgeschichte 1815 bis heute (Wien 1986).
Richard *Sorer*, Auslese und Anpassung in einer Wiener Maschinenfabrik. SchrVSP 135/3/1 (1911).
Daniel *Spitzer*, Wiener Spaziergänge (hg. von Walter *Obermaier*, Wien 1986).
Alexander *Spitzmüller*, »... und hat auch Ursach, es zu lieben« (Wien 1955).
Hannes *Stekl*, Hausrechtliche Abhängigkeit in der industriellen Gesellschaft. Das häusliche Personal vom 18. bis ins 20. Jahrhundert. WGBl 30 (1975) 303–313.
Hannes *Stekl*/Marija *Wakounig*, Windisch-Graetz. Ein Fürstenhaus im 19. und 20. Jahrhundert (Wien 1992).
Christoph *Stölzl*, Die Ära Bach in Böhmen. Sozialgeschichtliche Studien zum Neoabsolutismus 1849–1859 (München 1971).
Otto *Stoessl*, Sonnenmelodie (Graz 1977).
Gerald *Stourzh*, Die dualistische Reichsstruktur. Österreichbegriff und Österreichbewußtsein 1867–1918, in: Innere Staatsbildung und gesellschaftliche Modernisierung in Österreich und Deutschland 1867/71–1914 (hg. von Helmut *Rumpler*, Wien 1991) 53–68.
Gerald *Stourzh*, Zur Institutionengeschichte der Arbeitsbeziehungen, in: Historische Wurzeln der Sozialpartnerschaft (hg. von *ders.* u. a., Wien 1986) 13–37.

Hannes *Strohmeyer*, Zur Geschichte des Skisports, in: Sport. Sinn und Wahn. Katalog Steirische Landesausstellung 1991 (Mürzzuschlag 1991) 141 f., 228–235.
Gerald *Sturmayr*, Industrielle Interessenpolitik in der Donaumonarchie. Entfaltung, Zentralisierung und politische Effizienz der Fach- und Spitzenverbände 1848–1914 (Diss. Innsbruck 1991).
Gerald *Sturmayr*, Industrielle Interessenverbände, in: Handbuch des politischen Systems. Erste Republik 1918–1933 (hg. von Emmerich *Tálos* u. a., Wien 1995) 339–352.
Wilhelm *Svoboda*, »Es lebe der Sport!« Beiträge zu einer Geschichte des Wiener Sports. Boxen – Landhockey – Rudern – Tennis. WGBl BH 1 (1990).
Alice *Teichova*, Kleinstaaten im Spannungsfeld der Großmächte. Wirtschaft und Politik in Mittel- und Südosteuropa in der Zwischenkriegszeit (Wien 1988).
Magnus *Tessner*, Der Außenhandel Österreich-Ungarns von 1867 bis 1913 (Köln 1989).
Rudolf *Till*, Ein Plan zur Gliederung Wiens in Nationalitätenviertel. WGBl 10 (1955) 73 ff.
Friedrich *Torberg*, Die Tante Jolesch oder Der Untergang des Abendlandes in Anekdoten (München [8]1983).
Ferdinand *Tremel*, Der Binnenhandel und seine Organisation. Der Fremdenverkehr, in: Die Habsburgermonarchie 1, 369–402.
Gerhard *Ungersböck*, Vom »freien« Arbeitsvertrag zum Kollektivvertrag, in: Historische Wurzeln der Sozialpartnerschaft (hg. von Gerald *Stourzh* u. a., Wien 1986) 123–152.
Otto *Urban*, Die tschechische Gesellschaft 1848–1918. 2 Bde. (Wien 1994).
Christoph *Volaucnik*, Die Anfänge des Skilaufs in Vorarlberg, in: 100 Jahre Skilauf Vorarlberg (Dornbirn 1986) 3–22.
Von der Monarchie zum Anschluß. Ein Lesebuch zur Geschichte Salzburgs (hg. von Rudolf G. *Ardelt* u. a., Salzburg 1993).
Wilhelm *Wadl*, Liberalismus und soziale Frage in Österreich. Deutschliberale Reaktionen und Einflüsse auf die frühe österreichische Arbeiterbewegung (1867–1879) (Studien zur Geschichte der Österreichisch-Ungarischen Monarchie 23, Wien 1987).
Heinrich *Waentig*, Gewerbliche Mittelstandspolitik. Eine rechtshistorisch-wirtschaftspolitische Studie auf Grund österreichischer Quellen (Leipzig 1889).
Michael *Wagner*/Peter *Tomanek*, Bankiers und Beamte. Hundert Jahre Österreichische Postsparkasse (Wien 1983).
Solomon *Wank*, Pessimism in the Austrian Establishment at the Turn of the Century, in: The Mirror of History. Essays in Honor of Fritz Fellner (hg. von *ders.*, Santa Barbara 1988) 295 ff.
Weltbühne und Naturkulisse. Zwei Jahrhunderte Salzburg-Tourismus (hg. von Hanns *Haas* u. a., Salzburg 1994).
Wolfgang *Werner*, Liberalismus und ländliches Genossenschaftswesen. Gustav Marchets liberalpolitische Ideen als Wegbereiter für Raiffeisen in Österreich (Frankfurt 1993).
Roland *Widder*, Amerika – Land als Sehnsucht, in: … nach Amerika. Burgenländische Landesausstellung 1992 (Eisenstadt 1992) 44–71.
Max *Wirth*, Geschichte der Handelskrisen (Frankfurt [3]1883).
Martin *Wörgötter*, Kitzbüheler Skigeschichte – Skiweltgeschichte, in: Stadtbuch Kitzbühel. Bd. 4 (Kitzbühel 1971) 733–806.
Josef *Wysocki*, Infrastruktur und wachsende Staatsausgaben: das Fallbeispiel Österreich 1868–1913 (Stuttgart 1975).
Josef *Wysocki*, Die österreichische Finanzpolitik, in: Die Habsburgermonarchie 1, 68–104.
Josef *Wysocki*, Die österreichisch/ungarische Krone im Goldwährungsmechanismus, in: Geld und Währung vom 16. Jahrhundert bis zur Gegenwart (hg. von Eckart *Schremmer*, Stuttgart 1993) 143–156.
Ernst *Zeiner*, Die österreichischen Unternehmerverbände, ihr Verhältnis zum Staat und ihre Stellung im Staat. Geschichte, Strategie und Rolle der zentralen Kapitalorganisationen in Österreich (Diss. Wien 1989).
Gottfried *Zotl*, Die Geschichte der Linzer Luft (DA Linz 1993).
Stefan *Zweig*, Die Welt von gestern. Erinnerungen eines Europäers (Berlin 1985).

Der Erste Weltkrieg

Sigrid *Augeneder*, Arbeiterinnen im Ersten Weltkrieg. Lebens- und Arbeitsbedingungen proletarischer Frauen in Österreich (Wien 1987).
Ingrid *Bauer*, Frauen im Krieg. Patriotismus, Hunger, Protest – weibliche Lebenszusammenhänge zwischen 1914 und 1918, in: Die andere Geschichte 283–334.
Marion *Breitner*, Hinter der Front. Zur Versorgungslage der Zivilbevölkerung im Wien des Ersten Weltkriegs. JbVGStW (1994) 229–267.

Peter *Broucek*, Das Kriegspressequartier und die literarischen Gruppen im Kriegsarchiv, in: Österreich und der Große Krieg 1914–1918 132–138.
Bernhard *Denscher*, Gold gab ich für Eisen. Österreichische Kriegsplakate 1914–1918 (Wien 1987).
Istvan *Dioszegi*, Die Reaktion Ungarns auf die deutschen Mitteleuropa-Konzeptionen, in: Mitteleuropa-Konzeptionen 63–65.
Kurt R. *Eissler*, Freud und Wagner-Jauregg vor der Kommission zur Erhebung militärischer Pflichtverletzungen (Wien 1979).
Fritz *Fellner*, Denkschriften aus Österreich. Die österreichische Mitteleuropa-Diskussion in Wissenschaft und Politik 1915/16, in: Geschichte zwischen Freiheit und Ordnung. Gerald Stourzh zum 60. Geburtstag (Graz 1991) 145–162.
Fritz *Fellner*, Der Krieg in Tagebüchern und Briefen. Überlegungen zu einer wenig genützten Quellenart, in: Österreich und der Große Krieg 1914–1918 205–213.
Fritz *Fischer*, Krieg der Illusionen. Die deutsche Politik von 1911 bis 1914 (Düsseldorf [2]1978).
Fritz *Fischer*, Weltmacht oder Niedergang. Deutschland im 1. Weltkrieg (Frankfurt [2]1967).
Peter G. *Fischer*, Freie und genossenschaftliche Interessenvertretungen der gewerblichen Wirtschaft in Österreich vor 1918, in: Unternehmen und freie Unternehmerverbände (1981).
Judit *Garamvölgyi*, Betriebsräte und sozialer Wandel in Österreich 1919–1920: Studien zur Konstituierungsphase der österreichischen Betriebsräte (Wien 1983).
Margarete *Grandner*, Die Beschwerdekommission für die Rüstungsindustrie Österreichs während des Ersten Weltkriegs – der Versuch einer »sozialpartnerschaftlichen« Institution in der Kriegswirtschaft?, in: Historische Wurzeln der Sozialpartnerschaft (hg. von Gerald *Stourzh* u. a., Wien 1986) 191–224.
Margarete *Grandner*, Kooperative Gewerkschaftspolitik in der Kriegswirtschaft. Die freien Gewerkschaften Österreichs im Ersten Weltkrieg (Wien 1992).
Gustav *Gratz*/Richard *Schüller*, Die äußere Wirtschaftspolitik Österreich-Ungarns. Mitteleuropäische Pläne (Wien 1925).
Gustav *Gratz*/Richard *Schüller*, Die Tragödie der Erschöpfung. Der wirtschaftliche Zusammenbruch Österreich-Ungarns (Wien 1930).
The Habsburg Empire in World War I. Essays on the Intellectual, Military, Political and Economic Aspects of the Habsburg War Effort (hg. von Robert A. *Kann* u. a., New York 1977).
Christa *Hämmerle*, »Diese Schatten über unserer Kindheit gelegen ...« Historische Anmerkungen zu einem unerforschten Thema, in: Kindheit im Ersten Weltkrieg (hg. von *dies.*, Wien 1993) 265–335.
Peter *Hansak*, Kriegsgefangene im Gebiet der heutigen Steiermark 1914 bis 1918. ZHVSt 84 (1993).
Hugo *Hantsch*, Leopold Graf Berchtold. Grandseigneur und Staatsmann. 2 Bde. (Graz 1963).
Gerd *Hardach*, Der Erste Weltkrieg (München 1973).
Horst *Haselsteiner*, The Habsburg Empire in World War I: Mobilization of Food Supplies, in: East Central European Society in World War I (hg. von Béla K. *Király* u. a., New York 1985) 87–102.
Hans *Hautmann*, Geschichte der Rätebewegung in Österreich 1918–1924 (Wien 1987).
Michael *Hubenstorf*, Vom Krebsgang des Fortschritts, in: Lichtjahre. 100 Jahre Strom in Österreich. Ausstellungskatalog (Wien 1986) 149–175.
William *Jannen*, The Austro-Hungarian Decision For War in July 1914, in: Essays On World War I (hg. von Samuel R. *Williamson* Jr., New York 1983) 55–81.
Robert A. *Kann*, Das Nationalitätenproblem der Habsburgermonarchie. Bd. 2 (Graz 1964).
Richard W. *Kapp*, Bethmann-Hollweg, Austria-Hungary and Mitteleuropa 1914–1915. Austrian History Yearbook 19–20 (1983–84) 215–236.
Rudolf *Koch*, Das Kriegsgefangenenlager Sigmundsherberg 1915–1919. UH 52 (1981) 109–122.
Gottfried *Köfner*, Hunger, Not und Korruption. Der Übergang Österreichs von der Monarchie zur Republik am Beispiel Salzburgs (Salzburg 1980).
Jiři *Koralka*, Anpassung oder Widerstand? Zu den tschechischen Reaktionen auf die deutsche Mitteleuropaidee vor und nach dem Jahre 1914, in: Mitteleuropa-Konzeptionen 25–39.
Ottokar *Landwehr-Pragenau*, Hunger. Die Erschöpfungsjahre der Mittelmächte 1917/18 (Zürich 1931).
Hans *Loewenfeld-Russ*, Im Kampf gegen den Hunger. Aus den Erinnerungen des Staatssekretärs für Volksernährung 1918 bis 1920 (hg. von Isabella *Ackerl*, Wien 1986).
Hans *Loewenfeld-Russ*, Die Regelung der Volksernährung im Kriege (Wien 1926).
Elisabeth *Malleier*, Die Kriegsneurose in der Wiener Psychiatrie und Psychoanalyse. WGBl 49 (1994) 206–220.
Gerhard *Meißl*, Der Wandel der sozialen Beziehungen in der österreichischen Kriegsindustrie 1914–1918 am Beispiel der k. u. k. Munitionsfabrik Wöllersdorf (Diss. Wien 1974).
Heinrich *Mejzlik*, Die Eisenbewirtschaftung im Ersten Weltkrieg (Wien 1977).
Bernard *Michel*, Le sabotage des emprunts de guerre autrichiens par les banques tchèques (1914–1916). Revue d'histoire moderne et contemporaine 15 (1968) 321–339.

Andrej *Mitrovic*, Die Zentralmächte, Mitteleuropa und der Balkan. Ideen und ihre Verwirklichung während des Weltkrieges 1914–1918, in: Mitteleuropa-Konzeptionen 39–62.
Modell einer neuen Wirtschaftsordnung: Wirtschaftsverwaltung in Österreich, 1914–1918 (hg. von Wilhelm *Brauneder*, Frankfurt am Main 1991).
Wolfgang *Mommsen*, Imperialismus. Seine geistigen, politischen und wirtschaftlichen Grundlagen (Hamburg 1977).
Wolfgang *Mommsen*, Die Mitteleuropaidee und die Mitteleuropaplanungen im Deutschen Reich vor und während des Ersten Weltkrieges, in: Mitteleuropa-Konzeptionen 3–24.
Wolfgang *Mommsen*, Der Topos vom unvermeidlichen Krieg. Außenpolitik und öffentliche Meinung im Deutschen Reich im letzten Jahrzehnt vor 1914, in: Bereit zum Krieg. Kriegsmentalität im wilhelminischen Deutschland 1890–1914 (hg. von Jost *Dülffer*/Karl *Holl*, Göttingen 1986) 194 ff.
Birgitt *Morgenbrod*, Wiener Großbürgertum im Ersten Weltkrieg. Die Geschichte der »Österreichischen Gesellschaft« 1916–1918 (Wien 1994).
Berta *Neuber*, Die Ernährungslage in Wien während des Ersten Weltkrieges und in den ersten Nachkriegsjahren (DA Wien 1985).
Reinhard *Opitz*, Europastrategien des deutschen Kapitals 1900–1945 (Köln 1977).
Österreich und der Große Krieg 1914–1918. Die andere Seite der Geschichte (hg. von Klaus *Amann*/Hubert *Lengauer*, Wien 1989).
Das österreichische Ernährungsproblem (Wien 1921).
Helmuth *Perz*, Aspekte der Kriegsfinanzierung. Die österreichischen Kriegsanleihen 1914–1918 (DA Wien 1989).
Alfred *Pfabigan*, Austromarxismus und Kriegsgesinnung, in: Österreich und der Große Krieg 1914–1918 90–94.
Alexander *Popovics*, Das Geldwesen im Kriege (Wien 1925).
Günther *Ramhardter*, Geschichtswissenschaft und Patriotismus. Österreichische Historiker im Weltkrieg 1914–1918 (Wien 1973).
Petra *Rappersberger*, Das Kriegsgefangenenlager Freistadt 1914–1918 (DA Wien 1988).
Josef *Redlich*, Schicksalsjahre Österreichs 1908–1919. Das politische Tagebuch Josef Redlichs. 2 Bde. (hg. von Fritz *Fellner*, Graz 1953/1954).
Die Regelung der Arbeitsverhältnisse im Kriege (hg. von Ferdinand *Hanusch*/Emanuel *Adler*, Wien 1927).
Richard *Riedl*, Die Industrie Österreichs während des Krieges (Wien 1932).
Helmut *Rumpler*, Die Kriegsziele Österreich-Ungarns auf dem Balkan 1915/16, in: Österreich und Europa. Festgabe für Hugo Hantsch zum 70. Geburtstag (Graz 1965) 465–482.
Joseph A. *Schumpeter*, Zur Soziologie der Imperialismen. Archiv für Sozialwissenschaft und Sozialpolitik 46 (1919) 1–39.
Das Schwarz-Gelbe Kreuz. Wiener Alltagsleben im Ersten Weltkrieg. Katalog zur 214. Wechselausstellung der Wiener Stadt- und Landesbibliothek (hg. von Franz *Patzer*, Wien 1988).
Reinhard *Sieder*, Zur alltäglichen Praxis der Wiener Arbeiterschaft im ersten Drittel des 20. Jahrhunderts (Habil. Wien 1988).
August *Skalweit*/Walter *Klaas*, Das Schwein in der Kriegsernährungswirtschaft (Berlin 1917).
Gustav *Spann*, Vom Leben im Kriege. Die Erkundung der Lebensverhältnisse der Bevölkerung Österreich-Ungarns im Ersten Weltkrieg durch die Briefzensur, in: Unterdrückung und Emanzipation. FS für Erika Weinzierl (hg. von Rudolf G. *Ardelt* u. a., Wien 1985) 149–165.
Roland *Stromberg*, Redemption by War. The Intellectuals and 1914 (Kansas 1982).
Paul R. *Sweet*, Germany, Austria-Hungary and Mitteleuropa August 1915 – April 1916, in: FS für Heinrich Benedikt zum 70. Geburtstag (hg. von H. *Hantsch*/A. *Novotny*, Wien 1957) 180–212.
Berthold *Unfried*, Arbeiterprotest und Arbeiterbewegung in Österreich während des Ersten Weltkrieges (Diss. Wien 1990).
Stephan *Verosta*, The German Concepts of Mitteleuropa 1916–1918 and its Contemporary Critics, in: The Habsburg Empire in World War I 203–220.
Stephan *Verosta*, Joseph Schumpeter gegen das Zollbündnis der Donaumonarchie mit Deutschland und gegen die Anschlußpolitik, in: FS für Christian Broda (Wien 1976) 373–404.
Robert J. *Wegs*, Die österreichische Kriegswirtschaft: 1914–1918 (dt. Bearb. von Heinrich *Mejzlik*, Wien 1979).
Samuel R. *Williamson* Jr., Vienna and July 1914: The Origins of the Great War Once More, in: Essays On World War I (hg. von *ders.*, New York 1983) 9 ff.
Thomas *Winkelbauer*, Krieg in Deutsch-Lesebüchern der Habsburgermonarchie (1880–1918), in: Österreich und der Große Krieg 1914–1918 37–46.
Wilhelm *Winkler*, Berufsstatistik der Kriegstoten der österreichisch-ungarischen Monarchie (Wien 1919).

Wilhelm *Winkler*, Die Bevölkerungslage Österreichs, in: Bericht über die Ursachen der wirtschaftlichen Schwierigkeiten Österreichs (1931).
Wilhelm *Winkler*, Die Einkommensverschiebungen in Österreich während des Weltkrieges (Wien 1930).
Wilhelm *Winkler*, Die Totenverluste der österreichisch-ungarischen Monarchie nach Nationalitäten. Die Altersgliederung der Toten. Ausblicke in die Zukunft (Wien 1919).

Krise zwischen zwei Kriegen

50 Jahre Rundfunk in Österreich. 4 Bde. (hg. vom Österreichischen Rundfunk, Salzburg 1974–1985).
Friedrich *Achberger*, Die Inflation und die zeitgenössische Literatur, in: Aufbruch und Untergang. Österreichische Kultur zwischen 1918 und 1938 (hg. von Franz *Kadrnoska*, Wien 1981) 29–42.
Isabella *Ackerl*, Der Phönix-Skandal, in: Das Juliabkommen von 1936. Vorgeschichte, Hintergründe und Folgen (Wien 1977) 241–279.
Franz *Adlgasser*, American Individualism Abroad: Herbert Hoover, die American Relief Administration und Österreich, 1919–1923 (Wien 1993).
Derek H. *Aldcroft*, Die zwanziger Jahre: von Versailles zur Wall Street. 1919–1929 (Geschichte der Weltwirtschaft im 20. Jahrhundert 3, München 1978).
Claudia *Attlmayr*, Die Verwandlung des Bankiers Camillo Castiglioni in eine satirische Figur von Karl Kraus (DA Innsbruck 1990).
Karl *Ausch*, Als die Banken fielen. Zur Soziologie der politischen Korruption (Wien 1968).
Karl *Bachinger*, Umbruch und Desintegration nach dem Ersten Weltkrieg. Österreichs wirtschaftliche und soziale Ausgangssituation und ihre Folgewirkungen auf die Erste Republik (Habil. Wien 1981).
Karl *Bachinger*/Herbert *Matis*, Die österreichische Nachkriegsinflation, 1918–1922. BHS (1986) 83–91.
Karl *Bachinger*/Herbert *Matis*, Strukturwandel und Entwicklungstendenzen der Montanwirtschaft 1918 bis 1938. Kohlenproduktion und Eisenindustrie in der Ersten Republik, in: Österreichisches Montanwesen 106–143.
Franz *Baltzarek*, Ludwig von Mises und die österreichische Wirtschaftspolitik in der Zwischenkriegszeit. Wirtschaftspolitische Blätter (1982).
Franz *Baltzarek*, Das Schwundgeldexperiment von Wörgl von 1932/33, in: Die Bewegung. Hundert Jahre Sozialdemokratie in Österreich (hg. von Erich *Fröschl*, Wien 1989) 379–382.
Manfred *Bansleben*, Das österreichische Reparationsproblem auf der Pariser Friedenskonferenz (Wien 1988).
Antonin *Basch*, The Danube Basin and the German Economic Sphere (New York 1943).
Rainer *Bauböck*, Zur sozialdemokratischen Wohnungspolitik 1919–1934 (Wien 1976).
Otto *Bauer*, Arbeit für 200 000, in: *ders.*, Werkausgabe. Bd. 3 (Wien 1976) 941–952.
Otto *Bauer*, Kapitalismus und Sozialismus nach dem Weltkrieg. Bd. 1: Rationalisierung und Fehlrationalisierung (Wien 1931).
Otto *Bauer*, Die österreichische Revolution, in: *ders.*, Werkausgabe. Bd. 2 (Wien 1976) 489–866.
Hans *Bayer*, Strukturwandlungen der österreichischen Volkswirtschaft nach dem Kriege (Wien 1929).
Siegfried *Beer*/Eduard *Staudinger*, Die Penetration Österreichs durch privates US-Kapital nach dem Ersten Weltkrieg am Beispiel der Steiermark, in: FS für Othmar Pickl zum 60. Geburtstag (Graz 1987) 49–65.
Beiträge über die Krise der Industrie Niederösterreichs zwischen den beiden Weltkriegen (hg. von Andreas *Kusternig*, Wien 1985).
Peter *Berger*, The Austrian Economy, 1918–1938, in: Economic Development in the Habsburg Monarchy and in the Successor States (hg. von John *Komlos*, New York 1990) 270–284.
Peter *Berger*, Der Donauraum im wirtschaftlichen Umbruch nach dem Ersten Weltkrieg. Währung und Finanzen in den Nachfolgestaaten Österreich, Ungarn und Tschechoslowakei 1918–1929 (Wien 1982).
Peter *Berger*, Ökonomische Macht und Politik, in: Handbuch des politischen Systems. Erste Republik 1918–1933 (hg. von Emmerich *Tálos* u. a., Wien 1995) 395–411.
Paul *Bernecker*, Die Entwicklung des Fremdenverkehrs in Österreich, in: 1918–1968. Österreich – 50 Jahre Republik (Wien 1968) 233–250.
Hans *Bobek*/Elisabeth *Lichtenberger*, Wien: bauliche Gestalt und Entwicklung seit der Mitte des 19. Jahrhunderts (Graz [2]1978).
Gerhard *Botz*, Angestellte zwischen Ständegesellschaft, Revolution und Faschismus, in: Angestellte im europäischen Vergleich (hg. von Jürgen *Kocka*, Göttingen 1981) 196–239.
Gerhard *Botz*, Das Anschlußproblem (1918–1945) aus österreichischer Sicht, in: Deutschland und Österreich (hg. von Robert A. *Kann*/Friedrich E. *Prinz*, Wien 1980) 179–198.
Gerhard *Botz*, Der Übergang der Mittelstände vom katholischen ins nationalsozialistische Lager. Christliche Demokratie 2 (1984) 371–384.

Ernst *Bruckmüller*, Interessenvertretung der Bauern, in: Handbuch des politischen Systems. Erste Republik 1918–1933 (hg. von Emmerich *Tálos* u. a., Wien 1995) 353–370.
Ernst *Bruckmüller*, Das österreichische Bürgertum zwischen Monarchie und Republik. Zeitgeschichte 20 (1993) 60–84.
Ernst *Bruckmüller*, Das sozial- und wirtschaftspolitische System Österreichs. Historische Entwicklung und Bewertung in der Gegenwart, in: 75 Jahre Kammern für Arbeiter und Angestellte (Wien 1995) 179–222.
Ernst *Bruckmüller*, Sozialstruktur und Sozialpolitik, in: Österreich 1918–1938 381–436.
Ernst *Bruckmüller*/Elisabeth *Ulsperger*, Friedrich Pachers Einschätzung der materiellen Situation vor und nach dem Ersten Weltkrieg. Zeitgeschichte 20 (1993) 104–112.
Julius *Bunzel*, Das neue Österreich, in: Geldentwertung und Stabilisierung in ihren Einflüssen auf die soziale Entwicklung in Österreich (hg. von *ders.*, SchrVSP 169, 1925).
Günther R. *Burkert*, »Eine Welt ist untergegangen«. Markante Jahre der österreichischen Geschichte in Briefen, Tagebüchern, Erinnerungen und schriftstellerischen Versuchen österreichischer Beamter des 20. Jahrhunderts. Geschichte und Gegenwart (1990) 197–224.
Felix *Butschek*, Präkeynesianismus in Österreich. WuG 19 (1993) 171–182.
Felix *Butschek*, Die wirtschaftspolitischen Alternativen in der Stagnationsperiode 1933 bis 1937. Wirtschaftspolitische Blätter (1984).
Felix *Butschek*, Der Zerfall Österreich-Ungarns – ein Lehrstück für die GUS? WIFO Monatsberichte (1993) 231 ff.
Felix *Butschek*, Vom Zusammenbruch zur »Genfer Sanierung« – Österreichische Wirtschaftsentwicklung 1918–1923. WuG 9 (1983) 421–440.
Philipp L. *Cottrell*, Aspects of Western Equity Interest in the Banking Systems of East Central Europe, in: International Business and Central Europe, 1918–1939 (hg. von *ders.*/Alice *Teichova*, Leicester 1983).
Philipp L. *Cottrell*, Austria Between Diplomats and Bankers 1919–1931, in: Konstellationen internationaler Politik 1924–1932 (hg. von Gustav *Schmidt*, Bochum 1983) 292–311.
Gerhard M. *Dienes*, Von der großen Zäsur, 1918, zu neuen Ufern, in: Die Südbahn 346–354.
Heimito von *Doderer*, Die Strudlhofstiege oder Melzer und die Tiefe der Jahre (Frankfurt 1966).
Dollfuß an Österreich – eines Mannes Wort und Ziel (hg. von Edmund *Weber*, Wien 1935).
Ruediger *Dornbusch*, Lessons from Experience with High Inflation. World Bank Economic Review (1992) H. 6, 13–31.
Ruediger *Dornbusch*, Monetary Problems of Post-Communism: Lessons from the End of the Austro-Hungarian Empire. Weltwirtschaftliches Archiv 128 (1992) 391–424.
Werner *Dreier*, Vorarlberg und die Anschlußfrage, in: Tirol und der Anschluß 183–220.
Werner *Dreier*/Meinrad *Pichler*, Vergebliches Werben: mißlungene Vorarlberger Anschlußversuche an die Schweiz und an Schwaben (1918–1920) (Studien zur Geschichte und Gesellschaft Vorarlbergs 5, Bregenz 1989).
Walter *Dujmovits*, Die Amerikawanderung der Burgenländer, in: … nach Amerika. Burgenländische Landesausstellung 1992 (Eisenstadt 1992) 104–119.
Irmtraud *Eisenbach-Stangl*, Eine Gesellschaftsgeschichte des Alkohols. Produktion, Konsum und soziale Kontrolle alkoholischer Rausch- und Genußmittel in Österreich 1918–1984 (Frankfurt 1991).
Heinz *Faßmann*, Der Wandel der Bevölkerungs- und Sozialstruktur in der Ersten Republik, in: Handbuch des politischen Systems. Erste Republik 1918–1933 (hg. von Emmerich *Tálos* u. a., Wien 1995) 11–22.
Günther *Fellner*, Antisemitismus in Salzburg. 1918–1938 (Diss. Salzburg 1979).
Herta *Firnberg*, Wesen und Wandel der Sozialschichtung Österreichs, in: Österreichs Wirtschaftsstruktur 2, 839–976.
Peter G. *Fischer*, Ansätze zur Sozialpartnerschaft am Beginn der Ersten Republik. Das Paritätische Industriekomitee und die Industriekonferenzen, in: Österreich, November 1918. Die Entstehung der Ersten Republik (Wien 1986) 124–139.
Peter G. *Fischer*, Freie und genossenschaftliche Interessenvertretungen der gewerblichen Wirtschaft in Österreich vom Vormärz bis zum »Ständestaat«. Schriftenreihe der Bundeskammer der gewerblichen Wirtschaft 37 (1978).
Peter G. *Fischer*, Die österreichischen Handelskammern und der Anschluß an Deutschland. Zur Strategie der »Politik der kleinen Mittel« 1925–1934, in: Das Juliabkommen von 1936 (Wien 1977) 299–314.
Reinhard *Frommelt*, Paneuropa oder Mitteleuropa. Einigungsbestrebungen im Kalkül deutscher Wirtschaft und Politik 1925–1933 (Stuttgart 1977).
Winfried R. *Garscha*, Die deutsch-österreichische Arbeitsgemeinschaft. Kontinuität und Wandel deutscher Anschlußpropaganda und Angleichungsbemühungen vor und nach der nationalsozialistischen Machtergreifung (Wien 1984).
Franz *Geißler*, Österreichs Handelskammer-Organisation in der Zwischenkriegszeit. 2 Bde. (Wien 1977/1980).

Rudolf *Gerlich*, Die gescheiterte Alternative. Sozialisierung in Österreich nach dem 1. Weltkrieg (Wien 1980).
Margarete *Grandner*, Kollektivverträge und berufsständische Ordnung. Bemerkungen zur Entstehung des Gesetzes über die berufsständischen Ausschüsse und die Schlichtung aus dem Jahr 1936, in: Geschichte zwischen Freiheit und Ordnung. Gerald Stourzh zum 60. Geburtstag (hg. von Emil *Brix* u. a., Graz 1991) 177–201.
Margarete *Grandner*/Franz *Traxler*, Sozialpartnerschaft als Option der Zwischenkriegszeit? Liberalkorporatistisches Krisenmanagement am Beispiel der Wirtschaftskonferenz von 1930, in: Februar 1934. Ursachen, Fakten, Folgen (hg. von Erich *Fröschl* u.a., Wien 1984) 75–117.
Charles A. *Gulick*, Österreich von Habsburg zu Hitler (Wien 1978).
Charles A. *Gulick*, Österreich von Habsburg zu Hitler. 5 Bde. (Wien 1948/1949)
Karl *Haas*, Industrielle Interessenpolitik in Österreich zur Zeit der Weltwirtschaftskrise, in: Jb. für Zeitgeschichte 1 (1978) 97–126.
Karl *Haas*, Zum Problemkomplex »Wirtschaftstreibende und Ständestaat«, in: Das Juliabkommen von 1936 (Wien 1977) 328–342.
Gottfried *Haberler*, Austria's Economic Development after the Two World Wars: A Mirror Picture of the World Economy, in: The Political Economy of Austria (hg. von S. *Arndt*, Washington 1982) 61–75.
Handbuch des politischen Systems. Erste Republik 1918–1933 (hg. von Emmerich *Tálos* u. a., Wien 1995).
Hans *Hautmann*, Die Arbeiter- und Soldatenräte, in: Handbuch des politischen Systems. Erste Republik 1918–1933 (hg. von Emmerich *Tálos* u. a., Wien 1995) 245–260.
Hans *Hautmann*, Geschichte der Rätebewegung in Österreich 1918–1924 (Wien 1987).
Waltraud *Heindl*, Bürokratie und Beamte, in: Handbuch des politischen Systems. Erste Republik 1918–1933 (hg. von Emmerich *Tálos* u. a., Wien 1995) 90–104.
Friedrich *Hertz*, The Economic Problem of the Danubian States: A Study in Economic Nationalism (London 1947).
Friedrich *Hertz*, Ist Österreich wirtschaftlich lebensfähig? (Wien 1921).
Friedrich *Hertz*, Kapitalbedarf, Kapitalbildung und Volkseinkommen in Österreich (SchrVSP 174, 1929).
Friedrich *Hertz*, Zahlungsbilanz und Lebensfähigkeit Österreichs (SchrVSP 167, 1925).
Historische Wurzeln der Sozialpartnerschaft (hg. von Gerald *Stourzh*/Margarete *Grandner*, Wiener Beiträge zur Geschichte der Neuzeit 12/13, Wien 1986).
Wolfgang *Hösl*, Hintergründe, Ursachen und Anfänge der »Wiener Siedlungsbewegung« der Zwischenkriegszeit. JbVGStW 42 (1986) 61–88.
Robert *Hoffmann*, »Nimm Hack' und Spaten ...«. Siedlung und Siedlerbewegung in Österreich 1918–1938 (Wien 1987).
Robert *Hoffmann*, Die wirtschaftlichen Grundlagen der britischen Österreichpolitik 1919. MÖSTA 30 (1977) 251–287.
Thomas M. *Hoffmann*, Der Fall Sigmund Bosel – Sigmund Bosels Fall. Über das Leben des österreichischen Kriegs- und Inflationsgewinnlers (1893–1942) (DA WU Wien 1990).
Roman *Horak*/Wolfgang *Maderthaner*, Vom Fußballspielen in Wien. Überlegungen zu einem popularkulturellen Phänomen der Zwischenkriegszeit, in: Philosophie, Psychoanalyse, Emigration. FS für Kurt Rudolf Fischer (hg. von Peter *Muhr* u. a., Wien 1992) 99–118.
Brigitte *Hornyik*, Die Judikatur des Verfassungsgerichtshofes zur Geschlechtergleichheit, in: Grund- und Freiheitsrechte in der gerichtlichen Praxis (hg. vom Bundesministerium für Justiz, Wien 1993) 265–290.
Carl *Hudeczek*, Die österreichische Volkswirtschaft und ihr Wiederaufbau (Wien 1946).
Otto *Hwaletz* u.a., Bergmann oder Werkssoldat. Eisenerz als Fallbeispiel industrieller Politik (Graz 1984).
Maria *Jahoda*/Paul *Lazarsfeld*/Hans *Zeisel*, Die Arbeitslosen von Marienthal. Ein soziographischer Versuch (Leipzig 1933, Neuausgabe Frankfurt 1975).
Michael *John*, Sports in Austrian Society 1890s–1930s. The Example Football, in: Central European University (History Department Working Paper Series 3, Budapest 1995).
Michael *John*, »Wenn ich einen Deutschen sehe, werde ich zum lebendigen Rasenmäher«. Deutsche und Österreicher im Fußballsport. Zur Genese einer Erzfeindschaft, in: Österreich und Deutschlands Größe. Ein schlampiges Verhältnis (hg. von Oliver *Rathkolb* u. a., Salzburg 1990) 143–153.
Ulrike *Kammerhofer-Aggermann*, Kulturmetropole Salzburg. Der Festspieltourismus der Zwischenkriegszeit, in: Weltbühne und Naturkulisse. Zwei Jahrhunderte Salzburg-Tourismus (hg. von Hanns *Haas* u. a., Salzburg 1994) 113–119.
Stefan *Karner*, »... Des Reiches Südmark.« Kärnten und Steiermark im Dritten Reich 1938–1945, in: NS-Herrschaft in Österreich 1938–1945 457–486.
Brigitte *Kepplinger*, Wohnen in Linz. Zur Geschichte des Linzer Arbeiterwohnbaues von den Anfängen bis 1945 (Wien 1989).
Hans *Kernbauer*, Österreichische Währungs-, Bank- und Budgetpolitik in der Zwischenkriegszeit, in: Hand-

buch des politischen Systems. Erste Republik 1918–1933 (hg. von Emmerich *Tálos* u. a., Wien 1995) 552–569.
Hans *Kernbauer*, Währungspolitik in der Zwischenkriegszeit. Geschichte der Oesterreichischen Nationalbank von 1923 bis 1938 (Wien 1991).
Hans *Kernbauer*/Eduard *März*/Fritz *Weber*, Die wirtschaftliche Entwicklung, in: Österreich 1918–1938 343–380.
Hans *Kernbauer*/Fritz *Weber*, Multinationales Banking im Donauraum? Die Geschäftspolitik der Wiener Großbanken 1918–1929. ÖZG 4 (1993) 585–616.
Viktor *Kienböck*, Währung und Wirtschaft (Wien 1947).
Herbert *Killian*, Als das grüne Gold seinen Glanz verlor. Holzrundschau 699/700 (März 1976) 81–84.
Grete *Klingenstein*, Die Anleihe von Lausanne. Ein Beitrag zur Geschichte der Ersten Republik in den Jahren 1931–1934 (Wien 1965).
Ulrich *Kluge*, Bauern, Agrarkrise und Volksernährung in der europäischen Zwischenkriegszeit. Studien zur Agrargesellschaft und -wirtschaft der Republik Österreich 1918 bis 1938 (Stuttgart 1988).
John *Komlos*, Comments on the Economic Performance of the First Austrian Republic, in: Economic Development in the Habsburg Monarchy and in the Successor States (hg. von *ders.*, New York 1990) 297–302.
Peter *Krüger*, Wirtschaftliche Mitteleuropapläne in Deutschland zwischen den Weltkriegen, in: Mitteleuropa-Konzeptionen 281–303.
Hermann J. W. *Kuprian*, Tirol und die Anschlußfrage 1918 bis 1921, in: Tirol und der Anschluß 43–74.
Vlastislav *Lacina*, Die Folgen des Zerfalls der Habsburgermonarchie und die wirtschaftlichen Beziehungen zwischen der Tschechoslowakei und Österreich in der ersten Hälfte der zwanziger Jahre, in: Mitteleuropa-Konzeptionen 257–262.
Dieter *Langewiesche*, Zur Freizeit des Arbeiters. Bildungsbestrebungen und Freizeitgestaltung österreichischer Arbeiter im Kaiserreich und in der Ersten Republik (Stuttgart 1979).
Walter T. *Layton*/Charles *Rist*, Die Wirtschaftslage Österreichs. Bericht der vom Völkerbund bestellten Wirtschaftsexperten (Wien 1925).
Käthe *Leichter*, So leben wir ... 1320 Industriearbeiterinnen berichten über ihr Leben (Wien 1932).
Wolfram *Lenotti*, Mehr als ein Landeplatz. 75 Jahre Flughafen Wien (Wien 1987).
Martin *Lichtfuss*, Operette im Ausverkauf. Studien zum Libretto des musikalischen Unterhaltungstheaters im Österreich der Zwischenkriegszeit (Wien 1989).
Günther *Luxbacher*, Bergauf Schweben. Die Raxbahn – die älteste moderne Seilbahn Österreichs, in: Die Eroberung der Landschaft 557–566.
Wolfgang *Maderthaner*, Der »papierene« Tänzer. Matthias Sindelar, ein Wiener Fußballmythos, in: Die Kanten des runden Leders. Beiträge zur europäischen Fußballkultur (hg. von Roman *Horak*/Wolfgang *Reiter*, Wien 1991) 203–216.
Arnold *Madlé*, Die Bezüge der öffentlichen Angestellten, in: Geldentwertung und Stabilisierung in ihren Einflüssen auf die soziale Entwicklung in Österreich (hg. von Julius *Bunzel*, SchrVSP 169, 1925) 131 ff.
Eduard *März*, Joseph Alois Schumpeter – Forscher, Lehrer und Politiker (Wien 1983).
Eduard *März*/Hans *Kernbauer*, Die Krise des Bankensystems und ihr Einfluß auf die Versicherungswirtschaft, in: Versicherungsgeschichte Österreichs. Bd. 3 (Wien 1988) 33–49.
Eduard *März*/Maria *Szecsi*, Otto Bauer als Wirtschaftspolitiker. WuG 10 (1984) 61–77.
Eduard *März*/Fritz *Weber*, Otto Bauer und die Sozialisierung, in: Otto Bauer und der »Dritte« Weg (hg. von Detlef *Albers* u. a., Frankfurt 1978) 74–98.
Eduard *März*/Fritz *Weber*, Verstaatlichung und Sozialisierung nach dem Ersten und Zweiten Weltkrieg – eine vergleichende Studie. WuG 2 (1978) 85–118.
Matthias *Marschik*, Arbeiterfußball und Austromarxismus, in: Die Kanten des runden Leders. Beiträge zur europäischen Fußballkultur (hg. von Roman *Horak*/Wolfgang *Reiter*, Wien 1991) 197–202.
Matthias *Marschik*, »They lived like heroes«. Arbeitsemigration im österreichischen Fußball der 30er Jahre. Spektrum der Sportwissenschaften 1 (1995).
Franz *Mathis*, Camillo Castiglioni und sein Einfluß auf die österreichische Industrie, in: Historische Blickpunkte. FS für Johann Rainer (Innsbruck 1988) 423–432.
Franz *Mathis*, Deutsches Kapital in Österreich vor 1938, in: Tirol und der Anschluß 435–452.
Herbert *Matis*, Disintegration and Multi-National Enterprises in Central Europe During the Post-war Years (1918–23), in: International Business and Central Europe, 1918–1939 (hg. von Philipp L. *Cottrell*/Alice *Teichova*, Leicester 1983) 73–96.
Herbert *Matis*, Wirtschaftliche Mitteleuropa-Konzeptionen in der Zwischenkriegszeit. Der Plan einer »Donauföderation«, in: Mitteleuropa-Konzeptionen 229–255.
Herbert *Matis*/Dieter *Stiefel*, »Mit der vereinigten Kraft des Capitals, des Credits und der Technik ...«: Die Geschichte des österreichischen Bauwesens am Beispiel der Allgemeinen Baugesellschaft – A. Porr Aktiengesellschaft. 2 Bde. (Wien 1994).

Reinar *Matthes*, Das Ende der Ersten Republik Österreich. Studien zur Krise des parlamentarischen Systems (Berlin 1979).
Siegfried *Mattl*, Agrarstruktur, Bauernbewegung und Agrarpolitik in Österreich 1919–1929 (Wien 1981).
Siegfried *Mattl*, Die Finanzdiktatur. Wirtschaftspolitik in Österreich 1933–1938, in: Austrofaschismus. Beiträge über Politik, Ökonomie und Kultur 1934–1938 (hg. von Emmerich *Tálos*/Wolfgang *Neugebauer*, Wien [4]1988) 133–159.
Siegfried *Mattl*, Krise und Balkanisierung des »alten Mittelstandes«. Gewerbeproteste 1932/33, in: Februar 1934. Ursachen, Fakten, Folgen (hg. von Erich *Fröschl* u. a., Wien 1984) 51–63.
Siegfried *Mattl*, Krise und sozialer Protest. Die Widerstandshandlungen österreichischer Bauern gegen das behördliche Exekutionssystem in den Jahren 1931 bis 1933. Zeitgeschichte 20 (1993) 1–22.
James William *Miller*, Engelbert Dollfuß als Agrarfachmann. Eine Analyse bäuerlicher Führungsbegriffe und österreichischer Agrarpolitik 1918–1934 (Wien 1989).
Harro *Molt*, »... wie eine Klotz inmitten Europas«: »Anschluß« und »Mitteleuropa« während der Weimarer Republik 1925–1931 (Frankfurt 1986).
Alois *Mosser*/Marita *Roloff*, Wiener Allianz, gegründet 1860 (Wien 1992).
Guido *Müller*, Der motorisierte Tourismus, in: Weltbühne und Naturkulisse. Zwei Jahrhunderte Salzburg-Tourismus (hg. von Hanns *Haas* u. a., Salzburg 1994) 98–103.
Bernhard *Mussak*, Österreichische Luftfahrt in der Zeit der Ersten Republik (DA Wien 1990).
Jürgen *Nautz*, Die österreichische Handelspolitik der Nachkriegszeit 1918 bis 1923 (Wien 1994).
Jürgen *Nautz*, Die österreichische Wirtschaft und die Anschlußfrage, in: Tirol und der Anschluß 385–402.
Veronika *Niederhuber*, Taylorismus und Fordismus und die Einführung der Fließbandarbeit in den Steyr-Werken (DA Linz 1990).
Rudolf *Nötel*, Money, Banking and Industry in Interwar Austria and Hungary. JEEH 13 (1984).
Christian *Novak*, Rationalisierung und Arbeiterschaft in Österreich von 1918 bis 1934 (DA Graz 1985).
Josef *Nussbaumer*, Die »Tausend-Mark-Sperre« vom Mai 1933 und der Tiroler Fremdenverkehr, in: Tirol und der Anschluß 307–330.
Österreich 1918–1938. Geschichte der Ersten Republik. 2 Bde. (hg. von Erika *Weinzierl*/Kurt *Skalnik*, Graz 1983).
Österreich 1934–1984. Erfahrungen, Erkenntnisse, Besinnung (hg. von Joseph F. *Desput*, Graz 1984).
Werner *Onken*, Ein vergessenes Kapitel der Wirtschaftsgeschichte – Schwanenkirchen, Wörgl und andere Freigeldexperimente. Zeitschrift für Sozialökonomie 20 (1983) Folge 57/58.
Norbert *Ortmayr*, Selbstmord in Österreich 1819–1988. Zeitgeschichte 17 (1990) 209–225.
Gustav *Otruba*, Bauer und Arbeiter in der Ersten Republik, in: Geschichte und Gesellschaft. FS für K. Stadler (Wien 1974) 57–98.
Gustav *Otruba*, Die große Wandlung im österreichischen Fremdenverkehr als Folge der 1000-Mark-Sperre, in: Beiträge zur Handels- und Verkehrsgeschichte (hg. von P. W. *Roth*, Graz 1978) 187–217.
Gustav *Otruba*, Hitlers »Tausend-Mark-Sperre« und die Folgen für Österreichs Fremdenverkehr (1933–1938) (Linz 1983).
Sigurd *Pacher*, Die Agrarpolitik des österreichischen Ständestaats. VSWG 81 (1994) 339–368.
Leo *Pasvolsky*, The Economic Nationalism of the Danubian States (London 1928).
Verena *Pawlowsky*, Werksoldaten, graue Mandln, 50-Groschen-Dragoner. Der Freiwillige Arbeitsdienst in Österreich. Zeitgeschichte 17 (1990) 226–235.
Walter *Peissl*, Das »bessere« Proletariat. Angestellte im 20. Jahrhundert (Wien 1994).
Anton *Pelinka*, Christliche Arbeiterbewegung und Austrofaschismus, in: »Austrofaschismus« (hg. von Emmerich *Tálos* u. a., Wien 1984) 121–132.
Alfred *Pfoser*, Verstörte Männer und emanzipierte Frauen. Zur Sitten- und Literaturgeschichte der Ersten Republik, in: Aufbruch und Untergang. Österreichische Kultur zwischen 1918 und 1938 (hg. von Franz *Kadrnoska*, Wien 1981) 205–222.
Meinrad *Pichler*, »Lieber in Lumpen gehüllt in Deutschland oder als reicher Mann in der Schweiz?« Anmerkungen zu Interessenlagen hinter der Schweiz-Anschluß-Bewegung. Montfort 40 (1988) 61–69.
Meinrad *Pichler*/Werner *Dreier*, Vergebliches Werben: mißlungene Vorarlberger Anschlußversuche an die Schweiz und an Schwaben (1918–1920) (Bregenz 1989).
Karl *Pilz*, 100 Jahre Salzkammergut-Verkehrsverband, 1891–1991 (1991).
Heinz *Polednik*, Das Glück im Schnee: 100 Jahre Skilauf in Österreich (Wien 1991).
Martin *Posselt*, »Ich bin seit dem Zusammenbruch meines österreichisch-ungarischen Vaterlandes ein überzeugter europäischer Patriot«. Richard Coudenhove-Kalergi, Paneuropa und Österreich 1940–1950, in: Österreich und die europäische Integration 1945–1993 (hg. von Michael *Gehler*/Rolf *Steininger*, Wien 1993) 367–404.
Karl *Pribram*, Die Sozialpolitik im neuen Österreich. Archiv für Sozialwissenschaften und Sozialpolitik (1921).

Heinrich *Prochaska*, Geschichte des Badeortes Ischl. 1823–1923. Heimatgaue. Zeitschrift für oberösterreichische Geschichte, Landes- und Volkskunde 4 (1923) 3–43, 135–148, 273–286, 305–342.
Ursula *Prutsch*, Die Auswanderung von Österreichern nach Brasilien in der Zwischenkriegszeit (1918–1938) (Diss. Graz 1993).
György *Ránki*, Economy and Foreign Policy. The Struggle of the Great Powers for Hegemony in the Danube Valley 1919–1939 (New York 1983).
Georg F. *Ransmayr*, Die zentraleuropäische Länderbank der Zwischenkriegszeit: eine Pariser Bank mit Wiener Blut (DA WU Wien 1993).
Martin *Reiter*/Monika *Rampl*/Andreas *Humer*, Dreizehnlinden. Österreicher im Urwald (Schwaz 1993).
Karl *Renner*, Denkschrift über die Geschichte der Unabhängigkeitserklärung Österreichs und die Einsetzung der provisorischen Regierung der Republik (Wien 1945).
Eleonora *Rieser*, Die Wohnhausbauten der Gemeinde Graz 1918–1934. HJbStG (1989) 139–161.
Georg *Rigele*, Die Großglockner-Hochalpenstraße und die Wiener Höhenstraße (Diss. Wien 1993).
Georg *Rigele*, Die Wiener Höhenstraße. Autos, Landschaft und Politik in den dreißiger Jahren (Wien 1993).
Georg *Rigele*, Die Wienerwaldbahn. Das Projekt Fogowitz 1919–1938 und Vorläuferprojekte. WGBl 49 (1994) 15–27.
Marita *Roloff*, Die Entwicklung der Lebensversicherung in Österreich zwischen 1873 und 1936, in: Versicherungsgeschichte Österreichs. Bd. 2 (Wien 1988) 283–608.
Gabriele *Russ*, Rundfunk in der Steiermark 1924–1929 (Diss. Wien 1987).
Wolfgang *Russ*, Zwischen Protest und Resignation. Arbeitslose und Arbeitslosenbewegung in der Zeit der Weltwirtschaftskrise. ÖZG 2 (1990) 23–54.
Gerhard *Sacher*, Die Nachfolgestaaten und ihre wirtschaftlichen Kräfte (Stuttgart 1932).
Roman *Sandgruber*, Das Auto. BHS 17 (1987) 63–70.
Roman *Sandgruber*, Das Fahrrad. BHS 17 (1987) 57–63.
Roman *Sandgruber*, Zeit, Arbeitszeit, Arbeitszeitverkürzung, in: Österreichischer Gewerbeverein. Jb. '85 (Wien 1985) 45–50.
Thomas J. *Sargent*, The Ends of Four Big Inflations. NBER, Conference Paper Nr. 90 (Cambridge 1981).
Johann *Scheiber*, Rationalisierung und Rationalisierungsdebatte in Österreich (1925–1933) (DA WU Wien 1983).
Georg *Schmid*, Kinogeschichte der Zwischenkriegszeit, in: Österreich 1918–1938 705–714.
Georg *Schmid*/Hans *Lindenbaum*/Peter *Staudacher*, Bewegung und Beharrung. Transport und Transportsysteme in Österreich 1918–1938: Eisenbahn, Automobil, Tramway (Wien 1994).
Anna *Schmidt*, Die Entwicklung des Fremdenverkehrs und der Fremdenverkehrspolitik im Bundesland Salzburg (Diss. Salzburg 1990).
Harald *Schöhl*, Österreichs Landwirtschaft. Gestalt und Wandlung 1918–1938 (Berlin 1938).
Franz *Schönfellner*, Der Bund als Gesellschafter der WÖK (Wiener Öffentliche Küchenbetriebsgesellschaft) in der Ersten Republik, in: FS für Rudolf Neck (MÖSTA 39, 1986) 148–171.
Gerald *Schöpfer*, Möglichkeiten einer aktiven Konjunkturpolitik im Österreich der 20er Jahre. Geschichte und Gegenwart 2 (1983) 24–46.
Gerald *Schöpfer*, Zum österreichischen Notgeld der Kriegs- und Nachkriegsjahre des Ersten Weltkriegs, in: FS für Othmar Pickl (Graz 1987) 559–569.
Raoul *Schrott*, Dada 1921–1922 in Tirol (Diss. Innsbruck 1988).
Aurel *Schubert*, The Credit-Anstalt Crisis of 1931 (Cambridge/Mass. 1991).
Richard *Schüller*, Unterhändler des Vertrauens. Aus den nachgelassenen Schriften von Richard Schüller (hg. von Jürgen *Nautz*, Wien 1990).
Joseph A. *Schumpeter*, Aufsätze zur Tagespolitik (hg. von Wolfgang F. *Stolper*/Christian *Seidl*, Tübingen 1993).
Joseph A. *Schumpeter*, Aufsätze zur Wirtschaftspolitik (hg. von Wolfgang F. *Stolper*/Christian *Seidl*, Tübingen 1985).
Joseph A. *Schumpeter*, Politische Reden (hg. von Wolfgang F. *Stolper*/Christian *Seidl*, Tübingen 1992).
Fritz *Schwarz*, Das Experiment von Wörgl (Bern 1951).
Dirk *Stegmann*, »Mitteleuropa« 1925–1934. Zum Problem der Kontinuität deutscher Außenhandelspolitik von Stresemann bis Hitler, in: Industrielle Gesellschaft und politisches System. FS für Fritz Fischer (hg. von *ders.* u. a., Bonn 1978) 203–221.
Rolf *Steininger*, Der Anschluß – Stationen auf dem Weg zum März 1938, in: Tirol und der Anschluß 9–42.
Dieter *Stiefel*, Arbeitslosigkeit. Soziale, politische und wirtschaftliche Auswirkungen – am Beispiel Österreichs 1918–1938 (Berlin 1979).
Dieter *Stiefel*, Finanzdiplomatie und Weltwirtschaftskrise – die Krise der Credit-Anstalt 1931 und ihre wirtschaftlich-politische Bewältigung (Frankfurt 1988).

Dieter *Stiefel*, Die große Krise in einem kleinen Land. Österreichische Finanz- und Wirtschaftspolitik 1929–1938 (Wien 1988).
Dieter *Stiefel*, Im Interesse des Handels: Gremien, Verbände und Vereine der österreichischen Kaufmannschaft in der Zwischenkriegszeit, in: Zur Geschichte der Handelskammerorganisation (Wien 1978) 31–59.
Dieter *Stiefel*, Utopie und Realität: Die Wirtschaftspolitik des Ständestaates, in: Tirol und der Anschluß 403–434.
Gustav *Stolper*, Deutschösterreich als Sozial- und Wirtschaftsproblem (München 1925).
Peter *Strasser*/Harald *Waitzbauer*, Die Salzburger Kunstfilm-Industrie A.G., in: Kurt *Kaindl*/Peter *Schuster*/Christian *Strasser*/Harald *Waitzbauer*, Hundert Jahre Film 1895–1995. Salzburger Film- und Fotopioniere (Salzburg 1994) 92–108.
Erich *Streissler*, Arma virumque cano. Friedrich von Wieser, der Sänger als Ökonom, in: Die Wiener Schule der Nationalökonomie (hg. von Norbert *Leser*, Wien 1986) 59–82.
Erich *Streissler*, Investitionsförderung und die Hierarchie der individuellen Pläne, in: Freiheit und Kooperation in Wirtschaft und Währung (hg. von W. *Schmitz*, Wien 1972) 77 ff.
Karl *Stuhlpfarrer*, Der deutsche Plan einer Währungsunion mit Österreich, in: Anschluß 1938 (Wien 1981) 271–294.
Karl *Stuhlpfarrer*, Zum Problem der deutschen Penetration Österreichs, in: Das Juliabkommen von 1936 (Wien 1977) 315–327.
Christian *Suppanz*, Die österreichische Inflation (1918–1922) (Diss. Wien 1977).
Richard *Swedberg*, Joseph A. Schumpeter (Stuttgart 1994).
Emmerich *Tálos*, Interessenvermittlung und partikularistische Interessenpolitik in der Ersten Republik, in: Handbuch des politischen Systems. Erste Republik 1918–1933 (hg. von *ders.* u. a., Wien 1995) 371–394.
Emmerich *Tálos*, Sozialgesetzgebung im Zeichen politischer Umbrüche. Ein Vergleich der sozialpolitischen Entwicklung 1918–1920 und 1933–1938, in: Wege zur Arbeitsrechtsgeschichte (hg. von Harald *Steindl*, Ius Commune SH 20, 1984) 415–440.
Emmerich *Tálos*, Sozialpolitik in der Ersten Republik, in: Handbuch des politischen Systems. Erste Republik 1918–1933 (hg. von *ders.* u. a., Wien 1995) 570–586.
Emmerich *Tálos*, Staatliche Sozialpolitik in Österreich. Rekonstruktion und Analyse (Wien 1981).
Alice *Teichova*, A Comparative View of the Inflation of the 1920s in Austria and Czechoslovakia, in: Inflation Through the Ages: Economic, Social, Psychological and Historic Aspects (hg. von Nathan *Schmuckler*/Edward *Marcus*, New York 1983).
Alice *Teichova*, East-Central and South-East Europe, 1919–1939, in: The Cambridge Economic History of Europe 8 (Cambridge 1989) 887–983.
Alice *Teichova*, Die Wirtschaftspolitik der kleinen Nationen in Mittel- und Osteuropa. Sachzwänge und Handlungsspielräume in der Zwischenkriegszeit, in: Sachzwänge und Handlungsspielräume in der Wirtschafts- und Sozialpolitik der Zwischenkriegszeit (hg. von Wolfram *Fischer*, St. Katharinen 1986) 116–141.
Paul *Ufermann*, Könige der Inflation ([2]1924).
Brigitte *Valazza*, »Wir bauen auf«. Propaganda zur Bautätigkeit im österreichischen Ständestaat (1934–1938) (Diss. Wien 1986).
Theodor *Venus*, Die Entstehung des Rundfunks in Österreich. Herkunft und Gründung eines Massenmediums (Diss. Wien 1982).
Rolf *Wagenführ*, Die Industriewirtschaft. Entwicklungstendenzen der deutschen und internationalen Industrieproduktion 1860 bis 1932. Vierteljahreshefte für Konjunkturforschung SH 31 (1933) 64 ff.
Marija *Wakounig*, Konsumverhalten des Wiener Bürgertums im 19. und 20. Jahrhundert. JbVGStW 44/45 (1989) 154–186.
Jan van *Walré de Bordes*, The Austrian Crown. Its Depreciation and Stabilization (London 1924).
Harald *Walser*, Die Hintermänner. Vorarlberger Industrielle und die NSDAP 1933/34, in: Nachträge zur neueren Vorarlberger Landesgeschichte (hg. von Meinrad *Pichler*, Bregenz 1983) 96–106.
W. Peter *Ward*, Weight at Birth in Vienna, 1685–1930, in: Economic Development in the Habsburg Monarchy and in the Successor States (hg. von John *Komlos*, New York 1990) 11–26.
Heinrich *Warmuth*, Eisenbahn, Automobil und Flugzeug als Konkurrenten in der Ersten Republik, in: Verkehrswege und Eisenbahnen. Beiträge zur Verkehrsgeschichte Österreichs (hg. von Karl *Gutkas*/Ernst *Bruckmüller*, Wien 1989) 135–168.
Fritz *Weber*, Der finanzielle Länderpartikularismus. Aufstieg und Fall der Provinzbanken in der Ersten Republik. Symposium »Föderalismus in Österreich 1918–1938«, Vortragsmanuskript (Wien 1981).
Fritz *Weber*, Die keynesianische Wende der sozialistischen Emigration, in: Arbeiterschaft und Nationalsozialismus in Österreich (hg. von Rudolf G. *Ardelt* u. a., Wien 1990) 651–668.
Fritz *Weber*, Der Primat der Wirtschaftspolitik oder: Warum die österreichische Arbeiterbewegung keynesianisch wurde, in: Austro-Keynesianismus 21–28.

Fritz *Weber*, Staatliche Wirtschaftspolitik in der Zwischenkriegszeit, in: Handbuch des politischen Systems. Erste Republik 1918–1933 (hg. von Emmerich *Tálos* u. a., Wien 1995) 531–551.
Fritz *Weber*, Vor dem großen Krach. Die Krise des österreichischen Bankwesens in den zwanziger Jahren (Habil. Salzburg 1991).
Fritz *Weber*, Die wirtschaftliche Entwicklung, in: Handbuch des politischen Systems. Erste Republik 1918–1933 (hg. von Emmerich *Tálos* u. a., Wien 1995) 23–39.
Fritz *Weber*/Karl *Haas*, Deutsches Kapital in Österreich. Zur Frage der deutschen Direktinvestitionen in der Zeit vom Ende des Ersten Weltkrieges bis zur Weltwirtschaftskrise. Jb. für Zeitgeschichte (1979) 169–235.
Ulrike *Weber-Felber*, Gewerkschaften in der Ersten Republik, in: Handbuch des politischen Systems. Erste Republik 1918–1933 (hg. von Emmerich *Tálos* u. a., Wien 1995) 319–338.
Ulrike *Weber-Felber*, Johann Schorsch – ein Einzelgänger, in: Neuere Studien zur Arbeitergeschichte 2 (hg. von H. *Konrad*/W. *Maderthaner*, Wien 1984) 491–524.
Ulrike *Weber-Felber*, Wege aus der Krise: Freie Gewerkschaften und Wirtschaftspolitik in der Ersten Republik (Wien 1990).
Josef *Weidenholzer*, Auf dem Weg zum »Neuen Menschen«: Bildungs- und Kulturarbeit der österreichischen Sozialdemokratie in der Ersten Republik (Wien 1981).
Josef *Weidenholzer*/Brigitte *Kepplinger*, Geschichte der Arbeiterkammer 1920–1992, in: 75 Jahre Kammern für Arbeiter und Angestellte (Wien 1995) 9–70.
Erwin *Weissel*, Die Ohnmacht des Sieges. Arbeiterschaft und Sozialisierung nach dem Ersten Weltkrieg in Österreich (Wien 1976).
Wolfgang *Werner*, Die Roggenpreisstabilisierung des Verbandes ländlicher Genossenschaften in Niederösterreich im August 1933. Eine Studie zur Agrarpolitik der Ära Dollfuß. UH 64 (1993) 182–198.
Peter *Wilding*, »... für Arbeit und Brot«. Arbeitslose in Bewegung. Arbeitslosenpolitik und Arbeitslosenbewegung in der Zwischenkriegszeit in Österreich (Materialien zur Arbeiterbewegung 55, Wien 1990).
Frank *Wittendorfer*, Industrie, Banken, Politiker und Verbände in Österreich im Widerstand gegen die Wirtschaftspolitik des Jahres 1931. Dargestellt am Beispiel des deutsch-österreichischen Zollunionsprojekts (Diss. Innsbruck 1986).
Erich Hans *Wolf*, Katastrophenwirtschaft. Geburt und Ende Österreichs 1918–1938 (Zürich 1939).
Wolfgang *Zipser*, Das Zentralbankgeldangebot der Oesterreichischen Nationalbank 1923 bis 1937 (Diss. Wien 1992).

Sieben lange Jahre

Klaus *Amann*, Die Brückenbauer. Zur »Österreich«-Ideologie der völkisch-nationalen Autoren in den dreißiger Jahren, in: Österreichische Literatur der dreißiger Jahre (hg. von Klaus *Amann* u.a ., Wien 1985).
Arbeiterschaft und Nationalsozialismus in Österreich (hg. von Rudolf G. *Ardelt* u. a., Wien 1990).
Alexander A. *Bankier*, »... Auch nicht von der Frau Hinterhuber«. Zu den ökonomischen Konsequenzen der Nazi-Herrschaft für die österreichischen Juden, in: Österreichisch-jüdisches Geistes- und Kulturleben 3 (1990) 17–38.
Franz Severin *Berger*/Christiane *Holler*, Trümmerfrauen. Alltag zwischen Hamstern und Hoffen (Wien 1994).
Karin *Berger*, »Hut ab vor Frau Sedlmayer!« Zur Militarisierung und Ausbeutung der Arbeit von Frauen im nationalsozialistischen Österreich, in: NS-Herrschaft in Österreich 1938–1945 141–161.
Heinz *Berthold*, 500 Jahre. Chronik und Geschichte eines Unternehmens. Die heutige VOEST-Alpine Krems (Krems 1984).
Gerhard *Botz*, »Arisierungen« und nationalsozialistische Mittelstandspolitik in Wien 1938–1940. WGBl 29 (1974) 122–136.
Gerhard *Botz*, Beseitigung der Arbeitslosigkeit in Wien 1938/39, in: Wien 1938 (Wien 1988) 190–196.
Gerhard *Botz*, Stufen der Ausgliederung aus der Gesellschaft. Die österreichischen Juden vom »Anschluß« zum Holocaust. Zeitgeschichte 14 (1987) 359–378.
Gerhard *Botz*, Wien vom »Anschluß« zum Krieg. Nationalsozialistische Machtübernahme und politisch-soziale Umgestaltung am Beispiel der Stadt Wien 1938/39 (Wien 1978).
Gerhard *Botz*, Wohnungspolitik und Judendeportation in Wien 1938 bis 1945 (Wien 1975).
Evan Burr *Bukey*, »Patenstadt des Führers«. Eine Politik- und Sozialgeschichte von Linz 1908–1945 (Frankfurt 1993).
Felix *Butschek*, Die österreichische Wirtschaft 1938 bis 1945 (Stuttgart 1978).
Emmerich *Exel*, Der Reichsnährstand in Österreich (Agrar- und Umweltrecht 1, Wien 1991).

Andrea *Falkner*, Bäuerinnen- und Landarbeiterinnenalltag im Bezirk Rohrbach 1938–1945 (DA Wien 1988).
Die Faszination des Nationalsozialismus für österreichische Frauen (Schriftenreihe des Institutes für Friedensforschung 8, hg. von Ina P. *Horn*, Schlaining 1992).
Helmut *Fiereder*, Nebenlager des Konzentrationslagers Mauthausen in der Hütte Linz der Reichswerke »Hermann Göring«. HJbStL (1986) 95–113.
Helmut *Fiereder*, Reichswerke »Hermann Göring« in Österreich (1938–1945) (Salzburg 1983).
Anna *Fleißner*, Landwirtschaft und Agrarpolitik im »Dritten Reich« 1933–1945 (DA Wien 1988).
Florian *Freund*, Arbeitslager Zement. Das Konzentrationslager Ebensee und die Raketenrüstung (Wien 1989).
Florian *Freund*, »Ihr zahlreiches Auftreten erregt bei der Bevölkerung oft Ärgernis«. Zivile Ausländer und Ausländerinnen in Wiener Neustadt 1938–1945, in: »Die Wienerische Neustadt« 91–128.
Florian *Freund*, Zwangsarbeit von zivilen Ausländern und Ausländerinnen in Österreich 1938 bis 1945, in: Österreichischer Zeitgeschichtetag 1993 (hg. von Ingrid *Böhler*/Rolf *Steininger*, Innsbruck 1995) 216–224.
Florian *Freund*/Bertrand *Perz*, Industrialisierung durch Zwangsarbeit, in: NS-Herrschaft in Österreich 1938–1945 95–114.
Florian *Freund*/Bertrand *Perz*, Das KZ in der Serbenhalle. Zur Kriegsindustrie in Wiener Neustadt (Wien 1988).
Hermann *Grengg*, Das Tauernwerk – Traum, Tat, Verzicht (Graz 1960).
Ernst *Hanisch*, Nationalsozialistische Herrschaft in der Provinz. Salzburg im Dritten Reich (Salzburg 1983).
Ernst *Hanisch*, Westösterreich, in: NS-Herrschaft in Österreich 1938–1945 437–456.
Jörg K. *Hoensch*, Nationalsozialistische Europapläne im Zweiten Weltkrieg, in: Mitteleuropa-Konzeptionen 307–325.
Gordon J. *Horwitz*, In the Shadow of Death. Living Outside the Gates of Mauthausen (Toronto 1990).
Anton *Joachimsthaler*, Gigantomanie auf Rädern. Die Breitspureisenbahn Adolf Hitlers, in: Zug der Zeit, Zeit der Züge. Deutsche Eisenbahn 1835–1985 (Berlin 1985) 703–721.
Michael *John*, Die jüdische Bevölkerung in Linz und ihre Ausschaltung aus öffentlichem Leben und Wirtschaft 1938–1945. HJbStL (1991) 111–168.
Michael *John*, Über ein Linzer Warenhaus (Geschichte der Unternehmerfamilie Kraus & Schober). Linz aktiv 130 (1994) 47–54.
Michael *John*, Modell Oberdonau? Zur wirtschaftlichen Ausschaltung der jüdischen Bevölkerung in Oberösterreich. ÖZG 3 (1992) 208–234.
Michael *John*, Südböhmen, Oberösterreich und das Dritte Reich. Der Raum Krum(m)au-Kaplitz/Česky Krumlov-Kaplice als Beispiel von internem Kolonialismus, in: Kontakte und Konflikte. Böhmen, Mähren und Österreich. Aspekte eines Jahrtausends gemeinsamer Geschichte (hg. von Thomas *Winkelbauer*, Horn 1993) 447–468.
Stefan *Karner*, Kärntens Wirtschaft 1938–1945. Unter besonderer Berücksichtigung der Rüstungsindustrie (Klagenfurt 1976).
Stefan *Karner*, Österreichs Rüstungsindustrie 1944. Ansätze zu einer Strukturanalyse. Zeitschrift für Unternehmensgeschichte 25 (1980) 179–206.
Stefan *Karner*, Die Steiermark im Dritten Reich 1938–1945. Aspekte ihrer politischen, wirtschaftlichen, sozialen und kulturellen Entwicklung (Graz 1986).
Walther *Kastner*, Mein Leben kein Traum (Wien 1982).
Brigitte *Kepplinger*, Nationalsozialistische Wohnbaupolitik in Oberösterreich, in: Arbeiterschaft und Nationalsozialismus in Österreich (hg. von Rudolf G. *Ardelt* u. a., Wien 1990) 265–287.
Hans *Kernbauer*/Fritz *Weber*, Österreichs Wirtschaft 1938–1945, in: NS-Herrschaft in Österreich 1938–1945 49–67.
Gert *Kerschbaumer*, Faszination Drittes Reich. Kunst und Alltag der Kunstmetropole Salzburg (Salzburg 1988).
Gert *Kerschbaumer*, Tourismus im politischen Wandel, in: Weltbühne und Naturkulisse. Zwei Jahrhunderte Salzburg-Tourismus (hg. von Hanns *Haas* u. a., Salzburg 1994) 120–128.
Martina *König*, Die Geschichte der Aluminiumindustrie in Österreich unter besonderer Berücksichtigung des Werkes Ranshofen (Linzer Schriften zur Sozial- u. Wirtschaftsgeschichte 26, Linz 1994).
Konrad *Köstlin*, Der Eintopf der Deutschen. Das Zusammengekochte als Kultessen. Tübinger Beiträge zur Volkskunde 69 (1986) 220 ff.
Maria Magdalena *Koller*, Elektrizitätswirtschaft in Österreich 1938–1947. Von den Alpenelektrowerken zur Verbundgesellschaft (Diss. Graz 1985).
Ernst *Koref*, Gezeiten meines Lebens (Wien 1980).
Thomas *Krautzer*, Das Problem der Verstaatlichung am Beispiel der Schmidhütten Liezen und Krems, Schmid & Co KG, in: Geschichtsforschung in Graz (hg. von Herwig *Ebner* u. a., Graz 1990) 339–350.

Václav *Kural*, Von Masaryks »Neuem Europa« zu den Großraumplänen Hitler-Deutschlands, in: Mitteleuropa-Konzeptionen 351–357.
Peter Ulrich *Lehner*, Österreichs Versicherungswirtschaft im Dritten Reich, in: Versicherungsgeschichte Österreichs. Bd. 3 (Wien 1988) 675–702.
Radomir *Luža*, Österreich und die großdeutsche Idee in der NS-Zeit (Wien 1977).
Michael *Margules*, Aufstieg und Fall eines jüdischen Unternehmers in Wien (DA WU Wien 1984).
Hans *Marsálek*, Die Geschichte des Konzentrationslagers Mauthausen. Dokumentation (Wien 1980).
Hans *Marsálek*, Konzentrationslager Gusen – ein Nebenlager des KZ Mauthausen (Wien 1987).
Herbert *Matis*/Fritz *Weber*, Economic Anschluß and German Großmachtpolitik: The Take-over of the Austrian Credit-Anstalt in 1938, in: European Industry and Banking Between the Wars (hg. von Philipp L. *Cottrell* u. a., Leicester 1992) 109–125.
Erich M. *Meixner*, Linz 1945–1960 (Linz 1962).
Carl *Merz*/Helmut *Qualtinger*, Der Herr Karl, in: Das Qualtinger Buch (Wien o. J.).
August *Meyer*, Das Syndikat. Reichswerke »Hermann Göring« (Braunschweig 1986).
Michael *Mooslechner*/Robert *Stadler*, Landwirtschaft und Agrarpolitik, in: NS-Herrschaft in Österreich 1938–1945 69–94.
Jonny *Moser*, Österreichs Juden unter der NS-Herrschaft, in: NS-Herrschaft in Österreich 1938–1945 185–198.
Josef *Moser*, Beschäftigungspolitik im Dritten Reich. Wirtschafts- und sozialpolitische Zeitschrift des Instituts für Sozial- und Wirtschaftswissenschaften der AK und des BFI für Oberösterreich (1992) H. 4, 95–120.
Josef *Moser*, Oberösterreichs Wirtschaft 1938 bis 1945 (Studien zur Wirtschaftsgeschichte und Wirtschaftspolitik 2, hg. von R. *Sandgruber*/H. *Matis*, Wien 1995).
Klaus-Dieter *Mulley*, Modernität oder Traditionalität? Überlegungen zum sozialstrukturellen Wandel in Österreich 1938 bis 1945, in: NS-Herrschaft in Österreich 1938–1945 25–48.
Klaus-Dieter *Mulley*, Träumen von der Ferne, Reisen in die Nähe. Fremdenverkehr in »Niederdonau«, in: Sommerfrische. Aspekte eines Phänomens (Wien 1994) 63–77.
Petr *Nemec*, Gauleiter Dr. Hugo Jury und sein Wirken im Protektorat Böhmen und Mähren, in: Kontakte und Konflikte. Böhmen, Mähren und Österreich. Aspekte eines Jahrtausends gemeinsamer Geschichte (hg. von Thomas *Winkelbauer*, Horn 1993) 469–478.
NS-Herrschaft in Österreich 1938–1945 (hg. von Emmerich *Tálos* u. a., Wien 1988).
Österreichs Fall. Schriftsteller berichten vom »Anschluß« (hg. von Ulrich *Weinzierl*, Wien 1987).
Robin *Okey*, Central Europe/Eastern Europe: Behind the Definitions. Past and Present 137 (1992) 102–133.
Bertrand *Perz*, Projekt Quarz. Steyr-Daimler-Puch und das Konzentrationslager Melk (Wien 1991).
Bertrand *Perz*, Rüstungsindustrie in Wiener Neustadt 1938–1945, in: »Die Wienerische Neustadt« 47–70.
Bertrand *Perz*, Steyr-Münichholz, ein Konzentrationslager der Steyr-Daimler-Puch AG. Dokumentationsarchiv des österreichischen Widerstandes, Jb. (1989) 52–61.
Bertrand *Perz*/Florian *Freund*, Fremdarbeiter und KZ-Häftlinge in der »Ostmark«, in: Europa und der »Reichseinsatz«. Ausländische Zivilarbeiter, Kriegsgefangene und KZ-Häftlinge in Deutschland 1938–1945 (hg. von Ulrich *Herbert*, Essen 1991) 317–350.
Dietmar *Petzina*, Die deutsche Wehrwirtschaftsplanung und der »Anschluß« Österreichs, in: Tirol und der Anschluß 453–480.
Meinrad *Pichler*/Harald *Walser*, Die Wacht am Rhein: Alltag in Vorarlberg während der NS-Zeit (Studien zur Geschichte und Gesellschaft Vorarlbergs 2, Bregenz 1988).
György *Ránki*, The Economics of the Second World War (Wien 1993).
Wolfgang *Rohrbach*, Von der ÖVAG zur Austria-ÖVAG, in: Versicherungsgeschichte Österreichs. Bd. 3 (Wien 1988) 743–756.
Markus *Rosinger*, Österreichs Bauern im Dritten Reich. Die Entwicklung und die Struktur des Reichsnährstandes unter besonderer Berücksichtigung der Auswirkungen auf die Landesbauernschaft Donauland (Diss. Wien 1994).
Roman *Sandgruber*, Aspekte des Nachkriegsalltags, in: Reflexionen zu 1945 (hg. von Stefan *Karner*/Rudolf *Kropf*, Eisenstadt 1986) 191–208.
Roman *Sandgruber*, Der Lebensstandard in der ersten Nachkriegszeit, in: Das Burgenland im Jahr 1945. Beiträge zur Landes-Sonderausstellung 1985 (hg. von Stefan *Karner*, Eisenstadt 1985) 199–217.
Ingo *Sarlay*, Hitlers Linz. Baukunst im Dritten Reich (Diss. Linz 1987).
Walter *Sauer*, Österreichs Kirchen 1938–1945, in: NS-Herrschaft in Österreich 1938–1945 517–536.
Norbert *Schausberger*, Der Griff nach Österreich – Der Anschluß (Wien 1978).
Norbert *Schausberger*, Rüstung in Österreich 1938–1945 (Wien 1970).
Horst *Schreiber*, Wirtschafts- und Sozialgeschichte der Nazizeit in Tirol (Innsbruck 1994).
Maren *Seliger*, Wien und Niederösterreich, in: NS-Herrschaft in Österreich 1938–1945 397–416.

Dieter *Stiefel*, Fünf Thesen zu den sozioökonomischen Folgen der Ostmark, in: Politik in Österreich (hg. von Wolfgang *Mantl*, Wien 1992) 49–61.
Gloria *Sultano*, Wie geistiges Kokain ...: Mode unterm Hakenkreuz (Wien 1994).
Szita *Szabolcs*, Ungarische Zwangsarbeiter in Niederösterreich (Niederdonau) 1944/45. UH 63 (1992) 31–50.
Emmerich *Tálos*, Sozialpolitik 1938 bis 1945. Versprechungen – Erwartungen – Realisationen, in: NS-Herrschaft in Österreich 1938–1945 115–140.
Emmerich *Tálos*/Fritz *Weber*, Der wirtschaftliche »Anschluß« und die »sozialen Segnungen« des Nationalsozialismus, in: Wien 1938. Ausstellungskatalog (Wien 1988) 310–326.
Hans *Thür*, Die »Österreichische Versicherungs-AG« (ÖVAG) und »Deutscher Ring Österreichische Lebensversicherungs-AG der Deutschen Arbeitsfront« (1936–1945), in: Versicherungsgeschichte Österreichs. Bd. 3 (Wien 1988) 703–742.
Erika *Thurner*, »Ortsfremde, asoziale Gemeinschaftsschädlinge« – die Konsequenzen des »Anschlusses« für Sinti und Roma (Zigeuner), in: Arbeiterschaft und Nationalsozialismus in Österreich (hg. von Rudolf G. *Ardelt* u. a., Wien 1990) 531–552.
Wilhelm *Treue*, Unternehmergeschichtliche Anmerkungen in bezug auf die wirtschaftlichen Folgen des »Anschlusses«, in: Unternehmer und Unternehmen. FS für Alois Brusatti (Wien 1989) 241–255.
Theodor *Venus*, Bis zum Ende gespielt – zur Geschichte des Reichssenders Wien im Dritten Reich, in: Die veruntreute Wahrheit (hg. von Oliver *Rathkolb* u. a., Salzburg 1988) 108–157.
Harald *Walser*, Bombengeschäfte. Vorarlbergs Wirtschaft in der NS-Zeit (Bregenz 1989).
Erika *Wantoch*, Spinrad. Ein Geschäftsbericht, in: Im blinden Winkel. Nachrichten aus Mitteleuropa (hg. von Christoph *Ransmayr*, Wien 1985) 124–141.
Hans *Witek*, »Arisierungen« in Wien. Aspekte nationalsozialistischer Enteignungspolitik 1938–1940, in: NS-Herrschaft in Österreich 1938–1945 199–216.
Franz J. *Zrzavy*, Wie entstand das deutsche Eigentum in Österreich? (Wien 1948).

Die Wohlstandsgesellschaft

Alfred *Ableitinger*, Fritz Bock, in: Die Politiker 69–76.
Josef *Aistleitner*, Formen und Auswirkungen des bäuerlichen Nebenerwerbs. Das Mühlviertel als Beispiel (Innsbruck 1986).
Thomas *Albrich*, Asylland wider Willen, in: Die bevormundete Nation: Österreich und die Alliierten 1945–1949 (hg. von Günter *Bischof* u. a., Innsbrucker Forschungen zur Zeitgeschichte 4, Innsbruck 1988).
Thomas *Albrich*, Exodus durch Österreich. Die jüdischen Flüchtlinge 1945–1948 (Innsbruck 1987).
Gerhard *Ammerer*, Der Mythos von Kaprun. E-Journal 9 (1994) 52–57.
Hannes *Androsch*, Die politische Ökonomie der österreichischen Währung. Ein Überblick über die österreichische Währungspolitik von 1760 bis 1984 vor dem Hintergrund der internationalen Entwicklung (Wien 1985).
Rudolf G. *Ardelt*/Hanns *Haas*, Die Westintegration Österreichs nach 1945. ÖZP 4 (1975) 379–399.
Karl *Ausch*, Licht und Irrlicht des österreichischen Wirtschaftswunders (Wien 1965).
Karl *Bachinger*/Herbert *Matis*, Der österreichische Schilling. Geschichte einer Währung (Graz 1974).
Brigitte *Bailer*, Wiedergutmachung. Kein Thema. Österreich und die Opfer des Nationalsozialismus (Wien 1993).
Irene *Bandhauer-Schöffmann*, Coca-Cola im Kracherlland, in: Genuß und Kunst 92–101.
Irene *Bandhauer-Schöffmann*, Trümmerfrauen – Mythos und Realität, in: Signale. Veröffentlichungen zur historischen und interdisziplinären Frauenforschung (hg. von Karin *Schmidlechner*, Graz 1994) 24–43.
Irene *Bandhauer-Schöffmann*/Ela *Hornung*, Von der Trümmerfrau auf der Erbse. Ernährungssicherung und Überlebensarbeit in der unmittelbaren Nachkriegszeit. L'Homme 2 (1991) 77–105.
Bericht über die Situation der Frauen in Österreich (Frauenbericht 1995, Wien 1995).
Thomas *Bernhard*, Der Keller (Berlin 1983).
Die bevormundete Nation. Österreich und die Alliierten 1945–1949 (hg. von Günter *Bischof* u. a., Innsbrucker Forschungen zur Zeitgeschichte 4, Innsbruck 1988).
Ernst *Bezemek*, »Der lange Weg zur Freiheit«. Der Bezirk Hollabrunn unter sowjetischer Besatzung, in: Krieg und Besatzungsalltag in Niederösterreich 1945 (Hollabrunn 1994) 35–73.
Günter *Bischof*, Between Responsibility and Rehabilitation. Austria in International Politics, 1940–1950 (Diss. Harvard 1989).
Günter *Bischof*, Foreign Aid and Austria's Economic Recovery after World War II, in: New Directions in Economic and Security Policy (hg. von W. J. *Felder*, 1985) 79–91.
Günter *Bischof*, Der Marshallplan in Österreich. Zeitgeschichte 17 (1990) 463–474.

Wolfgang *Bittermann*, Von der Landschaftsnutzung zum Landschaftsverbrauch, in: Österreich 1945–1995 625–640.

Hans-Joachim *Bodenhöfer*, Bildungspolitik, in: Handbuch des politischen Systems Österreichs 546–557.

Erich *Bodzenta*, Gesellschaft im Wandel, in: Spectrum Austriae (hg. von Otto *Schulmeister*, Wien 1980) 272–302.

Annemarie *Bönsch*, Kleidung nach dem Krieg, in: Menschen nach dem Krieg 102–106.

Gerhard *Botz*/Albert *Müller*, »1945«: Historischer Bruch, Kontinuität oder Sowohl-Als-auch in der »Stunde Null«?, in: Identität und Differenz. Eine Topographie der Moderne 1940–1990. Ausstellung »Tribüne Trigon« beim steirischen Herbst, Graz 1992 (hg. von Peter *Weibel* u. a., Wien 1992) 179–192.

Fritz *Breuss*, Österreichs Außenwirtschaft 1945 bis 1982 (Wien 1983).

Fritz *Breuss*, Österreichs Wirtschaft und die europäische Integration 1945–1990, in: Österreich und die europäische Integration 1945–1993 (hg. von Michael *Gehler*/Rolf *Steininger*, Wien 1993) 451–476.

Fritz *Breuss*/Jan *Stankovsky*, Österreich und der EG-Binnenmarkt (Wien 1988).

Ernst *Bruckmüller*, Soziale Sicherheit für Bauern und Landarbeiter, in: Bruckmüller/Sandgruber/Stekl, Soziale Sicherheit 9–129.

Alois *Brusatti*, Die historischen Grundlagen der österreichischen Verstaatlichung, in: Wissenschaft, Wirtschaft und Technik. FS für Wilhelm Treue (hg. von Karl-Heinz *Manegold*, München 1969) 221–229.

Das Burgenland im Jahre 1945 (hg. von Stefan *Karner*, Eisenstadt 1985).

Günther *Burkert*, Die Landwirtschaft 1938–1947, in: Das Burgenland im Jahr 1945. Beiträge zur Landes-Sonderausstellung 1985 (hg. von Stefan *Karner*, Eisenstadt 1985) 179–198.

Günther R. *Burkert*, Landwirtschaft, in: Menschen nach dem Krieg 65–69.

Günther R. *Burkert*, Tourismus, in: Menschen nach dem Krieg 70–73.

Felix *Butschek*, Der Arbeitsmarkt in der Zeit der großen Koalition. Österreichisches Jb. für Politik (1989) 137 ff.

Felix *Butschek*, Fundamente der österreichischen Wirtschaft, in: Menschen nach dem Krieg 60–64.

Felix *Butschek*, Planning for Social Stability?, in: The Economic Development of Austria since 1870 (hg. von Herbert *Matis*, Aldershot 1994) 583–592.

Felix *Butschek*, Die Preis-Lohnabkommen und ihre Bedeutung für den Wiederaufbau der österreichischen Wirtschaft, in: Lohn- und Preisabkommen: eine historische Fragestellung oder heute wieder aktuell? (hg. von Walter *Göhring*, Wien 1994).

Felix *Butschek*, The Rebirth of the Austrian Economy after World War II – the Case of Discontinuity, in: Economic Development in the Habsburg Monarchy and in the Successor States (hg. von John *Komlos*, New York 1990) 285–296.

Felix *Butschek*, Die wirtschaftlichen Konsequenzen des Kriegsendes – Österreichs Wirtschaft 1938 bis 1952, in: Reflexionen zu 1945 (hg. von Stefan *Karner*/Rudolf *Kropf*, Eisenstadt 1986) 161–190.

Felix *Butschek*/Franz *Baltzarek*, Austria's Transformation to Market Economy. A Lesson of »Sozialpartnerschaft«, in: Transition to a Market Economy at the End of the 20th Century (hg. von Ivan T. *Berend*, München 1994) 55–66.

Günther *Chaloupek*, Österreichische Erfahrungen aus der Wirtschaftspolitik der Nachkriegszeit für den Übergang zur Marktwirtschaft in Osteuropa. Der Donauraum (1989/90) 5–12.

Günther *Chaloupek*, Die Rolle der Sozialpartnerschaft in der Stabilisierungspolitik. Wirtschaftspolitische Blätter (1994) 318 ff.

Renate *Deutsch*, Chronologie eines Kampfes (Wien 1978).

Renate *Deutsch*, Geschichte der Verstaatlichung in Österreich. 2 Bde. (Wien 1978/79).

Fritz *Diwok*/Hildegard *Koller*, Reinhard Kamitz – Wegbereiter des Wohlstands (Wien 1977).

Hans *Eder*, Vom »österreichischen Weg« zur Sanierungspartnerschaft. Die SPÖ und die Wirtschaftspolitik der Bundesregierung in den achtziger Jahren (Diss. Salzburg 1992).

Arno *Einwitschläger*, Amerikanische Wirtschaftspolitik in Österreich 1945–1949 (Wien 1986).

Klaus *Eisterer*, Hunger- und Ernährungsprobleme in Tirol aus der Sicht der französischen Besatzungsmacht 1945/46, in: Österreich und die Sieger. Vierzig Jahre 2. Republik (hg. von Anton *Pelinka* u. a., Wien 1986) 189–204.

Helga *Embacher*/Michael *John*, Remigranten in der österreichischen Wirtschaft nach 1945. Wiederaufbau und Wirtschaftswunder am Beispiel der Provinz, in: Österreichisch-jüdisches Geistes- und Kulturleben 4 (1992) 5–82.

Heinz *Faßmann*, Die 60er Jahre: eine außergewöhnliche Dekade? Die demographischen Veränderungen in der Zweiten Republik, in: Die Transformation der österreichischen Gesellschaft und die Alleinregierung von Bundeskanzler Dr. Josef Klaus (Salzburg 1995) 47–63.

Heinz *Faßmann*, Der Wandel der Bevölkerungsstruktur in der Zweiten Republik, in: Österreich 1945–1995 395–408.

Heinz *Faßmann*, Zeitbudget und familiäre Arbeitsteilung, in: Bericht über die Situation der Frauen in Österreich (Frauenbericht 1995, Wien 1995) 36–50.
Leo *Feist*, Tirols Behauptung als Verkehrskreuz im zentralen Alpenraum, in: Die Behauptung Tirols (Innsbruck 1973) 53–83.
Helmut *Fiereder*, Der Weg zu LD und Breitband. Die Hütte Linz im Kontext der österreichischen Eisen- und Stahlplanung nach dem Zweiten Weltkrieg. HJbStL 1991 (1992) 261–313.
Heinz *Fischer*, Die Kreisky-Jahre: 1967–1983 (Wien 1993).
Marina *Fischer-Kowalski*, Die gesellschaftliche Entwicklung seit 1945. Politische Bildung Sondernummer 2 (1981).
Marina *Fischer-Kowalski*, Social Change in the Kreisky Era, in: The Kreisky Era in Austria (hg. von Günter *Bischof*/Anton *Pelinka*, New Brunswick 1994) 96–118.
Marina *Fischer-Kowalski*, Soziale Distribution von Zeit und ihre Inhalte, in: Lebensverhältnisse in Österreich (hg. von *dies.*/Josef *Bucek*, Frankfurt 1980).
Marina *Fischer-Kowalski*, Sozialer Wandel in den 1970er Jahren, in: Österreich 1945–1995 200–212.
Marina *Fischer-Kowalski*/Harald *Payer*, Fünfzig Jahre Umgang mit Natur, in: Österreich 1945–1995 552–566.
Wilhelm *Franz*, Zur Geschichte der Energieplanung in Österreich. WuG 2 (1982) 235–270.
Bernd *Genser*/Robert *Holzmann*, Öffentlicher Sektor: Finanz- und Sozialpolitik, in: Grundzüge der Wirtschaftspolitik Österreichs (hg. von Ewald *Nowotny*/Georg *Winckler*, Wien 1994) 203–248.
Peter *Gerlich*, A Farewell to Corporatism, in: Politics in Austria (hg. von Kurt R. *Luther* u. a., London 1992) 132–146.
Gesellschaft und Politik am Beginn der Zweiten Republik. Vertrauliche Berichte der US-Militäradministration aus Österreich 1945 in englischer Originalfassung (hg. von Oliver *Rathkolb*, Wien 1985).
Franz *Greif*, Agrarstruktur und Agrarpolitik in Österreich 1880 bis 1980, in: Landwirtschaft und Raiffeisen (hg. von Alois *Mosser*, Wien 1986) 11–77.
Lothar *Gruber*, Die Kosten der Besatzung durch die alliierten Mächte nach dem 2. Weltkrieg (DA WU Wien 1979).
Ronald *Gruber*/Manfred *Hörzinger*, ... bis der Preistreiberpakt fällt. Der Massenstreik der österreichischen Arbeiter im September/Oktober 1950 (Wien 1975).
Adolf *Günther*, Die gewerbliche Wirtschaft in Tirol (Innsbruck 1951).
Handbuch der österreichischen Finanzpolitik. Festgabe für Wilhelm Weber zum 70. Geburtstag (hg. von Wolfgang *Weigel* u. a., Wien 1986).
Handbuch der österreichischen Wirtschaftspolitik (hg. von Hanns *Abele* u. a., Wien [3]1989).
Ernst *Hanisch*, Josef Klaus, in: Die Politiker 299–305.
Ernst *Hanisch*, Versuch einer Periodisierung der Zweiten Republik, in: Die Transformation der österreichischen Gesellschaft und die Alleinregierung von Bundeskanzler Dr. Josef Klaus (Salzburg 1995) 17–26.
Hildegard *Hemetsberger-Koller*, Julius Raab und die Verstaatlichung, in: Julius Raab (hg. von Alois *Brusatti*/Gottfried *Heindl*, Linz 1986) 279–292.
Hildegard *Hemetsberger-Koller*, Reinhard Kamitz, in: Die Politiker 257–265.
Hildegard *Hemetsberger-Koller*, Der Staat als Unternehmer, in: Unternehmer und Unternehmen. FS für Alois Brusatti (Wien 1989) 118–137.
Hildegard *Hemetsberger-Koller*, Die Wirtschaftspolitik Julius Raabs als Bundeskanzler, in: Julius Raab (hg. von Alois *Brusatti*/Gottfried *Heindl*, Linz 1986) 242–261.
Franz *Hössl*, Die ÖIG – die verstaatlichte Industrie in den Jahren 1966–1969 (DA WU Wien 1991).
Brigitte *Holl*, Die Frau im Krieg. Katalog zur Sonderausstellung im Heeresgeschichtlichen Museum (Wien 1986).
Siegfried *Hollerer*, Verstaatlichung und Wirtschaftsplanung in Österreich (1946–1949) (Dissertationen der Hochschule für Welthandel in Wien 15, Wien 1974).
Ela *Hornung*, Die Kunst zu überleben. Alltagsbewältigung von Frauen in der unmittelbaren Nachkriegszeit, in: Menschen nach dem Krieg 55–57.
Clemens M. *Hutter*, Kaprun. Geschichte eines Erfolgs (Salzburg 1994).
Michael *John*, Displaced Persons in Linz. »Versetzte Personen« und fremdsprachige Flüchtlinge der Nachkriegszeit, in: Prinzip Hoffnung 213–229.
Harry W. *Johnstone*, Die Einschränkung des freien Wettbewerbes in der österreichischen Wirtschaft. Johnstone-Bericht (Wien 1952).
Inge *Karazman-Morawetz*, Arbeit, Konsum, Freizeit. Veränderungen im Verhältnis von Arbeit und Reproduktion, in: Österreich 1945–1995 409–425.
Ferdinand *Karlhofer*, ÖGB und europäische Integration. BHS 25 (1995) 30–34.
Stefan *Karner*, Österreichische Kriegsgefangene und Internierte im Archipel GUPVI, in: Menschen nach dem Krieg 19–34.

Stefan *Karner*, Die Steiermark in der österreichischen Wirtschaft des 20. Jahrhunderts, in: 800 Jahre Steiermark und Österreich 1192–1992 (hg. von Othmar *Pickl*, Graz 1992) 527–560.
Karl *Kaser*/Karl *Stocker*, Bäuerliches Leben in der Oststeiermark seit 1848. Bd. 1: Landwirtschaft von der Selbstversorgung zum Produktivitätszwang; Bd. 2: Die verspätete Revolution (Wien 1986/88).
Peter *Katzenstein*, Corporatism and Change: Austria, Switzerland and the Politics of Industry (London 1984).
Brigitte *Kepplinger*, Johann Böhm, in: Die Politiker 78–85.
Otto *Klambauer*, Die USIA-Betriebe (Diss. Wien 1978).
Josef *Klaus*, Macht und Ohnmacht in Österreich. Konfrontationen und Versuche (Wien 1971).
Stephan *Koren*, Die Industrialisierung Österreichs – Vom Protektionismus zur Integration, in: Österreichs Wirtschaftsstruktur 223–550.
Stephan *Koren*, Sozialisierungsideologie und Verstaatlichungsrealität in Österreich, in: Die Verstaatlichung in Österreich (hg. von W. *Weber*, Berlin 1964) 9–339.
Wolfgang *Kos*, Eigenheim Österreich. Zu Politik, Kultur und Alltag nach 1945 (Wien 1994).
Josef *Krammer*, Von »Blut und Boden« zur »Eurofitness«. Die Entwicklung der Landwirtschaft seit 1945, in: Österreich 1945–1995 567–580.
Robert *Kriechbaumer*, Parteiprogramme im Widerstreit der Interessen: die Programmdiskussion und die Programme von ÖVP und SPÖ 1945–1986 (Wien 1990).
Rudolf *Kropf*, Geschichte der Euthanasie, in: Verlegt und ermordet. Behinderte Menschen als Opfer der Euthanasie im Dritten Reich (Gallneukirchen 1991) 17 ff.
Helmut *Lackner*, »Der Höchstförderung entgegen«. Produktivitätskampagnen im österreichischen Kohlenbergbau nach 1945, in: FS für Othmar Pickl (hg. von Herwig *Ebner* u. a., Graz 1987) 379–407.
Helmut *Lackner*, Die Mitarbeit der Gewerkschaften bei der Produktivitätssteigerung nach dem 2. Weltkrieg in Österreich, in: Ökologie, technischer Wandel und Arbeiterbewegung (hg. von Helmut *Konrad*/Arne *Andersen*, Wien 1990) 207–216.
Helmut *Lackner*, Zur technischen Entwicklung nach 1945, in: Menschen nach dem Krieg 74–75.
Julius *Längle*, Die Ernährungslage in Vorarlberg 1945, in: 1945 – Ende und Anfang in Vorarlberg, Nord- und Südtirol (Informationsbuch 2, hg. von Gerhard *Wanner*, Lochau 1986) 99–102.
Edmond *Langer*, Die Verstaatlichung in Österreich (Wien 1966).
Gertrude *Langer-Ostrawsky*, Frauen in Niederösterreich 1945, in: Krieg und Besatzungsalltag in Niederösterreich 1945 (Hollabrunn 1994) 29–33.
Gerald *Lanzerits*, Die Geschichte der verstaatlichten chemischen Industrie in Linz (DA Linz 1990).
Lorenz *Lassnigg*, Bildungsreform gescheitert ... Gegenreform? 50 Jahre Schul- und Hochschulpolitik in Österreich, in: Österreich 1945–1995 458–484.
Gerhard *Lehner*, Die Entwicklung der Staatsquote in Österreich, in: Handbuch der österreichischen Finanzpolitik. Festgabe für Wilhelm Weber zum 70. Geburtstag (hg. von Wolfgang *Weigel* u. a., Wien 1986) 217–234.
Brigitte *Lichtenberger-Fenz*, »Frauenarbeit mehrt den Wohlstand.« Frauen und das »Wirtschaftswunder« der 50er Jahre. Zeitgeschichte 19 (1992) 224–240.
Michael *Ludwig*/Klaus Dieter *Mulley*/Robert *Streibel*, Der Oktoberstreik 1950. Ein Wendepunkt der Zweiten Republik (Wien 1991).
Paul *Luif*, Außenwirtschaftspolitik, in: Handbuch des politischen Systems Österreichs 674–689.
Wilfried *Mähr*, Der Marshall-Plan in Österreich (Graz 1989).
Eduard *März*, Österreichs Wirtschaft zwischen Ost und West. Eine sozialistische Analyse (Wien 1965).
Eduard *März*/Hans *Kernbauer*, Die Aktualität der Schumpeterschen Thesen zur »Krise des Steuerstaates«, in: Handbuch der österreichischen Finanzpolitik. Festgabe für Wilhelm Weber zum 70. Geburtstag (hg. von Wolfgang *Weigel* u. a., Wien 1986) 501–514.
Gerhard *Melinz*, Aspekte des Sozialwesens in der Nachkriegszeit, in: Menschen nach dem Krieg 76–81.
Menschen nach dem Krieg. Schicksale 1945–1955 (hg. von Gerhard *Jagschitz*/Stefan *Karner*, Wien 1995).
Alan S. *Milward*, The Reconstruction of Western Europe, 1945–1951 (London 1984).
Klaus-Dieter *Mulley*, Zur Entnazifizierung der österreichischen Wirtschaft, in: Verdrängte Schuld, verfehlte Sühne. Entnazifizierung in Österreich 1945–1955 (Wien 1986) 100–128.
Klaus-Dieter *Mulley*, Der Österreichische Gewerkschaftsbund 1945 bis 1995. BHS 25 (1995) 4–9.
Klaus-Dieter *Mulley*, Wo ist das Proletariat? Überlegungen zu »Lebensstandard und Bewußtsein« in den fünfziger Jahren, in: Die »wilden« fünfziger Jahre 20–28.
Reinhard *Neck*, Zur politischen Ökonomie der Staatsverschuldung: Theorie und österreichische Empirie, in: Handbuch der österreichischen Finanzpolitik. Festgabe für Wilhelm Weber zum 70. Geburtstag (hg. von Wolfgang *Weigel* u. a., Wien 1986) 335–365.
Reinhard *Neck*/Friedrich *Schneider*, The Growth of the Public Sector in Austria: An Exploratory Analysis, in: Explaining the Growth of Government (hg. von J. Y. *Lybeck*/M. *Henrekson*, Amsterdam 1988) 231–263.

Franz *Nemschak*, Österreichs Wirtschaft in den 60er und 70er Jahren. Rückschau und Ausblick (Wien 1970).
Franz *Nemschak*, Zehn Jahre österreichische Wirtschaft 1945–1955 (Wien 1955).
Wolfgang *Neugebauer*, Zur Psychiatrie in Österreich 1938–1945: »Euthanasie« und Sterilisierung, in: Justiz und Zeitgeschichte (Wien 1983) 197–285.
Anton *Nevlacsil*, Die Alleinregierung der ÖVP und die neue Rolle der Opposition, in: Österreich 1945–1995 153–165.
Ewald *Nowotny*, Grundlagen und Institutionen der Wirtschaftspolitik, in: Grundzüge der Wirtschaftspolitik Österreichs (hg. von Ewald *Nowotny*/Georg *Winckler*, Wien 1994) 11–43.
Ewald *Nowotny*, Wirtschaft im Wandel, in: 75 Jahre Kammern für Arbeiter und Angestellte (Wien 1995) 263–290.
Ewald *Nowotny*, Die Wirtschaftspolitik in Österreich seit 1970, in: Der österreichische Weg 1970–1985. Fünfzehn Jahre, die Österreich verändert haben (hg. von Erich *Fröschl*/Helge *Zoitl*, Wien 1986) 37–60.
Josef *Nussbaumer*, Sozial- und Wirtschaftsgeschichte Tirols 1945–1985. Ausgewählte Aspekte (Innsbruck 1992).
Josef *Nussbaumer*, Wirtschaftliche und soziale Entwicklung in Tirol von 1945 bis 1990, in: Chronik der Tiroler Wirtschaft (Wien 1991) 263–301.
Der Oktoberstreik 1950. Ein Wendepunkt der Zweiten Republik (hg. von Michael *Ludwig*/Klaus-Dieter *Mulley*/Robert *Streibel*, Wien 1991).
Österreich. Die Zweite Republik. 2 Bde. (hg. von Erika *Weinzierl*/Kurt *Skalnik*, Graz 1972).
Österreich 1945–1995. Gesellschaft – Politik – Kultur (hg. von Reinhard *Sieder* u. a., Wien 1995).
Österreich auf einem Weg. Handelskammern und Sozialpartnerschaft im Wandel der Zeiten (hg. von J. *Koren*/M. *Ebner*, Graz 1974).
Österreich und die europäische Integration 1945–1993 (hg. von Michael *Gehler*/Rolf *Steininger*, Wien 1993).
Österreichs Wirtschaft im Wandel. Entwicklungstendenzen 1970–2010 (hg. von Ewald *Nowotny* u. a., Wien 1993).
Georg *Pammer*, mythos kaprun. historicum (Frühling 87).
Anton *Pelinka*, Hainburg – mehr als nur ein Kraftwerk. Österreichisches Jb. für Politik 1985 (1986) 93–108.
Anton *Pelinka*, Modellfall Österreich. Möglichkeiten und Grenzen der Sozialpartnerschaft (Wien 1981).
Werner *Pevetz*, Haushaltsstrukturen und Lebensstile in österreichischen Landgemeinden. Unter besonderer Berücksichtigung bäuerlicher Haushalte (Wien 1993).
Werner *Pevetz*, Die ländliche Entwicklung in Österreich 1979–1989. Rahmenbedingungen, Entwicklungstendenzen, Erfahrungen und Probleme. Monatsberichte über die österreichische Landwirtschaft 36 (1989) 493–514.
Werner *Pevetz*, Lebens- und Arbeitsverhältnisse von Haupterwerbslandwirten (Wien 1987).
Werner *Pevetz*, Lebensverhältnisse von Altbauern und Altbäuerinnen (Wien 1983).
Gabriele *Pfeifer*, Stephan Koren. Wirtschaft im Spannungsfeld von Wissenschaft und Politik 1967–1970 (Salzburg 1993).
Phänomen Sozialpartnerschaft (hg. von Gerald *Schöpfer*, Wien 1980).
Theodor *Piffl-Perčević*, Zuspruch und Widerspruch (Graz 1977).
Karl *Pisa*, Julius Raab und die Medien, in: Julius Raab (hg. von Alois *Brusatti*/Gottfried *Heindl*, Linz 1986) 336–348.
Die Politiker. Karrieren und Wirken bedeutender Repräsentanten der Zweiten Republik (hg. von Herbert *Dachs* u. a., Wien 1995).
Prinzip Hoffnung. Linz zwischen Befreiung und Freiheit (hg. von Willibald *Katzinger*/Fritz *Mayrhofer*, Linz 1995).
Manfred *Prisching*, Bestandsaufnahme der Sozialpartnerschaft. WuG 17 (1991) 9–36.
Manfred *Prisching*, Grenzen des Steuerstaates. Argumente zu Finanzierungsdefiziten und Krisenbewältigungsstrategien. Geschichte und Gegenwart (1983) 282–311.
Walter *Prskawetz*, Der Traum von der Freiheit. Auto und Motorisierung in den fünfziger Jahren, in: Die »wilden« fünfziger Jahre 198–207.
Christoph *Ransmayr*, Kaprun – eine Mauer wird zum Mythos, in: Merian. Salzburger Land (1985) 1 ff.
Oliver *Rathkolb*, Entnazifizierung, in: Menschen nach dem Krieg 14–16.
Oliver *Rathkolb*, Großmachtpolitik gegenüber Österreich 1952/53–1961/62 im US-Entscheidungsprozeß (Habil. Wien 1993).
Oliver *Rathkolb*, Wiedergutmachung, in: Menschen nach dem Krieg 17–18.
Manfried *Rauchensteiner*, Der Sonderfall: die Besatzungszeit in Österreich 1945 bis 1955 (Wien 1979).
Reflexionen zu 1945 (hg. von Stefan *Karner*/Rudolf *Kropf*, Eisenstadt 1986).
Christoph *Reinprecht*, Österreich und der Umbruch in Osteuropa, in: Österreich 1945–1995 341–353.
Kurt *Rothschild*, The Austrian Economy since 1945 (London 1950).
Kurt *Rothschild*, Austro-Keynesianismus aus ökonomischer Sicht, in: Austro-Keynesianismus 135–144.

Kurt *Rothschild*, Austro-Keynesianism Reconsidered, in: The Kreisky Era in Austria (hg. von Günter *Bischof*/Anton *Pelinka*, New Brunswick 1994) 119–129.
Kurt *Rothschild*, Felix Austria? Zur Evaluierung der Ökonomie und Politik in der Weltwirtschaftskrise. ÖZP 8 (1985) 261–274.
Kurt *Rothschild*, Wurzeln und Triebkräfte der Entwicklung der österreichischen Wirtschaftsstruktur, in: Österreichs Wirtschaftsstruktur 1–158.
Roman *Sandgruber*, Der Energiebericht 1993 der österreichischen Bundesregierung in historischer Perspektive, in: Energiepolitik in Österreich. Bd. 2: Der Energiebericht der österreichischen Bundesregierung 1993. Kritik und alternative Vorschläge für eine zukünftige Energiepolitik (hg. von Friedrich *Schneider*, Linz 1994) 23–42.
Roman *Sandgruber*, Gewerbeentwicklung und Gewerbepolitik in der 2. Republik. Christliche Demokratie 2/4 (1984) 385–392.
Roman *Sandgruber*, Vom Hunger zum Massenkonsum, in: Die »wilden« fünfziger Jahre 112–123.
Roman *Sandgruber*, Der Strompreis – Entwicklung in Österreich von 1890 bis 1990, in: Energiepolitik in Österreich. Bd. 1: Bestandsaufnahme, Kritik und zukünftige Entwicklung (hg. von Friedrich *Schneider*, Linz 1993) 203–237.
Edith *Saurer*, Schweißblätter. Gedankenfetzen zur Frauengeschichte in den fünfziger Jahren, in: Die »wilden« fünfziger Jahre 42–52.
Adolf *Schärf*, April 1945 in Wien (Wien 1948).
Franz *Schausberger*, Stephan Koren, in: Die Politiker 329–334.
Günther *Schefbeck*, Anton Benya, in: Die Politiker 48–56.
Brunhilde *Scheuringer*, Das Schicksal der Volksdeutschen in den Nachfolgestaaten der Habsburgermonarchie nach dem Zweiten Weltkrieg, in: Wellen der Verfolgung 155–172.
Friedrich *Schneider*/Johannes *Pointner*, Österreich im internationalen Wirtschaftssystem, in: Grundzüge der Wirtschaftspolitik Österreichs (hg. von Ewald *Nowotny*/Georg *Winckler*, Wien 1994) 44–81.
Josef *Schöner*, Wiener Tagebuch 1944/1945 (hg. von Eva-Marie *Csáky*, Wien 1992).
Hans *Seidel*, Der Anschluß an das Industriesystem. Umstellung, Modernisierung und Aufstieg der Wirtschaft seit 1918, in: Spectrum Austriae (hg. von Otto *Schulmeister*, Wien 1980) 256–271.
Hans *Seidel*, Austro-Keynesianismus – revisited, in: Austro-Keynesianismus 145–149.
Hans *Seidel*, »Der Austro-Keynesianismus«. Wirtschaftspolitische Blätter 29 (1982) 3, 11–15.
Hans *Seidel*, Die Entfaltung der Produktionskräfte der österreichischen Wirtschaft, in: Österreich im Wandel 77–123.
Harry *Slapnicka*, Erste Raststätte auf der Weiterwanderung, in: Prinzip Hoffnung 191–202.
Harry *Slapnicka*, Die Vereinten Nationen, die Republik Österreich und die Vertriebenen, in: Prinzip Hoffnung 231–247.
Egon *Smeral*/Helmut *Kramer*/Ewald *Walterskirchen*, Situation des österreichischen Fremdenverkehrs und Perspektiven bis zum Jahr 2000 (Wien 1984).
Sozialpartnerschaft. Kontinuität und Wandel eines Modells (hg. von Emmerich *Tálos*, Wien 1993).
Sozialpartnerschaft in der Krise. Leistungen und Grenzen des Neokorporatismus in Österreich (hg. von Peter *Gerlich* u. a., Wien 1985).
Eduard *Stanek*, Flüchtlinge, Vertriebene und Fremde nach dem Ende des Zweiten Weltkrieges in Österreich, in: Prinzip Hoffnung 203–212.
Eduard *Stanek*, Verfolgt, verjagt, vertrieben. Flüchtlinge in Österreich von 1945 bis 1984 (Wien 1985).
Jan *Stankovsky*, Direktinvestitionen Österreichs in den Oststaaten. WIFO Monatsberichte (1992) 415–420.
Jan *Stankovsky*, Das neue Osteuropa und Österreich (WIFO-Vorträge 47, Wien 1990).
William Lloyd *Stearman*, Die Sowjetunion und Österreich 1945–1955 (Bonn 1962).
Hubert *Steiner*, Die USIA-Betriebe, ihre Gründung, Organisation und Rückgabe im Rahmen der österreichischen Hoheitsverwaltung. MÖSTA 43 (1993) 206–220.
Dieter *Stiefel*, Entnazifizierung in Österreich (Wien 1981).
Dieter *Stiefel*, Wirtschaftsgeschichte des österreichischen Fernsehens (Wien 1980).
Alfred *Stockinger*, Hans Lehner, in: Die Politiker 381–389.
Robert *Stöger*, Die Verstaatlichungsdiskussion in der SPÖ 1945–1970 (Diss. Wien 1988).
Erich *Streissler*, Die Einkommensentwicklung seit 1973 im Spiegel der Einkommensstatistik. WuG 20 (1994) 169 ff.
Erich *Streissler*, Investitionsförderung und die Hierarchie der individuellen Pläne, in: Freiheit und Kooperation in Wirtschaft und Währung (hg. von W. *Schmitz*, Wien 1972) 77 ff.
Erich *Streissler*/Werner *Neudeck*, Wachstums- und Umweltpolitik, in: Grundzüge der Wirtschaftspolitik Österreichs (hg. von Ewald *Nowotny*/Georg *Winckler*, Wien 1994) 155–202.
Karl *Stuhlpfarrer*, Nationalsozialistische Verfolgungspolitik 1938 bis 1945, in: Wellen der Verfolgung 144–154.

Emmerich *Tálos*, Sozialpartnerschaft. Kooperation – Konzertierung – politische Regulierung, in: Handbuch des politischen Systems Österreichs 390–409.
Emmerich *Tálos*, Der Sozialstaat – vom »goldenen Zeitalter« zur Krise, in: Österreich 1945–1995 537–551.
Emmerich *Tálos*/Bernhard *Kittel*, Sozialpartnerschaft. Zur Konstituierung einer Grundsäule der Zweiten Republik, in: Österreich 1945–1995 107–121.
Erika *Thurner*, Nationalsozialismus und Zigeuner in Österreich (Wien 1983).
Gunther *Tichy*, Austrokeynesianismus. Ein Konzept erfolgreicher Wirtschaftspolitik?, in: Österreich 1945–1995 213–222.
Gunther *Tichy*, Wirtschaft und Wirtschaftspolitik, in: Politik in Österreich. Die Zweite Republik: Bestand und Wandel (hg. von Wolfgang *Mantl*, Wien 1992) 702–722.
Franz *Traxler*, Gewerkschaften und Unternehmerverbände in Österreichs politischem System, in: Handbuch des politischen Systems Österreichs 335–352.
Paul *Tschurtschenthaler*, Der Tourismus im Bundesland Tirol 1918–1990, in: Handbuch zur neueren Geschichte Tirols. Bd. 2,1 (hg. von Anton *Pelinka* u. a., Innsbruck 1993) 113–208.
Kurt K. *Tweraser*, Marshallplan, Sozialpartnerschaft und Produktivität in Österreich, in: Österreich in den Fünfzigern (hg. von Thomas *Albrich* u. a., Innsbruck 1995) 211–236.
Karl *Ucakar*, Die Entwicklung der Interessenorganisationen, in: Das politische System Österreichs (hg. von H. *Fischer*, Wien 1982) 397–429.
Understanding Austria. The Political Reports and Analyses of Martin F. Herz (hg. von Reinhold *Wagnleitner*, Salzburg 1984).
Die USIA-Betriebe in Niederösterreich. Geschichte, Organisation, Dokumentation (Wien 1983).
Gertrude *Wagner*, Emigranten im Aufbau der Österreichischen Wirtschaft 1945–1975, in: Österreichisch-jüdisches Geistes- und Kulturleben 4 (1992) 83 ff.
Michael *Wala*, Die innenpolitische Durchsetzung des Marshall-Planes: Eliten und öffentliche Meinung. Zeitgeschichte (1987) 112–134.
Fritz *Weber*, 1946–1986. 40 Jahre Verstaatlichte Industrie (ÖIAG-Journal, Wien 1986) 1–29.
Fritz *Weber*, Die österreichische Sozialdemokratie zu Beginn des Kalten Krieges, in: Der Marshall-Plan und die europäische Linke (hg. von Lutz *Niethammer* u. a., Frankfurt 1986) 169–193.
Fritz *Weber*, Österreichs Wirtschaft in der Rekonstruktionsperiode nach 1945. Zeitgeschichte 15 (1987) 267–298.
Fritz *Weber*, Die Spuren der NS-Zeit in der österreichischen Wirtschaftsentwicklung. ÖZG 3 (1992) 135–165.
Fritz *Weber*, Das wirtschaftliche Erbe des Nationalsozialismus und der Wiederaufbau Österreichs nach 1945, in: Die Bewegung. Hundert Jahre Sozialdemokratie in Österreich (hg. von Erich *Fröschl*, Wien 1989) 462–475.
Wilhelm *Weber*, Österreichische Finanzpolitik 1945–1961 (Wien 1969).
Wilhelm *Weber*, Österreichs Energiewirtschaft (Wien 1957).
Erwin *Weissel*, Die Arbeiterkammer, in: Handbuch des politischen Systems Österreichs 353 ff.
Die »wilden« fünfziger Jahre. Gesellschaft, Formen und Gefühle eines Jahrzehnts in Österreich (hg. von Gerhard *Jagschitz*/Klaus-Dieter *Mulley*, St. Pölten 1985).
Georg *Winckler*, Der Austrokeynesianismus und sein Ende. ÖZP (1988) 221–230.
Georg *Winckler*, Geldwirtschaftlicher Sektor: Geldpolitik, in: Grundzüge der Wirtschaftspolitik Österreichs (hg. von Ewald *Nowotny*/Georg *Winckler*, Wien 1994) 249–285.
Harald *Winkel*, Die Ausformung der sozialen Marktwirtschaft durch Reinhard Kamitz. Christliche Demokratie 1/4 (1983) 29–42.
Reinhard *Wurm*, Die Flüchtlingsproblematik in Österreich in den ersten Jahren nach dem Zweiten Weltkrieg (DA Wien 1993).
Josef *Wysocki*, Hannes Androsch, in: Die Politiker 41–46.
Josef *Wysocki*, Die Wirtschaft, in: Die Transformation der österreichischen Gesellschaft und die Alleinregierung von Bundeskanzler Dr. Josef Klaus (Salzburg 1995) 65–75.
Zeuge der Stunde Null. Das Tagebuch Eugen Margaréthas 1945–1947 (hg. von Alois *Brusatti*, Wien 1990).
Alois *Ziebermayr*, Entwicklung der österreichischen Landwirtschaft seit 1945 und deren Beurteilung durch Bauern und Bäuerinnen eines Dorfes im Mühlviertel (DA Wien 1988).

Verzeichnis der Tabellen und Diagramme

Tabellen

Diagramme

Personen- und Ortsregister

Bildnachweis

Freistadt, Heimathaus: 58; Graz, Diözesanmuseum (Foto: Michael Malina): 31; Graz, Neue Galerie am Landesmuseum Joanneum: 534; Graz, Steiermärk. Landesarchiv: 166, 167, 294; Graz, Bundesdenkmalamt, Landeskonservat für Steiermark (Foto: Steiermärk. Landesmuseum Joanneum, Bild- und Tonarchiv): 48; Hallein, Keltenmuseum: 77, 148; Innsbruck, Tiroler Landesmuseum: 70, 75, 135, 279, 376, 516 (Foto: Christof G. Birbaumer); Klagenfurt, Landesmuseum für Kärnten: 42; Krems, Inst. f. Realienkunde: 19 (ÖNB cod 3085, fol 2r), 22, 29 (ÖNB cod. 507, fol 1v); Kremsmünster, Stift, Kunstsammlungen: 160; Langenstein, Archiv Poschacher: 154; Leoben, Stadtmuseum: 535; Linz, Neue Galerie: 174, 460 (© VBK); Linz, OÖ. Landesarchiv: 235; Linz, VOEST Geschichteclub: 412; Micheldorf, Sensenmuseum (Foto Fürböck): 187; Passau, Stadtarchiv (Hs II A 25): 38; Reutte, Heimatmuseum (Foto: Tiroler Landesmuseum Ferdinandeum): 92; Ried im Innkreis, Museum Innviertler Volkskundehaus (Foto: B. Ecker): 368, 416; Salzburg, Salzburger Museum C. A.: 83, 96, 164, 189, 372; Salzburg, Tauernkraftwerke AG: 509; St. Pölten, Stadtmuseum: 171; St. Valentin, Steyr Landmaschinentechnik: 503; Scheibbs, Stadtmuseum: 147; Steyr, Museum Arbeitswelt: 275, 434; Wels, Stadtmuseum (Foto: Renate M. Miglbauer): 86; Wien, Albertina: 299; Wien, Archiv Wr. Stadtwerke, Gaswerke: 270; Wien, Bildstelle der NÖ. Landesregierung: 129; Wien, Historisches Museum: 204, 212, 234; Wien, Kunsthistorisches Museum: 42; Wien, Museum f. Angewandte Kunst: 116; Wien, Museum f. Volkskunde: 109, 207, 228; Wien, Museum moderner Kunst Stiftung Ludwig: 441; Wien, NÖ Landesmuseum: 312; Wien, Österr. Nationalbibliothek, Bildarchiv: 112 (Hs 7897), 121, 196, 249, 399; Wien, Österr. Galerie: 246; Wien, Pfarrkirche St. Michael: 104; Wien, Technisches Museum: 199, 239, 253; Wien, Stadt- und Landesbibliothek: 285, 290, 317, 322, 326, 329, 333, 349, 362, 406, 448, 451, 468, 475, 491; privat: 165, 182, 218, 223, 259, 338, 356, 382, 393, 409, 420, 456, 477, 502, 506; Maximilian Koller: 398; Gustav Peichl: 485, 488

ÖSTERREICHISCHE GESCHICHTE
IN 10 BÄNDEN

herausgegeben von *Herwig Wolfram*

Herwig Wolfram
Grenzen und Räume
Geschichte Österreichs vor seiner Entstehung
378-907

Karl Brunner
Herzogtümer und Marken
Vom Ungarnsturm bis ins 12. Jahrhundert
907-1156

Heinz Dopsch
Die Länder und das Reich
Der Ostalpenraum im Hochmittelalter
1122-1278
(erscheint 1996)

Winfried Stelzer
Herrschaft und Länder
Das Werden des habsburgischen Österreich
1278-1439
(erscheint 1998)

Alois Niederstätter
Das Jahrhundert der Mitte
An der Wende vom Mittelalter zur Neuzeit
1400-1522
(erscheint 1996)

Franz Quarthal
Der Weg in die Moderne
Vom Ständestaat zur europäischen Monarchie
1522-1699
(erscheint 1997)

Grete Klingenstein
Habsburgs angewandte Aufklärung
Das Vielvölkerreich zwischen Barock und Revolution
1699-1806
(erscheint 1997)

Helmut Rumpler
Eine Chance für Mitteleuropa
Bürgerliche Emanzipation und Staatsverfall der Habsburgermonarchie
1804-1918
(erscheint 1996)

Ernst Hanisch
Der lange Schatten des Staates
Österreichische Gesellschaftsgeschichte im 20. Jahrhundert
1890-1990

Roman Sandgruber
Ökonomie und Politik
Österreichische Wirtschaftsgeschichte vom Mittelalter bis zur Gegenwart

UEBERREUTER

Frankfurt
Mainz
Main
Main
Saar
Rhein
Nürnberg
Regensburg
Donau
Schwäbische Alb
Donau
Lech
Isar
München
Freiburg
Inn
Salzach
Chiemsee
Rhein
Konstanz
Bodensee
Limmat
Bregenz
Reuß
Nordtiroler Kalkalpen
Lech
Innsbruck
Ziller
Ill
Hohe Ta
Ötztaler Alpen
Chur
Rätische A.
Inn
Engadiner Alpen
Meran
Eisack
Bozen
Dolomiten
Comosee
Trient
Brenta
Gardasee
Piave
Mailand
Verona
Venedig
Tessin
Adda
Po
Etsch
Tanaro
Po